W9-CPB-691

PRISMA WOORDENBOEK

NEDERLANDS
ENGELS

In de reeks Prisma Woordenboeken
zijn de volgende delen verschenen:

Nederlands*
Nederlands-Engels*
Engels-Nederlands*
Nederlands-Duits*
Duits-Nederlands*
Nederlands-Frans*
Frans-Nederlands*
Nederlands-Spaans*
Spaans-Nederlands*
Nederlands-Italiaans
Italiaans-Nederlands
Nederlands-Portugees
Portugees-Nederlands
Nederlands-Nieuwgrieks
Nieuwgrieks-Nederlands
Latijn-Nederlands
Grieks-Nederlands

* *Ook verkrijgbaar met cd-rom*

PRISMA WOORDENBOEK

Nederlands
Engels

drs. A.F.M. de Knegt
drs. C. de Knegt-Bos

Uitgeverij Het Spectrum B.V.
Postbus 2073
3500 GB Utrecht

Eerste tot en met 32e druk 1955-2004
33e herziene druk 2005
© 1955 © 2005

Oorspronkelijke auteur: dr. G.J. Visser
Omslagontwerp: Kees Hoeve
Typografie: Chris van Egmond bNO,
Studio PlantijnCasparie Heerhugowaard
Zetwerk: Spectrum DBP/
PlantijnCasparie Data Amsterdam B.V.
Druk: Bercker, Kevelaer

ISBN 90 274 9286 7
ISBN 90 274 9098 8 (boek + cd-rom)
NUR 627

www.prismawoordenboeken.nl

Voorwoord bij de 33e druk

De Prisma woordenboeken verschijnen elk voorjaar in bijgewerkte en aangepaste vorm. Auteurs, bewerkers en redactie hebben honderden nieuwe woorden toegevoegd, ontleend aan de zich voortdurend ontwikkelende wereld om ons heen in al haar facetten: techniek, media, onderwijs, bedrijfsleven enzovoorts. Verder heeft de redactie ook voor deze editie kritisch gekeken naar de bestaande informatie en deze, waar mogelijk, verbeterd; betekenisprofielen, voorbeeldzinnen, idiomen en hun vertalingen zijn door auteurs en experts getoetst, verouderde informatie is geschrapt. Zo blijven de Prisma woordenboeken actueel.

Een belangrijk criterium bij de keuze voor nieuwe trefwoorden en het bijwerken van bestaande informatie is de relevantie voor die sectoren waarin veel mensen Prisma woordenboeken gebruiken: het middelbaar onderwijs, het volwassenenonderwijs en het bedrijfsleven.

De uiterlijke vernieuwingen die bij de vorige editie werden geïntroduceerd – een nieuw omslag, een breder formaat, een tweede kleur in het binnenwerk en de 'letterliniaal' op de achterkant – zijn enthousiast ontvangen. Ze maken de Prisma woordenboeken toegankelijker en handiger in gebruik.

Voor op- en aanmerkingen houden wij ons graag aanbevolen.
Mail deze naar: *redactie@prismawoordenboeken.nl*

Prisma Lexicografie
april 2005

Aanwijzingen voor het gebruik

Nederlandstalig gedeelte
Informatie over de trefwoorden, betekenissen, voorbeeldzinnen en idiomen is zo beperkt mogelijk gehouden. Voor zover deze informatie wordt gegeven, dient deze om de vertaling(en) te verduidelijken. Er wordt van uitgegaan dat de Prisma Woordenboeken door Nederlandstaligen worden geraadpleegd, van wie wordt verondersteld dat zij weten hoe de trefwoorden enz. op de juiste wijze worden gebruikt. Om deze reden en om ruimte te sparen is bij het Nederlands niet aangegeven wanneer sprake is van formeel, informeel of ander bijzonder taalgebruik. Om dezelfde redenen is spaarzaam met grammaticale informatie omgesprongen.

Trefwoorden
Woorden die op dezelfde wijze worden geschreven, maar verschillend worden uitgesproken, komen twee keer als trefwoord voor, met een 1 of 2 hoog achter het trefwoord. De uitspraak wordt toegevoegd, waar deze ter onderscheiding nodig is:
rap¹ snel [...]
rap² (zeg: rep) [...]
Ook als trefwoorden in klemtoon verschillen, komen ze twee keer als trefwoord voor, met de klemtoon onderstreept:
voorkomen¹ [...]
voorkomen² [...]

Voorbeeldzinnen en idiomen
In dit Prisma woordenboek is onderscheid gemaakt tussen voorbeeldzinnen en idiomen.
Voorbeeldzinnen demonstreren het gebruik van een trefwoord in een bepaalde betekenis. Zo staat onder het trefwoord 'brand' in de betekenis 'vuur' de voorbeeldzin 'in brand staan'. Voorbeeldzinnen worden voorafgegaan door een sterretje (∗).
Idiomen zijn woordcombinaties waarin het trefwoord weliswaar voorkomt, maar waarin dat niet wordt gebruikt in een van de gegeven betekenissen. Zo staat onder het trefwoord 'brand' bv. het idioom 'iemand uit de brand helpen'. In deze zin betekent brand iets als 'moeilijkheden', maar dat komt niet voor als betekenis. Idiomen worden voorafgegaan door een driehoekje (▼)

De vreemde taal
Tenzij anders aangegeven, wordt in dit boek gebruikgemaakt van het Brits-Engels. Niettemin zijn ook vele Amerikaans-Engelse woorden en uitdrukkingen opgenomen.

Grammaticaal compendium
Achter in dit woordenboek is een beknopte grammatica van de vreemde taal toegevoegd.

Bijzondere tekens

Trefwoorden zijn vet gedrukt. Alle informatie die romein (niet cursief) is gezet, heeft betrekking op de vreemde taal; alle cursief afgedrukte informatie heeft betrekking op het Nederlands.

•   Elke betekenisomschrijving wordt voorafgegaan door een bolletje.

‹...›   Elke specificering van een vertaling staat tussen geknikte haken.

[...]   Grammaticale informatie (o.a. de meervoudsvormen) staat tussen vierkante haken.

*   Voorbeeldzinnen worden voorafgegaan door een sterretje.

▾   Idiomatische uitdrukkingen worden voorafgegaan door een driehoekje.

I, II enz.   Aanduidingen van grammaticale categorieën (woordsoorten, bv. zelfstandig naamwoord, bijvoeglijk naamwoord, overgankelijk en onovergankelijk werkwoord) worden voorafgegaan door vet gedrukte Romeinse cijfers.

~   Een tilde vervangt het trefwoord in voorbeeldzinnen en idiomatische uitdrukkingen.

/   Een schuine streep scheidt woorden die onderling verwisselbaar zijn.

≈   Dit teken geeft aan dat de vertaling een benadering is van het vertaalde woord, voorbeeld of idioom. Een exacte vertaling is in dat geval niet te geven. Meestal gaat het om een typisch Nederlands of Vlaams woord.

↑   Dit teken geeft aan dat de vertaling formeler is dan het Nederlandse trefwoord, voorbeeld of idioom.

↓   Dit teken geeft aan dat de vertaling minder formeel is dan het Nederlandse trefwoord, voorbeeld of idioom.

Lijst van gebruikte afkortingen

AANW VNW	aanwijzend voornaamwoord	NAT.	natuurkunde
ADM.	administratie	ONB TELW	onbepaald telwoord
AE	Amerikaans-Engels	ONB VNW	onbepaald voornaamwoord
ANAT.	anatomie	ONP WW	onpersoonlijk werkwoord
ASTRON.	astronomie	ONR	onregelmatig
AUS	Australië	ONV	onveranderlijk
BE	Brits-Engels	ONV WW	onvervoegbaar werkwoord
BEL.	beledigend	ON WW	onovergankelijk werkwoord
BELG.	België, Belgisch	o.s.	oneself
BETR VNW	betrekkelijk voornaamwoord	OV WW	overgankelijk werkwoord
BEZ VNW	bezittelijk voornaamwoord	PEJ.	pejoratief, met ongunstige
BIJW	bijwoord		betekenis
BIOL.	biologie	PERS VNW	persoonlijk voornaamwoord
BNW	bijvoeglijk naamwoord	PLANTK.	plantkunde
BOUWK.	bouwkunde	POL.	politiek
CHEM.	chemie, scheikunde	PSYCH.	psychologie
COMP.	computer	REL.	religie, godsdienst
CUL.	culinair	s.b.	somebody
ECON.	economie, handel	SCHEEPV.	scheepvaart
EUF.	eufemisme	s.o.	someone
EV	enkelvoud	s.th.	something
FIG.	figuurlijk, overdrachtelijk	TAALK.	taalkunde
FIL.	filosofie, wijsbegeerte	TECHN.	techniek
FORM.	formeel	TELW	telwoord
FOT.	fotografie	TW	tussenwerpsel
GEO.	geografie, aardrijkskunde	TYP.	typografie
GESCH.	geschiedenis	UITR VNW	uitroepend voornaamwoord
HER.	heraldiek	v.	van
HWW	hulpwerkwoord	v.d.	van de
IEM.	iemand	v.h.	van het
INF.	informeel	VERO.	verouderd
inf.	infinitief, onbepaalde wijs	VR VNW	vragend voornaamwoord
INFORM.	informatica	VULG.	vulgair
IRON.	ironisch	VW	voegwoord
JUR.	juridisch	VZ	voorzetsel
KIND.	kindertaal	WISK.	wiskunde
KWW	koppelwerkwoord	WKD VNW	wederkerend
LANDB.	landbouw		voornaamwoord
LIT.	literatuur, literair	WKD WW	wederkerend werkwoord
LUCHTV.	luchtvaart	WKG VNW	wederkerig voornaamwoord
LW	lidwoord	WW	werkwoord
M.B.T.	met betrekking tot	z.	zich
MED.	medisch	ZN	zelfstandig naamwoord
MIL.	militair	Z-N	Zuid-Nederlands
MUZ.	muziek		
MV	meervoud		

aan BIJW • in werking *on* ★ het vuur is aan *the fire is on/burning* ★ de verwarming is aan *the heating is on* • aan het lichaam *on* ★ trek je schoenen aan! *put your shoes on!* ★ wat had ze aan? *what was she wearing?* • op zekere wijze *easy does it!* ▼ hij reed af en aan *he drove back and forth* ▼ er is niets aan ⟨eenvoudig⟩ *there's nothing to it*; ⟨saai⟩ *it's very dull* ▼ ervan op aan kunnen *count on s.th.* ▼ ik zie 't aan je gezicht *I can see it in your face* **II** VZ • [meewerkend voorwerp] *to* ★ geef het aan mij *give it to me* • op een (vaste) plaats *on/in/at* ★ aan het strand *on the beach* ★ hij stond aan het raam *he stood at the window* ★ aan de muur *on the wall* ★ aan de gracht / kade *on the canal/ quay* ★ aan dek/boord *on deck/board* ★ aan de lucht *in the sky* ★ aan land komen *come ashore* • als gevolg van *from/of* ★ aan koorts lijden/sterven *suffer/die from fever* • wat betreft *of* ★ een gebrek aan vitaminen *lack of vitamins* • na/naast elkaar *by/upon* ★ rij aan rij *row upon row; in rows* ★ twee aan twee *two by two* ▼ de beurt is aan mij *it's my turn* ▼ van nu af aan *from now on* ▼ het is niet aan mij om dat te zeggen *I'm in no position to say so*

aanbakken *burn* ★ de aardappelen zijn aangebakken *the potatoes have burnt* ★ de vis is aangebakken *the fish has stuck to the pan*

aanbeeld → aambeeld

aanbellen *ring (the bell)*

aanblazen • doen opvlammen *blow* • FIG. aanwakkeren *arouse; fan* • MUZ. *blow* • TAALK. *aspirate*

aanblijven *stay on*; ⟨v. ambt⟩ *remain in office*

aanblik • het zien ★ bij de eerste ~ *at first sight/glance* • wat gezien wordt *sight; scene*; ⟨v. persoon⟩ *appearance* ★ 'n droeve ~ *a sad sight/spectacle*

aanbod *offer* ★ een ~ aannemen *accept an offer* ★ een ~ afslaan *decline/reject an offer* ★ een ~ doen *make an offer* ★ een ~ intrekken *withdraw an offer*

aanbrengen • plaatsen *put in/on*; ⟨slot⟩ *fix*; ⟨veranderingen⟩ *introduce*; ⟨verf⟩ *apply* ★ versieringen ~ *place ornaments* ★ centrale verwarming ~ *install central heating* • verklikken *inform on/against* • werven *bring in*

aankijken • kijken naar *look at* ★ iem. gemeen ~ *give a person a nasty look* ★ het ~ niet waard *not worth looking at* • overdenken ★ het eens ~ *have a look at it* ★ de zaak nog eens ~ *wait and see* • ~ op ★ jij wordt er op aangekeken *you will be blamed for it*

(right column annotations:)

trefwoorden, met eventuele varianten, zijn blauw gedrukt

Romeinse cijfers gaan vooraf aan een woordsoort

bolletjes gaan vooraf aan verschillende betekenissen van een trefwoord

sterretjes gaan vooraf aan voorbeeldzinnen

driehoekjes gaan vooraf aan idiomatische uitdrukkingen

pijlen verwijzen naar een ander trefwoord, bv. een synoniem

labels geven extra informatie over stijl, herkomst of vakgebied - zie p. 8

tussen geknikte haken wordt extra uitleg gegeven

tildes (~) vervangen het trefwoord

schuine strepen staan tussen verwisselbare varianten

voorzetsels die de betekenis van een trefwoord veranderen, zijn blauw gedrukt

A

a • letter *a* ★ van a tot z *from A to Z* ★ de a van Anton *A as in Abel* • muzieknoot *A* ★ van a tot z lezen *read from cover to cover*

aai *stroke*; ⟨romantisch⟩ *caress*; ⟨over de bol⟩ *a pat on the back*

aaien *stroke*; ⟨dier⟩ *pet*; ⟨romantisch⟩ *caress*

aak *(Rhine-)barge*

aal *eel* ▾ zo glad als een aal *(as) slippery as an eel*

aalbes • *redcurrant* • vrucht *currant* ★ zwarte ~sen *blackcurrants* ★ rode ~sen *redcurrants* • struik *currant*

aalglad *slick*

aalmoes *alms* [mv]

aalmoezenier *chaplain*; INF. *padre*

aalscholver *(great) cormorant*

aambeeld *anvil* ▾ steeds op hetzelfde ~ slaan *harp on*

aambeien *piles* [mv]; MED. *haemorrhoids* [mv]

aan I BIJW • in werking *on* ★ het vuur is aan *the fire is on/burning* ★ de verwarming is aan *the heating is on* ★ aan het lichaam *on* ★ trek je schoenen aan! *put your shoes on!* ★ wat had ze aan? *what was she wearing?* • op zekere wijze ★ rustig aan *easy does it!* ▾ hij reed af en aan *he drove back and forth* ▾ er is niets aan ⟨eenvoudig⟩ *there's nothing to it*; ⟨saai⟩ *it's very dull* ▾ ervan op aan kunnen *count on s.th.* ★ ik zie 't aan je gezicht *I can see it in your face* II VZ • [meewerkend voorwerp] *to* ★ geef het aan mij *give it to me* • op een (vaste) plaats *on/in/at* ★ aan het strand *on the beach* ★ hij stond aan het raam *he stood at the window* ★ aan de muur *on the wall* ★ aan de gracht / kade *on the canal/ quay* ★ aan dek/boord *on deck/board* ★ aan de lucht *in the sky* ★ aan land komen *come ashore* • als gevolg van *from/of* ★ aan koorts lijden/sterven *suffer/die from fever* • wat betreft *of* ★ een gebrek aan vitaminen *a shortage/lack of vitamins* • na/naast elkaar *by/upon* ★ rij aan rij *row upon row*; *in rows* ★ twee aan twee *two by two* ▾ de beurt is aan mij *it's my turn* ▾ van nu af aan *from now on* ▾ het is niet aan mij om dat te zeggen *I'm in no position to say so*

aanbakken *burn* ★ de aardappelen zijn aangebakken *the potatoes have burnt* ★ de vis is aangebakken *the fish has stuck to the pan*

aanbeeld → aambeeld

aanbellen *ring (the bell)*

aanbesteden *put out to contract/tender*; *invite tenders for*

aanbesteding ⟨aan iem.⟩ *contract*; ⟨opdracht⟩ *(public) tender* • een openbare / onderhandse ~ *a public/private contract*

aanbetalen *make a down payment*

aanbetaling *down payment*

aanbevelen FORM. *commend*; ⟨een boek, persoon⟩ *recommend* ★ zich ~ *recommend o.s.* ★ wij houden ons aanbevolen voor commentaar *we shall be pleased to hear/ receive your comments/feedback*

aanbevelenswaardig *recommendable*

aanbeveling *recommendation* ★ op ~ van *at the recommendation of* ★ dit strekt tot ~ *this is an advantage/asset*

aanbevelingsbrief *letter of recommendation*

aanbiddelijk *adorable*

aanbidden *adore*; *worship*; REL. *worship*

aanbidder *admirer*; ⟨v. goden⟩ *worshipper* ★ stille ~ *secret admirer*

aanbidding *adoration*; *worship* ★ de ~ van de oude goden *the worship of the ancient gods* ★ in stille ~ *in silent worship/adoration*

aanbieden *offer*; *give*; ⟨een nota, een petitie⟩ *present*; ⟨een telegram⟩ *hand in*; ⟨goederen⟩ *offer* ★ zijn verontschuldigingen ~ *offer one's apologies*

aanbieder • van product *supplier*; *dealer* • van dienst/advies *provider* • van netwerk *provider*

aanbieding ⟨aanbod⟩ *offer* • koopje *bargain*; *special offer* ★ in de ~ zijn *be on special offer*

aanbinden • vastbinden *fasten (on)*; ⟨een label⟩ *tie on* • beginnen ★ de strijd ~ met *enter into battle with*

aanblazen • doen opvlammen *blow* • FIG. aanwakkeren *arouse*; *fan* • MUZ. *blow* • TAALK. *aspirate*

aanblijven *stay on*; ⟨v. ambt⟩ *remain in office*

aanblik • het zien ★ bij de eerste ~ *at first sight/glance* • wat gezien wordt *sight*; *scene*; ⟨v. persoon⟩ *appearance* ★ 'n droeve ~ *a sad sight/spectacle*

aanbod *offer* ★ een ~ aannemen *accept an offer* ★ een ~ afslaan *decline/reject an offer* ★ een ~ doen *make an offer* ★ een ~ intrekken *withdraw an offer*

aanboren • openen *strike* • ontsluiten *tap*; *open up* ★ een nieuw vat ~ *broach a new cask*

aanbouw • het (aan)bouwen *building* ★ in ~ *under construction* • aangebouwd deel *annex*; *extension*

aanbouwen *build*; ⟨uitbreiden⟩ *build on to*

aanbraden *sear*

aanbranden *burn*; *be burnt* ★ laten ~ *burn* ★ het eten is aangebrand *it tastes burnt* ★ het is erg aangebrand *it's burnt to a frazzle*

aanbreken I OV WW beginnen te gebruiken ⟨een brood⟩ *cut into*; ⟨een fles⟩ *open*; ⟨v. kapitaal⟩ *break into* II ON WW beginnen ⟨dag⟩ *dawn*; ⟨nacht⟩ *fall* ★ bij het ~ van de dag *at daybreak*; *at dawn*

aanbrengen • plaatsen *put in/on*; ⟨slot⟩ *fix*; ⟨veranderingen⟩ *introduce*; ⟨verf⟩ *apply* ★ versieringen ~ *place ornaments* ★ centrale verwarming ~ *install central heating* • verklikken *inform on/against* • werven *bring in*

aandacht *attention* ★ de ~ in beslag nemen *engage the attention* ★ de ~ trekken / opeisen *try to be the centre of attention* ★ ~ vestigen op *call attention to* ★ de ~ vasthouden *hold the attention* ★ ~ besteden aan iets *pay attention to s.th.* ★ met gespannen ~ *with rapt attention* ★ een en al ~ zijn *be all eyes/ears* ★ de ~ doen verslappen *cause attention to flag* ★ de ~ bepalen bij *keep one's attention/*

mind on (s.th.) ★ dat heeft mijn volle ~ *it has my undivided attention*

aandachtig *attentive*

aandachtsgebied *area for special attention*

aandachtspunt *point of (particular) interest*

aandachtsveld → aandachtsgebied

aandeel • portie *portion*; *share* ★ ~ hebben in *have a share/an interest in* • bijdrage *part* ★ een ~ hebben in iets *have a part in s.th.* • ECON. *share* ★ ~ aan toonder *bearer share* ★ ~ op naam *registered share* ★ preferent ~ *preference share*; *preferred stock*

aandeelhouder *shareholder*

aandelenkapitaal BE *share capital*; AE *capital stock*

aandelenkoers *share price*

aandelenmarkt *stock market*

aandelenoptie *share option*

aandelenpakket *block of shares*

aandenken • souvenir *souvenir*; *keepsake* ★ een ~ aan ... *a souvenir of ...* • nagedachtenis *memory*; *remembrance*

aandienen I OV WW de komst melden *announce* **II** WKD WW zich doen voorkomen *present oneself*; *put oneself forward* ★ zich ~ als ... *present o.s. as ...*

aandikken • dikker maken *thicken* • overdrijven *exaggerate* ★ iets ~ *lay on s.th. (thick)*

aandoen • aantrekken *put on* • aansteken *put/ switch on* • bezoeken ★ een haven ~ *call at a port* ★ een stad ~ *visit a town* • berokkenen *cause* ~ hij heeft het zichzelf aangedaan *he has only himself to blame; he asked for it* ★ iem. verdriet ~ *cause s.o. grief* • een indruk geven *strike as* ★ het deed vreemd aan *it looked/seemed strange* ★ het deed me onaangenaam aan *I found it offensive*

aandoening • kwaal *disorder*; *complaint* ★ een ~ aan de nieren *a kidney disorder* • ontroering *emotion*; *feeling(s)*

aandoenlijk *moving*; *pathetic*; ⟨zielig⟩ *touching*

aandraaien *tighten*

aandragen • carry; *bring* • opperen *mention* ▼ komen ~ met *come forward with*; *put forward*

aandrang *pressure* ★ op ~ van *at the instance of* ★ ~ uitoefenen (op) *exert pressure on* ★ met ~ *urgently*; *strongly*

aandrift • opwelling *impulse* • drang *urge*; *instinct*

aandrijfas *drive shaft*

aandrijven I OV WW • TECHN. *drive* • door een benzinemotor aangedreven *driven by a petrol engine* • aansporen *prompt* **II** ON WW drijvend aankomen *float by* ★ er kwam een stuk hout ~ *a piece of wood came floating by*

aandrijving *drive*

aandringen • aandrang uitoefenen *press the point* ★ op ~ van *at the instance of*; *at the urgent request of* ★ er bij iem. op ~ iets te doen *urge s.o. to do s.th.* ★ op iets ~ *insist on s.th.* ★ op een antwoord ~ *press for an answer* • naar voren dringen *press forward*; *advance*

aandrukken *push*; *press* ★ ~ tegen *press against*

aanduiden • aanwijzen *indicate*; *point out*;

⟨met teken⟩ *mark* ★ iets nader ~ *specify s.th.* ★ iets kort ~ *touch on s.th.* • betekenen *denote*; *designate*

aanduiding • aanwijzing *indication*; *clue*; *mark*; ⟨door teken⟩ *sign* • beschrijving *definition*; *description*

aandurven *dare (to)* ★ durf je het aan? *do you dare (do it)?*; *do you feel up to it?* ★ ik durf hem wel aan *I'm not afraid of him*

aanduwen • aandrukken *press firm* • door duwen starten *push*; ⟨v. auto⟩ *give a push*

aaneen • aan elkaar vast *on end*; *at a stretch*; *together* • ononderbroken *on end* ★ uren ~ *for hours on end* ★ zes weken ~ *for six successive weeks*

aaneengesloten *unbroken*; *connected*; FIG. *united*

aaneenschakeling *chain*; *sequence*; *series* [mv]

aaneensluiten (zich) *unite*

aanfluiting *mockery*; *travesty*; *farce*; ⟨v. personen⟩ *laughing-stock*

aangaan I OV WW • betreffen ~ wat mij aangaat *as far as I'm concerned* ★ wat dat aangaat *as far as that goes*; *as for that* ★ INF. wat gaat jou dat aan? *what's it to you?* • beginnen ⟨v. schuld⟩ *contract*; ⟨v. onderhandelingen/huwelijk⟩ *enter into*; ⟨v. verdrag⟩ *conclude* ★ een weddenschap ~ *lay a bet* **II** ON WW • beginnen *go on*; ⟨v. vuur⟩ *catch fire* ★ de school gaat aan *school starts* ★ het licht ging aan *the lights went on* • langsgaan (bij) *call in*; *drop in* ★ bij iem. ~ *call in at a person* • behoren ★ het gaat niet aan *it won't do*

aangaande *concerning*; *regarding*; *as for/to*

aangapen *gape/stare at*

aangebonden ▼ kort~ zijn *be short with s.o.*

aangeboren • BIOLOGISCH *congenital*; *inbred* • natuurlijk ⟨v. talent⟩ *innate*

aangebrand *burnt* ▼ gauw ~ zijn *be short tempered*; *be touchy*

aangedaan • aangetast *affected* • ontroerd *moved*; *touched*

aangelegd ★ kunstzinnig ~ zijn *have an artistic bent*; *be artistically inclined*

aangelegenheid *affair*; *matter*

aangenaam *agreeable*; *pleasant*; *pleasing* ★ ~ kennis te maken *pleased to meet you*; FORM. *how do you do?*

aangenomen • verworven *accepted* ★ een ~ naam *an assumed name* ★ ~ werk *contracted work* • geadopteerd *adopted*

aangeschoten • licht dronken *tipsy* • verwond ⟨in arm/vleugel⟩ *winged*

aangeslagen • ontmoedigd *affected*; *shaken* • met aanslag bedekt *steamed up*; ⟨glas⟩ *misted up*; ⟨metaal⟩ *burnished*; ⟨ketel⟩ *furred up*

aangetrouwd *related by marriage* ★ haar ~e familie *her in-laws*

aangeven • aanreiken *give*; *hand*; *pass* ★ het zout ~ *pass the salt* • aanduiden ⟨gewicht/ temperatuur/tijd⟩ ~ *register weight/ temperature/time* ★ als reden ~ *give as a reason* ★ bijzonderheden ~ *state particulars* • officieel melden (bij) *register* ★ hebt u iets

aa

aan te geven? *have you anything to declare?*
• aanbrengen ★ iem. bij de politie ~ *report s.o. to the police* ★ zichzelf ~ *turn o.s. in*

aangever ★ SPORT *feeder* • lid komisch duo *stooge; feed*

aangewezen *right* ★ de ~ persoon *the right/ obvious person* ★ het ~ middel *the appropriate means* ▼ ~ zijn op iets *(have to) rely/be dependent on s.th.* ▼ ~ zijn op zichzelf *be thrown on one's own resources*

aangezicht *face; countenance* ★ in het ~ van de dood *staring death in the face*

aangezichtspijn *facial pain;* MED. *facial neuralgia*

aangezien *as; since; because;* INF. *seeing (as)*

aangifte ⟨v. goederen⟩ *declaration;* ⟨misdaad⟩ *report;* ⟨v. belasting⟩ *(tax) return* ★ ~ doen bij de politie van ... *inform the police of ...* ★ ~ doen van belasting *submit a tax return* ★ ~ doen van geboorte/dood, e.d. *register a birth/death, etc.* ★ ~ doen van goederen *declare goods*

aangiftebiljet *tax (return) form*

aangrenzend *adjacent; adjoining*

aangrijpen • vastpakken *seize* • ontroeren *move* ★ dat grijpt je aan *that moves/affects you* ▼ de gelegenheid ~ *seize/take the opportunity*

aangrijpend *moving; stirring* ★ een ~ verhaal *a stirring story* ★ een ~e plechtigheid *a moving ceremony*

aangrijpingspunt *point of impact*

aangroei • het aangroeien ⟨algemeen alle betekenissen⟩ *growth* • SCHEEPV. afzetting onder de waterspiegel *fouling*

aangroeien • opnieuw groeien *grow (back/ again)* • toenemen *increase*

aanhaken I OV WW vastmaken *hook on* II ON WW (bij) *add to; hitch on to*

aanhalen • vaster trekken *tighten* ★ de teugels ~ *tighten the reins* • liefkozen ⟨v. dier⟩ *pet;* ⟨v. mens⟩ *fondle; caress* • citeren ⟨v. tekst⟩ *quote;* ⟨v. autoriteiten⟩ *cite* • gaan doen ★ van alles ~ *attempt everything* • in beslag nemen *seize*

aanhalig *affectionate;* ⟨vleierig⟩ *coaxing*

aanhaling *quotation; quote*

aanhalingsteken *quotation mark;* BE *inverted comma* ★ ~s openen / sluiten *open/close quotation marks*

aanhang *followers; supporters; adherents* ★ de beweging heeft een grote ~ *the movement has many supporters; the movement has a large following*

aanhangen I OV WW • bevestigen *attach; hang* • steunen *follow; support* II ON WW vastkleven *hang on to; stick to*

aanhanger • volgeling *follower; supporter* • aanhangwagen *trailer*

aanhangig *pending* ★ een zaak ~ maken bij de rechtbank *bring a matter before a court* ★ een wetsontwerp ~ maken *introduce a bill*

aanhangsel • aanhangend deel FORM. *appendage* ★ wormvormig ~ *appendix* • bijlage ⟨v. polis⟩ *slip;* ⟨v. testament⟩ *codicil;* ⟨v. boek/document⟩ *appendix*

aanhangwagen *trailer*

aanhankelijk *attached; devoted; affectionate*

aanhechten *attach; fasten on*

aanhechting *attachment;* MED. *insertion*

aanhechtingspunt *point of attachment*

aanhef *introduction;* ⟨v. brief⟩ *salutation;* ⟨v. lezing⟩ *opening (words)*

aanheffen *start; begin* ★ een lied ~ *strike up a song*

aanhikken (tegen) *worry about; be reluctant about*

aanhoren • luisteren naar *listen to; hear* ★ ten ~ van *in the presence of* ★ het is niet om aan te horen *it's inaudible* • merken *hear; tell* ★ het was hem aan zijn stem aan te horen *you could tell by his voice*

aanhouden I OV WW • arresteren *arrest* ★ een verdachte ~ *take a suspect into custody* • tegenhouden *stop* • verlengen *prolong;* ⟨vriendschap⟩ *keep up* ★ een kamer ~ *keep a room on* • uitstellen *hold/leave over;* ⟨v. rechtszaak, e.d.⟩ *adjourn* II ON WW • volhouden *keep/go on; persist (in)* • voortduren *go on; continue; hold; last* ★ de regen houdt aan *the rain continues* ▼ ons geluk/het weer houdt aan *our luck/the weather is holding* • gaan naar ★ links/rechts ~ *keep to the left/right;* ⟨veranderen van richting⟩ *bear left/right* ★ ~ op *head/make for*

aanhoudend I BNW zonder ophouden *continuous; constant; incessant* ★ ~e periode van regen *prolonged period of rain* II BIJW *time and again*

aanhouder *stickler* ▼ de ~ wint *perseverance pays*

aanhouding *arrest*

aanhoudingsbevoegdheid *power of arrest*

aanjagen • aandoen ★ angst ~ *frighten; scare* ★ vrees ~ *intimidate* • TECHN. *boost*

aanjager *booster; supercharger*

aankaarten *raise; broach* ★ een probleem/zaak ~ bij *raise a matter (with)*

aankijken • kijken naar *look at* ★ iem. gemeen ~ *give a person a nasty look* ★ het ~ niet waard *not worth looking at* • overdenken ★ het eens ~ *have a look at it* ★ de zaak nog eens ~ *wait and see* • ~ op ★ jij wordt er op aangekeken *you will be blamed for it*

aanklacht *accusation; charge;* FORM. *indictment;* ⟨openlijke veroordeling⟩ *denunciation* ★ een ~ intrekken *withdraw/drop a charge*

aanklagen *bring charges against;* FORM. *arraign;* ⟨openlijk⟩ *denounce* ★ iem. ~ wegens ... *charge s.o. of ...; take s.o. to court for ...*

aanklager *accuser; complainant;* JUR. *plaintiff* ★ openbare ~ *public prosecutor*

aanklampen • aanspreken *approach;* buttonhole • enteren *board*

aankleden • kleren aantrekken *dress* ★ zich ~ *dress* • inrichten ⟨een kamer⟩ *furnish; fit*

aankleding ⟨v. kamer⟩ *furnishing;* ⟨v. toneelstuk⟩ *scenery*

aankloppen • op deur kloppen *knock at the door* • ~ bij *appeal to*

aanknopen I OV WW • vastknopen aan *tie/ fasten to* • beginnen ★ een gesprek ~ *enter into a conversation* ★ onderhandelingen ~

enter into negotiations ★ zakenconnecties ~ (met) *establish business connections (with)* ▼ er een dagje ~ *stay another day* ‖ ON WW (bij) ★ ~ bij een opmerking *take up a point*

aanknopingspunt *starting point;* ⟨tussen mensen⟩ *point of contact*

aankoeken ● *burn; stick*

aankomen ● arriveren *arrive* ● naderen *approach; come* ★ zij kon het zien ~ *she could see it coming* ● langsgaan (bij) *drop in; come round* ● aanraken *touch* ★ niet ~! *hands off!* ● doel treffen ★ de klap kwam hard aan *the blow hit hard/hit home* ● verkrijgen ★ er is geen ~ aan *it's not to be had for love or money* ★ hoe ben je eraan gekomen? *how did you get it?* ● zwaarder worden *put on weight* ★ zij is 10 kilo aangekomen *she has gained 10 kilos* ● te berde brengen ★ daar hoef je bij hem niet mee aan te komen *that won't go down with him; he won't like that* ★ met een idee ~ *come up with an idea* ● ~ op ★ daar komt het op aan *that's what it boils down to* ★ je moet niet alles op het laatst laten ~ *you must not put off everything to the last moment* ★ hij laat alles op mij ~ *he shoves everything on to me* ★ als het op betalen aankomt *when it comes to paying*

aankomend ● aanstaand *next; coming* ★ ~e week *next week* ● beginnend ★ ~e kantoorbediende gevraagd *junior clerk wanted* ★ ~ schrijver *budding author*

aankomst ● het aankomen *arrival;* ⟨in land⟩ *entry* ● bij ~ *on arrival;* ⟨in land⟩ *on entry* ● SPORT finish *finish*

aankondigen ● bekendmaken ★ een huwelijk ~ *announce a marriage* ● laten weten dat iets komt *announce*

aankondiging ⟨v. programma⟩ *announcement;* ⟨v. boek⟩ *review* ★ tot nadere ~ *until further notice*

aankoop ● het kopen *buying; acquisition* ★ bij ~ van X een Y cadeau *a free Y with every X* ● het gekochte *purchase*

aankoopsom *purchase price*

aankopen *purchase; buy*

aankruisen ● *mark; tick (off); check* ★ ~ wat verlangd wordt *tick as appropriate*

aankunnen ● opgewassen zijn tegen ★ iem. ~ *be a match for s.o.* ● berekend zijn voor *be up to; be able to manage; be able to cope with* ★ hij kon het werk niet aan *he wasn't up to the job* ★ hij kan het niet aan *he can't cope* ● ~ op ★ je kunt van hem op aan *you can rely on him* ★ je kunt ervan op aan, dat... *you can depend/count on it that...*

aankweken ● *grow; cultivate*

aanlanden ● aan land komen *land* ● terechtkomen *end up* ★ goed ~ *arrive safe and sound*

aanlandig *onshore* ★ ~e wind *onshore wind*

aanleg ● constructie *construction; building;* ⟨v. kabel⟩ *laying;* ⟨v. tuin⟩ *laying-out;* ⟨v. wegen, spoorwegen, e.d.⟩ *construction* ★ in ~ *under construction* ★ ~ van een elektriciteitscentrale *installation of a power plant* ● talent *talent* ★ ~ voor muziek *a talent*

for music ● vatbaarheid *tendency* ★ ~ voor een ziekte hebben *have a tendency to suffer from a disease* ▼ in eerste ~ *in the first instance*

aanleggen Ⅰ OV WW ● construeren ⟨elektriciteit *put in;* ⟨spoorweg⟩ *build;* ⟨weg⟩ *construct;* ⟨tuin⟩ *lay out;* ⟨voorraad⟩ *build up;* ⟨vuur⟩ *make;* ⟨verband⟩ *bandage; dress (a wound);* ⟨maatstaf⟩ *apply* ● regelen ★ het zo ~ dat... *arrange in such a way that ...* ★ de zaken handig ~ *manage things cleverly* ★ het verkeerd/goed ~ *set about it the wrong/right way* ● van schietwapen *level* ★ ~ op *aim at* ▼ het met iem. ~ *get involved with s.o.* ▼ ik ben niet romantisch aangelegd *I am not given to romanticism; I am not romantically inclined* Ⅱ ON WW aan de wal gaan liggen *moor*

aanlegplaats *landing-stage*

aanleiding ● occasion ★ naar ~ van *in connection with* ★ ~ geven tot *give rise to; lead to* ★ bij de geringste ~ *at the slightest provocation* ★ zonder enige ~ *without any reason* ▼ naar ~ van uw brief *in reference to your letter* ~ van schietwapen *level* ...

aanlengen *dilute; weaken;* ⟨knoeien⟩ *adulterate*

aanleren ● onderwijzen *teach* ● eigen maken *learn;* INF. *pick up*

aanleunen (tegen) *lean against* ▼ zich iets laten ~ *put up with s.th.; take it as one's due* ▼ hij laat zich dat niet ~ *he won't take that lying down*

aanleunwoning *(adjoining) service accommodation;* ⟨flatwoning⟩ *(adjoining) service flat*

aanlijnen *leash*

aanlokkelijk *alluring; enticing; tempting*

aanlokken ● aantrekken *lure; entice;* ⟨klanten⟩ *attract* ● bekoren ★ het lokt mij niet erg aan *it does not appeal to me very much; it's not my cup of tea*

aanloop ● SPORT een ~ nemen *take a running start* ● bezoek ★ veel ~ hebben *have many visitors* ● inleiding *introduction; preamble*

aanloophaven *port of call*

aanloopkosten *initial/starting-up expenses*

aanloopperiode *trial period;* ⟨v. product⟩ *lead time*

aanlopen Ⅰ OV WW een haven aandoen *call at a port* Ⅱ ON WW ● naderen ★ ~ op *walk towards* ● even langsgaan (bij) *drop by* ★ bij iem. ~ *drop in on a person; call on a person* ● tegen iets aan schuren ★ de rem loopt aan *the brake drags* ● duren ★ dat zal nog wel even ~ *that will take some time yet* ● een kleur krijgen ★ hij liep rood aan *his face went red; he was blushing* ● ~ tegen *walk/bump/run into;* FIG. *come across*

aanmaak *manufacture; production*

aanmaakblokje *firelighter*

aanmaakhout *kindling*

aanmaken ● aansteken *kindle; light* ● toebereiden ⟨groente⟩ *prepare;* ⟨verf, deeg⟩ *mix* ● fabriceren *produce; manufacture*

aanmanen ● urge; exhort ★ ~ tot betaling *reminder for payment*

aanmaning ⟨laatste⟩ *final notice;* ⟨eerste⟩

reminder

aanmatigen (zich) *presume; assume;* FORM. *arrogate to oneself* ✱ zich een oordeel ~ *presume to give an opinion;* take it upon o.s. *to pass judgement* ✱ u matigt zich te veel aan *you presume too much*

aanmatigend *arrogant; presumptuous; overbearing*

aanmelden • presenteren *announce; report* • opgeven *come forward* ✱ zich voor een examen ~ *enter for an examination* • COMP. inloggen *log in*

aanmelding • inschrijving ⟨voor betrekking⟩ *application;* ⟨voor wedstrijd⟩ *entry* • aankondiging *announcement*

aanmeldingsformulier *registration form;* ⟨voor sollicitatie⟩ *application form*

aanmeldingstermijn *closing date for application*

aanmeren *moor*

aanmerkelijk *considerable*

aanmerken • beschouwen (als) *consider (as); regard (as)* • afkeurend opmerken *critize* ✱ iets ~ op *find fault with* ✱ er viel veel op zijn gedrag aan te merken *his conduct was far from blameless* ✱ er valt niets op aan te merken *I can find no fault with it*

aanmerking • beschouwing *consideration* ✱ in ~ genomen *considering; in view of* ✱ niet in ~ komen *deserve/receive no consideration* ✱ in ~ komen voor promotie *be considered for promotion* • kritiek *(critical) remark; comment* ✱ ~en maken op *find fault with; object to*

aanmeten I ov ww de maat nemen *take someone's measurements for* II WKD WW aanmatigen ✱ zich een houding ~ *assume a pose/an attitude*

aanmodderen *bungle on; stumble* ✱ hij moddert maar wat aan *he's just playing about; he's just muddling on*

aanmoedigen *encourage;* SPORT *cheer*

aanmoediging *encouragement* ✱ onder ~ van collega's *cheered on by colleagues*

aanmonsteren *sign on* ✱ ~ als matroos *sign on as a sailor*

aannaaien *sew on*

aanname • acceptatie *acceptance* • veronderstelling *assumption*

aannemelijk • redelijk *reasonable; fair; acceptable* • geloofwaardig *plausible;* ⟨waarschijnlijk⟩ *likely*

aannemen • in ontvangst nemen *accept; take* • accepteren *accept;* ⟨motie⟩ *carry;* ⟨wet⟩ *pass* ✱ iets als vanzelfsprekend ~ *take a thing for granted* • geloven *accept; believe* ✱ je mag van mij ~ dat *you may take it from me that* • veronderstellen *assume; suppose* ✱ er werd algemeen aangenomen dat *it was generally assumed that* ✱ aangenomen dat... *supposing/ assuming that...* • eigen maken *adopt;* ⟨religie⟩ *embrace* ✱ een houding ~ *adopt an attitude* ✱ een gewoonte ~ *get into a habit* • voor een bepaalde prijs uitvoeren *contract for* ✱ de bouw van een huis ~ *contract for the building of a house* • in dienst nemen *engage; take on* • adopteren *adopt* • als lid opnemen *admit;* ⟨kerkelijk⟩ *receive; confirm*

aannemer *contractor; (master)builder*

aanpak *approach* ✱ je ~ is verkeerd *you tackle it the wrong way; you go about it the wrong way* ✱ er is een andere ~ nodig *we have to deal with/tackle this differently;* we need a *different approach*

aanpakken I OV WW • vastpakken *take hold of; seize* • gaan behandelen *deal with; handle; tackle* ✱ hoe wil je dat ~? *how will you set about it?* ✱ een probleem ~ *tackle/approach a problem* • FIG. aangrijpen ✱ 't pakte hem nogal aan *he was badly shaken by it* II ON WW ✱ hij weet van ~ *he is a go-getter; he knows how to set about his work* • flink ~ *get cracking*

aanpalend *adjacent; adjoining*

aanpappen ✱ ~ met iem. *chum up with s.o.*

aanpassen I OV WW • passen *try on* • geschikt maken *adapt* II WKD WW zich conformeren *adapt/adjust oneself to*

aanpassing *adaptation; adjustment*

aanpassingsvermogen *adaptability (to)*

aanplakbiljet *poster; bill*

aanplakken • vastplakken *affix; paste (up)* ✱ verboden aan te plakken! *stick no bills!* • bekendmaken *post up*

aanplant • het aanplanten *planting* • het aangeplante *new plants; plantings;* ⟨bos⟩ *afforestation*

aanplanten *cultivate;* ⟨bomen⟩ *plant;* ⟨graan⟩ *grow*

aanpoten • flink doorwerken *slog away; slave away* • voortmaken *hurry (up);* INF. *get a move on* ✱ we moeten nog flink ~ *we must keep our nose to the grindstone*

aanpraten *talk into* ✱ iem. iets ~ *talk s.o. into s.th.*

aanprijzen *recommend; praise* ✱ iets luid ~ *sing the praises of s.th.;* FORM. *extol s.th.*

aanraakscherm *touch screen*

aanraden *advise;* ⟨boek⟩ *recommend;* ⟨plan⟩ *suggest* ✱ op ~ van *at the suggestion of; on recommendation from* ✱ dat is niet aan te raden *it's not advisable*

aanrader *a(n) (absolute) must* ✱ de tentoonstelling is een ~ *the exhibition is highly recommended*

aanraken *touch* ✱ verboden aan te raken *do not touch*

aanraking • het aanraken *touch* • contact *contact* ✱ in ~ brengen met *put in touch with* ✱ met de politie in ~ komen *get into trouble with the police*

aanranden • molesteren *assail; assault* • tot seks dwingen *assault; harass* • aantasten *injure*

aanrander *assailant;* FORM. *violator*

aanranding • geweld *(criminal) assault* • dwang tot seks *indecent assault; sexual harassment; violation* • aantasting *violation*

aanrecht *draining board; kitchen sink unit*

aanreiken *pass; hand; reach*

aanrekenen • beschouwen als ✱ iem. iets als een verdienste ~ *give s.o. credit for s.th.* • verwijten *blame (for); hold (against)* iem.

aa

iets ~ *blame a person for s.th.*; *hold s.th. against a person*

aanrichten • veroorzaken *cause*; *bring about*; ⟨schade⟩ *cause* • voorbereiden ★ een feest ~ *lay on a party, arrange a party*

aanrijden I ov ww in botsing komen (met) *collide (with)*; *run into* ★ zij werd aangereden *she was run over* II ON ww rijdend naderen *drive up* ★ op iem. ~ *drive up to a person*; *drive towards a person* ★ tegen iets ~ *drive into s.th.*

aanrijding *collision*; *crash*; *accident* ★ een ~ hebben *be involved in an accident*

aanroepen • roepen naar *call*; *hail* • hulp vragen *invoke* ★ God als getuige ~ *call God as a witness*

aanroeren • aanraken *touch* • ter sprake brengen *refer to something*; *mention something (in passing)* ★ een teer punt ~ *bring up a delicate subject*

aanrukken *advance* • versterkingen laten ~ *move up reinforcements* ▼ een fles wijn aan laten rukken *have another bottle of wine*

aanschaf *purchase*; *acquisition*; *buy*

aanschaffen *purchase*; *acquire*; *buy*

aanscherpen • scherper maken *sharpen* • duidelijker naar voren brengen *accentuate*; *highlight*; *underline*

aanschieten I ov ww • licht verwonden *hit*; ⟨v. vogel⟩ *wing* • gauw aantrekken *slip into* • aanspreken *buttonhole*; *approach* II ON ww toesnellen ★ komen ~ op *dart forward to*

aanschoppen ★ ~ tegen *kick against*

aanschouwelijk *clear*; *graphic* ★ ~ onderwijs *teach by illustration* ★ ~ maken *demonstrate*; *illustrate*

aanschouwen *see*; *behold* ★ ten ~ van *in full view of*

aanschrijven *summon*; *order*; *instruct* ▼ je staat goed/slecht bij hem aangeschreven *you are in his good/bad books*

aanschrijving *notification*

aanschuiven I ov ww dichterbij brengen *draw/pull up* ★ een stoel ~ *draw up a chair* II ON ww dichterbij komen *shuffle (along)*

aanslaan I ov ww • kort raken ⟨toets⟩ *strike*; ⟨snaar⟩ *touch* • bevestigen *nail down* • waarderen *rate*; *estimate*; ⟨belasting⟩ *assess* ★ iem. hoog ~ *think highly of a person* II ON ww • vasthechten *form a deposit* • starten van motor *start* • succes hebben *catch on*; *be a success* • blaffen *start barking* • beslaan *get blurred*; *haze up*

aanslag • afzetting *deposit*; ⟨op raam⟩ *moisture*; *haze* • aanval *attack*; *attempt*; ⟨met bom⟩ *bomb attack* ★ een ~ op iemands leven plegen *make an attempt on s.o.'s life* • belastingaanslag *assessment* ★ voorlopige/ definitieve ~ *provisional/final assessment*; ⟨biljet⟩ *a provisional/final tax return* • schietklare stand ★ zijn geweer in de ~ hebben *have one's rifle at the ready* • MUZ. *touch*

aanslagbiljet *tax return*; ⟨ook onroerend goed⟩ *assessment notice*

aanslibben *silt (up)*

aansluiten I ov ww • verbinden *connect*; *link up*; ⟨telefoon⟩ *connect* ★ verkeerd aangesloten! *wrong number!* • aaneen doen sluiten *close*; *link up* II ON ww verbonden zijn *correspond*; ⟨v. treinen⟩ *connect* ★ die weg sluit aan bij... *that road links up with...* ★ ~! *close up!* III wkd ww • lid worden (van) *join*; *become a member* ★ zich bij een partij ~ *join a party* • het eens zijn (met) *agree with*

aansluiting • verbinding *connection* • de ~ missen ⟨trein, e.d.⟩ *miss the connection*; FIG. *miss the boat* ★ in ~ op ons schrijven *in reference to our letter* ★ ~ krijgen ⟨telefoon⟩ *be put through* • contact *joining* ★ ~ zoeken bij iem. *seek contact with* ★ ~ de ~ van Griekenland bij de EU *Greece's entry into the EU*

aansluitingstreffer *equaliser*

aansluitkosten *connection charge/fee*

aansmeren • dichtsmeren *smear*; ⟨een muur e.d.⟩ *daub* • aanpraten ★ iem. iets ~ *palm s.th. off on a person*; *fob s.o. off with s.th.*

aansnellen *run* ★ hij kwam aangesneld *he came running (along)*

aansnijden • afsnijden *cut (into)* • aankaarten *broach*; *bring up* ★ een nieuw onderwerp ~ *broach a new subject*

aanspannen • vastmaken *harness*; *hitch up* • strak trekken *tighten* • beginnen *take legal action (against a person)* ★ een rechtszaak ~ *institute legal proceedings*

aanspelen ⟨in balsport⟩ *pass (to)*; *feed*; *play to*; ⟨bij biljarten⟩ *play to*

aanspoelen *be washed ashore* ★ er is een lijk aangespoeld *a corpse has been washed ashore*

aansporen ⟨v. paard⟩ *spur*; ⟨v. persoon⟩ *urge*; ⟨prikkelen⟩ *stimulate*; *spur (on)*

aansporing *incentive*; *stimulation*; *stimulus* ★ op ~ van *at the instance/instigation of*; *urged by*

aanspraak • sociaal contact *contact* ★ veel ~ hebben *see a good many people* • recht *claim*; *title* ★ ~ hebben op *have a claim to*; *be entitled to* ★ ~ maken op *lay claim to*

aansprakelijk *responsible*; *answerable*; JUR. *liable* ★ zich ~ stellen *take responsibility* ★ ~ stellen *hold responsible*

aansprakelijkheid *responsibility*; JUR. *liability* ★ wettelijke ~ *(legal) liability* ★ ~ tegenover derden *third party risks*

aansprakelijkheidsverzekering *third-party insurance*

aanspreekbaar *approachable*

aanspreektitel *term of address*; *(official) title*

aanspreekvorm *form of address*

aanspreken • het woord richten tot *address*; *speak to* ★ iem. over iets ~ *talk to a person about s.th.* ★ iem. op straat ~ *accost s.o. in the street* • gaan gebruiken ★ zijn kapitaal ~ *break into one's capital* ★ de fles ~ *not spare the bottle* • in de smaak vallen (bij) *appeal to* ★ het spreekt me niet aan *it doesn't appeal to me*

aanstaan • bevallen *please* ★ 't staat me helemaal niet aan *I'm not at all happy about it*; *it rubs me the wrong way* • in werking zijn

⟨v. motor⟩ *be running*; ⟨tv e.d.⟩ *be (switched) on* • op een kier staan *be ajar*

aanstaande I zn verloofde *fiancé(e)* **II** bnw
• eerstkomend *first; next; coming* ★ ~ vrijdag *next Friday* • toekomstig *future* ★ mijn ~ echtgenoot/echtgenote *my future husband/wife* ★ ~ moeder *expectant mother*

aanstalten *preparations* ★ ~ maken (om/voor) *get ready to; prepare to*

aanstampen *tamp down*

aanstaren *stare/gaze at*; ⟨met open mond⟩ *gape (at)*

aanstekelijk *infectious; catching; contagious* ★ ~e lach *infectious laugh*

aansteken • doen branden ⟨een huis⟩ *set fire to*; ⟨lamp⟩ *light*; ⟨een vuur⟩ *kindle* • besmetten *infect* ★ wormstekig maken • een aangestoken appel *a worm-eaten apple* ▼ zijn vrolijkheid stak iedereen aan *his gaiety infected everyone*

aansteker *lighter*

aanstellen I ov ww *appoint* **II** wkd ww *pose; put on airs* ★ stel je niet aan! *stop showing off!*

aansteller *show-off; poser*

aanstellerig *affected; theatrical*

aanstellerij *affectation*

aanstelling *appointment*; ⟨v. officier⟩ *commission* ★ tijdelijke/vaste ~ *temporary/permanent appointment*

aanstellingsbrief *letter of appointment*

aansterken *get stronger; convalesce*

aanstichten ⟨complot⟩ *hatch*; ⟨onheil⟩ *cause*; ⟨opstand⟩ *instigate*

aanstichter *instigator*

aanstichting ★ op ~ van *at the instigation of*

aanstippen • even aanraken *touch*; med. *dab* • even noemen *mention briefly; touch on* • aankruisen *tick off*

aanstoken • aanwakkeren *fan* • opruien (tot) *stir*

aanstonds *directly; at once*; ⟨straks⟩ *presently*

aanstoot *offence; scandal* ★ ~ geven *give offence* ★ ~ nemen *take offence at*

aanstootgevend *offensive; objectionable*; ⟨sterk⟩ *scandalous; shocking*

aanstoten *nudge*

aanstrepen ⟨op lijst⟩ *tick off*; ⟨een passage⟩ *mark* ★ ~ wat verlangd wordt *tick as appropriate*

aanstrijken • met iets bestrijken *brush (over)* • muz. *bow* • doen ontbranden *strike*

aansturen *make/head for* ★ op een haven ~ *make/head for a harbour*

aantal *number* ★ een ~ schrijvers *a number of writers* ★ na ~ jaren *after a number of years* ★ gering in ~ *in small numbers* ★ in ~ overtreffen *outnumber* ★ behaalde ~ punten *score*

aantasten • aanpakken *attack* ★ iem. in zijn eer ~ *injure s.o.'s honour* • aanvreten *attack*; *tarnish*; *corrode* ★ zijn gezondheid is aangetast *his health has been affected* ★ de grondslagen ~ van *strike at the roots of* ★ zure regen tast metalen aan *acid rain corrodes/eats into metals*

aantasting *adverse effect*; ⟨v. metaal⟩ *corrosion*; ⟨v. goede naam⟩ *slur*

aantekenboek *notebook; memorandum book*

aantekenen I ov ww • opschrijven *write down*; make a note of; record ★ aangetekende brief *registered letter* ★ aangetekend versturen *send by registered mail* • opmerken ★ hierbij moet ik echter ~ *it should be noted however* **II** on ww in ondertrouw gaan ≈ *get a marriage licence*

aantekening • notitie *note*; *annotation*; (foot)note ★ ~en maken *take notes* ★ van ~en voorzien *annotate* • commentaar *registration* • het noteren ★ ~ houden van iets *keep a note/record of s.th.*

aantijging *imputation; accusation; allegation*

aantikken I ov ww even aanraken *tap* **II** on ww oplopen *mount/tot up* ★ dat tikt lekker aan! *that's adding up nicely*

aantocht *approach; advance* ★ in ~ zijn *be on the way* ★ er is onweer in ~ *a thunderstorm is brewing* ★ de lente is in ~ *spring is in the air*

aantonen • laten zien *demonstrate; reveal; show* ★ ~de wijs *indicative* • bewijzen *prove; demonstrate*

aantoonbaar *demonstrable*

aantreden *fall in; line up* ★ de manschappen laten ~ *fall the men in*

aantreffen *meet (with); find; come across*

aantrekkelijk *attractive; inviting; appealing*

aantrekken I ov ww • aandoen ⟨kleren⟩ *put on*; ⟨schoeisel⟩ *pull on* ★ andere kleren ~ *change* • vasttrekken *draw tighter; tighten* • naar zich toe halen *draw near; attract* ★ tegenpolen trekken elkaar aan *antipoles attract each other* • aanlokken *attract* ★ zich tot iets aangetrokken voelen *feel attracted to s.th.* • werven *take on*; *recruit* **II** on ww zich herstellen *improve* **III** wkd ww zich bekommeren om *be concerned about* ★ zich iets ~ van iets ⟨beledigd⟩ *take offence at s.th.*; ⟨serieus⟩ *take s.th. to heart* ★ trek je van hem maar niets aan! *don't mind him!* ★ iets zich persoonlijk ~ *take s.th. personally*

aantrekkingskracht • nat. *power of attraction*; (gravitational) pull • aantrekkelijkheid *attractiveness; appeal*

aanvaardbaar *acceptable*; ⟨redenering⟩ *plausible*

aanvaarden • aannemen *accept*; *take* • in ontvangst nemen *take* • op zich nemen ⟨aanbod, consequenties⟩ *accept*; ⟨commando⟩ *assume* ★ zijn taken ~ *take up one's duties* • beginnen *begin* ★ een reis ~ *set out on a journey* • in gebruik nemen ★ direct te ~ *with immediate possession*

aanvaarding • inbezitneming *taking possession* • het op zich nemen *assumption; taking on acceptance*

aanval • het aanvallen *attack; assault; charge* ★ een ~ afslaan *beat off an attack* ★ tot de ~ overgaan *go on/take the offensive* • uitbarsting *attack*; *fit* ★ een ~ van koorts *an attack of fever* ★ epileptische ~ *epileptic fit* ★ woede~ *tantrum* ★ een ~ van woede *a fit of rage* • sport *attack* ▼ de ~ is de beste

aa

verdediging *attack is the best (form of) defence*

aanvallen I ov ww een aanval doen *attack*; ⟨plotseling en hevig⟩ *assault*; *charge* ∗ in de rug ~ *attack s.o. from behind*; FIG. *stab in the back* II ON WW afstormen op *fall upon*; *charge* ∗ op zijn eten ~ *fall upon one's food*

aanvallend *offensive; aggressive*

aanvaller *attacker*

aanvallig *sweet; delightful*

aanvalsoorlog *war of aggression*

aanvalsspits *striker*

aanvalswapen *offensive weapon*

aanvang *beginning; start*; FORM. *commencement* ∗ een ~ nemen *begin*; FORM. *commence*

aanvangen *begin; commence* ∗ wat moet ik met haar ~? *what am I (supposed) to do with her?*

aanvangsloon *starting salary*

aanvangstijd *(scheduled) starting time*

aanvankelijk I BNW *original; first; initial* II BIJW *initially; at first*

aanvaring *collision* ∗ OOK FIG. in ~ komen met *collide with*; FIG. *collide/clash with*

aanvechtbaar *questionable; debatable*

aanvechten *question*; ⟨v. bewering⟩ *challenge*

aanvechting *temptation; sudden impulse*

aanvegen *sweep (out)*

aanverwant I ZN *in-law* II BNW ∗ aangetrouwd *related by marriage* ∗ nauw betrokken bij *related*

aanvliegen I ov ww *fly at* II ON WW vliegend naderen *fly towards; approach*

aanvliegroute *approach route*

aanvoegend ▾ ~e wijs *subjunctive mood*

aanvoelen I ov ww begrijpen *feel; appreciate*; ⟨stemming⟩ *sense* ∗ zij voelen elkaar goed aan *they think alike; they speak the same language; they are on the same wavelength* II ON WW bepaald gevoel geven *feel* ∗ het voelt raar aan *it feels strange*

aanvoelingsvermogen *intuition; sensitivity*

aanvoer ∗ het aanvoeren *supply; delivery* ∗ het aangevoerde *supply*; ⟨import⟩ *arrival(s)* ∗ de ~ van olie *supply of oil* ∗ aanvoerleiding *feedpipe; supply* ∗ de ~ is verstopt *the supply/ feedpipe is blocked*

aanvoerder *commander; leader*; SPORT *captain*

aanvoeren ∗ leiden *lead; command* ∗ een team ~ *captain a team* ∗ ergens heen brengen *supply; bring*; † *convey* ∗ naar voren brengen ⟨motieven⟩ *advance*; ⟨redenen⟩ *produce*; ⟨bezwaren⟩ *raise*; ⟨bewijs⟩ *submit*

aanvoering *command; leadership; captaincy*

aanvraag ∗ verzoek *application; request*; ⟨om inlichtingen⟩ *inquiry* ∗ een ~ indienen *submit an application*; ⟨bij de gemeente⟩ *send an application to the Council* ∗ bestelling *demand; order*; ⟨telefonisch⟩ *call* ∗ op ~ verkrijgbaar *available on request*

aanvraagformulier *application form*; ⟨voor goederen⟩ *requisition (form)*

aanvraagprocedure *application procedure*

aanvragen *apply/ask for* ∗ inlichtingen ~ over iets *inquire about s.th.*

aanvreten ∗ aan iets vreten *eat away at; gnaw at* ∗ aantasten *erode* ∗ aangevreten longen *corroded lungs; lungs attacked (by gas)* ∗ aangevreten door roest *eroded by rust*

aanvullen ∗ volledig maken *complete; finish*; *fill (up)*; ⟨v. aantal⟩ *complete*; ⟨elkaar⟩ *complement*; ⟨v. leemte⟩ *fill*; ⟨v. tekort⟩ *supply*; ⟨v. voorraad⟩ *replenish* ∗ een verlies ~ *make up a loss* ∗ een bibliotheek/informatie ~ *supplement a library/information* ∗ vol maken *fill up*

aanvulling *supplement; addition*; ⟨v. voorraden⟩ *replenishment*; ⟨v. bewering⟩ *amplification*; ⟨v. aantal⟩ *completion* ∗ ter ~ van *as a supplement to; to complete*

aanvuren *fire; inspire*; SPORT *cheer (on)*

aanwaaien ∗ dat waait haar gewoon aan *it comes naturally to her* ▾ ergens komen ~ *come over* ∗ bij iem. komen ~ *drop in on s.o.*

aanwakkeren I ov ww heviger maken ⟨ongunstig⟩ *stir up; fan*; ⟨gunstig⟩ *stimulate* II ON WW heviger worden *strengthen; increase*; ⟨v. wind⟩ *increase; freshen*

aanwas *growth; increase* ∗ de ~ van de bevolking *the growth in population*

aanwenden *use; apply* ∗ ten eigen bate ~ *use to one's own advantage* ∗ zijn invloed ~ *exert/ use one's influence* ∗ technieken ~ *apply techniques*

aanwennen (zich) *make a habit of; get (yourself) used to* ∗ een gewoonte ~ *pick up a habit; fall into the habit of*; ⟨slechte gewoonten⟩ *get into bad habits* ∗ zich ~ om duidelijk te spreken *make it a habit to speak clearly*

aanwensel *(bad) habit; trick*

aanwerven *canvass*

aanwezig *present* ∗ de ~en *those present* ∗ nadrukkelijk ~ zijn *make one's presence felt*

aanwezigheid *presence*; ⟨in school/ vergadering⟩ *attendance* ∗ zeg dat niet in ~ van de kinderen *don't say that in front of the children*

aanwijsbaar *demonstrable; verifiable*

aanwijzen ∗ laten zien *point out/to; indicate; show* ∗ bestemmen *assign (to); designate*; MIL. *detail*; ⟨fondsen⟩ *earmark*

aanwijzing ∗ het aanwijzen *pointing; indicating* ∗ inlichting *instruction; direction* ∗ iem. ~en geven *give a person instructions/ directions* ∗ op ~ van *under the directions of* ∗ indicatie *indication; sign*; ⟨vingerwijzing⟩ *pointer; clue* ∗ er is geen enkele ~ dat *there is no indication whatsoever that*

aanwinst ∗ verworven bezit *gain; acquisition* ∗ welkome ~ *welcome addition* ∗ waardevolle toevoeging *gain; asset* ∗ zij is een ~ voor de zaak *she's an asset to the business*

aanwippen ∗ even bij iem. ~ *drop in on s.o.; pop in at somebody's*

aanwonende *resident*

aanwrijven I ov ww verwijten ∗ iem. iets ~ *blame a person for s.th.; lay s.th. at a person's door* II ON WW wrijven tegen *rub* ∗ ~ tegen *rub against*

aanzeggen *give notice (of)*

aanzet *impulse; start; initiative* ∗ zij heeft de ~

gegeven *she took the initiative*

aanzetten I OV WW • in werking zetten ‹tv› *switch on*; ‹motor› *start* • vastmaken *put on (to)* ∗ een stuk ~ *fit on a piece* ∗ knopen • *sew on buttons* • aansporen *urge*; *incite*; ‹tot opstand› *incite to*; ‹een paard› *spur/urge on* • benadrukken *stress* • slijpen *set* **II** ON WW • vastkoeken *stick*; *catch* ∗ de melk is aangezet *the milk has stuck to the pan* ∗ de ketel is aangezet *the kettle has scaled* • komen ∗ komen ~ met een idee *come up with an idea* ∗ laat komen ~ *turn up late*

aanzicht • *aspect*; *view* • voorkomen *appearance* • aanblik ∗ het was geen prettige aanblik *it was not a pleasant sight* ∗ kant van waaruit iets gezien wordt *vantage point*

aanzien I ZN • het bekijken ∗ het ~ niet waard *not worth looking at* ∗ ten ~ van *with respect/regard to* • uiterlijk *look*; *aspect* ∗ dat geeft de zaak een ander ~ *that gives it another perspective* ∗ iets een ander ~ geven *that gives it another perspective* • achting *esteem*; *prestige* ∗ in ~ zijn *be held in (great) esteem* ∗ een man van ~ *a man of distinction* ▼ ten ~ van (t.a.v.) *with regard/respect to* ▼ zonder ~ des persoons *irrespective of rank* **II** OV WW • kijken naar *look at*; *look (up)on*; *consider* • door het uiterlijk zien ∗ men ziet hem zijn leeftijd niet aan *he does not look his age* • ~ op ∗ iem. ergens op ~ *suspect a p. of s.th.* • ~ voor ∗ iem./iets ~ voor *take a person/s.th. for* ∗ ten onrechte ~ voor *mistake for* ▼ laten we het nog wat ~ *let us wait and see* ▼ het laat zich ~ dat *there is every indication that...*

aanzienlijk I BNW • groot *considerable*; *substantial* • voornaam *noble*; *distinguished*; *notable* **II** BIJW in hoge mate *considerably*; *substantially*

aanzitten *sit at table* ▼ gaan ~ *sit down to table* ∗ de ~den *the guests*

aanzoek *proposal* ∗ iem. een ~ doen *propose to somebody*

aanzuigen *take in*; *suck in*

aanzuigend ▼ ~e werking *alluring/attracting effect*

aanzuiveren *pay (off/back)* ∗ een tekort ~ *make up a deficit*

aanzwellen *swell*

aanzwengelen *crank (up)*; FIG. *pump*; *boost*

aap *monkey*; ‹voornamelijk staartloos› *ape* ▼ we zijn in de aap gelogeerd! *we are in big trouble!* ▼ zich een aap lachen *laughing his head off* ▼ toen kwam de aap uit de mouw *then the truth came out* ▼ wat een aangeklede aap! *he's dressed up like a dog's dinner* ▼ in de aap gelogeerd zijn *be up the creek (without a paddle)*

aapachtig *ape-like*

aar *ear*

aard • gesteldheid *character*; *nature* ∗ zijn ware aard tonen *show one's true character* ∗ dat ligt niet in mijn aard *it is not my nature* ∗ zwak van aard *weak by nature* • soort *kind*; *sort* ∗ zijn karakter is van dien aard, dat... *his character is such that..* ∗ niets van dien aard *nothing of the sort* ▼ uit de

aard der zaak *by/from the nature of things*; *naturally* ▼ dat is de aard van het beestje *it's in the blood* ▼ een aardje naar zijn vaartje *a chip off the old block*

aard- *geo*

aardappel *potato*

aardappelmeel *potato flour*

aardappelmesje *potato-peeler*

aardappelmoeheid *potato sickness*; *potato root eelworm*

aardappelpuree *mashed potatoes*

aardas *earth's axis*

aardbaan *earth's orbit*

aardbei *strawberry*

aardbeving *earthquake*

aardbodem *earth's surface*; *earth*; *ground* ∗ van de ~ verdwenen *disappeared from the face of the earth*

aardbol • planeet aarde *earth* • globe *globe*

aarde • grond *soil*; *(leaf) mould* • TECHN. *earth*; AE *ground* • aardbol *earth* ▼ ter ~ bestellen *bury*; FORM. *inter* ▼ in goede ~ vallen *be well received*

aardedonker *pitch-dark*

aarden I BNW *earthen* ∗ ~ pijp *clay pipe* **II** OV WW *earth*; AE *ground* **III** ON WW • wennen ∗ ik kan hier niet ~ *I can't feel at home here* • ~ naar *take after*

aardewerk *pottery*; *crockery*; *earthenware*

aardgas *natural gas*

aardig I BNW • vriendelijk ‹v. personen› *nice*; ‹v. manieren› *pleasant* ∗ dat is erg ~ van u *that is very nice of you* ∗ wij hebben een ~e lerares *we have a nice teacher* ∗ hij was erg ~ voor me *he was very kind to me* ∗ je bent niet ~ tegen haar *you are not very pleasant to her* ∗ zij ziet er ~ uit *she looks nice* ∗ dat is erg ~ van je *it is/that's very good of you*; *that is most kind of you* • leuk om te zien *nice* ∗ een ~ meisje *a pretty girl* ∗ het ziet er ~ uit *it looks nice* • nogal groot ∗ een ~ sommetje *a handsome sum of money* ∗ ('t kost) ~ wat *a pretty penny* **II** BIJW behoorlijk *fairly*; *pretty (good)* ∗ het gaat hem ~ goed *he's doing very nicely*; *he's doing fairly well*

aardigheid • plezier *fun*; *pleasure* ∗ ~ in iets hebben *take pleasure in s.th.* ∗ de ~ is eraf *the fun has gone out of it* ∗ grap *joke*; *jest* ▼ voor de ~ *for fun*; *in sport*

aardigheidje *(small) present*; *a little something*

aarding *earthing*

aardkloot *globe*; *(planet) earth*

aardkorst *earth's crust*

aardleiding *earth(-wire)*; AE *ground wire*

aardlekschakelaar *earth leakage circuit breaker*

aardolie *petroleum*; *crude oil*

aardrijkskunde *geography*

aardrijkskundig *geographical*

aards *terrestrial* ∗ ~e goederen *worldly goods* ∗ een ~ paradijs *an earthly paradise*

aardschok *earthquake*

aardschol *tectonic plate*

aardverschuiving *landslide*

aardwetenschappen *earth sciences*

aardworm *earthworm*

aars *arse*

aa

aarts- *arch-*; FORM. *arrant*
aartsbisdom *archbishopric*
aartsbisschop *archbishop*
aartsdom *utterly stupid*
aartsengel *archangel*
aartshertog *archduke*
aartslui *bone-idle*
aartsvader *patriarch*
aartsvijand *arch-enemy*
aarzelen *hesitate*; *waver*; *dither*; ⟨uit bangheid⟩ *hang back*
aarzeling *hesitation*; *wavering*
aas I ZN (de) • speelkaart *ace* • uitblinker *ace* II ZN (het) • lokaas *bait* • dood dier *carrion*
aaseter *scavenging animal*; *carrion eater*|*bird*; *scavenger*
aasgier *vulture*
AAW *General Disability Act* ⋆ in de AAW zitten *receive General Disability benefits*
abattoir *abattoir*
abc • alfabet *the ABC*; *the alphabet* • eerste beginselen *rudiments*
abces *abscess*; *boil*
ABC-wapens *ABC weapons*
abdiceren *abdicate*
abdij *abbey*
abdis *abbess*
abdomen *abdomen*
abituriënt *grammar*|*secondary*|*high school leaver*; AE *high school graduate*
abject *contemptible*; *despicable*; *abject*
abnormaal *abnormal*
abominabel *abominable*
abonnee ⟨op periodiek⟩ *subscriber*
abonneenummer *subscriber's number*
abonneetelevisie *pay television*; *cable*
abonnement *subscription*; ⟨openbaar vervoer, concerten, e.d.⟩ *season ticket*
abonneren I OV WW *enter as a subscriber* II WKD WW *subscribe to*; *take out a subscription*
aborteren I OV WW zwangerschap afbreken *abort* ⋆ zich laten ~ *have an abortion* ⋆ een vrucht laten ~ *have a child aborted* II ON WW *miscarry*
abortus • ingreep *abortion* ⋆ ~ provocatus *induced abortion*; *termination of pregnancy* • miskraam *miscarriage*
abortuskliniek *abortion clinic*
abracadabra • toverspreuk *abracadabra* • wartaal *double Dutch*; *gobbledygook*
Abraham *Abraham* ▾ ~ zien *have turned fifty* ▾ weten waar ~ de mosterd haalt *be nobody's fool*
abri *bus shelter*
abrikoos *apricot*
abrupt *abrupt*; *sudden*
ABS *anti-lock braking system*
abscis *abscissa*
abseilen *abseil*; AE *rappel*
absence *absence*
absent • afwezig *absent* • verstrooid *absent-minded*
absenteren (zich) *absent o.s. (from)*
absentie • afwezigheid *absence* • verstrooidheid *absent-mindedness*
absentielijst *(attendance-)register*; *list of absentees*
absolutie *absolution* ⋆ ~ verlenen *give absolution*
absolutisme *absolutism*
absoluut *absolute*
absorberen *absorb* ⋆ ~d middel *absorbent material*
absorptie *absorption*
abstinentie *abstinence*
abstract *abstract*
abstractie *abstraction*
abstraheren *abstract*
absurd *absurd*; *ridiculous*
abt *abbot*
abuis I ZN *mistake*; *error* ⋆ per ~ *by mistake*; *erroneously* II BNW *mistaken* ⋆ ~ zijn *be mistaken*
abusievelijk *wrongly*
acacia *acacia*
academicus *university graduate*; ⟨docent, professor⟩ *academic*
academie • hogeschool *university*; ⟨kunstacademie⟩ *academy* • geleerd genootschap *academy*
academisch I BNW *academic*; *university* ⋆ ~ ziekenhuis *university*|*teaching hospital* ⋆ ~e graad *university degree* II BIJW ⋆ ~ gevormd *university trained*
a capella *a capella*
acceleratie *acceleration*
accelereren *accelerate*
accent • klemtoon *stress*; FIG. *emphasis* • manier van spreken *accent* ⋆ een licht/sterk ~ *a slight*/*strong accent* ⋆ een zwaar ~ INF. *an accent you could cut with a knife* • leesteken *accent*
accentueren *accent*; *stress*; *emphasize*; *accentuate*
acceptabel *acceptable*
acceptatie *acceptance*; *acknowledgement*
accepteren *accept* ⋆ niet ~ *refuse*; *reject*; ⟨v. rekening, cheque⟩ *dishonour* ⋆ dat soort gedrag accepteer ik niet *I won't stand for that kind of behaviour*
acceptgiro *giro credit slip*
accessoire *accessory*
accijns *excise duty*
acclamatie *acclamation* ⋆ bij ~ *by acclamation*
acclimatiseren *acclimatize*
accolade • teken *brace*; *bracket* • omarming *accolade*
accommodatie *accommodation*
accordeon *accordion*
account • ECON. klant/opdracht *account* • ECON. rekening *account* • COMP. mailaddress *account*
accountancy *accountancy*
accountant *(chartered) accountant*
accountantsverklaring *auditor's report*
accrediteren • krediet verschaffen *give s.o. credit facilities at a bank*; *give s.o. credit* • met geloofsbrieven uitzenden *accredit (to)* ⋆ een geaccrediteerd journaliste *an accredited journalist* ⋆ ~ bij een regering *accredit to a government*
accu *battery* ⋆ de accu is leeg *the battery is dead*

accuklem *battery clip*

accumulatie *accumulation*

accumulator *accumulator; battery*

accuraat *accurate; precise*

accuratesse *accuracy; precision*

ace *ace*

aceton *acetone*

acetyleen *acetylene*

acetylsalicylzuur *acetyl-salicyclic acid*

ach *ah!* ▾ ach en wee roepen *lament*; INF. *bellyache*

à charge ★ een getuige ~ *witness for the prosecution*; *crown witness*

achilleshiel *flaw; vulnerable/weak point*; ⟨v. persoon⟩ *Achilles' heel*

achillespees *Achilles' tendon*

acht I ZN • cijfer *eight* • aandacht *attention; heed* ★ acht slaan op *pay attention to*; *take heed of* ★ zich in acht nemen *take care*; *beware* ★ wetten in acht nemen *observe laws* • roeiteam *eight* **II** TELW *eight* ★ acht mei *the eight of May*; *May 8th* ★ achturige werkdag *eight-hour day*

achtbaan *roller coaster*

achtbaar *respectable*

achteloos *careless; negligent*

achten • vinden *deem; consider; judge* ▾ ik acht het ongewenst *I consider it undesirable* • waarderen *esteem; respect*

achter I BIJW • aan de achterkant *at/in the back/rear* ★ ~ in de auto *in the back of the car* ★ ~ in de kamer *at the back of the room* ★ van ~ naar voren *backwards* • in achterstand *behind* ★ de klok loopt ~ *the clock is slow* ★ ~ met werk *behind with work* ★ het team staat ~ (met) *the team is down (by)* ★ ~ met betalen *in arrears* ▾ hij is ~ in de dertig *he is in his late thirties* **II** VZ • met iets/iem. voor zich *behind; at* ★ ~ het stuur/bureau *at the wheel/desk* • na ~ ★ ~ elkaar *in succession* ▾ ~ iem. om *behind s.o.'s back* ▾ ~ de waarheid komen *find out the truth* ▾ ik ben er ~ *I've got to the roots of it*

achter- *back/rear*

achteraan *in the rear; behind; at the back* ★ zij ging/holde er ~ *she ran after it*

achteraanzicht *rear view; view from the back*

achteraf • naderhand *after the event* ★ ~ beschouwd / bezien *in retrospect* • afgelegen *out of the way* ★ een ~ straatje *a back street* ★ ~ wonen *live in a backwater*

achterbak *boot*; AE *trunk*

achterbaks I BNW *underhand* ★ ~e streken *underhand dodges* ★ een ~e vent *a sneaky devil* **II** BIJW *underhand*; *secretly*

achterban *rank and file*; *supporters* ★ steun van de ~ *grass roots support* ★ de ~ raadplegen *take the pulse of the people*

achterband *back tire*

achterbank *back seat*

achterblijven • niet meekomen *lag behind*; ⟨bij wedstrijden⟩ *fall behind*; ⟨in ontwikkeling⟩ *be backward* ★ achtergebleven gebied *underdeveloped area* • achtergelaten worden *be left (behind)* ★ drie kinderen blijven achter *he leaves three children*

achterblijver • wie blijft *stay-at-home* • degene die achteraan komt *straggler* • kind dat achterblijft *slow developer*; ⟨in ontwikkeling⟩ *backward child*

achterbuurt *back street; slum*

achterdeur *door at the back; rear door(auto)*; FIG. *backdoor* ▾ door een ~ zien binnen te komen *try to get in by the backdoor*

achterdocht *suspicion* ★ ~ krijgen *become suspicious* ★ ~ koesteren *entertain/harbour suspicions*

achterdochtig *suspicious; distrustful*

achtereen *without a pause* ★ kilometers ~ *kilometres at a stretch* ★ dagen ~ *for days on end*

achtereenvolgens *successively; in succession*

achtereind • achterste deel *back; rear (end)* • achterwerk *bottom* ▾ zo stom zijn als 't ~ van een varken *be as thick as two short planks*

achteren *back; further back/backwards*

achtergrond *background* ★ met een universitaire ~ *with an academic background* ★ op de ~ blijven *keep a low profile* ★ op de ~ dringen *push into the background* ★ op de ~ raken *recede into the background* ★ tegen een rode ~ *against a red background* ★ de ~ van de staking *the background to the strike*

achtergrondinformatie *background information*

achtergrondmuziek *background music*; *muzak*; *wallpaper music*

achterhaald *outdated; out of date; obsolete* ★ een ~e ideologie *an obsolete ideology*

achterhalen • te pakken krijgen *catch up with* ★ zij hebben de dief kunnen ~ *they've been able to catch up with the thief* • terugvinden *recover* • te weten komen ★ de waarheid ~ *find out/get at the truth*

achterheen ▾ ergens ~ zitten *keep hard at s.th.* ▾ ergens ~ gaan *follow s.th. up*; *check up on s.th.*

achterhoede • MIL. *rear(guard)* • SPORT *defence*

achterhoofd *back of the head* ▾ hij is niet op zijn ~ gevallen *there are no flies on him*; *he wasn't born yesterday*

achterhouden • bij zich houden *hold back* • geheimhouden *withhold; conceal*

achterhuis *back part of the house*

achterin *in/at the back*

achterkant *back*; *reverse*; ⟨v. grammofoonplaat⟩ *b-side*

achterklap *backbiting; scandal*

achterkleinkind *great-grandchild*

achterklep AE *trunk lid*; ⟨v. kofferbak⟩ *lid of the boot*; ⟨v. stationcar⟩ *tailgate*; ⟨v. vrachtwagen⟩ *tailboard*

achterland *hinterland*

achterlaten *leave (behind)* ★ een boodschap voor iem. ~ *leave a message for s.o.* ★ met achterlating van ... *leaving behind ...*

achterlicht *tail/rear-light*

achterliggen *lie/be behind*

achterlijf *rump*; ⟨v. insect⟩ *abdomen*

achterlijk *backward*; ⟨v. kind⟩ *retarded*

achterlopen ⟨v. persoon⟩ *be behind the times*;

ac

⟨v. klok⟩ *be slow*
achterna *behind*; *after*
achternaam *surname*; *family name*
achternagaan • volgen *go/follow behind* • gaan lijken op *resemble*; *look like* ∗ zij gaat haar moeder achterna *she is going to be just like her mother*
achternalopen OOK FIG. • hij loopt haar achter na *he runs/chases after her*
achternazitten • achtervolgen *chase*; *pursue*; *track* ∗ de politie zit hem achterna *the police are after him* • controleren *check up on*; *keep an eye on*
achterneef • zoon van neef/nicht *second cousin* • zoon van oom-/tantezegger *great nephew*
achternicht • dochter van neef/nicht *second cousin* • dochter van oom-/tantezegger *great-niece*
achterom *round the back* ∗ ~ kijken *look back*
achterop • achter *behind* • op de achterkant *at the back* ∗ hij zat bij mij ~ *he was riding pillion with me* ∗ ~komen/lopen *catch up with* ∗ een ~komende auto *an overtaking car* ∗ iem. ~ nemen ⟨fiets⟩ *give s.o. a ride on the back of the bike*
achterover *back(wards)*; *on one's back*
achteroverdrukken *knock off*; *pinch*
achteroverslaan I OV WW snel drinken *knock back*; *toss down* ∗ een borrel ~ *knock back a drink* ▼ daar sloeg ik echt steil van achterover *it really bowled me over* II ON WW vallen *fall down backwards*
achterpand *back panel*
achterplecht *after deck*
achterpoot *hind leg*
achterruit *rear window*
achterruitverwarming *rear window demister*
achterspeler *back*
achterstaan *be behind/down* ∗ Nederland staat met 2-0 achter *the Netherlands are behind/down by two points*
achterstallig *in arrears* ∗ ~e schuld *arrears* mv ∗ ~e huur *back rent*
achterstand *arrears* ∗ ~ inhalen *even/equalize the score*; *make up arrears*
achterste • achterstuk *back-part* • zitvlak *bottom*; SCHERTS. *rump* ▼ niet het ~ van zijn tong laten zien *not speak one's mind*
achterstellen *subordinate to*; *discriminate against*; *place at a disadvantage* ∗ je moet A niet ~ bij B *you must not neglect A for B* ∗ zij voelde zich achtergesteld *she felt discriminated against*
achterstelling *neglect*; ⟨personen⟩ *discrimination (against)*
achterstevoren *back to front*; *the wrong way round*; ⟨volgorde⟩ *in reverse (order)*; *backwards* ∗ je hebt je trui ~ aan *you are wearing your sweater the wrong way round*
achtertuin *back garden*
achteruit I ZN *reverse* ∗ in zijn ~ zetten *put in reverse* II BIJW *backwards*; *back* ∗ ~ daar! *stand back!*
achteruitgaan • naar achteren gaan *move back*; *go back* • verslechteren ⟨v.

gezondheid⟩ *decline*; ⟨v. kwaliteit⟩ *fall*; *deteriorate*; *decay*
achteruitgang[1] *rear exit*
achteruitgang[2] *deterioration*
achteruitkijkspiegel *rear-view mirror*
achtervoegsel *suffix*
achtervolgen *pursue*; *run after* ∗ door pech achtervolgd *pursued by bad luck* ∗ de gedachte achtervolgt me *the thought haunts me* ∗ een misdadiger ~ *pursue a criminal*
achtervolging *pursuit*; *chase* ∗ de ~ inzetten *set off in pursuit (of)*
achtervolgingswaan *paranoia*
achterwaarts *backward* ∗ met een ~e beweging *with backward movement*
achterwege ∗ ~ laten *omit*; *drop* ∗ ~ blijven ⟨v. zaken⟩ *not come off*; *be omitted*
achterwerk *backside*; *behind*; *bottom*
achterwiel *back/rear wheel*
achterwielaandrijving *rear-wheel drive*
achterzijde *back*; *rear*
achthoekig *octagonal*
achting *regard*; *esteem*; *respect* ∗ in iemands ~ dalen / stijgen *fall/rise in a person's opinion* ∗ met de meeste ~, Pamela Wallis *Yours faithfully/sincerely, Pamela Wallis.*
achtste *eighth* ∗ het is vandaag de ~ *today is the eighth*; *it's the eighth today* ∗ drie ~ (deel) *three eighths*
achttien *eighteen* → *acht*
achttiende *eighteenth* → *achtste*
acid *acid*
acid jazz *acid jazz*
acne *acne*
acquisitie *acquisition*
acquit ▼ van ~ gaan *cue off*
acrobaat *acrobat*
acrobatiek *acrobatics*
acrobatisch *acrobatic*
acroniem *acronym*
acryl I ZN *nylon* ∗ ~verf *acryllic paint* ∗ een trui van ~ *a nylon jumper* II BNW *nylon*
act *act* ∗ een act opvoeren *put on an act*
acteren • toneelspelen *act*; *perform* • doen alsof *act*; *pretend*
acteur *actor*
actie • handeling *action* ∗ in ~ komen *go/swing into action* • protestactie ∗ ~ voeren *agitate for/against*; *campaign for/against* • JUR. *lawsuit*
actiecomité *action committee*
actief I ZN totale bezit *assets* II BNW • bezig *active*; *energetic* • in dienst *active* ∗ in actieve dienst *on active service* • ECON. ∗ actieve handelsbalans *favourable trade balance*
actiegroep *action group/committee*
actieradius *radius of action*; *range*
actievoerder *activist*; *campaigner*
activa *assets*
activeren *activate*
activist *activist*
activiteit *activity*
actrice *actress*
actualiseren • actueel maken *make topical* • moderniseren *update*; *bring up to date* • verwerkelijken *realize*; *fulfill*; *actualize*

actualiteit • het actueel zijn *topicality* • actueel onderwerp *topical subject*; ⟨gebeurtenis⟩ *current event*

actualiteitenprogramma *current affairs programme*

actuariaat *actuary*

actueel *current*; *topical* ★ actuele gebeurtenis *topical event* ★ dat is nu nog steeds ~ *it is still relevant*

acupressuur *acupressure*

acupunctuur *acupuncture*

acuut I BNW plotseling opkomend *acute* ★ in ~ gevaar verkeren ⟨m.b.t. ziekte⟩ *be in a critical condition*; ⟨m.b.t. gevaar⟩ *be in immediate danger* II BIJW *immediately*; *right away*

adagio I ZN *adagio* II BIJW *adagio*

adamsappel *Adam's apple*

adapter *adaptor*

addendum *addendum* ★ addenda *addenda*

adder *viper*; *adder* ▾ er schuilt een ~tje onder het gras *there's a snag at it*

additief *additive*

additioneel *additional*

à decharge ★ een getuige ~ *witness for the defence*

adel *nobility* ★ hij is van adel *he belongs to the nobility*

adelaar *eagle*

adelborst *midshipman*; *naval cadet*

adelen *ennoble*; *raise to the peerage*

adellijk • van adel *noble* ★ ~e trots *nobiliary pride* ★ ~e dame *noble lady* • bijna bedorven *high*; *gamy*

adelstand *nobility* ★ in de ~ verheffen *raise to the peerage*

adem *breath* ★ buiten adem raken *get out of breath* ★ de adem inhouden *hold one's breath* ★ op adem komen *recover one's breath* ★ naar adem snakken *gasp* ▾ van lange adem *long-winded*

adembenemend *breathtaking*

ademen • ademhalen *breathe* ★ zwaar ~ *wheeze* • lucht doorlaten *breathe*

ademhalen *breathe*; ⟨diep⟩ *breathe deeply* ▾ opgelucht ~ *breathe a sigh of relief*

ademhaling *breathing*; *respiration* ★ kunstmatige ~ *artificial respiration*

ademhalingswegen *respiratory tracts*

ademloos *breathless*

ademnood *lack of breath* ★ in ~ verkeren *be gasping for breath*

adempauze *breathing-space*

ademtocht *breath*

adequaat *adequate*

ader • bloedvat *vein* • bodemlaag *vein*; *seam*

aderlaten *bleed*

aderlating *drain* ★ dat rondje was een enorme ~ *that round of drinks made a great hole in my pocket*

aderverkalking *hardening of the arteries*; MED. *arteriosclerosis*

ADHD *ADHD*

adhesie • NAT. *adhesion* • instemming *adhesion*; *adherence* ★ ~ betuigen met *express one's adherence to*; *express one's approval of*

ad hoc *ad hoc*

adieu *goodbye*; *farewell*

ad interim *interim*

adjectief I ZN *adjective* II BNW *adjectival*

adjudant • toegevoegd officier *adjutant*; *A.D.C.*; *aide-de-camp* • adjudant-onderofficier ≈ *warrant officer*

adjunct *assistant*; *deputy*

adjunct- *deputy* ★ ~directeur *deputy manager| director*

administrateur *administrator*; ⟨boekhouder⟩ *accountant*; *bookkeeper*; ⟨op schip⟩ *purser*

administratie • afdeling *accounts department*; MIL. *paymaster's department* • beheer *administration*; *management* ★ een hoop ~ *a lot of paper work*

administratief *administrative* ★ ~ personeel *clerical staff*

administratiekantoor *administrative| managerial office*

administratiekosten *administration costs*

administreren *administer*; *manage*; ⟨rekeningen, e.d.⟩ *keep accounts*

admiraal *admiral*

admiraliteit *admiralty*

adolescent *adolescent*; *youth*

adolescentie *adolescence*

adonis *adonis*

adopteren • als eigen kind aannemen *adopt* • onder zijn hoede nemen *take up*

adoptie *adoption*

adoptiefkind *adoptee*; *adopted child*

adoptiefouder *adoptive parent*

adoreren *adore*

ad rem *ad rem*; ⟨straight|right⟩ *to the point*; *pertinent* ★ ~ zijn *be quick(-witted)*

adrenaline *adrenalin*

adres • straat en woonplaats *address* ★ per ~ *c|o*; *care of* • verzoekschrift *petition*; *address* ▾ je bent aan het verkeerde ~ *you've come to the wrong shop*

adresboek *directory*

adresseren I OV WW van adres voorzien *address*; FORM. *direct* II ON WW rekest indienen *petition*

adreswijziging *change of address* ★ ~en sturen *send out change of address cards*

Adriatische Zee *Adriatic Sea*

ADSL Asymmetrical Digital Subscriber Line *ADSL*

adsorberen *adsorb*

adstrueren *substantiate*

adv arbeidsduurverkorting *reduction in working hours*; *shorter working hours*

advent *Advent*

adverteerder *advertiser*

advertentie *advertisement*; INF. *ad*

advertentiecampagne *advertising campaign*; INF. *ad campaign*

adverteren *advertise*

advies *advice*; *counsel*

adviesbureau *firm of consultants*; *consultancy*

adviesorgaan *advisory body|committee*

adviesprijs *recommended sales price*

adviseren *advise*; *recommend*

adviseur *adviser*; *counsellor*; *consultant*; ⟨v.

ad

bedrijfsorganisatie〉 *management consultant*; *legal adviser*; JUR. *solicitor*

advocaat • raadsman *lawyer*; 〈in hoger gerechtshof〉 *barrister*; 〈in lager gerechtshof〉 *solicitor*; AE *attorney* ∗ een ~ nemen *call in a lawyer* • drank ≈ *eggnog* ▼ een ~ van kwade zaken INF. *a bent lawyer*

advocaat-generaal *Solicitor General*

advocatencollectief *law centre*; *legal clinic*

advocatuur *Bar*; *legal profession* ∗ de ~ ingaan *be called to the Bar*

aerobiccen *do aerobics*; *do aerobic exercises*

aerobics *aerobics*

aërodynamica *aerodynamics*

aërodynamisch *aerodynamic*

aëroob *aerobic*

af I BNW voltooid *finished*; *done* ∗ het werk is af *the work is finished/done* **II** BIJW • vandaan/weg *from* ∗ ver van de weg af *far from the road* ∗ af en aan lopen *come and go* ∗ van jongs af aan *from childhood* • er is een poot af *a leg is missing* • naar beneden *off* • bevrijd/verlost van *off* ∗ daar ben ik van af! *good riddance!*; *that's over and done with!* ∗ zij is van hem af *she has separated from him* • bij benadering *to* ∗ op het gevaar af *at the risk of* ∗ op de minuut af *to the minute* ▼ af en toe *now and then*; *occasionally*; *off and on* ▼ daar wil ik van af zijn *I'm not sure*; *I wouldn't like to say* ▼ bij het belachelijke af *verging on the absurd* ▼ op de man af *point-blank* ▼ goed/slecht af zijn *be well/badly off* ▼ af! *down!* ▼ bij de beesten af *too awful for words* **III** VZ ∗ prijzen af fabriek *prices ex works/factory*

afasie *aphasia*

afbakenen 〈v. weg〉 *trace*; *mark out*; 〈v. vaarwater〉 *mark with buoys* ∗ een plan duidelijk ~ *clearly define a plan*

afbeelden *represent*; *portray*; *depict*

afbeelding • het afbeelden *portrayal* • beeld *picture*; *portrait*; 〈in boek〉 *figure*; *illustration*

afbekken *snarl/snap at* ∗ je hoeft me niet zo af te bekken *there's no need to snap my head off*

afbellen *ring off*

afbestellen 〈een order〉 *cancel*; 〈v. opdracht〉 *countermand*

afbetalen • deels betalen *pay on account* • helemaal betalen *pay off*

afbetaling *payment* ∗ op ~ kopen *buy on the instalment plan*; *buy on hire purchase*

afbetalingstermijn *instalment*; *term/period of repayment*

afbeulen *wear out* ∗ zich ~ *work o.s. to the bone*; *work one's fingers to the bone* ∗ een paard ~ *override a horse*

afbijten • bijtend wegnemen *bite off*; 〈nagels〉 *bite*; 〈woorden〉 *clip* • verf wegnemen *strip*; *remove*

afbijtmiddel *paint stripper/remover*

afbinden • MED. *tie off* • losmaken *untie*; *take off*

afbladderen *peel off*; 〈v. verf of huid〉 *flake off*

afblaffen *bark/snap/snarl at*

afblazen • fluitsignaal geven *blow the whistle* • wegblazen *blow off*

afblijven *keep one's hands off*; *leave alone* ∗ ~! *hands off!*

afbluffen *outbluff*; *overawe*

afboeken • boeken *enter up* • afschrijven *write off*

afborstelen • wegborstelen *brush (off)*; *brush away* • schoonborstelen *brush down*

afbouwen • afmaken *finish* • geleidelijk opheffen *cut back on*; *phase out*

afbraak *demolition*; FIG. *degradation*; 〈organische stoffen〉 *decomposition*

afbraakpand *condemned building*

afbraakprijs *knock-down price*

afbraakproduct *breakdown product*

afbranden I OV WW door branden verwijderen *burn off/away* **II** ON WW door brand vernietigd worden *burn down* ∗ de kerk brandde af *the church burnt down*

afbreekbaar CHEM. *biodegradable*; *decomposable*

afbreken I OV WW • eraf-/kapotbreken *break (off)* • slopen *pull down*; *tear down*; 〈tent〉 *strike*; 〈huis〉 *demolish* • afkraken *cry down*; *run down*; FORM. *disparage* ∗ ~de kritiek *scathing criticism* • beëindigen *sever*; *break off*; *cut short* ∗ een partij ~ *adjourn a game* ∗ de onderhandelingen ~ *break off negotiations* **II** ON WW losgaan *break off*

afbreking *breaking off*; *rupture*; *interruption*

afbrekingsteken *break*

afbrengen • het er goed van ~ *do well*; *get through well* ▼ het er slecht van ~ *do badly*; *come off badly* ▼ het er levend van ~ *escape with one's life* ▼ iem. van de goede weg ~ *lead s.o. astray*

afbreuk ∗ ~ doen aan *harm s.th.*; *be detrimental to s.th.* ∗ zonder ~ te doen aan iets *without marring s.th.*

afbrokkelen *crumble (off)*

afbuigen *turn off*; *bend off*; 〈v. weg〉 *branch off*

afdak *lean-to*; *shelter*

afdalen *go down*; *descend* ▼ ~ in bijzonderheden *go/enter into details*

afdaling *descent*

afdammen *dam up*; *block (off)*; FIG. *stem*

afdanken • wegdoen 〈kleren〉 *cast off*; 〈machine, e.d.〉 *scrap* • wegsturen *dismiss*; *ditch*; 〈minnaar〉 *discard*; *ditch*

afdankertje *hand-me-down*

afdekken • bedekken *cover up* • afruimen *clear (the table)*

afdeling *department*; *division*; *unit*; 〈v. bestuur, (winkel)bedrijf〉 *department*; 〈v. leger〉 *unit*; 〈maatschappij〉 *section*; 〈v. ziekenhuis〉 *ward*

afdelingschef *department(al) manager*

afdichten *seal (off)*; *plug*; *stop up*

afdichtingstape *sealing tape*

afdingen • minder bieden *haggle*; *bargain* • minder doen lijken ~ *op detract from* ▼ daar valt niets op af te dingen *there's no question about that*

afdoen • afzetten *take off* • afnemen ∗ iets van de prijs ~ *knock s.th. off the price* • afhandelen *finish* ∗ een kwestie ~ *settle a matter* • schoonmaken *clean* ▼ dat heeft afgedaan *that is played out*; *that has had its day* ▼ dat doet niets aan de waarde af *that*

detracts nothing from the value

afdoend • doeltreffend ★ ~e maatregelen *effective measures*; FORM. *efficacious measures* • beslissend *conclusive* ★ ~ bewijs *conclusive evidence* ★ dat is ~ *that settles it*

afdraaien • door draaien verwijderen *twist off* • opdreunen ★ een verhaal ~ *rattle off a story*

afdracht *payment*; *contribution(s)*

afdragen • afgeven *hand over* • verslijten *wear out*

afdrijven I OV WW *abort* ★ vrucht ~ *abort a foetus* II ON WW wegdrijven ⟨v. bui⟩ *blow over*; ⟨v. schip⟩ *drift off*

afdrogen • droog maken *dry*; *wipe (off)* • een pak slaag geven *give a hiding*; *thrash*

afdronk *aftertaste*

afdruipen • druipend vallen *trickle down* • weglopen *slink off*

afdruiprek *plate-rack*

afdruk ⟨v. artikel⟩ *off-print*; ⟨v. boek⟩ *copy*; COMP. *hard copy*; ⟨v. vinger, foto⟩ *print*

afdrukken • een afdruk maken ⟨v. boek, foto⟩ *print*; ⟨in klei⟩ *impress* • foto maken *press the button* • in werking stellen ⟨vuurwapen⟩ *pull the trigger*

afdruksnelheid *printing speed*

afdrukvoorbeeld *print preview*

afduwen *push*/*shove off*

afdwalen *stray off*; FIG. *stray from the subject*; *digress*

afdwingen • gedaan krijgen ★ een bekentenis ~ *extort a confession* • inboezemen ★ bewondering ~ *compel*/*command admiration*

af-fabrieksprijs *ex-works price*

affaire • kwestie *affair*; *transaction*; ECON. *business* • verhouding *affair*

affect *affect*

affectie • genegenheid *affection*; *fondness* • aandoening *affection*

affiche *poster*

afficheren *post (up)*

affiniteit *affinity*

affix *affix*

affreus *hideous*; *horrid*

affront *affront*; *insult*

afgaan • naar beneden gaan *go down*; *descend* ★ de trap ~ *go down the stairs* • weggaan (van) *leave*; ⟨v. school⟩ *leave*; ⟨v. een sport⟩ *give up* • langsgaan *go to see*; *go along the line* ★ hij ging de rij af *he went along the line* • afgeschoten worden, in werking treden *go off* • blunderen *lose one's face* • afgenomen worden van een geheel ★ er gaat 10 pond af *ten pounds will be taken off* • lukken ★ het gaat hem gemakkelijk af *it comes easily to him* • ~ op *make for*; FIG. *rely on* ★ op het uiterlijk ~ *judge by appearances*

afgang *defeat*; *flop*; INF. *comedown* ▾ wat een ~ *what a let-down*

afgedaan *sold*; *settled*; *paid off* ▾ hij heeft voor mij ~ *I want nothing more to do with him*

afgeladen • overvol *jam-packed*; *cramful*; *packed* • dronken *canned*; *tanked*; *sloshed*

afgelasten *cancel*; *countermand*; SPORT *postpone*; *abandon*

afgelasting *cancellation*

afgeleefd *decrepit*; *worn out*

afgelegen • ver weg gelegen *distant*; *remote*; *out of the way* • eenzaam *isolated*; *secluded*

afgelopen • verleden *last* • voorbij *past*

afgemat *worn out*; *exhausted*; INF. *knackered*

afgemeten • afgepast *measured* • stijf *formal*; *stiff*

afgepast *paced*/*measured (out)*

afgepeigerd *done in*/*up*/*for*; *all in*; INF. *fagged*

afgestompt *dulled*; *deadened*

afgetraind *in peak*/*prime*/*top condition*

afgevaardigde *delegate (to a meeting)*

afgeven I OV WW • overhandigen ⟨v. papieren, telegram⟩ *hand in*; ⟨v. boodschap, krant⟩ *deliver*; ⟨v. geld⟩ *hand over* ★ zijn kaartje ~ *leave one's card* • verspreiden *give off* ★ licht ~ *give off light* II ON WW • kleurstof loslaten *run* ★ deze jurk geeft af *this dress is not colourfast* • ~ op ★ op iem. ~ *run a person down* III WKD WW • ~ met ★ zich met iem. ~ *take up with a person* ★ zich met iets ~ *meddle with s.th.*

afgezaagd ★ een ~e grap a *corny*/*stale joke* ★ een ~e uitdrukking a *hackneyed phrase*

afgezant *envoy*; *ambassador*

afgezien ★ ~ van *apart from*; *besides*

afgezonderd *secluded*; FORM. *sequestered*

Afghaan • inwoner *Afghan* • hond *Afghan hound*

Afghaans I ZN taal *Afghan*; *Pashto* II BNW *Afghan*

Afghanistan *Afghanistan*

afgieten • vocht weggieten *pour off*; ⟨door vergiet⟩ *strain* • door gieten maken *cast*

afgietsel *cast*; *mould*

afgifte ⟨v. brief⟩ *delivery*; ⟨v. document⟩ *issue* ★ tegen ~ van *in exchange for*

afglijden *slide*/*slip down*/*off*; ⟨v. vliegtuig⟩ *stall*

afgod *idol*

afgooien *throw down*/*off*

afgraven ⟨v. heuvel⟩ *dig away*; ⟨egaliseren⟩ *level*

afgrendelen *bolt*

afgrijselijk *horrible*; *ghastly* ★ ~ lelijk *hideous*

afgrijzen *horror*; *abhorrence* ★ met ~ vervullen *horrify*

afgrond *precipice*; *abyss*; FIG. *abyss*; *gulf*

afgunst *jealousy*

afgunstig *jealous (of)*

afhaaldienst *collection service*

afhaalrestaurant *takeaway (restaurant)*

afhaken I OV WW losmaken *unhook*; *uncouple* II ON WW niet meer meedoen *drop out*

afhakken *chop*/*cut off*; ⟨tak⟩ *lop off*

afhalen • van iets ontdoen ★ bonen ~ *string beans* ★ bedden ~ *strip beds* • meenemen ⟨thuis⟩ *call for*; ⟨goederen, personen⟩ *collect*; ⟨met auto⟩ *pick up* ★ iem. van het station ~ *meet s.o. at the station*

afhameren • snel afhandelen *deal with quickly*; *rush through* • het woord ontnemen ★ iem. ~ *silence s.o.*

afhandelen *settle*; *deal with*

afhandig ★ iem. iets ~ maken ⟨slinks⟩ *trick a person out of s.th.*; ⟨wegpakken⟩ *filch s.th.*

af

from a person

afhangen • naar beneden hangen *hang down*
• ~ van *depend (on)* ✶dat hangt er vanaf *that depends (on it)*

afhankelijk • niet-zelfstandig *dependent (on)*
• ~ van *dependent on; subject to* ✶ ~ van omstandigheden *depending on circumstances* ✶ ~ van goedkeuring *subject to approval*

afhelpen (van) *rid of; relieve of;* ⟨v. ziekte⟩ *cure of*

afhouden • inhouden *deduct; withhold*
• weghouden *keep off/from;* SPORT *obstruct* ✶de vijand van zich ~ *keep the enemy at bay* ✶hij kon er zijn ogen niet ~ *he couldn't keep his eyes off it*

afhuren *hire; rent;* ⟨lokaliteit⟩ *engage*

afjakkeren • afraffelen *dash (off); throw together* • snel afleggen *tear/charge along* ✶een weg ~ *tear along a road* • uitputten *overwork; exhaust* ✶hij jakkerde zijn paard af *he exhausted his horse*

afkalven *cave in; crumble away*

afkammen *run down*

afkanten • scherpe kant wegnemen *blunt; square* • handwerk afmaken ⟨v. haakwerk⟩ *fasten off;* ⟨v. breiwerk⟩ *cast off*

afkappen • afhakken *chop/cut off* • plotseling beëindigen *cut short*

afkatten *snap at*

afkeer *aversion (to); dislike (of/to)* ✶zij heeft een grondige ~ van roken *smoking is her pet aversion*

afkeren *turn away; avert* ✶zich ~ van iem. of iets *turn away from a person or s.th.*

afkerig *averse (to/from)* ✶ ~ zijn van geweld *abhor violence* ✶zeker niet ~ zijn van *not be averse to*

afketsen I OV WW verwerpen *reject; turn down* II ON WW • terugstuiten (op) *glance off* ✶de kogel ketste af op de rots *the bullet glanced off the rock* • verworpen worden *fall through; fail* ✶daar is de zaak op afgeketst *that's where the matter foundered*

afkeuren • MIL. *reject; declare unfit* ✶de dienstplichtige werd afgekeurd *the conscript was declared unfit* • niet goedkeuren *condemn; disapprove (of);* ⟨v. gedrag⟩ *frown upon* ✶een doelpunt ~ *disallow a goal*

afkeuring • het niet goedkeuren *condemnation; disapproval* ✶ ~ uitspreken *express disapproval* • het ongeschikt verklaren *rejection*

afkickcentrum *drug rehabilitation centre*

afkicken *kick (a habit)*

afkickverschijnselen *withdrawal symptoms*

afkijken I OV WW leren door te kijken *copy* ✶de kunst van iem. ~ *learn the knack from s.o.; get the idea from s.o.* II ON WW spieken (bij) *copy; crib* ✶bij je buurman ~ *crib from one's neighbour*

afkleden *have a slimming effect; be slimming*

afklemmen *pinch off*

afkloppen • schoonkloppen *dust* • onheil bezweren *touch wood*

afkluiven *gnaw (off)* ✶een bot ~ *pick a bone*

afknappen • knappend breken *snap* • mentaal

instorten *crack up; break down*

afknapper *letdown*

afkoelen I OV WW rustiger maken *cool down;* ⟨v. dranken⟩ *ice;* ⟨bier⟩ *chill* II ON WW
• koeler worden *cool down* • FIG. rustiger worden *settle down*

afkoeling *cooling off;* ⟨door koeltechniek⟩ *refrigeration*

afkoelingsperiode • tijd waarin iets koel wordt *cooling off;* ⟨koelkast⟩ *refrigeration*
• FIG. tijd waarin iem. rustig wordt *cooling down*

afkoker *mushy potato*

afkomen • voltooid worden *get finished* • naar beneden komen *come down;* ⟨v. trap⟩ *come down(stairs)* • aan iets ontsnappen ✶ergens goed/slecht/goedkoop van ~ *get off well/ badly/cheaply* • kwijtraken ~ van *get rid of* • ~ op *head/make for* ✶het paard kwam recht op haar af *the horse headed straight for her*

afkomst *descent;* ⟨afstamming⟩ *origin;* ⟨geboorte⟩ *birth* ✶zij was van Ierse ~ *she was of Irish descent;* ⟨in Ierland geboren⟩ *she was Irish by birth*

afkomstig (van/uit) *coming | originating (from)* ✶zij is uit Australië ~ *she comes from Australia* ✶dit woord is ~ uit het Engels *this word is derived from English* ✶van wie is dat idee ~? *whose idea is it?*

afkondigen *proclaim; declare;* ⟨huwelijk⟩ *publish the banns*

afkondiging *proclamation; notification;* ⟨huwelijk⟩ *publication of the banns*

afkoopsom *ransom; redemption money*

afkopen ⟨v. verplichting⟩ *redeem;* ⟨iem.⟩ *buy out;* ⟨iets⟩ *buy off*

afkoppelen ⟨machine⟩ *disconnect;* ⟨spoorwagon⟩ *uncouple*

afkorten *abbreviate; shorten*

afkorting *shortening; abbreviation* ✶'a.m.' is de ~ van 'ante meridiem' *'a.m.' is short for 'ante meridiem'*

afkraken *slate; run down;* INF. *do down*

afkrijgen *get finished*

afkunnen ✶het ~ *manage; handle*

aflaat *indulgence*

aflandig *offshore*

aflaten *desist (from); cease* ✶niet ~de ijver *unremitting zeal*

afleesfout *misreading; error in reading*

afleeskop *read head*

afleggen • afdoen *take off;* ⟨wapens⟩ *lay down*
• zich ontdoen van *set/put aside*
• volbrengen, doen ⟨bezoek⟩ *pay;* ⟨eed⟩ *take; swear;* ⟨gelofte⟩ *make;* ⟨getuigenis⟩ *give* ✶een examen ~ *sit for an exam; take an exam* ✶30 km per dag ~ *cover 30 kilometres a day* • verzorgen van dode ✶een dode ~ *lay out a dead person* ✶het ~ *die; drop off the twig/perch; snuff it* ✶het ~ tegen *be no match for*

afleiden • laten weggaan *guide/lead away;* FIG. *divert* • concluderen ~ uit *conclude (from); gather/infer (from)* • op andere gedachten brengen *divert; distract* ✶de aandacht van

iets ~ • oorsprong aanwijzen *derive (from)*
• TAALK. *derive*

afleiding • verstrooiing *diversion* ★ zij heeft ~ nodig *she needs a change* • TAALK. *derivation*

afleidingsmanoeuvre *diversionary manoeuvre*; *red herring*; SPORT *feint*

afleren • doen ontwennen ★ een gewoonte ~ *unlearn/break a habit* ★ iem. iets ~ *cure a person of a habit* ★ het roken ~ *give up smoking*

afleveren *turn out*; *produce*; *deliver* ★ goederen ~ *deliver goods* • artikelen ~ *turn out articles*

aflevering • het afleveren *delivery* • deel van een reeks *issue*; ⟨v. tijdschrift⟩ *number*; ⟨v. tv-serie⟩ *episode*

afleveringsbon *delivery note*

afleveringskosten *delivery costs*

afleveringstermijn *term of delivery*; *delivery date*

aflezen • uit wijzerstand, gezicht e.d. opmaken *read (off)* • lezen *read out* ★ de nummers ~ *read out the numbers*; *call the numbers*

aflikken ⟨v. bord⟩ *lick off*; ⟨v. vingers⟩ *lick* ▾ het is om je vingers bij af te likken *it's mouthwatering*

afloop • eindpunt *end*; ⟨v. termijn⟩ *expiration*; ⟨v. vergadering⟩ *end*; *close* ★ na ~ van *after* • resultaat *result*; *outcome*; ⟨v. strijd⟩ *result*; FORM. *issue* ★ ongeluk met dodelijke ~ *fatal accident* ★ goede ~ *happy ending*

aflopen I OV WW • helemaal langslopen *go/walk down* • belopen ★ ik heb er stad en land voor afgelopen *I've looked for it high and low* **II** ON WW • naar beneden lopen *run/go down* • eindigen *(come to an) end*; ⟨v. contract, termijn⟩ *expire* ★ goed/slecht ~ *turn out well/badly* ★ het loopt af met de zieke *the patient is sinking fast* ★ en daarmee afgelopen! *...and there's an end to it!* ★ 't afgelopen jaar *the past year* • hellen *slope (down/away)* • rinkelen ⟨v. klok⟩ *run down*; ⟨v. wekker⟩ *go off* ★ ~ op *make for* ▾ de ruzie liep met een sisser af *the row has blown over*

aflossen • afbetalen ⟨lening, schuld⟩ *pay off*; *redeem* • vervangen *relieve*

aflossing • afbetaling *repayment*; *redemption* ★ een maandelijkse ~ *a monthly repayment/instalment* • vervanging *relief* ★ ~ van de wacht *changing of the guard*

aflossingstermijn *term of repayment*

afluisterapparatuur *monitoring equipment*; ⟨telefoon⟩ *phone tapping equipment*; INF. *bugging devices*

afluisteren *eavesdrop (on)*; ⟨v. telefoon⟩ *listen in to*; *tap*

afmaken I OV WW • beëindigen *finish*; *complete* • doden *kill*; *finish off* ★ een paard laten ~ *have a horse put down* • afkraken *pull/tear to pieces*; *run down* **II** WKD WW ⟨van⟩ ★ zich ergens gemakkelijk van ~ *shrug s.th. off*

afmatten *exhaust*; *tire/wear out*

afmelden • het vertrek melden *clock off/out*; ⟨in fabriek e.d.⟩ *sign out* • COMP. uitloggen *log out*

afmeren *moor*

afmeten • meten *measure (off)* • beoordelen *judge* ★ iets ~ aan *judge s.th. by/from*

afmeting • maat *dimension*; *size* ★ de ~en van het vertrek *the dimensions/size of the room* • omvang *proportion*

afmonsteren I OV WW ontslaan *pay off* **II** ON WW ontslag nemen *sign off*

afname • vermindering *decline* • aankoop *purchase* ★ bij ~ van *for quantities of* • afzet *sale*

afneembaar • af te nemen *removable*; *detachable* • afwasbaar *washable*

afnemen I OV WW • afzetten *take off* ★ zijn hoed ~ *take off one's hat* • wegnemen *take away* • afruimen *clear* ★ de tafel ~ *clear the table* • kopen *buy* • laten afleggen *hold*; *administer* • schoonpoetsen ★ de tafels ~ *clean/wipe the tables* ★ de stoelen ~ *dust the chairs* **II** ON WW (ver)minderen *decrease*; ⟨v. wind⟩ *subside*; ⟨v. kracht, maan⟩ *wane*

afnemer *buyer*; *client*; *customer*

afnokken • weggaan *buzz/push off* • ophouden *knock off*; *stop*

aforisme *aphorism*

afpakken *take/snatch (away)*

afpalen *fence off*

afpassen *pace (out)*; *measure* ★ geld ~ *give/pay the exact change*

afpeigeren *fag/wear out*

afperken *peg out*; ⟨omheinen⟩ *fence in*

afpersen ★ geld ~ *extort money*; *blackmail*

afperser ⟨chanteur⟩ *blackmailer*; ⟨met bedreiging⟩ *extortionist*

afpersing *blackmail*; *extortion*

afpijnigen *torment*; *torture* ★ zijn hersenen ~ *rack one's brains*

afpikken *pinch* ★ iets van iem. ~ *pinch s.th. from a person*

afpoeieren *brush off* ▾ iem. ~ *send a person about his business*; *send a person packing*

afpraten • veel praten *do a lot of talking* • pratend van mening veranderen *talk out of*

afprijzen *mark down*; *reduce*

afraden *advise against* ★ iem. iets ~ *dissuade s.o. from s.th.*

afraffelen ⟨een artikel⟩ *dash off*; ⟨v. gebed⟩ *rattle off/through*; ⟨huiswerk⟩ *rush through*

aframmelen *rattle off/through*; ⟨v. les⟩ *rattle off*

aframmeling *beating*; *hiding*

afranselen *thrash*; ⟨als straf⟩ *flog*

afrasteren *fence/rail off*

afrastering *railings* [mv]; *fence*

afreageren ★ zijn gevoelens ~ *work off one's feelings*; *let off steam*

afreizen I OV WW bereizen ★ het land ~ *travel (all over) the country* **II** ON WW vertrekken *depart*; *leave (for)*

afrekenen • betalen *pay/settle one's bill* • aansprakelijk stellen ~ op ★ iem. ~ op iets *judge s.o. on s.th.* ▾ ik heb nog iets met jou af te rekenen *I still have a bone to pick with you*

afrekening • betaling *payment*; *settlement* ★ de ~ heeft plaatsgevonden *payment has been effected* • nota *receipt*; ⟨bank, giro⟩ *statement*

afremmen I OV WW matigen *temper*; ⟨enthousiasme⟩ *curb* II ON WW remmen *apply the brakes*; *slow down*

africhten *train*; ⟨voor wedstrijd⟩ *train*; ⟨paard⟩ *break*

afrijden I OV WW langsrijden *ride/drive down* II ON WW • naar beneden rijden *drive down*; ⟨paard, fiets⟩ *ride down* ★ een heuvel ~ *ride/ drive down a hill* • rijexamen doen *do one's driving test*

Afrika *Africa*

Afrikaan *African*

Afrikaander *Afrikaner*

Afrikaans I ZN *Afrikaans* II BNW • m.b.t. Afrika *African* • m.b.t. Zuid-Afrika *Afrikaans*

afrikaantje *African marigold*

afrit *sliproad*; ⟨autoweg⟩ *exit* ★ de volgende ~ *the next exit*

afrodisiacum *aphrodisiac*

afroep ★ hij is op ~ beschikbaar *he is available on call* ★ op ~ verkopen *sell on demand/order*

afroepen *call out/off*

afrokapsel *afro*

afrollen I OV WW • naar beneden rollen *roll down* • uitrollen *unwind* II ON WW zich ontrollen *unwind*; ⟨v. garen⟩ *reel off*; ⟨v. metaaldraad⟩ *uncoil*; ⟨v. rol⟩ *unroll*

afromen *cream*; *skim*; FIG. *cream off* ★ de winst ~ *cream off the profit*

afronden • rond maken *round off* • beëindigen *round off*; *wind up* • WISK. ★ naar boven/beneden ~ *round up/down*

afrossen • afranselen *flog*; *whack* • roskammen *groom*

afruimen *clear away*; *clear the table*

afrukken • met ruk aftrekken *tear away*; *rip off* • masturberen *jerk/jack off*; *wank (off)* ★ zich ~ *jerk off, wank*

afschaffen • opheffen *abolish*; ⟨een verbod⟩ *lift* ★ de doodstraf ~ *abolish capital punishment* • wegdoen *do away with*

afschampen (op) *glance off*

afscheid *parting*; *departure*; *leave* ★ ~ nemen (van) *say good-bye to*; FORM. *take leave of*

afscheiden • losmaken (van) *separate*; *detach* ★ zich ~ *separate*; *break way*; FORM. *secede* • scheiding aanbrengen *divide*; *partition off* • uitscheiden *secrete*

afscheiding • afzondering *partition* • het afsplitsen van *separation*; ⟨m.b.t. kerk⟩ *schism* • uitscheiding *secretion*

afscheidingsbeweging *separatist movement*

afscheids- *farewell*

afscheidsfeest *farewell party*

afscheidsgroet *good-bye*; *farewell*

afschepen *put/fob s.o. off* ★ zich niet laten ~ *not be fobbed off*

afschermen • voorzien van scherm *screen*; ⟨afdekken⟩ *mask* • beschermen (tegen) *protect from*; *screen*; SPORT *shield*; *screen*

afscheuren I OV WW lostrekken *tear/pull off*; ⟨met kracht⟩ *rip off* ★ hierlangs ~ *tear along the dotted line* II ON WW losscheuren *tear*; *get torn*

afschieten I OV WW • doen afgaan *fire*; *discharge*; ⟨v. pijl⟩ *shoot* • doodschieten *shoot*

★ konijnen ~ *shoot rabbits* • ruimte afscheiden *partition off* II ON WW (op) ★ op iem. ~ *dash towards s.o.*; *rush at s.o.*

afschilderen • met verf afbeelden *paint* • beschrijven *portray*; *make out* ★ de toekomst somber ~ *paint a gloomy picture of the future* ★ iem. ~ als ... *portray s.o. as ...*; *make s.o. out to be ...*

afschilferen *scale/flake off*; *peel (off)*; ⟨v. huid⟩ *peel*

afschminken *remove make-up*

afschrift *copy*; ⟨v. bankrekening⟩ *statement (of account)*

afschrijven • afzeggen ★ iem. ~ *write s.o. a letter to cancel s.th.* • afboeken *debit* ★ geld van een rekening ~ *withdraw money from an account* • niet meer rekenen op ★ wij hadden jullie bijna afgeschreven *you were very nearly given up* • boekwaarde verlagen *write off*

afschrijving • het afboeken *debit(ting)*; ⟨materiële goederen⟩ *depreciation*; ⟨immateriële goederen⟩ *amortization* • bewijs van afboeking *debit notice*

afschrikken *deter*; *put/scare off*

afschrikking *deterrence*

afschrikwekkend *deterrent*

afschroeven *unscrew*

afschudden *shake off* ★ zijn achtervolgers ~ *shake off one's pursuers*

afschuifsysteem *shifting of responsibility*

afschuimen • schuim afscheppen *skim* • afzoeken *scour* ★ de stad ~ voor antiek meubilair *scour the town for antique furniture*

afschuiven • wegschuiven *push/move away*; *shift* ★ zij schoof het boek van zich af *she pushed away her book* • afwentelen *shift*; *pass on (to)* ★ de schuld/verantwoordelijkheid op iem. ~ *shift the blame/responsibility onto s.o.*

afschuw *horror*; *disgust* ★ een ~ hebben van iets *loathe/detest s.th.* ★ vervuld van ~ *horrified*

afschuwelijk I BNW • heel slecht/lelijk *shocking*; *awful* • afschuwwekkend *horrible*; *abominable* II BIJW *frightfully*; *terribly* ★ ~ saai *awfully boring*

afserveren ★ iem. ~ *write s.o. off*; INF. *dump s.o.*

afslaan I OV WW • wegslaan *beat off*; ⟨vijand, aanval⟩ *beat off*; ⟨insecten⟩ *swat* • in prijs verlagen *reduce* • weigeren ⟨verzoek⟩ *refuse*; ⟨aanbod⟩ *decline* ★ dat sla ik niet af *I can't refuse that*; *I don't mind if I do* ▼ de thermometer ~ *shake down* II ON WW • van richting veranderen *turn (off)*; ⟨weg⟩ *branch off* ★ links ~ *turn left* • niet meer werken *cut out*; *stall*

afslachten • in groten getale doden *massacre*; *slaughter* • slachten *slaughter*; *kill off*

afslag • afrit *turn*; ⟨v. autoweg⟩ *exit* • veiling ★ verkopen bij ~ *sell by (Dutch) auction* • prijsvermindering *reduction*

afslanken I OV WW slank maken *slim* II ON WW • slanker worden *lose weight*; *slim* • kleiner worden *slim/trim down*

afslankingsoperatie *slim down*; *reduction*

afsluitdop *cap*

afsluiten • ontoegankelijk maken ‹elektriciteit› *disconnect*; ‹gas, e.d.› *turn off*; ‹door gasbedrijf› *cut off*; ‹weg› *block*; *close* • op slot doen *lock* • een eind maken aan ‹de boeken› *balance*; ‹rekening› *close* ⋆ een afgesloten tijdperk *a closed era* • overeenkomst sluiten ‹contract› *conclude*; ‹verzekering› *effect* ▾ zich ~ van *shut o.s. off from*; *seclude o.s. from*

afsluiting • het ontoegankelijk maken ‹elektriciteit› ‹gas, e.d.› *shut-off* • iets dat afsluit ‹hek, schot› *partition*; ‹afsluitboom› *barrier* • beëindiging *closing*; *conclusion*

afsluitprovisie *commission*; ‹v. makelaar e.d.› *brokerage*

afsmeken *implore*; VERO. *beseech*

afsnauwen ⋆ iem. ~ *snap/snarl at*

afsnijden • korter maken *cut off* ⋆ een stuk (van de weg) ~ *take a shortcut* • wegsnijden ‹v. bloemen, nagels, enz.› *cut*; ‹papier› *cut off*; ‹takken› *lop off* • een groot stuk taart ~ *cut off a big slice of cake* • versperren, afsluiten *cut off* ⋆ iem. de pas ~ *head s.o. off*; *forestall s.o.*

afsnoepen *steal* ⋆ iem. iets ~ *snatch s.th. from s.o.*

afspeelapparatuur *audio equipment*

afspelen I OV WW afdraaien *play* II WKD WW *happen*; *take place* ⋆ het speelt zich af in *it takes place in*

afspiegelen • weerspiegelen *reflect* ⋆ zich ~ *be reflected* • afschilderen *portray* ⋆ zij wordt afgespiegeld als een helleveeg *she's represented as a shrew*

afspiegeling *reflection* • een zwakke ~ zijn van iets *be a faint shadow of s.th.*

afsplitsen *split off*; ‹v. weg, leiding› *branch off*

afsplitsing • wat afgesplitst is *offshoot* • afgescheiden groep *breakaway*

afspoelen *wash*; *rinse*; *hose down*

afspraak • overeenkomst *agreement* ⋆ dat was niet de ~ *that was not what we agreed on*; *that was not part of the deal* • ontmoeting *appointment*; ‹voor zaken› *engagement* ⋆ een ~je hebben *have a date*

afspreken I OV WW overeenkomen *agree (on)*; *arrange* ⋆ zoals afgesproken *as agreed (on)* ⋆ ~ iets te doen *agree to do s.th.* ⋆ dat is dan afgesproken *it's a deal* ▾ afgesproken werk *a put up job* II ON WW *make an appointment*

afspringen • naar beneden springen *jump/leap down* • loslaten ⋆ er springen gemakkelijk stukjes van deze kopjes af *these cups chip easily* • afketsen (op) *come to nothing*; ‹onderhandelingen, e.d.› *break down* ⋆ ~ op *jump at*; ‹kat, e.d.› *pounce on*

afstaan *give (up)*; *hand over*; ‹v. privilege› *surrender*; ‹v. recht, zetel› *yield*

afstammeling *descendant*

afstammen (van) *be descended (from)*; ‹v. woord› *be derived (from)*

afstamming *lineage*; *descent*

afstand • lengte tussen twee punten *distance* ⋆ op korte ~ *at short/small distance* ⋆ op een ~ *at a distance*; FIG. *aloof*; FIG. *reserved* ⋆ van

korte ~ vuren *fire at close range* • het afstaan ‹v. bezit, recht› *renunciation*; *surrender*; ‹v. troon› *abdication* ⋆ ~ doen van de troon *renounce the throne* ⋆ ~ doen van bezit *part with possessions*

afstandelijk *aloof*; *distant*; ‹v. houding› *standoffish*

afstandsbediening *remote control*

afstandsonderwijs • onderwijs via media ‹schriftelijk› *correspondence course*; ‹radio› *radio course*; ‹tv› *television course* • onderwijsvorm als noodmaatregel *distance education/teaching*

afstandsrit *(long-distance) rally*

afstapje *step* ⋆ denk om het ~ *mind the step*

afstappen • naar beneden stappen *step down*; ‹v. fiets, paard› *get off* • ~ op ⋆ op iem./iets ~ *step up to* • ~ van ⋆ van een onderwerp ~ *leave/drop a subject*

afsteken I OV WW • aansteken *let/set off* ⋆ vuurwerk ~ *let off fireworks* • uitspreken *deliver* ⋆ een speech ~ *deliver/make a speech* • wegsteken *cut off/away*; ‹met beitel› *chisel off* II ON WW • duidelijk uitkomen (bij, tegen) ⋆ gunstig ~ bij *compare favourably with* ⋆ ~ tegen *stand out (in contrast to)*

afstel *postponement*; *delay*

afstellen *set*; *adjust (to)* ⋆ de ontsteking vroeger/later ~ *advance/retard the ignition timing*

afstemmen • aanpassen *adjust to* • instellen (op) *attune to* ⋆ ~ op een zender *tune in to a station* • verwerpen *vote down*

afstemming • verwerping na stemmen *voting down*; *rejection*; ‹v. motie› *defeat* • communicatie *tuning* • overeenstemming *rapport*

afstempelen *stamp*

afsterven *die (off)*; ‹v. plant› *die back*

afstevenen (op) *make for*; ‹dreigend› *bear down on*

afstijgen *get off*; *dismount*

afstoffen *dust*

afstompen I OV WW • stomp maken *blunt* • ongevoelig maken *dull*; *numb* ⋆ het saaie werk had zijn geest afgestompt *the dull work had numbed his brain* II ON WW • stomp worden *become blunt* • ongevoelig worden *become dull/numb*

afstoppen • dichtmaken *fill*; *stop* • SPORT *block*

afstotelijk *repugnant*; *repulsive*

afstoten I OV WW • wegstoten *push down*; *knock off* • wegdoen ‹v. personeel› *discharge*; *lay off*; ‹v. zaken› *shed*; *cast off* • niet accepteren ⋆ een transplantatie ~ *reject a transplant* • afkerig maken *repel* II ON WW afkeer inboezemen *repel*

afstotend *repulsive*

afstoting • het afstoten *disposal*; ‹v. bedrijfsonderdeel› *hiving off* • MED. *rejection* • NAT. *repulsion* • afkeer *repugnance*; *disgust*

afstraffen *punish*; *reprimand*

afstraffing • bestraffing *punishment* • reprimande *reprimand*; *telling off* • SPORT *taking advantage (of)*

afstralen I OV WW afgeven *radiate*; *give off*

af

II ON WW *radiate* ★ vreugde straalde van zijn gezicht *at his face radiated joy*

afstrepen *strike/cross off*

afstrijken • aansteken *strike*; *light* • door strijken verwijderen *strike/wipe off* ★ een afgestreken theelepel zout *a level teaspoon of salt*

afstropen • plunderen *pillage*; *ransack* ★ de buitenste laag er aftrekken *strip (off)*; ⟨villen⟩ *skin*

afstudeerproject *final project*

afstuderen *graduate*; *finish one's studies*

afstuiten • afketsen *rebound*; *bounce off* • ~ op *be foiled/frustrated by*; ⟨v. plan⟩ *fall through*

aft *aphta*; *aphtous ulcer*

aftaaien *buzz off*; *hit the road*; AE *beat it*

aftakelen • aftuigen van schip *unrig* • achteruitgaan *go to seed*; *go downhill*

aftakeling • het aftuigen *unrigging* • achteruitgang *decay*

aftakking *branch*; *fork*; TECHN. *shunt*

aftands ⟨v. persoon⟩ *long in the tooth*; ⟨v. zaak⟩ *decrepit*

aftapkraan *draw-off tap*; *drain cock*

aftappen *draw (off)*; ⟨rubber⟩ *tap*; FIG. *tap (a telephone)* ★ bier ~ *bottle beer* ★ iem. bloed ~ *take blood from s.o.*

aftasten • voorzichtig onderzoeken *feel* • mogelijkheden aftasten *feel/sound out* • TECHN. *scan*

aftekenen I OV WW • voor gezien tekenen *sign* • nauwkeurig aangeven *outline*; *mark off* II WKD WW zichtbaar worden *show (up)*; *become visible* ★ zich ~ tegen *stand out against*

aftellen • van tien tot nul tellen *count down* • aftelrijmpje opzeggen *dip for it* • uittellen *count off/out*

aftershave *aftershave*

aftersun *aftersun lotion*

aftiteling ⟨tv⟩ *credit titles*; ⟨film⟩ *credits*

aftocht *retreat* ▾ de ~ blazen *sound the retreat*; *beat a retreat*

aftoppen *level down/off*

aftrainen *detrain*

aftrap *kick-off*

aftrappen *kick off*

aftreden I ZN *resignation*; ⟨v. vorst⟩ *abdication* II ON WW *resign*; *retire (from office)*; ⟨v. vorst⟩ *abdicate*

aftrek • vraag *sale*; *demand* ★ veel ~ vinden *be in great demand* • korting *deduction*; ⟨voor kinderen⟩ *allowance* ★ na ~ van kosten *less expenses*

aftrekbaar *(tax-)deductible* ★ aftrekbare kosten *deductible expenses*

aftrekken I OV WW • in mindering brengen (van) ⟨v. geld⟩ *deduct*; ⟨v. getal⟩ *subtract* • wegtrekken *draw off/down* • seksueel bevredigen *jerk/jack off*; *wank (off)* ▾ zijn handen van iem. ~ *wash one's hands of a person* II ON WW weggaan *withdraw*

aftrekpost *deduction*; *rebate*; ⟨belasting⟩ *tax-deductible item/expense*

aftreksel *extract*

aftreksom *subtraction sum*

aftrektal *minuend*

aftroeven • winnen met troefkaart *trump* • te slim af zijn *be too clever for someone*

aftroggelen *wheedle/coax out of*

aftuigen • het tuig afhalen ⟨v. paard⟩ *unharness*; ⟨v. schip⟩ *unrig* • afranselen *thrash*

afvaardigen *delegate*; *depute*

afvaardiging *delegation*; *deputation*

afvaart *sailing*; *departure*

afval *waste*; ⟨vuilnis⟩ *refuse*; ⟨v. dier⟩ *offal*; ⟨v. eten⟩ *leavings* ★ radioactief ~ *radioactive waste*

afvalemmer *dustbin*; *litter bin*

afvallen I OV WW ontrouw worden aan *go back on* ★ iem. ~ *go back on s.o.* II ON WW • naar beneden vallen *fall off/down* • niet meer meetellen *drop out* ★ dat plan viel af *that plan was dropped* • vermageren *lose weight* • SCHEEPV. *bear away*

afvallig *disloyal*; ⟨v. geloof⟩ *lapsed*; FORM. *apostate*

afvallige *renegade*; REL. *apostate*

afvalproduct *waste product*; *by-product*

afvalstof *waste product/matter*

afvalverwerking *waste-disposal*; *processing of waste*

afvalwater *effluent (water)*

afvalwedstrijd *heat*; *elimination race*

afvegen • schoonmaken *wipe (off)*; *mop* ★ je handen ~ *wipe your hands* • weghalen *wipe off/away*

afvijlen • weghalen door vijlen *file off/through* • dunner, stomp maken *file down* • glad vijlen *file smooth*

afvinken *tick off*; *check off*

afvloeien • wegstromen *flow away/off* • ontslagen worden *be laid off*

afvloeiing *lay-off*

afvloeiingsregeling *redundancy scheme*

afvoer • het afvoeren ⟨v. goederen⟩ *removal*; *transport*; ⟨v. vocht⟩ *discharge*; ⟨v. troepen⟩ *evacuation* • afvoerleiding *discharge*; *drain*; *waste pipe*; *outlet*

afvoeren • wegvoeren ⟨v. goederen⟩ *remove*; *transport*; ⟨v. troepen⟩ *evacuate*; ⟨v. water⟩ *drain away/off* • schrappen *remove*; ⟨vnl als straf⟩ *strike off* ★ van de ledenlijst ~ *remove from the membership list*

afvoerkanaal *discharge*; *outlet*; ⟨in grond⟩ *drain*

afvoerpijp *discharge pipe*; ⟨voor gassen⟩ *exhaust pipe*; ⟨voor vloeistoffen/gassen⟩ *outlet pipe*; *waste pipe*

afvragen (zich) *wonder*; *ask o.s.*

afvuren *fire (off)*; *discharge*; ⟨raket⟩ *launch*

afwachten *wait (for)*; ⟨beurt, beslissing⟩ *wait*; ⟨de trein/iem.⟩ *wait for*; ⟨beurt, beslissing⟩ FORM. *await* ★ een ~de houding aannemen *play a waiting game*; *sit on the fence* ★ ~ maar! *wait and see*

afwachting *expectation* ★ in ~ van zijn terugkomst *awaiting/pending his return*

afwas • het afwassen *washing-up*; *doing the dishes* ★ wie doet de ~ vandaag? *who will be doing the dishes today?* • vuil serviesgoed

dishes; *washing-up*
afwasautomaat *dishwasher*
afwasbaar *washable*
afwasborstel *washing-up brush*
afwasmachine *dishwasher*
afwasmiddel *washing-up liquid*
afwassen • afwas doen *do the dishes/the washing-up* • schoonwassen *wash* • verwijderen *wash away/off*
afwatering *drainage*
afweer *defence*
afweergeschut *anti-aircraft guns* [mv]
afweermechanisme *defence mechanism*
afweerstof *antibody*
afweersysteem *immune system*
afwegen • wegen *weigh* • overdenken *weigh* ★ de voor- en nadelen tegen elkaar ~ *weigh up the pros and cons*
afwenden • wegdraaien *turn away*; ⟨aandacht⟩ *divert*; ⟨blik⟩ *avert* ★ zich van iem. ~ *wash one's hands of s.o.* • tegenhouden *avert*
afwennen • afleren ★ iem. iets ~ *break a person's habit of...* ★ dat moet u zich ~ *you must get out of the habit of doing that*
afwentelen • wegrollen *roll off/away/down* • afschuiven ★ de schuld van zich ~ *shift the blame onto s.o. else*
afweren • tegenhouden *fend off*; ⟨v. aanval⟩ *repel*; ⟨v. aanval, van slag⟩ *parry* • op een afstand houden ⟨vijand, e.d.⟩ *keep/hold off*; FIG. *fend/ward off*
afwerken *finish (off)*; *complete*; *give the finishing touch to*; ⟨een programma⟩ *get through*
afwerking • het afwerken *finishing touch* • wijze van afwerken *finish*; *workmanship*
afwerpen *throw off*; ⟨v. bladeren, bommen⟩ *drop*; ⟨uit schip, vliegtuig⟩ *jettison* ★ het paard wierp de ruiter af *the horse threw its rider* ▼ vruchten ~ *yield fruit*
afweten ★ het laten ~ ⟨niet doen⟩ *excuse o.s.*; ⟨niet komen⟩ *fail to turn up*
afwezig • absent *absent*; *not in*; *not at home* • verstrooid *absent-minded* ★ een ~e blik *a faraway look*
afwezigheid • absentie *absence* • verstrooidheid *absent-mindedness*
afwezigheidspercentage *absence rate*
afwijken • ⟨v. lijn⟩ *diverge*; ⟨v. koers⟩ *deviate* • verschillen *deviate*; ⟨v. gebruik, programma⟩ *depart*; ⟨v. monster⟩ *differ*
afwijking • *deviation*; NAT. *deflection*; ⟨kompas⟩ *declination* • het afwijken van een regel ★ in ~ van *contrary to* • gebrek, onregelmatigheid *defect*; *aberration*; *handicap* ★ lichamelijke ~ *physical handicap/defect*
afwijzen • niet toelaten *refuse admittance to*; *turn away* • een sollicitant ~ *reject an applicant* • niet laten slagen *fail* • afslaan ⟨v. aanklacht⟩ *deny*; ⟨v. eis⟩ *dismiss*; ⟨v. uitnodiging⟩ *decline*; ⟨v. verzoek⟩ *refuse*
afwijzing *refusal*; *denial*; *rejection*
afwikkelen • afwinden *unroll*; *unwind* • afhandelen *wind up* ★ een zaak ~ *liquidate*

a business ★ een transactie ~ *settle a transaction*
afwikkeling *completion*; *winding up*
afwimpelen *pass over*; ⟨een voorstel/verzoek⟩ *not follow up*; *turn down*
afwinden *unwind*
afwisselen I OV WW beurtelings vervangen *relieve*; *take turns with (a p.)*; ⟨v. zaken⟩ *alternate* ★ rood en groen wisselden elkaar af *red and green alternated* II ON WW telkens anders worden *vary* ★ bergen wisselen daar af met grote vlakten *mountains alternate with large plains*
afwisselend I BNW gevarieerd *varied* II BIJW beurtelings *alternately*; *in turn*
afwisseling • opeenvolging ★ ~ van warmte en kou *alternation of heat and cold* ★ de ~ van de seizoenen *the succession of the seasons* • variatie *variety* ★ de ~ van het landschap *the variation of the landscape* ★ ter ~ *for a change*
afzagen • met zaag afscheiden *saw (off)* • met zaag inkorten *saw down*; *shorten*
afzakken • naar beneden zakken *come down*; *sag* • stroomafwaarts / zuidwaarts gaan *sail/float down* • minder worden *fall/tail off*; ⟨v. bui⟩ *blow over*; ⟨v. prestaties⟩ *tail off*; ⟨achterop komen⟩ *fall behind*
afzakkertje *one for the road*
afzeggen • meedelen dat men niet komt *call off*; *cry off* ★ iem. ~ *put off s.o.* ★ een visite ~ *call off a visit* • annuleren *cancel*; ★ een order ~ *cancel an order*
afzegging • mededeling van niet komen *rejection*; ⟨direct⟩ *refusal*; ⟨na eerst ingaan op een uitnodiging⟩ *cancellation* • annulering *cancellation*; *discontinuation*
afzender *sender* ★ retour ~ *return to sender*
afzet • verkoop *sale(s)* ★ ~ vinden voor *have a market for* • SPORT ⟨bij sprong⟩ *take-off*; ⟨gymnastiek⟩ *push-off*
afzetgebied *market(ing area)*; *outlet*
afzetmarkt *consumers' market*; *outlet*
afzetten • afdoen *take off* • buiten werking stellen ⟨v. motor⟩ *shut off*; ⟨v. radio⟩ *switch off*; ⟨v. wekker⟩ *stop* • amputeren *amputate* • verkopen *sell*; *dispose of* • oplichten *cheat*; *swindle*; INF. *fleece* • laten uitstappen *drop*; *put down* • ontslaan ★ een koning ~ *depose a king* ★ een functionaris ~ *dismiss an official* • afsluiten *block*; *close off* ★ een weg ~ *block a road* • omboorden *trim* ★ afgezet met bont *fur-trimmed* • doen bezinken *deposit* • afduwen *push off*; FIG. *react against* ▼ zij kon het idee niet van zich ~ *she could not let go of the idea*
afzetter *cheat*; *swindler*
afzetterij *swindle*; INF. *rip-off*
afzetting • afsluiting ⟨omheining⟩ *enclosure*; ⟨politie⟩ *cordon* • ontslag *dismissal*; ⟨v. president e.d.⟩ *deposition* • amputatie *amputation* • vorming van neerslag *deposition*
afzichtelijk *hideous*; *ghastly*
afzien I OV WW overzien *look across/down* ★ je kunt hier het hele veld ~ *from here you can*

af

look (right) across the field **II** ON WW • lijden *have a hard/tough time (of it)* • ~ van ★ van een plan ~ *abandon a plan* ★ ik zal er maar van ~ *I'll give it up* ★ afgezien van *apart from*

afzienbaar ★ in/binnen afzienbare tijd *in the near future*

afzijdig ★ zich ~ houden *stay/keep aloof (from)*

afzoeken *search*; ⟨gebied⟩ *scour* ★ alles ~ *look all over the place*

afzonderen I OV WW afzonderlijk plaatsen *separate* ★ ~ van *separate from* **II** WKD WW *seclude oneself*; *separate oneself* ★ zich ~ van/ uit *seclude o.s. from*; *separate o.s. from*

afzondering • het afzonderen *separation*; *seclusion* • eenzaamheid *isolation*; *seclusion* ★ zijn leven in ~ doorbrengen *lead a secluded life*; *live in seclusion*

afzonderlijk I BNW apart *individual*; *single*; ⟨zonder anderen⟩ *private* ★ iedere ~e student *each individual student* **II** BIJW *apart*; *separately* ★ iem. ~ spreken *speak to s.o. privately*

afzuigen • door zuigen verwijderen *remove by suction* • seksueel bevredigen *suck off*; *give a blow job*

afzuigkap *cooker hood*

afzwaaien *be demobbed*

afwakken I OV WW zwakker maken *tone down* **II** ON WW zwakker worden *go down*; *subside*

afzwemmen *take the final swimmingtest*

afzweren ⟨v. drank⟩ *swear off*; ⟨v. geloof⟩ *abjure*

agaat *agate*

agenda • boekje *diary* • bezigheden *agenda* ★ een punt op de ~ *an item on the agenda*; *agenda item* ★ de ~ afhandelen *finish the business of the meeting* ★ het staat hoog op de ~ *it's high on the agenda* ★ verborgen ~ *hidden agenda*

agenderen • op agenda zetten *put on the agenda* • lijst opstellen *list the (agenda) items*

agens *agent*

agent • politieagent *policeman/policewoman*; FORM. *constable*; ⟨als aanspreektitel⟩ *officer* • vertegenwoordiger *agent*

agentschap *agency*; ⟨v. bank⟩ *branch*

ageren *agitate*; *campaign* ★ tegen iem. ~ *campaign against s.o.*

agglomeratie *agglomeration* ★ stedelijke ~ *conurbation*

aggregaat *aggregate*

agio *premium*; *agio*

agitatie • het opruien *agitation* • opwinding *excitement*

agnost *agnostic*

agrariër *agrarian*

agrarisch *agrarian*

agressie *aggression*

agressief *aggressive*

agressiviteit *aggression*; *belligerence*

agressor *aggressor*

A-griep *Asian/Asiatic flue*

agrobiologie *agrobiology*

agro-industrie *agricultural industry*

agronomie *agronomy*

agronoom *agronomist*

aha-erlebnis *sudden insight*

ahorn *maple*

aids *AIDS*

aids-patiënt *AIDS patient*

aids-remmer *AIDS inhibitor*

aids-test *AIDS test*

air *air*; *look*; *appearance* ★ zich airs geven *give o.s. airs* ★ een air over zich hebben *swank*

airbag *airbag*

airbus *airbus*

A-kant *A-side*

akela *akela*; ⟨vrouw⟩ *cub-mistress*; ⟨man⟩ *cub-master*

akelig • naar *dreary*; *nasty*; *dismal* ★ die ~e vent *that wretched fellow* • onwel *ill*; *sick* ★ hij was er ~ van *it turned his stomach*

Aken *Aachen*

akkefietje ⟨lastig karweitje⟩ *chore*; ⟨klein karweitje⟩ *(little) job*

akker *field*

akkerbouw *agriculture*

akkerland *arable land*

akkoord I ZN • overeenkomst *agreement*; *arrangement* ★ het op een ~je gooien (met) *compromise*; *come to terms (with)* ★ een ~ aangaan *enter into an agreement* • MUZ. *chord* **II** BNW ★ ~ bevinden *find correct* ★ ~ gaan met iets *agree to s.th.* ★ ~ gaan met iem. *agree with s.o.* **III** TW ★ ~! *agreed!*.

akoestiek *acoustics*

akoestisch *acoustic*

akte • deel van toneelstuk *act* • schriftelijk stuk *deed*; ⟨legal⟩ *instrument*; ⟨v. verkoop⟩ *deed of sale*; ⟨v. beschuldiging⟩ *(bill of) indictment*; ⟨v. oprichting⟩ *memorandum of association*; ⟨v. overdracht⟩ *deed of conveyance*; ⟨v. overlijden⟩ *death certificate* ★ akte opmaken van iets *make a record of* • getuigschrift *diploma*; *certificate*; ⟨voor jacht⟩ *licence* ▾ akte nemen van iets *take note of s.th.*

aktetas *briefcase*

al I BIJW • reeds *already*; ⟨voornamelijk vragende zinnen⟩ *yet* ★ hij is al lang dood *he has been dead for a long time* ★ is hij er al? *is he here yet?* ★ dat zei ik je toen al *I told you so at the time* ★ daar heb je 't nou al *there you are*; *I told you so* ★ al even slecht als *quite/just as bad as* ★ 't wordt al donkerder *it's getting darker and darker* ★ steeds ~ al pratende *talking all the time* • zeer ★ 't is maar al te waar *it's all too true* **II** ONB VNW *all* ★ allen *all* ★ al met al *all in all* ★ te allen tijde *at any time*; *at all times* ★ al 't mogelijke *all that is possible* **III** TELW *all*; ⟨alle afzonderlijk⟩ *every*; *each* ★ alle mensen *all people* ★ al haar wensen *her every wish* ★ alle vier *all four* ★ alle dagen *(each and) every day* ★ alle redenen om *every reason to* ★ alle plezier was er af *all the fun had gone out of it* **IV** VW *(al)though*; *even if*; *even though* ★ al is ze nog zo arm *however poor she may be*; *though she may be ever so poor* ★ al ben je het niet met haar eens ... *even though you disagree with her ...*

à la carte *a la carte*
alarm • waarschuwing *alarm; alert*★ ~ slaan *give/sound the alarm* • alarminstallatie *alarm* • noodtoestand *alarm; (state of) emergency*
alarmcentrale *emergency centre*
alarmeren • waarschuwen *alert*★ de brandweer ~ *call out the fire-brigade* • ongerust maken *alarm*
alarminstallatie *alarm system/device;* ⟨tegen diefstal⟩ *burglar alarm;* ⟨tegen brand⟩ *fire-alarm*
alarmklok *alarm bell*★ de ~ luiden *raise/sound the alarm*
alarmnummer *emergency number*
alarmtoestand *state of emergency*
Albanees I ZN (de) *Albanian*★ een Albanese *an Albanian woman; an Albanian* II ZN (het) *Albanian* III BNW *Albanian*
Albanië *Albania*
albast *alabaster*
albatros *albatross*
albino *albino*
album • boek *album;* ⟨voor knipsels⟩ *scrapbook* • langspeelplaat *album*
alchemie *alchemy*
alcohol *alcohol*
alcoholcontrole *alcohol testing*
alcoholica I ZN drinkster *female alcoholic* II ZN drank *alcoholic drinks* [mv]; *strong drinks* [mv]
alcoholisch *alcoholic; intoxicating*★ ~e dranken *alcoholic beverages;* AE *liquors;* ⟨gedistilleerd⟩ *spirits*
alcoholisme *alcoholism*
alcoholist *alcoholic; (problem) drinker*
alcoholpromillage *blood alcohol level*
alcoholvrij *non-alcoholic*★ een ~ drankje *a soft drink*
aldaar *there*★ de burgemeester ~ *the mayor of that place*
aldoor *all the time; all along*
aldus *thus; in this manner*
alert *alert; wakeful; watchful*★ ~ op iets zijn *be on the look-out for s.th.*
alexandrijn *alexandrine*
alexie *alexia; word blindness*
alfa • Griekse letter *alpha* • talenafdeling ≈ *humanities* • persoon *humanities/language student*
alfabet *alphabet*
alfabetisch *alphabetic(al)*
alfabetiseren • alfabetisch rangschikken *alphabetize; place in alphabetical order* • leren lezen en schrijven ⟨persoon⟩ *teach to read and write;* ⟨land⟩ *eliminate illiteracy*
alfabetisme *literacy*
alfadeeltje *alpha particle*
alfahulp ≈ *unofficial home help*
alfanumeriek *alpha numeric*
alfastraling *alpha radiation*
alfawetenschap *humanities subject* [mv: *humanities*]; *arts subject* [mv: *liberal arts*]
alg *alga* [mv: *algae*]
algebra *algebra*
algebraïsch *algebraic*
algeheel *total; complete*★ tot algehele

tevredenheid *to everyone's satisfaction*
algemeen I ZN in het ~ *in general; on the whole*★ in het ~ gesproken *generally speaking* II BNW • van/voor iedereen of alles ★ met algemene stemmen *unanimously*★ ~ kiesrecht *universal suffrage*★ het is ~ bekend *it is common knowledge*★ Algemeen Beschaafd Nederlands *Standard Dutch*★ ~ programma COMP. *service routine*★ algemene ontwikkeling *general knowledge*★ een algemene regel *a general rule*★ het ~ belang *the public interest*
algemeenheid • het algemeen zijn *generality; universality* • gemeenplaats *commonplace* ★ hij gaf enige algemeenheden ten beste *he made a few commonplace remarks*
algemeenverbindendverklaring *declaration of compulsory applicability*
Algerije *Algeria*
Algerijn *Algerian*★ een ~se *an Algerian woman*
Algerijns *Algerian*
Algiers *Algiers*
algoritme *algorithm*
alhier *in/of this town*★ ~ te bevragen *apply within*
alhoewel *although*
alias *a.k.a.; also/otherwise known as; alias*
alibi *alibi*
alikruik *(peri)winkle*
alimentatie *maintenance allowance;* ⟨v. scheiding⟩ *alimony*
alinea *paragraph*
alk *razorbill*
alkali *alkali*
alkalisch *alkaline*
alkaloïde *alkaloid*
alkoof *alcove*
Allah *Allah*
allang *for a long time; for quite some time; a long time ago*★ ik ben ~ blij dat we d'r zijn *I'm happy we got here at all*★ ik heb je ~ gezien, hoor *I have seen you, you know*
alle → al
allebei *both*
alledaags • van elke dag *daily; everyday* • heel gewoon ★ een ~ gezicht *a plain face*
alledag *day-to-day*★ het leven van ~ *everyday life*
allee I ZN *avenue* II TW *let's go*
alleen I BNW • zonder andere(n) *alone; single-handed* • eenzaam *lonely* II BIJW ★ niet ~ ..., maar ook ... *not only..., but also...* ★ ik wou ~ maar... *I only/merely wanted to...* ★ de gedachte ~ al *the mere/very thought of it*
alleenheerschappij *absolute power*
alleenrecht *exclusive rights*
alleenstaand • zonder levenspartner *single* ★ ~e *single person* • losstaand *detached*
alleenverdiener *sole earner*
allegaartje *hotchpotch; farrago* [mv: *farragos*]
allegorie *allegory*
allegro *allegro*
allemaal • alle(n) *everybody; everyone; (one and) all;* INF. *the lot of them* • alles *everything;* INF. *the whole lot*★ neem ze ~ maar *take the whole lot*

al

allemachtig I BIJW *amazingly* ⋆ ~ goed *jolly good* II TW *well, I never!*; *good God!*; *good heavens!*
allemansvriend *everybody's friend*
allen → al
allengs *gradually*; *by degrees*
allereerst I BNW *very first* II BIJW *first of all*
allergeen *allergen*
allergie *allergy*
allergisch *allergic (to)*
allerhande *all sorts/kinds of*
Allerheiligen *All Saints' Day*
Allerheiligste *Holy of Holies*; FIG. *inner sanctum*
allerijl ▼ *in ~ in great haste*; *with all speed*
allerlaatst *very last* ⋆ tot het ~ *to the very end*
allerlei I ZN *miscellany* II BNW *all sorts of*
allermeest *most of all* ⋆ op zijn ~ *at the very most*
allerminst I BNW *minst least of all* ⋆ op zijn ~ *at the very least* II BIJW helemaal niet *not in the least*
allerwegen *everywhere*; *all around*
Allerzielen *All Souls' Day*
alles *all*; *everything*; *anything* ⋆ dit ~ *all this* ⋆ ~ te zamen genomen *all things considered* ⋆ van ~ *all sorts of things* ⋆ van ~ wat *s.th. of everything* ⋆ niets van dat ~ *nothing of the sort* ⋆ vóór ~ *above all* ▼ van ~ en nog wat *this, that and the other* ▼ ~ op alles zetten *go all out*; *go for it*
allesbehalve *anything but*; *far from*
allesbrander *multi-burner*
alleseter *omnivore*
allesomvattend *all-embracing*; *comprehensive*; *universal*
allesreiniger *all-purpose cleaner*
alleszins *highly*; *in every respect/way*
alliantie *alliance*
allicht *most probably/likely*; *likely* ⋆ je kunt het ~ proberen *there's no harm in trying*
alligator *alligator*
all in *all-inclusive*; *all-in*
all-inprijs *all-in/total price*
allinson *Allinson*
alliteratie *alliteration*
allochtoon I ZN *member of an ethnic minority* II BNW *allochtonous*
allogeen *allogenous*
allooi *alloy*; FIG. *quality*; *kind*
allopaat *allopath*
allopathie *allopathy*
all risk *comprehensive*; *blanket*; AE *no-fault*
all-riskverzekering *comprehensive insurance*
allround *all-round*; *versatile*; *many-sided*
allrounder VOORAL SPORT *all-rounder*
all terrain bike *all-terrain bike*
allure *style*; ⟨v. personen⟩ *air*; ⟨v. zaken⟩ *style* ⋆ de ~s aannemen van een filmster *assume the airs of a filmstar*
Alluvium *Holocene (epoch)*
all-weatherkleding *all-weather clothing*
almaar → alsmaar
almacht *omnipotence*
almachtig *omnipotent*; *all-powerful* ⋆ de Almachtige *the Almighty*
almanak *almanac*

aloë ● PLANTK. *aloe* ● sap *aloes*
aloë vera *aloe vera*
alom *everywhere* ⋆ alom bekend *generally known*
alomtegenwoordig *omnipresent*
alomvattend *all-embracing*
aloud *ancient*; *time-honoured* ⋆ een ~e methode *a time-honoured method*
alp *alp*
alpaca *alpaca*
Alpen *Alps*
alpenweide *alpine meadow*
alpien *alpine*
alpineskiën *alpine skiing*
alpinisme *mountaineering*; *alpinism*
alpinist *alpinist*; *mountaineer*
alpino *beret*
als ● zoals, gelijk *like*; *(such) as* ⋆ als een soldaat *like a soldier* ⋆ dieren als paarden, koeien, e.d. *animals, such as horses, cows, etc.* ● indien *if* ⋆ als hij het gezien had *if he had seen it* ● (telkens) wanneer *when* ⋆ telkens als whenever ⋆ als in de hoedanigheid van *as* ⋆ ik praat tegen je als je meerdere *I speak to you as your superior* ▼ als het ware *as it were*
alsdan *then*; *in this/that case*
alsem *wormwood*
alsjeblieft I BIJW graag *please* ⋆ houd er ~ mee op *please stop it* II TW hier is het ⟨ook vaak onvertaald⟩ *here you are*
alsmaar *constantly*; *continually*; *all the time* ⋆ ~ praten *talk non-stop/continuously*
alsmede *and also*; *also*; *as well as*
alsnog *as yet*; ⟨nu nog⟩ *still*
alsof *as if/though*
alsook *as well as*; *and also*
alstublieft I BIJW bij verzoek *please* ⋆ houdt daar ~ mee op *please stop it* II TW hier is het ⟨ook vaak onvertaald⟩ *(yes) please*; ⟨bij aanreiken⟩ *here you are*
alt ● *alto* ● stem *alto*
altaar *altar*
altaarstuk *reredos*
alternatief *alternative*
alterneren *alternate*
althans *at least*; *at any rate*; *anyhow*
altijd *always*; *ever* ⋆ nog ~ *still* ⋆ voor ~ *for ever* ⋆ ~ nog *always* ⋆ zij kwam ~ en eeuwig te laat *she was forever late*
altijddurend *everlasting*; *unending*; *perpetual*
altruïsme *altruism*
altsaxofoon *alto sax(ophone)*
altviool *viola*
aluminium I ZN *aluminium*; AE *aluminum* II BNW *aluminium*; AE *aluminum*
aluminiumfolie *tin foil*
alvast *meanwhile*; *for now*; *for the time being*
alvleesklier *pancreas*
alvorens *before*; *prior to*
alweer *again*; *once more* ⋆ het is ~ drie maanden geleden *that was three months ago*
alwetend *omniscient*
alzheimer *Alzheimer's disease*
a.m. *ante meridiem a.m.*; AM
amalgaam ● legering *amalgam* ● mengelmoes *amalgam*; ⟨negatief⟩ *mishmash*

amandel • boom *almond* • vrucht *almond* • klier *tonsil* ★ zijn ~en laten knippen *have one's tonsils out*
amandelontsteking *tonsillitis*
amanuensis *(laboratory) assistant*
amarant *amaranth*
amaril *emery*
amaryllis *amaryllis*
amateur *amateur*
amateurisme *amateurism*
amateuristisch *amateurish* ★ dat is ~ gemaakt *that was made amateurishly*
amateurvoetbal *amateur soccer*
amazone • paardrijdster *horsewoman* • mythologisch figuur *Amazon*
amazonezit *sidesaddle (style)* ★ in ~ (rijden) *(ride) sidesaddle*
ambacht *(handi)craft*; *trade* ▼ twaalf ~en, dertien ongelukken *(he is a) Jack-of-all-trades and master of none*
ambachtelijk *according to traditional methods*
ambachtsman *artisan*; *craftsman*
ambassade *embassy*
ambassadeur *ambassador*
amber • barnsteen *amber* • hars *storax* • product uit potvis *ambergris*
ambiance *ambiance*
ambiëren *aspire to*
ambigu *ambiguous*; *equivocal*
ambitie • eerzucht *ambition* • ijver *zeal*
ambitieus • eerzuchtig *ambitious* • ijverig *zealous*
ambivalent *ambivalent*
Ambon *Ambon*
Ambonees I ZN (de) inwoner *Amboinese*; *Moluccan* II ZN (het) taal ⟨v. eilandengroep⟩ *Moluccan*; ⟨v. eiland Ambon⟩ *Amboinese* III BNW *Amboinese*; *Moluccan*
ambrozijn *ambrosia*
ambt *position*; *office*; *function*
ambtelijk ★ ~e taal *official language* ★ ~e taken *professional duties*
ambteloos *private* ★ ~ burger *private citizen*
ambtenaar *official*; *civil servant* ★ ~ van de burgerlijke stand *registrar* ★ hij is een echte ~ *he is a typical bureaucrat* ★ ~ van het Openbaar Ministerie *counsel for the prosecution*
ambtenarenapparaat *civil service*
ambtenarij • bureaucratie *officialdom*; PEJ. *red tape* • de ambtenaren *civil service*
ambtgenoot *confrère*; *colleague*
ambtsaanvaarding *accession to office*
ambtseed *oath of office*
ambtsgeheim *official secret*
ambtshalve *by virtue of one's office*; *ex officio*
ambtsketen *chain of office*
ambtskledij *(official) robe(s)*
ambtstermijn *period|term of office|service*
ambtswege ★ van ~ *ex officio*; *officially*; *by virtue of one's office*
ambtswoning *official residence*
ambulance *ambulance*
ambulant • zonder vaste plaats *travelling* ★ de ~e handel *street trading* • op de been *ambulatory*

amechtig *breathless*; *winded*; INF. *puffed (out)*
amen *amen*
amendement *amendment*
amenderen *amend*
Amerika *America*
Amerikaan *American*
Amerikaans *American*
amerikaniseren *Americanize*
amerikanisme *Americanism*
amethist *amethyst*
ameublement *furniture* ★ een ~ *(a suite of) furniture*
amfetamine *amphetamine*
amfibie *amphibian*
amfibievoertuig *amphibious vehicle*
amfitheater *amphitheatre*
amfoor *amphora*
amicaal *amicable*; *friendly*
aminozuur *amino acid*
ammonia *(aqueous) ammonia*
ammoniak *ammonia*
ammunitie *ammunition*; INF. *ammo*
amnesie *amnesia*
amnestie *amnesty*
amoebe *amoeba* [mv: *amoebas*]
amok *amok*; *amuck* ★ amok maken FIG. *run amuck*; FIG. *go berserk*
amoreel *amoral*
amorf *amorphous*
amortisatie *amortization*
amoureus *amorous*
ampel *ample* ★ na ~ beraad *after careful consideration*
amper *hardly*; *scarcely*
ampère *ampere*; INF. *amp*
amplitude *amplitude*
ampul *ampoule*; AE *ampule*
amputatie *amputation*
amputeren *amputate*
Amsterdam *Amsterdam*
amsterdammertje *beer glass (0,3 l)*
amulet *amulet*; *charm*; *talisman*
amusant *amusing*; *entertaining*
amusement *amusement*; *entertainment*
amuseren *amuse*; *entertain* ★ zich ~ *enjoy o.s.*; *have a good time*
anaal *anal*
anabool I ZN ★ anabole steroïden *anabolic steroids* II BNW *anabolic*
anachronisme *anachronism*
anachronistisch *anachronistic*
anaëroob *anaerobic*
anagram *anagram*
anakoloet *anacoluthon*
analfabeet *illiterate*
analfabetisme *illiteracy*
analgeticum *analgesic*
analist *analyst*
analogie *analogy*
analoog • overeenkomstig *analogous* • niet-digitaal *analogue*
analyse *analysis*
analyseren *analyse*
analytisch *analytic(al)*
ananas *pineapple*
anarchie *anarchy*

anarchisme *anarchism*
anarchist *anarchist*
anarchistisch *anarchistic*; ⟨m.b.t. principes⟩ *anarchic*
anathema *anathema*
anatomie *anatomy*
anatomisch *anatomical*
anchorman *anchorman* [v: *anchorwoman*]
anciënniteit *seniority*
andante *andante*
ander I BNW *other* ★ de ~e tien *the other ten* ★ aan de ~e kant *on the other hand* ★ ~e kleren aandoen *change (one's clothes)* ★ hij is een ~ mens *he is a new man* II ONB VNW ⟨v. persoon⟩ *another (person)* [mv: *the others*]; ⟨v. zaken⟩ *another thing* III TELW *next* ★ om de ~e dag *every other day* ★ des ~en daags *the next day*
anderhalf *one and a half*
andermaal *once again*
andermans *another man's* [mv: *other people's*]
anders I BNW *different*; *other* ★ het is nu eenmaal niet ~ *that's the way things are* ★ ~ dan zijn broer *unlike his brother* ★ wie/wat/ e.d. ~ *who/what/etc. else* ★ niemand/niets ~ dan *nobody/nothing (else) but* ★ ik heb wel wat ~ te doen *I have s.th. else to do* ★ er zit niets ~ op dan... *there is no other alternative but...* II BIJW ~ gewoonlijk *usually* ★ net als ~ *just as usual* ● op andere wijze (dan) *differently*; *otherwise* ★ het is ~ gegaan dan ik me had voorgesteld *it has turned out differently from what I had expected* ★ ik kan niet ~ dan... *I cannot help but...* ● op andere tijd *at any other time* ● aanduiding van voorbehoud ★ hij is ~ niet bang *he is not afraid, though* ● verder ★ ~ nog iets? *anything else?* ● zo niet, dan *else*; *otherwise* ★ en ~ ga je maar weg *or else you can go*
andersdenkend POL. *dissident*; *dissentient*
andersom *the other way round*; *the opposite*; *the reverse*
andersoortig *different*
anderstalig *having a different native language*
anderszins *otherwise*
anderzijds *on the other hand*
andijvie *endive*
Andorra *Andorra*
andragogie ≈ *adult further education*
andreaskruis *Saint Andrew's Cross*
androgyn *hermaphrodite*
anekdote *anecdote*
anemie *anaemia*
anemoon *anemone*
anesthesie *anaesthesia*
anesthesist *anaesthetist*
angel ● BIOL. *sting* ● vishaak *hook*
Angelsaksisch *Anglo-Saxon*
angelus *angelus*
angina *angina* ★ ~ pectoris *angina (pectoris)*
angiografie *angiography*
angiogram *angiogram*
anglicaans *Anglican*
anglicisme *Anglicism*
anglist *English expert*; *student of English language and literature*

anglofiel *Anglophile*
Angola *Angola*
Angolees *Angolan* ★ een Angolese *an Angolan woman*
angora *angora*
angorawol *angora (wool)*
angst *fear (of)*; ⟨hevig⟩ *terror*; ⟨zielsangst⟩ *anguish*; *agony* ★ uit ~ voor *for fear of* ★ in ~ zitten over *be anxious about*
angstaanjagend *frightening*
angstgegner *bogy team*; *nemesis*
angsthaas *chicken*; *scaredy cat*
angstig ● bang *frightened*; ⟨predikatief⟩ *afraid* ● angstaanjagend *anxious*; *fearful*
angstvallig ● bang *timid*; FORM. *timorous* ● zorgvuldig *scrupulous*; *conscientious*
angstwekkend *alarming*; *terrifying*
angstzweet *cold sweat*
anijs I ZN zaad *aniseed* II BNW *aniseed*
animaal *animal*
animatie *animation*
animatiefilm *animation film*
animeermeisje *(nightclub) hostess*; *bar girl*
animeren *encourage*; *stimulate* ★ een geanimeerd gesprek *an animated conversation*
animisme *animism*
animo ● levendige stemming *eagerness* ★ er bestond veel ~ voor het plan *the plan was very well received* ● zin om iets te doen *gusto (in)*; *zest (for)*; *spirit*
animositeit *animosity*
anjer *carnation*
anker ● SCHEEPV. *anchor* ★ het ~ lichten *weigh anchor* ★ voor ~ liggen *lie/ride at anchor* ★ het ~ laten vallen *drop anchor* ● palletje in uurwerk *lever* ● muuranker *brace* ● rotor in dynamo *armature*
ankeren *(cast) anchor*
ankerplaats *anchorage*; *berth*
annalen *annals*
annex I BNW *annex(e)* ★ met garage ~ *with adjoining garage* II VW *with/and adjoining* ★ uitgeverij ~ drukkerij *publisher's and (adjoining) printer's*
annexatie *annexation*
annexeren *annex*
anno *in the year* ★ anno 1977 *in (the year) 1977*
annonce *advertisement*
annonceren *announce*; ⟨kaartspel⟩ *bid*
annotatie *annotation*
annoteren *annotate*
annuïteit *annuity*
annuleren *cancel*; ⟨v. contract/huwelijk⟩ *annul*
annulering *cancellation*; ⟨v. contract/huwelijk⟩ *annulment*
annuleringsverzekering *cancellation insurance*
annunciatie *Annunciation*
Annunciatie *Annunciation*
anode *anode*
anomalie *anomaly*
anoniem *anonymous*; *faceless* ★ de ~e massa *the anonymous/faceless crowd*
anonimiteit *anonymity*
anorak *anorak*; *parka*
anorectisch *anorectic*

anorexia nervosa *anorexia nervosa*
anorganisch *inorganic*
ansichtkaart *picture postcard*
ansjovis *anchovy*
antagonist • tegenstander *adversary;* *antagonist* • spier *antagonist;* MED. *opponist*
Antarctica *Antarctica; the Antarctic*
Antarctisch *Antarctic*
antecedent • voorafgaand feit *antecedent; precedent* • TAALK. *antecedent*
antedateren *antedate; predate*
antenne • TECHN. *aerial;* AE *antenna* • BIOL. *antenna*
anti- *anti*
antiaanbaklaag *non-stick coating*
antibioticum *antibiotic*
antiblokkeersysteem *anti-lock braking system*
anticiperen *anticipate* ★ ~ op de ontwikkelingen *anticipate developments*
anticlimax *anticlimax*
anticoagulantia *anticoagulants*
anticonceptie *contraception*
anticonceptiepil *contraceptive pill; the pill*
anticonceptivum *contraceptive*
antidepressivum *antidepressant*
antidrugseenheid *drug squad*
antiek I ZN *antiques* [mv] II BNW • oud *antique; ancient;* PEJ. *old-fashioned* • uit de oudheid *classical; antique*
antiekbeurs *antique dealer's exhibition; antique fair*
antiekwinkel *antique shop*
antigeen I ZN *antigen* II BNW *antigenic*
antiglobalisme *anti-globalism*
antiglobalist *anti-globalist*
antiheld *antihero*
antihistamine *antihistamine*
antilichaam *antibody*
Antillen *Antilles*
Antilliaan *Antillean* ★ een ~se *an Antillean woman*
antilope *antelope*
antimaterie *antimatter*
antioxidant *antioxidant*
antipathie *antipathy; dislike*
antipathiek *antipathetic(al)*
antipode • tegenvoeter *antipode* • FIG. *someone with opposing views*
antiquaar *antiquarian bookseller*
antiquair *antique dealer; antiquary*
antiquariaat *antiquarian bookshop*
antiquarisch *antiquarian; second-hand*
antiquiteit ⟨gebruik⟩ *antiquity;* ⟨voorwerp⟩ *antique*
antireclame *bad publicity*
antirookcampagne *anti-smoking campaign*
antisemiet *anti-Semite*
antisemitisch *anti-Semitic*
antisemitisme *anti-Semitism*
antiseptisch *antiseptic*
antislip *non-skid*
antistatisch *antistatic*
antistof *antibody*
antiterreureenheid *anti-terrorist unit*
antithese *antithesis*
antivries *antifreeze*

antoniem *antonym; opposite*
antraciet *anthracite*
antropologie *anthropology*
antropoloog *anthropologist*
antroposofie *anthroposophy*
Antwerpen *Antwerp*
antwoord *answer; reply* ★ in ~ op *in answer/ reply to* ★ gevat ~ *repartee* ★ scherp ~ *retort* ★ ten ~ geven *reply; say in reply*
antwoordapparaat *answering machine*
antwoorden *answer; reply;* ⟨gevat⟩ *rejoin;* ⟨scherp⟩ *retort*
antwoordenvelop *stamped addressed envelope*
antwoordformulier *answer/reply coupon*
antwoordnummer ≈ *free post*
anus *anus*
ANW *(Dutch) Surviving Dependants' Act; Surviving Relatives' Act*
aorta *aorta*
AOW • wet *Old Age Pensions Act* • uitkering *retirement pension;* ⟨in Eng.⟩ *(old age) pension*
AOW'er *Old Age Pensioner; senior citizen*
apache *apache*
Apache *Apache*
apart • afzonderlijk *separate; apart* ★ ~ berekenen *charge extra* ★ hij wilde mij ~ spreken *he wanted to speak to me privately* ★ iets ~ leggen *set apart* • bijzonder *special; exclusive* ★ iets heel ~s *s.th. very exclusive*
apartheid *apartheid; racial segregation*
apartheidswet *segregation law; law of apartheid/segregation*
apartje *private conversation; word in private*
apathie *apathy*
apathisch *apathetic*
apegapen ▼ op ~ liggen *be on one's last legs*
apenliefde *blind (parental) love*
apenpak *rig-out;* AE *monkey suit*
apenstaartje *at-sign*
aperitief *aperitif*
apert *patent* ★ een ~e leugen *a manifest lie*
apetrots *proud as a peacock*
apezuur ▼ zich het ~ werken *work like the blazes* ▼ zich het ~ schrikken *be scared witless*
APK ≈ *M.O.T. test* ★ de auto is APK gekeurd *the car has had its M.O.T. test*
aplomb *aplomb; self-assurance*
apneu *apnoea*
APO *job agreement* ★ een APO sluiten *agree on manning levels*
apocalyps *apocalypse*
apocrief *apocryphal* ★ ~e boeken *apocrypha*
apodictisch • onweerlegbaar *apodictic* • zeer stellig *categorical*
apollinisch *Apollonian*
apologie *apologia; apology*
apostel *apostle*
a posteriori *a posteriori*
apostolisch *apostolic*
apostrof *apostrophe*
apotheek • winkel *chemist's (shop);* ⟨vnl. ziekenhuis⟩ *dispensary* • geneesmiddelen *pharmacy*
apotheker *(dispensing) chemist; pharmacist*
apotheose *apotheosis*
apparaat • toestel *machine; appliance*

ap

★ huishoudelijke apparaten *household appliances* • organisatie *system*; *mechanism* ★ het ambtelijk ~ *the administrative system*
apparatuur *apparatus*; *equipment*; COMP. *hardware*
appartement *flat*; AE *apartment*
appartementenflat *block of flats*; *apartment building*
appel *apple* ▾ door de zure ~ heenbijten *make the best of a bad job* ▾ voor een ~ en een ei for a song ▾ de ~ valt niet ver van de boom *like father, like son* ▾ een ~tje met iem. te schillen hebben *have a bone to pick with s.o.* ▾ een ~tje voor de dorst bewaren *keep s.th. for a rainy day*
appèl • verzameling van alle aanwezigen *roll-call* ★ ~ houden *call the roll*; *take the roll-call* • JUR. beroep *appeal* ★ ~ aantekenen tegen *lodge an appeal against*
appelboom *apple tree*
appelflap *apple turnover*
appelflauwte *faint* ★ een ~ krijgen *sham a faint*
appelleren • JUR. *appeal*; *lodge an appeal* • ~ aan *appeal (to)*
appelmoes *apple sauce*
appelsap *apple juice*
appelsien *orange*
appeltaart *apple pie*
appendix • supplement *appendix* [mv: *appendices*] • aanhangsel van de blindedarm *appendix* [mv: *appendixes*]
appetijtelijk *attractive*; ⟨eetlust opwekkend⟩ *appetizing* ★ er ~ uitzien *look tasty/appetizing*
applaudisseren *applaud*
applaus *applause* ★ het idee werd met ~ begroet *the idea was applauded*
applicatie • het toepassen *application* • versiersel *application* • COMP. programma *application*
applicatiecursus *refresher course*
apporteren *fetch*; *retrieve*
appreciëren *appreciate*; *value*
après-ski *après-ski*
april *April* ★ 1 ~ *first of April*; *April Fools' Day*
aprilgrap *April Fool's joke*
a priori *a priori*
à propos *apropos*; *by the way*; *incidently*
APS Advanced Photo System *APS*
aquacultuur *aquaculture*; *aquiculture*
aquaduct *aqueduct*
aquajoggen *aquajogging*
aquaplaning *skidding*
aquarel *watercolour*
aquarelleren *paint in water colours*
aquarium *aquarium*
ar I ZN *sleigh*; *sledge* II BNW ▾ in arren moede *at one's wits' end*
ara *macaw*
arabesk *arabesque*
Arabië *Arabia*
Arabier • persoon *Arab* • burger van Saoedi-Arabië *Saudi (Arabian)*
arabier *Arab*
Arabisch *Arab(ian)*; ⟨v. taal en cijfers⟩ *Arabic* ★ zij is een ~e *she is an Arab*

arak *arrack*
arbeid *labour*; *work*
arbeiden *labour*; *work*
arbeider *workman*; *worker*; ⟨voor zware arbeid⟩ *labourer* ★ (on)geschoolde ~ *(un)skilled worker*
arbeidersbeweging *labour movement*
arbeidersbuurt *working class neighbourhood*
arbeidsaanbod *supply of labour*
arbeidsbemiddeling *employment-finding*
arbeid(s)besparend *labour saving*
arbeidsbureau *Job Centre*; *Employment Exchange*
arbeidsconflict *labour/industrial dispute*
arbeidscontract *employment contract*
arbeidsduurverkorting *reduction in working hours*
arbeidsinspectie *Labour Inspectorate*
arbeidsintensief *labour-intensive*
arbeidskracht *worker* ★ de ~en *workers*; ⟨algemeen⟩ *workforce*
arbeidsloon *wages*; ⟨loonkosten⟩ *labour (costs)*
arbeidsmarkt *labour market*
arbeidsomstandigheden *working conditions*
arbeidsongeschikt *unable to work*; *disabled*; *incapacitated*
arbeidsongeschiktheid *disability to work*
arbeidsongeschiktheidsuitkering *disablement/ disability benefit*
arbeidsovereenkomst *employment contract*; *labour contract*; ⟨voor bepaalde tijd⟩ *temporary employment contract*; ⟨voor onbepaalde tijd⟩ *permanent employment contract*
arbeidsplaats *job*
arbeidsproces • gang van zaken m.b.t. arbeid *employment* • handelingen in productieproces *production process*
arbeidsrecht *labour law*
arbeidsreserve *labour reserve*
arbeidstherapie *occupational therapy*
arbeidstijdverkorting *reduction in working hours*; *shorter working hours*
arbeidsverleden *previous employment*; *employment history*
arbeidsvermogen • mate waarin arbeid verricht kan worden ⟨v. personen⟩ *capacity for work* • NAT. *energy*
arbeidsvoorwaarden *terms/conditions of employment*; *employment package* ★ secundaire ~ *fringe benefits*
arbeidswet *labour law*
arbeidzaam *hard-working*
arbiter • SPORT *referee* • JUR. *arbitrator*
arbitrage *arbitration*
arbitragecommissie *arbitration committee*; *board of arbitration*
arbitrair *arbitrary*
arbodienst *Health and Safety Executive*
Arbowet *Factory Act*; ≈ AE *Labor Law*
arcade *arch*; *arcade*
arceren *shade*
arcering *shading*
archaïsch *archaic*
archaïsme *archaism*
archeologie *archeology*

archeoloog *archeologist*
archetype *archetype*
archief • verzameling stukken *archives*; *files*
  • gebouw *record office*
archipel *archipelago*
architect *architect*
architectonisch *architectural* ★ ~e vormgeving *architectural design*
architecturaal *architectural*
architectuur *architecture*
architraaf *architrave*
archivaris *archivist*
archiveren *put into the archives*; *file*
Ardennen *Ardennes*
are *are*
areaal *area*
arena *arena*; *ring*; ⟨bij stierengevecht⟩ *bullring*
arend *eagle*
arendsblik ≈ *piercing look*; ≈ *piercing stare* ★ met ~ *eagle eyed*
areometer *areometer*
argeloos • niets vermoedend *unsuspecting*; *innocent* • onopzettelijk *harmless*; *inoffensive*
Argentijn *Argentinian*
Argentijns *Argentine*; *Argentinian*
Argentinië *Argentina*
arglistig *crafty*; *cunning*; FORM. *guileful*
argument *argument*
argumentatie *argumentation*
argumenteren *argue*
argusogen ▾ iets met ~ bekijken *look at s.th. with suspicion*
argwaan *suspicion*
argwanend *suspicious*
aria *aria*
ariër *Aryan*
arisch *Aryan*
aristocraat *aristocrat*
aristocratie *aristocracy*
aristocratisch *aristocratic*
aritmetica *arithmetic*
aritmie *(cardiac) arythmia*
ark ★ de ark van Noach *Noah's ark*
arm I ZN • lichaamsdeel *arm* ★ met de armen over elkaar *with folded arms* ★ arm in arm *arm in arm* • vertakking *arm* • bevestiging van lamp *bracket* ▾ iem. in de arm nemen *enlist a person's services* **II** BNW • weinig bezittend *poor* • meelijwekkend *poor*; *wretched* • niet vruchtbaar ★ arm aan *poor in*
armatuur • draagconstructie lichtbron *fitting*; *bracket* • wapening van constructie *armature*
armband *bracelet*
arme *poor man/woman* ★ de armen *the poor*
Armeens *Armenian* ★ een ~e *an Armenian woman*
armelijk *poor*; *shabby*
Armenië *Armenia*
Armeniër *Armenian*
armetierig *miserable*; *pathetic*
armlastig *poverty-stricken*; FORM. *destitute* ★ GESCH. ~ worden *come upon the parish*
armlengte *arm's length*
armleuning *armrest*
armoede • het arm zijn *poverty* ★ ~ is geen schande *poverty is no crime* ★ tot ~ geraken *be reduced to poverty* • gebrek ★ ~ aan ideeën *paucity of ideas*
armoedeval *poverty trap*
armoedig • van armoede blijk gevend *poor*; *paltry* • haveloos *poor*; *shabby* ★ die jas ziet er zo ~ uit *that coat looks so shabby*
armoedzaaier *poor devil*; *down-and-out*
armsgat *armhole*
armslag *elbow room*
armzalig • armoedig *poor* • onbeduidend *paltry*
Arnhem *Arnhem*
aroma • geur *aroma* • smaakstof *flavouring*
aromatherapie *aromatherapy*
aromatisch *aromatic*
aromatiseren *flavour*
arrangement *arrangement*
arrangeren *arrange*
arrenslee *horse-sleigh*; *sledge*
arrest • hechtenis *arrest*; *detention*; ⟨voorarrest⟩ *custody* ★ onder ~ staan *be under arrest*; *be in custody* • beslaglegging *seizure (of goods)* • gerechtelijke uitspraak *judgment*; *ruling*
arrestant • gearresteerde *an arrested man/woman*; ⟨een gevangene⟩ *prisoner* • beslaglegger *seizor*
arrestatie *arrest* ★ een ~ verrichten *make an arrest*
arrestatiebevel *warrant for someone's arrest*; *arrest warrant*
arrestatieteam ≈ *special squad*
arresteren • in hechtenis nemen *arrest* ★ iem. laten ~ *have s.o. arrested* • beslag leggen *seize* • vaststellen van notulen *confirm*
arriveren *arrive*
arrogant *arrogant*
arrogantie *arrogance*
arrondissement *district*
arrondissementsrechtbank *district court*
arsenaal • wapenopslagplaats *arsenal* • flinke voorraad *stock* ★ een ~ van activiteiten *a repertoire of activities*
arsenicum *arsenic*
artdirector *art director*
artefact *artefact*
arterie *artery*
arteriosclerose *arteriosclerosis*
articulatie *articulation*
articuleren *articulate*
artiest *(variety) artist*; *entertainer*
artikel • voorwerp *article* • geschreven stuk *article*; *paper* ★ redactioneel ~ *editorial* • wetsbepaling *article*; ⟨v. wet⟩ *section*; *clause* • TAALK. lidwoord *article*
artillerie *artillery*
artisjok *(globe) artichoke*
artistiek *artistic*
artotheek *art library*
artritis *arthritis*
artrose *arthrosis*
arts *physician*; *doctor*
arts-assistent *assistant physician*
artsenbezoeker *medical representative*
artwork *artwork*
as • verbrandingsresten *ashes* ★ gloeiende as

as

embers • spil ⟨v. wiel⟩ *axle*; ⟨drijfas⟩ *shaft*
★ vervoer per as *road transport* • middellijn
axis ★ om zijn as draaien *rotate* • MUZ. *A flat*
▾ in de as leggen *reduce to ashes*
asbak *ashtray*
asbest *asbestos*
asblond *ash blonde*
asceet *ascetic*
ascendant • dierenriemteken *ascendant*
• overwicht *ascendancy*; *domination*
ascese *asceticism*
ascetisch *ascetic*
ASCII-code *ASCII code*; *American Standard Code for Information Interchange*
ascorbinezuur *ascorbic acid*
aselect *random*; *arbitrary*
aseptisch *aseptic*
asfalt *asphalt*
asfalteren *asphalt*
asgrauw *ashen*; *ash-grey*
asiel • toevluchtsoord *asylum* ★ ~ verlenen *grant asylum* • dierenverblijf *home for lost animals*
asielzoeker *person seeking asylum*
asjemenou *oh dear!*; *my goodness!*; *well I never!*
asociaal *antisocial*
aspect • *aspect*; *angle* • vooruitzicht *outlook*; *prospect* • ASTRON. *aspect*
asperge *asparagus*; INF. *sparrow-grass*
aspirant • kandidaat *applicant*; *candidate* • iem. in opleiding *trainee* • jonge sporter *junior*
aspiratie • aanblazing *aspiration* • eerzucht *aspiration*; *ambition* ★ hoge ~s hebben *aim high*; *be ambitious*; PEJ. *have big ideas*
aspirine *aspirin*
assemblage *assembly*
assemblee *assembly*
assembleren *assemble*
assenkruis *coordinate system*
Assepoester • sprookjesfiguur *Cinderella* • slonzig meisje *ragamuffin*
assertief *assertive*
assertiviteit *assertiveness*
assimilatie *assimilation*
assimileren *assimilate*
assistent *helper*; *assistant*; *aid*
assistentie *assistance*; *help*
assisteren *assist*; *help*
associatie *association*
associatief *associative*
associëren *associate (with)* ★ zich ~ met *enter into partnership with*
assortiment *assortment*
assuradeur *insurer*; SCHEEPV. *underwriter*
assurantie *insurance*
aster *aster*
asterisk *asterisk*; *star*
astma *asthma*
astmaticus *asthmatic*; *asthma sufferer*
astmatisch *asthmatic*
astraal *astral*
astrologie *astrology*
astroloog *astrologer*
astronaut *astronaut*

astronomie *astronomy*
astronomisch • ASTRON. *astronomic(al)* ★ ~ jaar *solar year* ★ ~e maand *lunar month* • enorm groot *astronomical*
astronoom *astronomer*
asurn *cinerary urn*
Aswoensdag *Ash Wednesday*
asymmetrisch *asymmetric(al)*
asymptoot *asymptote*
asynchroon *asynchronous*
atavisme *atavism*
atavistisch *atavistic*
ATB • all terrain bike *ATB* • automatische treinbeïnvloeding *ATC (Automatic Train Control)*
atelier ⟨v. kunstenaar⟩ *studio*; ⟨ambachtelijk⟩ *workshop*
atheïsme *atheism*
atheïst *atheist*
Athene *Athens*
atheneum ≈ AE *high school*; ≈ BE *grammar school*
atjar *(Indonesian) pickles*
Atlantisch *Atlantic*
atlas *atlas*
atleet *athlete*
atletiek *athletics*
atletisch *athletic*
atmosfeer *atmosphere*
atmosferisch *atmospheric* ★ ~e storing *static interference*
atol *atoll*
atomair *atomic*
atomiseren *atomize*
atonaal *atonal*
atoom *atom*
atoombom *atom(ic) bomb*
atoomdreiging *nuclear threat*
atoomgeleerde *nuclear physicist/scientist*
atoomgewicht *atomic weight*
atoomtijdperk *nuclear/atomic age*
atoomwapen *nuclear/atomic weapon*
atrofie *atrophy*
atropine *atropine*
attaché *attaché*
attachékoffer *attaché case*
attachment *attachment*
attaque *stroke*; *attack* ★ een ~ krijgen *suffer a stroke*
attaqueren *attack*
at-teken *at-symbol/sign*
attenderen ★ iem. ~ op iets *draw s.o.'s attention to sth.*
attent • opmerkzaam *attentive* ★ iem. op iets ~ maken *draw s.o.'s attention to s.th.* • vriendelijk *considerate*
attentie • aandacht *attention* ★ ter ~ van *for the (personal) attention of*; *attn.* ★ ter ~ van (t.a.v.) *attn.*; *for the (personal) attention of* • blijk van vriendelijkheid *token of attention*; ⟨cadeau⟩ *present*
attest *testimonial*; *certificate*
attitude *attitude*
attractie *attraction*
attractief *attractive*
attractiepark *amusement park*; *recreation park*;

theme park
attractiviteit *attractiveness*
attributief *attributive*
attribuut *attribute*
atv *reduction in working hours*
au *ouch!; ow!*
a.u.b. alstublieft *please*
aubade *aubade*
au bain marie ★ iets ~ verwarmen *cook in a bain marie*
aubergine *aubergine*; AE *eggplant*
audiëntie *audience* ★ op ~ gaan bij *have an audience with* ★ iem. ~ verlenen *receive a person in audience*
audioapparatuur *audio equipment*
audiorack *music centre; stereo system*
audiovisueel *audio-visual*
auditeur ≈ *Judge Advocate General*
auditeur-militair *judge advocate*
auditie *audition*
auditor *auditor*
auditorium • gehoorzaal *auditorium* • toehoorders *audience*
auerhoen *capercaillie*
au fond *basically*
augurk *gherkin*
augustus *August*
aula *auditorium; hall*
au pair I ZN *au pair* II BIJW ★ ~ werken *work as an au pair*
aura *aura; charisma*
aureool • stralenkrans *aureole; halo* • goede reputatie *aura*
ausculteren *auscultate*
auspiciën ★ onder ~ van *under the auspices of*
ausputzer *sweeper*
Australië *Australia*
Australiër *Australian*; INF. *Aussie* ★ een Australische *an Australian woman; an Australian*
Australisch *Australian*; INF. *Aussie*
autarkie *autarchy*
auteur *author*
auteursrecht • recht van de auteur *copyright* • royalty's *royalties* [mv]
authenticiteit *authenticity*
authentiek *authentic*
autisme *autism*
autistisch *autistic*
auto *car*
auto- *auto*
autobiografie *autobiography*
autobom *car bomb*
autobus *bus; coach*
autochtoon I ZN ↓ *native (inhabitant); autochthon* II BNW *indigenous; autochthonous*
autocoureur *racing-car driver*
autocraat *autocrat;* ⟨tiran⟩ *tyrant*
autocratie *autocracy*
autodidact *autodidact; self-taught man/woman*
autogas *LPG*
autogordel *seat belt*
auto-immuunziekte *autoimmune disease*
auto-industrie *car/motor industry*
autokerkhof *old car dump; scrapyard*
autokostenvergoeding *payment/refund of car expenses*
autokraker *car burglar*
autoluw *low/reduced/limited-traffic*
automaat • robot *automaton; robot* • distributieapparaat *vending machine* • auto *automatic*
automatenhal *amusement arcade*
automatiek *automat*
automatisch *automatic* ★ ~ overschrijven *pay by direct debit* ★ ~e informatieverwerking *automatic data processing* ★ ~ telefoonverkeer *direct dialling*
automatiseren *automate*
automatisering *automation*
automatisme *automatism*
automobilist *motorist*
automonteur *car/motor mechanic*
autonomie *autonomy*
autonoom *autonomous*
auto-ongeluk *car accident*
autopapieren *car papers/documents*
autopark *fleet of cars (vans/taxis)*
autopech *car trouble; breakdown*
autoped *scooter*
autopsie *autopsy*
autoradio *car radio*
autorijden *drive (a car)*
autorijschool *driving school*
autoriseren *authorize*
autoritair *authoritarian*
autoriteit *authority* ★ de plaatselijke ~en *the local authorities*
autoslaaptrein *car train*
autosloperij *car-breaker's yard; junk yard*
autosnelweg *motorway*; AE *freeway; highway*
autosport *motor sport; motor/car racing*
autostopper *hitchhiker*
autoverhuur *car hire; rent-a-car*
autovrij ⟨gebied⟩ *pedestrian;* ⟨dag⟩ *carless*
autoweg *motorway*; AE *highway*
avance *advance; approach* ★ ~s maken naar/jegens* ⟨voornamelijk seksueel⟩ *make advances to*
avant-garde *avant-garde*
avant la lettre *before the term existed; before there was such a thing*
avenue *avenue*
averechts I BNW • andersom ingestoken ★ ~e steek *inverted stitch* • verkeerd *wrong* ★ een ~e uitwerking hebben *have a contrary effect* II BIJW andersom ingestoken *(in) the wrong way* ★ ~ breien *purl*
averij ⟨v. schip⟩ *damage;* ⟨v. motor⟩ *breakdown* ★ ~ oplopen *suffer damage*
A-verpleging *medical care*
aversie *aversion* ★ een ~ tegen iets hebben *have an aversion to s.th.*
A-viertje *A4 (sized sheet of paper)*
avifauna *avifauna*
avo *General Secondary Education*
avocado *avocado*
avond *evening; night;* ⟨vooravond⟩ *eve* ★ 's ~s *in the evening; at night*
avondeten *dinner; supper*
avondjurk *evening dress*
avondkleding *evening dress*

av

avondklok *curfew*
avondkrant *evening paper*
avondland *Occident*
avondmaal • avondeten *evening meal*; *supper*; *dinner* • REL. *the Lord's Supper* ▾ het Laatste Avondmaal *the Last Supper*
avondmens *night person*; INF. *night owl*
avondrood *sunset (sky)*; *evening glow*
avondschool *night school*; *evening classes*
avondspits *evening rush hour*
Avondster *evening star*
avondtoilet *evening dress*
avondverkoop *evening sales*
avondvullend • een ~ programma *a programme lasting the whole evening*
avondwinkel *late-night shop*; AE *late-night store*
avonturenroman *novel of adventure*; *adventure story*
avonturier *adventurer* [v: *adventuress*]
avontuur *adventure*
avontuurlijk • vol avonturen *full of adventure*; *adventurous*; *exciting* • gewaagd *risky*
avontuurtje *affair*
AVP aansprakelijkheidsverzekering voor particulieren ≈ *third party insurance*
awel *well*
AWW Algemene Weduwen- en Wezenwet *(Dutch) Surviving Dependants Act*
axioma *axiom*
ayatollah *ayatollah*
azalea *azalea*
azen • aas zoeken ~ op *prey on* • nastreven ~ op *have one's eye on*
Azerbeidzjan *Azerbaijan*
Aziaat *Asian* ✶ een Aziatische *an Asian woman*
Aziatisch *Asian*
Azië *Asia*
azijn *vinegar*
azijnzuur *acetic acid*
Azoren *Azores*
azteeks *Aztec*
azteken *Aztecs*
azuren *azure*
azuur *azure*

B

b • letter *b* ✶ de b van Bernard *B as in Benjamin* • muzieknoot *B*
B2B Business to Business *B2B*
BA Bachelor *BA*
baai • inham *bay* • stof *baize*
baaierd *chaos*; *disorder*
baak *beacon*
baal • zak *bale*; *sack*; ⟨rijst⟩ *bag* • papiermaat *ream* ▾ ergens de balen van hebben *be sick and tired of s.th.*
baaldag *off-day*
baan • betrekking *job* • strook stof, behang *roll*; ⟨v. vlag⟩ *bar* • rijstrook *road*; *way*; *path* • route ⟨v. projectiel⟩ *trajectory* ✶ baan rond de aarde *orbit* ✶ iets in een baan om de aarde brengen *put s.th. into orbit* • SPORT ⟨ijsbaan⟩ *ice rink*; ⟨kegelbaan⟩ *alley*; ⟨roeibaan e.d.⟩ *course*; ⟨tennisbaan⟩ *court*; ⟨wielerbaan⟩ *track* ▾ iets op de lange baan schuiven *postpone s.th. indefinitely* ▾ ruim baan hebben *have a clear field* ▾ ruim baan maken voor *make room for* ▾ in andere banen leiden *lead into other channels*; *lead into different paths* ▾ het gesprek in andere banen leiden *divert/steer the conversation away from/to* ▾ dat is van de baan *that's off*
baanbrekend *pioneering*; *epoch-making* ✶ ~ werk verrichten *do pioneering work*
baanrecord *track record*
baansport *track sport*
baantjesjager *place-hunter*
baanvak *section*
baanwachter *signalman*
baar I ZN • staaf edelmetaal *bar*; *ingot* ✶ een baar goud *a gold ingot/bar* • draagbaar *stretcher*; ⟨voor lijk⟩ *bier* • golf LIT. *billow* ✶ de woelige baren *the wild billows* II BNW • contant ✶ in baar geld betalen *pay with ready money/cash*
baard • haargroei *beard* ✶ zijn ~ laten staan *grow a beard* • deel van sleutel *bit* ▾ hij heeft de ~ in de keel *his voice is breaking*
baardgroei *growth of beard* ✶ zware ~ *heavy growth (of beard)*
baarlijk ✶ de ~e duivel *the devil incarnate*
baarmoeder *womb*; MED. *uterus*
baarmoederhalskanker *cervical cancer*; *cancer of the cervix*
baarmoederslijmvlies *endometrium* ✶ ontsteking van het ~ *endometritis*
baars *perch*; *bass*
baas • chef *boss*; INF. *governor* ✶ hij is zijn eigen baas *he is his own boss* • man, jongen *bloke*; *fellow* ✶ een klein baasje *a little fellow* ▾ de baas spelen *domineer*; *dominate*; *boss around/about* ▾ over iem. de baas spelen *boss a person around/about* ▾ zij kunnen die jongen niet de baas *they can't keep the boy under control*; *they can't control the boy* ▾ iem. de baas blijven *keep the upper hand* ▾ iem. de baas worden *get the better of a person* ▾ je hebt altijd baas boven baas *there*

is always s.o. better/bigger ▾ zo druk als een klein baasje *as busy as a bee* ▾ je bent mij de baas (af) *you're too strong/clever for me*

baat • voordeel *benefit; advantage; asset* ★ baat vinden bij *benefit by/from* ★ ten bate van *for the benefit of; in aid of* ★ te baat nemen *avail o.s. of* • opbrengst *profit; benefit* ★ baten en lasten *assets and liabilities* ★ baten en schaden *profit and loss*

baatzuchtig *selfish*

babbel • praatje *chat* ★ ~s hebben *be big-mouthed; be a great talker* • mond *trap* ▾ een vlotte ~ hebben *be a smooth talker*

babbelaar • kletskous *chatterer*; ⟨v. kinderen⟩ *chatterbox* • snoep ≈ *bull's eye*

babbelbox *chatline*

babbelen *chat*; INF. *natter*; ⟨veel⟩ *chatter*

babbeltje *chat* ★ een ~ maken *have a chat*

babe *babe*

Babel *Babel* ★ de toren van ~ *the Tower of Babel*

baby *baby*

babyboom *baby boom*

babyboomer *babyboomer*

babyfoon *baby alarm*

Babylonisch *babylonian* ▾ een ~e spraakverwarring *a confusion of tongues*

babysitten *babysit*

babysitter *babysitter*

babyuitzet *layette*

baccalaureaat • graad *bachelor's (degree)* • specialistische academische opleiding ≈ *sandwich course* • opleiding algemeen *first degree course*

bacchanaal *bacchanal*

bachelor *bachelor*

bacil *bacillus*

back *back*

backbencher *backbencher*

backhand *backhand*

back-up *backup*

back-upbestand *backup*

bacon *bacon*

bactericide *bactericide*

bacterie *bacteria* [mv]

bacteriedodend *bactericidal*

bacterieel *bacterial*

bacteriologisch *bacteriological*

bad • water *bath* ★ een bad nemen *have/take a bath* ★ een baby in bad doen *bath a baby* • badkuip *bath*

badcel *bath/shower cubicle*

badderen *have bathies; go splishy splashy*

baden I OV WW in bad doen *bath* II ON WW • een bad nemen *bathe* • ~ in *be bathed/steeped in* ★ ~ in tranen/zweet *be bathed in tears/sweat* ★ ~d in bloed *swimming in blood*

badgast *(seaside) visitor*; ⟨in badplaats⟩ *holidaymaker*; ⟨in kuuroord⟩ *patient*

badge *(name-)badge*; MIL. *badge*; ⟨met tekst⟩ *button*

badgoed *beachwear*

badhanddoek *bath/beach towel*

badhuis *(public) baths*

badineren *banter; chaff*

badjas *bathrobe*

badkamer *bathroom*

badkuip *(bath)tub*

badlaken *bath towel*

badmeester *lifeguard*

badminton *badminton*

badmintonnen *play badminton*

badmuts *bathing-cap; swimming cap*

badpak *swimsuit; bathing suit; swimming costume*

badplaats • plaats aan zee *seaside resort* • kuuroord *spa*

badschuim *bath foam; bubble bath*

badstof *towelling; terry(cloth)*

badwater *bathwater* ▾ het kind met het ~ weggooien *throw away the baby with the bathwater*

badzout *bath salts*

bagage *luggage; baggage*

bagagedepot ⟨in station⟩ *left-luggage*

bagagedrager *carrier*

bagagekluis *luggage locker*

bagagerek • bagagenet *luggage rack* • imperiaal *roof-rack*

bagageruimte *luggage space; luggage compartment*; ⟨v. auto⟩ *trunk*; AE *boot*

bagatel *trifle; bagatelle*

bagatelliseren *play down*

bagel *bagel*

bagger *mud; slush*

baggeren I OV WW uit het water halen *dredge* II ON WW waden *wade* ★ door de modder ~ *wade through the mud*

baggermachine *dredger*

baggermolen *dredger*

bah *ugh!; bah!*

Bahama's *Bahamas; Bahama Islands*

bahco *adjustable spanner*

bajes *slammer; nick*

bajesklant *gaolbird*; AE *jailbird*

bajonet *bayonet* ★ met gevelde ~ *with fixed bayonet*

bajonetsluiting *bayonet fitting*

bak • ⟨voor water⟩ *tank*; ⟨eten⟩ *dish*; ⟨ondiep⟩ *tray*; ⟨trog⟩ *trough*; ⟨voor water⟩ *cistern* • bajes *slammer*; AE *can* • mop *joke; lark* ▾ aan de bak komen *get a job*

bakbeest *giant*; INF. *whopper*

bakboord *port*

bakeliet *bakelite*

baken *beacon*; ⟨boei⟩ *buoy* ▾ de ~s verzetten *change one's tack* ▾ de ~s zijn verzet *times have changed*

bakermat *cradle; origin* ▾ de ~ van de beschaving *the cradle of civilization*

bakerpraatje • bijgelovig praatje *old wive's tale* • kletspraatje *idle gossip*

bakfiets *carrier bike*

bakkebaarden *sideboards; (side-)whiskers*

bakkeleien • ruziën *bicker; quarrel* • vechten *tussle; scuffle; scrap*

bakken I OV WW ⟨in oven⟩ *bake*; ⟨in pan⟩ *fry* ▾ er niets van ~ *fail at s.th.; perform poorly* II ON WW zakken voor examen *fail*

bakkenist • ≈ *sidecar passenger* • amateurzender *(radio) ham*

bakker *baker*

bakkerij *bakery*

ba

ba

bakkes *mug* ⋆ hou je ~ *shut your face*; *shut up*
bakkie • zendapparatuur *rig* • kopje (koffie/thee) *cuppa*
bakmeel *flour* ⋆ zelfrijzend ~ *self-raising flour*
bakpoeder *baking powder*
baksteen *brick* ▾ zakken als een ~ *fail utterly*; *flunk* ▾ 't regent bakstenen *it's bucketing down*
bakvet *cooking fat*
bal I ZN (de) • bolvormig voorwerp *ball* ⋆ een balletje trappen *kick a ball about* ⋆ een moeilijke bal maken *play a difficult shot* • testikel *testicle* • deel van hand *heel* • deel van voet *ball* • bekakte jongen *snob*; *stuck-up person* ▾ wie kaatst, moet de bal verwachten *those who play at bowls must look (out) for rubs* ▾ de bal aan het rollen brengen *set/start the ball rolling* ▾ geen bal ervan snappen *understand bugger-all about it* ▾ elkaar de bal toespelen *play into each other's hands*; *scratch each other's back* ▾ ik weet er de ballen van *don't ask me*; *I haven't got a clue* ▾ ergens een balletje over opgooien *drop a hint*; *put out a feeler* II ZN (het) dansfeest *ball*; *dance* ⋆ gemaskerd bal *masked ball*; *fancy dress ball*
balanceren I OV WW uitbalanceren *balance* II ON WW *balance*; FIG. *vacillate*
balans • ECON. *balance sheet* ⋆ de ~ opmaken *draw up the balance*; *balance the books*; FIG. *strike a balance* ⋆ de ~ opmaken van *assess the results of* • evenwicht *balance* ⋆ uit ~ zijn *be off balance* • weegschaal *(pair of) scales*
balansopruiming *stocktaking/clearance sale*
balanswaarde *balance sheet value*
baldadig ⟨handeling⟩ *wanton*; ⟨gedrag⟩ *unruly*; *disorderly*
baldadigheid *disorderliness*; *wantonness*
baldakijn *canopy*
Balearen *Balearic Islands*
balein I ZN (de) stok, staafje *bone*; *rib*; ⟨v. korset⟩ *stay*; ⟨v. paraplu⟩ *spoke* II ZN (het) materiaal *whalebone*
balen *be fed up with*; *be sick and tired of* ⋆ als een stier *be fed up to the back teeth*
balie • toonbank *counter* • leuning *railing* • balustrade *counter* • advocaten *bar* • rechtbank *counter* • voor de ~ verschijnen *appear at the bar*
baliekluiver *loafer*
baljurk *ball dress*; *gown*
balk • stuk hout/metaal *beam*; ⟨in dak⟩ *rafter*; ⟨in vloer⟩ *joist*; ⟨v. ijzer⟩ *girder* • notenbalk *staff*; *stave* • dikke streep HER. *bar*
Balkan *the Balkans*
Balkanstaten *Balkan States*; *the Balkans*
balken *yell*; ⟨v. ezel⟩ *bray*; ⟨v. mensen⟩ *bawl*
balkon • uitbouw *balcony* • ruimte in trein *platform* • rang *balcony*
ballade *ballad*
ballast *ballast*; FIG. *lumber*
ballen I OV WW samenknijpen ⋆ de vuisten ~ *clench one's fist* II ON WW spelen met bal *play with a ball*; *play ball*
ballenjongen *ball boy*
ballentent • uitgaansgelegenheid *stuck up/*

posh place • kermistent *coconut shy*
ballerina *ballet dancer*; *ballerina*
ballet *ballet*
balletdanser *ballet dancer* ⋆ ~es *ballerina*
balletgezelschap *ballet company*
balling *exile*
ballingschap *banishment*; *exile*
ballistisch *ballistic* ⋆ een ~e baan *a ballistic trajectory* ⋆ een ~e raket *a ballistic missile*
ballon *balloon* ▾ een ~netje oplaten *fly a kite*; *make a tentative proposal*
ballonvaart • het ballonvaren *ballooning* • trip *balloon ride*
ballonvaren *balloon*
ballotage *ballot*
ballpoint *ball-point (pen)*; *biro*
ballroomdansen *ballroom dancing*
bal masqué *masked ball*
balneotherapie *balneotherapy*
balorig • slecht gehumeurd *peevish*; *cross* • onwillig *unruly*; FORM. *refractory*
balpen *ball-point (pen)*; *biro*
balsahout *balsa (wood)*
balsem *balm*
balsemen *embalm*
balspel *ball game*
balsport *ball game*
balsturig *obstinate*
Baltisch *Baltic*
balts *display*; *courtship*
balustrade *balustrade*; ⟨v. trap⟩ *banisters*
balzaal *ballroom*
balzak • scrotum *scrotum* • biljartzak *pocket*
bamboe • rietsoort *bamboo* • stengel *bamboo cane*
bami *Chinese noodle dish*; ⟨bami goreng⟩ ≈ *fried noodles*
ban • betovering *spell* ⋆ in de ban van *under the spell of* • verbanning *ban* ⋆ in de ban doen *outlaw*; *ban* • excommunicatie *excommunication* ⋆ de ban uitspreken over *excommunicate*
banaal *banal*; *trite*; *hackneyed*
banaan *banana* ⋆ een tros bananen *a bunch of bananas*
banaliteit • het alledaags zijn FORM. *platitude* • platvloersheid *banality*
bananenrepubliek *banana republic*
band¹ • strook ⟨verband⟩ *bandage*; ⟨vechtsport⟩ *belt*; ⟨om hoed, arm⟩ *band*; ⟨breed lint⟩ *ribbon*; ⟨smal lint⟩ *string* • luchtband *tyre*; AE *tire* ⋆ een band plakken *repair a puncture* • transportband *conveyor-belt*; *assembly line* ⋆ aan de lopende band geproduceerd *mass-produced* • magneetband *tape* • bindweefsel *ligament* • boekomslag *binding* • boekdeel *volume* • verbondenheid *bond*; *tie* ⋆ banden aanknopen *strike up/begin a relationship* ⋆ banden (van vriendschap) aanhalen *tighten the bonds friendship* ⋆ banden onderhouden *maintain relationships/ties* ⋆ de banden verbreken *sever the bonds/ties* ⋆ banden des bloeds/der vriendschap *blood ties*; *bond of friendship* ⋆ een nauwe band hebben met *have a close relationship with*

• radiofrequentie *(wave)band* • rand van biljart *cushion* ▾ aan de lopende band *incessantly; constantly; all the time* ▾ uit de band springen *let one's hair down* ▾ iem./iets aan banden leggen *restrain a person/s.th.*

band² (zeg: bend) *band*

bandage • zwachtel *bandage; dressing* • breukband *truss*

bandbreedte • breedte v.e. band *bandwidth* • frequentiespreiding *bandwidth* • ECON. *range of salaries; wage/salary spread*

bandeloos *lawless; disorderly; riotously*

bandenlichter *tyre lever*

bandenpech *trouble with the tyres; puncture*

bandenspanning *tyre pressure*

banderol • beschreven band *banderole* • vaan *banderole* • sigarenbandje *excise band; cigar band*

bandiet ⟨rover⟩ *bandit*; ⟨schurk⟩ *scoundrel; villain*

bandje • cassettebandje *tape* • schouderbandje *(shoulder) strap*

bandopname *tape recording* ★ daar heb ik een ~ van *I've got that on tape*

bandplooibroek *pleated (front) trousers*

bandrecorder *tape recorder*

bandstoten *play continental billiards*

banen ★ zich een weg ~ *work/push one's way through* ▾ de weg ~ voor *pave the way for* ▾ gebaande weg *beaten track*

banenplan *employment plan; job pool*

banenpool *job pool*

bang • angstig *scared; frightened* ★ bang maken *scare; frighten* ★ bang worden *become/get scared/frightened* ★ hij is bang (voor) *he is afraid/frightened/scared (of)* • bezorgd *afraid; anxious; uneasy* ★ ik ben bang dat het niet gaat *I'm afraid it won't work* • snel angstig *fearful; timid* ▾ zo bang als een wezel *as timid as a mouse*

bangelijk *fearful; timid*

bangerd *coward*

bangerik *coward; chicken*

Bangladesh *Bangladesh*

bangmakerij *intimidation*

banier *banner*

banjeren ↑ *pace up and down*; ⟨met veel drukte⟩ *swagger*

banjo *banjo*

bank • zitmeubel ⟨bekleed⟩ *sofa; settee; couch*; ⟨onbekleed⟩ *bench*; ⟨in auto, e.d.⟩ *seat*; ⟨in kerk⟩ *pew*; ⟨in school⟩ *desk* • geldinstelling, speelbank *bank* • bank van lening *pawnshop* ★ hij werkt bij een bank *he works for a bank* ★ geld op de bank hebben *have money in the bank* • werkbank *bench* • inzet *bank* • casino ★ de bank hebben/houden *keep the bank* ★ de bank doen springen *break the bank* ▾ door de bank genomen *on (an) average; by and large*

bankafschrift *bank statement (of account)*

bankbiljet *banknote*

bankbreuk *bankruptcy* • bedrieglijke ~ *fraudulent bankruptcy* ★ eenvoudige ~ *simple bankruptcy*

bankcheque *bank cheque*; AE *bank check*

bankdirecteur *bank manager*

banket • feestmaal *banquet* • gebak *(almond) pastry*

banketbakker *pastry cook*; ⟨v. chocolaatjes, e.d.⟩ *confectioner*

banketbakkerij *confectioner's; confectionery*

banketletter *(almond) pastry letter; pastry shaped as a letter*

bankgarantie *bank guarantee*

bankgeheim *banking secrecy*

bankier *banker*

bankoverval *bank hold-up/robbery*

bankpas *bank/cheque card*; AE *bank/check card*

bankrekening *bank account*

bankrekeningnummer *bank account number*

bankroet I ZN *bankruptcy* II BNW *bankrupt* ★ ~ gaan *fail; go bankrupt*

bankroof *bank robbery*; ⟨overval⟩ *bank hold-up*

banksaldo *bank-balance*

bankschroef *(bench-)vice*

bankstel *3-piece suite*

bankwerker *fitter; bench worker/operator*

bankwezen *banking*

banneling *exile*

bannen ⟨gedachten, personen⟩ *banish*; ⟨personen⟩ *exile*

banner *banner*

bantamgewicht *bantamweight*

banvloek *anathema; curse*

baptist *baptist*

bar I ZN • café *bar* • tapkast *bar; counter* II BNW • vreselijk ★ dat is (al te) bar *that's a bit thick* • dor *barren* • koud *severe* III BIJW *awfully* ★ een bar slechte uitvoering *an awfully bad performance*

barak • shed • MIL. *hut; barracks*

barbaar *barbarian*

barbaars *barbarous*

barbarisme *barbarism*

barbecue • maaltijd *barbecue-party* • toestel *barbecue*

barbecuen *barbecue*

barbeel *barbel*

barbiepop *Barbie doll*

barbier *barber*

barbituraat *barbiturate*

barcode *bar code*

bard *bard*

baren • ter wereld brengen *bear; give birth to* • veroorzaken *cause; give* ★ zorgen ~ *give concern*

barenswee *contraction; labour pains* [mv]

Barentszzee *Barents Sea*

baret *cap; beret*; ⟨op universiteit⟩ *mortarboard*

Bargoens I ZN *thieve's slang*; ⟨moeilijk verstaanbaar⟩ *jargon* II BNW *slangy*

bariton *baritone*

barium *barium*

bark ⟨zeevaart⟩ *barque*

barkeeper *barman*; *barmaid*; AE *bartender*

barkruk *bar stool*

barmhartig *charitable; merciful*

barmhartigheid *charity; mercy*

barnsteen *amber*

barok I ZN *baroque* II BNW *baroque*; ⟨overdadig⟩ *ornate*

ba

barometer *barometer*
barometerstand *barometric pressure*
baron *baron* ★ meneer de ~ *his Lordship*
barones *baroness*
baroscoop *baroscope*
barotrauma *barotrauma*
barrage • dam *barrage* • SPORT *barrage*
barrel ★ aan ~s slaan/gooien *smash to smithereens*
barrevoets I BNW *barefooted* II BIJW *barefoot*
barricade *barricade*
barricaderen *barricade*
barrière *barrier*
bars • ⟨v. stem⟩ *gruff* • ⟨v. uiterlijk⟩ *grim; stern*
barst I ZN *crack*; ⟨in huid⟩ *chap*; FIG. *flaw* ▼ het kan me geen ~ schelen *I don't give a damn* II TW *get lost; drop dead*
barsten • barsten krijgen *burst*; ⟨v. ruit⟩ *crack*; ⟨v. huid⟩ *chap* • uit elkaar springen *burst*; *explode* ▼ iem. laten ~ *desert s.o.; leave a person in the lurch* ▼ de zaal was tot ~s toe vol *the hall was jam-packed*
barstensvol *chock-full* ★ ~ ideeën *brimming over with ideas* ★ ~ energie *brimful of energy* ★ ~ fouten *chock-full of mistakes*
barysfeer *barysphere*
bas *bass* ★ bas zingen *sing bass* ★ bas spelen *play the bass*
basaal *basic; basal*
basalt *basalt*
bascule • brugbalans *bascule* • weegschaal *scales; balance*
base *base*
baseball *baseball*
baseline *baseline*
baseren *base; ground (on); ground in* ★ op eigen ervaringen ~ *base on one's own experiences*
basgitaar *bass guitar*
basilicum *basil*
basiliek *basilica*
basilisk *basilisk*
basis • *basis; foundation* ★ op ~ van *on the basis of* ★ de ~ leggen voor *lay the foundations for* • WISK. *base* • MIL. *base*
basis- *basic*
basisbeurs *(study) grant*
basisch *basic*
basiscursus *elementary course*
basisinkomen • minimuminkomen *guaranteed minimum income; basic income* • inkomen zonder toeslag *basic income*
basisloon *basic wage(s)*
basisonderwijs *primary education*
basisschool *primary school*
basisvorming *basis secondary training*
Bask *Basque*
Baskenland *Basque Provinces*
basketbal I ZN (de) bal *basketball* II ZN (het) spel *basketball*
Baskisch I ZN *Basque* II BNW *Basque*
bas-reliëf *bas-relief*
bassin • zwembad *swimming pool* • bekken *basin*
bassist *bass player*; ⟨moderne muziek⟩ *bassist*
bassleutel *bass clef*

bast • boomschors *bark* • lijf INF. *skin* ★ een bruine bast hebben *be tanned*
basta *enough!* ★ en daarmee ~! *and that's that!*
bastaard • onwettig kind *bastard* • dier *crossbreed; mongrel* • BIOL. plant *hybrid*
bastaardwoord ≈ *loan-word*
basterdsuiker *castor sugar*
bastion *bastion*
bat *bat*
bataljon *battalion*
Batavier *Batavian*
batch *batch*
bate ★ ten bate van *for the benefit/good of; in aid for* ★ de opbrengst van deze veiling komt ten bate van de daklozen in Los Angeles *the proceeds of this auction will go to/be given to the homeless of Los Angeles*
baten *avail; do good; benefit* ★ daarmee ben ik niet gebaat *that wil not benefit me* ★ daar zij wij beiden mee gebaat *that will benefit both of us; that will be mutually beneficial* ★ wat baat het? *what's the use?* ▼ baat het niet, dan schaadt het niet *it may not help, but it won't harm you either*
batig ★ ~ saldo *credit balance; surplus*
batikken *batik*
batist *batist; cambric*
batterij • energiebron *battery* ★ droge ~ *dry battery/cell* ★ op ~en werken *run on batteries* • MIL. *battery* • verzameling *battery* ★ een ~ fietsen *a battery of bicycles*
baud *baud*
bauxiet *bauxite*
bavarois *bavarois (cream)*
baviaan *baboon*
bazaar • liefdadigheidsverkoop *jumble sale; fair; church/hospital bazaar* • marktplaats *bazaar* • warenhuis *stores; (department) store*
Bazel *Basel*
bazelen *waffle; talk rubbish*
bazig *masterful; domineering*; INF. *bossy*
bazin *mistress*
bazooka *bazooka*
bazuin *trumpet*
beachvolleybal *beach volleyball*
beademen *breathe upon* ★ kunstmatig ~ *give artificial respiration* ★ hij moest beademd worden *he needed artificial respiration*
beademing ★ mond-op-mond~ *mouth-to-mouth resuscitation*
beambte *official; officer*
beamen *assent/agree (to)*; ⟨bevestigen⟩ *endorse; confirm*
beamer *beamer*
beangstigen *alarm; frighten; scare*
beantwoorden I OV WW reageren op *answer; reply to* ★ een bezoek/compliment ~ *return a visit/compliment* ★ een signaal ~ *acknowledge a signal* ★ vriendschap ~ *return/reciprocate friendship* II ON WW • ~ aan ★ ~ aan de verwachtingen *meet one's expectations* ★ aan 't doel ~ *serve the purpose*
bearnaisesaus *béarnaise (sauce)*
beat *beat (music)*
beatbox *beatbox; beatboxer*
beatboxen *beatbox*

be

beautycase *vanity case*
beautyfarm ≈ *health farm*
bebloed *bloodstained*
beboeten *fine*
bebop *bebop*; *bop*
bebossen *afforest*; *plant a forest*
bebouwen • gebouwen neerzetten op *build on* • gewassen kweken op *cultivate* ★ de aarde ~ *till the soil*
bebouwing • het bouwen *building* • gebouwen *buildings* • akkerbouw *cultivation*
bechamelsaus *béchamel (sauce)*
becijferen *calculate*; *figure out*; *work out*
becommentariëren *comment on*
beconcurreren *compete with*
bed *bed* ★ naar bed gaan *go to bed* ★ het bed houden *stay in bed* ★ naar bed brengen *put to bed* ★ in bed met griep *be laid up with flu* ★ iem. uit zijn bed halen *drag a person out of bed* ▾ zijn bedje is gespreid *he's got it made*
bedaagd *elderly*; *getting on in years*
bedaard *calm*; *composed*
bedacht • voorbereid *prepared for* • strevend naar *intent on*; *alive to*
bedachtzaam *thoughtful*; *cautious*; *circumspect*
bedankbrief • dankbetuiging *letter of thanks*; INF. *thank-you note* • afwijzing *letter of refusal*
bedanken I ov ww dank betuigen *thank* ★ zonder te ~ *without acknowledgement* II ON ww • afslaan *turn down*; FORM. *decline* ★ voor een uitnodiging ~ *decline an invitation* • opzeggen *resign* ▾ ik bedank ervoor om zo behandeld te worden *I refuse to be treated like this*
bedankje • dankwoord *acknowledgement*; *thanks* • opzegging *resignation* • weigering *refusal*
bedankt *thanks*; *thank you* ★ hartelijk ~! *thank you very much!*; *thanks very much!*
bedaren I ov ww tot rust brengen *calm down*; *soothe*; ⟨vrees⟩ *allay* II ON ww tot rust komen ⟨v. personen⟩ *calm down*; ⟨v. storm, e.d.⟩ *die down*; *subside* ★ bedaar! *quiet!*; *control yourself!* ★ tot ~ komen *pull o.s. together*
bedbank *sofa bed*
beddengoed *bedding*; *bedclothes*
bedding • onderlaag *bed* • geul *bed*; *channel*
bede *entreaty*; FORM. *supplication*
bedeesd *timid*; *shy*
bedehuis *chapel*; *place of worship*
bedekken *cover (up)*
bedekking *cover(ing)*
bedekt • niet openlijk *covert* ★ ~e toespelingen *covert allusions* • afgedekt *covered*
bedektzadig *angiosperous*
bedektzadigen *angiosperms*
bedelaar *beggar*
bedelarij *begging*
bedelarmband *charm-bracelet*
bedelen[1] *beg* ★ bedelen om iets *beg for s.th.*
bedelen[2] *endow*
bedelstaf *beggar's staff* ★ tot de ~ brengen *reduce to beggary*; *reduce to begging*
bedeltje *charm*
bedelven *bury* ▾ bedolven onder 't werk

snowed under with work; *swamped with work*
bedenkelijk • twijfel uitdrukkend *doubtful* ★ ~ kijken *look doubtful* • zorgelijk ⟨v. toestand, situatie⟩ *critical*; *serious*; *grave* ★ het ziet er ~ voor hem uit *things look pretty serious for him*
bedenken I ov ww • overwegen *consider* • verzinnen *think up*; *devise*; *invent* ★ het is goed bedacht *it is a good idea* • een schenking doen *remember* II WKD WW • nadenken over ★ zich op iets ~ *think s.th. over*; *think a matter over* ★ zich tweemaal ~ vóórdat... *think twice before ...* ★ zonder (zich te) ~ *without (any) hesitation* • van gedachten veranderen *change one's mind*
bedenking • overweging *consideration* • bezwaar *objection* ★ ~en hebben (tegen) *make/have objections (to)*
bedenktijd *time for reflection*; *time to think*
bederf • rotting *decay*; *rot*; *corruption*; ⟨v. koren⟩ *blight* ★ aan ~ onderhevig *perishable* ★ tot ~ overgaan *go bad*; *decay*; *rot* • verslechtering *deterioration*
bederfelijk *perishable*
bederfwerend *preservative*
bederven I ov ww • slechter maken *upset*; ⟨zeden⟩ *corrupt*; ⟨plezier⟩ *mar*; ⟨gezondheid⟩ *ruin*; ⟨lucht⟩ *taint* ★ de hele boel ~ *spoil the whole thing* • verwennen *spoil* II ON ww slecht, zuur of rot worden *go sour/off*; ⟨v. eetwaren⟩ *go bad*; *go off*; ⟨v. goederen⟩ *deteriorate*
bedevaart *pilgrimage*
bedevaartganger *pilgrim*
bedevaartplaats *place of pilgrimage*
bedgenoot *bedfellow*
bediende *servant*; ⟨in winkel⟩ *assistant*; ⟨in zaken⟩ *employee*; ⟨lijfknecht⟩ *valet*; ⟨op kantoor⟩ *clerk*
bedienen I ov ww • helpen ⟨in restaurant, e.d.⟩ *serve*; *wait on*; ⟨in winkel⟩ *serve* ★ iem. op zijn wenken ~ *serve a person promptly*; *be at a person's beck and call* ★ aan tafel ~ *wait at table* • laten functioneren *operate* ★ REL. *administer the last sacraments/rites* II WKD WW gebruik maken van *use*; *make use of* ★ ik bediende me van een mes *I used a knife*
bediening • het helpen *service* • het laten functioneren *operation*; ⟨auto⟩ *controls* ★ dubbele ~ ⟨lesauto⟩ *dual controls* ★ REL. *administration of the last sacraments/rites*
bedieningspaneel *console*; *control panel*
bedillen • zich bemoeien met *meddle with*; *interfere with* • vitten op *find fault with*; *carp at*
bedilzucht • geneigd zijn te vitten *inclination to find fault with* • bemoeizucht *meddling*
beding *condition* ★ onder één ~ *on one condition*
bedingen *stipulate*; *insist on*; ⟨prijs⟩ *bargain (for)* ★ dat is er niet bij bedongen *that is not included (in the bargain)*
bedisselen *arrange*; *manage*
bedlegerig *bedridden*; *confined to (one's) bed*
bedoeïen *Bedouin*; *Beduin*
bedoelen • aanduiden *mean*; *have in view/*

be

mind • beogen *aim at*; *drive at*; *intend* * ~
met *mean by* * ze ~ 't goed *they mean well*
* 't was niet kwaad bedoeld *no offence was
meant*; *no offence meant/intended* * wat
bedoel je (daar) eigenlijk (mee)? *what are
you driving at?*

bedoeling • oogmerk *intention*; *purpose*; *aim*
* zonder kwade ~en *without meaning any
harm* * met de beste ~en *with the best
intentions* * ik had er geen ~ mee *I did not
mean anything by it* * het ligt niet in mijn ~
om... *I have no intention of...*; *I do not propose
to...* • betekenis *meaning*

bedoening • gedoe *fuss*; *ado* • toestand *affair*;
business • een vreemde ~ *a strange affair/
business* • spullen *things*; *belongings*

bedompt *close*; *stuffy*

bedonderd • gek *crazy*; *mad* * ben je helemaal
~? *are you mad/nuts?* • beroerd *idle*; *lazy*;
good-for-nothing * er ~ uitzien *look lousy/
awful* * ergens te ~ voor zijn *be too lazy to
work*

bedonderen *fool*; *dupe*; *con*

bedorven • slecht, zuur of rot *bad*; ⟨lucht⟩
foul/stale; ⟨maag⟩ *upset* • verwend *spoilt*
• moreel aangetast *corrupt*

bedotten *trick*; *dupe*; *fool* * iem. ~ *take a
person for a ride*

bedplassen *bedwetting*

bedrading *wiring*

bedrag *amount* * ten ~e van *to the amount of*

bedragen *amount to* * in totaal £35 ~ *total £35*

bedreigen *threaten*

bedreigend *threatening*

bedreiging *threat* * onder ~ van *under threat
of*

bedremmeld *confused*; *embarrassed*; *taken
aback*

bedreven *skilled*; *skilful*

bedriegen *cheat*; *deceive*; *swindle* * dan kom je
bedrogen uit *you will be disappointed*

bedrieger *impostor*; *cheat*; *swindler*; *fraud* ▼
~ bedrogen *he got a taste of his own medicine*

bedrieglijk ⟨v. karakter⟩ *deceitful*; ⟨v.
praktijken⟩ *fraudulent*; ⟨v. uiterlijk⟩ *deceptive*

bedrijf • onderneming *enterprise*; *company*;
business; ⟨groot concern⟩ *nijverheid⟩
industry*; ⟨gas, spoorwegen⟩ *service* • deel
van toneelstuk *act* • werking *operation*
* buiten ~ ⟨defect⟩ *out of order* * buiten ~
stellen *close down* * in ~ komen *come into
operation* ▼ onder/tussen de bedrijven door
meanwhile

bedrijfsadministratie *business administration*;
ADM. *business accountancy*

bedrijfsarts *company doctor*

bedrijfsblind *blind to faults in one's company*

bedrijfschap *trading organization*; *industrial
board*

bedrijfseconomie *business economics*

bedrijfsgeheim *company/trade secret*

bedrijfshygiëne *company hygiene*

bedrijfskapitaal *working-capital*

bedrijfsklaar *in (good) working order*; *ready to
use*

bedrijfskunde *business administration*;

management

bedrijfsleider *(works) manager*

bedrijfsleiding *management*

bedrijfsleven • de bedrijven *business*;
industrial/business circles • industrie en
handel *business*; *trade and industry*

bedrijfsongeval *industrial accident*

bedrijfsspionage *industrial espionage*

bedrijfstak *branch of industry*

bedrijfsvereniging *industrial insurance board*

bedrijfsvoering *(operational) management*

bedrijfszeker *reliable*; *dependable*

bedrijven *commit*; *perpetrate* * de liefde ~
make love

bedrijvenpark *industrial/trading estate*; AE
industrial park

bedrijvig • levendig *active*; *busy*; *lively* • ijverig
active; *busy*; ⟨hard werkend⟩ *industrious*

bedrijvigheid • levendigheid *activity* • ijver
activity; *industriousness*

bedroefd *sad*; *dejected*; *distressed*; LIT. *sorrowful*

bedroeven *grieve* * zich ~ over *be grieved at*

bedroevend • treurig *sad*; *saddening*;
distressing • ergerlijk *pathetic*; *pitiful* * ~
slecht *distressingly bad*

bedrog *fraud*; *deceit*; *deception* * ~ plegen
cheat

bedruipen I OV WW *to splash with...*; CUL. *baste*
II WKD WW *support oneself*; *pay one's way*

bedrukken *print*

bedrukt • met inkt bedrukt *printed*
• neerslachtig *dejected*; *depressed*

bedscène *bed(room) scene*

bedstee *box bed*

bedtijd *bedtime*

beducht * ~ voor *fearful of*; *apprehensive
about*; *afraid of*

beduiden • betekenen *mean*; *signify*
• aanduiden *signal*; *motion* * hij beduidde
mij te gaan zitten *he motioned for me to sit
down* • voorspellen *indicate*; FORM. *portend*

beduidend *significant*; *important*; *considerable*
* het gaat ~ beter *things are considerably
better now*

beduimelen *thumb* * een beduimeld boek *a
well-thumbed book*

beduusd *taken aback*

beduvelen *sell*; *swindle*; *double-cross* ▼ het ziet
er beduveld uit *it looks pretty grim*

bedwang *restraint*; *control* * in ~ hebben/
houden *have/keep under control* * niet in ~
kunnen houden *lose control*

bedwateren *wet one's bed*

bedwelmen *stun*; *daze*; ⟨door drank⟩
intoxicate; ⟨door gas⟩ *stupefy*; ⟨door
narcotica⟩ *drug*; *dope*

bedwingen • in bedwang houden *suppress*;
⟨lach ook⟩ *contain*; ⟨opstand ook⟩ *quell*;
⟨tranen⟩ *hold/choke back* * een brand ~ *get a
fire under control* • onderwerpen *check*;
control; *restrain*; ⟨hartstocht⟩ *master*

beëdigen • eed laten afleggen *swear in* * de
president zal morgen worden beëdigd *the
President will be sworn in tomorrow*
• bekrachtigen *swear to (s.th.)*

beëindigen *finish*; *end*

beëindiging *end(ing); conclusion*

beek *brook*

beeld • afbeelding, voorstelling *portrait; picture;* ‹op beeldscherm, e.d.› *picture* * iets in ~ brengen *picture/portray s.th.* • voorstelling *image; picture* • beeldhouwwerk *statue; sculpture* • indruk, idee *image* • stijlfiguur *figure (of speech)* • mooi exemplaar *picture* * een ~ van een meisje *a picture of a girl* * een ~ van een jurk *a dream of a dress*

beeldband *videotape; videocassette*

beeldbuis • TECHN. *cathode-ray tube* • televisie *television;* INF. *telly; box*

beelddrager *(image) medium*

beeldend *plastic; expressive; evocative* * ~e kunsten *visual arts* * ~ taalgebruik *expressive language*

beeldenstorm *iconoclasm*

beeldhouwen *sculpture; sculpt;* ‹in hout› *carve*

beeldhouwer *sculptor*

beeldhouwkunst *sculpture*

beeldhouwwerk *sculpture*

beeldig *charming; sweet*

beeldmerk *logo(type)*

beeldplaat *videodisc*

beeldpunt *picture element;* ‹beeldscherm› *pixel*

beeldscherm *screen*

beeldschoon *gorgeous; stunning; ravishing*

beeldspraak *imagery; metaphor*

beeldtelefoon *videophone*

beeldverbinding *television link-up*

beeldverhaal *comic strip*

beeltenis *image; effigy;* ‹portret› *portrait*

been • ledemaat *leg;* ‹v. passer› *leg* * slecht ter been zijn *be a bad walker* * goed ter been zijn *be a good walker* • bot *bone* • WISK. *side* ▾ op eigen benen staan *stand on one's own (two) feet* ▾ de benen nemen *take to one's heels* ▾ met het verkeerde been uit bed stappen *get out of bed on the wrong side* ▾ met beide benen op de grond staan *be level-headed* ▾ op de been brengen *set (a p., an industry, etc.) on his/its feet;* ‹een leger› *raise* ▾ er was veel volk op de been *there were a great many people about/around* ▾ tegen het zere been schoppen *touch s.o. on the raw* ▾ met één been in 't graf staan *have one foot in the grave* ▾ op de been blijven *keep on one's feet* ▾ op de been houden *keep going* ▾ (de zieke is) weer op de been *up and about again*

beenbreuk *fracture*

beendergestel *skeleton; bones*

beenmerg *(bone) marrow*

beenmergtransplantatie *bone marrow transplant*

beenvlies *periosteum*

beenwarmer *leg warmer*

beer • roofdier *bear* • varken *boar* • steunbeer *buttress* • waterkering *dam; weir* • drek *muck; excrement* ▾ de grote Beer *the Great Bear* ▾ de Kleine Beer *Little Bear* ▾ de beer is los *the fat is in the fire* ▾ een beer van een vent *a giant of a man* ▾ een ongelikte beer *a lout*

beerput *cesspool; cesspit* ▾ de ~ opentrekken *blow the lid off (a situation); open a can of worms*

beest *animal; beast;* ‹vee› *beast* [mv.: *livestock*]; ‹persoon› *brute* * het arme ~ *the poor creature/beast* ▾ de ~ uithangen *behave like a beast/an animal*

beestachtig I BNW wreed *brutal* II BIJW erg *beastly; terribly* * het is ~ koud *it's beastly cold*

beestenboel *mess; pigsty;* ‹herrie› *racket*

beestenweer *foul/lousy/rotten weather*

beet • het bijten *bite;* ‹wesp, slang, e.d.› *sting* • wond *bite* ▾ hap *bite; morsel*

beethebben • vast hebben *have (got) (a) hold of;* ‹v. vis› *have a bite* • bedotten *trick; fool* * ze hebben haar beet gehad *they fooled her; they took her in*

beetje *bit; little* * een klein ~ *a little bit* * stukje bij ~ *little by little* * alle ~s helpen *every little helps*

beetnemen • beetpakken *seize; grab; take hold of* * ertussen nemen *make a fool of; fox; pull a person's leg;* ‹oplichten› *con* * gemakkelijk beet te nemen *gullible; easily tricked*

beetpakken *seize; take/get hold of; grab*

beetwortel *beet(root)*

bef • vlek bij dier *chest; breast* * een kat met een witte bef *a cat with a white chest* • kledingstuk *jabot*

befaamd *famous; famed;* FORM. *renowned*

beffen *go down on (a woman);* FORM. *practise cunnilingus*

begaafd *gifted; talented*

begaafdheid *gift; talent*

begaan I BNW * ~ zijn met *pity; feel sorry for* II OV WW ▾ uitvoeren * een vergissing ~ *make a mistake* * 'n flater ~ *make a blunder* * een fout ~ *make an error* * een misdaad ~ *commit a crime* • betreden *walk on* III ON WW zijn gang gaan * laat mij maar ~ *leave it to me*

begaanbaar *passable;* FORM. *practicable*

begeerlijk *desirable*

begeerte *desire (for); wish (for);* ‹lichamelijk› *lust*

begeleiden • meegaan met *accompany;* ‹meerdere› *attend;* ‹met politie e.d.› *escort;* ‹schip› *convoy* • ondersteunen *guide; counsel* * een leerling ~ *coach a pupil* • MUZ. *accompany*

begeleider • vergezeller *companion; escort* • MUZ. *accompanist*

begeleiding • het vergezellen *escort; accompanying* • het ondersteunen *guide; support;* ‹bij studie› *supervise* • MUZ. *accompaniment*

begenadigd *gifted; talented*

begenadigen • zegenen * hij is een begenadigd kunstenaar *he is an inspired artist* • gratie verlenen *reprieve; pardon*

begeren *desire; wish; long for;* FORM. *covet*

begerenswaard(ig) *desirable*

begerig • gretig (naar) *greedy* * ~e blikken werpen op *cast covetous/greedy eyes on* • verlangend *desirous (of); eager (for)*

be

be

begeven I ov ww in de steek laten ⋆zijn krachten begaven het *his strength gave out* II WKD ww gaan (naar) *go; make one's way (to)* ⋆zich op weg ~ *set out (for)* ⋆zich in gevaar ~ *expose o.s. to danger* ⋆zich naar huis ~ *go home* ⋆zich onder de mensen ~ *mix with people* ▾zich op glad ijs ~ *walk on thin ice*

begieten *water*

begiftigen *endow (with); present (with)* ⋆met talent begiftigd *endowed with talent; talented*

begijn *beguine*

begijnhof *beguinage*

begin *beginning; start;* FORM. *commencement;* ⟨periode, proces⟩ *outset* ⋆alle ~ is moeilijk *all beginnings are difficult* ⋆een ~ van twijfel *an incipient doubt* ⋆bij/in 't ~ *at the beginning/outset* ⋆van 't ~ af aan *from the first/beginning* ⋆van 't ~ tot 't einde *throughout; from first to last; from beginning to end* ▾een goed ~ is het halve werk *a good start is half the battle; well begun is half done*

beginkapitaal *starting/venture capital; seed money*

beginneling *novice; beginner*

beginnen I ov ww •begin maken met *begin; start;* FORM. *commence;* ⟨gesprek, zaak⟩ *start;* ⟨onderhandelingen⟩ *open* ⋆iets ~ *begin s.th.; start on s.th.* ⋆waar ben ik aan begonnen? *what have I let myself in for?* •gaan doen *do* ⋆wat te ~! *what to do!* ⋆er is niets mee te ~ *it's hopeless; there's no point* ⋆wat moet ik met haar ~? *what am I to do with her?* II ON ww •aanvangen ⋆om te ~ *to begin with; for a start* ▾~ te sneeuwen *begin to snow* ⋆begin maar! *go ahead!;* ⟨vragen⟩ *fire away!* ⋆de route begint in Amsterdam *the route starts at Amsterdam* • ~ over *bring up; broach* ⋆over een ander onderwerp ~ *change the subject* • ~ aan ⋆daar kunnen we niet aan ~ *(that's) out of the question*

beginner → beginneling

beginnersfout *beginner's error/mistake*

beginrijm *alliteration*

beginsel •elementaire eigenschap *principle* ⋆de (eerste) ~en *the rudiments; the basics* •overtuiging *principle* ▾in ~ *in principle*

beginselverklaring *programme; constitution;* FORM. *declaration of intent;* ⟨v. partij⟩ *manifesto*

beglazing *glazing* ⋆dubbele ~ *double glazing*

begluren *spy on; peep at*

begonia *begonia*

begoochelen *delude; take in*

begraafplaats *cemetery; burial ground; graveyard*

begrafenis *funeral*

begrafenisonderneming *undertaker's business*

begrafenisstoet *funeral procession*

begraven *bury* ⋆hij werd met militaire eer ~ *he was buried with military honours* ▾zich in zijn werk ~ *bury o.s. in one's work*

begrensd *limited*

begrenzen •de grens vaststellen van *limit; restrict* •de grens zijn van *border* •FIG. afbakenen *define; determine the limits*

begrenzing •grens *boundary; border* •FIG. afbakening *definition*

begrijpelijk *comprehensible; understandable; intelligible*

begrijpen •verstandelijk bevatten *understand; comprehend; grasp* ⋆verkeerd ~ *misunderstand* ⋆ze ~ elkaar niet *they've got their wires crossed* ⋆ik begrijp het *I see* ⋆ik begrijp er helemaal niets van *I don't understand it at all* ⋆begrijp dat goed! *get this straight!* ⋆moeilijk/vlug ~ *be slow/quick on the uptake* ⋆IRON. dat kan je ~! *no way!; no fear!* •omvatten *include; cover* ⋆alles inbegrepen *all in* ▾ik heb het niet op hem begrepen *I don't trust him* ▾ze hebben 't niet op elkaar begrepen *they don't get on*

begrip •het begrijpen *comprehension; understanding* ⋆dat gaat mijn ~ te boven *it's beyond me* ▾niet het flauwste ~ ervan *not the faintest notion of it; not the faintest idea* •denkbeeld *idea; notion; concept* ⋆geen ~ van tijd hebben *have no sense of time*

begripsbepaling *definition*

begripsverwarring *confusion of thought/ideas*

begroeien *grow over (with)*

begroeiing *(over)growth*

begroeten •groet brengen *greet; welcome;* FORM. *salute* •FIG. ontvangen *welcome* ⋆begroet worden met een kogelregen *treat so. to a hail of bullets*

begroeting *greeting; welcome*

begrotelijk *expensive;* BE *dear*

begroten *estimate (at)*

begroting •raming *estimate* ⋆een gat in/een tekort op de ~ *a deficit on the budget* ⋆een ~ (op)maken *draw up an estimate* ⋆een ~ overschrijden *exceed an estimate/a budget* ⋆een ~ sluitend maken *balance the books* •het stuk ⟨national⟩ *budget* ⋆~ van inkomsten/uitgaven *estimate of income/ expenditure*

begrotingsjaar *fiscal year; budgetary year*

begrotingstekort *budgetary deficit; budget deficit*

begunstigde *beneficiary*

begunstigen *favour*

begunstiger *patron; supporter;* ⟨v. kunst⟩ *patron (of the arts)*

beha *bra*

behaaglijk •prettig *comfortable; pleasant* ⋆zich ~ voelen *feel comfortable* •gezellig *cosy; snug*

behaagziek *coquettish; flirtatious*

behaard *hairy*

behagen I ZN *pleasure* ⋆~ scheppen in *take pleasure in* II ON ww *please*

behalen *win; gain; get;* ⟨winst⟩ *make;* ⟨diploma⟩ *obtain* ⋆de overwinning ~ *be victorious* ▾daar valt geen eer aan te ~ *it's beyond prayer*

behalve •uitgezonderd *except; but* •niet alleen *besides*

behandelen •omgaan met *deal with; handle;* ⟨een machine⟩ *operate* ⋆voorzichtig ~ *handle with care* •ambtelijk afhandelen *deal with; attend to* ⋆aangelegenheden ~ *attend*

to matters • bespreken *discuss*; *deal with*
• MED. *treat* ★ de ~d arts *the doctor in
attendance*
behandeling • het omgaan met iets
⟨goederen⟩ *treatment*; *handling*; ⟨v.
machine⟩ *operation* • bejegening *treatment*
★ slechte ~ *ill treatment* • uiteenzetting
treatment; *discussion* ★ MED. *treatment* ★ zich
onder ~ stellen van *place o.s. in the care of*
behandelkamer *surgery*; AE *doctor's office*
behang *wallpaper*
behangen • behang aanbrengen *(wall)paper*
• hangen aan *hang (with)*
behanger *decorator*
behappen *handle* ★ iets kunnen ~ *to be able to
handle s.th.* ▾ dat kan zij niet in haar eentje
~ *she cannot handle that on her own*
behartigen *serve*; *have at heart*; *look after*
★ iemands belangen ~ *look after s.o.'s interest*
behaviorisme *behaviourism*
beheer • beherende instantie *management*
• het beheren *direction*; ⟨toezicht⟩ *control*;
⟨over bezit⟩ *trusteeship* ★ onder zijn ~
hebben *have under one's control* ★ iets onder
~ hebben *be in control of s.th.*
beheerder *director*; ⟨boedel⟩ *trustee*;
⟨eigendom van anderen⟩ *administrator*;
⟨kantine, e.d.⟩ *manager*
beheersen • heersen over *control*; ⟨markt⟩
dominate; ⟨volk, leven⟩ *govern*; *rule*; ⟨positie⟩
FORM. *command* ★ zich ~ *control o.s.* ★ zich
laten ~ *door be swayed by* ★ alles ~de vraag
all-important question ★ kennis hebben van
be fluent in
beheersing *control*; ⟨v.e. taal⟩ *command*
beheerst *composed*; *(self-)restrained*; *collected*
beheksen *bewitch*
behelpen (zich) *make do* ★ wij zullen ons
ermee moeten ~ *we'll just have to make do
with it*
behelzen *contain* ★ ~de dat *to the effect that*
behendig ⟨v. lichaam en geest⟩ *adroit*; ⟨met de
handen⟩ *dexterous*
behendigheid *dexterity*; *adroitness*
behendigheidsspel *game of skill*
behept ★ ~ met *afflicted with*; *-ridden* ★ met
vooroordelen ~ *prejudice-ridden*
beheren *manage*; ⟨geld⟩ *administer*
behoeden *keep (from)*; *guard (from)*
behoedzaam *cautious*; *wary*
behoefte • gemis *want*; *need (of/for)* ★ in een ~
voorzien *meet/supply a need* ★ er bestaat
dringend ~ aan voedsel *there is an urgent
need for food* • verlangen ★ ~ hebben aan *be
in want/need of* • ontlasting ★ zijn ~ doen
answer nature's call; *relieve o.s.*
behoeftig *destitute*; *needy*
behoeve ★ ten ~ van *on behalf of*
behoeven I OV WW nodig hebben *want*; *need*
II ON WW nodig zijn ★ we ~ hem niet te
schrijven *we needn't write to him*; *we don't
need to write to him*
behoorlijk • zoals het hoort *proper*; *decent*
• flink *considerable*; *fair* ★ dat is een ~ eind
lopen *that is quite a distance*
behoren • betamen *should*; *ought to* ★ naar ~

properly ★ dat behoor je niet te zeggen *you
shouldn't say that* • ~ aan *be owned by*;
belong to • ~ bij *go with /together* • ~ tot
belong to; *be among* ★ dat behoort nu tot het
verleden *that's all in the past*
behoud • het in stand houden ⟨v. vrede⟩
maintenance; ⟨v. natuur⟩ *preservation* ★ met
~ van salaris *on full pay* ★ met ~ van
uitkering *without loss of (unemployment)
benefit* • redding *salvation* ★ dat is je ~
geweest *that has been your salvation*
behouden I BNW *(be) safe* ★ ~ aankomen *arrive
safe and sound* II OV WW • blijven houden
maintain; *keep* • niet kwijtraken *preserve*;
keep; ⟨rechten, zetel⟩ *retain*
behoudend *conservative*
behoudens • behalve *except for* ★ ~ enkele
wijzigingen *except for a few minor changes*
• op voorwaarde van *subject to* ★ ~
goedkeuring *subject to approval*
behoudzucht *conservatism*
behuisd *housed* ★ ruim ~ zijn *have plenty of
room* ★ klein ~ zijn *be cramped (for space)*
behuizing • woning *house* • huisvesting
housing
behulp ★ met ~ van *with the help of*
behulpzaam *obliging*; *helpful* ★ zij zijn erg ~
they're always ready to help
beiaard *carillon*
beiaardier *bell-ringer*; *carillon player*
beide *both*; *either (one)*; ⟨twee⟩ *two* ★ een van
~n *one of the two* ★ jullie kunnen ~n gaan
both of you can go ★ geen van ~ *neither (of
them)* ★ hun ~r vriend *their mutual friend*
beiderlei ★ van ~ kunne *of both sexes/either sex*
beieren • een carillon bespelen *play a carillon*;
ring the bells • luiden *chime*
Beieren *Bavaria*
beige *beige*
beignet *fritter*
beijveren (zich) *exert oneself*; *apply oneself to*
beïnvloeden *influence* ★ gunstig/ongunstig ~
have a positive/negative effect
beïnvloeding ★ ~ van de getuigen
manipulation of the witnesses; *influencing the
witnesses*
Beiroet *Beirut*
beitel *chisel* ★ holle ~ *gouge*
beitelen *chisel* ▾ dat zit gebeiteld *that's in the
bag*
beits *(wood) stain*
beitsen *stain*
bejaard *aged*; *elderly*; *old*
bejaarde *elderly man/woman*; *senior citizen*
bejaardentehuis *old people's home*; *home for
the elderly*
bejaardenverzorgster *geriatric helper*
bejaardenwoning *old people's flat*
bejaardenzorg *care of the aged*
bejegenen *treat*; *use* ★ iem. onheus ~ *treat s.o.
badly*
bejubelen *cheer*; *applaud*
bek • mond van dier *muzzle*; *jaws*; ⟨lange
snuit⟩ *snout* • snavel *bill*; ⟨kort⟩ *beak* • mond
mouth; *trap* ▾ houd je bek! *shut your trap!*;
shut up!

bekaaid ▾ er ~ afkomen *get the worst of it*
bekabelen *cable*
bekaf *done in*; INF. *dog-tired*; *knackered*
bekakt *affected*; *stuck-up*; INF. *snooty*
bekeerling *convert*
bekend • niet vreemd ★ ik ben hier niet ~ *I am a stranger here* ★ bent u hier ~? *are you familiar with this place?* ★ dat komt mij ~ voor *that sounds/looks familiar* • gekend ★ dat is algemeen ~ *it's a matter of common knowledge* ★ als ~ aannemen *take for granted* • befaamd *well-known* ★ ~ worden *get well-known*; ⟨v. dingen⟩ *get (a)round* • ervan wetend *familiar (with); acquainted (with)* ★ enigszins ~ zijn met *have some knowledge of*
bekende *acquaintance*
bekendheid • het bekend zijn (met) *acquaintance (with)* ★ ~ geven aan iets *make s.th. public*; *give publicity to s.th.* ★ ~ verkrijgen *become widely known* • faam *name*; *reputation*
bekendmaken • vertrouwd maken *familiarize*; *acquaint* • publiek maken *make public/known*; *publish* • aankondigen *announce* • onthullen *reveal*; *disclose*
bekendmaking • het bekendmaken *announcement* • publicatie *publication*
bekendstaan *be known as*; *be known to be*; *be reputed to be* ★ goed / slecht ~ *have a good/bad reputation* ★ ~ voor iets *be known for s.th.*
bekennen • (schuld) toegeven *confess*; *own up* ★ niet ~ *revoke* • schuld bekennen *confess*; *admit*; ⟨v. beschuldigde⟩ *plead guilty* ★ zijn schuld ~ *admit one's guilt* • bespeuren ★ geen mens te ~ *there was no one to be seen*; *there wasn't a soul to be seen*
bekentenis *confession*; *admission* ★ een ~ afleggen *make a confession*; JUR. *plead guilty*
beker • mok *cup*; *mug*; *beaker* • trofee *cup* ★ ~ finale *cup final*
bekeren • tot andere godsdienst brengen *convert* • tot andere mening brengen *convert*; (in gunstige zin) *reform* ★ zich bekeren ⟨tot geloof⟩ *be converted (to)*; ⟨zich beteren⟩ *mend one's ways*
bekerfinale *cup final*
bekerwedstrijd *cup-tie*
bekeuren *fine* ★ bekeurd worden voor te hard rijden *be fined for speeding*
bekeuring *fine*; *ticket*
bekijken • kijken naar *look at*; *examine* • overdenken *look at*; *consider* ★ de zaak van alle kanten ~ *look at the matter from every angle* ★ zo moet je het niet ~ *you must not look at it/consider it like that* ★ het is zo bekeken *it won't take a minute* ▾ bekijk het maar! *suit yourself!*
bekijks ★ veel ~ hebben *attract a great deal of attention*
bekisting *formwork*; BE *shuttering*
bekken I ZN • ANAT. *pelvis* • kom *basin* • slaginstrument *cymbal* • stroomgebied *basin* II ON WW ▾ die tekst bekt goed *that text reads well*
bekkenbodem *pelvic floor*

beklaagde *accused*
beklaagdenbank *dock*
bekladden • besmeuren ⟨met inkt⟩ *blot*; ⟨met verf⟩ *daub* • belasteren *slander*; *smear*
beklag *complaint* ★ zijn ~ doen over iets bij iem. *complain of/about s.th. to s.o.*
beklagen I OV WW • medelijden tonen *pity* • betreuren ★ zijn lot ~ *bemoan one's fate* II WKD WW *complain (to s.o.)*
beklagenswaardig *deplorable*; *sorry*; ⟨persoon⟩ *pitiable* ★ zij is ~ *she is (much) to be pitied*
bekleden • bedekken *cover*; *hang on*; ⟨binnenkant⟩ *line*; ⟨v. stoel⟩ *cover*; *upholster*; ⟨v. muur⟩ *hang* • vervullen *occupy*; ⟨ambt⟩ *hold* ★ een leerstoel ~ *hold a chair* • opdragen ★ iem. met gezag/macht ~ *invest s.o. with authority/power*
bekleding • bedekking *clothing*; *covering*; *lining* • uitoefening *tenure*
beklemmen • vastknellen *jam* • benauwen *oppress*
beklemtonen *stress*
beklijven *sink in*; *remain*; *stick*
beklimmen *climb*; FORM. *mount*; FIG. *ascend*
beklinken I OV WW afspreken *clinch*; *settle* ★ de zaak is al lang beklonken *the matter has long been settled* II ON WW inklinken *set*; *settle*
beknellen *clench*; *tighten*; FIG. *oppress*
beknibbelen ★ ~ op *skimp (on)*; ⟨op loon⟩ *cut back on*
beknopt *brief*; *concise*
beknotten *curtail*; *reduce*
bekocht *cheated*; *taken in*
bekoelen *cool (down)*
bekogelen *pelt*
bekokstoven *cook up*; *hatch*; *contrive*
bekomen • uitwerking hebben (op) ⟨goed⟩ *agree with*; ⟨slecht⟩ *disagree* ★ het zal je slecht ~ *you'll be sorry* ★ die wandeling is mij slecht ~ *that walk did me no good* • bijkomen (van) *recover*; *get over*
bekommerd *concerned*; *anxious*
bekommeren (zich) (om/over) *worry about*; *trouble oneself about*
bekomst ★ zijn ~ hebben van *be fed up with*
bekonkelen *plot*; *hatch*; *scheme*
bekoorlijk *charming*
bekopen I OV WW ★ iets met zijn leven ~ *pay for s.th. with one's life* II WKD WW *be cheated*; *be taken for a ride*
bekoren *charm* ★ dat kan mij niet ~ *it doesn't appeal to me*
bekoring *charm* ★ onder de ~ komen van *be charmed/fascinated by*
bekorten *shorten*; *cut short*; ⟨een boek⟩ *abridge*
bekorting • shortening • vermindering *reduction*
bekostigen *pay the cost of*; *pay for* ★ hij kon 't niet ~ *he could not afford it*
bekrachtigen • bevestigen *confirm* ★ met een handtekening bevestigen *confirm with a signature* • ratificeren *ratify*; *confirm* ★ met een eed ~ *confirm on oath*
bekrachtiging *confirmation*; FORM. *ratification*
bekritiseren *criticize*
bekrompen *narrow-minded*; *bigoted*

bekronen *crown (with success)* ∗ met 'n prijs ~ *award a prize* ∗ bekroonde verhandeling *prize essay*

bekroning • voltooiing *pinnacle* • prijs *award*

bekruipen • besluipen *steal/creep up on* • opkomen van gevoelens *steal over*; *come over*

bekvechten *wrangle*; *bicker*

bekwaam *capable*; *able*; *competent* ∗ een ~ werkman *a skilled workman* ▼ met bekwame spoed *with all possible speed*

bekwaamheid *capability*; *ability*

bekwamen I OV WW *train* II WKD WW *qualify*; *prepare (for)*; *train (to be)*

bel • *bell* • luchtbel *bubble* • gasbel *gas field/ deposit*

belabberd *rotten*; *wretched*; INF. *lousy*

belachelijk *ridiculous*; *laughable* ∗ ~ maken *ridicule* ∗ zich ~ maken *make o.s. look ridiculous*

beladen I BNW *emotionally charged* II OV WW OOK FIG. *load*; *burden*

belagen *waylay (a p.)*; *beset*; ‹vrijheid, veiligheid, e.d.› *threaten*

belager *assailant*

belanden *land/end up*, ∗ doen ~ *land*

belang • aandacht *interest* ∗ ~ stellen in *take an interest in* • betekenis *importance* ∗ ~ hechten aan *attach importance to* ∗ van geen ~ *of no importance* • voordeel *interest*; *concern* ∗ ~ hebben bij *have an interest in* ∗ in het ~ van *in the interest(s) of*

belangeloos • onbaatzuchtig *unselfish*; *selfless* • gratis *free of charge*; *for nothing*

belangenorganisatie *(special) interest group*

belanghebbend *concerned*; *interested*

belangrijk *important*; ‹aanzienlijk› *considerable*

belangstellen (in) *be interested in*; *have an interest in*

belangstellend I BNW *interested* II BIJW *with interest*

belangstelling *interest*

belangwekkend *interesting*

belast (met) *charged with*; *in charge of* ▼ erfelijk ~ zijn *have a hereditary disability/ defect*

belastbaar *taxable*; ‹bij douane› *dutiable*

belasten • last leggen op *load*; *burden* • belasting heffen *tax* ∗ een rekening ~ *debit an account* ∗ te zwaar ~ *overtax* ∗ ~ met *charge with*; *put in charge of* ∗ zich ~ met *take charge of*

belasteren *slander*; FORM. *defame*

belasting • last, druk *load* • geestelijke druk *pressure*; *burden* • verplichte bijdrage *taxation*; ‹rijksbelasting› *tax(es)*; ‹plaatselijk› *rates* ∗ in de ~ vallen *be liable for taxation*

belastingaangifte *tax return*

belastingaanslag *tax assessment*

belastingadviseur *tax consultant*

belastingaftrek *tax deduction*

belastingbiljet *tax form*

belastingconsulent *tax consultant*

belastingdienst *tax authorities*

belastingdruk FORM. *burden of taxation*

belastingfraude *fiscal fraud*

belastingjaar *fiscal/tax year*

belastingontduiking *evasion of taxes*; *tax evasion*

belastingparadijs *tax haven/paradise*

belastingplichtige *taxpayer*

belastingteruggave *tax return*

belastingverhoging *increase in taxes*

belastingvrij *tax-free*; ‹douane› *duty-free*

belastingvrijheid *tax exemption*

belazerd • gek *crazy* ∗ ben je ~? *are you mad?*; *you must be crazy* ∗ ben jij helemaal ~? *are you out of your mind?* • beroerd *lousy*; *rotten*

belazeren *diddle* ∗ iem. ~ *take s.o. for a ride*

belbus *call-up bus service*

belcanto *bel canto*

beledigen *insult*; *offend*; *affront* ∗ zich beledigd voelen *take offence*

belediging *insult*; *offence*; *affront*

beleefd *civil*; *polite*; *obliging*; *courteous* ∗ ~ zijn tegen iem. *be polite to s.o.*

beleefdheid *civility*; *courtesy*; *politeness* ∗ de gewone ~ in acht nemen *show common courtesy*

beleg • broodbeleg *(sandwich) filling* • belegering *siege* ∗ het ~ opbreken *raise a siege* ∗ 't ~ slaan voor *lay siege to*

belegen *matured*; *mellow*; ‹hout› *seasoned*; ‹kaas, wijn› *matured*

belegeren *besiege*

belegering *siege*

beleggen • bedekken (met) *cover*; ‹boterham› *put cheese (etc.) on* ∗ belegd broodje *filled roll*; *(cheese, etc.) roll* • investeren *invest*; *investment banking* • bijeenroepen *convene*; *call*

belegger *investor*

belegging *investment*

beleggingsfonds • instelling *investment trust/ fund* • effecten *gilt-edged/government security*

beleggingsmarkt *investment market*

beleggingsobject *investment*

beleggingspand *investment property*

beleid • gedragslijn *conduct*; *policy* ∗ het ~ van de regering *government policy* ∗ tact *tact* ∗ met ~ te werk gaan *proceed with tact/ tactfully*; *be tactful*

beleidslijn *(line of) policy*

beleidsmaker *policymaker*

beleidsnota *policy paper/document*

belemmeren *hamper*; *hinder*; ‹in sterke mate› *impede*; ‹m.b.t. groei› *stunt* ∗ iem. in zijn werk ~ *interfere with s.o.'s work* ∗ het verkeer ~ *obstruct traffic*

belemmering *obstruction*; *interference*; *impediment*; *handicap*

belendend *adjacent*; *neighbouring*

belenen ‹goederen› *pawn*; ‹effecten› *borrow money on*

belerend *pedantic*

belet ∗ ~ vragen *ask for an appointment* ∗ ~ geven *refuse to see s.o.*

beletsel *obstacle*; *impediment*

beletten *prevent*; *obstruct*

beleven *go through*; *experience* ∗ zoiets heb ik nog nooit beleefd! *I've never seen/heard anything like it* ∗ dat ik dat nog mag ~ *I*

be

never thought I'd live to see the day ★ zijn 100e verjaardag ~ *live to be a hundred*

belevenis *experience*; *adventure*

belevingswereld *experience*

belezen *well-read*

Belg *Belgian*

belgicisme *Belgianism*

België *Belgium*

Belgisch *Belgian*

Belgrado *Belgrade*

belhamel *rascal*; *scamp*; ‹raddraaier› *ringleader*

belichamen *embody*

belichaming *embodiment*

belichten • licht laten schijnen op *light up* • verhelderen *illustrate* • *expose* ★ te kort/lang ~ *underexpose/overexpose*

belichting • het belichten *lighting* • *exposure*

believen I ZN *pleasure* ★ naar ~ *at will* II OV WW wensen *please* ★ zoals het u belieft *as you please* ★ belieft u nog iets? *(would you like) anything else?*

belijden • bekennen *confess*; *admit* • aanhangen FORM. *profess* ▼ iets met de mond ~ *pay lip service to s.th.*

belijdenis *confirmation* ★ ~ doen *be confirmed*

bellen I OV WW telefoneren *ring*; *call* ★ ik zal je ~ *I'll give you a ring* II ON WW • aanbellen *ring (the bell)* ★ er wordt gebeld *there's s.o. at the door* • signaal geven *ring/sound the bell*

belletrie *belles-lettres*

belminuut *inclusive talk-time*; *inclusive minute allcation*

belofte *promise* ★ een ~ doen *make a promise* ★ een ~ houden *keep a promise* ★ iem. aan zijn ~ houden *hold/keep a person to his promise*

beloken ★ ~ Pasen *Low Sunday*

belonen • voldoening geven *reward* ★ zijn inspanningen werden niet beloond *his efforts were not rewarded* • betalen *pay*; FORM. *remunerate*

beloning ‹voor werk› *pay*; ‹voor daad› *reward* ★ een ~ uitloven *offer a reward* ★ als ~ van/voor *in reward for*

beloop *course*; *way* ★ de zaak maar op zijn ~ laten ‹negatief› *let things drift*

belopen lopend afleggen *walk* ★ deze afstand is niet te ~ *this is too far to walk*; *you can't go all the way on foot* ★ bedragen *amount to*; *add up to*; *run into (a large sum)*

beloven *promise* ★ 't belooft een mooie dag te worden *it looks like being a fine day* ★ dat belooft wat! *it sounds promising!* ▼ ~ en doen zijn twee *it is one thing to promise and another to perform*; *promising is the easy bit*

beltegoed *calling credit*

beltoon *ringtone*

beluisteren • luisteren naar *listen to*; ‹radio, e.d.› *listen in to* • *auscult(ate)*

belust ★ ~ op *eager for*; *keen on* ★ ~ op wraak *bent on revenge* ★ hij is ~ op macht *he is power-hungry*

bemachtigen • te pakken krijgen *get hold of*; FORM. *secure* • buitmaken *capture*

bemalen *drain*

bemannen *man*; ‹v. fort› *garrison*

bemanning ‹schip, e.d.› *crew*; ‹fort› *garrison*

bemanningslid *crewmember*; *crewman*

bemerken *notice*; *spot*; ↑ *perceive*

bemesten *dress*; ‹organisch› *manure*; ‹voornamelijk met kunstmest› *fertilize*

bemesting *manuring*; ‹voornamelijk met kunstmest› *fertilization*

bemeten ★ ruim ~ *spacious*; *large (-sized)*; *of large dimensions* ★ krap ~ *cramped*; ‹tijd› *a bit on the short side*

bemiddelaar *intermediary*; INF. *go-between*; ‹bij conflict› *mediator*

bemiddeld *well-to-do*; INF. *well off* ★ een ~ man *a man of means*; *a well-to-do man*

bemiddelen *mediate*

bemiddeling *mediation* ★ door ~ van *through/by the agency of*; *by courtesy of*

bemind *dear to*; *beloved* ★ zich ~ maken *endear o.s. to*

beminnelijk ‹passief› *lovable*; ‹actief› *amiable*

beminnen *love*

bemoederen *mother*

bemoedigen *encourage*; *cheer up*

bemoeial *busybody*; *nos(e)y parker*

bemoeien (zich) • zich bezighouden ~ **met** *have to do with*; PEJ. *meddle with/in* ★ bemoei je er niet mee! *mind your own business!* ★ waar bemoei je je mee? *what business is that of yours?* ★ zich overal mee ~ *poke one's nose into everything* ★ zich met de zaak gaan ~ *intervene*; *step in* ★ ik wil me niet met jullie ~ *I won't have anything to do with you* ★ zich bekommeren om ~ **met** *deal with*

bemoeienis • *exertion* ★ door zijn ~ *through his efforts* • inmenging *interference*

bemoeilijken *hamper*; *handicap*; *obstruct*; *impede*

bemoeiziek *meddlesome*; *interfering*

bemoeizucht *meddling*; *meddlesomeness*

benadelen *harm*; *injure*

benaderen • dichter komen tot *come close to*; ‹bedrag, ideaal› *approximate (to)* • aanpakken *approach* • ongeveer berekenen *calculate roughly* • polsen *approach*

benadering *approach*; ‹bedrag› *approximation* ▼ bij ~ *approximately*

benadrukken *stress*; *emphasize*; *underline*

benaming *name*; ‹titel› LIT. *appellation*

benard ‹moeilijk› *awkward*; ‹hachelijk› *perilous*; ‹tijden› *hard*; ‹situatie› *critical*

benauwd • moeilijk ademend *feel oppressed*; *feel tight in the chest* • drukkend *close*; ‹v. kamer› *stuffy*; ‹v. weer› *sultry*; *muggy* • angstig *afraid*; *anxious*; ‹droom› *bad* • angstig *anxious*; *frightened*

benauwen • beklemmen *oppress* • beangstigen *frighten*

bende • groep *body*; *gang*; ‹dieven› *gang*; *pack* • (hele)boel *a lot*; *crowd*; *mass*; ‹dingen› *heap* ★ een ~ fouten *a lot of mistakes* • wanorde *mess*

beneden I BIJW lager gelegen *down(stairs)*; *at the bottom* ★ van boven naar ~ *from top to bottom* II VZ onder *under*; *below*; *beneath* ★ ~

mijn waardigheid *beneath me* ★ ~ de maat *not up to scratch* ★ ~ de vijftig *under fifty* ★ ~ de prijs verkopen *sell below the price* ★ ~ de verwachtingen *not up to expectations*

benedenhuis *ground-floor flat*; AE *ground-floor apartment*

benedenloop *lower stretch*; *lower reaches*

Beneden-Rijn *Lower Rhine*

benedenverdieping *ground-floor*; AE *first-floor*

benedenwoning *ground-floor flat*

benedictijn *Benedictine (monk)*

benefiet *benefit*

benefietwedstrijd ⟨voor persoon⟩ *benefit match*; ⟨voor instelling⟩ *charity match*

Benelux *Benelux*

benemen ★ het benam mij alle lust om te gaan *it deprived me of any desire to go*; *it took away all (my) desire to go* ★ het hotel benam ons het uitzicht *the hotel obstructed/blocked our view*

benen I BNW *bone* **II** ON WW INF. *leg it*

benenwagen ▾ met de ~ *travel by shanks's pony*; *hoof it*

benepen ● benauwd *bashful*; *timid* ★ een ~ stemmetje *a small voice* ● bekrompen *petty*

beneveld ● met nevel *misty* ● dronken *befuddled*; *muzzy*

benevens *(together) with*; *in addition to*

Bengaals *Bengali*; *Bengal*

Bengalees *Bengali*

bengel *little scamp*; *naughty boy*

bengelen *dangle*; *swing*

benieuwd *curious (about)* ★ ~ zijn *wonder*; *be curious*

benieuwen ★ het zal mij ~ of *I wonder if*

benig ● (als) van been *bony* ● knokig *bony*; ⟨gezicht⟩ *angular*

benijden *envy*

benijdenswaardig *enviable*

benjamin *Benjamin*; *baby*

benodigd *required*; *necessary*; ↑ *requisite*

benodigdheden *necessities*; *requisites*

benoemen ● naam geven *name* ● aanstellen (als) *appoint* ★ tot erfgenaam ~ *name s.o. as one's heir*

benoeming *appointment*

benoorden *north of*

benul *notion*; *inkling* ★ hij heeft er geen ~ van *he hasn't the faintest/foggiest idea*

benutten *make the most of*; *utilize* ★ de gelegenheid ~ *avail o.s. of the opportunity*

benzedrine *Benzedrine*

benzeen *benzene*

benzine *petrol*; AE *gas(oline)*

benzinepomp ● toestel *petrol pump* ● station *petrol/filling station* ● TECHN. *petrol pump*

benzinestation *filling station*; BE *petrol station*; AE *gas(oline) station*

benzinetank *petrol tank*; AE *gas tank*

beo *myna(h)*

beoefenaar ⟨taal, muziek⟩ *student*; ⟨geneeskunde⟩ *practitioner*

beoefenen *put into practice*; *practise*; ⟨deugd, kunst⟩ *practise*; ⟨wetenschap⟩ *study* ★ een sport ~ *go in for a sport* ★ een vak ~ *practise a trade*

beogen *aim at*; *have in mind* ★ 't beoogde doel *the object in view* ★ 't beoogde resultaat *the intended result*

beoordelen *judge*; *assess*; ⟨boek, e.d.⟩ *review*; ⟨v. examenwerk⟩ *mark*; ⟨kans, situatie⟩ *estimate*

beoordeling *judg(e)ment*; *assessment*; ⟨v. boek, e.d.⟩ *review*; ⟨v. examenwerk⟩ *marking*; ⟨kans, situatie⟩ *estimate* ★ dit staat ter ~ van ... *that is for... to judge*; *that is at the discretion of...*; *that's up to...*

bepaald I BNW ● vastgesteld *specific*; *fixed*; *particular*; ⟨bedrag⟩ *specified*; ⟨tijd⟩ *fixed*; *appointed* ★ als hierboven ~ *as stated above* ● omschreven *particular*; *specific*; TAALK. *definite* ★ in dat ~e geval *in that particular case* ★ ~ lidwoord *definite article* ● een of ander *certain* ★ ~e mensen *certain people* **II** BIJW *positively*; *absolutely* ★ niet ~ vroeg *not exactly early*

bepakking *pack* ★ met volle ~ *with full kit*

bepalen I OV WW vaststellen *decide*; *fix*; *stipulate*; ⟨tijdstip, plaats⟩ *appoint* ★ de wet bepaalt FORM. *the law provides* ★ dat bepaal ik zelf *that's for me to decide*; *that's up to me* **II** WKD WW ★ zich ~ tot *restrict o.s. to*

bepaling ● vaststelling *determination* ★ ~ van de ouderdom *determination of the age* ● omschrijving *definition* ● voorschrift *provision*; ⟨v. wet⟩ *regulation*; *stipulation* ● beding *condition* ● TAALK. *adjunct*; *modifier*

beperken I OV WW ● begrenzen *limit*; *restrict* ● inkrimpen *reduce*; *curtail*; ⟨uitgaven⟩ *cut down* **II** WKD WW ★ zich ~ tot *restrict o.s. to*

beperking ● grens *limit*; *limitation*; *restriction* ★ iem. ~en opleggen *impose restrictions on a person*; *restrict a person* ● inkrimping ⟨uitgaven⟩ *reduction*

beperkt *limited*; *restricted*; ⟨benepen⟩ *narrow* ★ ~ houdbaar *perishable*

beplanten *plant*

beplanting *plants*; ⟨bomen e.d.⟩ *plantation*

bepleiten *plead*; *advocate*; *argue*

bepraten ● bespreken *discuss* ● overhalen *persuade* ★ zich laten ~ *allow o.s. to be persuaded/swayed*

beproefd *well-tried*; *tried and tested*; ⟨methode⟩ *approved* ★ zwaar ~ FORM. *sorely tried*

beproeven ● proberen *attempt*; *endeavour* ● op de proef stellen *try*; *test*

beproeving ● tegenspoed *trial*; *ordeal* ● proef *trial*; *test*

beraad *deliberation* ★ na rijp ~ *after lengthy consideration* ★ 't in ~ houden/nemen *think it over*; *consider it* ★ in ~ staan *be deliberating*

beraadslagen *deliberate (on)* ★ ~ met *consult (with)*

beraadslaging *consultation*; *consideration*; *deliberation*

beraden I BNW *sensible* **II** WKD WW ★ zich ~ over iets *deliberate (about/over) s.th.*; *think s.th. over*

beramen ● ontwerpen *devise*; *plan* ★ vooraf beraamd *premeditated* ● begroten *estimate*

berechten *try*; FORM. *adjudicate*

beredderen *arrange*; *manage*

be

bereden *mounted* ★ ~ politie *mounted police*
beredeneren *discuss*; ⟨aantonen⟩ *argue*;
⟨bespreken⟩ *reason out* ★ hoe beredeneer je
dat? *how do you make that out?*
beregoed *fantastic*; *terrific*; *great*
bereid *ready*; *willing*; *prepared*
bereiden ⟨maaltijd⟩ *prepare*; ⟨voedsel⟩ *make*;
⟨salade⟩ *dress*
bereidheid *readiness*; *willingness*
bereiding *preparation*; *production*
bereidverklaring *declaration of intent (to)*;
declaration of willingness (to)
bereidwillig *willing*; *obliging*
bereik *reach*; *range* ★ binnen/buiten 't ~ van
within/beyond (the) reach of
bereikbaar ⟨doel⟩ *attainable*; ⟨plaats⟩ *accessible*
★ makkelijk ~ vanuit *within easy reach of*;
easy to get to from
bereiken ● aankomen te/komen tot *arrive in/
at*; ⟨v. leeftijd⟩ *reach* ● gemakkelijk te ~ *easy
to get to*; *easy to reach* ● komen tot iets
achieve; *attain* ★ zo bereik je niets *that won't
get you anywhere*
bereisd ⟨widely⟩ *travelled*
berekend ● ⟨personen⟩ *equal to*; ⟨zaken⟩
designed for ★ ~ voor zijn taak *equal to the
task* ● berekenend *calculating*; *scheming*
berekenen ● uitrekenen *calculate* ★ de kosten
zijn berekend op ... *the costs are calculated at
...* ● in rekening brengen *charge* ★ dat is in
de prijs berekend *that's included in the price*
★ iem. te veel ~ *overcharge s.o.*
berekenend *calculating*; *scheming*; *designing*
berekening *calculation* ★ volgens een ruwe ~
at a rough estimate
berenklauw *hogweed*
berenmuts *bearskin (cap)*; *busby*
beresterk *as strong as an ox/a lion*
berg ● grote heuvel *mountain*; ⟨hoog⟩ *peak*
● hoop *pile*; *load* ● hoofduitslag *cradle cap*
▼ gouden bergen beloven *promise mountains
of gold*; *promise the earth* ▼ ergens als een
berg tegenop zien *dread sth.*
bergachtig *mountainous*
bergafwaarts *(be) on the downgrade*; OOK FIG.
downhill
bergbeklimmer *mountaineer*
bergen ● opbergen *store*; *put away* ● ruimte
bieden aan *hold*; *accommodate*; *put up*
★ deze zaal kan 500 bezoekers ~ *this hall can
hold 500 spectators* ● in veiligheid brengen
rescue; ⟨wrak⟩ *salvage*; *recover*; ⟨lijk⟩ *recover*
bergetappe *mountain stage*
berggeit *mountain goat*; ⟨gems⟩ *chamois*
berghelling *mountain slope*
berghok *shed*; ⟨in huis⟩ *storeroom*
berging ● het bergen *salvage* ● berghok
storeroom
bergingsoperatie *salvage (operation)*
bergkam *(mountain) ridge*
bergkast *(store) cupboard*
bergketen *mountain range*
bergkristal *rock-crystal*
bergmeubel *storage cabinet*
bergopwaarts *uphill*; FIG. *better and better*
bergpas *(mountain) pass*

bergplaats *storage space*; ⟨in huis⟩ *storeroom*;
⟨v. meubelen, e.d.⟩ *depository*
bergrede *Sermon on the Mount*
bergrug *mountain ridge*
bergruimte ● hok *storeroom* ● capaciteit *storage
capacity*
bergsport *mountaineering*
bergtop *(mountain) top*
beriberi *beriberi*
bericht *news*; *message*; ⟨in de krant⟩ *report*;
paragraph ★ nagekomen ~en *messages
received later*; ⟨op journaal⟩ *late news* ★ tot
nader ~ *until further notice* ★ een ~je voor
iem. achterlaten *leave a message for s.o.*
★ iem. ~ geven van FORM. *give a person notice
of*
berichten *report*; *inform (a p. of something)*
★ iem. iets ~ FORM. *advise/inform a person of
s.th.* ★ men bericht uit L *it is reported from L*
berichtgeving *reporting*; ⟨nieuws⟩ *(news)
coverage*
berijden ● rijden op *ride* ● rijden over *drive
along*; *ride on*
berijmen *rhym*
berijpt *frosty*; *rimed*
berin *female bear*
berispen *rebuke*; *reprimand*
berisping *rebuke*; *reprimand*
berk *birch*
Berlijn *Berlin*
berm *verge*; *shoulder* ★ zachte berm *grass verge*
bermprostitutie *curbside prostitution*
bermtoerisme *roadside picknicking*
bermuda *Bermuda shorts*; *Bermudas*
Bern *Bern(e)*
beroemd *famous*; *celebrated*; *renowned*
beroemdheid ● het beroemd zijn *fame*;
renown ● beroemd persoon *a celebrity*
beroemen (zich) ★ zich ~ op *boast (of/about)*
beroep ● vak *occupation*; *job*; ⟨hoger opgeleid⟩
profession; ⟨ambacht⟩ *trade*; ⟨zaak⟩ *business*
★ van ~ *by profession* ★ wat is hij van ~? *what
does he do for a living?*; FORM. *what is his
occupation?* ● oproep *appeal* ★ een ~ doen op
(make an) appeal to; ⟨op de kiezers⟩ *go to the
country* ● JUR. ★ ⟨hoger⟩ ~ aantekenen *give
notice of appeal* ★ in hoger ~ gaan *appeal (to
a higher court)* ★ 't vonnis werd in hoger ~
vernietigd *the appeal was upheld* ▼ hij maakt
er zijn ~ van om... *he makes it his business
to...*
beroepen (zich) (op) *call (on)*; *appeal to*; ⟨op
onwetendheid⟩ *plead*; ⟨op een uitspraak⟩
refer to
beroepengids ● gids met beroepen
professional directory; ⟨telefoongids⟩ *classified
directory*; INF. *yellow pages* ● gouden gids
Yellow Pages
beroeps *professional*
beroeps- *professional* ★ beroepssport
professional sport
beroepsbevolking *working population*; *labour
force*
beroepsdeformatie *occupational/job-related
disability*
beroepsethiek *professional standards*;

professional ethics
beroepsgeheim *trade secret*
beroepsgroep • personen met hetzelfde
beroep *occupational group*• belangengroep
professional group/association
beroepshalve *by virtue of one's position/*
profession
beroepskeuze *choice of career*★ bureau voor ~
careers office; careers advice centre
beroepskeuzevoorlichting *careers guidance*; AE
vocational guidance
beroepsleger *regular/professional army*
beroepsmilitair *professional/regular soldier*
beroepsonderwijs *vocational training*
beroepsopleiding *vocational training (course)*
beroepssporter *professional (athlete/player)*;
INF. *pro*
beroepsverbod *Berufsverbot*★ er werd een ~
tegen hem ingesteld *he was banned from his*
profession
beroepsvoetbal *professional football/soccer*
beroepsziekte *occupational disease*
beroerd • slecht *bad*• *rotten*; *miserable*;
wretched• ik word er ~ van *it makes me sick*
beroeren • even aanraken *touch*; *brush*
• verontrusten *disturb*; *trouble*
beroering *trouble*; *agitation*
beroerte *fit*; *stroke*• een ~ krijgen *have a*
stroke/fit
berokkenen ★ iem. schade ~ *harm s.o.*★ iem.
verdriet ~ *cause a person sorrow*
berooid *penniless*; FORM. *destitute*
berouw *remorse*; *compunction*; REL. *repentance*
★ ~ hebben over *regret*; REL. *repent (of)*▼ ~
komt na de zonde *remorse is easy after the*
event
berouwen *feel sorry*• dat zal je ~! *you'll be*
sorry!
berouwvol *penitent*; REL. *repentant*
beroven • bestelen *rob*; *plunder*• ontdoen van
deprive of; *strip*• iem. van 't leven ~ *take a*
person's life
beroving *theft*; *robbery*; ↓ *mugging*
berucht *notorious*; *disreputable*★ ~•(e) persoon/
buurt *infamous person/neighbourhood*
berusten • zich schikken (in) *resign to*;
acquiesce in/to• ~ **bij** *be deposited with*; *be in*
the keeping of★ het voorzitterschap berust
bij hem *the presidency is held by him*★ de
beslissing berust bij hem *the decision rests*
with him• ~ **op** *be based on*; *rest on*
berusting • gelatenheid *resignation*
• bewaring *custody*
bes • vrucht *berry*• muzieknoot *B flat*• oude
vrouw *old woman*
beschaafd • niet barbaars *civilized*• goed
opgevoed *cultivated*; *educated*; *well*
mannered
beschaamd *ashamed*★ ~ doen staan *make a*
person blush; *shame a person*
beschadigen *damage*
beschadiging *damage*
beschamen • beschaamd maken *(put to) shame*
• teleurstellen *disappoint*; *let down*;
〈vertrouwen〉 *betray*
beschamend *embarrassing*; *humiliating*

beschaving • cultuur *civilization*★ op een
hoge trap van ~ *a high degree of civilization*
• goede manieren *culture*; *polish*
bescheid ▼ ~ geven *reply*
bescheiden I ZN *documents* mv II BNW niet
opdringerig *unobtrusive*; 〈persoon,
inkomen〉 *modest*★ naar mijn ~ mening *in*
my humble opinion
bescheidenheid *modesty*
beschermeling *protégé*
beschermen • behoeden *protect*; *shield*; 〈tegen
zon/wind〉 *screen*★ ~ tegen *protect from*
• begunstigen *promote*; 〈kunst〉 *patronize*
beschermengel *guardian angel*
beschermheer *patron*
beschermheilige *patron saint*
bescherming *protection*★ burger~ *civil defence*
beschermingsfactor *protection factor*
beschermvrouwe *patroness*
bescheuren 〈zich〉 *laugh one's head off*; *split*
one's sides laughing; *split (one's sides) with*
laughter
beschieten • schieten op *fire on/at*• bekleden
line; *board*
beschieting *firing*★ 's nachts was er een zware
~ *there was heavy firing during the night*
beschijnen *shine on*; *light up*
beschikbaar *available*★ ~ stellen *place/put at*
one's disposal★ iets ~ houden voor *set/put*
s.th. aside for; *earmark s.th. for*★ ~ komen
fall/become vacant; *become available*
beschikken I OV WW beslissen *see to*; *arrange*
★ (on)gunstig op een verzoek ~ *grant/refuse a*
request II ON WW 〈over〉 *have at one's disposal*;
〈een meerderheid〉 *command*
beschikking • zeggenschap *disposal*★ ter ~
available★ ter ~ stellen van iem. *place/put at*
s.o.'s disposal★ de ~ hebben over *have at*
one's disposal★ de ~ krijgen over *obtain*;
FORM. *secure*• besluit *decision*; *command*;
〈ministerieel, gerechtelijk〉 *decree*
beschilderen *paint*★ beschilderde ramen
stained glass windows
beschimmeld *mouldy*
beschimpen *scoff/jeer/sneer (at)*
beschoeiing *campshot*
beschonken *intoxicated*
beschoren ★ het lot dat hem ~ was *the fate*
allotted to him
beschot • bekleding *panelling*• afscheiding
partition
beschouwen • bezien *consider*; *look at*★ op
zichzelf beschouwd *in itself*★ (alles) wel
beschouwd *all things considered*; *on balance*
★ oppervlakkig beschouwd *on the face of it*
★ ~ **als** *consider*; *regard as*
beschouwend *contemplative*
beschouwing • overdenking *view*;
consideration★ bij nadere ~ *on further*
consideration★ buiten ~ laten *leave out of*
consideration• bespreking *view*★ een ~
geven over *give some reflections on*★ POL.
algemene ~en *general debate*
beschrijven • schrijven op *write on (paper)*
★ dicht beschreven bladzijde *closely written*
page• omschrijven *describe*★ een boedel ~

be

draw up an inventory • volgen follow; trace ★ een baan ~ ⟨om de aarde⟩ follow an orbit; ⟨m.b.t. projectiel⟩ follow a trajectory
beschrijving description; ⟨v. praktijkgeval⟩ case study
beschroomd timid
beschuit biscuit; rusk
beschuldigde accused
beschuldigen accuse (of); charge (with); JUR. indict; ⟨v. staatsmisdaden⟩ AE impeach
beschuldiging accusation; charge; JUR. indictment; ⟨v. staatsmisdaden⟩ AE impeachment ★ ~ richten tot level charges at ★ een ~ uiten make a charge ★ op ~ van on (a) charge of
beschut protected; sheltered
beschutten shelter (from); screen (from); protect (from/against)
beschutting shelter; protection
besef • bewustzijn consciousness ★ het nationaal ~ the national consciousness • begrip notion; idea; ⟨v. situatie⟩ realization ★ hij toonde weinig ~ voor (mijn moeilijkheden) he showed little appreciation of/for
beseffen realize ★ wij ~ uw moeilijkheden we appreciate your difficulties
besje old woman
beslaan I OV WW • innemen ⟨ruimte⟩ cover; take up; ⟨v. tekst⟩ run to • van hoefijzers voorzien shoe II ON WW vochtig worden mist over/up; steam up ★ de ruiten zijn beslagen the windows are misted/steamed up
beslag • deeg batter • metalen bekleedsel ⟨v. deur⟩ metal/ironwork; ⟨op riem, schild⟩ studs; ⟨v. schoenen⟩ tips • hoefijzers shoes • het in bezit nemen JUR. attachment; ⟨v. goederen⟩ seizure; ⟨v. schip in oorlogstijd⟩ embargo ★ in ~ nemen confiscate ★ ~ leggen op JUR. seize; ⟨v. schip⟩ lay/impose an embargo on ▼ zijn ~ krijgen be settled/decided
beslagen well-versed; well-grounded; good at
beslaglegging seizure; confiscation
beslapen ★ (het bed) was niet ~ (the bed) had not been slept in ▼ zich op iets ~ sleep on it
beslechten settle; decide
besliskunde decision theory; management science
beslissen • besluiten decide; ⟨v. voorzitter⟩ rule ★ ~ ten gunste/ten nadele van decide in for/against • uitkomst bepalen decide
beslissend ⟨doorslaggevend⟩ decisive; ⟨belangrijk⟩ critical
beslissing decision; ⟨v. voorzitter⟩ ruling ★ een ~ geven/nemen give/make/take a decision
beslissingsbevoegdheid power of decision
beslissingswedstrijd final; BE decider; ⟨extra wedstrijd⟩ play-off
beslist I BNW vastberaden decided; resolute II BIJW zeker definitely; decidedly
beslommering care; worry
besloten • niet openbaar private; closed ★ in ~ kring privately ★ ~ jachttijd/vistijd close(d) season • vast van plan ★ ~ zijn te gaan... be resolved/determined to go
besluipen ⟨wild⟩ stalk; FIG. creep/steal up on

besluit • beslissing decision; resolution; ⟨ministerieel⟩ decree ★ een ~ nemen take a decision ★ mijn ~ staat vast my mind is made up ★ bij koninklijk ~ by Royal Decree ★ tot een ~ komen make up one's mind; come to a decision • conclusie conclusion ★ tot het ~ komen dat ... come to the conclusion that ... • einde conclusion; close ★ tot ~ in conclusion ★ tot een ~ brengen bring (s.th.) to a close
besluiteloos undecided; FORM. irresolute
besluiten • het besluit nemen te decide • concluderen (uit) conclude • beëindigen (met) end; finish (up); wind up ★ hij besloot met te zeggen he wound up/closed by saying
besluitvaardig decisive; resolute
besluitvorming decision making
besmeren smear; ⟨met verf⟩ daub ★ je boterham ~ butter your bread; spread your piece of bread with butter
besmettelijk contagious; infectious; catching
besmetten infect; contaminate
besmettingsgevaar risk/danger of infection
besmettingshaard seat/root of the infection
besmeuren smear (on/over); stain
besmuikt sniggering; ⟨heimelijk⟩ furtive
besneeuwd snow-covered; snowed over
besnijden • snijden in ⟨hout⟩ carve; ⟨stok⟩ whittle • besnijdenis toepassen circumcise ▼ fijn besneden gezicht finely chiselled features
besnijdenis circumcision
besnoeien I OV WW snoeien prune; ⟨bomen⟩ lop; ⟨heg⟩ trim II ON WW beperken cut
besodemieterd • gek cracked; crackers ★ ben je ~? are you cracked/crackers? • beroerd rotten ★ ergens te ~ voor zijn be too bloody-minded to do s.th. • er ~ uitzien ⟨ontzet⟩ look flabbergasted
besodemieteren cheat; screw; shaft
besogne affair ★ veel ~s hebben have a lot to attend to
bespannen • trekdieren spannen voor harness ★ met paarden ~ horse-drawn • iets spannen op ⟨met snaren⟩ string; ⟨met doek⟩ stretch
besparen • bezuinigen save • zich de moeite ~ save/spare o.s. the trouble • niet belasten met save; spare
besparing saving ★ ter ~ van tijd to save time
bespelen • muziek maken op play • spelen in/op ★ een schouwburg ~ play a theatre; play in a theatre • beïnvloeden ⟨omstandigheden⟩ manipulate; ⟨gevoelens⟩ play on ★ een publiek ~ play to the gallery
bespeuren perceive; sense; catch sight of; spot ★ onraad ~ sense danger
bespieden spy on; watch
bespiegelen reflect on; contemplate
bespiegeling contemplation ★ ~en houden speculate (on)
bespioneren spy on
bespoedigen accelerate; speed up
bespottelijk ridiculous • zich ~ maken make a fool of o.s. • ⟨iets/iem.⟩ ~ maken ridicule; deride ★ ~! ridiculous!
bespotten ridicule; mock; deride
bespraakt articulate; eloquent

bespreekbaar • waar over te praten is *discussable* • waarover te overleggen is *debatable*; ⟨m.b.t. onderhandeling⟩ *negotiable*

bespreekbureau *(advance) booking office*; *(theater) box office*

bespreken • spreken over *speak/talk about*; *discuss* ★ iets onder vier ogen ~ *talk about s.th. in private* • reserveren *book* • recenseren *review*

bespreking • het bespreken *discussion*; *talk* ★ een punt in ~ brengen *bring up a point*; *raise a point* ★ een ~ hebben met iem. *have a meeting with s.o.* • reservering *booking* • onderhandeling *meeting*; *conference* • recensie *review*; *write up*; ⟨vnl. kort⟩ *notice*

besprenkelen *sprinkle*

bespringen • springen op *leap/pounce/jump on* • aanvallen *pounce upon*; *assault* • dekken *cover*; *mount*

besproeien ⟨planten⟩ *water*; ⟨land⟩ *irrigate*

bessensap *red/blackcurrant-juice*

bessenstruik *red/blackcurrant-bush*

best I ZN *best* • zijn best doen *do one's best* ★ op zijn best *at one's best* ★ zijn uiterste best doen *do one's utmost* ★ 't beste ermee *good luck*; ⟨tegen zieke⟩ *best wishes* ★ 't beste hopen *hope for the best* ▼ ten beste geven *perform*; **sing II** BNW • overtreffende trap van goed *best*; *very good*; ⟨zeer goed⟩ *excellent* ★ 't ziet er niet best uit *it doesn't look too good* ★ je ziet er niet best uit *you don't look well* ★ een best wijntje! *an excellent wine* ★ ('t is) mij best! *it's fine with me* • waarde *dear* ▼ zingen als de beste *sing with the best of them*; *sing as well as anyone/body* ▼ zo iets kan de beste overkomen *it could happen to the best of us* ▼ de op een na beste *the second best* **III** BIJW • overtreffende trap van goed *best* ★ zij leest 't best *she's the best reader* • uitstekend *very well* • tamelijk *quite* • waarschijnlijk ★ 't is best mogelijk *it's highly likely* ★ hij kan best thuis zijn *he may well be at home* • wel degelijk ★ ik zou best wat lusten *I could do with a good meal* • zeker ★ dat doet hij best voor je *he is sure to do it for you* **IV** TW ★ mij best, hoor! *I don't mind!*

bestaan I ZN er zijn *existence* ★ 't honderdjarig ~ *the hundredth anniversary* **II** ON WW • zijn *be*; *exist* ★ er bestaat geen reden tot ongerustheid *there is no cause for alarm* ★ de grootste staatsman die er bestaat *the greatest statesman ever* • mogelijk zijn *be possible* ★ dat bestaat niet *that is impossible* • – **uit** *consist of* • ~ **van** *live on* ★ er goed van kunnen ~ *earn a good living*; *live comfortably*

bestaansminimum *subsistence level*; *bare minimum* ★ beneden/boven het ~ *below/above the poverty line*

bestaansrecht *right to exist* ★ ~ ontlenen aan *be justified by*

bestaanszekerheid *social security*

bestand I ZN • verzameling gegevens *file* • wapenstilstand *truce* **II** BNW ★ ~ tegen ⟨regen⟩ *rainproof*; ⟨vuur⟩ *fireproof* ★ tegen die verleiding was hij niet ~ *he could not resist the temptation*

bestanddeel *element*; *ingredient*

bestandsbeheer *file management*

bestandsnaam *file name*

besteden • uitgeven (aan) *spend*; *devote*; ⟨aandacht⟩ *pay (to)*; ⟨tijd⟩ *spend (on)*; *devote (to)* ★ veel zorg ~ aan iets *take a lot of care over s.th.* • gebruiken, aanwenden *devote*; ⟨geld⟩ *spend* ★ de tijd zo goed mogelijk ~ *make the most of one's time*

besteding *spending*

bestedingsbeperking *cut in expenditure*; FORM. *retrenchment*

bestedingspatroon *pattern of spending*

besteedbaar *spendable* ★ ~ inkomen *income after tax*

bestek • eetgerei *cutlery* • kader *scope*; *compass* ★ in kort ~ *in a nutshell* ★ buiten het ~ van dit werk *outside the scope of this work* • bouwplan *specifications* [mv] • SCHEEPV. ★ 't ~ opmaken *find out/determine the position*

bestekbak *cutlery tray*

bestel ★ het maatschappelijk ~ *the social system*

bestelauto *(delivery) van*

bestelbon *order-form*

bestelen *rob*

bestelformulier *order-form*

bestellen • iets laten komen *order (from)*; ⟨iem.⟩ *send for someone* • thuis bezorgen *deliver*

besteller • bezorger *postman*; ⟨v. zaak⟩ *delivery man* • opdrachtgever ≈ *customer*

bestelling • order *order* ★ in ~ zijn *be on order* ★ ~en doen bij *place orders with* • bestelde goederen *order*; *goods ordered* • bezorging *delivery*

bestelnummer *order number*

bestelwagen *(delivery) van*

bestemmen *mean*; *intend*; *mark out* ★ geld voor iets ~ *set aside/earmark money for s.th.*; FORM. *allocate money for s.th.*

bestemming • doel *destination* • lot *destiny*; *lot*

bestemmingsplan *zoning plan/scheme*

bestemmingsverkeer *local/residential traffic.*

bestempelen • een stempel drukken op *stamp* • aanduiden als *call*; *label*

bestendig • niet veranderlijk *stable*; ⟨karakter⟩ *steady* ★ ~ weer *settled weather* • duurzaam ⟨kleur⟩ *permanent*; ⟨materialen⟩ *durable*; ⟨vrede, vriendschap⟩ *lasting*; *enduring*

bestendigen *continue*

besterven I OV WW ★ ik bestierf 't bijna van de schrik *I nearly jumped out of my skin*; *I nearly died of fright* ★ ik bestierf het bijna van het lachen *I nearly died laughing* **II** ON WW licht rotten van vlees ★ het vlees laten ~ *hang meat* ▼ de woorden bestierven op zijn lippen *the words died on his lips*

bestijgen *climb*; ⟨ook van troon⟩ *ascend*; ⟨paard, e.d.⟩ *mount*

bestoken • lastig vallen (met) *pester*; ⟨met vragen⟩ *assail*; *bombard* • aanvallen *harass*; ⟨met granaten⟩ *shell*; ⟨met stenen⟩ *pelt*

bestormen • stormlopen op *storm*; *attack*

be

• bestoken★ de bank werd bestormd *there was a run on the bank* ▼ iem. met vragen ~ *bombard s.o. with questions*

bestorming • het bestormen ⟨v. winkel⟩ *rush (on)*; ⟨v. bank⟩ *run on* • aanval *assault; attack*

bestraffen • straffen *punish* • berispen *reprimand; rebuke*

bestraffing *punishment*

bestralen *shine on*; MED. *give radiotherapy/-treatment*

bestraling *radiation therapy; radiotherapy*

bestralingstherapie *radiotherapy*

bestraten *pave*

bestrating • het bestraten *paving; surfacing* • wegdek *pavement*

bestrijden • vechten tegen *fight (against)* • aanvechten *dispute (a point)* • onkosten dekken *cover; reimburse*; FORM. *defray*

bestrijdingsmiddel ⟨planten⟩ *weed-killer*; ⟨dieren⟩ *pesticide*

bestrijken • besmeren *spread (over); smear*; ⟨verf⟩ *coat (with)* • kunnen bereiken *cover*; *command* • een weg ~ met een machinegeweer *cover a road with a machine gun*

bestrooien *strew*; ⟨met suiker⟩ *sprinkle*; ⟨poeder⟩ *dust*

bestseller *best seller*

besturen • studie maken van *study; read up on a subject* • onderzoeken *study; investigate; research*

bestuiven *cover with/in dust*; BIOL. *pollinate*

besturen • sturen, bedienen ⟨schip⟩ *steer*; ⟨auto⟩ *drive*; ⟨vliegtuig⟩ *pilot; fly* • leiding geven ⟨land⟩ *govern; rule*; ⟨zaak⟩ *manage; run*

besturing • het besturen *steering* • stuurinrichting *controls*

besturingsprogramma *operating system*

besturingssysteem *operating system*

bestuur • bewind ⟨v. land⟩ *government; rule*; ⟨bedrijf⟩ *management*; ⟨school⟩ *administration* • college van bestuurders ⟨v. school⟩ *(board of) governors*; ⟨v. stad⟩ *council*; ⟨v. vereniging⟩ *(executive) committee* ★ dagelijks ~ *executive committee* ★ in 't ~ zitten *be on the committee/board* ★ plaatselijk ~ *local authorities*

bestuurder • leidinggevende ⟨v. school, ziekenhuis⟩ *governor; director*; ⟨v. land⟩ *ruler* • voertuigbestuurder ⟨auto⟩ *driver*

bestuurlijk *administrative; managerial*

bestuursapparaat *machinery of government; administrative machinery*

bestuurscollege *governing body*

bestuurskunde *management science; business studies; study of public and social management*

bestuurslid ⟨instelling⟩ *member of the governors*; ⟨bedrijf⟩ *member of the board of directors*; ⟨vereniging⟩ *committee member*

bestuursrecht *administrative law*

bestwil ★ het is voor je eigen ~ *it's for your own good*; *it's in your own best interest*

bèta • Griekse letter *bèta* • afdeling *science (subjects)* ★ bètafaculteiten *science and*

medicine • persoon *science student*

betaalautomaat *cashpoint*

betaalbaar *affordable* ★ het moet wel ~ blijven *it must remain affordable*

betaalcheque *bank-guaranteed cheque*

betaald • beroeps *professional* ★ ~ voetbal *professional football/soccer* • gehuurd *hired*; *paid for* ★ ~ antwoord *reply paid* ★ iem. iets ~ zetten *get even with s.o.*

betaalkaart *cheque card; credit card*

betaalmiddel *currency*; FORM. *means/instrument of payment* ★ wettig ~ FORM. *legal tender* ★ kralen als ~ *beads as a means of payment* ★ buitenlandse ~ *en foreign currency* ★ een wissel is een ~ *a bill of exchange is an instrument of payment*

betaalpas *cheque (guarantee) card; bank(er's) card*

betaaltelevisie *pay TV*

bètablokker *beta blocker*

betalen • de kosten voldoen ⟨goederen⟩ *pay for*; ⟨rekening⟩ *pay*; ⟨schuld⟩ *settle; pay off* ★ dat betaalt goed *it pays well* ★ ik kan 't niet ~ *I can't afford it* ★ iem. £5 laten ~ *charge a person £5* ★ slecht ~ *underpay* ★ teveel laten ~ *overcharge* ★ vooruit ~ *pay in advance* • vergelden *repay*

betaling *payment*; ⟨schuld⟩ *settlement* ★ achterstallige ~ *back pay* ★ ~ bij ontvangst *cash on delivery (c.o.d.)* ★ tegen ~ van *on payment of* ★ ter ~ van *in payment of* ★ ~ en doen *make payments*

betalingsachterstand *arrears* ★ een ~ oplopen *get into arrears*

betalingsbalans *balance of payments*

betalingstermijn *payment period; term of payment*

betalingsverkeer *flow of payments*

betamelijk *proper; decent*

betamen *become*

betasten *feel; finger; handle*

bètastraling *beta radiation*

bètawetenschap *(natural) science*

bête *stupid; imbecile*

betekenen • beduiden *mean; signify; stand for* ★ dat betekent niet veel goeds *that forebodes little good*; *that doesn't bode well* • waarde hebben ★ hij betekent iets *he seems to be quite important* ★ weinig ~d *unimportant*; *insignificant* ★ jij betekent niets voor hem *she means nothing to him* ★ 't heeft niets te ~ *it's of no importance*; *it's not important*; ⟨v. wond⟩ *it's not serious* ▼ wat moet dat ~? *what's that supposed to mean?*

betekenis • inhoud, bedoeling *sense; meaning* • belang, strekking *importance; significance* ★ 'n persoon van ~ *an important person*; *a distinguished person*

betekenisleer *semantics*

beter I BNW • vergrotende trap van goed *better* ★ ik heb wel wat ~s te doen *I have better things to do* ★ jij bent ~ af dan ik *you are better off than I am* ★ de toestand wordt ~ *the situation is improving* ★ hij probeerde het ~ te krijgen *he tried to improve his position/lot* • genezen ★ ~ worden *get better; recover* ▼ ik

ben er niets ~ op/van geworden *I haven't got anything out of it*; *I have nothing to show for it* II BIJW ★ ~ maken *make well/better*★ de volgende keer ~! *better luck next time!*

beteren ★ zich/zijn leven beteren *mend one's ways; turn over a new leaf*

beterschap • *improvement*• lichamelijk herstel ‹gezondheid› *recovery*★ ~ gewenst! *get well soon*

beteugelen *check; curb*

beteuterd *perplexed; dazed; stunned*

betichten ★ iem. van iets ~ *accuse s.o. of s.th.*

betijen ★ laat hem ~ *leave him alone; let him be*

betimmeren *board; panel*

betitelen *call; style*★ iets als flauwekul ~ *call label s.th. nonsense*

betoeterd *cracked*★ ben je ~? *have you lost your mind?*

betogen I ov ww beredeneren *argue* II ON WW demonstreren *demonstrate*

betoger *demonstrator*

betoging *demonstration*

beton *concrete*★ gewapend ~ *reinforced concrete*

betonen (zich) *show; display*★ zich dankbaar ~ *show one's gratitude*

betonijzer *reinforcing bars/metal*

betonmolen *concrete mixer*

betonrot *decay of concrete*

betonvlechter *steel (bar) bender*

betoog *argument*★ het behoeft geen ~ *it goes without saying*• zijn ~ kwam hierop neer *that is what his argument boiled down to*

betoogtrant *line of argumentation/reasoning*

betoveren • beheksen *cast a spell on; bewitch (a person)*• bekoren *fascinate; enchant*

betovergrootmoeder *great great grandmother*

betovergrootvader *great great grandfather*

betovering • beheksing *spell; bewitchment* • bekoring *fascination; enchantment*

betrachten *practise;* ‹terughoudendheid› *show* ★ zuinigheid ~ *practise economy*★ plicht ~ *do one's duty*• zorg ~ *exercise care*

betrappen *catch*★ iem. op heterdaad ~ *catch a person in the act*★ iem. op diefstal ~ *catch a person stealing*★ iem. op leugens ~ *catch s.o. out*★ zichzelf op iets ~ *catch o.s. doing s.th.*

betreden • stappen op *set foot on; step onto* • binnengaan *enter*

betreffen • betrekking hebben op *relate to; concern*• aangaan *concern; regard* ★ wat hem betreft *as for him; so/as far as he is concerned*• wat dat betreft *as far as it goes*

betreffende *concerning; regarding* ★ de ~ personen *the persons concerned*

betrekkelijk *relative; comparative*★ ~ voornaamwoord *relative pronoun*

betrekken I ov ww • mengen (in) *involve; concern*• iem. ~ ‹in gesprek› *draw s.o. into;* ‹bij plan› *involve s.o. in*• gaan bewonen *move into*• de wacht ~ *mount guard*★ een nieuw huis ~ *move into a new house* • koopwaar afnemen *obtain; order (from)* II ON WW • somber worden *cloud over;* ‹v. gelaat› *fall*• bewolkt worden *become*

overcast

betrekking • band, verband *relation*★ met ~ tot *with relation to*★ ~ hebben op *relate to; bear on*★ in ~ staan tot *be connected with* • baan *position; job; post*★ in ~ zijn bij *be employed by*★ zonder ~ *out of work; unemployed*

betreuren *regret; deplore;* ‹een verlies› *mourn;* ‹overledene› *mourn for*★ er waren geen mensenlevens te ~ *there was no loss of life*

betreurenswaardig *regrettable*

betrokken • somber *gloomy;* ‹gezicht› *clouded* • bij iets gemoeid★ de ~ autoriteiten FORM. *the proper authorities*★ de ~ persoon *the person concerned*• bewolkt *dull; overcast*

betrokkenheid *involvement*

betrouwbaar *reliable; dependable*

betrouwbaarheid *reliability*

betten *bathe; dab*

betuigen *express;* ‹onschuld› *protest*★ zijn onschuld ~ *protest one's innocence*★ zijn medeleven ~ *express one's sympathy to s.o.*

betuiging *expression; declaration*★ ~ van vriendschap *expression of friendship*★ ~ van deelneming *expression of sympathy*

betuttelen *patronize; carp at/about; find fault with*

betweter BE *know-all;* AE *know-it-all; wisecrack*

betwijfelen *doubt*

betwistbaar • te betwisten *debatable; disputable*• twijfelachtig *questionable*

betwisten • aanvechten *dispute;* ‹stelling, recht, e.d.› *challenge*★ ik betwist dat niet, maar ... *I don't deny that, but ...*• ontzeggen *deny*• strijden om bezit *contest*

beu ★ ik ben het beu *I am fed up with it; I am sick/tired of it*

beugel • tandbeugel *brace*• stijgbeugel *stirrup* ▼ dat kan niet door de ~ *that won't do*

beugel-bh *underwired bra*

beugelfles *swing-top bottle*

beuk • boom *beech*• BOUWK. ‹hoofdbeuk› *nave;* ‹zijbeuk› *aisle* ▼ de beuk erin! *let's get cracking/going!*

beuken I BNW *beech* II ov ww hard slaan *batter; pound; hammer*

beukenhout *beech*

beukennootje *beech-nut*

beul • scherprechter *executioner;* ‹voornamelijk bij ophanging› *hangman* • wreedaard *brute; beast* ▼ zo brutaal als de beul *as bold as brass*

beunhaas • prutser *bungler;* INF. *cowboy;* ‹in politiek, e.d.› *dabbler*• zwartwerker *moonlighter*

beunhazerij ‹geknoei› *bungling; dabbling;* ‹zwartwerken› *moonlighting*

beuren • tillen *lift (up)*• verdienen *receive*

beurs I ZN • portemonnee *purse*• studiebeurs *scholarship;* ‹beperkt› *bursary; grant*★ van een ~ studeren *be on a scholarship*• ECON. *stock exchange;* ‹gebouw› *Exchange*★ op de ~ *on the stock exchange/market* • tentoonstelling *fair*★ elkaar met gesloten beurzen betalen *settle on mutual terms; conduct a paper transaction* ▼ in zijn ~ tasten

be

dip into one's purse **II** BNW *over-ripe*
beursbericht *stock market report*
beursfraude *stock exchange fraud*
beursgang *(stock exchange|market) flotation*
beursgenoteerd *quoted on the stock exchange*
beursindex *stock market price index; share price index*
beurskoers *stock exchange quotation*
beurskrach *stock market crash|slump*
beursmakelaar *stockbroker*
beursnotering ⟨m.b.t. wisselkoers⟩ *foreign exchange rate;* ⟨m.b.t. aandelen⟩ *quotation*
beursstudent *scholarship student;* FORM. *scholar*
beurswaarde *market price|value*
beurt *turn;* ⟨v. kamer⟩ *turn-out* ★ wie is aan de ~? *who is next?; whose turn is it?* ★ om ~en in turn ★ ieder op zijn ~ *everyone in their turn* ★ voor zijn ~ *out of one's turn* ★ een grote ~ (auto) *a major service; a 4000 mile (etc.) service* ★ een goede ~ maken *make a good impression* ★ een slechte ~ maken *put up a poor show* ★ te ~ vallen *fall to one's share; fall to one*
beurtelings *in turn*
beuzelarij *twaddle; drivel*
bevaarbaar *navigable*
bevallen • in de smaak vallen (bij) *please* ★ 't beviel hem niets *he didn't like it at all* • baren *have|deliver a baby;* LIT. *be delivered (of a child)* ★ ze moet ~ *she's expecting; she is going to have her baby*
bevallig *graceful*
bevalling *delivery;* MED. *confinement*
bevallingsverlof *maternity leave*
bevangen *overcome; seize* ★ door de hitte/ vermoeidheid ~ *overcome by the heat|with fatigue* ★ door paniek/schrik ~ *panic-stricken; terror-struck*
bevaren **I** BNW ★ ~ matroos *experienced sailor; old sea-dog* **II** OV WW *sail*
bevattelijk • duidelijk *intelligible* • vlug van begrip *intelligent*
bevatten • inhouden *contain* • begrijpen *comprehend*
bevattingsvermogen *comprehension*
bevechten • vechten tegen *fight (against)* • vechtend verkrijgen ★ de overwinning ~ *achieve victory*
beveiligen *protect; secure (against|from)*
beveiliging • het beveiligen *protection; security* • middel *safety|security device*
beveiligingsdienst *security service|firm*
beveiligingssysteem *security system*
bevel • opdracht *order; command;* ⟨bevelschrift⟩ *warrant; writ* ★ op ~ van *by order of* ★ ~ tot aanhouding *warrant for s.o.'s arrest* • bevelvoering *command* ★ onder ~ van *under the command of* ★ het ~ voeren over *be in command of*
bevelen *order; command*
bevelhebber *commander*
bevelschrift *warrant*
bevelvoering *command*
beven ⟨v. angst, woede⟩ *tremble;* ⟨v. angst, kou⟩ *shake; shiver* ★ ~ als een rietje *tremble like a leaf; shake like a leaf* ★ zijn stem beefde

his voice quavered
bever *beaver*
beverig *trembling; shaking; shivery;* ⟨handschrift⟩ *shaky*
bevestigen • vastmaken *fix; fasten; attach* • bekrachtigen *confirm; confirm a judgement;* ⟨rechterlijke uitspraak⟩ *uphold a decision* ★ dit bevestigt mijn mening *this confirms my opinion* • confirm
bevestigend **I** BNW *affirmative* **II** BIJW ★ ~ antwoorden *answer in the affirmative*
bevestiging • het vastmaken *fastening* • bekrachtiging *confirmation* ★ ter ~ van *in confirmation of* • erkenning *confirmation;* ⟨v. brief⟩ *acknowledgement*
bevestigingsstrip *connecting strip*
bevind ★ naar ~ van zaken *act as one may think fit; act according to circumstances*
bevinden **I** OV WW *vaststellen find* ★ akkoord ~ *find correct* ★ schuldig ~ *aan iets find guilty of s.th.* **II** WKD WW *in toestand/plaats zijn find oneself; be* ★ hij bevindt zich elders *he is somewhere else* ★ zich in gevaar ~ *be in danger*
bevinding • uitkomst *result;* ⟨resultaat van onderzoek⟩ *finding;* ⟨slotsom⟩ *conclusion* • ervaring *experience*
beving *earthquake;* GEOL. *(earth-)tremor*
bevlieging *caprice; fancy* ★ als hij een ~ krijgt *when he's in the mood; if the mood takes him; when the whim takes him* ★ een ~ van ijver *a sudden attack of zeal; a spurt of enthusiasm*
bevloeien *irrigate*
bevlogen *animated; inspired; enthusiastic* ★ een ~ kunstenaar *an inspired artist*
bevochtigen *moisten*
bevoegd • bekwaam *qualified* ★ van ~e zijde vernemen wij *we learn on good authority; we have it on good authority* • gerechtigd *authorized;* ⟨leraar⟩ *qualified;* ⟨gezag, gerechtshof⟩ *competent*
bevoegdheid • bekwaamheid *competence; qualification* ★ zonder ~ *unqualified; unauthorized* • gezag *qualification; authority;* ⟨gezag, gerechtshof⟩ *competence* ★ de ~ bezitten om ... *have the power to ...* ★ dat ligt buiten mijn ~ *that is outside|beyond my authority*
bevoelen *feel; finger; touch*
bevolken *people*
bevolking *population*
bevolkingscijfer *population rate*
bevolkingsdichtheid *population density*
bevolkingsexplosie *population explosion*
bevolkingsgroei *population growth*
bevolkingsgroep *population group; (section of the) community*
bevolkingsoverschot *population excess; overpopulation*
bevolkingsregister BE *Register of Births, Deaths and Marriages*
bevolkingstoename *population growth*
bevolkingsvraagstuk *population problem*
bevoogden *patronize*
bevoordelen *benefit; favour*
bevooroordeeld *prejudiced; bias(s)ed*

bevoorraden *supply*
bevoorrechten *privilege*
bevorderen • begunstigen *further*; ⟨belangen, e.d.⟩ *promote*; ⟨gezondheid⟩ *benefit*; ⟨groei, eetlust⟩ *stimulate* ★ de bloedsomloop ~ *stimulate the circulation of the blood* • doen opklimmen *promote*
bevordering *promotion*
bevorderlijk *conducive (to)*; *good (for)* ★ ~ zijn voor *promote*; *stimulate*
bevrachten *load*
bevragen ★ te ~ bij *apply to* ★ te ~ alhier *apply within*
bevredigen *satisfy*; ⟨lust, wens⟩ *indulge*; *gratify*
bevrediging ⟨v. verlangen, e.d.⟩ *satisfaction*; *gratification*
bevreemden *surprise*
bevreemding *surprise*
bevreesd *afraid (of)*; *scared (of)*; *frightened (of)*
bevriend *friendly* ★ ~ worden/raken *become friends*; *befriend*
bevriezen I ov ww • zeer koud maken *freeze* • blokkeren ⟨lonen⟩ *freeze*; ⟨krediet⟩ *freeze*; *block* II on ww zeer koud worden *freeze (over)*; *be frozen (up/over)*; FIG. *freeze up* ★ zijn vingers waren bevroren *his fingers were frostbitten* ★ de leiding is bevroren *the pipe is frozen*
bevrijden *liberate*; *free (from)*; ⟨gevangenen⟩ *set free*; ⟨uit gevaar⟩ *rescue* ▼ daar ben ik van bevrijd gebleven *I was spared that*
bevrijding *liberation*; ⟨gevangenen⟩ *release*; ⟨uit gevaar⟩ *rescue*
bevrijdingsdag *liberation day*
bevroeden *surmise*; *realize*; *expect*
bevruchten *fertilize*; ⟨zwanger maken⟩ *impregnate*
bevruchting *fertilization*; ⟨het bezwangeren⟩ *impregnation* ★ kunstmatige ~ *artificial insemination*
bevuilen *soil*; *dirty*
bewaarder • bewaker *keeper*; ⟨v. gevangenen⟩ *prison officer*; *warder* • iem. die bewaart *keeper*; ⟨beheerder⟩ *custodian*
bewaarheiden ★ vermoedens ~ *confirm suspicions* ★ de dromen zijn bewaarheid *de dreams have come true* ★ vermoedens ~ *confirm suspicions*
bewaken • waken over *watch over*; ⟨voor veiligheid⟩ *guard* • een huis laten ~ *put a house under surveillance* • controleren *monitor*; *control*
bewaker *guard*; ⟨m.b.t. veiligheid⟩ *security guard*; ⟨in museum⟩ *custodian*; *curator*; ⟨in gevangenis⟩ *warder*
bewaking • het waken over *guard*; *watch* ★ onder ~ staan *be under guard/surveillance* ★ onder ~ stellen *put under guard* ★ onder ~ van de politie *under police surveillance* • het controleren *monitoring*
bewakingsdienst *security service/firm*
bewandelen *walk (on)* ★ de officiële weg ~ *take the official line* ▼ de middenweg ~ *steer a middle course*
bewapenen *arm*
bewapening *armament*; *arms*

bewapeningswedloop *arms race*
bewaren • bij zich houden *keep*; *save* • in stand houden *keep*; *maintain*; *preserve* ★ zijn kalmte ~ *keep calm* ★ zijn evenwicht ~ *maintain one's balance* • behoeden *protect*; *save (from)* • opbergen *keep*; *store*; ⟨etenswaren⟩ *preserve* ★ aardappelen ~ *store potatoes* ★ dit voedsel kan niet worden bewaard *this food won't keep* • COMP. opslaan *save (als as)* ▼ de hemel beware me! *heaven forbid!*
bewaring • het bewaren *keeping*; ⟨opslaan⟩ *storage*; ⟨voedsel⟩ *preservation* ★ in ~ geven *deposit (with)* ★ in ~ nemen *take into custody* ★ in ~ hebben *have in one's keeping* • opsluiting *custody* ★ iem. in verzekerde ~ nemen *take a person into custody* ★ verzekerde ~ *detention*
beweegbaar *movable*
beweeggrond *motive*; *grounds*
beweeglijk • te bewegen *mobile* • levendig *lively*
beweegreden *motive*
bewegen I ov ww • in beweging brengen ★ die foto is bewogen *that picture is blurred* • overhalen (tot) ★ iem. ~ te... *induce/get a person to...* II on ww van plaats veranderen *move*; *stir* III WKD WW • zich verroeren *move*; *stir* • zich bezighouden met ★ hij beweegt zich op het gebied van *he is engaged in* • omgang hebben met *move (in)*
beweging • het bewegen *movement*; *motion*; ⟨lichaamsbeweging⟩ *exercise* ★ in ~ brengen *set in motion*; *get going* ★ in ~ houden *keep going* ★ de trein zette zich in ~ *the train pulled away* • beroering *commotion* ★ de gemoederen in ~ brengen *stir up (public) concern/discussion/debate* • stroming *movement* ▼ uit eigen ~ *spontaneously*; *of one's own accord*
bewegingloos *motionless*; *immobile*
bewegingsmelder *motion detector*
bewegingsruimte *space to move*; FIG. *freedom of movement*; *elbowroom*
bewegingstherapie *physiotherapy*
bewegingsvrijheid *freedom of movement*
bewegwijzering *signposting*
beweren *assert*; *claim*; ⟨voorgeven⟩ *pretend* ★ wat zij wil ~ is dat ... *her point is that...*
bewering *assertion*; ⟨uitspraak⟩ *statement*; ⟨betwistbaar⟩ *claim*
bewerkelijk *laborious*; *elaborate*
bewerken • behandeling laten ondergaan ⟨boek⟩ *edit*; ⟨herzien⟩ *revise*; ⟨land⟩ *cultivate*; *farm*; ⟨stoffen⟩ *manufacture*; *make*; ⟨toneelstuk⟩ *rewrite*; ⟨voor toneel, film⟩ *adapt (for)* ★ bewerkt naar *adapted from* ★ ~ tot *work up into (a play/book/film)* • beïnvloeden *manipulate*; *work on*; ⟨kiezers⟩ *canvass* • teweegbrengen *accomplish*; *bring about* ★ ik zal trachten te ~ dat hij komt *I shall try to make him come*; *I'll work on him until he comes*
bewerking • het bewerken ⟨v. land⟩ *cultivation*; ⟨grondstoffen, voedsel e.d.⟩ *process* • herziening *revision* • resultaat

be

⟨boek, tekst⟩ *adaptation*; ⟨muziekstuk⟩
arrangement; ⟨toneelstuk, film, boek, e.d.⟩
version • WISK. *operation*
bewerkstelligen *bring about*; *achieve*;
accomplish
bewijs • *iets wat overtuigt proof*; *evidence*
★ het levende ~ *the living proof* ★ iets met
bewijzen staven *substantiate sth.* ★ als ~
aanvoeren *quote in evidence* ★ 't is aan hem
om 't ~ te leveren *the burden of proof lies
with him* ★ ten bewijze hiervan *in proof/
support of this* • het ~ leveren *produce
evidence* ★ ~ uit het ongerijmde *reductio ad
absurdum* • document *certificate*; *testimonial*;
⟨v. betaling⟩ *voucher* ★ ~ van goed gedrag
certificate/testimonial of good conduct ★ ~ van
ontvangst *receipt* ★ ~ van lidmaatschap
certificate of membership; *membership card*
• blijk *proof*; *evidence*; ⟨v. respect⟩ *token/
mark* ★ ~ van erkentelijkheid *token of
appreciation*
bewijsgrond *argument*
bewijskracht ★ ~ ontlenen aan *provide
evidence of*
bewijslast *burden of proof*
bewijsmateriaal *evidence*
bewijsvoering • *furnishing of proof* • betoog
argumentation
bewijzen • aantonen *prove*; *establish*;
demonstrate ★ zijn gelijk ~ *prove one's point*
• betuigen *show*; ⟨een dienst⟩ FORM. *render*
★ eer ~ *pay tribute to* ★ de laatste eer ~ *pay
s.o. one's last respects* ★ een gunst ~ *confer a
favour*
bewind *government*; *administration* ★ aan 't ~
komen *come/get into power*; ⟨v. vorst⟩ *come
to the throne*
bewindsman *secretary*; *member of government*;
statesman; *minister*
bewindspersoon • lid van regering *member of
government*; *minister* • lid van een bestuur
member of the Board
bewindvoerder *administrator*; ⟨bij
faillissement⟩ *trustee*
bewogen • ontroerd *moved*; *stirred* • sociaal ~
*actively concerned in social matters/public
affairs* ★ tot tranen toe ~ *moved to tears*
• veelbewogen *eventful*; *stirring* ★ ~ tijden
troubled times
bewolking *clouds*
bewonderaar *admirer*
bewonderen *admire* ★ een mooi uitzicht ~
bewonderenswaard(ig) *admirable*
bewondering *admiration (of/for)*
bewonen *inhabit*; ⟨huis, e.d.⟩ *live in*; *occupy*
bewoner ⟨v. stad, huis⟩ *resident*; ⟨huis, kamer⟩
occupant; ⟨v. stad, land⟩ *inhabitant* ★ aan de
~s van dit pand *(to) occupants*
bewoning *habitation*; *occupation* ★ ongeschikt
voor ~ *unfit for (human) habitation*
★ ongeschikt voor permanente ~ *unsuitable
for permanent residence*
bewoonbaar *(in)habitable* ★ het huis is niet ~
the house is not fit to live in
bewoording(en) *wording*; *phrasing* [mv: *terms*]
▼ in duidelijke bewoordingen te verstaan

geven *tell s.th. in no uncertain terms*
bewust • wetend *aware*; *conscious* ★ zich ~ zijn
van *be conscious/aware of*; *appreciate* ★ van
geen gevaar ~ *unaware of any danger* ★ zich
van geen kwaad ~ zijn *be unaware/
unconscious of having done anything wrong*
★ zich van iets ~ worden *become conscious/
aware of* • betreffende *concerned* ★ die ~ e
dag *that particular day* ★ de ~ e zaak *the
matter in question*; *the matter concerned*
• doelbewust *intentional*; *deliberate* ★ ~ of
onbewust *consciously or unconsciously*
bewusteloos *unconscious*; *senseless*
bewustheid *consciousness*
bewustmaking *alerting to*
bewustwording *awakening*; *realisation*
bewustzijn *consciousness*; *awareness* ★ weer tot
~ komen *recover/regain consciousness*
★ buiten ~ *unconscious* ★ 't ~ verliezen *lose
consciousness* ★ bij zijn ~ *conscious*
bewustzijnsvernauwing *lowering of
consciousness*; *reduced/restricted consciousness*
bewustzijnsverruimend *psychodelic*
bezaaien *sow*; ⟨bloemen⟩ *dot*; ⟨rommel⟩ *litter*;
⟨bloemen, papieren⟩ *strew*; ⟨sterren⟩ *stud*
bezadigd *sober-minded*; *steady*
bezatten (zich) *get drunk*; *get sloshed*; *hit the
bottle*; INF. *get pissed*
bezegelen *seal* ★ een koop ~ *clinch a sale* ★ zijn
lot ~ *seal one's fate*
bezeilen • zeilen over *sail* • door zeilen
bereiken *sail for/to* ▼ er valt geen land mee
te ~ *it's hopeless*; *one cannot do a thing with
it*
bezem *broom* ▼ de ~ er eens goed door halen
make a clean sweep of things; *give things a
good shake up*
bezemwagen *sag wagon*; *broomwagon*
bezeren *hurt*; *injure*
bezet • gevuld met mensen *occupied*; ⟨v.
plaats⟩ *taken* ★ geheel ~ *full up* ★ de
voorstelling was goed/slecht ~ *attendance
was good/poor*; *the performance was well/
poorly-attended* • gevuld met activiteiten ⟨v.
persoon⟩ *occupied*; *busy* ★ druk ~ te dag
crowded/busy day ★ dan ben ik ~ *then I'll be
engaged/busy* • MIL. ingenomen *occupied*
• bedekt *set* ★ met juwelen ~ *set with jewels*
bezeten • krankzinnig ⟨v. de duivel⟩ *possessed*;
⟨v. een gedachte⟩ *obsessed* ★ als een ~e *like
one possessed* • ~ van *obsessed (by)*; *mad/crazy
about* ★ ~ zijn van ... *be mad about...*
bezetten • innemen *occupy*; *fill*; ⟨ruimte,
plaats⟩ *take*; ⟨hotelkamer, land⟩ *occupy*
• bedekken *set* • rol e.d. vervullen
⟨toneelstuk, film⟩ *cast*; ⟨vacature⟩ *fill*
bezetter *occupier*
bezetting • het bezetten *occupation* • spelers
cast; ⟨v. een orkest⟩ *strength*
bezettingsgraad *occupancy*; ⟨machine⟩
capacity utilization
bezettoon *engaged tone*
bezichtigen *inspect*; *view* ★ een huis ~ *view a
house* ★ een kathedraal ~ *pay a visit to a
cathedral*; *visit a cathedral* ★ te ~ *on view*
bezichtiging *viewing*; *inspection*

bezield *animated*; *inspired*

bezielen • leven geven aan *animate*; *breathe life into* • inspireren *inspire*; *animate* ★ wat bezielt je? *what has come over you?* ★ wat beziele hem toch om zo iets te doen? *whatever possessed him to do that?*

bezieling *animation*; *inspiration*

bezien ★ het staat te ~ *it remains to be seen*

beziensswaardig *worth seeing*

beziensswaardigheid *sight*; *place of interest* ★ de beziensswaardigheden van een stad *the sights of a town*

bezig *busy*; *engaged (in)*; *occupied (with)* ★ ~ zijn aan iets *be at work on s.th.* ★ nu ik er toch mee ~ ben *while I am at/about it* ★ hij was druk ~ met schrijven *he was busy writing* ▼ zij is weer eens ~ *she is at it again*

bezigen *use*

bezigheid *work*; *activity*; *occupation* ★ dagelijkse bezigheden *daily tasks/activities*

bezigheidstherapie *occupational therapy*

bezighouden I OV WW • in beslag nemen *keep busy*; ⟨iemands aandacht⟩ *hold* ★ het houdt mij voortdurend bezig *it haunts me*; *it occupies my mind* • amuseren ★ aangenaam ~ *entertain* II WKD WW (met) *be engaged in*

bezijden *far from*; *wide of* ★ ~ de waarheid *far from the truth*; *wide of the truth*

bezinken • naar bodem zakken ⟨vloeistof⟩ *settle (down)*; ⟨wijn⟩ *settle*; *clarify* • tot rust komen ★ iets laten ~ *digest/assimilate s.th.*

bezinking *sedimentation*; CHEM. *precipitation*

bezinksel *sediment*; *deposit*

bezinnen I ON WW nadenken *reflect*; *ponder* ★ bezint, eer gij begint *look before you leap* II WKD WW van gedachten veranderen *change one's mind*

bezinning • het nadenken *reflection*; *contemplation* ★ een periode van ~ *a time/period of (self-)reflection* • besef *reflection* ★ tot ~ komen *come to one's senses* ★ tot ~ brengen *bring (a p.) to his senses*

bezit • het bezitten *possession* ★ in 't ~ komen van iets *come into possession of s.th.* • bezitting *possession*; *credits*; ⟨eigendom⟩ *property*; ⟨op een balans⟩ *assets* ★ gedeeld/gemeenschappelijk ~ *shared/collective ownership* ★ in ~ nemen *take possession of*

bezitloos *unpropertied*; *without belongings*; *without possessions*. ★ de bezitlozen *the have nots*; FORM. *paupers*

bezitsvorming *acquisition of property*

bezittelijk *possessive*

bezitten *own*; *possess*

bezitter *owner*; *possessor*; ⟨hotel, huis⟩ *proprietor*

bezitterig *possessive*

bezitting *property*; *possession*; ⟨onroerend goed⟩ *estate*

bezoedelen *stain*; *soil*

bezoek • het bezoeken *visit*; *call*; ⟨v. school, e.d.⟩ *attendance* ★ een ~ afleggen *pay a visit to*; *call on* ★ ik ga vaak bij ze op ~ *I often go and visit/see them* ★ op ~ zijn bij *be on a visit to* • personen *visitors*; *callers*

bezoeken • gaan naar *visit*; *call on*; ⟨kerk,

school⟩ *attend* • beproeven *try* ★ door het ongeluk bezocht *afflicted by misfortune*

bezoeker *guest*; *caller*; *visitor*; ⟨schouwburg⟩ *theatre-goer*

bezoeking *trial*

bezoekrecht ⟨bij scheiding⟩ *(right of) access*

bezoekregeling *visiting arrangements*

bezoektijd *visiting hour/time*

bezoekuur *visiting hour/time*

bezoldigen *pay* ★ een bezoldigde functie *a paid/salaried position*

bezoldiging *pay*; *salary*

bezondigen (zich) (aan) ★ zich ~ aan *be guilty of*

bezonken *mature*; *well-considered*

bezonnen *well thought out*; ⟨persoon⟩ *steady*; *level-headed*; ⟨plan⟩ *well-advised*

bezonnenheid *level-headedness*; *steadiness*

bezopen • dronken *sloshed*; *plastered* • idioot ★ 'n ~ idee *a daft/crackpot idea*

bezorgd • ongerust *uneasy (about)*; *anxious*; *worried* ★ ik maak me niet ~ over hem *I don't worry about him* • zorgzaam *concerned (for/about)*

bezorgdheid • ongerustheid *worry*; *anxiety* ★ geen reden tot ~ *no cause for concern* • zorgzaamheid *concern (for/about)*

bezorgdienst *delivery service*

bezorgen • afleveren *deliver* • verschaffen *get*; *provide* • (een uitgave) verzorgen *edit*

bezorger *delivery man/woman*; *roundsman*; ⟨v. krant⟩ *newspaper boy/girl*

bezorging *delivery* ★ ~ aan huis *home delivery*

bezuiden ⟨ten zuiden van⟩ *south of*; ⟨zuidwaarts⟩ *southerly*

bezuinigen *economize (on)*; *cut down on one's expenses*

bezuiniging *economy*; *cut back*; ⟨besparing⟩ *saving* ★ dit levert een ~ op van ... *this yields a saving of...*

bezuinigingsmaatregel ⟨financieel⟩ *economy measure*

bezuinigingspolitiek *austerity policy*

bezuren ★ dat zal je ~ *you'll regret that*

bezwaar • beletsel *drawback* ★ ~ opleveren *present difficulties* ★ op bezwaren stuiten *meet with objections* • bedenking *objection*; ⟨gewetensbezwaar⟩ *scruple*; *qualm* ★ ~ hebben/maken tegen *object to*

bezwaard *troubled*; *worried*; ⟨door schulden⟩ *aggrieved* ★ met ~ gemoed *with a heavy heart* ★ hij voelde zich ~ erover ⟨bekommerd⟩ *he felt weighed down by it*; ⟨schuldig⟩ *he was conscience-stricken about it*

bezwaarlijk I BNW *inconvenient* ★ vindt u het ~ morgen te komen? *would tomorrow be inconvenient?* II BIJW *hardly*; *not very well*

bezwaarschrift *petition*; *appeal*; ⟨tegen belasting⟩ *petition*

bezwaren • FIG. belasten ★ met hypotheek ~ *mortgage* ★ bezwaard eigendom *entailed property*

bezweet *perspiring*; *sweating* ★ ik ben helemaal ~ *I'm all sweaty*

bezweren • plechtig/onder ede verklaren *swear* • in zijn macht brengen *conjure up*

be

★ slangen ~ *charm snakes* • afwenden ⟨geesten⟩ *exorcize*; ⟨angst⟩ *calm*; *allay*; ⟨gevaar, opstand⟩ *avert*
bezwering • het onder eed verklaren *swearing* • formule *incantation* • het verdrijven van geesten *exorcism*
bezwijken • het begeven (onder) *collapse*; *give way* • zwichten (voor) *succumb*; *give in*; *yield to* ★ voor de verleiding ~ *yield to temptation* • sterven *go under*; *succumb* ★ aan een ziekte ~ *succumb to a disease*
bezwijmen *faint (away)*
B-film *B-movie*
b.g.g. bij geen gehoor *if no answer*
bh *bra*
Bhutan *Bhutan*
bi I ZN biseksueel *bisexual* **II** BNW biseksueel *bisexual*
biaisband *bias binding*
bias *bias*
biatlon *biathlon*
bibberen ⟨v. de kou, angst⟩ *shiver*; *tremble*; ⟨v. angst⟩ *quiver*
bibliografie *bibliography*
bibliothecaris *librarian*
bibliotheek *library*
bicarbonaat *bicarbonate*
biceps *biceps*
bidden • gebed doen *pray*; ⟨voor/na de maaltijd⟩ *say grace* • smeken ★ ik moest hem ~ en smeken om *I had to beg and implore him to...*; *I had to plead with him to...*
bidet *bidet*
bidon *bidon*; *water bottle*
bidprentje • prentje ter nagedachtenis *mortuary card* • heiligenprentje *devotional picture*
bidsprinkhaan *praying mantis*
bieb *library*
biecht *confession* ★ te ~ gaan *go to confession* ★ iem. de ~ afnemen *take a person's confession*
biechten *confess*
biechtgeheim *secret of the confessional*
biechtstoel *confessional*
bieden • aanbieden, geven ⟨kansen, geld⟩ *offer*; ⟨aanblik⟩ *present* • een bod doen *bid*; *make a bid* ★ meer ~ dan iem. *outbid a person*
biedermeier *biedermeier*
biedkoers *bid price*
biedprijs *offer(ed) price*; *bid*
biefburger *beefburger*
biefstuk *steak* ★ ~ van de haas *fillet steak*
biel(s) *(railway) sleeper*
bier *beer*; *ale* ★ BE donker bier ≈ *stout* ★ bier van het vat *draught beer*
bierbrouwerij *brewery*
bierbuik *beer belly/gut*
bierkaai ▾ het is vechten tegen de ~ *fight a losing battle*; *it's a wasted effort*
bierviltje *beermat*
bies • oeverplant *(bul)rush* • boordsel *piping*; ⟨randje⟩ *border* ▾ zijn biezen pakken *clear out*
bieslook *chive(s)*

biest *beestings*
biet *(sugar)beet* ★ bietjes *beetroot*
bietsen *scrounge*; *sponge*; AE *bum* ★ een sigaret bij iem. ~ *scrounge a cigarette off s.o.*
biezen I BNW *rush* ★ ~ zitting *rush-seat* **II** OV WW *edge*; *pipe*
bifocaal *bifocal*
big *piglet*
bigamie *bigamy*
biggelen *trickle* ★ tranen biggelden haar over de wangen *tears trickled down her cheeks*
biggen *farrow*; *have piglets*
bij I ZN *bee* **II** BIJW • schrander ★ hij is goed bij *he's clever*; *he's all there* • bij bewustzijn *conscious* ★ zij is nog niet bij *she hasn't come to/round yet* • zonder achterstand *up-to-date* ★ ik ben nog niet bij *I'm not up-to-date yet*; ⟨met werk⟩ *I have not yet caught up (with the rest)* ▾ ik kan er met mijn verstand niet bij *it's beyond my comprehension*; *it's beyond me*; *it beats me* ▾ dat hoort er nu eenmaal bij *it's all part of the game* **III** VZ • toegevoegd aan *(to go) with* ★ wil jij er nog iets bij? *do you want anything to go with it?* • in aanwezigheid van *(present) at* ★ logeren bij familie *stay with relatives* ★ hij kwam vroeger bij hen thuis *he used to visit them at home* ★ was jij bij die lezing? *were you at the lecture?* ★ sorry, ik dacht bij mijn (met mijn gedachten) *sorry, my mind was on other things* ★ heb je geld bij je? *have you any money on/with you?* • in een bepaald geval *in case of*; *at* ★ bij het ontbijt *at breakfast* ★ bij gelegenheid *when it is convenient* ★ bij dezen *hereby* ★ bij brand *in case of fire* ★ bij aankomst *on arrival* • door/wegens *by* ★ bij toeval *by chance/accident*; *accidentally* ★ bij wijze van *as*; *in a manner of* • omstreeks *by* ★ bij achten *around eight (o'clock)* • in de buurt van *near/close to* ★ hij staat bij de muur *he's close to the wall* ★ bij het station *near the station* ★ bij de veertig *almost forty* • vergeleken met ★ het is daar niets bij *it's nothing in comparison with/to that* • maal *by* ★ zes bij zes meter *six by six metres* • met *by* ★ bij honderden tegelijk *by the hundred*; *in hundreds* • aan *by* ★ bij zijn schouders pakken *grab him by the shoulders* ★ zij nam hem bij de hand *she took him by the hand* • door middel van *by* ★ bij de wet verboden *prohibited by law* ▾ goed bij kas zijn *be well off* ▾ nu ben je d'r bij! *gotcha!*; *now you're in for it!*
bijbaan *sideline*
bijbal *epididymis*
bijbedoeling *hidden motive*
bijbehorend ★ met ~e broek *with trousers to match*; *matching trousers*
bijbel *bible*
bijbelkring *Bible club*
bijbels *biblical*
bijbeltekst *passage in the Bible*; *scriptural passage*
bijbelvast *well-versed in the Scripture/Bible*
bijbelvertaling *translation of the Bible*
bijbenen *keep up with*

bijbetalen *pay extra*; *make an extra payment*
bijbetekenis *connotation*
bijbeunen ⟨vooral zwart⟩ *moonlight*
bijblijven • niet achter raken *keep pace with*; *keep up with*; *keep one's hand in* • in herinnering blijven ★ het is me altijd bijgebleven *it has always stuck in my mind*
bijbrengen • leren *teach*; FORM. *impart (to)* ★ iem. kennis ~ *impart knowledge to s.o.* • tot bewustzijn brengen *bring round*
bijdehand • pienter *bright*; *smart* • vrijpostig *forward*; *bold*
bijdetijds *modern*; *up-to-date*
bijdraaien • toegeven *come round* • SCHEEPV. *heave to*
bijdrage *contribution*
bijdragen *contribute (to)*
bijdruk *additional print*
bijeen *together*; *assembled*
bijeenblijven *stay together*
bijeenbrengen *bring together*; *gather*; ⟨geld, leger⟩ *raise*
bijeenkomen *meet*; *come together*; *gather*
bijeenkomst *meeting*; *gathering*; INF. *get-together*
bijeenrapen *collect*; *pick up* ▼ bijeengeraapt zootje *ill-assorted collection*; *a motley collection*
bijeenroepen *call together*; FORM. *convene*; ⟨parlement⟩ *summon* ★ de leden voor een vergadering ~ *convene the members for a meeting*
bijeenzijn *be together*; *have met*; ⟨parlement⟩ *be in session*
bijeenzoeken *collect*; *gather*
bijenhouder *beekeeper*
bijenkast *bee hive*
bijenkoningin *queen-bee*
bijenkorf *beehive*; *hive*
bijensteek *bee-sting*
bijgaand *enclosed* ★ ~ schrijven *accompanying letter* ★ ~e stukken *enclosures*
bijgebouw *annex(e)*
bijgedachte • bijbedoeling *ulterior motive* • associatie *association*
bijgeloof *superstition*
bijgelovig *superstitious*
bijgenaamd *nicknamed*
bijgerecht *side-dish*
bijgeval *by any chance*
bijgevolg *consequently*; *as a consequence*
bijholte *sinus*
bijholteontsteking *sinusitis*
bijhouden • bijbenen *keep up with*; *keep pace with* • blijven werken aan *keep up to date*
bijkans *almost*; *nearly*
bijkantoor *branch office*
bijkeuken *scullery*; *pantry*; *larder*
bijklussen *have a sideline*; ⟨vooral zwart⟩ *moonlight*
bijkomen • bij bewustzijn komen *come round/to* • weer beter worden *gain one's breath*; *pick oneself up* • komen bij ⟨met werk⟩ *catch up* ★ ik kan er niet ~ *I can't reach it/get at it* ★ er is geen ~ aan *you cannot reach it* ★ daar komt nog bij, dat het niet waar is *besides, it*

is not true ★ er komt nog twee euro bij *that will be another two euros* ▼ hoe kwam je erbij? *whatever made you think that?* ▼ dat moest er nog ~! *that would be the last straw!*
bijkomend ⟨omstandigheden⟩ *attendant*; ⟨kosten⟩ *extra*
bijkomstig *incidental*; *accidental*; *of minor importance*
bijkomstigheid *inessentials*; ⟨omstandigheden⟩ *incidental*; *accidental*
bijl *axe*; ⟨klein⟩ *hatchet* ▼ voor de bijl gaan *get it in the neck* ▼ het bijltje erbij neerleggen INF. *chuck it*; INF. *pack it in*; INF. *shut up shop*; ⟨bij staking⟩ *down tools* ▼ hij heeft al meer met dat bijltje gehakt *he is an old hand at it*
bijlage *appendix*; *annex*; ⟨in brief⟩ *enclosure*
bijles *extra lesson* ★ ~ nemen/hebben *take/have extra lessons*
bijlichten ★ iem. ~ *light a person's way*
bijltjesdag • dag van de afrekening *day of reckoning* • uur van de waarheid *moment of truth*
bijna *nearly*; *almost* ★ ~ niet *hardly*; *scarcely*
bijnaam *nickname*
bijnadoodervaring *near-death experience*
bijnier *adrenal/suprarenal gland*
bijnierschors *adrenal cortex*
bijou *bijou* [mv: *bijoux*]
bijpassen *pay (extra)*
bijpassend *fitting*; *appropriate* ★ een broek met ~e trui *trousers and a sweater to match*
bijpraten *catch up (on news/gossip)* ★ we moeten weer eens goed ~ *we have a lot to catch up on*
bijproduct *by-product*
bijrijder *relief (driver)*; *driver's mate*
bijrol *supporting role/part*
bijschaven • glad maken *plane down*; *smooth* • beter maken *brush/polish/touch up* ★ een tekst wat ~ *polish up a text* ★ je moet wat bijgeschaafd worden *you need a few corners knocked off; you must have the corners rubbed off*
bijscholen *give further training* ★ zich ~ *take a refresher course*
bijscholing *extra training*; ⟨in werktijd⟩ *in-service training*
bijschrift *caption*; *note in the margin*
bijschrijven *add*; ⟨inboeken⟩ *enter*; ⟨v. rente⟩ *credit*
bijslaap • geslachtsgemeenschap *(sexual) intercourse*; FORM. *coitus*; *copulation* • bedgenoot *lover*
bijsluiter *instructions*
bijsmaak *(funny) taste/flavour* ▼ hier zit een ~je aan *there's s.th. fishy about this*
bijspijkeren • bijwerken *brush up* ★ zijn kennis ~ *brush up one's knowledge* ★ iem. ~ *bring s.o. up to standard* • bijspringen *stand by someone*; *back s.o. up*
bijspringen ★ iem. ~ *back a person up*
bijstaan *assist*; *help*
bijstand • hulp *assistance*; *help* ★ rechtskundige ~ *legal aid* • uitkering BE *social security*; AE *welfare* ★ in de ~ zitten *be on/receive social security*; INF. *be on the dole*

bijstandsmoeder *mother on social security*; AE *welfare mother*

bijstandsuitkering *social security allowance/ benefit*; *income support*

bijstandtrekker *person on social security*

bijstellen *adjust*

bijstelling • het bijstellen *adjustment* • *apposition*

bijster I BNW ★ 't spoor ~ zijn *be on the wrong track*; *be all at sea* II BIJW *extremely* ★ niet ~... *not particularly...*

bijsturen *make (small) corrections (to)*; SCHEEPV. *allow for drift*; FIG. *adjust*

bijt *hole (in the ice)*

bijtanken • brandstof bijvullen *refuel* • energie opdoen *replenish one's energy*; *recharge one's battery*

bijtekenen *renew/prolong a contract*; *sign up (for more years)* ★ drie jaar ~ *sign on for three more years*

bijten I OV WW tanden zetten in *bite* II ON WW • tanden zetten in *bite* ★ op zijn nagels/ lippen ~ *bite one's nails/lips* ★ scherp zijn *sting* • inbijten (in) *be corrosive* ▼ van zich af ~ *give as good as one gets*; *stick up for o.s.* ▼ je moet er maar doorheen ~ *you'll have to grin and bear it*

bijtend • vinnig *biting*; *mordant* • corroderend *caustic*; *biting*

bijtgaar *al dente*

bijtijds • op tijd *in time* • vroeg *early*

bijtrekken I OV WW plaatsen *draw up*; *pull up*; ⟨v. pand, veld⟩ *add* II ON WW beter worden ★ dat trekt wel bij *it will hardly show* ▼ hij trekt nog wel bij *he'll come (a)round*

bijtring *teething ring*

bijvak *subsidiary subject*; *minor subject*

bijval • instemming *approval* ★ ~ oogsten/ vinden *meet with general agreement/support* • applaus *applause*

bijvallen ★ iem. ~ *back a person (up)*; *support a person*

bijverdienste *extra income*

bijverschijnsel *additional effect*; *side effect*; MED. *additional symptom*

bijverzekeren *take out additional insurance (against)*

bijvoeding *supplementary feeding*

bijvoegen *add*; *enclose*

bijvoeglijk *adjectival* ★ ~ naamwoord *adjective*

bijvoegsel *addition*; *supplement*; ⟨v. brief⟩ *enclosure*; ⟨v. boek⟩ *appendix*

bijvoorbeeld *for example*; *for instance*

bijvullen *top/fill up (with)*

bijwerken • in orde maken *improve*; *bring up to date*; ⟨v. boek⟩ *revise* • bijverdienen *earn extra income*; *have a sideline* • extra les geven ★ een leerling ~ *coach a pupil*

bijwerking *side-effect(s)*

bijwonen ⟨meemaken⟩ *witness*; ⟨bezoeken⟩ *attend* ★ een vergadering ~ *attend a meeting*

bijwoord *adverb*

bijwoordelijk *adverbial*

bijzaak *side issue*; *matter of secondary importance* ★ geld is ~ *money is no object* ★ hoofdzaken en bijzaken *essentials and*

inessentials

bijzettafel *occasional table*

bijzetten • erbij zetten *add* ★ kracht ~ *emphasize* ★ een zeil ~ *set a sail* • begraven *bury*; FORM. *inter*

bijziend *short-sighted*; *myopic*

bijzijn ★ in het ~ van *in front of*; FORM. *in the presence of*

bijzin *subordinate clause*

bijzit *mistress*; GESCH. *concubine*

bijzonder I BNW • speciaal *particular* ★ in 't ~ *in particular* • een ~ geval *a special case* • ongewoon *special*; *exceptional*; ⟨zonderling⟩ *peculiar* ★ niets ~s *nothing much* • niet van de overheid ★ een ~e school *private school* II BIJW • zeer *very* • vooral *especially*

bijzonderheid • detail *(particular) detail* ★ in bijzonderheden treden *go into detail* ★ tot in de kleinste bijzonderheden *down to the smallest detail* • iets bijzonders ⟨eigenaardigheid⟩ *peculiarity*; ⟨bezienswaardigheid⟩ *curiosity*; ⟨omstandigheid⟩ *special circumstance*

bikini *bikini*

bikkelhard • erg hard *rock-hard* • onvermurwbaar *very hard* ★ zij is ~ *she is as hard as nails*

bikken • afhakken ★ een muur ~ *chip a wall* • eten *lay into*; *have some nosh/grub*

bil *buttock*; ⟨v. dier⟩ *rump* ▼ voor de billen geven *spank* ▼ van bil gaan *have a fuck*

bilateraal *bilateral*

biljard *thousand billion(s)*; AE *quadrillion*

biljart • spel *billiards* ★ ~ spelen *play (at) billiards* • tafel *billiard table*

biljartbal *billiard ball*

biljarten *play (at) billiards*

biljet • kaartje *ticket* • bankbiljet *(bank)note*

biljoen *billion*

billboard *billboard*

billijk ⟨prijs/vraag⟩ *fair*; ⟨eisen⟩ *reasonable* ★ niet meer dan ~ *only fair*

billijken *approve (of)* ★ dat kan men ~ *that's reasonable*

bimetaal *bimetal*

binair *binary*

binden • vastmaken *bind*; *tie* ★ tot een pakje gebonden *tied up in a parcel* • vrijheid beperken *tie (up)*; ⟨troepen⟩ *immobilize* ★ zich ~ *commit o.s.* • dik maken *thicken* • inbinden *bind* ▼ iem. iets op het hart ~ *enjoin s.o. to do s.th.*; *impress s.th. on s.o.'s mind* ▼ iem. de handen ~ *tie a person's hands*

bindend *binding (on)* ★ ~ advies *binding advice*

binding *bond*; *tie*; *relationship*

bindmiddel *binding agent*; *thickener*

bindvlies *conjunctiva*

bindvliesontsteking *conjunctivitis*

bindweefsel *connective tissue*

bindweefselontsteking *fibrositis*

bingo *bingo*

bink *tough guy*; *he-man* ★ de bink uithangen *show off*; *try to impress*

binnen I BIJW *inside* ★ ze is nog ~ *she's still inside* ▼ van ~ naar buiten *outward(s)* ★ ~!

come in! ★ ~ zonder kloppen *please walk in* ★ is nummer 8 al ~? *is number 8 in yet?* ★ de deur van ~ sluiten *lock the door on the inside* ★ hij liep naar ~ *he went in(side)* ▾ hij is ~ *he has made his pile* ‖ VZ • *in inside; within* ★ ~ de muren van het kasteel *inside the castle walls* ★ ~ de grenzen van de stad *within the city limits* ★ ~ bereik *within reach* • in minder dan *within* ★ ~ de termijn *before expiration/the end of the term* ★ ~ het budget *within the budget* • in herinnering ★ 't schiet me wel weer te ~ *it will come back to me*

binnen- *inside-; inner-; domestic-; indoor-*

binnenbaan • binnenste baan *inside/inner lane* • overdekte baan *indoor track*

binnenbad *indoor swimming pool*

binnenband *(inner) tube*

binnenblijven *stay inside*

binnenbocht *inside bend*

binnenbrand *small fire; indoor fire*

binnenbrengen • binnenshuis brengen *bring/take/carry/gather in* • SCHEEPV. *pilot into port*

binnendoor • via kortere weg *take a short cut* • niet buitenom ★ ~ gaan *go through the house*

binnendringen *penetrate;* ⟨land⟩ *invade;* ⟨met geweld⟩ *break into; force one's way into*

binnendruppelen *trickle in*

binnengaan *go in; enter*

binnenhaven *inner harbour*

binnenhuisarchitect *interior decorator; interior designer*

binnenin *inside*

binnenkant *inside*

binnenkomen *come in*

binnenkomer *preamble; introduction; introducing remarks* ★ dat is een leuke ~ *what an entry!*

binnenkort *before long; soon*

binnenkrijgen • ontvangen *get; obtain* • inslikken *get down; swallow* ★ water ~ ⟨zwemmer⟩ *swallow water;* ⟨schip⟩ *ship water*

binnenland • GEO. *interior* • het eigen land ★ in ~ en buitenland *at home and abroad*

binnenlands ★ ~e handel *domestic trade* ★ ~e markt *domestic market*

binnenlaten *let in; show in*

binnenloodsen *pilot (a ship) into port*

binnenlopen *go in(to);* ⟨bij iem.⟩ *drop in (at/on);* ⟨v. schip⟩ *put in;* ⟨v. vloeistof⟩ *run in(to)* ★ de trein liep het station binnen *the train drew into the station*

binnenplaats *(inner) court(yard)*

binnenpraten *talk down*

binnenpretje *private joke*

binnenrijm *internal rhyme*

binnenroepen *call in*

binnenscheepvaart → binnenvaart

binnenschipper *(barge) skipper;* BE *bargee*

binnenshuis *indoors*

binnenskamers *in private*

binnensmonds *under one's breath* ★ ~ spreken *mumble*

binnenspiegel *rear-view mirror*

binnensport *indoor sports*

binnenstad *town/city centre*

binnenste I ZN *inside; interior* ★ in zijn ~ *in his heart (of hearts); deep down* ‖ BNW *inmost*

binnenstebuiten *inside out* ★ ~ keren *turn inside out*

binnenstromen *pour in*

binnenvaart *inland navigation*

binnenvallen • binnenkomen *burst/barge in(to)* • binnendringen ⟨land⟩ *invade* ★ bij iem. komen ~ *drop in on s.o.; descend on s.o.*

binnenvetter ★ hij is een ~ *he bottles things up*

binnenwaarts *inward(s)*

binnenwater *inland waterway*

binnenweg *side road; byroad;* ⟨kortere route⟩ *short cut*

binnenwerk • inwendige delen *mechanism; innards* • werk binnenshuis *indoor work*

binnenzak *inside pocket*

binnenzee *inland sea*

bint • balk *beam;* ⟨vloer en plafond⟩ *joist* • samenstel van balken ⟨horizontaal⟩ *tie beam;* ⟨schuin⟩ *rafter*

bintje *early summer potato*

bioafval *biological waste*

biobak *compost bin*

biochemie *biochemistry*

biodynamisch *biodynamic*

bio-energie *bio-energy*

biofeedback *biofeedback*

biofysica *biophysics*

biogas *biogas*

biograaf *biographer*

biografie *biography*

biografisch *biographical*

bio-industrie *bio industry; factory farming*

biologie *biology*

biologisch *biological*

bioloog *biologist*

biomassa *biomass*

biopsie *biopsy*

biopt *tissue/fluid for biopsy*

bioritme *biorhythm*

bioscoop *cinema* ★ naar de ~ gaan *go to the pictures; go to the cinema*

biosfeer *biosphere*

biotechnologie *biotechnology*

biotoop *biotope*

bips *bottom; buttocks*

Birma *Burma*

Birmaan *Burman; Burmese*

bis I ZN muzieknoot *B sharp* ‖ BIJW • toegevoegd ★ artikel 23 bis *section 23b* ★ Bloemstraat 7 bis *7 b Bloemstraat* • nog eens *once again/more*

bisamrat *muskrat*

biscuit *biscuit*

bisdom *diocese; bishopric*

biseksualiteit *bisexuality*

biseksueel *bisexual*

bisschop *bishop*

bisschoppelijk *episcopal*

bissectrice *bisector*

bistro *bistro*

bit I ZN (de) *bit* ‖ II ZN (het) mondstuk *bit* ▾ het bit tussen de tanden nemen *kick over the traces*

bits *snappy* ★ een bitse opmerking *a tart*

bi

remark
bitter I ZN *bitters* ★ een ~tje *a gin and bitters*
II BNW *bitter* ★ ~ als gal *(as) bitter as gall* ★ ~e
armoede *dire poverty* **III** BIJW *awfully* ★ ~
weinig *precious little*
bitterbal *ball-shaped croquette*
bittergarnituur *appetizers*
bitterzoet *bittersweet*
bitumen *bitumen*
bivak *bivouac* ★ een ~ opslaan *set up a bivouac*
bivakkeren • *bivouac* • tijdelijk wonen *stay; be
put up*
bivakmuts *balaclava*
bizar *bizarre*
bizon *bison* ~ Amerikaanse ~ *buffalo*
B-kant *flipside; B-side*
blaadje • deel van plant *leaf*; ⟨bloemblaadje⟩
petal • velletje papier *piece of paper*
• drukwerk *leaflet* ▼ je staat bij hem in een
goed ~ *you are in his good books*
blaag *brat*
blaam • smet *slur; blot; stain* • een ~ werpen
op *cast a slur/blame on* ★ iem. van alle ~
zuiveren *exonerate s.o.* • afkeuring *blame;
censure* ★ hem treft geen ~ *no blame is
attached to him*
blaar • zwelling *blister* ★ blaren trekken *raise
blisters* • bles *blaze* ★ koe met een ~ *cow with
a blaze*
blaarkop *cow/animal with a blaze*
blaas • orgaan *bladder* • luchtbel *bubble*
blaasaandoening *bladder complaint/trouble*
blaasbalg *(pair of) bellows* [mv]
blaasinstrument *wind instrument*
blaaskaak *big head*
blaaskapel *wind instrument band*; ⟨koper⟩
brass instrument band
blaasontsteking *inflammation of the bladder;
cystitis*
blaaspijpje • instrument alcoholtest
breathalyser • blaaswerktuig *blowpipe*
blabla *blah blah; yadda yadda*
black-out *black-out*
blad • deel van plant *leaf* ★ in 't blad komen
come into leaf • vel papier *sheet*; FORM. *leaf*;
⟨bladzijde⟩ *page* ★ van 't blad spelen *sight-
read* • tijdschrift *magazine* • dienblad *tray*
• plat en breed voorwerp ⟨gras, zaag,
roeiriem⟩ *blade*; ⟨tafelblad⟩ *top* ▼ ik neem
geen blad voor de mond *I do not mince
matters; I do not mince my words*
bladderen *blister*
bladerdeeg *puff pastry*
bladeren ★ in een boek ~ *leaf through a book*
bladgoud *gold leaf*; ⟨klatergoud⟩ *tinsel*
bladgroente *greens*
bladluis *greenfly*
bladmuziek *sheet music*
bladspiegel *text area/space; type page*
bladstil ★ 't was ~ *not a leaf stirred* ★ 't werd ~
a dead calm descended
bladverliezend *deciduous*
bladvulling ⟨tekst⟩ *padding; filler*
bladwijzer • boekenlegger *bookmark*
• inhoudsopgave *table of contents*
bladzijde *page*

blaffen • geluid maken *bark* • hoesten *cough*
• tekeergaan *bark (at); snap (at)*
blaffer *piece*
blaken • branden *burn*; ⟨zon⟩ *blaze* • vol zijn
van ★ ~ van *glow with*
blaker *(flat) candlestick (with a handle); sconce*
blakeren *scorch*
blamage *disgrace*
blameren *discredit* ★ zich ~ *disgrace o.s.*
blancheren *blanch*
blanco *open*; ⟨cheque⟩ *blank* ★ ~ stemmen *give
in a blank vote; abstain (from voting)* ★ ~
volmacht *full authority to act; full power of
attorney*
blancokrediet *blank/open/cash credit*
blancovolmacht *blank power of attorney; full
discretionary power*; FIG. *carte blanche*
blank • licht van kleur *white* • onder water ★ ~
staan *be flooded* • onbedekt *blank* ★ de ~e
sabel *the naked sword*
blanke *a white (man/woman)* ★ ~n *whites*
blasé *blasé*
blasfemie *blasphemy*
blaten *bleat*
blauw I ZN *blue* **II** BNW *blue* ★ iem. een ~ oog
slaan *give a person a black eye* ★ ~e plek
bruise ★ ~e zone *restricted parking area/zone*
▼ ~e boon *bullet*
blauwbaard *bluebeard*
blauwbekken ★ staan te ~ *stand in the cold*
blauwblauw ▼ iets ~ laten *let sth. rest*
blauwboek *blue book*
blauwdruk *blueprint*
blauweregen *wisteria*
blauwgrijs *bluish grey*; BE *bluish gray*
blauwhelm *UN peacekeeper; UN soldier; blue
beret*
blauwkous *bluestocking*
blauwtje ▼ een ~ lopen *be turned down/rejected*
blauwzuur *prussic acid*
blauwzwart *blue-black; bluish black*
blazen I OV WW • vervaardigen *blow*
• bespelen ⟨v. houten blaasinstrument⟩
blow; ⟨v. hoorn⟩ *sound* **II** ON WW met kracht
uitademen *blow*; ⟨v. kat⟩ *spit; hiss* ▼ beter
hard ge~ dan de mond gebrand *it is better
to be safe than sorry* ▼ het is oppassen ge~ *we
need to watch out*
blazer[1] *player of a wind instrument*
blazer[2] ⟨zeg: blezer⟩ *blazer*
blazoen *coat of arms; crest*
bleek I ZN • het bleken *bleach(ing)* • bleekveld
bleaching green **II** BNW *pale*; FORM. *wan*
bleekgezicht *paleface*
bleekmiddel *bleach*
bleekneus *paleface*
bleekscheet *milksop*
bleekselderij *celery; blanched celery*
bleekzucht *green sickness; chlorosis*
bleken *bleach*
blèren • blaten *bleat* • luid huilen *squall; bawl*
bles • witte plek *blaze* • paard *horse with a
blaze*
blesseren *injure; wound*
blessure *injury*
blessuretijd *injury time*

bl

bleu • blauw *light blue* • bedeesd *shy; timid*
bliep *bleep*
blieper *bleep(er)*
blieven *like* ⋆ wat blieft? *pardon?*
blij • verheugd ~ met, om, over *glad; happy; pleased* • zo blij als een kind *as pleased as Punch* • verheugend *joyful* ▼ in blijde verwachting zijn *be expecting*
blijdschap *gladness; joy (at)*
blijf-van-mijn-lijfhuis *home for battered women (and their children); women's shelter*
blijheid *gladness; joy (at)*
blijk *token; sign* ⋆ ~ geven van *be evidence of; show*; FORM. *evince*
blijkbaar *apparent; evident; obvious*
blijken *appear (from)* ⋆ ~ te zijn *turn out to be* ⋆ 't is ons gebleken dat... *we find that...* ⋆ doen/laten ~ *show* ⋆ je moet er hem niets van laten ~ INF. *don't let on to him about it* ⋆ er is niets gebleken van bedrog *there is no evidence of fraud* ⋆ uit alles blijkt dat ... *everything goes to show that...; it all points to the fact that*
blijkens *according to*
blijmoedig *cheerful*
blijspel *comedy*
blijven I ON WW • voortduren *remain* ⋆ ik blijf van mening *I still think*; FORM. *I remain of the opinion* ⋆ ~ regenen *continue/keep (on) raining* ⋆ ~ leven *live on* • niet weg- of doorgaan *stay* ⋆ ~ eten *stay to/for dinner* ⋆ waar blijft 't eten toch! *what's happened to dinner?* ⋆ waar is mijn hoed gebleven? *where has my hat got to?* ⋆ waar zijn jullie zo lang gebleven? *where have you been all this time?* ⋆ waar ben ik gebleven? *where had I got to?; where did I leave off?* ⋆ dat blijft onder ons *that's between you and me* ⋆ het blijft binnen de perken *it stays within bounds* ⋆ buiten de oorlog ~ *keep out of the war* • sterven ⋆ dood ~ *die* ⋆ hij is in de strijd gebleven *he was killed in action* • ~ bij ⋆ en daarbij bleef het *and that was that* ⋆ ik blijf er bij dat *I maintain that; I insist on* ⋆ bij een belofte ~ *stand by a promise* ⋆ bij de zaak ~ *stick to the point* II KWW *remain; stay* ⋆ kalm ~ *stay calm* ⋆ het blijft de vraag of ... *it remains to be seen whether ...; the question remains whether ...*
blijvend *permanent; lasting; enduring*
blik I ZN (de) • oogopslag *look;* ⟨lang⟩ *gaze;* ⟨vluchtig⟩ *glance* ⋆ in één blik *at a glance* ⋆ bij de eerste blik *at first sight* • manier van kijken *look* ⋆ iem. met een heldere blik a *clear-sighted person* • kijk op iets *view; outlook* ⋆ een ruime blik *a broad outlook* II ZN (het) • metaal *tin* • bus *tin* • stofblik *dustpan*
blikgroente *tinned/canned vegetables*
blikje *tin; can* ⋆ een ~ bier *a can of beer*
blikken I BNW *tin* II ON WW *look; glance* ▼ zonder ~ of blozen *without batting an eyelid; coolly*
blikkeren *flash; gleam* ⋆ een ~de rij tanden *a flashing row of teeth*
blikopener *tin/can opener*
blikschade *damage to the bodywork*

bliksem • *lightning* ⋆ door de ~ getroffen *struck by lightning* • persoon ⋆ arme ~ *poor devil* ▼ loop naar de ~! *go to hell!* ▼ als de (gesmeerde) ~ *like blazes* ▼ naar de ~ gaan *go to pot*
bliksemactie • *lightning operation/action* • staking *lightning strike* • overval *lightning raid; hit-and-run raid*
bliksemafleider *lightning conductor*
bliksemcarrière *lightning career; meteoric rise*
bliksemen I ON WW flitsen *flash* ⋆ zijn ogen bliksemden *his eyes flashed* II ONP WW *lighten* ⋆ het heeft de hele dag gebliksemd *there were flashes of lightening all day (long)*
bliksemflits *flash of lightning*
blikseminslag *bolt of lightning; thunderbolt*
bliksemoorlog *blitzkrieg*
bliksems I BNW *infernal* ⋆ de hele ~e boel *the whole caboodle* II TW *dash (it)!; hell('s bells)!; by Jove!*
bliksemschicht *flash of lightning*
bliksemsnel I BNW *instantaneous; lightening* II BIJW *as quick as lightning; like greased lightening*
bliksemstart *lightning start*
bliksemstraal • flikkering *flash of lightning* • ellendeling *rascal*
blikvanger *eye-catcher*
blikveld *field of vision*
blikvoer *canned food;* AE *tinned food*
blind I ZN *shutter* II BNW • zonder zicht *blind* ⋆ ~ aan één oog *blind in one eye* ⋆ ~ voor *blind to* • onzichtbaar *concealed* • zonder opening/loos ⋆ ~e steeg *blind alley* ⋆ ~e muur *blind/blank wall* • zonder inzicht ⋆ ~ voor *blind to* ⋆ ~ van woede *in a blind rage* ▼ ~e vinken *beef olives* ▼ ziende ~ zijn *fail to see what is front of one's eyes*
blind date *blind date*
blinddoek *blindfold*
blinddoeken *blindfold*
blinde *blind person*
blindedarm *appendix*
blindedarmontsteking *appendicitis*
blindelings *blindly*
blindemannetje *blindman's buff* ⋆ ~ spelen *play (at) blindman's buff*
blindengeleidehond *guide dog;* AE *seeing-eye dog*
blindenschrift *Braille*
blinderen • afdekken *face;* MIL. *blind* • pantseren *armour*
blindganger *unexploded shell;* INF. *dud*
blindheid *blindness* ⋆ met ~ geslagen *struck blind*
blindvaren (op) ⋆ ~ op iem./iets *trust s.o./s.th. blindly*
blindvliegen *fly blind*
blinken *shine; glitter*
blisterverpakking *blister pack*
blits I ZN ▼ de ~ met iets maken *steal the show* II BNW *groovy; hip*
blitskikker *trendy person*
blocnote *(writing) pad; notepad*
bloed *blood* ⋆ ~ vergieten *shed blood* ⋆ ~ geven *give/donate blood* ▼ in koelen ~e *in cold blood*

bl

▼ dat zal kwaad ~ zetten *that will stir up bad feelings* ▼ het ~ kruipt waar het niet gaan kan *blood is thicker than water*
bloedalcoholgehalte *blood alcohol level*
bloedarmoede *anaemia*
bloedbaan *bloodstream*
bloedbad *slaughter*; *massacre* ★ een ~ aanrichten *massacre*; *cause a massacre*
bloedbank *blood bank*
bloedbeeld *haemogram*; *blood picture*
bloedbezinking *ESR*; *erythrocyte sedimentation rate*; *blood sedimentation rate*
bloedcel *blood cell*
bloeddonor *blood donor*
bloeddoorlopen *bloodshot*
bloeddoping *blood doping*
bloeddorstig *bloodthirsty*
bloeddruk *blood pressure*
bloedeigen ★ ~ kinderen *own flesh and blood*
bloedeloos ● zonder bloed *bloodless*; ⟨arm aan bloed⟩ *anaemic* ● slap *listless*
bloeden ● bloed verliezen *bleed* ★ uit de neus ~ *bleed from the nose*; *have a nosebleed* ★ hij werd tot ~s toe geslagen *he was beaten till he bled* ● boeten voor *pay* ★ iem. ergens voor laten ~ *make s.o. pay for s.th.*
bloederig *bloody* ★ een ~ verhaal *a gory story*
bloederziekte *haemophilia*
bloedgang *breakneck speed*
bloedgeld ● loon voor misdaad *blood money* ● hongerloon *pittance*; *starvation wages*
bloedgroep *blood group*
bloedheet *sweltering/boiling (hot)*
bloedhekel ★ een ~ hebben aan *loathe*; *have an utter loathing for*; *absolutely hate*
bloedhond ● hond *bloodhound* ● wreedaard *brute*
bloedig I BNW bloederig *bloody* II BIJW in hoge mate *deadly*
bloeding *bleeding*; ⟨hevig⟩ *haemorrhage*
bloedje *(poor) little mite*
bloedkanker *leukaemia*; AE *leukemia*
bloedkleurstof *haemoglobin*
bloedkoraal *(red) coral*
bloedlichaampje *blood cell*; MED. *corpuscle*
bloedlink ● riskant *(extremely) risky*; *dangerous* ● boos *hopping mad*
bloedmooi *dead good looking*; *gorgeous*; *stunning* ★ ze is ~ *she's a knockout/a smasher*
bloedneus *bloody nose* ★ iem. een ~ slaan *give a person a bloody nose*
bloedonderzoek *blood test*
bloedplaatje *platelet*
bloedplasma *blood plasma*
bloedproef *blood test*
bloedserieus *dead serious*
bloedserum *blood serum*
bloedsomloop *(blood) circulation*
bloedspiegel *level of something in the blood*
bloedstollend *bloodcurdling*
bloedstolling *coagulation (of the blood)*
bloedstolsel *blood clot*
bloedstroom *bloodstream*
bloedsuikerspiegel *blood sugar level*
bloedtransfusie *blood transfusion*
bloeduitstorting *bruise*; MED. *contusion*; ⟨in de

hersens⟩ *cerebral haemorrhage*
bloedvat *blood vessel*
bloedverdunnend *blood diluting* ★ ~ middel *diluent*
bloedvergieten *bloodshed*
bloedvergiftiging *blood poisoning*
bloedverlies *loss of blood*
bloedverwant *relation*; *relative*; *blood relation*
bloedverwantschap *blood-relationship*
bloedworst *black pudding*
bloedwraak *vendetta*; *blood feud*
bloedzuiger ● dier *leech* ● uitbuiter *leech*; *parasite*; *bloodsucker*
bloedzuiverend *cleansing the blood*
bloei ● het bloeien *flowering*; *bloom*; ⟨v. vruchtboom⟩ *blossoming* ★ in ~ staan *be in bloom* ● ontplooiing *prosperity*; *prime* ★ in de ~ der jaren *in the prime of life* ★ tot ~ brengen *bring to prosperity*
bloeien ● bloemen dragen *bloom*; *blossom*; *flower* ● floreren *flourish*; *bloom*
bloeiperiode ● PLANTK. *flowering time* ★ ~ van de jeugd *prime of youth* ● periode waarin iets zeer populair is *heyday*; *time of prosperity*
bloeiwijze *inflorescence*
bloem ● BIOL. *flower* ● meel *flour* ● puikje ★ de ~ der natie *the flower of the nation*
bloembed *flowerbed*
bloembol *bulb*
bloembollencultuur *bulb-growing*
bloembollenteelt *bulb-growing*
bloemencorso *floral procession*
bloemenslinger *garland*
bloemenwinkel *flower shop*
bloemetje ▼ de ~s buiten zetten *paint the town red*
bloemig *mushy*; ⟨v. aardappelen⟩ *floury*
bloemist *florist*
bloemisterij ● winkel *florist's (shop)* ● bedrijf *florist's business*
bloemknop *bud*
bloemkool *cauliflower*
bloemlezing *anthology*
bloemperk *flowerbed*
bloempot *flowerpot*
bloemrijk *flowery* ▼ ~e taal *flowery language*
bloemschikken *arrange flowers*
bloemstuk ● bloemen *bouquet*; *flower arrangement* ● schilderij *flower piece*
bloes *blouse*
bloesem *blossoms*; *flowers*
blog *blog*
blok ● recht stuk *block*; *brick*; ⟨hout⟩ *log*; ⟨speelgoed⟩ *building block*; ⟨wielblok⟩ *chock* ● hijsblok *pulley block* ● huizenblok *block* ★ een blokje om lopen *take a walk around the block* ● samenwerkende groep *bloc* ● periode *unit* ▼ slapen als een blok *sleep like a log* ▼ voor het blok zitten *be up against a wall* ▼ iem. voor het blok zetten *force a person's hand* ▼ een blok aan het been zijn *be a millstone around one's neck*; *be a drag on s.o.* ▼ een blok aan het been hebben *have a millstone around one's neck*
blokfluit *recorder*

blokhut *log cabin*
blokkade *blockade* ★ de ~ doorbreken *run the blockade*
blokken *cram*; *swot* ★ het is hard ~ *it's a real grind* ★ ~ voor een tentamen *cram for an examination*
blokkendoos *box of bricks*
blokkeren ● beweging tegenhouden *lock*; *jam* ★ ~de wielen *locked wheels* ● toegang afsluiten *blockade*; ⟨weg e.d.⟩ *obstruct*; *block* ● onttrekken aan het geldverkeer ⟨geld⟩ *block*; ⟨krediet⟩ *freeze*; ⟨cheque⟩ *stop* ★ een rekening ~ *freeze a bank account*
blokletter *block letter*; *printing* ★ met ~s schrijven *print*
blokuur *double period/lesson*
blokvorming *formation of a front/bloc*
blond *blond*; *fair*; ⟨lichtgekleurd⟩ *golden*; ⟨v. vrouw⟩ *blonde* ★ ~ bier *lager*
blonderen *bleach*
blondine, blondje *blonde*
bloosangst *fear of blushing*; *erythrophobia*
bloot ● onbedekt *bare*; *naked* ★ onder de blote hemel *under the open sky*; *in the open* ● louter ★ ~ toeval *mere accident/coincidence* ● zonder hulpmiddel ★ met blote handen *with one's bare hands*
blootblad *nude mag(azine)*
blootgeven (zich) *show one's hand*; *commit oneself*
blootje ★ in zijn ~ *in the altogether/nude*
blootleggen ● onthullen *disclose*; ⟨plan, toestand⟩ *reveal* ● van bedekking ontdoen *lay bare*
blootshoofds *bareheaded*
blootstaan (aan) *be subject to*; *be exposed to*
blootstellen *expose*
blootsvoets *barefoot*
blos *flush*; ⟨v. gezondheid⟩ *bloom*; ⟨verlegenheid⟩ *blush*
blotebillengezicht *a moon face*
blowen *smoke dope*
blow-up *blow-up*
blozen ⟨v. verlegenheid⟩ *blush (with)*; ⟨v. opwinding⟩ *flush (with)*; ⟨v. gezondheid⟩ *bloom (with)* ★ ~ tot over de oren *blush to the roots of one's hair*
blubber ● modder *mud*; ⟨v. sneeuw⟩ *slush* ● speklaag van walvis *blubber*
blues *blues*
bluf *bragging*; *boast(ing)* ★ het is allemaal bluf *it's all a lot of swank*
bluffen *brag*; *boast (of/about)*; *swank (about)*
blufpoker *poker*
blunder *blunder*
blunderen *blunder*
blusapparaat *fire extinguisher*
blussen ● doven *extinguish*; *put out* ● afkoelen *quench*
bluswerkzaamheden *fire-fighting operations*
blut *broke*; ⟨na spel⟩ *cleaned out*
bluts *dent*
blutsen *dent*
BMI *body-mass-index BMI*
bmr-prik *MMR shot (measles, mumps, rubella)*
BN'er *Dutch VIP*

bnp *GNP*; *Gross National Product*
boa ● slang *boa* ● halskraag *boa*
board *hardboard*
bobbel ● bultje *lump*; *bump* ● blaasje *bubble*
bobbelen *bubble*
bobo *big shot*; *bigwig*
bobslee *bobsleigh*; *bobsled*
bobsleeën *bobsleigh*
bochel ● bobbel *lump* ● hoge rug *hump* ● gebochelde *hunchback*
bocht I ZN ⟨de⟩ buiging *turn*; *curve*; *bend*; ⟨in kustlijn⟩ *bay* ★ een ~ maken *turn*; *bend*; *curve* ★ ~ van Guinee *Gulf of Guinea* ▾ zich in ⟨allerlei⟩ ~en wringen *squirm*; *wriggle* II ZN ⟨het⟩ troep *trash*; *rubbish*
bochtig *winding*; *tortuous*
bockbier *bock beer*
bod ● bid; *offer* ★ een bod doen (op) *make a bid (for)* ● beurt ★ aan bod komen *get a chance*
bode ● boodschapper *messenger*; ⟨koerier⟩ *courier*; ⟨vrachtrijder⟩ *carrier*; ⟨post⟩ *postman* ● bediende ⟨gerechtsbode⟩ *usher*
bodega *bodega*
bodem ● grondvlak *bottom* ★ tot de ~ leegdrinken *drain to the last drop* ● grond *soil* ★ vruchtbare ~ *fertile soil* ● grondgebied ★ op Nederlandse ~ *on Dutch soil/territory* ● restje ★ er zat nog maar een ~pje in *there was only a drop left* ▾ verwachtingen de ~ inslaan *dash hopes/expectations*
bodembescherming ⟨landbouw⟩ *soil management*; ⟨waterbouw⟩ *waterway maintenance*
bodemerosie *erosion*
bodemgesteldheid *condition of the soil*
bodemkunde *soil science*; FORM. *pedology*
bodemloos *bottomless*
bodemmonster *soil sample*
bodemonderzoek *soil research*; ⟨groot gebied⟩ *soil survey*
bodemprijs *minimum/floor price*
bodemprocedure *procedure on the merits*
bodemsanering *soil clean-up*; *soil decontamination*
bodemschatten *natural resources*
bodemverontreiniging *soil pollution*
bodybuilden *bodybuilding*
bodybuilding *body-building*
bodylotion *body lotion*
body-mass-index *body mass index*
bodystocking *body stocking*
bodywarmer *body warmer*
boe ▾ boe noch ba zeggen *remain perfectly silent*
Boedapest *Budapest*
Boeddha *Buddha*
boeddhisme *Buddhism*
boedel ● bezit *property* ● nalatenschap *estate*
boedelscheiding *division of estate/property*
boef *rogue*; *rascal*; ⟨gevangene⟩ *convict*
boeg *bow(s)* ▾ een schot voor de boeg *a warning shot* ▾ 't over een andere boeg gooien *change tack*; *change one's tactics* ▾ voor de boeg hebben *have in front of one*
boegbeeld *figurehead*
boegeroep *booing*; *hooting*

boegspriet *bowsprit*
boei • kluister *fetter*; *shackle*; ⟨handboei⟩ *handcuff* • in de boeien slaan *put/clap in irons* • baken *buoy* • reddingsgordel *lifebelt* ▼ een kleur als een boei hebben *be as red as a beetroot*
boeien I OV WW • in de boeien slaan *fetter*; *shackle*; *handcuff* • fascineren *grip*; *arrest*; *enthrall* ★ die muziek kon haar niet ~ *the music failed to hold her attention* II TW I *couldn't care less*
boeiend *gripping*; *fascinating*
boek • bundel *book* • opschrijfboek ★ iets te boek stellen *record* ▼ te boek staan als *be known as* ▼ gunstig te boek staan *have a good name*
Boekarest *Bucharest*
boekbespreking *book review*; *criticism*
boekbinden *bookbinding*
boekbinder *bookbinder*
boekdeel *volume* ▼ dat spreekt boekdelen *that speaks volumes*
boekdrukkunst *printing*
boeken • in-/opschrijven *enter*; *book* • behalen ⟨succes⟩ *score*; ⟨vooruitgang⟩ *make*; ⟨verliezen⟩ *register* • bespreken *book*
boekenbal *literary gala*
boekenbeurs *book fair*
boekenbon *book token*
boekenclub *book club*
boekenkast *bookcase*
boekenlegger *bookmark*
boekenlijst *reading list*
boekenmolen *revolving bookcase*
boekenplank *bookshelf*
boekenrek *bookshelves*
boekensteun *bookend*
boekentaal *literary language*
boekentoptien *book top ten*
boekenweek *book week*
boekenwijsheid *book learning*
boekenwurm *bookworm*
boeket *bouquet*
boekhandel • handel in boeken *book trade* • winkel *bookshop*
boekhandelaar *bookseller*
boekhouden *keep the books*
boekhouder *book-keeper*
boekhouding • het boekhouden *book-keeping*; *accounting* • enkele/dubbele ~ *single/double entry book-keeping* • afdeling *accounts department*
boekhoudkundig *accounting*
boeking • ADM. *entry* • bespreking *reservation*
boekjaar *financial year*
boekomslag *dust cover*; *(book) jacket*
boekstaven *put on record*
boekweit *buckwheat*
boekwerk *book*; *volume*
boekwinkel *bookshop*; AE *bookstore*
boekwinst *paper profit*; *book profit*
boel • heleboel ★ een hele boel *(quite) a lot (of)* • toestand ★ de hele boel *the whole business/affair/lot* ★ een mooie boel *a pretty kettle of fish* ★ een saaie boel *a dull affair* ★ de boel verraden *give the show/game away* • boedel

belongings; *property* ▼ de boel op stelten zetten *raise Cain/hell*
boeman *bogeyman*
boemel *slow train* ▼ aan de ~ zijn *be on a spree*
boemelen • treinreis maken *take the slow train* • pret maken *be out on the town*; *paint the town red*
boemerang *boomerang*
boender *scrubbing brush*
boenen ⟨schrobben⟩ *scrub*; ⟨oppoetsen⟩ *polish*
boenwas *beeswax*
boer • plattelander *countryman* • agrariër *farmer* • lomperik *yokel*; *country bumpkin* • speelkaart *jack* • oprisping *belch* ▼ de boer opgaan *go on the road*
boerderij • woning *farmhouse* • boerenbedrijf *farm*
boeren • boer zijn *farm* • een boer laten *burp*; *belch* ▼ goed/slecht ~ *do well/badly*
boerenbedrijf *farming (industry)*
boerenbedrog *humbug*; *rubbish*
boerenbont • stof *checkered gingham* • aardewerk *colonial*
boerenbruiloft *country wedding*
boerenjongens *brandied raisins*
boerenkaas *farmhouse cheese*
boerenkinkel *yokel*
boerenkool *curly kale*
boerenslimheid *foxiness*; *craftiness*
boerenverstand *common sense* ★ daar kan ik met mijn ~ niet bij *that's beyond me*
boerin • vrouwelijke boer *woman farmer* • vrouw van de boer *farmer's wife*
boernoes • *officer's greatcoat* • mantel *burnous*
boers • plattelands *rustic* • lomp *boorish*
boertig *jocular*
boete • straf ★ ~ doen *do penance* • geldstraf *penalty*; *fine* ★ iem. een ~ van £100 opleggen *fine a person £100* • een ~ krijgen *be fined*
boetebeding *penalty clause*
boetedoening *penance*
boetekleed *penitential garment* ▼ het ~ aantrekken *repent in sackcloth and ashes*
boeten *suffer (for)*; ⟨voor vergissing⟩ *pay (for)* ★ daar zul je voor ~ *you'll pay for that*
boetiek *boutique*
boetseren *model*
boetvaardig *penitent*; *contrite*; *repentant*
boevenbende *pack of thieves*
boezem • borst(en) *breast*; FORM. *bosom* • hartholte *auricle* • gemoed *heart*
boezemfibrilleren *atrial fibrillation*
boezemvriend *bosom friend*
bof • ziekte *mumps* • gelukje *piece of luck*
boffen *be lucky*
boffer • geluksvogel *lucky devil* • gelukje *bit of luck*
bofkont *lucky dog*
bogen (op) *boast (of)* ★ ~ op iets *pride o.s. on*; *boast of s.th.*
Bohemen *Bohemia*
bohémien *Bohemian*
boiler *water heater*; *boiler*
bok • mannetjesgeit *billy goat*; ⟨hert⟩ *buck*; ⟨hert, eland⟩ *stag* • hijstoestel *derrick*;

⟨scheepsbok⟩ *sheers* • **gymnastiektoestel**
(vaulting) horse • zitplaats van koetsier *box*
  • flater *blunder* ⋆ een bok schieten *(make a)*
  blunder ▾ oude bok *old goat*
bokaal • beker *goblet*; ⟨als prijs⟩ *cup* • glazen
  kom *beaker*
bok(je)springen *(play) leapfrog*; *leap the buck*;
  vault the horse
bokken • springen als een bok ⟨v. paard⟩ *buck*
  • tochtig zijn *be on heat* • nors zijn *sulk*
bokkenpoot • koekje ≈ *sweet finger shaped*
  biscuit • teerkwast *tar brush*
bokkenpruik ▾ de ~ op hebben *mope*; *have the*
  sulks
bokkensprong *antics* ▾ ~en maken *goof off*;
  cut capers
bokkig *surly*; *gruff*; *morose*
bokking *bloater*; *smoked herring*; ⟨vers⟩ *white/*
  fresh herring
boksbeugel *knuckle-duster*; AE *brass knuckles*
boksen *box* • iets voor elkaar ~ *fix sth.*
bokser *boxer*; ⟨voor geld⟩ *prize-fighter*
bokshandschoen *boxing glove*
bokspartij *boxing match*
bokswedstrijd *boxing match*
bol I ZN • bolvormig voorwerp *ball*; *globe*;
  WISK. *sphere*; ⟨v. hoed⟩ *crown* • broodje *roll*
  • hoofd *noddle*; *nut* ⋆ het is hem in zijn bol
  geslagen *he is off his nut/head* • bloembol
  bulb ▾ een knappe bol *a clever fellow*; *a*
  smart chap **II** BNW • bolvormig *round*; ⟨lens⟩
  convex; ⟨wangen⟩ *chubby*; ⟨zeilen⟩ *billowing*
  • opgezwollen *spherical* ⋆ bol gezicht *plump*
  face
bolbliksem *ball lightning*
boldriehoek *spherical triangle*
boleet *boletus*
bolgewas *bulbous plant*
bolhoed *bowler (hat)*
bolide *racing car*
Bolivia *Bolivia*
Boliviaan *Bolivian* ⋆ zij is ~se *she is (a) Bolivian*
  (woman)
Boliviaans *Bolivian*
bolknak *big/fat cigar*
bolleboos *clever/bright person*; *dab*; PEJ. *clever-*
  clogs
bollen *bulge*; *swell (up)*; ⟨v. stof⟩ *billow*
bolletje • *little ball* • kinderhoofd *head*
  • broodje *soft roll*
bolrond *spherical*; *convex*
bolsjewiek *Bolshevik*
bolster *husk* ▾ ruwe ~, blanke pit *a rough*
  diamond
bolvormig *spherical*
bolwerk *rampart*; *bulwark*; FIG. *stronghold*;
  bulwark
bolwerken ▾ het (kunnen) ~ *manage*
bom I ZN • explosief *bomb* ⋆ slimme bom
  smart bomb • grote hoeveelheid *load*; *pile*
  ⋆ een bom geld *a heap/pile of money* ▾ de
  bom is gebarsten *the storm has broken*; *the*
  bombshell has been dropped **II** TW *boom*
bomaanslag *bomb attack*; *bomb-outrage*
bomalarm *bomb alert*; ⟨oorlog⟩ *air-raid*
  warning; ⟨bij bomaanslag ook⟩ *bomb scare*

bombardement *bombardment*; *shelling*
bombarderen • bestoken ⟨met granaten⟩ *shell*;
  ⟨met bommen⟩ *bomb*; FIG. *bombard*; *shower*
  • benoemen *thrust s.o. into a job*
bombarie *noise*; *fuss* ⋆ ~ maken *kick up/make a*
  fuss
bombast *pompous language*
bombastisch *bombastic*; *pompous*
bombrief *letter-bomb*
bomen I OV WW *punt* **II** ON WW praten *have a*
  good long talk; INF. *have a chinwag/natter*
bomexplosie *bomb explosion*
bommelding *bomb alert/scare* ⋆ een valse ~ *a*
  bomb hoax
bommen ▾ het kan me niet ~ *I don't care a*
  toss; *a fat lot I care*
bommentapijt *carpet of bombs*
bommenwerper *bomber*
bommoeder ≈ *bachelor mother*
B-omroep *medium-sized broadcasting*
  corporation in the Netherlands
bomtrechter *bomb-crater*
bomvol *chock-full*; *packed*; *crammed*
bon • betalingsbewijs *receipt* • waardebon
  voucher; ⟨voor cadeau⟩ *token*;
  ⟨distributiebon⟩ *coupon* ⋆ op de bon *rationed*
  • bekeuring *ticket* ⋆ iem. op de bon
  slingeren *give s.o. a ticket*; *book s.o.*
bonafide *bona fide*
Bonaire *Bonaire*
bonbon *chocolate*; *sweet*
bond • vereniging *alliance*; *league*; ⟨ook
  vakvereniging⟩ *union* • verbond *alliance*;
  pact
bondage *bondage*
bondgenoot *ally*
bondgenootschap *alliance*
bondig • kort en krachtig *concise*; *succinct*;
  terse • beknopt *concise*
bondscoach *national coach*
bondsdag *Bundestag*
bondskanselier *federal chancellor* ⋆ ~ van
  Duitsland *chancellor of the Federal Republic of*
  Germany
bondspresident *(federal) President*
bondsrepubliek *federal republic*
bondsstaat *federal state*
bonenkruid *summer savory*
bonenstaak *beanpole*
bongo *bongo (drum)*
bonhomie *bonhomie*; *geniality*
bonificatie • SPORT *time bonus* • vergoeding
  indemnification
bonis ⋆ iem. in ~ *well-to-do man*; *wealthy man*;
  man of means
bonje *row*; *rumpus* ⋆ ~ met iem. hebben *have*
  a row with s.o.
bonk • brok *chunk*; *lump* • lomperik *lout* ▾ één
  bonk zenuwen *a bundle of nerves*
bonken • beuken *pound*; *bang*; *thump* ⋆ op de
  deur ~ *pound on the door* ⋆ niet zo ~ op die
  deur! *stop hammering away at that door!*
  • neuken *bang*; *hump*
bon-mot *bon mot*; *witty remark*
Bonn *Bonn*
bonnefooi ⋆ op de ~ *on the off chance*

bo

bons • klap *thump*; *clunk* • baas *big boss* ▾ de bons geven *jilt (s.o.)*

bonsai *bonsai*

bont I ZN • pels *fur* • boerenbont *(cotton) print* II BNW • veelkleurig *multi-coloured*; ⟨v. plant⟩ *variegated*; ⟨koe, hond⟩ *spotted*; ⟨paard⟩ *piebald*; ⟨was⟩ *coloured* • afwisselend ⟨menigte⟩ *motley*; ⟨programma⟩ *varied*; *mixed* ▾ iem. bont en blauw slaan *beat a person black and blue* ▾ maak 't niet te bont *don't go too far*; ⟨overdrijf niet⟩ *don't pile it on*

bontjas *fur coat*

bontwerker *furrier*

bonus *bonus*

bonusaandeel *bonus share*

bonus-malusregeling *no-claim bonus system*

bonze • *bonze* • bobo *(big) boss*; INF. *big shot*

bonzen *thump* ⋆ tegen iets aan ~ *bump (up) against/into sth.* ⋆ zijn hart bonsde *his heart was pounding*

boodschap • bericht *message*; *errand* ⋆ een ~ achterlaten *leave a message* ⋆ de blijde ~ *good news* ⋆ een ~ sturen *send word* • het inkopen *(the) shopping*; *purchase(s)* ⋆ ~pen doen *go shopping* ⋆ een ~ doen *do/run an errand* • ontlasting ⋆ een grote / kleine ~ doen *go to number 2/number 1* ▾ zwijgen is de ~ *mum's the word*

boodschappendienst *messenger service*; ⟨expresbesteldienst⟩ *courier service*

boodschappenjongen *messenger (boy)*

boodschappenkarretje *shopping trolley/cart*

boodschappenlijstje *shopping list*

boodschappenmandje *shopping basket*

boodschapper *messenger (boy)*

boog • kromme lijn *curve*; ⟨v. cirkel⟩ *arc* • poort BOUWK. *arch*; ⟨v. brug⟩ *span* • wapen *bow* ▾ de boog kan niet altijd gespannen zijn *you've got to take a break sometime* ▾ ergens met een boog omheen lopen *give s.th. a wide berth*

boogbrug *arched bridge*

boogie-woogie *boogie-woogie*

booglamp *arc lamp*

boogschieten I ZN *archery* II ONV WW *practise archery*

boogschutter *archer*

Boogschutter *Sagittarius*

bookmark *bookmark* • een ~ toevoegen *set a bookmark*

bookmarken *bookmark*

boom[1] • gewas *tree* • balk ⟨afsluitboom⟩ *bar*; *barrier*; ⟨havenboom⟩ *boom*; ⟨vaarboom⟩ *punt-pole* ▾ hoge bomen vangen veel wind *high winds blow on high hills* ▾ een boom van een kerel *a giant of a man* ▾ door de bomen het bos niet meer zien *not see the wood for the trees*

boom[2] ⟨zeg: boem⟩ *boom*

boomchirurgie *tree surgery*

boomdiagram *tree (diagram)*

boomgaard *orchard*

boomgrens *tree-line*

boomklever *wood nuthatch*

boomkruiper *short-toed tree creeper*

boomkweker *(tree-)nurseryman*

boomkwekerij *tree-nursery*

boomlang *extremely/very tall*

boomschors *bark*

boomstam *tree-trunk*

boomstronk *stump*

boon *bean*; ⟨tuinboon⟩ *broad bean*; ⟨bruine boon⟩ *brown bean*; ⟨witte boon⟩ *haricot bean* ▾ in de boon zijn *be all at sea* ▾ ik ben een boon als het niet waar is *if it isn't true, then I'm a Dutchman*; *I'll eat my hat if it isn't true*

boontje ▾ ~ komt om zijn loontje *serves you right*; *you get what you deserve* ▾ je eigen ~s (kunnen) doppen *(be able to) take care of o.s.*; *fight one's own battles* ▾ ik kan mijn eigen ~s wel doppen *I don't need spoonfeeding*

boor • boortoestel ⟨omslagboor⟩ *brace (and bit)*; ⟨drilboor⟩ *drill*; ⟨fretboor⟩ *gimlet* • boorijzer *bit*

boord I ZN (de) • rand *border* • oever *bank*; *shore* II ZN (het) • halskraag *collar* ⋆ staande/liggende/dubbele ~ *stand-up/turn-down/double collar* • SCHEEPV. *board* ⋆ aan ~ *on board* ⋆ aan ~ gaan *go on board*; *embark* ⋆ van ~ gaan *go ashore*; *disembark*

boordcomputer *onboard computer*

boordevol *brimful*; *brimming with* ⋆ ~ meubels staan *be crammed with furniture*

boordwerktuigkundige *flight mechanic*; *flight engineer*

booreiland *oil-rig*

boorkop *(drill) chuck*

boormachine *(power) drill*

boorplatform *drilling platform*; *(oil) rig*

boortol *(electric) hand drill*; *(power) drill*

boortoren *derrick*; *drilling rig*

boorzalf *boracic/boric salve*

boos • kwaad *angry*; *mad* ⋆ boze bui *fit of temper* ⋆ boos zijn op iem. *be angry with s.o.*; *be mad at s.o.* ⋆ boos worden *lose one's temper* ⋆ boos om/over *angry at/about* ⋆ boos kijken naar iem. *scowl at s.o.* • kwaadaardig, slecht *evil*; *wicked* • vol zorgen *barren*

boosaardig • gemeen *malicious* • gevaarlijk *malignant*

boosdoener *wrong-doer* ▾ hij is de ~ *he is the villain/culprit*

boosheid • toorn *anger* • slechtheid *wickedness*

booswicht *wretch*; *villain*

boot *boat*; ⟨groot⟩ *steamer*; *ship* ⋆ gaan bootje varen *go (out) boating* ▾ toen was de boot aan *then the fat was in the fire*; *that put the cat among the pigeons* ▾ iem. in de boot nemen *pull s.o.'s leg*

booten *boot (up)*

boothals *boat-neck* ⋆ een trui met ~ *a boat-neck sweater*

boothuis *boathouse*

bootsman *boatswain*; *bosun*

boottocht *boat trip*

boottrein *boat train*

bootvluchteling ⋆ ~en *boat people*

bootwerker *docker*

bop *bop*

borax *borax*

bord • etensbord *plate* • speelbord *board*

- schoolbord *(black)board* • uithangbord *sign* • naambord *nameplate* • mededelingenbord *(notice) board* • verkeersbord *traffic sign* ▼ een bord voor zijn kop hebben *be thick-skinned* • de bordjes zijn verhangen *the tables are turned*

bordeaux *bordeaux; claret*

bordeel *brothel*

borderline I ZN *borderline* II BNW ★ ~ persoonlijkheid *borderline*

bordes ≈ *(flight of) steps*

bordspel *board game*

borduren *embroider*

borduursel *embroidery*

boreling *baby; infant*

boren I OV WW met boor maken ⟨v. tunnel⟩ *bore*; ⟨in metaal, hout, enz.⟩ *drill*; ⟨v. put⟩ *sink* ★ een gat in de muur ~ *drill a hole in the wall* ▼ een plan de grond in ~ *torpedo a plan* II ON WW • met boor werken *drill* ★ naar olie ~ *drill for oil* • gaan door *pierce*; *penetrate* ★ de kogel boorde zich in de muur *the bullet lodged in the wall*

borg • onderpand *security* • persoon *surety; guarantor* ★ borg staan voor iem. *answer/ vouch for s.o.* ★ ergens borg voor staan *guarantee s.th.*

borgpen *locking pin*

borgsom *security*; ⟨huur, e.d.⟩ *deposit*

borgstelling • handeling ⟨waarborg⟩ *securityship* • akte *guarantee; security bond* • geldsom *security (money)*

borgtocht • waarborgsom *bail* ★ op ~ vrijgelaten worden *be released on bail* • overeenkomst *security (money)*

boring • het boren *boring; drilling* ★ ~ naar olie *boring/drilling for oil* • kaliber *bore*

borium *boron*

borrel • drankje *drink; drop*; SCHOTS *dram* ★ een ~ nemen *have a drink/drop* • het samen drinken *get-together (with drinks)* ★ vrienden uitnodigen voor een ~ *have friends round for a drink*

borrelen • bubbelen *bubble* • borrels drinken *have a drink*

borrelgarnituur *snacks*

borrelhapje *snack; appetizer*

borrelpraat *twaddle; blather*

borreltafel *table with drinks and snacks*

borst • lichaamsdeel *chest*; ⟨v. paard⟩ *breast* • vrouwenborst *breast* [mv: *breasts, bosom*] ★ een kind de ~ geven *nurse/breast-feed a child* ▼ uit volle ~ *at the top of one's lungs*; *lustily* ▼ dat stuit mij tegen de ~ *that goes against the grain with me* ▼ maak je ~ maar nat! *be prepared for the worst*; ⟨bij reprimande⟩ *now you're in for it!* ▼ een hoge ~ opzetten *stick out one's chest; give o.s. airs*

borstbeeld *bust*; ⟨op munt⟩ *effigy*

borstbeen *breastbone*; MED. *sternum*

borstcrawl *crawl*

borstel • werktuig *brush* • stekels van dier *bristle*

borstelen *brush*

borstelig *bristly*; *bushy* ★ ~e wenkbrauwen *bushy eyebrows*

borstholte *chest cavity*

borstkanker *breast cancer*

borstkas *chest*

borstplaat ≈ *fondant*

borstprothese *breast/mammary prosthesis*

borstslag *breast-stroke*

borststem *chest voice*

borststuk • deel van harnas *breastplate* • vlees *brisket*

borstvlies *pleura* [mv: *pleurae*]

borstvliesontsteking *pleurisy*; *pleuritis*

borstvoeding *breast-feeding*

borstwering *parapet*

borstzak *breast pocket*

bos I ZN (de) bundel *mop*; ⟨bloemen⟩ *flowers*; ⟨hout⟩ *bundle*; ⟨sleutels⟩ *bunch* II ZN (het) wood; ⟨groot⟩ *forest*

bosachtig *wooded*

bosbeheer *forestry; forest management*

bosbes *bilberry*

bosbouw *forestry*

bosbrand *forest fire*

bosje • bundeltje *bunch* ★ ~ haar *tuft of hair* ★ een ~ stro *a wisp of straw* • struiken *grove; thicket* ▼ bij ~s sterven *die by the sackful*

bosjesman *Bushman*

bosneger *maroon*

Bosnië-Herzegovina *Bosnia-Herzegovina*

Bosniër *Bosnian* ★ een Bosnische *a Bosnian woman*

Bosnisch *Bosnian*

bosrand *edge of the wood*

bosrijk *wooded; woody*

bosschage *boscage*

bosuil *tawny owl*

bosviooltje *wood violet*

boswachter *forester*

bot I ZN (de) • vis *flounder* • PLANTK. *bud* ▼ bot vangen *draw a blank* II ZN (het) been *bone* III BNW • stomp *dull*; ⟨mes⟩ *blunt* • lomp *blunt*; ⟨weigering⟩ *flat*

botanicus *botanist*

botanie *botany*

botanisch *botanical*

botaniseren *botanize*

botbreuk *fracture (of a bone); broken bone*

boter *butter* ▼ ~ bij de vis *cash down*; *cash down* ▼ het is ~ aan de galg (gesmeerd) *it's a waste of time/effort*

boterberg *butter mountain*

boterbloem *buttercup*

boterbriefje *marriage certificate* ▼ samenwonen zonder ~ *living together*; *shacking up*

boteren ▼ het botert niet tussen hen *they don't hit it off; they don't get on*

boterham • snee brood *(a slice of) bread (and butter)*; ⟨met beleg⟩ *sandwich* • levensonderhoud ★ een behoorlijke ~ verdienen *make a decent living* ★ daar zit geen droge ~ in *there's no money to be made in it*

boterkoek *butter biscuit*

boterletter *(almond) pastry letter*

botervloot *butter dish*

boterzacht *as soft as butter*

bo

botheid • het stomp zijn *bluntness* • domheid *dullness*; *thickness* • lompheid *bluntness*
botkanker *bone cancer*
Botnische Golf *Gulf of Bothnia*
botontkalking *osteoporosis*
botsautootje *dodgem car*
botsen • *collide (with)*; *crash (into)*; *bump (into)* • in strijd komen *clash*
botsing • het botsen *smash (up)*; *collision*; *crash* ★ in ~ komen met *collide with*; FIG. *clash with* • strijd ★ in ~ komen met de wet/ iem. *run foul of the law/s.o.*
Botswana *Botswana*
bottelen *bottle*
bottenkraker *bonesetter*; MED. *chiropractor*; *osteopath*
botter ≈ *smack*; *Dutch fishing boat*
botterik • lomperd *lout* • domoor *dimwit*
bottleneck *bottleneck*
botulisme *botulism*
botvieren ★ zijn hartstochten ~ *indulge one's passions*
botweg *bluntly*; *point-blank* ★ iets ~ ontkennen *flatly deny s.th.*
boud *bold*
boudoir *boudoir*
bougie *spark(ing) plug* ★ vette ~ *oily spark plug*
bougiekabel *plug lead*; *ignition wire/cable*
bougiesleutel *(spark-/sparking) plug spanner*
bouillon *broth*; ⟨als basis voor een gerecht⟩ *stock* ★ heldere ~ *consommé*
bouillonblokje *stock cube*
boulevard *boulevard*; ⟨aan zee⟩ *promenade*
boulevardblad *tabloid*; *glossy magazine*
boulevardpers *gutter press*
boulimie *boulimia*
bouquet *bouquet*
bourgeois I ZN *bourgeois* II BNW *bourgeois*
bourgeoisie *bourgeoisie*
bourgogne *burgundy*
Bourgondiër *Burgundian* ★ een Bourgondische *a Burgundian woman*
Bourgondisch *Burgundian*; *exuberant*; *lively*
bout • stuk vlees *leg*; ⟨v. vogel⟩ *drumstick* • staaf, pin *bolt* • strijkijzer *iron* ▼ je kan me de bout hachelen *go to hell*
boutade *witticism*
bouvier *bouvier*
bouw • het bouwen *building*; *construction* • opbouw ⟨v. atoom⟩ *structure*; ⟨v. schip, lijf, e.d.⟩ *build*. • bouwbedrijf *building trade*
bouwbedrijf • bouwvak *building trade* • onderneming *construction firm*
bouwdoos ⟨met blokken⟩ *box of bricks*; ⟨bouwpakket⟩ *do-it-yourself kit*
bouwen • maken *build (on)* ★ huizen ~ *build houses* • ~ **op** *rely on*; *depend on* ▼ een feestje ~ *throw a party* ▼ op zand ~ *build on sand*
bouwfonds *building society*
bouwgrond • bouwterrein *building site* • akkerland *arable land*
bouwjaar • jaar van bouwen *date of building/ construction* • jaar van productie *date of manufacture*
bouwkeet *site hut*
bouwkunde *architecture*

bouwkundig *architectural* ★ ~ ingenieur *structural engineer*
bouwkundige *structural (construction) engineer*
bouwkunst *architecture*
bouwland *arable land*; ⟨akker⟩ *field*
bouwmateriaal *construction material*
bouwnijverheid *building industry*; *construction trade*
bouwpakket *do-it-yourself kit* ★ een ~ voor een modelvliegtuig *a model aeroplane kit*
bouwplaat *cut-out*
bouwplan *building plan*; ⟨v. straten enz.⟩ *development plan*
bouwput *(building) excavation*
bouwrijp *ready for building* ★ het terrein wordt ~ gemaakt *the site is will be prepared for building*
bouwsteen • *brick*; ⟨natuursteen⟩ *building stone*; FIG. *materials*; *building blocks* • speelgoedblok *brick*; *building block*
bouwstijl *architecture*; *architectural style*
bouwstof *building material*
bouwtekening *blue print*
bouwvak I ZN (de) *set holiday period for the building trade* II ZN (het) *building (trade)*
bouwvakker *construction/building worker*
bouwval *ruin(s)*
bouwvallig *ramshackle*; *dilapidated*
bouwvergunning *planning permission*; *building licence*
bouwwerk *building*
boven I BIJW • *hoger/hoogst gelegen above*; *up(stairs)* ★ hij woont ~ *he lives upstairs* ★ als ~ *as above* • op de hoogste plaats ★ wie 't eerst ~ is! *I'll race you to the top!* ★ van ~ naar beneden *from top to bottom*; *(from the top) downward(s)* • erop *on (the) top of* ★ de blauwe ligt onder, de rode ~ *the blue one's under, the red one on top* ★ ~op elkaar *on top of each other* ▼ het gaat mijn krachten te ~ *it's beyond my power* ▼ we zijn de crisis te ~ gekomen *we have passed the crisis* II VZ • *hoger gelegen/geplaatst above*; ⟨loodrecht⟩ *over* ★ ~ het dal *over the valley* ★ ~ iem. staan *be over a person* ★ ~ alle kritiek verheven *be above all criticism* ★ ~ zijn stand *beyond one's means* ★ ~ de wolken *above the clouds* • meer dan *over*; *above* • een prijs ~ de 100 euro *a price of over one hundred euros* ★ kinderen ~ de twaalf jaar *children over twelve* ★ ~ het normale bedrag *over and above/in addition to the normal sum* • ten noorden van ★ ~ Parijs *above Paris* ▼ ~ zijn macht werken *work above one's head*; FIG. *bite off more than one can chew* ▼ zij was ~ haar theewater *she'd had a drop too much*
bovenaan *at the top* ★ ~ staan *head the list*; ⟨v. club⟩ *lead*; ⟨v. persoon⟩ *be at the head (of the list)*
bovenaanzicht *view from above*
bovenaards • bovengronds *surface*; ⟨v. leidingen, e.d.⟩ *overhead* • hemels *supernatural*
bovenal *above all*
bovenarm *upper arm*
bovenbeen *upper leg*; *thigh*

bovenbouw • hogere klassen op school *last two or three classes of a secondary school* • BOUWK. *superstructure*
bovenbuur *upstairs neighbour*
bovendien *besides; in addition; moreover*
bovendrijven • aan oppervlakte drijven *float* • overhand hebben/krijgen *prevail; get the upper hand*
bovengenoemd *above(-mentioned)*; FORM. *aforementioned*
bovengeschikt *superordinate*
bovengrens *upper limit*
bovengronds ⟨trein⟩ *overground*; ⟨leidingen⟩ *overhead*
bovenhand ▾ de ~ krijgen *get the upper hand*
bovenhands *overarm*; AE *overhand*
bovenhuis *upstairs flat/apartment*
bovenin *at the top*
bovenkaak *upper jaw*
bovenkamer *upstairs room*
bovenkant *top*
bovenkomen • naar hogere verdieping komen *come up(stairs)* ★ laat hem maar ~ *send him up* • aan oppervlakte komen *surface; rise; float to the surface* • opwellen *surface*
bovenlaag • bovenste laag *upper layer*; GEOL. *top layer*; ⟨v. verf⟩ *top coat* • sociale klasse *upper class*
bovenlangs *along the top*
bovenleiding *overhead line/cable*
bovenlichaam *upper body*
bovenlicht *skylight*
bovenlijf *upper body* ★ met ontbloot ~ *stripped to the waist*
bovenlip *upper lip*
bovenloop *upper course/reaches*
bovenmate *extremely*
bovenmatig *excessive; extreme*
bovenmenselijk *superhuman*
bovennatuurlijk *supernatural*
bovenop *on top* ▾ er weer ~ komen ⟨v. patiënt⟩ *pick up*; ⟨v. bedrijf⟩ *pull through* ▾ er weer ~ brengen/helpen *pull/see (s.o.) through*; *set (s.o.) on his feet again* ▾ hij is er weer ~ *he has turned the corner*
Boven-Rijn *Upper Rhine*
bovenst *upper(most); topmost*; ⟨verdieping, e.d.⟩ *top* ★ het ~e *the upper part*; *the top* ▾ je bent een ~e beste *you're marvellous*; *you're a brick*
bovenstaand ★ 't ~e *the above*
boventallig *supernumerary*; ⟨overbodig⟩ *redundant*
boventoon *overtone* ▾ de ~ voeren *predominate*; *hog the conversation*
bovenuit ★ zijn stem klonk overal ~ *his voice drowned (out) everything*
bovenverdieping *upper storey*; AE *upper story*
bovenwinds *windward* ★ de Bovenwindse Eilanden *Windward Islands*
bovenzijde *top*
bowl *punch* ★ bowl maken *make punch*
bowlen *bowl*
bowling I ZN (de) spel/hal *bowling alley* II ZN (het) het bowlen *bowling (game)*

box • kinderbox *playpen* • geluidsbox ⟨*loud*⟩*speaker* • afgescheiden ruimte *box*
boxershort *boxer shorts*
boycot *boycott*
boycotten *boycott*
boze I ZN (de) ★ de Boze *the Evil One* II ZN (het) *evil; wickedness* III BNW ▾ uit den boze *unacceptable*; ⟨ontoelaatbaar⟩ *entirely wrong*; *wicked/sinful; fundamentally/altogether wrong*
braadpan *frying pan*
braadslee *roasting tin*
braadspit *spit*
braadworst *(frying) sausage; bratwurst*
braaf • deugdzaam *decent; respectable; honest* • gehoorzaam *good*; *obedient* ▾ wees ~ *be good*
braak I ZN *burglary* II BNW • onbebouwd *fallow* • onbewerkt m.b.t. kennis *fallow*; *undeveloped*
braakbal *pellet*
braakmiddel *emetic*
braaksel *vomit*
braam • vrucht *blackberry* ★ bramen gaan zoeken *go blackberrying* • struik *blackberry (bush)*; *bramble* • ruwe rand *burr*
Brabant *Brabant*
brabbelen *jabber*
braden I OV WW bakken ⟨boven vuur, in oven⟩ *roast*; ⟨boven rooster⟩ *broil; grill*; ⟨op het fornuis⟩ *fry* ★ ge~ rundvlees *roast beef* II ON WW zonnebaden *be baking*
braderie *fair*
brahmaan *Brahmin; Brahman*
braille *braille*
brainstormen *do some brainstorming*
braintrust *think tank*; ⟨op radio/tv⟩ *braintrust*
brainwave *brainwave*
brak *brackish*
braken *vomit; be sick; throw up* ▾ vlammen ~ *belch flames*
brallen *brag; boast*
brancard *stretcher*
branche *line (of business)*; ⟨filiaal⟩ *branch*
brancheorganisatie *professional/trade/industry organisation*
branchevervaging *diversification (of stock)*
branchevreemd *not in one's line of business*
brand *fire; blaze*; ⟨grote brand⟩ FORM. *conflagration* ★ in ~ vliegen *catch fire* ★ in ~ staan *be on fire* ★ in ~ steken *set on fire* ★ ~ stichten *set fire to* ★ er is ~ *there is a fire* ★ ~ veroorzaken *start a fire* ▾ iem. uit de ~ helpen *help s.o. (out of a predicament)*
brand- *fire*
brandalarm *fire alarm*
brandbaar *combustible; inflammable*
brandbeveiliging(systeem) *fire prevention system*
brandblaar *blister*
brandblusser *fire extinguisher*
brandbom *incendiary bomb; firebomb*
brandbrief *urgent letter; pressing letter*
branddeur • nooduitgang *emergency exit* • brandvrije deur *fire door; fireproof door*
branden I OV WW • met vuur bewerken ⟨v.

br

wond⟩ *cauterize*; ⟨v. jenever, etc.⟩ *distil*; ⟨v. glas⟩ *stain*; ⟨v. koffie⟩ *roast* • verwonden *burn*; ⟨door heet water, e.d.⟩ *scald*; ⟨vinger⟩ *burn* ‖ ON WW • in brand staan *burn*; *be on fire* ★ 't vuur wou niet ~ *the fire wouldn't light* • gloeien *burn* • licht/warmte uitstralen *burn* • brandend gevoel geven *burn*; ⟨v. brandnetel⟩ *sting* ▼ ~ van verlangen *burn with desire*

brander *burner*

branderig • ontstoken *inflamed*; *burning* • als van brand *burnt*

brandewijn *brandy*

brandgang *firebreak*

brandglas *burning glass*

brandhaard *seat of fire*; FIG. *hotbed*

brandhout *firewood*

branding *surf*; ⟨golven⟩ *breakers*

brandkast *safe*

brandkraan *fire hydrant*

brandladder *fire escape*

brandlucht *smell of burning*

brandmeester *fire officer*

brandmelder *fire alarm*

brandmerk • ingebrand merk *brand* • FIG. blijvende schande *stigma*

brandmerken *brand*; FIG. *stigmatize*

brandnetel *nettle*

brandpreventie *fire prevention*

brandpunt • *focus* • middelpunt *focus*; *centre*

brandschade *fire damage*

brandschatten *plunder*; *loot*

brandschoon • helemaal schoon *spotless*; *spick-and-span* • onschuldig *spotless*; *blameless*; INF. *clean*

brandsingel *firebreak*

brandslang *fire-hose*

brandspuit *fire-engine*

brandstapel *funeral pyre* ★ op de ~ sterven *burn at the stake*

brandstichter *arsonist*; *fire-raiser*; AE *firebug*

brandstichting *arson*

brandstof *fuel*

brandstofinjectiemotor *fuel injection engine*

brandtrap *fire escape*

brandveilig *fireproof*

brandverzekering *fire-insurance*

brandvrij *flame/fire resistant*; *fireproof*

brandweer *fire brigade*

brandweerkorps *fire brigade*; AE *fire department*

brandweerman *fireman*

brandwerend *fireproof*

brandwond *burn*

brandwondencentrum *burns unit*

brandy *brandy*

brandzalf *ointment for burns/scalds*

branie • lef *swank*; *swagger* ★ hij kwam met veel ~ binnen *he came swaggering/strutting in* • branieschopper *show-off*; *poser* ★ de ~ uithangen *show off*

branieschopper *swaggerer*; *show-off*

brasem *bream*

brassen I OV WW *brace* ‖ ON WW slempen *binge*; *guzzle*; *have a blow-out*

bravo *well done!*; *hear, hear!*

bravoure *bravado*; LIT. *bravura*

Brazilië *Brazil*

break • pauze *break* • auto *estate car*; AE *station wagon*

break-even-punt *break-even point*

breed • *broad*; *wide*; ⟨rivier, schouders⟩ *broad* • ruim ★ zij hebben het niet ~ *they are hard up*; FORM. *they are living in reduced circumstances* ▼ wie het ~ heeft, laat het breed hangen *they that have plenty of butter can lay it on thick* ▼ in brede trekken schetsen *roughly sketch*

breedband- *broadband* ★ breedbandantenne *broadband aerial*

breedbeeldtelevisie *wide-screen TV*

breedgeschouderd *broad-shouldered*

breedsprakig *verbose*; *long-winded*

breedte • afmeting *width*; *breath* • GEO. *latitude*

breedtecirkel *parallel (of latitude)*

breedtegraad *degree of latitude*

breedtesport *popular/recreational sport*

breeduit • voluit ★ ~ lachen *laugh out loud* • in volle breedte ★ hij zat ~ in zijn stoel *he sprawled in his chair*

breedvoerig *detailed*; *exhaustive*

breekbaar *breakable*; *fragile*

breekijzer *crowbar*

breekpunt *breaking point*

breekschade *breakage*

breeuwen *caulk*

breien *knit*

brein • *brain* • verstand *intellect* ★ het ~ achter de organisatie *the mastermind of the organisation*

breinaald *knitting needle*

breipen *knitting needle*

breiwerk *knitting*

breken I OV WW • stuk maken *break*; ⟨draad⟩ *snap*; ⟨v. bot/arm⟩ *fracture* • schenden *break* ★ een record ~ *break a record* • opvangen ★ een val ~ *break a fall* ~ NAT. *refract* ▼ zijn hoofd ~ over iets *trouble one's head about sth.*; *worry about sth.* ‖ ON WW • stuk gaan *break* • NAT. *be refracted* • ~ met ⟨gewoonte⟩ *break*; ⟨met geliefde⟩ *break up with* ★ met iem./traditie ~ *break with s.o./a tradition*

breker *breaker*

breking *refraction*

brekingsindex *refractive index*

brem *broom*

brengen • vervoeren ⟨naar de spreker⟩ *bring*; ⟨v. de spreker af⟩ *take* ★ naar bed ~ *put to bed* ★ zijn hand naar zijn voorhoofd ~ *put one's hand to one's forehead* • doen geraken ★ iem. op een idee ~ *suggest an idea to a person* ★ iem. aan 't lachen ~ *make a person laugh* ★ iem. in moeilijkheden ~ *get a person into trouble* ★ in de handel ~ *bring on the market* ★ ik bracht 't gesprek op (dat onderwerp) *I steered the conversation round to...* ★ ik zal proberen hem ertoe te ~ *I shall try to persuade him to do it* ★ wat bracht je ertoe dat te zeggen? *what made you say that?*; *what induced you to say that?* ★ hij bracht 't tot directeur *he rose to be a director*

★ tot elkaar ~ *bring together*; *reconcile* ▼ iets naar voren ~ *put s.th. forward*; *suggest s.th.* ▼ het ver ~ *go far* ▼ dit brengt ons niets verder *this isn't getting us any further* ▼ met zich ~ *involve*

bres *breach*; *gap* ★ 'n bres schieten *make a breach* ▼ op de bres staan voor *step into the breach for*

Bretagne *Brittany*

bretel *braces* [mv]; AE *suspenders* [mv]

Bretons *Breton*

breuk ● het breken *breaking* ● hernia *hernia* ● WISK. *fraction* ● scheur ⟨met het verleden⟩ *break*; ⟨in glas⟩ *crack*; ⟨v. been, kabel, metaal⟩ *fracture*; ⟨in ader, betrekking⟩ *rupture*; ⟨in betrekking⟩ *split*

breukvlak *fracture*

brevet *certificate*; ⟨luchtvaart⟩ *licence*

brevier *breviary*; *book of hours*

bridge *bridge*

bridgen *play bridge*

brie *brie*

brief *letter*; FORM. *epistle* ★ per ~ *by letter*

briefgeheim *confidentiality of the mail*

briefhoofd *letterhead*

briefing *briefing*

briefje ● berichtje *note* ● bankbiljet *banknote* ▼ dat geef ik je op een ~ *you can/may take that from me*

briefkaart *postcard*

briefopener *letter-opener*

briefpapier *notepaper*

briefwisseling *correspondence*

bries *breeze*

briesen ⟨v. leeuw⟩ *roar*; ⟨v. paard⟩ *snort* ★ ~ van woede *roar with anger*

brievenbus *mailbox*; ⟨aan huis⟩ *letterbox*; ⟨om te verzenden⟩ *pillar box*

brigade *brigade*

brigadier ⟨in het leger⟩ *brigadier*; ⟨bij de politie⟩ *police sergeant*

brij *porridge*; FIG. *pulp*

brik I ZN (de) ● rijtuig *break* ● een ouwe brik *an old heap*; *banger* ● schip *brig* II ZN (het) baksteen *brick*

briket *(coal-)briquette*

bril ● glazen in montuur *pair of glasses / spectacles / goggles*; *glasses* [mv]; *spectacles* [mv]; ⟨ter bescherming⟩ *goggles* [mv] ● wc-bril *seat* ▼ hij bekeek het door een roze bril *he saw it through rose-coloured spectacles*

brildrager ★ hij is een ~ *he wears spectacles/glasses*

briljant I ZN diamant *diamond* II BNW *brilliant*

brillantine *brilliantine*

brillenkoker *spectacle case*

brilmontuur *spectacle frame*

brilslang *cobra*

brink ≈ *village green*

brisantbom *fragmentation bomb*

Brit *Briton* ★ een Britse *a British woman*

Brits I ZN *British-English* II BNW *British*

broccoli *broccoli*

broche *brooch*

brochure *brochure*

broddelwerk *botched job*; *bungled work*

brodeloos *without means of support*; *destitute* ★ ~ maken *leave penniless*

broeden ● ei doen uitkomen *brood*; *sit (on eggs)* ● FIG. ~ op ★ op wraak ~ *brood on revenge*

broeder ● broer *brother* ● verpleger *male nurse* ● gelijkgezinde *brother* ★ ~s (in 't geloof) *brethren* ● REL. *friar*

broederdienst *brotherly service*

broederlijk *brotherly* ★ ~ omgaan met *fraternize with*

broedermoord *fratricide*

broederschap ● het broer-zijn *brotherhood* ● vereniging *fraternity* ● genootschap *brotherhood*

broedgebied *breeding/nesting ground/place*

broedmachine *incubator*

broedplaats *breeding ground*

broeds *broody*

broedsel *brood*

broei *heating*

broeien ● drukkend warm zijn *be sultry* ● heet worden *heat*; *get heated* ● dreigen ★ er broeit iets *there is s.th. brewing*; *there is s.th. in the wind*

broeierig *close*; *sultry*

broeikas *hothouse*

broeikaseffect *greenhouse effect*; *global warming*

broeinest *hotbed*

broek *pair of trousers / pants / shorts*; *trousers* [mv]; AE *pants* [mv] ★ korte ~ *pair of shorts*; *shorts* [mv] ▼ iem. achter de ~ zitten *keep a person up to scratch* ▼ voor de ~ geven *spank* ▼ voor de ~ krijgen *be spanked*

broekje ● ondergoed *pair of briefs / panties / knickers / underpants*; *briefs* [mv]; ⟨slipje⟩ *panties* [mv]; *knickers*; ⟨voor man⟩ *underpants* [mv] ● onervaren persoon *rookie*

broekpak *trouser suit*

broekriem *belt* ▼ de ~ aanhalen *tighten one's belt*

broekrok *culottes* [mv]

broekzak *trouser pocket*

broer *brother*

broertje *little brother*; AE *kid brother* ▼ daar heb ik een ~ dood aan *I hate it*

brok ● brokstuk *chunk*; *piece*; ⟨groot⟩ *lump* ★ brokken maken FIG. *make a mess of things*; FIG. *mess things up* ● *bit* ★ hij had een brok in de keel *he had a lump in his throat*

brokaat *brocade*

brokkelen I OV WW breken *break* ▼ hij heeft niets in de melk te ~ *he is a nobody* II ON WW uiteenvallen *crumble*

brokkelig *crumbly*

brokkenmaker *person who is accident-prone*; *a clumsy person*

brokstuk *fragment*; *piece*

brombeer *grumbler*

bromfiets *moped*

bromfietser *moped rider/driver*

bromium *bromine*

brommen ● geluid maken ⟨v. motor, radio⟩ *hum*; *whirr*; ⟨dier⟩ *growl (at)* ● mopperen

br

mutter; grumble (at/about) • gevangen zitten *do time* • bromfietsen *ride (on) a moped*
brommer • bromfiets *moped* • brompot *grumbler*
brompot *grumbler; grouch*
bromtol *hummingtop*
bromvlieg *bluebottle*
bron • opwellend water *spring* • oorsprong ⟨v. rivier⟩ *source*; FIG. *source; origin* ⋆ bron van inkomsten *source of income* • informatiebron *source* ⋆ uit goede bron *on good authority*
bronbelasting *withholding tax*
bronchitis *bronchitis*
bronchoscopie *bronchoscopy*
broncode *source code*
bronnenlijst *list of sources*
bronnenonderzoek *fundamental research*
brons *bronze*
bronst *rut; heat*
bronstig *rutting; in/on heat*
bronstijd *Bronze Age*
bronsttijd *rutting-season; mating season*
brontaal *source language*
brontosaurus *brontosaurus*
bronvermelding *acknowledgement of sources; reference; bibliography*
bronwater *spring water*
bronzen I BNW van brons *bronze* II OV WW *bronze; tan*
brood • gebakken deegwaar *bread* • een ~ *a loaf (of bread)* • levensonderhoud ⋆ zijn ~ verdienen *earn a living* ⋆ iem. het ~ uit de mond stoten *take the bread out of a person's mouth* ⋆ geef ons heden ons dagelijks ~ *give us this day our daily bread* ⋆ iem. iets op zijn ~ geven *cast s.th. into a person 's teeth*
broodbeleg *filling*
broodboom *breadfruit (tree)*
brooddronken ⟨uitgelaten⟩ *high-spirited; wild;* ⟨baldadig⟩ *wanton; unruly*
broodheer *boss*
broodje *(French) roll* ⋆ zoete ~s bakken *eat humble pie*
broodjeszaak *sandwich shop*
broodkorst *bread crust*
broodmaaltijd *cold meal/lunch; sandwiches*
broodmager *(as) thin as a rake*
broodmes *bread-knife*
broodnijd *professional jealousy*
broodnodig *much needed* ⋆ ik heb 't ~ *I need it badly*
broodnuchter *stonesober*
broodplank *breadboard*
broodroof *deprivation of income* ⋆ ~ plegen aan iem. *take the bread out of a person's mouth*
broodrooster *toaster*
broodschrijver *hack*
broodtrommel • lunchtrommel *lunch box* • bewaartrommel *bread-bin*
broodwinning *living; livelihood*
broom • broomkali *bromide* • bromium *bromine*
broos *fragile; delicate; frail* ⋆ ~ geluk *frail happiness*
bros *crunchy; crispy; brittle*

brouilleren *embroil*
brouwen • bereiden *brew* • veroorzaken *stir up* ⋆ onheil ~ *brew mischief* ⋆ hij heeft er maar wat van ge~ *he botched it* ⋆ hij heeft er niets van ge~ *he messed up*
brouwer *brewer*
brouwerij *brewery*
brouwsel *brew; concoction*
browsen *browse*
browser *browser*
brr *brr*
brug • verbinding *bridge* • gymnastiektoestel *parallel bars* • commandobrug *bridge* • gebitsprothese *bridge(work)* ⋆ over de brug komen *pay/stump up*
Brugge *Bruges*
bruggenhoofd *bridgehead;* ⟨op strand⟩ *beachhead*
brugklas *first class/form (at secondary school)*
brugleuning *railing of a bridge; handrail;* ⟨v. steen⟩ *parapet*
brugpieper *pupil in the first year of secondary school*
brugwachter *bridge-keeper*
brui ⋆ ik geef er de brui aan *I'm giving it up as a bad job; I'm chucking it in*
bruid *bride*
bruidegom *bridegroom*
bruidsboeket *bridal bouquet*
bruidsdagen *period between publication of the banns and wedding day; engagement*
bruidsjapon *wedding dress*
bruidsjonker *pageboy;* ⟨v. bruidegom⟩ *best man*
bruidsmeisje *bridesmaid*
bruidspaar *bride and (bride)groom*
bruidsschat *dowry*
bruidssluier *wedding veil*
bruikbaar *serviceable; usable;* ⟨auto, e.d.⟩ *serviceable;* ⟨v. persoon⟩ *employable;* ⟨nuttig⟩ *useful* ⋆ ~ maken voor ⟨energie, e.d.⟩ *harness for/to* ⋆ dat is geen bruikbare methode *that's not a workable method*
bruikleen ⋆ in ~ *on loan* ⋆ in ~ hebben *have on loan*
bruiloft *wedding* ⋆ zilveren/gouden/diamanten ~ *silver/golden/diamond wedding (anniversary)* ⋆ ~ vieren *celebrate a wedding/marriage*
bruin I ZN kleur *brown* ⋆ dat kan Bruin niet trekken *I can't afford that* II BNW *brown;* ⟨v. de zon⟩ *tanned*
bruinbrood *brown bread*
bruinen I OV WW bruin maken *brown* II ON WW bruin worden ⟨door de zon⟩ *tan*
bruinkool *brown coal; lignite*
bruinvis *porpoise*
bruisen ⟨v. drank⟩ *fizz; sparkle;* ⟨v. beek⟩ *bubble* ⋆ ~d van leven *brimming (over)/bursting with life*
bruistablet *effervescent tablet*
brulaap *aap howler monkey* • schreeuwlelijk *bawler; bigmouth*
brulboei *whistling-buoy*
brullen *roar* ⋆ ~ van het lachen *roar with laughter*

brunch brunch
brunette brunette
Brussel Brussels
Brussels ★ ~e spruitjes Brussels sprouts ★ ~ lof chicory
brutaal • onbeschaamd ⟨grof⟩ insolent; ⟨vooral met betrekking tot kinderen⟩ impudent ★ een brutale opmerking an insolent remark • stoutmoedig bold; ⟨vrijpostig⟩ forward ▼ de brutalen hebben de halve wereld fortune favours the bold
brutaliteit brashness; impudence; insolence; cheek
bruto gross
brutoloon gross wage/salary
brutosalaris gross salary
bruusk brusque; abrupt
bruuskeren • onheus bejegenen brush off; cold-shoulder; snub • doordrijven push through
bruut I ZN brute II BNW coarse; brutal ★ met ~ geweld with brute force
BSE bovine spongiform encephalopathy BSE; bovine spongiform encephalopathy
btw V.A.T.; Value Added Tax
bubbelbad bubble bath; whirlpool (bath); jacuzzi
buddy buddy
budget budget
budgetbewaking budgetary control
budgetoverschrijding overspending of a budget
budgettair budgetary
budgetteren budget (for something)
buffel buffalo
buffer buffer
buffergeheugen buffer memory/storage
bufferstaat buffer-state
buffervoorraad buffer stock
bufferzone buffer zone
buffet • meubel sideboard • tapkast ⟨in café⟩ bar; ⟨in station, e.d.⟩ refreshment bar; buffet
bug bug
buggy buggy
bühne stage
bui • regenbui shower ★ maartse bui April shower • humeur mood ★ in een goede bui zijn be in a good mood ★ in een driftige bui in a fit of temper ▼ bij buien by fits and starts ▼ de bui zien hangen see trouble ahead ▼ de bui laten overdrijven wait until the storm blows over
buidel • zak bag; pouch • huidplooi pouch ▼ diep in de ~ tasten spare no expense
buideldier marsupial
buigbaar flexible; pliant
buigen I OV WW krom maken bow; bend ★ zich ~ bend; bow; ⟨bukken⟩ stoop; ⟨v. rivier, weg⟩ curve ▼ zich over een probleem ~ tackle a problem ▼ het hoofd ~ yield II ON WW • afbuigen bend; ⟨v. stralen⟩ diffract • buiging maken bow • ~ voor submit to ▼ ~ of barsten bend or break
buiging • het buigen bow; ⟨révérence⟩ curtsy • stembuiging modulation; inflection
buigingsuitgang inflexional ending
buigzaam flexible

buiig • regenachtig showery • humeurig unpredictable; volatile
buik • lichaamsdeel belly; FORM. abdomen • bol gedeelte belly; thickest section; NAT. antinode ▼ zijn buik vasthouden van 't lachen hold one's sides (with laughter) ▼ hij had er zijn buik vol van he was fed up with it
buikdansen belly dancing
buikdanseres belly dancer
buikgriep stomach troubles; INF. tummy troubles; MED. gastro-enteritis
buikholte abdominal cavity
buikje paunch; a pot belly ★ een ~ krijgen develop/get a paunch; get a middle-aged spread
buiklanding belly landing
buikloop diarrhoea
buikpijn stomach-ache; INF. bellyache; KIND. tummy-ache
buikriem belt ▼ de ~ aanhalen tighten one's belt
buikspieroefening stomach/abdominal exercise
buikspreken I ZN ventriloquism II ONV WW practise ventriloquism
buikspreker ventriloquist
buikvlies peritoneum
buikvliesontsteking peritonitis
buikwand stomach/abdominal wall
buil • bult lump; swelling • zakje paperbag ▼ daar kun je je geen buil aan vallen you can't go wrong with that
buis • pijp tube ★ buis van Eustachius Eustachian tube • televisie telly; box
buiswater spray
buit booty; spoils; loot ★ buit maken capture ▼ met de buit gaan strijken carry off the loot/prize
buitelen ⟨luchtvaart⟩ loop the loop
buiteling tumble ★ een ~ maken take a tumble
buiten I ZN country-seat II BIJW • buitenshuis outside ★ van ~ naar binnen inward(s) ★ zij speelt ~ she's playing outside • op het platteland ★ zij woont ~ she lives in the country ★ van ~ komen come from the country • niet betrokken bij ~ laat hem er ~! keep him out of it! ★ er ~ staan not play a role (in) ▼ dat gaat ~ mij om that does not concern me ▼ zich te ~ gaan aan indulge in III VZ • niet binnen een plaats outside ★ ~ Europa outside Europe • niet betrokken bij ★ ~ bereik out of reach ★ ~ beschouwing laten leave aside ★ ~ mijn vermogen beyond my power • zonder without; out of ★ ~ adem out of breath ★ ~ kennis unconscious ★ ~ mijn weten / toestemming without my knowledge/consent ★ zij kan niet ~ een fiets she can't do without a bicycle • behalve except for ★ ~ haar vriendin wist niemand ervan except for her friend no one knew about it ▼ iets van ~ kennen know s.th. by heart ▼ ~ bedrijf out of order ▼ ~ zichzelf zijn (van) be beside o.s. (with)
buiten- extra-; out
buitenaards extraterrestrial ★ ~e wezens aliens
buitenbaarmoederlijk ★ ~e zwangerschap ectopic pregnancy
buitenbad open-air/outdoor pool

bu

buitenband *tyre*
buitenbeentje *eccentric*; *crank*; *oddball*
buitenboordmotor *outboard motor*
buitendeur *front door*; *outer door*
buitendienst *fieldwork*; ⟨personeel⟩ *fieldstaff*
buitenechtelijk ⟨verhouding⟩ *extramarital*; ⟨kind⟩ *illegitimate*; FORM. *born out of wedlock*
buitengaats *off shore*
buitengebeuren *outdoor events/parties/concerts, etc.*
buitengewoon **I** BNW ongewoon *special*; *extra*; *extraordinary*; *exceptional* ★ buitengewone uitgaven *extra expenses* ★ ~ gezant *ambassador extraordinary* **II** BIJW zeer *extremely*; *exceptionally*
buitenhuis *country house/cottage*
buitenissig *eccentric*; *strange*
buitenkansje *stroke/bit/piece of luck*; ⟨geld⟩ *windfall*
buitenkant *outside*; ⟨buitenwijk⟩ *outskirts* ★ aan de ~ *on the outside* ▼ op de ~ afgaan *judge by appearances*
buitenlamp *outside light*
buitenland *foreign country* ★ in/naar 't ~ *abroad*
buitenlander *foreigner*
buitenlands *foreign* ★ ~e markt *foreign market*
buitenleven *country life*; *life in the country*
buitenlucht ⟨op het platteland⟩ *country air*; ⟨buitenshuis⟩ *open air*
buitenmens *outdoorman/woman*
buitenmodel *off-size* ★ een ~ pak *off-size suit*
buitenom ★ ~ het huis/de stad, e.d. gaan *go round the house/town*
buitenparlementair *extraparliamentary*
buitenplaats ● buitenhuis *country seat* ● uithoek *secluded spot*; *out-of-the-way spot*
buitenshuis *out-of-doors* ★ ~ eten *eat/dine out* ★ ~ werken *work outside*; ⟨v. vrouw⟩ *work outside the home*
buitenspel SPORT *offside* ▼ iem. ~ zetten *cut s.o. out*
buitenspeler *winger*
buitenspelval *offside trap*
buitenspiegel *outside/wing mirror*
buitensporig *extravagant*
buitensport *outdoor sports*; ⟨vissen, jagen, e.d.⟩ *field sports*
buitenstaander *outsider*
buitenverblijf *country house*
buitenwacht *the outside world*; *the outsiders*
buitenwereld *outside world*
buitenwijk *suburb* ★ de ~en *the suburbs*; *the outskirts*
buitenzijde *outside*
buizerd ⟨common⟩ *buzzard*
bukken (voor) *stoop*; ⟨snel⟩ *duck* ▼ gebukt gaan onder *be weighed down by*
buks *rifle*
bul ● stier *bull* ● oorkonde *diploma*; *degree certificate* ● pauselijke brief *(papal) bull*
bulderen ● dreunen *roar*; *thunder* ● brullen *roar*; *bellow*; *bluster* ★ met ~de stem *in a booming voice*
buldog *bulldog*
Bulgaar *Bulgarian* ★ een ~se *a Bulgarian*

woman; *a Bulgarian*
Bulgaars **I** ZN *Bulgarian* **II** BNW *Bulgarian* ★ ~e yoghurt *Bulgarian yoghurt*
Bulgarije *Bulgaria*
bulk *bulk*
bulken ● loeien *moo* ● brullen *bellow* ★ ~ van het lachen *bellow/roar with laughter* ● ~ van ★ hij bulkt van het geld *he is rolling in money*
bulkgoederen *bulk goods*
bulldozer *bulldozer*
bullebak *bully*
bulletin *bulletin*
bult ● buil *lump*; *bump* ● bochel *hump* ▼ zich een bult lachen *split one's sides*; *be in fits*
bultenaar *hunchback*
bumper *bumper*
bumperkleven *tailgate*
bumperklever *tailgater*
bundel ● pak *bundle* ★ een ~ papieren *a sheaf of papers* ● een ~ bankbiljetten *a wad of banknotes* ● boekje *collection*
bundelen *bundle*; ⟨artikelen, gedichten⟩ *collect*; ⟨gedichten⟩ *compile*; ⟨krachten⟩ *join* ▼ zijn krachten ~ *gather one's strength*
bunder *hectare*
bungalow *bungalow*
bungalowpark *holiday park*
bungalowtent *frame tent*
bungeejumpen *bungee jumping*
bungelen *dangle*; *hang*
bunker ● verdedigingswerk *pillbox*; ⟨schuilplaats⟩ *(air raid) shelter* ● brandstofruim *bunker*
bunkeren ● brandstof innemen *bunker*; *coal* ● veel eten *stuff oneself*
bunsenbrander *Bunsen burner*
bunzing *polecat*
bups ★ de hele bups *the whole kit and caboodle*; *the (whole) lot*
burcht *castle*; *citadel*; *fortress*
bureau ● schrijftafel *writing desk/table* ● afdeling *bureau*; *office* ★ ~ gevonden voorwerpen *lost property office* ● politiebureau *police station*
bureaublad *desktop*
bureaucratie *red tape*; *bureaucracy*
bureaucratisch *bureaucratic*
bureaulamp *desk light*
bureaustoel *desk chair*
burengerucht ★ ~ maken *cause a disturbance*
burgemeester *mayor*; ⟨in Nederland, Vlaanderen, Duitsland⟩ *burgomaster*; ⟨in Londen en grote steden⟩ *Lord Mayor* ★ ~ en wethouders *mayor and aldermen*
burger ⟨inwoner⟩ *citizen*; ⟨tegenover edelman⟩ *commoner*; ⟨tegenover militair⟩ *civilian* ★ politieman in ~ *a plain-clothes policeman* ★ militair in ~ *soldier in civilian clothes* ▼ dat geeft de ~ moed *that's heartening*
burgerbevolking *civilian population*
burgerij ● bevolking *citizens* ● stand *middle classes* ★ de kleine ~ *the lower middle class*
burgerkleding INF. *civvies*; ⟨v. politie⟩ *plain clothes*; ⟨v. militair⟩ *civilian dress*
burgerlijk ● van de burgerstand *middle-class* ★ ~ wetboek *civil code* ● van de staatsburger

⟨recht, samenleving⟩ *civil*; ⟨plichten⟩ *civic*
★ ~ recht *civil law* ★ ~ wetboek *civil code* ★ ~
ambtenaar *civil servant* ★ ~ leven *civil life*
★ de ~e stand *Registry of Births, Deaths and
Marriages*; ⟨afdeling⟩ *registrar's office*;
⟨dienst⟩ *registry office* • kleinburgerlijk
middle-class; *bourgeois*; PEJ. *smug*;
⟨gebruiken⟩ *conventional*
burgerluchtvaart *civil aviation*
burgerman *bourgeois*
burgeroorlog *civil war*
burgerplicht *civic duty*
burgerrecht *civil right(s)*
burgerslachtoffer ★ ~s (euf.) *collateral damage*
burgervader *mayor*
burgerwacht *home guard*
burlesk *burlesque*
burn-out *burn-out*
burqa *burqa*
Burundi *Burundi*
bus • trommel *box*; *caddy* • autobus *bus*; *coach*
• brievenbus ⟨privé⟩ *mailbox*; ⟨openbaar⟩
postbox ★ een brief op de bus doen *post a
letter* ▾ (die redenering) klopt als een bus *is
as sound as a bell* ▾ als winnaar uit de bus
komen *be at the top of the poll*
busbaan *bus lane* ★ vrije ~ *bus lane*
buschauffeur *bus driver*
busdienst *bus service*
bushalte *bus stop*
business class *business class*
buskaart(je) *bus ticket*
buskruit *gunpowder* ▾ hij heeft het ~ niet
uitgevonden *he is no Einstein*
buslichting *collection*
busstation *bus station*
buste • boezem *bust*; *bosom* • borstbeeld *bust*
bustehouder *brassiere*; INF. *bra*
butagas *calor gas*
buts *dent*
button *badge*
buur *neighbour* ▾ beter een goede buur dan
een verre vriend *a good neighbour is worth
more than a distant friend*
buurland *neighbouring country*; *neighbour*
buurman *(next-door) neighbour*; *man next door*
buurmeisje *girl next door*
buurpraatje • praatje met buur *neighbourly
chat* • roddelpraat *gossip*
buurt • omgeving *neighbourhood*; *vicinity*
★ hier in de ~ *around here* ★ ver uit de ~ *far
away* ★ ik was toevallig in de ~ *I was just
passing* ★ blijf uit zijn ~ *give him a wide berth*
• wijk *quarter*; *neighbourhood*; *district*; *area*
buurtbewaking *neighbourhood watch*
buurtbewoner *local resident*
buurtcafé *local cafe/pub*; AE *corner/
neighbourhood bar/restaurant*
buurten go over to see the neigbours; *visit the
neighbours*
buurthuis *community centre*
buurtpreventie *neighbourhood watch*
buurtwerk *community work*
buurtwinkel *local shop*; AE *local/
neighbourhood/corner store*
buurvrouw *woman next door*; *neighbour*

buut *home!*
buzzer *buzzer*
BV • Besloten Vennootschap ⟨Limited⟩ BE *Ltd.*;
⟨Incorporated⟩ AE *Inc.* • Z-N Bekende
Vlaming *Well-known Fleming*
B-verpleging *psychological care*; *psychiatric
nursing*
B-weg *B-road*; *secondary/minor road*
bypass(operatie) *bypass operation*
byte *byte*
Byzantium *Byzantium*

C

c • letter *c* ⋆ de c van Cornelis *C as in Charley* • muziekknoot *C*
C Celsius *C*
cabaret *cabaret*
cabaretier *cabaret artist; entertainer*
cabine • hokje *booth* • stuurhut *cabin* • passagiersruimte *cabin*
cabriolet *convertible*
cacao • boon *cacao* • drank, poeder *cocoa*
cacaoboter *cacao butter*
cachet • speciaal karakter *cachet; distinction* • zegel *seal; signet*; ⟨filatelie⟩ *cachet*
cachot *cell(s); lockup*
cactus *cactus*
cadans *rhythm*
caddie *caddie*
cadeau *present; gift* ⋆ iem. iets ~ geven *make a person a present of s.th.* ⋆ iets ~ krijgen *get s.th. as a present* ▾ dat kan je van mij ~ krijgen *you are welcome to it*
cadeaubon *gift token*
cadet *cadet*
cadmium • CHEM. *cadmium* • cadmiumgeel *cadmium yellow/sulphide*
café *public house; pub; bar*; ⟨koffiehuis⟩ *café*
caféhouder *landlord; pub owner; café owner*
cafeïne *caffeine*
cafeïnevrij *decaf(finated)*
café-restaurant *restaurant*
cafetaria *cafeteria*
caissière *cashier*
caisson • zinkbak *caisson* • werkkamer *caisson* • munitiewagen *ammunition-waggon*
caissonziekte *caisson disease; decompression sickness*
cake *cake*
calamiteit *calamity; disaster*
calcium *calcium*
calculatie *calculation*
calculator *calculator*
calculeren *calculate*
caleidoscoop *kaleidoscope*
callcenter *call centre*
callgirl *call-girl*
calloptie *call option*
calorie *calorie*
caloriearm *low calorie*
calorierijk *high-calorie* ⋆ ~ zijn *be rich in calories*
calvinisme *Calvinism*
calvinistisch *Calvinistic*
cambium *Cambium*
Cambodja *Cambodia*
Cambrium *Cambrium*
camcorder *camcorder*
camee *cameo*
camel *camel*
camera *camera*
cameraman *cameraman*
camera obscura *camera obscura*
cameraploeg *camera crew; camera team*
camion *truck*

camioneur *trucker*
camouflage *camouflage*
camoufleren *camouflage*
campagne *campaign* ⋆ een ~ voeren voor/tegen *conduct a campaign for/against*
camper *camper*; AE *motor home*
camping *camp(ing) site*; ⟨voor caravans⟩ *caravan park*; AE *trailer park*
campingwinkel *camping shop*
campus *campus*
Canada *Canada*
Canadees I ZN *Canadian* ⋆ een Canadese *a Canadian woman; a Canadian* II BNW *Canadian*
canaille *riff-raff; yob(bo)*
canapé *sofa; couch*
Canarische Eilanden *Canary Islands*
canon • meerstemmig lied *canon* • voorschrift *canon* • canonieke boeken *canon* • erfpachtsom *ground rent*
canoniek *canonical*
cantate *cantata*
cantharel *chanterelle*
cantorij *church choir*
canvas *canvass*
cao *collective (labour) agreement*
capabel *capable; competent; able*
capaciteit • vermogen *capacity*; ⟨v. motor, e.d.⟩ *power* ⋆ op volle ~ werken *work at full capacity* • bekwaamheid *ability; capability*
cape *cape*
capitulatie *capitulation*
capituleren *capitulate*
cappuccino *cappuccino*
capriool *caper* ⋆ rare capriolen uithalen *cut capers*
capsule *capsule*; ⟨v. fles⟩ *bottle-cap*
captain *captain*
capuchon *hood*
cara CNSLD; *Chronic Non Specific Lung Disease*; COLD; *Chronic Obstructive Lung Disease*; COPD; *Chronic Obstructive Pulmonary Disease*
Caraïbisch *Caribbean* ⋆ ~e Eilanden *Caribbeans; Caribbean Islands* ⋆ ~e Zee *Caribbean Sea*
carambole *cannon*; AE *carom*
caravan *caravan*; AE *trailer*
carbol *phenol; carbolic acid*
carbolineum *creosote (oil)*
carbonaat *carbonate*
carbonpapier *carbon paper*
carburateur *carburet(t)or*
carcinogeen I ZN *carcinogen* II BNW *carcinogenic*
carcinoom *carcinoma*
cardiogram *cardiogram*
cardiologie *cardiology*
cardioloog *cardiologist*
cargadoor *ship broker*
cargo *cargo; load*
cariës *tooth decay*; MED. *caries*
carillon *carillon; chimes*
carkit *car kit*
carnaval *carnival*
carnet *carnet*
carnivoor *carnivore*
carpoolen *car pool*

carport *carport*
carré *square*
carrière *career* ⋆ ~ maken *make a career* ⋆ zijn ~ mislopen *to be in the wrong business; to miss one's vocation*
carrièreplanning *career-planning*
carrosserie *coachwork; bodywork*
carte ⋆ à la ~ eten *dine à la carte*
carte blanche *carte blanche; blank cheque* ⋆ ~ krijgen *be given carte blanche; be given a free hand*
carter *crankcase*; ⟨v. versnelling⟩ *gearbox*
cartografie *cartography*
cartoon *cartoon*
cartridge *cartridge*
cascade *cascade*
casco • romp *hull* • verzekeringsterm *comprehensive insurance*
cascoverzekering ⟨v. schepen⟩ *hull insurance; underwriting*; ⟨v. auto⟩ *insurance on bodywork*
cash **I** ZN *cash (down)* **II** BIJW ⋆ cash betalen *pay (in) cash*
cashewnoot *cashew (nut)*
cashflow *cash flow*
casino *casino; club*
cassatie *cassation* ⋆ in ~ gaan *appeal at the court of cassation* ⋆ ~ aantekenen *give notice of appeal*
casselerrib *cured side of pork*
cassette • doos ⟨geld⟩ *cash box*; ⟨voor sieraden⟩ *casket*; ⟨voor bestek⟩ *canteen (of cutlery)* • bandje *cassette (tape)*
cassettebandje *cassette (tape)*
cassettedeck *cassette player*
cassetterecorder *cassette recorder*
cassis *cassis; black currant drink*
cast *cast*
castagnetten *castanets*
castratie *castration*
castreren *castrate*; ⟨v. dieren⟩ *geld*
catacombe *catacomb*
catalogiseren *catalogue*
catalogus *catalogue*
catamaran *catamaran*
cataract *cataract*
catastrofaal *catastrophic; disastrous*
catastrofe *catastrophe; disaster*
catechisatie *confirmation classes*
catechismus *catechism*
categorie *category*
categorisch *categorical* ⋆ ~ ontkennen *deny categorically*
categoriseren *categorise*
catering *catering*
catharsis *catharsis*
causaal *causal*
cavalerie *cavalry*
cavia *guinea-pig*
cayennepeper *cayenne pepper*
cc • copie conform *cc; carbon copy* • inhoudsmaat *cc*
cd *compact disc CD*
cd-bon *CD gift-voucher/token*
cd-r *CD-R*
cd-rom *CD-ROM*

cd-romspeler *CD-ROM drive*
cd-speler *CD-player*
ceder *cedar*
cederhout *cedar*
cedille *cedilla*
ceintuur • riem *belt* • gordel *sash*
cel • hokje ⟨telefooncel⟩ *call box; telephone booth*; ⟨gevangeniscel⟩ *(prison) cell* • BIOL. *cell* • POL. *cell* ⋆ een communistische cel *a communist cell*
celdeling *cell division*
celebreren *celebrate*
celgenoot *cellmate*
celibaat *celibacy*
cellist *(violon)cellist*
cello *cello*
cellofaan *cellophane*
cellulitis *cellulitis*
celluloid *celluloid*
cellulose *cellulose*
Celsius *Celsius*
celstof *cellulose*
celtherapie *cell therapy*
cement *cement*
cementmolen *cement mill*
cenotaaf *cenotaph*
censureren *censor*
censuur *censorship* ⋆ ~ instellen *impose censorship* ⋆ onder ~ stellen *censor*
cent ⟨eurocent⟩ *cent*; ⟨1/100 Engelse pond⟩ *penny* ▾ geen rooie cent hebben/geen cent te makken hebben *have no penny to bless o.s. with* ▾ geen centje pijn *no problem at all* ▾ om de centen *just for the money* ▾ hij is erg op de centen *he is very close/tight-fisted* ▾ het kost je geen cent *it won't cost you a penny* ▾ tot de laatste cent *(down) to the last penny*
centaur *centaur*
centercourt *centre court*
centi- *centi*
centimeter • meetlint *(metric) tape measure* • maat *centimetre*
centraal *central* ⋆ centrale verwarming *central heating*
Centraal-Afrikaanse Republiek *Central African Republic*
centrale • bedrijf ⟨elektriciteit⟩ *power station* • telefooncentrale *exchange; switchboard*
centralisatie *centralization*
centraliseren *centralize*
centreren *centre*
centrifugaal *centrifugal*
centrifuge TECHN. *centrifuge*; ⟨voor de was⟩ *spin-drier*
centrifugeren *centrifuge*; ⟨melk⟩ *separate*; ⟨was⟩ *spin-dry*
centripetaal *centripetal*
centrum *centre* ⋆ het ~ van de stad *the towncentre*
ceramiek *ceramic(s)*
ceremonie *ceremony*
ceremonieel *ceremonial*
ceremoniemeester *master of (the) ceremonies; M.C.*
certificaat *certificate*
cervelaatworst *cervelat; saveloy*

ce

cesuur *caesura*
cfk *CFC; chloro-fluorocarbon*
chador *chador; chadar; chaddah*
chagrijn • persoon *grumbler; misery* ★ een stuk ~ *an old grumbler* • humeurigheid *chagrin*
chagrijnig *sulky;* FORM. *chagrined*
chalet *chalet*
champagne *champagne*
champignon *mushroom*
Chanoeka *Hanukkah; Chanukah*
chanson *song; chanson*
chantage *blackmail* ★ ~ plegen *blackmail*
chanteren *blackmail*
chaoot *scatterbrain*
chaos *chaos; disorder; confusion*
chaotisch *chaotic*
charge *charge*
charisma *charisma*
charitatief *charitable* ★ geld inzamelen voor charitatieve doeleinden *raise money for charity*
charlatan *charlatan; mountebank*
charmant *charming; delightful*
charme *charm*
charmeren *charm* ★ gecharmeerd zijn van *be taken with/captivated/charmed by* ★ daar ben ik niet zo van gecharmeerd *I'm not too pleased about that*
charmeur *charmer; ladies' man*
chartaal ★ ~ geld *circulating money/currency; common money*
charter *charter flight*
charteren • afhuren *charter* • hulp inroepen *enlist; charter*
chartermaatschappij *charter airline*
chartervliegtuig *chartered aircraft*
chartervlucht *charter flight*
chassis • onderstel auto *chassis* • raamwerk *chassis; frame*
chat *chat*
chatbox *chat box*
chatten *chat*
chaufferen *drive (a car)*
chauffeur *driver;* ⟨gewoonlijk in uniform⟩ *chauffeur*
chauvinisme *chauvinism* ★ Amerikaans ~ *spread-eagl(e)ism*
checken *check (over/through/up)*
checklist *check-list*
chef *chief;* INF. *boss;* ⟨v. afdeling⟩ *office-manager;* ⟨directeur⟩ *manager;* ⟨werkgever⟩ *employer*
chef-kok *chef*
chef-staf *Chief of Staff*
chemicaliën *chemicals*
chemicus *(research) chemist; chemical analyst*
chemie *chemistry*
chemisch *chemical* ★ ~ bestrijdingsmiddel *chemical agent* ★ ~ toilet *chemical toilet* ★ ~ wapen *chemical weapon*
chemokar *public chemical waste collection-van*
chemotherapie *chemotherapy*
cheque *cheque* ★ ongedekte ~ *bad cheque*
cherubijn *cherub*
chic *chic; stylish* ★ een chique tent *a snazzy place* ★ een chique buurt *a fashionable area*

Chileen *Chilean* ★ zij is ~se *she is (a) Chilean (woman)*
Chileens *Chilean*
Chili *Chile*
chili *chilli* ★ ~ con carne *chilli con carne*
chillen *chill out*
chimpansee *chimpanzee;* INF. *chimp*
China *China*
Chinees I ZN (de) • persoon *Chinese* [mv: *Chinese*] • restaurant *Chinese restaurant* ★ zullen we ~ halen? *let's get Chinese take-away* II ZN (het) Chinese taal *Chinese* III BNW *Chinese*
chinezen *sniff cocaine*
chip *(computer) chip*
chipkaart *chip card; smart card*
chipolatapudding ≈ *bavarois*
chips *crisps;* AE *(potato) chips*
chiropracticus *chiropractor*
chirurg *surgeon*
chirurgie *surgery*
chirurgisch *surgical*
chlamydia *clamydia*
chloor *chlorine*
chloride *chloride*
chloroform *chloroform*
chlorofyl *chlorophyll*
chocola → chocolade
chocolaatje *chocolate*
chocolade *chocolate;* ⟨drank⟩ *cocoa* ★ pure ~ *bitter(sweet) chocolate*
chocoladeletter *chocolate letter*
chocolademelk *drinking chocolate* ★ warme ~ *hot cocoa/chocolate*
chocolaterie *chocolate shop*
chocopasta *chocolate spread*
choke *choke*
cholera *cholera*
cholesterol *cholesterol*
cholesterolgehalte *cholesterol level*
choqueren *shock; offend; outrage*
choreograaf *choreographer*
choreografie *choreography*
chorizo *chorizo*
christelijk *Christian* ★ de ~e leer *Christianity*
christen *Christian*
christen-democraat *Christian Democrat*
christen-democratisch *Christian Democratic*
christendom *Christianity*
Christus *Christ* ★ na ~ *after Christ; A.D.* ★ voor ~ *before Christ; B.C.*
chromosoom *chromosome*
chroniqueur *chronicler*
chronisch *chronic*
chronologie *chronology*
chronologisch *chronological*
chronometer *chronometer*
chroom *chromium*
chrysant *chrysanthemum*
cichorei *chicory*
cider *cider*
cijfer • teken *figure* • beoordeling *mark; grade* ★ een hoog ~ voor scheikunde *a good/high grade for chemistry* ▼ in de rode ~s staan *be in the red*
cijfercode *numerical code*

cijferen *calculate*
cijferlijst *list of marks; results*
cijfermateriaal *figures; numerical data*
cijferslot *combination lock*
cilinder *cylinder*
cilinderslot *cylinder lock*
cineast *film director*; AE *movie director*
cinefiel *film enthusiast/lover*; AE *movie lover/ enthusiast*
cipier *warden; jailer*; BE *gaoler*
cipres *cypress*
circa *about; approximately*; ⟨jaartallen⟩ *circa; around*
circuit *circuit*
circulaire *circular*
circulatie *circulation* ★ in ~ brengen *bring/put in(to) circulation*
circuleren *circulate* ★ laten ~ *circulate*
circus *circus* ▾ wat een ~ *what a farce; what a ridiculous spectacle*
circusnummer *circus act*
cirkel *circle*
cirkelen *circle*
cirkelredenering *circular argument/reasoning*
cirkelzaag *circular saw*
cirrose *cirrhosis*
cis *C sharp*
ciseleren *chisel; chase*; FIG. *polish*
citaat *quotation*
citadel *citadel*
citer *cither(n); cittern*
citeren *cite*; ⟨woordelijk⟩ *quote*
citroen *lemon*; ⟨muskuscitroen⟩ *citron*
citroengeel *lemon yellow*
citroenmelisse *lemon balm*
citroensap *lemon juice*
citroenvlinder *brimstone butterfly*
citroenzuur *citric acid*
citruspers • met de hand *lemon squeezer* • elektrisch *juicer*
citrusvrucht *citrusfruit*
civiel *civil*; ⟨niet militair⟩ *civilian* ★ ~ recht *civil law* ★ ~e lijst *civil list* ★ ~e partij *party in a civil suit* ★ ~e zaak *civil suit/action*
civielrechtelijk *civil; according to civil law* ★ iem. ~ vervolgen *bring civil action against s.o.*
civilisatie *civilization*
civiliseren *civilize*
claim *claim* ★ een ~ indienen *file a claim (with)*
claimen *claim*
clan • stam *clan; tribe* • hechte groep *clan*
clandestien *clandestine; secret*; ⟨handel⟩ *illicit*
classicisme *classicism*
classicistisch *classicistic*
classicus *classicist; classical scholar*
classificatie *classification*
classificeren *classify; class*
claustrofobie *claustrophobia*
clausule *clause; stipulation; rider*
claxon *horn*
claxonneren *honk; hoot; sound one's horn*
clean • zuiver *clean; clinical* • zakelijk *without emotion* • afgekickt *clean; off (drugs)*
clematis *clematis; virgin's bower*
clementie *clemency; leniency*

clerus *clergy*
cliché I ZN • drukplaat *(stereotype) block; plate*; FOT. *negative* • gemeenplaats *cliché; hackneyed phrase* II BNW *cliché*; ⟨uitdrukking⟩ *stereotyped*
clichématig *clichéd; commonplace*
clickfonds *click fund*
client *client*
cliënt • klant *client; customer* • JUR. *client*
clientèle *clientele*
cliffhanger *cliffhanger*
climax *climax*
clinch *clinch* ★ in de ~ gaan *fall out; come to words; get into a tussle with s.o.*
clip • paperclip *paper-clip*; ⟨groot⟩ *bulldog clip* • speld *clip; pin* • videoclip *(video) clip*
clitoridectomie *clitoridectomy*
clitoris *clitoris*
closet *water-closet; w.c.*
closetpapier *toilet / lavatory paper*; INF. *loo paper*
closetrol *toilet roll*
close-up *close-up*
clou *point*; ⟨v. grap⟩ *punch line* ★ dat is de clou *that's the point*
clown *clown* ★ ~ spelen *(play the) clown*
clownesk *clownish*
club • vereniging *club; society* • groep vrienden *group; crowd; gang* • golfstick *club*
clubfauteuil *armchair; easy chair*
clubgenoot *clubmate; fellow club member*
clubhuis *club house*; ⟨cricket⟩ *pavilion*
clubverband *as a club*
cluster *cluster; collection*
clusterbom *cluster bomb*
clusteren *group/classify (by)*
coach *coach; trainer*; ⟨bij opleiding⟩ *supervisor*
coachen *coach*
coalitie *coalition*
coalitiepartner *coalition partner*
coassistent *houseman*; AE *intern(e)*
coaten *coat*
coating *coating*; ⟨verf⟩ *top-coat*; ⟨lak⟩ *protecting varnish*
coauteur *co-author*
coaxkabel *coaxial; coax cable*
cobra *cobra*
cocaïne *cocaine*
cockpit ⟨v. lijnvliegtuig⟩ *flight deck*; ⟨v. vliegtuig, motorboot⟩ *cockpit*
cocktail *cocktail*
cocktailbar *cocktail lounge*
cocktailjurk *cocktail dress*
cocktailprikker *cocktail stick*
cocon *cocoon*
cocoonen *cocoon*
code • tekensysteem *code* • geheimschrift *code* • set gedragsregels *code*
codeïne *codeine*
codenaam *code name*
coderen *encode*
codex *codex* [mv: *codices*]
codicil *codicil*
codificatie *codification*
codificeren *codify*
coëfficiënt *coefficient*

coëxistentie *coexistence* ★ vreedzame ~ *peaceful coexistence*

coëxisteren *coexist*

coffeeshop *coffee bar/house*; AE *coffeeshop*

coffeïne → cafeïne

cognac *cognac*; *(French) brandy*

cognitief *cognitive*

coherent *coherent*

coherentie *coherence*

cohesie *cohesion*

coiffure *hairstyle*

coïtus *coitus*

coke ● cocaïne *coke* ● cola *coke*; *cola*; *coca cola*

cokes ● geklopte ~ *broken coke*

col ● rolkraag *turtle-neck*; *rollneck* ● bergpas *(mountain) pass*

cola *cola*

cola-tic *gin and coke*; *rum and coke*

colbert *jacket*

collaborateur *collaborator*

collaboratie *collaboration*

collaboreren *collaborate*

collage *collage*

collectant *collector*; ⟨in kerk⟩ *churchwarden*

collect-call *reverse-charge call*; AE *collect call*

collecte *collection* ★ een ~ houden *make a collection*; *collect*

collectebus *money-/collecting- box*

collecteren *collect*

collectie *collection*

collectief I ZN groep *collective* II BNW *collective* ★ de collectieve sector *corporate/public sector*

collectivisme *collectivism*

collector's item *collector's item*

collega *colleague* ★ mijn ~'s op school *my fellow teachers*

college ● bestuurslichaam ⟨v. kardinalen, etc.⟩ *college*; ⟨directie⟩ *board* ★ het ~ van B en W *the town council* ★ ~ van bestuur *Board of Governors* ● school *college* ● les *lecture* ★ ~ geven *lecture (on)*; *give lectures* ★ ~ lopen *attend (the) lectures*

collegedictaat *synopsis of a lecture*; ⟨zelfgemaakt⟩ *lecture notes*; ⟨verkrijgbaar⟩ *summary*

collegegeld *(tuition) fee*

collegekaart *student card*; *university identity card*

collegezaal *lecture-room*

collegiaal *fraternal* ★ zich ~ gedragen/ opstellen *behave as a good colleague*

collegialiteit *good-fellowship*; *fellow-feeling*

collier *necklace*

colloïde *colloid*

colloquium *colloquium*

colofon *colophon*

Colombia *Colombia*

colonne *column* ▾ de vijfde ~ *the fifth column*

coloradokever *Colorado beetle*

colportage *selling door-to-door*

colporteren *canvass*; *hawk*; *sell door to door*

colporteur *canvasser*; *hawker*

coltrui *turtleneck sweater*; *polo-neck sweater*

column *column*

columnist *columnist*

coma *coma* ★ in coma liggen *be in (a) coma*

comapatiënt *comatose patient*; *patient in a coma*

comateus *comatose*

combi *estate car*

combinatie *combination*; ⟨syndicaat⟩ *combine*; ⟨illegaal syndicaat⟩ *ring*

combinatietang *(a pair of) combination pliers*

combine ● landbouwmachine *combine harvester* ● samenwerkingsverband *combination*; *combine*

combineren *combine*

combo *combo*

comeback *come back*

comedy *comedy series*

comfort *comfort* ★ van alle ~ voorzien *fitted with modern conveniences*; *with all mod cons*

comfortabel *comfortable*

coming-out *coming out*

comité *committee*

commandant *commander*; *captain*; SCHEEPV. *master*; ⟨v. kamp⟩ *commandant*

commanderen ● bevelen *give orders* ★ ik laat me door niemand ~ *I won't take orders from anybody* ● het bevel voeren *command*; *be in command (of)* ▾ commandeer je hond (en blaf zelf] *I don't take orders from you*

commando ● bevel *command*; *order*; COMP. *command* ● bevelvoering *command* ★ het ~ overnemen *take over command* ★ het ~ voeren *be in command of* ● soldaat *commando* ● gevechtseenheid *commando*

commando-eenheid *commando unit*

commandotroepen *commando troops*; *commando(e)s*

commentaar *comment*; ⟨krant, tv etc.⟩ *commentary* ★ ~ leveren op *comment upon*

commentariëren *commentate on*; *comment upon*; ⟨tekst⟩ *annotate*

commentator *commentator*

commercial *commercial*

commercialiseren *commercialize*

commercialisering *commercializing*; *commercialisation* ★ de ~ van kerstmis *the commercialisation of Christmas*

commercie *commerce*; *trade*

commercieel *commercial*

commies *clerk*; ⟨v. douane⟩ *customs officer*

commissariaat ● ambt *commissionership* ● bureau *commissioner's office*; ⟨v. maatschappij⟩ *directorate*

commissaris ● gemachtigde *commissioner* ★ ~ van politie *Chief Constable* ★ ~ van de Koningin *Royal Commissioner* ● lid raad v. commissarissen *official*; *supervisory director*; ⟨als toezichthouder⟩ *commissioner* ★ raad van ~sen *board of commissioners*

commissie *committee* ★ in een ~ zitten *be on a committee*

commissionair *commission-agent*

commode *chest of drawers*

commotie *consternation*; *commotion* ★ die benoeming gaf veel ~ *that appointment caused much consternation* ★ ~ maken *cause a commotion*; INF. *kick up a fuss*

communautair *communal*

commune *commune*

communicant *communicant*; ‹eerste
communie› *someone making his/her first
Communion*
communicatie *communication*
communicatief *communicative*
★ communicatieve vaardigheden
communication skills
communicatiemiddel *means of communication*
communicatiesatelliet *communications
satellite; comsat*
communicatiestoornis *breakdown in
communications*
communicatiewetenschap *communication
studies*
communiceren • in verbinding staan
communicate • ter communie gaan *receive
Holy Communion*
communie *(Holy) Communion* ★ zijn ~ doen
make one's first Communion
communiqué *communiqué* ★ een ~ uitgeven
issue a communiqué
communisme *communism*
communist *communist*
communistisch *communist*
Comoren *Comoros; Comoro Islands*
compact *compact*
compactdisc *compact disc*
compagnie *company*
compagnon • vennoot *business associate*
• makker *pal; mate*
compareren *appear before a notary public*
compartiment *compartment*
compatibel *compatible*
compatibiliteit *compatibility*
compendium *compendium*
compensatie *compensation*
compenseren *compensate for; make good;
counterbalance*
competent *competent*
competentie *competence*
competitie • wedijver *competition* • SPORT
league
competitief *competitive* ★ ~ ingesteld zijn *be
highly competitive; be keen/anxious to get
ahead/to get on*
compilatie *compilation*
compiler *compiler*
compileren *compile*
compleet I BNW *complete; full* ★ ~ vergeten
clean forgotten II BIJW *clean* ★ zij is het ~
vergeten *she completely forgot*
complement *complement*
complementair *complementary*
completeren *complete*
complex I ZN *complex* II BNW *complex;
complicated*
complicatie *complication*
compliceren *complicate*
compliment • prijzende opmerking
compliment ★ scheutig zijn met ~en *be lavish
with compliments* ★ iem. een ~ maken over
iets *compliment a person on s.th.*
• plichtpleging ★ zonder ~en *without (more/
further) ado* ★ geen ~en, alsjeblieft *let's not
stand on ceremony* • groet ★ mijn ~en aan ...
(give) my regards to ... ★ ~en thuis *remember

me to all at home*
complimenteren *compliment (upon)*
complimenteus *complimentary*
complot *plot; intrigue*
complottheorie *conspiracy theory*
component *component*
componentenlijm *compound glue; two-part
adhesive*
componeren *compose*
componist *composer*
composiet *composite*
compositie *composition*
compositiefoto *composition photo*
compost *compost*
compote *compote*
compressie *compression*
compressor *compressor*
comprimeren *compress*
compromis *compromise* ★ een ~ sluiten *make a
compromise*
compromitteren *compromise* ★ zich ~
compromise o.s. with s.th.
compromitterend *compromising; incriminating*
★ ~e documenten *incriminating documents*
computer *computer* ★ in de ~ zetten
computerize
computeranimatie *computer animation*
computerbestand *computer file*
computeren *work at the computer;* ‹spelletjes
doen› *play games at the computer*
computerfraude *computer fraud*
computergestuurd *computer-controlled*
computerisering *computerization*
computerkraak *computer break-in*
computerkraker *hacker*
computernetwerk *computer network*
computerprogramma *computer program(me)*
computerspel *computer game*
computerstoring *computer breakdown/failure*
computertaal *computer language;
programming language*
C-omroep *small broadcasting corporation in the
Netherlands*
concaaf *concave*
concentraat *concentrate; extract*
concentratie *concentration*
concentratiekamp *concentration camp*
concentreren I OV WW *concentrate; centre*
★ troepen ~ *mass troops* II WKD WW *focus;
concentrate; centre* ★ zich op een onderwerp
~ *concentrate on a subject; centre one's
attention on a subject*
concentrisch *concentric*
concept • ontwerp *(rough) draft; outline*
• begrip *concept*
conceptie • denkbeeld *conception; idea; notion*
• bevruchting *conception*
conceptnota *draft proposal*
conceptovereenkomst *draft agreement*
concern *concern*
concert • uitvoering *concert* • muziekstuk
concerto
concertbezoek *concert visit*
concerteren *give a concert*
concertganger *concertgoer*
concertgebouw *concert hall*

CO

concertmeester *leader*
concessie • het toegeven *concession*; *climb-down* ★ iem. een ~ doen *make a concession to s.o.* • vergunning *concession*; *licence*; *claim* ★ ~ aanvragen *apply for a concession* ★ een ~ verlenen *grant a concession/licence*
conciërge *caretaker*; ⟨grote gebouwen⟩ *janitor*
concilie *council*
concipiëren *draft*; *conceive*
conclaaf *conclave* ★ in ~ gaan *go in conclave*
concludeerbaar *deductible*
concluderen *conclude*; *infer (from)*
conclusie *conclusion*; *inference*; ⟨bevindingen⟩ *findings* ★ voorbarige ~s trekken *jump to conclusions*
concours *competition*; *contest* ★ ~ hippique *horse-show*
concreet • werkelijk bestaand *concrete*; *actual* ★ een ~ geval *a specific case* • duidelijk omlijnd *concrete*; *specific*; *definite* ★ concrete voorstellen *concrete proposals*
concretiseren *be specific about*; *give concrete form to*
concubinaat *concubinage* ★ in ~ leven *live together in concubinage*
concurrent *competitor*; *rival*
concurrentie *rivalry*; *competition* ★ ~ aangaan met iem. *compete with s.o.*
concurrentiebeding ⟨tijdens overeenkomst⟩ *(contract/agreement in) restraint of trade*; ⟨na overeenkomst⟩ *competition clause*
concurrentieslag *competition (war)* ★ de ~ overleven *survive the competition*
concurreren (met) *compete (with)*
concurrerend ⟨v. prijzen⟩ *competitive*; ⟨v. bedrijven enz.⟩ *rival*
condens *condensation*
condensatie *condensation*
condensator ⟨voor opslag elektriciteit⟩ *capacitor*; ⟨v. stoom⟩ *condenser*
condenseren *condense*
conditie • toestand *condition*; *state* ★ in ~ blijven *keep fit* ★ in goede ~ verkeren ⟨personen⟩ *be in good shape/condition*; ⟨zaken⟩ *be in good state* • voorwaarde *condition*; ⟨meervoud⟩ *terms* ★ gunstige ~s *favourable terms*
conditietraining *fitness training*
conditioneren • PSYCH. *condition* • voorwaarde stellen *stipulate* • in toestand houden *condition*
condoleance *condolence(s)*; *sympathy*
condoleanceregister *guestbook at a funeral*
condoleren *condole* ★ iem. ~ *offer condolences to a person* ★ gecondoleerd met het verlies van je vader *accept my condolences/sympathies on the death of your father*
condoom *condom*; INF. *rubber*
condor *condor*
conducteur *conductor*; ⟨v. trein⟩ *guard*
confectie *ready-made clothing*; *off-the-peg clothes*
confectiekleding *ready-to-wear/off-the-peg clothes/garments*
confederatie *confederation*
conference • lezing *talk* • voordracht *(solo)*

sketch/act; *comic monologue*
conferencier *entertainer*
conferentie *conference* ★ een ~ houden *hold a conference*
confereren *consult*; *confer*
confessie *confession (of faith)*
confessioneel *confessional*; ⟨v. onderwijs⟩ *denominational*
confetti *confetti*
confidentieel *confidential*
configuratie *configuration*
confiscatie *confiscation*; *seizure*; ⟨verbeurdverklaring⟩ *forfeiture*
confisqueren *confiscate*; *seize*
conflict *conflict*; *dispute* ★ in ~ komen met *come into conflict with*; *conflict/clash with*
conflictstof *matter of conflict*
conflictueus *causing conflict*
conform I BNW *in conformity/accordance with* ★ voor copie ~ *certified true copy* II VZ *in conformity/accordance with* ★ ~ de eis *in accordance with the demand*; *as demanded*
conformeren *conform*
conformisme *conformism*
conformistisch *conformist*
confrère *confrère*
confrontatie *confrontation*
confronteren *confront/face (with)*
confuus *confused*
conga *conga*
congé *dismissal* ★ iem. zijn ~ geven *give s.o. notice*; *dismiss a person* ★ hij kreeg zijn ~ *he was given notice*; *he was dismissed*
congenitaal *congenital*
conglomeraat *conglomerate*
congregatie *congregation*
congres *congress*
congresgebouw *conference centre/building*
congruent *corresponding*; WISK. *congruent*
congruentie *equivalence*; WISK. *congruence*; TAALK. *concord*
conifeer *conifer*
conjunctie *conjunction*
conjunctuur *tendency of the market*; *economic situation* ★ dalende ~ *(economic) decline*; *downward economic trend*; *slump*
connaisseur *connoisseur*
connectie • verbinding *connection*; *contact* ★ hij heeft overal zijn ~s *he has contacts all over the place* ★ veel ~s hebben *have many connections/contacts* • relatie *connection*; *link*; *relationship* ★ hij heeft uitstekende ~s *he has excellent contacts*
connotatie *connotation*
conrector *deputy headmaster*; *senior master*
consciëntieus *conscientious*; *scrupulous*
consecratie *consecration*
consensus *consensus*
consequent *consistent*; *logical*
consequentie • ⟨handelen⟩ *consequence* ★ de ~s aanvaarden *accept/bear the consequences* • standvastigheid *consistency*
conservatief I ZN *conservative* II BNW *conservative*; POL. *Conservative* ★ de conservatieve partij *the Conservative Party*
conservator ⟨museum⟩ *curator* ★ conservatrice

curator

conservatorium *conservatory*; *school of music*

conserven *canned/tinned food/goods*; *preserves*

conserveren *can*; *preserve*; *keep*; ⟨inblikken⟩ *tin*

conserveringsmiddel *preservative*

consideratie • overweging *consideration*; *reason* • respect *consideration*; *respect* ★ uit ~ voor *out of consideration for* • toegeeflijkheid *consideration* ★ ~ met iem. hebben *make allowances for s.o.*

consignatie *consignment* ★ in ~ *on consignment*

consigne • opdracht *orders*; *instructions* • wachtwoord *password*

consistent *consistent*

consistentie *consistency*

consolidatie *consolidation*

consolideren *consolidate*

consonant *consonant*

consorten *associates*; PEJ. *henchmen*; *mob*

consortium *consortium*

constant *constant*

constante *constant*

constateren *ascertain*; ⟨een feit, iemands schuld⟩ *establish* ★ ik constateer tot mijn genoegen *I am pleased to see (that)*

constatering *observation*; ⟨v. een feit⟩ *establishment*; ⟨opmerking⟩ *statement*

constellatie • ASTRON. *constellation* • toestand *state of affairs*

consternatie *consternation*; *alarm* ★ dat was een hele ~ *that was quite a commotion/stir*

constipatie *constipation*

constituent *constituent*

constitutie • grondwet *constitution* • gestel *constitution*; *physique*

constitutioneel *constitutional*

constructeur *constructor*; *design engineer*

constructie • het geconstrueerde *structure*; *construction* • het construeren *construction*; ⟨bouwen⟩ *building*

constructief *constructive*

constructiefout *constructional fault*; *faulty design*

constructivisme *constructivism*

construeren • bouwen *construct*; *build*; ⟨ontwerpen⟩ *design* • TAALK. *construe*

consul *consul*

consulaat *consulate*

consulent *adviser*; *advisory expert*; ⟨belastingconsulent, e.d.⟩ *consultant*

consult *consultation*

consultancy *consultancy*; *consulting firm*

consultatie *consultation*

consultatiebureau *health centre* ★ ~ voor (aanstaande) moeders *maternity centre* ★ ~ voor zuigelingen *child health clinic*; *infant welfare centre*

consulteren *consult*

consument *consumer*

consumentenbond *consumers' association/union/council*

consumeren *consume*; *eat*; *drink*

consumptie • verbruik *consumption* • vertering *refreshment*; ⟨in restaurant⟩ *food*; *drinks* [mv]

consumptie- *consumer* ★ consumptieartikelen/-goederen *consumer goods*

consumptiebon *food voucher*; *chit*

consumptieijs *ice cream*

consumptiemaatschappij *consumer society*

contact • communicatie ★ in ~ komen met *come into contact with* ★ in ~ brengen met iem. *put in touch with s.o.* ★ ~ opnemen met iem. *get in touch with s.o.* • aanraking *touch*; *contact* • persoon *connection*; *contact* • elektrische verbinding *contact*; ⟨v. auto⟩ *ignition*

contactadres *contact address*

contactadvertentie *personal ad(vertisement)*

contactdoos *socket*

contacteren • contact opnemen *contact*; *get in touch with* • Z-N opzoeken *call on*

contactgestoord *socially handicapped*

contactlens *contact lens*

contactlijm *impact adhesive*

contactpersoon *contact(man)*; *informant*; *source*

contactsleutel *ignition key*

contactueel ★ met goede contactuele eigenschappen *with good human relations skills*

container *container*

contaminatie *contamination*

contant I BNW *cash* ★ ~ *cash down* ★ ~e betaling *cash payment* II BIJW *in cash*

contanten *cash*; *ready money* ★ betaling in ~ *cash on the nail* ★ omwisselen in ~ *cash/cash in*

contemplatie *contemplation*

content *content (with)*; *satisfied (with)* ★ ~ met iets zijn *be pleased with s.th.*

context *context*

continent *continent*

continentaal *continental* ★ ~ plat *continental shelf*

contingent ECON. *quota*; ⟨v. troepen⟩ *contingent*

continu *continuous*; *continual*

continubedrijf • bedrijf, industrie *continuous working plant*; ⟨bedrijfstak⟩ *continuous industry* ★ deze fabriek is een ~ *this factory operates around the clock* • werkwijze *continuous production*

continudienst *24-hour service*; *night-and-day service*

continueren • voortzetten *continue (with)*; *carry on (with)* • handhaven *continue*; *retain*

continuïteit *continuity*

continuüm *continuum*

conto *account* ★ à ~ *on account* ★ dat komt op zijn ~ *we hold him accountable*

contour *contour*

contra I BIJW *contra* II VZ *contra*; *against*; JUR. *versus*

contra-alt *contralto*

contrabande *contraband*

contrabas *double-bass*

contrabeweging *countermovement*

contraceptie *contraception*

contract *contract*; *agreement* ★ een ~ aangaan *enter/conclude a contract*

contractbreuk *breach of contract*

CO

contracteren • in dienst nemen *to sign on/up* • contract sluiten *contract*
contractueel *contractual* ∗ zich ~ verbinden *bind o.s. by contract*
contradictie *contradiction*
contra-expertise *countercheck*; ⟨verzekeringen⟩ *re-appraissal*
contra-indicatie *contraindication*
contramine ∗ hij is altijd in de ~ *he is always contrary; he's always in (the) opposition*
contraproductief *counter-productive*
contrapunt *counterpoint*
Contrareformatie *Counter Reformation*
contraspionage *counterespionage; counterintelligence*
contrast *contrast* ∗ een ~ vormen met *form/ present a contrast to*
contrastekker *coupling socket*
contrasteren *contrast (with)*
contrastmiddel *contrast fluid*
contrastregelaar *contrast control*
contrastvloeistof *contrast fluid*; MED. *radio-opaque fluid*
contrastwerking *contrast effect*
contreien *parts; regions*
contributie *subscription (fee)*
controle • beheersing *control* ∗ we hebben de situatie volledig onder ~ *we are in full command/control of the situation* • toezicht *check (on); supervision*; MED. *checkup*; ECON. *audit*; ⟨v. kaartjes, kwaliteit⟩ *inspection* ∗ onder strenge ~ *under strict surveillance* ∗ sociale ~ *social control* ∗ ~ uitoefenen op iets *exercise supervision over s.th.* • plaats *ticket gate/barrier* ∗ door de ~ gaan *pass through the (ticket-)barrier*
controleerbaar *verifiable*
controleren • toezien *supervise* • nagaan ⟨v. kaartjes⟩ *inspect*; ⟨v. personen, woorden⟩ *check*; ⟨v. feiten⟩ *verify* • beheersen *control*
controlestrookje *(ticket) stub*
controleur *controller; inspector*; ⟨kaartjes⟩ *ticket-inspector*
controverse *controversy*
controversieel *controversial; much/highly debated*
conveniëren *suit; be convenient to*
conventie • verdrag *convention; agreement* • afspraak *convention(s)* ∗ in strijd zijn met de ~s *go against the accepted norm*
conventioneel *conventional*
convergent *converging*
convergeren *converge*
conversatie *conversation*
converseren *converse (with)* ∗ met zijn gasten ~ *make conversation with one's guests*
conversie *conversion*
converteren *convert (in)to/from*
convertibel ECON. *convertible*
convex *convex*
convocaat *zie convocatie*
convocatie *notification*; ⟨bijeenroeping⟩ *convocation*; ⟨aankondiging⟩ *notice*
cool I BNW geweldig *cool; awesome* II TW *cool*
coöperatie • samenwerking *cooperation* • vereniging *cooperative*

coöperatief *cooperative* ∗ ~ werk *work in cooperation*
coöptatie *co-optation; co-option*
coöpteren *co-opt*
coördinaat *coordinate* ∗ coördinaten uitzetten *set coordinates*
coördinaten(stelsel) *coordinate system; grid*
coördinatie *co-ordination*
coördinator *co-ordinator*; ⟨school⟩ *supervisor*
coördineren *co-ordinate*
co-ouder *co-parent*
copieus *copious; abundant; plentiful* ∗ een copieuze maaltijd *a copious meal*
coproductie *co-production*
copromotor *one of the professors presenting s.o. for a higher degree*; AE *co-supervisor*
copuleren *copulate*; ⟨dieren⟩ *mate*
copyright *copyright*
copywriter *copywriter*
cordon bleu *escalope with ham and cheese*; AE *veal cordon bleu*
corduroy *cord(uroy)*; ⟨fijn⟩ *needle cord*
coreferent *co-reviewer*; *co-reporter*; ⟨v. proefschrift⟩ *second reader*
cornedbeef *corn/corned beef*
corner *corner*; ⟨bij hockey⟩ *corner-hit*; ⟨bij voetbal⟩ *corner-kick* ∗ een ~ nemen *take a corner (kick/hit)*
cornflakes *cornflakes*
corporatie *corporate body; corporation*
corps *corps; body* ∗ ~ diplomatique *corps diplomatique; diplomatic body*
corpsbal *(snobby) fratter*
corpulent *corpulent; obese; stout*
corpus • verzameling *corpus* • lichaam *body*; *corpus*
correct *correct* ∗ ~ handelen *act correctly; do the correct/right thing* ∗ politiek ~ *politically correct*
correctie *correction*
correctielak *correction fluid*
corrector *(proof) reader*
correlaat *correlate*
correlatie *correlation*
correlatiecoëfficiënt *correlation coefficient*
correleren *correlate*
correspondentie *correspondence* ∗ de ~ voeren *conduct the correspondence*
correspondentieadres *postal address*
corresponderen • schrijven *correspond (with)* • overeenstemmen *correspond (with/to)*
corrigeren • verbeteren *correct*; ⟨schoolwerk⟩ *mark*; ⟨proefdruk⟩ *(proof)read* • berispen *correct; reprove*
corrosie *corrosion*
corrupt • omkoopbaar *corrupt; dishonest* • bedorven *corrupt; perverted*
corruptie *corruption*
corsage *corsage*
Corsica *Corsica*
corso *pageant* ∗ bloemen~ *flower parade*
corvee • huishoudelijk karwei *chores*; MIL. *fatigue* • naar werk *chore; drudgery*
coryfee *star; celebrity*
co-schap *housemanship*; AE *intern(e)ship* ∗ ~pen lopen *complete one's housemanship*

cosinus *cosine*
cosmetica *cosmetics*
cosmetisch *cosmetic* ★ de ~e industrie *the cosmetics industry*
Costa Rica *Costa Rica*
couchette *berth*; ⟨in trein⟩ *couchette*
coulant *accommodating; fair*; ⟨v. betaling⟩ *prompt* ★ een ~e houding *an accommodating attitude*
coulisse *wings* ▾ achter de ~n *behind the scenes; backstage*
counselen *counsel*
counteren *counter*
countertenor *countertenor*
country *country music*
coup *coup* ★ een coup plegen *carry out/stage a coup*
coupe ● haardracht *cut; hairstyle* ● beker *cup*
coupé ● compartiment *compartment* ● personenauto *coupé*
couperen ● af-/bijsnijden *cut; trim*; ⟨staart van hond, paard⟩ *dock* ● *cut*
couperose *acne (rosacea)*
couplet *stanza*; ⟨v. twee regels⟩ *couplet*
coupon ● plaatsbewijs *ticket; voucher* ● lap stof *remnant; length* ● dividendbewijs *interest/dividend coupon*
couponboekje *coupon book; ticket book*
coupure ● deelwaarde ★ geld in kleine ~s *money in small denominations* ● weglating in film *cut*
courant *current; marketable* ★ ~e maten *stock sizes* ★ niet ~e maten *off-sizes*
coureur ⟨motor⟩ *racing motorist*; ⟨auto⟩ *racing driver*; ⟨fiets⟩ *racing cyclist*
courgette *courgette*; AE *zucchini*
courtage *commission; brokerage*
couscous *couscous*
couturier *couturier; fashion designer*
couvert ● eetgerei *cover* ★ diners van veertig euro per ~ *dinners of forty euros each* ● envelop *envelope* ★ geschenk onder ~ overhandigen *present s.o. with a cheque in an envelope*
couveuse *incubator*
couveusekind *premature baby*
cover ● MUZ. *cover (version); remake* ● omslag *(dust) cover; dust jacket*
coverartikel *cover story*
coveren *cover*
cowboy *cowboy*
cowboyfilm *western*
crack ● uitblinker BE *crack* ● drug *crack*
cracker *cracker*
cranberry *cranberry*
crash *crash*
crashen ● van voertuigen *crash* ● COMP. van computers *crash* ● ECON. van beurs *crash*
crawl *crawl*
crawlen *crawl*
creatie *creation*
creatief *creative* ★ ~ taalgebruik *creative use of language*
creativiteit *creativity*
creatuur *creature*
crèche *day nursery; crèche*

credit *credit* ★ iets op iemands ~ schrijven *credit s.o. with s.th.*
creditcard *credit card*
crediteren ● bijschrijven *credit* ★ iem. ~ voor 2500 euro *credit s.o.'s account with 2500 euros* ● als schuld boeken *put to the credit of someone's account*
crediteur *creditor*
creditnota *credit note*
creditrente *credit interest*
credo *credo*
creëren *create*
crematie *cremation*
crematorium *crematorium; crematory*
crème I ZN *cream* II BNW *cream(-coloured)*
cremeren *cremate*
creool *Creole*
creools I ZN *creole* II BNW *creole*
crêpe ● materiaal *crepe; crape* ★ ~ de Chine *crepe de Chine* ● flensje *crepe*
crêpepapier *crepe paper*
creperen *kick the bucket* ★ ~ van de honger *starve*
cricket *cricket*
cricketen *play cricket*
crime *disaster* ★ die dagjesmensen zijn een ~ hier *those day trippers are a disaster*
criminaliseren *criminalize*
criminaliteit *criminality*
crimineel I ZN *criminal* II BNW ● misdadig *criminal* ● strafrechtelijk *criminal* III BIJW *horribly; terribly*
criminologie *criminology*
crisis *crisis* ★ de ~ te boven zijn *have passed the critical stage*; *have turned the corner* ★ een ~ doormaken/doorstaan *pass through a crisis*; *weather a crisis*
crisiscentrum ● opvangcentrum *crisis centre* ● coördinatiecentrum *emergency/crisis centre*
crisisteam *crisis team*
criterium *criterion* [mv: *criteria*]
criticus *critic*
croissant *croissant*
croquet *croquet*
cross *cross*
crossen ● aan cross meedoen *take part in a cross-country event/race* ● racen *tear/scoot about*
crossfiets *cross-country (racing) bicycle*
croupier *croupier*
cru *crude; blunt* ★ dat klinkt een beetje cru *that sounds a bit harsh*
cruciaal *crucial*
crucifix *crucifix*
cruise *cruise*
cruise control *cruise control*
cruisen ● cruise maken *go on a cruise* ● op de versiertoer zijn *cruise*
crypte *crypt; vault*
cryptisch *cryptic*
cryptogram *cryptic crossword*
c-sleutel *C clef*
Cuba *Cuba*
culinair *culinary*
culmineren *culminate*
cultfilm *cult movie*

cu

cultiveren *cultivate (in)*
cultureel *cultural* ⋆ ~ centrum *cultural centre*
cultus *cult*
cultuur • beschaving *civilization* ⋆ de westerse ~ *western civilization* • bebouwing met gewas *culture*; ⟨v. landbouwgrond⟩ *cultivation*; ⟨v. bacteriën⟩ *culture*
cultuurbarbaar *Philistine*
cultuurdrager *purveyor of culture*
cultuurgeschiedenis *cultural history*
cultuurgewas *cultivated crop*
cultuurlandschap *artificial landscape*; *man-made landscape*
cultuurpessimist *cultural pessimist*
cultuurschok *cultural shock*
cultuurvolk *civilized people*
cum laude *cum laude* ⋆ ~ afstuderen *graduate cum laude*
cumulatief *cumulative* ⋆ ~ preferent aandeel *cumulative preference share*
cup • beker *cup* • deel van beha *cup*
cupwedstrijd *cup game*; ⟨in beker competitie⟩ *cup tie*
Curaçao *Curaçao*
curatele *guardianship* ⋆ iem. onder ~ stellen *make s.o. a ward of the court*; *legally restrain s.o.*
curator • toezichthouder ⟨voogd⟩ *guardian*; ⟨v. museum, e.d.⟩ *curator*; *custodian*; ⟨bij faillissement⟩ *trustee* • lid van raad van toezicht *(custodian) trustee*
curettage *curettage*
curetteren *curet(te)*
curie *Curia*
curieus *curious*; *strange*; *odd*
curiositeit *curiosity*; *oddity*; ⟨klein voorwerp⟩ *curio*
curiositeitenkabinet *collection of curiosities*
curriculum vitae *curriculum vitae (CV)*; AE *résumé*
curry • gerecht *curry* • saus *curry sauce*
cursief I ZN *italic* II BNW *italicized*; *in italics*
cursiefje *(regular) column*
cursist *student*
cursiveren *print in italics*; *italicize*
cursor *cursor*
cursus *course* ⋆ een ~ volgen *take classes/a course (in)* ⋆ een vijfjarige ~ *a five year course*
cursusgeld *course fee*
curve *curve*; *graph*; ⟨in diagram⟩ *curve*
custard *custard*
cutter • snijgereedschap *cutter* • filmmonteerder *cutter*; *editor*
cv • centrale verwarming *c.h.*; *central heating* • curriculum vitae *CV*
cv-ketel *central-heating boiler*
cvs chronisch-vermoeidheidssyndroom *chronic fatigue syndrome*
cyaankali *potassium cyanide*; INF. *cyanide*
cyanide *cyanide*
cyber- *cyber*
cybercafé *cyber café*
cybernetica *cybernetics* [mv]
cyberspace *cyberspace*
cyclaam *cyclamen*
cyclisch *cyclic(al)*

cycloon *cyclone*
cycloop *cyclops*
cyclus *cycle*
cynicus *cynic*
cynisch *cynical*
cynisme *cynicism*
cypers ⋆ ~e kat *a tabby cat*
Cyprioot *Cypriot* ⋆ een Cypriotische *a woman from Cyprus*
Cypriotisch *Cyprian*
Cyprisch *Cypriot*
Cyprus *Cyprus*
cyste *cyst*

D

d • letter *d* ★ de d van Dirk *D as in David*
• muzieknoot *D*

daad *action; act; deed;* ⟨grootse daad⟩ *exploit*
★ een goede daad *a good deed* ▾ de daad bij
het woord voegen *suit the action to the word*

daadkracht *decisiveness; energy*

daadwerkelijk *actual* ★ ~ hulp bieden *actively
offer help; offer practical help/assistance*

daags • per dag ★ tweemaal ~ *twice a day*
★ driemaal ~ *in te nemen to be taken three
times a day* • op de dag ★ ~ tevoren *the
previous day; the day before* ★ (des) ~ *during
the day; by day*

daar I BIJW *there* ★ wie zingt daar? *who's that
singing?* II VW ⟨vóór de hoofdzin⟩ *as;* ⟨na de
hoofdzin⟩ *because*

daaraan *on/to it/them* ▾ houd je ~ vast *hold on
to it!* ★ ~ ga je niet dood *it won't kill you; you
won't die of it*

daarachter • achter een plaats *behind it/them;
at the back (of it/that)* ★ het meer en het bos
~ *the lake and the wood beyond* • verderop
beyond

daarbij • bij dat *near it* • bovendien *besides*

daarbinnen *inside; in there; in that/these/those*
★ ~ is het behaaglijk *inside it's comfortable*

daarbuiten *outside; out there* ★ blijf ~! *keep out
of it* ▾ laat mij ~ *leave me out of it*

daardoor • daar doorheen *through that* • door
die oorzaak *therefore; that's why; for that
reason*

daardoorheen *through there*

daarenboven *besides; moreover*

daarentegen ⟨keuze⟩ *on the other hand;*
⟨tegenstelling⟩ *on the contrary*

daarginds *over there*

daarheen *there;* ⟨met beweging⟩ *over there;
that way*

daarin • in iets *in there; in it;* ⟨met beweging⟩
into it • in het genoemde ★ ~ heeft ze gelijk
she's right there.

daarlangs *along there*

daarlaten *leave something out of consideration;
leave aside* ★ nog daargelaten dat ... *apart
from the fact that ...*

daarmee *with it/them/that/those* ★ wat wil je ~?
what do you want it for? ★ wat wil je ~
zeggen? *what are you trying to say?* ★ ~ is de
zaak afgedaan *so much for that*

daarna *after that; afterwards*

daarnaast • naast iets *next to it; beside it*
• daarenboven *besides; in addition*

daarnet *just now; just then; a little while ago*

daarom • om die reden *therefore* • desondanks
in spite of...; although

daaromheen *around it*

daaromtrent • betreffende iets *as to that;
concerning that* • ongeveer ★ (30 jaar) of ~
(30 years) or thereabout(s) • in die omgeving
thereabout; around there

daaronder • onder iets *under that (it)* • onder
meer *among(st) others; including*

daarop • op iets *(up) on it; on top of it* • daarna
thereupon; following this

daaropvolgend *next; following; subsequent*
★ de ~ e dinsdag *the following Tuesday*

daarover • over iets (heen) *across/on/over that,
enz.* • daaromtrent *about that* ★ je zult ~
later meer horen *you'll hear more about that
later*

daaroverheen *on/over/across that; on top of
that*

daarstraks → daarnet

daartegen *against it/that/them/those; next to it/
that/them those* ★ warmte helpt ~ *warmth is
good for it* ★ ~ helpt niets *there's no remedy
(for it); it can't be helped*

daartegenover • tegenover iets *opposite;
facing it* ★ het hotel en ~ het postkantoor *the
hotel and the post office opposite*
• daarentegen *on the other hand*

daartoe *for that purpose; to that end*

daartussen *between (among) them*

daaruit *out of that; out of it;* FIG. *from that* ★ ~
volgt... *from this it follows...*

daarvan ⟨m.b.t. plaats⟩ *from it/that/there;*
⟨m.b.t voedsel, e.d.⟩ *of that* ★ neem ~ zoveel
je wilt *take as much of it as you like*

daarvandaan • van die plaats af ⟨plaats⟩ *away
from there/it* • vandaar *hence; that's why;
therefore*

daarvoor • voor iets ⟨plaats⟩ *in front of it;*
⟨tijd⟩ *before that;* ⟨ten behoeve van⟩ *for that
(purpose)* ★ daar is het voor *that's what it is
for* • om die reden *that's why* • in ruil voor
for it/that

daarzo *(over) there*

daas I ZN steekvlieg *horsefly; gadfly* II BNW
scatterbrained; ⟨suf⟩ *dazed*

dadel *date*

dadelijk I BNW onmiddellijk *immediately;
straightaway* II BIJW • meteen *immediately;
directly; at once* • straks *presently*

dadelpalm *date palm*

dadendrang *thirst for action*

dader *offender; culprit;* FORM. *perpetrator* ▾ de ~
ligt op het kerkhof *Mr Nobody has done it;
there's no trace of the culprit*

dag I ZN *day* ★ de hele dag *all day (long)* ★ een
dezer dagen *one of these days* ★ de dag
daarna *the following day* ★ de dag tevoren
the previous day; the day before ★ om de
andere dag *every other day* ★ dag en nacht
night and day ★ 't wordt dag *day is breaking/
dawning* ★ in vroeger dagen *in former days*
▾ hij heeft betere dagen gekend *he has seen
better days* ▾ met de dag erger worden *get
worse every day* ▾ op een goede dag *one
(fine) day* ▾ heden ten dage *nowadays* ▾ aan
de dag brengen *bring to light* ▾ voor de dag
halen *take out; produce* ▾ voor de dag
komen *appear; turn up* ▾ goed voor de dag
komen *do well* ▾ voor de dag ermee! *let's
have it!; out with it!* ▾ de dag des Heren *the
Lord's day* ▾ dag in, dag uit *day after day*
▾ op mijn oude dag *in my old age* ▾ tot op
deze dag *to this day* ▾ voor dag en dauw
opstaan *rise before daybreak* II TW ⟨bij 't

weggaan⟩ *bye (bye)!*; ⟨bij 't ontmoeten⟩ *hello!*
dag- *day*; *daily*
dagafschrift *daily statement (of account)*
dagblad *daily (paper)*
dagboek *diary*
dagdeel *part of the day*
dagdienst *day-duty*; ⟨m.b.t. ploegendienst⟩ *day-shift*
dagdromen *daydream*
dagelijks I BNW • daags *daily*; *everyday* ★ ~ bestuur *executive committee* • gewoon ★ ~e bezigheden *daily round* ★ ~e sleur *daily routine/grind* • in het ~e leven *in everyday life* II BIJW *daily*; ⟨sterrenkunde⟩ *diurnal*
dagen I OV WW dagvaarden *summon* II ONP ww dag worden ★ het begon te ~ *day was breaking/dawning* ▼ het begint me te ~ *it begins to dawn upon me*
dagenlang I BNW *lasting for days* II BIJW *for day (and days)*
dageraad *dawn*; *daybreak*
dagindeling *schedule*; *time table*; *plan for the day*
dagjesmensen *day-trippers* [mv]
daglicht *daylight* ★ in het volle ~ *in broad daylight* ▼ iem./iets in een kwaad ~ stellen *show/put s.o |s.th. in a bad light* ★ dat kan het ~ niet verdragen *it can't stand/bear the light of day* ▼ in een kwaad ~ komen te staan *appear in a bad light*
dagloner *day-labourer*; ≈ *casual labourer*
dagloon *daily wages*
dagmars *day's march*
dagmenu *day's menu*; *today's special*
dagpauwoog *peacock butterfly*
dagretour *day return (ticket)*
dagschotel *day's menu*; *plat du jour*; *today's special*
dagtarief *daily rate*
dagtekening *date*
dagtocht *day trip*
dagvaarden *summon*; ⟨vnl. v. getuige⟩ JUR. *subpoena*
dagvaarding *summons*; ⟨vnl. v. getuige⟩ JUR. *subpoena*
dagverblijf • personenverblijfplaats ⟨vertrek⟩ *day centre*; ⟨voor kinderen⟩ *day-care centre*; ⟨v. ziekenhuis⟩ *day-room* • dierenverblijfplaats *outside pen*; *outdoor enclosure*
dagwaarde *current value/price*
dagwerk • dagelijks werk *(daily) work* • hoeveelheid werk *day's work* ★ daar heb ik ~ aan *that'll keep me busy/occupied all day*
dahlia *dahlia*
dak *roof* ▼ iem. onder dak brengen *put up a person*; *take in s.o.* ▼ iem. op zijn dak komen *scold a person*; *have a go at s.o.* ▼ onder dak zijn *be under cover*; *be well provided for* ▼ iem. iets op zijn dak schuiven ⟨v. werk⟩ *pile work onto s.o.*; *put the blame on(to) s.o.* ▼ van de daken schreeuwen *shout from the housetops/rooftops* ▼ het ging van een leien dakje *it was plain sailing* ▼ dat krijg ik op mijn dak *they'll blame it on me* ▼ uit zijn dak gaan ⟨v. vreugde⟩ *be over the moon about/*

with; ⟨v. vreugde⟩ *be crazy about*; ⟨v. woede⟩ *freak out*; ⟨v. woede⟩ *blow one's top*
dakgoot *gutter*
dakje *circumflex (accent)*
dakkapel *dormer (window)*
dakloos *homeless* ★ vele mensen raakten ~ *many people were made homeless*
dakloze *homeless person*
dakpan *(roof) tile*
dakraam *skylight*; *attic/garret window*
dakterras *roof garden*
daktuin *roof garden*
dal ⟨algemeen⟩ *valley*; ⟨vnl. Noord-Engeland⟩ *dale*; ⟨nauw⟩ SCHOTS *glen*
dalai lama *Dalai Lama*
dalen • omlaag gaan *descend*; ⟨v. vliegtuig⟩ *descend*; ⟨aan grond komen⟩ *land*; ⟨zon⟩ *sink* • verminderen ⟨prijs, temperatuur⟩ *fall*; *drop* ★ zijn stem laten ~ *lower one's voice*
daling • het omlaag gaan *descent*; ⟨v. vliegtuig⟩ *descent*; ⟨het aan de grond komen⟩ *landing* • vermindering ⟨prijs, temperatuur⟩ *fall*; *drop*
dalmatiër *dalmation*
daltononderwijs *Dalton (plan) education*
dalurenkaart *off-peak railcard*
daluur *off-peak hour*
dam • waterkering *dam* • dubbele damschijf *king* ★ een dam halen *crown a draughtsman*
damast *damask*
dambord BE *draughtboard(s)*; AE *checkerboard*
dame *lady*; ⟨bij dans, aan tafel, e.d.⟩ *partner*; ⟨schaakspel⟩ *queen* • een dame halen *queen a pawn* ★ dames ⟨opschrift⟩ *ladies (only)*
damesachtig *ladylike*
damesblad *women's magazine*
damesfiets *woman's/lady's/girl's bike/bicycle*
dameskapper *ladies' hairdresser/stylist*
damesmode *ladies' fashion*; *women's fashion*
damestoilet *ladies' toilet*; *ladies'*; AE *rest room*
damesverband *sanitary towel*; AE *sanitary napkin*
damhert *fallow-deer*
dammen *play draughts*; AE *play checkers*
damp • stoom *steam* • rook *smoke*; ⟨schadelijk⟩ *fume* [meestal mv] ★ kwade/schadelijke dampen *noxious fumes* • wasem *steam*; ⟨nevel⟩ *mist* • NAT. *vapour*
dampen • damp afgeven ⟨damp⟩ *steam*; ⟨rook⟩ *smoke*; *fume* • roken ↑ *smoke*; *puff*
dampkring *atmosphere*
damschijf *draughtsman*; AE *checker*
damspel *draughts* [mv]; AE *checkers* [mv]
damsteen *draught(sman)*; AE *checker (man)*
dan I ZN behendigheidsgraad *dan* II BIJW • op die tijd *then* • in dat geval vaak onvertaald laten ★ en wat dan nog? *so what?* ★ als 't regent, dan kom ik niet *if it rains, I won't/shan't come* ★ dan nog geloof ik het niet *even so I don't belief it* ★ nu eens ... dan weer ... *now ... now ...* III VW • na 'niet'/'niemand' *but* • na vergrotende trap *than* ★ groter/langer dan *bigger/longer than* • na 'anders' ★ anders dan hij heeft gezegd *different from what he said*
dancing *dance hall*; *discotheque*

da

dandy *dandy*

danig I BNW 〈pak slaag〉 *sound*; 〈afgang〉 *severe* II BIJW *soundly*; *severely*; *terribly* ★ zich ~ vergissen *be badly mistaken*

dank *gratitude* ★ hartelijk dank! *thank you very much!* ★ dank voor de informatie *thanks for the information* ★ geen dank! *not at all!*; *you're welcome!*; *don't mention it!* ★ 〈aan〉 iem. dank betuigen *render thanks to s.o.* ★ in dank ontvangen *receive with thanks*

dankbaar ● dank voelend *thankful*; *grateful* ● voldoening gevend *rewarding*

dankbaarheid *gratitude* ★ uit ~ voor *in appreciation of*

dankbetuiging *expression of thanks* ★ onder ~ *with thanks*

danken I OV WW ● bedanken *thank*; *give thanks* ★ dank je/u 〈bij aanneming〉 *thank you*; 〈bij weigering〉 *no, thank you* ★ dank u zeer! *thank you*; *thanks very much* ★ niets te ~! *you're welcome* ● verschuldigd zijn *owe*; *be indebted* ★ hij heeft het aan zichzelf te ~ *he only has himself to blame*; *its his own fault* ★ iem. iets te ~ hebben *owe s.th. to a person* ★ dat heb ik aan hem te ~ *I owe it to him* ● dank je feestelijk! *no, thank you!*; *not likely!* ● ik dank ervoor om ... *I decline/refuse to ...* II ON WW bidden *say grace*

dankwoord *word of thanks*

dankzeggen *thank*

dankzegging ★ onder ~ voor bewezen diensten *with thanks for services rendered*

dankzij *thanks to*

dans *dance* ● de dans ontspringen *have a lucky escape*; *get off (scot-free)*

dansen *dance* ● vanavond wordt er gedanst *tonight there will be a dance*

danser *dancer*

dansles *dancing-lesson*

dansorkest *dance band/orchestra*

dansschool *dancing school*

dansvloer *dance floor*

danszaal *ballroom*

dapper *brave*; 〈officier〉 *gallant*; 〈ridder〉 *valiant*; 〈oude vrouw, kind〉 *plucky*

dapperheid *bravery*; 〈v. soldaat〉 *gallantry*; *valour*

dar *drone*

darm *intestine*; *gut* ★ dikke darm *large intestine* ★ dunne darm *small intestine* ★ darmen *intestines*; *bowels*

darmflora *intestinal bacteria*

darmkanaal *intestinal tract*

darmklachten *intestinal complaints*

dartel *playful*; 〈v. dieren〉 *frisky*

dartelen 〈v. dier〉 *frisk*; 〈v. kinderen, e.d.〉 *frolic*

darts *darts*

das ● dier *badger* ● sjaal *scarf* ● stropdas *tie* ● iem. de das omdoen *do (the business) for a person*; *cook a person's goose*

dashboard *dashboard*; *dash*; 〈in vliegtuig〉 *instrument panel*

dashboardkastje *glove compartment*

dashond *dachshund*

dasspeld *tie-pin*

dat I AANW VNW *that* [mv: *those*] ★ wat zijn

dat? *what are they (those)?* ★ dat zijn de wielen *those are the wheels* ★ ben jij dat? *is that you?* ★ op dat en dat uur *at such and such an hour* ● het is niet je dat *it's not it* II BETR VNW *that*; *which* III VW *that* IV AFK digital audio tape *dat*

data *data* ★ data invoeren *enter/input data* ★ data opslaan *save data* ★ data oproepen/opvragen *retrieve data*

databank *data bank*; *data base*

datacommunicatie *data communication*

datatransmissie *data transmission*

datatypist *data typist*

dateren I OV WW van datum voorzien *date* ★ een brief gedateerd... *a letter dated...*; *under date...* ★ later ~ *postdate* II ON WW stammen(van) *date back to/from*

datgene *that* ★ ~ wat *that which*

datief I ZN *dative* II BNW *dative*

dato *date*; *dated* ★ drie maanden na dato *three months after date*

datum *date* ★ ~ postmerk *date as postmark* ★ zonder ~ *undated* ★ ~ van ingang *date of entry/effect*

datumgrens *dateline*

datumstempel ● apparaat *date-stamping machine*; *date stamper* ● afdruk *date stamp*

datzelfde *the same*

dauw *dew*

dauwtrappen ≈ *take a walk at dawn*

daveren *boom*; *thunder* ★ doen ~ *shake* ● een ~d succes *a resounding success*

daverend *resounding*; *roaring*; FIG. *thunderous* ★ ~e hoofdpijn *a splitting headache*

davidster *Star of David*

DDR *GDR*; *German Democratic Republic*; *East Germany*

de *the*

deactiveren *deactivate*

deadline *deadline*

deal *deal* ★ package deal *package deal*

dealen ★ ~ in harddrugs *deal in hard drugs*

dealer ● vertegenwoordiger *dealer* ● handelaar in drugs *dealer*; *pusher*

debacle *collapse*; *crash*

debat *discussion*; 〈formele aangelegenheid〉 *debate* ★ in ~ treden met *enter into debate with* ★ het ~ sluiten *close the debate*

debatteren *discuss*; FORM. *debate*

debet I ZN tegoed *debit* ★ ~ en credit *debit and credit* II BNW ● wij zijn er niet ~ aan *we are not to blame for it* ● haar ziekte zal er wel ~ aan zijn *her illness will have s.th. to do with it*

debetnota *debit note/slip*

debetrente *debit interest*

debetzijde *debit side*

debiel I ZN *mentally defective person*; 〈scheldwoord〉 *moron* II BNW *backward*; *mentally defective*

debiteren ● vertellen ★ 'n grap ~ *crack a joke* ● als debet boeken ★ wij zullen u voor het bedrag ~ *we shall debit you with the amount*

debiteur *debtor*

debriefen *debrief*

debutant *debutant* [v: *debutante*]; 〈beginner〉 *novice*; 〈speler, e.d.〉 *novice*; *new talent*;

〈club〉 *newcomer*
debuteren *make one's début*; *one's first appearance*
debuut *début*; *first appearance*
debuutroman *first novel*
decaan • faculteitsvoorzitter *dean* • studieadviseur *(student) counsellor*
decadent *decadent*
decadentie *decadence*
decanteren *decant*
december *December*
decennium *decade*; LIT. *decennium* [mv: *decennia*]
decent *decent*
decentraliseren *decentralize*
deceptie *disappointment*
decharge • ont-/opheffing *discharge* • vrijspreking *acquittal*; *discharge* ▼ getuige à ~ *witness for the defence (AE: defense)*
deci- *deci*
decibel *decibel*
deciliter *decilitre*
decimaal I ZN *decimal* ★ tot op drie decimalen uitrekenen *calculate to three decimals* II BNW *decimal*
decimeren *decimate*
decimeter *decimetre*
declamatie *declamation*; 〈voornamelijk van verzen〉 *recitation*
declameren *declaim*; 〈voornamelijk van verzen〉 *recite*
declarabel *declarable*
declarant • iem. die declareert 〈algemeen〉 *declarer* • bediende expeditiefirma *customs clerk* • JUR. *accountable person/party*
declaratie • onkostennota *expenses claim*; *statement of expenses* ★ een ~ indienen *put in one's claim* • aangifte (v. belasting) *declaration of income*; 〈voor douane〉 *(customs) declaration*
declareren • in rekening brengen *declare (expenses)* • aangifte doen *declare*
declasseren • in lagere klasse zetten *downgrade*; *declass*; *degrade* • overklassen *outclass*
declinatie TAALK. *declension*; NAT. *declination*; ASTRON. *declination*
decoder *decoder*
decoderen *decode*
decolleté *décollete*; *low-necked dress*
decompressie *decompression*
deconfiture • mislukking *defeat*; *failure* • bankroet *bankruptcy*; *financial ruin*
deconstructivisme *deconstructivism*
decor *scenery*; 〈film〉 *set*; FIG. *background* ★ het ~ wisselen *change the scene*
decoratie • versiering *decoration* • onderscheiding *decoration*; ↓ *medal*
decoratief *decorative*; *ornamental* ★ decoratieve kunst *ornamental/decorative art*
decoreren *decorate*
decorstukken *(pieces of) scenery*
decorum *decorum* ★ het ~ bewaren *maintain the decorum*
decoupeerzaag *jigsaw*
decreet *decree*

decrescendo *decrescendo*
dédain *contempt*; *disdain*
de dato *dated*
deduceren *deduce*
deductie *deduction*
deeg *dough*; 〈v. gebak〉 *paste*
deegroller *rolling pin*
deegwaren *pasta*
deejay *deejay*
deel I ZN (de) dorsvloer *threshing-floor* II ZN (het) • gedeelte *part*; *portion*; *share* ★ deel uitmaken van *form part of* ★ ten dele *partly*; *in part* ★ voor 't grootste deel *for the greater/ most part* ★ ik wil er geen deel aan hebben *I won't be a party to it* • boekdeel *volume*; 〈groot en dik〉 *tome* ▼ iem. ten deel vallen *fall to a person's share* ▼ de eer die mij ten deel valt *the honour conferred upon me*
deelachtig ★ ~ worden *obtain*; *acquire* ★ ~ zijn *participate in*; *share* ★ iem. iets ~ maken *impart s.th. to s.o.*
deelbaar *divisible* ★ niet ~ getal *prime number* ★ 8 is ~ door 4 *8 is divisible by 4* ★ ~ getal *composite number*
deelgebied *(sub)sector*; *area*; 〈industrie〉 *branch*
deelgemeente ≈ *borough*
deelgenoot *sharer*; *partner* ★ iem. ~ maken van een geheim *disclose a secret to a person* ★ iem. ~ maken van zijn geluk *share one's happiness with a person*
deellijn *dividing line*; WISK. *bisector*
deelname *participation (in)*
deelnemen • meedoen (met) ★ ~ aan *take part in*; 〈gesprek〉 *join in*; 〈vergadering〉 *attend* • meevoelen (in) *sympathize with*
deelnemer *participant*; 〈wedstrijd〉 *competitor*; 〈examen〉 *candidate*; 〈congres, e.d.〉 *member*
deelneming • het meedoen *participation*; 〈aan wedstrijd〉 *entry* • medeleven *sympathy* ★ iem. zijn ~ betuigen *extend/express one's sympathy/condolances*; FORM. *condole s.o.*
deels *partly* ★ ~ door ..., deels door ... *what with... and...*
deelstaat *federal state*
deelstreep *bar of division*; 〈op schaal〉 *mark*
deeltal *dividend*
deelteken *division sign*
deeltijd *part-time* ★ in ~ werken *work part-time*
deeltijdarbeid *part-time work*
deeltijdbaan *a part-time job*
deeltijder *part-timer*; *part-time employee*
deeltijdwerker → deeltijder
deeltje • klein deel *particle*; *grain* • kleinste hoeveelheid *particle*
deeltjesversneller *cyclotron*; *particle accelerator*
deelverzameling *subset*
deelwoord *participle* ★ voltooid ~ *past participle* ★ tegenwoordig ~ *present participle*
deemoed *meekness*; *humility*
deemoedig *humble*; *meek*
Deen *Dane* ▼ zij is een Deense *she is Danish*; *she is a Dane*
Deens I ZN *Danish* II BNW *Danish*
deerlijk I BNW jammerlijk *pitiful*; *sad*; *miserable* II BIJW • in hoge mate ★ ~ gehavend *sadly battered*; *badly damaged* ★ ~ gewond *badly/*

grievously wounded ★ ~ toegetakeld *in a sorry state*; *knocked about*

deernis *pity*; *compassion*

deerniswekkend *pitiful*; *pathetic*

defaitisme *defeatism*

defect I ZN *defect*; ⟨onvoorzien⟩ *hitch* ★ een ~ krijgen *have a breakdown* **II** BNW *defective*; ⟨opschrift⟩ *out of order*; ⟨auto⟩ *broken-down*

defensie *defence*

defensief I ZN *defensive* ★ in het ~ gedrongen worden *be forced into the defensive* **II** BNW *defensive*

defibrilleren *defibrillate*

deficiëntie *deficiency*; *shortcoming*

deficit *deficit*

defilé *procession*; MIL. *march-past*

defileren *march past*

definiëren *define*

definitie *definition*

definitief ⟨antwoord⟩ *definite*; ⟨besluit⟩ *final*; ⟨v. documenten/papieren⟩ *definitive* ★ een definitieve regeling *a permanent arrangement*

deflatie *deflation*

deformeren *deform*; *disfigure*

deftig ⟨man, gezicht⟩ *distinguished*; ⟨verschijning, huis⟩ *stately*; ⟨stijl⟩ *dignified*; ⟨gemaakt⟩ *genteel* ★ doe niet zo ~ *don't be so pompous*

degelijk I BNW • stevig *solid*; *sound* • betrouwbaar *reliable*; *respectable*; *solid*; *thorough* **II** BIJW • wel ~ *most certainly*; *actually*

degen *sword*; ⟨schermdegen⟩ *foil* ▼ de ~s kruisen *cross swords*

degene ★ ~ die... *he/she who...* ★ ~n die... *those who...*

degeneratie *degeneration*; ⟨gedrag, e.d.⟩ *degeneracy*

dégénéré *degenerate*

degenereren *degenerate*

degenslikker *sword swallower*

degradatie *degradation*; MIL. *demotion*; *reduction*; SPORT *relegation*

degradatiewedstrijd *relegation match*

degraderen I OV WW in rang verlagen *degrade*; MIL. *reduce to (the ranks)*; SPORT *relegate* **II** ON WW rang verliezen *be degraded*; *be relegated* ★ deze club is gedegradeerd naar de tweede divisie *this club has been relegated to the second division*

dehydratie *dehydration*

deinen *heave*; *roll*

deining • golfbeweging *swell*; *roll* • opschudding *commotion*; *excitement* ★ een grote ~ veroorzaken *cause a great stir*

dek • bedekking ⟨algemeen⟩ *cover*; ⟨voor paard, enz⟩ *blanket*; ⟨lakens, dekens, enz⟩ *bed-clothes* • scheepsvloer *deck*

dekbed *duvet*; *continental quilt*; ⟨donzen⟩ *eiderdown (quilt)*

dekbedovertrek *quilt cover*

deken • textielen bedekking *blanket* • overste ⟨v. kapittel⟩ *dean*; ⟨v. ambassade⟩ *doyen (of ambassadors)*

dekhengst *(breeding) stallion*; *stud*

dekken • bedekken *cover*; ⟨met dakpannen⟩ *tile*; ⟨met leien⟩ *slate*; ⟨met riet⟩ *thatch* ★ de tafel ~ *lay the table* • vergoeden *cover* ★ onkosten ~ *cover/meet expenses* ★ gedekt zijn tegen verlies *be secured against loss(es)* • beschutten *screen s.o.*; MIL. *take cover*; ⟨sauveren⟩ *shield s.o.*; *cover s.o.* • paren met *serve* • SPORT ⟨tegenstander⟩ *mark*; ⟨teamgenoot⟩ *cover* ▼ hou je gedekt *keep your head down*; ⟨wees kalm⟩ INF. *keep your hair on*

dekking • beschutting *cover*; *shelter*; SPORT *marking* ★ ~ zoeken *take cover* • bevruchting *service*

deklaag ⟨verf⟩ *finishing coat*; *top coat*; ⟨weg- en waterbouw⟩ *covering layer*

dekmantel ★ onder de ~ van *under the cloak of*

deksel *cover*; *lid*

deksels I BNW *damned*; *dashed* ★ een ~e ellende *a confounded nuisance* ★ een ~ mooie juffrouw *a damned lovely lady* **II** TW *blast!*

dekzeil *tarpaulin*; ⟨v. auto⟩ *weather apron*

del *slut*; *tart*

delegatie *delegation*

delegeren *delegate*

delen I OV WW • splitsen *divide (by)* ★ 8 ~ door 2 *divide 8 by 2* ★ 2 op 8 ~ *divide 8 by 2* • samen hebben *share* ★ wij ~ haar mening niet *we don't share her opinion* **II** ON WW (in) *share in*; *participate in* ★ in de winst ~ *share in the profits* ▼ eerlijk ~! *fifty fifty!*; *share and share alike!*

deler REKENK. *divisor*

deleten *delete*

delfstof *mineral*

delgen *pay off* ★ een schuld ~ *discharge a debt*

delibereren *deliberate (over/on)*

delicaat *delicate*

delicatesse • lekkernij *delicacy* • tact *delicacy*; *consideration*

delicatessenwinkel *delicatessen*

delict *offence*; *delict*

deling • het (ver)delen *division*; ⟨v. huis, land⟩ *partition* • WISK. *division*

delinquent *delinquent*; FORM. *offender*

delirium *delirium* ★ ~ tremens *delirium tremens*; *D.T.s*; INF. *the horrors*

delta *delta*

deltavliegen *hang-gliding*

Deltawerken *delta works*

delven *dig*

demagogie *demagogy*

demagoog *demagogue*

demarcatielijn *demarcation-line*

demarche *démarche*

demarreren *break away (from)*; *dash off*

dement *demented*

dementeren I OV WW logenstraffen *deny* **II** ON WW dement worden *grow demented*

dementi *denial*

dementie *dementia*; *dotage*

demilitariseren *demilitarize*

demissionair ★ het ~e kabinet *the outgoing Cabinet*

demo *demo*

demobilisatie *demobilization*

demobiliseren *demobilize*; INF. *demob*
democraat *democrat*
democratie *democracy*
democratisch *democratic*
democratiseren *democratize*
demografie *demography*
demografisch *demographic*
demon *demon*
demonisch *demonic*
demonstrant *demonstrator*
demonstratie *demonstration*
demonstratief I BNW *ostentatious; demonstrative* II BIJW *ostentatiously* ★ ~ weglopen *walk out/leave in protest*
demonstreren I OV WW aantonen *demonstrate; show* II ON WW betoging houden *demonstrate (for/against); hold a protest march*
demontabel *something which can be disassembled;* ⟨afneembaar⟩ *detachable; removable*
demontage TECHN. *dismantling*
demonteren ⟨machine, motor⟩ *strip/dismantle/ disassemble;* ⟨bom, mijn⟩ *defuse/deactivate*
demoralisatie *demoralization*
demoraliseren *demoralize*
demotie *demotion*
demotiveren *demotivate*
dempen • dichtgooien *fill up* ★ een gracht ~ *fill in a canal* • onderdrukken ⟨opstand⟩ *quell; put down;* ⟨licht⟩ *dim* ★ gedempt geluid *muffled sound* ★ met gedempte stem *in a hushed/subdued voice*
demper • knalpot *silencer* • schokdemper *shock absorber* • MUZ. *mute*
den *fir(-tree)*
denappel *fir-cone*
Den Bosch *Den Bosch*
denderen *rumble*
denderend ⟨lawaai⟩ *thundering;* ⟨succes⟩ *tremendous; overwhelming;* ⟨feest⟩ *wild*
Denemarken *Denmark*
Den Haag *The Hague*
denigrerend *denigratory; belittling* ★ ~ over iem. spreken *run s.o. down; speak disparagingly about s.o.*
denim *denim*
denkbaar *imaginable; conceivable*
denkbeeld • gedachte *notion; idea; thought* • plan *idea; plan* ★ op het ~ komen ... *hit on the idea of ...* ★ iem. op het ~ brengen *put an idea into s.o.'s head* • mening *opinion; view; idea* ★ zich een ~ vormen van *form an idea of*
denkbeeldig *imaginary*
denkelijk *probable; likely*
denken I ZN *thinking; thought* II OV WW • van mening zijn *think; be of the opinion* ★ ik weet niet wat ik van hem moet ~ *I don't know what to make of him* • vermoeden *think; suppose* ★ dat dacht ik al! *I thought as much!* • bedenken *think; imagine* ★ het laat zich (gemakkelijk) ~ *it may (easily) be imagined; that is conceivable* ▼ bij zichzelf ~ *think to o.s.* III ON WW • nadenken *think; consider* ★ wel, hoe denk je erover? *well, how about it?* ★ hij is er anders over gaan ~ *he has changed his mind about it* ★ die kunnen

alleen maar aan geld ~ *all they can think of is money* ★ ik moet er nog even over ~ *I want/need to give it some further thought* • van plan zijn *think of/about; intend to; plan to* ★ ik denk dit jaar eindexamen te doen *I intend to take my final exam this year* ★ zij ~ dit jaar nog een nieuw huis te kopen *they are planning to buy a new house this year* • niet vergeten ★ denk eraan dat je komt! *mind you come!; be sure to come* ★ doen ~ aan *suggest; remind (one) of* ★ ~ om *think of; remember* ★ denk om het afstapje *mind the step* ▼ geen ~ aan! *out of the question!; no way/chance!; not likely!* ▼ dat geeft te ~ *that sets one thinking; that makes you think* ▼ ik denk er niet aan! *I wouldn't dream of it; I won't (even) consider it!* ▼ ik moet er niet aan ~! *it does not bear thinking of*
denker *thinker; philosopher*
denkfout *logical error; mistake in thought; error of reasoning*
denkpatroon *pattern of thought; thought pattern; way of thinking*
denksport *puzzle-/problem-solving*
denktank *think tank*
denkvermogen *intellectual capacity*
denkwereld *(way of) thinking; mental world; mentality*
denkwijze • manier van denken *way of thinking* • opvatting *view; mentality*
dennenappel *fir-cone*
dennenboom *fir-tree*
dennennaald *fir-needle; pine-needle*
denotatie *denotation*
deodorant *deodorant*
departement *department*
dependance *annex(e)* ★ de ~ van de school *the annex(e) to the school*
depersonalisatie *depersonalization*
deponeren • neerleggen *deposit; put down; place* • in bewaring geven ★ bij een bank ~ *deposit with/in a bank*
deportatie *deportation*
deporteren *deport*
deposito *deposit* ★ in ~ hebben *hold on deposit* ★ in ~ geven *deposit with*
depositorekening *deposit account*
depot • bewaarplaats *depot; store* • wat bewaard wordt *(goods on) deposit*
deppen *dab*
depreciëren • in waarde dalen *depreciate* • waarde verlagen *depreciate;* ⟨officieel van geld⟩ *devalue*
depressie *depression* ★ een economische ~ over de hele wereld *a world-wide economic depression* ★ een ~ uit het noorden *a depression moving in from the North*
depressief *depressive*
depri *depressief depressed;* INF. *down*
deprimeren *depress*
deprivatie *deprivation*
deputatie *deputation*
der *of the* ▼ de laatste der mohikanen *the last of the Mohicans*
derailleren *be derailed*
derailleur *derailleur (gear)*

derby *(local) derby*
derde *third* ★ een ~ deel *a third (part)*
derdegraads *third-degree*
derdegraadsverbranding *third degree burn*
derdegraadsverhoor *third degree (interrogation)*
derderangs *third rate*
derdewereldland *Third World country*
dereguleren *deregulate*
deregulering *deregulation*
deren • schaden *harm*; *injure*; *hurt* ★ dat deert me niet *it doesn't hurt/affect me* • verdriet doen *hurt*; *upset*
dergelijk *such(-like)*; *similar* ★ iets ~s heb ik nog nooit beleefd *I have never seen anything like it*; *I have never experienced anything like it*
derhalve *so*; *consequently*; *therefore*
derivaat *derivative*
dermate *to such an extent* ★ hij was ~ gewond *he was so badly wounded* ★ ~ boos *so angry*
dermatologie *dermatology*
derrie • viezigheid *muck*; *goo* • laagveen *peat*
derrière *derrière*; *bottom*
dertien *thirteen*
dertiende *thirteenth* ★ het is vandaag de ~ *today is the thirteenth*; *it's the thirteenth today*
dertig *thirty*
dertiger *someone in his thirties*
dertigste *thirtieth* ★ het is vandaag de ~ *today is the thirtieth*; *it's the thirtieth today*
derven *miss out on*; *lack*; ⟨ontberen⟩ *lack*; ⟨mislopen⟩ *lose* ★ inkomsten ~ *lose income*
des I ZN *D flat* II BIJW ★ des te beter *all the better* ★ des te meer daar... *the more so as...* ★ hoe meer...des te beter... *the more...the better...*
desalniettemin *nevertheless*
desastreus *disastrous*
desavoueren *repudiate*; ⟨niet erkennen⟩ *disown*
desbetreffend *relevant*; *relative*
descendant *descendant*
descriptief *descriptive*
desem *leaven*; *yeast*
desensibilisatie *desensitizing*
deserteren *desert*
deserteur *deserter*
desertie *desertion*
desgevraagd *if required/requested* ★ ~ verklaarde hij dat... *on being asked, he declared that...*
desgewenst *if desired*; *if you like*
design I ZN • het ontwerpen *artistic design* ★ het ~ van meubels *the styling/designing of furniture* • object *design*; ⟨artistically styled⟩ *designed object* II BNW *design* ★ ~ meubels *design furniture*
desillusie *disillusion(ment)*
desinfectans *desinfectant*; *antiseptic*
desinfecteermiddel *disinfectant*; *antiseptic*
desinfecteren *disinfect*
desinformatie *misinformation*
desinteresse *lack of interest*
desinvestering *disinvestment*
desktop *desktop*

desktop publishing *desktop publishing*
deskundig *expert*; *professional* ★ ~ advies *expert/professional advice*
deskundige *expert (in/at)*; *authority (on)*; *specialist (in)* ★ oorlogs~ *war expert*
desnoods *if need be*
desolaat • troosteloos *dismal*; ⟨woest, verlaten⟩ *desolate*; ⟨treurig⟩ *disconsolate* • verwaarloosd *desolate*; *ruinous* ★ desolate boedel *insolvent estate*
desondanks *in spite of*
desoriëntatie *disorientation*
despoot *despot*
dessert *dessert*
dessertwijn *dessert wine*
dessin *design*; *pattern*
destabiliseren *destabilize*
destijds *at the time*
destil- → **distil-**
destructie *destruction*
destructief *destructive*
detachement *detachment*; *draft*
detacheren *sent on secondment* ★ hij werd aan een nieuw ziekenhuis gedetacheerd *he was posted to a new hospital*
detail *detail*
detailhandel *retail trade*
detailleren *detail*; *specify*
detaillist *retail trader*; *retailer*
detailopname *close-up (picture)*; *detailed photograph*; *detail*
detecteren *detect*
detectie *detection*
detective • persoon *detective* • roman *detective story/novel*
detector *detector*
detentie *detention*; *arrest*; *custody*
determinant *determinant*
determineren *determine*; BIOL. *identify*
determinisme *determinism*
detineren *detain*
detoneren • vals klinken *be out of tune* • ontploffen *detonate* • uit de toon vallen *be out of keeping*; *not fit in*
deuce *deuce*
deugd *virtue*
deugdelijk • degelijk *sound*; *reliable* • gegrond *sound*; *valid* ★ ~ bewijs *solid/sound evidence*
deugdzaam *virtuous*; *upright*; *honest* ★ een ~ leven leiden *lead an honest life*
deugen • geschikt zijn ★ hij deugt niet voor zijn werk *he is no good at his job* • braaf zijn ★ nergens voor ~ *be a good-for-nothing* ★ hij deugt voor geen cent *he is a thoroughly bad lot* ★ hij deugt niet *he is a bad egg*
deugniet ⟨rakker⟩ *scamp*; ⟨slecht persoon⟩ *good-for-nothing* ★ kleine ~ *little rascal*
deuk • buts *dent* • knauw *blow*; *shock* ★ zijn zelfvertrouwen heeft een deuk gekregen *his self-confidence took a knock* ▼ in een deuk liggen *be in stitches*
deuken I OV WW deuken maken *dent* II ON WW deuken krijgen *be dented*
deuntje *ditty* ▼ een ~ zitten huilen *have a little cry*; *cry a little*
deur *door* ★ de deur uitgaan *leave the house, go*

out of doors ★ hij deed de deur voor mijn neus dicht *he shut the door in my face* ★ aan de deur *at the door* ▾ dat doet de deur dicht *that settles it;* INF. *that puts the (tin) lid on it* ▾ met gesloten deuren *behind closed doors* ▾ een open deur intrappen *say/state the obvious* ▾ iem. de deur wijzen *show a person the door* ▾ iem. de deur uitzetten *turn a person out of the house* ▾ met de deur in huis vallen *come straight out with it; come straight to the point* ▾ aan de deur wordt niet gekocht *no hawkers* ▾ voor een gesloten deur staan *find the door locked*

deurdranger *door spring/closer*

deurknop *door handle; doorknob*

deurmat *doormat*

deurpost *door-post*

deurwaarder *bailiff;* ⟨in rechtszaal⟩ *usher*

deuvel *dowel*

deux-chevaux *deux-chevaux*

deux-pièces *two-piece (suit)*

devaluatie *devaluation;* ⟨prijzen⟩ *depreciation*

devalueren I OV WW minder waard maken *devalue* II ON WW minder waard worden *devalue*

deviatie *deviation*

devies ● stelregel *device; motto* ● betaalmiddel *foreign exchange*

deviezenhandel *foreign exchange*

deviezenreserve *foreign currency reserves*

Devoon *Devonian period*

devoot ● vroom *pious; devout* ● toegewijd *devoted*

devotie *devotion; piety*

dextrose *dextrose*

deze *this* ⟨MV: *these*⟩ ★ deze en gene *this one and the other; this and that* ★ deze of gene zal me wel helpen *s.o. or other will help me* ★ bij deze of gene gelegenheid *on this or that occasion* ★ bij (door) dezen *herewith*

dezelfde *the same*

dia *transparency; slide*

diabetes *diabetes*

diabeticus *diabetic*

diabolo *diabolo*

diacones *deaconess;* ⟨verpleegster⟩ *(sick)nurse*

diadeem *diadem; tiara*

diafragma *diaphragm*

diagnose *diagnosis*

diagnosticeren *diagnose*

diagnostisch *diagnostic*

diagonaal I ZN *diagonal* II BNW *diagonal*

diagram *diagram*

diaken *deacon*

diakritisch *diacritic(al)* ★ ~e tekens *diacritical marks*

dialect *dialect*

dialectiek *dialectics*

dialectologie *study of dialects*

dialoog *dialogue*

dialyse *dialysis*

diamant *diamond*

diamantair *diamond dealer/merchant*

diamanten *diamond*

diameter *diameter;* ⟨v. cilinder⟩ *bore*

diametraal *diametral;* FIG. *diametrical*

diapositief *slide*

diaprojector *slide projector*

diaraampje *slide frame/mount*

diarree *diarrhoea*

dicht I BNW ● gesloten *closed; shut* ● opeen *close; dense* ★ ~e mist *dense fog* ★ ~ geweven stof *closely woven fabric* II BIJW ● dichtbij ★ ~ bij *near; close to* ★ ~ op *close upon* ● opeen ★ sta niet zo ~ op elkaar *don't crowd together so much* ● toe ★ het wil niet ~ *it won't shut*

dichtader *poetic vein*

dichtbegroeid *overgrown; densely wooded; thickly covered (with...)*

dichtbevolkt *densely populated*

dichtbij *close at hand; near by* ★ van ~ *at close quarters*

dichtbinden *tie up*

dichtbundel *collection of poems; book of poetry/verse*

dichtdoen *shut; close*

dichtdraaien *turn off*

dichten ● in dichtvorm schrijven *write verses/poetry* ● dichtmaken *close;* ⟨gat, e.d.⟩ *stop (up)*

dichter *poet*

dichterbij I BNW *nearer; closer* II BIJW *nearer; closer; more closely*

dichteres *poetess*

dichterlijk *poetic(al)* ★ ~e vrijheid *poetic licence*

dichtgaan *close; shut*

dichtgooien ● met klap dichtdoen *bang;* ⟨deur⟩ *slam* ● dichtmaken *fill in*

dichtheid *density*

dichtklappen I OV WW hard dichtdoen *snap shut* ★ hij klapte de deur dicht *he slammed the door* II ON WW ● hard dichtgaan *close with a bang* ★ de deur klapte dicht *the door banged shut* ● zich niet uiten *clam up* ★ hij klapte tijdens zijn examen helemaal dicht *he clammed up during his exams*

dichtknijpen *close* ★ zijn handen ~ *clench one's fingers* ★ zijn neus ~ *pinch his nose* ★ iemands keel ~ *take s.o. by the throat* ▾ je kunt je handen ~ *you may count yourself lucky* ▾ een oogje ~ *turn a blind eye*

dichtkunst *(art of) poetry*

dichtmaken *close;* ⟨jas⟩ *button up*

dichtnaaien *sew/stitch up*

dichtplakken *seal up*

dichtregel *verse; line (of poetry)*

dichtslaan I OV WW krachtig dichtdoen *bang; slam* ★ hij sloeg de deur voor mijn neus dicht *he slammed the door in my face* II ON WW ● PSYCH. *clam up* ● hard dichtgaan *slam shut; bang to*

dichtslibben *silt up; get/become silted up*

dichtspijkeren *nail up*

dichtstbijzijnd *nearest* ★ de ~e supermarkt *the nearest supermarket*

dichtstoppen ⟨met prop, plug⟩ *plug;* ⟨gat enz.⟩ *stop up/fill*

dichttimmeren ⟨met planken enz.⟩ *board up;* ⟨sluiten⟩ *nail up*

dichttrekken I OV WW dichtdoen *pull to;* ⟨gordijnen ook⟩ *draw* II ON WW bewolkt worden *cloud over*

dichtvriezen *freeze over*
dichtwerk • groot gedicht *long/epic poem*
  • gedichten *poetic works*
dichtzitten • afgesloten zijn *be closed; blocked*
  ★ de ramen zitten dicht *the windows have got stuck* • niet zichtbaar zijn door mist *not be visible due to fog* ★ het vliegveld zit dicht door de mist *the airport is fog bound*
dictaat • aantekeningen *(lecture) notes* • een ~ maken *take notes* • het dicteren *dictation* ★ een ~ opnemen *take a dictation*
dictafoon *dictaphone*
dictator *dictator*
dictatoriaal *dictatorial*
dictatuur *dictatorship*
dictee *dictation*
dicteerapparaat *dictating machine*
dicteren *dictate*
dictie *diction*
dictionaire *dictionary*
didactiek *didactics*
didactisch *didactic*
didgeridoo *didgeridoo*
die I AANW VNW *that* [mv: *those*] ★ Jan? die is boven *John? he is upstairs* ▼ Mijnheer die en die *Mr. So and So* II BETR VNW ⟨personen en zaken⟩ *that*; ⟨personen⟩ *who*; ⟨zaken⟩ *which*
dieet *diet; regimen* ★ ~ houden *diet; be on a diet* • een streng ~ volgen *follow a strict diet/regimen*
dieetmaaltijd *dietary meal*
dief *thief*; ⟨met inbraak⟩ *burglar* ★ houdt de dief! *stop thief!* ▼ wie eens steelt, is altijd een dief *once a thief, always a thief* ▼ hij is een dief van zijn eigen portemonnee *he is robbing his own purse* ▼ gelegenheid maakt de dief *opportunity makes the thief*
diefstal ⟨algemeen⟩ *theft*; ⟨voornamelijk met geweld⟩ *robbery*; ⟨met inbraak⟩ *burglary*
diegene *he/she who* ★ ~ die *he/she who* ★ ~n die... *those who...*
diehard *diehard*
dienaangaande *as to that; with respect/reference/regard to that; on that score*
dienaar *servant*
dienblad *(dinner-)tray*
diender *bobby; copper; cop* ▼ wat een dooie ~! *what a dull fellow/dog*
dienen I OV WW • in dienst zijn van *serve* • van dienst zijn ★ waarmee kan ik u ~? *what can I do for you?* • ~ van ~ iem. van advies ~ *advise a person* ★ iem. van repliek ~ *come right back at s.o.* ▼ men kan geen twee heren ~ *no man can serve two masters* ▼ daarvan ben ik niet gediend *none of that for me!* II ON WW • moeten ★ je dient te gaan *you should go; you ought to go* • als functie hebben ★ ~ als/tot *serve as/for* ★ waarvoor dient deze knop? *what's this button for?; what does this button do?* • geschikt/bruikbaar zijn ★ dat dient nergens toe *that is of no use; that is no good* ★ daarmee ben ik niet gediend *that is (of) no use to me* • soldaat zijn *serve; do one's military service* • JUR. *come up* ★ die zaak dient voor de rechtbank *that case will come up in court*

• eten opdienen ★ aan tafel ~ *wait at table*
dienovereenkomstig *accordingly*
dienst • het dienen *service* ★ iem. de ~ opzeggen *give a person notice* • werkzaamheden *duty* ★ ~ hebben *be on duty* ★ buiten ~ *off duty* • werking ★ buiten ~ stellen *put out of commission; withdraw from service*; ⟨v. schip⟩ *lay up* ★ zijn benen weigerden hun ~ *his legs felt like water; his legs gave under him* ★ ~ doen (als) *serve (for/as); do duty (for/as)* ★ in ~ stellen *put into service* ★ buiten ~ *out of order/use*; ⟨v. schip⟩ *laid up* ★ ten ~e van *for the use of* • behulpzame daad *service* ★ wat is er van uw ~? *what can I do for you?* ★ iem. een ~ bewijzen/doen *render/do a person a service* ★ tot uw ~ *don't mention it* ★ van ~ zijn *be of use* • betrekking *place; situation* ★ in ~ treden *go into service* ★ in ~ nemen *engage* ★ iem. in ~ hebben *employ s.o.* • godsdienstoefening *service* • het soldaat zijn ★ ~ weigeren *refuse to serve (in the army)* ★ ~ nemen *enlist; join the army* ★ in ~ gaan *go into the army* ★ de ~ verlaten *retire; be pensioned off* ★ generaal buiten ~ *retired general* • overheidsinstelling ★ geheime ~ *secret service* ▼ de ene ~ is de andere waard *one good turn deserves another*
dienstauto *official car*; ⟨v. zaak⟩ *company car*
dienstbaar ★ ~ maken aan *make subservient to*
dienstbetrekking • het in dienst zijn *employer - employee relationship* • functie *(gainful) employment* ▼ in ~ staan tot *be employed by*
dienstbevel *order*
dienstbode *maid-servant; servant girl*
dienstdoend *on duty*; ⟨waarnemend⟩ *acting*
dienstencentrum *social welfare centre; community welfare service*
dienstensector *service sector*
dienster *waitress*
dienstgeheim *official secret*
dienstig *useful; expedient*
dienstijver *professional zeal*
dienstjaar *year of service*
dienstklopper ≈ *martinet; fussy official*
dienstmededeling *staff announcement*
dienstmeisje *servant-girl*
dienstplicht *compulsory (military) service; conscription*
dienstplichtig *liable to (military) service*; AE *draftable* ★ ~ soldaat *conscript*
dienstplichtige *conscript*
dienstregeling *timetable*
dienstreis *official tour* ★ op ~ zijn *be on an official trip/tour*
diensttijd • MIL. *term of national service* • werktijd *period of service*; ⟨m.b.t. loopbaan⟩ *term of office*; ⟨dienstjaren⟩ *seniority* • arbeidsjaren voor pensioen *pensionable service*
dienstvaardig *willing; helpful*
dienstverband *employment* ★ in vast/los ~ werken *be employed on a permanent/temporary basis*
dienstverlening *(rendering of) service*
dienstweigeraar *conscientious objector*

di

dienstweigering *conscientious objection*
dienstwoning *official residence*
dientengevolge *therefore*; *consequently*
diep I ZN 〈vaart〉 *canal*; 〈vaargeul〉 *channel*; 〈diepe plaats in water〉 *deep* II BNW • *beneden/achteren deep*; FIG. *deep*; *profound* ★ *diepe buiging low bow* ★ *dieper maken/worden deepen* • *intens profound* ★ *diepe minachting profound contempt* ▾ *in het diepst van mijn ziel in my heart of hearts* ▾ *uit het diepst van mijn hart from the bottom of my heart* ▾ *het zit niet diep bij haar it doesn't go deep with her* III BIJW *deeply*; *profoundly* ★ *het schip ligt zeven voet diep the ship draws seven feet of water* ▾ *hij was diep gevallen he had fallen very low* ▾ *tot diep in de nacht till the early hours; (till) far into the night* ▾ *diep in de put zitten be depressed; be down (in the dumps)* ▾ *diep in de schulden zitten be deep in debt*
diep- ★ **diepblauw** *deep blue* ★ **dieptreurig** *deeply disstressing*
diepdruk *engraving*; *etching*
diepgaand 〈onderzoek〉 *searching*; 〈studie〉 *profound*
diepgang *profundity*; *draught*; FIG. *depth* ★ *dat boek heeft grote – that book is very profound*
diepgeworteld *deep rooted/seated*
dieplader *flatbed trailer*
diepliggend 〈ogen〉 *deep set*; 〈oorzaak, gevoelens〉 *deep seated*
diepte *depth*
dieptebom *depth charge*
diepte-interview *in-depth interview*
diepte-investering *capital-intensive investment*
dieptepsychologie *depth psychology*
dieptepunt • *laagste punt low point; low* • *slechtste toestand all time low*
diepvries • *het diepvriezen deep freeze* ★ ~*kip (deep) frozen chicken* • *vriezer deepfreeze; freezer*
diepvriesmaaltijd *freezer meal*; AE *TV meal*
diepvriesproduct *frozen product*; *deep-freeze product*
diepvriezen *(deep) freeze*
diepvriezer *freezer*; *deepfreeze*
diepzee *deep sea*
diepzeeduiken *deep-sea diving*
diepzeefauna *deep-sea fauna*
diepzinnig • *diep denkend profound*; *discerning* • *grondig doordacht profound*
dier *animal*; *beast*; *creature*
dierbaar *dear*; *beloved* ★ *zij die ons het meest ~ zijn our nearest and dearest*
dieren- *animal-* ★ **dierenwelzijn** *animal welfare*
dierenarts *vet(erinary surgeon)*
dierenasiel *animal home/shelter*
Dierenbescherming *R.S.P.C.A.*; *Royal Society for the Prevention of Cruelty to Animals*
dierenbeul *someone who is cruel to animals*
dierendag *Animal/Pet's Day*
dierenriem *zodiac*
dierenrijk *animal kingdom*
dierentemmer *animal tamer/trainer*
dierentuin *Zoo*; FORM. *zoological garden(s)*
dierenvriend *animal lover*

dierenwinkel *pet shop*
diergeneeskunde *veterinary medicine/science*; *zootherapy*
dierkunde *zoology*
dierlijk • (als) *van dieren* ★ ~*e vetten animal fats* ★ ~*voedsel animal food product(s)* • *bestiaal bestial* ★ *het ~e in de mens the animal side of man*; 〈negatief〉 *man's bestial nature*
diersoort *animal species* ★ *bedreigde ~en threatened species*
dies¹ ▾ *en wat dies meer zij and so on (and so forth)*
dies² (zeg: diejes) *foundation day*
diesel • *olie diesel (oil/fuel)* ★ *deze auto rijdt op ~ this car takes diesel; this car is diesel-driven* • *voertuig diesel (train/car)*
dieselmotor *diesel engine*
diëtetiek *dietetics*
diëtist *dietician*
dievegge *thief*
dievenklauw *security lock*; AE *police lock*
dievenpoortje *security gate*; *anti-shoplifting alarm*; *security label detector*
dieventaal *thieves' Latin*
differentiaal *differential*
differentiaalrekening *differential calculus*
differentiatie *differentiation*; *specialization*
differentiëren *differentiate*
diffuus *diffuse*
difterie *diphtheria*
digestie *digestion*
digestief I ZN *drankje digestive* II BNW *digestive*
diggelen *shards* [mv] ▾ *aan ~ slaan/vallen smash to pieces*
digitaal *digital*
digitaliseren *digitize*
dij *thigh*
dijbeen 〈het bot〉 *thigh-bone*; 〈het been〉 *thigh*
dijenkletser *side splitter*; *scream*
dijk *dyke* ▾ *aan de dijk zetten (give the) sack* ▾ *een dijk van een baan a plum job; a terrific job*
dijkbreuk *bursting/giving way of a dike*
dijkdoorbraak *bursting of a dike*
dijkgraaf *person responsible for maintenancy of embankments*
dijklichaam *core/body of a dyke*
dik I ZN *grounds (of coffee)* ▾ *door dik en dun gaan go through thick and thin* II BNW • *gezwollen swollen* • *dikvloeibaar 〈melk〉 curdled* • *ruim ample*; *thick* ★ *een dik uur a good hour* • *innig* ★ *dikke vrienden close/great friends* ▾ *het er dik op leggen pile it on* ▾ *hij zit er dik in he's in it up to his ears*; 〈m.b.t. geld〉 *he's not short of a pound or two* ▾ *het ligt er dik op it's quite obvious* ▾ *dik doen swagger; show off* ▾ *zich dik maken get excited*; *lose one's temper* III BIJW *thickly*; *densely* ★ *dik tevreden well-satisfied*
dikdoenerij *bragging*; *boasting*; *talking big*
dikhuidig *thick-skinned*
dikkerd *fatty*; *fatso*
dikkop • *kikkervisje tadpole* • *stijfkop person with a big/large head*; FIG. *pigheaded/stubborn person*

dikte • het dik zijn *fatness*; *thickness*
• afmeting *thickness* • dichtheid *density*;
thickness
dikwijls *often*
dikzak *fatty*; *fatso*; ⟨ongunstig⟩ *gutbucket*
dildo *dildo*
dilemma *dilemma* ★ iem. voor een ~ stellen
place a person in a dilemma ★ zich in 'n ~
bevinden *be in a dilemma*
dilettant *dilettant*; *amateur*
diligence *stagecoach*
dille *dill*
dimensie *dimension*
dimlicht *dipped headlights*; AE *dimmed
headlights*
dimmen • licht dempen *dim*; *dip* • inbinden
cool it
dimmer *dimmer-switch*
diner • maaltijd *dinner* • feestmaal *dinner
party*
dineren *dine* ★ uit ~ gaan *dine out*
ding • zaak/voorwerp *thing*; *object* ★ dat is een
heel ding voor hem *that means a great deal
to him* ★ ze hebben daar alle mogelijke
dingen *they have all sorts of things there* ★ en
al dat soort/dergelijke dingen meer *and all
that sort of thing* ★ bovenaan zit een ding
om de stroom af te zetten *at the top there is
a gadget/device to switch off the current* ★ dat
is een ding van niets *it's a worthless thing*
★ dat is een mooi ding, dat bootje *that is a
nice little job, that boat* ★ feit ★ de dingen van
de dag *everyday/current affairs* ★ over die
dingen moet je niet praten *you shouldn't
talk about such things* • jong meisje *thing*
★ lekker ding *cutie*
dingen • afdingen *haggle*; *bargain* • ~ naar
compete for
dinges *thingamabob*; *thingummy*; ⟨zaak⟩ *what
d'you-call-it*; ⟨persoon⟩ *what's his/her name*
dinosaurus *dinosaur*
dinsdag *Tuesday*
diocees *diocese*
dionysisch *dionysian*
dioxine *dioxin*
dip ★ in een dip zitten *go through a bad/rough
patch*
diploma *certificate*; *diploma*
diplomaat *diplomat(ist)*
diplomatenkoffertje *attaché case*
diplomatie *diplomacy*
diplomatiek *diplomatic* ★ langs ~e weg *through
diplomatic channels*
diplomeren *certificate* ★ een gediplomeerde
verpleegster *Registered Nurse*; *trained nurse*
★ gediplomeerd *qualified*; *trained*; *registered*
★ niet gediplomeerd *unqualified*; *untrained*
dippen *dip*
dipsaus *dip*
direct I BNW *direct* ★ ~e toegang *direct access*
II BIJW *directly*; *right away* ▼ niet ~ beleefd
not exactly polite
directeur *director*; ⟨fabriek ook⟩ *manager*;
⟨school⟩ *head-master*; *principal*;
⟨maatschappij⟩ *managing director*;
⟨postkantoor⟩ *postmaster*; ⟨gevangenis⟩

governor
directeur-generaal *general manager*;
⟨posterijen⟩ *Postmaster-General*
directie *management*; *board of directors*
directielid *member of the board of directors*
directiesecretaresse *executive secretary*
direct mail *direct mail*
direct marketing *direct marketing*
directoraat *directorate*
directory *directory*
dirigeerstok *baton*
dirigent *conductor*
dirigeren • orkest leiden *conduct* • sturen
direct ★ hij dirigeerde ons naar buiten *he
directed us outside*
dis¹ • (tafel met) eten *table*; *board* • maaltijd
table
dis² (zeg: dies) *D sharp*
discipel *disciple*
disciplinair *disciplinary* ★ ~ straffen *take
disciplinary action against*
discipline *discipline*
disclaimer *disclaimer*
disco • discotheek *disco* • muziek *disco*
discografie *discography*
disconteren *discount*
disconto *(rate of) discount*; ⟨bankdisconto⟩
bank rate ★ in ~ nemen *to discount*
★ particulier ~ *private discount*
discotheek • dansgelegenheid *disco*
• platenverzameling *record library*
discount *discount*
discountzaak *discount house/store*
discreet *considerate*; ⟨geheimhoudend⟩
discreet; ⟨bescheiden⟩ *modest*; ⟨kies⟩ *discrete*
discrepantie *discrepancy*
discretie ⟨kiesheid⟩ *discretion*; *consideration*;
⟨bescheidenheid⟩ *modesty*; ⟨geheimhouding⟩
discretion
discriminatie *discrimination*
discrimineren *discriminate*
discus *disc*; SPORT *discus*
discussie *discussion*; *debate* ★ in ~ brengen
bring up for discussion ★ in ~ treden *enter
into a discussion*
discussieleider *discussion (group) leader*
discussiepunt *subject under discussion*
discussiëren *discuss*
discuswerpen *discus-throwing*
discutabel *debatable*; *dubious*; *disputable*
discuteren *discuss*; *debate*
disgenoot *table companion*
disharmonie *disharmony*
disk *diskette*; *(floppy) disk*
diskdrive *disk drive*
diskette *diskette*; *(floppy) disk*
diskjockey *disc jockey*; *D.J.*; *deejay*
diskman ® *discman*
diskrediet *discredit* ★ iem. in ~ brengen
discredit s.o. (with)
diskwalificatie *disqualification*
diskwalificeren *disqualify*
dispensatie *dispensation*
dispersie *dispersion*
display • beeldscherm ⟨v. computers, enz.⟩
display • uitstaldoos e.d. *hoarding*

di

disputeren *argue; dispute*
dispuut • discussie *dispute* • studentenclub *debating society*
dissel *pole; (pair of) shafts*
dissen *dis; diss*
dissertatie • proefschrift *thesis* • verhandeling *dissertation*
dissident I ZN *dissident* II BNW *dissident*
dissociatie *dissociation*
dissonant I ZN *discord; dissonance* II BNW *dissonant*
distantie *distance*
distantiëren (zich) ⋆ zich ~ van *dissociate o.s. from; keep aloof from*
distel *thistle*
distillatie *distillation*
distilleerderij *distillery*
distilleren *distil* ⋆ uit iemands woorden iets ~ *deduce s.th. from s.o.'s words*
distinctie *distinction*
distribueren *distribute*; ⟨voedsel⟩ *ration*
distributie • verdeling *distribution* • rantsoenering *rationing*
distributiekanaal *trade channel; channel of distribution*
district *district*
dit *this* [mv: *these*] ⋆ dit zijn jouw schoenen *these are your shoes*
ditmaal *this time*
dito *ditto* ⋆ trendy kleren en dito kapsels *trendy outfits and (matching) hairstyles* ⋆ idem dito *ditto*
diva *diva*
divan *divan; couch*
divergent *diverging; divergent*
divergentie *divergence; divergency*
divergeren *diverge*
divers *various*
diversen *miscellaneous; sundry items; sundries*; ⟨bij een begroting⟩ *incidental expenses*
diversificatie *diversification*
diversifiëren *diversify*
diversiteit *diversity*
dividend *dividend*
dividenduitkering *dividend distribution/payout*
divisie • afdeling *division; branch* • SPORT *division; league* • MIL. *division* • WISK. *division*
dixieland *dixieland*
dizzy *dizzy*
dj *DJ*
DNA ⟨deoxyribonucleic acid⟩ *DNA*
DNA-profiel *DNA profile; DNA fingerprint*
do *doh; do*
dobbelen *dice; play dice*
dobbelsteen *die* [mv: *dice*]
dobber *float* ▾ hij had er een zware ~ aan *he found it a tough job*
dobberen ⟨v. schip⟩ *bob (up and down); dance*
docent *teacher; master*
docentenkamer *staff/common room*
doceren *teach*
doch *but; yet*
dochter *daughter*
dochteronderneming *subsidiary*
dociel *docile*
doctor *doctor* ⋆ ~ in de letteren *Doctor of Literature*; *D. Litt* ⋆ ~ in de wiskunde en natuurkunde *Doctor of Science*; *D. Sc.*; *Ph.D*

doctoraal I ZN ≈ *Master's degree; Master's exam* II BNW ≈ *Master's*; ≈ *(post)graduate*
doctoraalstudent ≈ *postgraduate student*
doctoraat *doctorate*
doctorandus ⟨alfawetenschappen⟩ ≈ *Master of Arts*; ≈ *M.A*; ⟨bètawetenschappen⟩ ≈ *Master of Science*; ≈ *M.Sc*
doctrine *doctrine; dogma*
docudrama *docudrama*
document *document*
documentaire *documentary (film)*
documentalist *documentalist*
documentatie *documentation*
documenteren *document*
dode *dead person; deceased*
dodehoekspiegel *blind angle mirror*
dodelijk • dood veroorzakend *deadly; lethal; fatal*; ⟨wond⟩ *mortal*; ⟨vergif⟩ *deadly* ⋆ ~(e) ongeluk/verwonding/ziekte *fatal accident/ injury/disease* ⋆ ~e dosis *lethal dose* • erg, hevig ⋆ ~ verliefd *desperately in love* ⋆ ~ verschrikt *frightened to death*
doden *kill*; LIT. *slay*
dodencel *death cell; condemned cell*
dodendans *dance of death*
dodenherdenking *commemoration of the dead*; BE *Remembrance Day*; AE *Memorial Day*
dodenlijst *casualty list*; ⟨op monument⟩ *death-roll*; ⟨oorlog, ongeluk, e.d.⟩ *list of the dead*
dodenmasker *death-mask*
dodenmis *Requiem Mass*
dodenrijk *realm of the death; underworld; Hades*
dodenrit *breakneck/suicidal drive/ride*
dodensprong *death-defying jump*
dodenstad *necropolis*
dodental *number of dead/deaths/casualties*
dodenwake *(death) watch; vigil*
doedelzak *bagpipes*
doe-het-zelfzaak *DIY shop; do-it-yourself shop*
doe-het-zelver *do-it-yourselfer*
doei *bye; see you*
doek I ZN (de) lap stof *cloth* II ZN (het) • stof *cloth* • schilderslinnen *canvas* • schilderij *painting* • toneelgordijn *curtain* ⋆ het doek gaat op / valt *the curtain rises/falls*
doekje *(small) cloth*
doel • doeleinde MIL. *objective*; ⟨v. reis⟩ *destination*; ⟨eerzucht, doelpunt⟩ *goal*; ⟨oogmerk⟩ *aim*; *object* ⋆ met dat doel *for that purpose* ⋆ zijn doel bereiken *attain one's end* ⋆ een doel beogen/najagen *pursue an object/ end* ⋆ zich ten doel stellen te... *set out to* • doelwit *butt*; OOK FIG. *target* ⋆ het doel treffen *hit the mark* • goal *goal* ▾ het doel heiligt de middelen *the end justifies the means* ▾ het doel voorbijstreven *overshoot the mark* ▾ recht op het doel afgaan *go/come straight to the point* ▾ een kans voor open doel missen *pass up/miss a sure thing* ▾ het is voor een goed doel *it's for a good cause*
doelbewust *purposeful*
doeleinde • oogmerk *aim; purpose*

• bestemming *aim*; *end* ★ voor privé-n *for one's own ends*

doelen (op) *aim at*; *allude/refer to*

doelgebied ⟨voetbal⟩ *goal area*; ⟨bij bombardement⟩ *target area*

doelgemiddelde *goal average*

doelgericht *purposeful*; FORM. *purposive*

doelgroep *target group*

doellijn *goal-line*

doelloos • zonder doel *aimless*; *purposeless* • nutteloos *useless*; *pointless*

doelman *goal-keeper*; INF. *goalie*

doelmatig *efficient*; *appropriate*; *suitable*

doelpunt *goal* • een ~ maken *score a goal*

doelsaldo *goal difference*

doelschop *goal kick*

doelstelling *objective*; *aim*

doeltaal *object/target language*

doeltrap *goal kick*

doeltreffend *effective*; *efficient*

doelwachter *keeper*

doelwit *target*; *butt* ★ het ~ treffen *hit the mark*

doelzoekend ★ ~-e bom *smart bomb*

doema *duma*

doemdenken *doom-mongering*; *defeatism*

doemdenker *doom-monger*

doemen *doom (to)* ★ gedoemd te mislukken *doomed to fail(ure)*

doen I ZN ★ zijn doen en laten *(all) his doings* ▼ dat is geen doen *that can't be done*; *that's impossible* ▼ in goeden doen zijn *be well-to-do*; *be well off* ▼ uit zijn gewone doen brengen *upset a p.* ▼ hij is uit zijn gewone doen *he is not his usual/normal self* ▼ voor zijn doen *for him...* II OV WW • verrichten *make*; *take* ★ zoiets doe je niet *it isn't done* ★ de boodschappen doen *do the shopping*; *go shopping* ★ hij doet medicijnen *he is reading medicine* ★ werk doen *do work* ★ een ontdekking doen *make a discovery* ★ een stap doen *take a step* ★ uitspraak doen JUR. *pass judgement* ★ je moet meer aan je werk doen *you should give more time to your work* ★ we moeten er iets aan doen *we must do s.th. about it* ★ met een dollar kun je niet veel doen *a dollar does not go far* ★ je kunt er jaren mee doen *it will last you for years* ★ hij studeert harder dan jij ooit zult doen *he is studying harder than you will ever do* ★ zal ik ze halen of wil jij 't doen? *shall I fetch them or will you?* ★ hij deed het in zijn broek (van angst) *he wet his pants (in fear)* ★ goede zaken doen *do well (in business)* ★ een verzoek doen *make a request* • functioneren ★ de remmen doen het niet *the brakes don't work* • plaatsen ★ iets in je zak doen *put s.th. in your pocket* ★ een postzegel op de envelop doen *put a stamp on the envelope* ★ een jongen op school doen *put a boy to school* ★ erbij doen *add* ★ hij doet er iets bij ⟨bijbaan⟩ *he does s.th. on the side* • schoonmaken ★ een kamer doen *do a room* ★ zijn haar doen *do one's hair* • berokkenen ★ iem. pijn/verdriet doen *hurt s.o.*; *cause s.o. pain/sorrow* ▼ dat doet er niet toe *that does not matter* ▼ er is niets aan te doen *it can't be*

helped; *nothing can be done about it* ▼ anders krijg je met mij te doen *else you'll have to deal with me* ▼ 't is mij te doen om te ... *what I want is to ...* ▼ het is hem om je geld te doen *he is after your money* ▼ je doet het erom *you do it on purpose* ▼ dat doet het goed *that works well*; FIG. *that fits the bill* ▼ ik heb het altijd gedaan *I'm always blamed* ▼ daar kan ik het wel mee doen *that will do* ▼ daar kon hij het mee doen *he can put that in his pipe and smoke it* ▼ wat is daar te doen? *what is up there*; *what is going on there?* ▼ ik had met hem te doen *I felt for him*; *I was sorry for him* ▼ hij wil niets met haar te doen hebben *he'll have no truck with her* ▼ al doende leert men *practice makes perfect* III ON WW • zich gedragen • doen alsof *make believe*; *pretend* ★ je doet maar *please yourself* ★ vreemd doen *be queer*; *behave oddly* ★ hoe lang heb je erover gedaan? *how long did it take you?* • ~ aan *go in for* ★ aan sport doen *go in for sport* ★ hij doet niet meer aan voetbal *he has given up football* • ~ in ★ in rubber/oud ijzer doen *deal in rubber/scrap metal* • ~ over ★ hoe lang doe je daar over? *how long will it take you* ▼ hij doet maar zo *it is only make-believe*

doenlijk *practicable*; *feasible*

doetje *softy*; ⟨vrouw⟩ *silly*

doezelen *doze*; *drowse*

doezelig • slaperig *drowsy* • vaag *blurred*; ⟨v. beeld⟩ *fuzzy*

dof • niet helder ⟨blik, oogopslag⟩ *lacklustre*; *dull*; ⟨brons, koper, metaal⟩ *tarnished*; ⟨goud, kleur⟩ *dull* • gedempt *dull*; *muffled* ★ doffe bons *dull thud* ★ doffe knal *muffled bang*

doffer *cock-pigeon*; *male pigeon*

dog *bulldog*; *mastiff* ★ Deense dog *great Dane*

dogma *dogma*

dogmatisch *dogmatic*

dogmatiseren *be dogmatic*; *dogmatize*; INF. *lay down the law*

dok *dock* ★ drijvend dok *floating dock*

doka *darkroom*

dokken • betalen *fork out (money)* • in dok brengen *dock*

dokter *doctor*; *physician*; *medical man* ★ een ~ laten komen *send for the doctor*; *summon the doctor*

dokteren • patiënt zijn *be under doctor's orders*; *be under medical treatment* • als dokter optreden *practise* • ~ aan *tinker at/with*

doktersadvies *medical advice*

doktersassistente *(medical) doctor's receptionist*

doktersroman *doctor novel*

doktersverklaring *doctor's statement*

dokwerker *dock-labourer*; *docker*

dol I ZN roepien *thole(-pin)* II BNW • gek *mad*; *frantic*; *wild* ★ dol van vreugde *overjoyed* ★ dol worden *run mad* ★ 't is om dol te worden *it's maddening* ★ iem. dol maken *drive s.o. mad* • verzot ~ op *mad about* ★ dol op iets zijn *love s.th.* ★ dol op iem. zijn *be crazy about a p.* • van slag *worn*; ⟨v. schroef⟩

do

do

stripped ▾ door het dolle heen zijn *be wild with excitement* III BIJW ★ dol verliefd *madly in love* ★ zich dol amuseren *have rare/great fun*

dolblij *as pleased as Punch*

dolby *Dolby system*

doldraaien • controle verliezen *go off the rails* ★ de directeur is dolgedraaid *the manager has gone off the rails* • niet pakken van schroeven *slip; not bite*

doldriest *foolhardy; reckless; dare-devil* ★ een -e daad *an act of foolhardiness/lunacy/daredevilry*

dolen *wander (about); roam* ★ ~de ridder *knight errant*

dolfijn *dolphin*

dolfinarium *dolphinarium*

dolgelukkig *in raptures; over the moon; pleased as Punch;* INF. *chuffed*

dolgraag *with great pleasure* ★ ik zou ~ willen *I'd be delighted to; I'd love to*

dolk *dagger* ▾ iem. een dolk in de rug steken *stab s.o. in the back*

dolkstoot *dagger-thrust stab*

dollar *dollar*

dollarcent *dollar cent*

dolleman *madman* ★ als een ~ tekeergaan *carry on like a maniac* ★ hij reed als een ~ *he drove like a madman; like hell*

dollemansrit ≈ *reckless driving*

dollen *horse around* ★ met iem. ~ *horse around with s.o.*

Dolomieten *Dolomites*

dom I ZN kerk *cathedral* II BNW niet slim *stupid (in); dull* ★ dat is nog zo dom niet *there's s.th. in that* ★ zich van de domme houden *pretend innocence; fake ignorance*

domein *domain*

domeinnaam *domain name*

domesticeren *domesticate*

domheid *stupidity; dullness*

domicilie *domicile* ★ zijn ~ hebben in *be domiciled/resident at* ★ ~ kiezen ten huize van *elect domicile at the office of*

dominant I ZN *dominant* II BNW *dominant*

dominee *clergyman; rector; vicar;* INF. *parson;* ⟨aanspreekvorm⟩ *rector; vicar;* ⟨leger⟩ *padre* ★ ~ (J.) McLean *(The) Rev. J. McLean* ★ ~ worden *go into the Church; become a minister* ▾ er ging een ~ voorbij *there was a lull in the conversation*

domineren *dominate;* ⟨spel⟩ *play (at) dominoes*

dominicaan *Dominican*

Dominicaanse Republiek *Dominican Republic*

domino *dominoes*

dominosteen *domino*

domkop → domoor

dommekracht • werktuig *jack* • persoon *mindless hulk*

dommelen *doze; drowse; be half asleep*

dommerik → domoor

domoor *stupid; nitwit; blockhead*

dompelaar • verwarmingsstaaf *immersion heater* • zuiger *plunger* • vogel *diver*

dompelen • onder laten gaan *dip; plunge* • doen verzinken *plunge* ★ in duisternis gedompeld *plunged into darkness*

domper *extinguisher* ▾ het zette een ~ op de feestvreugde *it put a damper on the party*

dompteur *animal tamer*

domweg *just; (quite) simply* ★ ~ vergeten *just/quite simply forget*

donateur *donor; supporter*

donatie *donation*

donder • gerommel bij onweer *thunder* • persoon ★ arme ~ *poor devil* ▾ iem. op zijn ~ geven *give a person a good licking/beating;* FIG. *to read s.o. the riot act* ▾ het kan me geen ~ schelen *I don't give a damn about it* ▾ het helpt geen ~ *it's no bloody good* ▾ daar kan je ~ op zeggen *and no mistake!; you bet!*

donderbui *thunderstorm;* FIG. *dressing-down*

donderdag *Thursday*

donderdags *(on) Thursdays*

donderen I OV WW gooien *fling; chuck; hurl* ★ ik heb hem eruit gedonderd *I chucked/kicked him out* II ON WW • vallen *tumble; come crashing down* ★ hij donderde naar beneden *he came tumbling down* • tekeergaan *thunder (away); bluster* III ONP WW onweren *thunder* ▾ hij keek alsof hij het in Keulen hoorde ~ *he looked stunned/flabbergasted*

donderjagen *be a nuisance; be a pain in the neck* ★ hij zat in de klas te ~ *he was making a nuissance of himself in class; he was playing up in class*

donderpreek *fire-and-brimstone sermon;* ⟨niet religieus⟩ *harangue*

donders I BNW *damn(ed); bloody* II BIJW ★ hij weet ~ goed *he knows jolly/damn well* III TW *dash it!; damn it!*

donderslag *thunderclap; peal of thunder* ▾ als een ~ bij heldere hemel *like a bolt from the blue*

dondersteen *rascal*

donderwolk *thunder-cloud*

donker I ZN *dark; darkness* II BNW duister *dark; obscure* ★ ~ maken/worden *darken*

donker- ★ donkerrood *dark red*

donor *donor*

donorcodicil *donor card*

dons • fijne veertjes *down* • fijne haartjes *down; fuzz;* ⟨v. jong dier⟩ *fluff*

donut *doughnut;* AE *donut*

donzen *down* ★ ~ bed *a feather bed* ★ ~ deken *duvet; continental quilt; eiderdown (quilt)*

donzig *downy; fluffy*

dood I ZN *death* ★ ter dood brengen *put to death* ★ een natuurlijke dood sterven *die a natural death* ▾ ten dode opgeschreven zijn *be doomed; be a dead man* ▾ duizend doden sterven *die a thousand deaths* ▾ de een zijn dood is de ander zijn brood *one man's meat is another man's poison* ▾ als de dood zijn voor *be scared stiff of* ▾ de dood vinden *meet one's death* II BNW • niet levend *dead* ★ dood of levend *dead or alive* ★ saai *dull; lifeless* ★ een dooie boel *a slow affair; a dull show/place* III BIJW • zeer, hevig ★ zich dood werken *work o.s. to death* ★ zich dood ergeren *be mortally vexed* ★ zich dood lachen

laugh one's head off; be tickled to death ★ zich
dood schrikken *be frightened out of one's
wits*; INF. *be scared stiff*
doodbloeden ● sterven *bleed to death*
● aflopen *blow over*
dooddoener *silencer; clincher* ★ met een ~
afschepen *fob s.o. off with a bromide*
doodeenvoudig *perfectly simple*
doodeng *dead scary/creepy*
doodgaan *die* ★ ~ van de honger *die of hunger*
▼ ik ga liever gewoon dood *I'd rather die (in
my bed)*
doodgeboren *still-born;* FIG. *still-born* ▼ het was
een ~ kindje *it never got off the ground; it
was a non starter*
doodgewoon I BNW *quite/perfectly common;
common or garden* II BIJW ★ hij bleef ~ weg
he simply stayed away ★ dat is ~ belachelijk
that is quite simply ridiculous
doodgooien ● doden *stone to death*
● overstelpen ▼ ze gooien je dood met... *we
are flooded/bombarded with...*
doodgraver ● grafdelver *grave digger* ● kever
sexton beetle
doodkalm *quite/perfectly calm;* INF. *cool as a
cucumber*
doodkist *coffin*
doodleuk *coolly; as cool as you please*
doodlopen ⟨v. zaak⟩ *peter out;* ⟨v. straat⟩ *come
to a dead end* ★ zich ~ *walk o.s. to death* ▼ de
onderzoekingen zijn doodgelopen *the
investigations have stagnated/come to a dead
end*
doodmaken *kill*
doodmoe *dead beat* ★ hij maakt me ~ met zijn
gezanik *he is wearing me out with his
nagging*
doodop *worn-out; dead-beat*
doodrijden I OV WW ⟨ongeluk⟩ *run over and
kill;* ⟨een paard⟩ *ride to death* II WKD WW *get
oneself killed in a crash*
doods ● niet levendig *dead* ● akelig *deathly*
★ ~e stilte *deathly silence*
doodsangst ● angst voor de dood *fear of death*
● grote angst *agony; mortal fear* ★ ~en
uitstaan *be terrified; be mortally afraid;* INF.
be scared stiff
doodsbang *terrified* ★ ~ zijn voor iem./iets *be
terrified of s.o./s.th.; stand in mortal fear of
s.o./s.th.*
doodsbed *death bed*
doodsbenauwd *terrified; scared stiff*
doodsbleek *deathly pale; white as a sheet*
doodschieten *shoot (dead)*
doodseskader *death squad*
doodsgevaar *deadly peril; mortal danger*
doodshoofd *death's head; skull*
doodskist *coffin*
doodsklok *funeral bell*
doodslaan ● door slaan doden *kill; beat to
death* ● de mond snoeren *silence; shut up*
★ iem. met argumenten ~ *knock down a
person with arguments* ★ al sla je me dood ik
zou het niet weten *for the life of me I don't
know*
doodslag *manslaughter; homicide*

doodsmak ● zware val *cropper* ★ een ~ maken
come a cropper ● dodelijke val *fatal crash/
smash*
doodsnood *agony; death-struggle*
doodsschrik *mortal fright*
doodsstrijd *death agony/throes*
doodsteek *death-blow* ★ dat gaf hen de ~ *that
finished them off*
doodsteken *stab to death*
doodstil *stock-still; deadly quiet*
doodstraf *capital punishment*
doodsverachting *contempt of/for death*
doodsvijand *mortal enemy*
doodtij *slack water*
doodvallen ● dodelijke val maken *fall to one's
death* ● doodblijven *fall dead* ▼ ik mag ~ als
het niet waar is *I'll eat my hat if that isn't so*
doodverven ★ de gedoodverfde winnaar *the
person tipped to win* ★ als kampioen ~ *tip as
champion*
doodvonnis *death-sentence*
doodziek *critically/dangerously ill;* FIG. *sick to
death* ▼ ik word ~ van al dat lawaai *I'm sick
and tired of all the noise*
doodzonde I ZN *zonde mortal sin* II BNW *a
great pity; great shame;* ⟨m.b.t. verspilling⟩ *a
terrible waste*
doodzwijgen ⟨een zaak⟩ *hush up;* ⟨iem.⟩
ignore
doof *deaf* ★ doof aan één oor *deaf in one ear*
★ zich doof houden *turn a deaf ear* ▼ Oost-
Indisch doof zijn *play deaf*
doofheid *deafness*
doofpot *extinguisher* ▼ in de ~ stoppen *hush
up*
doofstom *deaf and dumb*
dooi *thaw*
dooien *thaw*
dooier *yolk*
doolhof *labyrinth; maze*
doop ● REL. *christening; baptism* ★ de doop
ontvangen *receive baptism* ★ ten doop
houden *present at the font* ● inwijding
christening; inauguration
doopceel *certificate of baptism* ▼ iemands ~
lichten *lay bare one's past*
doopjurk *christening dress/gown*
doopnaam *Christian name*
doopsel *baptism; christening*
doopsgezind *Mennonite*
doopvont *font*
door I BIJW ● van a naar b ★ het hele jaar door
throughout the year ★ de straat door *down
the street* ★ door de week *on weekdays* ▼ iem.
door en door kennen *know s.o. through and
through* ▼ door en door eerlijk *completely
reliable; honest to the core* ▼ dat kan ermee
door *it's passable* ▼ door en door nat *wet
through* II VZ ● van a naar b ★ hij liep door
de kamer *he walked through the room*
★ ergens niet door kunnen *not be able to pass*
★ de weg loopt onder de brug door *the road
passes under the bridge* ● oorzaak/middel
★ door Hem ben ik gered *He saved me* ★ door
meer te trainen word je sterk *more exercise
will make you strong* ● wegens/vanwege

do

owing to ★ door omstandigheden *owing to circumstances* • vermenging ★ wat doe jij door de sla? *what do you mix in with your salad?* ▾ hij is er door *he's through* ▾ hij heeft je door *he has got your measure*; *he has sized you up*

dooraderd *veined*

doorbakken *well-done*

doorbellen *phone through*; *pass on by phone* ★ de correspondent belde een bericht door *the correspondent phoned a message through*

doorberekenen *pass on (to)*

doorbetalen *go on paying*; *continue to pay*

doorbijten I ov ww *bite through* II ON ww doorzetten *keep at it*; *hold on* ★ zich ergens ~ *grin and bear it*

doorbladeren *leaf through*; *skim through* ★ de krant ~ *leaf/skim through the paper*

doorborduren ★ op iets ~ *embroider away on s.th.*

doorboren *drill through*; ⟨gaatjes maken⟩ *perforate*; ⟨v. berg⟩ *tunnel through*; ⟨met blikken⟩ *pierce* ★ iem. met een zwaard doorboren *run s.o. through with a sword*

doorbraak • het doordringen *bursting*; *collapse*; ⟨v. obstakel⟩ *breakthrough* • ommekeer *breakthrough* ★ een ~ in het onderzoek *a breakthrough in research*

doorbranden • stukgaan *burn through*; *blow* ★ de gloeilamp is doorgebrand *the (light)bulb is burned-out* • doorgaan met branden *go on burning*

doorbreken[1] I ov ww stukbreken *break/snap (in two)* II ON ww • stukgaan *break apart/up*; ⟨dijk⟩ *burst* • erdoor komen *break/burst through* ★ de zon breekt door *the sun breaks through* • aan de top komen *break through*; *make it*

doorbreken[2] *break/burst through*; ⟨blokkade⟩ *run* ★ de linies doorbreken *break/burst through the lines*

doorbrengen ⟨vakantie⟩ *spend*; ⟨tijd⟩ *pass*

doordacht *well-considered* ★ een goed ~ plan *a well thought-out plan*

doordat *because*

doordenken *consider*; *reflect*

doordenkertje *brain teaser*

doordeweeks *weekday* ★ een ~e dag *a weekday* ★ ~e kleren *weekday clothes*

doordouwen I ov ww doordrukken *keep at it*; *push through* • plannen ~ *push through plans* II ON ww doorzetten *keep trying* ★ ~ in het verkeer *drive aggressively*

doordraaien I ov ww • ECON. uit de verkoop halen ⟨bloemen, fruit, e.d.⟩ *withdraw from the market* • verkwisten *squander*; *run/get through* II ON ww • verder draaien *keep turning* • doldraaien *slip*; ⟨v. schroef⟩ *not bite* • overspannen raken ★ hij is helemaal doorgedraaid *he's out of his mind*; *he's off his head* ★ ze voelt zich helemaal doorgedraaid *she feels quite worn out*

doordrammen *harp on*; *push* ★ hij weet altijd zijn zin door te drammen *he always manages to get his way*

doordraven • verder draven *trot on* • wild

redeneren *be | go off*; ⟨praten⟩ *rattle on* ★ wat draaf je weer door *you're off again!*

doordrenken *soak through*; *drench*; FIG. *imbue* ★ doordrenkt met *permeated with | drenched with* ★ met bloed doordrenkt *bloodsoaked*

doordrijven *force/push through* ★ zijn zin | wil ~ *have (it all) one's own way* ★ een voorstel ~ *push through a proposal*

doordringen • binnendringen *penetrate* • overtuigen ~ *van convince of*; *persuade of*; *drive home* ★ iem. van iets doordringen *convince| persuade so. of sth.*; *drive|bring sth. home to so.* ★ doordrongen van *convinced | persuaded of*

doordringend ⟨blik⟩ *piercing*; ⟨lucht⟩ *penetrating*

doordrongen (van) *permeated/drenched with*

doordrukken I ov ww dwingend opleggen ★ een voorstel ~ *force a proposal through* II ON ww een doordruk maken ★ het papier drukt door *the print shows through the paper*

doordrukstrip *strip*; ⟨medicijnen, e.d.⟩ *blister pack*

dooreen *pell-mell*; *in confusion*

dooreten • verder eten *continue eating* • gehaast eten *gobble down/up* ★ eet eens door *finish your food*

doorgaan • blijven gaan *go on* ★ we gaan door tot het donker wordt *we'll go on until it gets dark* • blijven doen *carry on*; *continue*; *go on*; *keep on* ★ ~ met lezen *keep on reading* ★ ~ met iets *continue with s.th.* • voortduren *continue* ★ dit kan zo niet ~ *this has got to stop* • doorgang vinden *come off*; *take place* ★ niet ~ ⟨v. wedstrijd⟩ *be cancelled* • gaan door iets ⟨de keuken, het leven⟩ *go through*; ⟨een brief⟩ *run through* • ~ *over talk about* ★ laten we daar niet over ~ *let's not talk about that anymore* • ~ *voor* voor een genie ~ *pass for a genius* ★ zich laten ~ voor *pass o.s. off as*; *pose as*

doorgaand *transit* ★ ~ verkeer *through traffic* ★ ~e trein *through train*; *non-stop train*

doorgaans *generally*

doorgang • weg erdoor *passage* ★ geen ~! *no right of way*; *no thoroughfare!*; ⟨v. pad⟩ *no through way*; ⟨toegang⟩ *no entry* ★ het plaatsvinden ★ ~ vinden *take place*

doorgangshuis *refuge*; FIG. *clearing-house*

doorgangskamp *transit camp*

doorgeefluik *service hatch*

doorgeven • verder geven *hand/pass on*; ⟨zout⟩ *pass* • overbrengen *let s.o. know*; *pass on (to)*

doorgewinterd *dyed-in-the-wool*; *seasoned*; *experienced*

doorgroeimogelijkheid *career opportunity*; *opportunity for advancement*

doorgronden *fathom* ★ hij is niet te ~ *he is a closed book*; *he is inscrutable*

doorhalen • erdoor trekken *pull through* • schrappen *cross out* ★ ~ wat niet van toepassing is *delete where not applicable*

doorhaling *erasure*; ⟨v. woord⟩ *deletion*; INF. *crossing-out*

doorhebben *see through*; *be wise to*

doorheen *through*★ zich er~ slaan *pull through*; *carry it off*

doorkiesnummer *direct-dialling/dial direct number*; BE *STD number*

doorkijk *(open) view*

doorkijken I OV WW vluchtig inzien *glance through*; ⟨boek⟩ *skim* II ON WW door iets kijken *look through*

doorknippen *cut through*; *cut (in two)*★ lint~ *cut the tape*

doorkomen • door iets heen komen *come through* • zijn tanden komen door *his teeth are coming through*; *he is cutting his teeth* ★ er is geen~ aan *it is impossible to come through* • waarneembaar worden *come out*; *show up/through*★ die zender komt goed door *that reception of that station is good* • het eind halen van *get through*; ⟨moeilijke tijden⟩ *tide over*★ er is geen~ aan *there's no getting through*★ een examen~ *get through an examination*★ de winter~ *make it through the winter*

doorkrassen *cross out*; *scratch (out)*

doorkruisen • rondtrekken *traverse*; *roam across*• dwarsbomen *thwart*

doorlaatpost *checkpoint*

doorlaten *let through*; ⟨kandidaat⟩ *pass*★ geen water~ *be waterproof*★ geen geluid~ *be soundproof*

doorlekken *leak through*; *ooze/seep out*

doorleren *continue with one's studies*; *go on to higher education*

doorleven [1] *live on*

doorleven [2] *live through*

doorlezen I OV WW doornemen *read through*; *peruse* II ON WW verder lezen *go on reading*

doorlichten • met röntgenstralen onderzoeken *X-ray*• onderzoeken *investigate* ★ een bedrijf~ *investigate a business/concern*

doorliggen *become bedsore*; *to get bedsore*

doorlopen [1] I OV WW • stuklopen★ sokken doorlopen *wear out socks*• doorkijken *run through*; *glance through* II ON WW • verder lopen *walk on*★ doorlopen! *move along!* ★ flink doorlopen *mend one's pace*• niet onderbroken worden *continue*; *run on*★ de nummering loopt door *the numbering is consecutive*; *the numbering runs on* • overvloeien *run through*

doorlopen [2]• lopend gaan door *walk through* • afleggen *go through*★ een school doorlopen *attend a school*

doorlopend *continuous*; ⟨getallen⟩ *consecutive*; ⟨programma⟩ *non-stop*★ ~e voorstelling *continuous performance*

doorloper • puzzel *Mephisto crossword* • schaats *safety speed-skate*

doormaken ★ een crisis~ *go through a crisis*

doormidden *in two*★ iets~ scheuren *tear s.th. apart*

doormodderen *muddle/struggle on*

doorn *thorn*▾ dat is me een~ in het oog ⟨lelijk gebouw⟩ *it is an eyesore*; *it is a thorn in my flesh*

doornat *wet through*; *soaked*★ ~ van het zweet *drenched in sweat*★ ~ van de regen *rain-soaked*

doornemen • doorkijken *go over/through*★ een brief~ *go through a letter*• bespreken *go over*★ een stuk nog eens ~ *go over a piece once again*

doornig *thorny*

Doornroosje *Sleeping Beauty*

doornummeren *number consecutively*

doorploeteren *plod on*

doorpraten I OV WW bespreken *talk over*★ iets ~ *talk s.th. over* II ON WW verder praten *go on talking*

doorprikken *prick*; ⟨gezwel⟩ *lance*▾ een illusie ~ *shatter an illusion*

doorregen ⟨spek⟩ *streaky*; ⟨vlees⟩ *marbled*

doorreis *passage*★ op~ zijn *be on one's way through*; *be passing through*

doorrijden • verder rijden *ride/drive on*★ de bus reed door zonder te stoppen *the bus carried on without stopping*• sneller rijden *ride/drive faster*; INF. *step on it*

doorrijhoogte *headroom*

doorrookt ⟨v. vis enz.⟩ *smoked*

doorschakelen *redirect*

doorschemeren ▾ hij liet~ dat... *he hinted that...*; *he dropped a hint that...*

doorschieten [1]• doorgaan met schieten *go on/ keep shooting*• te ver doorgaan *overshoot*

doorschieten [2]★ met kogels doorschieten *riddle with bullets*

doorschijnend *translucent*

doorschuiven I OV WW verder schuiven *pass on* II ON WW schuivend verder gaan *advance*; *move on/up*

doorseinen *transmit*; *relay*; *send*

doorslaan I OV WW stukslaan *break* II ON WW • overhellen *turn*; *dip*★ de balans doen~ *tip the scales*• kortsluiten *blow*★ doorgeslagen zekering *blown fuse*• zwammen *run on* • bekennen *talk*★ de verdachte sloeg door *the suspect talked*• doldraaien *race*

doorslaand ★ een ~ succes *a resounding success*

doorslag *carbon copy*★ een~ maken *take a carbon copy (of)*▾ de ~ geven *settle the matter*; *tip the scales*

doorslaggevend *decisive*

doorslikken *swallow*

doorsmeren *grease*; *lubricate*

doorsnede • tekening *(cross) section*; *slice* • diameter *diameter*• vlak *sectional plane*

doorsnee • lijn door het midden *diameter* • gemiddeld *average*★ in~ *on average* • tekening van doorsnee *cross section*

doorsnijden [1] *cut*; *slice*; *sever*; ⟨in twee stukken⟩ *cut in two*

doorsnijden [2] *intersect*

doorspekken *interlard*▾ een toespraak doorspekt met grappen *a speech interlarded with jokes*

doorspelen I OV WW• helemaal doornemen *play through*• doorgeven *pass on*; *leak*★ de vraag aan een ander~ *pass on the question to s.o. else* II ON WW verder spelen *play on*

doorspoelen • reinigen ⟨in vloeistof⟩ *rinse*; ⟨afvoer, wc⟩ *flush*• doordraaien *wind on*

doorspreken I OV WW grondig bespreken *talk*

do

do

through/over ∗iets ~ *talk sth through* II ON ww verder spreken *go on speaking*

doorstaan ⟨aanval⟩ *sustain*; ⟨ziekte⟩ *pull through*; ⟨toets, kou⟩ *stand*; ⟨pijn⟩ *endure*; ⟨storm, crisis⟩ *weather*

doorsteken¹ I ov ww erdoor steken *pierce*; *cut* II ON ww kortere weg nemen *take a short cut (through)*

doorsteken² *stab*; *run through*

doorstrepen *cross out*; *delete*; *strike out*

doorstromen¹ *move on/up*

doorstromen² *run/flow through* ∗rood bloed doorstroomt zijn aderen *red blood runs through his veins*

doorstuderen *continue one's studies*

doortastend *energetic* ∗ ~ optreden *act boldly*

doortimmerd *sound*; *solid*; *well-built* ∗een hecht ~ verhaal *a well-constructed story*

doortocht • het doortrekken MIL. *march through* • doorgang *passage*; *right of way*

doortrapt *crafty* ∗een ~e schurk *a regular scoundrel*; INF. *a right bastard*

doortrekken I ov ww • wc doorspoelen *flush* ∗de wc doortrekken *flush the toilet* • verlengen *extend* II ON ww gaan door *traverse*; *travel/pass through*; MIL. *march through*

doortrokken ⟨v. water⟩ *soaked*; ⟨met kennis⟩ *steeped* ∗ ~ van *soaked with*

doorvaart *passage*

doorverbinden ⟨telefoon⟩ *connect*; *put through (to)* ∗kunt u me ~ met Het Spectrum? *could you put me through to Het Spectrum?*

doorverkopen *resell*

doorvertellen *tell others*; *pass on*

doorverwijzen *refer* ∗ ~ naar *refer to*

doorvoed *well-fed*

doorvoer • het doorvoeren *transit* • doorgevoerde waren *transit goods*

doorvoeren • ten uitvoer brengen *carry through*; ⟨v. wet⟩ *enforce* • transporteren *convey (goods) in transit* ▾iets te ver ~ *push s.th. too far*

doorvoerhaven *transit port*

doorvoerrecht *transit duty*

doorvragen *ask exhaustive/detailed questions*; *grill*

doorwaadbaar *fordable* ∗doorwaadbare plaats *ford*

doorweekt *soaked*; *waterlogged*; *soaked*; ⟨velden⟩ *soggy*; ⟨v. kleren, e.d.⟩ *wet through*

doorwerken I ov ww geheel bestuderen *work through*; *finish* II ON ww • verder werken *work on* • invloed hebben *affect*; *make itself felt* ∗ ~ op *affect*

doorworstelen *struggle/plough through* ∗hij worstelde het boek door *he struggled his way through the book*

doorwrocht *thorough*; *elaborate*

doorzagen I ov ww • in tweeën zagen *saw through*; *saw in two* • ondervragen *grill* ∗iem. ~ over iets *grill s.o. about s.th.* II ON ww doorzeuren *moan on*

doorzakken • verzakken *sag* • lang/veel drinken *drink to excess*; INF. *booze*

doorzetten I ov ww laten doorgaan *carry*

through; ⟨aanval⟩ *press* ∗een plan ~ *carry through a plan* ▾volhouden *persevere*; *carry on* ∗hij weet van ~ *he is a go-getter*; *he doesn't take no for an answer* • krachtiger worden *get/become stronger* ∗het onweer zette niet door *the thunderstorm did not develop*

doorzetter *go-getter*

doorzettingsvermogen *perseverance*

doorzeven *riddle* ∗doorzeefd met kogels *riddled with bullets*

doorzichtig • doorschijnend *transparent* • FIG. te doorgronden *transparent/obvious*

doorzien¹ *look through*; *skim*

doorzien² *see through*

doorzitten I ov ww te veel zitten *wear out*; ⟨op paard⟩ *get saddle-sore* II ON ww draf uitzitten *ride a sitting trot*

doorzoeken¹ *continue searching*

doorzoeken² ⟨streek⟩ *comb out*; ⟨huis⟩ *search*; *go through* ∗iemands zakken doorzoeken *go through a person's pockets*

doorzonwoning *house/flat with a through lounge*

doos • lichte constructie om dingen in te houden *box*; *case* ∗de zwarte doos *the black box* • BEL. vrouw *cunt* ▾uit de oude doos *antiquated*; INF. *old hat* ▾de doos van Pandora *Pandora's box*

dop • dekseltje *lid*; ⟨v. vulpen, flacon⟩ *cap*; ⟨v. degen⟩ *button* • omhulsel ⟨v. erwt⟩ *pod*; ⟨v. ei, noot⟩ *shell*; ⟨v. zaden⟩ *husk* • oog *eyes* ∗kijk uit je doppen *look where you're going* ▾dichter in de dop *budding poet*

dopamine *dopamine*

dope *dope*; *doping* ∗aan de dope zijn *be on dope*

dopen • de doop toedienen *baptize*; *christen*; ⟨schip⟩ *name* • indompelen ⟨beschuit⟩ *sop* ∗de pen in de inkt ~ *dip the pen in the ink*

doperwt *green pea*

dopheide *bell-heather*

doping • middel(en) *drug(s)* • het toedienen *doping*

dopingcontrole *anti-doping test*

doppen ⟨bonen⟩ *shell*; ⟨v. ei⟩ *peel*

dopplereffect *Doppler effect*

dopsleutel *socket spanner*

dor • verdroogd ⟨hout⟩ *dry*; ⟨land⟩ *barren*; ⟨bladeren⟩ *withered* • saai *dull*; *insipid*

doren → doorn

dorp *village*

dorpel *threshold*

dorpeling *villager*

dorps *countrified*; *rustic*; *parochial*

dorpsbewoner *villager*

dorpsgek *village idiot*

dorpsgenoot *fellow-villager*

dorpshuis ⟨centrum⟩ *community centre*

dorpskern *village centre*

dorsen *thresh*

dorsmachine *threshing-machine*

dorst • behoefte aan drinken *thirst* ∗ ~ hebben *be thirsty* • sterk verlangen *thirst for/after*; *craving for/after*

dorsten ∗ ~ naar *thirst for*

dorstig *thirsty*
dorsvlegel *flail*
dorsvloer *threshing-floor*
doseren *dose*
dosis *dose*; ⟨moed⟩ *amount*; ⟨geduld⟩ *supply* ★ te grote ~ *overdose* ★ te kleine ~ *underdose*
dossier ⟨in rechtszaak⟩ *dossier*; ⟨kantoor⟩ *file* ★ een ~ aanleggen van *place on file*; *file*
dot • plukje ⟨haar⟩ *knot*; ⟨gras⟩ *tuft* • iets kleins, schattigs *dear* ★ een dot van een hoed *a dream of a hat*
dotcom *dotcom*
dotterbloem *marsh-marigold*; *king-cup*
dotteren *(percutaneous) angioplasty*
douane • grenspost *custom-house*; *(the) Customs* • beambte *customs officer*
douanebeambte *customs official*
douanier *customs/custom-house officer*
doublé I ZN *gold plate* II BNW *gold-plated*
double-breasted ★ ~ jasje *double-breasted jacket*
doubleren • verdubbelen *double* • blijven zitten *repeat a class*
douceurtje ⟨fooi enz.⟩ *windfal*; ⟨bijverdienste⟩ *extra/additional earnings*
douche *shower* ▼ koude ~ *cold shower*
douchecel *shower cubicle*
douchegordijn *shower curtain*
douchen *take a shower*
douwen *push*; *shove (crowd aside)*
dove *deaf person* ★ voor doven preken *preach to deaf ears*
doven • uitdoen *extinguish*; *put out* • dof maken *dampen*; ⟨v. geluid⟩ *deaden*
dovenetel *dead nettle*
down *down*
downgraden *downgrade*
download *download*
downloaden *download*
downsyndroom *Down's syndrome*
dozijn *dozen* ★ bij het ~ verkopen *sell by the dozen*
draad • lang en dun geheel *thread*; ⟨metaal⟩ *wire*; ⟨in elektr. lamp⟩ *filament* ★ een ~ in de naald steken *thread a needle* • vezel *fibre* • schroefdraad *thread* • samenhang *thread*; ⟨bij onderzoek⟩ *clue* ★ de ~ kwijtraken *lose the thread* ▼ met iets voor de ~ komen *come out with s.th.* ▼ aan een zijden ~ hangen *hang in balance* ▼ de ~ weer opvatten *resume/take up the thread again* ▼ ik heb geen droge ~ aan 't lijf *I have not a dry stitch on me* ▼ tot op de ~ versleten *worn to a thread* ▼ tegen de ~ *against the grain*
draadglas *wired glass*
draadloos *wireless*
draadnagel *wire-nail*
draadtang *pliers*; *wire nippers*
draagbaar I ZN *stretcher*; *litter* II BNW ⟨v. radio, telefoon⟩ *portable*; ⟨v. kleding⟩ *wearable*
draagkarton *cardboard container (for bottles/tins)*
draagkracht ⟨v. stem⟩ *carrying-power*; ⟨v. schip, brug, e.d.⟩ *carrying-capacity*; ⟨v. vliegtuig⟩ *lift*; ⟨v. vuurwapen⟩ *range* ★ financiële ~ *financial capacity* ▼ het gaat mijn ~ te boven *it is beyond my means*

draagkrachtig *well-off*; *well-to-do*
draaglijk *tolerable*; *passable*
draagmoeder *surrogate mother*
draagraket *booster (rocket)*; *launch/carrier rocket*
draagstoel *sedan chair*; ⟨v. zieke⟩ *litter*
draagtijd *gestation period*
draagvermogen ⟨v. brug, schip, e.d.⟩ *carrying-capacity*; ⟨v. vliegtuig⟩ *carrying capacity*; *lift*
draagvlak • vlak *plane*; ⟨v. vliegtuig⟩ *airfoil* • ondersteunende groep *basis*; *support* ★ een breed maatschappelijk ~ *a broad social basis*
draagwijdte • bereik *range*; ⟨v. stem⟩ *carrying power* • strekking *impact*; ⟨v. woorden⟩ *import*; ⟨v. voorstel⟩ *scope*
draai • draaiing *turn*; ⟨v. weg⟩ *bend* ★ de ~ te kort nemen *take the bend/turn too short* • klap ★ iem. een ~ om de oren geven *box s.o.'s ears* ▼ ergens een ~ aan geven *give s.th. a turn/twist*; *twist the meaning of s.th.* ▼ zijn ~ vinden *find one's niche*
draaibaar *revolving*
draaibank *lathe*
draaiboek *script*; ⟨v. film⟩ *scenario*
draaicirkel *turning-circle*
draaideur *revolving door*
draaien I OV WW • in het rond doen gaan ⟨wiel⟩ *turn*; ⟨knop⟩ *twiddle* • keren/wenden ⟨auto⟩ *turn* • draaiend maken ⟨hout⟩ *turn*; ⟨pillen⟩ *roll* • afspelen ⟨een plaat, cd⟩ *play*; ⟨film⟩ *show* • telefoneren *dial a (telephone) number* ★ een horloge kapot ~ *overwind a watch* ▼ zich eruit ~ *wriggle out* II ON WW • in het rond gaan *turn*; *rotate*; ⟨snel⟩ *spin (round)*; ⟨om as⟩ *revolve* • wenden *shift*; ⟨v. wind⟩ *veer* • functioneren *run*; *work* ★ hij houdt de zaak aan het ~ *he keeps things going* • uitvluchten zoeken *prevaricate*; *hedge* ★ eromheen ~ *fence*; *beat about the bush*; *equivocate* ▼ mijn hoofd draait *my head swims* ★ alles draaide om hem heen *his brain was in a whirl* ▼ alles draait hierom *everything turns on this* ▼ er omheen ~ *fence*; *beat about the bush*; *equivocate*
draaierig *giddy*
draaiing *turn(ing)*; ⟨om eigen as⟩ *rotation*; ⟨om ander hemellichaam⟩ *revolution*
draaikolk *vortex*; *eddy*
draaikont *twister*
draaimolen *merry-go-round*; *roundabout*
draaiorgel *barrel-organ*
draaipunt *turning point*
draaischijf • kiesschijf ⟨telefoon⟩ *dial* • draaitafel *turntable* • pottenbakkersschijf *potter's wheel*
draaitafel *turntable*
draaitol • tol *top* • persoon *fidgetter*
draak • beest *dragon* • akelig mens ★ ze is een ~ van een mens *she is an odious/hateful person*; *she is an absolute cow* • voorwerp *monstrosity* • melodrama *melodrama* ▼ de ~ steken met *poke fun at*
drab • derrie *ooze* • bezinksel *dregs*; *lees*
dracht • drachtig zijn *gestation* • kleding *dress*; *costume*
drachtig *with young* ★ ~ zijn *be with young*; ⟨v.

paard⟩ *be in foal*; ⟨v. koe⟩ *be in calf*; ⟨v. schaap⟩ *be in lamb*; ⟨v. varken⟩ *be in pig*; ⟨v. teef⟩ *be pregnant*
draconisch *draconian*
draf • gang van paard *trot* ∗ op een draf *at a trot* ∗ 't op een draf zetten *break into a trot* • veevoer *swill*; *pigswill*
drafsport *trotting (races)*
dragee *coated tablet*; MED. *tablet*
dragen I OV WW • aan/bij zich hebben *wear*; carry something from one place to another; *carry* ∗ kleding ~ *wear clothes* • op zich nemen ∗ de gevolgen ~ *bear/take the consequences* • ondersteunen *bear* ∗ het ijs draagt *the ice bears* ∗ een gewicht ~ *bear a weight* • voortbrengen ∗ fruit ~ *bear/yield fruit* • verdragen ∗ hij kon 't niet langer ~ *he couldn't bear it any longer* ▾ zo snel als je benen je kunnen ~ *as fast as your legs can carry you* **II** ON WW • reikwijdte hebben ∗ zijn stem draagt ver *his voice has a great carrying power; his voice carries far* ∗ het kanon draagt ver *the cannon has a long range* • etteren *discharge*; ⟨v. wond⟩ *fester*; ⟨v. oog⟩ *run* • zwanger zijn *carry; be pregnant*
drager • wezen *bearer*; ⟨ook van ziekte⟩ *carrier*; ⟨v. bagage⟩ *porter*; ⟨v. bril, e.d.⟩ *wearer* • voorwerp *support*
dragline *dragline*
dragon *tarragon*
dragonder ▾ vloeken als een ~ *swear like a trooper*
drain *drain; drainpipe*
draineren *drain*
dralen *tarry; delay* ∗ zonder ~ *without delay; without hesitation*
drama *drama*
dramatiek *dramatic art*
dramatisch *dramatic*
dramatiseren *dramatize*
dramaturg *dramatist*
drammen *nag* ∗ hou eens op met ~! *oh (do) stop nagging!*
drammerig *tiresome*; ⟨v. een kind⟩ *whining* ∗ doe niet zo ~ *stop nagging*
drang • druk *pressure* ∗ onder de ~ van de publieke opinie *under the pressure of public opinion* • aandrang *urge* ∗ ~ naar vrijheid *desire for liberty* ∗ innerlijke ~ *inner urge*
dranger *door-closer*
dranghek *crush barrier*
drank • vocht *drink*; ⟨op menu⟩ *beverage* • alcoholische drank *strong drink* ∗ aan de ~ raken *take to drink(ing)* ∗ aan de ~ zijn *be addicted to liquor; be an alcoholic*
drankje • glaasje drank *drink* • geneesmiddel *draught; potion* ∗ zijn ~ innemen *take one's medicine*
drankmisbruik *excessive drinking*
drankorgel *boozer*
drankvergunning *liquor licence*
draperen *drape*
draperie *drapery*
drassig *marshy; swampy*
drastisch *drastic*

draven *trot*
draver *a good trotter*
draverij *trotting race*
dreadlocks *dreadlocks*
dreef *lane; avenue* ▾ op ~ zijn *be in great form* ▾ op ~ komen *warm up to (a subject); get into one's stride*
dreg *drag; grapnel*
dreggen *drag*
dreigbrief *threatening letter*
dreigement *threat; menace*
dreigen I OV WW bedreigen *threaten; menace* **II** ON WW • staan te gebeuren ∗ het dreigt te gaan regenen *it looks like rain* ∗ hij dreigde te sterven *he was in danger of dying*
dreigend *threatening; menacing* ∗ een ~e blik *a scowling/threatening look*
dreiging *threat; menace*
dreinen *whine* ∗ ~ om iets *whine for s.th.*
drek *dung; filth*
drempel • verhoging *threshold; sleeping policeman; speed bump*; ⟨v. haven⟩ *bar* • belemmering *threshold*
drempelvrees *threshold fear*
drempelwaarde *threshold value*
drenkeling *drowning person; drowned person*
drenken • drinken geven *water* ∗ het vee ~ *water the cattle* • nat maken *water*
drentelen *lounge; saunter*
drenzen *whine*
dresseren ⟨dieren⟩ *train*; ⟨paarden⟩ *break (in)*; ⟨leerlingen⟩ *drill; train* ∗ gedresseerde dieren *trained animals*; ⟨in circus, e.d.⟩ *performing animals*
dressing *(salad) dressing*
dressman *male model*
dressoir *sideboard; dresser*
dressuur *training*
dreumes *nipper; toddler*
dreun • het dreunen *boom; rumble* • eentonig geluid *drone*; ⟨v. stem⟩ *singsong* • klap *sock; smack* ∗ iem. een ~ op zijn gezicht geven *give s.o. a thick ear; smack s.o.'s face*
dreunen *rumble; boom*
drevel *drift*; ⟨voor gaten⟩ *punch*; ⟨voor verzinken⟩ *punch*
dribbel *dribble*
dribbelen *trip; totter*; ⟨v. kind⟩ *toddle*; ⟨voetbal⟩ *dribble*
drie I ZN three **II** TELW *three* → acht
driebaansweg *three-lane road*
driedaags *three-day; three day's*
driedelig ∗ ~ pak *three-piece suit*
driedimensionaal *three-dimensional* ∗ een driedimensionale film *a picture in 3-D*
driedubbel *treble*
drie-eenheid *triad*; REL. *the Blessed/Holy Trinity*
drieërlei *of three sorts*
driehoek *triangle*
driehoekig *triangular*
driehoeksruil *trilateral exchange*
driehoeksverhouding *(the) eternal triangle*
driekamerflat *three-room flat*; AE *three-room apartment*
drieklank TAALK. *thriphthong* • MUZ. *triad*
driekleur *tricolour*

Driekoningen *(feast of) Epiphany; Twelfth Day* ★ driekoningenavond *Twelfth Night*

driekoningenfeest *(feast of) Epiphany; Twelfth Day*

driekwart *three fourths; three quarters* ★ ~ mijl *three quarters (of a mile)*

driekwartsmaat *three-four time*

drieledig *threefold*

drieletterwoord *four-letter-word*

drieling *triplets*

drieluik *triptych*

driemaal *on three occasions; three times;* VERO. *thrice* ★ ~ kopiëren/vermenigvuldigen *triplicate*

driemanschap *triumvirate*

driemaster *three-master*

driepoot *tripod*

driespan *team of three (horses)*

driesprong *three-forked road*

driestemmig *three-part; for three voices*

driesterrenhotel *three-star hotel*

drietal *three; trio*

drietand *trident*

drietonner *three-tonner*

drietrapsraket *three-stage rocket*

drievoud *treble* ★ in ~ opgemaakt *drawn up in triplicate*

driewegstekker *three-way plug*

driewieler *tricycle*

driezitsbank *(three-seat(er)) sofa/settee*

drift • woede *passion;* temper • aandrang *desire;* passion • het afdrijven *drift* ★ op ~ raken *break adrift*

driftbui *fit of temper*

driftig I BNW • opvliegend *hot/quick-tempered* • kwaad ★ ~ worden *fly into a passion; flare up* II BIJW heftig *vehement* ★ ~ gebaren *make vehement gestures*

driftkikker *hothead; spitfire*

driftkop *hothead*

drijfgas *propellant*

drijfhout *driftwood*

drijfjacht *battue; drive;* FIG. *round-up*

drijfkracht ⟨v. machine, e.d.⟩ *driving power;* ⟨v. schip⟩ *driving power; propelling force;* FIG. *driving force*

drijfnat *soaking wet; dripping*

drijfnet *drift net*

drijfriem *driving-belt*

drijfveer *motive*

drijfzand *quicksand(s)*

drijven I OV WW • voortdrijven *drive* ★ vee ~ *drive cattle* • aandrijven *drive; push* ★ iem. tot wanhoop ~ *drive a person to despair* ★ door afgunst gedreven *prompted by jealousy* • uitoefenen *run* ★ een zaak ~ *carry on/run a business* ▼ (het) te ver ~ *carry things too far* II ON WW • niet zinken *float* ★ op/in het water ~ *float on/in the water* ★ in de boter ~ *swim in butter* • stromen ★ de rivier af~ *drift/ float down the river* • kletsnat zijn *be soaked; be sopping wet* ★ hij dreef van 't zweet *he was dripping with perspiration* ▼ de vereniging drijft op hem *he is the mainstay of the society*

drijver • opjager ⟨vee⟩ *driver;* ⟨v. wild⟩ *beater;* FIG. *fanatic* • voorwerp dat drijft *float* ★ de ~

van een vliegboot *the float of a seaplane*

dril I ZN (de) gelei *jelly* II ZN (het) *drill*

drilboor *drill*

drillen • africhten ★ soldaten ~ *drill soldiers* • boren *drill*

dringen I OV WW duwen *push* ▼ zich bij iem. in de gunst ~ *worm o.s. into s.o.'s favour* ▼ de tijd dringt *time presses* II ON WW krachtig voortgaan *push; press* ★ hij drong door de menigte heen *he pushed/elbowed his way through the crowd* ★ sta niet zo te ~ *don't push/crowd me*

dringend • met aandrang *pressing* • urgent *pressing; urgent*

drinkbaar *drinkable*

drinkebroer *tippler; drunk; boozer*

drinken I ZN *drink(s); beverage* II OV WW *drink;* ⟨met kleine teugjes⟩ *sip* ★ thee ~ *have tea* ★ stevig ~ *drink hard/heavily* ▼ ~ op iemands gezondheid *drink to a person's health*

drinkgelag *drinking-bout*

drinklied *drinking song*

drinkwater *drinking-water* ★ geen ~ *unfit for drinking*

drinkyoghurt *yoghurt drink*

drive *drive; driving stroke*

drive-inwoning *house with built-in garage*

droef *sad; afflicted* ▼ ~ te moede zijn *be dispirited*

droefenis *sorrow; grief*

droefgeestig I BNW *melancholy* II BIJW *dolefully; sadly*

droesem *dregs; lees*

droevig • verdrietig *sorrowful; sad* • bedroevend ▼ ~ resultaat *poor result*

drogen I OV WW • droog maken *dry* • doen uitdrogen *dry* II ON WW droog worden *dry*

drogeren *drug;* INF. *dope*

drogist AE *druggist;* ⟨winkel⟩ *chemist's;* ⟨verkoper⟩ *chemist;* ⟨winkel⟩ *drugstore*

drogisterij *chemist's*

drogreden *fallacy;* FORM. *sophism*

drol INF. *turd*

drom *crowd; throng*

dromedaris *dromedary*

dromen I OV WW droom hebben *dream* ★ ik kan dat verhaal wel ~ *I know that story like the back of my hand; I know the story by heart* ▼ dat had je gedroomd! *no way!; not in your wildest dreams!* II ON WW • droom hebben *dream* • mijmeren *daydream* ★ ~ staat vrij *everybody is free to dream*

dromenland *dreamland; land of Nod*

dromer *dreamer*

dromerig • mijmerend *dreamy* • onwerkelijk *dreamlike; unreal*

drommel ★ arme ~ *poor devil;* BE *bugger;* AE *bastard* ▼ om de ~ niet! *not on your life!; no way!* ▼ wat voor de ~ betekent dit? *what the deuce/on earth does this mean?*

drommels I BNW ★ die ~ e kerel *that cursed/ damned fellow* II BIJW *jolly; awfully; damned* ★ dat weet je ~ goed *you know that very well* III TW *the deuce!; good grief!*

drommen *throng; swarm* ★ de kinderen dromden om haar heen *the children were*

dr

swarming about her

dronk ★ een ~ uitbrengen *propose a toast* ▼ hij heeft een kwade ~ *he is quarrelsome when drunk*; *when he has had a drink or two, he turns nasty*

dronkaard *drunkard*

dronkelap *drunk(ard)*; *soak*

dronken • bedwelmd *tipsy*; *intoxicated*; ⟨alleen attributief⟩ *drunken*; ⟨alleen predikatief⟩ *drunk* ★ een ~ man *a drunken man* ★ hij is ~ *he is drunk* • ~ van *drunk with*; *intoxicated with* ▼ zo ~ als een kanon *as drunk as a lord*

dronkenschap *drunkenness*; *intoxication* ★ in staat van ~ verkeren *be the worse for drink*; FORM. *be under the influence of drink*

droog • niet nat *dry* • niet zoet *dry*

droogbloem *dried flower*

droogdoek *cloth*; *(tea-)towel*; *dishtowel*; AE *teacloth*

droogdok *dry-dock* ★ drijvend ~ *floating dock*

droogje ▼ op een ~ zitten *have nothing to wet one's whistle*

droogkap *(hair) drier (hood)*

droogkloot *bore*; *drag*

droogkomiek *wry/satirical comedian*; *a dry wit*

droogkuisen *dry-clean*

droogleggen • droogmaken *reclaim* • alcoholverkoop verbieden *forbid the consumption of alcohol* ★ een drooggelegde stad *a dry city*

drooglijn *clothes-line*

droogmaken *dry*

droogmolen *rotary clothes-line*

droogpruim *bloody/utter bore*

droogrek *drying-frame*; ⟨voor kleren⟩ *clotheshorse*

droogshampoo *dry shampoo*

droogstaan *have run/gone dry*

droogstoppel *bore*; *drag*

droogte • het droog zijn *dryness*; ⟨v. klimaat⟩ *aridity* • periode *drought*

droogtrommel *tumble dryer*

droogvallen *stand clear of the water*; ⟨v. conversatie⟩ INF. *dry up*

droogzwemmen • zwemmen/oefenen op het droge *practise swimming exercises on (dry) land* • oefenen *have a dry run* • behelpen *manage*

droogzwierder *spin drier*

droom *dream* ★ in dromen verzonken zijn *be lost in dreams*; *be day-dreaming* ▼ iem. uit de ~ helpen *open s.o.'s eyes*; *lift the scales from s.o.'s eyes* ▼ dromen zijn bedrog *dreams are deceptive*

droombeeld *vision*

droomreis *trip of one's dreams*

droomwereld *dream world*

drop I ZN druppel *drop* II ZN snoep *liquorice*; AE *licorice*

dropje *(piece of) liquorice*; *lozenge*

drop-out *dropout*

droppen • neerlaten *(make a) drop* ★ voedsel ~ *airlift/drop food(supplies)* • afzetten *drop off* ★ zal ik je hier ~? *shall I drop you off here?*

dropping *drop*

dropshot *drop-shot*

dropwater *liquorice/licorice water*

droste-effect ⟨ongeveer⟩ *illusion of infinity*

drug *drug*; *narcotic* ★ drugs gebruiken *take drugs* ★ aan de drugs zijn *be on drugs*

druggebruiker *drug user*

drugsbaron *drug baron*

drugsbeleid *drug policy*

drugshandelaar *(drug) dealer*; INF. *drug pusher*

drugskartel *drug cartel*

drugsscene *drug scene*

drugsverslaafde *drug addict*

druïde *druid*

druif • vrucht *grape* • persoon *goon* ▼ de druiven zijn zuur *the grapes are sour*

druilen I ON WW zeuren *mope* II ONP WW motregenen *drizzle* ★ het druilt *it's drizzling*

druilerig • regenachtig *drizzly* • lusteloos *moping!*

druiloor *mope*; *gloomy/mopey person*; *wet blanket*

druipen • drip; *trickle* • nat zijn ★ zij druipt *she's soaking*; *she's sopping wet* ★ ~ van het vet/zweet *drip with grease/sweat*

druiper *clap*; *dose*

druipnat *dripping/sopping/soaking wet*

druipneus *runny nose*

druipsteen *sinter*; ⟨hangend⟩ *stalactite*; ⟨staand⟩ *stalagmite*

druivensap *grapejuice*

druivensuiker *grape sugar, glucose*

druiventros *bunch of grapes*

druk I ZN • drukkracht ★ gebied van hoge/lage druk *high/low pressure area* ★ een druk op de knop is voldoende *just press the button* • aandrang *pressure*; ⟨last⟩ *oppression* ★ druk uitoefenen op *exert pressure on* ★ financiële druk *financial pressure* • het boekdrukken *print(ing)* ★ in druk verschijnen *appear in print* ★ een boek voor de druk bezorgen *see a book through the press* • oplage *edition* ★ herziene druk *revised edition* ★ derde ongewijzigde druk *third impression* ▼ de druk is van de ketel *the pressure is off* II BNW • veel werk hebbend ★ 't druk hebben met leren *be busy learning* ★ wegens drukke werkzaamheden *owing to pressure of work* • onrustig *busy*; ⟨handel⟩ *lively*; *brisk*; ⟨kleuren⟩ *loud* ★ 't was er erg druk *the place was very crowded* ★ hij was te druk bezig met pakken om mij te helpen *he was too busy packing to help me* • bedrijvig, levendig *crowded*; *busy* ★ een drukke kroeg *a crowded pub* • opgewonden *active*; *excited*; *fussy* ★ zich druk maken *get excited*; *worry* ★ hij maakt zich niet druk *he takes it easy* III BIJW intensief *busily* ★ druk bezig *very busy* ★ druk bezochte vergadering *well-attended meeting* ★ een druk bezocht café *much frequented café/pub* ★ er wordt druk gebruik van gemaakt *it is used frequently*

drukdoenerij *fussiness*

drukfout *misprint*; *printer's error*

drukinkt *printer's ink*

drukken I OV WW • duwen *press*; *push*; *squeeze* ★ iem. de hand ~ *shake hands with s.o.* • afdrukken *print* • doen dalen ★ de markt ~

depress the market ★ de prijzen/kosten ~ *hold/keep the prices/costs down* • tot last zijn *weigh (heavily) upon*; FIG. *oppress* ▼ iem. aan zijn hart ~ *press/clasp a person to one's heart* ▼ iem. iets op 't hart ~ *impress s.th. on a person* II WKD WW *shirk; dodge;* 〈ziekte voorwenden〉 *malinger*

drukkend • bezwarend *burdensome;* 〈gevoel〉 *heavy* • drukkend warm *close;* 〈hitte〉 *oppressive;* 〈weer〉 *sultry*

drukker • boekdrukker *printer* ★ naar de ~ sturen *send to press* ★ bij de ~ zijn *be in the press; at the printer's* • drukknop *push button*

drukkerij *printing-office;* 〈katoendrukkerij〉 *printing-shop*

drukknoop *press-stud; press fastener;* AE *snap*

drukkunst *(art of) printing*

drukletter *type;* 〈tegenover schrijfletter〉 *printed character*

drukmiddel *lever*

drukpers *printing-press;* 〈medium〉 *press* ▼ vrijheid van ~ *freedom of the press*

drukproef *galley(proof); proof(-sheet)*

drukte • veel werk *rush/pressure of business* ★ in tijden van ~ *in times of pressure* • leven, bedrijvigheid *excitement;* 〈zaken〉 *bustle;* 〈bij uitverkoop e.d.〉 *rush* ★ de kerst~ *the Christmas rush* • ophef *fuss;* 〈zenuwachtige drukte〉 *flurry* ▼ kouwe ~ *la-di-da; fuss about nothing*

druktechniek *printing (technique)*

druktemaker *loudmouth; fuss pot; busy body; noisy fellow*

druktoets *(push) button* ★ ~telefoon *push button telephone; touch tone telephone*

drukverband *compress; tourniquet*

drukwerk *printed matter* ▼ als ~ verzenden *send as printed matter*

drum *drum*

drumband *drum band*

drummen *play the drums*

drummer *drummer*

drumstel *(set of) drums; drum kit*

drumstick *drumstick*

drup *drip*

druppel *drop; drip;* MED. *drops* ▼ dat is een ~ op een gloeiende plaat *it's a drop in the ocean* ▼ dat is de ~ die de emmer doet overlopen *that's the last straw* ▼ als twee ~s water op elkaar lijken *be alike as two peas (in a pod)*

druppelen I OV WW in druppels laten vallen *drip; trickle* ★ zijn oog ~ *put drops in one's eye* II ON WW druipen *drip; trickle*

druppelflesje *dropper*

druppelsgewijs *by dribblets; dropwise; in drops;* FIG. *little by little* ▼ ~ binnenkomen *trickle in*

druppen *drip*

dtp desktop publishing 〈desktop publishing〉 *DTP*

dtp'en *desktop publish*

dtp'er *desktop publisher*

D-trein *intercity with additional payment*

duaal *dual*

dualistisch *dualist(ic)*

dubbel I ZN (het) *duplicate; double* ★ gemengd

~ *mixed double* II BNW • tweemaal *double* ★ ~ boekhouden *book-keeping by double entry* ★ ~e naam *double(-barrelled) name* ★ ~e rijweg *dual carriageway* ★ ~e bodem *false bottom;* FIG. *double meaning* ★ ~ raam *storm window;* 〈als isolatie〉 *double glazed window* ★ het ~e bedrag *double the amount* • tweeslachtig *double* ★ een ~ leven leiden *lead a double life* ★ ~ spel spelen *play a double game* III BIJW *doubly* ★ ~ zo lang *twice as long*

dubbel-cd *double CD*

dubbeldekker • bus *double decker (bus)* • trein *double decker (train)* • vliegtuig *biplane*

dubbeldeks *double-decked*

dubbelepunt *colon*

dubbelganger *double*

dubbelhartig *double-hearted*

dubbelleven *double life*

dubbelop *double*

dubbelparkeren *double-park*

dubbelrol *double role* ★ een ~ spelen *play a double role*

dubbelspel *doubles* [mv]

dubbelspion *double agent*

dubbelspoor *double track; twin track*

dubbelster *binary star*

dubbeltje ▼ je weet nooit hoe een ~ rollen kan *you never can tell* ▼ het is een ~ op zijn kant *it's a toss-up; it's touch and go* ▼ elk ~ omdraaien *look twice at every penny* ▼ zo plat als een ~ *as flat as a pancake*

dubbelvouwen *fold in half/two; fold double*

dubbelzijdig *double/two-sided*

dubbelzinnig *ambiguous; equivocal;* 〈onkies〉 *double-meaning*

dubbelzout *double salt*

dubben I OV WW kopiëren *copy;* 〈bandje〉 *dub* II ON WW weifelen *be in two minds; hesitate*

dubieus *doubtful; dubious*

dubio ▼ in ~ staan *be in doubt* ▼ in ~ staan over iets *be in two minds about s.th.*

Dublin *Dublin*

duchten *dread; fear*

duchtig *sound; thorough* ★ ~e weerstand *stout/strong resistance*

duel *duel; single combat*

duelleren *(fight a) duel*

duet *duet*

duf • muf *musty; stuffy* • saai *fusty; stale*

dug-out *dugout*

duidelijk 〈teken〉 *clear;* 〈taal〉 *plain;* 〈vergissing〉 *obvious* ★ iem. iets ~ maken *make s.th. clear to a person*

duidelijkheid *clearness; clarity; obviousness*

duiden I OV WW verklaren *interpret* ▼ iem. iets ten kwade ~ *take s.th. ill of a person* II ON WW wijzen naar(op) *point to/at* ▼ dat duidt op een hartkwaal *that suggests /indicates a heartcondition*

duif *pigeon; dove* ▼ onder iemands duiven schieten *poach on a person's preserves*

duig *stave* ▼ het plan viel in duigen *the plan fell through; the plan miscarried*

duik • het duiken *dive; diving* ★ een duik nemen *take a dip; dive* • duikvlucht *dive*

duikboot *submarine*
duikbril *(diving) goggles*
duikelaar ▾ slome ~ *sad sack*; *dullard*; *geek*
duikelen *(take a) tumble*; *fall head over heels*
duiken ● duik maken *dive*; *plunge*; *duck*; ⟨duikboot⟩ *submerge ★* ~ naar iets *dive for s.th.* ● duiksport beoefenen *dive ●* zich verdiepen (in)⟩ ★ in een onderwerp ~ *go deep into a subject ★* in zijn boeken gedoken *immersed in his books*
duiker ● persoon *diver ●* watergang *culvert*
duikerklok *diving bell*
duikerpak *diving suit*
duikersziekte *decompression sickness*; INF. *the bends*
duikplank *diving board*
duiksport *diving*
duikuitrusting *diving equipment/gear*
duikvlucht *(nose-)dive*
duim ● vinger *thumb ●* lengtemaat *inch ▾* iets uit zijn duim zuigen *make up a story*; *invent s.th. ▾* iem. onder de duim hebben/houden *have a person under one's thumb*
duimbreed ▾ geen ~ wijken *not budge an inch*
duimdik *an inch thick*
duimen ● geluk afdwingen ★ ik zal voor je ~ *I'll keep my fingers crossed for you* ● duimzuigen *suck one's thumb*
duimendik ▾ het ligt er ~ bovenop *it sticks out like a sore thumb*; *it's quite obvious*; *it stands/sticks out a mile*; *it's (just) so obvious*
duimendraaien *twiddle one's thumbs*
duimschroef *thumbscrew*
duimstok *(folding) rule*
duimzuigen ● zuigen *suck one's thumb*; *thumb-sucking ●* fantaseren *fantasize*; *imagine*
duin I ZN (de) *dune* II ZN (het) *dunes*
duindoorn ⟨kattendoorn⟩ *sea buckthorn*; ⟨gaspeldoorn⟩ *gorse*
duinlandschap ● landschap *dune landscape ●* schilderij *dune landscape*; *dunescape*
duinpan *dip/cup in the dunes*
duister I ZN ▾ in het ~ tasten *be in the dark* II BNW ● donker ★ een ~e nacht *a dark night* ● onduidelijk *dark*; *dim ★* ~e toekomst *dim/uncertain future*; ⟨somber⟩ *bleak future* ● onguur *shady*; *dubious ★* ~e praktijken *dubious/shady practices*
duisternis *dark(ness)*
duit ● VERO. munt *penny*; *cent ●* FIG. geld ★ dat kost een aardige duit *that costs a pretty penny ▾* een duit in het zakje doen *put in a word*
duitendief *skinflint*
Duits I ZN *German* II BNW *German ▾* ~e Democratische Republiek *German Democratic Republic*
Duitser *German ★* een Duitse *a German (woman)*
Duitsland *Germany*
Duitstalig *German-speaking*
duivel *devil*; INF. *Old Nick*; *Old Harry ▾* des~s zijn *be furious ▾* om de ~ niet *not on your life ▾* als men van de ~ spreekt, trapt men op zijn staart *talk of the devil and he is sure to appear ▾* loop naar de ~! *go to hell!*; *go to*

blazes! ▾ te dom zijn om voor de ~ te dansen *be a blazing ass ▾* 't is alsof de ~ ermee speelt *it is as if the devil is in it*; *you'd think the devil has a hand in it. ▾* hij is voor de ~ niet bang *he has no fear of the devil ▾* waar voor de ~...? *where for heaven's sake...? ▾* de ~ is in hem gevaren *the devil has got into him*
duivelin *she-devil*
duivels I BNW ● als van een duivel *devilish*; *diabolic(al) ●* boosaardig *devilish*; *diabolical ★* een ~ plan *a diabolical plan ●* woedend *furious ★* ~ maken *infuriate ★* een ~e kerel *a devil of a fellow* II TW *the devil!*
duivelskunstenaar ● tovenaar *magician*; *sorcerer* [v: *sorceress*] ● alleskunner *wizard*
duivenmelker *pigeon-fancier*
duiventil *pigeon-coop*; *pigeon-loft*
duizelen *grow dizzy ▾* 't duizelt mij *my head is swimming*
duizelig *dizzy*; *giddy*
duizeling *dizziness*
duizelingwekkend ● enorm ★ ~e aantallen *enormous/staggering numbers ●* duizelig makend *dizzy*; *giddy*
duizend *a/one thousand ▾* hij is er een uit ~en *he is one in a million ▾* ~-en-een-nacht *Arabian Nights*
duizendkunstenaar *versatile person*; *multitalented person*
duizendmaal *a thousand times*
duizendpoot ● dier *centipede ●* alleskunner *jack-of-all-trades*
duizendschoon *sweet william*
duizendste *thousandth*
duizendtal *a thousand*
dukaat *ducat*
dukdalf *mooring buoy*
dulden ● verdragen *bear*; *endure ●* toelaten *tolerate ★* geen uitstel ~ *brook no delay ★* dat duld ik niet *I won't stand(for) it ▾* je wordt daar slechts door hem geduld *you are there only on his sufferance*
dummy ● stroman *figurehead*; *puppet ●* demonstratiemodel *dummy ●* blinde in kaartspel *dummy*
dump ● handel *(army) surplus trade ●* opslagplaats *dump*; *tip*
dumpen *dump*
dumpprijs *bulk-purchase price*; ⟨onder de prijs⟩ *knockdown price ★* goederen tegen dumpprijzen verkopen *sell goods at clearance prices*
dun ● niet dik *thin*; ⟨lucht⟩ *rare*; ⟨taille⟩ *slender*; *thin ●* niet dicht opeen *thin*; ⟨haar, bevolking ook⟩ *sparse ●* zeer vloeibaar *thin*; *light*; ⟨bier⟩ *small*; ⟨soep⟩ *watery ▾* dun toelopen *taper*
dunbevolkt *thinly/sparsely populated*
dundruk *india-paper*; *edition printed on india-paper*
dunk ● mening *opinion ★* een hoge dunk hebben van zichzelf *have a high opinion of o.s.*; *fancy o.s. as ... ★* geen hoge dunk hebben van *have a low opinion of*; *not think much of ●* SPORT *dunk (shot)*
dunken ★ mij dunkt dat ... *it seems to me,*

that ...
dunnetjes *thinly; lightly* ▾ het nog eens ~ overdoen *go through it again; have another try*
duo • twee personen *duo* • duet *duet*
duobaan *job shared by two employees*
duopassagier *pillion rider/passenger* ★ ~ zijn *ride pillion*
dupe *dupe; victim* ▾ hij werd er de dupe van *he was left to face the music; he was left holding the baby*
duperen *let down;* ‹bedriegen› *dupe; fool; con*
duplicaat *duplicate*
dupliceren *duplicate*
duplo ★ in ~ *in duplicate* ★ in ~ opmaken *draw up in duplicate*
duren • voortgaan *continue; go on* ▾ dat duurt mij te lang *that is too long for me* ▾ tijd in beslag nemen *last* ★ van A. naar B. duurt tien minuten *it takes ten minutes from A. to B.* ★ 't duurde niet lang, of zij kwam naar buiten *it was not long before she came out; she was not long in coming out* ★ duurt 't lang voor je klaar bent? *are you going to be long?*
durf *pluck; nerve; daring*
durfal *dare-devil*
durven *dare* ▾ hoe durf je het te doen! *how dare you (do it)!* ★ dat zou ik niet met zekerheid ~ zeggen *I could not say that for sure* ▾ jij durft! *you've got a nerve!*
dus I BIJW ‹bijgevolg› *consequently;* ‹aldus› *thus* II VW *therefore* ▾ dat is dus afgesproken *that's a deal then*
dusdanig I BIJW *so; in such a way;* ‹dermate› *to such an extent* II AANW VNW *such*
duster *housecoat;* AE *duster*
dusver ★ tot ~ *up to now; so far* ★ tot ~ zijn zij er niet in geslaagd *they haven't been successful so far*
dutje ★ een ~ doen *take/have a nap*
dutten *doze; snooze*
duur I ZN tijdsruimte *duration;* ‹v. contract› *length* ★ op den duur *in the end; in the long run* ★ van lange/korte duur *of long/short duration* II BNW • niet goedkoop *dear; expensive; costly* ★ hoe duur is dat? *how much is it?* • gewichtig ★ een dure eed zweren *swear a solemn oath* III BIJW *dear(ly)* ★ zijn leven duur verkopen *sell one's life dearly* ★ iets duur betalen *pay a high price for s.th.;* FIG. *pay dearly for s.th.* ★ duur kopen/verkopen *buy/sell dear*
duursport *endurance sport*
duurte *costliness; expensiveness*
duurzaam • lang goed blijvend *durable; lasting;* ‹v. stof ook› *hard-wearing* • lang durend *long-lasting*
duw *push; thrust;* ‹hard› *shove* ★ iem. een duwtje geven FIG. *give s.o. a boost/a leg up;* ‹met elleboog› *nudge a person*
duwen *push; thrust;* ‹hard› *shove* ★ iem. opzij ~ *elbow s.o. aside* ★ niet ~! *don't push!; stop pushing!* ★ een ~de menigte *a jostling crowd*
duwvaart *push-towing*
dvd *DVD*

dvd-speler *DVD player*
dwaalleer *false doctrine; heresy*
dwaallicht • persoon *false guide* • vlam *will-o'-the-wisp*
dwaalspoor *wrong track* ★ op een ~ brengen *lead astray*
dwaas I ZN *fool* II BNW *silly; foolish; absurd* ★ een ~ plan *a stupid plan*
dwaasheid *folly; absurdity*
dwalen • dolen *wander; stray;* ‹zonder doel› *roam* ★ zich vergissen *err*
dwaling *error; mistake* ★ rechterlijke ~ *judicial error;* FORM. *miscarriage of justice*
dwang *compulsion; coercion* ★ onder ~ *under compulsion;* JUR. *under duress*
dwangarbeid *penal servitude; hard labour*
dwangbevel *warrant;* ‹v. belastingen› *distress-warrant*
dwangbuis *straitjacket*
dwangmatig • tegen iemands wil *inexorable; relentless* • van binnen uit opgelegd *compulsive*
dwangneurose *obsessional neurosis*
dwangsom *penal sum; penalty*
dwangvoorstelling *obsession*
dwarrelen *whirl* ▾ alles dwarrelt mij *my head is in a whirl*
dwars • haaks erop *diagonal; transverse* ★ ~ door ... heen *(right) across* ★ ~ over *right across* • onhandelbaar *unruly; intractable* • onwillig *contrary; pig-headed* ▾ het zit me ~ *it worries me; it rankles within me*
dwarsbalk *cross beam*
dwarsbomen *cross; thwart*
dwarsdoorsnede *cross-section*
dwarsfluit *transverse flute*
dwarskijker *snooper; spy*
dwarslaesie *spinal chord lesion;* ‹gevolg› *paraplegia*
dwarsliggen *be obstructive; be contrary*
dwarsligger • biels *sleeper* • dwarsdrijver *trouble maker;* FORM. *obstructionist*
dwarsligging *transverse presentation*
dwarsstraat *side-street*
dwarsverband • SCHEEPV. *bracket frame; cross bracing* • onverwachte verbinding *cross connection*
dwarszitten *hinder, cross, hamper* ★ wat zit je dwars? *what's bothering/eating you?* ★ die brief zat haar dwars *that letter preyed on her mind*
dweepziek *fanatic(al)*
dweil • lap *(floor)cloth;* ‹aan stok› *mop* • slons *slut*
dweilen *mop;* ‹vloer› *wash;* ‹dek› *swab*
dwepen (met) *be fanatical* ★ ~ met *rave about; be mad about; idolize*
dwerg • persoon *dwarf; pigmy* • hemellichaam ★ witte ~ *white dwarf*
dwergachtig *dwarfish*
dwergvolk *pygmies; dwarf people*
dwingeland *tyrant*
dwingelandij *tyranny*
dwingen *force; coerce; compel* ★ dat laat zich niet ~ *it's no use forcing the matter*
dynamica *dynamics*

dy

dynamiek • MUZ. *dynamics* • vaart *dynamics*; *vitality*
dynamiet *dynamite*
dynamisch *dynamic*
dynamo *dynamo*; *generator*
dynastie *dynasty*
dysenterie *dysentery*
dyslectisch *dyslexic*
dyslexie *dyslexia*
dystrofie *dystrophy*

dy

E

e • letter *e* ∗ de e van Eduard *E as in Edward* • muzieknoot *E*
e.a. en andere *et al.*
eau de cologne *eau-de-Cologne*
eb *low tide*; *ebb* ∗ bij eb *at low tide* ∗ het is eb *the tide is out*
ebbenhout *ebony*
ebi *maximum security prison*
ebola *Ebola*
e-business *e-business*
e.c.g. → elektrocardiogram
echec *setback* ∗ een ~ lijden *suffer a setback*
echelon *echelon* ∗ het hoogste ~ *the top/highest echelon*
echo *echo*
echoën *echo*; *reverberate*
echolood *echo-sounder*; *fathometer*; *depth sounder*
echoscopie *ultra-sound scan*
echt **I** ZN *marriage*; *matrimony* ∗ in de echt treden *enter into matrimony* **II** BNW • onvervalst *real*; ⟨gevoel⟩ *genuine*; ⟨v. stoffen⟩ *real*; ⟨schilderij⟩ *authentic* ∗ een echte vriendin *a true/real friend* • wettig *legitimate* **III** BIJW *truly*; *really*; *genuinely* ∗ meen je dat nou echt? *are you serious?* ∗ dat is echt iets voor haar *that's her all over*
echtbreuk *adultery*
echtelijk *matrimonial*; *conjugal* ∗ de ~e staat *the married state*; *matrimony*
echten *legitimize*
echter *however*
echtgenoot *husband*; *spouse*
echtgenote *wife*; *spouse*
echtheid *authenticity*; ⟨wettigheid⟩ *legitimacy*
echtpaar *married couple*
echtscheiding *divorce* ∗ ~ aanvragen *sue for (a) divorce*; AE *file for (a) divorce*
eclatant *sensational*; *glorious*; ⟨v. nederlaag⟩ *signal*; ⟨v. succes⟩ *brilliant*
eclips *eclipse*
eclipseren *eclipse*
ecologie *ecology*
ecologisch *ecological*
e-commerce *e-commerce*
econometrie *econometry*
economie *economy*; *economics* ∗ geleide ~ *controlled/planned economy*; *command economy*
economisch • met betrekking tot economie *economic* • zuinig *economical*
econoom *economist*
ecosysteem *ecosystem*
ecotaks *ecotax*
ecru *light fawn*
ecstasy *Ecstasy*
Ecuador *Ecuador*
eczeem *eczema*
e.d. en dergelijke *and suchlike*
Edammer *Edam*
ede → eed
edel • adellijk *noble* • zeer goed *noble* ∗ edel

gas *inert gas* ▾ de edele delen *private parts*
edelachtbaar *honourable* ★ Edelachtbare ⟨aanspreektitel⟩ *Your Honour*
edele *noble*
edelhert *red deer*
edelman *nobleman*
edelmetaal *precious metal*
edelmoedig *generous*
edelmoedigheid *generosity*
edelsmid *gold- and silversmith*
edelsteen *precious stone*
editen • COMP. *edit* • redigeren *edit*
editie *edition*
editor *editor*
EDP electronic data processing *EDP*
educatie *education*
educatief *educative*
eed *oath* ★ onder ede staan *be under oath; be on oath* ★ een eed doen *swear an oath* ★ de eed afleggen *take the oath* ★ onder ede verklaren *declare on oath; give evidence on oath*
e.e.g. → **elektro-encefalogram**
eega *spouse*
eekhoorn *squirrel*; ⟨gestreepte⟩ *chipmunk*
eekhoorntjesbrood *cep*
eelt *callosity* ★ eelt op zijn ziel hebben *be thick skinned*
een¹ I ZN (de) *cijfer one* • entiteit *de een of ander s.o. or other* ★ een voor een *one by one* **II** ZN (het) ▾ het een en ander *s.th. or other* **III** TELW *one* • een januari ★ nog een (extra) *one more* ★ een en dezelfde *one and the same* ★ een en dezelfde persoon *one and the same person* ★ op een na *except one* ▾ een of ander(e) ... *some ... or other; one ... or another* ▾ op de een of andere manier *one way or the other* ▾ een en al ... *pure ... ▾* ene meneer Jansen *a certain Mr. Jansen; one Mr. Jansen*
een² (zeg: un) **I** ONB VNW *one* **II** LW *a;* ⟨voor klinker⟩ *an* ★ een man of twintig *some twenty people*
eenakter *one-act play*
eend • watervogel *duck* ★ wilde eend *wild duck; mallard* • jonge eend *duckling* • auto *2CV; deux-chevaux* • domoor *fool; silly*
eendagsvlieg • insect *dayfly; ephemeron* [mv: *ephemera*] • iets tijdelijks *nine days' wonder; ephemeron*
eendekroos *duck-weed*
eendelig *one-piece; one part*
eendenkooi *decoy*
eender I BNW *the same;* ⟨predikatief⟩ *alike* **II** BIJW *alike; equally* ▾ 't is mij ~ *it's all the same to me*
eendracht *concord* ▾ ~ maakt macht *union is strength*
eendrachtig I BNW *united; unanimous* **II** BIJW *in unison*
eenduidig *unambiguous*
eeneiig *identical; monovular*
eenentwintig *twenty-one*
eenentwintigen *play blackjack/pontoon*
eenentwintigste *twenty-first*
eengezinswoning *single-family dwelling*
eenhedenstelsel *units of measurement*

eenheid • geheel *unity* ★ ~ brengen in *unify* • maat, grootheid *unit* ★ eenheden en tientallen *units and tens* • groep *unit* ★ mobiele ~ *riot police*
eenheidsprijs • gelijke prijs *uniform price* • prijs per artikel *unit price*
eenheidsworst *(boring) uniformity*
eenhoorn *unicorn*
eenieder → **ieder**
eenjarig *one year old; of one year* ★ ~e cursus *one-year course* ▾ het ~ bestaan vieren *celebrate the first anniversary*
eenkennig *shy; timid*
eenling • eenzelvig persoon *loner; lone wolf* • enkeling *individual*
eenmaal *once; one day* ▾ ~, andermaal, verkocht *going, going, gone* ▾ 't is nu ~ zo *that's (just) how it is; that's life* ▾ hij is nu ~ ... *he happens to be ...*
eenmalig *once; unique* ★ een ~e aanbieding *a once-only offer*
eenmanszaak *one-man business*
eenoog → **land**
eenoudergezin *single-parent family*
eenpansmaaltijd *one-pan meal*
eenparig • gelijkmatig *uniform* ★ ~e beweging *uniform motion* ★ ~ versneld *uniformly accelerated* • eenstemmig *unanimous*
eenpersoons *single*
eenpersoonsbed *single bed*
eenrichtingsverkeer *one-way traffic*
eens I BNW akkoord *agreed* ★ het eens zijn (met) *to agree (with)* ★ 't eens zijn *agree; be agreed (on)* ▾ we zullen 't op dat punt nooit eens worden *we shall never see eye to eye on that point* **II** BIJW • als versterking ▾ voor eens en altijd *once (and) for all* ★ luister nu toch eens *please listen now* ▾ zij antwoordde mij niet eens *she did not even answer me* ★ denk eens goed na *just think* • één keer *once* ★ eens en voor altijd *once (and) for all* ★ dat is eens, maar nooit weer *once is enough; never again* • ooit ⟨verleden⟩ *once;* ⟨toekomst⟩ *one day* ★ een eens machtig land *a once powerful country* ★ eens op een dag *one day* ★ als je 't hem eens vroeg *suppose you asked him*
eensgezind *unanimous*
eensgezindheid *unanimity*
eensklaps *all of a sudden*
eenslachtig *unisexual;* ⟨m.b.t. planten en dieren⟩ *dioecious*
eensluidend *uniform with* ★ ~ afschrift *true copy* ★ ~e verklaringen *identical statements*
eenstemmig • MUZ. ★ ~ zingen *sing in unison* • unaniem *unanimous; for one voice*
eentalig *monolingual; unilingual*
eentje *one* ★ op/in mijn ~ *by myself* ★ iets in z'n ~ doen *go it alone; do s.th. alone* ▾ jij bent me er ~! *you are a one!* ▾ laten we er ~ nemen *let's have one*
eentonig *monotonous; drab*
eentonigheid *monotony;* FIG. *sameness*
een-tweetje • SPORT *one-two* • onderonsje *private chat; tête-à-tête*
eenvormig *uniform*

eenvoud *simplicity* ★ zij werd in alle ~ begraven *she was given a quiet burial*
eenvoudig I BNW ● vol eenvoud *plain*; *simple*; *uncomplicated* ● zo ~ is dat niet *it's not that simple* ● bescheiden *simple*; *plain* II BIJW *simply*
eenvoudigweg *(quite) simply*; *just*
eenwieler *unicycle*
eenwording *unification*
eenzaam ● alleen *lonely*; ⟨verlaten⟩ *desolate* ★ zich ~ voelen *feel lonely* ● afgezonderd *secluded*; *isolated*; *solitary*
eenzaamheid ● alleenheid *loneliness*; *solitude*; *desolation* ● afzondering *seclusion*; *isolation*
eenzelvig *shy*; *retiring* ★ ~ persoon *loner*; *lone wolf*
eenzijdig ● van/aan één zijde *one-sided*; *unilateral* ★ ~e ontwapening *unilateral disarmament* ● partijdig *bias(s)ed*; *partial*
eer I ZN *honour*; *credit* ★ ter ere van ... *in honour of ...* ★ in ere houden ⟨persoon⟩ *cherish s.o.'s memory*; ⟨gewoonte⟩ *keep up/ maintain custom* ★ het strekt hem tot eer *it is to his credit* ● de eer aan zichzelf houden *put a good face on the matter*; *do the decent thing out* ★ ergens een eer in stellen (om) *take a pride in s.th.* ★ het aan zijn eer verplicht zijn te... *be (in) honour bound to...* ★ met ere *with honour*; *honourably* ★ ik beschouw het als een eer *I consider it an honour* ★ hij doet zijn meester eer aan *he is a credit to his master* ★ iem. eer bewijzen *do/pay honour to a person* ★ iem. alle eer geven voor *give a person full credit for* ▼ iem. de laatste eer bewijzen *pay the last honours (to a person)* ▼ ere wie ere toekomt *honour to whom honour is due* II VW *before*
EER Europese Economische Ruimte *EEA*; *European Economic Area*
eerbaar *honourable*; *virtuous*
eerbetoon *(mark of) honour*; *homage* ★ met militair ~ ⟨bij begrafenis⟩ *with (full) military honours*
eerbewijs *homage*; *(mark of) honour*
eerbied *respect*
eerbiedig *respectful*
eerbiedigen *respect*
eerbiedwaardig *respectable*
eerdaags *one of these days*; *soon*; *before long*
eerder ▼ vroeger *before*; *sooner*; *earlier* ★ hoe ~ hoe beter *the sooner the better* ★ ik had haar ~ al ontmoet *I had met her before* ● liever *rather*; *sooner* ★ ~ meer dan minder *rather more than less* ● waarschijnlijker *rather*; *more likely* ★ Ik denk ~ dat hij niet komt *I rather think he won't come*
eergevoel *sense of honour*
eergisteren *the day before yesterday*
eerherstel *rehabilitation*
eerlijk I BNW *honest*; *sincere*; *fair* ★ ~ spel *fair play* ★ een ~e kans *a fair chance* ▼ ~ duurt het langst *honesty is the best policy* ▼ ~ is eerlijk *fair is fair* II BIJW *honestly*; *fairly* ★ alles ging er strikt ~ aan toe *everything was fair and square* ★ ~ spelen *play fair* ★ ~ gezegd *frankly speaking* ★ ~ waar *honestly*

eerlijkheid *honesty*; *fairness*
eerlijkheidshalve *to be honest*; *in all fairness*
eerloos *infamous*
eerst I ZN ● het ~ aankomen *arrive first* ▼ het ~ *the first time* ▼ voor het ~ *for the first time* ▼ wie 't ~ komt, 't eerst maalt *first come, first served* II BIJW ● eerder dan wie of wat ook *first* ★ als hij ~ maar hier is *once he is here...* ★ als hij ~ maar hier was *if only he were here* ★ dat moet ~ nog blijken *that remains to be seen* ● in het begin *first*; *at first*; *initially*; ⟨pas⟩ *only*
eerste ● eerder dan wie of wat ook *first* ★ ten ~ *firstly* ▼ voor de ~ keer *for the first time* ● belangrijkste *first* ★ ~ minister *prime minister* ★ ~ hulp (bij ongelukken) *first aid* ★ ~ hulp verlenen *give/render first aid* ▼ de ~ levensbehoeften *the first/bare necessities of life* ▼ hij is niet de ~ de beste *he is not just anybody*; *he is not just any man* ▼ bij de ~ de beste gelegenheid *at the first opportunity*
eerstegraads ⟨verbranding⟩ *first-degree*; ⟨m.b.t. onderwijs⟩ *fully qualified* ★ ~ lesbevoegdheid ≈ *post graduate teaching certificate*
eerstehulppost *first-aid post*; *casualty ward/ department*
eerstejaars I ZN *first-year student*; INF. *fresher* II BNW *first-year*
eersteklas *first-rate*; *first-class*
eersterangs *first-rate*
eerstkomend *next* ▼ de ~e dagen *the next few days*
eerstvolgend *next* ▼ de ~e jaren *the next few years*
eervol *honourable* ★ ~le vermelding *honourable mention* ★ ~ ontslag *honourable dismissal*
eerwaard *reverend* ★ de ~e vader *the Reverend Father* ★ ~e bisschop *the Right Reverend Bishop*
eerzaam *respectable*
eerzucht *ambition*
eerzuchtig *ambitious*
eetbaar *edible* ★ niet ~ *inedible*
eetcafé *pub serving food*
eetgelegenheid *place to eat*; *eating-place*
eetgerei *cutlery*; *tableware*
eethoek *dining-area*
eethuis *eating-house*; *restaurant*
eetkamer *dining-room*
eetlepel *table-spoon*
eetlust *appetite* ★ ~ opwekkend *appetizing*
eetstokje *chopstick*
eetstoornis *eating disorder*
eettent *snack bar*; *cafe*; PEJ. *greasy spoon*
eetzaal *dining-hall*; MIL. *mess-room*
eeuw ★ de 20e eeuw *the 20th century* ● periode *century* ● tijdperk *age* ★ de Gouden Eeuw *the Golden Age* ● lange tijd ★ ik heb je in geen eeuwen gezien *I have not seen you for ages*
eeuwenoud *centuries old*; *as old as the hills*
eeuwfeest *centenary*; AE *centennial*
eeuwig *eternal*; *perpetual*; *perennial* ▼ ~ lang wegblijven *stay away for ages*
eeuwigdurend *perpetual*; *everlasting*
eeuwigheid *eternity* ★ tot in ~ *to all eternity*

★ nooit in der ~ *never for all eternity* ▼ de ~ ingaan *pass into eternity* ▼ we hadden hem in geen ~ gezien *we had not seen him for ages*

eeuwigheidswaarde *perpetual|lasting value*

eeuwwisseling *turn of the century*

effect ● uitwerking *effect* ● ECON. *share; security* ● SPORT ⟨tennis⟩ *spin*; ⟨biljart⟩ *side*

effectbal *spinner*

effectenbeurs *stock exchange*

effectenmakelaar *stockbroker*

effectenmarkt *stock market*

effectief ● doeltreffend *effective* ● werkelijk *real* ★ in effectieve dienst *on active service*

effectueren *implement; effectuate*

effen I BNW ● vlak *even; smooth; level* ● eenkleurig *plain; unpatterned* ★ ~ blauw *solid|uniform blue* ● zonder uitdrukking *impassive; straight* ★ een ~ gezicht *a straight face; a poker face* II BIJW eventjes *in fact; just a minute* ★ mag ik ~ *do you mind*

effenen *level; smooth* ▼ 't pad ~ voor *pave the way for*

efficiënt *efficient; businesslike*

efficiëntie *efficiency*

eg *harrow*

EG ⟨European Community⟩ *E.C.*

egaal ● vlak *smooth; level* ● eenkleurig *uniform*

egaliseren *equalize; level*

egalitair *egalitarian*

egard *respect; regard; consideration* ★ iem. met ~s behandelen *treat s.o. with respect| consideration*

Egeïsche Zee *Aegean Sea*

egel *hedgehog*

eggen *harrow*

ego *ego* ▼ alter ego *alter ego; other self* ▼ iemands ego strelen *give s.o.'s ego a boost*

egocentrisch *egocentric*

egoïsme *egoism; selfishness*

egoïst *egoist; self-seeker*

egoïstisch *egoistic(al); selfish*

egotrip *ego-trip*

egotrippen *be on an ego trip*

egotripper *one on an ego trip*

Egypte *Egypt*

Egyptenaar *Egyptian* ★ de Egyptische *the Egyptian woman*

egyptologie *Egyptology*

EHBO ● Eerste Hulp Bij Ongelukken *first aid* ● first aid (post|station); casualty ward| department

ei ● BIOL. *egg*; ⟨eicel⟩ *ovum* ★ zacht|hard gekookt ei *soft|hard boiled egg* ● doetje *softy; wet* ▼ het ei van Columbus *that's the very thing; that's just what's wanted* ▼ hij koos eieren voor zijn geld *he climbed down a peg or two*

eicel *egg-cell; ovum* [mv: *ova*]

eider(eend) *eider (duck)*

eierdooier *(egg) yolk*

eierdop ● schaal *egg-shell* ● napje *egg-cup*

eierkoek ≈ *sponge cake*

eierschaal *egg-shell*

eierstok *ovary*

eierwekker *egg-timer*

eigeel *egg yolk*

eigen ● van iem. of iets *own*; ⟨persoonlijk⟩ *personal* ★ ~ weg *private road* ★ voor ~ gebruik *for private use* ★ mijn ~ geld *my own money* ★ hij heeft een ~ auto *he has a car of his own* ● vertrouwd *familiar* ★ zich een taal ~ maken *make o.s. familiar with a language*; INF. *pick up a language* ● kenmerkend (voor) *characteristic; peculiar; innate*; ⟨aangeboren⟩ *natural*

eigenaar *owner; proprietor*

eigenaardig I BNW ● kenmerkend *singular* ● zonderling *peculiar* II BIJW in a peculiar way; *strangely; oddly*

eigenaardigheid ● vreemde eigenschap *peculiarity; oddity* ● eigenheid *idiosyncrasy*

eigenbaat *selfishness; egoism*

eigenbelang *self-interest*

eigendom *property* ★ iets in ~ verkrijgen *obtain the ownership of* ★ dat huis is mijn ~ *that house belongs to me*

eigendomsrecht *(right of) ownership*

eigendunk *self-conceit; self-esteem*

eigengebakken *home-baked*; ⟨meestal van brood⟩ *home-made*

eigengemaakt *home-made; home-baked*

eigengereid *highhanded; self-willed; obstinate*

eigenhandig *(made|done) with one's own hands*

eigenliefde *self-love*; FORM. *narcissism* ★ gekrenkte ~ *hurt pride*

eigenlijk I BNW *real; proper* ★ de ~e kwestie *the heart of the matter* ★ de ~e betekenis van het woord *the proper meaning of the word* II BIJW *really; in fact; actually* ★ wat bedoel je ~? *what exactly do you mean?; just what do you mean?* ★ zij wist ~ niet wat ze moest doen *she didn't quite know what to do* ★ daarvoor kom ik ~ niet *that's not what I'm here for in fact*

eigenmachtig *high-handed; self-opiniated* ★ ~ optreden *high-handed behaviour*

eigennaam *proper name*

eigenschap ⟨v. mensen⟩ *quality*; ⟨v. dingen⟩ *property*

eigentijds *contemporary*

eigenwaan *self-conceit*

eigenwaarde *self-respect* ★ gevoel van ~ *(sense of) self-respect*

eigenwijs ● beweterig *(self-)opinionated*; self-*willed* ● koppig *pigheaded* ● opvallend *pert*

eigenzinnig *obstinate; stubborn*

eik *oak*

eikel ● vrucht *acorn* ● deel van penis *glans* ● kluns *oaf*

eiken *oak(-wood)*

eikenhout *oak (-wood)*

eiland *island*; ⟨vaak als deel van naam⟩ *isle* ★ de Britse ~en *The British Isles*

eilandengroep *group of islands; archipelago*

eileider ⟨mensen⟩ *Falloppian tube*; ⟨vogels⟩ *oviduct*

eind ● slot|afloop *conclusion; end; finish* ★ van het begin tot het einde *from beginning to end; from start to finish* ★ er kwam geen einde aan *there was no end to it* ★ ten einde brengen *bring to a conclusion* ★ tot een goed

ei

eind brengen *bring to a happy conclusion* • laatste stuk *extremity*; *end* ★ in 't eind *in the end* ★ op het eind van *at the end of* ★ van het ene eind tot het andere *from one end to the other* ★ aan 't andere eind van de wereld *at the back of beyond* • stuk van beperkte lengte *piece*; ⟨touw⟩ *length* ★ een heel eind *a long way* ★ een heel eind in de 40 *well into the forties*; *well over 40* ★ tot 't einde (toe) *till the end* ★ ten einde lopen *draw to an end* ★ aan alles komt een eind *all things come to an end* ★ komt er nooit een eind aan? *shall I never hear/see the last of it?*; *will there be no end to it?* ▼ daar moet een eind aan komen *that must stop* ★ een eind maken aan *put an end to* ★ een einde nemen *come to an end* ▼ eind goed, al goed *all is well that ends well* ▼ er een eind aan maken *end it all* ▼ aan 't langste eind trekken *come off best*; *get the best of it* ▼ het eind van het liedje *the upshot of the matter/affair* ▼ aan 't kortste eind trekken *get the worst of it* ▼ te dien einde *to that end*; *with that end/purpose in mind/view* ▼ hij was ten einde raad *he was at his wits' end* ▼ je hebt 't bij 't rechte eind *you are right* ★ aan het eind van zijn Latijn zijn *be at the end of one's tether* ▼ lelijk aan zijn eind komen *come to a bad end* ▼ ten einde *in order to*; *with the purpose of* ▼ dat ... is het einde! *that's really it!*; *that's fantastic/fabulous!* ▼ ze vindt je het einde *she thinks the world of you*
eind- *final*
eindbedrag *sum total*
eindbestemming ⟨final⟩ *destination*
eindcijfer • uitkomst *result* • beoordeling *final figure*; ⟨schoolrapport⟩ *final mark*
einddiploma *certificate*; *diploma*
einde → *eind*
eindejaarsuitkering *Christmas/annual bonus*
eindelijk *finally*; *at last* ★ nou, ~! *at (long) last!*
eindeloos • zonder einde *endless* • geweldig *wonderful*
einder *horizon*
eindexamen *final examination(s)*; ⟨school⟩ *leaving examination*
eindfase *final/closing stage*
eindig • beperkt *limited* • WISK. *finite*
eindigen I OV WW een eind maken aan ⟨v. werk⟩ *finish*; ⟨brief, leven⟩ *end* II ON WW ophouden *end*; *finish* ★ ~ met *end in*; ⟨een lied⟩ *wind up with* ★ de lessen ~ om een uur *school finishes at one o'clock* ★ bij het ~ van *at the end of* ★ ~ in *end in* ★ ~ op een *a end in an a*
eindje • uiteinde *end* • kort stuk *butt*; ⟨v. potlood⟩ *stub*; ⟨v. kaars⟩ *stump*; ⟨v. touw⟩ *piece*; *length* • korte afstand *little/some way* ★ loop je een ~ mee? *are you coming part of the way?* ★ het is maar 'n klein ~ *it is only a short way* ★ ik ga 'n ~ fietsen *I'm going for a spin* ▼ de ~s aan elkaar knopen *make ends meet*
eindklassement *final placings*; *overall placings*
eindproduct *final product*
eindpunt *end*; ⟨v. trein, bus⟩ *terminus*

eindrapport *final report*; ⟨bij overgang⟩ *end-of-year report*; ⟨bij verlaten van school⟩ *school leaving report*
eindredactie • laatste redactie *final editing*; *final wording* • afdeling *editorial board*
eindspurt *final sprint*
eindstadium *final stage*
eindstand *final score*
eindstation • eindhalte *terminal* • eindfase ⟨final⟩ *destination*
eindstreep *finish* ★ als eerste over de ~ gaan *finish first*; *be first past the post*
eindstrijd *final(s)*
eis • het dwingend verlangde *demand*; ⟨voor schade⟩ *claim*; ⟨voor examen⟩ *requirement*; ⟨voor scheiding⟩ *petition* ★ eisen stellen *make demands on* ★ naar de eisen des tijds ingericht *fitted with every modern convenience*; *up-to-date* • vordering *claim*; ⟨v. Officier van Justitie⟩ *sentence demanded* ★ van een eis afzien *waive a claim* ★ een eis toewijzen *give judgement for the plaintiff* ★ iemands eis afwijzen *find against s.o.* ★ een eis instellen tegen iem. *bring an action against s.o.*
eisen • dwingend verlangen *desire*; *demand (from/off)*; *require (of)* • vergen *claim* ★ de burgeroorlog eiste veel slachtoffers *the civil war claimed many lives* ★ JUR. *demand* ★ schadevergoeding ~ *claim damages* ★ het OM eiste vier maanden gevangenisstraf *the prosecution demanded four months in prison*
eisenpakket *list of demands*
eiser *complainant*; JUR. *plaintiff*; ⟨echtscheiding⟩ *petitioner*; ⟨strafzaak⟩ *prosecutor* [v: *prosecutrix*]
eisprong *ovulation*
eivol *chock-a-block*; *crammed* ★ het was er ~ *the place was absolutely packed*
eiwit • wit van ei *eggwhite* • proteïne *protein*; BIOL. *albumen*
ejaculatie *ejaculation*
EK Europees Kampioenschap *European championships*
ekster *magpie*
eksteroog *corn*
el *yard*
elan *elan*; *dash*; *spirit*
eland *elk*
elandtest *road-holding test*
elasticiteit *elasticity*
elastiek *elastic band*
elastisch *elastic*
elders *elsewhere* ★ naar ~ *elsewhere*
eldorado *eldorado*
electoraal *electoral*
electoraat *electorate*; ⟨m.b.t. kiezer⟩ *electoral status*
elegant *elegant*; *smart*
elegie *elegy*
elektra • stroom *electricity* • apparaten *electrical appliances/equipment*
elektricien *electrician*
elektriciteit *electricity*
elektriciteitsbedrijf ★ gemeentelijk ~ *municipal electricity company*

elektriciteitscentrale *power station*
elektriciteitsmast *(electric/electricity) pylon*
elektrisch *electric*
elektrocardiogram *ECG; electrocardiogram*
elektrocuteren *electrocute*
elektrocutie *electrocution*
elektrode *electrode*
elektro-encefalogram *electro-encephalogram; EEG*
elektrolyse *electrolysis*
elektromagneet *electromagnet*
elektromonteur *electrician; electrical fitter*
elektromotor *electric motor*
elektron *electron*
elektronica *electronics*
elektronisch *electronic*
elektroshock *electric shock*
elektrotechniek *electro-technics; electrical engineering*
element • CHEM. hoofdstof *element* • bestanddeel *element* • TECHN. geluidskop *pick-up* ▾ in zijn ~ zijn *be in one's element*
elementair *elementary*
elf ‖ ZN sprookjesfiguur *elf* ‖ TELW *eleven* → *acht*
elfde *eleventh* → *achtste*
elfendertigst ▾ op zijn ~ *at a snail's pace*
elftal *eleven*
eliminatie *elimination*
elimineren *eliminate*
elitair *elitist*
elite *élite*
elixer *elixir*
elk *each*; ⟨bijvoeglijk⟩ *every*; ⟨zelfstandig⟩ *everyone*
elkaar *each other*; *one another* ★ met ~ *together*; *between us/them* ★ onder ~ *among (themselves)* ★ aan ~ knopen *tie together* ★ achter ~ *behind each other* ★ uren achter ~ *for hours on end* ★ na ~ *after each other* ★ achter ~ lopen *walk in single file* ★ bij ~ *together* ★ hij nam z'n paperassen bij ~ *he gathered up his papers* ★ deze woorden kunnen door ~ gebruikt worden *these words are interchangeable/synonymous* ★ in ~ leggen/zetten *put together* ★ door ~ *in a heap; higgledy-piggledy; confused* ★ zit niet zo in ~ *don't slouch like that* ★ naast ~ *side by side* ★ op ~ *on top of each other* ★ ze hebben niets van ~ *they are entirely unlike/different* ★ uit ~ vallen *fall to pieces* ★ ik kan ze niet uit ~ houden *I can 't tell them apart* ▾ dat is voor ~ *that is settled* ▾ hij kon 't niet voor ~ krijgen *he could not manage it* ▾ uit ~ gaan *separate; split up*
ellebogenwerk *jockying for position; pushing one's way to...*
elleboog *elbow* ★ zijn ellebogen steken door zijn mouwen *he was out at elbows; he was down at heel* ▾ met de ellebogen werken *use one's elbows* ▾ hij heeft ze achter de ellebogen *he is a sneak*
ellende *misery; distress* ★ een diepe bron van ~ *source of (endless) trouble*
ellendeling *wretch*; ⟨schurk⟩ *villain; nasty piece of work*

ellendig *miserable; wretched*
ellenlang *lengthy; long-winded* ★ ~ verhaal *interminable story*
ellepijp *ulna*
ellips *ellipse*
elliptisch *elliptic(al)*
elpee *LP; long-play(ing) record*
els • boom *alder* • priem *awl*
El Salvador *El Salvador*
Elzas *Alsace*
email *enamel*
e-mail *email; e-mail; E-mail*
e-mailadres *e-mail address*
e-mailbericht *e-mail message*
e-mailen *e-mail; email*
emailleren *enamel*
emancipatie *emancipation*
emancipatorisch *emancipatory*
emanciperen *emancipate*
emballage *packing*
embargo *embargo* ★ onder ~ leggen *lay/place an embargo on s.th.*
embleem *emblem*
embolie *embolism*
embouchure *embouchure*
embryo *embryo*
embryonaal *embryonic* ★ in embryonale toestand *at the embryo stage*
emeritaat *superannuation* ★ met ~ gaan *be given emeritus status*
emeritus *emeritus* ★ ~ hoogleraar *professor emeritus*
EMF Europees Monetair Fonds *EMF*
emfyseem *emphysema*
emigrant *emigrant*
emigratie *emigration*
emigreren *emigrate*
eminent *eminent*
eminentie *eminence*
emir *emir*
emiraat *emirate* ★ Verenigde Arabische Emiraten *United Arab Emirates*
emissie *issue*
emissiekoers *issue price; price of issue*
emitteren • ECON. *issue* • uitstralen *emit*
emmer *pail; bucket*
emmeren *yack (on)*
emoe *emu*
emolumenten *emoluments; fringe benefits; perks*
emoticon *emoticon*
emotie *emotion* ★ ~s oproepen/losmaken *release/unlock emotions*
emotionaliteit *sensitivity; sensitiveness*
emotioneel *emotional*
empathie *empathy*
empirisch *empiric(al)*
emplacement *(railway) yard*
emplooi *employment*; *employ* ★ zonder ~ *unemployed* ★ ~ vinden *find employment*
employé *employee; staff member*
EMU Economische en Monetaire Unie *EMU; Economic and Monetary Union; European Monetary Union*
emulgator *emulsifier; emulsifying agent*
emulsie *emulsion*

en *and* ⋆ én jij én ik *both you and I*
en bloc *en bloc; in a body*
encefalogram *EEG; electroencephalogram*
enclave *enclave*
encycliek *encyclical (letter)*
encyclopedie *encyclop(a)edia*
encyclopedisch *encyclopedic*
end → eind
endeldarm *rectum*
endemisch *endemic*
endocrinologie *endocrinology*
endogeen *endogenous*
endossement *endorsement*
enenmale ▼ ten ~ onmogelijk *entirely/absolutely impossible*
energetica *energetics*
energetisch *energetic*
energie *energy;* ⟨elektrisch⟩ *power*
energiebedrijf *electricity board*
energiebesparend *energy-saving; low-energy*
energiebesparing *energy saving*
energiebron *energy/power source; source of energy/power*
energiek *energetic*
energieverbruik *energy consumption*
enerverend • opwindend *exciting* • afmattend *enervating*
enerzijds *on the one side/hand*
en face *full face*
enfant terrible *enfant terrible*
enfin ⟨afijn⟩ *ah, well; anyway;* ⟨kortom⟩ *in short*
eng • nauw *narrow* ⋆ eng behuisd zijn *be cramped for space* • griezelig *scary; creepy* ⋆ een enge vent *a creepy/scary man; a creep* ⋆ ik werd er eng van *it gave me the creeps*
engagement • verbintenis *engagement* • betrokkenheid *commitment*
engageren I OV WW *engage* II WKD WW • in dienst treden *join* • verloven *become engaged (to)*
engel *angel*
Engeland *England;* LIT. *Albion*
engelbewaarder *guardian angel*
engelengeduld *patience of a saint*
engelenhaar *angel's hair*
Engels I ZN *English* II BNW *English* ⋆ de ~e Kerk *The Church of England; The Anglican Church* ⋆ ~e drop *liquorice all-sorts* ⋆ de ~e vlag *the Union Jack*
Engelsman *Englishman* ⋆ een Engelse *an Englishwoman*
Engelstalig *English-speaking*
engerd *creep; crawler* ⋆ hij is een ~ *he gives you the creeps*
engineering *engineering*
en gros *wholesale* ⋆ ~ verkopen *sell (by) wholesale*
engte *narrow(s); strait(s);* ⟨bergengte⟩ *defile;* ⟨landengte⟩ *isthmus*
engtevrees *claustrophobia*
enig I BNW • enkel *only; unique* • het enige dat telt *the only thing that counts* • leuk *lovely* ⋆ wat enig! *how marvellous!* ⋆ een enige vakantie *a marvellous holiday* II ONB VNW *some;* ⟨in vragen⟩ *any*

enigerlei *any* ⋆ op ~ wijze *in some way or other; in any way*
enigermate *to some extent*
enigma *enigma*
enigszins *somewhat; slightly; rather* ⋆ indien ~ mogelijk *if at all possible*
enkel I ZN *ankle* II BNW *single* ⋆ ~e reis *single journey* III BIJW *simply; only* ⋆ ~ en alleen *simply and solely; purely and simply* IV TELW weinig *a few; one or two* ⋆ een ~ foutje *an occasional mistake* ⋆ één ~ glaasje dan *just one glass then* ⋆ een ~e handschoen *an odd glove* ⋆ geen ~e kans *not a chance* ⋆ de ~en die *the few who*
enkeling *individual* ⋆ slechts een ~ weet ervan *only one or two people know about it*
enkelspel *single(s)*
enkeltje *single ticket;* AE *one-way ticket* ⋆ een ~ Tilburg alstublieft *a single ticket to Tilburg please*
enkelvoud *singular*
enkelvoudig • *simple* • niet samengesteld *singular*
en masse *en masse; all together*
enorm *enormous*
enormiteit *enormity*
en passant *en passant; in passing*
en plein public *publicly; in public*
en profil *in profile/silhouette*
enquête *inquiry* ⋆ een ~ instellen/houden *set up/hold an inquiry (into)*
enquêteren • enquête houden *poll; survey* • ondervragen *poll; survey*
enquêteur *pollster; poll-taker*
ensceneren *stage*
enscenering *staging; production*
ensemble *ensemble*
ent *graft*
enten *graft*
enteren *board*
entertainen *entertain*
entertainment *entertainment*
entertoets *enter/return key*
enthousiasme *enthusiasm*
enthousiasmeren *arouse enthusiasm; stir up enthusiasm*
enthousiast *enthusiastic* ⋆ ~ maken *enthuse (about)* ⋆ wild ~ zijn over iets *be wildly enthusiastic about s.th.; go crazy about s.th.*
entiteit *entity*
entomologie *entomology*
entourage *environment*
entr'acte *entr'acte*
entrecote *entrecôte;* AE *prime rib*
entree • het binnentreden *entrance; entry* • ingang *entrance* • toegangsprijs *admission fee* ⋆ vrij ~ *admission free* ⋆ ~ betalen *pay for admission*
entreegeld *admission (fee); entrance fee*
entrepot *bonded warehouse* ⋆ goederen in ~ *bonded goods* ⋆ in ~ opslaan *bond*
entstof *vaccine*
E-nummer *E number*
envelop *envelope*
enzovoort(s) *etcetera*
enzym *enzyme*

epaulet *epaulet(te)*
epicentrum *epicentre*
epidemie *epidemic*
epidemisch *epidemic*
epiek *epic (literature)*
epifyse *epiphysis*
epigoon *epigone*
epigram *epigram*
epilepsie *epilepsy*
epilepticus *epileptic*
epileptisch *epileptic*
epileren *depilate*
epiloog *epilogue*
episch *epic*
episcopaat *episcopacy*
episode *episode*
epistel *epistle*
epitaaf *epitaph*
epitheel *epithelium*
epo erytropoëtine *EPO; erythropoietin*
epos *epic*
epoxyhars *epoxy resin*
equator *equator*
equatoriaal *equatorial*
Equatoriaal-Guinea *Equatorial Guinea*
equipe *team*
equiperen *equip; fit out*
equivalent I ZN *equivalent; counterpart* II BNW
equivalent
er I BIJW ● daar *there* ★ we zijn er *here we are*
● zonder betekenis ★ wie komt er vanavond?
who's coming tonight ★ hij ziet er moe uit *he
looks tired* ★ er goed uitzien *look fine* ★ het
komt regen *it looks like rain* ★ ik zit er niet
mee *it doesn't bother me* ★ er werd gedanst
there was a dance (going on) ★ er werd
gefluisterd dat *it was whispered/rumoured
that* ▼ ze zijn er nog niet (uit) *they are not yet
out of the woods; they're not yet in the clear*
II PERS VNW ★ hoeveel heb je er *how many do
you have?* ★ er zijn er die... *there are those
who...* ★ wat is er? *what's the matter?* ★ is er
iets? *is anything the matter?*
eraan *attached to (it); on (it)* ▼ wat heb ik ∼?
*what good will it do me?; what use is that to
me?* ▼ wat kun je ∼ doen? *what can you do
about it?* ▼ die kat gaat ∼ *that cat's number is
up; that cat is a dead cat* ▼ het hele bos gaat
∼ *the entire forest is going to be destroyed*
erachter *behind (it/them)* ▼ ∼ zijn *have found
out*
eraf *off it* ★ eraf zijn *be rid of; have seen the last
of*
erbarmelijk ● slecht *awful; dreadful;
abominable* ● meelijwekkend *pitiful;
miserable*
erbarmen I ZN *pity; mercy; compassion* II WKD
WW (over) *have mercy/pity on*
erbij *there; included at/with/in it/them* ★ hoe
kom je ∼? *what ever/on earth makes you
think that?* ★ ik blijf ∼ dat het niet goed is *I
still think/believe it is not right* ★ de pen zit/
krijg je ∼ *the pen comes/goes with it* ▼ je bent
∼! *you're nicked!; the game is up!*
erboven *above it/them* ★ ∼ staan *be/stand above
s.th.*

erdoor *through it/them* ▼ ∼ zijn *have got no
more left*; ‹examen, e.d.› *have got through*
▼ iets ∼ krijgen *get through/passed/accepted*
erectie *erection*
eredienst *(public) worship*
eredivisie *premier league/division*
eredoctoraat *honorary degree*
erekwestie *question of honour*
erelid *honorary member*
eremetaal *medal of honour*
eren *honour*
ereplaats *place of honour*
erepodium *victory podium/stand*
ereprijs ● prijs *prize* ● plant *veronica; speedwell*
ereschuld *debt of honour*
eretitel *honorary title*
eretribune ≈ *grandstand*; ≈ *seats of honour*
erewacht *guard of honour*
erewoord *word of honour* ★ op zijn ∼ vrijlaten
release on parole
erf *(farm)yard*
erfdeel *portion; inheritance*; FIG. *heritage*
★ vaderlijk ∼ *patrimony* ★ zijn ∼ krijgen *come
into one's inheritance*
erfelijk *hereditary* ★ ∼ belast zijn *have a
hereditary taint* ★ ∼ bepaald zijn *be
determined by heredity*
erfelijkheid *heredity*
erfelijkheidsleer *genetics*
erfenis *inheritance; legacy*; ‹voornamelijk
figuurlijk› *heritage*
erfgenaam *heir* [v: *heiress*] ★ wettig ∼ *legal heir*
erfgoed *inheritance*
erflater *testator* [v: *testatrix*]
erfopvolger *heir* [v: *heiress*]; *successor*
erfopvolging *hereditary succession*
erfpacht ≈ *long lease*; ≈ *ground lease* ★ grond
in ∼ geven *lease land on a long (-term) lease;*
erfrecht ● erfelijk recht *law of succession; heir
right* ● recht om te erven *right of succession*
erfstuk *(family) heirloom*
erfzonde *original sin*
erg I ZN (het) ● opzet ★ zonder erg
unintentionally ● besef *misgiving; notion* ★ ik
had er geen erg in *I was not aware of it*
★ voor je er erg in hebt *before you know
where you are* II BNW ● zeer vervelend *awful;
terrible* ★ in het ergste geval... *if the worst
comes to the worst* ★ vind je het erg als ik ...?
do you mind me going? ★ iets erg vinden *find
s.th. regrettable* ● slecht/ernstig *serious; awful*
★ een misdaad is iets heel ergs *a crime is a
serious matter* ★ er is nog niets ergs gebeurd
there are no bones broken ● schandelijk *bad;
awful; terrible* III BIJW *very; much*; ‹gewond›
badly ★ hij is er erg aan toe *he is in a bad
way* ★ je maakt 't te erg *you are going too far*
★ hij had erg veel weg van jou *he looked very
much like you*
ergens ● op een plaats *somewhere; anywhere*
★ ∼ anders *somewhere else* ● in enig opzicht
somehow ● iets *something* ★ zij stond ∼ naar
te kijken *she was looking at s.th.*
ergeren I OV WW *vex; annoy; shock* II WKD WW
be vexed; get annoyed; take offence (at) ★ zich
mateloos ∼ over iets *get very annoyed about*

s.th.;

ergerlijk *annoying; aggravating; shocking* ★ 't ~e ervan is... *the annoying part of it is...*

ergernis *annoyance;* ⟨aanstoot⟩ *offence* ★ het is een bron van ~ *it's a nuisance;* INF. *a pain in the neck*

ergonomie *ergonomics*

ergotherapie *ergotherapy*

erheen *there; to it/them* ★ ga je ~? *are you going (there)?*

erin *in(to) it/them; inside* ★ kom erin! *(do) come inside!* ★ staat het erin? *is it in there?*

erkend ● algemeen bekend *recognised;* *acknowledged* ★ een ~ gegeven *an undisputed fact* ● officieel toegestaan *authorised;* *certified* ★ de ~e godsdienst *the recognized religion* ★ officieel ~ *officially recognized*

erkennen ● inzien, toegeven *recognize; confess; admit* ★ volmondig/ruiterlijk ~ *admit frankly; whole-heartedly* ★ naar u zelf erkent *by your own confession* ● als wettig aanvaarden *recognize* ★ ontvangst ~ *acknowledge receipt*

erkenning *acknowledgement; recognition; admission*

erkentelijk *grateful; thankful*

erkentelijkheid *gratitude; appreciation* ★ ~ betuigen *show one's appreciation* ★ uit ~ voor haar steun *in gratitude for her support*

erker *bay window*

erlangs *past (it/them); alongside (it/them)*

ermee *with it/them* ★ wat doen we ~? *what shall we do about it?* ★ hij heeft er alleen zichzelf mee *he'll be the one to suffer*

erna *after(wards)*

ernaar *to(wards); at it/them*

ernaast *beside it/them; next to it/them; adjoining it/them* ▾ er (volledig) naast zitten *be (completely) (wide) off the mark*

ernst ★ serieusheid *earnest(ness); seriousness* ★ in volle ~ *in sober earnest; in all seriousness* ★ 't was hem ~ *he was in earnest; he meant business* ★ met ~ *seriously* ★ dat meen je niet in ~ *you can't be serious* ● zwaarte *seriousness; gravity* ★ 't wordt (nu) ~ *it is getting serious now*

ernstig ● oprecht *serious* ● ⟨gezicht⟩ *earnest;* ⟨ongeluk, situatie⟩ *serious;* ⟨gezichtsuitdrukking⟩ *grave;* ⟨straf⟩ *severe*

erogeen *erogenous*

eromheen *around (it/them)*

eronder *under it/them*

erop *on/onto/up it/them* ★ dat zit erop! *that's done/it, then!* ★ erop slaan *hit it;* FIG. *hit out* ★ met alles erop en eraan *with all the frills; in full dress* ★ de ochtend erop *the following morning; the morning after* ★ mijn naam staat erop *it has my name on it* ▾ erop of eronder *sink or swim; a matter of life and death* ★ met alles erop en eraan *with all the trimmings* ▾ erop komen *think of s.th.* ▾ hoe kwam je erop? *what gave you the idea?* ▾ erop staan *insist (on it)*

eropaan ★ u kunt ~ *you count/depend/rely on it*

eropaf ★ ~ gaan *make for it*

eropna ★ ~ houden ⟨auto⟩ *run/keep a car;* ⟨rare gewoonte⟩ *have odd habits;* ⟨huisdier⟩ *keep a*

dog; ⟨vreemde ideeën⟩ *hold strange ideas;* ⟨eigen mening⟩ *have/hold one's own opinion*

eropuit ★ ~ zijn ★ hij is ~ me te dwarsbomen *he is out to frustrate me*

eroscentrum ≈ *sex club*

erosie *erosion*

erotiek *eroticism*

erotisch *erotic*

erotiseren *eroticize*

eroverheen *over/across it/them*

erratum *erratum* [mv: *errata*]

ertegen *against it/them; at it/them* ★ ik kan er niet meer tegen *I can't take it any more*

ertegenin *against it/them*

ertegenover ● aan overkant van iets *opposite (to) it/them* ★ het politiebureau ligt ~ *the policestation is opposite* ● uitdrukking van tegenstelling ★ hoe staat hij ~? *what's his position on this?*

ertoe *to (it/them)* ★ wat doet het ~? *(what) does it matter?* ★ iem. ~ bewegen/brengen iets te doen *persuade s.o. to do s.th.* ★ het zwijgen ~ doen *remain silent*

erts *ore*

ertsader *vein of ore; lode*

ertussen *(in) between (it/them); in the middle; among(st) (it/them)* ★ eerst moet dit ~ *this should be inserted first* ★ het zit ~ *it is stuck/ lodged in between*

ertussendoor ● aanduiding van doorgang *through it/them; between it/them* ★ je kunt ~ *you can get through* ● aanduiding van vermenging *mix/blend in* ● tijdsaanduiding *in the meantime* ★ dat doen we ~ *we'll do that in the meantime; we'll do that as we go*

ertussenin ● tussen twee tijden/dingen *between; between them* ● in het midden van *among other things; along with other things*

ertussenuit *out (of) it/them*

erudiet *erudite*

eruit *out (of it); from* ★ ~! *out!; clear off!* ★ de kosten ~ halen *recover the expenses* ★ je hemd hangt ~ *your shirt is sticking out* ★ ~ opmaken (dat) *gather/deduce from this (that)* ★ die blindedarm moet ~ *this appendix has to go* ▾ even twee dagen ~ *get away from it all for two days* ▾ ben je ~ gekomen? *did you find the answer/solution?*

eruitzien ● voorkomen hebben *look* ★ er slecht uitzien *look a mess; look ill* ★ er gezond uitzien *look well; look fit* ★ wat zie jij eruit! *look at you!; what a sight you are!* ★ wat ziet de kamer eruit! *this place looks like a total mess!; this place is a total mess!* ★ het ziet er slecht uit voor je *things are not looking too good for you; things look pretty bad for you* ★ hoe ziet hij eruit? *what does he look like?* ★ hij ziet er jonger uit dan hij is *he doesn't look his age* ★ zo ziet hij er niet uit *you would not say that looking at him* ● de indruk wekken te *look like; look as if/though* ★ het ziet er naar uit dat ... *it looks as though ...* ★ het ziet er wel naar uit *it looks like it* ▾ dat ziet er mooi uit! IRON. *here's a pretty kettle of fish!;* IRON. *there's another fine mess*

eruptie *eruption*

ervandaan *away (from there)*
ervandoor *away; off* ⋆ ~ gaan met het geld *make off with the money*
ervaren I BNW *experienced; skilled* II OV WW ondervinden *experience*
ervaring *experience* ⋆ uit ~ *by/from experience* ⋆ volgens mijn ~ *in my experience*
ervaringsdeskundige *hands-on expert*
erven I ZN *heirs* II OV WW door erfenis verkrijgen *inherit*
erwt *pea*
erwtensoep *pea-soup*
es • boom *ash (tree)* • muzieknoot *e-flat*
escalatie *escalation*
escaleren *escalate; snowball*
escapade *escapade*
escapetoets *escape key*
escort *escort*
escorte *escort*
escorteren *escort*
esculaap *staff of Aesculapius; Aesculapius' staff*
esdoorn *maple (tree)*
eskader *squadron*
eskimo *Eskimo*
esoterie *esotericism*
esoterisch *esoteric*
esp *aspen; asp-tree*
espadrille *espadrille; rope-soled/canvas shoe*
Esperanto *Esperanto*
esplanade *esplanade*
espresso *espresso*
espressoapparaat *espresso machine*
esprit • geest *esprit; spirit* • geestigheid *wit*
essay *essay*
essayist *essayist*
essence *essence; extract*
essenhout *ash (wood)*
essentie *essence* ⋆ in ~ *in essence*
essentieel *essential* ⋆ 't essentiële *the essence; the essential part* van ~ belang *of vital importance; essential*
establishment *(the) Establishment*
estafette *relay race*
estafetteploeg *relay team*
ester *ester*
estheet *aesthete*
esthetica *aesthetics*
esthetisch *aesthetic*
Estland *Estonia*
etablissement *establishment*
etage *storey; floor* ⋆ op de eerste ~ *on the first floor;* AE *on the second floor*
etalage *display window; shop-window*
etalagepop *(shop-window) mannequin/dummy*
etaleren *display;* ⟨voornamelijk van etalage⟩ *dress the windows* ⋆ het ~ *window dressing*
etaleur *window dresser*
etappe *stage* ⋆ in ~n *in/by stages*
eten I ZN • voedsel *food* • maaltijd *meal; dinner* ⋆ na het eten *after dinner* ⋆ het eten klaarmaken *prepare the dinner; cook the dinner* ⋆ het eten is klaar *dinner is ready* ⋆ zich kleden voor 't eten *dress for dinner* ⋆ onder het eten *during the meal* II OV WW voedsel nuttigen *eat;* ⟨avondeten⟩ *have dinner;* FORM. *dine* ⋆ veel/weinig eten *eat a*

lot/little ⋆ wat eten we? *what are we having for dinner?;* INF. *what's for dinner?* ▾ zij eten er goed van *they eat well* III ON WW de maaltijd gebruiken *eat* ⋆ uit eten gaan *eat out* ⋆ hij kan flink eten *he is a hearty eater* ⋆ ik ga bij mijn vriend eten *I'm eating at my friend's house* ⋆ mensen te eten hebben/vragen *have/ask people to dinner* ⋆ te eten geven *feed* ▾ hij eet uit je hand *he eats out of your hand*
etensresten *leftovers* [mv]
etenstijd *dinner-time*
etenswaar *food*
etentje *small dinner-party* ⋆ iem. voor een ~ uitnodigen *invite s.o. over/round for dinner*
eter • iem. die (veel) eet *eater* ⋆ een kleine eter *a small eater* ⋆ een flinke/slechte eter *a big/poor eater* • gast *dinner guest* ⋆ we krijgen eters *we're having people to dinner*
ethaan *ethane*
ethanol *ethanol; ethyl alcohol*
ether • *ether* • lucht ⟨m.b.t. radio⟩ *air* ⋆ door de ~ *over the air* ⋆ in de ~ zijn *be on the air*
etherreclame *television and radio advertising*
ethica *ethic* [meestal mv]
ethiek *ethic* [meestal mv]
Ethiopië *Ethiopia*
Ethiopiër *Ethiopian*
ethisch *ethical*
ethologie *ethology*
ethyl *ethyl*
etiket *label*
etiketteren *label*
etiquette *etiquette*
etmaal *twenty-four hours*
etnisch *ethnic*
etnografie *ethnography*
etnologie *ethnology*
ets *etching* ⋆ droge ets *drypoint; dry etch*
etsen *etch*
ettelijk ⟨enige⟩ *several;* ⟨vele⟩ *innumerable*
etter • pus *pus* • naarling *pain in the neck; real bastard*
etterbuil • gezwel *abscess* • rotzak *pain in the neck*
etteren • etter afscheiden *fester;* MED. *suppurate* • klieren *be a pain in the neck*
etude *étude; study*
etui *case*
etymologie *etymology*
EU Europese Unie ⟨European Union⟩ *EU*
eucalyptus *eucalyptus* [mv: *eucalyptus*]
eucharistie *Eucharist*
eufemisme *euphemism*
eufemistisch *euphemistic*
euforie *euphoria*
euforisch *euphoric*
eugenese → eugenetica
eugenetica *eugenics*
eunuch *eunuch*
euro *euro* [onv]
eurocent *cent*
eurocheque *Eurocheque*
euroland *eurocountry*
euromarkt *(European) Common Market*
euromunt *Euro*

eu

Europa *Europe*
Europeaan *European*
Europees *European* ★ Europese Gemeenschap *European Community; Common Market*
eurovaluta *eurocurrency*
eurovignet *Eurovignette*
eustachiusbuis *Eustachian tube*
euthanasie *euthanasia; mercy killing*
eutroof *eutrophic*
euvel I ZN *fault; defect* II BNW ★ de ~e moed hebben ... *have the nerve* ...

eu

Eva *Eve*
evacuatie *evacuation*
evacué *evacuee*
evacueren *evacuate*
evaluatie *evaluation; assessment*
evalueren *evaluate; assess*
evangelie *gospel* ★ tot het ~ bekeren *evangelize; bring (to) the Gospel* ▼ het ~ prediken *preach the Gospel*
evangelisatie *evangelization*
evangelisch *evangelic(al)*
evangelist *evangelist*
even I BNW ★ deelbaar door twee *even* ★ even of oneven *even or odd* ● overschillig ★ 't is mij om 't even *it's all the same to me* ★ om 't even wie/wat/waar *no matter who/what/where* II BIJW ★ net zo *(just) as* ★ hij is even oud als ik *he's the same age as me* ★ even goede vrienden *no hard feelings* ★ al even erg *equally bad* ● een korte tijd *just; for a moment* ★ we blijven maar even *we won't stay long* ★ wacht even *just wait a moment* ★ het duurt nog wel even *it'll take a bit (longer)* ● versterkend ★ altijd even rustig *always very quiet* ★ als het maar even kan dan... *if at all possible...* ★ even in de 30 *just over thirty*
evenaar *equator*
evenals *(just) as; (just) like*
evenaren *equal* ★ iem. ~ *be a match for s.o.* ★ niet te ~ *unequalled; unparalleled*
evenbeeld *image; (very) picture* ★ hij is het ~ van zijn vader *he is the spitting image of his father*
eveneens *as well; likewise; too*
evenement *event*
evengoed ● evenzeer *(just) as well; equally well* ● toch *all the same*
evenknie *equal*
evenmin ★ ~ als *no more than* ★ ik ga niet en mijn vrienden ~ *I'm not going, and neither are my friends*
evenredig *proportionate (to)* ★ omgekeerd ~ aan *inversely proportional to*
evenredigheid *proportion*
eventjes *(only) a moment; just* ★ laat haar dat maar ~ doen *just let her do that*
eventualiteit *eventuality; contingency*
eventueel I BNW *any (possible)* II BIJW *possibly; if necessary* ★ ~ morgen *perhaps tomorrow* ★ ik zou ~ kunnen komen *I could come if necessary* ★ mocht dit ~ 't geval zijn *should this be the case*
evenveel *as much; as many* ★ jullie krijgen allemaal ~ *you all get just the same*

evenwel *however; nevertheless; yet*
evenwicht *balance; equilibrium* ★ in ~ houden *keep balanced* ★ in ~ brengen *balance* ★ iem. uit z'n ~ brengen *throw a person off balance* ★ 't ~ herstellen *restore the balance*
evenwichtig *well-balanced; steady; balanced*
evenwichtsbalk *(balance) beam*
evenwichtsleer *statics*
evenwichtsorgaan *organ of balance/equilibrium*
evenwichtsstoornis *disturbance of equilibrium*
evenwijdig *parallel*
evenzeer ● in gelijke mate *(just) as much as; (just) as great as* ★ dit is ~ waar *this is equally true* ● ook *likewise*
evenzo *likewise*
evergreen *evergreen*
ever(zwijn) *wild boar*
evident *evident; obvious*
evocatie *evocation*
evolueren *evolve*
evolutie *evolution*
evolutieleer *evolutionary theory*
ex I ZN *ex* II VZ *ex*; JUR. *under* ★ ex art. 5 *under Sec. 5*
ex- *ex*
exact *precise*; ⟨vakken⟩ *exact sciences* ★ ~e wetenschappen *exact sciences*
exaltatie *exaltation*
examen *examination*; INF. *exam* ★ mondeling ~ *oral examination*; ⟨universiteit⟩ *viva voce*; INF. *viva* ★ een ~ afleggen *sit for an examination* ★ voor een ~ slagen *pass an exam* ★ voor een ~ zakken *fail an exam*
examenkoorts *exam-stress*
examenvrees *fear of examinations*; INF. *nerves*
examinator *examiner*
examineren *examine*
excellent *excellent; outstanding*
excellentie *excellency*
excelleren *excel*
excentriek *eccentric*
excentrisch *eccentric; away from the centre*
exceptie *exception*
exceptioneel *exceptional*
excerperen *excerpt*
exces *excess*
excessief *excessive*; ⟨v. prijs⟩ *exorbitant*
exclusief I BNW *exclusive* II BIJW *exclusive of; excluding* ★ ~ verpakking *exclusive of packing*
excommunicatie *excommunication*
excommuniceren *excommunicate*
excrement *excrement*
excursie *excursion; trip*
excuseren *excuse* ★ zich ~ *excuse o.s.*
excuus ● verontschuldiging *apology* ★ zijn excuses maken *apologize* ★ ik vraag u ~ *I beg your pardon*; *I apologize* ● reden *excuse* ★ als ~ voerde zij aan dat ... *her excuse was that...*
executeren *execute*; JUR. *execute; put into effect*; ⟨v. hypotheek⟩ *foreclose*
executeur *executor* [V: *executrix*]
executeur-testamentair *executor* [V: *executrix*]
executie ● terechtstelling *execution* ● inbeslagneming *execution*; ⟨v. hypotheek⟩

foreclosure
executiewaarde *value under foreclosure*
exegese *exegesis*
exemplaar *specimen*; *sample*; ⟨v. boek⟩ *copy*; ⟨m.b.t. persoon⟩ *specimen*
exemplarisch *illustrative*; *exemplary*
exerceren *drill*
exercitie *drill*; *exercise*
exhaleren *exhale*
exhibitionisme *exhibitionism*
exhibitionist *exhibitionist*
existentialisme *existentialism*
existentie *existence*
exit *exit*
exobiologie *exobiology*
exodus *exodus*
exogeen *exogenous*
exorbitant *exorbitant*
exorcisme *exorcism*
exotisch *exotic*
expanderen I OV WW uitbreiden *expand* II ON
ww zich uitbreiden *expand*
expansie *expansion*
expansiedrang *urge to expand*
expansievat *expansion tank/vessel*
expat *expatriate*; INF. *expat*
expatriëren *expatriate*
expediëren *dispatch*; *ship*; *forward*
expediteur *forwarding-agent*; *shipping-agent*
expeditie • tocht *expedition* • verzending
forwarding; *shipping* ▼ dat was een hele ~
that was quite an undertaking
experiment *experiment*
experimenteel *experimental*
experimenteren *experiment*
expert *expert*; ⟨verzekeringsexpert⟩ *assessor*
expertise *assessment*
expiratiedatum *expiration date*
expireren • uitademen *expire* • sterven *expire*
• vervallen *expire*; *elapse*
explicatie *explanation*
expliciet *explicit*
expliciteren *make explicit*; *state explicitly*
exploderen *explode*
exploitabel *exploitable*
exploitant ⟨v. mijn⟩ *exploiter*; ⟨v. krant, hotel⟩
owner; ⟨v. transportlijn⟩ *operator*
exploitatie • het winstgevend maken
exploitation; ⟨v. mijn⟩ *working*; ⟨v. bedrijf⟩
running; ⟨v. transportlijn⟩ *operation*
• uitbuiting *exploitation*
exploiteren • gebruik maken van ⟨v. mijn⟩
run; ⟨v. krant⟩ *own* • uitbuiten *exploit*
exploot • aanzegging/betekening *service of a
writ* • akte *writ* • Z-N knappe prestatie *fine
achievement*; *splendid performance*
exploratie *exploration*
exploreren *explore*; ⟨m.b.t. bodemschatten⟩
prospect
explosie *explosion*
explosief *explosive*
exponent *exponent*
exponentieel *exponential*
export *export*
exporteren *export*
exporteur *exporter*

exportkredietverzekering *export credit
insurance*
exportpapieren *export documents*
exportvolume *volume of export*; *export volume*
exposant *exhibitor*
exposé *exposé*; *disclosure*
exposeren *exhibit*; *show*
expositie • tentoonstelling *exhibition*; *show*
• uiteenzetting *exposition* • blootstelling
exposure
expres I ZN *express* II BIJW • met opzet *on
purpose*; *deliberately* • speciaal *expressly*;
specifically ★ ze zijn ~ gekomen om ... *they
have come specifically to ...*
expresbrief *express letter*
expresse *express delivery* ★ per ~ sturen *send
(s.th.) by express delivery/messenger*
expressie *expression*
expressief *expressive* ★ een ~ gezicht *an
expressive face*
expressionisme *expressionism*
exprestrein *express (train)*
exquis *exquisite*
extase *ecstasy* ▼ in ~ geraken *go into ecstasies*
extatisch *ecstatic*
extenso ★ in ~ *in extenso*; *in full*; *at length*
exterieur I ZN het uitwendige/uiterlijk *exterior*;
outside II BNW uiterlijk *exterior*; *external*;
outside
extern • van buiten komend *external*
• uitwonend *non-resident*
extra I BNW extra ★ ~ bagage *excess luggage*
★ ~trein *special train* ★ ~ moeite doen *make a
special effort* II BIJW *extra*
extraatje *bonus*; ⟨onverwacht⟩ *windfall* ★ als ~
krijgt u ... erbij *and as a bonus you'll receive
...*; *you'll receive ... into the bargain*
extract • aftreksel *extract* • uittreksel *excerpt*
extramuraal ★ extramurale gezondheidszorg
extramural health care
extraneus *external candidate/student*
extrapoleren *extrapolate*
extravagant *extravagant*
extravert I ZN *extrovert* II BNW *extrovert*;
extravert
extreem *extreme*
extreem-links *far/extreme/militant/ultra left*
extreem-rechts *far/extreme/militant/ultra right*
extremist *extremist*
extremiteit • uiterste *extreme* • ledematen
extremities [mv]
extrovert → *extravert*
exuberant *exuberant*
eyeliner *eye liner*
ezel • dier *ass*; *donkey* • schildersezel *easel*
▼ een ezel stoot zich geen tweemaal aan
dezelfde steen *once bitten twice shy* ▼ zo
koppig als een ezel *as stubborn as a mule*
ezelsbruggetje *mnemonic device*; *memory aid*
ezelsoor • oor van een ezel *ass's ear*
• omgekrulde hoek *dog's ear*

ez

F

f • letter *f* ★ de f van Ferdinand *F as in Frederic*
• muzieknoot *F* ★ f-sleutel *F clef; bass clef*
F • Fahrenheit *F* • fluor *F*
fa *fa(h)*
faalangst *fear of failure*
faam • goede naam *reputation; name*
• vermaardheid *fame; reputation*
fabel • vertelling *fable* • verzinsel *fable; fiction*
• beknopte inhoud *plot*
fabelachtig • als in fabels *fabulous; legendary*
• ongelofelijk *fantastic; incredible*
fabricage *manufacture*
fabriceren *manufacture;* FIG. *fabricate*
fabriek *factory; works;* ⟨katoen, papier⟩ *mill*
fabrieksfout *manufacturer's fault; fault in the manufacture*
fabrieksgeheim *trade secret*
fabrieksprijs *factory/manufacturer's price*
fabrikaat • product *product;* ⟨alleen als meervoud⟩ *goods* • Engelse fabrikaten *English products/goods* • makelij *manufacture; make*
fabrikant *manufacturer*
fabuleus *fabulous*
façade • voorgevel *façade* • uiterlijke schijn *front*
facelift *facelift(ing)*
facet • geslepen vlak *facet* • aspect *facet; aspect; angle* ★ alle ~ten van iets bekijken *look at s.th. from all angles*
facetoog *compound eye*
facilitair *facilitating; providing assistance*
faciliteit • tegemoetkoming *allowance*
• voorziening *facility; amenity*
faciliteren *facilitate*
factie *faction*
factor • medeoorzaak *factor; circumstance*
• WISK. *factor*
factoranalyse *factor analysis*
factotum FORM. *factotum; handyman;* INF. *dogsbody*
factureren *invoice; charge to someone's account*
factuur *invoice*
facultair *faculty* ★ ~e aangelegenheid *faculty matter*
facultatief *optional*
faculteit • deel universiteit *faculty* • WISK. *factorial*
fade-out *fade-out*
Faeröer *Faroese*
fagot *bassoon*
Fahrenheit *Fahrenheit* ★ 20 graden ~ *20 degrees Fahrenheit*
failliet I ZN *bankruptcy;* FIG. *failure; collapse* II BNW *bankrupt* ★ ~e boedel *bankrupt's estate* ★ ~ gaan *fail; go bankrupt* ★ ~ verklaard worden *be declared bankrupt;* JUR. *be adjudged bankrupt*
faillissement *bankruptcy* ★ in staat van ~ verkeren *be in bankruptcy* ★ ~ aanvragen van iem./een zaak *present a bankruptcy petition against s.o./a firm*

faillissementsaanvraag *bankruptcy petition*
fair *fair* ★ fair play *fair play*
faken *fake*
fakir *fakir*
fakkel *torch*
falen I ZN *failure* II ON WW • niet slagen *fail; be unsuccessful* ★ nimmer ~d *unfailing; unerring*
• fouten maken *fail; make mistakes*
falie ▾ iem. op zijn ~ geven *dust a person's jacket; give s.o. a good telling/dusting off*
faliekant *utterly; absolutely; completely* ★ je zit er ~ naast *you're way off target; you are nowhere near it*
fallisch *phallic*
fallus *phallus*
falset • stemregister *falsetto* ★ ~ zingen *sing (in) falsetto* • zanger *falsetto;* ⟨man⟩ *counter tenor*
falsetstem *falsetto*
falsificatie *falsification; forgery*
falsificeren • vervalsen *forge;* ⟨geld⟩ *counterfeit;* ⟨boekhouding⟩ *falsify*
• weerleggen *refute; falsify*
fameus • befaamd *famous* • verbazend ★ een fameuze som geld *an enormous sum of money*
familiaal *familial*
familiair • ongedwongen *familiar; informal; casual;* ⟨intiem⟩ *close; intimate* ★ ~ met iem. zijn *be on familiar/intimate terms with s.o.*
• vrijpostig *(over-)familiar; presumptuous* ★ ~e toon aanslaan *take a familiar tone*
familie • gezin *family* • alle verwanten *family; relations; relatives* ★ het zit in de ~ *it runs in the family* ★ verre ~ *distant relations* ★ hij is van goede ~ *he is of a good family* • BIOL. *family*
familiebedrijf *family business/concern*
familiegraf *family grave/tomb;* ⟨kelder⟩ *family vault*
familiehotel *family inn/hotel*
familiekring *family-circle*
familielid *member of the family; relation; relative*
familienaam *surname; family name*
familiestuk ⟨schilderij⟩ *family portrait;* ⟨erfstuk⟩ *family heirloom*
familieziek *overly attached to one's family*
fan • liefhebber *fan* • ventilator *fan*
fanaat *zealot; fanatic*
fanaticus *fanatic;* REL. *zealot*
fanatiek *fanatic(al)*
fanatiekeling *fanatic*
fanatisme *fanaticism*
fanclub *fan club*
fancyfair *bazaar;* BE *jumble sale;* AE *rummage sale*
fanfare • muziekkorps *brass band*
• muziekstuk *flourish* • grote ophef *fuss*
fanmail *fan mail*
fantaseren I OV WW *verbeelden dream/ fantasize about* II ON WW • verzinnen *dream; invent; romance (about);* ⟨dagdromen⟩ *make up* • MUZ. *improvise*
fantasie • verbeeldingskracht *imagination; fancy* • verzinsel *fantasy* • MUZ. *fantasia*

fantasieloos *unimaginative*
fantasienaam *fantasy|made-up name*
fantasievol *imaginative*
fantast *fantast; dreamer*
fantastisch • verzonnen *fantastic; unrealistic* • schitterend *great*
fantoom *phantom*
fantoompijn *phantom limb pain*
farce *farce*
farceren *stuff*
farizeeër *hypocrite*
farmaceutisch *pharmaceutical*
farmacie *pharmacy*
farmacologie *pharmacology*
fascinatie *fascination*
fascineren *fascinate*
fascinerend *fascinating; intriguing*
fascisme *fascism*
fascist *fascist*
fascistisch *fascist*
fase *stage; phase* ⋆ de ziekte is in een kritieke fase gekomen *the disease has reached a critical stage* ⋆ in fasen *phased*
faseren *phase*
fastfood(restaurant) *fast-food (restaurant)*
fat *dandy; fop*
fataal *fatal*
fatalisme *fatalism*
fatalistisch *fatalistic*
fata morgana *fata morgana; mirage*
fatsoen • goede manieren *decency; good manners* ⋆ voor zijn ~ *for decency's sake* ⋆ hou je ~ *behave yourself; mind your manners* ⋆ ik kon met goed ~ niet weigeren *I could not in decency refuse* • vorm *shape; form* ⋆ uit zijn ~ *out of shape*
fatsoeneren *shape; model; fashion* ⋆ zichzelf| zijn kleren ~ *straighten one's clothes*
fatsoenlijk • behoorlijk ⟨inkomen, huis, e.d.⟩ *decent* • welgemanierd *decent; respectable*
fatsoenshalve *for decency's sake*
fatsoensrakker *prude*
faun *faun*
fauna *fauna*
fauteuil *easy-chair*
favoriet I ZN *favourite* II BNW *favourite*
fax *fax*
faxen *fax; send a fax*
faxnummer *fax number*
fazant *pheasant*
februari *February*
federaal ⟨staat/regering⟩ *federal*; ⟨systeem⟩ *federative*
federalisme *federalism*
federatie *federation*
fee *fairy*
feedback *feed-back*
feeëriek *fairytale-like*
feeks *shrew*
feeling *feel; feeling* ⋆ ergens ~ voor hebben *have a feel for s.th.*
feest • viering *feast; festival* • partij *party* ⋆ een ~(je) bouwen/geven *throw a party* ⋆ het ~ gaat niet door! *that's definitely off!*
feestdag *holiday*; ⟨voornamelijk religieus⟩ *feast-day* ⋆ op zon- en ~en *on Sundays and*

holidays ⋆ nationale ~ *public holiday*
feestelijk *festive*; FORM. *festal* ▾ dank je ~! *nothing doing!*
feesten *feast*; INF. *party*
feestganger *party-goer*
feestmaal *feast*; ⟨groots⟩ *banquet*
feestneus • masker *false nose* • persoon *reveller; party goer*; ⟨grapjas⟩ *buffoon; clown*
feestnummer • gangmaker *merrymaker; party goer* • blad *anniversary number*
feestvarken *the toast of the party*; ⟨m.b.t. kinderen⟩ *the birthday boy|girl*
feestvieren *feast; celebrate*
feilbaar *fallible*
feilen *fail*
feilloos *faultless*; ⟨regelmaat⟩ *unfailing*
feit *fact* ⋆ in feite *in fact*
feitelijk I BNW *actual* II BIJW *actually; practically; virtually*
fel • vurig *fierce*; ⟨woorden⟩ *biting* • hevig *fierce*; ⟨kou⟩ *bitter*; ⟨pijn⟩ *sharp*; ⟨brand/zon⟩ *blazing*; ⟨kleur⟩ *vivid* ⋆ daar ben ik fel tegen *I'm dead against it* • ~ op ⋆ daar ben ik fel op *I'm keen on that*
felbegeerd *intensely desired*
felicitatie *congratulations*
feliciteren *congratulate (on)* ⋆ (wel) gefeliciteerd! *congratulations!*; ⟨op verjaardag⟩ *many happy returns (of the day)!*
feminien *feminine*
feminisme *feminism*
feministe *feminist*
feministisch *feminist; feministic*
feniks *phoenix*; AE *phenix*
fenomeen *phenomenon* [mv: *phenomena*]
fenomenaal *phenomenal*
feodaal *feudal*
feodalisme *feudalism*
ferm • flink *firm* ⋆ een ferme houding *a firm attitude* • zeer groot *stout*; ⟨v. persoon⟩ *strapping*; ⟨portie⟩ *generous*; ⟨reprimande⟩ *sound*
fermenteren *ferment*
fervent *fervent; ardent* ⋆ een ~ voorstander van de EG *a fervent supporter of the EEC* ⋆ een ~ voetballer *an ardent/keen footballer*
festijn *feast*; ⟨groots⟩ *banquet*
festival *festival*
festiviteit *festivity*
feston *festoon*
fêteren *fête; make much of*
fetisjisme *fetishism*
fetisjist *fetishist*
feuilleton *serial (story)* ⋆ als ~ verschijnen *appear in serial form*
feut *fresher;* ≈ *freshman*
fez *fez*
fiasco *failure; flop*; INF. *washout*
fiat *authorization; sanction; fiat*; ECON. *approval* ⋆ zijn fiat geven *give one's permission;* ↓ *give the go-ahead; authorize*
fiatteren *authorize*
fiber *fibre*
fiberglas *fibreglass*
fiche • speelpenning *counter*; ⟨in gokspel⟩ *chip* • systeemkaart *index|filing card*

fi

fictie *fiction*
fictief *fictitious*
fictioneel *fictional*
fideel ● trouwhartig *good natured* ● gezellig *jovial*; *jolly*
fiducie *faith*; *confidence*
fielt *villain*; *scoundrel*
fier *proud*
fiets *(bi)cycle*; INF. *bike*; ⟨in tegenstelling met motorfiets⟩ *push-bike*
fietsen *cycle* ★ 'n eindje gaan ~ *go for a ride*
fietsenmaker *bicycle repair man*
fietsenstalling *bike/bicycle shed*
fietser *cyclist*
fietspad *cycle-track*
fietspomp *bicycle-pump*
fietstocht *cycling-tour*
fietsvakantie *cycling holiday*
fiftyfifty *fifty-fifty* ★ ~ delen met iem. *go fifty-fifty/halves with s.o.*
figurant ● acteur *extra*; *walk-on* ● onbetekenend persoon *nonentity*
figuratief ● beeldend *figurative* ★ figuratieve kunst *figurative art* ● versierend *decorative*; *ornamental*
figureren ● optreden als *act/figure (as)* ● figurant zijn *be an extra*
figuur I ZN (de) personage *figure*; *character* II ZN (het) ● gestalte, vorm van lichaam *figure* ● schematische afbeelding *figure* ★ een meetkundige ~ *a geometric figure*; *a geometric design* ▼ een goed/slecht ~ slaan *make/cut a good /poor figure* ▼ een ~ als modder slaan *make/cut a sorry/foolish figure* ▼ iem. een gek ~ laten slaan *make s.o. look silly*
figuurlijk *figurative*
figuurzaag *fret-saw*
figuurzagen *do fretwork* ★ het ~ *fretwork*
Fiji *Fiji*
fijn ● prettig *nice*; *lovely* ★ een fijn boek *a lovely book* ★ dat is fijn *that's nice/great* ● in kleine deeltjes *fine* ★ fijn zand *fine sand* ● niet grof *fine*; *tiny* ★ een fijne kam *small-tooth comb* ● fijne gereedschappen *precision tools* ● zeer goed, precies *fine*; *choice* ★ een fijne neus voor iets hebben *have a nose for s.th.* ★ fijne smaak *(re)fine(d) taste* ★ fijne appels *choice apples* ● subtiel *subtle* ★ fijn verschil *subtle difference* ▼ hij weet er het fijne van *he knows the rights of it*; *he knows the ins and outs of the matter* ▼ zo fijn als (gemalen) poppenstront *holier-than-thou*
fijnbesnaard *finely(-)strung*; *sensitive*
fijngebouwd *slender*
fijngevoelig *sensitive*
fijnhakken *mince*
fijnkauwen *chew up*
fijnknijpen *squeeze*; *crush*; *press*; FIG. *squeeze*
fijnmaken *pulverize*
fijnmalen *grind*; *crush*
fijnproever *connoisseur*
fijnschrijver *fineliner*
fijntjes I BNW nogal fijn *delicate* II BIJW ● op fijne wijze *nicely*; *neatly* ● op slimme wijze *cleverly*; *subtly*

fijnwasmiddel *washing powder for delicate fabrics*
fijnzinnig *discerning*; *discriminating*
fik *fire* ★ in de fik steken *set fire to*; *send up in flames* ★ in de fik staan *be in flames/on fire*
fikken I ZN vingers INF. *paws* II ON WW ↑ *burn*
fiks *considerable*; ⟨pak slaag⟩ *sound*; ⟨dosis, wandeling⟩ *stiff*
fiksen *fix (up)*; *manage*
filantroop *philanthropist*
filatelie *philately*
file¹ (zeg: fiele) *tailback*; *traffic-jam*
file² (zeg: fajl) *file*
fileren *fillet*
filet *fillet*
filevorming *build-up of traffic*; *traffic congestion*
filharmonisch *philharmonic*
filiaal *branch*
filiaalhouder *branch manager(ess)*
filigraan *filigree*
filippica *philippic*
Filippijnen *Philippines*; *Philippine Islands*
film ● bewegende beelden *film*; *feature (film)*; AE *movie*; FORM. *motion-picture* ★ naar de film gaan *go to a movie* ★ er draait een goede film in ... *there is a good film on at ...* ★ bij de film zijn *be in the movies* ● fotorolletje *film roll* ★ een film(pje) in een camera doen *load a camera* ● dun laagje *film*
filmcamera *(cine/film)camera*; AE *movie camera*
filmen *film*; ⟨een scene⟩ *shoot*
filmer *film-maker*
filmhuis *cinema club*; AE *film club*
filmkeuring *film censorship*; *movie rating system*
filmkritiek ⟨recensie⟩ *film review*; AE *movie review*
filmmaker *film-maker*
filmmuziek *film music*; AE *movie music*; *score*
filmopname *shoot*; *shooting* ★ een ~ maken *do a shoot*
filmploeg *film crew*; AE *movie crew*
filmregisseur *film director*; AE *movie director*
filmrol ● band *reel of film* ● rol in een film *role*
filmrolletje *film roll*; *(roll of) film*
filmster *film star*; AE *movie star*
filmstudio *film studio*; AE *movie studio*
filologie *philology*
filosoferen *philosophize*
filosofie *philosophy*
filosofisch *philosophic(al)*
filosoof *philosopher*
filter *filter*; ⟨voor koffie⟩ *percolator*
filteren *filter*; *filtrate*; *sieve*; ⟨koffie⟩ *percolate*
filterkoffie *filter coffee*
filtersigaret *filter (tip)*; *filter-tipped cigarette*
filterzakje *(coffee) filter*
filtratie *filtration*
filtreren *filter*; *strain*; ⟨koffie⟩ *percolate*
Fin *Finn* ★ een Finse *a Finnish woman*
finaal I BNW ● uiteindelijk *final* ● algeheel *complete*; *total* ★ finale uitverkoop *closing-down/clearance sales* II BIJW *quite*; *clean*; *utterly* ★ ik ben het ~ vergeten *I clean forgot (it)* ★ het was ~ onmogelijk *it was utterly impossible*

finale *final* ★ halve ~ *semifinals* [mv]

finaleplaats *place in the finals*

finalist *finalist*

financieel *financial*

financiën ⟨geld⟩ *finances*; ⟨geldwezen⟩ *finance*; *financial system*

financier *financier*; *sponsor*

financieren *finance*

financiering ⟨actief⟩ *financing*; ⟨passief⟩ *funding*

financieringsplan *financing plan*

financieringstekort *financing deficit*

fineer *veneer*

fineliner *fineliner*

fineren ● met dun hout beplakken *veneer* ● houtlaagjes op elkaar lijmen *laminate*

finesse *finesse*; *nicety* ★ de ~s *the ins and outs*; *details* ★ tot in de ~s berekend *calculated in detail*

fingeren *feign*; *simulate*; *fake*; ⟨ensceneren⟩ *stage*

fingerspitzengefühl *sensitivity*; *sure instinct*; *tact*

finish *finish*; *finishing line* ★ als eerste door de ~ gaan ⟨paarden⟩ *be first past the post*; ⟨m.b.t. mensen⟩ *be first past the tape*

finishen *finish*; *cross the line* ★ als derde ~ *finish third*

finishing touch *finishing touch(es)/stroke(s)*

Finland *Finland*

Fins I ZN *Finnish* II BNW *Finnish*

FIOD *Fiscal Information and Investigation Department*

firewall *firewall*

firewire ® *firewire*

firma *firm*; *concern*

firmament *firmament*; *sky*

firmant *partner*

first lady *first lady*

fis *F sharp*

fiscaal *fiscal* ★ fiscale rechten *fiscal duties*

fiscaliseren *public funding*

fiscus ● belastingdienst *tax authorities*; ⟨in Engeland⟩ *Inland Revenue* ● schatkist *treasury*

fistel *fistula*

fit *fit*; *healthy* ★ zij is niet erg fit *she is a bit off colour*

fitness *fitness*

fitnesscentrum *fitness centre*; *gym*; *health club*

fitting ● deel van gloeilamp *screw(cap)*; *fitting* ● lamphouder *socket*; *lamp-holder*

fixatie ● het vastleggen *fixing* ● PSYCH. *fixation*; *obsession* ★ ~ op het verleden *fixation with the past*

fixeerbad *fixing-bath*

fixen (zich) *shoot up drugs*; *get a fix*

fixeren ● vastmaken/-stellen *fix*; *fasten*; ⟨vaststellen⟩ *establish* ● onuitwisbaar maken *fix* ● strak aankijken *fix with one's eyes*; *stare at*

fjord *fjord*

fl. gulden ⟨Dutch florin⟩ *Dfl.*

flacon *flask*; *bottle*

fladderen ● vliegen *flutter* ● wapperen *flap*

flageolet *flageolet*

flagrant *flagrant*; *glaring*

flair *flair*

flakkeren *flicker*; ⟨in de tocht⟩ *waver*

flamberen ⟨serve⟩ *flambé*

flambouw *torch*

flamboyant *flamboyant*

flamingo *flamingo*

flanel ● stof *flannel* ● kledingstuk *singlet*

flaneren *lounge*; *stroll*; INF. *mooch (about)*

flank *flank*; *side*

flankeren *flank*

flansen ★ hij heeft het in elkaar geflanst *he has knocked it together*

flap ● omgeslagen deel *flap* ● bankbiljet *(bank)note*

flapdrol *drip*; *jerk*; *idiot*

flapoor *protruding ear*; *jug-ear*

flap-over → flip-over

flappen ★ eruit ~ *blurt out* ★ hij flapt eruit wat hem voor de mond komt *he opens his mouth and lets his belly rumble*

flappentap → geldautomaat

flaptekst *blurb*

flapuit *blab(ber)*

flard ● fragment *fragment*; *scrap* ★ ~en van een gesprek *snippets/fragments of a conversation* ★ aan ~en schieten *shoot to pieces* ● lap *rag*; *shred*

flashback *flashback*

flat ● flatgebouw *block of flats*; AE *apartment building* ● etagewoning *flat*; AE *apartment*

flater *blunder*; *howler* ★ een ~ slaan *blunder*; *drop a clanger*

flatgebouw *block of flats*; AE *apartment building*

flatteren *flatter* ★ geflatteerd portret *flattering portrait* ★ deze cijfers zijn geflatteerd *these figures present a rosy picture*

flatteus *flattering*

flauw ● met weinig smaak *tasteless* ● kinderachtig *silly* ★ doe niet zo ~ *don't be silly* ● niet geestig *silly*; ⟨grap⟩ *lame*; ⟨opmerking⟩ *insipid* ● zwak *feeble*; *weak*; ⟨kleur⟩ *faint*; ⟨schijnsel⟩ *dim* ★ ~ van de honger *faint with hunger* ★ ik heb geen ~ idee! *I haven't the foggiest (idea)!*; *I haven't a clue!* ● licht gebogen ★ een ~e bocht *a gentle/slight curve/bend* ● ECON. *dull*; ⟨markt⟩ *flat*

flauwekul *nonsense*; *tomfoolery*; ↓ *bunk* ★ geen ~ alsjeblieft *no messing around*; *no nonsense, please*

flauwerd *a silly person*; *spoilsport*; ⟨lafaard⟩ *chicken*; *sissy*

flauwiteit *silly joke/remark*

flauwte *faint*; *fainting fit* ★ ze kreeg een ~ *she was in a (dead) faint*

flauwtjes *faintly*; ⟨verlicht⟩ *dimly* ★ ~ glimlachen *smile faintly/wanly*

flauwvallen *faint*; *pass out*

flebologie *phlebology*

flegma *phlegm*

flegmatiek *phlegmatic*

flemen *cajole*; *coax*

flensje *thin pancake*

fles *bottle* ★ met de fles voeden *feed by bottle*; *bottle-feed* ▼ op de fles gaan *go bust*; *go to pot*

flesopener *bottle-opener*

fl

flessen • afzetten *swindle*; *rip off* • voor de gek houden *pull someone's leg*; *take s.o. for a ride*

flessenrek *bottle-rack*

flessentrekker *swindler*

flessentrekkerij con; *swindle*; *swindling*

flesvoeding *bottle-feeding* • ~ geven *bottle-feed*

flets • dof ⟨kleur⟩ *dull*; ⟨ogen⟩ *lacklustre*; ⟨kleuren⟩ *faded* • ongezond *wan*; *pale* • er ~ uitzien *look pale*

fleur ∗ de ~ is eraf *the bloom is gone/off* ▼ de fine ~ *the cream/pick of the bunch*

fleurig • bloeiend *blooming* • fris/vrolijk *cheerful*; *colourful*; *gay*

flexibel • buigbaar *flexible*; *pliable* • inschikkelijk *flexible*; *pliable*; *(com)pliant* ∗ mijn baas is erg ~ *my boss is very flexible* • rekbaar *supple*; *elastic* ∗ ~e werktijden *flexible hours*; *flex(i)time*

flexibiliteit • buigzaamheid *flexibility*; *pliability* • meegaandheid *flexibility*

flexie *inflexion*

flexwerk *flexible work*; *flex work*; *flexiwork*

flexwerker *flexiworker*

flierefluiten *be a layabout*; *loaf around*

flierefluiter *good-for-nothing*; *layabout*; *idler*

flikflooien • vleien *cajole*; *toady (to a person)*; INF. *suck up (to a person)* • liefkozen *pet*; *cuddle*

flikken • klaarspelen *bring/pull off* ∗ dat heb je 'm aardig geflikt *you pulled it off very nicely* • streek leveren *pull a trick on someone*; ⟨iets ongeoorloofds⟩ *get away with* ∗ dat moet je mij niet meer ~! *don't pull that one on me again!*

flikker • homo *queer*; *poof*; ⟨positief⟩ *gay* • falie ∗ iem. op zijn ~ geven *give s.o.a clip round the ear* ▼ je weet er geen ~ van *you don't know a damn thing about it* ▼ het kan me geen ~ schelen *I don't give a fuck about it*

flikkeren I ov ww smijten *dump* II on ww • schitteren *glint*; ⟨v. sterren⟩ *twinkle*; ⟨v. ogen⟩ *glitter*; ⟨v. kaars⟩ *flicker* • vallen *tumble*; *topple*

flikkering *flicker*; *twinkle*

flikkerlicht *flash(ing)light*

flink I BNW • stevig *robust*; *sturdy*; *stout*; ⟨v. persoon⟩ *strapping* • behoorlijk *considerable*; *substantial* • een ~ pak slaag *a sound thrashing* • een ~e dosis/wandeling *a stiff dose/walk* • een ~e som geld *a considerable sum of money* • moedig *brave*; *plucky* ∗ ~ zijn! *keep a stiff upper-lip!*; *pull yourself together!* II BIJW *soundly*; *firmly*; *considerably* ∗ een ~ eter *she is a hearty eater* ∗ hij verloor en ~ ook! *he lost, and how!* ∗ ~ optreden tegen *take a firm line with*; *deal firmly with* • iem. er ~ van langs geven *give s.o. a good hiding/telling off* ∗ er komen ~ wat mensen *a great deal/mass of people are coming*

flinter *thin slice*

flinterdun *paper-/wafer-thin*

flip-over *flip-chart*

flippen • afknappen *feel let down* ∗ zij is geflipt op haar baas *she is fed up with her boss* • onwel worden door drugs *have a bad trip*; *freak out* • ECON. *flip*

flipperen *play pinball*

flipperkast *pin-ball machine*

flirt • het flirten *flirtation* • persoon *flirt*; ⟨man⟩ *philanderer*

flirten *flirt*; ⟨man ook⟩ *philander*

flits *flash*

flitsen I ov ww fotografisch een snelheidsovertreding registreren van *catch on a speed camera* ∗ geflitst worden *get flashed* II on ww • oplichten *flash* • voorbijschieten *flash* • flitser gebruiken *flash*

flitsend *flashy*; *dazzling*; INF. *snazzy*

flitser *flashgun*

flitslamp *flash(bulb)*

flitslicht *flashlight*

flodder • losse ~ *blank*; *dummy*

flodderen • slordig werken *mess (about)* • slordig zitten *hang loosely*

flodderig • knoeierig *messy*; *sloppy* • slordig *shabby*; *dowdy*; ⟨v. kleren⟩ *baggy*

floepen *slip*; *whip* ∗ het glas floepte uit zijn handen *the glass slipped from his hand*

floers • waas *veil*; *shroud* ∗ een ~ van tranen *a mist of tears* • stof *crape*; *crêpe*

flonkeren *twinkle*; *sparkle*

floorshow *floor show*

flop *flop*; *failure*; INF. *washout*

floppen *(be a) flop*; *misfire*

floppydisk *diskette*; *floppy disk*

floppydrive *floppy drive*

flora *flora*

floreren *flourish*; *prosper*

floret *foil*

florissant *flourishing*; *prospering*; *healthy* ∗ dat ziet er niet zo ~ uit *that doesn't look very good*

flossen *floss (one's teeth)*

flowerpower *flower power*

fluctueren *fluctuate*; *rise and fall*; *swing*

fluïdum ⟨gas, vloeistof⟩ *fluid*; FIG. *aura*

fluim • speeksel *phlegm*; INF. *gob (of spit)* • vent van niks *drip*

fluimen *hawk and spit*; *gob*

fluistercampagne *whispering campaign*

fluisteren *whisper*

fluistertoon *whisper*

fluit • blaasinstrument *flute*; ⟨blokfluit⟩ *recorder*; ⟨signaalfluit⟩ *whistle* ∗ op z'n ~(je) blazen *blow one's whistle* • fluitsignaal *whistle*

fluitconcert • concert *concerto for flute*; *flute concerto*; ⟨uitvoering⟩ *flute recital* • afkeurend gefluit *catcalls*; *booing*

fluiten I ov ww • roepen *whistle* • SPORT *referee* II on ww • fluitgeluid maken *whistle*; ⟨v. vogel⟩ *warble* • op fluit spelen *play the flute* ▼ kunnen ~ naar je geld *whistle for your money*

fluitenkruid *cow parsley*

fluitist *flautist*; AE *flutist*

fluitje *whistle* ∗ men wachtte op het ~ van de scheidsrechter *the referee's whistle was being waited for* ▼ een ~ van een cent *a piece of cake*

fl

fluitketel *whistling kettle*
fluor *fluor*
fluoresceren *fluoresce*
fluorescerend *fluorescent*
fluoride *fluoride*
fluortablet *fluoride tablet*
flut- *rubbishy*; *crummy* ∗ een flutkrantje *a rag*
flutboek *crappy/crummy book*
flûte *flute*
fluweel *velvet*
fluweelzacht *velvety*; *downy*
fluwelen *velvet*
fluwelig *velvety*
flyer • strooibiljet *flyer*; *handbill*; *leaflet* • SPORT *top sprinter*
FM *F.M.*
fnuikend *fatal*; *pernicious*
fobie *phobia* ∗ hij heeft een ~ voor water *he has a phobia about water*
focaal *focal*
focaliseren *focalize*
focus *focal point*; *focus*
focussen • scherp stellen ~ op *focus on*; *bring into focus* ∗ aandacht richten ∗ ~ op een onderwerp *focus on a subject*
foedraal *case*
foefje *trick*; *cunning contrivance* ∗ zij kent alle ~s *she knows all the tricks of the trade/all the wrinkles*
foei *shame (on you)!*; ⟨m.b.t. kinderen⟩ *naughty, naughty!*
foeilelijk *as ugly as sin*
foerageren *forage*
foeteren *storm*; *rage (at)*
foetsie *gone*; *vanished (into thin air)*
foetus *foetus*; *fetus*
föhn • ® haardroger *hair dryer* • wind *föhn*
föhnen *blow-dry*
fok • voorzeil *foresail* • bril *specs*
fokken *breed*; *rear*
fokkenmaat *foremastman*
fokkenmast *foremast*
fokker *breeder*
fokkerij • het fokken *stock-farming*; *cattle breeding/raising* • fokbedrijf *stock-farm*
fokvee *breeding cattle*
folder *leaflet*; *brochure*
folie *(tin) foil*
folio *folio*
folioformaat *folio (size)*
foliumzuur *folic acid*
folk *folk music*
folklore *folklore*
folkloristisch *folkloristic*
follikel *follicle*
follow-up *follow-up*; *sequel*
-folteraar *torturer*
folteren *torture*
foltering *torture*; FIG. *agony*
folterwerktuig *instrument of torture*
fond • achtergrond *background* • make-up *foundation (cream)*
fondant *fondant*
fonds • kapitaal *fund*; *capital* ∗ geheime ~en *secret funds* • waardepapier *stock*; *security* • stichting *fund* ∗ een ~ stichten *set up/raise*

a fund • boeken bij uitgever *publisher's list*
fondsenwerving *fund-raising*
fondslijst *backlist*
fondspatiënt *NHS patient*; *National Health Service patient*
fondue *fondue*
fonduen *eat/have fondue*
fonduestel *fondue set*
foneem *phoneme*
fonetiek *phonetics*
fonetisch *phonetic*
fonkelen *sparkle*
fonkelnieuw *brand(-)new*
fonologie *phonology*
fonotheek *record library*
font *font*; BE *fount*
fontanel *fontanel(le)*
fontein *fountain* • een ~ van vuur *a jet/spurt of flames* ∗ de ~ werkt *the fountain is playing*
fonteintje *wash-basin*
foodprocessor *food processor*
fooi *tip*; *gratuity* ∗ iem. een fooi geven *tip a person*
fooienpot *tip-bowl*
fopartikel *trick/joke item*
foppen *fool*; *kid*
fopspeen *dummy*; AE *comforter*
forceren • doordrijven *force*; *carry through* ∗ de zaak ~ *force the issue* ∗ een doelpunt ~ *force a goal* • door geweld openen *force/prize open*; ⟨v. ogen, stem⟩ *strain*; ⟨met breekijzer e.d.⟩ *jemmy (open)*
forel *trout*
forens *commuter*; *non-resident*
forensisch *forensic*
forenzen *commute*
forfait *fixed sum*
formaat *size*; *format* ∗ iem. van zijn ~ *a man of his stature*
formaliseren *formalize*
formalisme *formalism*
formaliteit *formality* ∗ de ~en achterwege laten *cut the red tape*
formateur *person charged with forming a new government*
formatie • vorming *formation* • groep *group*; MIL. *unit*
formatteren *format*
formeel • de vorm betreffend *formal* • officieel *formal*; *official*
formeren *form*
formica *formica*
formidabel *formidable*
formule *formula* ∗ een scheikundige ~ *a chemical formula* ∗ een beproefde ~ *a tried (and tested) formula*
formuleren *phrase*; *formulate*; *put (into words)* ∗ hij formuleert slecht *he expresses himself badly*
formulering *formulation*; *wording* ∗ een ongelukkige ~ *an unfortunate expression*; *an unfortunate way of putting it*
formulier *form*
fornuis *cooking-range*; *kitchen-range*; *cooker*
fors • aanzienlijk *substantial*; *considerable* • krachtig *sturdy*; ⟨handschrift⟩ *bold*; ⟨mens⟩

robust; ⟨stem⟩ *loud*
forsgebouwd *strongly built*; *burly*; INF. *hefty*
forsythia *forsythia*
fort[1] *fort(ress)*
fort[2] (zeg: fòòr) *strong point*
fortificatie *fortification*
fortuin I ZN (de) ▾ de ~ lachte mij toe *fortune smiled on me* II ZN (het) vermogen *fortune*; *(good) luck* ★ ~ maken *make one's fortune*
fortuinlijk *lucky*
fortuinzoeker *fortune hunter*
forum ● plaats/plein *Forum* ● discussiebijeenkomst *forum*; ⟨radio, televisie⟩ *panel (discussion)* ● deskundigen *panel*
forumdiscussie *panel/forum discussion*
forwarden *forward*
fosfaat *phosphate*
fosfaatvrij *phosphate-free*; ⟨voornamelijk reclame⟩ *no-phosphate* ★ ~ wasmiddel *phosphate-free washing powder*
fosfor *phosphorus*
fosforesceren *phosphoresce*
fosforhoudend ⟨hoge valentie⟩ *phosphoric*; ⟨lage valentie⟩ *phosphorous*
fossiel I ZN *fossil* II BNW *fossil* ★ ~e brandstoffen *fossil fuel*
foto *photograph*; *photo*; *picture*; *snap(shot)*
fotoalbum *photo(graph) album*
fotoboek *book of photographs/photos*
foto-elektrisch *photoelectric* ★ ~e cel *photoelectric cell*; INF. *magic eye*
fotofinish *photo finish*
fotogeniek *photogenic*
fotograaf *photographer*
fotograferen *photograph* ★ zich laten ~ *have one's photo taken*
fotografie *photograph*; ⟨het fotograferen⟩ *photography*
fotografisch *photographic*
fotohandelaar *photographic dealer/supplier*
fotojournalist *press photographer*
fotokopie *photocopy*; *photostat*
fotokopieerapparaat *photocopier*
fotokopiëren *photocopy*; *photostat*
fotomodel *(fashion) model*; *covergirl*
fotomontage *photomontage*
foton *photon*
fotoreportage *photoreportage*
fotorolletje *roll of film*
fotosynthese *photosynthesis*
fototoestel *camera*
fotozaak *photography shop*; *camera shop*
fouilleren ⟨body-⟩search; INF. *frisk*
foulard *scarf*
foundation ● crème *foundation (cream)* ● lingerie *foundation (garment)*
fourneren ● verschaffen *furnish*; *supply* ● geld storten *furnish*; *provide*
fournituren *haberdashery*
fout I ZN ● onjuistheid *mistake*; *error*; ⟨grote fout⟩ *blunder* ★ iets fout rekenen *fault s.th.* ★ fouten voorbehouden *errors excepted* ● gebrek *fault*; *defect* ● misslag *mistake*; *error*; ⟨schuld⟩ *fault* ★ een fout begaan *make a mistake* ★ de fout bij zichzelf zoeken *look*

to o.s. for the blame ★ in de fout gaan *slip up* ▾ niemand is zonder fouten *nobody is perfect* II BNW *wrong*; *faulty* ★ hij zat fout *he was wrong* ▾ hij was fout in de oorlog *he collaborated with the enemy*
foutief *wrong*; *incorrect*; *erroneous*
foutloos *faultless*; *impeccable* ★ ze spreekt ~ Frans *her French is impeccable*; *she speaks perfect French*
foutmelding COMP. *error message*
foutparkeren *park illegally* ★ het ~ *illegal parking*
foxtrot *foxtrot*
foyer *foyer*; *lobby*
fraai *beautiful*; *fine* ▾ dat staat je ~ *that's nice of you* ▾ het is een ~e geschiedenis *it's a pretty kettle of fish*
fractie ● POL. *party*; *group* ● onderdeel *fraction* ★ in een ~ van een seconde *in a split second*
fractieleider ≈ *leader of parliamentary party*; ≈ AE *floor leader*
fractievoorzitter *leader of a parliamentary fraction*
fractuur *fracture*; *break*
fragiel *fragile*; *brittle*
fragment *fragment*
fragmentarisch *fragmentary*; *sketchy* ★ een ~e beschrijving *a sketchy account*
fragmentatie *fragmentation*
fragmentatiebom *fragmentation bomb*
fragmenteren *fragment*
framboos ● vrucht *raspberry* ● struik *raspberry bush*
frame *frame*
franc *franc*
Française *Frenchwoman*
franchise *exemption (from)*
franchisegever *franchisor*
franchisenemer *franchisee*
franciscaan *Franciscan* ★ franciscaner monnik *Franciscan friar*; *Grey Friar*
franco *post-free*; ⟨v. goederen⟩ *carriage paid* ★ ~ boord *free on board, f.o.b.* ★ ~ huis *free domicile* ★ ~ pakhuis *free warehouse* ★ ~ spoor *free (on) rail, f.o.r.* ★ ~ wagon *free on truck* ★ ~ wal ⟨v. goederen⟩ *free on quay*
francofiel *Francophile*
francofoon *French-speaking*
franje ● versiering *fringe* ● bijzaken *frill(s)* ★ ontdaan van alle ~ *stripped of all its frills*
frank I ZN *franc* II BNW *frank* ★ ~ en vrij *frank and free*
frankeermachine *franking machine*
frankeren ⟨machinaal⟩ *frank*; ⟨met postzegel⟩ *stamp*; ⟨vooraf porto voldoen⟩ *prepay* ★ een gefrankeerde envelop *a stamped envelope*
Frankrijk *France*
Frans I ZN (de) ▾ een vrolijke ~ *a cheerful/bubbly person* II ZN (het) *French* ★ in 't ~ *in French* ▾ daar is geen woord ~ bij *that's plain speaking* III BNW *French* ▾ zich er met de ~e slag van af maken *scamp/skimp one's work*
Fransman *Frenchman*
Franstalig *French-speaking*
frappant *striking*
frapperen *strike*; *cool*; ⟨v. drank⟩ *chill*

frase *phrase*

fraseren *phrase*

frater *(lay) brother; friar*

fratsen • streken ★ malle ~ *antics; pranks* • kuren *caprices; whims*

fraude *fraud* ★ ~ plegen *commit/practise fraud* ★ hij heeft ~ gepleegd *he has committed a fraud*

fraudebestendig *fraud-proof*

frauderen *commit fraud*

fraudeteam *Fraud Squad*

fraudeur *fraud; cheat; swindler;* INF. • *crooked*

frauduleus *fraudulent; bent; not on the level;* INF. • *crooked*

freak • fanatiekeling *freak* ★ auto~ *car freak* • zonderling persoon *freak; nut; weirdo*

freelance *freelance*

freelancen *(work) freelance*

freelancer *freelance(r)*

frees ⟨industrie⟩ *fraise; milling cutter;* ⟨landbouw⟩ *rotary cultivator*

freewheelen • het kalm aan doen *freewheel; take it easy; coast along* • in vrijloop fietsen *coast; freewheel*

fregat *frigate*

frêle *frail; fragile; delicate*

frequent *frequent*

frequenteren *visit often; frequent;* ⟨v. café, e.d.⟩ *patronize*

frequentie *frequency*

fresco *fresco*

fresia *freesia*

fret • dier *ferret* • boor *gimlet*

freudiaans *Freudian* ★ ~-e verspreking *a Freudian slip*

frezen *mill*

fricandeau *fricandeau;* ⟨ronde⟩ *veal cutlet*

frictie *friction*

friemelen *fumble*

fries *frieze*

Fries I ZN (de) *Frisian* II ZN (het) *Frisian* III BNW *Frisian*

Friesland *Friesland*

friet *chips*

frietkraam ≈ *fish and chips stand; chippy*

frietsaus ≈ *mayonnaise (for chips, French fries)*

frietsnijder *potato slicer*

friettent *(fish and) chips stand; chippy*

Friezin ≈ *Frisian woman*

frigide *frigid*

frik *pedant;* SL. *beak*

frikadel *kind of minced-meat sausage;* AE *minced-meat hot dog*

fris I ZN frisdrank *soft drink* II BNW • koel *fresh; cool* • zuiver en schoon *clean; fresh* ★ een frisse wind *a fresh wind*

frisbeeën *(play) frisbee* ®

frisbee ® *frisbee*

frisdrank *soft drink;* INF. *pop*

frisheid *freshness*

frisjes *chilly; cool; nippy*

frites *chips*

friteuse *deep(-fat) fryer; deep-frying pan*

fritkot ≈ *chips stand*

frituren *deep-fry*

frituur • Z-N gefrituurd voedsel *food fried in oil;* INF. *fry-up* • Z-N patatkraam *chips stand*

frituurpan *deep-frying pan*

frituurvet *deep-frying fat*

frivoliteit *frivolity*

frivool *frivolous*

fröbelen *play around/about;* ⟨prutsen⟩ *mess about*

frommelen • kreukelen *crumple* ★ hij frommelde het papier op *he crumpled the piece of paper* • friemelen *fumble* ★ hij frommelde aan zijn das *he fumbled with his tie*

frons *frown;* ⟨boos⟩ *scowl*

fronsen *frown;* ⟨boos⟩ *scowl*

front *front* ★ aan het ~ *at the front*

frontaal *frontal* ★ frontale botsing *head-on collision* ★ een frontale aanval *a frontal attack*

frontlijn *front line*

frontlinie *front (line)*

frontsoldaat *front-line soldier*

fructose *fructose*

fruit *fruit*

fruitautomaat *fruit/slot machine; one-armed bandit*

fruitboom *fruit-tree; fruiter*

fruiten *fry*

fruitig *fruity*

fruitmes *fruit knife; small kitchen knife*

fruitsalade *fruit salad*

fruitschaal *fruit-dish*

frunniken → frutselen

frustratie *frustration*

frustreren *frustrate; thwart*

frutselen • friemelen *fiddle* • knutselen *tinker*

f-sleutel *F clef*

fuchsia *fuchsia*

fuga *fugue*

fuif *party;* ⟨drinkfuif⟩ *spree* ★ 'n fuif geven *throw a party*

fuifnummer *raver; party animal; champagne Charlie*

fuik *bow-net; fish-trap* ▼ in de fuik lopen *fall into the trap*

fuiven *feast; revel* ★ iem. ~ *feast a person*

fullcolour *full-colour*

fullspeed *full speed*

fulltime *full-time*

fulmineren *fulminate (against); thunder (against)*

functie • werking *function* • betrekking *position; post; duties* ★ de ~ van voorzitter waarnemen *act/oficiate as chairman* ★ een hoge ~ bekleden *hold a leading position* ★ in ~ treden *enter upon one's duties* • WISK. *function*

functieomschrijving *function description; job description/specification*

functietoets *function key*

functionaris *functionary; official*

functioneel *functional*

functioneren *function*

fundament *foundation*

fundamentalisme *fundamentalism*

fundamentalist *fundamentalist*

fundamentalistisch *fundamentalist(ic)*

fu

fundamenteel *basic*; *fundamental*

funderen • fundering aanbrengen *found*; *build* • baseren *base*; ⟨found⟩ ★ een goed gefundeerd betoog *a well-founded argument*

fundering • het funderen *founding* • fundament(en) *foundation(s)* ★ de ~ leggen OOK FIG. *lay the foundation(s)* • grondslag *basis*

fundraising *fund-raising*

funest *disastrous*; *fatal*

fungeren • in functie zijn *be acting (as)* • dienst doen (als) *act as*; *function as* ★ ~ als *act/officiate as*

funk *funk*

furie *fury*

furieus *furious*

furore *furore* ★ ~ maken *cause a furore*; ⟨rage⟩ *become a craze*; ⟨m.b.t. toneelstuk⟩ *be the talk of the town*

fuseren *merge (with)*; NAT. *fuse* ★ die twee bedrijven zijn onlangs gefuseerd *these two companies recently merged*; *there has been a recent merger between/of those two companies*

fusie • ECON. *merger*; *amalgamation* ★ een ~ aangaan met *merge with* • smelting *fusion* • NAT. *fusion*

fusilleren *shoot*

fust *barrel*; ⟨vat⟩ *cask*; ⟨emballage⟩ *packing* ★ leeg fust *empty packaging*

fut *go*; *spirit*; *grit*; *spunk* ★ de fut is er bij hem uit *there's no go left in him* ★ er zit geen fut in hem *there's no spirit in him*

futiel *insignificant*; *futile*

futiliteit *futility*; *triviality*

futloos *spiritless*

futurisme *futurism*

futuristisch *futuristic*

fuut *great crested grebe*

fysica *physics*

fysicus *physicist*

fysiek I ZN *physique* II BNW lichamelijk *physical*

fysiologie *physiology*

fysiotherapeut *physiotherapist*

fysiotherapie *physiotherapy*

fysisch *physical*

fyto-oestrogenen *phytoestrogens*

G

g • letter *g* ★ de g van Gerard *G as in George* • muzieknoot *G*

gaaf • ongeschonden *whole*; *perfect*; ⟨v. exemplaar⟩ *undamaged*; ⟨v. fruit⟩ *sound* • prachtig *cool*; *super*; *great*

gaai *jay*

gaan I ON WW • in beweging zijn *go*; ⟨v. tijd⟩ *pass* ★ 't verhaal gaat *the story goes* ★ er gaan geruchten *there are rumours* ★ we gaan met de trein *we'll go by train* ★ we gaan over Bazel *we go by way of Basel* ★ de klok gaat voor/achter/gelijk *the clock is fast/slow/right* • weggaan *go*; *leave* ★ er vandoor gaan *make off*; *run away*; ⟨v. paard, dief⟩ *bolt* ★ kom, ik ga er vandoor *well, I'm off now* ★ er stilletjes vandoor gaan *take French leave*; *sneak away/ off* • beginnen met ★ gaan wandelen *go for a walk* ★ ga je wassen *go and wash* • functioneren ★ de telefoon gaat *the (tele)phone rings* • met ★ Mark gaat met Janet *Mark is going out with Janet* • als onderwerp hebben ~ over ★ laat je gedachten er eens over gaan *think it over* • beslissen ~ over ★ hier ga ik niet over *I'm not in charge of this* • ~ voor ★ zaken gaan voor het meisje *business before pleasure* ▼ daar gaat niets boven *there's nothing like it/to beat it* ▼ laat maar gaan *let it go/pass* ▼ hij liet zich gaan *he let himself go* ▼ dat gaat er bij mij niet in *that won't go down with me* ▼ daar gaat ie dan! *here we go* ▼ daar ga je! *cheers!* II ONP WW • gesteld zijn ★ hoe gaat het? *how are you (getting on)?*; *how is it going* ★ het gaat ⟨als antwoord⟩ *not too bad* ★ 't ging hem voor de wind *he prospered* ★ het ga je goed! *good luck to you!* ★ 't ging hem aan 't hart *it went to his heart* ★ het gaat niet goed met hem *he is doing badly* ★ het gaat goed met hem *he is doing well* ★ gaat het? *are you okay?* • gebeuren ★ zo gaat het goed *that's the way* ★ zo gaat het in het leven *such is life*; *that's the way of the world* • lukken ★ het gaat niet *it won't work*; *it's impossible*; *nothing doing* • ~ om ★ het gaat om je leven *your life is involved/at stake* ★ het gaat erom of ... *the question/point is whether ...* ★ daar gaat het (niet) om *that's (not) the point*

gaande • in beweging *going* ★ ~ houden *keep going (on)* ★ de ~ en komende man *the outgoing man and the new man*; *the outgoing man and his successor* ★ 't gesprek ~ houden *keep up the conversation* • aan de gang zijn *on* ★ wat is er ~? *what's up?*; *what's going on?*

gaandeweg *gradually*

gaap *yawn*

gaar • voldoende toebereid *done*; *cooked* ★ te gaar *overdone* ★ goed gaar *well-done* ★ niet gaar *underdone*; *rare* • duf *done*; *tired* ★ ik werd helemaal gaar van die les *that lesson really did for me* ▼ halve gare *dope*

gaarkeuken *soup kitchen*

gaarne *willingly*; *gladly* ★ ik ben ~ bereid om het te doen *I will gladly do so*; *I shall be pleased to do so*

gaas • weefsel *gauze*; *net(ting)* • vlechtwerk van metaal *wire netting*

gabber • vent *bloke* • makker *pal*; *mate*; *buddy*

gabberhouse *gabber(house)*

Gabon *Gabon*

gade *spouse*

gadeslaan *watch*; *observe*

gadget *gadget*

gading ★ dat is niet van mijn ~ *it is not to my taste*; *it is not in my line* ★ er was niets van haar ~ bij *there was nothing she fancied* ★ ik kon niets van mijn ~ vinden *I couldn't find anything I wanted*

gadsie → **gadverdamme**

gadver → **gadverdamme**

gadverdamme *yuck*; *yech*

Gaelic *Gaelic*

gaffel • gereedschap *(two-pronged) fork*; ⟨hooivork⟩ *pitchfork* • SCHEEPV. *gaff*

gage *salary*; *pay*

gajes *scum*; *(the) rabble*

gal *bile* ▼ zijn gal spuwen *vent one's spleen (on)* ▼ de gal loopt hem over *his blood is up*

gala • feest *gala* • kleding ★ in gala zijn *be in full dress*

galabal *grand ball*

galakostuum *full dress*; FORM. *state|ceremonial dress*

galant *gallant*

galapremière *gala première*

galavoorstelling *gala performance*

galblaas *gall bladder*

galei *galley*

galerie *(art) gallery*

galeriehouder *gallery-owner*

galerij *gallery*; ⟨v. flatgebouw⟩ *walkway*

galerijflat *block of flats with access balconies*

galg *gallows* ▼ hij groeit op voor galg en rad *he is heading straight for the gallows*

galgenhumor *grim humour*

galgenmaal • laatste maal van ter dood veroordeelde *last meal* • afscheidsmaal *farewell meal*

galjoen *galleon*

gallicisme *Gallicism*

gallisch ★ daar word ik ~ van *that gives me the hump*

galm • klank *booming sound* • echo *resonance*; *reverberation*

galmen I ov ww zingen *bawl (out)* II ON WW • luid klinken *resound*; *boom* ★ ~de klokken *pealing bells* • weerkaatsen *echo*; *reverberate*

galon *lace*; *braid*

galop *gallop* ★ korte ~ *canter* ★ in volle ~ *(at) full gallop*

galopperen *gallop*

galsteen *gallstone*

galvanisch *galvanic*

galvaniseren *galvanize*

gamba *(jumbo) shrimp*

Gambia *Gambia*

game • SPORT *wedstrijdonderdeel game* • (computer)spel *game*

gamen *game*

gamer *gamer*

gamma • letter *gamma* • reeks *gamut*; *spectrum*; ⟨v. tonen⟩ *scale*

gammaglobuline *gamma globulin*

gammastraling *gamma radiation|rays*

gammel • niet stevig *rickety*; ⟨v. huis⟩ *tumbledown* • slap, lusteloos *shaky*; ↑ *languid*

gang • doorloop ⟨v. gebouw⟩ *corridor*; ⟨v. mijn⟩ *gallery* • manier van gaan *walk*; ⟨v. FORM. *gait*⟩ • verloop ★ alles gaat zijn gewone gang *business as usual* ★ de gang der gebeurtenissen *the course of events* ★ de normale gang van zaken *the normal procedure* ★ voor een goede gang van zaken *for a proper conduct|course of affairs* • deel van menu *course* • beweging ★ aan de gang blijven *keep going* ★ aan de gang houden *keep things going*; ⟨v. gesprek⟩ *keep the conversation alive* ★ aan de gang gaan *set to work* ★ aan de gang zijn *have begun*; ⟨v. zaak⟩ *be in progress*; ⟨v. persoon⟩ *be at work* ★ op gang komen *get going* ★ op gang brengen *set going* ★ je kunt daarmee niet aan de gang blijven *you can't go on like that* ★ aan de gang brengen *set going*; *start*; ⟨ruzie⟩ *spark off* ★ iem. aan de gang helpen *give s.o. a start (in life)* ★ hij kan de motor niet aan de gang krijgen *he can't get the engine started* ★ zodra alles op gang is *as soon as everything is going properly* ★ er zit geen gang in *there is no go in it* • snelheid ★ gang hebben *have speed* ★ gang maken *spurt*; *set the pace* ★ goed op gang *well under way*; *in full swing* ★ het feest is in volle gang *the party is in full swing* • gedrag, handelen ★ ga je gang *go ahead* ★ ga uw gang! *go ahead!*; *do as you please!* ★ iemands gangen nagaan *shadow s.o.*; *watch s.o.'s movements* ★ zijn eigen gang gaan *go one's own way*

gangbaar • gebruikelijk ⟨v. theorie⟩ *accepted*; ⟨v. opinie⟩ *current*; ⟨v. uitdrukking⟩ *common* • in omloop *accepted*; ⟨v. betaalmiddel⟩ *current* ★ gangbare munt *accepted currency* • veel gekocht *popular*; *in demand*

gangboord *gangway*

gangenstelsel *network of corridors* ★ ondergronds ~ *underground network*

gangetje • snelheid *pace*; *speed* • voortgang ★ zijn gewone ~ gaan *jog on as usual* ★ het dagelijkse ~ *the daily routine* ★ alles gaat z'n ~ *things are going just fine*

gangkast *hall cupboard*; AE *hall closet*

gangmaker • SPORT *pace-maker* • ijveraar ⟨op een feest, enz.⟩ *(the) life and soul*

gangpad *gangway*; *aisle*

gangreen *gangrene*

gangstarap *gangsta rap*

gangster *gangster*; INF. *mobster*

gangsterfilm *gangster film*

gans I ZN • vogel *goose* [mv: *geese*] ★ wilde gans *wild goose* • persoon *goose* ★ het is een domme gans *she's as thick as a brick* ▼ Moeder de Gans *Mother Goose* II BNW *whole*; *entire* ★ van ganser harte *wholeheartedly*

ganzenbord • spel *game of goose* • bord *goose board*
ganzenlever *goose liver*
ganzenmars *single file* ★ in ~ *in single file*
ganzenpas *goose step*
ganzenveer *goose feather*; *quill*
ganzerik • PLANTK. *cinquefoil* • mannetjesgans *gander*
gapen • geeuwen *yawn* • dom toekijken *gape* • dreigend geopend zijn *gape*; ⟨v. afgrond, graf⟩ *yawn* ★ een ~d gat *a gaping hole*
gaping • opening *gap* • leemte *hiatus*
gappen *pinch*; *pilfer*; *snatch*
garage • autostalling *garage* ★ in de ~ stallen *garage (the car)* • werkplaats *service station* ★ mijn auto moet naar de ~ *my car needs servicing*
garagehouder *garage keeper*
garanderen *guarantee*
garant *guarantor* ★ ~ staan voor schulden, e.d. *stand surety for debts, etc.*
garantie *guarantee*; *warranty*
garantiebewijs *warranty*; *guarantee*
garantiefonds *guarantee/contingency fund*
garde • keukengerei *whisk* • lijfwacht *guard(s)*
garderobe • klerenbewaarplaats *wardrobe*; ⟨in theater, e.d.⟩ *cloakroom* • kleren *wardrobe*
gareel *collar*; *harness* ▼ in het ~ lopen *toe the line*
garen I ZN *thread*; *yarn* ★ ~ en band *haberdashery* II BNW *thread*
garenklos *spool*; *reel*
garnaal *shrimp*; ⟨steurgarnaal⟩ *prawn*
garnalencocktail *prawn/shrimp cocktail*
garneren ⟨v. kleding⟩ *trim*; ⟨v. schotel⟩ *garnish*
garnering ⟨v. kleding⟩ *trimming*; ⟨v. schotel⟩ *garnishing*
garnituur • garneersel *garnish(ing)*; *trimmings*; *decorations* • set voorwerpen *accessories*; ⟨v. juwelen⟩ *set*
garnizoen *garrison*
gas *gas* • vloeibaar gas *liquid gas* ★ op gas koken *cook with gas* ▼ gas minderen *throttle down* ▼ gas geven *open the throttle*; *step on the gas* ▼ vol gas *full throttle*
gasaansteker *gas lighter*
gasbedrijf *gas company*
gasbel *gas pocket*
gasbrander *gas burner*
gasexplosie *gas explosion*
gasfabriek *gasworks*
gasfitter *gas fitter*
gasfles *gas cylinder*
gasfornuis *gas cooker*
gaskachel *gas heater/fire*
gaskamer *gas chamber*; ⟨voor dieren⟩ *lethal chamber*
gaskraan *gas tap*
gaslek *gas leak*
gasmasker *gas mask/helmet*
gasmeter *gas meter*
gasoven *gas oven*
gaspedaal *accelerator*
gaspit • vlam *gas jet* • brander *gas ring/burner*
gasslang *gas tube*
gasstel *gas ring*; *burner*

gast • bezoeker *guest*; *visitor* • gozer *fellow* ★ een slimme gast *a sly dog*
gastarbeider *(im)migrant/foreign worker*
gastcollege *guest lecture* • een ~ geven/verzorgen *deliver/give/hold a guest lecture*
gastdocent *guest lecturer*
gastenboek *visitors' book*; ⟨v. hotel⟩ *hotel register*
gastenverblijf *visitors' quarters*
gastgezin *host family*
gastheer *host*
gasthuis *hospital*
gastland *host country*
gastmaal *feast*
gastoevoer *gas supply*
gastoptreden *guest appearance*
gastouder *foster parent*
gastritis *gastritis*
gastrol *guest appearance*
gastronomie *gastronomy*
gastronomisch *gastronomic*
gastspreker *guest speaker*
gastvrij *hospitable*
gastvrijheid *hospitality*
gastvrouw *hostess*
gasvlam *gas flame*
gat • opening *gap*; *hole* ★ een gat in zijn hoofd vallen *break one's head (open)* • gehucht *hole* ★ een saai gat *a dull hole* • achterwerk ↑ *bottom*; *bum*; *backside* ▼ iem. een schop onder zijn gat geven *kick s.o. up the backside* ▼ in de gaten lopen *attract notice* ▼ een gat in de lucht springen ⟨v. vreugde⟩ *jump out of one's skin* ▼ een gat in de dag slapen *sleep far into the day* ▼ ik zie er geen gat in *I don't see my way out of it* ▼ iem. het gat van de deur wijzen *show s.o. the door* ▼ hij is niet voor één gat te vangen *he is a slippery customer* ▼ iets in de gaten krijgen *get wind of s.th.*; *spot s.th.* ▼ houd hem in de gaten! *watch out for him!*
gatenkaas *cheese with holes*
gatenplant *Swiss cheese plant*; *monstera*
gauw I BNW *quick*; *swift* II BIJW • snel *quickly* ★ zo gauw als hij komt *as soon as he comes* ★ ik wist niet zo gauw wat te zeggen *I was lost for words* • binnenkort *soon*
gauwigheid *rush*; *hurriedness* ★ in de ~ *in haste*
gave • talent *talent*; *gift* ★ de gave van 't woord *the gift of the gab* • geschenk *gift* ★ gulle gaven *generous gifts*
gay *gay*
gazelle *gazelle*
gazet *newspaper*
gazon *lawn*
ge • Z.-N. *you* • FORM. *thou*
geaard • met aardleiding *earthed* • van aard *disposed* ★ zo ben ik nu eenmaal ~ *that's my nature*
geaardheid *disposition*
geaccidenteerd *broken*; *uneven* ★ ~ terrein *broken ground*
geacht *esteemed*; *respected* ★ ~e heer/mevrouw *Dear Sir/Madam*
geadresseerde *addressee*
geaffecteerd *affected*; *mannered*

geagiteerd *agitated*; *excited*

geamuseerd *amused* ★ zij keek hem ~ aan *she watched him in amusement*

geanimeerd *animated*

gearmd *arm in arm*

geavanceerd *advanced*

gebaar *gesture* ★ breed ~ *large gesture*

gebakje *pastry*; *cake*

gebakstel *tea plates*

gebaren I ov ww duidelijk maken *beckon*; *signal* ★ ze gebaarde hen haar te volgen *she beckoned them to follow her* II on ww gebaren maken *gesticulate*; *gesture*

gebarentaal *sign language*

gebed *prayer* ★ zijn ~(en) doen *say one's prayers*

gebedsgenezer *faith healer*

gebeente *bones* ★ wee je ~ als *woe betide you if*

gebeiteld ★ ik zit ~ *I have got it made*; *I'm sitting pretty*

gebekt ▼ goed ~ zijn *have the gift of the gab*

gebelgd *incensed*; *enraged*

gebergte *mountain range* ★ in het ~ *in the mountains*

gebeten ★ ~ zijn op iem. *bear s.o. a grudge*

gebeuren I zn *event*; inf. *happening* II on ww ● plaatsvinden *happen*; *occur* ★ wat ik zeg, gebeurt *what I say goes* ★ dat gebeurt niet! *you will do nothing of the kind* ★ het gebeurde toevallig dat... *it so happened that...* ● overkómen *happen*; *occur* ★ het zal je maar ~ *what an awful thing to happen* ★ dat zal me niet weer ~ *I won't let that happen again* ★ wat is er met je gebeurd? *what has happened to you?* ● gedaan worden ★ er moet heel wat aan ~ *a lot has to be done to it* ★ 't moet ~ *it has to be done* ★ 't is zo gebeurd *it will only take a minute* ▼ het is met hem gebeurd *it's all over with him*; *he's done for*

gebeurtenis *event*; *occurrence* ★ blijde ~ *happy event* ★ de loop der ~sen afwachten *wait and see (what will happen)*; *await further developments*

gebied ● streek *area* ● grondgebied *territory* ● kennisterrein *domain* ★ dat behoort niet tot mijn ~ *that falls outside my province* ★ een autoriteit op het ~ van *an authority/expert on/in the field of*

gebieden I ov ww gelasten te *order*; *command* ★ voorzichtigheid is geboden *caution is needed* II on ww heersen *rule*

gebit *teeth* ★ vals ~ *set of false teeth*; *dentures* [mv]

gebitsverzorging *dental care*

gebladerte *foliage*

geblesseerd *wounded*; ⟨sport⟩ *injured*

gebloemd *flowered*

geblokt *chequered*

gebocheld *hunchbacked* ★ ~e *hunchback*

gebodsbord *mandatory sign*

gebogen ● krom *bent*; *curved*; ⟨v. hoofd⟩ *bowed*; ⟨v. rug⟩ *bent* ● wisk. *curved*

gebonden ● niet vrij *bound*; *tied* ★ ~ zijn aan *be committed/bound to* ● ingebonden *bound* ● niet dun ⟨v. saus⟩ *thick*; ⟨v. soep⟩ *creamy*

geboomte *trees*

geboorte ● het geboren worden *birth* ★ (van) voor de ~ *prenatal* ★ (van) na de ~ *post-natal* ● afkomst *birth*; *descent* ★ Brit van ~ *Briton by birth*

geboorteakte *birth certificate*

geboortebeperking *family planning*; *birth control*

geboortecijfer *birth rate*

geboortedag *birthday*

geboortedatum *birthdate*; *date of birth*

geboortegolf *baby boom*

geboortejaar *year of (one's) birth*

geboortekaartje *birth announcement card*

geboorteoverschot *increase in population*

geboorteplaats *place of birth*; *birthplace*

geboorteregister *register of births, deaths and marriages*

geboren ● ter wereld gebracht *born* ★ ~ en getogen *born and bred* ★ ~ uit een Hollandse moeder *born of a Dutch mother* ● een ~ Engelsman *an Englishman by birth* ● van nature *born*; *natural* ★ een ~ staatsman *a born statesman* ★ een ~ idioot *a congenital idiot*

geborgen *safe*; *secure* ★ zich ~ voelen *feel safe/secure*

geborgenheid *security*; *safety* ★ het huis gaf hem een gevoel van ~ *the house gave him a sense of security*

geborneerd *narrow-minded*

gebouw *building*; form. *edifice*

gebraad *roast/fried meat*

gebrand ● geroosterd *roasted* ● ~ op *keen on*

gebrek ● gemis *want*; *lack*; *shortage* ★ ~ aan *shortage of* ★ ~ hebben/lijden aan *be in want of*; *be short of* ★ aan niets ~ hebben *want for nothing* ★ ~ krijgen aan *run short of* ★ bij ~ daaraan *failing that* ● mankement *defect*; ⟨onvolkomenheid⟩ *shortcoming*; ⟨kwaal⟩ *infirmity* ▼ in ~e blijven *fail (to)* ▼ in ~e stellen *hold liable*

gebrekkig ● onvolkomen ⟨v. gereedschap⟩ *defective*; ⟨v. uitspraak⟩ *faulty*; ⟨niet toereikend⟩ *poor*; *inadequate* ● invalide *infirm*

gebroeders ★ de ~ A. *the A. brothers*

gebroken ● stuk *broken*; *fractured* ● onderbroken *interrupted* ● gebrekkig ★ ~ Engels *broken English* ● uitgeput *broken*; *crushed* ● niet zuiver *off* ★ ~ wit *off-white*

gebrouilleerd ★ ~ zijn met iem. *not be on speaking terms with s.o.*

gebruik ● het benutten *use*; ⟨verbruik⟩ *consumption* ★ ~ maken van *make use of*; *use* ★ in ~ nemen *put into use*; ⟨een weg⟩ *open to traffic* ★ buiten ~ *out of use* ★ ten ~e van *for the use of* ★ druk ~ maken van *use freely* ★ door 't ~ leren *learn by practice* ★ in ~ *in use* ● gewoonte *custom*; *usage* ★ buiten ~ raken *go out of use*

gebruikelijk *usual*

gebruiken ● aanwenden *use* ★ zijn hersens ~ *use one's brains* ★ ik kan wel een nieuw pak ~ *I could do with a new suit* ★ ik kan hier geen luilakken ~ *I have no use for idlers here*

ge

• nuttigen *eat*; ⟨v. maaltijd⟩ *have*; *eat*; ⟨verbruiken⟩ *consume*; ⟨v. voedsel, suiker in thee⟩ *take* • wilt u iets ~? *can I get you anything?*

gebruiker *user*; ⟨verbruiker⟩ *consumer*

gebruikersnaam *user name*

gebruikersvriendelijk *user-friendly*; *easy to use/open, etc.*

gebruikmaking *use*; *utilization* ★ met ~ van *with the use of*; *(by) using*

gebruiksaanwijzing *directions for use*

gebruiksklaar *ready-to/for-use*

gebruiksvoorwerp *implement*; ⟨in keuken⟩ *utensil*

gecharmeerd → charmeren

geciviliseerd *civilized*

gecommitteerde • gevolmachtigde *delegate* • toeziener *(external) examiner*

gecompliceerd *complicated* ★ ~e breuk *compound fracture*

geconcentreerd • sterk *concentrated* ★ ~ appelsap *concentrated apple juice* • aandachtig *concentrated* ★ ~ werken *work with (great) concentration*

gedaagde *defendant*

gedaan • klaar *done* ★ hij kreeg 't ~ *he brought it off* ★ ik kan alles van hem ~ krijgen *he will do anything for me* • beëindigd *done*; *finished*; ⟨in akten⟩ *given (this 12th day of June)* ★ 't is ~ *the game is up* ▼ dan is het met het gezag ~ *then authority goes for nothing* ▼ het is met hem ~ *he is finished*; *he is done for* ▼ 't is niets ~ *it's no good*

gedaante • uiterlijk *shape*; *figure* ★ van ~ veranderen *change one's shape* ★ zich in zijn ware ~ vertonen *come out in one's true colours* • verschijning ★ een spookachtige ~ *ghostly apparition*

gedaanteverandering *metamorphosis*; *transformation*

gedaanteverwisseling *metamorphosis*

gedachte • het denken *thought* ★ zijn ~n bij elkaar houden *keep one's mind on the job* ★ zijn ~n niet bij elkaar hebben *be wool-gathering*; *be absent minded* ★ ik zal 't in ~ houden *I'll keep it in mind* ★ in zijn ~n in his *mind's eye* ★ in ~n *absorbed*; *(lost) in thought* • wat gedacht wordt *thought*; *idea* ★ iem. tot andere ~n brengen *make s.o. change his mind* ★ van ~ zijn dat *be of (the) opinion that* ★ bij de ~ aan *at the thought of* ★ hij bracht me op de ~ *he suggested the idea to me* ★ van ~n veranderen *change one's mind*

gedachtegang *train of thought*

gedachtegoed *range of thought*

gedachtekronkel *quirk of the brain*

gedachteloos • onnadenkend *unthinking*; *thoughtless* • werktuiglijk *absent minded* ★ ~ voor zich uitkijken *stare/gaze into space*

gedachtenis • aandenken *souvenir*; *memento* • nagedachtenis *memory*; *remembrance* ★ ter ~ van *in memory of* ★ zaliger ~ *of blessed memory*

gedachtesprong *mental leap/jump*; ⟨v. één onderwerp naar een totaal ander onderwerp⟩ *go off at a tangent*

gedachtestreep *dash*

gedachtewereld *way of thinking*; *climate of thought*

gedachtewisseling *exchange of views*

gedachtig ★ ~ aan *in view of* ★ aan iets ~ zijn *be mindful of s.th.*

gedag *hello* ★ iem. ~ zeggen *say hello/goodbye to s.o.*

gedateerd • met datum *dated* • verouderd *dated*; *archaic*

gedecideerd I BNW *resolute* II BIJW ★ ~ onjuist *decidedly wrong* ★ iets ~ ontkennen *deny s.th. categorically*

gedeelte *part*; *section*; ⟨afbetaling, e.d.⟩ *instalment* ★ voor het grootste ~ *for the greater part* ★ bij/in ~n betalen *pay by/in instalments* ★ voor een groot ~ *largely*; *to a large extent*

gedeeltelijk I BNW *partial* II BIJW *partially*; *partly*

gedegen *solid*; ⟨v. werk⟩ *thorough* ★ zij heeft een ~ kennis van moderne kunst *she has a solid knowledge of modern art*

gedeisd ↑ *quiet*; ↑ *calm* ★ zich ~ houden *lie low*

gedekt • niet fel ★ ~e kleuren *subdued colours* • gevrijwaard tegen risico *covered* ★ zich ~ houden *keep a low profile*

gedelegeerde *delegate*

gedenkboek *memorial volume*

gedenkdag *anniversary*

gedenken • herdenken *commemorate* • niet vergeten *remember*

gedenksteen *memorial stone*

gedenkteken *monument*; *memorial*

gedenkwaardig *memorable*

gedeprimeerd *depressed*

gedeputeerde *deputy* ★ Gedeputeerde Staten ≈ *County Council*

gedesillusioneerd *desillusioned*

gedesoriënteerd *disorient(at)ed* ★ ~ raken *become disorientated*

gedetailleerd I BNW *detailed* II BIJW *in detail*

gedetineerde *prisoner*

gedicht *poem*

gedichtenbundel *collection of poetry*

gedienstig *obliging* ★ al te ~ *officious*

gedierte • dieren *animals*; ⟨schadelijk⟩ *vermin*; *pest* • een beest *animal*; *creature*

gedijen *prosper*; *thrive* ▼ gestolen goed gedijt niet *ill-gotten gains do not prosper*

geding *lawsuit*; *case* ★ een kort ~ aanspannen *apply for an injunction* ★ een zaak in kort ~ beslissen *settle a case summarily* ★ vonnis in kort ~ *summary judgment* ★ kort ~ *summary proceedings* ▼ in het ~ brengen *argue* ▼ in het ~ zijn *be at issue* ▼ in het ~ komen *come into play*

gediplomeerd *qualified*

gedisciplineerd *disciplined*

gedistilleerd *spirits*

gedistingeerd *refined*; *distinguished*

gedoe *business*; *goings on* ★ wat een ~! *what a fuss!*; *what a carry on!*

gedoemd *doomed* ★ ~ te sterven *doomed to die* ★ tot mislukking ~ *doomed to fail*

gedogen *tolerate*; *allow*; ⟨met ontkenning⟩

brook ★ deze zaak gedoogt geen uitstel *this matter brooks no delay*

gedonder • het donderen *thunder* • ellende *trouble* • gezeur *bullying*; *nagging* ★ hou op met dat ~! *stop that racket!*

gedoodverfd → doodverven

gedoogzone *area of town where the authorities allow certain activities, e.g. prostitution, to take place*

gedrag *conduct*; *behaviour* ★ getuigschrift van goed ~ *certificate of good character*

gedragen I BNW • plechtstatig *lofty* • al eerder gebruikt *worn* **II** WKD WW *behave/conduct oneself* ★ zich slecht ~ *misbehave*

gedragsgestoord *behaviourally disturbed*

gedragslijn *line of conduct*; *policy*

gedragspatroon *behavioural pattern*

gedrang • het dringen *crowd*; *crush* ★ er ontstond een geweldig ~ *people began pushing wildly/violently* ★ in 't ~ raken *find o.s. in a crush* • mensenmassa *crowd*; *crush* ▼ 't onderwijs kwam in 't ~ *education suffered*

gedreven *passionate*; *single-minded* ★ een ~ wetenschapper *a keen scientist*

gedrieën *three (people together)*; *the three of us/ them*

gedrocht *monster*

gedrongen • kort en breed *stocky*; *thick-set* ★ ~ gestalte *thick-set figure* • summier *terse* ★ ~ stijl *terse style*

gedrukt • afgedrukt *printed* • neerslachtig *down* ▼ hij loog of het ~ stond *he lied through his teeth*

geducht • gevreesd *formidable* • flink *tremendous*; *enormous*

geduld *patience* ★ ~ hebben *have patience* ★ mijn ~ is op *my patience is at an end*

geduldig *patient*

geduldwerkje *close work*; *work requiring patience*

gedurende *during*; *for* ★ ~ zes dagen *for 6 days*

gedurfd *daring*

gedurig • voortdurend *continuous*; *incessant* • telkens weer *continual*

geduvel *trouble*; *hassle* ★ daar begint het ~ weer! *there comes the hassle again!*

gedverderrie ugh!

gedwee *meek*; *docile*

gedwongen • verplicht *enforced*; ⟨v. verkoop⟩ *compulsory* ★ ~ arbeid *forced labour* ★ ~ voeding *force/forcible feeding* • gekunsteld ⟨v. gedrag⟩ *constrained*; ⟨v. vrolijkheid⟩ *forced* ★ ~ glimlachen *force a smile*

geef ▼ dat is te geef *it's a gift*

geëigend *appropriate*; *fitting*; *right*

geel I ZN • kleur *yellow* • eidooier *yolk* **II** BNW *yellow* ★ een gele kaart *a yellow card* ★ gele koorts *yellow fever*

geelkoper *brass*

geelzucht *jaundice*

geëmancipeerd *liberated*; *emancipated*

geëmotioneerd *emotional*; *moved*; ⟨predikatief⟩ *touched*

geen *none*; ⟨bijvoeglijk gebruikt⟩ *no*; ⟨zelfstandig gebruikt⟩ *not one* ★ geen van

beiden *neither of them* ★ geen van allen *none of them*

geëngageerd *committed*

geenszins *by no means*; *not at all*

geest • vermogen om te denken, voelen, willen *spirit*; ⟨geestigheid⟩ *wit* ★ tegenwoordigheid van ~ *presence of mind* • groot denker ★ hij is een grote ~ *a great mind*; *a master spirit* • onstoffelijk wezen *spirit*; *ghost* ★ boze ~en *evil spirits* ★ de Heilige Geest *the Holy Ghost/Spirit* ★ je ziet er uit als een ~ *you look like a ghost* • denkwijze, sfeer *spirit* ★ de ~ van de tijd *the spirit of the times* ★ (er heerst) een prettige ~ *a pleasant tone/atmosphere* ★ geheel in de ~ van ... *quite in the spirit of...* ★ (hij sprak) in dezelfde ~ *in the same vein/ strain* ★ naar de ~ *in spirit* ★ als hij de ~ krijgt *when he is inspired* • vluchtige stof ★ ~ van zout *spirits of salt* ▼ de ~ geven *expire* ▼ hoe groter ~, hoe groter beest *the more learned, the less wise*

geestdodend *monotonous* ★ ~ werk *drudgery*

geestdrift *enthusiasm* ★ in ~ raken *get enthusiastic* ★ tot ~ brengen *make enthusiastic*

geestdriftig *enthusiastic*

geestelijk • mentaal *spiritual*; *mental* ★ ~e gezondheid *mental health* • kerkelijk *clerical* ★ de ~e stand *the clerical order* • godsdienstig *spiritual* ★ ~ leven *spiritual/ religious life* ★ ~e bijstand *spiritual assistance*

geestelijke *clergyman* ★ ~ worden *enter the Church*

geestelijkheid *clergy*

geestesgesteldheid • stemming *state of mind* • wijze van denken *mentality*

geesteskind *brainchild*

geestesoog *(the) mind's eye*

geestesproduct *brainchild*

geesteswetenschappen *arts* [mv]; *humanities* [mv]

geestesziek *mentally ill*; *insane* ★ inrichting voor ~en *mental home*

geestgrond *loam*; *rich loamy soil*

geestig *witty*

geestigheid • het geestig zijn *wit*; *humour* • geestige opmerking *witticism*

geestkracht *energy*; *strength of mind*

geestrijk • geestig *bright*; *spirited* • alcoholrijk *strong* ★ ~ vocht *spirits/liquor*

geestverruimend *mind-expanding* ★ ~e middelen *psychedelic drugs*

geestverschijning *apparition*

geestverwant I ZN *kindred spirit*; *sympathizer* **II** BNW *kindred*; *congenial*

geestverwantschap *spiritual relationship/ kinship*

geeuw *yawn*

geeuwen *yawn*

geeuwhonger *ravenous hunger*

gefingeerd *fictitious*

gefixeerd ★ ~ zijn op *be fixated on*

geflatteerd *flattered*; *flattering*

geflikflooi • het vleien *coaxing*; *cajoling* • het vrijen *petting*; *cuddling*

geforceerd • ingespannen *forced; strained* • gekunsteld *forced* ★ een ~ lachje *a forced smile*

gefortuneerd *wealthy; well off*

gefrustreerd *frustrated*

gefundeerd ★ goed ~ *well founded*

gegadigde *interested party; prospective buyer;* ⟨bij sollicitatie⟩ *applicant*

gegarandeerd I BNW *guaranteed* ★ ~e kwaliteit *guaranteed quality* II BIJW *without a doubt; definitely; assuredly* ★ ik kom ~ *I promise I'll come*

gegeven I ZN • feit, geval *data* [ev/mv]; *datum* • TECHN. *specification(s)* • onderwerp ⟨thema⟩ *theme* • WISK. *given* ★ twee ~s en een onbekende *two givens and one unknown factor* II BNW bepaald *given* ★ in de ~ omstandigheden *in the present circumstances*

gegevensbank *data base/bank*

gegevensinvoer *data entry*

gegijzelde *hostage*

gegoed *well-to-do*

gegroefd ★ een ~ gelaat *lined face*

gegrond *well founded; just*

gehaaid *sharp*

gehaast *hurried; hastened* ★ ~ zijn *be in a hurry*

gehaat *hated*

gehakt *minced meat;* INF. *mince*

gehaktbal *meat ball*

gehaktmolen *(meat) mincer;* AE *meat grinder*

gehalte • hoeveelheid *percentage;* ⟨v. erts⟩ *grade;* ⟨v. alcohol⟩ *degrees proof;* ⟨v. goud⟩ *carat* • hoedanigheid *quality; standard*

gehandicapt *handicapped* ★ de ~en *the disabled*

gehandicapte *handicapped person*

gehandicaptenzorg *care for the disabled*

gehannes *fumbling; clumsiness*

gehard *tough; hardened;* ⟨v. staal⟩ *tempered;* ⟨v. troepen⟩ *seasoned* ★ ~ tegen pijn *inured to pain*

geharrewar *bickering(s); squabble(s)*

gehavend *damaged; battered*

gehecht *attached to*

geheel I ZN *whole* ★ over het ~ *on the whole* ★ in 't ~ niet verbaasd *not at all surprised* ★ iets in zijn ~ beschouwen *consider s.th. in its entirety/as a whole* ★ 't werk als ~ *the work as a whole* II BNW *whole; entire* ★ met ~ mijn hart *with all my heart* III BIJW ★ ~ en al *altogether; entirely* ★ ~ de uwe *yours faithfully/sincerely;* AE *yours truly*

geheelonthouder *teetotaller*

geheelonthouding *teetotalism*

geheid *sure; certain* ★ dat gaat ~ fout *that is bound to go wrong* ★ dat gebeurt ~ *that is a (dead) cert*

geheim I ZN *secret* ★ een ~ bewaren *keep a secret* ★ in 't ~ *in secret; secretly* II BNW verborgen *secret; clandestine;* ⟨wetenschap⟩ *occult* ★ ~e politie *secret police* ★ ~e Raad *Privy Council*

geheimhouden *keep (a) secret*

geheimhouding *secrecy* ★ iem. ~ opleggen *enjoin secrecy upon s.o.*

geheimhoudingsplicht *pledge of secrecy*

geheimschrift *cipher*

geheimtaal *secret/private language*

geheimzinnig *mysterious* ★ ~ doend *secretive*

geheimzinnigheid *mysteriousness*

gehemelte *palate; roof of the mouth* ★ een gespleten ~ *a cleft palate*

geheugen *memory* ★ in het ~ houden *remember; bear in mind* ★ het ligt mij nog vers in het ~ *it is still fresh in my memory* ★ als mijn ~ mij niet bedriegt *if my memory serves me right*

geheugensteuntje *reminder* ★ een ~ geven *prompt*

geheugenverlies *loss of memory*

gehoor • het horen *hearing* ★ ten gehore brengen *perform;* ⟨een hoorspel⟩ *present* ★ een muzikaal ~ hebben *have an ear for music* ★ op 't ~ *from hearing* ★ op 't ~ spelen *play by ear* • geluid *sound* • zintuig *ear* • aandacht ★ ~ geven aan ⟨bevel⟩ *obey;* ⟨oproep⟩ *respond to;* ⟨uitnodiging⟩ *accept;* ⟨verzoek⟩ *comply with;* ⟨advies⟩ *act upon* ★ geen ~ krijgen *get no answer* ★ ~ vinden *find a hearing* ★ het vond geen ~ *it met with no response* • toehoorders *audience* ★ onder zijn ~ *among his audience*

gehoorapparaat *hearing aid*

gehoorbeentje *(auditory) ossicle*

gehoorgestoord *hard of hearing; hearing impaired*

gehoororgaan *auditory organ*

gehoorsafstand ★ op ~ *within earshot*

gehoorzaal *auditorium*

gehoorzaam *obedient*

gehoorzaamheid *obedience*

gehoorzamen *obey*

gehorig *noisy*

gehouden *obliged to; bound to*

gehucht *hamlet*

gehumeurd ★ goed/slecht ~ *good-/ill-tempered*

gehuwd *married* ★ ~en *married people*

geigerteller *Geiger counter*

geijkt • voorzien van ijkmerk ★ ~e maten *legally stamped measures* • gebruikelijk ★ ~e uitdrukking *set phrase*

geil *lascivious*

geilen (op) *lust after; be hot for*

geïllustreerd *illustrated*

gein • lol *fun; humour* • grapje *joke*

geinig I BNW *funny; cute* ★ een ~ dingetje *a cute thing* II BIJW ★ dat hebben ze ~ gedaan, zeg! *they did that neatly!*

geïnponem *stupid fool*

geïnteresseerd *interested*

geintje *joke; prank* ★ geen ~s! *no tricks!; don't joke around!* ★ wel van een ~ houden *be (always) in for a lark; be a joker* ★ ~! *I just kidding/joking!*

geire *gladly; with pleasure*

geiser • warme bron *geyser; hot spring* • toestel *geyser; (gas) water heater*

geisha *geisha*

geit *(she)goat* ▼ vooruit met de geit! *get on with it!*

geitenbok *billy goat*

geitenkaas *goat's cheese*

gejaagd *agitated*

gejammer *wailing*; *moaning*; *whining*

gejuich *cheers*

gek I ZN • krankzinnige *madman*; *lunatic* ★ rennen als een gek *run like mad* • dwaas *fool* ▾ de gekken krijgen de kaart *fortune favours fools* ▾ gekken en dwazen schrijven hun namen op deuren en glazen *fool's names, like their faces, appear in all places* II BNW • krankzinnig *mad*; *crazy* ★ gek worden *go mad* ★ gek maken *drive mad* ★ je wordt er gek van *it is maddening* • dwaas *silly*; *foolish* ★ hij is niet zo gek als hij er uitziet *he is not such a fool as he looks* • vreemd *funny*; *strange*; *queer* ★ 't gekke is *the funny part of it is* • ∼ op *mad on*; *crazy about* ▾ dat is te gek om los te lopen *that's too absurd for words* III BIJW ★ gek doen *act silly* ★ het moet al gek gaan als ... *I'd be surprised if ...* ★ lang niet gek gedaan *not bad at all*

gekant ★ tegen iets ∼ zijn *be opposed to s.th.*

gekheid • dwaasheid *folly*; *(tom)foolery* • grapje *joke* ★ uit ∼ *for fun* ★ och wat! ∼! *nonsense!* • ∼ uithalen *play pranks* ★ haal nou geen ∼ uit *don't do anything foolish* ★ geen ∼ verstaan *stand no nonsense* ▾ alle ∼ op een stokje *joking apart* ▾ zonder ∼ *no kidding*; *seriously*

gekkekoeienziekte *mad cow's disease*

gekkenhuis *madhouse*

gekkenwerk *madness*; *folly*

gekleed • met kleren aan *dressed* • keurig *formal*; *smart*; INF. *dressy* ★ het staat ∼ *it is dressy*

geklets *twaddle* ★ hou op met dat ∼ *cut out the cackle*

gekleurd • met bepaalde kleur *coloured* ★ ∼ glas *stained glass* • niet neutraal *coloured* ★ een ∼ verslag *a biassed report* ▾ er ∼ op staan *have egg on one's face*

geknipt ★ ∼ voor *cut out for* ★ dat is ∼ voor mij *that is the very thing I want*

geknoei • gepruts *bungling* • bedrog *fraud*; *tampering (with)*; ⟨met voedsel⟩ *adulteration* • het gemors *messing*

gekonkel *intrigue*

gekostumeerd ★ ∼ bal *fancy dress ball* ★ ∼-e optocht *pageant*

gekrakeel • luide ruzie *row*; ⟨op straat⟩ *brawl* • huiselijke onenigheid *wrangle*; ⟨ruzie om niets⟩ *tiff*

gekruid • pikant *hot*; *racy* • met kruiden *spicy*; *hot* ★ een (flink) ∼ gerecht *a (highly) seasoned dish*

gekscheren *jest*; *joke* ★ ∼ met *poke fun at* ★ niet met zich laten ∼ *stand no nonsense from anyone*

gekte *lunacy*; *insanity*

gekunsteld *artificial*; ⟨bij spreken⟩ *affected*; ⟨in schrijfstijl⟩ *laboured*

gekwalificeerd • gerechtigd *qualified*; *authorised* • een ∼ advocaat *a qualified lawyer* • bekwaam *qualified*; *skilled*

gel *gel*; *jelly*

gelaagd *layered*; *laminated* ★ ∼ hout *plywood*; *bonded/laminated wood* ★ ∼ glas *safety glass*;

laminated glass

gelaarsd *booted* ▾ de ∼-e kat *puss in boots*

gelaat *countenance*; *face*

gelaatskleur *complexion* ★ met een donkere/ lichte ∼ *of a dark/fair complexion*

gelaatstrekken *features*; FORM. *lineaments* ★ scherpe/zachte ∼ *chiselled/soft features*

gelaatsuitdrukking *(facial) expression*

gelach *laughter*

geladen *explosive*; *tense*

gelag ▾ het ∼ betalen FIG. *pay the piper*; FIG. *foot the bill* ▾ het is een hard ∼ voor hem *it is hard lines on him*

gelagkamer *tap-room*; *bar (room)*

gelang ▾ naar ∼ van *according to* ★ je wordt wijzer naar ∼ je ouder wordt *you grow wiser as you grow older*

gelasten *order*

gelaten *resigned*

gelatenheid *resignation*

gelatine *gelatin(e)*

gelazer *load of trouble*

geld *money*; INF. *dough* ★ te gelde maken *realize* ★ 't is met geen geld te betalen *it's priceless/invaluable* ★ geld maakt niet gelukkig *money cannot buy happiness* ★ daar is geld mee te verdienen *there is money in it* ★ alles draait om geld *money makes the world go (a)round* ★ je geld of je leven! *stand and deliver!*; *your money or your life!* ▾ voor geen geld van de wereld *not for the world* ▾ hij zwemt in het geld *he's rolling in money* ▾ geld als water verdienen *make big money* ▾ het geld groeit me niet op de rug *I am not made of money* ▾ het geld over de balk smijten *throw one's money around/away*; *spend money like water* ▾ voor geen geld of goede woorden te krijgen *not to be had for love or money* ▾ het geld dat stom is, maakt recht wat krom is *money works wonders*

geldautomaat *cash dispenser*; *cashomat*; ⟨Automated Teller Machine⟩ *ATM*

geldbelegging *investment*

geldboete *(monetary) fine*

geldcirculatie *circulation (of money)*

geldelijk *financial*; *monetary* ★ ∼ voordeel *pecuniary advantage*

gelden • van kracht/geldig zijn *be in force*; *apply* ★ zich doen ∼ *assert o.s.* ★ dat geldt niet *that does not count* ★ zijn recht laten ∼ *assert one's right* ★ de algemeen ∼-de opinie *the prevailing opinion* • aangaan *concern* ★ voor wie ∼ deze woorden? *whom are these words meant for?* • beschouwd worden als ∼ als/ voor *pass for* ★ dat geldt als gevaarlijk *this is considered as/to be dangerous*

geldgebrek *lack of money*

geldig *valid*; ⟨v. wet⟩ *in force* ★ ∼ voor de dag van afgifte *valid on the day of issue*

geldigheid *validity*

geldigheidsduur *duration of validity/ availability*

geldingsdrang *assertiveness*

geldkoers • rentestand *interest rate* • wisselkoers *exchange rate*

geldkraan ★ de ∼ dichtdraaien *cut off/stop the*

flow of money/funds
geldmarkt *money market*
geldmiddelen • financiële situatie *finances* • inkomsten *(financial) means*
geldnood *financial problems/straits* ★ in ~ zitten *be pressed for money; be hard up*
geldomloop *circulation of money*
geldontwaarding *(monetary) depreciation; inflation*
geldschieter *moneylender; financier;* ⟨v. programma, manifestatie⟩ *sponsor*
geldsom *sum of money*
geldsoort *type of money; type of currency*
geldstroom *flow of money; monetary flow*
geldstuk *coin*
geldverkeer *monetary transactions/dealings*
geldverspilling *waste of money*
geldwezen *finance*
geldwolf *money-grubber*
geldzorgen *money troubles; financial worries*
geldzucht *avarice; greed for money*
geleden *ago;* ⟨vanuit 't verleden gerekend⟩ *before* ★ lang ~ *long ago* ★ kort ~ *a short time ago* ★ heel kort ~ *quite recently*
gelederen → gelid
geleding • deel *section* • verbindingsplaats *joint*
geleed *jointed;* BIOL. *segmental;* ⟨v. kust⟩ *indented*
geleedpotig *arthropodal; arthropodous*
geleerd *scholarly; learned* ★ de ~e wereld *the scientific world; the world of scholarship*
geleerde ⟨alfawetenschap⟩ *scholar;* ⟨betawetenschap⟩ *scientist*
geleerdheid *scholarship; erudition*
gelegen • liggend *situated* ★ hoe zijn de zaken ~? *how do matters stand?* ★ 't is zo ~ *it's like this* • geschikt *convenient* ★ te ~er tijd *in due time* ★ het kwam me niet erg ~ *it did not suit me; it was not very convenient* ▼ er is mij veel aan ~ *it matters a great deal to me* ▼ hij liet er zich niets aan ~ liggen *he cared nothing for it*
gelegenheid • gebeurtenis *occasion* ★ voor de ~ *for the occasion* • gunstige toestand *opportunity* ★ de ~ aangrijpen *seize/take the opportunity* ★ bij ~ *on occasion; occasionally* ★ per eerste ~ *by first steamer/train* ★ als de ~ zich voordoet *when the occasion arises/presents itself* ★ in de ~ stellen *enable* ★ in de ~ zijn te *be in a position to* • eet/slaapgelegenheid *place; café; restaurant* ▼ op eigen ~ ⟨doen⟩ *do (s.th.) off one's own bat;* ⟨reizen⟩ *on one's own;* ⟨zaken doen⟩ *on one's own account* ▼ de ~ maakt de dief *opportunity makes the thief* ▼ een zekere ~ *the convenience*
gelegenheidsdrinker *occasional drinker*
gelegenheidskleding *formal dress; special dress*
gelei *jelly*
geleide • het vergezellen *attendance;* MIL. *escort;* SCHEEPV. *convoy* ★ ten ~ *introduction; preface* • personen *guard* ★ onder ~ *under escort* ★ kinderen zonder ~ *unaccompanied children* ▼ ten ~ *introduction; preface*
geleidehond *guide-dog*

geleidelijk *gradual; progressive* ★ ~ aan *little by little*
geleidelijkheid ★ langs lijnen van ~ *gradually; step by step*
geleiden • begeleiden *guide; lead; escort* • NAT. *conduct*
geleider • begeleider *guide* • NAT. *conductor*
geleiding • het geleiden *conduction* • *conduction*
geletterd *lettered*
geleuter • onzin *twaddle; rot* • geklets *drivel; waffle*
gelid • gewricht *joint* • rij *rank* ★ de gelederen sluiten *close (the) ranks* ★ in het ~ staan *be lined up* ★ achterste ~ *rear rank* ★ voorste ~ *van(guard)* ★ in de voorste gelederen staan *be in the front ranks* ★ in de voorste gelederen blijven FIG. *stay in the lead* ★ in gesloten gelederen *in serried ranks; in close order* ★ de gelederen versterken *swell the ranks*
geliefd • bemind *beloved; dear* • favoriet ★ ~ onderwerp *favourite subject*
geliefde *sweetheart;* ⟨man ook:⟩ *lover*
geliefkoosd *favourite; pet*
gelieven *please* ★ gelieve mij te berichten *please inform me*
gelig *yellowish*
gelijk I zn *right* ★ ~ hebben *be right* ★ hij geeft mij ~ *he agrees with me; he thinks I am right* ★ hij wil altijd ~ hebben *he always wants to be right* ★ daar heb je ~ aan *I'm with you there* ★ ~ heb je! *quite right too!* ★ ~ krijgen *be put in the right; carry one's point* ★ de feiten stellen je in 't ~ *the facts prove you (to be) right* II BNW • hetzelfde *same; equal;* ⟨op gelijk niveau⟩ *equal;* ⟨alleen pred.⟩ *alike;* ⟨gelijkend⟩ *similar;* ⟨precies gelijk⟩ *identical* ★ het is mij ~ *it is all the same to me* ★ van ~e leeftijd *of an age; of the same age* ★ alle mensen zijn ~ *all men are equal* ★ zichzelf ~ blijven *be consistent* ★ in ~e mate *to the same extent* ★ op ~e wijze *in the same way* • vlak *level; smooth* • op dezelfde plaats/hoogte ★ 1-1 ~ *one all* III BIJW • hetzelfde *alike* ★ ~ op delen *(share and) share alike* ★ ~ handelen *act alike* • meteen at once; *immediately*
gelijkbenig • een ~e driehoek *isoceles triangle*
gelijke *peer; equal* ★ zijn ~n *his peers* ★ hij heeft zijns ~ niet *he is without an equal*
gelijkelijk *equally*
gelijken ★ ~ (op) *resemble; look like* ★ een goed ~d portret *a good likeness*
gelijkenis • overeenkomst *resemblance; likeness* • parabel *parable*
gelijkgerechtigd *equal; having equal rights*
gelijkgericht *the same; common; like*
gelijkgestemd *like-minded; congenial* ★ ~ zijn *be of the same mind*
gelijkgezind *of the same mind; like-minded*
gelijkheid *equality*
gelijklopen *run parallel (to);* ⟨v. klok⟩ *keep time*
gelijkluidend • hetzelfde klinkend TAALK. *homophonous;* MUZ. *unisonous* • eensluidend *identical; similar* ★ voor ~ afschrift *true copy*

★ in ~e bewoordingen *with identical wording*
gelijkmaken • op één hoogte brengen *equalize* ★ ~ aan *bring into line with* • effenen van de grond *level* • SPORT *equalize*
gelijkmaker *equalizer*
gelijkmatig ⟨v. klimaat⟩ *equable*; ⟨v. stem⟩ *even* ★ een ~ karakter *a steady character*
gelijkmoedig *even-tempered*
gelijknamig *of the same name*
gelijkschakelen • TECHN. *connect to the same circuit* • op dezelfde wijze behandelen *standardize*; ⟨v. groepen⟩ *regard/treat as equals* ★ mannen en vrouwen ~ *give equal opportunity to men and women*
gelijksoortig *similar*
gelijkspel *draw*; *tie* ★ 1-1 ~ *one-all draw*
gelijkspelen *draw* ★ ~ tegen ... *draw against ...*
gelijkstaan • overeenkomen met *be equal* ★ dat staat gelijk met een beschuldiging *that is tantamount to an accusation* • evenveel punten hebben *be level (with)*
gelijkstellen *put on a par (with)*; ⟨m.b.t. kwaliteit⟩ *compare (with)*; ⟨v. rechten⟩ *give equal rights*
gelijkstroom *direct current*
gelijktijdig *simultaneous*
gelijktrekken • recht trekken *straighten* • op gelijk niveau brengen *level (up)*; *equalize* ★ salarissen ~ *even up salaries*
gelijkvloers *on the ground floor*; AE *on the first floor*
gelijkvormig *identical/similar (in shape/form)* ★ ~e driehoeken *similar triangles*
gelijkwaardig *equal (to)*; *equivalent (to)*
gelijkzetten *set (watch)*; *synchronize* ★ zijn horloge ~ met de radio *set one's watch by the radio*
gelijkzijdig *equilateral*
gelinieerd *ruled*
geloei • geluid van runderen ⟨v. koe⟩ *lowing*; *mooing*; ⟨stier⟩ *bellowing* • gierend, huilend geluid ⟨v. sirene⟩ *wailing*; ⟨v. storm⟩ *roaring*; *howling*; ⟨v. vuur⟩ *roaring*
gelofte *vow* ★ een ~ doen *make a vow*
geloof • overtuiging *belief*; *conviction* • vertrouwen *belief*; *faith* ★ ~ hechten aan *give credence to* ★ iem. ~ schenken *believe s.o.* ★ ~ stellen in *put faith in* ★ geen ~ verdienen *deserve no credit* ★ ~ vinden *find credence* ★ ~ kan bergen verzetten *faith can move mountains* ★ iets op goed ~ aannemen *take s.th. on trust*; *take s.th. in good faith* • godsdienst *religion*
geloofsartikel *article of faith*
geloofsbelijdenis • verklaring *profession of faith* • artikelen *creed*
geloofsbrief *credentials*; ⟨v. gezant⟩ *Letter of Credence* ★ zijn geloofsbrieven aanbieden *offer one's credentials*
geloofsleer *religious doctrine*
geloofsovertuiging *religious conviction*
geloofsvrijheid *religious liberty*
geloofwaardig ⟨v. persoon⟩ *reliable*; ⟨v. verhaal⟩ *credible*
geloven I OV WW • vertrouwen ★ geloof dat maar *take it from me* ★ dat geloof ik graag! *I*

dare say! ★ je kunt me ~ of niet *believe it or not* ★ 't is niet te ~! *it's incredible!*; *it's unbelievable! ● menen, aannemen *think*; *believe* ▾ hij gelooft het wel *he does not bother*; *he takes it all for granted* II ON WW • gelovig zijn *believe* ● ~ in *believe in*; *have faith in* ★ hij gelooft er niet meer in *he doesn't believe in it* ★ in God ~ *believe in god* ▾ hij zal eraan moeten ~ ⟨iets moeten doen⟩ *he'll have to face up to it*; ⟨moeten sterven⟩ *his number is up*
gelovig *religious*
geluid *sound*
geluiddemper ⟨v. vuurwapen, motor⟩ *silencer*; ⟨v. muziek⟩ *mute*; ⟨piano⟩ *damper*
geluiddicht *soundproof*
geluidloos *soundless*; *without sound*
geluidsbarrière *sound barrier*
geluidseffect *sound effect*
geluidsfilm *sound film*
geluidsgolf *sound wave*
geluidsinstallatie *audio/sound system*
geluidskaart *sound card*
geluidsoverlast *noise pollution/nuisance*
geluidssnelheid *speed of sound*
geluidstechnicus *sound technician*; ⟨omroep enz.⟩ *sound engineer*
geluidswagen *sound van*
geluidswal *noise barrier*
geluimd ★ goed ~ *good-humoured* ★ slecht ~ *bad-tempered*
geluk • gunstig toeval, omstandigheid *luck* ★ ~ ermee *I wish you joy (of it)* ★ op goed ~ *at random* ★ ~ hebben *be in luck* ★ wat een ~! *what a piece of luck!* ★ wat een ~ dat... *what a mercy...* ★ bij/per ~ *by chance*; *as luck would have it* ★ 't was stom ~ *it was a mere fluke* ★ dat is meer ~ dan wijsheid *it is more by luck than judgement* ★ 't was een ~ voor je *it was lucky for you* ★ je mag nog van ~ spreken *you may count yourself lucky* • fortuin *fortune* • aangename toestand *happiness*; *bliss* ▾ het ~ is met de dommen *ignorance is bliss*
gelukkig I BNW • gunstig *happy* ★ ~ maar! *a good thing too!* ★ door een ~ toeval *by a lucky chance/coincidence* • fortuinlijk *lucky*; *fortunate* ★ ~ nieuwjaar *a happy Christmas/New Year* • intens tevreden *happy* ★ zich ~ prijzen *consider o.s. fortunate* ★ volmaakt ~ *perfectly happy* II BIJW ★ ~! *thank goodness!* ★ we kwamen ~ net op tijd *fortunately we were just in time*
geluksdag *lucky day*
geluksgetal *lucky number*
geluksgevoel *sense of happiness*; *elation*
gelukstelegram *telegram of congratulation*
geluksreffer *lucky shot*; *chance hit*
geluksvogel *lucky dog*
gelukwens *congratulation*
gelukwensen *congratulate (on)*
gelukzalig *blessed*
gelukzoeker *adventurer*
gelul *bull(shit)*; *balls*
gemaakt • gekunsteld *affected*; *pretentious*

ge

• geveinsd *artificial*; *pretended*
gemaal I zn (de) *consort* ★ de prins-~ *the prince consort* II zn (het) *pumping-engine|station*
gemachtigde *deputy*; ⟨v. postwissel, e.d.⟩ *endorsee*
gemak • gemakkelijkheid *ease* ★ met ~ *easily* • kalmte *ease* ★ op zijn ~ zijn *be at one's ease* ★ iem. op zijn ~ stellen *set s.o. at ease* ★ hou je ~! *keep quiet!* ★ zijn ~ nemen *take one's ease*; *take things easy* ★ doe het op je ~ *take your time* ★ op zijn ~ gesteld zijn *be easy-going* • gerief *comfort*; *convenience* ★ van moderne ~ken voorzien *fitted with modern conveniences* ★ voor 't ~ *for the sake of convenience*
gemakkelijk • niet moeilijk *easy* ★ 't ~ hebben *have an easy time of it* ★ ~ verdiend geld *easy money* • onbezorgd *easy* ★ ~ uitgevallen zijn *be easy-going* • gerïefelijk *comfortable* ★ 't ~ zich ~ maken *make o.s. comfortable* ★ ~ zitten ⟨v. kleding⟩ *fit easily*; ⟨v. persoon⟩ *be comfortable*
gemakshalve *for convenience('s sake)*
gemakzucht *indolence*; *laziness*
gemakzuchtig *indolent*; *lazy*
gemalin *consort*
gemanierd • zich correct gedragend *well-mannered*; *well-behaved* • geaffecteerd *affected*; *mannered*
gemankeerd *failed*; *unsuccessful*
gemaskerd *masked* ★ ~ bal *masked ball*
gematigd ⟨v. eisen e.d.⟩ *moderate*; ⟨v. luchtstreken⟩ *temperate*
gember *ginger*
gemberkoek *gingerbread*
gemeen I bnw • slecht *vile*; *bad* ★ ~ weer *vile weather* ★ gemene wond *nasty wound* ★ het is ~ koud *it is beastly cold* • laag, vals *low*; *mean*; ⟨v. aard⟩ *wicked*; ⟨v. taalgebruik⟩ *filthy* ★ ~ spel *foul play* ★ gewoon ~ ★ soldaat *private (soldier)* • gemeenschappelijk *common* ★ iets ~ hebben met *have s.th. in common with* ★ (grootste) gemene deler *(greatest) common divisor|denominator* ★ (kleinste) gemene veelvoud *(least) common multiple* ★ de gemene zaak *the public cause* II bijw • laag, vals *meanly*; *beastly* ★ hij gedroeg zich ~ *he acted beastly* • zeer *awfully*; *terribly*
gemeend *sincere* ★ zijn woorden klonken ~ *his words sounded sincere*
gemeengoed *common property*
gemeenplaats *commonplace*; *platitude*
gemeenschap • het gemeenschappelijk hebben • buiten ~ van goederen *(marry) under the separate estate arrangement* • in ~ van goederen trouwen *marry on equal terms* • omgang ⟨vnl. seksueel⟩ vero. *intercourse* ★ in ~ staan met *be in communication|in touch with* • groep, maatschappij *community* ★ op kosten van de ~ *at public expense*
gemeenschappelijk I bnw • van meer dan 1 persoon *common* ★ ~ eigendom *common property* ★ ~e keuken *communal kitchen* • gezamenlijk *joint* ★ ~e actie *joint action* ★ ~e rekening *joint account* ★ ~ gezang

community singing II bijw *jointly*; *together*
gemeenschapszin *public spirit*
gemeente • bestuurlijke eenheid *municipality* ★ de ~ Utrecht *the city of Utrecht* • gelovigen ~ *parish*; ⟨kerkgangers⟩ *congregation*
gemeenteambtenaar *municipal official*
gemeentearchief *municipal archives*; ⟨gebouw⟩ *municipal records office*
gemeentebedrijf *municipal enterprise*; *council-owned business*
gemeentebestuur *municipality*; *corporation*
gemeentehuis *town hall*
gemeentelijk *municipal*
gemeentepils *Adam's ale*
gemeenteraad *local council*
gemeentereiniging *municipal cleansing department*
gemeentesecretaris ≈ *town clerk*
gemeenteverordening *by(e)-law*
gemeentewerken *municipal works* ★ directeur der ~ *municipal surveyor*
gemeenzaam • vertrouwelijk *familiar*; *intimate* • gewoon *familiar*; *ordinary*; ⟨v. taal⟩ *colloquial*
gemêleerd *mixed*; *blended* ★ een ~ gezelschap *a mixed bunch*; *a motley crowd*
gemelijk *peevish*; *sullen*
gemenebest *commonwealth* ★ het Britse Gemenebest *the British Commonwealth (of Nations)*
gemenerik *meany*; *nasty piece of work*
gemengd *mixed* ★ ~e baden *mixed bathing* ★ ~e berichten/nieuws *miscellaneous news* ★ ~ koor *mixed choir* ★ ~e lading *general cargo* ★ ~e verzekering *endowment insurance* ★ ~e salade *mixed salad* ★ ~ dubbel *mixed double*
gemiddeld I bnw *average* II bijw on *an average* ★ 't komt ~ op twee uur per dag *it averages two hours a day*
gemiddelde *average* ★ 't ~ bepalen/nemen van *strike|take the average of*
gemier *fiddling*; *muddling*
gemis *lack*; *want* ★ een groot ~ *a great loss*
gemoed *mind*; *heart* ★ zijn ~ luchten *vent one's feelings*; *pour out one's heart* ★ de ~eren waren opgewonden *feelings were running high* ★ zich in ~e afvragen *ask o.s. in all conscience|honesty*
gemoedelijk *kind*; *kind-hearted*; *genial*; ⟨v. sfeer⟩ *cosy* ★ ~ gesprek *informal conversation*
gemoedsaandoening *emotion*
gemoedsrust *tranquillity*; *peace of mind*
gemoedstoestand *state of mind*
gemoeid ★ er zijn grote sommen mee ~ *it involves large sums* ★ zijn leven was ermee ~ *his life was at stake|depended on it*
gemotoriseerd *motorised*
gems *chamois*
gemunt *coined* ▾ ~ op *aimed at* ▾ hij had het op haar geld ~ *he was after her money* ▾ waarom heb je 't altijd op mij ~? *why do you always pick on me?* ▾ dat was op jou ~ *that was aimed at you*
gemutst ★ goed/slecht ~ *in a good/bad temper*
gen *gene*

ge

genaamd *called; named*

genade • vergiffenis ★ overgeleverd zijn aan de ~ van *be at the mercy of* ★ door Gods ~ *by the grace of God* ★ iem. ~ schenken *pardon a person* • barmhartigheid *mercy*; ⟨gerechtelijk⟩ *pardon*; ⟨godsdienst⟩ *grace* ★ ~ voor recht laten gelden *temper justice with mercy* ★ zich overgeven op ~ of ongenade *surrender at discretion* ★ de vijand gaf geen ~ *the enemy gave no quarter* • gave, gunst *favour* ★ in ~ aannemen *restore to favour* ▼ goeie ~! *good gracious!*

genadebrood *bread of charity*

genadeloos *merciless; pitiless*

genadeslag *finishing stroke; deathblow* ★ dat gaf hem de ~ *that finished him off; that was the nail in his coffin*

genadig • vol genade *merciful* ★ er ~ afkomen *get off lightly* • neerbuigend *gracious; condescending*

gênant *embarrassing; awkward*

gendarme *gendarme*

gender *gender*

gene *that* ★ aan gene zijde van *beyond; across* ★ deze of gene *somebody or other*

gêne *embarrassment; discomfiture; awkwardness* ★ zonder gêne *unashamed*

genealogie • stamboom *genealogy* • leer *Genealogy*

geneesheer *physician; medical practitioner*

geneesheer-directeur *medical superintendent*

geneeskrachtig *healing* ★ ~e kruiden *medicinal herbs*

geneeskunde *medical science; medicine*

geneeskundig *medical* ★ ~e dienst *public health service/department* ★ arts van de ~e dienst *medical officer of health*

geneesmiddel *remedy; medicine*

geneesmiddelenindustrie *pharmaceutical industry*

geneeswijze *cure; treatment*

genegen • geneigd *inclined; willing* • goedgezind ★ iem. ~ zijn *have a certain affection for s.o.*

genegenheid • goedgezindheid *affection* • zin, lust *inclination*

geneigd *inclined (to)*; ⟨tot kwaad⟩ *prone (to)*

geneigdheid *inclination; disposition*

generaal I ZN *general* II BNW *general*

generalisatie *generalization*

generaliseren *generalize*

generatie *generation*

generatiekloof *generation gap*

generator *generator*

generen (zich) ★ zich ~ *feel embarrassed* ★ geneer je niet *don't be shy* ★ zich niet ~ te... *not hesitate to...*

genereren *generate*

genereus *generous; magnanimous*

generiek *generic*

generlei *no ... whatever/whatsoever*

genetica *genetics*

genetisch *genetic* ★ ~e manipulatie *genetic engineering*

geneugte *pleasure; delight*

Genève *Geneva*

genezen I OV WW beter maken *cure (s.o.)*; ⟨wond⟩ *heal* II ON WW beter worden *recover (from)*; ⟨v. wond⟩ *heal*

genezing *cure; recovery*; ⟨verwonding⟩ *healing*

geniaal ★ ~ man *man of genius* ★ iets ~s *a touch of genius* ★ een ~ idee *a brilliant idea*

genialiteit *genius*

genie I ZN (de) *the Engineers* II ZN (het) • persoon *genius* [mv: *geniuses*] • begaafdheid *genius; brilliance*

geniep ★ in 't ~ *on the sly*

geniepig I BNW *gemeen sneaky; sly* • in het geniep *sly; secretive* II BIJW *on the sly*

genieten I OV WW • ontvangen ⟨opleiding ook⟩ *receive*; ⟨inkomen, gezondheid⟩ *enjoy* ★ een hoog inkomen ~ *enjoy a high salary* • plezierig in de omgang zijn ★ niet te ~ zijn *be in a bad mood* II ON WW vreugde beleven *enjoy oneself* ★ ~ van iets *enjoy sth.*

genitaliën *genitals*

genocide *genocide*

genodigde *guest*

genoeg I BIJW *enough* ★ ben ik duidelijk ~ *have I made myself clear* II ONB WW *enough* ★ eten tot men ~ heeft *eat one's fill* ★ ik heb er ~ van *I've had enough; I've had my fill of it*; FIG. *I am fed up with it* ★ daar krijg ik nooit ~ van *I can never get/have enough of it* ★ daar heb ik voorlopig wel ~ aan *that'll keep me going for the time being* ★ ik heb er schoon ~ van *I'm fed up to the back teeth with it* III TELW *enough; sufficient*

genoegdoening *satisfaction*

genoegen • plezier *pleasure; joy* ★ iem. een ~ doen *do s.o. a favour* ★ geen onverdeeld ~ *a mixed blessing* ★ ~ scheppen in *take (a) pleasure in* ★ ~ doen *give pleasure* ★ 't doet mij ~ te horen *I am glad/pleased to hear* ★ het zal me een waar ~ zijn *I shall be only too glad* ★ met ~ *with pleasure* ★ tot ~! *pleased to have met you!* • voldoening *satisfaction* ★ ~ nemen met *be content with*; *settle for* ★ naar ~ *satisfactory* ★ naar ieders ~ *to the satisfaction of everyone*

genoeglijk *pleasant*

genoegzaam *sufficient*

genoom *genome*

genootschap *society*

genot • het genieten *enjoyment* • genoegen *pleasure; delight; enjoyment* ★ ~ scheppen in *delight in* ★ het is een ~ voor het oog *it's a sight for sore eyes* ★ in 't volle ~ van zijn geestvermogens *in full possession of his faculties* • vruchtgebruik *use*

genotmiddel *luxury; stimulant*

genotzucht *love of pleasure; hedonism*

genotzuchtig *pleasure-loving; hedonistic*

genre *genre; style* ★ niet mijn ~ *not my style*

genrestuk *genre painting*

gentherapie *gene therapy*

gentiaan *gentian*

gentleman *gentleman* ★ hij is een echte ~ *he is a real gentleman*

gentlemen's agreement *gentleman's agreement; gentlemen's agreement*

Genua *Genoa*

genuanceerd *differentiating*; *subtle*; *shaded*; ⟨met verschillen⟩ *variegated*; ⟨afgewogen⟩ *balanced* ⋆ ~ (over iets) denken *keep an open mind about s.th.*; *see the pros and cons of s.th.*

genus • BIOL. *genus* • TAALK. *gender*

geoefend *practised*; *trained*

geograaf *geographer*

geografie *geography*

geografisch *geographic(al)*

geologie *geology*

geologisch *geological*

geoloog *geologist*

geometrie *geometry*

geoorloofd *permissible*; *allowed* ⋆ ~e middelen *lawful means*

Georgië *Georgia*

geoutilleerd *equipped* ⋆ goed/volledig ~ *well/fully equipped*

geouwehoer *crap*; *bull*

gepaard *by twos*; *in pairs* ⋆ 't gaat ~ met it *involves*; *it is attended with/by* ⋆ de daarmee ~ gaande kosten *the cost involved*

gepakt ⋆ ~ en gezakt *all packed and ready (to go)*; *with bag and baggage*

gepassioneerd *impassioned*; *passionate*

gepast • afgepast *exact* ⋆ met ~ geld betalen *pay the exact money* • fatsoenlijk *proper*; *becoming*

gepeins *meditation*; *reverie* ⋆ in ~ verzonken *lost in thought*

gepensioneerd *retired*

gepensioneerde *pensioner*

gepeperd *peppery*; ⟨v. rekening⟩ *steep*

gepeupel *mob*; *populace*

gepikeerd *piqued*; *sore (at)*

geploeter • geplas, gespetter *splashing* • gezwoeg *drudgery*; *toil(ing)*

gepokt ▾ ~ en gemazzeld *tried and tested*

geporteerd ⋆ ~ zijn van... *be in favour of...*; *be taken in with...*

geprikkeld *irritable*; *irritated* ⋆ INF. ~ zijn *be prickly*

geprononceerd *pronounced*

geproportioneerd *proportioned*

geraakt • ontroerd *moved* • gepikeerd *offended*; *nettled*

geraamte • skelet *skeleton* • constructie *carcass*; *frame*; ⟨v. schip, huis⟩ *shell*

geraas *din*; *noise*

geradbraakt *shaken up*; *exhausted*; *dead-beat* ⋆ zij was ~ na de lange reis *she was exhausted after the long journey*

geraden *advisable* ⋆ het is hem ~ *he'd better*

geraffineerd • verfijnd *refined* • gezuiverd *refined* • doortrapt ⋆ ~e schurk *thorough-paced villain* ⋆ ~e leugenaar *arrant liar*

geraken *get* ⋆ tot zijn doel ~ *attain one's end*

geranium *geranium*

gerant *manager*

gerecht I ZN • eten ⟨schotel⟩ *dish*; ⟨gang v. maaltijd⟩ *course* • rechtbank *court (of justice)*; *court of law* ⋆ voor 't ~ brengen *bring s.o. to trial*; *take s.o. to court* ⋆ voor 't ~ dagen *summon* II BNW *just*; *due*

gerechtelijk • iem. ~ vervolgen *take legal proceedings against s.o.* ⋆ ~ bevel *court order*

⋆ ~e dwaling *judicial error* ⋆ ~e geneeskunde *forensic medicine*

gerechtigd *qualified*; *entitled*

gerechtigheid *justice*

gerechtsgebouw *court house*

gerechtshof *court (of justice)*

gerechtvaardigd *justified*; *legitimate* ⋆ ~ optimisme *justifiable optimism*

gereed *finished*; *ready* ⋆ zich ~maken *get ready*; *prepare* ⋆ ~ staan *be ready*; *stand in readiness*; *stand ready* ⋆ ~komen met iets *finish s.th.*

gereedheid *readiness* ⋆ in ~ brengen *put in readiness*; *get ready*

gereedkomen *be complete*; *be finished* ⋆ op tijd ~ *be ready in time*

gereedmaken *prepare*; *make ready* ⋆ ~ voor gebruik *make/get ready for use*

gereedschap *tools*; *instruments*

gereedschapskist *tool-box*

gereedstaan • beschikbaar zijn ⋆ voor iem. ~ *be at s.o.'s disposal* ⋆ de taxi staat gereed *the taxi is waiting* • ~ om te *be ready/prepared to*

gereformeerd REL. *Calvinist(ic)*; ⟨kerk⟩ *(Dutch) Reformed*

geregeld • regelmatig *regular* • ordelijk ⋆ een ~ leven leiden *lead an orderly life*

gerei *gear*; ⟨om te vissen⟩ *tackle* ⋆ keuken~ *kitchen utensils*

geremd *inhibited*

gerenommeerd *renowned* ⋆ ~e firma *well-established house/business*

gereserveerd • terughoudend *reserved*; *reticent* • besproken *reserved*; *booked*

geriatrie *geriatrics*

gericht I ZN ⋆ het jongste ~ *the Last Judgment* II BNW *directed/aimed at* ⋆ ~e vraag *specific question*

gerief • gemak *convenience*; *comfort* ⋆ ten gerieve van *for the convenience of* • benodigdheden *gear*; *things*; ⟨voor keuken⟩ *utensils*

gerieven *accommodate*; *oblige (with)*

gering *scanty*; *slight*; *small* ⋆ een ~e dunk hebben van *have a poor/low opinion of* ⋆ om het minste of ~ste *at the slightest excuse*

geringschatten *disparage*

Germaan *Teuton*

Germaans I ZN *Germanic* II BNW *Germanic* ⋆ ~e talen *Germanic languages*

germanisme *Germanism*

gerochel *(death-)rattle*

geroezemoes *hum*; *buzz*

geronnen *clotted*

geroutineerd *experienced*; *practised*

gerst *barley*

gerstenat *(barley) beer*

gerucht • praatje *rumour*; *report* ⋆ het ~ gaat dat... *there is a rumour that...* ⋆ 't bij ~e weten *have it by/from hearsay* ⋆ geluid *noise* ⋆ ~ maken *make a noise*; *cause a stir* ▾ hij is voor geen klein ~je vervaard *he is not easily frightened*

geruchtmakend *sensational*

geruim *considerable* ⋆ al ~e tijd *for some considerable time*

geruis *noise*; ⟨v. japon, boom⟩ *rustle*

geruisloos • onhoorbaar *noiseless*; *soundless* • zonder ophef *quiet* ★ het voorstel verdween ~ van tafel *the proposal was quietly dropped*

geruit *checked*; *chequered*

gerust *easy*; *quiet*; *calm* ★ ~! *certainly!* ★ je kunt het ~ nemen *you are welcome to it* ★ men kan ~ zeggen dat... *one may safely say that...* ★ ik zou 't ~ durven zeggen *I should make no bones about saying it* ★ je kunt er ~ op zijn dat... *you may rest assured that...*; *you may feel confident that...*

geruststellen *reassure*; *set (someone's mind) at ease* ★ zich ~ *reassure o.s.* ★ stel je gerust! *don't worry*

geruststelling *reassurance* ★ het was een hele ~ *it was a great comfort*

geschenk *gift*; *present* ★ iem. iets ten ~e geven *present s.o. with s.th.*; *give s.o. s.th. as a present* ★ iets ten ~e krijgen *get s.th. as a present*

geschenkverpakking *gift-wrap(ping)*

geschieden • gebeuren *happen*; *occur* ★ het kwaad is al geschied *the damage has already been done* ★ wat geschied is, is geschied *what is done is done*

geschiedenis • gebeurtenis *an unpleasant affair* • historie *history* ★ de oude ~ *ancient history* • de nieuwe ~ *modern history* • verhaal *story* ★ 't is (weer) de oude ~ *it's the (same) old story (again)*

geschiedkundig *historical*

geschiedschrijver *historian*

geschiedvervalsing *falsification/rewriting of history*

geschift • bedorven *curdled* • getikt *nuts*; *crackers*; *crazy* ★ hij is helemaal ~ *he's crackers*

geschikt • bruikbaar *fit*; *suitable* ★ dat maakt je nog niet ~ voor dokter *that does not fit you to be a doctor* ★ dit was niet ~ om de zaak beter te maken *this did not tend to improve matters* ★ ik ben niet ~ voor zoiets *I am no good at that sort of thing* ★ ~ zijn voor verpleegster *make a good nurse* • aardig *decent*

geschil *difference*; *dispute*

geschilpunt *point at issue*; *controversy*

geschoold *trained*; *schooled* ★ ~e arbeiders *skilled labourers*

geschreeuw *shouting*; *cries* ▼ veel ~ en weinig wol *much ado about nothing*

geschrift *(piece of) writing*; *pamphlet*

geschubd *scaly*

geschut *artillery*; *guns* ★ met zwaar ~ *with heavy artillery*; FIG. *heavily/well armed*

gesel *whip*; *scourge*

geselen *flog*; *lash*; ⟨met zweep⟩ *whip*

geseling *flogging*; *whipping*

gesetteld *settled*

gesitueerd *situated* ★ goed ~ zijn *be well situated*; *be well-off*

gesjochten *down and out*; *on skid row*; ⟨gedupeerd⟩ *in for it*

geslaagd *successful*; ⟨bij examen⟩ *passed*

geslacht • soort ★ het menselijk ~ *the human race*; *mankind* • familie *family*; *race*; *generation* ★ een oud ~ *an ancient family/line* • sekse *sex*; BIOL. *genus* • 't schone ~ *the fair sex* • geslachtsorgaan *genitals*; ⟨man⟩ *member*; ⟨vrouw⟩ *pudendum* • TAALK. *gender*

geslachtelijk *sexual*

geslachtloos • zonder geslachtelijk kenmerk *neuter* • aseksueel *sexless*

geslachtsdaad *sex(ual) act*; MED. *coitus*

geslachtsdeel ★ geslachtsdelen *genitals*; *private parts*

geslachtsdrift *sex(ual) urge/drive*

geslachtsgemeenschap *sexual intercourse*

geslachtshormoon *sex hormone*

geslachtsorgaan *sexual organ*

geslachtsrijp *sexually mature*

geslachtsverkeer *sexual intercourse/relations* ★ ~ hebben *have intercourse*; INF. *have sex*

geslachtsziekte *venereal disease*; *V.D.*

geslepen *sly*; *cunning*

gesloten • dicht *closed*; *shut*; ⟨op slot⟩ *locked* ★ ~ enveloppe *sealed envelope* • in zichzelf gekeerd *close*; *tight-lipped*; *reticent* ★ als het graf *as silent as a grave* • dicht opeen ★ ~ gelederen *serried/closed ranks* • ononderbroken ★ ~ (televisie)systeem *closed circuit*

gesluierd • nevelig *foggy* • met sluier *veiled*

gesmeerd • geolied *greased*; FORM. *lubricated* • probleemloos *easy*; *smoothly* ★ het liep ~ *it went without a hitch* ▼ als de ~e bliksem *like greased lightning*

gesnurk *snoring*

gesodemieter *messing/pissing around*

gesoigneerd *well turned out/groomed*

gesorteerd • ruim voorzien ★ ruim ~ zijn *have a large stock/assortment* • diverse soorten *assorted*; *sorted*

gesp *buckle*; *clasp*

gespannen *stretched*; ⟨v. boog⟩ *bent*; ⟨v. situatie⟩ *tense*; ⟨v. touw⟩ *tight*; *taut* ★ met ~ aandacht *with close attention* ★ ~ verwachting *tense expectation* ★ de verwachtingen zijn hoog ~ *there are great expectations* ★ ~ verhoudingen *strained relations* ★ op ~ voet staan met *be at daggers drawn with*

gespeend *devoid of*; *utterly lacking (in)* ★ zij was ~ van talent *she was lacking all talent*

gespen *buckle*; ⟨met riem⟩ *strap*

gespierd • met sterke spieren *muscular* • krachtig *vigorous*; ⟨v. taal⟩ *forceful*

gespikkeld *speckled*

gespitst • ~ op *keen on* • PLANTK. *pointed* ▼ met ~e oren *all ears*; *ears pricked up*

gesprek *conversation*; *talk*; ⟨over telefoon⟩ *call* ★ in ~ *(be) in conference*; ⟨v. telefoon⟩ *number is engaged* ★ een ~ voeren *have/hold a conversation* ★ 't ~ brengen op *turn the conversation on to*; *bring the conversation round to*

gespreksgroep *discussion group*

gesprekskosten *(telephone) call charges*

gespreksonderwerp *subject/topic of conversation*; *subject for discussion*

ge

gesprekspartner *discussion/conversation partner*
gespreksstof *topic/subject of discussion*
gespuis *rabble; scum; riff-raff*
gestaag I BNW *steady; constant* II BIJW *steadily; continually*
gestalte • gedaante *shape* ★ krijgen *take shape* • lichaamsbouw *figure; build*
gestand ★ zijn woord/belofte ~ doen *keep one's word/promise*
geste *gesture* ★ een aardige ~ *a friendly/nice gesture*
gesteente *stone* ★ 't vaste ~ *the solid rock*
gestel • samengesteld geheel *system* • lichaamsgesteldheid *constitution* • karakter *temperament*
gesteld I BNW • toestand ★ hoe is 't ermee ~? *how do matters stand?* ★ het is er zó mee ~ dat... *the fact is...* • aangewezen ★ binnen de ~e tijd *within the time specified/set* • ~ op ★ daar ben ik niet op ~ *I want none of that* ★ ik ben er erg op ~ om... *I'm very keen on...* ★ ik ben erg op hem ~ *I'm very fond of him* II BIJW ★ ~ dat hij kwam *suppose he came*
gesteldheid *state; condition; constitution* ★ ~ van de bodem *composition of the soil*
gestemd *disposed*
gesternte • de sterren *stars* • stand van de sterren *constellation* ▾ onder een gelukkig/ ongelukkig ~ geboren *born under a lucky/ unlucky star*
gesticht *institution; mental home*
gesticuleren *gesticulate*
gestoord • met een storing *faulty; defective; disturbed* • *mentally disturbed*
gestreept *striped*
gestrest *stressed (out)*
gestroomlijnd *streamlined*
getaand *tawny; tanned* ★ een ~ gezicht *a tanned face*
getailleerd *waisted*
getal *number* ★ in groten ~e *in great numbers; in force* ★ ten ~e van *to the number of*
getalenteerd *talented*
getalm *lingering; loitering*
getalsterkte *numerical strength*
getand • met tanden *toothed*; ⟨v. wiel⟩ *cogged* • met insnijdingen *indented; notched*
getapt *popular (with)*
geteisem *dregs; scum; riff-raff*
getekend • misvormd *branded* ★ voor het leven ~ *branded for life* • gegroefd *lined* ★ scherp ~ gezicht *sharp featured face* • een bepaald patroon hebbend *marked* ★ die kat is mooi ~ *that cat is beautifully marked/has beautiful markings*
getijdenboek *book of hours; breviary*
getikt *crazy; barmy; mad*
getimmerte • stellage *structure* • timmerwerk *carpentry work*
getint *tinted* ★ ~ glas *tinted/dark glass*
getiteld ⟨m.b.t. boeken, films, etc.⟩ *entitled*; ⟨personen⟩ *titled*
getogen ★ geboren en ~ zijn in *be born and bred in*
getourmenteerd *tormented*

getralied *barred; latticed*
getrapt ⟨raketten e.d.⟩ *multi-stage*; ⟨verkiezingen⟩ *indirect*
getroosten (zich) *put up with* ★ zich veel moeite ~ *take great pains* ★ zich opofferingen ~ *make sacrifices* ★ zich de moeite ~ om *take the trouble to*
getrouw • trouw *loyal; faithful; true* • nauwkeurig *true; faithful; exact* ★ een ~e beschrijving *a true/faithful description* ★ een ~e weergave *a faithful reproduction*
getrouwd *married; wedded* ★ een pas ~ stel *newlyweds; a newly wedded couple* ▾ zo zijn we niet ~ *that's not in the bargain; it's simply not on*
getto *ghetto*
gettoblaster *ghetto blaster*
gettovorming *ghettoization*
getuige I ZN (de) • aanwezige *witness* ★ ~ zijn van iets *witness s.th.; be a witness to s.th.* • JUR. *witness* ★ als ~ voorkomen *appear as a witness* ★ iem. tot ~ roepen *call/take a person to witness* ★ ~ à charge *witness for the prosecution* ★ ~ à decharge *witness for the defence* • bij huwelijk *best man* II ZN (het) getuigenis ★ van goede ~n voorzien zijn *have good references; with good references* III VZ *witness*
getuigen I OV WW verklaren *bear witness (to); testify* ★ jij kunt 't ~ *you can bear me out (on that)* II ON WW • blijk geven ★ het getuigt van grote moed *it is evidence of great courage; it shows great courage* • getuigenis afleggen *appear as a witness; give evidence* ★ ~ tegen *give evidence against* ★ de feiten ~ tegen hem *the facts are against him* ★ voor iem. ~ *testify in a person's favour*
getuigenbank *witness box/stand*
getuigenis • bewijs *evidence* • getuigenverklaring *testimony; evidence* ★ ~ afleggen van *bear evidence to* ★ valse ~ afleggen *give false evidence*
getuigenverhoor *examination of the witnesses*
getuigenverklaring *testimony*; ⟨geschreven⟩ *deposition*
getuigschrift *certificate*; ⟨v. dienstbode⟩ *character*; ⟨v. personeel⟩ *testimonial* ★ van goede ~en voorzien zijn *with excellent references*
getweeën *the two of us; we two; the two of them*
geul • gleuf *groove* • gootje *trench; gully* • vaargeul *channel* • watergeul *channel*
geur *scent; odour; smell* ★ een akelige geur *a nasty smell/odour* ★ de geur van sigaren *the scent of cigars* ▾ in geuren en kleuren vertellen *tell a story in great/full detail*
geuren • ruiken *smell* • pronken *sport; show off*
geurig *fragrant*
geurstof *aromatic substance*
geurtje • lichte stank *smell* • reukwater *scent* ★ zij heeft een lekker ~ op *she is wearing a nice scent*
geurvreter *odour-eater*
geus *(Sea) Beggar; Protestant*
geuzennaam LIT. *sobriquet*

gevaar ● gevaarlijke toestand *peril; danger* ★ in ~ brengen *endanger* ★ buiten ~ zijn *be out of danger;* INF. *be out of the wood* ★ in ~ komen *get into danger* ★ met ~ voor zijn leven *at the risk of his life* ● risico *risk* ★ ~ lopen *be in danger* ★ zijn positie kwam in ~ *his position was jeopardized* ★ ~ lopen om... *run the risk of...; be in danger of...* ★ ik wens geen ~ te lopen *I want to take no risks* ★ op ~ af... *at the risk of...*

gevaarlijk *risky; dangerous*

gevaarte *monster; colossus*

geval ● toestand *case* ★ in geen ~ *in no case; by no means; on no account* ★ in voorkomende ~len *should the case arise* ★ in ~ van nood *in case of emergency* ★ in elk ~ *in any case; at all events; at any rate* ★ in 't ergste ~ *at worst* ★ voor 't ~ dat... *in case..* ★ in het gunstigste ~ *at best* ● voorval *case* ★ lastig ~ *awkward case* ● toeval ★ 't ~ wil... *it just so happened...; it happens to be the case...*

gevangen *captive;* ⟨in gevangenis⟩ *imprisoned* ★ zich ~ geven *surrender; give o.s. up*

gevangenbewaarder *(prison) warden/officer;* VERO. *jailer*

gevangene *captive;* ⟨in gevangenis⟩ *prisoner*

gevangenhouden *detain; keep in prison/custody*

gevangenis *prison;* INF. *jail* ★ de ~ ingaan *go to jail* ★ in de ~ zetten *put in prison; imprison*

gevangenisstraf *imprisonment; jail sentence* ★ tot ~ worden veroordeeld *be sentenced to jail* ★ tot vier jaar ~ veroordeeld worden *be sentenced to four years' imprisonment*

gevangeniswezen *prison system*

gevangennemen MIL. *take prisoner/captive;* ⟨algemeen⟩ *arrest*

gevangenschap *captivity;* ⟨in gevangenis⟩ *imprisonment*

gevangenzitten *be in jail/prison*

gevarendriehoek *hazard/breakdown triangle*

gevarenzone *danger area/zone*

gevarieerd *varied*

gevat *quick-witted; sharp; on the ball*

gevecht *fight; action* ★ buiten ~ stellen *put out of action;* ⟨v. bokser⟩ *knock out;* ⟨v. soldaat⟩ *disable*

gevechtsklaar *ready for action/battle* ★ ~ maken *prepare for combat; clear for action* ★ ~ zijn *be in combat readiness*

gevechtslinie *front line*

gevechtspak *(battle) fatigue*

gevechtsvliegtuig *fighter (plane)*

gevechtszone *battle/combat zone/area*

gevederd *feathered*

geveinsd ● niet gemeend *feigned; assumed* ● huichelachtig *hypocritical*

gevel *façade; front*

gevelkachel *gas heater (on outside wall)*

gevelsteen ● gedenksteen *memorial stone/tablet* ● mooie baksteen *facing brick*

geveltoerist *cat burglar*

geven I OV WW ● aanreiken *hand; give;* ⟨kaartspel⟩ *deal* ★ kun je me de suiker even ~? *could you pass me the sugar?* ● bieden *give* ★ iem. iets te eten ~ *give s.o. s.th. to eat*

● veroorzaken ⟨hoop⟩ *raise;* ⟨moeilijkheden⟩ *cause;* ⟨aanstoot⟩ *give* ● toekennen *give; grant* ★ daar moet ik je gelijk in ~ *I have to agree with you on that one* ★ ik geef je veertig jaar *I put you down at 40* ★ welke leeftijd geef je mij? *how old do you think I am?* ● vertonen, bijbrengen ★ wat wordt er ge~? ⟨concert e.d.⟩ *what is on?* ● opleveren *give;* ⟨v. warmte⟩ *give out;* ⟨v. rente⟩ *yield* ★ de kachel geeft een hoop warmte *the stove gives out plenty of heat* ▼ God geve dat ... *God grant that..* ▼ ~ en nemen *give and take* ▼ het roken eraan ~ *give up smoking* ▼ het is niet iedereen ge~ om... *it is not given to everyone to..* II ON WW ● hinderen *matter* ★ het geeft niets *it doesn't matter at all* ● ~ om *care for/about* ★ hij geeft veel om haar *he cares a great deal for her* ★ hij geeft er niet veel om *he doesn't really care about it* ★ hij geeft er geen zier om *he doesn't give a damn about it* ▼ iem. ervan langs ~ *give a person what for; let a person have it* III WKD WW ● zich ~ zoals men is *be o.s.;* FORM. *be without affectation* ★ zich gewonnen ~ *admit defeat; yield the point* ★ zich (helemaal) ~ aan iets *throw o.s. into s.th.; give o.s. entirely to s.th.*

gever ⟨kaartspel⟩ *dealer* ★ de gulle ~ *generous donor*

gevestigd *established* ★ ~e orde van zaken *given order of things*

gevierd *celebrated*

gevlamd *flamed;* ⟨v. hout⟩ *grained;* ⟨v. zijde⟩ *watered*

gevlekt *spotted*

gevleugeld *winged* ▼ ~e woorden *memorable/notable words*

gevlij ★ bij iem. in het ~ komen *humour s.o.*

gevoeglijk *decently; properly* ★ dat zouden we ~ kunnen doen *we could certainly do that*

gevoel ● wat men voelt *touch; feeling; sensation* ★ een pijnlijk ~ *a painful sensation* ● gewaarwording *feeling; sense* ★ het ~ hebben alsof *feel as if/though* ● indruk *feeling* ★ het ~ hebben dat *have the feeling that* ★ naar mijn ~ *to my mind* ★ wat voor ~ is 't om ...? *what does it feel like to ...?* ● emotie *emotion; feeling* ★ met ~ *with feeling* ★ ~ leggen in *put one's heart into* ★ gemoed ★ op iemands ~ werken *work on s.o.'s feelings* ● zintuig *touch; feeling* ★ de weg op 't ~ vinden *grope one's way* ★ ~ voor humor *sense of humour* ★ ~ van eigenwaarde *sense of dignity*

gevoelen *feeling; opinion* ★ zijn ~s onderdrukken *suppress one's feelings* ★ met gemengde ~s *with mixed feelings*

gevoelig ● ontvankelijk *sensitive* ★ hij raakte me op een ~e plek *he touched (me on) a sore spot* ★ ~e huid *tender skin* ★ ~ voor *sensitive to* ● lichtgeraakt *touchy* ● pijnlijk *tender;* ⟨klap⟩ *smart;* ⟨les/klap⟩ *sharp;* ⟨nederlaag, verlies⟩ *heavy;* ⟨plek⟩ *sore*

gevoeligheid ● het gevoelig zijn *sensitivity; susceptibility* ● lichtgeraaktheid *touchiness*

gevoelloos ● zonder gevoel ⟨v. lichaamsdeel⟩ *numb* ★ ~ voor *insensible to* ● hardvochtig

ge

unfeeling; callous; insensitive
gevoelloosheid callousness; numbness
gevoelsarm lacking in feeling; insensitive
gevoelsleven emotional life
gevoelsmatig instinctive
gevoelsmens (wo)man of feeling; emotional person
gevoelstemperatuur windchill (factor)
gevoelswaarde emotional value
gevogelte • de vogels birds • eetbare vogels fowl; poultry
gevolg • resultaat consequence; result ★ met goed ~ successfully ★ ~ geven aan een verzoek grant a request; comply with a request ★ het zal ten ~e hebben dat... it will result in...; it will bring on... ★ zijn inspanningen hadden geen ~ his efforts remained unsuccessful/without success ★ ~ geven aan een plan carry out a plan ★ geen nadelige ~en ondervinden van be none the worse for ★ de ~en zijn voor jou you must take the consequences • personen retinue; train
gevolgtrekking conclusion ★ ~en maken draw conclusions
gevolmachtigd having full powers ★ ~ zijn hold a power of attorney
gevorderd advanced ★ cursus voor ~en advanced course ★ wegens het ~e uur due to the time/late hour
gevreesd dreaded; feared
gevuld • met vulling (v. portemonnee) well-filled; (v. gevogelte, e.d.) stuffed; (v. kies) filled • dik, mollig full; plump
gewaad robe; garment
gewaagd • gedurfd daring; suggestive • gevaarlijk risky; INF. chancy ▾ zij zijn aan elkaar ~ they are a match for each other
gewaarworden perceive; notice; become aware of; (te weten komen) find out
gewaarwording • indruk feeling; impression • ondervinding sensation; (v. zintuigen) perception ★ een aangename ~ a pleasant sensation
gewag ★ geen ~ maken van iets keep quiet about s.th.
gewagen (van) mention; speak (of)
gewapend • bewapend armed • versterkt ★ ~ beton reinforced concrete
gewas • plant plant • oogst crops
gewatteerd (v. deken) quilted ★ ~e deken quilt
geweer rifle; gun ★ in het ~ komen be up in arms
geweerschot rifle-shot; gunshot
geweervuur gunfire; rifle-fire
gewei antlers [mv: antlers]
geweld violence; force ★ met ~ by force ★ ~ gebruiken/plegen use violence ★ zinloos ~ random/senseless (acts of) violence ▾ met alle ~ at any cost ▾ de waarheid ~ aandoen bend the truth; stretch the truth ▾ met alle ~ iets willen doen be dead set on... ▾ hij moest zich ~ aandoen om... he had to make a real effort to...
gewelddaad act of violence; outrage
gewelddadig violent

geweldenaar • sterk persoon superman; (kundig) crack • dwingeland tyrant; bully
geweldig • hevig tremendous; vehement; (storm) violent ★ een ~e schok a tremendous shock • goed terrific; INF. great ★ hij was ~ he was great/terrific • groot enormous; tremendous; (gebouw) immense
geweldpleging violence ★ openbare ~ public/street violence
gewelf vault; arch
gewelfd • gebogen curved • met gewelf arched; vaulted
gewend used/accustomed (to) ★ zij is beter ~ she has seen better days ★ ik ben nog niet ~ I'm not yet accustomed
gewennen I OV WW gewoon maken accustom (to); habituate (to) ★ zich ~ aan accustom o.s. to II ON WW gewoon worden get used/accustomed to
gewenning (het gewennen) habituation; (aan iets onaangenaams) inurement
gewenst • wenselijk desirable • verlangd desired
gewerveld vertebrate ★ ~e dieren vertebrates
gewest • landstreek district; region • bestuursgebied district; county
gewestelijk regional; (accent) local
geweten conscience ★ een slecht ~ hebben have a bad conscience ★ zijn ~ begon te spreken his conscience began to bother him ★ ik kan 't niet met mijn ~ overeenbrengen I cannot reconcile it to my conscience ★ hij heeft heel wat op zijn ~ he has much to answer for
gewetenloos unscrupulous
gewetensbezwaar scruple ★ dienstweigering op grond van gewetensbezwaren conscientious objection ★ vrijstelling op grond van gewetensbezwaren exemption on grounds of conscience
gewetensnood moral dilemma ★ in ~ komen get into a moral dilemma
gewetensvol conscientious; scrupulous ★ zich ~ van een taak kwijten discharge one's duty/task conscientiously
gewetensvraag soul-searching question
gewetenswroeging remorse; compunction
gewetenszaak matter of conscience
gewettigd justified; legitimate
gewezen former; ex-
gewicht • zwaarte weight ★ soortelijk ~ specific gravity • weer op zijn ~ komen recover one's lost weight • voorwerp weight ★ maten en ~en weights and measures • belang weight; importance ★ ~ hechten aan attach importance to ▾ een man van ~ a man of importance ★ het legt geen ~ in de schaal it carries no weight; it adds no weight to the matter ▾ zijn ~ in de schaal werpen throw one's weight into the scale
gewichtheffen weightlifting
gewichtig I BNW weighty; important; momentous ★ een ~e gebeurtenis an important/momentous event II BIJW ★ hij deed nogal ~ he behaved rather pompously
gewichtigdoenerij pomposity; self-importance

gewichtloos *weightless*

gewichtsklasse *weight (class)*

gewichtsverlies *loss of weight*

gewiekst *astute; cunning; smart; shrewd*

gewijd • geheiligd *consecrated* ★ ~e aarde *consecrated soil* • met betrekking tot liturgie *sacred* ★ ~e muziek *sacred music*

gewild • in trek *much sought after; popular;* ⟨v. product⟩ *in demand* • gekunsteld *affected* ★ ~ geestig *would-be witty*

gewillig I BNW *willing; ready* ★ een ~ karakter *a docile nature* ★ 'n ~ oor lenen aan *lend a ready ear to* **II** BIJW ★ ~ meegaan *come along willingly*

gewis I BNW *certain* ★ aan een ~se dood ontsnapt *have escaped certain death* **II** BIJW *for sure*

gewoel • het woelen *tossing and turning* • drukte *bustle; turmoil*

gewond *injured; wounded* ★ ~ raken *get injured*

gewonde *wounded/injured person* ★ hoeveel ~n zijn er? *how many people are injured?* ★ doden en ~n *casualties*

gewoon I BNW • gebruikelijk *normal; usual; customary* ★ zij is niet in haar gewone doen *she is not her usual self* • alledaags *ordinary; common; plain* • gewone pas *quick march* ★ de gewone lezer *the general reader* ★ de gewone man *the man in the street* ★ het gewone volk *the common people* ★ gewone breuk *vulgar fraction* • gewend *accustomed; used to* ★ zoals hij ~ was *as was his wont/ habit* ★ zij was ~ te gaan vissen *she used to go fishing* **II** BIJW gewoonweg *simply; just* ★ ik kan ~ niet ophouden *I just can't stop*

gewoonlijk *usually* ★ zoals ~ *as usual*

gewoonte • wat men gewoon is *custom; habit* ★ uit ~ *out of habit* • een ~ van iets maken *make a habit of s.th.* ★ de macht der ~ *force of habit* • gebruik *custom; usage* ★ het is de ~ om... *it is customary to...; it is common usage to...* ★ ouder ~ *as usual*

gewoontedier *creature of habit*

gewoontedrinker *habitual drinker*

gewoontegetrouw *in accordance with previous practice/custom; as usual*

gewoonterecht *common law*

gewoontjes *ordinary; common; plain*

gewoonweg • eenvoudigweg *just* ★ hij wil ~ niet luisteren *he just won't listen* • ronduit *downright; simply; just* ★ het is ~ belachelijk *it is downright ridiculous* ★ ~ onzin *simply nonsense*

geworteld *rooted; entrenched;* FIG. *ingrained* ★ diep ~ ⟨v. geloof⟩ *deeply ingrained;* ⟨v. angst e.d.⟩ *deep-seated*

gewricht *joint*

gewrichtsontsteking *arthritis*

gewrocht • voortbrengsel *creation* • iets vreemdsoortigs *contraption; monstrosity*

gewrongen • verdraaid *distorted;* ⟨handschrift⟩ *disguised* • onnatuurlijk *strained; tortuous*

gezag • macht *authority* ★ met ~ spreken *speak with authority* ★ op ~ aannemen *take on trust* • bevoegdheid ★ op eigen ~ *on one's own*

authority ★ het ~ voeren over *be in command of*

gezaghebbend *authoritative* ★ ~e kringen *leading circles*

gezaghebber *person in charge/authority* ★ de ~s *the authorities*

gezagsgetrouw I BNW *law-abiding* **II** BIJW *in a law-abiding fashion*

gezagsorgaan *authority*

gezagsverhoudingen *hierarchical relationships*

gezagvoerder SCHEEPV. *commander; captain;* LUCHTV. *captain*

gezamenlijk I BNW • alle(n) samen *complete* • verenigd ★ met ~e krachten *with combined forces* • gemeenschappelijk *combined;* ⟨eigendom⟩ *joint;* ⟨eigendom/ verantwoordelijkheid⟩ *collective* ★ het is voor ~e rekening *for/on joint account* ★ ~ optreden *concerted action* **II** BIJW *together* ★ we hebben het ~ besloten *we made the decision together; it was a joint decision*

gezang • het zingen *singing* • lied *song;* REL. *hymn*

gezanik • gezeur *nagging* • hinderlijk gedrag *bother; trouble*

gezant *envoy; ambassador* ★ buitengewoon ~ *envoy extraordinary*

gezantschap • legatie *mission; delegation* • gebouw *embassy*

gezapig *sluggish; languid; easy-going*

gezegde • zegswijze *proverb; saying* ★ TAALK. *predicate*

gezegend *blessed*

gezeglijk *accommodating; obedient*

gezel • makker *companion; mate* • leerling-vakman *apprentice*

gezellig *pleasant; enjoyable;* ⟨v. personen⟩ *sociable; companionable* ★ ~ avondje *enjoyable evening* ★ hij is ~ *he is good company*

gezelligheid *sociability;* ⟨v. kamer⟩ *snugness; cosiness* ★ voor de ~ *for company* ★ ik houd van ~ *I like company*

gezelligheidsdier *companionable sort*

gezelligheidsvereniging *social club*

gezellin *companion*

gezelschap • samenzijn *company* ★ iem. ~ houden *keep a person company* ★ in ~ van *in the company of* • groep *company; society* ★ een vrolijk ~ *a merry party*

gezelschapsreis *organised (group) outing; group tour*

gezelschapsspel *party/round game*

gezet • geregeld ★ op ~te tijden *at set times* • dik *stout; corpulent;* ⟨gedrongen⟩ *thick-set*

gezeten • met vaste woonplaats *settled; resident* • welgesteld *substantial* ★ ~ burgerij *well-to-do middle class*

gezeur *moaning*

gezicht • aangezicht *face* ★ ~en trekken *pull faces* ★ een vrolijk ~ zetten *put on a cheerful face* ★ iem. van ~ kennen *know a person by sight* • uiterlijk *face* • zintuig *(eye)sight; vision* • aanblik, uitzicht *view; sight* ★ uit het ~ verliezen *lose sight of* ★ op het eerste ~ *at first sight* ★ uit het ~ verdwijnen *disappear*

from sight; *lose sight of* ★ het was geen ~ *it was a sorry sight* ★ een ~ op Londen *a view of London* ★ uit 't ~ *out of sight* ★ de winkel een ander ~ geven *give the shop a new look* ▾ iem. op zijn ~ geven *give a person a good hiding* ▾ hou je ~! *shut up!*

gezichtsafstand • reikwijdte *seeing distance*; *view*; *eyeshot* ★ zich op ~ bevinden *be within sight/view/eyeshot* • oogafstand *focusing distance*

gezichtsbedrog *optical illusion*

gezichtshoek *angle (of vision)*; FIG. *point of view*

gezichtspunt *point of view*; *viewpoint*; *angle* ★ nieuwe ~en openen *open up new prospects*

gezichtsuitdrukking *facial expression*

gezichtsveld *field of vision*

gezichtsverlies • verlies van gezichtsvermogen *loss of (eye)sight* • verlies van prestige *loss of face* ★ ~ lijden *lose face*

gezichtsvermogen *(eye)sight*

gezien I BNW ★ zij is zeer ~ bij haar collega's *she's popular among/with her colleagues* II VZ *in view of*; *considering* ★ ~ zijn staat van dienst *considering/given his record (of service)*

gezin *family*; ⟨huishouden⟩ *household*

gezind *disposed* ★ iem. slecht ~ zijn *be ill-disposed towards s.o.* ★ Engels~ *pro-English*; *Anglophil(e)*

gezindheid • houding *disposition* • overtuiging *conviction*; *persuasion*

gezindte *denomination*

gezinsauto *family car*

gezinsfles *family(-size) bottle*

gezinshoofd *head of the family*

gezinshulp *home help*

gezinsleven *family life*

gezinsplanning *family planning*; *birth control*

gezinsuitbreiding *addition to the family*

gezinsverpakking *family pack* ★ ook verkrijgbaar in ~ *also available in family packs*

gezinsverzorgster *home help*

gezinszorg *family-welfare (services)*; *home help*

gezocht • gewild ★ zeer ~ *in great demand*; *much sought after* • gekunsteld *studied*; *contrived* ★ de ontknoping was een beetje ~ *the ending was a bit contrived*

gezond • niet ziek *healthy* ★ ~ en wel *safe and sound* ★ ~ naar lichaam en geest *sound in body and mind* ★ ~ maken *cure* • heilzaam ⟨v. voedsel⟩ *wholesome*; ⟨v. klimaat⟩ *healthy*; ⟨v. omgeving⟩ *salubrious* ★ ~ advies *sound advice* ★ een ~ standpunt *a sane point of view* ★ ~e taal spreken *talk sense* ★ ~ verstand *common sense*

gezondheid I ZN *health* ★ op iemands ~ drinken *drink (to) s.o.'s health* ★ (op je) ~! *here's to you!* ★ in goede ~ *in excellent health* ▾ ~ is de grootste schat *health is better than wealth* II TW ★ Gezondheid! *Bless you!*

gezondheidscentrum *health care centre*

gezondheidsredenen *considerations of health*

gezondheidszorg *health care*

gezusters ★ de ~ A. *the A. sisters*

gezwel • opzwelling *swelling*; *lump* • tumor

tumour

gezwind *swift*

gezwollen *bombastic*; *inflated (with)*

gezworen *sworn* ★ ~ vrienden/vijanden *sworn friends/enemies*

gezworene *jurywoman*; *juror*; *jurywoman*

gft-afval *organic waste*

gft-bak *organic waste bin*

Ghana *Ghana*

ghostwriter *ghostwriter*

Gibraltar *Gibraltar*

gids ★ de Gouden Gids *the Yellow Pages* • persoon *guide* • boekje *guide(book)*

gidsen *guide*; *act as a guide*; *direct*

gidsland *leading country*

giechelen *titter*; *giggle* ★ in ~ uitbarsten *have (a fit of) the giggles*

giek • roeiboot *gig* • dwarsmast *boom*

gier • vogel *vulture* ★ vale gier *griffon vulture* • mest *liquid manure*

gieren • geluid maken ⟨v. wind⟩ *whistle*; *howl* • lachen *scream* • bemesten *spread (liquid) manure*

gierig *miserly*; *stingy*; ⟨in grote mate⟩ *avaricious*

gierigaard *miser*

gierigheid *avarice*; *stinginess*

gierst *millet*; *(grain) sorghum*

gierzwaluw *swift*

gietbui *downpour*

gieten I OV WW • schenken *pour* • vormgeven *mould*; ⟨v. beeld⟩ *cast*; ⟨v. kaarsen⟩ *mould* ★ gedachten in een bepaalde vorm ~ *couch one's thoughts in a particular form* ▾ het zit je als gegoten *it fits you like a glove* II ONP WW *pour* ★ het giet *it is pouring*; *it's pelting down*

gieter *watering can* ▾ afgaan als een ~ *lose face*; *look a complete/utter fool*

gieterij *foundry*

gietijzer *cast iron*; ⟨in onbewerkte vorm⟩ *crude iron*

gif *toxin*; *venom*; *poison* ▾ daar kun je gif op innemen *you can bet your life on that!*; *you bet!*

gifbeker *poisoned chalice*

gifbelt *(illegal) dump for toxic wastes*

gifgas *poison(ous) gas*

gifgroen *bilious green*

gifgrond *(chemically) polluted/contaminated soil/ground*

gifkikker *bad-/mean-tempered person*

gifklier *poison/venom gland*

gifschandaal *poisonous/toxic waste scandal*

gifslang *poisonous snake*

gifstof *poisonous/toxic substance*

gift *gift*; ⟨v. donateur⟩ *donation*

giftig • vergiftig *poisonous*; ⟨afval, e.d.⟩ *toxic* • venijnig ⟨v. mensen⟩ *venomous*; ⟨boos⟩ *touchy*

gifwijk *residential area where illegally dumped toxic waste is found*

gifwolk *toxic cloud*

gigabyte *gigabyte*

gigant *giant*

gigantisch *gigantic*; *huge*; *immense* ★ een ~e hagelbui INF. *a monumental hailstorm*

gigolo *gigolo*

gij Z.-N. *you*; FORM. *thou* ★ gij zult niet doden *thou shalt not kill*

gijzelaar *hostage*

gijzelen JUR. *imprison for debt*; ⟨als waarborg⟩ *take hostage*; ⟨voor geld⟩ *kidnap*

gijzeling *taking of hostages*; JUR. *imprisonment for debt* ★ in ~ houden *hold hostage*

gijzelingsactie *taking of hostages*; *kidnapping*; ⟨luchtv.enz.⟩ *hijacking*

gijzelnemer *hostage taker*; *terrorist*; ⟨kaper⟩ *hijacker*

gil *scream*; *yell*; *shriek*

gilde *g(u)ild*; GESCH. *craft-guild*

gilet *waistcoat*

gillen I OV WW schreeuwen *shriek*; *scream* II ON WW ▾ 't is om te ~ *it is a scream*

giller *scream*; *howler*; AE *gas* ★ wat een ~! *what a scream!*

gimmick *gimmick*

gin *gin*; ⟨jenever⟩ *Dutch/Hollands gin*; *geneva*

ginds *over there*; FORM. *yonder*

ginnegappen *giggle*; *snigger* ★ wat zit je te ~? *what are you sniggering about?*

gips • mineraal *gypsum* • gipsverband *plaster* ★ in het gips zitten *be in plaster*

gipsen *plaster*

gipskruid *gypsophila*; *soap root*

gipsplaat *plasterboard*; *gypsum board*

gipsverband *plaster cast*

gipsvlucht *ski special*

giraal *(by) giro* ★ ~ betalen *pay by giro*

giraffe *giraffe*

gireren *pay/transfer by giro*

giro *giro* ★ storten op de giro *deposit into a giro account*

girobetaalkaart *giro payment card*

girocheque *giro cheque*

girodienst *National Giro*; *Post Office Giro*

girokantoor *(National) Giro office/branch*

giromaat ≈ *cash dispenser*

giromaatpas *cashpoint card*

gironummer *giro account number*

giropas *(guarantee) card*

girorekening *giro account*

giroverkeer *giro transactions*; *transfer system*

gis¹ *guess* ★ op de gis *at random*; *at a guess*

gis² (zeg: gies) *G sharp*

gissen (naar) *guess*; *conjecture*

gissing *guess*; *conjecture* ★ naar ~ *at a guess*; *at a rough estimate*

gist *yeast*

gisten *ferment* ★ laten ~ *ferment* ▾ het gist in het land *the country is in a ferment*

gisteravond *yesterday evening*

gisteren *yesterday* ★ (zich iets herinneren) als de dag van ~ *(remember s.th.) as if it happened only yesterday* ★ niet van ~ zijn *be nobody's fool*; *know a thing or two*

gistermiddag *yesterday afternoon*

gistermorgen *yesterday morning*

gisternacht *last night*; *yesterday night*

gisting *ferment*; *fermentation*

git *jet*

gitaar *guitar*

gitarist *guitarist*; *guitar player*

gitzwart *jet-black*

glacékoek ≈ *iced bun*

glaceren *glaze*; ⟨v. gebak⟩ *ice*; ⟨v. schilderij⟩ *varnish*

glad I BNW • effen *smooth*; ⟨v. haar⟩ *sleek*; ⟨v. ring⟩ *plain*; ⟨v. water⟩ *calm* • glibberig *slippery* • vlot, gemakkelijk *smooth* • sluw *clever*; *cunning*; *smooth* ★ zo glad als een aal *as slippery as an eel* ★ een gladde jongen *a smooth operator* **II** BIJW • makkelijk *smoothly* ★ 't gaat hem glad af *it comes easy to him* ★ dat zal je niet glad zitten *you are in for a hard/rough time* ★ dat is nogal glad! *that's pretty obvious!* • totaal ★ glad vergeten *clean forgotten* ★ glad verkeerd *altogether wrong*

gladgeschoren *clean shaven*

gladharig *sleek-haired*; ⟨v. dier⟩ *shiny/smooth coated*; ⟨v. individu⟩ *smooth-haired*

gladheid • effenheid *smoothness* • glibberigheid *slipperiness*

gladiator *gladiator*

gladiool • bloem *gladiolus* • persoon ★ achterlijke ~ *dipstick*

gladjanus *sly dog*; *smooth operator*

gladjes *slippery*

gladstrijken OOK FIG. *smooth/iron out*

glamour *glamour*

glans • (weer)schijn *gloss*; *lustre*; *shine* ★ ~ van genoegen *beam of pleasure* • luister *splendour* ★ hij slaagde met ~ *he passed with flying colours* ★ ~ bijzetten/verlenen aan *add/lend lustre to*

glansmiddel *rinse agent*

glanspapier *glazed/glossy paper*; *art paper*

glansperiode *heyday*; *golden period*

glansrijk *glorious*; *splendid* ★ 't kan de vergelijking ~ doorstaan *it compares very favourably (with)* ★ een ~e overwinning *a glorious victory*

glansrol *star part/role*

glanzen *shine*; *shimmer*; *gleam*; ⟨vochtig glanzen⟩ *glisten* ★ ~d papier *glossy paper*

glas • materiaal *glass* ★ kogelvrij glas *armour plate glass* • drinkglas *glass* • ruit *(window)pane* • brillenglas *glass*; *lens* ▾ zijn eigen glazen ingooien *cook one's own goose*

glasbak *bottle bank*

glasblazen *blow glass* ★ het ~ *glass-blowing*

glasfiber *glass fibre*; *fibreglass*

glasgordijn *net curtain*

glashard *as hard as nails*; *ruthless* ★ iets ~ ontkennen *flatly deny s.th.*

glashelder • doorzichtig *crystal-clear* • duidelijk *crystal-clear*; *lucid*; *clear cut*

glas-in-loodraam *stained-glass window*

glasplaat ⟨onbewerkt⟩ *sheet of glass*; ⟨bewerkt⟩ *glass plate*

glasschade *broken glass*

glasservies *set of glasses*

glastuinbouw *cultivation under glass*; *glasshouse horticulture*

glasverzekering *(plate-)glass insurance*

glasvezel *fibre glass*; *glass fibre*

glaswerk • glazen *glass(ware)* • ruiten *glazing*

glaswol *glass wool*; *spun glass*

glazen *glass(y)*

gl

gl

glazenwasser *window-cleaner*
glazig *glassy*; ⟨v. aardappel⟩ *waxy* ∗ met een ~e blik *glassy-eyed*
glazuren *glaze*; ⟨v. gebak⟩ *ice*
glazuur • glasachtige laag ⟨v. aardewerk⟩ *glaze*; *glazing* • tandglazuur *enamel* • taartglazuur *icing*
gletsjer *glacier*
gletsjerdal *glaciated valley*
gleuf • spleet ⟨geul⟩ *trench*; ⟨in rots⟩ *fissure* • groef ⟨v. schroefkop⟩ *groove*; ⟨v. automaat⟩ *slot*; ⟨v. brievenbus⟩ *slit* • vagina *cunt*; *slit*
glibberen *slither*
glibberig *slippery*; *slithery*
glijbaan • speeltuig *slide*; *chute* • baan van ijs *slide*
glijden *slip*; ⟨op ijs⟩ *slide*; ⟨op water⟩ *glide* ∗ ~de loonschaal *sliding scale of wages* ∗ een schaduw gleed over haar gezicht *a shadow stole over her face*
glijmiddel *lubricant*; *lubricating jelly*
glijvlucht ⟨v. vliegtuig⟩ *glide*; ⟨v. vogels⟩ *gliding flight*
glimlach *smile* ∗ een brede ~ *big smile*; *grin*
glimlachen *smile (at)* ∗ breed ~ *smile broadly*; *grin*
glimmen • glanzen *shine*; *gleam*; ⟨zwakjes⟩ *glimmer*; ⟨v. zweet⟩ *glisten* • glunderen *glow*; *shine* ∗ hij glom van plezier *he was glowing with joy*
glimp *glimpse* ∗ met een ~ van waarheid *with a colour of truth* ∗ een ~ van hoop *a glimmer of hope*
glimworm *glow-worm*
glinsteren *sparkle*; *glitter*; *twinkle*
glinstering *glitter(ing)*; *sparkle*
glippen *slip*
glitter • iets dat glinstert *glitter*; ⟨op kerstboom, e.d.⟩ *tinsel* • schone schijn *glitter* ∗ ~ en glamour *glitter and glamour*
globaal *rough*; *broad* ∗ ~ genomen *roughly speaking*
globaliseren *globalise*
globalisering *globalization*
globe *globe*
globetrotter *globetrotter*
gloed • schijnsel *glow*; ⟨fel⟩ *glare* ∗ de ~ van het vuur *the glow of the fire* • warmte *glow*; ⟨sterk⟩ *blaze* ∗ in ~ *aglow* • bezieling *ardour* ∗ in ~ geraken over *get excited about*
gloednieuw *brand-new*
gloedvol *glowing*; *fervent* ∗ ~ spreken *speak with passion/fervour*
gloeien • branden zonder vlam *smoulder* • stralen van hitte *glow*
gloeiend • heet *burning/scalding/piping hot*; ⟨v. metaal⟩ *red hot* • hartstochtelijk ∗ een ~e hekel aan iem. hebben *hate s.o. with a passion*
gloeilamp *light bulb*
glooien *slope*; *slant*
glooiing *slope*
gloren *glimmer*; ⟨v. de dag⟩ *dawn* ∗ de ochtend begon te ~ *the day was breaking/dawning*
glorie *glory* ▾ in volle ~ *in full splendour*

glorietijd *heyday*; *golden age*
glorieus *glorious*
glossarium *glossary*
glossy *glossy*
glucose *glucose*
glühwein ≈ *mulled claret*; *Glühwein*
gluiperd *shifty character*
gluiperig *sneaky*; *shifty*
glunderen *beam*; *radiate*
gluren *peep*; ⟨wellustig⟩ *leer*
gluten *gluten*
gluurder *voyeur*; *peeper*; *Peeping Tom*
glycerine *glycerine*
gniffelen *chuckle (over/at)*; *laugh up one's sleeve*; *snigger (at)*
gnoe *gnu*
gnoom *gnome*; *hopgoblin*; *leprechaun*
gnostiek *Gnosticism*
gnostisch *gnostic*
gnuiven *gloat (over)*; *chuckle (over/at)*
goal *goal* ∗ een goal scoren *score a goal*
gobelin • wandtapijt *gobelin* • meubelstof *flower patterned upholstery fabric*
God *God* ∗ God zij dank *thank God* ∗ in God geloven *believe in God* ▾ Gods water over Gods akker laten lopen *let things take their natural course* ▾ ik zou het bij God niet weten *for the life of me, I wouldn't know*
goddank *thank God* ∗ ~ zag hij me niet *thank goodness he did not see me*
goddelijk *divine*
goddeloos *wicked*; *sinful* ▾ we moesten ~ vroeg op *we had to get up at an ungodly hour*
goddomme *damn it*; *goddammit*
godendom *gods*
godendrank *nectar*
godenspijs *ambrosia*; FIG. *delicacy*
godgans *entire*; *whole blessed/mortal* ∗ de ~e avond *the entire evening* ▾ de ~e dag *the livelong day*
godgeklaagd *disgraceful* ∗ het is ~! *it's an outrage!*; *it cries to (high) heaven!*
godgeleerdheid *theology*
godheid • goddelijkheid *divinity*; *godhead* • goddelijk wezen *deity*; *divine/celestial being*
godin *goddess*
godsdienst *religion*
godsdienstig • vroom *pious*; *devout* • religieus *religious*
godsdienstoefening *divine service*; *(practice of) worship*
godsdienstoorlog *religious war*
godsdienstvrijheid *freedom of religion/worship*
godsdienstwaanzin *religious mania* ∗ hij lijdt aan ~ *he's a religious maniac*
godsgeschenk *gift from God*
godsgruwelijk I BNW *God-awful* II BIJW *God-awful*
godshuis *house of God*
godslasteraar *blasphemer*
godslastering *blasphemy*; *profanity*
godslasterlijk *blasphemous*
godsnaam ∗ in ~ *in the name of God* ▾ in ~ *for heavens' sake*; *for the love of God*; *for Gods'/Pete's sake*
godsvrucht *devoutness*; *piety*

godswonder *miracle*
godverdomme *bloody hell*; *damn*
godvergeten *God-forsaken*
godvruchtig *God-fearing*; *pious*; *devout*
goed I ZN • wat goed is *good* ★ 't goede doen *do the right thing* ★ het zal je goed doen *it will do you good* ★ ik kan geen goed bij hem doen *he never has a good word for me* ★ een verandering ten goede *a change for the better* • bezit *goods*; *property* • waren *goods*; *wares* • gestolen goed *stolen goods*; *loot* • spul • een vreemd goedje *funny stuff* • kleren *clothes*; *things*; *gear* ★ schoon goed *a change of linen*; *clean things* ★ zich te goed doen aan *do o.s. well on*; *tuck into* ▼ ten goede komen aan *be to the benefit of*; *do good to* ▼ ik heb nog honderd euro van je te goede *you owe me hundred euro* ▼ hou me ten goede, maar ... *I could be wrong about this, but...*; *I'm not absolutely sure about this, but...* ▼ de goeden moeten onder de kwaden lijden *the good must suffer with the bad* ▼ het was een beetje te veel van het goede *it was too much of a good thing* II BNW • niet slecht ★ goed zo! *well done!*; *good show!* ★ in goede gezondheid *in good health* ★ ze maken 't goed *they are doing well* ★ goed in de talen *good at languages* ★ het smaakt goed *it tastes good* ★ in goeden doen zijn *be well off* ★ die bloemen blijven niet goed *those flowers don't last* ★ dat vlees blijft niet goed *that meat won't keep* ★ zit je goed? *are you comfortable?* • zoals het behoort ★ mij goed *O.K. with me* ★ ik kan 't niet goed krijgen *I can't get it right* ★ met de goede kant naar boven *the right way up* • gepast, geschikt, nuttig *good* ★ het is voor de goede zaak *it is all to the good*; *it's for a good cause* ★ het is toch nog ergens goed voor geweest *it was of some use after all* ★ hij kon geen goede auto vinden *he couldn't find a suitable car* • gunstig ★ op een goede morgen *one fine morning* ★ 't is maar goed dat... *it's a good thing that...*; *it's as well that...* • deugdzaam *good* ★ een goed mens *a good person* ★ daar is zij niet te goed voor *she's not above doing that* • vriendelijk *kind* ★ goede daad *kind|good deed* ★ zou u zo goed willen zijn om... *would you be so kind as to...*; *would you mind...* • gezond *good*; *well* ★ in goede gezondheid *in good health* ★ voel je je wel goed? *are you all right?* ★ ik voel me niet goed *I'm not feeling very well*; *I feel sick* • ruim ★ een goede 100 euro *a hundred odd euros* ★ een goed jaar geleden *a good year ago* ★ waard zijnde ★ hij is goed voor twee ton *he is good for two hundred thousand euro's* ★ goed voor twee consumpties ⟨m.b.t. drank⟩ *valid for two drinks*; ⟨m.b.t. maaltijden⟩ *valid for two meals* ▼ zo goed als *as good as*; *all but* ▼ zo goed als niets *next to nothing* ▼ zo goed en zo kwaad als het gaat *as best it may*; *somehow or other* ▼ ik wou dat ik goed en wel thuis was *I wish I were safely at home* ▼ jij hebt goed praten *it is all very well for you to talk* ★ die is goed! *that is a*

good one! ▼ net goed! *serves you right!* ▼ alles goed en wel maar ... *that is all very well but ...* ▼ ik word hier niet goed van *I'm getting sick of this* III BIJW • juist *well*; *right* ★ goed dan... *all right...*; *very well...* ★ heb je het goed gedaan? *did you do it right?* ★ als ik 't goed heb *if I am not mistaken* ★ begrijp me goed... *don't get me wrong* ★ zo goed ik kon *as best I could* • flink *thoroughly* ★ hij heeft goed huisgehouden *he made a thorough| complete mess of it* • zoals het behoort *properly* ★ je goed gedragen *behave properly* ★ 't ging niet goed *it did not go right* ★ dat kan ik niet goed betalen *I cannot very well afford that*
goedaardig • goedig *good-natured*; *kind-hearted* • MED. *mild*; ⟨v. ziekten, gezwel⟩ *benign*
goeddeels *largely*; *for the greater part*
goeddoen *do good (things)* ★ die vakantie zal haar ~ *the holiday will do her a world of good* ★ die brief heeft hem goedgedaan *that letter has cheered him up*
goeddunken I ZN • toestemming *discretion*; *consent* ★ naar ~ van *at the discretion of* • believen *pleasure* ★ handelen naar ~ *do as you please*; *do as you think fit* II ON WW • goed toeschijnen *think fit|proper* • behagen *please*; *like*
goedemiddag *good afternoon*
goedemorgen *good morning*
goedenacht *good night*
goedenavond ⟨begroeting⟩ *good evening*; ⟨afscheid⟩ *good night*
goedendag *good day*; ⟨bij afscheid⟩ *good-bye* ★ ~ zeggen *say good-bye (to)*
goederen • bezittingen *goods*; *property* • koopwaar *merchandise*; ECON. *commodities*
goederenlift BE *goods lift*; AE *service elevator*
goederentrein *goods train*; AE *freight train*
goederenverkeer *goods traffic*
goederenwagen *luggage-van*; *goods van*; ⟨open⟩ *truck*
goederenwagon *goods carriage*; AE *freight car*
goedgebekt *eloquent* ★ ~ zijn *have the gift of the gab*
goedgeefs *generous*; *liberal*; *open-handed*
goedgehumeurd *well-tempered*
goedgelovig *credulous*; *gullible*
goedgemutst *good-humoured|tempered*
goedgezind *well-disposed*
goedgunstig *kind*; *favourable* ★ ~ beschikken op een verzoek *grant a request*
goedhartig *kind-hearted*; *good-natured*
goedheid • (Gods) barmhartigheid *grace*; *mercy* ★ uit de ~ van zijn hart *out of the kindness of his heart* • vriendelijkheid *goodness*; *gentleness* • toegeeflijkheid *benevolence*; *indulgence*
goedheiligman *Saint Nicholas*; ≈ *Father Christmas*
goedig *good-natured*; *kind-hearted*
goedje *stuff*
goedkeuren • in orde bevinden ⟨v. begroting| subsidie⟩ *vote*; *agree to*; ⟨v. film⟩ *pass*; ⟨v. rapporten/notulen⟩ *adopt*; ⟨v. verdrag⟩ *ratify*

go

* iets gedachteloos ~ *rubberstamp s.th.*
* medisch goedgekeurd worden *pass one's medical* • instemmen met *approve (of)*
goedkeuring *approval; (Royal) Assent;* ⟨v. notulen⟩ *adoption* ★ ter ~ voorleggen *submit for approval* ★ zijn ~ hechten aan *approve of; sanction* ★ behoudens ~ van *pending approval of*
goedkoop • niet duur *cheap; inexpensive* • flauw, gemakkelijk • een ~ argument *a cheap argument* ▼ ~ is duurkoop *a bad bargain is dear at a farthing; quality pays* ▼ er ~ afkomen *get off cheaply*
goedlachs *cheerful* ★ ~ zijn *laugh readily*
goedmaken • ongedaan maken *make good; make up for; put right; make amends for* ★ niet meer goed te maken *irretrievable; irreparable* ★ kan ik het ~? *can I make it up to you?* • kosten dekken ★ ze kunnen de kosten nauwelijks ~ *they can scarcely defray/cover the cost*
goedmakertje *peace offering*
goedmoedig *good-natured*
goedpraten *explain away;* ⟨vergoeilijkend⟩ *gloss over* • een fout ~ *explain away a mistake* ★ 't is niet goed te praten *it is inexcusable*
goedschiks *with a good grace; willingly* ★ ~ of kwaadschiks *willy-nilly; willing or unwilling*
goedvinden I ZN • goedkeuring *consent* ★ met uw ~ *with your permission* ★ met wederzijds ~ *by mutual consent* • goeddunken ★ naar ~ *at pleasure* ★ handel naar ~ *use your discretion* **II** OV WW • goedkeuren *consent; approve of* • nuttig vinden *think fit*
goedzak *kind soul*
goegemeente *the public at large; the man in the street; the hoi polloi*
goeierd *kind(ly) soul*
goeroe *guru*
goesting *desire; fancy (for)*
gok • het gokken *gamble; wager* ★ een gokje wagen *have a go at it* • risico *gamble; (long) shot* • grote neus *conk* ▼ op de gok *on the off chance*
gokautomaat *gambling machine; fruit machine;* INF. *one-armed bandit*
gokken • speculeren *take a chance* ★ ik gok erop dat... *I take a chance on...* • gissen *guess* • om geld spelen *gamble*
goklust *gambling fever*
goktent *gambling den/joint*
gokverslaafde *gambling addict*
gokverslaving *gambling addiction*
golf[1] • NAT. *wave* • waterbeweging *wave;* ⟨grote golf⟩ *breaker;* ⟨klein⟩ *ripple;* ⟨grote golf⟩ LIT. *billow* • golflengte *wave* ★ lange golf *long wave* ★ korte golf *short wave* • golving in het haar *wave* • baai *gulf; bay*
golf[2] (zeg: 'golf' met de g van 'goal') *golf* ★ golf spelen *play golf*
golfbaan *golf course; golf-links*
golfbeweging *undulation*
golfbreker *breakwater*
golfclub • golfstok *golf club* • vereniging *golf club*

golfen *play golf*
golfer *golfer*
golfkarton *corrugated cardboard*
golflengte *wave-length*
golflijn *wavy line*
golfplaat • ijzer *(sheet of) corrugated iron* • karton *(sheet of) corrugated cardboard*
golfslag *wash of the waves; surge*
golfslagbad *wave pool*
golfstaat *Gulf state*
Golf van Biskaje *Bay of Biscay*
golven *wave; undulate;* ⟨v. haar⟩ *flow;* ⟨v. vlakte⟩ *roll*
gom • lijmstof *gum* • vlakgom *rubber;* AE *eraser*
gommen *rub (out); erase*
gondel *gondola*
gondelier *gondolier*
gong *gong*
gongslag *gong-stroke/beat*
goniometrie *trigonometry*
gonorroe *gonorrhea*
gonzen ⟨v. insect⟩ *hum; buzz* ★ het gonst van bedrijvigheid *it is a hive of activity* ★ mijn oren ~ *my ears are buzzing/ringing*
goochelaar *conjurer; magician*
goochelen • toveren *conjure* • handig omspringen met *juggle* ★ met cijfers ~ *juggle with figures*
goocheltruc *magic trick; conjuring*
goochem *knowing; smart* ★ hij is behoorlijk ~ *he's no fool*
gooi *throw; cast* ★ een gooi doen naar *make a bid for; have a go at* ▼ zij doen een goede gooi naar het kampioenschap *they stand a good chance of gaining the championship*
gooien *throw; fling;* ⟨hard en gericht⟩ *pitch* ★ met de deur ~ *slam the door* ★ alles eruit ~ *blurt it all out* ★ iem. eruit ~ *chuck s.o. out;* ⟨ontslaan⟩ *give s.o. the push* ▼ 't ~ op put the blame on ▼ het op een akkoordje ~ *reach a compromise*
gooi- en smijtwerk *knockabout; slapstick*
goor • onsmakelijk *revolting; loathsome* ★ het heeft een gore smaak *it tastes revolting* • vuil *foul; filthy;* ⟨v. kleur⟩ *sallow* ★ gore taal uitslaan *use filthy language*
goot • straatgoot *gutter* • dakgoot *gutter*
gootsteen *(kitchen) sink*
gordel • riem *belt; girdle* • kring *circle* • GEO. *zone*
gordeldier *armadillo*
gordelroos *shingles*
gordijn *curtain;* ⟨rolgordijn⟩ *blind* ★ de ~en open/dichttrekken *draw the curtains* ★ het ~ ophalen/neerlaten *raise/drop the curtain* ★ 't ~ gaat op voor... *the curtain rises on*
gordijnrail *curtain rail*
gordijnroe *curtain rod*
gorgelen *gargle*
gorgonzola *Gorgonzola*
gorilla *gorilla*
gors I ZN vogel *bunting* **II** ZN kwelder *salt marsh*
gort ⟨gebroken⟩ *groats;* ⟨gepeld⟩ *pearl barley*
gortdroog *as dry as dust*
gortig ▼ het al te ~ maken *go too far*

gospel *gospel(song)*
gospelmuziek *gospel music*
gospelsong *gospel song*
gossiemijne *goodness!; gosh*
gothic *Gothic*
gotiek *Gothic*
gotisch *Gothic* ★ -e letter *black/Gothic letter*
gotspe *cheek; effrontery*
gouache *gouache*
goud *gold* ▾ het is niet alles goud wat er blinkt *all is not gold that glitters* ▾ hij is (zijn gewicht in) goud waard *he is worth his weight in gold* ▾ (ik zou het) voor geen goud (willen missen) *(I wouldn't miss it) for the world*
goudader *gold-vein*
goudblond *golden*
goudbruin *chestnut brown*
goudeerlijk *honest through and through*
gouden ★ van goud *gold* ★ ~ bril *gold-rimmed spectacles* ★ goudkleurig *golden*
goudenregen *laburnum*
goudhaantje ● vogel *gold crest; golden-crested kinglet* ● kever *rose/leaf-beetle*
goudkleurig *gold(en); gold coloured*
goudkoorts *goldfever*
Goudkust *Gold Coast*
goudmijn *goldmine*
goudprijs *gold price*
goudrenet *renet apple; ≈ BE Bramley*
goudsbloem *marigold*
goudschaaltje *gold-balance* ★ ieder woord op een ~ wegen *weigh every word*
goudsmid *goldsmith*
goudstuk *gold coin*
goudvink ● vogel *bullfinch* ● rijke vrijer *sugar daddy*
goudvis *goldfish*
goudwinning *gold mining*
goudzoeker *gold digger*
goulash *goulash*
gourmet *gourmet*
gourmetstel *gourmet set*
gouvernante *governess*
gouvernement *government*
gouverneur *governor*
gouverneur-generaal *governor-general*
gozer *guy; bloke; chap*
GPS Global Positioning System ‹Global Positioning System› *GPS*
graad ● meeteenheid *degree* ★ 5 graden onder nul *5 degrees below zero* ★ op 100 graden lengte en 50 graden breedte *in longitude 100, latitude 50* ★ WISK. ▾ vergelijkingen van de eerste/tweede/derde ~ *linear/quadratic/cubic equations* ● rang, trap ★ een ~ halen *graduate* ▾ mate ★ in de hoogste ~ *to the last degree* ★ neef in de eerste ~ *cousin in the first degree; cousin once removed* ★ in hoge ~ *to a high degree* ★ nog een ~je erger *a degree worse*
graadmeter *gauge; FIG. measure; gauge*
graaf *count; earl*
graafmachine *excavating machine*
graafschap *county; shire*
graag *gladly; with pleasure; willingly* ★ ~ of niet *take it or leave it* ★ ~! *I'd love to!; ‹bij*

aanbod voedsel, drank e.d.› *yes, please!* ★ wat ~! *I with all my heart!* ★ ze zal wat ~ gaan *she will be delighted to go* ★ ik rook ~ *I like to smoke* ★ ik zou het ~ hebben *I would love to have it* ★ ~ gedaan *you're welcome*
graagte *eagerness*
graaien *grab; ‹weggraaien› snatch (away)*
graal *grail* ★ de Heilige Graal *the Holy Grail*
graan ● gewas *corn; grain* ● koren *corn; grain*
graanjenever *geneva; Dutch gin*
graanoogst ● opbrengst *corn crop* ● het oogsten *corn harvest*
graanschuur *granary*
graansilo *grain silo*
graantje ● een ~ pikken *have a quick one* ▾ een ~ meepikken *get o.'s share; get a slice of the pie* ▾ iedereen pikt een ~ mee *everybody gets his share*
graat *fish-bone* ▾ van de ~ vallen *be faint with hunger; have a roaring appetite* ▾ hij is niet zuiver op de ~ *he is unreliable*
grabbel ▾ iets te ~ gooien *squander sth.; throw away sth.*
grabbelen *grabble (in); grope (about)*
grabbelton *lucky dip; AE grab bag*
gracht ● waterweg *canal; ‹slotgracht› moat* ● straat langs gracht ≈ *quay*
grachtenhuis *canalside house; house by a canal*
grachtenpand *house by a canal*
grachtwater *canal water*
gracieus *elegant; graceful*
gradatie *gradation* ● een kleur in verschillende ~s *a colour in different shades*
gradenboog *protractor*
gradueel ● in graad ▾ een ~ verschil *a difference of/in degree* ● trapsgewijs opklimmend *gradual*
graf *grave* ▾ zijn eigen graf graven *dig one's own grave*
grafdicht *elegy*
graffiti *graffiti* [mv: *graffiti*]
graficus *graphic artist/designer*
grafiek ● KUNST *graphic art* ● grafische voorstelling *graph; diagram*
grafiet *graphite*
grafisch *graphic* ★ de ~e vakken *the printing trade* ★ ~e voorstelling *diagram*
grafkelder *(family) vault*
grafkist *coffin*
grafologie *graphology*
grafrede *funeral oration; graveside speech*
grafschennis *desecration of tombs*
grafschrift *epitaph*
grafsteen *tombstone; gravestone*
grafstem *sepulchral voice*
graftombe *tomb*
grafzerk *gravestone; tombstone*
gram I ZN (de) ▾ zijn gram halen *get one's own back* II ZN (het) *gram(me)*
grammatica *grammar*
grammaticaal *grammatical*
grammofoon *gramophone*
grammofoonplaat *(gramophone) record*
gramschap *wrath; ire*
granaat I ZN (de) ● projectiel *shell; grenade* ● edelsteen *garnet* ● boom *pomegranate* II ZN

(het) delfstof *garnet*
granaatappel *pomegranate*
grandioos *magnificent*
graniet *granite*
granieten *granite*
grap • mop *joke*; *a bit of fun*; ‹v. komiek› *gag*; ‹non-verbaal› *practical joke* ★ grappen vertellen *tell funny stories* ★ hij maakte er een grap(je) van *he made fun of it* ★ het mooiste van de grap was... *the best of it was...*; *to top it all...* • geintje *joke*; *laugh*; *prank* ★ dat is geen grapje meer *it's past a joke* ★ die grappen moet je niet met me uithalen *don't play those tricks on me* ★ uit/voor de grap *for fun*; *in sport* ★ iets voor de grap zeggen *say s.th. in jest* ★ ik kan wel tegen een grap *I can take a joke* ▼ een dure grap *an expensive business*
grapefruit *grapefruit* [mv: *grapefruit(s)*]
grapjas *joker*; *funny-man*
grappenmaker *joker*; *funny man*
grappig • vermakelijk *funny*; *amusing*; ‹oneerbiedig› *facetious* ★ ik zie er 't ~e niet van *I don't think it is funny* • schattig *cute* ▼ het ~e is dat... *the funniest part of it is that...*
gras *grass* ▼ hij liet er geen gras over groeien *he lost no time (in doing it); he did not let the grass grow under his feet* ▼ je hebt mij het gras voor de voeten weggemaaid *you have cut/taken the ground from under my feet*
grasboter *grass-butter*
grasduinen ‹in boeken› *browse*
graskaas *spring cheese*
grasklokje *harebell*
grasland *grassland*; *pasture(land)*
grasmaaien *mow the lawn/grass*
grasmaaier *grass cutter*; ‹v. gazon› *lawnmower*
grasmat *turf*
grasperk *lawn*
graspol *clump of grass*
graspriet *blade of grass*
grasveld *lawn*; *(grass) field*
grasvlakte *stretch of grass*; *grassy plain*
graszode *turf*
gratie • gunst ★ bij de ~ Gods *by the grace of God* ★ weer in de ~ komen bij iem. *be reinstated in a person's favour* ★ bij iem. uit de ~ raken *lose a person's favour* ★ uit de ~ zijn *be out of favour* • sierlijkheid *grace* • JUR. ‹v. doodstraf› *reprieve*
gratieverzoek *petition for clemency/(an) amnesty* ★ een ~ indienen *put in a petition for clemency*; *sue for pardon*
gratificatie *bonus*; FORM. *gratuity*
gratineren *cover with melted cheese* ★ een gegratineerd gerecht *a dish au gratin*
gratis I BNW *free*; *gratis* II BIJW *gratis*; *free of charge*; *for free* ★ ~ verkrijgbaar *available free of charge*
gratuit *gratuitous*
grauw I ZN (de) *snarl* II BNW *grey* ★ ~e erwten *yellow peas*
grauwen *snarl*
grauwsluier *haze*; *mist*
grauwtje • grauwe lijster *song thrush* • ezel

donkey
graveerder → graveur
graveerkunst *(art of) engraving*
gravel *gravel*; ‹tennisveld› *clay court(s)*
graven *dig*; ‹v. greppels, kanalen ook:› *cut*; ‹v. mijn, ook:› *sink*
graveren *engrave*
graveur *engraver*
gravin *countess*
gravure *engraving*
grazen *graze* ▼ iem. te ~ nemen *have s.o. on* ▼ de leeuw had hem aardig te ~ gehad *the lion had badly mauled him*
grazig *grassy*
greep • graai *grip*; *grasp* ★ een ~ doen naar *make a grab at*; *make a dive for* ★ een ~ naar de macht *a bid for power* • MUZ. *finger arrangement*; ‹gitaar enz.› *chord* • houvast ★ zijn ~ op iets verliezen *lose hold of sth.* • keus *pick* ★ een gelukkige ~ doen *make a lucky hit* • handvat *handle*; ‹v. zwaard› *hilt* ▼ God zegene de ~ *here goes!*
gregoriaans *Gregorian*
grein • korrelstructuur *grain* • gewichtseenheid *grain* ▼ geen ~tje respect *not an ounce of respect* ▼ geen ~tje verstand *not an ounce of common sense* ▼ geen ~tje hoop *not a spark of hope* ▼ hij heeft er geen ~tje verstand van *he doesn't know the first thing about it*
Grenada *Grenada*
grenadier *grenadier*
grenadine *grenadine*
grendel *bolt* ★ de ~ erop doen *shoot/run/draw the bolt*
grendelen *bolt*
grenen *pine(wood)*; *(red) deal*
grens • scheidingslijn *border*; *frontier* ★ over de ~ zetten *deport* ★ aan de ~ *at the border* • limiet *limit*; *boundary*; *border*; *frontier* ★ op de ~ van FIG. *on the verge of* ★ alles heeft zijn grenzen *there is a limit to everything* ★ men moet ergens de ~ trekken *one has to draw the line somewhere* ★ zijn eerzucht kent geen grenzen *his ambition knows no bounds* ★ nu is de ~ bereikt *that's the limit*
grensconflict *border conflict*
grensdocument *travel document*; ‹m.b.t. douane› *customs documents*
grensgebied *border region*; FIG. *borderline*
grensgeval *borderline case*
grenskantoor *(border) custom-house*
grenslijn *line of demarcation*; *borderline*
grensovergang *border-crossing*
grenspost *border crossing*
grensrechter *linesman*; ‹rugby› *touch-judge*
grensstreek *border region*
grensverleggend *breaking new ground*; *opening up new horizons*
grenswisselkantoor *border exchange office*
grenzeloos *boundless*
grenzen ★ ~ aan *be bounded by*; FIG. *border on* ★ ~ aan elkaar *be contiguous*; ‹v. velden, e.d.› *join* ★ hun tuinen ~ aan elkaar *their gardens are adjacent to one another*; *their gardens border one another*

greppel *ditch; trench*
gretig *eager*
gribus *slum*
grief *grievance; offence*
Griek *Greek;* GESCH. *Grecian* ★ een ~se *a Greek woman*
Griekenland *Greece*
Grieks I zn *Greek* II BNW *Greek*
griend ● *bos van rijshout osier thicket* ● **griendwaard** *holm; osier bed*
grienen *blubber; whimper*
griep *influenza; (the) flu* ★ hij heeft ~ *he has got (the) flu; he is ill with flu*
grieperig *ill with (the) flu* ★ ik voel me een beetje ~ *I have got a touch of (the) flu*
gries *grit*
griesmeel *semolina*
griet ● *meid bird; doll; chick* ★ een leuke ~ *a great gal* ★ een lekker ~je *a goodlooking chick; a dish* ● *vis brill* ● *vogel godwit*
grieven *grieve; hurt*
griezel ● *engerd creep; horror* ● *afkeer shiver*
griezelen *shudder; get the creeps;* SCHOTS *get the heebie-jeebies* ★ iem. doen ~ *give a person the creeps*
griezelfilm *horror film;* ⟨video⟩ *video nasty*
griezelig *creepy; eerie* ★ ~ knap *uncannily clever*
griezelverhaal *horror story; spine chiller*
grif *promptly* ★ grif toegeven *admit readily* ★ alles is grif verkocht *everything was sold out fast; everything was snapped up*
griffen *engrave* ▼ het is in mijn geheugen gegrift *it is engraved/etched on my memory*
griffie ≈ *registry* ★ een document ter ~ deponeren *file a document*
griffier ⟨v. griffie⟩ ≈ *registrar;* ⟨v. rechtbank⟩ *clerk of the court*
griffioen *griffin*
grijns *grin;* ⟨gemeen⟩ *sneer*
grijnzen *grin;* ⟨gemeen⟩ *sneer* ★ hij begon te ~ *he started to grin* ★ sta niet zo dom te ~! *wipe that silly grin off your face!*
grijpen I ov ww *pakken seize; grip; catch; grasp* ★ voor het ~ liggen *be ready to hand* ★ je hebt ze maar voor 't ~ *they are as common as dirt* ★ de verklaring ligt voor 't ~ *the explanation is obvious* II on ww ● *tastende beweging maken* ★ ~ naar *grab/snatch at; reach for* ★ deze tandraderen ~ in elkaar *these cog-wheels get gear into each other* ▼ dan grijp je ernaast *then you may whistle for it* ▼ het vuur greep snel om zich heen *the fire spread fast*
grijper *bucket; grab;* ⟨v. robot⟩ *grip(per)*
grijpgraag *grasping; grabby*
grijpstuiver ● *vingers/handen paws; mitts* ★ blijf daar met je ~s vanaf! *take your mitts off!* ● *klein bedrag tuppence* ★ ik heb er een ~ voor gegeven *I bought it for a song; I got it for next to nothing* ★ daar is een aardige ~ mee te verdienen *you can earn a pretty penny that way*
grijs ● *kleur grey* ● *oud hoary; ancient* ★ in het grijze verleden *in the dim past* ▼ dat is al te ~! *that's way out of line/order!*
grijsaard *(grey) old man*

grijsblauw *greyish-blue*
grijsrijden *avoid paying the full fare*
grijzen *(turn) grey*
gril *caprice; whim* ★ een gril van het lot *a quirk; a trick of fate*
grill *grill*
grillen I ov ww *grilleren grill;* AE *broil* II on ww *huiveren shudder*
grillig ● *onregelmatig freakish* ● *wispelturig capricious; whimsical; fanciful;* ⟨v. weer⟩ *changeable*
grilligheid ● *wispelturigheid capriciousness; whimsicality* ● *onregelmatigheid irregularity; freakishness*
grimas *grimace* ★ ~sen maken *make grimaces*
grime *make-up;* ⟨theater⟩ *greasepaint*
grimeren *make up*
grimeur *make-up artist*
grimmig *grim* ★ met ~e stem *in a grim tone of voice*
grind *gravel;* ⟨grof grind⟩ *shingle*
grinniken *chuckle; chortle;* ⟨giechelen⟩ *snigger*
griotte ● *marmer reddish striated marble* ● *vrucht sour cherry*
grip ● *greep grip; handle* ● *houvast grip; hold* ★ grip hebben op *have a grip on*
grissen *snatch*
groef ● *gleuf groove;* ⟨in zuil⟩ *flute* ● *rimpel furrow* ★ een gezicht vol groeven *deeply lined face*
groei ● *het groeien growth* ★ in de ~ zijn *be growing* ● FIG. *toename growth; increase*
groeien *grow* ★ uit zijn kleren ~ *grow out of/outgrow one's clothes* ★ het werk groeit hem boven het hoofd *his job is getting the better of him* ★ iem. boven 't hoofd ~ *outgrow s.o.* ★ een baard laten ~ *grow a beard*
groeihormoon *growth hormone*
groeikern *centre of urban growth*
groeimarkt *expanding/growth market*
groeiproces *growth*
groeisector *growth sector*
groeistuip *growing pain; initial problem; teething trouble* ▼ last hebben van ~en *suffer from growing pains*
groeizaam *favourable (to growth)* ★ ~ weer *growing weather*
groen I zn ● *kleur green* ● *gebladerte greenery; foliage* II BNW ● *kleur green* ★ ~e erwten *green/garden peas* ★ ~e golf *phased traffic lights* ● *milieuvriendelijk* ★ de ~e partij *the green party* ● *onervaren green* ▼ de ~e kaart *the green card* ▼ ~e zeep *soft soap* ▼ 't werd me ~ en geel voor de ogen *my head was swimming; I saw stars (before my eyes)*
groenblijvend *evergreen*
groene *Green*
Groenland *Greenland*
Groenlander *Greenlander*
groenstrook ● *gebied green belt/area* ● *middenberm grass/centre strip*
groente *(green) vegetables; greens*
groenteboer *greengrocer*
groentesoep *vegetable soup*
groentetuin *kitchen garden; vegetable garden*
groentijd *noviciate;* ⟨v. universiteit⟩

gr

≈ *freshmanship*
groentje *newcomer; novice; greenhorn;* ⟨op universiteit⟩ ≈ *freshman;* SPORT/AMERIKAANS *rookie*
groenvoer *green fodder*
groenvoorziening *green space/area*
groep *group;* ⟨v. bomen, huizen, e.d.⟩ *cluster;* ⟨v. brieven, leerlingen⟩ *batch;* ⟨v. personen⟩ *body* ✳ in ~jes van drie of vier *in threes and fours*
groeperen *group*
groepering • het groeperen *grouping* • groep ✳ een politieke ~ *a (political) faction*
groepsfoto *group photo(graph)*
groepsgeest *team spirit; esprit de corps*
groepsgesprek *group conversation*
groepspraktijk *group practice*
groepsreis *group trip/travel*
groepstaal *(group) jargon*
groepstherapie *group therapy*
groepsverband *group; team* ✳ op school werken we in ~ *at school we work in groups; at school we do teamwork; we do groupwork at school*
groet *greeting;* MIL. *salute* ✳ de ~en thuis *my greetings to the family* ✳ met vriendelijke ~en *with kind(est) regards* ✳ doe haar de ~en van ons *give her our best wishes*
groeten *greet;* MIL. *salute* ✳ gegroet! *so long!* ✳ groet je vader van mij *my regards to your father* ✳ hij laat je ~ *he sends his regards;* INF. *he sends his love*
groetjes *bye-bye; greetings*
groezelig *dingy; grubby*
grof • niet fijn *coarse; rough;* ⟨stem⟩ *harsh* ✳ grove gelaatstrekken *coarse features* ✳ hij is grof gebouwd *he is big-boned; he is heavily built* • ernstig *gross* ✳ grof onrecht *gross injustice* • ongemanierd *rude* ✳ grof worden *cut up rough* ✳ grof geld verdienen *make big money* ▾ grof geld verteren *spend money like water* ▾ grof spelen *play high*
grofgebouwd *heavily built; big boned; stocky*
grofheid • het grof zijn *coarseness; roughness* • lompheid *rudeness* ✳ grofheden debiteren *make rude remarks*
grofvuil *bulky refuse*
grofweg *roughly; about; around*
grog *grog;* ⟨met suiker⟩ *(hot) toddy*
grogstem *throaty voice; gin croak*
grommen I OV WW morren *grumble* II ON WW geluid maken *growl*
grond • aarde *earth; soil* ✳ ik stond aan de ~ genageld *I stood transfixed/rooted to the earth/spot* ✳ hij had wel door de ~ willen zinken *he wanted the floor to open up and swallow him* ▾ tegen de ~ gooien *throw to the ground;* ⟨v. huis⟩ *pull down* ✳ van de ~ komen *get off the ground* ✳ van de koude ~ *twopenny/half-penny; of sorts;* ⟨v. fruit/ groente⟩ *open-grown* ✳ vaste ~ onder de voeten hebben *be on firm ground* ✳ ~ aanwinnen *reclaim land (from the sea)* ✳ onder de ~ *underground* ✳ tot de ~ toe afbranden *burn down to the ground* • aardoppervlakte *ground; bottom* ✳ begane

~ *ground level; ground floor* ✳ aan de ~ lopen *run aground* ✳ ~ voelen *touch bottom* ✳ geen ~ voelen FIG. *be out of one's depth* • bouwland ⟨om te verbouwen⟩ *farmland; arable land;* ⟨om te bouwen⟩ *building land* • grondslag *ground; foundation* ✳ in de ~ *at bottom; essentially* ✳ uit de ~ van mijn hart *from the bottom of my heart* ✳ in de ~ van de zaak *to all intents (and purposes); basically* ✳ 't gerucht mist elke ~ *the rumour is without any foundation* • reden *ground; reason* ✳ op ~ van *on account/the ground of* ✳ er is goede ~ om *there are good reasons for* ✳ op goede ~ *on good grounds; for good reason* ✳ van alle ~ ontbloot *without any foundation* ▾ de ~ in boren *send to the bottom; tear to pieces* ▾ te ~e gaan *be ruined; go to rack and ruin* ▾ te ~e richten *ruin; wreck* ▾ iem. de ~ in boren *run s.o. down* ▾ met de ~ gelijkmaken *raze to the ground* ▾ de ~ in schrijven *give a bad press* ▾ aan de ~ zitten *be aground; be on the rocks*
grondbedrijf *land development company*
grondbegrip *fundamental/basic idea*
grondbelasting *land-tax; property tax*
grondbetekenis • oorspronkelijke betekenis *original meaning* • hoofdbetekenis *primary meaning*
grondeigenaar • eigenaar/verhuurder v.e. stuk grond *landlord* • bezitter v. onroerend goed *landowner*
gronden • baseren op *found* ⟨v. hoop⟩ *ground (on);* ⟨v. mening⟩ *base/ground (on)* • grondverven *prime*
grondgebied *territory*
grondgedachte *basic/underlying idea*
grondgetal *base* ✳ tien als ~ *base ten*
grondhouding *basic attitude*
grondig • degelijk *sound; solid* • diepgaand *thorough;* ⟨v. onderzoek⟩ *profound;* ⟨v. verandering⟩ *radical;* ⟨v. kennis⟩ *thorough;* ⟨v. examen⟩ *searching* ✳ iets ~ overleggen *talk s.th. through*
grondlaag • onderste laag *bottom layer* • verf *priming-coat; primer*
grondlegger *founder*
grondlegging *foundation*
grondoffensief *ground offensive*
grondoorzaak *basic/underlying cause*
grondpersoneel *ground-staff*
grondrecht • mensenrechten *basic right;* ⟨v. burgers⟩ *civil rights* • rechtssysteem *basic law*
grondregel • belangrijke regel *basic rule* • principe *(basic) principle*
grondslag • fundament *foundation* • JUR. beginsel *basis; foundations* ✳ ten ~ liggen aan *underlie* • de omstandigheden die eraan ten ~ liggen *the underlying circumstances/ conditions* ✳ iets tot ~ nemen van *make s.th. the basis of*
grondstewardess BE *ground hostess;* AE *ground stewardess*
grondstof • hoofdbestanddeel *(starting) material; component; commodity* • materiaal *raw material*
grondtoon • NAT. *fundamental* • MUZ. *keynote;*

tonic
grondverf *undercoat; primer*
grondvesten I ZN ▼ iets op zijn ~ doen
  schudden *rock/shake s.th. to its foundations*
  II OV WW *found; base (on)*
grondvlak *base (area)*
grondvorm • kenmerkende vorm *basic form/
  shape* • oudste vorm *primitive/original form*
grondwater *ground/subsoil water*
grondwet *constitution*
grondwettelijk *constitutional*
grondwoord *root*
grondzeil *ground sheet*
Groningen *Groningen*
groot I ZN ★ ~ en klein *great and small* ★ alles
  in 't ~ doen *do everything on a large scale*
  II BNW • niet klein *big; great;* ⟨v. persoon⟩
  tall; ⟨uitgestrekt⟩ *large; vast* ★ een grote man
  a tall man ★ in A ~ *in A major* ★ een ~ huis *a
  big house* ★ ~ verdriet *great sadness* ★ een
  grote A *a capital A* ★ 't ~ste deel van *the
  greater part of* ★ het grote publiek *the general
  public* ★ de grote massa *the masses* ★ een ~
  bos *a large wood* ★ met genoemde afmeting
  ★ 3 cm ~ *3 cm in size* ★ belangrijk *great* ★ een
  ~ auteur *a great writer* ★ grote lui *grand folk*
  ★ de grote mogendheden *the Great Powers*
  ★ grote weg *high-road; main road*
  • volwassen *grown(-up)* ★ grote kinderen
  grown-up children ★ ~ worden ⟨v. kind⟩ *grow
  up* ▼ met elkaar zijn *be thick together*
  III BIJW ★ ~ gelijk *quite right*
grootbeeld *large-screen (television)*
grootboek *(general)ledger* ★ ~ van de nationale
  schuld *register of national debt*
grootboekrekening *ledger account*
grootbrengen *bring up; raise* ★ kinderen ~
  raise a family
Groot-Brittannië *Great Britain*
grootdoenerij *boasting; swagger(ing)*
grootgrondbezit *large landownership; large
  scale landholding*
grootgrondbezitter *large landowner* ★ ~s
  landed gentry
groothandel • bedrijf *wholesaler's*
  • handelsvorm *wholesale trade*
groothandelaar *wholesale dealer; wholesaler*
groothandelsprijs *wholesale price*
grootheid • het groot zijn *magnitude;* ⟨v.
  geest⟩ *greatness* • WISK. *quantity;*
  ⟨veranderlijk⟩ *variable* • persoonlijkheid
  man/woman of consequence; celebrity; INF. *big
  shot*
grootheidswaan *megalomania; delusions of
  grandeur*
groothertog *grand duke*
groothertogdom *grand duchy*
groothoeklens *wide-angle lens*
groothouden (zich) • zich flink houden *bear
  up bravely* • doen alsof er niets aan de hand
  is *keep a stiff upper lip*
grootindustrieel *captain of industry*
grootje *granny* ▼ iets naar zijn ~ helpen
  destroy/ruin s.th. ▼ maak dat je ~ wijs *pull the
  other one*
grootkapitaal *big business; high finance*

grootmeester *Grandmaster*
grootmoeder *grandmother*
grootmoedig *magnanimous*
grootouders *grandparents*
groots *grand(iose); spectacular* ★ iets ~
  aanpakken *go about s.th. on a large scale*
grootschalig *large-scale*
grootscheeps *grand; ambitious;* ⟨v. productie,
  e.d.⟩ *largescale*
grootspraak *boast(ing)*
grootsteeds *big city ...*
grootte ⟨omvang⟩ *size; magnitude; extent;*
  ⟨lengte van persoon⟩ *height;* ⟨hoedanigheid⟩
  greatness ★ ter ~ van *the size of* ★ model op
  ware ~ *life/full-size model*
grootvader *grandfather*
grootverbruik *large-scale/bulk consumption*
grootverbruiker *bulk consumer*
grootwinkelbedrijf *chain store*
grootzeil *mainsail*
gros • 12 dozijn *gross* • merendeel *majority* ★ 't
  gros van de mensen *the bulk of the people*
grossier *wholesale dealer*
grossieren *(sell) wholesale* ▼ ze grossiert in
  ongelukkige liefdes *she collects unhappy love
  affairs by the dozen*
grot *cave;* ⟨groot en diep⟩ *cavern*
grotemensenwerk *work for grown-ups*
grotendeels *mainly; largely*
Grote Oceaan *Pacific Ocean*
grotesk *grotesque*
grotestadsleven *(big) city life*
grotestedenbeleid ≈ *municipal policy; policy
  concerning the major cities*
grotschildering *cave(-wall) painting*
groupie *groupie*
gruis *grit;* GEO. *waste;* ⟨v. kolen⟩ *coal-dust*
grut I ZN ⟨de⟩ gort ★ grutten *groats; grits*
  ▼ goeie grutten! *good heavens!; gosh!* **II** ZN
  (het) kinderen ★ 't kleine grut *the young fry*
gruwel • gruwelijke daad *atrocity; gruesome
  deed* • afkeer *horror* ★ het is mij een ~ *I
  abhor/detest it*
gruweldaad *atrocity*
gruwelen *be horrified; abhor* ★ van iets ~ *be
  horrified of/at s.th.*
gruwelijk *atrocious; gruesome* ★ een ~e daad *a
  horrifying deed* ▼ zich ~ vervelen *be bored
  stiff/to tears*
gruwen *shudder* ★ ~ van *detest/loathe*
gruzelementen *smithereens; bits and pieces*
  ★ aan ~ slaan *smash to pieces; reduce to
  matchwood*
g-sleutel *G clef; treble clef*
gsm I ZN gsm-telefoon *cellular; handy* **II** AFK
  Global System for Mobile Communication
  GSM
gsm-toestel *mobile phone*
g-snaar *G-string*
Guatemala *Guatemala*
guerrilla *guer(r)illa* ★ ~-aanvallen/oorlog
  guerrilla attacks/warfare
guerrillabeweging *guerilla movement*
guerrillaoorlog *guerilla war*
guerrillastrijder *guerrilla*
guillotine *guillotine*

gu

Guinee *Guinea*
Guinee-Bissau *Guinea-Bissau*
guirlande *garland*; *wreath*
guit ⋆ kleine guit *little rogue/rascal*
guitig *roguish*; *arch*
gul • vrijgevig *generous* • hartelijk ⋆ gulle ontvangst *cordial reception*
gulden I ZN *guilder*; *Dutch florin* II BNW *golden* ⋆ de ~ middenweg *the golden/happy mean*
guldenteken *guilder symbol*
gulheid • vrijgevigheid *generosity* • hartelijkheid *cordiality*
gulp • sluiting *fly* ⋆ zijn gulp dichtdoen *button up one's fly*; ⟨met rits⟩ *zip up one's fly* • straal *gush*
gulpen *gush*
gulweg *frank*; *open*; *straight(forward)*
gulzig *greedy*
gulzigaard *glutton*
gum *eraser*; *rubber*
gummen *rub out*; *erase*
gummi I ZN *(india) rubber* II BNW *rubber*
gummiknuppel *rubber truncheon*
gunnen • verlenen *grant*; *allow*; ⟨uitvoering v. werk⟩ *place*; *award* ⋆ je moet je de tijd ervoor ~ *you must allow yourself the time for it* ⋆ hij gunt je geen ogenblik rust *he does not give you a moment's rest* ⋆ een contract ~ aan *award a contract to* ⋆ een order ~ *place an order (with)* • toewensen ⋆ ik gun 't je! IRON. *I wish you joy of it!*; IRON. *you can have it!* ⋆ 't is je (van harte) gegund *you are (heartily) welcome to it* ⋆ zij gunt hem het licht in zijn ogen niet *she begrudges him the air he breathes* ⋆ men moet een ander ook wat ~ *give onto others* ⋆ ik gun ieder 't zijne *(one must) live and let live*
gunst • goede gezindheid ⋆ in de ~ komen bij *find favour with* ⋆ iem. een ~ vragen *ask a favour of s.o.* ⋆ in iemands ~ trachten te komen *ingratiate o.s. with a person* ⋆ uit de ~ raken *fall out of favour* ⋆ in de ~ staan bij iem. *be in a person's good books* • vriendelijk gebaar ⋆ iem. een ~ bewijzen *do a person a favour* • voordeel ⋆ ten ~e van *on behalf of/in favour of*
gunsteling *favourite*
gunstig • goedgezind *favourable*; *kind* ⋆ een ~ antwoord *positive answer* ⋆ iem. ~ stemmen *put s.o. in a good mood*; *propitiate s.o.* ⋆ het lot is mij ~ gezind *fortune smiles on me*; *fate is on my side* ⋆ ~ bekend staan *enjoy a good reputation* • voordelig ⋆ in het ~ste geval *at best* ⋆ ~e gelegenheid *favourable opportunity* ⋆ ~e prijs *reasonable price* • vriendelijk ⋆ ~ denken over *think well of* ⋆ zich ~ voordoen *make o.s. agreeable*
guppy *guppy*
guts • beitel *gouge*; ⟨voor linoleum⟩ *lino-cutter* • plens *gush*
gutsen I OV WW werken met een guts *gouge* II ON WW plenzen *gush*; ⟨v. zweet⟩ *pour (down)*
guur *bleak*; ⟨v. weer ook⟩ *raw*
Guyana *Guyana*
gym I ZN ⟨de⟩ gymnastiek *gym* II ZN ⟨het⟩

gymnasium ≈ *grammar school*; ≈ AE *high school* ⋆ hij zit op 't gym *he is at the grammar school*
gymmen *have gym/P.E.*; *Physical Education*; *do gymnastics*
gymnasiast ≈ *grammar school pupil*
gymnasium ≈ *grammar school*; AE *high school*
gymnastiek *physical education*; *P.E.*; *gymnastics*
gympie *plimsoll*; *gym shoe*
gymschoen *gymn shoe*; *plimsoll*; *trainer*
gymzaal *gym(nasium)*
gynaecologie *gynaecology*
gynaecoloog *gynaecologist*
gyros *gyros*

H

h *h* ★ de h van Hendrik *H as in Harry*

haag • heg *hedge* • rij mensen/dingen *row*

haai • vis *shark* • persoon *shark* ▼ naar de haaien gaan ⟨v. schip⟩ *go to the bottom*; ⟨v. zaak⟩ *go to pieces* ▼ dan ben je voor de haaien *then you are a goner*

haaibaai *shrew*

haaienvinnensoep *shark-fin soup*

haak • gebogen voorwerp *hook*; ⟨v. kapstok⟩ *peg* • bevestigingshaak *hook*; *clasp*; ⟨v. raam⟩ *catch* • vishaak *hook* • telefoonhaak *hook* ★ de hoorn van de haak nemen *lift the receiver*; *take the phone off the hook* • leesteken *bracket* ★ iets tussen haakjes zetten *put s.th. between brackets* ★ tussen haakjes *between brackets*; FIG. *incidentally*; FIG. *by the way* • winkelhaak *tear* ▼ er zitten haken en ogen aan *there are hooks and eyes to it; there are quite a few catches; it's a tricky business* ▼ er is iets niet in de haak *there's s.th. wrong* ▼ dat is niet in de haak *that is not as it should be* ▼ aan de haak slaan *w* ▼ schoon aan de haak ⟨v. dier⟩ *dressed*; ⟨v. persoon⟩ *undressed*

haaknaald *crochet hook/pin*

haakneus *hooknose; hooked nose*

haaks *square* ★ ~ op *at right angles to* ▼ hou je ~! *keep your chin up!* ▼ die meningen staan ~ op elkaar *those opinions are diametrically opposed*

haakwerk *crochet(ing)*

haal • het halen/trekken ⟨aan touw⟩ *pull*; ⟨aan net⟩ *haul*; ⟨aan sigaret⟩ *drag* • streep *stroke* ▼ aan de haal zijn *be on the run*

haalbaar *feasible; manageable* ★ die slag is niet ~ ⟨kaartspel⟩ *that trick can't be made* ★ dat voorstel is niet ~ *that proposal is not realistic*

haalbaarheid *feasibility*

haalbaarheidsonderzoek *feasibility study*

haan • dier *cock*; AE *rooster* • weerhaan *weathercock* • pal in wapen *cock* ★ de haan van een geweer spannen *cock a gun* ▼ daar zal geen haan naar kraaien *nobody will be the wiser*

haar I ZN (de) *hair* ▼ ik heb er grijze haren van gekregen *it has turned my hair grey* ★ zijn wilde haren verliezen *settle down; sow one's wild oats* ▼ elkaar in de haren vliegen *fly at each other* ▼ iets met de haren erbij slepen *drag s.th. in by the head and shoulders* ▼ het scheelde geen haar *it was touch and go; it was a very close call* ▼ op een haar na *within a hair's breadth of* ▼ geen haar op mijn hoofd die eraan denkt *I wouldn't dream of it* ▼ elkaar in de haren zitten *be at loggerheads; get in each other's hair* ▼ het scheelde geen haar of ik had het gedaan *I was within an ace of doing it* ▼ het scheelde geen haar of ik was overgereden *I was very nearly run over* ▼ jij bent geen haar beter dan ik *you're not a whit better than me* II ZN (het) *hair* ★ zijn haar laten knippen *have a haircut* III PERS

VNW *her* IV BEZ VNW *her*; *hers*

haarband *headband; ⟨lint⟩ ribbon*

haard • stookplaats ⟨kachel⟩ *stove*; ⟨open⟩ *hearth*; *fireplace* ★ bij de ~ zitten *sit by the fire* • middelpunt *centre*; ⟨v. de brand⟩ *seat of the fire*; ⟨v. verzet⟩ *centre of resistance*; ⟨ziektehaard⟩ *focus* ▼ eigen ~ is goud waard *there is no place like home*

haardos *(head of) hair*

haardracht *hair style; hairdo*

haardroger *hairdryer; hairdrier*

haardvuur *fire (burning in the hearth)*

haarfijn I BNW *as fine as a hair*; FIG. *minute*; *subtle* II BIJW *minutely* ★ iets ~ uitleggen *explain s.th. in great detail*

haargroei *hair growth*

haarkloverij • muggenzifterij *hair splitting*; *nitpicking* • gekibbel *quibbling*

haarlak *hairspray; hair lacquer*

haarlok *lock of hair*

haarnetje *hairnet*

haarscherp *very sharp*; ⟨v. redenering⟩ *clear-cut*; ⟨v. onderscheid⟩ *very fine*

haarscheurtje *hairline crack*

haarspeld *hairpin*; ⟨als sier⟩ *hair slide*

haarspeldbocht *hairpin bend/curve*

haarspray *hairspray*

haarstukje *hairpiece*

haaruitval *hair loss*

haarvat *capillary*

haarversteviger *setting lotion*

haarverzorging *hair care*

haarvlecht *plait*

haarwater *hair tonic*

haarwortel *hair-root* ★ blozen tot in zijn ~s *blush to the roots of one's hair*

haarzakje ⟨voor uitgekamd haar⟩ *hair tidy*; ⟨anatomie⟩ *(hair) follicle*

haas • dier *hare* • bangerik *coward* • lendenvlees *fillet* • SPORT *pacemaker* ▼ er als een haas vandoor gaan *take to one's heels*

haasje-over ★ ~ springen *play (at) leapfrog*

haaskarbonade *loin chop*

haast I ZN • drang tot spoed *hurry* ★ ~ hebben *be in a hurry* ★ er is geen ~ bij *there is no hurry* ★ er is ~ bij *it is urgent* • snelheid *haste* ★ in vliegende ~ *in a tearing hurry* ▼ ~ maken met *speed/hurry up; press on with* II BIJW bijna *almost; nearly* ★ ben je ~ klaar? *have you finished yet?; are you almost done/ready?* ★ ~ niet *hardly* ▼ ~ geen geld *hardly any money*

haasten I OV WW *hurry (s.o.)* II WKD WW *hurry; hasten* ★ haast je wat! *hurry up!* ★ haast je maar niet *take your time* ▼ haast je langzaam *hasten slowly*

haastig I BNW gehaast *hasty; hurried* II BIJW *hurriedly; in a hurry; hastily*

haastje-repje *in a tearing hurry; on the double* ★ ~ vertrekken *leave in a hurry*

haastklus *rush job*

haastwerk • urgent werk *urgent work; rush job* • haastig gedaan werk *rushed job*

haat *hatred* ★ haat en nijd *hatred and malice*

haatdragend *resentful; vindictive; spiteful*

haat-liefdeverhouding *love-hate relationship*

ha

habbekrats *next to nothing* ★ voor een ~ kopen *buy s.th. for a song*

habitat *habitat*

hachee *hash; hashed meat*

hachelijk *critical; precarious* ★ een ~e situatie *a tricky situation; a tight spot*

hachje *skin; life* ★ hij schoot er z'n ~ bij in it *cost him his life* ★ z'n ~ redden *save one's bacon/skin* ★ hij is bang voor z'n ~ *he fears for his life*

hacken *hack*

hacker *hacker*

hagedis *lizard*

hagel • neerslag *hail* • jachthagel *shot* ★ een schot ~ *a shower of shot*

hagelbui *hailstorm*; FIG. *shower* ★ een ~ van stenen *a shower of stones*

hagelen *hail*

hagelslag *chocolate sprinkles* [mv]

hagelsteen *hailstone*

hagelstorm *hailstorm*

hagelwit *as white as snow*

hagenpreek *field preaching*

haiku *haiku*

Haïti *Haiti*

hak • hiel *heel* ★ met hoge/lage hakken *high/flat-heeled* • gereedschap *hoe* ★ van de hak op de tak springen *ramble on* ★ iem. een hak zetten *play a dirty trick on s.o.* ★ met de hakken over de sloot *by the skin of one's teeth*

hakbijl *hatchet; chopper*; ⟨v. slager⟩ *cleaver*

hakblok *chopping board; butcher's block*

haken I OV WW • vastmaken *hook; hitch* • handwerken *crochet* II ON WW vastzitten *catch*

hakenkruis *swastika*

hakhout *coppice; scrub; fire wood*

hakkelen *stammer; stutter*

hakken I OV WW • stuk/los hakken *chip; cut (up)* • SPORT *back-heel* ★ een leger in de pan ~ *rout an army* II ON WW • houwen *hack (at)* • vitten *pick holes in; find fault with* ★ hij zit altijd op mij te ~ *he's always cutting me down*

hakkenbar ≈ *counter where shoes are repaired*

hakmes *chopper; chopping knife*

hal • vestibule *(entrance) hall*; ⟨v. hotel, theater⟩ *foyer; lobby* • zaal *hall*

halen • op-/afhalen *fetch; get* ★ laten ~ *send for* ★ 'n dokter erbij ~ *call in a doctor* ★ iem. van de trein ~ *meet a person at the station* • naar zich toetrekken *pull* ★ naar beneden ~ *lower* ★ er valt bij hem niets te ~ *there's nothing to be got out of him* ★ haal 'n kam door je haar *run a comb through your hair* ★ naar zich toe ~ *draw towards o.s.*; ⟨v. geld⟩ *rake in* ★ iets te voorschijn ~ *take out/produce s.th.* ★ de waarheid uit iem. ~ *elicit the truth from a person* ★ iets uit iem. trachten te ~ ⟨voordeel⟩ *try to get s.th. out of a person* • bereiken ★ de trein ~ *catch the train* ★ jij haalt de 90 wel *you'll live to be 90 yet* ★ hij haalde het net *he scraped through; he barely made it* ★ de helling ~ *make the grade* ★ mijn auto haalt zeker 150 km per uur *my car does*

over 150 kilometres an hour ★ een noot ~ *reach a (high) note* • behalen *obtain* ★ 'n akte ~ *obtain/receive a certificate* ★ de eerste prijs ~ *win the first prize* ▼ niets kan het erbij ~ *nothing can equal/match it* ▼ dat haalt (het) er niet bij *that is not a patch upon it; it can't compare with it* ▼ er moest vele malen voor hem gehaald worden *he got many curtain-calls* ▼ door elkaar ~ *mix up* ▼ dat haalt niets uit *it won't do any good; it is no use*

half I BNW ★ half één *half past one* • de helft vormend *half; semi-* ★ de halve finale *the semifinal* ★ een baan voor halve dagen *a part-time job; a job for half-days* • halverwege ★ half mei *the middle of May* ★ half een *half past twelve; twelve-thirty* • gedeeltelijk ★ zijn werk maar half doen *do one's work by halves* ★ half klaar met *half-way through* ★ je weet niet half hoe .... *little do you know how ...* • een groot deel ★ de halve wereld *half the world* II BIJW *half* ★ half om half *half-and-half* ★ half en half beloven *half promise*

half- *semi; demi*

halfbloed • mens *halfbreed* • paard *crossbreed*

halfbroer *half-brother*

halfdonker I ZN *semi-darkness* II BNW *half darkened*

halfdood *half dead* ★ iem. ~ slaan *thrash a person within an inch of his life* ★ zich ~ lopen *to run one's legs off* ★ zich ~ schrikken *be frightened out of one's wits*

halfedelsteen *semi precious stone*

halffabrikaat *semimanufactured article; semi-finished product*

halfgaar • niet helemaal gaar *half-done* • niet goed wijs *half-baked; half-witted*

halfgeleider *semiconductor*

halfgod *demigod*

halfhartig *half-hearted*

halfjaar *six months; half a year* ★ elk ~ betalen *pay twice annually/a year*

halfjaarlijks *half-yearly; biannual*

halfleeg *half-empty*

halfpension *half board*

halfpipe *halfpipe*

halfrond I ZN *hemisphere* II BNW ⟨cirkelvormig⟩ *semicircular*; ⟨bolvormig⟩ *hemispherical*

halfslachtig *half-hearted* ★ een ~ antwoord *only half an answer*

halfstok *half-mast*

halftint *halftone; halftint*

halfuur *half (an) hour*

halfvol • half gevuld *half full* • half vet *low-fat* ★ ~le melk *semi-skimmed milk*

halfwas *learner; apprentice*

halfweg *halfway*

halfzacht • tussen hard en zacht *soft-boiled* • verwijfd, slap *soft; weak; mealy-mouthed* • dwaas *soft in the head*

halfzus *half-sister*

halleluja *hallelujah*

hallo *hello*

hallucinatie *hallucination*

hallucineren *hallucinate*

halm *stalk*; ⟨v. gras⟩ *blade*

halo • stralenkrans *halo; aureole* [mv: *halo(e)s*];

⟨rond maan bij zonsverduistering⟩ *corona* • *halation*; *halo*

halogeen *halogen*

halogeenlamp *halogen lamp*

hals • lichaamsdeel *neck* • halsopening *neckline* • dun gedeelte *neck* • sukkel ★ onnozele hals *sucker*; *mug* ▼ iem. om de hals vliegen *throw one's arms around s.o.'s neck* ▼ iem. iets op de hals schuiven *shove s.th. on to a person* ▼ zich iets op de hals halen *bring s.th. on o.s.*; ⟨v. schulden⟩ *incur*; ⟨v. ziekte⟩ *catch*; ⟨v. ziekte⟩ *develop* ▼ hals over kop vertrekken *rush off* ▼ weet wel wat je je op de hals haalt! *be careful what you're letting yourself in for!*

halsband *collar*

halsbrekend ★ ~e toeren uithalen *risk one's neck*

halsdoek *scarf*

halsketting *necklace*

halsmisdaad *capital crime*

halsoverkop *in a rush/hurry*; *helter-skelter*; *head-over-heels* ★ ~ vertrekken *leave in a rush*

halsreikend *eagerly*; *keenly*; *expectantly* ★ ergens ~ naar uitzien *eagerly look forward to s.th.*

halsslagader *carotid (artery)*

halssnoer *necklace*

halsstarrig *obstinate*; *headstrong*; *stubborn*

halster *halter*

halswervel *cervical vertebra*

halszaak *capital crime*; *hanging matter* ★ je moet er geen ~ van maken *don't take it too seriously*

halt I ZN (het) ★ een halt toeroepen *call a halt to*; *put a stop to* II TW *stop!*

halte *stop* ★ volgende ~! *next stop, please!*

halter ⟨kort⟩ *dumbbell*; ⟨lang⟩ *barbell*

haltertop *haltertop*

halvarine *low-fat margarine*

halvemaan *half-moon*; *crescent*

halveren • in tweeën delen *divide into halves* ★ een hoek ~ *bisect an angle* • tot de helft verminderen *halve*

halveringstijd *half-life*

halverwege • halfweg *halfway*; *midway* • midden in een bezigheid ★ ~ zijn werk *halfway through his work*

halvezool • BEL. rare kwant *imbecil*; *dork* • voorstuk van de zool *half sole*

ham *ham*

hamburger *hamburger*; *beefburger*

hamer *hammer*; ⟨houten⟩ *mallet* ★ onder de ~ brengen *put up for auction*; *bring under the hammer* ▼ onder de ~ komen/gaan *come/go under the hammer*; *be put up for sale* ▼ tussen ~ en aanbeeld *between the devil and the deep blue sea*

hameren I OV WW met hamer slaan *hammer* ★ iets erin ~ ⟨spijker⟩ *hammer home/in s.th.* ▼ iets erin ~ bij iem. *hammer s.th. into a person* II ON WW ▼ ~ op ★ ergens op ~ *hammer s.th.* ★ ergens op blijven ~ *keep going on about s.th.*

hamerstuk *formality*

hamerteen *hammer-toe*

hamlap *pork steak*

hamster *hamster*

hamsteren *hoard (up)*

hamstringblessure *hamstring injury*

hamvraag *key question*; AE *the sixty-four thousand dollar question*

hand • lichaamsdeel *hand* ★ op handen en voeten *on all fours* ★ handen thuis! *hands off!* ★ iem. de hand geven *shake hands with s.o.* ★ zij sloegen hun handen in elkaar van verbazing *they threw up their hands in astonishment* ★ aan de hand van de gegevens *on the basis of the data* ★ bij de hand hebben *hold by the hand* • handschrift *hand* ★ van dezelfde hand *by the same hand(writing)* • macht ★ de politie heeft de zaak in handen *the police have the case in hand* ★ in handen stellen van *refer to*; *place the case in the hands of* ★ op eigen hand *on one's own authority* ★ van hogerhand voorgeschreven *decreed by the authorities* ★ maatregelen van hogerhand *government measures*; INF. *orders from above* • manier ★ hij heeft er een handje van *he has a way of doing s.th.* ▼ inlichtingen uit de eerste hand *inside information* ▼ duur van de hand gaan *sell at high prices* ▼ alles nemen wat voor de hand komt *take everything that comes one's way* ▼ mijn hand erop! *honestly!* ▼ hand in hand gaan *go hand in hand* ▼ ergens de hand in hebben *have a hand in s.th.* ▼ ik heb mijn handen vol aan hem *he's a handful* ▼ ik heb er mijn handen aan vol *I have my work cut out for me* ▼ de hand houden aan 'n regel *enforce a rule* ▼ ergens de hand aanhouden *adhere to s.th.*; ⟨regels⟩ *stick to the rules* ▼ de hand in eigen boezem steken *look to one self for the cause* ▼ hand op het hart *cross my heart (and hope to die)*; *in all conscience* ▼ bij de hand hebben *have at hand* ▼ zijn handen in onschuld wassen *wash one's hands of s.th.* ▼ iem. de hand boven het hoofd houden *protect s.o.*; ⟨steunen⟩ *back s.o. up* ▼ wat is er aan de hand? *what's wrong?*; *what's the matter?* ▼ niets om handen hebben *have nothing to do*; *be at a loose end* ▼ iem. de vrije hand laten *give s.o. a free hand with s.th.* ▼ op handen zijn *be (near) at hand* ▼ uit de hand lopen *get out of hand* ▼ met de handen in het haar zitten *be at one's wits' end* ▼ van de hand in de tand leven *live from hand to mouth* ▼ de hand leggen op *lay hands on* ▼ de handen uit de mouwen steken *put one's shoulder to the wheel* ▼ iets achter de hand hebben *have s.th. up one's sleeve*; *have s.th. in reserve* ▼ met beide handen aangrijpen *seize with both hands*; *jump at* ▼ met hand en tand verdedigen *defend tooth and nail* ▼ onder handen nemen ⟨opknappen⟩ *fix (s.th.)*; ⟨werk⟩ *undertake*; ⟨berispen⟩ *give a person a good talking-to* ▼ van de hand wijzen ⟨verzoek⟩ *refuse*; ⟨uitnodiging⟩ *decline*; ⟨beroep⟩ *dismiss*; ⟨voorstel⟩ *reject*; ⟨voorstel⟩ *turn down* ▼ iem. iets ter hand stellen *hand s.th. to a person* ▼ voor de hand

liggen *be obvious* ▼ het zijn twee handen op
één buik *they are hand and glove* ▼ in de
hand werken *play into the hands of* ▼ onder
handen hebben *be at work on s.th.* ▼ aan de
winnende hand *on the winning side* ▼ vele
handen maken licht werk *many hands make
light work* ▼ hij draait er zijn hand niet voor
om *he thinks nothing of it* ▼ de hand aan
iem./zichzelf slaan *lay violent hands on s.o./
o.s.*; *attempt to commit murder/suicide* ▼ de
handen ineenslaan *join hands/forces* ▼ zijn
handen staan verkeerd *he's all thumbs* ▼ de
laatste hand aan een werk leggen *put a
finishing touch to s.th.* ▼ zij schonk haar hand
aan... *she gave her hand (in marriage) to...*
▼ hij stak geen hand uit om mij te helpen *he
did not lift a finger to help me* ▼ nooit een
hand uitsteken *never do a stroke of work* ▼ hij
kon geen hand voor ogen zien *he couldn't
see a hand in front of his face* ▼ aan handen
en voeten gebonden *bound hand and foot*;
tied down ▼ iem. een baan aan de hand
doen *get s.o. a job* ▼ iem. een middel aan de
hand doen *suggest a remedy to a person* ▼ dat
heb ik vaker bij de hand gehad *I am an old
hand at this* ▼ vroeg bij de hand zijn *be up
early* ▼ in handen ⟨op brief⟩ *by hand* ▼ in
handen hebben *possess; have in hand;
control* ▼ iem. iets in handen spelen *smuggle
s.th. into a person's hands* ▼ je hebt je wat in
je handen laten stoppen *you've been taken in*
▼ de brief viel mij in handen *the letter fell
into my hands* ▼ met handen vol weggooien
spend (money) like water ▼ met de hand over
het hart strijken *stretch a point* ▼ iem. naar
zijn hand zetten *force a person to do one's
will* ▼ om de hand van een meisje vragen
ask for a girl's hand in marriage ▼ iem. op de
handen dragen *be devoted to a person* ▼ hand
over hand toenemen *increase rapidly* ▼ ter
hand nemen *take in hand; take up* ▼ ik heb 't
uit de eerste/tweede hand *I have it at first/
second hand*
handappel *eating apple*
handarbeider *manual worker/labourer*; *blue
collar worker*
handbagage *hand luggage*
handbal I ZN (de) bal *handball* **II** ZN (het)
balspel *handball*
handballen *play handball*
handbediening *hand/manual control*; *hand-
operated*
handbereik ★ binnen/onder ~ *within arm's
reach*; *close at hand* ★ buiten ~ *out of reach*
handbeweging *movement of the hand*;
⟨gebaar⟩ *gesture*
handboei *handcuff(s)*; *manacle(s)* ★ (iem.) ~ en
omdoen *manacle/handcuff s.o.*
handboek *manual*; *handbook*
handbreed ★ geen ~ wijken *not yield an inch
of ground*; *not budge (an inch)*
handcrème *hand lotion*
handdoek *towel*; ⟨op rol⟩ *roller towel*
handdruk *handshake* ★ een ~ wisselen *shake
hands* ▼ gouden ~ *golden handshake*
handel ● in- en verkoop *trade*; *commerce*;

business; ⟨ongunstig⟩ *traffic (in drugs, etc.)*
★ in de ~ brengen *put on the market*; *bring
out* ★ de zwarte ~ *illicit work* ★ illegale/
zwarte ~ *illicit work* ★ niet in de ~ *not on the
market*; *not for sale* ★ ~ drijven *do business*;
carry on trade ★ in de ~ zijn ⟨personen⟩ *be in
business*; ⟨artikelen⟩ *be in/on the market*
● zaak *business* ▼ ~ en wandel *conduct*
handelaar *merchant*; PEJ. *trafficker*; ⟨in auto's⟩
car dealer; ⟨in paarden⟩ *horse trader*
handelbaar ● *handzaam manageable*; *handy*;
easy to use ● *meegaand tractable*; *manageable*
handelen ● handel drijven *trade* ★ ~ in *deal in*
● te werk gaan *act* ★ ~ in strijd met de wet
break the law; FORM. *contravene the law* ★ ~
volgens advies *act on advice* ● ~ over *treat
(of)*; *deal with*
handeling ● daad *act* ● verslag *proceedings*
[mv]; ⟨v. genootschap⟩ *transactions* [mv]; ⟨v.
parlement⟩ *Parliamentary Reports* [mv];
parliamentary proceedings [mv]
handelingsbekwaam *capable of closing/signing
a contract*; JUR. *capable of acting*
handelsakkoord *trade agreement*; *commercial
treaty/accord*
handelsbalans ● balans van koopman *balance
sheet* ● waardeverhouding *trade balance*
handelsbetrekkingen *trade relations*
handelsboycot *trade boycott*
handelscentrum *trade centre*; *commercial
centre*
handelscorrespondentie *business
correspondence*
handelsembargo *trade embargo*
handelsgeest *spirit of commerce*; *mercantile
spirit*; ⟨zakeninstinct⟩ *business instinct*
handelskennis *knowledge of commerce/business*
handelsmaatschappij *trading company*; AE
business corporation
handelsmerk *trademark*
handelsmissie *trade mission*
handelsonderneming *commercial/business
enterprise*
handelsoorlog *trade war*
handelsregister *commercial register*; *company
register*
handelsreiziger *commercial traveller*; *travelling
businessman*
handelsverdrag *commercial treaty*
handelsverkeer *commercial traffic*; *trade*
handelsvloot *merchant fleet*
handelswaar *merchandise*; *commodity*; *goods*
handeltje ● handel op kleine schaal *small-scale
trade* ★ hij heeft een ~ in antiek *he trades in
antiques* ● spullen *lot*
handelwijze ● gedrag *conduct*; *way of acting*
● wijze van handelen *course of action*;
procedure
handenarbeid ● werk met de handen *manual
labour* ● schoolvak *handicraft* ★ leraar ~
handicraft instructor; *woodwork teacher*
hand- en spandiensten *odd jobs* ★ ~ verrichten
lend a helping hand
handgebaar *gesture*; *motion*
handgeklap *applause*; *handclapping*
handgeld *earnest money*

handgemaakt *handmade*
handgemeen *scuffle*; *fight* ∗ ~ raken/krijgen *come to blows*
handgeschilderd *hand-painted*
handgeschreven *handwritten*
handgranaat *(hand) grenade*
handgreep • handvat *handle*; *grip* • handigheid *knack*; *trick* • handvol *handful*
handhaven I ov ww ⟨regels, verbod⟩ *enforce*; ⟨mening, orde, kwaliteit⟩ *maintain*; ⟨besluit, eis⟩ *uphold* ∗ zich ~ *maintain o.s.* ∗ zijn voorstellen ~ *stand by one's proposals* ∗ iem. in zijn ambt ~ *keep a person in office* II WKD ww *maintain o.s.*
handicap *handicap; disability*
handig • vaardig *skilful*; *clever* ∗ ~ gedaan *cleverly/neatly done* • gemakkelijk te hanteren *handy* ∗ ~ formaat *handy size*
handigheid • het handig zijn *skill; cleverness* • foefje *knack*; *trick* ∗ 't is een ~je *it's just a knack*
handjeklap • kinderspel *pat-a-cake* • gebaar *clapping hands* ▾ ~ spelen *be hand in glove with; be in league with*
handkar *barrow; handcart*
handkus *hand kiss*
handlanger • medeplichtige *accomplice*; *tool* • ondergeschikte helper *assistant*
handleiding • gebruiksaanwijzing *manual*; *directions/instructions for use* ∗ met volledige ~ *with full instructions* • leerboek *manual; handbook*
handlezen ∗ de kunst van het ~ *hand-reading; palm reading; palmistry*
handomdraai ∗ in een ~ *in a trice; in less than no time*
handoplegging *laying on of hands*; ⟨genezen⟩ *faith-healing*
handopsteken *show of hands* ∗ met/bij ~ stemmen *vote by show of hands*
handpalm *palm of the hand*
handreiking *help(ing hand); assistance*
handrem *handbrake*
hands *hands* ∗ aangeschoten ~ *accidental hands*
handschoen *glove*; ⟨werk, motor⟩ *gauntlet* ▾ iem. de ~ toewerpen *throw down the gauntlet to a person* ▾ met de ~ trouwen *marry by proxy* ▾ iem. met fluwelen ~en aanpakken *handle s.b. with kid gloves*
handschrift • manier van schrijven *handwriting* • tekst *manuscript*
handsfree ∗ ~ bellen *call hands-free*
handspiegel *hand mirror*
handstand *handstand*
handtas *handbag*; AE *pocketbook; purse*
handtastelijk ⟨gewelddadig⟩ *violent*; ⟨vrijpostig⟩ *free* ∗ ~ worden ⟨gewelddadig⟩ *use violence*; ⟨vrijpostig⟩ *paw*; ⟨vrijpostig⟩ *become intimate*
handtastelijkheid *physical violence*; ⟨bij vrouw⟩ *pawing*
handtekening *signature*
handvaardigheid • bedrevenheid *manual skill*; *craftsmanship* • schoolvak *handicraft*
handvat *handle*

handvest *charter*; *covenant*
handvol *handful*
handwas *hand-wash(ing)*
handwerk • wat met de hand gemaakt is *handwork*; *handiwork* • ambacht *trade*; *craft*
handwerken *do needlework*
handwoordenboek *concise dictionary*
handzaam • handelbaar *manageable* • praktisch *handy*
hanenbalk *purlin*; *collar beam* ∗ onder de ~en *in the garret*
hanenkam • kam van haan *cockscomb* • kapsel *Mohican haircut* • cantharel *chanterelle*
hanenpoot *scrawl*; *scribble*
hang ∗ een hang hebben tot *be born with a passion for*
hangar *hangar*
hangborst *sagging breast*
hangbrug *suspension bridge*
hangbuik *pot belly*
hangen I ov ww • bevestigen *hang (up)* • iem. hangen *hang* II on ww • af-/neerhangen *hang* • slap hangen *hang*; ⟨bloemen⟩ *droop* • als straf opgehangen zijn *hang* • vastzitten *stick to* ∗ ik bleef met mijn broek aan een spijker ~ *I caught my trousers on a nail* • niet afgedaan zijn *hang* ∗ staan te ~ *hang about* • blijven zweven ∗ de lucht bleef ~ *the smell lingered* • ~ naar *crave (for)* ▾ tussen ~ en wurgen *between the devil and the deep blue sea* ▾ ik mag ~ als ... *I'll be hanged if...* ▾ aan iemands lippen ~ *hang on s.o.'s lips*; *hang on s.o.'s every word* ▾ hij hangt niet aan geld *he does not care for money* ▾ ze ~ erg aan elkaar *they are devoted to each other* ▾ in Frankrijk blijven ~ *linger on in France* ▾ aan de letter van de wet ~ *stick to the letter of the law*
hangende ▾ ~ het onderzoek *pending the inquiry*
hang- en sluitwerk *door/window furniture*
hanger • sieraad ⟨aan ketting⟩ *pendant*; ⟨aan oren⟩ *pendant/hanging earring* • kleerhaak *hanger*
hangerig *drooping; listless*
hangglider *hangglider*
hangijzer *pot hanger* ▾ een heet ~ *a hot potato*; *a controversial issue*
hangkast *wardrobe*; AE *closet*
hangklok *(wall)clock*
hangmap *hanging file*
hangmat *hammock*
hangplant *hanging plant*
hangslot *padlock*
hangsnor *drooping moustache*
hangtiet *sagging tit*
hangwang *flabby cheek*
hanig • agressief *waspish*; *quarrelsome* • wellustig *macho*; *cocky*
hannes *twit*; *clot*
hannesen *muck/fool about*; *mess about/around*
hansop *nighty*; *sleeping-suit*; *sleepsuit*
hansworst *buffoon*; *clown*
hanteerbaar *manageable*
hanteren • met de handen gebruiken *manage* • omgaan met *handle*

ha

hap • beet *bite* ⋆ zij heeft nog geen hap genomen *she hasn't even touched her food* • afgehapt stuk *morsel* • stuk *bit* ⋆ 't is 'n hele hap uit mijn portemonnee *it's a large portion of my income* • boel *lot* ▾ in een hap en een snap *in a jiffy*

haperen • blijven steken *stick*; *get stuck*; ⟨v. stem⟩ *falter* ⋆ zonder ~ *without a hitch* ⋆ 't gesprek haperde *the conversation flagged* • mankeren • er hapert iets aan de motor *there's s.th. wrong with the engine* ⋆ dat hapert nooit *that never fails*

hapje ⟨klein beetje⟩ *bite*; ⟨klein gerecht⟩ *bite to eat*; *snack* ⋆ eerst een ~ eten *let's first have a snack*; *let's have a bite to eat first* ⋆ lekker ~ *titbit*

hapjespan *sauté pan*

hapklaar *ready-to-eat*; *oven-ready* ⋆ hapklare brokken *ready-to-eat chunks*

happen • bijten *bite* ⋆ ~ naar *snap at* • nuttigen *take a bite* • reageren *take the bait* ⋆ hap toch niet zo! *don't take it so seriously!*; *can't you take a joke?* ▾ een luchtje ~ *get a breath of fresh air*

happening *happening*

happig *eager (for)*; *keen (on)*

happy *happy* ⋆ ergens niet ~ mee zijn *be unhappy with s.th.*

happy end *happy ending*

happy few *happy few*

happy hour *happy hour*

hapsnap *bitty* ⋆ ~ beleid *ad hoc policy*

haptonomie *haptonomy*

hard I BNW • niet week of buigzaam *hard* ⋆ hard worden *harden*; ⟨v. cement, lijm, etc.⟩ *set* • luid, schel *loud* ⋆ harde kleuren *bright colours*; ⟨schril⟩ *loud colours* ⋆ met een harde stem *in a loud voice* • snel *fast* • meedogenloos *stern*; *harsh* ⋆ de harde werkelijkheid *the harsh reality* ⋆ 't is hard voor je *it is hard (lines) on you* ⋆ hard tegen hard *with the gloves off* • vaststaand *hard* ⋆ harde bewijzen *hard evidence* • hevig ⟨regen⟩ *heavy*; ⟨werk⟩ *hard* ⋆ er staat een harde wind *there's a strong wind (blowing)* • kalkrijk *hard* ▾ hij heeft een hard hoofd *he is hard-headed* II BIJW • snel *fast* ⋆ te hard rijden *speed*; *drive too fast* ⋆ om 't hardst met elkaar lopen *race each other* ⋆ hard vooruitgaan *make rapid progress* • luid *loud* ⋆ harder spreken *speak up* ⋆ ze zongen om 't hardst *they sang their loudest* • hevig *hard* ⋆ het regent hard *it's raining very hard* ⋆ ze hebben het geld hard nodig *they need the money badly* • meedogenloos *hard* ⋆ het kwam hard aan *it was a great blow to her* ⋆ iem. hard aanpakken *be stern with s.o.*

hard- ⋆ hardblauw *bright blue* ⋆ hardgeel *bright yellow*; *dazzling yellow* ⋆ hardgroen *bright green*

hardboard *hardboard*

harddisk *hard disk*

harddrug *hard drug*

harden • hard maken *harden*; ⟨staal⟩ *temper* • iem. sterk maken *harden*; *steel* ⋆ zich ~ *train/harden o.s.* • uithouden *stand*; *bear* ⋆ dit is niet te ~ *this is unbearable*

hardgekookt *hard-boiled*

hardhandig *rough*

hardheid *hardness*; FIG. *harshness*; *severity*; ⟨v. geluid⟩ *loudness*

hardhorend *hard of hearing*

hardhout *hardwood*

hardleers • eigenwijs *obstinate*; *stubborn* • moeilijk lerend *dull*; *dense*; *thick-skulled*

hardlopen *run*

hardloper *runner* ▾ ~s zijn doodlopers *haste trips over its own heels*

hardmaken *substantiate*

hardnekkig • koppig *obstinate*; *stubborn*; *pig headed* • aanhoudend *dogged*; ⟨v. gerucht⟩ *persistent*

hardop *(out) loud*; *aloud*

hardrijden *race*; ⟨scheuren⟩ *speed*; ⟨op schaatsen⟩ *speed-skate*

hardrijder *racer*; ⟨in auto⟩ *speeder*; ⟨op schaatsen⟩ *speed-skater*

hardrock *hard rock*

hardvochtig *callous*; *harsh*; *heartless*

hardware *hardware*

harem *harem*

harig *hairy*

haring • vis *herring* ⋆ nieuwe ~ *fresh herring* • pin van tent *peg* ▾ daar moet ik ~ of kuit van hebben *I want to get to the bottom of it* ▾ als ~en in een ton *packed like sardines*

haringkaken *gutting of herring*

haringrokerij *herring smokehouse*

haringvangst *herring catch*

hark • gereedschap *rake* • stijf persoon ⋆ stijve hark *dull old stick*

harken *rake*

harkerig *stiff*; *clumsy*

harlekijn *harlequin*

harmonica • trekharmonica *accordion*; ⟨zeshoekig⟩ *concertina* • mondharmonica *harmonica*

harmonicabed ≈ *folding bed*

harmonicadeur *folding door*

harmonie • eendracht *harmony* • tonengeheel *harmony* • orkest *brass band*

harmoniemodel *conflict avoidance strategy*

harmonieorkest *(brass) band*

harmoniëren *harmonize (with)*; ⟨kleuren, voorwerpen enz.⟩ *go well together*; ⟨met omgeving ook⟩ *blend in with*

harmonieus *harmonious*

harmonisatie *harmonization*

harmonisch *harmonious*

harmoniseren I OV of WW harmonisch maken *harmonize*; *bring in(to) line with* II ON WW harmonisch zijn *harmonize (with)*

harmonium *harmonium*

harnas *armour* ▾ iem. tegen zich in 't ~ jagen *antagonize a person*

harp *harp*

harpist *harpist*; *harp player*

harpoen *harpoon*

harpoeneren *harpoon*

harpoengeweer *harpoon gun*

harrewarren *squabble*; *bicker*

hars *resin*

harsen *depilate with wax*

hart • orgaan *heart* ★ zwak hart *weak/bad heart* • toewijding ▾ je hebt geen hart voor de zaak *your heart is not in it* • gemoed *heart* • inborst ★ het komt uit een goed hart *the intention is good* • lef *heart* ★ hij had 't hart niet om te gaan *he didn't have the courage to go*; INF. *he didn't have the guts to go* ★ heb 't hart niet te... *don't you dare to...* • kern *heart* ★ 't hart van de stad *in the heart/centre of town* ▾ iets ter harte nemen *take s.th. to heart* ▾ in hart en nieren *to the backbone* ▾ iets op het hart hebben *have s.th. on one's mind* ▾ van ganser harte *with all my heart* ▾ waar het hart van vol is, loopt de mond van over *what the heart thinks, the mouth speaks* ▾ haar hart kromp ineen van angst *she cringed with fear* ▾ mijn hart draaide ervan om in mijn lijf *it turned my stomach* ▾ met de hand op het hart! *cross my heart!* ▾ ik kan met de hand op het hart zeggen *I can say in all conscience* ▾ hij heeft het hart op de tong *he wears his heart on his sleeve* ▾ het gaat me aan 't hart *it really touches me* ▾ in zijn hart *at heart; deep in his heart* ▾ hij zegt wat er in zijn hart omgaat *he speaks his mind freely* ▾ een man naar mijn hart *a man after my own heart* ▾ iem. iets op het hart binden/drukken *impress s.th. on a person* ▾ ik kon het niet over mijn hart krijgen *I had not the heart/could not find it in my heart to do it* ▾ de zaak gaat mij zeer ter harte *I feel very strongly about it* ▾ het gaat (me) niet van harte *my heart is not in it*

hartaandoening *heart condition/problem/ complaint*

hartaanval *heart attack*

hartafwijking *heart condition*

hartbewaking • controle *coronary care* • afdeling *coronary/intensive care*

hartboezem *atrium; auricle*

hartbrekend *heartbreaking*

hartchirurg *cardiac/heart surgeon*

hartelijk *cordial; hearty* ★ ~ gefeliciteerd! *my sincere congratulations!* ★ een ~ welkom *a warm welcome*

harteloos *heartless; callous*

hartelust ★ naar ~ *to one's heart's content*

harten *hearts* ★ één ~ *one heart* ★ ~ vrouw *queen of hearts*

hartenboer *jack of hearts*

hartenbreker *heart breaker;* ⟨man⟩ *lady-killer;* ⟨vrouw⟩ *flirt*

hartendief *honey bun(ch); darling; pet*

hartenheer *king of hearts*

hartenjagen *play hearts*

hartenkreet *heartfelt cry; cry from the heart*

hart- en vaatziekten *cardiovascular diseases/ disorders*

hartenvrouw *queen of hearts*

hartenwens *heart's desire*

hartgrondig I BNW *heartfelt; cordial* II BIJW *cordially; wholeheartedly*

hartig • zout *salt; savoury* • krachtig *tasty;* ⟨voedzaam⟩ *hearty* ▾ een ~ woordje *a heart-to-heart talk* ▾ een ~ woordje zeggen over

speak one's mind

hartinfarct *coronary*

hartkamer *ventricle (of the heart)*

hartklachten *heart trouble*

hartklep *valve (of the heart)*

hartklopping *palpitation (of the heart)*

hartkwaal *heart disease*

hart-longmachine *heart lung machine*

hartmassage *heart massage; cardiac massage; heart resuscitation*

hartoperatie *heart surgery*

hartpatiënt *heart patient*

hartritme *heartbeat; heart rhythm*

hartritmestoornis *cardiac arythmia*

hartroerend I BNW *touching* II BIJW *pathetically*

hartruis *heart murmur*

hartsgeheim *intimate secret*

hartslag *heartbeat*

hartspier *heart/cardiac muscle*

hartstikke *awfully; terribly* ★ ~ dood *stone dead*

hartstilstand *cardiac arrest* ★ ik kreeg een ~ van schrik *I nearly died with fright*

hartstocht *passion*

hartstochtelijk *passionate*

hartstoornis *heart defect*

hartstreek *heart region*

hartsvriendin *bosom friend*

harttransplantatie *heart transplant*

hartvergroting *dilation of the heart*

hartverheffend *sublime; exalting*

hartverlamming *heart failure*

hartveroverend *enchanting; ravishing*

hartverscheurend *heartrending*

hartversterking • borrel *pick-me-up* • aanmoediging *tonic; encouragement*

hartverwarmend *heartwarming*

hartzeer *heartache* ★ van ~ sterven *die of a broken heart*

hasj *hash; pot; dope*

hasjhond *sniffer dog*

hasjiesj *hashish*

haspel *reel*

haspelen • met haspel winden *reel* • verwarren *mix up; mess (up)* ★ namen door elkaar ~ *mix up names*

hatelijk • boosaardig *hateful; nasty* • krenkend *spiteful; nasty*

hatelijkheid • het hatelijk zijn *malice; nastiness* • opmerking *nasty remark* ★ een ~ *a gibe/jibe*

haten *hate*

hattrick *hattrick*

hausse *(trade) boom; rise*

hautain *haughty*

haute couture *haute couture; high fashion*

have *property; stock* ★ levende have *live stock* ★ have en goed *goods and chattels*

haveloos • sjofel *shabby* • vervallen *delapidated;* ⟨gescheurd⟩ *tattered* • berooid *shabby*

haven *harbour;* ⟨grote haven⟩ *port;* FIG. *haven* ★ een ~ binnenlopen *put into port*

havenarbeider *dock worker*

havengeld *harbour/port dues*

havenhoofd *jetty; pier*

havenmeester *harbour master*

havenstad *port*

ha

havenstaking *dock strike*
havenwijk *harbour/dock area*
haver *oats* ▼ iem. van ~ tot gort kennen *know a person intimately/inside out*
haverklap ▼ om de ~ *continually*
havermout • haver *oats* • pap *oatmeal porridge*
havik • vogel *hawk*; BIOL. *Northern goshawk* • POL. *hawk* ★ ~en en duiven *hawks and doves* • hebberig persoon *vulture; vampire*
haviksneus *hook-nose*
haviksogen *hawkeyes*
havo *Senior General Secondary Education*
hazelaar *hazel*
hazelnoot *hazelnut*
hazenhart *coward; chicken*
hazenlip *harelip*
hazenpad ▼ het ~ kiezen *take to one's heels*
hazenpeper ≈ *jugged hare*
hazenrug *saddle of hare*
hazenslaapje *forty winks; catnap* ★ een ~ doen *take forty winks*
hazewind *greyhound*
hazewindhond *greyhound*
hbo ≈ *higher professional education*
hé *hey!*; ⟨verbazing⟩ *oh!* ★ hé, kom eens *hey! come here*
hè *oh (dear/my)*; ⟨v. pijn⟩ *ouch*; *bother*; ⟨v. opluchting⟩ *phew!* ★ lekker weertje hè? *nice day, isn't it?* ★ dat wist je niet, hè? *you didn't know that, did you?*
headbangen *headbanging*
headhunter *headhunter*
heavy metal *heavy metal*
hebbedingetje *gadget; gimmick*
hebbelijkheid *habit; way; mannerism*
hebben I OV WW • bezitten *have* ★ hoe laat heb je het? *what time do you make it?; what time is it?* ★ hier heb je het *here you are* ★ hebt u een ogenblikje? *do you have a minute?* ★ gelijk/ongelijk ~ *be right/wrong* ★ willen ~ *want* ★ hij heeft iets over zich *there's s.th. about him* ★ het aan de longen ~ *have lung trouble* ★ het heeft er iets van *it looks like it* ★ het heeft er veel van weg dat we... *it looks very much as if we...* ★ krijgen ★ daar heb je het nou! *there you are!* ★ graag ~ *like* ★ liever koffie dan thee ~ *prefer tea to coffee* ★ wie moet je ~? *whom do you want?* ★ wat zullen we nu ~! *(good) heavens!; what's up?* ★ dat heb je ervan *that comes of it; that's what you get* ★ voelen, ondervinden ★ ik heb graag dat hij komt *I like him to come* ★ ik zou liever ~ dat je niet ging *I'd rather you didn't go* ★ ergens spijt van ~ *be sorry about s.th.* ★ ik heb er niets tegen *I have no objection (to it)* ★ wat heb je? *what's wrong with you?* ★ hoe heb ik het nou? *what's going on here?; what's this?* ★ het goed/slecht ~ *be well/badly off* ★ dat ~ we weer gehad *that's that* ★ ik wist niet hoe ik 't had *I was completely baffled* ★ behandelen ★ het over iets ~ *talk about s.th.* ★ daar heb ik het niet over *that's not the point* ★ iedereen heeft het erover *it's the talk of the town* ★ hij weet waar hij het over heeft *he knows what he's talking about* • verdragen ★ ik kan het niet ~ *I cannot*

bear/stand it* ★ ik kan veel ~ *I can take a lot* • aantreffen ★ daar heb je bijv. *there is, e.g.*; now take, e.g. • ~ aan ★ daar heb ik niets aan *that's (of) no use to me* ★ je weet nooit wat je aan hem hebt *you never know what to expect of him* ★ wat heb je daaraan? *what use is it?; what good is it to you?* • ~ te ★ je hebt maar te luisteren! *listen up!* ▼ ik moet er niets van ~ *I want nothing to do with it* ▼ ~ is hebben, maar krijgen is de kunst *possession is nine points of the law* ▼ een knal van heb ik jou daar *an enormous bang* ▼ hun hele ~ en houden *all their belongings*; INF. *all their traps* ▼ ik wil niets met hem te maken ~ *I'll have no truck with him; I don't want to have anything to do with him* ▼ ik heb het niet erg op hem *I don't like him very much* II HWW have ★ gelachen dat we ~ *did we laugh* ★ ze heeft hem gisteren gesproken *she talked to him yesterday*
hebberd *greedy/grasping person*
hebberig *greedy; covetous*
hebbes *gotcha!; got it!*
Hebreeuws I ZN *Hebrew* II BNW *Hebrew*
Hebriden *Hebrides*
hebzucht *greed*
hebzuchtig *greedy*
hecht • onverbrekelijk ★ ~e vrienden *close friends* • solide, vast *firm; strong*
hechtdraad MED. *suture*
hechten I OV WW • vastmaken *attach; fasten*; MED. *stitch; suture* • toekennen *attach* ★ zijn goedkeuring ~ aan *give one's assent to* ★ daar hecht ik geen betekenis aan *I don't attach any importance to it* II ON WW • vastkleven *adhere; stick* ★ verf hecht niet op deze ondergrond *paint will not adhere to this background* • gesteld zijn op *be attached to*; *be devoted to* ★ zeer aan de traditie ~ *be a stickler for tradition* III WKD WW (aan) *attach o.s. to; become attached to*
hechtenis *custody; detention* ★ in ~ nemen *take into custody*
hechting *suture; stitch*
hechtpleister *sticking plaster; bandage; elastoplast*
hectare *hectare*
hectisch *hectic*
hectogram *hectogram(me)*
hectoliter *hectolitre*
hectometer *hectometre*
heden I ZN *present* II BIJW *today* ★ ~ ten dage *nowadays* ★ tot op ~ *up to the present; so far; up till now* ★ de krant van ~ *today's paper*
hedendaags *modern; present-day*
hedonisme *hedonism*
hedonist *hedonist*
heel I BNW • geheel *entire; whole* ★ de hele dag *the whole day; all day* • niet kapot *whole; entire* ★ er bleef geen ruit heel *all the windows were broken* • veel, groot *quite* ★ een hele tijd/boel/e.d. *quite some time/a lot/etc.* II BIJW • zeer, erg *very* ★ heel veel/wat *a lot of; a great many* ★ heel wat goedkoper *a good deal cheaper* ★ dat is heel wat anders *that's quite a different thing* • geheel en al

quite; *wholly*; *completely*; *entirely*

heelal *universe*

heelhuids *without injury*; *unhurt*

heelkunde *surgery*

heelmeester *surgeon* ▾ zachte ~s maken stinkende wonden *desperate cases require desperate remedies* • de tijd is de grote ~ *time is the great healer*

heemkunde *the study (knowledge) of local customs and folklore*

heen *away* ★ heen en terug *there and back* ★ nergens heen *nowhere* • overal heen *everywhere* ★ heen en weer *to and fro; up and down* ★ waar wil hij heen? *where does he want to go?* ▾ FIG. *what is he driving at?* ★ waar moet deze stoel heen? *where does this chair go?* ▾ waar moet dat heen? *what's the world coming to?* ▾ hij is ver heen *he is far gone*

heen-en-weer *back and forth* ★ ~geloop *pacing back and forth* ★ ~gepraat *talking back and forth*

heengaan • weggaan *go away*; *leave* • sterven *pass away* ▾ in vrede ~ *depart in peace* • verstrijken ▾ er ging veel tijd mee heen *it took much time*

heenkomen ★ een goed ~ zoeken *run to safety*

heenreis *outward journey*; ⟨scheepvaart⟩ *outward voyage*

heenweg *the way there*

heer • man *gentleman*; *man* ★ Geachte Heer *Dear Sir* ★ de oude heer *the governor; the pater* ★ dames en heren *ladies and gentlemen* ★ de heer A *Mr. A* • beschaafd man *gentleman* ★ een heer in het verkeer *a courteous driver* • meester *lord* ★ de heer des huizes *the master of the house* ★ de heren der schepping *the lords of creation* ★ heer en meester *lord and master* • God ★ onze lieve Heer *our Lord* ★ figuur in kaartspel *king* ▾ twee heren dienen *serve two masters* ▾ zo heer, zo knecht *like master, like man* ▾ nieuwe heren, nieuwe wetten *new lords, new laws*

heerlijk • lekker *delicious* • prachtig, aangenaam *delightful*; *wonderful*; ⟨v. weer⟩ *lovely* ★ ik zou 't ~ vinden! *I'd love to!*

heerlijkheid • iets heerlijks *delicacies* [mv] • gelukzaligheid *bliss*

heerschappij *mastery*; *dominion*; *lordship* ★ de ~ voeren over *rule over*; *hold sway over* ★ de ~ op zee *command of the sea* ★ onder Franse ~ *under French rule*

heersen • regeren *rule*; ⟨v. vorst⟩ *reign* • aanwezig zijn *prevail* ★ er heerste veel griep *there was a lot of flu about* ★ er heerst veel werkloosheid *unemployment is widespread*; *there is a lot of unemployment* ★ er heerste stilte *there was silence; silence reigned*

heerser *ruler*

heerszuchtig *imperious*; *domineering*

hees *hoarse*

heester *shrub*

heet • warm *hot* • scherp *spicy* • hitsig *hot* • heftig ★ in het heetst van de strijd *in the thick of the fighting* ★ bij het debat ging het

heet toe *it was a heated debate*

heetgebakerd *hot-/quick-tempered*

heethoofd *hothead*

hefboom *lever*

hefbrug *vertical lift-bridge*

heffen • tillen *raise*; *lift* • opleggen ⟨belasting⟩ *levy*; *impose*; ⟨boete⟩ *impose*; *fine*; ⟨schoolgeld⟩ *charge*

heffing *levying*; *imposition* ★ ~ ineens *capital levy*

heft *handle*; *haft* ★ het heft in handen hebben/ nemen *be in/take command*

heftig • onstuimig *violent*; *vehement* • hevig *fierce*; ⟨emotie⟩ *intense*; ⟨pijn⟩ *severe*; ⟨discussie⟩ *heated*

heftruck *fork-lift truck*

hefvermogen *lifting power*

heg *hedge*; *fence* ▾ heg noch steg weten *be completely lost*

hegemonie *hegemony*

heggenschaar *hedge shears* [mv]

hei • vlakte *heat/moor (land)* • plant *heather* • heiblok *(pile driver) monkey*

heibel • ruzie *row* • lawaai *racket*

heiblok *ram(mer)*

heidebloem *heath flower*

heiden *heathen*; *pagan* ▾ aan de ~en overgeleverd zijn *be in Queer street/hot water*

heidens • niet-christelijk *pagan*; *heathen* • ontzettend *atrocious* ★ ~ kabaal *infernal racket*

heideveld *heath*; *moor*

heien *ram*; *drive* ▾ iets erin rammen FIG. *drive s.th. home*

heilig *hazy*

heikel *tricky*; ⟨probleem⟩ *knotty*

heikneuter • pummel *yokel*; *(country) bumpkin* • vogel *linnet*

heil • welzijn *welfare* • voordeel *good* ★ daar zie ik geen heil in *I don't believe in it*; *I see no good in it* ★ ik verwacht er geen heil van *I don't expect any good to come of it* • redding *safety*; *refuge*

Heiland *Saviour*

heilbot *halibut*

heildronk *toast*

heilgymnastiek *remedial gymnastics*

heilig • zonder zonde *holy* ★ Heilige Vader *Holy Father* ★ ~ verklaren *canonize* • gewijd *holy*; ⟨v. plicht⟩ *sacred* ★ de Heilige Stad *the Holy City* ★ ~ huisje *taboo* ★ de ~e Schrift *Holy Writ* • oprecht, onverbrekelijk ★ zich ~ voornemen om *make a firm resolution*; *be firmly determined* ★ de ~e waarheid *the gospel truth* ★ 't is nog ~ bij... *it is so much better than...*

heiligbeen *sacrum*

heiligdom • plaats *sanctuary*; *shrine* • voorwerp *relic*

heilige *saint*

heiligen • wijden *hallow*; *sanctify* • louteren *sanctify* • eerbiedigen *keep holy*

heiligenleven *life of a saint*

heiligschennis *sacrilege*

heiligverklaring *canonization*

heilloos • geen geluk brengend *fatal* ★ een ~

he

idee *a disastrous idea* • verderfelijk *sinful; wicked*

heilsoldaat *soldier in the Salvation Army*

heilstaat *ideal state; Utopia*

heilzaam • geneeskrachtig *curative; healing* • weldadig *beneficial; salutary* ★ een heilzame werking hebben *have a beneficial effect*

heimelijk *secret; furtive*

heimlichmanoeuvre *heimlichmaneuver*

heimwee *homesickness;* ⟨naar verleden⟩ *nostalgia* ★ ~ hebben *be homesick (for)*

heinde ▾ van ~ en verre *from far and near*

heipaal *pile*

heisa *to-do; fuss* ★ een ~ maken *kick up a fuss* ★ het is een hele ~ *what a carry-on*

hek • omheining *railing(s); fence* • deur *gate* ▾ het hek is van de dam *anything goes; now it's a free-for-all*

hekel *dislike* • een ~ hebben aan *dislike* • een gloeiende ~ aan iets/iem. hebben *hate s.th./s.o. like poison* ▾ over de ~ halen *criticize; haul over the coals*

hekeldicht *satire*

hekelen *criticize*

hekkensluiter ★ ~ zijn *bring up/take up the rear; be (the) last (one)*

heks • tovenares *witch* • lelijk wijf *(old) hag* • bijdehand meisje *(little) minx*

heksen *practise witchcraft* ▾ ik kan niet ~ *I can't work wonders*

heksenjacht *witch hunt*

heksenketel *bedlam*

heksenkring *fairy ring*

heksentoer *tough job* ★ dat is geen ~ *it's as easy as pie*

hekwerk *fencing; railings;* ⟨voor klimplanten⟩ *trellis* [mv: *trellises*]

hel I ZN *hell* ▾ loop naar de hel! *go to hell!* II BNW *vivid;* ⟨v. licht⟩ *glaring;* ⟨v. kleur⟩ *bright*

hel- *bright; glaring* ★ helblauw *bright blue* ★ helrood *(te fel) glaring red*

hela *hey*

helaas I BIJW *sadly; unfortunately* II TW *alas*

held • dapper man *hero* • hoofdpersoon *hero; protagonist*

heldendaad *heroic deed*

heldendicht *heroic poem; epic poem*

heldenmoed *heroism*

heldenrol *part/role of a hero; heroic part*

helder • duidelijk *clear; lucid* ★ ~ ogenblik *lucid moment* ★ een ~ betoog *a lucid argument* • licht *bright;* ⟨water⟩ *clear* ★ een ~e vlam *a bright flame* • zuiver *clear* • met volle klank *clear; sonorous* • scherpzinnig *bright*

helderheid • duidelijkheid *clarity; lucidity* • scherpzinnigheid *brightness* • zindelijkheid *cleanness* • lichtheid van kleur *brightness*

helderziend *clairvoyant*

helderziende *clairvoyant* ★ ik ben geen ~! *I'm not a mind reader!*

heldhaftig *heroic*

heldin *heroine*

heleboel *loads; a lot; piles* ★ zij heeft een ~

geld *she's got loads/tons of money* ★ dat is een ~ geld *that is an awful lot of money*

helemaal *quite; all; entirely; altogether* ★ ~ niet *not at all* ★ ~ niets *nothing at all* ★ ~ erdoorheen *right through* ★ niet ~ *not altogether; not quite* ★ ben je nu ~ gek *are you completely out of your mind* ★ dat is het ~ voor ons *that's just what we wanted* ★ ~ fout *all wrong* ★ ~ boven *right at the top* ★ ~ tot aan het eind *all the way to* ★ ~ van/naar Groningen *all the way from/to Groningen*

helen I OV WW gestolen goederen kopen *receive;* INF. *fence* II ON WW genezen *cure; heal*

heler *receiver;* INF. *fence* ★ de ~ is zo goed als de steler *the receiver is as bad as the thief*

helft • elk van twee gelijke delen *half* ★ voor de ~ van de prijs *at half the price* ★ ieder de ~ betalen *go fifty-fifty; go halves* ★ de ~ te veel *fifty percent too much/many* ★ de ~ minder *half as much/many* ★ we zijn op de ~ *we are halfway* ★ voor de ~ gevuld *half full* • grootste deel *half* ★ de grootste ~ van *the best part of* ▾ zijn betere ~ *his better half*

helihaven *heliport*

helikopter *helicopter*

heling *receiving;* INF. *fencing*

helium *helium*

hellebaard *halberd*

Helleens *Hellenic*

hellen • schuin aflopen *slope* ★ het ~d vlak FIG. *the downward/slippery slope* • overhangen *slant; slope;* ⟨v. schip⟩ *list* • neigen ★ ~ naar *tend to*

hellenisme *Hellenism*

helleveeg *hellcat; shrew*

hellevuur *hell-fire*

helling • het hellen *inclination;* ⟨v. schip⟩ *list* • glooiing *slope; declivity;* TECHN. *gradient* • SCHEEPV. *slips*

hellingproef *hill-start test*

hellingsgraad *inclination;* ⟨v. weg, spoorlijn⟩ *gradient*

helm • hoofddeksel *helmet* • duingras *marram* ▾ met de helm geboren zijn *be born with a caul; have second sight*

helmgras *marram (grass); beach grass*

help *help!* ★ lieve help! *good heavens!*

helpdesk *help desk*

helpen • bijstaan *help; aid* ★ iem. in het zadel ~ *give a person a leg up* • bedienen *help* ★ wordt u al geholpen? *are you being served?* • dienst verlenen ★ ik kan u er wel aan ~ *I can get it for you* ★ kunt u mij ~ aan een lucifer? *can you oblige me with a match?* ★ dat zal je door de moeilijkheden heen ~ *that will carry you through* • iem. uit de verlegenheid ~ *help a person out* • baten *help* ★ het helpt niets *it's (of) no use* ★ wat helpt het? *what's the use?* ★ het helpt tegen... *it is good against...*

helper *helper;* ↑ *assistant*

helpscherm *help screen*

hels • van, uit de hel *hellish; infernal* • afschuwelijk ★ een hels kabaal *an infernal noise* • woedend *furious*

Helsinki *Helsinki*
hem *him*; ⟨m.b.t. dier, ding⟩ *it* ∗ deze trui is van hem *this jumper is his*; *this is his jumper* ▼ dat is het hem nu net *that's just the point*
hematocriet *haematocrit*
hemd ● onderhemd *vest*; AE *undershirt* ● overhemd *shirt* ▼ ik heb geen hemd meer aan mijn lijf *I don't have a shirt to my back* ▼ het hemd is nader dan de rok *charity begins at home* ▼ in zijn hemd staan *look foolish*; *have egg on one's face* ∗ tot op het hemd toe nat *soaked to the skin* ▼ ze vragen je 't hemd van het lijf *question a person thoroughly* ▼ geen hemd aan zijn lijf hebben *not have a shirt to his back*; *not have two pennies to rub together*
hemdsmouw *shirtsleeve*
hemel ● uitspansel *sky*; *heaven* ∗ onder de blote ~ *in the open (air)*; *under the open sky* ∗ aan de ~ *in the sky* ∗ bij heldere/bewolkte ~ *with a clear/overcast sky* ∗ tussen ~ en aarde *between heaven and earth*; *in mid-air* ● hiernamaals *heaven* ∗ in de ~ *in heaven* ∗ ten ~ varen *ascend to heaven* ● God *Heaven* ∗ de ~ zij dank! *thank heaven!* ∗ de ~ mag weten hoe *heaven knows how* ∗ om 's wil *for heaven's sake* ▼ ~ en aarde bewegen *move heaven and earth* ▼ in de zevende ~ zijn *be in the seventh heaven* ▼ dat mag de ~ weten *goodness only knows* ▼ goeie ~! *(good) heavens!*
hemelbed *four-poster (bed)*
hemelbestormer *idealist*; *revolutionary*
hemelhoog *sky-high* ∗ hemelhoge bergen *lofty mountains*
hemellichaam *heavenly body*
hemelpoort *gate of heaven*
hemelrijk *kingdom of Heaven*
hemels ● van de hemel *heavenly* ● goddelijk *sublime*; *divine*
hemelsblauw *azure*
hemelsbreed I BNW ● in rechte lijn ∗ 5 mijl ~ *5 miles as the crow flies* ● zeer groot *enormous* ∗ een ~ verschil *an enormous difference* II BIJW enorm ∗ ze verschillen ~ ⟨v. karakter⟩ *they are as different as chalk and cheese*; ⟨v. standpunt⟩ *they are poles apart*
hemelsnaam ∗ in 's ~ *in heaven's name*; *for heaven's sake* ∗ in ~, doe iets! *do s.th., for crying out loud!*
hemeltergend *outrageous*; *appalling* ∗ 't is ~ *it cries out to heaven*
hemelvaartsdag *Ascension day*
hemisfeer *hemisphere*
hemofilie *haemophilia*
hen I ZN *hen* II PERS VNW *them* ∗ een oom van hen *an uncle of theirs* ∗ deze auto is van hen *this car is theirs*
hendel *handle*; *lever* ∗ de ~ overhalen *pull/throw a handle/lever*
Hendrik *Henry* ▼ een brave ~ *a paragon of virtue*; *a goody-goody*
hengel *fishing rod*
hengelaar *angler*
hengelen ● vissen *angle* ● ~ naar *fish/angle for*
hengsel ● beugel *handle* ● scharnier *hinge*

hengst ● paard *stallion* ● harde klap *thump*
hengsten ● hard slaan *thump* ● hard leren *swot*
henna *henna*
hennep *hemp*
hens ▼ alle hens aan dek! *all hands on deck* ▼ in de hens vliegen *catch fire*
hepatitis *hepatitis*
her I ZN herexamen *resit*; *re-examination* II BIJW ● geleden *here*; ⟨sinds⟩ *ago* ∗ van ouds her *of old* ∗ dat was jaren her *that was many years ago* ∗ van jaren her *of many years' standing* ● hier ∗ her en der *here and there*
herademen *breathe more freely*
heraldiek I ZN *heraldry* II BNW *heraldic*
heraut *herald*
herbarium *herbarium*
herbebossen *reafforest*
herbenoemen *reappoint*
herberg *inn*; *public house*; *tavern*
herbergen ● huisvesten *house*; *lodge*; ↓ *put up*; ⟨v. vluchteling⟩ *harbour* ● bevatten *contain*
herbergier *landlord* [v: *landlady*]; VERO. *innkeeper*; FORM. *host* [v: *hostess*]
herbewapenen *rearm*
herbivoor *herbivore*
herboren *reborn*; *born again*
herdenken ● de herinnering vieren *commemorate* ● terugdenken aan *recall*; *recollect*
herdenking *commemoration* ∗ ter ~ van *in commemoration of*
herdenkingsdag *commemoration day*
herdenkingsdienst *memorial service*
herdenkingsfeest *commemorative feast/party*
herder ● hoeder ⟨v. schapen⟩ *shepherd*; FIG. *shepherd*; ⟨v. koeien⟩ *cowherd*; *cattleman* ● hond ⟨Duitse⟩ *Alsatian*; ⟨Schotse⟩ *Shetland sheepdog*
herderlijk *pastoral* ∗ ~ schrijven *pastoral (letter)*
herdershond *sheepdog*
herderstasje *shepherd's purse*
herdruk *reprint*
herdrukken *reprint*
heremiet *hermit*
heremietkreeft *hermit crab*
herenakkoord *gentlemen's agreement*
herenboer *gentleman farmer*
herenfiets *gent's bike*; *(gentle)men's bicycle*
herenhuis *mansion*; *large house*
herenigen *reunite*
hereniging *reunification*
herenkapper *men's hairdresser*; *barber shop*
herenkleding *men's wear*
herentoilet *men's toilet*; *Gentlemen's*; INF. *Gents*; AE *men's room*
herexamen *re-examination*
herformuleren *rephrase*
herfst *autumn*; AE *fall*
herfstblad *autumn leaf*
herfstdag *autumn day*
herfstkleur *autumn(al) colour*
herfstmaand ⟨begin van herfst⟩ *September*; ⟨maand in de herfst⟩ *autumn month*
herfststorm *autumn storm*

herfsttint *autumn(al) colour/shade*
hergebruik • recycling *recycling* • het opnieuw gebruiken *reuse*
hergebruiken • opnieuw gebruiken *reuse* • recyclen *recycle*
hergroeperen *regroup*; ⟨v. troepen⟩ *redeploy*; ⟨v. zaken⟩ *rearrange*; ⟨v. kabinet⟩ BE *reshuffle*
herhaald *repeated* ★ ~e malen *repeatedly*
herhaaldelijk *repeatedly*; *time and again*; *on repeated/various occasions*
herhaaltoets *repeat key*
herhalen *repeat*; FORM. *reiterate*; ⟨in 't kort⟩ *summarize*
herhaling *repetition*; ⟨televisie⟩ *replay*; FORM. *reiteration*; ⟨film⟩ *repeat* ★ bij ~ *repeatedly* ★ in ~en vervallen *repeat o.s.*
herhalingsoefening *revision exercise*; MIL. *retraining*
herhalingsrecept *repeat prescription*
herindelen *redivide*; *regroup*; *reclassify*
herindeling *redivision*; *regrouping*
herinneren I OV WW *remind* ★ iem. aan iets ~ *remind a person of s.th.* II WKD WW *remember*; *recollect* ★ men zal zich ~ *it will be remembered...*
herinnering • het herinneren *recollection* • wat men herinnert *recollection*; *memory*; FORM. *reminiscence* ★ ter ~ aan *in memory of* • wat doet herinneren *reminder* • souvenir *memento*; *souvenir* • geheugen *memory*
herinterpretatie *reinterpretation*
herinterpreteren *reinterpret*
herkansen *resit*
herkansing *resit*
herkauwen • opnieuw kauwen *ruminate*; *chew the cud* • herhalen *go/keep on about something*
herkauwer *ruminant*
herkenbaar *recognizable* ★ ~ aan *identifiable by*
herkennen I OV WW *recognize*; ⟨identificeren⟩ *identify* ★ ze zullen je niet ~ *you won't be recognized* II WKD WW (in) ★ een film waarin ik me kan ~ *a film I can identify with*
herkenning *recognition*; *identification*
herkenningsmelodie *signature tune*
herkeuring *re-examination*
herkiesbaar *eligible for re-election* ★ zich ~ stellen *stand for re-election*; AE *run again for office*
herkiezen *re-elect*
herkomst *origin*; *source* ★ land van ~ *country of origin*
herleidbaar *reducible (to)*; *convertible (into)*
herleiden *reduce (to)*; *convert (into)*
herleven *revive* ★ ~d nationalisme *resurgent nationalism*
herleving *revival*; *resurgence*
hermafrodiet *hermaphrodite*
hermelijn I ZN (de) *stoat* II BNW *ermine*
hermetisch *hermetic*; *airtight*
hernemen • terugnemen *retake*; *recapture* • hervatten *resume*
hernia • breuk *hernia* • rugaandoening *slipped disc*
hernieuwen *renew*; ⟨vriendschap⟩ *resume* ★ hernieuwde poging *renewed attempt*

heroïek I ZN *heroism* II BNW *heroic*
heroïne *heroin*; INF. *smack*; *horse*
heroïnehandel *heroine trade*
heroïnehoer *heroine/junkie prostitute*
heroïsch *heroic*
herontdekken *rediscover*
heropenen *reopen*
heropvoeden *re-educate*
heropvoeding *re-education*
heroriëntatie *reorientation*
heroriënteren *reorientate*
heroveren *reconquer*; *recapture* ★ verloren terrein ~ *recover lost ground*
heroverwegen • opnieuw overwegen *reconsider*; *rethink* • herzien *revise*
herpes *herpes*
herrie • lawaai *noise*; din; *racket*; *row* • ruzie *row* ★ ~ maken/schoppen *kick up a row*; *cause trouble*
herrieschopper *rowdy*; *troublemaker*; ⟨voornamelijk bij voetbal⟩ *hooligan*
herrijzen *rise again*
herrijzenis *resurrection*
herroepen ⟨v. besluit⟩ *revoke*; ⟨v. bevel⟩ *countermand*; ⟨v. wet⟩ *repeal*; ⟨v. belofte⟩ *retract*
herscheppen ⟨verjongen⟩ *recreate*; ⟨veranderen⟩ *transform (into)*
herschikken *rearrange*
herscholen *retrain*
herscholing *retraining*
herschrijven *rewrite*
hersenbeschadiging *brain damage*
hersenbloeding *brain haemorrhage*
hersendood *brain death*
hersenen • orgaan *brain* • hersenpan *skull* ★ iem. de ~ inslaan *beat a person's brains out* • verstand *brains* [mv] ★ zij heeft een goed stel ~ *she has a good head on her shoulders* ★ hoe haalt hij het in zijn ~? *has he gone off his rocker?* ★ hij zal 't wel uit zijn ~ laten *he will think twice before doing it*; *he would not be so stupid as to do that*
hersengebied *brain area*; *region of the brain*
hersengymnastiek *mental training*
hersenhelft *hemisphere*; *half of the brain*
hersenkronkel *quirk of the brain*
hersenloos *brainless*; *witless*; *thick*
hersenoedeem *cerebral oedema*
hersenpan *cranium*
hersenschim *chimera*; *fantasy* ▾ ~men najagen *chase an illusion*
hersenschudding *concussion* ★ een ~ hebben *suffer from concussion*
hersenspinsel • waandenkbeeld *chimera* • verzinsel *concoction*
hersenspoelen *brainwash*
hersenspoeling *brainwashing*
hersentumor *brain tumour*
hersenverweking *softening of the brain*
hersenvlies *cerebral membrane*
hersenvliesontsteking *meningitis*
herstel • beterschap ⟨v. economie, gezondheid⟩ *recovery*; ⟨v. onrecht⟩ *redress* • reparatie *repair* • het weer instellen ⟨v. monarchie, e.d.⟩ *restoration*

herstellen I ov ww • repareren *mend; repair* • goedmaken ⟨v. onrecht⟩ *redress; remedy*; ⟨v. fout⟩ *rectify*; ⟨v. verlies⟩ *retrieve* • in de oude staat brengen *re-establish*; ⟨orde, vrede⟩ *restore* ★ in zijn eer ~ *rehabilitate* ★ zich ~ *recover o.s.*; *pull o.s. together* **II** ON ww genezen *recover*; *convalesce* **III** WKD WW in de oude toestand komen *recover*; ⟨ook markt, prijs⟩ *rally*
herstellingsoord *sanatorium; convalescent home*
herstelwerkzaamheden *repairs*
herstructureren *reorganize; restructure; remodel*
herstructurering *restructuring; reorganizing*
hert *deer* [mv: *deer*]; ⟨mannetje⟩ *stag*
hertenjacht *deer hunting; stag hunting*
hertenkamp *deer park/forest*
hertenleer *deerskin*
hertog *duke*
hertogdom *dukedom; duchy*
hertogelijk *ducal*
hertogin *duchess*
hertrouwen *remarry; marry again*
hertshoorn • hoorn van hert *deerhorn; antler* • PLANTK. *hartshorn; buckthorn*
hertz *hertz*
heruitgave *reissue*
hervatten *resume*
herverdelen *redistribute*
herverkaveling ≈ *reallocation*; ≈ *re-allotment*
herverkiezing *re-election*
herverzekeren *reinsure*
hervormd *Reformed* ★ ~e kerk *Reformed Church*
hervormen *reform*
hervorming • het hervormen *reform* ★ sociale ~en *social reforms* • REL. *Reformation*
herwaarderen *revalue*
herwinnen I ov ww • heroveren *regain*; *recover* • uit recycling verkrijgen *recycle* **II** WKD WW *recover oneself*; *pull oneself together*
herzien *revise* ★ ~e uitgave *revised edition*
herziening *revision*
hes *smock*
het I PERS VNW *it* ★ ben jij het? *is it you?* ★ ik ben het *it is me* **II** ONB VNW *it* ★ hoe gaat het? *how are you?* **III** LIDW *the* ★ van het begin tot het eind *from beginning to end*
heteluchtballon *hot-air balloon*
heteluchtkachel *convector*; ⟨elektrisch⟩ *fan heater*
heteluchtmotor *hot-air engine; heat engine*
heteluchtoven *hot-air oven*
heten I ov ww noemen ★ iem. welkom ~ *wish/bid a person welcome* **II** ON WW • een naam dragen *be called/named* ★ hoe heet je? *what's your name?* ★ hij heet Jan *he is called John* ★ hoe heet dat? *what is it called?* • beweerd worden *be reputed*
heterdaad ★ iem. op ~ betrappen *catch a person in the act/red-handed*
hetero I ZN *heterosexual* **II** BNW *heterosexual*
heterogeen *heterogeneous*
hetgeen I AANW VNW *what; that which* **II** BETR VNW *which*

hetze *witch hunt*; ⟨gestook⟩ *smear campaign*
hetzelfde *the same*
hetzij *either* ★ ~ arm of rijk *either poor or rich*
heug ★ tegen heug en meug *reluctantly; willy-nilly*
heugen ★ de tijd heugt me dat... *I remember the time when...* ★ dát zal u ~ *you will be sorry for this; you won't forget this*
heuglijk • verheugend *joyful* ★ ~ nieuws *joyful news* • gedenkwaardig *memorable*
heulen *collaborate* ★ ~ met de vijand *be in league with the enemy*
heup *hip*; ⟨v. dier⟩ *haunch* ▼ 't op de heupen hebben *be wound up (about s.th.)* ▼ als hij 't op de heupen krijgt *when the fit is on him; once he gets going ...*
heupbroek *hipsters*; AE *hip-huggers*
heupfles *hip flask*
heupgordel *lap belt*
heupwiegen *sway/shake/waggle one's hips*; ⟨m.b.t. dansen⟩ *swing*
heupwijdte *hip measurement*
heus I BNW • echt *real* ▼ zij koopt het heus wel *she is sure to buy it* • beleefd *courteous; polite* **II** BIJW echt *really; indeed* ★ maar niet heus! *yeah, right!*
heuvel *hill*
heuvelachtig *hilly*
heuvelland *the hills; hilly country*
heuvelrug • rij heuvels *range/chain of hills* • heuvelrand *ridge; crest of a hill*
hevel *siphon*
hevig • intens ⟨gevoelens⟩ *intense*; ⟨pijn⟩ *severe* • heftig *violent; vehement*
hiaat I ZN (de) *hiatus* **II** ZN (het) leemte *gap*
hiel *heel* ▼ zodra ik mijn hielen licht *as soon as I turn my back* ▼ hij zat mij dicht op de hielen *he was hard/hot on my heels*
hielenlikker *bootlicker; toady; sycophant*
hielprik BE *heelprick*; PKU *test*
hier • op deze plaats *here* ★ hier te lande *in this country*; *over here* ★ hier staat dat ... *here it says ...* ★ ergens hier in de buurt *somewhere around here* • alsjeblieft *here*
hieraan *to/at/on/by/from this* ★ ~ valt niets te doen *there is nothing to be done about this*
hierachter ⟨m.b.t. plaats⟩ *behind (this)*; ⟨m.b.t. tijd⟩ *after this*
hiërarchie *hierarchy*
hiërarchisch *hierarchic(al)*
hierbij *with this*; FORM. *hereby; herewith* ★ ~ verklaar ik *I hereby declare* ★ ~ komt nog dat ... *in addition (to this)*
hierbinnen *in here; inside*
hierboven *up here*; ⟨in tekst⟩ *above*
hierbuiten *outside*
hierdoor • om deze reden *owing to this; because of this* • hier doorheen *through here/this*
hierheen *here; this way* ★ onderweg ~ *on the way here*
hierin • in deze plaats ⟨plaats⟩ *in here* • wat dit betreft *in this*; FORM. *herein*
hierlangs *along here*
hiermee *with this*; ⟨in brief⟩ *herewith*
hierna ⟨m.b.t. tijd⟩ *after this*; ⟨m.b.t. plaats⟩

hi

below; ⟨m.b.t. tijd⟩ FORM. *hereafter*
hiernaast *alongside*; ⟨buren⟩ *next door* ⋆ ~ zijn
   ze niet thuis *our next-door neighbours are not
   in*
hiernamaals *hereafter*
hiëroglief *hieroglyph(ic)*
hierom • om deze reden *for this reason*;
   because of this • hier omheen *around this*
hieromheen *around this*
hieromtrent • hier in de buurt *hereabout(s)*;
   around here • hierover *about this*
hieronder • onder het genoemde *by this* ⋆ ~
   versta ik *by this I understand* • onder deze
   plaats *under here*; *below* ⋆ ~ is de garage
   under here/the garage is the garage
   below • erbij zijnd *among these*
hierop • bovenop dit *(up)on this* ⋆ de hele zaak
   komt ~ neer dat ... *the whole thing boils
   down to this, that* ... • hierna *upon this*; FORM.
   hereupon
hierover • hier overheen *over this* • omtrent
   about this
hiertegen *against this*
hiertegenover • tegenover deze plaats
   opposite • tegenover deze zaak *against this*
hiertoe • tot dit doel *for this purpose* • tot hier
   toe *(up to) here*; *so far*
hiertussen *between these*; ⟨hieronder⟩ *among
   them/these*
hieruit • uit deze plaats *out of here* ⋆ van ~
   gezien *seen from here* • uit het genoemde
   from this ⋆ ~ volgt *from this it follows*
hiervan of this ⋆ ~ ben echt ik geschrokken
   this really scared me
hiervandaan *from here*
hiervoor • in ruil voor *(in return) for this* • vóór
   het genoemde ⟨m.b.t. tijd⟩ *before this*;
   ⟨m.b.t. plaats⟩ *in front of this* • hiertoe *for
   this purpose*; *to this end*
hifi *hi-fi*
hifi-apparatuur *hi-fi equipment*; *hi-fi set*
hifi-installatie *hi-fi equipment*; *hi-fi set*
high *high*
high society *high society*
hightech- *high-tech*
hij I ZN *he* ⋆ het is een hij *it's a he* II PERS VNW
   he • hij is het *it's him*
hijgen *pant*; *gasp for breath*
hijger *heavy breather* ⋆ ze had weer een ~ aan
   de lijn *she had another obscene phone call*
hijs *hoisting* ⋆ het is een hele hijs *it's quite a job*
hijsblok *pulley block*
hijsen • omhoog trekken *hoist*; ⟨vlag⟩ *hoist*;
   run up • stevig drinken *booze*
hijskraan *(hoisting) crane*
hik *hiccup* ⋆ de hik hebben *have the hiccups*
hikken *hiccup* ▾ tegen iets aan ~ *not look
   forward to*; *shrink from*
hilarisch *hilarious*
hilariteit *hilarity*
hinde *hind*; *doe*
hinder *nuissance*; *bother*; *impediment* ⋆ ik heb
   er geen ~ van *it doesn't bother me*
hinderen • belemmeren *hinder*; *hamper*
   ⋆ hinder ik? *am I in the way?* • bezwaarlijk
   zijn *matter* ⋆ dat hindert niet *that does not*

matter • ergeren *annoy*; *bother*
hinderlaag *ambush* ⋆ iem. in een ~ lokken
   ambush a person • in ~ liggen *lie in ambush*
hinderlijk • belemmerend *inconvenient*
   • storend *troublesome*; *disturbing*
hindernis *obstacle*; *hindrance* ⋆ een ~
   wegnemen *remove an obstacle* ⋆ wedren met
   ~sen *obstacle race*; *steeplechase*
hindernisbaan *obstacle course*; *steeple chase
   course*; MIL. *assault course*
hindernisloop • SPORT *steeplechase*; ⟨horden⟩
   hurdle race • kinderspel *obstacle race*
hinderpaal *obstacle*
hinderwet ≈ *nuisance act*
hindoeïsme *Hinduism*
hinkelen *hop*; ⟨spel⟩ *play hopscotch*
hinken • mank gaan *limp*; *walk with a limp*
   • hinkelen *hop* ▾ op twee gedachten ~ *halt
   between two opinions*
hinkepoot *hobbler*
hink-stap-springen *triple jump*
hink-stap-sprong *hop, step and jump*
hinniken • roepen van paarden *neigh*; *whinny*
   • lachen *bray (with laughter)*
hint *hint*; *clue* ⋆ iem. een hint geven *tip s.o.
   off*; *drop a hint*
hints *charades* [mv]
hip *hip*
hiphop *hip hop*
hippen *hop*
hippie *hippy*; *hippie*
hippodroom • circus *hippodrome* • renbaan
   racecourse
historicus *historian*; *student of history*
historie *history*
historieschilder *historical painter*
historiestuk • schilderij *historical painting/
   piece* • toneelstuk *historical play*
historisch • waar gebeurd *historical*; *not
   legendary* • (als) uit de geschiedenis *historical*
   ⋆ ~e roman *historical novel*
hit • succesvol nummer *hit* • treffer op
   internet *hit* • paard *pony*; *cob*
hitlijst *hit parade*
hitparade *hit parade*; *charts* mv ⋆ hoog in de ~
   high up in the charts
hitsig • driftig *hot-blooded* • geil *randy*;
   ⟨dieren⟩ *hot*
hitte *heat*
hitteberoerte *heatstroke*
hittebestendig *heat-resistant*; ⟨moeilijk
   smeltbaar⟩ *refractory*
hittegolf *heat wave*
hitteschild *heat shield*
hiv human immunodeficiency virus ⟨human
   immunodeficiency virus⟩ *HIV*
ho *ho*; *stop*; ⟨tegen paard⟩ *whoa!*
hoax *hoax*
hobbel • oneffenheid *bump* • FIG. obstakel
   glitch
hobbelen *bump*; ⟨op hobbelpaard e.d.⟩ *rock*
hobbelig *rough*; *bumpy*
hobbelpaard *rocking-horse*
hobbezak • kledingstuk *sack* • persoon *dowdy*;
   frump
hobby *hobby*

hobo *oboe*
hoboïst *oboist*
hockey *hockey*
hockeyen *play hockey*; AE *play field hockey*
hockeystick *hockey stick*
hocus-pocus I ZN *hocus-pocus; abracadabra*
II TW *hey presto!*
hoe • op welke wijze *how* ★ hoe dan ook
anyway; in any case; anyhow ★ hoe heet je?
what's your name? ★ ik wil weten hoe of wat
I want to know where I am/stand ★ 't hoe en
wat *all the details* ★ hoe het ook zij *however
the case may be; in any case* ★ op welke
grond *how* • in welke mate *how* • met
voegwoordelijke functie *how* ▼ zij vertelde
hoe ... *she told how ...* ▼ hoe eerder hoe beter
the sooner the better ▼ hoe langer hoe erger
worse and worse ▼ hoe langer je wacht, hoe
... *the longer you wait, the ...*
hoed *hat; bonnet* ★ hoge hoed *top hat*; INF.
topper ★ zijn hoed afnemen voor *raise one's
hat to; tip one's hat*; FIG. *take off one's hat to*
▼ met de hoed in de hand, komt men door
het ganse land *cap in hand will take you
through the land*
hoedanig *what; like*
hoedanigheid • functie ★ ik spreek in de ~ van
*I speak in the capacity of; I speak with the
authority of* • aard *quality*
hoede • voorzichtigheid *guard* ★ op z'n ~ zijn
(voor) be on one's guard (against); INF. *watch
out (for)* • bescherming *care* ★ iem. onder
zijn ~ nemen *take care/charge of a person*
★ iets aan iemands ~ toevertrouwen *commit/
entrust s.th. to a person's care*
hoeden I OV WW *tend; keep watch over* II WKD
WW *guard (against); beware of* ▼ hoedt u voor
overhaaste conclusies *beware of jumping to
conclusions*
hoedenplank *hat rack*; ⟨in auto⟩ *parcel board*
hoef *hoof*
hoefdier *hoofed animal; ungulate*
hoefgetrappel *trampling of hoofs*
hoefijzer *horseshoe*
hoefslag • spoor *track* • geluid *hoofbeat*
hoefsmid *farrier; blacksmith*; ⟨voor
renpaarden⟩ *plater*
hoegenaamd • volstrekt *at all* ★ ~ niet *not at
all* ★ ~ niets *absolutely nothing* ★ ~ geen pijn
no pain at all ★ daar is ~ niets van waar *it's
completely untrue* • nauwelijks *hardly*;
scarcely ★ ~ niemand *hardly anybody*
hoek • ruimte ⟨v. vertrek, straat⟩ *corner* ★ een
dode hoek *a blind angle* ★ op de hoek *at/on
the corner* ★ uit welke hoek *from
what quarter?* • WISK. *angle* ★ met/onder een
hoek van 90˚ *at an angle of 90 degrees*
• hoekstoot *hook* • verborgen hoekje *nook*
▼ iem. in de hoek drijven *corner a person*
▼ in/uit alle hoeken en gaten *in/from every
nook and cranny* ▼ scherp uit de hoek komen
make sharp remarks ▼ verstandig uit de hoek
komen *be sensible*
hoekhuis *corner house; house on the corner*
hoekig • met hoeken *angular* • stuntelig
awkward

hoekkast *corner cupboard*
hoekman *(stock)jobber*
hoekplaats *corner seat*
hoekpunt *angular point*
hoekschop *corner kick*
hoeksteen • steen op de hoek *cornerstone*
• fundament *foundation* ★ ~ van de
samenleving *mainstay of society*
hoektand *eyetooth; canine tooth*
hoekwoning ⟨v. straat⟩ *corner house*; ⟨v. rij⟩
end house
hoelang *how long*
hoen *hen; fowl* ▼ zo fris als een hoentje *as
fresh as a daisy*
hoenderhok *chicken coop*
hoepel *hoop*
hoepelen *play with/trundle a hoop*
hoepelrok *hoop-skirt; crinoline*
hoepla *(wh)oops(-a-daisy)*
hoer *whore*; AE *hooker*
hoera *hurrah* ★ drie ~'s voor *three cheers for*
hoerastemming *jubilant mood*
hoerenbuurt *red-light district*
hoerenjong • scheldwoord *son of a bitch*
• onwettig kind *bastard* • onvolledige regel
widow
hoerenkast *whorehouse; brothel*
hoerenloper *whore-hopper*
hoerenmadam *madam*
hoerig *tarty* ★ ~e laarzen *tarty boots*
hoes *cover*; ⟨boek⟩ *slip cover; book jacket*;
⟨grammofoonplaat⟩ *sleeve*; ⟨record⟩ *cover*;
⟨record⟩ *jacket*; ⟨kussen⟩ *pillowcase*; ⟨meubels⟩
slipcover; dust cover/sheet
hoeslaken *fitted sheet*
hoest *cough*
hoestbonbon *cough lozenge/drop*
hoestbui *coughing fit*
hoestdrank *cough syrup/medicine*
hoesten *cough*
hoestpastille *cough sweet/drop*
hoeve *farm; farmstead*
hoeveel *how much/many*
hoeveelheid *quantity; amount*
hoeveelste • rangorde ★ de ~ is het vandaag?
what is today's date? ★ de ~ keer is dit? *how
many times does this make?* • welk deel *what
part* ★ het ~ deel van een liter is dat? *what
part of a liter is that?*
hoeven I OV WW • (niet) moeten ★ dat had je
niet ~ doen *there was no need for you to do
that*; ⟨bij krijgen van geschenk⟩ *you
shouldn't have done that* ★ je hoeft niet te
gaan *you don't have to go* II ON WW nodig
zijn *need; be necessary* ★ voor mij hoeft het
niet *I don't care; I couldn't care less*
hoewel *although; though*
hoezeer *however much; as much as*
hoezo *in what way/respect?; what do you
mean?* ★ ~ moeilijk? *what do you mean,
difficult?*
hof I ZN (de) *garden* II ZN (het) • verblijf van
vorst *court* ★ aan 't hof *at court* • gerechtshof
court ★ hof van appel *court of appeal* ★ hof
van cassatie *court of cassation* ★ hof van
justitie *court of justice* ▼ het hof maken *court*

ho

ho

hofdame *lady-in-waiting*
hoffelijk *courteous*
hoffelijkheid *courtesy*
hofhouding *royal household*
hofje ≈ *almshouses*
hofkapel • muzikanten *court orchestra* • kerkje *court chapel*
hofkringen *court(ly) circles*
hofleverancier *purveyor to the Royal Household*
hofmaarschalk *Lord Chamberlain*
hofmeester *steward; stewardess*
hofnar *court jester*
hoge • duikplank *high (diving) board* • persoon *highly-placed person*
hogedrukgebied *high-pressure area/zone; anticyclone;* INF. *(a) high*
hogedrukpan *pressure cooker*
hogedrukreiniger *high-pressure washer*
hogedrukspuit *high-pressure jet;* ⟨verf⟩ *spray gun*
hogepriester *high priest*
hogerhand ★ van ~ *by the powers that be;* ⟨m.b.t. God⟩ *from above* ★ maatregelen van ~ opgelegd *measures imposed by the authorities*
hogerop • hoger ~ willen *want to get on; seek promotion* • bij een hogere instantie ★ het ~ zoeken *submit a case to a higher authority;* ⟨m.b.t. gerechtshof⟩ *appeal to a higher court*
hogeschool *college; academy*
hogesnelheidslijn *high-speed raillink*
hogesnelheidstrein *high-speed train*
hoi • hallo *hi; hello;* AE *howdy* • hoera *whoopee; yee ha; hurray*
hok • bergplaats *shed* • kot *den* • dierenhok ⟨duiven⟩ *dove cot(e);* ⟨hond⟩ *dog kennel;* ⟨konijn⟩ *rabbit hutch;* ⟨schaap⟩ *sheepfold;* ⟨varken⟩ *pigsty*
hokje • vakje *compartment;* ⟨op formulier⟩ *box* ★ een ~ aankruisen *tick off a box* • klein hok *cabin;* ⟨v. schildwacht⟩ *sentry box;* ⟨kleedhokje⟩ *cubicle* ▾ iem. in een ~ stoppen *pigeon-hole so.*
hokjesgeest *parochialism; narrow-|petty-mindedness*
hokken • samenwonen ↑ *live together; shack up (with)* ★ zij ~ al drie jaar *they've been shacking up together for three years now* • haperen ★ het gesprek hokte *the conversation flagged* • op één plek blijven ★ bij elkaar ~ *huddle together*
hol I ZN (de) • op hol gaan/raken/slaan ⟨paard⟩ *bolt;* ⟨kudde⟩ *stampede* ▾ op hol slaan *run away/amuck; get/be out of control* ▾ zijn verbeelding sloeg op hol *his imagination ran wild* II ZN (het) • dierenhok ⟨v. konijn⟩ *burrow;* ⟨v. vos⟩ *hole; earth;* ⟨v. wild dier⟩ *den; lair* • grot *cave; cavern* ★ zich in het hol van de leeuw wagen *beard the lion in his den; take an enormous risk/chance* III BNW • leeg *hollow;* ⟨maag⟩ *empty* • niet bol ⟨ogen⟩ *gaunt;* ⟨lens⟩ *concave* • holle weg *sunken road* • leeg klinkend *hollow* ▾ in het holst van de nacht *in the dead of (the) night* ▾ holle vaten klinken het hardst *empty vessels make the most noise*

holbewoner *cave-dweller*
holding *holding company*
Holland • de provincies *Holland* • Nederland *the Netherlands; Holland*
Hollander *Dutchman;* ⟨schip⟩ *Hollander* ★ Vliegende ~ *Flying Dutchman*
Hollands I ZN ★ 't ~ *Dutch* ★ ze is een ~e *she's Dutch* II BNW van Nederland *Dutch*
hollen *run* ▾ het is met hem ~ of stilstaan *he always runs to extremes; with him it's always all or nothing*
holletje ▾ op een ~ *at a run|gallop*
holocaust *Holocaust*
hologram *hologram*
holrond *concave*
holster *holster*
holte • holle ruimte *cavity;* ⟨v. de hand⟩ *hollow* • uitholling *hollow*
hom *milt; soft roe*
homecomputer *homecomputer*
homeopaat *homeopath(ist)*
homeopathie *homeopathy*
homeopathisch *homeopathic*
homepage *home page*
homerisch *Homeric* ★ ~ gelach *Homeric laughter*
homerun *home run*
hometrainer ⟨fiets⟩ *exercise bicycle;* ⟨roeien⟩ *rowing machine*
hommage *homage*
hommel *bumblebee*
hommeles ★ 't wordt ~ *there will be a row*
homo *homo; homosexual; gay*
homobar *gay bar*
homobeweging *gay movement*
homo-erotisch *homoerotic*
homofilie *homosexuality*
homofoob *homophobic*
homogeen *homogeneous*
homohuwelijk *homosexual|gay marriage*
homoniem I ZN *homonym* II BNW *homonymous*
homonymie *homonymy*
homoscene *gay scene*
homoseksualiteit *homosexuality*
homp *lump; chunk; hunk*
hond • dier *dog;* ⟨jachthond⟩ *hound;* ⟨straathond⟩ *cur; mongrel* • ellendige vent *cur; dog* ▾ blaffende honden bijten niet *barking dogs don't bite* ▾ men moet geen slapende honden wakker maken *let sleeping dogs lie* ▾ de hond in de pot vinden *go without one's dinner* ▾ hij is altijd de gebeten hond *he is always blamed for everything* ▾ kwade honden bijten elkaar niet *dog doesn't eat dog* ▾ wie een hond wil slaan, vindt altijd wel een stok *any stick will do to beat a dog* ▾ twee honden vechten om een been, een derde loopt ermee heen *two dogs fight for a bone, and a third runs away with it*
hondenasiel BE *dog's home;* AE *dog pound*
hondenbaan *lousy|rotten|awful job*
hondenbelasting *dog licence fee;* AE *dog tax*
hondenbrokken *dry dog food*
hondenhok *doghouse*
hondenleven *dog's life* ★ hij had een ~ bij haar

she treated him like a dog/dirt
hondenpenning *dog license disc*
hondenpoep *dog shit; dog mess*
hondentrimmer *canine beautician*
hondenweer *beastly weather*
honderd I ZN *hundred* ▾ de zaak liep in 't ~ *things went all wrong* ▾ nummer ~ *the w.c.* ▾ alles ligt in 't ~ *things are all at sixes and sevens* ▾ ~uit praten *to talk nineteen to the dozen* **II** TELW a/one *hundred* ★ ik ben er ~ procent zeker van *I am a hundred percent sure/positive (of it)*
honderdduizend a/one *hundred thousand*
honderdduizendste → achtste
honderdje *hundred-euro note*
honderdste *hundredth* ★ een ~ (deel) a/one *hundredth (part)* → achtste
honds *churlish; surly; brutal*
hondsberoerd *sick as a dog*
hondsbrutaal *brazen; bold as brass*
hondsdagen *dogdays*
hondsdolheid *rabies;* ‹voornamelijk bij mens› *hydrophobia*
hondsdraf *groundivy*
hondsmoe *dog-tired*
Honduras *Honduras*
honen *gibe/jeer at*
honend *jeering; derisive; scornful*
Hongaar *Hungarian* ★ een ~se a *Hungarian woman*
Hongaars I ZN *Hungarian* **II** BNW *Hungarian*
Hongarije *Hungary*
honger • behoefte aan eten *hunger* ★ ~ hebben *be hungry* ★ ~ lijden *starve; go hungry* ★ ~ krijgen *get hungry* ★ van ~ (doen) omkomen *starve to death* ★ ik rammel van de ~ *I'm starving* ★ begeerte *lust* ▾ ~ maakt rauwe bonen zoet *hunger is the best sauce*
hongerdood *death from starvation* ★ de ~ sterven *die of starvation*
hongeren • honger lijden *starve* • verlangen *be hungry (for)*
hongergevoel *feeling of hunger*
hongerig • honger hebbend *hungry;* ‹sterker› *starving* • begerig *hungry; eager*
hongerlijder • armoedzaaier s.o. *on the breadline* • iem. die honger lijdt *starveling*
hongerloon *starvation wages* ★ laten werken voor een ~ *exploit; run a sweat-shop*
hongeroedeem *hunger oedema*
hongersnood *famine*
hongerstaking *hunger strike* ▾ in ~ gaan *go on a hunger-strike*
hongerwinter *hunger winter*
Hongkong *Hong Kong*
honing • nectar *nectar* • bijenproduct *honey* ▾ iem. ~ om de mond smeren *butter s.o. up*
honingblond *honey(-coloured) blonde*
honingraat *honey comb*
honingzoet • zeer zoet *as sweet as honey* • vleierig *honeyed; mellifluous* ★ op ~e toon *in a honeyed voice; mellifluously*
honk • thuis *home* • SPORT *base*
honkbal *baseball*
honkbalknuppel *baseball bat*
honkballen *play baseball;* INF. *play ball*

honkvast *stay-at-home*
honnepon *sweetheart*
honneurs *honours* ★ de ~ waarnemen *do the honours*
honorair *honorary*
honorarium *fee*
honoreren • belonen *pay; remunerate* • accepteren *honour* ★ een verzoek ~ *honour a request*
hoofd • lichaamsdeel *head* ★ een ~ groter a *head taller* ▾ het ~ stoten *knock one's head (against);* FIG. *meet with a rebuff* ★ van 't ~ tot de voeten *from head to toe* ▾ 'n ~ als vuur krijgen *blush; flush crimson* ★ al ga je op je ~ staan *whatever you may say or do* • verstand ★ iem. iets uit het ~ praten *talk a person out of s.th.* ★ breek je daar maar niet 't ~ over *don't worry about that* ▾ hij is niet goed bij het ~ *he is not all there; he's out of his mind* ★ dat zal hij wel uit zijn ~ laten *he knows better than that* ★ uit 't ~ leren *learn by heart* ★ uit 't ~ citeren *quote from memory* ★ sommen uit 't ~ maken *do sums in one's head* ★ uit 't ~ rekenen *do mental arithmetic* • persoon ★ zoveel ~en, zoveel zinnen *so many men so many minds* ★ bedrag per ~ *amount per head* • voorste/bovenste gedeelte ‹bovenste› *top;* ‹voorste› *front;* ‹v. troep› *head* • bestuur(der) ‹v. groep, partij› *chief;* ‹v. school› *headmaster* • briefhoofd *heading* ▾ uit ~e van *on account of* ▾ iem. het ~ op hol brengen *turn a person's head* ▾ het ~ laten hangen *hang one's head* ▾ uit dien ~e *for that reason* ▾ mijn ~ staat er niet naar *I am not in the mood for it* ▾ zij staken de ~ bij elkaar *they put their heads together* ▾ iem. een beschuldiging naar 't ~ gooien *level an accusation at a person* ▾ over 't ~ zien *overlook* ▾ iem. voor 't ~ stoten *rebuff; offend a person* ▾ het ~ bieden *face; brave; resist* ▾ zich het ~ over iets breken *cudgel/rack one's brains about s.th.* ★ ik heb er een hard ~ in *I have my doubts about it* ▾ mijn ~ loopt om *my head is reeling* ▾ het ~ boven water houden *keep one's head above water* ▾ ben je wel goed bij je ~? *are you crazy, or what?* ▾ zich het ~ breken over *cudgel/rack one's brains about* ▾ met het ~ in de wolken lopen *walk around with one's head in the clouds*
hoofd- *principal;* ‹v. dingen› *main*
hoofdagent *senior police officer*
hoofdartikel *leading article; leader; editorial*
hoofdbestuur ‹instelling› *general/executive committee;* ‹v. bedrijf› *board of directors*
hoofdbewoner *principal occupant*
hoofdbreken ▾ 't kostte me veel ~s *it caused me a good deal of worry*
hoofdbureau *head office;* ‹v. politie› *police headquarters*
hoofdcommissaris *(chief) commissioner (of police)*
hoofdconducteur *chief conductor*
hoofddeksel *headgear*
hoofddocent ‹universiteit› *senior lecturer;* ‹school› *department/subject head*
hoofddoek *headscarf; kerchief; shawl*

ho

hoofdeinde *head*

hoofdelijk ★ ~ stemmen *vote by call* ★ ~e stemming *roll-call vote* ★ ~e omslag 〈belasting〉 *poll tax*

hoofdfilm *feature film*

hoofdgebouw *main building*

hoofdgerecht *main course*

hoofdhaar *hair (of the head)*

hoofdhuid *scalp*

hoofdingang *main entrance*

hoofdinspecteur *chief inspector*

hoofdje • klein hoofd *little/small head* • opschrift *heading; caption* • bloeiwijze *(flowering) head*

hoofdkantoor *head office; head quarters*

hoofdkraan *main cock/faucet* ★ de ~ dichtdraaien *turn off the main*

hoofdkussen *pillow*

hoofdkwartier *headquarters*

hoofdleiding • opperste leiding *supreme direction; board of directors* • toevoerbuis *main*

hoofdletter *capital (letter)*

hoofdlijn *outline(s); main lines* ★ iets in ~en geven *outline s.th.*

hoofdmacht *main force*

hoofdmoot *principal part*

hoofdofficier *field officer*

hoofdonderwijzer *head master/mistress; head teacher*

hoofdpersoon *principal person*; 〈in boek, toneelstuk〉 *leading character*

hoofdpijn *headache* ▾ barstende ~ *splitting headache*

hoofdprijs *first prize*

hoofdredacteur *editor-in-chief*

hoofdrekenen *mental arithmetic*

hoofdrol *leading part* ★ de ~ spelen *play the leading part; be the leading man/lady*

hoofdrolspeelster *leading lady/actress; female lead*

hoofdrolspeler *leading man/actor; male lead*

hoofdschotel • voornaamste gerecht *main course* • het belangrijkste *the main item*

hoofdschuddend *with a shake of the head; shaking one's head*

hoofdsponsor *main sponsor*

hoofdstad *capital*; 〈v. provincie〉 *provincial capital*

hoofdstedelijk *metropolitan*

hoofdsteun *head rest*; 〈auto〉 *head restraint*

hoofdstraat *main street*

hoofdstuk *chapter*

hoofdtelefoon *headphone*

hoofdtelwoord *cardinal number*

hoofdvak *main subject; major*

hoofdvestiging *main office; main branch*

hoofdwasmiddel *detergent for the main wash*

hoofdwond *head wound*

hoofdzaak *main point/issue* ★ in ~ *in the main*

hoofdzakelijk *chiefly; mainly*

hoofdzin *main/principal clause*

hoofs *courtly*

hoog • niet laag *high*; 〈stem〉 *high(-pitched)*; 〈boom, gebouw〉 *tall*; 〈boom, ideaal〉 ↑ *lofty* ★ hoog grijpen *aim high* ★ hoog staan 〈v.

water, barometer, aandelen〉 *be high* ★ MUZ. de hoge c *the upper C* ★ hoge rug *stoop; hunchback* • reikend tot ★ zij woont twee hoog *she lives on the second floor*; AE *she lives on the first floor* • noordelijk ★ in 't hoge noorden *in the extreme North* • aanzienlijk 〈kosten〉 *high*; 〈leeftijd〉 *advanced*; old ★ Hoge Raad *Supreme Court of Judicature* ★ hij achtte zich niet te hoog om te werken *he was not above working* ★ een hoge ome *a VIP; a very important person*; *a big shot*; MIL. *a brass hat* ▾ hoog en droog *high and dry; out of harm's way* ▾ dat zit mij hoog *that sticks in my throat; that's on my mind* ▾ dat gaat mij te hoog *that is beyond me* ▾ of je hoog of laag springt *whether you like it or not* ▾ ten slotte kwam het hoge woord eruit *he finally said what was on his mind*

hoogachten *esteem highly*

hoogachtend FORM. *sincerely/respectfully/ faithfully yours; yours sincerely/respectfully/ faithfully*

hoogachting *esteem; respect*

hoogbegaafd *highly gifted*

hoogbejaard *aged*

hoogbouw *high-rise buildings/flats*

hoogconjunctuur *(period of) boom*

hoogdravend *high-flown; pompous*; INF. *highfalutin*

hooggeacht ★ ~e heer *(Dear) Sir*

hooggebergte *high mountains*

hooggeëerd *highly honoured* ★ ~ publiek! *Ladies and Gentlemen!*

hooggeleerd ★ de ~e heer A. *Professor A.*

hooggeplaatst *high(-up); highly placed*

hooggerechtshof *High Court (of Justice); Supreme Court*

hooggespannen *high strung* ★ ~ verwachtingen *high hopes*

hooggewaardeerd *highly valued*

hoogglanslak *gloss paint*

hooghartig *haughty*

hoogheemraadschap ≈ BE *river/catchment board*

hoogheid *highness* ★ Uwe Hoogheid *Your Highness*

hoogland *highland*

hoogleraar *professor*

Hooglied *Song of Songs* ★ het ~ van Salomon *the Song of Solomon*

hooglijk *highly; greatly*

hooglopend ★ een ~e ruzie *violent quarrel; flaming row*

hoogmis *high mass*

hoogmoed *pride; haughtiness* ▾ ~ komt voor de val *pride will have a fall*

hoogmoedig *haughty; proud*

hoogmoedswaan(zin) *megalomania*

hoognodig *highly necessary* ★ ~ hersteld moeten worden *be in urgent need of repair* ★ alleen 't ~e doen *do only what is absolutely necessary*

hoogoplopend *high-rising* ★ ~e ruzie *blazing row* ★ ~e prijzen *escalating costs*

hoogoven *blast furnace*

hoogrendementsketel *high efficiency boiler*

hoogrood *bright/deep red*
hoogschatten *value highly*
hoogseizoen *high season*
hoogslaper *raised bed*
hoogspanning *high tension* ★ Voorzichtig! ~! *Caution! High Tension/Voltage!* ▾ onder ~ staan *be under great stress*
hoogspanningskabel *high tension cable; power line*
hoogspanningsmast *electricity pylon*
hoogspringen *high jump*
hoogst I ZN *highest; top* ★ op zijn ~ *at its height* ★ tien op z'n ~ *ten at most* ★ boete van ten ~e... *a fine up to...* II BIJW *highly; extremely*
hoogstaand *high-principled*
hoogstandje *tour de force*
hoogsteigen ★ in ~ persoon *in person; him-/herself*
hoogstens *at best; at most; at the utmost*
hoogstpersoonlijk *in person; self; personally*
hoogstwaarschijnlijk I BNW *most likely/probable* II BIJW *most likely/probably; in all probability*
hoogte ● peil, niveau *level; height* ★ uit de ~ neerzien op *look down upon* ★ op dezelfde ~ blijven *remain stationary* ★ op gelijke ~ staan met *be on the same level as; rank with* ● afmeting omhoog ▾ in de ~ bouwen *build upward(s)* ★ in de ~ gaan *rise* ▾ in de ~ steken *put up (a hand);* FIG. *sing (s.o.'s) praises* ● klank *pitch* ★ GEO. ▾ ter ~ van *Dover off Dover* ● verheffing *height; elevation* ▾ iem. op de ~ brengen van iets *inform/post s.o. about s.th.* ▾ iem. uit de ~ behandelen *treat a person haughtily* ▾ uit de ~ optreden *take a high line; act with a superior air* ▾ erg uit de ~ zijn *be very supercilious* ▾ op de ~ blijven *keep abreast of; keep o.s. informed* ▾ ik kan er geen ~ van krijgen *it beats me* ▾ ik kan er geen ~ van hem krijgen *I don't understand him* ▾ op de ~ van *abreast of* ▾ niet op de ~ van *out of touch with* ▾ hij is er geheel van op de ~ *he is well-informed (on the matter); he is well-posted on the subject; he is knowledgeable about it* ▾ iem. op de ~ houden *keep s.o. informed/posted* ▾ hij kreeg de ~ *he got tipsy*
hoogtelijn ★ WISK. *perpendicular* ★ GEO. *contour (line)*
hoogtepunt *height; peak;* ⟨ook seksueel⟩ *climax* ★ 't ~ bereiken *culminate; reach a climax;* ⟨v. crisis⟩ *come to a head*
hoogteverschil ⟨niveau⟩ *difference in altitude;* ⟨objecten enz.⟩ *difference in height*
hoogtevrees *fear of heights*
hoogtezon *sun(ray) lamp* ★ ~behandeling *sunray treatment*
hoogtij ★ ~ vieren *reign supreme;* ⟨ongunstig⟩ *be rampant*
hooguit *at the (very) most; no more than* ★ het gesprek duurt ~ een uur *the interview takes an hour at the very most*
hoogverraad *high treason*
hoogvlakte *uplands; plateau*
hoogvlieger *high-flier* ★ hij is geen ~ *he is no genius*
hoogwaardig ● van hoge waarde *high-grade;*

high-quality ● zeer verheven *eminent* ★ het ~e *Sacrament the host*
hoogwaardigheidsbekleder *dignitary*
hoogwater ● vloed *high tide* ● hoge waterstand in rivier enz. *high water*
hoogwerker *tower waggon*
hoogzwanger *in advanced state of pregnancy*
hooi hay ▾ te hooi en te gras *once in a while; at odd moments* ▾ hij neemt te veel hooi op zijn vork *he bites off more than he can chew*
hooiberg *haystack*
hooien *make hay* ★ het ~ *hay-making*
hooikoorts *hay fever*
hooimijt *haystack*
hooivork *pitchfork; hayfork*
hooiwagen ● kar *hay wagon/cart* ● spinachtig dier *daddy longlegs*
hooizolder *hayloft*
hooligan *hooligan*
hoon *scorn*
hoongelach *derisive laughter; jeers*
hoop ● verwachting *hope (of)* ★ op hoop van *in the hope of* ★ zijn hoop vestigen op *set one's hopes on* ★ tussen hoop en vrees leven *hover between hope and fear* ★ goede hoop hebben *have good hopes* ★ veel/weinig hoop geven *hold out much/little hope* ★ dat sloeg onze hoop de bodem in *that shattered our hopes* ★ iets op hoop van zegen doen *trust to (one's) luck* ● stapel *heap; pile* ★ bij hopen *in heaps; by the score* ★ alles op één hoop gooien *lump everything together* ★ grote hoeveelheid *lot of; great deal of; great many* ★ een hoop mensen *a crowd of people* ★ 'n hele hoop geld/mensen *quite a lot of money/people* ● drol *muck; mess* ▾ te hoop lopen *gather in a crowd* ▾ de grote hoop *the masses* [mv]; *the crowd*
hoopgevend *hopeful*
hoopvol *hopeful*
hoorapparaat *hearing aid*
hoorbaar *audible*
hoorcollege *(formal) lecture*
hoorn I ZN (de) ● uitsteeksel aan kop *horn* ● blaasinstrument *horn; bugle* ● telefoonhoorn *receiver* ▾ ~ van overvloed *horn of plenty; cornucopia* II ZN (het) *horn*
hoorndol *nuts; crazy; mad; crazy; nuts* ★ ik word er ~ van! *it's driving me mad/nuts/round the bend*
hoornen *horn*
hoornlaag *epidermis*
hoornvlies *cornea*
hoornvliesontsteking *keratitis; inflammation of the cornea*
hoorspel *radio play*
hoorzitting *hearing*
hoos ● wervelwind *whirlwind;* ⟨boven water⟩ *waterspout* ● laars *wader*
hoosbui *downpour*
hooswater *spray; spindrift;* ⟨v. boot⟩ *bilge water*
hop I ZN ● vogel *hoopoe* ● plant *hop* II TW *come on; let's go*
hopelijk *hopefully*
hopeloos *hopeless*

hopen *hope* ★ het beste ~ *hope for the best* ★ ik hoop van wel/niet *I hope so/not*

hopman *chief; scoutmaster*

hor *wire gauze; screen; mesh*

horde • bende *horde* • SPORT *hurdle* ★ de 100 m. ~n voor vrouwen *the women's 100 metre hurdles*

hordeloop *hurdles*

hordeloper *hurdler*

horeca *(hotel and) catering industry*

horen I OV WW • met gehoor waarnemen ★ dat is hier niet te ~ *that cannot be heard here* ★ van ~ zeggen *by/from hearsay* ★ hij hoorde lopen *he heard footsteps* ★ geluid laten ~ *utter/emit sound* ★ moeilijk ~ *be hard-of-hearing* ★ ~ en zien verging je *the noise was deafening* ★ ~de doof zijn *pretend not to hear* • luisteren ★ hoor eens *listen*; ⟨als protest⟩ *look here* • verhoren ★ de getuige werd door de politie gehoord *the witness gave a statement to the police* • vernemen *hear* ★ ik moet altijd maar ~ dat... *I am constantly told...* ★ te ~ krijgen *hear; be told* ★ ik kreeg te ~ dat ... *I was given to understand that...* ★ hij heeft veel van zich doen ~ *he has made a great stir; he has made quite a name for himself* ★ laat eens wat van je ~ *let us hear from you* ★ niets van zich laten ~ *send no news of o.s.* ★ men kon aan uw stem ~ *one could tell by your voice* II ON WW • betamen *should; ought to* ★ voor wat hoort wat *one good turn deserves another* • zijn plaats hebben *belong* ★ die stoel hoort hier niet *that chair does not belong here* ▾ wie niet ~ wil, moet maar voelen *he that will not be counselled cannot be helped*

horige *serf*

horizon *horizon*

horizontaal *horizontal*

hork *boor; oaf*

horkerig *boorish; oafish; loutish*

horloge *watch*

horlogebandje *watchband*

hormonaal *hormonal*

hormoon *hormone*

hormoonpreparaat *hormone preparation*

horoscoop *horoscope* ★ iemands ~ trekken *chart a person's horoscope*

horrelvoet *clubfoot*

horror *(spine) chiller; horror story, film, etc.*; ⟨video⟩ *(video) nasty*

horrorfilm *horror film*

hors d'oeuvre *hors d'oeuvre*

hort *jerk; jolt* ▾ met horten en stoten *joltingly; by fits and starts* ▾ de hort opgaan *go on a spree; be on the loose*

horten *jolt; jerk*

hortensia *hydrangea*

hortus botanicus *botanical garden*

horzel *horsefly; gadfly*; ⟨wespachtige⟩ *hornet*

hospes • kamerverhuurder *landlord* • gastheer *host*

hospita *landlady*

hospitaal *hospital*

hospitant *student/practice teacher*

hospiteren *do one's teaching practice*

hossen *jig* ★ een ~de menigte *a dancing/frolicking crowd*

host *host*

hosten *host*

hostess • gastvrouw *hostess* • stewardess *stewardess*

hostie *host*

hot I BNW ★ hot item *hot item* II BIJW ▾ van hot naar haar *to and fro; back and forth*

hotdog *hot dog*

hotel *hotel*

hotelaccommodatie *hotel rooms/accommodation*

hoteldebotel • verliefd *crazy; nuts* • stapelgek *round the bend; nuts; crackers*

hotelgast *hotel guest*

hotelhouder *innkeeper; hotel manager*

hôtelier → *hotelhouder*

hotelkamer *hotel room*

hotelketen *chain of hotels*

hotel-restaurant *hotel with a public restaurant*

hotelschakelaar *two-way switch*

hotelschool *hotel school* ★ hogere ~ *hotel management school*

hotemetoot *bigwig*

hotline *hot line*

hotpants *hot pants*

houdbaar • te bewaren ★ ten minste ~ tot... *best before...* • te verdragen *bearable* • verdedigbaar *tenable*

houdbaarheidsdatum *sell-by date*

houden I OV WW • vast-, tegenhouden *hold*; ⟨adem⟩ *hold* ★ houd de dief! *stop thief!* ★ hij was niet te ~ van woede *he was beside himself with rage* • behouden *keep* ★ houd het wisselgeld maar *keep the change* • erop na houden *keep* ★ 't met andere vrouwen ~ *carry on with other women* ★ duiven ~ *keep pigeons* • handhaven *keep* ★ zijn woord ~ *keep one's word* • in toestand laten blijven ★ houd je medelijden maar vóór je! *spare me your pity!* ★ een opmerking vóór zich ~ *keep a remark to o.s.* ★ rechts ~ *keep to the right* • doen plaatsvinden ★ een vergadering ~ *hold a meeting* ★ een toespraak ~ *make/deliver a speech*; maintain ★ ik kon het niet tegen hem ~ *I was no match for him* • ~ aan *keep/adhere to* ★ zij hield hem aan zijn woord *she kept him to his word* ★ daar houd ik je aan *I'll hold you to that* ★ zich aan een belofte/de feiten ~ *stick to a promise/the facts* ★ je weet nooit waar je je aan te ~ hebt *you never know what is expected of you* • ~ voor ★ 't ervoor ~ dat... *believe that...* ★ mag ik 't ervoor ~ dat...? *may I take it that...?* ★ ik hield hem voor... *I mistook him for...* ★ ik houd hem voor een eerlijk man *I consider him (to be) an honest man* II ON WW • niet stukgaan ★ het ijs houdt nog niet *the ice isn't thick enough yet* ★ ~ van *like; be fond of* III WKD WW • blijven ★ ik kon me niet goed ~ *I could not help laughing* ★ hou je goed! *keep up the good work!; keep it up!*; ⟨bij afscheid⟩ *take care of yourself*; ⟨aanmoediging⟩ *go to it!* ★ het weer hield zich goed *the weather remained clear/fair*

★ deze stof houdt zich goed *this fabric wears well* ★ zich ~ bij *stick to* ★ zich ver ~ van *keep away from* ★ je hebt je kranig ge~ *you behaved splendidly; you were splendid* ★ eerst eens kijken hoe hij zich houdt *let's wait and see how he shapes up|reacts* ★ zich goed ~ *acquit o.s. well; control one's emotions; bear up (bravely)*; ⟨niet lachen⟩ *keep a straight face* ★ schijn aannemen *pretend* ★ hij houdt zich maar zo *he is only pretending; it's only make-believe*

houder • voorwerp om iets in te bewaren *holder; container* • klem *holder* • beheerder *keeper*

houdgreep *hold* ★ iem. in de ~ hebben/nemen *have|put s.o. in a hold*

houding • lichaamshouding *carriage; bearing; posture* ★ in de ~ staan/gaan staan *stand| come to attention* • gedragslijn *attitude; manner* ★ zich 'n ~ geven *strike|adopt an attitude* ★ om zich 'n ~ te geven *to save one's face* ★ 't is maar een ~ *it is mere he is only posing* ★ een dreigende ~ aannemen *assume a threatening attitude|position*

houdoe *bye-bye*

housemuziek *house*

houseparty *house party*

housewarming *housewarming party*

hout • materiaal *timber* • houtgewas *wood* • stuk hout *piece of wood*; ⟨v. schaats⟩ *stock* ▾ van dik hout zaagt men planken ⟨pak slaag⟩ *he got a severe thrashing|beating* ▾ alle hout is geen timmerhout *every reed will not make a pipe* ▾ hij is uit ander hout gesneden *he is cast from a different mould*

houtblazer *wood player*

houtduif *wood pigeon*

houten *wooden*

houterig *wooden* ★ zich ~ gedragen *move woodenly|stiffly*

houtgravure *wood engraving; wood cut*

houthakken • bomen vellen *tree felling* • brandhout maken *chopping wood*

houthakker *woodcutter; lumberjack*

houthandel • het handelen *timber trade; wood industry*; AE *lumber trade* • winkel *timber yard*; AE *lumber yard*

houthoudend ★ ~ papier *paper made from wood pulp*

houtindustrie *timber | (AE) lumber trade*

houtje ★ ~s hakken *chop wood* ★ ~-touwtje sluiting *toggle* ▾ op een ~ moeten bijten *have difficulty keeping body and soul together*

houtje-touwtjejas *duffle-coat*

houtlijm *joiner's glue; glue for joining wood*

houtskool *charcoal*

houtskooltekening *charcoal drawing*

houtsnijwerk *wood carving*

houtsnip *woodcock*

houtvester *forester*

houtvesterij *forestry*

houtvrij *wood-free*

houtwal *wooded bank*

houtwerk • houten delen *woodwork; carpentry* • constructie *timber construction*

houtwol *wood wool*

houtworm *woodworm*

houtzagerij *sawmill*

houvast *hold; foothold; handhold*; FIG. *grip; hold* ★ geen ~ hebben *have no hold (on)*; FIG. *have nothing to go by*

houw • slag *gash* • snee *cut; gash*

houwdegen • wapen *broadsword* • vechtjas *fire-eater*

houweel *pickaxe*

houwen • hakken *hew; cut; slash* • vormen *hew; carve*

houwitser *howitzer*

hovaardig *presumptuous*

hoveling *courtier*

hovenier *gardener*

hozen I OV WW *bail; bale* II ONP WW ★ het hoost *it's pouring down*

hufter *lout; clodhopper*

huichelaar *hypocrite*

huichelachtig *hypocritical*

huichelarij *hypocrisy*

huichelen I OV WW *veinzen simulate; sham* II ON WW zich anders voordoen *dissemble; give a false impression*

huid • vel *skin* • pels *hide*; ⟨kleine dieren⟩ *skin* • SCHEEPV. *skin* ▾ met huid en haar *hide and hair* ▾ een dikke huid hebben *be insensitive; be thick-skinned* ▾ iem. op zijn huid geven *give a person a sound hiding; tan a person's hide* ▾ iem. de huid vol schelden *heap abuse on a person* ▾ de huid verkopen voor de beer geschoten is *count one's chickens before they have hatched*

huidaandoening *skin disorder*

huidarts *dermatologist*

huidcrème *skin cream*

huidig *present(-day); at the present time* ★ tot op de ~e dag *to this (very) day; to the present day*

huidkanker *skin cancer*

huidmondje *stoma*

huidskleur *skin colour*; ⟨gezicht⟩ *complexion*

huidtransplantatie *skin grafting|transplant*

huiduitslag *rash; eczema*

huidverzorging *skin care*

huidziekte *skin disease*

huif *hood*

huifkar *covered waggon*

huig *uvula*

huilbui *fit of crying|weeping*

huilebalk *crybaby*

huilen • wenen *cry* ★ het ~ stond mij nader dan het lachen *I was on the verge of tears* ★ 't is om te ~ *it's enough to make one cry* ★ in ~ uitbarsten *burst out crying* • janken *howl* ▾ ~ met de wolven in het bos *when in Rome, do as the Romans do*

huilerig *tearful*

huis • gebouw *house* ★ huis van bewaring *house of detention* • woning *house* ★ naar huis gaan *go home* ★ huis en erf *premises* ★ huis en haard *hearth and home* ★ huizen kijken *go house-hunting* ★ huis aan huis bezorgen *distribute door to door* ★ bij iem. aan huis komen *visit a person* ★ in huis zijn bij *live with* ★ in huis nemen *take in* ★ langs

hu

de huizen gaan *go from door to door* ★ van huis gaan *leave home* • huisgezin *home* • geslacht *house* ★ van goeden huize *of a good family* • handelshuis *house* • koker *case* ▼ dan ben je nog verder van huis *then you are even worse off* ★ van huis uit *originally*

huis-aan-huisblad *free local paper*
huisadres *private adress*
huisapotheek *medicine chest*
huisarrest *house arrest*
huisarts *family doctor; physician*
huisbaas *landlord*
huisbezoek *house call* ★ een ~ afleggen *make a house visit/call*
huisdeur *front door*
huisdier ⟨kat, hond, e.d.⟩ *pet*; ⟨op boerderij, e.d.⟩ *domestic animal*
huiseigenaar *house-owner*
huiselijk • het huis betreffend *domestic/home life* ★ ~ leven *domestic/home life* • ~e omstandigheden *domestic circumstances* ★ de ~e haard *the fireside* ★ in de ~e kring *in the family circle* • graag thuis zijnd ★ een ~e man *a home-loving/family man* • gezellig ★ een ~e sfeer *homelike/homey feeling*
huisgenoot *housemate; flatmate*
huisgezin *family; household*
huishoudbeurs *home exhibition*
huishoudboekje *housekeeping book*
huishoudelijk • het huishouden betreffend *domestic* ★ ~e artikelen *household goods* • dagelijkse zaken betreffend *domestic* ★ ~e vergadering *private meeting*
huishouden I ZN • huishouding *housekeeping; management* ★ 't ~ doen *keep house* • gezin *family; household* • een ~ opzetten *set up house* **II** ON WW • de huishouding doen *keep house* • tekeergaan *carry on* ★ danig ~ onder *play havoc with/among* ▼ er valt met hem geen huis te houden *he is impossible*
huishoudgeld *housekeeping money*
huishouding ⟨het regelen⟩ *housekeeping*; ⟨huisgenoten⟩ *household* ★ de ~ doen *run the house*
huishoudkunde *domestic science; home economics*
huishoudschool *School of Domestic Science; School of Home Economics*
huishoudster *housekeeper*
huisje *cottage*
huisjesmelker *slumlord; rackrenter*
huiskamer *living room*
huisknecht *butler; (man)servant*
huisman *house husband*
huismeester *warden*; ⟨flatgebouw, e.d.⟩ *caretaker*; AE *janitor*
huismerk *own brand*
huismiddel *home/domestic remedy*
huismijt *dust mite*
huismoeder *housewife; mother*
huismus • vogel *house sparrow* • persoon *stay-at-home*
huisnummer *house number*
huisraad *furniture; furnishings*
huisregel *house rule*
huisschilder *house painter*

huissleutel *house key; frontdoor key*; ⟨loper⟩ *pass key*
huisstijl *house style*; ⟨logo⟩ *company logo*
huistelefoon *internal telephone*
huisvader *father of the family; family man*
huisvesten *house; lodge*; ⟨tijdelijk⟩ *accommodate*
huisvesting • het huisvesten *housing* • verblijf *accommodation; lodging* ★ iem. ~ verlenen *provide housing/accommodation for a person* • huisvestingsbureau *housing department*
huisvlijt *home industry*
huisvredebreuk *unlawful entry; trespassing* ★ zich aan ~ schuldig maken *trespass on private property*
huisvriend *family friend*
huisvrouw *housewife*
huisvuil *household refuse/rubbish*; AE *garbage* ★ stortplaats voor ~ *refuse/rubbish/garbage dump* ★ gescheiden inzameling van ~ *assorted/selected domestic waste collection*
huiswaarts *homeward(s)*
huiswerk • schoolwerk *homework* • huishoudelijk werk *housework*
huiswijn *house wine*
huiszoeking *house search* ★ er werd ~ gedaan *the house was searched*
huiszwaluw *house martin*
huiveren • rillen ⟨v. afgrijzen⟩ *shudder (at)*; ⟨v. koude⟩ *shiver* • terugschrikken *shrink from*
huiverig • rillerig *shivery* • angstig ★ hij was er ~ voor *he was hesitant to do it*
huivering • rilling ⟨v. afgrijzen⟩ *shudder*; ⟨v. koude⟩ *shiver(s)* • aarzeling *hesitation*
huiveringwekkend *horrible*
huizen *live; be housed*; ⟨tijdelijk⟩ *lodge*
huizenblok *row of houses; terrace*; AE *block of house*
huizenmarkt *housing market*
hulde *tribute; homage* ★ ~! *hear, hear!* ★ warme ~ brengen aan *pay a warm tribute to*
huldebetoon *homage*
huldeblijk *tribute*
huldigen • eren *pay homage to*; ⟨bij afscheid⟩ *honour* • aanhangen ★ een opvatting ~ *hold a point of view*
hullen *wrap (up) in*
hulp • het helpen *help; aid; assistance* ★ iem. te hulp komen *aid s.o.*; ⟨redden⟩ *come to s.o.'s rescue* ★ hulp verlenen *render assistance* ★ op eigen hulp aangewezen zijn *depend on one's own resources* ★ eerste hulp *first aid* • persoon ★ hulp in de huishouding *household help*
hulpbehoevend *needy*
hulpbron *resource*
hulpdienst *emergency service(s)* ★ telefonische ~ *emergency number/line; crisis line*
hulpeloos *helpless*; ⟨machteloos⟩ *powerless* ★ hij stond er wat ~ bij *he looked on/watched helplessly*
hulpmiddel • middel *aid; help*; ⟨gereedschap⟩ *tool* • bron *resource* • uitkomst *expedient; remedy*
hulporganisatie *relief organization*
hulppost *aid station*

hulpstuk *attachment*; ⟨elektrisch⟩ *fitment*; ⟨tussenstuk⟩ *adaptor*
hulptransport *relief transport*
hulpvaardig *helpful*
hulpverlener *social worker*
hulpverlening *assistance*
hulpwerkwoord *auxiliary*
huls • omhulsel *case*; *cover* • patroonhuls ⟨*cartridge*⟩ *case* • peul *pod*; *cod*
hulst *holly*
hum ⋆ goed in zijn hum zijn *be in good spirits*
humaan *humane*
humanisme *humanism*
humanist *humanist*
humanistisch *humanist(ic)* ⋆ het Humanistisch Verbond *Humanist Society*
humanitair *humanitarian*
humbug *humbug*; *rubbish* ⋆ dat is toch allemaal ~! *that's just nonsense/a load of rubbish*
humeur • stemming *temper*; *humour*; *mood* ⋆ in/uit zijn ~ zijn *be in a good/bad mood* • temperament *temper*
humeurig *moody*
hummel *toddler*; *(tiny) tot*
humor *humour*
humorist *humorist*
humoristisch *humorous*
humus *humus*
humuslaag *layer of humus*
hun I PERS VNW *them* II BEZ VNW *their* ⋆ één van hun kennissen *an acquaintance of theirs*
hunebed *megalithic tomb*
hunkeren *yearn/long for*; ⟨liefde⟩ *ache for* ⋆ ~ naar ruzie *be spoiling for a fight*; *be itching to pick a fight*
hup *come on*; *go for it*; ⟨bij tillen/trekken van iets zwaars⟩ *heave (ho)*
huppeldepup *whats-his/her-name*; *whatsit*
huppelen *skip*; *frisk*
huren ⟨zaken⟩ *hire*; ⟨huis⟩ *rent*
hurken I ZN ⋆ op zijn ~ gaan zitten *squat* II ON WW *squat*
hurkzit *crouch*; *squat*
husselen *mix up*; *shake up*; ⟨kaarten⟩ *shuffle*
hut • huisje *cottage*; ⟨armoedig⟩ *hut*; *hovel* • cabine op schip *cabin*
hutkoffer *cabin trunk*
hutspot • stamppot *hotchpotch* • mengelmoes *hotchpotch*; *mish mash*
huur • het huren *lease* ⋆ huis te huur *house for rent*; *house to let* ⋆ auto's te huur *cars for hire* • huursom *(house) rent*
huurachterstand *arrears of rent*
huuradviescommissie *rent tribunal*
huurauto *rented/hire(d) car*
huurbescherming *rent protection*
huurcommissie *rent tribunal*
huurcontract *lease*
huurder *hirer*; *renter*; ⟨v. huis⟩ *tenant*
huurhuis *rented house*
huurkamer *rented room*
huurkoop *hire-purchase*
huurleger *army of mercenaries*; *mercenary army*
huurling *hireling*; ⟨soldaat⟩ *mercenary*

huurmoordenaar *hired assassin*; INF. *hit man*; AE *contract killer*
huurovereenkomst *lease*; *tenancy agreement*
huurprijs *rent*
huurschuld *arrears (of rent)*
huursubsidie *rent subsidy*
huurverhoging *rent increase*
huurwaardeforfait ≈ *ratable value*; *fixed percentage of the rental value of a house for tax purposes*
huwbaar *marriageable*
huwelijk • verbintenis *marriage*; FORM. *matrimony* ⋆ ~ sluiten *contract a marriage* ⋆ ten ~ vragen *propose to* ⋆ ~ uit liefde *love match* ⋆ in 't ~ treden *marry* • huwelijksvoltrekking *marriage*; *wedding* ⋆ burgerlijk/kerkelijk ~ *civil/church wedding*
huwelijks ⋆ ~e voorwaarden *marriage settlement*; *marriage contract*
huwelijksaankondiging *wedding-announcement*
huwelijksaanzoek *marriage proposal*
huwelijksadvertentie ⟨aankondiging⟩ *marriage announcement*
huwelijksbootje v in 't ~ stappen *get married*; *tie the knot*
huwelijksbureau *matrimonial agency*
huwelijksfeest *wedding party*
huwelijksgeschenk *wedding present/gift*
huwelijksnacht *wedding night*
huwelijksreis *honeymoon*
huwelijksvoltrekking *celebration of (a) marriage*
huwen *marry*
huzaar *hussar*
huzarensalade ≈ *Russian salad*
huzarenstukje *dashing/daring exploit*
hyacint *hyacinth*
hybride *hybrid*
hydrateren *hydrate*
hydraulisch *hydraulic*
hydrocultuur *hydro-culture*
hydrologie *hydrology*
hydroloog *hydrologist*
hyena *hyena*
hygiëne *hygiene*
hygiënisch *hygienic*
hymne *hymn*
hype *hype*
hypen *hype*
hyper- *hyper*
hyperbool • WISK. *hyperbola* • TAALK. *hyperbole*
hyperlink *hyperlink*
hypermodern *ultra-modern*
hypertensie *hypertension*; *high blood pressure*
hyperventilatie *hyperventilation*
hyperventileren *hyperventilate*
hypnose • het hypnotiseren *hypnosis* • kunstmatige slaap *hypnosis*; *hypnotic trance*
hypnotiseren *hypnotize*
hypnotiseur *hypnotist*
hypochonder *hypochondriac*
hypocriet I ZN *hypocrite* II BNW *hypocritical*
hypocrisie *hypocrisy*; *sanctimoniousness*
hypotenusa *hypotenuse*

hy

hypothecair *mortgage* ★ ~e akte *mortgage deed*
hypotheek *mortgage* ★ vrij van ~ *unencumbered* ★ belast met ~ *mortgaged* ★ eerste ~ hebben op *hold a first mortgage on* ★ geld op ~ nemen *raise money with a mortgage*
hypotheekbank *mortgage bank*; ≈ *building society*
hypotheekrente *mortgage interest*
hypothese *hypothesis*
hypothetisch *hypothetic(al)*
hystericus *hysteric; hysterical person*
hysterie *hysteria*
hysterisch *hysterical*

I

i *i* ★ de i van Isaak *I as in Isaac*
iconografie *iconography*
icoon *icon*
ICT Informatie- en Communicatietechnologie *ICT*
ideaal I ZN *ideal* II BNW *ideal*
ideaalbeeld *ideal(ized) picture|image*
idealiseren *idealize*
idealisme *idealism*
idealist *idealist*
idealistisch *idealistic*
idealiter *ideally; in theory*
idee *idea; notion; opinion* ★ iem. op 'n idee brengen *suggest an idea to a person* ★ naar mijn idee *in my view* ★ dat geeft een heel ander idee *that strikes quite a different note* ★ ik heb zo'n idee dat... *I have a hunch that...* ★ met 't idee om *with the idea of* ★ op 'n idee komen *hit upon an idea*
ideëel *ideal*
ideeënbus *suggestion box*
idee-fixe *idée-fixe; obsession* ★ een ~ hebben over iets *have a bee in one's bonnet about s.th.*
idem *ditto; the same;* ⟨bij citaat⟩ *idem*
identiek *identical*
identificatie *identification*
identificatieplicht *obligation to carry identification papers*
identificeren *identify*
identiteit *identity*
identiteitsbewijs *identity papers; identity card (ID card)*
identiteitscrisis *identity crisis*
identiteitskaart *identity card; identification card*
identiteitsplaatje *identity disk*
ideogram *ideograph*
ideologie *ideology*
ideologisch *ideological*
idiomatisch *idiomatic*
idioom *idiom*
idioot I ZN *idiot; imbecile* ★ zich als een ~ gedragen *make a perfect idiot of o.s.* II BNW • zwakzinnig *idiotic* • onzinnig *idiotic; foolish* ★ een ~ antwoord *a silly answer*
idiosyncratisch *ideosyncratic*
idioterie *idiocy*
ID-kaart *ID card*
idolaat ★ ~ zijn van iem. *worship|idolize a person*
idool *idol*
idylle *idyl(l)*
idyllisch *idyllic*
ieder • zelfstandig gebruikt *everyone; everybody; each; anyone; anybody* • bijvoeglijk gebruikt ⟨meer dan twee⟩ *every; each;* ⟨welke dan ook⟩ *any* ★ hij komt ~e dag *he comes every day* ★ aan ~e voet *on each foot*
iedereen *everyone; everybody*
iel *thin*
iemand *someone; somebody* ★ ~ anders

somebody else ∗ een zeker ∼ *a certain s.o.* ∗ een eerlijk ∼ *an honest person*

iep *elm tree*

Ier *Irishman* ∗ een Ierse *an Irishwoman*

Ierland *Ireland;* ⟨Ierse naam⟩ *Éire*

Iers *Irish*

iets I BIJW *a little; somewhat* **II** ONB VNW *something; anything* ∗ is er iets? *is anything the matter?* ∗ ik heb nog nooit zo iets gezien *I've never seen anything like it* ∗ dat is weer echt iets voor hem! *that's just like him!* ∗ dan is er nóg iets *then there is another thing* ∗ het heeft iets van ... *it is suggestive of ...* ∗ deze hoed is net iets voor jou *this hat is the very thing for you*

ietsje ∗ een ∼ zwaarder *a trifle heavier*

ietwat *somewhat*

iglo *igloo*

i-grec *ypsilon*

ijdel • pronkzuchtig *vain;* ⟨verwaand⟩ *conceited* • vergeefs *vain*

ijdelheid *vanity*

ijdeltuit ∗ een ∼ *a vain creature*

ijken *calibrate; hallmark*

ijkpunt *benchmark*

ijkwezen *the inspection of weights and measures*

ijl I ZN ∗ in aller ijl *posthaste* **II** BNW *thin; rare*

ijlbode *courier; express* ⟨messenger⟩

ijlen • onzin uitkramen *be delirious; rave* ∗ –de koorts *delirium* • haasten *hasten; hurry*

ijlings *in great haste*

ijltempo *top speed; great haste*

ijs • bevroren water *ice* ∗ door het ijs ingesloten *icebound* ∗ whisky met ijs *whisky on the rocks* • lekkernij *ice cream* ▾ zich op glad ijs wagen *venture into dangerous territory; skate on thin ice* ▾ ijs en weder dienende *wind and weather permitting* ▾ goed beslagen ten ijs komen *be well prepared*

ijsafzetting *icing up/over; ice up*

ijsbaan *skating rink*

ijsbeer *polar bear*

ijsberen *pace up and down; walk back and forth*

ijsberg *iceberg*

ijsbergsla *iceberg lettuce*

ijsbloemen *frost flowers*

ijsblokje *ice cube*

ijsbreker *icebreaker*

ijscoman *ice-cream man*

ijscoupe *ice cream dessert*

ijselijk *horrible*

ijsgang *floating ice; ice floes*

ijshockey AE *hockey;* BE *ice hockey*

ijshockeyen AE *hockey;* BE *ice hockey*

ijsje *ice cream* ⟨cone⟩

ijskar *ice cream cart/van*

ijskast *refrigerator; icebox;* INF. *fridge* ∗ in de ∼ zetten/houden FIG. *put/keep on ice*

ijsklomp *lump of ice*

ijsklontje *ice cube*

ijskoud • zeer koud *ice cold* • emotieloos *icy; frosty;* ⟨bedaard⟩ *cool*

ijskristal *ice crystal*

IJsland *Iceland*

IJslander *Icelander* ∗ een IJslandse *an Icelandic woman*

IJslands I ZN *Icelandic* **II** BNW *Icelandic*

ijslolly *ice lolly*

ijsmachine • machine voor consumptieijs *ice machine; ice cream maker* • machine voor kunstijs *freezing-machine; ice machine*

ijspegel *icicle*

ijsschots *(ice) floe*

IJsselmeer *IJssel Lake*

ijstaart *ice cream cake; ice pudding*

ijstijd *Ice Age*

ijsvogel *kingfisher*

ijsvrij I ZN vakantiedag ∗ ∼ krijgen *get the day off to go skating* **II** BNW zonder ijs *clear of ice*

ijswater *ice water*

ijszee *polar sea* ∗ Noordelijke IJszee *Arctic* ∗ Zuidelijke IJszee *Antarctic*

ijszeilen *ice-sailing/boating*

ijver • vlijt *diligence; industry* • geestdrift *zeal; ardour*

ijveraar *zealot; stickler*

ijveren ∗ ∼ voor *advocate zealously* ∗ ∼ tegen *oppose*

ijverig • vlijtig *diligent; industrious* • geestdriftig *zealous; ardent* ∗ ∼ bezig zijn met *be very busy with* ▾ zo ∼ als een bij *as busy as a bee*

ijzel *glazed frost*

ijzelen ∗ het ijzelt *it is icing up; it is freezing over*

ijzen *shudder (at)*

ijzer *iron* ▾ men kan geen ∼ met handen breken *one can not do the impossible* ▾ smeed het ∼ terwijl het heet is *strike while the iron is hot* ▾ hij is van ∼ en staal *he is made of iron*

ijzerdraad *(iron) wire*

ijzeren • van ijzer *iron* • erg sterk *iron; steel*

ijzererts *iron ore*

ijzergaren *waxed thread; button thread*

ijzerhandel *ironmongery; iron/hardware trade; hardware business; hardware dealer*

ijzerhoudend *ferrous*

ijzersterk *(as) strong as iron*

ijzertijd *Iron Age*

ijzervijlsel *iron filings*

ijzervreter *fire-eater; war-horse*

ijzerwaren *hardware; ironware*

ijzerzaag *metal saw;* ⟨met beugel⟩ *hacksaw*

ijzig • ijskoud *icy; freezing* • gevoelloos *icy; steely*

ijzingwekkend *gruesome; horrifying*

ik I ZN ∗ het ik *the self; the ego* **II** PERS VNW *I;* ⟨met nadruk⟩ *me* ∗ ik ben het *it's me* ∗ ik ook *me too*

ik-figuur *first person; narrator*

illegaal *illegal*

illegaliteit • onwettigheid *illegality* • verzet *resistance movement*

illusie *illusion* ∗ zich geen ∼s maken omtrent *have no illusions about*

illusionist *conjurer; magician*

illusoir *illusory; illusive*

illuster *illustrious*

il

il

illustratie *illustration* ▾ ter ~ van *in illustration of*
illustratief *illustrative*
illustrator *illustrator*
illustreren *illustrate*
image • imago *image* • COMP. kopie *image*
imagebuilding *image-building*
imaginair *imaginary*
imago *image*
imam *imam*
imbeciel I ZN *imbecile* II BNW *imbecile*
IMF *IMF; International Monetary Fund*
imitatie *imitation*
imitatieleer *imitation leather*
imitator *impersonator*
imiteren *imitate*
immanent *immanent*
immaterieel *immaterial*
immatuur *immature*
immens *immense*
immer *ever* ★ voor ~ *for ever*
immers • toch *indeed; after all* ★ je kent hem ~? *you know him, don't you?* • want ★ ~, zij is mijn vrouw *for she is my wife*
immigrant *immigrant*
immigratie *immigration*
immigratiebeleid *immigration policy*
immigreren *immigrate*
immoreel *immoral*
immuniseren *immunize*
immuniteit *immunity*
immuun • onvatbaar *immune* ★ ~ maken tegen *immunize from* ★ ~ zijn voor *be immune to* • onschendbaar *immune* • ongevoelig *immune*
impact *impact; effect*
impasse *impasse; deadlock*
imperatief I ZN *imperative* II BNW *imperative*
imperfectum *imperfect*
imperiaal *roof rack;* AE *luggage rack*
imperialisme *imperialism*
imperialist *imperialist*
imperialistisch *imperialist(ic)*
imperium *empire; imperium*
impertinent *impertinent*
implantaat *implant*
implanteren *implant*
implementatie *implementation*
implementeren *implement*
implicatie *implication*
impliceren *imply*
impliciet *implicit* ★ iets ~ zeggen/bedoelen *imply s.th.*
imploderen *implode*
implosie *implosion*
imponeren *impress*
impopulair *unpopular*
import *import*
importantie *importance* ★ een zaak van de grootste ~ *a matter of the greatest/utmost importance*
importeren *import*
importeur *importer*
imposant *imposing; impressive*
impotent *impotent*

impotentie *impotence*
impregneren *impregnate*
impresariaat • werk *(artists') management* • kantoor *agency*
impresario *(publicity) manager; impresario; agent*
impressie *impression*
impressionisme *impressionism*
impressionist *impressionist*
impressionistisch *impressionist(ic)*
improductief *unproductive*
improvisatie *improvisation*
improviseren *improvise*
impuls *impulse*
impulsaankoop *impulse purchase*
impulsief *impulsive*
impulsiviteit *impulsiveness*
in I BIJW • binnen ★ er zit niets in *there's nothing inside* • populair *popular; in; the in thing* ★ hoeden zijn nu in *hats are in now* II VZ • op een bepaalde plaats *in(side);* ⟨richting⟩ *into* ★ in huis *inside* ★ zij woonde in Amsterdam en stierf in Laren *she lived in Amsterdam and died at Laren* ★ in Italië *in Italy* • op/binnen een bepaalde tijd *(with)in* ★ in een week of twee *in a week or two* ★ in de zomer *in (the) summer* ★ in 2050 *in (the year) 2050* ★ in het begin *at/in the beginning* ★ in de veertig *in his/her forties* ★ er waren er in de twintig *there were twenty odd* • per *to; in* ★ twaalf in een dozijn *twelve in/to a dozen* • bezig met/te *in* ★ in bloei *in bloom* ★ in opkomst *under development*
inachtneming *observance* ★ met ~ van *with due observance of*
inactief *inactive*
inademen *inhale; breathe (in)* ★ in- en uitademen *inhale and exhale*
inadequaat *inadequate*
inauguratie *inauguration*
inaugureel *inaugural (address)*
inaugureren *inaugurate*
inbaar *collectable*
inbedden *embed; imbed*
inbeelden (zich) • verkeerde voorstelling maken *imagine; fancy* • hoge dunk hebben van *think much of oneself; fancy oneself* ★ hij beeldt zich heel wat in *he fancies himself*
inbeelding • hersenschim *fancy; imagination* • verwaandheid *conceit; vanity*
inbegrepen *included* ★ alles ~ *all found; no extras; everything included* ★ prijs alles ~ *all-in price; inclusive price*
inbegrip ★ met ~ van *including*
inbeslagneming *seizure; confiscation;* ⟨i.v.m. belastingschuld⟩ *sequestration*
inbewaringstelling *arrest; taking into custody*
inbinden I OV WW in band binden *bind* II ON WW zich matigen *climb down; swallow one's words* ★ hij moest ~ *he had to swallow his words*
inblazen *blow into;* FIG. *prompt* ★ leven ~ *breathe life into*
inblikken *tin; can*
inboedel *furniture; movables*
inboedelverzekering *fire and theft insurance*

inboeten (aan) *lose*
inboezemen *inspire*; ‹wantrouwen› *excite*; ‹walging› *fill with*; ‹vertrouwen› *inspire*; ‹angst› *strike terror into*
inboorling *aborigine*; *native*
inborst *disposition*; *nature*
inbouw- *built-in*
inbouwen *build in* ★ ingebouwd ‹fornuis› *built-in*; ‹kast› *fitted*
inbouwkeuken *fitted/built-in kitchen*
inbraak *burglary*; *housebreaking*
inbraakpreventie *prevention of burglary*
inbreken (bij/in) *break into a house* ★ er was bij hem ingebroken *there had been a burglary at his house*
inbreker *burglar*; INF. *cracksman*
inbreng • bijdrage *contribution* • inleg *deposit* • gift *contribution*
inbrengen • naar binnen brengen *bring in*; ‹thermometer e.d.› *insert* • bijdragen *contribute* • argumenteren • ~ tegen *bring up against*; *allege against* ★ daar valt niets tegen in te brengen *that argument is unanswerable* ★ hij had niets in te brengen *he had nothing to say* ▾ hij heeft heel wat in te brengen *he has great influence*
inbreuk (op) *infringement (on)*; ‹op wet› *violation (of)*; ‹op rechten› *encroachment (of)* ★ ~ maken op ‹wet, recht› *infringe*; ‹recht, vrijheid, privilege› *encroach upon*
inburgeren *naturalize*; *acclimatize*; ‹v. woord› *come to stay* ★ ingeburgerd *at home*; *established*; ‹woord› *current*
inburgeringscursus ‹for immigrants in The Netherlands› *integration programme*
inca *Inca*
incalculeren *calculate in*; *reckon in*
incapabel *incapable (of)*
incarnatie *incarnation*
incasseren • geld innen *collect*; ‹een cheque› *cash* • moeten verduren *receive*; ‹belediging, slag› *take*
incasseringsvermogen *stamina*; *resilience*
incasso *collection* ★ ter ~ geven *bank (a cheque)*
incassobureau *(debt-)collection agency*
incassokosten *debt-collection charges*
incest *incest*
incestslachtoffer *incest victim*
incestueus *incestuous*
inch *inch*
incheckbalie *check-in counter/desk*
inchecken *check in*
incident *incident*
incidenteel • nu en dan *incidental*; *occasional* ★ incidentele gevallen *random occurrences* • terloops *incidental* • een incidentele opmerking *a random/casual remark*
incluis *included*
inclusief *inclusive*
incognito I ZN *incognito* II BIJW *incognito*
incoherent *incoherent*
incompatibel *incompatible*
incompatibiliteit *incompatibility*
incompetent *incompetent*
incompleet *incomplete*
in concreto *in fact*; *to give a specific example*

incongruent *incongruent*
inconsequent *inconsistent*
inconsistent *inconsistent*
incontinent *incontinent*
incorporeren *incorporate*
incorrect • onnauwkeurig *incorrect*; *inaccurate* • ongepast *incorrect*; *improper*
incourant *unsalable* ★ ~e maat *off-size*
incrowd *in-crowd*
incubatietijd *incubation period*
indachtig *mindful of*
indammen • met dam insluiten *dam (up)*; *embank* • inperken *dam*; *contain against*
indekken (zich) *cover oneself against*; *hedge against*
indelen • onderbrengen *group*; *class(ify)*; ‹in groepen› *divide* ★ in vier categorieën ~ *classify/divide in four categories* • rangschikken *divide*; *order*; *classify*; *arrange* • organiseren *plan*
indeling • rangschikking *classification* ★ ~ in categorieën *classification/division into categories* • (het) onderbrengen (bij) *arrangement*
indenken (zich) *imagine* ★ zich ~ in *put o.s. in s.o.'s place*; *stand in another p.'s shoes* ★ ik kan het me ~ *I can understand it* ★ ik kan 't mij niet ~ *I can't imagine it*
inderdaad *indeed*; *in (point of) fact*
inderhaast *in haste*
indertijd *formerly*; *at the time*
indeuken *dent*; *indent*
index *index* ★ ~ van de kosten van levensonderhoud *cost-of-living index* ★ op de ~ plaatsen *place on the index*; *blacklist*
indexcijfer *index figure*
indexeren *index* ★ geïndexeerd pensioen *index-linked pension*
India *India*
indiaan *American Indian*; *Native American*; PEJ. *Injun* ★ ~tje spelen *play cowboys and Indians*
indianendans *dance of joy*
indianenverhaal *tall story*
indicatie *indication*
indicatief *indicative (mood)*
indicator *indicator*
indien *if*; *in case*
indienen ‹begroting› *present*; ‹klacht› *lodge*; ‹motie› *move*; ‹ontslag› *tender*; ‹verzoekschrift› *present*; ‹vordering› *put in*; ‹wet› *introduce* ★ een aanklacht ~ tegen iem. *bring an accusation/charge against s.o.* ★ 'n rapport ~ *hand in/submit a report* ★ 'n verzoek tot echtscheiding ~ *file a petition for divorce*
indiensttreding *taking up one's duties*; *taking office*; *beginning of employment*
indigestie *indigestion*
indigo I ZN (de) *indigo* II ZN (het) kleur *indigo*
indijken *dike*; *embank*
indikken • dik worden *thicken* • dik maken *thicken*; *condense*
indirect *indirect* ★ ~e belasting *indirect tax(ation)*
Indisch *(East) Indian*; ‹m.b.t. vroegere Ned.-Indië› *of the former Dutch East Indies*

Indische Oceaan *Indian Ocean*
indiscreet *indiscreet*
indiscretie *indiscretion*
individu *individual* ⋆ 'n verdacht ~ *a shady character*
individualiseren *individualize*
individualisme *individualism*
individualist *individualist*
individualistisch *individualistic*
individueel *individual*
indoctrinatie *indoctrination*
indoctrineren *indoctrinate*
indolent *indolent; sluggish*
indolentie *indolence*
indommelen *drop/nod off*
Indonesië *Indonesia*
Indonesiër *Indonesian*
Indonesisch *Indonesian*
indoor- *indoor*
indoorwedstrijd *indoor match*
indraaien I ov ww in iets draaien *screw in(to)*
II on ww ingaan *turn into* ▾ de bak ~ *go to prison*
indringen I ov ww erin duwen *push/thrust into*
II on ww binnendringen *penetrate (into)*
III wkd ww zich opdringen *thrust o.s. (on); intrude into* ⋆ zich bij iem. ~ *thrust o.s. on s.o.*
indringend *penetrative; probing*
indringer *intruder*
indruisen ⋆ ~ tegen *conflict with;* ⟨belangen⟩ *clash with;* ⟨principes⟩ *run counter to*
indruk ⋆ inwerking *impression* ⋆ de ~ krijgen dat... *gather that...* ⋆ grote/gunstige ~ maken *make a big/favourable impression* ⋆ je maakt op mij de ~ van een man ... *you strike me as...* ⋆ diep onder de ~ zijn van... *be deeply impressed by...* ⋆ een ~ krijgen van *get an impression of* • spoor *(im)print;* ⟨v. voet⟩ *footprint; footmark*
indrukken • drukken op *push (in); press* • kapotdrukken *crush* • afdruk achterlaten *impress*
indrukwekkend *impressive*
induceren *induce*
inductie *induction*
inductiemotor *induction motor*
inductiestroom *induced current*
industrialisatie *industrialization*
industrialiseren *industrialize*
industrie *industry* ⋆ zware ~ *heavy industry*
industrieel I zn *industrialist* II bnw *industrial* ⋆ industriële vormgeving *industrial design*
industriegebied *industrial area*
industrieland *industrial country*
industrieterrein *industrial estate*
indutten *doze off*
ineen • in elkaar *together* • dichter naar elkaar toe *(closer) together*
ineenduiken *crouch; huddle*
ineengedoken *crouched; hunched (up)* ⋆ hij zat ~ over een klein vuurtje *he was hunched over a meagre fire*
ineenkrimpen ⟨vaak figuurlijk⟩ *wince;* ⟨bij pijn⟩ *double up;* ⟨bij angst⟩ *cower*
ineens • opeens *suddenly; all at once* • in één keer *at once* ⋆ ~ geraden *guessed it the first*

time ⋆ een boek ~ uitlezen *read a book straight through*
ineenschrompelen *shrivel up*
ineenschuiven *slide into each other*
ineenslaan *clasp; join* ⋆ de handen ~ *join hands*
ineenstorten *collapse*
ineenzakken *collapse;* ⟨v. persoon⟩ *faint; collapse*
ineffectief *ineffective; ineffectual*
inefficiënt *inefficient*
inenten *vaccinate*
inenting *vaccination*
inert *inert*
in extenso *in full*
infaam *infamous*
infaden *fade in*
infanterie *infantry*
infanterist *infantry man*
infantiel *infantile*
infantiliseren I ov ww *make/render infantile*
II on ww *become infantile*
infarct *infarct*
infecteren *infect*
infectie *infection*
infectiehaard *focus of infection*
infectueus *infectious; contagious*
inferieur *inferior*
infernaal *infernal; hellish*
infiltrant *infiltrator*
infiltratie *infiltration*
infiltreren *infiltrate*
infinitesimaalrekening *calculus*
infinitief *infinitive*
inflatie *inflation*
inflatiecorrectie *inflation correction*
inflexibel *inflexible*
influenza *influenza*
influisteren • fluisterend zeggen *whisper (in someone's ear)* • suggereren *suggest*
infomercial *infomercial*
informant *informant*
informateur *politician who investigates whether a proposed cabinet formation will succeed*
informatica *information/computer science; informatics*
informaticus *information/computer scientist*
informatie *information;* comp. *data* ⋆ nadere ~ inwinnen (bij) *obtain information (from)* ⋆ ~ inwinnen *make inquiries*
informatiebalie *information desk/counter*
informatiedrager *data carrier*
informatief *exploratory; instructive; informative* ⋆ informatieve gesprekken *informative discussions*
informatiestroom *flow of information*
informatietechnologie *information technology*
informatisering *computerization*
informeel *informal*
informeren I ov ww inlichten *inform* ⋆ iem. ~ *inform s.o.* II on ww inlichtingen inwinnen *inquire (after/about)*
infotainment *infotainment*
infrarood *infra-red*
infrastructuur *infrastructure*
infuus *drip; infusion* ⋆ aan een ~ liggen *be on*

a drip

ingaan • binnengaan *enter*; *go into* • beginnen ⟨maatregel⟩ *come into force*; *take effect*; ⟨vakantie, kolen, e.d.⟩ *begin* ★ de huur gaat de eerste januari in *the rent is due as from the first of January* • reageren ~ op ⟨onderwerp⟩ *go into*; ⟨gedachte, idee⟩ *take up* ★ hij ging er niet op in *he let it pass*; *he did not pursue the matter further* • toestemmen ⟨verzoek⟩ *comply with*; ⟨voorstel⟩ *agree to* • ~ tegen *go against*; *run counter to* ★ daar moet je tegen ~ *you must oppose that* ▼ dat gaat erin als gesneden koek *it's going like a bomb* ▼ er ~ *take on*

ingaande I BNW ★ ~ rechten *import duties* II VZ ★ ~ 1 jan *with effect from Jan. 1st*; *from Jan. 1st*

ingang • toegang *entrance*; ⟨opschrift⟩ *way in* ★ er zijn twee ~en *there are two entrances* • begin ★ met ~ van gisteren *as of yesterday* ★ met ~ van heden *from today*; *as of today* • trefwoord *entry* ▼ ~ vinden *find acceptance*

ingebakken *deep-seated*; *ingrained*

ingebeeld • denkbeeldig *imaginary* ★ ~e ziekte *imaginary disease* • verwaand *(self-)conceited*

ingebonden ⟨v. boek⟩ *bound*

ingebrekestelling • document *default notice* • verklaring *proof of default*

ingebruikneming ⟨v. producten enz.⟩ *introduction*; ⟨v. woning enz.⟩ *occupation*

ingeburgerd → *inburgeren*

ingekleurd *coloured*

ingenieur *engineer* ★ civiel ~ *civil engineer* ★ elektrotechnisch ~ *electrical engineer* ★ scheepsbouwkundig ~ *shipbuilding engineer* ★ werktuigkundig ~ *mechanical engineer*

ingenieus *cleverly contrived*; *ingenious*

ingenomen ★ ~ met *pleased with*

ingesleten ▼ ~ gewoonte *ingrained habit*

ingespannen • met inspanning *strenuous* • geconcentreerd *intent*; *intense* ★ ~ luisteren *strain one's ears*; *listen intently*

ingesprektoon *engaged signal*

ingetogen *modest*; *quiet*

ingeval *in case*; *in the event of/that*

ingeven • doen innemen *administer* • in gedachten geven *inspire*; *suggest*; *dictate*

ingeving *inspiration*; *brainwave*; *prompting* ★ aan een ~ gehoor geven *act on impulse*

ingevoerd *informed*; *well up (in)*

ingevolge *in accordance with*

ingewanden *entrails*; *innards*

ingewijde *adept*; INF. *insider*

ingewikkeld *intricate*

ingeworteld *deep-seated/rooted*

ingezetene *resident*; *inhabitant*

ingooi *throw in* ▼

ingooien I OV WW • erin gooien *throw/cast in(to)* • kapotgooien *smash*; *break* II ON WW *throw in*

ingraven *bury* ★ zich ~ *dig (o.s.) in*

ingraveren *engrave*

ingrediënt *ingredient*

ingreep *intervention*; MED. *operation*; *surgery*

ingrijpen ⟨handelend optreden⟩ *intervene*;

⟨bemoeien⟩ *interfere* ★ operatief ~ *operate*; *perform surgery*

ingrijpend *radical*; *drastic*; *far-reaching* ★ ~e veranderingen *radical changes*

ingroeien *grow into* ★ een ingegroeide teennagel *an ingrown toenail*

inhaalmanoeuvre *overtaking manoeuvre*

inhaalrace *race to recover lost ground*; *race to catch up (with something)*

inhaalstrook *overtaking lane*; AE *passing lane*

inhaalverbod *overtaking prohibition*; ⟨op bord⟩ *no overtaking*

inhaken • een arm geven *link arms* • reageren ~ op *take up* ★ op een opmerking ~ *take up a remark*

inhakken I OV WW • inkepen *cut/carve in* • hakkend inslaan ⟨deur, e.d.⟩ *break down* II ON WW ▼ dat heeft er flink ingehakt *that has made a hole in my pocket*

inhalen • naar binnen halen ⟨oogst⟩ *gather (in)*; ⟨vlag⟩ *lower*; ⟨zeilen⟩ *take in* • verwelkomen *welcome in* • gelijk komen met *catch up with* • voorbijgaan *overtake* • goedmaken ⟨achterstand⟩ *make up (for)*; ⟨verlies⟩ *recover*

inhaleren *inhale*

inhalig *greedy*; *covetous*; *grasping*

inham *inlet*; *creek*; *bay*

inhechtenisneming *arrest*

inheems ⟨gebruiken⟩ *native* ★ ~e planten *indigenous plants*

inherent *inherent (in)*

inhoud • wat erin zit *contents* • wat erin kan zitten *content*; *capacity* ★ kofferbak met grote ~ *boot with great capacity* • inhoudsopgave *table of contents* • strekking *purport* ★ een brief van de volgende ~ *a letter to this effect* • datgene waarover iets handelt *contents* ★ korte ~ *summary* ★ de ~ van een boek *the contents of a book*

inhoudelijk *as regards content*; *with respect to content*

inhouden • bevatten *hold*; *contain*; ⟨verplichting⟩ *involve*; ⟨belofte⟩ *hold out* • betekenen *imply*; *mean* • bedwingen *restrain*; *hold (back)*; ⟨paard⟩ *rein in* ★ zich ~ *restrain o.s.* • niet betalen ⟨loon⟩ *stop*; ⟨een percentage⟩ *deduct*

inhouding • handeling *deduction*; ⟨m.b.t. belasting⟩ *withholding*; ⟨op salaris⟩ *stoppage* • bedrag *deduction*; ⟨m.b.t. belasting⟩ *amount withheld*

inhoudsmaat *cubic measure*

inhoudsopgave *table of contents*

inhuldigen *inaugurate*; *install*

inhuldiging *inauguration*; *installation*

inhuren *hire* ★ weer ~ *renew the lease*

initiaal *initial*

initiatie *initiation*

initiatief *initiative* ★ op ~ van *on/at the initiative of* ★ 't particulier ~ *private enterprise*

initiatiefnemer *initiator*; *originator*

initiatierite *initiation rite*

initieel *initial* ★ initiële kosten *initial costs*

initiëren • inwijden *initiate (into)* • invoeren *start (off)*

in

injecteren *inject*
injectie *injection* ★ een financiële ~ *a financial injection*
injectiemotor *fuel injection engine*
injectienaald *injection/hypodermic needle*
injectiespuit *hypodermic syringe*
inkapselen *encapsulate*
inkeer *repentance* ★ tot ~ komen *repent* ‖ iem. tot ~ brengen *get s.o. to repent*
inkeping *notch; nick*
inkijk *view of the inside; looking in* ★ ~ hebben ≈ *expose o.s.* ★ een jurk met ~ *a dress with a plunging neckline*
inkijken *glance through*
inkjetprinter *inkjet printer*
inklappen I ov ww naar binnen vouwen *fold in/up* II on ww in(een)storten *break down; collapse*
inklaren *clear*
inklaring *clearance*
inkleden *word; express*
inkleuren *colour*
inkoken *boil down*
inkom *entrance*
inkomen I zn geld *income* ★ nationaal ~ *national income* II on ww *come in* ★ ~de rechten *import duties* ▾ daar kan ik ~ *I can understand that*
inkomensafhankelijk *income-related*
inkomensderving *loss of income*
inkomensgrens *income limit*
inkomensgroep *income bracket*
inkomsten *revenues; income; earnings*
inkomstenbelasting *income tax*
inkomstenbron *source of income*
inkoop *purchase* ● inkopen doen *make purchases; buy*
inkoopcombinatie *buyers' cooperative*
inkoopprijs *cost price*
inkopen ● kopen *buy* ● rechthebbende worden op *buy; purchase* ★ jaren ~ voor zijn pensioen *buy years for one's pension*
inkoper *purchaser; buyer*
inkorten *shorten; curtail*
inkrimpen I ov ww geringer maken *cut down/back; reduce* ★ 't personeel ~ *reduce the staff* II on ww geringer worden *shrink; contract*
inkrimping ● samentrekking *shrinking; shrinkage* ● afname *reduction*
inkt *ink*
inktlint *(typewriter) ribbon*; ⟨v. printer⟩ *ink cartridge*
inktpatroon *ink cartridge*
inktpot *ink pot; inkwell*
inktvis *inkfish; squid; cuttlefish*
inktvlek *ink spot*
inktzwart *pitch-black*
inkuilen ⟨aardappels⟩ *clamp*; ⟨veevoer⟩ *ensilage*
inkwartieren *billet*
inkwartiering *billeting; quartering*
inladen *load*
inlander *native*
inlands *native*; ⟨gewassen ook⟩ *homegrown*
inlassen ● invoegen *insert* ● met een las invoegen *let in*
inlaten I ov ww binnenlaten *let in; admit*

II wkd ww (met) *take up with*; ⟨m.b.t. kwestie⟩ *concern oneself with*; ⟨m.b.t. persoon⟩ *associate with* ★ hij liet zich er niet mee in *he would have nothing to do with it* ★ zich met politiek ~ *go in for politics*
inleg ⟨bij bank⟩ *deposit*; ⟨bij spel, weddenschap⟩ *stake*
inleggen ● invoegen *insert*; ⟨trein⟩ *put on* ● geld inbrengen *deposit*; ⟨bedrijf⟩ *invest*; ⟨bij spel⟩ *stake*
inlegkruisje *press-on panty-liner*
inlegvel *supplementary sheet*
inlegzool *insole*
inleiden *introduce*; ⟨een debat⟩ *open*
inleiding *introduction*
inleven (zich) ★ zich in een rol ~ *enter into a part* ★ zich ~ in iemands situatie *empathize with s.o.*
inleveren ● afgeven *hand in*; jur. *forfeit*; ⟨gedwongen⟩ *surrender*; ⟨verzoek⟩ *submit*; ⟨de wapens⟩ *give up* ● minder verdienen *sacrifice* ★ loon ~ voor werkgelegenheid *reduce wages to create employment*
inlevingsvermogen *empathy*
inlezen I ov ww *read in* II wkd ww *read up on*
inlichten *inform (about)*; *enlighten (on)* ★ verkeerd ~ *misinform*
inlichting *(piece of) information; tip; information* [mv: *inquiries, information*] ★ ~en inwinnen over iets *make inquiries about sth.*
inlichtingendienst ● informatiedienst *information/inquiries office* ● geheime dienst *intelligence; secret service*
inlijsten *frame*
inlijven *incorporate (in)*; mil. *enrol(l)*; ⟨gebied⟩ *annex*
inlikken (zich) *worm o.'s way in; suck up to someone*
inloggen *log in*
inloopspreekuur *walk-in clinic; consultation without appointment*
inloopzaak *walk-in shop*
inlopen I ov ww inhalen ⟨achterstand⟩ *make up (for)* II on ww ● inhalen ~ op ★ op iem. ~ *gain on s.o.* ● binnenlopen *walk into*; ⟨een winkel⟩ *enter*; ⟨een straat⟩ *turn into*
inlossen ● aflossen *pay off; repay* ● nakomen ⟨belofte⟩ *redeem* ★ zijn woorden ~ *keep one's promise*
inloten ★ ingeloot zijn voor een studie *draw a place for study*
inluiden *usher in* ★ het nieuwe jaar ~ *ring in the New Year*
inmaak ● het inmaken *preserving*; ⟨in zuur⟩ *pickling*; ⟨met suiker⟩ *conserving* ● het ingemaakte ⟨groenten, e.d.⟩ *preserves*; ⟨zuur⟩ *pickles*
inmaakgroente ● groenten om in te maken *vegetables suitable for pickling* ● ingemaakte groenten ⟨uien enz.⟩ *pickled vegetables*
inmaken ● inleggen *preserve*; ⟨in zout⟩ *salt*; ⟨in azijn⟩ *pickle* ● sport *slaughter*
in memoriam → memoriam
inmengen I ov ww door mengen indoen *mix (in, with)* II wkd ww (in) *interfere with* ★ zich

ergens ~ *interfere with s.th.*; INF. *butt in*
inmenging *interference*
inmiddels *meanwhile*; *in the mean time*
innaaien *sew*
innemen • binnenhalen ⟨brandstof, water. e.d.⟩ *take in*; ⟨brandstof⟩ *fuel*; ⟨kaartjes⟩ *collect* • tot zich nemen *take* • veroveren *take*; ⟨een stad, e.d.⟩ *capture* • (on)gunstig stemmen ★ iem. voor zich ~ *win s.o.'s sympathy* ★ iem. tegen zich ~ *antagonize s.o.* • beslaan, bezetten *occupy*; ⟨ruimte⟩ *take up* ★ het nam veel plaats in *it took up a lot of room*
innemend *winning*; *captivating*; *prepossessing*
innen ⟨huur⟩ *collect*; ⟨cheque⟩ *cash*
innerlijk I ZN *inner self* II BNW van binnen *inner*; ⟨waarde⟩ *intrinsic* III BIJW *inner*; *inwardly*
innig *profound*; *heartfelt*; ⟨vurig⟩ *fervent*
inning • het innen *collection*; ⟨v. cheque⟩ *cashing* • SPORT *innings*
innovatie *innovation*
innovatief *innovative*
innoveren *innovate*; *make innovations*
in optima forma ★ ~ zijn *to be in top/tip-top form*
inpakken • verpakken ⟨in koffer⟩ *pack*; ⟨in papier, e.d.⟩ *wrap up* • warm kleden *wrap/ muffle (o.s.) up* • inpalmen *win over*
inpakpapier *wrapping paper*
inpalmen *win over*; *charm*
inpandig ★ een ~ e garage *a built-in garage*
inparkeren *back/reverse into a parking space*
inpassen *fit in*
inpeperen ▼ ik zal het je ~ *I'll get even with you*; *I'll pay you back*
inperken *restrict*; *curtail*
in petto ▼ iets ~ hebben *have s.th. up one's sleeve* ▼ ~ houden *have/keep in reserve*
inpikken *grab*; *snap up* ★ de beste stoelen ~ *snap up the best seats*
inplakken *paste in*
inplannen *plan for*
inplanten *plant*
inpolderen *impolder*; *reclaim*
inpoldering *impoldering*; *reclamation*
inpompen *drill/drum into*
inprenten *impress (upon)*; *drum into*
inproppen *cram in(to)*
input *input*
inquisitie *inquisition* ★ de Heilige Inquisitie *the Holy Inquisition*
inregenen ▼ het regent hier in *the rain's coming in/through*
inrekenen *pull in*; INF. *run in*
inrichten • regelen *arrange*; ⟨cursus, e.d.⟩ *organize* ▼ het zo ~ dat... *manage so that...* • toerusten *fit up*; *furnish*; *construct*; INF. *fix up* ★ zich ~ *set-up house* ★ goed ingericht *well appointed* ★ speciaal ingericht voor *specially equipped for*
inrichting • aankleding *furnishing*; *fitting up* • instelling *institute*
inrijden • naar binnen rijden *ride in(to)*; ⟨met auto⟩ *drive in(to)* • geschikt maken ⟨paard⟩ *break in*; ⟨auto⟩ *run in*

inrijperiode *running-in period*
inrit *entry*; *entrance*; *driveway* ★ geen ~ *no entry*
inroepen *call in*; *invoke* ★ iemands hulp ~ *enlist s.o.'s help*
inroesten • roesten *rust* • vastroesten *rust up*; *rust solid* ▼ ingeroeste gewoonten *ingrained habits*
inroosteren *schedule*
inruil • het inwisselen *exchange* • het inleveren van iets bij aankoop *trading-in*
inruilen *exchange*; ⟨v. auto e.d.⟩ *trade in* ★ ~ voor/tegen *exchange for*
inruilwaarde *resale value*; *replacement value*
inruilwagen *trade-in*; *second-hand car*
inruimen ★ plaats ~ *make room*; FIG. *give space (to)*
inrukken *dismiss* ★ ingerukt, mars! *dismiss!*
inschakelen • in werking stellen ⟨stroom⟩ *turn/switch on*; ⟨motor⟩ *let out/slip the clutch*; ⟨elektriciteit⟩ *switch on* • doen meewerken *enlist*; ⟨advocaat, leger⟩ *call in*
inschalen *put on the scale*
inschaling *wage classification*
inschatten *assess*; *judge*
inschatting *assessment*
inschattingsfout *error of judgement*
inschenken ⟨glas⟩ *fill*; ⟨thee⟩ *pour*
inschepen *ship* ★ zich ~ *embark (for)*
inscheuren *tear*
inschieten I OV WW • SPORT *score* • verliezen *lose* ★ zijn leven erbij ~ *lose one's life* ★ zijn geld erbij ~ *lose money over it* ★ mijn vakantie is erbij ingeschoten *my holiday fell through* II ON WW met vaart binnengaan ★ zij schoot de kamer in *she shot into the room*
inschikkelijk *accommodating*; *obliging*
inschikkelijkheid *obligingness*
inschikken • inschuiven *sit closer together*; FIG. *move up* • toegeven *be accommodating/ obliging*
inschoppen • stuk schoppen *kick down* • schoppen in iets *kick in(to)*
inschrijfformulier ⟨voor aanmelding⟩ *registration form*; ⟨voor onderwijs⟩ *enrolment form*; ⟨voor sollicitatie⟩ *application form*; ⟨voor wedstrijd⟩ *entry form*
inschrijfgeld *enrolment fee*
inschrijven I OV WW • optekenen *inscribe*; *enter* • aanmelden ⟨v. onderzoek, wedstrijd⟩ *enter*; ⟨school⟩ *enrol*; *register* ★ zich laten ~ *enroll o.s. as a member*; *register* ★ aantal ingeschreven leerlingen *number of pupils on the roll* II ON WW • intekenen op iets *sign up (for)*; *put one's name down (for)* • prijsopgave doen *tender*
inschrijving • intekening *subscription*; ⟨voor aanbesteding⟩ *tender* ★ de ~ openstellen *invite subscriptions*; ⟨v. aanbesteding⟩ *invite tenders* ★ de ~ is gesloten *the subscription list is closed* • registratie *registration*; ⟨bij onderwijs⟩ *enrolment*; ⟨bij wedstrijd ook⟩ *entry*
inschuiven • naar binnen schuiven *shove/slide in* • inschikken *move/close up*

in

inscriptie *inscription*
insect *insect*; *bug*
insectenbeet *insect bite*
insectendodend *pesticidal*
insecteneter *insectivore*
insectenpoeder *insect powder*
insecticide *insecticide*
inseinen *inform*; INF. *tip off*
inseminatie *insemination*
insemineren *inseminate*
ins en outs *ins and outs*
insgelijks *likewise*
insider *insider*
insigne *badge*
insinuatie *insinuation*
insinueren *insinuate*
inslaan I OV WW • erin slaan *drive in*; ⟨v. spijker⟩ *hammer in* • stukslaan *smash (in)* • in voorraad nemen *stock up*; *lay in* • nuttigen ⟨v. drank⟩ *knock-back*; ⟨v. eten⟩ *put away* • omslaan/inleggen *turn/fold in* ▾ de juiste weg ~ FIG. *set about it in the right way* ▾ nieuwe wegen ~ *break new ground* II ON WW • met kracht doordringen *strike* ★ de bliksem is ingeslagen *lightning has struck* • ingaan *turn (into)* • indruk maken *be a (great) success*; *strike home* ★ dat slaat in als een bom *that is a complete surprise/shock*
inslag • het inslaan *impact* • karakter(trek) ★ humoristische ~ *humoristic streak* ★ met zo'n ~ zul je niet ver komen *this attitude/ mentality won't get you anywhere* ★ fascistische ~ *fascist leanings* • dwarsdraad *weft* ▾ schering en ~ *that is customary*
inslapen • in slaap vallen *fall asleep*; *drop off* • sterven *pass away*
inslikken *swallow*
insluimeren *doze off*; *drop off (to sleep)*
insluipen *steal in(to)*; FIG. *creep in* ★ er is een foutje ingeslopen *a small error has crept in*
insluiper *intruder*
insluiten • opsluiten *lock in* • omgeven *surround*; *encircle* • bijsluiten *enclose*
insmeren ⟨lotion, e.d.⟩ *rub with*; ⟨met boter, vet⟩ *smear*; *grease*
insneeuwen *snow in* ★ het huis was ingesneeuwd *the house was snowed under*
insnijden *cut in(to)*
insnoeren *constrict*
insolvent *insolvent*
inspannen • aanspannen ⟨v. paard, e.d.⟩ *harness (to)* • moeite geven ⟨kracht⟩ *exert*; ⟨ogen⟩ *strain* ★ zich ~ *exert o.s.*; *make an effort*
inspannend *strenuous*; *laborious*; ⟨voornamelijk geestelijk⟩ *exacting* ★ ~ werk *strenuous/exacting work*
inspanning *effort*; *exertion*; ⟨te grote⟩ *strain* ★ met ~ van alle krachten *with the utmost exertion*
inspecteren *inspect*
inspecteur *inspector* ★ ~ van politie *police inspector* ★ ~ bij de belastingen *inspector/ surveyor of taxes* ★ ~ van gezondheid *health inspector*
inspecteur-generaal *inspector general*

inspectie ⟨controle⟩ *inspection*; ⟨district⟩ *inspectorate*
inspelen I OV WW *play in* II ON WW • vooraf oefenen *warm-up* • reageren ~ op *anticipate*
inspiratie *inspiration*
inspirator *source of inspiration*
inspraak *voice*; *say*; *participation*; ⟨in bedrijf, universiteit⟩ *participation*
inspraakprocedure *(public) participation procedure*
inspreken • tekst inspreken *record* ★ een bandje ~ *record a tape* ★ u kunt uw boodschap ~ na de pieptoon *you may leave/ record your message after the bleep* • inboezemen *inspire* ★ iem. moed ~ *put heart into a person*; *inspire with courage*; INF. *pep a person up*
inspringen • erin springen *leap in(to)* • invallen *substitute (for)*; *fill/stand in for* ★ voor iem. ~ *fill in for s.o.* • terugwijken *bend in(ward)*; ⟨v. regel⟩ *indent* • ~ op *seize on*
inspuiten I OV WW inbrengen *inject* II ON WW naar binnen komen *gush into* ★ het water spoot de kelder in *the water gushed into the cellar*
instaan (voor) *be responsible*; *guarantee* ★ voor iem. ~ *answer for a person* ★ ik kan niet voor de waarheid ~ *I can't vouch for the truth*
instabiel *unstable*; *insecure*
instabiliteit *instability*
installateur *installer*; ⟨v. elektriciteit⟩ *electrician* ★ erkend ~ *approved/qualified installer*
installatie • apparatuur *equipment* • stereo-installatie *stereo*
installatiekosten *installation costs*
installeren • inrichten *fit up*; *furnish* • monteren *install* • vestigen *settle* ★ zij installeerden zich voor de buis *they settled down in front of the tv*
instampen • erin stampen *ram/pound in* • kapotmaken *kick/bash in* • inprenten *drill* ★ iem. iets ~ *drum s.th. into a person's head*
instandhouding *maintenance*
instant- *instant*
instantie *instance*; *resort* ▾ in eerste ~ *in the first instance* ▾ in laatste ~ *in the last resort*
instappen ⟨auto, trein⟩ *get in*; ⟨bus⟩ *get on* ★ iedereen ~! AE *all aboard!*
insteekhaven • kleine haven *factory mooring/ quay* • parkeerplaats *parking bay*
insteken *put in*
instellen • beginnen *set up*; *begin* ★ een vordering ~ *bring a claim* • afstellen ⟨camera⟩ *focus*; ⟨instrument⟩ *adjust* ★ op Engeland ingesteld *orientated to England* • oprichten *establish*; *institute*
instelling • mentaliteit *mentality*; *attitude* ★ een zakelijke ~ *a businesslike attitude* • instituut *institute*
instemmen *fall in with*; *agree/concur (with)*
instemmend *assenting*; *approving*
instemming *agreement*; ⟨bijval⟩ *approval*
instigatie *instigation*
instigeren *instigate*

instinct *instinct*
instinctief *instinctive*
instinken *be conned*
instinker *trick(y) question*
institutionaliseren *institutionalize*
institutioneel *institutional*
instituut *institution; institute*
instoppen • indoen *put in* ★ stop 't hier maar in *put it in here* • toedekken *tuck in*
instorten • in elkaar vallen *fall|come down; collapse;* ⟨kuil, gang⟩ *cave-in* • afknappen *collapse; break down*
instorting *collapse*
instroom *influx;* ⟨studenten enz.⟩ *intake*
instructeur *instructor*
instructie • aanwijzing *direction;* ⟨voor een vlucht, e.d.⟩ *briefing* • onderricht *instruction, tuition* • JUR. *inquiry*
instructiebad *learners' pool*
instructief *instructive; enlightening*
instrueren • instructies geven *instruct;* ⟨piloot, e.d.⟩ *brief* • onderrichten *instruct*
instrument • verfijnd werktuig *instrument* • muziekinstrument *musical instrument*
instrumentaal *instrumental*
instrumentalist *instrumentalist*
instrumentarium *set of instruments;* MED. *instrumentarium*
instrumentenpaneel *instrument panel*
instrumentmaker *instrument maker|builder*
instuderen ⟨muziek⟩ *practise;* ⟨rol⟩ *study;* ⟨stuk⟩ *rehearse*
instuif *informal party|gathering*
insturen *send in(to)* ★ een verslag ~ *send in| submit a report*
insubordinatie *insubordination*
insuline *insulin*
intact *intact; unimpaired*
intakegesprek *interview on admission to hospital, school, etc.*
intapen *tape*
inteelt *inbreeding*
integendeel *on the contrary*
integer *honest; incorruptible*
integraal *integral*
integraalhelm *crash helmet with fixed visor*
integraalrekening *integral calculus*
integratie *integration*
integreren I OV WW compleet maken *integrate; complete* II ON WW in geheel opgaan *integrate; mingle*
integriteit *integrity*
intekenen I ON WW inschrijven *register; enter* II ON WW zich verplichten *subscribe (to, for); put one's name down (for)* ★ ~ voor een bedrag van vijf euro *put one's name down for a sum of five euro* ★ ~ op een nieuwe editie *subscribe to a new edition*
intekenlijst *subscription list*
intekenprijs *subscription price*
intellect • verstand *intellect* • intellectuelen *intelligentsia; the intellectuals*
intellectualistisch *intellectualistic*
intellectueel I ZN *intellectual* II BNW *intellectual; highbrow*
intelligent *intelligent*

intelligentie *intelligence*
intelligentiequotiënt *intelligence quotient*
intelligentietest *intelligence test*
intelligentsia *intelligentsia*
intens *intense*
intensief *intensive*
intensiteit *intensity*
intensive care *intensive care*
intensiveren *intensify*
intentie *intention; purpose* ★ de ~ hebben om *intend to; have it in mind to*
intentieverklaring *declaration of intent*
interactie *interaction*
interactief *interactive*
interbancair *interbank*
interbellum *period between the wars*
intercedent *interceder; intermediary*
intercity *intercity (train)*
intercom *intercom*
intercontinentaal *intercontinental*
intercultureel *intercultural*
interdependentie *interdependence*
interdisciplinair *interdisciplinary*
interen ★ op zijn kapitaal ~ *eat into one's capital*
interessant *interesting*
interesse *interest*
interesseren I OV WW *interest* ★ iem. voor iets ~ *interest a person in s.th.* II WKD WW (voor, in) *be interested in*
interest *interest* ★ samengestelde/enkelvoudige ~ *compound|simple interest* ★ met ~ terugbetalen *pay back with interest* ★ tegen ~ *at interest*
interface *interface*
interfacultair *interfaculty*
interfaculteit *combined faculty* ★ de ~ van geografie en prehistorie *combined faculty of geography and prehistory*
interferentie *interference*
interfereren *interfere*
interieur *interior*
interieurverzorgster *cleaning lady;* EUF. *cleaner*
interim *interim* ★ minister ad ~ *interim minister*
interim-manager *interim manager*
interkerkelijk *interchurch; interdenominational*
interland *international (match)*
interlinie *(line) spacing*
interlokaal ★ ~ telefoneren *make a long-distance call* ★ ~ gesprek *long-distance call*
intermediair I ZN bemiddelaar *intermediary* II BNW bemiddelend *intermediary*
intermenselijk *interpersonal; human* ★ ~e verhoudingen *human relations*
intermezzo *intermezzo; interlude*
intern • inwendig *internal* ★ ~e geneeskunde *internal medicine* • binnen organisatie *internal;* ⟨aangelegenheden⟩ *domestic* • inwonend *resident;* ⟨patiënt⟩ *in-patient* ★ ~ zijn *live-in*
internaat *boarding school*
internationaal *international* ★ Internationale Vluchtelingenorganisatie *International Refugee Organisation*
international *international*

in

interneren *intern*
internering *internment?*
interneringskamp *internment camp*
internet *Internet*
internetcafé *Internet café*
internetprovider *Internet provider*
internetten *surf (on) the Net*
internist *internal medical specialist*; AE *internist*
interpellatie *interpellation*
interpelleren *interpellate*; BE *question*
interpretabel *interpretable*
interpretatie *interpretation*
interpreteren *interpret*
interpunctie *punctuation*
interrumperen *interrupt*
interruptie *interruption*
interval *interval*
intervaltraining *interval training*
interveniëren *intervene*
interventie *intervention*
interventiemacht *intervention force*
interventietroepen *peace-keeping forces*
interview *interview*
interviewen *interview*
interviewer *interviewer*
intiem *intimate*
intifada *intifada*
intimidatie *intimidation*
intimideren *intimidate*
intimiteit • het intiem zijn *intimacy* • vertrouwelijkheid *intimacy* • vrijpostigheid *liberty* ★ ongewenste ~en *sexual harassment*
intocht *entry*
intoetsen *enter*; *compose*
intolerant *intolerant*
intolerantie *intolerance*
intomen *curb*; *check*; *restrain*
intonatie *intonation*
intranet *intranet*
intransitief *intransitive*
intrappen *kick in/down*
intraveneus *intravenous*
intrede • ambtsaanvaarding *inauguration* ★ zijn ~ doen *enter upon one's office* • begin *advent* ▾ zijn ~ doen *set in*
intreden • beginnen *set in* ★ de dood trad onmiddellijk in *death was instantaneous* • non/monnik worden *enter an order/a convent*
intrek ★ zijn ~ nemen in een hotel *put up at a hotel* ★ zijn ~ bij iem. nemen *move in with s.o.*
intrekken I OV WW • naar binnen trekken *draw in*; ⟨klauwen, landingsgestel⟩ *retract* • terugnemen ⟨vergunning, geld, woorden⟩ *withdraw*; ⟨een wet⟩ *repeal*; ⟨een bevel⟩ *revoke*; ⟨verlof, een opdracht⟩ *cancel* ★ de verloven zijn ingetrokken *all leave has been cancelled* ★ een rijbewijs tijdelijk ~ *suspend a driving licence* II ON WW • binnentrekken *march into*; *move in(to)* • gaan inwonen *move in (with)* ★ wanneer trek je hier in? *when do you move in?* • opgezogen worden ★ de inkt zal er ~ *the ink will soak in*
intrigant *intriguer*; *schemer*
intrige • slinks plan *intrigue* • plot *plot*;

intrigue
intrigeren I OV WW boeien *intrigue* II ON WW samenzweren *intrigue*; *scheme*
introducé *guest*
introduceren • voorstellen *introduce* • in omloop brengen *introduce*; *launch*
introductie *introduction*
introductiedag *orientation day*; *open day*; *orientation week*
introspectie *introspection*
introvert I ZN *introvert* II BNW *introvert*
intubatie *intubation*
intuinen *swallow*; *be fooled*; *fall for*
intuïtie *intuition* ★ bij ~ *by intuition*; *intuitively*
intuïtief *intuitive*
intussen *meanwhile*
intypen *type in*
inval • het binnenvallen ⟨v. vijand⟩ *invasion*; ⟨v. politie⟩ *raid* ★ een ~ doen ⟨in land⟩ *invade*; ⟨v. politie, e.d.⟩ *raid* • idee *idea*; *brain wave* ▾ het is daar de zoete ~ *they keep open house there*
invalide I ZN *invalid*; *disabled person* [mv: *disabled*] II BNW *handicapped*; ⟨soldaat, arbeider⟩ *disabled*
invalidenwagen *wheelchair*
invaliditeit *invalidity*; *disablement*
invalkracht *substitute*; *replacement*
invallen • binnenvallen *invade*; ⟨door politie⟩ *raid* • instorten *cave in*; ⟨v. huis⟩ *collapse*; *fall down* • in gedachte komen ★ 't viel hem in *it occurred to him* ★ ze doen zoals het hun invalt *they react as it occurs to them* • beginnen ⟨v. nacht⟩ *fall*; ⟨v. dooi, e.d.⟩ *set in* ★ bij het ~ van de nacht *at nightfall* • MUZ. join in • vervangen *deputize*; ⟨ook sport⟩ *stand in (for)* ▾ een ingevallen gezicht *a shrunken face*
invaller *substitute*; SPORT *reserve*
invalshoek • gezichtshoek *angle* • NAT. *angle of incidence*
invalsweg *approach/access (road)*
invasie *invasion*
inventaris ⟨lijst⟩ *inventory*; ⟨aanwezige goederen⟩ *stock*; ⟨v. huis⟩ *furniture (and fittings)* ★ de ~ opmaken *take stock*; *make an inventory*
inventarisatie *stocktaking*
inventariseren *make an inventory of*
inventief *inventive*; *resourceful*
invers *inverse*; *opposite*
inversie *inversion*
investeerder *investor*
investeren *invest*; *investment banking*
investering *investment*
investeringsbank *investment bank*
invetten *grease*; *oil*
invitatie *invitation*
inviteren *invite (to)*
in-vitrofertilisatie *in vitro fertilization*
invloed *influence*; *pull*; ⟨uitwerking⟩ *effect* ★ ~ uitoefenen op *exert an influence on* ★ zijn ~ aanwenden *use one's influence*
invloedrijk *influential*
invloedssfeer *sphere of influence*
invoegen I OV WW inlassen *insert*; *put in* II ON

ww tussenvoegen bij verkeer *filter (in)*; *get in lane*

invoegstrook *acceleration lane*

invoer • import ⟨handeling⟩ *import*; ⟨goederen⟩ *imports* • COMP. input *input*

invoerbelasting *import duty*; *input tax*

invoerbeperking *import restriction*

invoeren • erin brengen *introduce*; *lead/feed in* ★ elektriciteit ~ *feed in electricity* • introduceren *introduce* • importeren *import* • COMP. *enter*; *input (to)*

invoerpapieren *import documents*

invoerrecht *import duty*

invoerverbod *import ban/embargo*

invorderen *collect*; ⟨v. betaling⟩ *demand payment*; ⟨v. belasting⟩ *levy*

invreten *corrode*

invriezen *freeze*

invrijheidstelling *release* ★ voorwaardelijke ~ *conditional discharge*

invullen ⟨naam⟩ *fill in*; ⟨formulier⟩ *fill in/up*

invulling • het invullen *filling in*; AE *filling out* • interpretatie *interpretation*

invuloefening *gap-exercise*

inwaarts *inward(s)*

inweken *soak*; *soften*

inwendig *inward*; *interior*; *inner* ★ ~ letsel *internal injuries*

inwerken I OV WW • aanbrengen in *work into* • vertrouwd maken *train* ★ zich ~ *learn the ropes*; *master the details of a job* ★ iem. ~ *show s.o. the ropes* II ON WW invloed hebben *act upon*; *affect* ★ op elkaar ~ *interact* ★ iets op je laten ~ *let s.th. sink in*

inwerkingtreding *coming into force*; ⟨besluit, wet enz.⟩ *taking effect*

inwerktijd *training period*

inwijden • initiëren *initiate* • in gebruik nemen *inaugurate*

inwijding • initiatie *initiation* • ingebruikneming *inauguration*

inwilligen *comply with* ★ eisen ~ *concede demands*

inwilliging *compliance (with)*; *consent/agreement (to)*

inwinnen ★ inlichtingen ~ *gather information*; *make inquiries* ★ iemands raad ~ *ask a person's advice* ★ rechtskundig advies ~ *seek legal advice*

inwisselbaar *exchangeable*

inwisselen *change*; *exchange for*

inwonen *live-in*

inwonend *resident* ★ ~e kinderen *children living at home* ★ ~ arts *resident doctor*

inwoner *resident*; ⟨v. stad⟩ *inhabitant*

inwonertal *population*

inworp *throw-in*

inwrijven *rub in* ★ ~ met *rub with*

inzaaien *sow*; *seed* ★ een gazon ~ *seed a lawn*

inzage *inspection*; *perusal* ★ ter ~ zenden *send on approval* ★ ~ nemen van *peruse* ★ ter ~ leggen *open to/deposit for (public) inspection*

inzake *concerning*; *with regard to*

inzakken • in elkaar zakken *collapse*; *cave in*; ⟨vloer⟩ *give way*; ⟨gebouw, grond⟩ *subside* • lager worden *slump*

inzamelen *collect*

inzameling *collection* ★ een ~ houden *make/take a collection*

inzamelingsactie *collection*

inzegenen ⟨kerk⟩ *consecrate*; ⟨huwelijk⟩ *celebrate*

inzegening *consecration*; ⟨v. huwelijk ook:⟩ *solemnization*

inzenden *send in*; *contribute* ★ zijn stukken ~ *send in one's papers*

inzending ⟨v. prijsvraag⟩ *entry*; ⟨v. tentoonstelling⟩ *exhibit*; ⟨v. tijdschrift⟩ *contribution*

inzepen *soap*; ⟨bij scheren⟩ *lather*

inzet • inspanning *effort* • bod *upset price*; *starting price* • wat op het spel staat ⟨spel⟩ *stake*; *stakes* ★ de hele ~ winnen *win the pool/jackpot* • kleine foto/tekening *inset* • MUZ. *attack*

inzetbaar *employable*; *usable*

inzetten I OV WW • set/put in • in actie brengen *bring/put into action* ★ er worden extra treinen ingezet *they are putting on extra trains*; *they are putting extra trains in service* • beginnen *start*; ⟨winter, toestand⟩ *set in*; ⟨aanval⟩ *launch* • wedden *stake* • MUZ. *start*; ⟨lied, wals⟩ *strike up* II WKD WW *do one's best* ★ zich voor een zaak ~ *dedicate o.s. to a cause*

inzicht • besef ★ tot ~ komen *see the light* • begrip *insight* • mening *opinion* ★ zijn ~en kenbaar maken *state one's views* ★ naar eigen ~ handelen *act on one's own discretion* ★ naar mijn ~ *in my opinion* ★ een verschil van ~ *a difference of opinion*

inzichtelijk *providing insight (into)*

inzien I ZN ▾ bij nader ~ *on second thought* II OV WW • inkijken *glance over* • beseffen *see*; *realize* ★ dat zie ik niet in *I do not see that* ★ iets verkeerd/somber ~ *take a wrong/gloomy view of s.th.*

inzinken • lager komen te liggen *sink*; *subside* • minder worden *go down*; *slump* • geestelijk instorten *give up*; *lose heart*

inzinking • het dieper komen te liggen *subsidence* • terugval *slump*; *decline* • geestelijke instorting ⟨bij ziekte⟩ *relapse*; ⟨psychisch⟩ *breakdown* ★ totale ~ *collapse*

inzitten ★ ~ over *worry about* ★ zij zit er erg over in *she is worried sick about it* ★ ~ met ★ ergens lelijk mee ~ *be in a fix about s.th.*; *be at one's wits end about s.th.*

inzittende *occupant*; *passenger*

inzoomen *zoom in on*

inzwachtelen *bandage*

ion *ion*

Ionische Zee *Ionian Sea*

ioniseren *ionize*

IQ *IQ*

Iraaks *Iraqi*

Iraans *Iranian*

Irak *Iraq*

Irakees *Iraqi*

Iran *Iran*

Iraniër *Iranian*

iris *iris*

ir

iriscopie *iridiscopy*
irisscan *iris scan*
ironie *irony* ⋆ de ~ van 't noodlot *the irony of fate*
ironisch *ironical*
ironiseren • in ironie spreken *ironize* • mikpunt van ironie maken *ridicule*
irrationeel *irrational*
irreëel *unreal; imaginary*
irrelevant *irrelevant*
irrigatie *irrigation*
irrigator *irrigator*
irrigeren *irrigate*
irritant *irritating; annoying*
irritatie *irritation*
irritatiegrens *irritation threshold*
irriteren *irritate*
ISBN International Standard Book Number *ISBN*
ischias *sciatica*
ISDN Integrated Service Digital Network *ISDN*
isgelijkteken *equals sign*
islam *Islam*
islamiet *Islamite*
islamisering *Islamization*
islamitisch *Islamic*
ISO International Standardization Organization *ISO*
ISO-gecertificeerd *ISO-certified*
isolatie • het afzonderen *insulation* ⋆ ~ van de spouwmuur *cavity wall insulation* • afzondering *isolation*
isolatieband *insulating tape*
isolatielaag *insulation layer*
isolatiemateriaal *insulation material; insulant*
isoleercel *isolation cell*
isoleerkan *thermos flask*
isolement *isolation*
isoleren • afzonderen *isolate* • NAT. *insulate*
Israël *Israel*
Israëlisch *Israeli*
issue *issue*
IT *IT; Information Technology*
Italiaan *Italian* ⋆ een ~se *an Italian woman*
Italiaans I ZN *Italian* II BNW *Italian*
Italië *Italy*
IT-branche *IT-branche*
item *item*
IT'er *IT-specialist*
ivoor *ivory*
Ivoorkust *Ivory Coast*
ivoren *ivory*
Ivriet *(modern) Hebrew*

J

j *j* ⋆ de j van Johan *J as in Jack*
ja I ZN *yes* II TW *yes* ⋆ een vraag met ja beantwoorden *answer a question in the affirmative* ⋆ ja knikken *nod assent* ⋆ ja, zeker *certainly* ▾ wel ja! *that's right!* ▾ maar ja… *but then; oh well…*
jaap *cut; gash* ⋆ iem. een jaap geven *cut/gash a person*
jaar *year* ⋆ in het jaar onzes Heren *in the year of our Lord* ⋆ over een jaar *in a year's time* ⋆ met de jaren *with the years* ⋆ op jaren zijn *be advanced in years; elderly/old* ⋆ jaar in jaar uit *year in and year out* ⋆ de laatste jaren *in recent years; of late years* ⋆ jaar op jaar *year by/after year* ⋆ vandaag over een jaar *a year from today* ⋆ 't hele jaar door *all the year round* ⋆ eens in 't jaar *once a year* ▾ sinds jaar en dag *for many years now; for a long time* ▾ nog vele jaren! *many happy returns of the day!* ▾ vette jaren *fat years*
jaarbeurs • tentoonstelling *(trade) fair; exhibition* • gebouw *trade fair centre; exhibition centre*
jaarboek • kroniek *yearbook* • annalen *annals; chronicles*
jaarcijfers *annual returns*
jaarclub *society of students who started in the same academic year; ≈ sorority/fraternity*
jaarcontract *annual contract;* ⟨huur⟩ *annual lease*
jaargang *volume;* ⟨v. wijn⟩ *vintage* ⋆ een oude ~ *a back volume*
jaargenoot *fellow-student; contemporary;* ⟨leerling⟩ *classmate*
jaargetijde *season*
jaarkaart *annual season ticket*
jaarlijks I BNW *yearly; annual* II BIJW *every year; annually*
jaarmarkt *(annual) fair*
jaaropgaaf *annual statement*
jaarring *annual ring*
jaartal *date; year*
jaartelling *era*
jaarvergadering *annual meeting*
jaarverslag *annual report*
jaarwisseling *turn of the year* ▾ prettige ~! *happy New Year!*
jacht I ZN (de) • het jagen *hunting;* ⟨op klein wild⟩ *shooting* ⋆ op ~ gaan *go hunting/ shooting* ⋆ ~ maken op *hunt out;* FIG. *pursue* • het najagen *pursuit* • jachtpartij *hunt; shoot* • jachtterrein *hunt(ing ground);* ⟨klein wild⟩ *shoot(ing ground)* • jachttijd *(hunting) season* II ZN (het) *yacht*
jachten *hurry; rush*
jachtgebied *hunting ground;* ⟨klein wild⟩ *shooting*
jachtgeweer *shotgun*
jachthaven *marina*
jachthond *hound*
jachtig *hurried* ⋆ ~ in de weer zijn *rush around; bustle about*

jachtluipaard *cheetah*
jachtopziener *gamekeeper*
jachtschotel *hotpot*
jachtseizoen *hunting/shooting season*
jachtafereel *hunting scene*
jachtverbod *a ban on hunting*
jack *jacket*
jacket • boekomslag *dust cover* • kroon *crown*
jackpot *jackpot*
jack-russellterriër *Jack Russell terrier*
jacquet *morning coat*; INF. *tails*
jacuzzi ® *jacuzzi*; *whirlpool (bath)*
jade *jade*
jagen I OV WW • jacht maken op *hunt*; ⟨herten⟩ *stalk*; ⟨klein wild⟩ *shoot*; ⟨prooi⟩ *chase* • voortdrijven *hurry*; FIG. *drive*; ⟨snel⟩ *rush* ★ heen en weer ~ *chivy about* ▾ een wet erdoor ~ *railroad/rush a bill through Parliament* II ON WW • op jacht zijn *hunt* ★ uit ~ gaan *go hunting* • streven ~ naar *pursue* • snel bewegen *rush*; *race*
jager • iem. die jaagt *hunter* ★ ~ op groot wild *big game hunter* • jachtvliegtuig *fighter* ★ langeafstands~ *long-range fighter* • schip *hunter*; MIL. *destroyer*
jaguar *jaguar*
jak • bloes *smock* • overjasje *jacket*
jakhals *jackal*
jakkeren *rush*; ⟨vnl. met auto⟩ *tear along*; ⟨hard werken⟩ *work oneself to death*
jakkes *ugh!*; *yuk!*
jakobsschelp *scallop*
jaloers *jealous*
jaloezie • jaloersheid *jealousy* • zonwering *Venetian blind*
jam *jam*; *marmelade* ★ jam maken van *make into jam*
Jamaica *Jamaica*
jambe *iamb*
jamboree *jamboree*
jammen *to take part in a jam session*; *jam*
jammer *a pity* ★ wat ~! *what a pity!*; *what a shame!* ★ 't is ~ van 't geld *it's too bad about the money* ★ dat is erg ~ voor je *I am sorry for you*; *that's tough on you* ★ ~ genoeg! *unfortunately!* ★ 't is erg ~ *it's really a shame* ★ ~ genoeg kwam hij niet *sad to say he didn't turn up*
jammeren *lament*; *wail*; *moan*; INF. *yammer*
jammerklacht *lamentation*
jammerlijk *woeful*; *pitiful*
jampot *jam jar*
jamsessie *jam session*
Jan *John* ▾ boven Jan zijn *be over the hump* ▾ Jan Rap en z'n maat *ragtag and bobtail*; *scum* ▾ Jan Klaassen en Katrijn *Punch and Judy* ▾ Jan Salie *stick-in-the-mud*
janboel *muddle*; *mess* ★ een grote ~ *a dreadful mess*
janboerenfluitjes ▾ op z'n ~ *in a slaphappy/slapdash way*
janplezier *charabanc*
jantje-van-leiden ▾ zich met een ~ ergens van afmaken *talk one's way out of s.th.*
januari *January*
januskop • kop *head with two opposite faces*

• dubbelhartig mens *two-faced person*; LIT. *Janus face*
jan-van-gent *gannet*
Japan *Japan*
Japanner *Japanese* ★ een Japanse *a Japanese woman*
Japans *Japanese*
japon *dress*; ⟨lang⟩ *gown*
jarenlang I BNW *many years'* II BIJW *for years*
jargon *jargon*
jarig ▾ wanneer ben je ~? *when is your birthday?* ▾ dan ben je nog niet ~ *then you are in no end of a mess*; *then you're in big trouble*
jarige *person whose birthday it is*; INF. *birthday boy/girl*
jarretelle *garter*
jas • kledingstuk *coat* • colbert *jacket*
jasbeschermer *dress guard*
jasmijn *jasmine*
jassen *peel* ★ piepers ~ *peel spuds*
jasses *bah!*; *ugh!*; *yuk!*
jaszak *coat pocket*
jat *paw* ★ blijf er met je jatten vanaf! *keep your paws off!*
jatten *pinch*; *nab*; *swipe*
jawoord *consent* ★ het ~ geven *say yes* ★ om het ~ vragen *propose*
jazz *jazz (music)*
jazzballet *jazz-ballet*
jazzband *jazz band*
jazzclub *jazz club*
jazzfestival *jazz festival*
je I PERS VNW jij *you* ★ je zou je moeten schamen *you ought to be ashamed of yourself* II WKD VNW *yourself* [mv: *yourselves*] III BEZ VNW *your* ▾ je van het! *the very best!* IV ONB VNW men *you* ▾ dat doe je niet *you don't do things like that* ▾ je hebt van die mensen *it takes all kinds (to make a world)*
jeans *(blue) jeans*
jee *gee!*; *gosh!*
jeep *jeep*
jegens *to(wards)*
Jemen *Yemen*
jenever *Hollands/Dutch gin*; *geneva*
jeneverbes • bes *juniper berry* • struik *juniper*
jengelen *whine*; *whimper*
jennen *tease*; *harass*; *badger*
jeremiëren *complain*; *wail*; INF. *bellyache*
jerrycan *jerrycan*; *jerrican*
jersey *jumper*; *jersey*; AE *sweater*
jet *jet*
Jet ▾ de jarige Jet *the birthday girl*
jetlag *jet lag*
jetset *jet-set*
jetski *jet-ski*
jeu *flavour* ★ de jeu is eraf *the gilt is off the gingerbread*
jeugd • jonge leeftijd *youth* ★ tweede ~ *second childhood* ★ niet meer in zijn eerste ~ *past his prime* ★ zij heeft haar ~ gehad *she is no spring chicken* • jonge mensen *youth*; *young people* ★ de ~ van tegenwoordig *the youth of today* ▾ wie de ~ heeft, heeft de toekomst *the future belongs to the young*

je

je

jeugdherberg *youth hostel*

jeugdherinnering *childhood memory*

jeugdig *youthful*

jeugdliefde *young love*; ⟨persoon⟩ *love of one's youth*

jeugdloon *juvenile wage*

jeugdpuistje *pimple*; INF. *spot*; *zit*

jeugdsentiment *youthful/childhood memories*; *nostalgia for one's youth*

jeugdwerkloosheid *youth unemployment*

jeugdzonde *sin(s) of one's youth*

jeuk *itch* ★ jeuk hebben *itch*

jeuken *itch* ▼ mijn handen ~ om eraan te beginnen *my fingers are itching to start with it*

jewelcase *jewel case*

jezelf I PERS VNW *yourself* ★ kijk naar ~ *look at yourself* II WKD VNW *yourself*

jezuïet *Jesuit*

Jezus *Jesus*

jicht *gout*

Jiddisch I ZN *Yiddish* II BNW *Yiddish*

jij *you*

jijbak ↑ *weak ripost(e)*

jijen ★ ~ en jouen *be on first-name terms with s.o.*

jingle *jingle*

jiven *jive*

job *job*

Job *Job* ▼ zo arm als Job *as poor as a church mouse* ▼ zo geduldig zijn als Job *have the patience of Job*

jobhoppen *job hopping*

jobhopper *job hopper*

jobsharing *job sharing*

jobstijding *bad news/tidings*

joch *lad*

jockey *jockey*

jodelen *yodel*

jodendom • *leer Judaism* • *volk Jewry*; *Jews*

jodenhaat *anti-Semitism*

jodenster *Star of David*

jodenvervolging *persecution of the Jews*; *pogrom*

jodin *Jewess*

jodium *iodine*

jodiumtinctuur *tincture of iodine*

Joegoslavië *Yugoslavia*

Joegoslavisch *Yugoslav*

joekel • *hond mutt* • *groot iets/iem. whopper*

joelen *shout*; *howl*; *roar*

jofel *great*; *nice*; *super*

joggen *jog*

jogger *jogger*

joggingpak *jogging suit*

joint *joint*; *reefer* ▼ een ~je draaien *roll a joint*

joint venture *joint venture*

jojo *yoyo*

jojoën *yo-yo*

joker *joker* ▼ voor ~ staan *look foolish*; *look a fool* ▼ iem. voor ~ zetten *make a fool of s.o.*

jokken *fib*; *tell tales/lies*

jol *yawl*; *dinghy*

jolig *jolly*

jong I ZN ⟨dier⟩ *young one*; ⟨mens⟩ *kid*; *child* II BNW • *niet oud young* ★ hij is de jongste

van de twee *he is the younger one* ★ zij is de jongste van de groep *she is the youngest of the group* • *recent recent*; *latest* ▼ van jongs af aan *from a little boy/girl*

jonge *gosh*; *(oh) boy*; *my*

jongedame *young lady*

jongeheer • *jongeman young gentleman*; ⟨met naam⟩ *Master (John)* • *penis willie*

jongelui *young people*; *youngsters*

jongeman *young man*

jongen I ZN • *kind boy* ★ is het een ~ of een meisje *is it a boy or a girl* • *jongeman boy*; *lad* II ON WW *give birth*; ⟨v. hond⟩ *have pups*; ⟨v. kat⟩ *have kittens*

jongensachtig *boyish*

jongensboek *boys' book*

jongensgek *boy crazy/mad*

jongere *young person* ★ werkende ~n *working youngsters*

jongerejaars *first/second year student*

jongerencentrum *youth centre*

jongerentaal *teenage language*; *argot*

jongerenwerk *youth work*

jonggehuwd *newly married/wed* ★ ~en *the newly-weds*

jonggestorven *untimely deceased* ★ de ~ componist N. *the composer N., who died young*

jongleren *juggle*

jongleur *juggler*

jongmens *youngster*

jongstleden *last* ★ zaterdag ~ *last Saturday*

jonk *junk*

jonker *(young) nobleman*; *esquire*

jonkheer *esquire*

jonkie • *mens young one*; *baby* • *dier little/young one*

jonkvrouw ≈ *Lady*

jood *Jew*

joods *Jewish*

Joost ▼ ~ mag het weten *goodness knows*; *search me*

jopper *donkey jacket*; *duffel coat*

Jordanië *Jordan*

jota *iota* ▼ ik begrijp er geen jota van *I don't understand a word of it* ▼ geen jota *not a jot*

jou *you* ★ jou moet ik net hebben *you're just the person I am looking for* ★ is dit huis van jou? *is this house yours?*

joule *joule*

journaal • *nieuws news*; ⟨film⟩ *newsreel* • *dagboek journal*; *diary*; ⟨scheepsjournaal⟩ *log (book)*

journalist *journalist*; *newspaperman*

journalistiek I ZN *journalism* II BNW *journalistic*

jouw *your* ★ dat boek is het jouwe *that book is yours*

jouwen *hoot*; *boo*

joviaal *jovial*; *genial*

jovialiteit *joviality*

joyriden *joy riding*

joystick *joy-stick*

jubelen *shout with joy*; *exult (at)*; *be jubilant*

jubelstemming *jubilant mood*

jubeltenen *upturned toes*

jubilaris *a person celebrating his/her jubilee/*

anniversary
jubileren *celebrate one's jubilee|anniversary*
jubileum *jubilee; anniversary* ⋆ zijn zilveren ~ vieren *celebrate one's silver jubilee*
juchtleer *Russia leather*
judas *Judas*
judaskus *Judas kiss*
judaspenning *honesty; satin flower*
judassen *nag; needle; pester*
judasstreek *Judastrick*
judo *judo*
judoën *practise judo*
judoka *judoka* [ev/mv]
juf *teacher*
juffrouw *Miss* ⋆ ~ Smith *Miss Smith*
Jugendstil *Jugendstil*
juichen *cheer; be jubilant; shout with joy* ⋆ niet te vroeg ~ *don't speak too soon; don't count your chickens before they're hatched*
juist I BNW • *correct right; correct* ⋆ ~ op de ~ e wijze *in the right way* ⋆ ~ gedrag *correct behaviour* • *waar right; correct* ⋆ o ~ ! *oh, I see!* ⋆ zeer ~ ! *hear! hear!; quite right!* ⋆ ~ ! *exactly!; quite so!* • *billijk fair* II BIJW • *correct* ⋆ ~ handelen *do the right thing* • *precies just; exactly* ⋆ ~ daarom! *for that very reason!* ⋆ ~ wat ik nodig heb *the very thing I need* ⋆ ~ wat ik bedoel *exactly what I mean* ⋆ dat is het ~ *that's just it*
juistheid *rightness; correctness; exactness*
juk *yoke*
jukbeen *cheekbone*
jukebox *jukebox*
juli *July*
jullie I PERS VNW *you; you people* II BEZ VNW *your* ⋆ is dat huis van ~? *is that house yours?*
jumbojet *jumbo jet*
jungle *jungle* ⋆ de wet van de ~ *the law of the jungle*
juni *June*
junior I ZN *junior* II BNW *junior*
junk *junkie*
junkbond *junk bond*
junkfood *junk food*
junta *junta*
jureren *judge*
juridisch *legal* ⋆ ~ e faculteit *Faculty of Law(s); Law Faculty*
jurisdictie *jurisdiction*
jurisprudentie *jurisprudence*
jurist *jurist; lawyer*
jurk *dress*
jury • *beoordelingscommissie jury; panel (of judges)* • JUR. *jury*
jurylid *member of the jury*
juryrapport *report of the jury*
jus • *vleessaus gravy* • *vruchtensap juice*
jus d'orange *orange juice*
justificeren *to justify*
justitie • *rechterlijke macht judiciary;* INF. *the law* ⋆ uit de handen der ~ blijven *keep clear of the law* ⋆ aan ~ overleveren *hand (a p.) over to the law|to the police* • *rechtswezen justice* ⋆ hof van ~ *court of justice; court of law*
justitieel *judicial*

Jut ⋆ als kop van Jut dienen *be a scapegoat; be a sitting duck* ⋆ Jut en Jul *odd couple* ⋆ kop van Jut *try-your-strength machine*
jute *jute*
jutezak *hessian bag;* AE *gunny sack*
jutten *comb the beach; loot*
jutter *beachcomber*
juweel • *sieraad jewel; gem* • *prachtexemplaar treasure; gem*
juwelenkistje *jewelery case|box*
juwelier *jeweller*
juxtapositie *juxtaposition*

ju

K

k *k* ⋆ de k van Karel *K as in King*

kaaiman *cayman; alligator*

kaak • kaakbeen *jaw* • wang ⋆ iem. met beschaamde kaken doen staan *put a person to shame; make a person blush* ⋆ met beschaamde kaken staan *look shame-faced* • kieuw *gill* ▾ aan de kaak stellen *denounce; expose*

kaakbeen *jawbone*

kaakchirurg *dental surgeon*

kaakchirurgie *dental surgery*

kaakholte *maxillary sinus*

kaakje *biscuit*

kaakslag *punch to the jaw*

kaakstoot *punch on the jaw*

kaal • onbedekt *bare* • zonder hoofdhaar *bald* ⋆ zijn hoofd kaal laten knippen/scheren *have one's head shaven* ⋆ zo kaal als een biljartbal *as bald as a coot* • zonder veren *featherless* • zonder bladeren *bare* ⋆ de bomen worden kaal *the trees are losing their leaves* ⋆ kaal vreten *eat bare* ⋆ kaal gevreten velden *close cropped fields* • zonder planten e.d. *bare; barren* • afgesleten *threadbare; worn*; ⟨v. band ook⟩ *bald* • armoedig *shabby*

kaalheid • kaalhoofdigheid *baldness* • onbedekt zijn *bareness*

kaalknippen *shave bald*

kaalkop *baldy*

kaalscheren *shave* ⋆ schapen ~ *shear sheep*

kaalslag • woningafbraak *demolition* • het vellen van bomen *deforestation* • kale plek in bos *clearing*

kaap *cape; headland* ⋆ Kaap de Goede Hoop *the Cape of Good Hope*

Kaapverdische eilanden *Cape Verde Islands*

kaars *candle*

kaarslicht *candlelight*

kaarsrecht *as straight as an arrow/a die* ⋆ hij liep ~ *he walked bolt upright*

kaarsvet *candle wax; tallow*

kaart • stuk karton *card*; ⟨verzekering⟩ *green card* • toegangsbewijs *ticket* • speelkaart *card* ⋆ een spel ~en *a deck of cards* ⋆ een goede ~ hebben *have a good hand* ⋆ iem. in de ~ kijken *look at s.o.'s cards* • landkaart GEO. *map*; SCHEEPV. *chart* ⋆ in ~ brengen *map (out)*; SCHEEPV. *chart* ⋆ van de ~ *off the map*; FIG. *finished*; FIG. *all at sea*; FIG. *upset* ▾ niet in ~ gebracht *unmapped*; FIG. *uncharted* • plattegrond ⟨v. stad, e.d.⟩ *streetplan*; ⟨v. gebouw, e.d.⟩ *groundplan* ▾ open ~ spelen *speak frankly*; *put one's cards (up)on the table* ▾ alles op één ~ zetten *put all one's eggs into one basket* ▾ het is doorgestoken ~ *it's a frame-up; it is a put-up job* ▾ iem. in de ~ kijken *see through a person('s plans)* ▾ zich in de ~ laten kijken *give o.s. away* ▾ in iemands ~ spelen *play into a person's hands*

kaarten *play (at) cards*

kaartenbak *card index/file*

kaartenhuis *house of cards* ▾ als een ~ in elkaar vallen *fall down like a house of cards*

kaartje • plaatsbewijs *ticket* • toegangsbewijs *ticket* • visitekaartje *visiting-card*; ⟨zakenman⟩ *business card* ⋆ je ~ afgeven bij iem. *leave s.o. your (business) card* ▾ een ~ leggen *have a game of cards*

kaartlezen I ZN *map-reading* II ON WW *read maps*

kaartspel • spel *playing cards* • stel speelkaarten *pack of cards*; AE *deck of cards*

kaartspelen *play (at) cards*

kaartsysteem *card-index*

kaartverkoop *ticket sale*

kaas *cheese* ▾ daar heb ik geen kaas van gegeten *that's beyond me*

kaasboer *cheese-maker/monger*

kaasbroodje *cheese roll*

kaasburger *cheeseburger*

kaasfondue *cheese fondue*

kaasfonduen *have cheese fondue*

kaaskop *cheesehead*

kaasschaaf *cheese-slicer*

kaassoufflé *cheese soufflé*

kaasstolp *cheese-cover; cheese souflé*

kaatsen • SPORT *play fives* • terugstuiten *bounce*

kabaal *din; row* ⋆ ~ maken *make a racket; kick up a row* ~hels ~ *pandemonium; infernal racket*

kabbelen *ripple; babble; lap*

kabel *cable*

kabelaansluiting *connection to cable TV*

kabelbaan *cable-railway; cable car*

kabelexploitant *cable company; proprietor of a cable TV system*

kabeljauw *cod*

kabelkrant *cable TV information service*

kabelnet • elektriciteitsnet *electric mains* • kabeltelevisienet *cable television network*

kabeltelevisie *cable television*

kabeltouw *cable*; ⟨v. staaldraad⟩ *steel cable*

kabinet • regering *cabinet* • meubel *cabinet*

kabinetsberaad *cabinet meeting*

kabinetsbeslissing *cabinet('s) decision*

kabinetsbesluit *cabinet('s) decision*

kabinetscrisis *cabinet/ministerial crisis*

kabinetsformateur *person appointed by the Queen to form a new government*

kabinetsformatie *formation of a government/ cabinet*

kabinetswijziging *Cabinet reshuffle*

kabinetszitting *cabinet meeting*

kabouter *gnome* ⋆ tuin~ *(garden) gnome*

kachel I ZN *stove; heater*; ⟨(electric)fire* II BNW ▾ ~ zijn *be tight/loaded*

kadaster • register *land registry* • kantoor *land registry office*

kadastraal *cadastral*

kadastreren *enter in the landsurvey register*

kadaver ⟨v. dier⟩ *dead body*; ⟨voor dissectie⟩ *cadaver*; ⟨v. dier in ontbinding⟩ *carrion*; ⟨lijk⟩ *corpse*

kade *quay; wharf* ⋆ het schip ligt aan de kade *the ship lies by the quayside/wharf*

kader • lijst *frame* • verband *framework; scope* ⋆ het valt buiten het ~ van ... *it's beyond the scope of ...* ⋆ in 't ~ passen van *fit in with*

• stafpersoneel *executives*
kaderfunctie *(middle) management position*; *executive position*
kadetje *roll*
kadreren *frame*
kaduuk *rickety*; *in bad nick*; *kaput*; *broken*
kaf *chaff* ▾ het kaf van het koren scheiden *separate wheat from the chaff*
kaffer *moron*; *lout*; ⟨domkop⟩ *nit/halfwit*
kafkaiaans *Kafkaesque*
kaft ⟨als omslag⟩ *(paper) cover*; ⟨ter bescherming⟩ *wrapper*
kaftan *caftan*
kaften *cover*
kaftpapier *wrapping paper*
kajak *kayak* ✶ ~varen *kayak*
kajuit *cabin*
kak • poep *shit*; *crap* • kapsones *swank*
kakelbont *gaudy*
kakelen • geluid (als) van kip maken *cackle* • kwebbelen *blabber*; *chatter*; *rattle*
kakelvers *farm-fresh*
kaken *gut (and cure)*
kaki I ZN (de) vrucht *persimmon* II ZN (het) kleur, stof *khaki*
kakken *shit*; *crap* ▾ we hebben hem vies te ~ gezet *we made him look like an idiot/a jerk*
kakkerlak *cockroach*
kakofonie *cacophony*
kalend *balding*
kalender *calendar*
kalenderjaar *calendar-year*
kalf *calf* ▾ als het kalf verdronken is, dempt men de put *close/lock the stable door after the horse has bolted* ▾ het gemeste kalf slachten *kill the fatted calf* ▾ het gouden kalf aanbidden *worship the golden calf*
kalfslapje *veal-steak*
kalfsleer *calfskin*; *calf leather*
kalfsmedaillon *medallion of veal*
kalfsoester *veal escalope*
kalfsvlees *veal*
kaliber • diameter *calibre*; *bore* ✶ wapen van groot/klein ~ *large/small bore/calibre weapon* • formaat, aard ✶ een man van zijn ~ *a man of his calibre*
kalief *caliph*
kalium *potash*; *potassium*
kalk • calcium *lime*; ⟨geblust⟩ *slaked lime*; ⟨ongeblust⟩ *quick lime* • pleisterkalk ⟨metselkalk⟩ *mortar*; ⟨pleisterkalk⟩ *plaster*
kalkaanslag *scale*
kalkafzetting • proces *calcification*; *deposition of lime* • resultaat v. proces *deposit of lime*
kalken • pleisteren ⟨bepleisteren⟩ *plaster*; ⟨witten⟩ *whitewash* • schrijven ⟨met krijt⟩ *chalk*; ⟨slordig⟩ *scribble*
kalkhoudend *calcareous*; ⟨water⟩ *hard*
kalkoen *turkey*
kalkrijk *rich in lime*
kalksteen *limestone*
kalligrafie *calligraphy*
kalm *calm*; *quiet* ✶ kalm aan! *steady!* ✶ kalm blijven *stay calm* ▾ kalm aan, dan breekt het lijntje niet *easy does it*
kalmeren I OV WW kalm maken *calm*; *soothe*

II ON WW kalm worden *calm down*; *compose o.s.*
kalmeringsmiddel *sedative*; *tranquilizer*
kalmpjes • onbewogen *calmly* • rustig *calmly*; *easily*
kalmte ⟨bedaardheid⟩ *calm(ness)*; *composure*; ⟨rust⟩ *tranquillity*; *quiet*
kalven • een kalf werpen *calve* • afbrokkelen *break away/off*; *cave in*
kalverliefde *puppy love*
kam • haarkam *comb* • kamvormig voorwerp ⟨v. berg⟩ *ridge*; ⟨v. rad⟩ *cam*; ⟨v. viool⟩ *bridge*; ⟨v. vogel⟩ *crest* ▾ er met een fijne kam doorheen gaan *go over s.th. with a fine toothcomb*
kameel *camel*
kameleon *chameleon*
kameleontisch *chameleonic*
kamer • vertrek *room*; *chamber* ✶ donkere ~ *darkroom* ✶ op ~s wonen *live in lodgings* ✶ gemeubileerde ~s te huur *furnished rooms to let*; AE *furnished apartments to let* • holte in vuurwapen *chamber* • hartholte *ventricle* • college ✶ Kamer van Koophandel *Chamber of Commerce* • POL. *chamber*; *house* ✶ Eerste Kamer *the (Dutch) Upper Chamber/House*; BE *the House of Lords*; BE *the Upper House*; AE *the Senate* ✶ Tweede Kamer *the (Dutch)Lower Chamber/House*; BE *the (House of) Commons*; BE *the Lower House*; AE *the House of Representatives* ✶ de Kamer bijeenroepen/ontbinden *convoke/dissolve the Chamber*
kameraad • vriend, makker *pal*; *buddy* • POL. partijgenoot *comrade*
kameraadschappelijk I BNW *companionable*; *friendly*; INF. *chummy*; *pally* II BIJW *friendly* ✶ ~ omgaan met *fraternize with*
kamerbewoner *lodger*
kamerbreed *wall-to-wall*; FIG. *overwhelming*
Kamerdebat *parliamentary debate*; AE *congressional debate*
Kamerfractie *parliamentary party/group*; AE *congressional party/group*
kamergeleerde *closet scholar*
kamergenoot *roommate*
kamerheer *chamberlain*
kamerjas *dressing gown*
kamerkoor *chamber choir*
Kamerlid *Member of Parliament*; *M.P.*
Kamermeerderheid *parliamentary majority*; ⟨in eerste kamer⟩ *majority in the Upper Chamber*; ⟨in tweede kamer⟩ *majority in the Lower Chamber.*
kamermeisje *chambermaid*
kamermuziek *chamber music*
Kameroen *Cameroon*
kamerorkest *chamber orchestra*
kamerplant *houseplant*
Kamerreces *recess of the House*
kamerscherm *room-divider*; *screen*
kamertemperatuur *room-temperature*
kamerverhuur *letting rooms/accommodation*
Kamerverkiezing *parliamentary elections*; AE *congressional elections*
Kamerzetel *seat*
Kamerzitting *session of Parliament*

kamfer *camphor*
kamgaren • garen *worsted (yarn)* • stof *worsted*
kamikaze *suicide pilot; kamikaze*
kamikazeactie *kamikaze action*
kamille *camomile*
kamillethee *camomile-tea*
kammen *comb*
kamp I ZN (de) ▾ hij gaf geen kamp *he stood his ground* II ZN (het) • tijdelijk verblijf *camp* ★ 't kamp opbreken *break/strike camp* ★ 't kamp opslaan *pitch camp* • partij *camp*
kampbeul *concentration camp warden/executioner*
kampeerauto *camper; mobile home*; AE *motor-home*
kampeerboerderij *(private) camp site (on farmland)*
kampeerbus *camper*
kampeerder *camper*
kampeerterrein *campground; campsite*
kampement *camp; encampment*
kampen *contend; fight* ★ te ~ hebben met *have to contend with; be up against* ★ ~ met een probleem *wrestle with a problem*
kamperen *camp (out)* ★ gaan ~ *go camping*
kamperfoelie *honeysuckle*
kampioen *champion*
kampioenschap • wedstrijd *championship* • titel *championship; title* ★ het ~ behalen *win the championship*
kampioenstitel *title*
kampleiding *camp leaders*
kampvuur *camp fire*
kan *jug; can* ▾ wie het onderste uit de kan wil hebben, krijgt het lid op de neus *grasp all, lose all* ▾ in kannen en kruiken *in the bag; fixed up*
kanaal • gegraven water *canal*; ⟨vaargeul⟩ *channel* • zee-engte *channel* • frequentieband *channel* • buis *canal; duct*; ⟨spijsvertering⟩ *tract* • weg, middel *channel*
Kanaal *English Channel*
Kanaaleilanden *Channel Islands*
Kanaaltunnel *Channel Tunnel; Chunnel; Eurotunnel*
kanaliseren *canalize*
kanarie *canary*
kanariegeel *canary yellow*
kandelaar *candlestick*
kandidaat • gegadigde *candidate*; ⟨sollicitant⟩ *applicant* ★ iem. ~ stellen *nominate a person* ★ zich ~ stellen voor *stand | run for* • academische titel ≈ *bachelor* ★ ~ in de rechten/letteren/medicijnen/godgeleerdheid *Bachelor of Law (L.B.)/of Arts (B.A.)/of Medecine (M.B.)/of Divinity (B.D.)*
kandidaats ≈ *Bachelor examination/degree*
kandidatenlijst *list of candidates*
kandidatentoernooi *candidates' tournament*
kandidatuur *nomination; candidature*
kandij *candy*
kandijkoek *candy cake*
kaneel *cinnamon*
kaneelpijp *cinnamon stick*
kaneelstok *cinnamon stick*
kangoeroe *kangaroo*

kanis *nob; nut* ★ hou je ~! *shut your trap!; shut up!* ★ iem. een klap voor zijn ~ geven *give a person a smack round the nut*
kanjer • groot exemplaar *whopper* ★ een ~ van een vis *a whopping fish* • uitblinker *crack; dab* ★ wat een ~! *some eyeful!*
kanker • ziekte *cancer* ★ doodgaan aan ~ *die of cancer* • woekerend kwaad *cancer*
kankeraar *grouser; INF. bellyacher*
kankerbestrijding *cancer-control*; ⟨campagne⟩ *cancer research campaign*
kankeren *grouse; grumble*; INF. *chew the rag* ★ hij loopt altijd te ~ *he is always moaning about s.th.*
kankergezwel *cancerous tumour/growth*
kankerpatiënt *cancer patient*
kankerverwekkend *carcinogenic*
kannibaal • menseneter *cannibal* • woesteling *savage*
kannibalisme *cannibalism*
kano *canoe*
kanoën *canoe*
kanon *gun; cannon* ▾ je kunt een ~ naast hem afschieten *he sleeps like a log*
kanonnade *cannonade*
kanonnenvlees *cannon fodder*
kanonschot • schot met kanon *cannonshot* • SPORT *cannonshot*; INF. *scorcher*
kanonskogel *cannon ball*
kanovaarder *canoeist*
kanovaren *canoe*
kans • waarschijnlijkheid *chance* ★ er is niet veel kans op *there's not much chance of it* ★ je hebt grote kans dat hij komt *he is very likely to come* ★ geen schijn van kans hebben *have/stand not the ghost of a chance* ★ een kleine/grote kans *a small/great chance* • risico, gok *chance; risk* ★ een kans wagen *take a chance*; ⟨wedden⟩ *have a flutter* ★ de kans lopen om te *run the risk of* • gelegenheid *opportunity; chance* ★ de kans waarnemen *seize the opportunity* ★ de kans kan keren *luck may turn* ★ de kans doen keren *turn the tide* ★ die kans komt nooit weer *it's the chance of a life-time* ★ de kans schoon zien *see one's chance* ★ ik zie er geen kans toe *I don't see my way to it; it is beyond my power*
kansarm *underprivileged; deprived*
kansel *pulpit*
kanselarij *chancery*
kanselier *chancellor*
kanshebber *favourite*
kansloos *prospectless* ★ zij was ~ *she didn't stand a chance*
kansrekening *probability analysis*; WISK. *theory of chances/probability*
kansrijk • met kans op succes *likely to be successful* ★ hij is niet erg ~ in deze verkiezing *he is not likely to be successful in this election*; niet een ~ *a likely candidate in this election* • met kans op maatschappelijk succes *privileged*
kansspel *game of chance*
kant I ZN (de) • zijde *side* ★ de goede kant boven *right side up* ★ de jas kan aan beide kanten gedragen worden *the coat is*

reversible • rand, zijkant *border*; *side*; ⟨oever⟩ *edge* ★ naar de kant zwemmen *swim ashore* ★ op zijn kant zetten *put on its side* • verwantschap ★ van moeders kant *on the mother's side* • richting *way*; *direction* ★ van alle kanten *on all sides*; *from every quarter* ★ het gesprek ging een andere kant op *the conversation took a new turn* ★ welke kant ga je uit? *which way are you going/heading?* ★ de andere kant uitkijken *look the other way* ★ naar alle kanten lopen *run in all directions* ★ die kant moet het uit *that's the course we ought to take* ★ zienswijze *side*; *aspect* ★ van mijn kant *I, on my side* ★ aan de éne kant..., aan de andere... *on the one hand..., on the other...* ★ de zaak van alle kanten bekijken *consider the matter from all sides*; *consider the matter from every angle* ★ men kan de zaak van twee kanten bekijken *there are two sides to the question* ★ van de kant van *on the part of* ★ de zaak heeft nog een andere kant *there's another side to the matter* ★ iets van de vrolijke kant bekijken *look on the bright side* • ontwikkeling ★ het gaat de goede/slechte kant op met jou *you're taking a turn for the better/worse* ★ dat raakt kant noch wal *that's absurd* ★ een kamer aan kant maken *tidy up a room*; *do a room* ▼ de zaken aan kant doen *retire from business* ▼ laat het maar over je kant gaan *let it pass* ▼ zich/iem. van kant maken *make away with o.s./s.o.* ▼ het mes snijdt bij hem aan twee kanten *it works/cuts both ways for him*; *his bread is buttered on both sides* ‖ ZN (het) weefsel *lace*

kanteel *battlement*

kantelen I OV WW omdraaien *cant*; *tilt*; *overturn*; *flip (over)* ★ niet –! *this side up!* II ON WW omvallen *topple/turn over*; ⟨v. schip⟩ *capsize*; *keel over*

kantelraam *horizontal pivot window*

kanten I ON WW square II WKD WW (tegen) *oppose* ★ zich tegen iets – *set one's face against s.th.*

kant-en-klaar *ready for use*; *ready-made*

kant-en-klaarmaaltijd *ready-to-eat meal*

kantine *canteen*

kantje • uiterste rand *edge*; *verge* • bladzijde *page*; *side* ▼ op het – af ontsnappen *escape by the skin of one's teeth* ▼ er de –s aflopen *cut corners*; *take it easy* ▼ 't was op 't – af *it was a near thing* ▼ 't was – boord *it was touch and go*; *it was a close shave/thing*

kantlijn *margin* ▼ een – trekken *rule a margin* ★ een opmerking in de marge maken *make a marginal note*

kanton *canton*

kantongerecht ≈ BE *magistrates court*; ≈ SCHOTS *district-court*

kantonrechter ≈ BE *magistrate*; ≈ SCHOTS *district judge*

kantoor *office* ★ op een – zijn *be in an office*

kantooragenda *office diary*

kantoorautomatisering *office automation*

kantoorbaan *office/clerical job*

kantoorbehoeften *office supplies*

kantoorboekhandel *stationer's (shop)*

kantoorgebouw *office building*

kantoorpand *office building*

kantoortijd *office-hours*

kantoortuin *open-plan office*

kanttekening • opmerking *short/marginal comment* ★ –en plaatsen bij iets *give a short comment on s.th.* • aantekening *marginal note*; *annotation*

kantwerk *lace(-work)*

kanunnik *canon*

kap • bedekking, bovenstuk ⟨v. auto, kinderwagen, e.d.⟩ *hood*; ⟨v. huis⟩ *roof*; ⟨v. lamp⟩ *shade* ★ twee onder één kap *semi-detached houses* [mv] ★ kap van een laars *top of a boot* ★ het huis is onder de kap *the roof is on* • hoofdbedekking *hood*; *cap*; ⟨v. monnik ook⟩ *cowl*; ⟨v. non⟩ *wimple* ★ Friese kap *gold casque*

kapel • kerkje *chapel* • muziekkorps *band* • insect *butterfly*

kapelaan ⟨hulppriester⟩ *curate*; ⟨in tehuis, e.d.⟩ *chaplain*

kapelmeester *bandmaster*

kapen • overmeesteren *hijack* ★ een vliegtuig – *hijack (an aircraft)*; *sky-jack* • gappen *pinch*

kaper • zeerover *raider*; GESCH. *privateer* • ontvoerder *hijacker* ★ er zijn –s op de kust *the coast is not clear*; *there are rivals in the field*

kaping *hijack(ing)*

kapitaal I ZN (de) *capital (letter)* II ZN (het) *capital* ★ geplaatst – *issued capital* ★ risicodragend – *risk bearing capital* ★ – beleggen *invest capital* III BNW zeer groot *capital*; *excellent*

kapitaalgoederen *capital goods*

kapitaalkrachtig *substantial*

kapitaalmarkt *capital market*

kapitaalvlucht *flight of capital*; *foreign investment (to avoid taxes)*

kapitalisme *capitalism*

kapitalist *capitalist*

kapitalistisch *capitalist(ic)*

kapiteel *capital*

kapitein • gezagvoerder *captain*; ⟨klein schip⟩ *skipper* • officier *captain*

kapitein-ter-zee *(naval) captain*

kapittel • hoofdstuk *chapter* • vergadering ★ stem in 't – hebben *have a say in the matter*

kapittelen ★ iem. – *read s.o. a lecture*

kapje • hoofddeksel *(little) cap* • uiteinde van brood *heel*; *end(er)*

kaplaars *top-boot*; *jackboot*

kapmeeuw *black-headed gull*; *laughing gull*

kapmes *chopping-knife*

kapok *kapok*

kapot • stuk *broken*; ⟨v. auto⟩ *broken down*; ⟨v. machine⟩ *out of order*; ⟨v. kousen⟩ *in holes*; ⟨v. schoenen⟩ *worn out* ★ zijn kleren waren helemaal – *his clothes were in tatters* ★ – gaan *go to pieces*; *break down*; *go wrong*; INF. *conk out* • doodmoe *worn out*; *fit to drop*; *dead beat*; ⟨v. de zenuwen⟩ *frayed*; *on edge* • ontzet ★ ik ben er – van *I am cut up by it* ★ ik ben er niet – van *I'm not wild about it*

ka

▾ zich ~ lachen *laugh one's head off*
kapotgaan *break (down); fall apart* ▾ ergens aan ~ *die of s.th.*
kapotgooien *smash*
kapotje *French letter*
kapotmaken *break (up); wreck; spoil*
kapotslaan *smash; bust; break*
kappen I OV WW • hakken ⟨v. bomen⟩ *cut down; fell;* ⟨hout⟩ *chop;* ⟨kabel⟩ *cut* • haar opmaken *style; dress; model* II ON WW ophouden(met) *quit; leave off*
kapper *hairdresser; barber*
kappertje *caper*
kapsalon *hairdresser; hairstylist;* AE *beauty parlour*
kapseizen *capsize; keel over*
kapsel *haircut; hair-style*
kapsones ▾ ~ hebben *put on airs; be full of o.s.* ★ gaan we ~ krijgen? *are we getting cocky?*
kapstok ⟨haak⟩ *peg;* ⟨aan muur⟩ *hat-rack;* ⟨staand⟩ *hatstand* ▾ iets als ~ gebruiken *use s.th. as a stepping-stone*
kapucijner • monnik *capuchin* • erwt *marrowfat; Dutch admiral pea*
kar *cart;* ⟨handkar⟩ *barrow*
karaat *carat* ★ 18 ~s goud *18 carat gold*
karabijn *carabine*
karaf *water bottle;* ⟨voor drank⟩ *decanter*
karakter • aard *character; nature* • letterteken *character*
karaktereigenschap *character trait*
karakteriseren *characterize*
karakteristiek I ZN *characterization; description* II BNW *characteristic*
karakterloos *characterless; insipid*
karakterrol *character part*
karaktertrek *trait of character*
karaktervast *steadfast*
karamel *caramel* ★ zachte ~ *fudge*
karameliseren *caramelize, -ise*
karaoke *karaoke*
karate *karate*
karavaan *caravan*
karbonade *chop; cutlet*
kardinaal I ZN *cardinal* II BNW *cardinal* ★ het kardinale punt *cardinal/vital point*
karig • niet talrijk *scant(y); sparse* ★ ~e gegevens *scant information* • sober *meagre; scanty;* ⟨v. maal⟩ *frugal* ★ een ~ loon *meagre wages* ★ een ~ inkomen *paltry/slender income* • zuinig *parsimonious; mean*
karikaturaal *caricatural*
karikaturiseren *caricature*
karikatuur *caricature*
karkas • geraamte *carcass;* ⟨v. gebouw ook⟩ *skeleton* • gestel *carcass*
karma *karma*
karmijn *carmine*
karnemelk *buttermilk*
karnen *churn*
karos *state-carriage*
Karpaten *Carpathian Mountains*
karper *carp*
karpet *carpet*
karren • rijden *motor (along); drive* • fietsen *bike; cycle; pedal*

karrenvracht *cart-load*
kartel[1] *serration; notch*
kartel[2] *cartel; trust*
kartelen I OV WW kartels maken *notch; serrate* II ON WW kartels hebben/krijgen *serrate;* ⟨v. munten⟩ *mill* ★ gekartelde rand van een geldstuk *milled edge of a coin*
kartelrand ⟨v. munt⟩ *milled edge;* ⟨v. handwerkje⟩ *zigzag edge*
kartelvorming *trust/cartel formation*
karton ⟨verpakking⟩ *carton; cardboard box;* ⟨materiaal⟩ *cardboard*
kartonnen *cardboard*
karwats *riding-crop; hunting-whip;* GESCH. *cat-o'-nine-tails* ★ met een ~ slaan *horsewhip*
karwei *job* ★ het was een heel ~ *it was quite a job; it was a tough job* ★ op ~ *on the job* ★ allerlei ~tjes opknappen *do odd jobs*
karwij *caraway*
kas • broeikas *hothouse;* ⟨voor planten⟩ *greenhouse* • holte ⟨v. oog, tand⟩ *socket* • kassa *cash desk; counter* ★ aan de kas betalen *pay at the desk* ★ 's lands kas *the Exchequer* • geldmiddelen *cash; funds (in hand)* ★ goed bij kas zijn *have plenty of cash* ★ de gemeenschappelijke kas *the common fund* ★ de openbare kas *the public funds* ★ ik ben niet/slecht bij kas *I am out/short of cash* ★ geld in kas *cash in hand* ★ de kas houden *keep the cash*
kasbloem *hothouse flower*
kasboek *cash book*
kascheque *giro cheque*
kasgeld *petty cash; tillmoney*
kashba *kasbah; casbah*
kaskraker ⟨box-office⟩ *hit/winner; smash hit*
kasoverschot *cash surplus*
Kaspische Zee *Caspian Sea*
kasplant *hothouse plant;* FIG. *hothouse plant; wimp; softy*
kasreserve *cash reserve*
kassa *till;* ⟨v. supermarkt⟩ *check-out (point);* ⟨v. theater⟩ *box office* ▾ ~! ⟨te duur⟩ *jackpot!;* ⟨voordeel⟩ *bingo!*
kassabon *receipt; sales slip*
kassaldo *cash balance*
kassier *cashier*
kassiewijle ★ ~ gaan *kick the bucket*
kasstroom *cash flow*
kasstuk • ADM. *cash voucher* • succes *box office success/draw*
kassucces *box office success*
kast • meubel *cupboard;* ⟨boekenkast⟩ *bookcase;* ⟨klerenkast⟩ *wardrobe;* ⟨porseleinkast⟩ *cabinet* • omgebouwd omhulsel *case* • groot bouwsel ⟨huis⟩ *barn;* ⟨voertuig⟩ *tank; rattle-trap* ▾ iem. op de kast jagen *wind s.o. up; take the mickey/rise out of s.o.* ▾ op de kast zitten *be wound up/angry* ▾ uit de kast komen *come out of the closet*
kastanje • vrucht *chestnut* ★ tamme ~ *sweet chestnut* ★ wilde ~ *horse chestnut* • boom *(horse)chestnut* ▾ de ~s voor iem. uit het vuur halen *do s.o. else's dirty work*
kastanjebruin *auburn; chestnut (brown)*
kaste *caste*

kasteel *castle*
kastekort *deficit*
kastelein *innkeeper; landlord*
kastijden *chastise*
kastje *box* ★ ~ kijken *watch the box* ▼ van het ~ naar de muur sturen *send from pillar to post*
kat • huisdier *cat* • snibbige vrouw *cat* • bitse opmerking *reprimand* ★ iem. een kat geven *give s.o. a good ticking-off* ▼ de kat de bel aanbinden *bell the cat* ▼ de kat uit de boom kijken *wait to see which way the cat jumps* ▼ de kat in het donker knijpen *be a sneak* ▼ als een kat in een vreemd pakhuis *like a fish out of water* ▼ de kat op het spek binden *set the fox to watch the geese* ▼ een kat in de zak kopen *buy a pig in a poke* ▼ als kat en hond leven *live like cat and dog* ▼ als een kat in 't nauw *like a cornered animal* ▼ of je van de hond of van de kat gebeten wordt, is 't zelfde *it is six of one and half a dozen of the other* ▼ als een kat om de hete brij heendraaien *pussyfoot (around)* ▼ een kat-en muisspel *a cat-and-mouse game* ▼ als de kat van huis is, dansen de muizen *when the cat's away, the mice will play* ▼ een kat in het nauw maakt rare sprongen *desperate needs lead to desperate deeds*
katachtig *cat-like*; BIOL. *feline*
katalysator *catalyst; catalytic agent*
katapult *catapult* ★ met een ~ schieten *catapult*
Katar *Qatar*
katenspek ≈ *smoked bacon*
kater • mannetjeskat *tomcat* • gevolg van drankgebruik *hangover* • teleurstelling *disillusionment*
katern *section*
katheder *lectern*
kathedraal I ZN *cathedral* II BNW *cathedral*
katheter *catheter* ★ een ~ inbrengen *catheterize*
katheteriseren *catheterize*
kathode *cathode*
katholicisme *(Roman) Catholicism*
katholiek I ZN *(Roman) Catholic* II BNW *(Roman) Catholic*
katje • jonge kat *kitten* • bloeiwijze *catkin* ▼ zij is geen ~ om zonder handschoenen aan te pakken *she's too hot to handle*
katoen *cotton* ▼ iem. van ~ geven *let s.o. have it* ▼ hem van ~ geven *give it all one has got*
katoenen *cotton*
katrol *pulley*
kattebelletje *scribbled note*
katten *snap/snarl (at)* ★ gaan we ~? *getting bitchy are we?*
kattenbak • bak voor de kat *litterbox* • ruimte in auto *dickey seat*
kattenkop *cat's head*; FIG. *cat; bitch*
kattenkwaad *mischief*
kattenoog *cat's eye*
kattenpis ▼ dat is geen ~ *no kidding*; ⟨m.b.t. geld⟩ *that is not to be sneezed at*
katterig • een kater hebbend *chippy; hung over* • beroerd *under the weather; ropy*
kattig *catty; bitchy*
katzwijm ▼ in ~ vallen *(throw a) faint* ★ in ~ *blacked out; out cold; in a faint*

kauw *jackdaw*
kauwen (op) *chew*
kauwgom *chewing gum*
kavel *parcel; lot*
kavelen *parcel/lot out*
kaviaar *caviar*
Kazachstan *Kazakhstan*
kazerne MIL. *barracks*; ⟨brandweer⟩ *station*
kazuifel *chasuble*
kebab *kebab*
keel *throat* ★ iem. de keel dichtknijpen *throttle a person* ★ zich de keel smeren *wet one's whistle* ▼ hij kon zijn eten niet door de keel krijgen *he couldn't get his food down (his throat)* ★ 't woord bleef hem in de keel steken *the word stuck in his throat* ▼ iem. naar de keel vliegen *fly at a person's throat* ▼ het hangt me de keel uit *I'm sick and tired of it* ▼ een keel opzetten *shout; make an outcry (about)*
keel-, neus- en oorarts *ear, nose and throat specialist; E.N.T. specialist*
keelgat *gullet* ▼ in het verkeerde ~ schieten *go down the wrong way*
keelholte *pharynx*
keelklank *guttural (sound)*
keelontsteking *inflammation of the throat; throat infection*
keelpijn *sore throat*
keep *notch; nick*
keepen *goalkeeping*
keeper *(goal)keeper*
keer • maal *time* ★ keer op keer *time and time again* ★ een enkele keer *once in a while* ★ hij slaagde de eerste de beste keer *he succeeded the very first time* ★ een doodenkele keer *once in a blue moon* ★ één enkele keer *only once* ▼ hij deed het in één keer *he did it in one go* ★ voor deze keer *for this once* ▼ op 'n keer *one day* • wending *turn; change* ★ er zal wel eens 'n keer komen *things will take a turn* ★ de zaken namen een goede keer *things took a turn for the better; changed for the better* ▼ binnen de kortste keren *in no time at all; before you can say knife*
keerkring *tropic*
keerpunt *turning point*
keerzijde *reverse*; ⟨v. stoffen⟩ *wrong side* ▼ alles heeft zijn ~ *there's two sides to everything*; *everything has it's down side* ▼ de ~ van de medaille *the other side of the coin*
keeshond *Keeshond; Pomeranian*
keet • schuurtje *shed*; *shanty* • chaos ⟨herrie⟩ *row; racket*; ⟨rommel⟩ *mess* ★ keet schoppen bij een leraar *rag/ballyrag a master* ★ keet schoppen/trappen *muck around; kick up a racket/row*
keffen *yap*; ⟨v. angst, pijn⟩ *yelp*
kegel • voorwerp *cone* • WISK. *cone* • slechte adem *bad breath; breath like a brewery*
kegelbaan *skittle/bowling alley*
kegelen I OV WW *smijten* *toss (out)* II ON WW *play at skittles/ninepins*
kei • steen *boulder*; ⟨v. straat⟩ *cobble(-stone)* • uitblinker *crack* ▼ iem. op de keien zetten *sack a person*

ke

ke

keihard • hard *rock hard* • luid *at full blast* • heel snel *at full speed* • meedogenloos *tough; as hard as nails; hard-boiled* ★ ~e onderhandelingen *(very) tough negotiations*

keilbout *Rawlplug*

keilen • gooien met steentjes *skim* ★ steentjes over het water ~ *skim stones on the water* • smijten *fling*

keizer *emperor* ▾ waar niets is, verliest de ~ zijn recht *you cannot get blood out of a stone* ▾ spelen om des ~s baard *play for love | fun*

keizerlijk *imperial*

keizerrijk *empire*

keizersnede MED. *caesarian section*

kelder *cellar;* ⟨v. bank⟩ *vault* ▾ naar de ~ gaan ⟨op zee⟩ *go to the bottom;* FIG. *go to pot*

kelderen I OV WW doen zinken ★ een schip ~ *sink a ship* II ON WW • vergaan *sink; founder* • in waarde dalen *slump*

keldertrap *cellar steps*

kelen *cut the throat of*

kelk • beker *cup; chalice* • PLANTK. *calyx*

kelner *waiter*

kelt *Celt*

keltisch I ZN *Celtic* II BNW *Celtic*

kemphaan • vogel *ruff* [v: *reeve*]; ⟨vechthaan⟩ *fighting-cock* • ruziezoeker *brawler; someone spoiling for a fight; rowdy* ★ als kemphanen tegenover elkaar staan *be at daggers drawn; be ready to fly at one another*

kenau *battle-axe; virago*

kenbaar • te herkennen *recognizable* • bekend *known* ★ zijn bedoelingen ~ maken *make known one's intentions; express/state/declare one's intentions*

kengetal • kenmerkend getal *index number* • netnummer *STD-/dialling code; subscriber trunk dialling code;* AE *area code*

Kenia *Kenya*

kenmerk • kenteken *identifying mark* • karaktertrek *characteristic; distinguishing mark/feature* ★ iets van een ~ voorzien *mark s.th.*

kenmerken *characterize; mark*

kenmerkend *distinctive; characteristic (of)*

kennel • hondenfokkerij *kennels* • hondenloophok *kennel*

kennelijk I BNW *recognizable; apparent;* ⟨blijkbaar⟩ *obvious* II BIJW *clearly; obviously*

kennen • vertrouwd zijn met *know; be acquainted with* ★ iem. leren ~ *become acquainted with a person* ~ je moet hem ~ *he takes some knowing* ★ hij deed zich ~ als... *he proved himself to be...* ★ iem. ~ als *know a person for* ~ iem. van gezicht ~ *know a person by sight* • weten, beheersen *know; understand* ▾ zij kent geen Italiaans *she doesn't know Italian* ★ zijn vak ~ *know one's job* • herkennen ★ iem. ~ aan zijn stem *know a person by his voice* ★ in iets hebben ★ geen vrees ~ *know no fear* ★ geen angst ~ *have no shame* • ~ in *consult* ★ hij heeft er mij niet in gekend *he has not consulted me about it* ▾ uit het hoofd ~ *know by heart* ▾ laat je niet ~ *don't let yourself down* ▾ de wens te ~ geven *express a wish*

kenner *connoisseur; judge;* ⟨expert⟩ *authority*

kennersblik *eye of a connoisseur*

kennis • bewustzijn *consciousness* ★ buiten ~ zijn *be unconscious* • buiten ~ raken *lose consciousness* ★ weer bij ~ komen *regain consciousness* ★ bij ~ zijn *be conscious* • het weten *knowledge; learning* ★ ~ van zaken *know-how* • bekendheid met *knowledge; acquaintance* ★ ~ nemen van *note* • met ~ van zaken *with/from knowledge* ★ ~ hebben van *have knowledge of; be aware of* ★ iem. ~ geven van iets *announce s.th. to a person; notify a person of s.th.* ★ zonder ~ te geven *without notice* ★ ~ krijgen van iets *become acquainted with s.th.; receive notice of s.th.* ★ ik zal je met haar in ~ brengen *I'll introduce you to her* ★ met iem. in ~ komen *make a person's acquaintance* ★ iem. van iets in ~ stellen *acquaint a person with s.th.; inform a person of s.th.* ★ ter ~ brengen van *bring to the notice of* ★ ter ~ komen van *come to the knowledge of* • bekende *acquaintance* ★ 'n ~ van mij *an acquaintance of mine* ▾ ~ is macht *knowledge is power*

kennisgeven *notify*

kennisgeving *notice; announcement* ▾ voor ~ aannemen *take note of s.th.* ▾ voor ~ aangenomen *duly noted*

kennismaken *get acquainted with; meet* ★ hebt u al met hem kennisgemaakt? *have you met him yet?* ★ aangenaam kennis te maken *pleased to meet you* ★ ~ met de wetenschap *be introduced to science*

kennismaking *acquaintance* ★ ~ aanknopen *strike up an acquaintance* ★ ter ~ *for your inspection*

kennisneming *inspection; perusal*

kennisoverdracht *transfer of knowledge*

kennissenkring *(circle of) acquaintances/friends*

kennissysteem *knowledge system*

kenschetsen *characterize*

kenteken • kenmerk *distinguishing mark* • registratienummer *licence number*

kentekenbewijs ≈ *registration document/card*

kentekenplaat *number/registration plate;* AE *license plate*

kenteren • GEO. draaien *turn* ★ het tij kentert *the tide is turning* • kapseizen *turn over; capsize*

kentering *turn;* FIG. *turn; change*

keper I ZN (de) weefpatroon *twill (weave)* ▾ op de ~ beschouwd *on close examination; after all* II ZN (het) stof *twill; twilled cloth*

keppeltje *yarmulke; skullcap*

keramiek *ceramics;* ⟨kunst⟩ *ceramic art; ceramics*

kerel *fellow; chap; bloke* ★ INF. arme ~ *poor sod*

keren I OV WW • omdraaien *turn* ★ per ~ de post *by return (of post)* ★ u mag hier niet ~ *no turning* ★ iets ondersteboven ~ *turn a thing upside down* • binnenstebuiten ~ *turn inside out* ★ achterstevoren ~ *turn back to front* • tegenhouden *stem; check* II ON WW • omslaan, veranderen *turn;* ⟨v. wind⟩ *shift* ★ zich ten goede ~ *take a turn for the better* • omkeren *turn (about)* III WKD WW • ~ tot

★ zich tot iem. ~ *turn to s.o.* • ~ tegen *turn against*

kerf *notch*; *nick*

kerfstok ▼ hij heeft heel wat op zijn ~ *he has a bad record*

kerk • gebouw *church*; *chapel*; ⟨Schots⟩ *kirk* • instituut ★ scheiding van kerk en staat *separation of church and state* • eredienst *(divine) service*; ⟨mis⟩ *mass* ★ na de kerk *after church/mass* ★ de kerk gaat aan/uit *the church begins/is over* ▼ je bent zeker in de kerk geboren *were you born in a barn?*

kerkboek • kerkregister *church/parish register* • gebedsboek *prayer book*

kerkdienst *divine service*; ⟨mis⟩ *mass* ★ een ~ bijwonen *go to mass*; *attend divine service*

kerkelijk *ecclesiastical*; *church(ly)* ★ ~ huwelijk *church/religious wedding* ★ de ~e partijen *the clerical parties* ★ een ~e begrafenis *a Christian burial*

kerkenraad ⟨bestuur⟩ *church council*; ⟨vergadering⟩ *church council meeting*

kerker *jail*; *gaol*; *dungeon*

kerkganger *churchgoer*; *chapel-goer*

kerkhof *churchyard*; *graveyard*; ⟨meestal niet bij kerk⟩ *cemetery*

kerkklok • uurwerk *church clock* • luiklok *church bell*

kerkkoor • zangkoor *church choir* • deel van kerk *choir*

kerkmuziek *church music*

kerkorgel *church organ*

kerkprovincie *archdiocese*

kerkrat ▼ zo arm als een ~ zijn *be as poor as a church mouse*

kerkrecht *ecclesiastical law*

kerks *churchgoing*; *religious* ★ ze zijn erg ~ in dit dorp *people in this village are very religious*

kerktoren *church tower*; ⟨spitse toren⟩ *steeple*; *spire*

kerkuil *barn owl*

kerkvader *father (of the church)*

kermen *moan*; *groan*; *whine*; ⟨jammeren⟩ *moan*

kermis *(fun)fair*; *carnival* ★ ~ houden *be fairing* ▼ van een koude ~ thuiskomen *come away with a flea in one's ear* ▼ het is niet alle dagen ~ *Christmas comes but once a year*; *life is not all beer and skittles*

kermisattractie *fairground attraction*

kermisvolk *show people*

kern • binnenste *core*; ⟨v. atoom⟩ *nucleus*; ⟨v. boom, hout⟩ *core*; ⟨v. noot, zaad⟩ *kernel* • essentie ★ tot de kern van de zaak doordringen *get (down) to the root of the matter* ★ een kern van waarheid *a nucleus/grain of truth* ★ de kern van de zaak *the heart/crux/gist of the matter*

kernachtig *pithy*; *terse*; *concise*

kernafval *nuclear waste*

kernbewapening *nuclear armament*

kernbom *nuclear bomb*

kerncentrale *nuclear power station*

kernenergie *nuclear power*; *atomic energy*

kernfusie *nuclear fusion*

kernfysica *nuclear physics*

kerngezond *perfectly healthy* ★ hij ziet er ~ uit *he looks in perfect health*; *he looks as fit as a fiddle*

kernkop *nuclear warhead* ★ projectiel met ~/ lading *nuclear tipped missile*; *armed missile*

kernlichaampje *nucleolus*

kernmacht *nuclear Power*

kernoorlog *nuclear war*

kernploeg *squad*

kernproef *atomic/nuclear test*

kernpunt *essence*; *crux*

kernraket *nuclear missile*

kernreactor *atomic/nuclear reactor*

kernstop *nuclear freeze*; *nonproliferation agreement*; ⟨m.b.t. kernproeven⟩ *test ban treaty*

kernwapen *nuclear weapon*

kerosine *kerosene*

kerrie *curry*

kerriepoeder *curry powder*

kers • vrucht *cherry* • boom *cherry (tree)* ▼ met grote heren is het kwaad kersen eten *he that sups with the devil, must have a long spoon* ▼ Oost-Indische kers *nasturtium*

kersenbonbon *cherry liqueur chocolate*

kersenboom *cherry tree*

kersenhout *cherry(-wood)*

kersenjam *cherry jam*

kersenpit *cherry stone*

kerst *Christmas* ★ met de ~ *at Christmas (time)*

kerstavond ⟨24 dec⟩ *Christmas Eve*; ⟨25 dec⟩ *Christmas evening*; ⟨26 dec⟩ *evening of Boxing Day*

kerstboodschap • boodschap *Christmas message* • evangelie *Christmas message*; *message of the Nativity*

kerstboom *Christmas tree*

kerstconcert *Christmas concert*

kerstdag ⟨eerste⟩ *Christmas Day*; ⟨tweede⟩ *Boxing Day* ★ prettige ~en *Merry Christmas*

kerstdiner *Christmas dinner*

kerstenen *christianize*

kerstfeest *Christmas (feast)*

kerstgratificatie *Christmas bonus*

kerstkaart *Christmas card*

kerstkind *Christ-child*

Kerstkind *infant/baby Jesus*

kerstkrans(je) *(ring-shaped) Christmas cookie*

kerstlied *Christmas carol*

kerstman *Santa Claus*; BE *Father Christmas*

kerstmarkt *Christmas market*

Kerstmis *Christmas*; ⟨vnl. op kaarten, e.d.⟩ *Xmas*; ⟨vnl. in liederen⟩ *Noel*

kerstnacht *Christmas night*

kerstpakket *Christmas hamper*

kerstroos *Christmas rose*

kerststal *crib*

kerstster • kerstversiering *Christmas star* • plant *Christmas flower*

Kerstster *star of Bethlehem*

kerststol *(Christmas) stollen*

kerststukje • bloemstukje *Christmas bouquet* • kerstspel *Nativity play*

kerstvakantie *Christmas holidays*

ke

kersvers • zeer vers *quite fresh/new* • pas aan-/ uitgekomen *brand new* ⋆ ~ van school *straight/fresh from school* ⋆ ~ uit de winkel *straight from the shop*

kervel *chervil*

kerven *carve; notch* ⋆ hij kerfde zijn naam in het hout *he carved his name in the wood*

ketchup *ketchup*

ketel • kookketel *kettle;* ⟨groot⟩ *cauldron* • stoomketel *boiler*

ketelmuziek *charivari*

ketelsteen *(lime)scale; fur*

keten I ZN • zware ketting *chain* ⋆ in ~en slaan *put into chains* • reeks *chain; series* II ON WW *fool around;* VULG. *fart about*

ketenen • met ketens vastmaken *chain;* ⟨boeien⟩ *shackle* • aan banden leggen *curb; restrain*

ketjap *soya sauce*

ketsen • afschampen *glance off;* ⟨biljart⟩ *miscue* • niet afgaan *misfire*

ketter *heretic* ▾ roken als een ~ *smoke like a chimney* • drinken als een ~ *drink like a fish*

ketteren *rage; storm*

ketterij *heresy*

ketters *heretical*

ketting *chain* ⋆ aan de ~ leggen ⟨schip⟩ *moor;* ⟨dier⟩ *chain up* ⋆ de ~ op de deur doen *chain the door*

kettingbotsing *chain collision; pile-up*

kettingbrief *chain letter*

kettingformulier *fanfold form*

kettingkast *chain guard*

kettingreactie *chain reaction*

kettingroker *chain smoker*

kettingslot *padlock and chain*

kettingsteek *chain stitch*

kettingzaag *chain-saw*

keu • biljartstok *cue* • big *pig*

keuken • plaats *kitchen* • kookstijl *cuisine*

keukenblok *kitchen unit*

keukengeheim *chef's/culinary secret*

keukengerei *kitchen utensils*

keukenkastje *kitchen cabinet/cupboard*

keukenmachine *food processor*

keukenmeid *kitchen maid*

keukenmeidenroman *pulp romance*

keukenpapier *kitchen paper*

keukenzout *kitchen/cooking salt*

Keulen *Cologne* ▾ ~ en Aken zijn niet op één dag gebouwd *Rome was not built in a day* ▾ kijken of je het in ~ hoort donderen *look flabbergasted/astounded*

keur • keuze *choice;* pick • waarmerk *hall-mark*

keuren *inspect; test;* ⟨edelmetaal⟩ *assay;* ⟨film⟩ *censor;* MED. *examine;* ⟨voedsel, drank⟩ *sample*

keurig I BNW • zorgvuldig *neat; trim* ⋆ een ~ gazon *a trim lawn* ⋆ het staat hem ~ *it suits him very well* ⋆ hij zag er ~ netjes uit *he looked very spruce/trim* ⋆ de keuken zag er ~ netjes uit *the kitchen looked spick and span* • correct ⋆ ~e manieren *good manners* II BIJW *smartly; nicely; neatly* ⋆ ~ gedaan *nice work* ⋆ zij was ~ gekleed *she was smartly dressed*

keuring *test; inspection;* ⟨v. edelmetaal⟩ *assay;*

⟨v. film⟩ *censorship;* MED. *examination;* ⟨v. voedsel⟩ *inspection*

keuringsarts *medical examiner*

keuringsdienst ≈ *Food Inspection Department*

keurkorps *crack troops;* ⟨regiment⟩ *crack regiment*

keurmeester ⟨v. voedsel⟩ *inspector;* ⟨v. goud⟩ *assayer*

keurmerk *hallmark; plate-mark*

keurslijf *straitjacket* ▾ in een ~ zitten *have one's hands tied*

keurstempel *hall/quality mark*

keurtroepen *hand-picked men/troops*

keus • het kiezen *choice* ⋆ de keus vestigen op *fix on;* choose ⋆ gemakkelijke keus *soft option; easy choice* ⋆ naar keus *at choice* • mogelijkheid tot kiezen *choice; option* ⋆ uit vrije keus *of one's own free will* ⋆ iem. voor de keus stellen *give s.o. the choice* ⋆ er blijft mij geen andere keus over *I have no option; there is no alternative left to me* ⋆ ter keuze van *at the option of* • sortering *choice; selection* ⋆ vakken naar keuze *optional subjects* ⋆ een ruime keus *a large assortment; a wide choice* • wat gekozen is *selection; choice* ⋆ een keuze uit zijn werk *a selection from his work*

keutel • drolletje VULG. *turd* ⋆ ~s ⟨v. dieren⟩ *droppings;* ⟨v. klein dier⟩ *pellet* • dreumes *nipper; tiny tot*

keuterboer *small holder; crofter*

keuvelen *chat; natter*

keuze → keus

keuzecommissie *selection committee*

keuzemenu CUL. *set menu; fixed price menu* • COMP. *menu*

keuzemogelijkheid *option; choice*

keuzepakket *choice of subjects/courses*

keuzevak *optional subject*

kever • insect *beetle* • auto *beetle*

keyboard • COMP. *keyboard* • MUZ. *keyboard (instrument)*

kg kilogram ⟨kilogramme⟩ *kg*

kibbelen *squabble; bicker; barney*

kibbeling *cod parings*

kibboets *kibbutz* [mv: *kibbutzim*]

kick *kick* ⋆ ergens een kick van krijgen *get a kick out of s.th.*

kickboksen *kickboxing*

kidnappen *kidnap*

kidnapper *kidnapper*

kiekeboe *keekaboo; peekaboo*

kiekendief *harrier*

kiekje *snap (shot)*

kiel • SCHEEPV. *keel* • kledingstuk *blouse*

kielekiele ▾ het was ~ *it was touch and go; it was a (very) close shave*

kielhalen *keelhaul*

kielwater *wake;* FIG. *wash*

kielzog *wake* ▾ in iemands ~ varen *follow in a person's wake*

kiem • germ • spruit van zaad *shoot* • ziektekiem *germ* ▾ in de kiem smoren *nip in the bud*

kiemen • ontspruiten *germinate* • beginnen te groeien *sprout; come up*

kien • pienter *keen*; *sharp*; *bright*; *quick-witted* • ~ **op** *keen on*; *eager for*

kiepauto *tip-up truck*

kiepen I OV WW neergooien *dump*; *tip* ★ iets op de grond ~ *tip s.th. on the ground* **II** ON WW vallen *keel over*; *tumble*; *topple*

kieperen *tumble*; *topple*

kier *chink* ★ op een kier *ajar*

kierewiet • tureluurs *mad*; *bananas* • getikt *crackers*

kies I ZN (de) *molar*; *back tooth* ★ een kies laten trekken *have a tooth (pulled) out* ★ iets voor zijn kiezen krijgen *have a hard time of it* ▼ heel wat achter zijn kiezen hebben *have gone through a lot* ▼ zijn kiezen op elkaar houden *keep mum* **II** BNW • fijngevoelig ⟨vraag⟩ *delicate*; ⟨persoon⟩ *considerate* • kieskeurig *fastidious*; *particular*

kiesdeler *quota*

kiesdistrict *constituency*

kiesdrempel *electoral threshold*

kiesgerechtigd *entitled to vote*

kieskauwen *pick at one's food*

kieskeurig *choosy*; *fastidious*; *particular*; INF. *pernickety*

kiespijn *toothache* ▼ ik kan hem missen als ~ *I prefer his room to his company*; *I miss him like toothache* ▼ hij lachte als een boer die ~ heeft *he laughed on the wrong side of his mouth*

kiesplicht *compulsory voting*

kiesrecht *suffrage*; *franchise*; *right to vote* ★ algemeen ~ *universal suffrage* ★ 't ~ krijgen *be enfranchised*; *be given the vote*

kiesschijf *dial*

kiestoon *dialling tone*

kietelen *tickle*

kieuw *gill*

Kiev *Kiev*

kieviet *pe(e)wit*; *(Northern) lapwing* ▼ lopen als een ~ *run like a deer*

kiezel I ZN (de) steen *pebble(stone)* **II** ZN (het) • grind *gravel*; ⟨op strand⟩ *shingle* • silicium *silicon*

kiezelsteen *pebble(stone)*

kiezelstrand ⟨kleine stenen⟩ *shingle beach*; ⟨grote stenen⟩ *pebble beach*

kiezen • keus doen *choose*; *select* ★ ~ uit *choose from* ★ iemands partij ~ *take s.o.'s side* ★ het voor het ~ hebben *have one's choice* • door keuze benoemen *vote (for)*; ⟨parlement, e.d.⟩ *elect* ★ de nieuw gekozen president *the president-elect* ▼ het is ~ of delen *take it or leave it*; *you can't have it both ways*

kiezer *voter*; *constituent* ★ 32% van de ~s bleef thuis *32% of the voters/electorate stayed at home*

kiften *quarrel*; *row*

kijf • buiten kijf *beyond dispute*

kijk • het kijken *view* • uitzicht ★ er is geen kijk op verbetering *there is no prospect/hope of improvement* • inzicht *view*; *outlook*; *conception* ★ kijk op 't leven *outlook upon life* ★ een juiste kijk geven op *give an accurate insight into* ★ ik begin er kijk op te krijgen *I am beginning to see/understand it* ▼ iem. te

kijk zetten *expose s.o.* ▼ te kijk staan *be shown up* ▼ met iets te kijk lopen *show (s.th.) off*

kijkcijfer *viewing figures*; *rating*

kijkdag *view/show/open day*

kijkdichtheid *ratings*

kijkdoos *peepshow*; ⟨televisie⟩ *the box*

kijken I OV WW • bekijken ★ ~ naar een schilderij *look at a painting* ★ ~ naar de film *watch a film* ▼ klok ~ *tell the time* **II** ON WW • de ogen gebruiken *look*; *have a look* ★ ga eens ~ *go and have a look* ★ ~ staat vrij *a cat may look at a king* ★ hij stond ervan te ~ *it came as a surprise to him* • eruitzien ★ bang ~ *look frightened* ▼ verbaasd ~ *look surprised* • raadplegen ~ **op** ★ kijk op www.abelaar.nl *check www.abelaar.nl* ▼ daar komt heel wat bij ~ *that's quite a job* ▼ hij komt pas ~ *he has just come out of the shell* ▼ kijk naar jezelf! *look who's talking* ▼ laat naar je ~ *don't be silly/ridiculous* ▼ iem. de woorden uit de mond ~ *hang on a person's every word* ▼ daar sta ik van te ~ *that staggers me* ▼ laat eens ~ ⟨peinzend⟩ *let me see* ▼ daar kijk ik niet op *I'm not particular about that*

kijker • verrekijker *binoculars* [mv] • persoon *looker-on*; *spectator* ⟨televisie⟩ *viewer* • oog ★ in de ~ lopen *attract attention* ★ ~s INF. *peepers* [mv]

kijkgedrag *viewing habits* [mv]

kijkgeld *T.V. licence fee*

kijkje *look*; *glimpse* ★ een ~ achter de schermen nemen *take a glimpse behind the scenes* ★ hij zal een ~ nemen *he will have a look*

kijkoperatie *minimal invasive surgery*; *keyhole surgery*

kijven *brawl*; *quarrel*; *wrangle* ★ tegen iem. ~ *scold at s.o.*

kik ★ ze gaf geen kik *she didn't utter a sound*

kikken ★ je hoeft maar te ~ *you have only to say the word* ★ zij kikte er met geen woord over *she did not breathe a word about it*

kikker *frog*

kikkerbad *wading pool*

kikkerbilletjes *frogs' legs* [mv]

kikkerdril *frog-spawn/jelly*

kikkervisje *tadpole*

kikvorsman *frogman*

kil • fris *chilly*; *cold*; ⟨weer⟩ *wintry*; ⟨weer, temperatuur⟩ *shivery* ★ het voelt kil aan *it is cold to the touch* • onhartelijk *chilly*; *frigid*; *cold*

killer *killer*

killersinstinct *killer instinct*

kilo *kilo*

kilobyte *kilobyte*

kilocalorie *kilocalorie*

kilogram *kilogram*

kilohertz *kilohertz*

kilojoule *kilojoule*

kilometer *kilometre*

kilometerteller *mileage indicator*

kilometervergoeding *mileage (allowance)*

kilometervreter *roadhog*; *road maniac*

kilowatt *kilowatt*

kilowattuur *kilowatt-hour*

kilt *kilt*

kilte • friesheid *chilliness*; *chill* • onhartelijkheid *chilliness*; *frigidity*

kim *horizon*

kimono *kimono*

kin *chin*

kind • jeugdig persoon *child*; INF. *kid*; ⟨zeer jong⟩ *baby* • nakomeling ★ 'n kind verwachten *expect a baby* ★ een kind krijgen *bear/have a child* ★ geen kinderen hebben *be childless* ▾ het kind van de rekening zijn *suffer the consequences* ▾ kind noch kraai hebben *have no one in the world; have not a soul in the world* ▾ wie zijn kind liefheeft, kastijdt het *spare the rod and spoil the child* ▾ ergens kind aan huis zijn *be one of the family; have the run of the place* ▾ een kind van zijn tijd zijn *be a child of one's time* ▾ ik mag een kind krijgen als het niet waar is *I'll eat my hat if it isn't true* ▾ daar ben ik een kind bij *I'm nowhere when it comes to that*

kinderachtig • als kind *childlike* • flauw *childish*; *infantile* ▾ doe niet zo ~ *act your age*; *grow up* • weinig ★ dat is niet ~ *that's a tall order* ★ die prijs is niet ~ *the price is not to be sneezed at*

kinderarbeid *child labour*

kinderarts *children's doctor*; *paediatrician*

kinderbescherming *child care and protection* ★ Raad voor de Kinderbescherming *Child Care and Protection Board*; BE *R.S.P.C.C.*; *Royal Society for the Prevention of Cruelty to Children*

kinderbijbel *children's Bible*

kinderbijslag *family allowance/credit*; *child benefit*

kinderboek *children's book*

kinderboerderij *children's farm*

kinderdagverblijf *crèche*; AE *day care centre*

kinderjaren *childhood(years)*

kinderkaart *children's ticket*; *half ticket*

kinderkamer *nursery*

kinderkleding *children's clothes*

kinderkoor *children's choir*

kinderlijk • als (van) een kind *childlike* • naïef *childlike*; PEJ. *childish*

kinderlokker *child molester*

kinderloos *childless* ★ ~ sterven *die childless*; JUR. *die without issue*

kindermeisje *nanny*

kindermenu *children's menu*

kinderopvang *child/day care (centre)*; *(day) nursery*

kinderporno *child pornography*

kinderpostzegel *stamp sold for the benefit of children*

kinderrechter *juvenile court magistrate*

kinderschoen ▾ nog in de ~en staan *be still in its infancy* ▾ de ~en ontgroeid zijn *be past the age of childhood*

kinderslot *childproof lock*

kinderspel *children's game*; FIG. *child's play*; *a piece of cake*

kinderstoel *baby-chair*; ⟨aan tafel⟩ *high chair*

kindertehuis *children's home*

kindertelefoon *children's helpline*

kindertijd *childhood (days)*

kinderveilig *child proof* ★ ~e sluiting *child safety catch*

kinderverlamming VERO. *infantile paralysis*; MED. *poliomyelitis*; INF. *polio*

kindervoeding *children's food*; ⟨voor baby⟩ *baby/infant food*

kindervriend *children's friend*; *a p. who is good with children*

kinderwagen FORM. *perambulator*; INF. *pram*; AE *buggy*

kinderwens • wens kinderen te krijgen *desire to have children* • wens van een kind *child's wish/desire*

kinderwerk • werk van kinderen LIT. *child's/children's work* • onbeduidend werk *fiddling about* ★ dat is ~ *that is of little importance/of no consequence*; *that is the work of a child*

kinderziekenhuis *children's hospital*

kinderziekte • ziekte *children's disease* • beginmoeilijkheden *growing pains*; *teething troubles* ★ de ~n van het nieuwe programma zijn verholpen *they've got/ironed the bugs out of the new programme*

kinderzitje *baby/child's seat*; ⟨op een fiets⟩ *child's saddle*

kinds *doting*; *senile* ★ ~ worden *enter one's second childhood/dotage* ★ ~ zijn *be in one's dotage*

kindsbeen ▾ van ~ af *from childhood (on)*; *from/since one's infancy*

kindsdeel JUR. *child's portion*; *statutory portion*

kindsheid *second childhood*; *dotage*

kindsoldaat *child soldier*

kindvrouwtje *child-wife*

kinesthesie *kinaesthesia*

kinetisch *kinetic*

kingsize *king size*

kinine *quinine*

kink ▾ er is een kink in de kabel *there is a hitch somewhere*

kinkel *boor*; *lout*

kinkhoest *whooping-cough*

kinky *kinky*

kinnebak *lower jaw*; *jawbone*

kiosk *kiosk*; ⟨kranten⟩ *newspaper stand*

kip *hen*; *chicken* ▾ de kip met de gouden eieren slachten *kill the goose that lays the golden eggs* ▾ praten als een kip zonder kop *talk through a hole in one's head* ▾ hij was er als de kippen bij *he was quick to seize his chance*

kipfilet *chicken breast*

kiplekker *fit as a fiddle*; *on top of the world*; *as right as rain*

kippenborst • vlees *chicken breast* • misvorming *pigeon-breast/chest*

kippenbout *chicken drumstick*

kippeneindje ★ dat is een ~ *that is just around the corner*

kippenfokkerij • het fokken *chicken/poultry farming* • fokbedrijf *chicken/poultry farm*

kippengaas *chicken-wire*

kippenhok *hen/chicken house*; FIG. *shack*

kippenlever *chicken liver*

kippenren *chicken run*; *henrun*; *coop*

kippensoep *chicken soup*

kippenvel *goose flesh/pimples* ★ ik krijg er ~ van *it makes my flesh creep*; *it gives me the creeps*

kippig *short-sighted*

Kirgizië *Kirghizia*

kirren ⟨v. duiven⟩ *coo*; ⟨v. verliefden⟩ *titter*

kissebissen *squabble*; *bicker* ★ het ~ *squabbling*; *bickering*

kist • bak/doos *packing-case*; *box*; ⟨meubel⟩ *chest*; ⟨viool, boeken⟩ *case* • doodkist *coffin*

kisten • van een kisting voorzien *put in form work* • in de kist leggen *(lay in a) coffin* ▼ laat je niet ~ *don't let them grind you down*

kistje *box*; *case* ★ een ~ sigaren *box of cigars*

kistkalf *boxed calf*

kit • kleefmiddel ⟨voor gaten⟩ *cement*; ⟨afdekking⟩ *lute*; ⟨lijm⟩ *(adhesive) glue*; ⟨om lucht/waterdicht te maken⟩ *sealant*; ⟨voor tegels⟩ *grouting* • kolenkit *(coal-)scuttle* • kroeg, kot *den*

kitchenette *kitchenette*

kits *O.K.* ★ alles kits? *everything O.K.?*

kitsch *kitsch*

kitscherig *kitschy*

kittelaar *clitoris*

kitten *glue (together)*; *seal (tight)*

kittig *smart*; *spirited*

kiwi *kiwi*

klaagdicht *lament*

klaaglied *lamentation(s)*

klaaglijk *piteous*; *plaintive*

klaagzang *lament(ation)* ★ een ~ aanheffen *raise one's voice in complaint*

klaar ▼ • paraat *ready* ★ ~ voor de start? af! *set? go!*; *ready, steady, go!* • afgewerkt *finished* ★ met iets ~ zijn *have finished s.th.* ★ ~ terwijl u wacht *made/done while you wait* ★ ik ben ermee ~ *I have finished with it*; *I'm through with it* ★ ik ben ~ *I am ready*; *I have finished* ★ ik ben nog niet ~ met hem *I'm not yet finished with him* • helder *clear*; LIT. *limpid* ★ klare onzin *sheer/pure nonsense* • duidelijk *clear* • onvermengd, zuiver ★ klare jenever *raw/straight Dutch gin* ▼ ~ is Kees *and that's that*; *and Bob's your uncle*

klaarblijkelijk *evident*; *obvious*

klaarheid *clarity*; *clearness* ★ iets tot ~ brengen *clear up s.th.* ★ ~ in een zaak brengen *shrow/shed light on a matter*

klaarkomen • gereedkomen *be finished*; *finish* • orgasme krijgen *come*

klaarleggen *put ready*; ⟨kleren⟩ *lay out*

klaarlicht ★ op ~e dag *in broad daylight*

klaarliggen *be/lie ready*

klaarmaken • voorbereiden *get ready*; *prepare*; ⟨eten⟩ *make*; ⟨warm eten⟩ *cook*; *make*; ⟨recept⟩ *make up*; ⟨slaatje⟩ *mix* • tot orgasme brengen ▼ iem. ~ *make s.o. come* • presteren ★ niets ~ *come to nothing*

klaar-over ⟨agent⟩ *lollipop (wo)man*; ⟨in Engeland: volwassenen⟩ ≈ INF. *member of a school (crossing) patrol*

klaarspelen ★ 't ~ *manage*; *pull off*

klaarstaan *stand/be ready* ★ hij staat altijd voor

iedereen klaar *he is always ready to oblige* ★ zij moest altijd voor hem ~ *she was at his beck and call*

klaarstomen ★ iem. ~ voor een examen *cram s.o. for an exam*

klaarwakker *wide awake*; FIG. *alert*

klaarzetten *put ready/out* ★ ontbijt ~ *put breakfast on the table*

Klaas ▼ • ~ Vaak *the sandman* ▼ een houten ~ *a dry old stick*

klacht • uiting van misnoegen *complaint* • aanklacht *complaint* ★ een ~ indienen bij *file/lodge a complaint with* • ongemak, pijn *complaint*; MED. *symptom*

klachtenlijn *complaints line*

klad I ZN (de) • smet *stain*; ⟨olie, e.d.⟩ *smudge*; ⟨inkt⟩ *blot* • verval ★ de klad erin brengen *spoil the trade* ★ de klad is in de markt gekomen *the bottom has fallen out of the market* ▼ iem. bij de kladden pakken *collar a person* II ZN (het) *rough draft* ★ een brief in het klad schrijven *draft a letter* ★ in het klad maken/schrijven *make a rough copy*

kladblaadje *piece of scrap paper*

kladblok BE *scribbling-pad*; AE *scratch-pad*

kladden I OV WW slordig doen *doodle*; ⟨schilderen⟩ *daub*; ⟨schrijven⟩ *scribble*; *scrawl* II ON WW kliederen *be messy*; *make stains* ★ het papier kladt *the paper blots*

kladderen • kladden *splodge*; *smudge* • schilderen *daub (with paint)*

kladje *rough draught*

kladpapier *scribbling-paper*; *scrap paper*

kladschrijver ≈ *hack*; *scribbler*

klagen I OV WW als klacht uiten *complain* ★ iem. zijn nood ~ *pour out one's troubles to a person* II ON WW • een klacht uiten *complain*; ⟨weeklagen⟩ *lament* ★ ik heb niet te ~ *I can't complain* ★ ik heb niet over je te ~ *I have no complaints to make of you* • JUR. *complain*

klager • iem. die klaagt *complainer* • JUR. *complainant*; *plaintiff*

klagerig • geneigd tot klagen *complaining* • klagend *plaintive*

klakkeloos I BNW *unthinking*; ⟨zonder reden⟩ *gratuitous* II BIJW zonder nadenken ★ iets ~ aannemen *accept s.th. without thinking*

klakken *clack*; *cluck*; *(make a) click* ★ met de tong ~ *click one's tongue*

klam *clammy*; *damp*; *moist* ★ met klamme handen *with clammy hands*

klamboe *mosquito net*

klamp • verbindingsstuk *clasp* • haak *cleat*

klandizie • klanten *customers* ★ ~ krijgen *get customers* • het klant zijn *custom* ★ iem. de ~ gunnen *give one's custom to a person*; *patronize a person*

klank • geluid *sound*; FIG. *ring* ★ uitgesproken met een 'sh'-~ *pronounced with a 'sh' sound* ★ dat woord heeft een lelijke ~ *that word has an ugly ring to it* • wijze van klinken *sound*; *tone* ★ dat instrument heeft een warme ~ *that instrument has a warm tone* ★ 'n andere ~ laten horen FIG. *strike a different note*

klankbodem *sound(ing) board*

klankbord *sound(ing) board* ★ een ~ vormen

FIG. *act as a sounding board*

klankkast *resonance-box*; ⟨v. snaarinstrument⟩ *soundbox*

klankkleur *timbre*

klant • koper *customer*; *client* • bezoeker *patron* ★ een ruwe ~ *a rough customer* ★ een vrolijke ~ *a cheerful sort/customer*

klantenbinding *customer relations*

klantenkaart *loyalty card*

klantenkring *customers*; *clientele*

klantenservice *customer service*

klantgericht *customer-oriented*

klantvriendelijk *customer-friendly*

klap • slag *blow*; *slap* ★ een lelijke klap krijgen *get a nasty knock* ★ tegenslag ★ de klap te boven komen *get over s.th.* ★ een zware klap krijgen *be hard hit* • fel geluid *bang*; ⟨voornamelijk van donder⟩ *clap*; ⟨v. zweep⟩ *crack* ★ in één klap *all of a sudden; at one go* ▾ geen klap uitvoeren *not do a stroke of work* ★ ik heb er geen klap aan *it's useless to me* ▾ de eerste klap is een daalder waard *the first blow is half the battle; it's the first step that counts*

klapband *blow-out; burst tyre*

klapdeur *spring-loaded door; swing/swinging door; saloon door*

klaplong *pneumothorax*

klaplopen *sponge (on a person)*; AE *freeload*

klappen • uiteenspringen ★ de achterband is geklapt *the rear tyre has burst* ★ uit elkaar ~ *burst; explode* • geluid maken ⟨met handen⟩ *clap* ★ met een zweep ~ *crack a whip* ★ voor iem. ~ *applaud s.o.*

klapper • register *index* • opbergmap *folder*; *file* • vuurwerk *squib*; ⟨groot⟩ *banger* • uitschieter *hit*

klapperen ⟨v. tanden⟩ *chatter*; ⟨v. zeil⟩ *flap*

klapperpistool *cap pistol*

klappertanden ★ ik stond te ~ *my teeth were chattering*

klappertje *cap*

klaproos *poppy*

klapschaats *clapskate*

klapstoel *folding-chair*; ⟨in theater⟩ *tip-up seat*

klapstuk • vlees *rib-piece* • hoogtepunt *crowning piece*

klaptafel *folding/drop-leaf table*

klapwieken *clap/flap the wings*

klapzoen *smacker; smacking kiss*

klare ★ een glaasje oude ~ *a glass of old Dutch gin*

klaren • helder maken ★ water ~ *clarify/purify water* ★ in orde krijgen ★ hij zal het wel ~ *he'll manage*

klarinet *clarinet*

klarinettist *clarinettist*

klas • groep leerlingen *class* ★ voor de klas staan *teach* • lokaal *classroom* • leerjaar BE *form*; AE *grade* ★ tweedeklassers *second-formers/-graders* ★ lagere/hogere klassen *junior/senior forms/grades* • rang, kwaliteit *class* ★ eerste klas kaartje *first-class ticket*

klasgenoot *classmate*

klaslokaal *classroom*

klasse I ZN maatschappelijke laag *class* II TW *magnificent*

klassement *list of rankings*; SPORT *league table* ★ bovenaan in het ~ *at the top of the league*

klassenavond *class party*

klassenjustitie *class justice*

klassenloos *classless*

klassenstrijd *class-struggle*

klassenverschil *class difference/distinction*

klassenvertegenwoordiger *form captain/ prefect/monitor*

klasseren *classify* ★ zich ~ *qualify*

klassiek • de Oudheid betreffend *classical* • traditioneel *classic(al)* ★ ~e muziek *classical music* • van duurzame waarde *classic*

klassieken *classics*

klassieker • bekend werk *classic* • wedstrijd *classic*

klassikaal *(in) class* ★ ~ onderwijs *class teaching* ★ iets ~ behandelen *deal with s.th. in class*

klateren *splash*

klatergoud *tinsel*

klauteren *clamber* ★ in een boom ~ *clamber up a tree*

klauw • poot van roofdier *claw*; ⟨v. roofvogel ook⟩ *talon* • hand *claw*; *paw* ★ in de ~en vallen van *fall into the clutches of* ▾ uit de ~en lopen *go out of hand/control*

klauwhamer *claw hammer*

klavecimbel *harpsichord*

klaver • plant *clover*; ⟨embleem van Ierland⟩ *shamrock* • figuur in kaartspel ⟨alleen meervoud⟩ *clubs*

klaveraas *ace of clubs*

klaverblad • blad van klaver *cloverleaf* • wegkruising *cloverleaf*

klaverboer *jack of clubs*

klaverheer *king of clubs*

klaverjassen *play (Klaber)jass*

klavertjevier *four-leaved/four-leaf clover*

klavervrouw *queen of clubs*

klavichordium *clavichord*

klavier • toetsenbord *keyboard* • instrument *piano*

klavierinstrument *keyboard instrument*

kledder *spatter*; *splash*

kledderen *slop*; *splash*; *spatter*

kleddernat *soaking/sopping (wet)*

kleden *dress*; *clothe* ★ zich ~ *dress* ★ zich weten te ~ *know how to dress; have a good dress sense* ★ zich overdadig ~ *overdress*

klederdracht *traditional/national costume/dress*

kleding *clothes*; *clothing*; *dress*; FORM. *apparel* ★ gemakkelijk zittende ~ *leisure/casual wear* ★ ~ naar maat *(clothing) made to measure*

kledingstuk *article of clothing*; *garment*

kledingverhuur *(formal) dress hire*

kledingzaak *clothes/dress shop*

kleed ⟨tafelkleed⟩ *tablecloth*; ⟨vloerkleed⟩ *carpet*; *rug*

kleedgeld *clothing allowance*

kleedhokje *changing cubicle*

kleedkamer SPORT *changing room*; ⟨v. acteurs, e.d.⟩ *dressing room*

kleedster *dresser*

kleefkruid *cleavers*; *goosegrass*

kleefpasta *adhesive paste*

kleefpleister *sticking plaster*
kleerborstel *clothes brush*
kleerhanger *coat hanger*
kleerkast *wardrobe*; FIG. *hunk of a man*
kleermaker *tailor*
kleermakerszit ★ in de ~ zitten *sit cross-legged*
kleerscheuren ▼ er zonder ~ afkomen *get off without a scratch*; ⟨zonder straf⟩ *get off scot-free*
klef ● *kleverig sticky*; ⟨klam⟩ *sodden*; *clammy* ● *hinderlijk aanhalig clinging*
klei *clay*
kleiachtig *clayish*; *clayey*
kleiduif *clay pigeon*
kleiduivenschieten *skeet(-shooting)*; *trapshooting*; *clay pidgeon shooting*
kleien *work/model clay*
kleigrond *clay soil*
klein I BNW ● *niet groot small*; *little*; ⟨stap⟩ *short* ★ *heel ~ small*; *tiny*; *diminutive* ★ ~ van stuk *of small build* ★ ~ *maar dapper small but plucky/tough/game* ● *jong* ★ de ~e *the little one* ● *benepen, min* ★ *iem. ~ houden keep a person down* ● *niet geheel* ★ *een ~e tien euro a little under ten euro's* ▼ *wie het ~e niet eert, is het grote niet weerd he that cannot keep a penny shall never have many* ▼ ~ *en groot great and small* ▼ *in het ~ beginnen start on a small scale* II BIJW ★ ~ *schrijven write small*
kleinbedrijf *small business*
kleinbeeldcamera *compact camera*
kleinbehuisd *cramped (for space)*
kleinburgerlijk *petty bourgeois*; ⟨bekrompen⟩ *narrow minded*
kleindochter *granddaughter*
kleinduimpje *hop-o'-my-thumb*
Kleinduimpje *Tom Thumb*
kleineren *belittle*; *disparage* ★ *je moet je niet laten ~ don't let yourself be put down*
kleingeestig *petty*; *narrow-minded*
kleingeld *small change*; *petty cash*
kleinhandel *retail trade*
kleinigheid ● *geschenk little thing* ● *bagatel trifle*
kleinkind *grandchild*
kleinkrijgen *subdue* ★ *iem. ~ bring a person to his knees*
kleinmaken ● *iets klein maken cut up*; ⟨geld⟩ *change* ● *geld wisselen change* ● *vernederen humble someone*
kleinood *jewel*; *gem*; *valuables* [mv]
kleinschalig *small-scale*
kleinsteeds *provincial*; *parochial*
kleintje ● *klein mens of dier little one* ● *klein ding small one*; *short one* ● *een ~ pils a small (glass of) beer*; *a half beer* ▼ *hij is voor geen ~ vervaard he is not easily scared* ▼ *vele ~s maken één grote many a little makes a mickle*
kleintjes ● *petieterig tiny* ● *klein en zwak puny*
kleinvee *small (live) stock*
kleinzerig ● *bang voor pijn frightened of pain* ● *lichtgeraakt touchy*; *over-sensitive*
kleinzielig *petty/narrow-minded*
kleinzoon *grandson*
kleitablet *clay tablet*

klem I ZN ● *klemmend voorwerp clip*; ⟨val ook⟩ *catch*; ⟨val⟩ *trap* ● *benarde situatie* ★ in de klem zitten/raken *be in/get into a hole*; *get in a scrape/jam* ● *nadruk emphasis*; *stress* ★ met klem spreken *speak with emphasis* ★ met klem op iets aandringen *urge s.th. strongly* II BNW *jammed*; *stuck* ★ een auto klem rijden *jam a car* ▼ je helemaal klem vreten *eat yourself sick*
klemmen I OV WW *drukken clasp*; ⟨lippen⟩ *tighten*; ⟨v. vinger e.d.⟩ *jam* ★ de kiezen op elkaar ~ *clench one's teeth* II ON WW ● *knellen jam*; ⟨v. deur⟩ *stick* ● *benauwen oppress* ● *dwingen be conclusive*; *be cogent*
klemtoon *stress* ★ de ~ is op de eerste lettergreep *the first syllable is stressed*
klemvast ● SPORT *well-held* ★ hij is niet erg ~ *he's got butterfingers* ● *zeer vast jammed*; *wedged*
klep ● *sluitstuk lid*; ⟨v. pomp, cilinder⟩ *valve*; ⟨v. fluit⟩ *key*; ⟨v. kachel⟩ *damper* ● *flap* ⟨v. zak, e.d.⟩ *flap* ● *deel van pet peak*; *bill* ● *mond trap* ● *kletser chatterbox*
klepel ⟨v. klok⟩ *clapper*; *tongue*
kleppen ● *klepperen clatter*; ⟨v. klok⟩ *toll* ● *kletsen chatter*
klepper *rattle*
klepperen *clapper*; *rattle*; ⟨v. ooievaar⟩ *clatter*
kleptomaan *kleptomaniac*
kleptomanie *kleptomania*
klere ▼ krijg de ~! *up yours!*
klere- *fucking*; ⟨eufemistisch⟩ *blooming* ★ klereweer *fucking weather*
klerelijer *rotter*
kleren ★ *iem. in de ~ steken clothe a person* ▼ *dat gaat je niet in de koude ~ zitten that does you no good whatsoever*; *that takes the stuffing out of you* ▼ ~ *maken de man the clothes make the man*
klerenhanger ● *hangertje coat/clothes hanger* ● *kapstok coat/hat stand*
klerenkast *wardrobe*; AE *closet*
klerikaal *clerical*
klerk *clerk*
klets ● *geklets twaddle*; *rot* ● *klap smack*; *slap*
kletsen ● *babbelen chat(ter)*; *have a chat*; ⟨zwammen⟩ *gas*; *talk rot* ★ ~ *uit zijn nek ~ talk through one's hat* ● *roddelen gossip* ★ ~ over iem. *talk behind a person's back*; *bitch about a person* ● *klinkend klappen splash* ★ hij kletste zich op de dijen van het lachen *he slapped his thighs with laughter*
kletskoek *rot*; *bilge*; *baloney*; *rubbish*
kletskous *chatterbox*
kletsnat *soaking (wet)*
kletspraat *twaddle*; *rot*
kletspraatje *small talk*; ⟨idle⟩ *gossip*
kletteren *clash*; *clang*
kleumen *shiver*; *freeze*; *chill (to the bone)*
kleur ● *wat het oog ziet colour* ● *gelaatskleur complexion* ★ van ~ verschieten *change colour* ★ een ~ krijgen *colour*; *blush* ● *politieke tendens persuasion* ● *kleurstof colour* ● *figuur in kaartspel suit* ★ ~ bekennen *follow suit*; FIG. *show one's hand*; FIG. *come out into the open* ★ ~ verzaken

revoke ★ iem. ~ doen bekennen *force a person into the open*
kleurbad *colour bath*; FOT. *toning bath*
kleurboek *colouring/painting-book*
kleurdoos *paintbox*
kleurecht *colourfast*
kleuren I OV WW • kleur geven aan *colour* • overdrijven *overstate* ★ een gekleurde versie van de gebeurtenissen *a coloured version of the events* II ON WW • kleur krijgen *colour* • blozen *blush* ★ ~ tot achter zijn oren *blush deeply* • ~ bij *match* ★ die jas kleurt niet bij je broek *that jacket does not go with your trousers*
kleurenblind *colour blind*
kleurendruk *colour print(ing)*
kleurenfilm *technicolour film*
kleurenfoto *colour photo*
kleurenscala *range of colours*
kleurentelevisie *colour television*
kleurig *colourful*
kleurkrijt *coloured chalk*
kleurling *coloured person*
kleurloos *colourless*
kleurplaat *colouring picture*
kleurpotlood *coloured pencil*; *crayon*
kleurrijk • met veel kleur *rich in/with colour*; *colourful* • afwisselend *colourful*
kleurschakering *tinge*; *shade of colour*
kleurshampoo *colour rinse shampoo*
kleurspoeling *colour wash/rinse*
kleurstof *pigment*; ⟨verf⟩ *dye*
kleurtje • potlood *(coloured) pencils* • blos *colour*
kleurversteviger *colour rinse*
kleuter *tot*; *toddler*
kleuterdagverblijf *day centre for pre-school infants*
kleuterklas ≈ *infants' class*
kleuterleidster *nursery (school) teacher*
kleuterschool *infant/nursery school*
kleutertijd *infancy*; *pre-school age*
kleven I OV WW plakken op *stick*; *glue* II ON WW • blijven plakken *stick/cling (to)* ★ het kleeft aan je vingers *it sticks to your fingers* ★ er kleeft bloed aan *there is blood on it*; FIG. *it is tainted with blood* • verbonden zijn *stick* ★ er ~ nog enkele foutjes aan *it still has a few shortcomings*
kleverig *sticky*
kliederboel *mess*
kliederen *make a mess*; *mess about*
kliek • etensrestjes *scraps*; *leftovers* • groep *clique*
klier • orgaan *gland* • akelig persoon *pain in the neck*; VULG. *pain in the ass*
klieren *be a pain in the neck*; *be a pest*
klieven *cleave*
klif *cliff*; *bluff*
klik *click*
klikken I ON WW • geluid maken *click*; *snap* • verklappen *tell tales* ★ over iem. ~ *tell upon a person*; INF. *grass on a person* II ONP WW goed contact hebben ★ het klikt tussen hen *they hit it off well*
klikspaan *telltale*; *sneak*; INF. *grass*

klim *climb* ★ een hele klim *a stiff climb*
klimaat *climate*
klimaatregeling *air-conditioning*
klimaatverandering *change of climate*; *climatic change*
klimatiseren *air-condition*
klimatologie *climatology*
klimatologisch *climatic*; *climatological*
klimatoloog *climatologist*
klimmen • klauteren *climb*; ⟨op paard⟩ *mount* ★ in een boom ~ *climb (up) a tree* • toenemen *climb*; *rise* ★ met het ~ der jaren *with advancing years*
klimmer *climber*
klimop *ivy* ★ met ~ begroeid *ivy-grown*
klimpartij *climb*
klimplant *climbing-plant*
klimrek *climbing frame*
kling ▼ over de ~ jagen *put to the sword*
klingelen *tinkle*; *jingle*
kliniek *clinic*; *clinical hospital* ★ ~ voor a.s. moeders *antenatal clinic*
klinisch *clinical* ★ ~ dood *clinically dead*
klink *(door)handle*; ⟨v. deel slot⟩ *latch* ★ op de ~ doen *latch*
klinken I OV WW vastmaken *rivet* II ON WW • geluid maken *sound*; *ring* • toasten ★ ~ op *drink to*; *toast* ▼ dat klinkt me vreemd in de oren *that sounds strange to me* ▼ ~ als een klok *sound like a bell*
klinker • TAALK. *vowel* • baksteen *clinker*
klinkklaar *sheer*; *rank* ★ klinkklare onzin *sheer nonsense*
klinknagel *rivet*
klip *rock*; *reef* ★ blinde klip *sunken reef/rock* ★ een gevaarlijke klip omzeilen *steer clear of a dangerous rock*; *give s.th. a wide berth* ▼ tegen de klippen op ⟨liegen⟩ *outrageously*; ⟨drinken⟩ *immoderately*; ⟨eten⟩ *ravenously*
klipper *clipper*
klis *bur(r)*
klit • plant *bur(r)* • knoop *tangle* ▼ aan iem. hangen als een klit *stick to a person like glue/a bur*
klitten • in de war zitten *become/get entangled* • erg veel samen zijn *stick/hang together* ★ die twee ~ erg aan elkaar *they are thick as thieves*; *those two are like leeches*
klittenband *Velcro* ®
klodder *clot*; *blob*
klodderen • slecht schilderen *daub* • knoeien *mess about/around*
kloek I ZN *mother-hen* II BNW • kordaat *bold* • fors, flink *sturdy*; ⟨volume⟩ *stout*
kloffie *rags*; *togs*
klojo *twit*; *wally*; *jerk*
klok • uurwerk *clock* ★ kun je al klok kijken? *can you tell the time yet?* ★ op de klok af *to the minute* • bel *bell* ▼ hij heeft de klok horen luiden, maar weet niet waar de klepel hangt *he has heard s.th. about it, but he does not know the rights of it* ▼ iets aan de grote klok hangen *broadcast s.th.*
klokgelui *bell-ringing*; *chiming*
klokhuis *core*
klokken I OV WW tijd opnemen *time*; *clock*

II ON WW • geluid maken *chuck*; ⟨v. kip⟩ *cluck*; ⟨v. kalkoen⟩ *gobble*; ⟨v. water⟩ *gurgle* • tijd vastleggen ⟨bij aankomst op werk⟩ *clock in*; ⟨bij vertrek⟩ *clock out* ⋆ het ~ ergerde de arbeiders *the clockings-in-and-out irritated the workers* • klokvormig zijn ⟨v. rokken⟩ *flare*

klokkenluider *whistle-blower*
klokkenspel *chimes*
klokkenstoel *belfry*
klokkentoren *bell tower*
klokradio *clock radio*
klokslag *stroke of the clock* ⋆ om ~ acht *on the stroke of eight*
klomp • houten schoen *wooden shoe*; *clog* • brok *lump*; *slug* ⋆ een ~je goud *a nugget of gold* ▾ nou breekt mijn ~! *well, I never!*
klompvoet *club foot*
klonen *clone*
klont ⟨suiker⟩ *lump*; ⟨verf⟩ *daub*; ⟨aarde⟩ *clod*
klonter *clot*; *lump*
klonteren *clot*; *curdle*
klonterig *clotted*
klontje • suikerklontje *sugar cube/lump* • kleine klont *lump*; ⟨boter⟩ *pat* ▾ zo klaar als een ~ *as plain as day*
kloof • spleet *split*; *gap*; ⟨huid⟩ *chap*; ⟨in rots⟩ *crevice*; *cleft*; ⟨ravijn⟩ *chasm* • verwijdering *gulf*; *rift*; ⟨in regering⟩ *split*
klooien • stuntelen *bungle* • luieren *hang about/around* • donderjagen *monkey/fart about/around*
kloon *clone*
klooster *cloister*; *convent*; ⟨mannen⟩ *monastery*; ⟨vrouwen⟩ *nunnery*
kloostergemeenschap *cloistered community*; ⟨v. nonnen⟩ *convent*; ⟨v. monniken⟩ *monastery*
kloosterling ⟨man⟩ *monk*; ⟨vrouw⟩ *nun*
kloostermop ≈ *Roman brick*
kloosterorde *monastic order*
kloot *ball*
klootjesvolk ⋆ het ~ *the petty bourgeois*; *the masses*
klootzak *bastard*; *son-of-a-bitch*; AE *motherfucker* ⋆ stomme ~! *you fucking idiot/moron!* ⋆ vuile ~! *you mother-fucking son-of-a-bitch!*
klop *knock*; *tap* ▾ iem. klop geven *lick a person* ▾ klop krijgen van *be licked by*
klopboor *hammer drill*
klopgeest *poltergeist*; *rapping spirit*
klopjacht *battue*; ⟨korhoen⟩ *drive*
kloppartij *scuffle*; *scrap*; *free-for-all*
kloppen I OV WW • slaan *beat*; *knock*; ⟨room⟩ *whip*; ⟨ei⟩ *whisk* • verslaan *beat* ▾ iem. geld uit de zak ~ *put a person to great expense*; *make a person fork up* **II** ON WW • een klop geven *knock*; *tap*; *pat* • overeenstemmen *agree* ▾ ja, dat klopt! *yes, that's right!* ⋆ dat klopt met *that tallies with*; *fits in with*
klopper *knocker*
klos • stukje hout *reel*; *spool* • spoel *coil* ▾ de klos zijn *be the sucker*
klossen I OV WW op klos winden *wind* **II** ON WW plomp lopen *stump*
klote *bloody awful*

klote- *fucking* ⋆ kloteweer *fucking weather*
klotsen *slosh*; *splash*
kloven I OV WW klieven *cleave*; *split* **II** ON WW barsten *split*
klucht *farce*
kluchtig *farcical*
kluif • bot met vlees *knuckle*; *bone* • karwei ⋆ het is een hele ~ *it is a stiff job* ▾ een lekker ~je *a tit-bit*
kluis *safe*; *strong-room*
kluisteren *shackle*; ⟨paard⟩ *hobble*; FIG. *fetter* ▾ aan zijn bed gekluisterd *bed-ridden*
kluit • klont *clod*; *lump* • groepje *bunch* ▾ iem. met een ~je in het riet sturen *fob a person off with fair promises* ▾ hij is flink uit de ~en gewassen *he is a strapping fellow*
kluiven *pick (a bone)*; *gnaw at*
kluizenaar *hermit*
klungel *bungler*; VULG. *clumsy clod*
klungelen • knoeien *bungle* • rondhangen *dawdle*
klungelig *gawky*; *bungling*; AE *klutzy*
kluns *bungler*; *oaf*
klunzen *bungle*; *bumble*; *muff*; *blunder*
klunzig *clumsy*
klus *chore*; *small job*; ⟨zwaar⟩ *tough job* ⋆ dat is een leuk klusje voor haar *that's a nice little job for her*
klusjesman *handyman*; *odd-jobber*
klussen • repareren *do odd jobs* • zwart bijverdienen *moonlight*
kluts ▾ de ~ kwijt raken *get out of one's depth*; *become confused* ▾ de ~ kwijt zijn *be at a loss*
klutsen ⟨room⟩ *whip*; ⟨eieren⟩ *whisk*
kluwen *ball*; *clew*
klysma *enema*
km kilometer ⟨kilometre⟩ *km*
kmbo *Short Senior Secondary Vocational courses*
knaagdier *rodent*
knaak fl. 2,50; ≈ BE *quid*; ≈ AE *buck*
knaap • jongen *lad*; *boy* • kanjer *whopper*
knaapje *coat-hanger*
knabbelen *nibble*
knagen • bijten *gnaw* ⋆ ~ aan *gnaw at* • kwellen *gnaw* ⋆ ~de pijn *nagging pain* ⋆ ~d verdriet *gnawing sorrow*
knak • geluid *crack* • knik *bend*; *twist* • verzwakking ⋆ het gaf mijn zelfvertrouwen een knak *it impaired my self-confidence*
knakken I OV WW breken *break*; *crack* **II** ON WW • geluid maken *crack*; ⟨vingers⟩ *snap* • een knak krijgen *snap*
knakworst *hot dog (in brine)*; AE *frankfurter*
knal • slag ⋆ iem. een knal voor zijn kop geven *sock/clout s.o. in the face* • geluid *crack*; ⟨v. geweer ook⟩ *report*; ⟨v. kurk⟩ *pop*
knalbonbon *(Christmas) cracker*
knalkurk *popping cork*
knallen • een knal geven *bang*; ⟨v. geweer, zweep⟩ *crack*; ⟨v. kurk⟩ *pop* • botsen *crash*
knaller *screamer*
knalpot *silencer*
knap I ZN *crack* **II** BNW • goed uitziend *handsome*; *good-looking* ⋆ zij werd er niet knapper op *she was losing her looks* • intelligent *clever* ⋆ knap in iets *clever at*

kn

s.th. III BIJW nogal *rather*; *quite*; *pretty*

knappen • breken *crack*; ‹v. touw› *snap* • geluid geven *crackle*

knapperd • mooi mens *beauty* • schrander mens *clever fellow*; INF. *brain*

knapperen *crackle*

knapperig ‹v. groente› *crisp*; ‹v. koekje, e.d.› *crunchy*; ‹v. brood› *crusty*

knapzak *haversack*; *knapsack*

knarsen *crunch*; ‹v. scharnier› *creak*; ‹v. rem› *grate*; ‹v. tanden› *grind*

knarsetanden *gnash/grind one's teeth*

knauw • harde beet *bite* ★ een lelijke ~ krijgen *get badly mauled*; FIG. *get a nasty knock* • knak *blow*; *set back* ★ dat gaf hem een lelijke ~ *that dealt him a sharp blow*

knauwen *gnaw (at)*; *munch*

knecht *servant*; *man*

knechten *enslave*

kneden *knead*; FIG. *mould*

kneedbaar • gemakkelijk te kneden *kneadable* • handelbaar *pliable*; FORM. *malleable*

kneedbom *plastic explosive*

kneep • het knijpen *pinch* • handigheidje *dodge*; *trick* ★ daar zit hem de ~ *there's the sticking point* ★ hij kent de knepen van het vak *he knows the ropes*

knel ★ in de knel zitten *be in a scrape* ★ knel zitten tussen ‹bekneld› *be wedged between*

knellen I OV WW stevig drukken *squeeze*; *press* II ON WW klemmen *squeeze*; *pinch*

knelpunt *bottleneck*

knerpen *(s)crunch*

knersen *creak*; *crunch*; *grind*

knetteren *crackle*; ‹v. donder› *crash*

knettergek *absolutely crackers*; *bonkers*; *stark raving mad*; *w(h)acky* ★ ik word ~ van deze muziek! *this music drives me up the wall!*

kneuterig *snug*; *cosy*

kneuzen *bruise* ★ gekneusd ei *cracked egg*

kneuzing *bruise*

knevel *moustache*

knevelen • binden, boeien *pinion*; *truss up* • onderdrukken *muzzle*; *oppress* ★ de pers ~ *muzzle the press*

knibbelen *haggle*

knickerbocker *(a pair of) knickerbockers*

knie • gewricht *knee* ★ tot aan de knieën *knee-deep*; *up to one's knees* • kromming *knee*; *elbow* ▼ iets onder de knie hebben *have mastered s.th.* ▼ door de knieën gaan *knuckle under* ▼ er zitten knieën in je broek *your trousers are bagging at the knees* ▼ een kind over de knie leggen *take/put a child across one's knee*; *spank a child*

knieband • pees *hamstring* • kniebeschermer *knee protector/supporter*

kniebeschermer *knee pad*

knieblessure *knee injury*

kniebroek *knee breeches*; ‹voor vrouwen› *pedal-pushers*

kniebuiging ‹v. vrouw› *curts(e)y*; ‹in kerk› *genuflection*; ‹gymnastiek› *knee bend*

knieholte *hollow of the knee*

kniekous *knee stocking*

knielaars *knee/thigh(-length) boot*

knielen *kneel*

kniereflex *knee reflex*

knieschijf *knee-cap*; MED. *patella*

kniesoor *grump*; *grouch*

kniestuk *knee patch*

knietje • geblesseerde knie *injured knee* • stoot met knie *knee* ★ iem. een ~ geven *knee s.o.*

knieval *genuflection* ▼ een ~ doen voor iem. *go down on one's knees for a person*

kniezen *mope*; *fret*; *worry*

knijpen *pinch* ▼ 'm ~ *have/get the wind up*

knijper *(clothes-)peg*

knijpkat *dyno torch*

knijptang *pincers*

knik • breuk *crack*; *twist*; ‹in draad› *kink* • kromming *bend* • hoofdbuiging *nod*

knikkebollen *nod (off)*

knikken I OV WW knakken *crack*; *snap*; *bend* II ON WW • buigen *bend*; *buckle* ★ met ~de knieën *with shaky knees* • hoofdbeweging maken *nod* ★ ja ~ *nod yes*

knikker • stuiter *marble* • hoofd *nut* ▼ het gaat niet om de ~s, maar om het spel *it is not a matter of pence, but of principle*

knikkeren I OV WW gooien ★ iem. eruit ~ *chuck s.o. out* II ON WW spelen *play (at) marbles*

knip • knippend geluid *click*; *snap* • opening *punch(-hole)*; *clip* • grendeltje *catch* ★ knip op de deur doen *put the door on the catch* • sluiting ‹tasje, sieraden› *catch*; ‹v. bijbel› *clasp* ▼ geen knip voor de neus waard *not worth a toss/button*

knipmes *clasp-knife* ▼ buigen als een ~ *make a deep bow*; *kowtow*

knipogen *wink* ★ naar iem. ~ *wink at s.o.*

knipoog *wink* ★ iem. een ~ geven *give s.o. a wink*

knippen I OV WW in-/afknippen *cut*; ‹kaartjes› *punch*; ‹nagels ook› *pare*; ‹heg› *trim*; ‹coupons› *clip* ★ zich laten ~ *have a hair-cut* ★ kort geknipt haar *close cropped hair* II ON WW • snijden *cut* • beweging maken *blink* • geluid maken *snip*; ‹met de vingers› *snap*

knipperen • aan- en uitgaan van licht *flash*; *blink* ★ met zijn lichten ~ *flash one's lights* • knippen met ogen *blink* ★ zonder met zijn ogen te ~ *without batting an eyelid*

knipperlicht *flashing light*; *flasher*

knipsel • wat uitgeknipt is *cut-out* • uitgeknipt bericht *clipping*; AE *cutting*

knipseldienst *press-cutting agency*

knipselkrant *collection of press cuttings*

kniptang *wire-cutters*; ‹voor gaatjes› *punch*

knisperen *vuur crackle* • papier *rustle*

kno-arts *E.N.T. specialist*; *Ear Nose and Throat specialist*

knobbel • verdikking *knob*; ‹op het hoofd› *bump* ▼ ~tje in de borst *lump in the breast* • natuurlijke aanleg *gift*; *talent* ★ een talen~ *a gift for languages*

knobbelig *knotty*; *gnarled*

knock-out I ZN *knock-out* II BNW ★ iem. ~ slaan *knock a person out*

knoedel • kluwen *ball* • haarknot *knot*; *bun*

knoei ★ in de ~ zitten *be in a jam/mess*; *be in a sorry pickle*

kokkin ⟨in restaurant⟩ *(female) chef*; ⟨in huis⟩ *cook*
kokmeeuw *black-headed gull*
kokos • vruchtvlees *coconut* • vezel *coconut fibre*
kokosbrood *coconut bread*
kokosmakroon *coconut macaroon*
kokosmat *cocomat*
kokosnoot *coconut*
koksmaat *galley boy*
koksmuts *chef's hat*
koksschool *catering college*
kolder *giddy nonsense* ▾ hij had de ~ in z'n kop *he was in a mad fit*
kolenboer *coalman*
kolendamp *carbon monoxide*
kolenhok *coal shed*
kolenmijn *coalmine*; BE *colliery*
kolenschop *coal shovel* ▾ zij heeft enorme ~pen *she has giant hands*
kolere ∗ krijg de ~! *drop dead!*; *fuck you!*
kolf • fles CHEM. *receiver* • handvat van vuurwapen *butt* • PLANTK. *cob*
kolibrie *hummingbird*
koliek *colic*; INF. *gripes*
kolk • draaikolk *eddy*; *whirlpool* • sluisruimte *pool*; ⟨sluiskolk⟩ *chamber*
kolken *eddy*; *swirl*
kolom • pilaar *pillar*; *column* • vak met tekst/cijfers *column*
kolonel *colonel*
kolonelsbewind *(military) junta*
koloniaal I ZN *colonial soldier* II BNW *colonial* ∗ koloniale waren *colonial produce*
kolonialisme *colonialism*
kolonie *colony*
kolonisatie *colonization*
koloniseren *colonize*
kolonist *colonist*
koloriet *colouring*; *coloration*
kolos *colossus*
kolossaal *colossal*; *huge* ∗ kolossale oogst *bumper crop*
kolven *express milk*
kom • bak, schaal *bowl*; ⟨voor pudding⟩ *basin*; ⟨waskom⟩ *wash basin* • deel van gemeente *centre* ∗ bebouwde kom *built up area* • gewrichtsholte *socket* ∗ de arm is uit de kom geschoten *the arm has been dislocated*
komaan *come on!*
komaf *descent* ▾ van hoge ~ *high-born*
kombuis *caboose*; *galley*
komediant • acteur *comedian* • aansteller *play actor*; *pretender*
komedie • blijspel *comedy* • schijnvertoning ∗ 't is alles ~ *it is all make-believe* ∗ ze speelt maar ~ *she is only acting/play-acting* • schouwburg *theatre*; ⟨gewoonlijk met naam⟩ *playhouse* ∗ naar de ~ gaan *go to the theatre*
komeet *comet*
komen • zich begeven *come* ∗ ik kom al *I'm coming* ∗ ik kon er net bij ~ *I could just reach it* ∗ ik kom direct bij u *I'll be with you in a minute* ∗ kom er niet aan *don't touch it* ∗ kom hier zitten *come and sit here* ∗ kom je

nu haast? *are you coming?* ∗ ~ ⟨af⟩halen *call for*; *collect* ∗ door een stad ~ *pass through a town* ∗ naar Londen ~ *come to London* ∗ in de hoogste kringen ~ *move in the highest circles* • aankomen ∗ te laat ~ *be late* ∗ ~ om *come for* ∗ om geld moet je bij hem niet ~ *he hates to be asked for money* ∗ hoe kom ik daar? *how do I get there?* ∗ ~ bezoeken *come and see* ∗ ze kwamen vaak bij elkaar *they often met* ∗ thuis ~ *come home* • in genoemde toestand raken ∗ om het leven ~ *lose one's life*; *perish* ∗ tot zichzelf ~ *come to one's senses* • gebeuren, beginnen ∗ er komt sneeuw *we are going to have snow* ∗ daar komt niets van in *that's out of the question* ∗ er komt nooit iets van *it never gets done* ∗ als er ooit iets van de plannen komt *if the plans ever come to anything*; *if the plans ever materialize* ∗ de dingen die gaan ~ *things to come* ∗ hoe is het ooit zover kunnen ~? *how did things ever get to this stage?* • veroorzaakt zijn ∗ hoe komt dat? *how is that?* ∗ dat komt ervan, jongetje *there you are, son, you've asked for it* ∗ hoe komt het dat... *how is it that...* ∗ dat komt zo *well, it's like this* ∗ zo komt het dat... *that is why...* • een orgasme krijgen *come* ∗ ~ aan ∗ het komt er niet op aan *it doesn't matter* ∗ hoe ben je hieraan ge~? *how did you come by this?*; *how did you get hold of this?* ∗ aan een baan ~ *get a job* ∗ daar ben ik goedkoop aange~ *I picked it up cheaply* • ~ achter ∗ achter de waarheid ~ *find out/get at the truth* • bedenken ∗ op ∗ ik kan er niet op ~ *I can't remember it* ∗ op 'n onderwerp ~ *get (round) to a subject* • bedragen ∗ ~ op ∗ het komt op 5 euro per persoon *it works out at 5 euro per person* • ~ te [+ inf.] ∗ iets te weten ~ *find out s.th.* ∗ hij kwam te sterven *he died* ∗ zij kwam te vallen *she fell* • ~ tot ∗ tot een vergelijk ~ *come to an agreement* ∗ ik kan er niet toe ~ om... *I cannot bring myself to...* ▾ hij is er of hij komt er *he is always coming and going* ▾ ik kan er niet van ~ *I can't get by on it* ▾ zo kom je er nooit in *this way you will never make it/succeed* ▾ met huilen kom je er niet *crying will get you nowhere* ▾ hoe kom je daarbij? *whatever makes you think that?*; *how do you make that out?* ▾ hoe kwam hij erbij om dat te doen? *why on earth did he do that?* ▾ ik kom er niet uit *I can't figure it out* ▾ door een examen ~ *get through/pass an examination* ▾ zijn ~ en gaan *his comings and goings*
komfoor ⟨om warm te houden⟩ *hot plate*; ⟨om te koken⟩ *gas/spirit stove*
komiek I ZN *comedian* II BNW *comical*
komijn *cum(m)in*
komijnekaas *cum(m)in cheese*
komijnzaad *cumin seed*
komisch *comic(al)*
komkommer *cucumber*
komkommerplant *cucumber*
komkommersalade *cucumber salad*
komkommertijd *quiet/dull/slack/silly season*
komma *comma*

ko

kommer *distress*; *trouble*; *sorrow* ▼ ~ en kwel *trouble and strife*

kompas *compass* ★ op ~ varen *steer by compass*

kompasnaald *compass needle*

kompasrichting *compass point*

kompres *compress*

komst *coming*; *arrival* ▼ de lente is op ~ *spring is on the way/is coming* ▼ er is verandering op ~ *a change is at hand*; *there's a wind of change coming*

komvormig *bowl-shaped*

kond ★ iem. kond doen van iets *notify a person of s.th.*

konfijten *preserve*

Kongo *Congo*

Kongolees *Congolese*

kongsie *ring*; *cartel*; PEJ. *clique*

konijn *rabbit*; INF. *bunny*

konijnenhok *rabbit hutch*

konijnenhol *rabbit hole/burrow*

koning *king* ▼ de ~ te rijk zijn *be as happy as a king*

koningin *queen* ★ een ~ halen 〈schaken〉 *queen a pawn*

koningin-moeder *queen-mother*

Koninginnedag 〈in NL〉 *Queen's Birthday*; 〈in GB〉 *Commonwealth Day*

koninginnenpage *swallowtail*

konings- *royal*

koningsblauw *royal blue*

koningschap *kingship*

koningsdrama *history play*

koningsgezind *royalist*

koningsgraf *king's tomb*

koningshuis *royal house*

koningskind *royal child*

koningsloper *king's bishop*

koningsmaal *royal feast* ★ het was een ~ *it was a meal fit for a king*

koningstijger *Bengal tiger*

koninklijk *royal*; 〈houding e.d.〉 *regal* ★ Koninklijk Besluit *Royal Decree* ★ ~e pracht *regal splendour* ▼ van ~en bloede *of royal blood* ★ het Koninklijk Huis *the Royal House(hold)*

koninkrijk *kingdom*

konkelaar *schemer*; *intriguer*

konkelen *intrigue*

konkelfoezen • smoezen *whisper* • samenzweren *plot*; *scheme*

kont *behind*; *bottom*; *rear(end)*; AE *ass* ▼ de kont tegen de krib gooien *dig one's feet/toes/heels in* ▼ in zijn blote kont *bare-assed* ▼ je kunt hier je kont niet keren *no room to swing a cat in* ▼ mopperkont *grumpy guts* ▼ bofkont *lucky dog*

kontje *bottom* ★ iem. een ~ geven *give s.o. a leg up*

kontlikker *brown-nose*; *ass-licker*

kontzak *back pocket*

konvooi *convoy*

kooi • dierenhok *cage*; *decoy*; 〈voor schapen〉 *fold*; 〈voor kippen〉 *coop*; 〈om eenden te vangen〉 *decoy* • slaapplaats SCHEEPV. *berth*; *bunk* ★ naar kooi gaan *turn in*; *hit the hay/sack*

kooien *cage*

kook ★ aan de kook brengen/komen *bring/come to the boil* ▼ van de kook zijn *be all abroad*; 〈ontdaan〉 *be quite upset*

kookboek *cookery book*; *cookbook*

kookcursus *cookery course*; *course in cooking*

kookkunst *art of cooking*

kookplaat 〈elektrisch〉 *hot plate*; 〈gas〉 *gas ring*

kookpunt *boiling-point*

kookwekker *kitchen timer*

kool • groente *cabbage* ★ witte kool *white cabbage* ★ rode kool *red cabbage* • steenkool *coal*; CHEM. *carbon*; 〈houtskool〉 *charcoal* ▼ iem. een kool stoven *play a person a trick* ▼ groeien als kool *grow very fast*; *shoot up* ▼ de kool en de geit sparen *run with the hare and hunt with the hounds* ▼ op hete kolen zitten *be on pins and needles*; *have ants in one's pants*

kooldioxide *carbon dioxide*

koolhydraat *carbohydrate*

koolmees *great tit*

koolmonoxide *carbon monoxide*

koolmonoxidevergiftiging *carbon monoxide poisoning*

koolraap *Swedish turnip*; *swede*

koolstof *carbon*

koolstofverbinding *carbon compound*

koolwaterstof *hydrocarbon*

koolwitje *cabbage-white*

koolzaad • plant *rape* • zaad *cole-seed*

koolzuur *carbonic acid*

koolzuurhoudend *carbonated*

koon *cheek*

koop *purchase*; *buying*; 〈overeenkomst〉 *bargain*; *deal* ▼ een koop sluiten *strike a bargain* ★ te koop *for sale* ★ te koop zetten *put up for sale* ★ een goede koop doen *make a good bargain* ★ te koop gevraagd *wanted to purchase* ★ te koop staan *be for sale* ▼ op de koop toe *into the bargain* ▼ weten wat er in de wereld te koop is *know what life's (all) about* ▼ te koop lopen met *parade*; *show off*

koopakte *title deed*

koopavond *(late) shopping night*

koopcontract *contract of sale*

koopgedrag *shopping/purchasing habits*

koophandel *commerce*; *trade*

koophuis *owner-occupied property*

koopje *bargain* ★ op ~s uit zijn *be (out) bargain-hunting* ▼ op een ~ *on the cheap* ▼ iem. 'n ~ leveren *sell s.o. a pup*

koopkracht *purchasing power*

kooplust *inclination to buy*

kooplustig *eager to buy*

koopman *merchant*; 〈op straat〉 *seller*; *hawker*

koopmanschap *business sense*

koopmansgeest *commercial spirit*; 〈afkeurend〉 *commercialism*

koopovereenkomst *purchase/sale agreement*

koopsom *purchase price*

koopsompolis *single-premium insurance policy*

koopvaarder *merchant vessel*

koopvaardij *merchant navy*; *mercantile marine*

koopvaardijschip *merchant ship*

koopvideo *retail video*

koopwaar *merchandise*

koopwoning *owner occupied house*

koopziek ★ ~ zijn *be a compulsive buyer*

koor ⟨zangers⟩ *choir*; ⟨koorzang⟩ *chorus*

koord *cord*; *string* ▼ iem. op 't slappe ~ laten komen *put a person through his paces*

koorddansen *walk a tight rope*

koorddanser *tightrope walker*

koorknaap • *koorzanger choirboy*; *chorister* • *misdienaar altar boy*

koormuziek *choral music*

koorts *fever* ★ ~ hebben/krijgen *have/get a fever*

koortsachtig *feverish*

koortsdroom *feverish dream*

koortsig *feverish*

koortsstuip *feverish convulsion*; MED. *febrile convulsion*

koortsthermometer *clinical thermometer*

koortsuitslag *sweat rash*

koortsvrij *free of fever*

koorzang • *het zingen choral singing* • *lied choral song*

koosjer *kosher*

koosnaam *pet name*

kootje *phalanx*

kop • *voorste deel head*; ⟨v. vliegtuig⟩ *nose* ★ kop van een golf *crest* • *hoofd head*; INF. *loaf*; *nut* ▼ hij viel een gat in zijn kop *he split his head (open)* • *aanwezige* ★ twaalf koppen aan boord *twelve hands on board* • *verstand* ★ knappe kop *brainbox* • *kom cup* • *opschrift headline* ▼ de kop indrukken ⟨v. idee⟩ *suppress*; ⟨opstand⟩ *put down*; ⟨opstand⟩ *quell* ▼ kop op! *chin up!* ▼ iem. op zijn kop geven ⟨slaan⟩ *lick s.o.*; FIG. *give s.o. a dressing down* ▼ over de kop gaan ⟨v. fietser⟩ *come a cropper*; *overturn*; *crash*; ⟨failliet gaan⟩ *fold (up)* ▼ kop dicht! *shut your trap!* ▼ iets op de kop tikken *pick up*; *lay hold of s.th.* ▼ op de kop af *exactly* ▼ iem. een kopje kleiner maken ⟨onthoofden⟩ *chop s.o.'s head off*; *defeat/beat s.o.* ▼ mijn kop eraf! *I'll eat my hat!* ▼ hij heeft een goede kop *he has a clever head on his shoulders* ▼ iets direct de kop indrukken *nip a thing in the bud* ▼ het fascisme stak de kop op *fascism reared its head* ▼ de verkeerde bij de kop hebben *have got hold of the wrong man* ▼ al gaat hij op zijn kop staan *whatever he may say or do* ▼ hij liet zich niet op zijn kop zitten *he did not take any bullying* ▼ ik had me voor mijn kop kunnen slaan *I could have kicked myself* ▼ hij schoot zich voor zijn kop *he blew his brains out*

kopbal *header*

kopduel *heading duel*

kopen *buy*; *purchase* ▼ wat koop ik ervoor? *where does it get me?* ▼ je koopt er niets voor *it gets you nowhere*

Kopenhagen *Copenhagen*

koper I ZN (de) *buyer*; *purchaser* II ZN (het) *copper*; *brass* ★ geel~ *brass*

koperblazer *brass player*

koperdraad *copper/brass wire*

koperen ⟨rood koper⟩ *copper*; ⟨geel koper⟩

brass ★ ~ kandelaar *brass candlestick*

koperglans I ZN (de) *glans brassy/coppery shine* II ZN (het) *stof copper sulphide*; *chalcocite*

kopergravure *copper-plate*

kopergroen *verdigris*

koperkleurig *copper-coloured*

kopermijn *coppermine*

koperpoets *copper polish*

koperslager *coppersmith*; *brazier*

koperwerk *copperware*; *brassware*

kopgroep *leading group*

kopie • *duplicaat copy*; *duplicate*; ⟨v. modeartikelen⟩ AE *knockoff* • *fotokopie (photo)copy*

kopieerapparaat *copying machine*

kopieermachine • *apparaat om te kopiëren photocopier*; *Xerox machine*; ⟨met inkt⟩ *duplicator* • *apparaat om films te kopiëren film copier*

kopieerpapier *(photo)copying paper*

kopiëren *copy* ★ 'n akte ~ *engross a deed*

kopij *copy*

kopje-onder ★ hij ging ~ *he took a ducking* ★ iem. ~ duwen *push s.o. under*; AE *dunk s.o.*

koplamp *headlight*

koploper *leader* ★ ~ zijn *lead the field*

koppel I ZN (de) *riem belt* II ZN (het) • *paar couple* • *groep group*; ⟨voorwerpen⟩ *set*; ⟨vlucht vogels⟩ *flock*; ⟨v. patrijzen⟩ *covey* • NAT. *couple*

koppelaar *matchmaker*

koppelbaas *recruiter*; *labour broker*

koppelen • *vastmaken couple*; *join* • *samenbrengen couple*; *join*

koppeling • *het verbinden coupling*; *joining* • *auto-onderdeel clutch*

koppelingsplaat *clutch disk*

koppelteken *hyphen*

koppeltjeduikelen *turn/do somersaults*

koppelverkoop *conditional sale*

koppelwerkwoord *copula*

koppen ★ een bal ~ *head a ball*

koppensnellen • *onthoofden headhunt* • *verantwoordelijken zoeken headhunt* • *krantenkoppen lezen skim the headlines*

koppie ▼ ~ koppie *clever!*; *good thinking!*

koppig • *halsstarrig obstinate* • *sterk heady*

koppijn *headache*

koppoter *headfooter*

kopregel *headline*; ⟨v. een boek⟩ *header*; *running title*

koprol *forward roll*

kopschuw *shy* ★ ~ worden voor *shrink from*

kopspijker *tack*

kop-staartbotsing *rear-end collision*

kopstation *terminus*

kopstem *falsetto voice*

kopstoot *butt (of the head)*

kopstuk *big man/shot*; *boss*

kopt *Copt*

koptelefoon *headphone(s)*; *earphone(s)*

koptisch *Coptic*

kopzorg *worry*

koraal • MUZ. *choral* • BIOL. *coral*

koraalbank *coral reef*

koraaldieren *coral polyps*

ko

koraalrif *coral reef*
koraalrood *coralline*
koraalvis *coral fish*
koralen *coral(line)*
koran *Koran*
kordaat *resolute*; *firm*
kordon *cordon*
Korea *Korea*
Koreaans *Korean*
koren *corn* ▾ dat is ~ op zijn molen *that is grist to his mill*; *that is his cup of tea*
korenaar *ear of corn*
korenakker *cornfield*
korenbloem *cornflower*
korenschoof *sheaf of corn*
korenschuur *granary*
korf *basket*; ⟨bijenkorf⟩ *hive*
korfbal *korfball*
korfballen *(play) korfball*
Korfoe *Corfu*
korhoen *black grouse*; ⟨vrouwtje⟩ *greyhen*; ⟨mannetje⟩ *blackcock*
koriander *coriander*
kornet *cornet*
kornuit *comrade*; *crony*
korporaal *corporal*
korps • *corps* • gevechtseenheid ★ ~ mariniers *marine corps*
korpscommandant *corps commander*
korrel • bolletje *grain*; *pellet* ★ geen ~(tje) *not a grain* ▾ vizierkorrel *bead* ▾ iem. op de ~ nemen *aim at s.o.*; *make a butt of s.o.*
korrelig *granular*
korset *corset*
korst *crust*; ⟨kaas⟩ *rind*; ⟨op wond⟩ *scab*
korstmos *lichen*
kort I BNW • niet lang durend *short*; *brief* ★ tot voor kort *until recently* ★ binnen de kortste keren *before you can say knife* ★ kort geleden *a short time ago* • kort voor *shortly before* ★ sedert kort *recently* • niet lang *short* ★ kort en dik *squat* ★ korter maken/worden *shorten* ★ kort geknipt *close-cropped* • beknopt *brief*; *short*; ⟨bits⟩ *curt* ★ kort en bondig *short but to the point*; *in short* ★ om kort te gaan *to cut a long story short* ★ kort maar krachtig *short and snappy* ★ kort van stof *brief* ▾ in 't kort in *brief* ▾ iem. kort houden ⟨geldelijk⟩ *keep a person short* ▾ alles kort en klein slaan *smash everything to bits* II BIJW ★ iem. te kort doen *wrong s.o.* ★ te kort schieten in *be deficient in* ★ er is twee euro te kort *there are two euro's short* ★ de waarheid te kort doen *do scant justice to the truth* ★ geld/slaap te kort komen *lack money/sleep* ★ we komen nog één man te kort *we are one man short* ★ jij komt er niets bij te kort *you are not a loser over it* ★ hij zorgt wel dat hij niets te kort komt *he has an eye to the main chance*; *he makes sure that he won't lose out* ▾ kort en bondig *briefly and to the point*; *succinct*
kortaangebonden *short-tempered*; *curt*
kortademig *short of breath*; *short-winded*; ⟨v. paard⟩ *broken-winded*
kortaf *short*; *curt*
kortebaanwedstrijd *short-distance race*

kortegolfontvanger *shortwave radio (receiver)*
korten • korter maken *shorten* ★ de tijd ~ *beguile/shorten the time* • inhouden *cut (down)*
kortetermijngeheugen *short-term memory*
kortetermijnplanning *short-term planning*
korthaalrig *short-haired*
korting • inhouding *cut (in)*; ⟨v. loon⟩ *reduction (of)* • bedrag ⟨op prijs⟩ *discount*; ⟨op kosten/tarieven⟩ *rebate*; ⟨wegens beschadiging, e.d.⟩ *allowance* ★ ~ geven/krijgen *give/get a discount*
kortingkaart ⟨vervoer⟩ *reduced-fare card/pass*; ⟨winkel⟩ *discount card*
kortingsbon *discount card*
kortlopend *short-term*
kortom *in short*; *in brief*
kortsluiten *short-circuit* ▾ het overleg ~ *short-circuit the meeting*
kortsluiting *short-circuit* ★ ~ maken *short-circuit*
kortstondig *brief*; *ephemeral*; *short-lived* ★ ~e ziekte *short illness*
kortweg • kort gezegd *shortly*; *briefly* • eenvoudigweg *simply*
kortwieken • vleugel knippen *clip the wings* • beknotten ⟨macht, vrijheid, e.d.⟩ *curtail*
kortzichtig *short-sighted*
korzelig *crusty*; ⟨ontstemd⟩ *grumpy*; ⟨nijdig⟩ *testy*
kosmisch *cosmic*
kosmologie *cosmology*
kosmonaut *cosmonaut*
kosmopoliet *cosmopolitan*
kosmopolitisch *cosmopolitan*
kosmos *cosmos*
Kosovo *Kosovo*
kost • voedsel *food* ★ de kost geven *feed* • dagelijkse voeding ★ kost en inwoning *board and lodging* ★ zij is bij A. in de kost *she boards with A* ★ in de kost doen *put out to board* • in de kost nemen *take in as a lodger/boarder* • levensonderhoud *living* ★ de kost verdienen *earn one's living* ▾ werken voor de kost *work for a living* ★ aan de kost komen *make a living* • uitgaven *cost*; ⟨uitgaven⟩ *expense(s)* ★ ten koste van *at the cost/expense of* ★ op eigen kosten *at one's own expense* ★ kosten maken *incur expenses* ★ ten koste van mij *at my expense* ★ veel geld ten koste leggen aan *spend much money on* ★ op kosten jagen *put a person to expenses* ★ 't gaat op mijn kosten *I'm paying*; INF. *it's on me* ★ kosten van levensonderhoud *cost of living/maintenance* ★ kosten van vervoer *cost of transportation/carriage* ★ op hoge kosten zitten *be heavily burdened* ★ hij werd in de kosten veroordeeld *he was ordered/condemned to pay costs* ▾ dat is oude kost *that is an old story* ▾ hij is zijn kost waard *he is worth his salt* • de kost gaat voor de baat uit *outlay must precede returns*
kostbaar • duur *expensive* • veel waard *valuable*; *precious*
kostbaarheden *valuables*
kostelijk *splendid*; *precious*; ⟨lekker⟩ *exquisite* ★ die is ~! *that's rich!*; *that's a good one!*

kosteloos **I** BNW *gratis*; *free* **II** BIJW *gratis*; *free of charge*

kosten *cost* ▾ wat kost dat? *how much is it?* ★ dat gaat je geld ~ *that is going to cost you* ★ die ~ twee euro per stuk *these are two euro's each* ★ het kost een bom duiten *it runs into a lot of money*; *it costs a bomb* ★ het kostte haar het leven *that killed her* ★ hoeveel mag het ~? *what price do you have in mind?* ▾ koste wat het kost *at any cost*

kostenbesparing *cost savings*; *savings in costs/expenses*

kostendekkend *cost-effective*

kostenplaatje *(outline of) costs*

kostenverdeling • overzicht *breakdown* • toewijzing *allocation of costs*

kostenverhoging *cost increase*; *increase in cost*

kostenverlaging *cost reduction*

koster *sexton*; *verger*

kostganger *boarder* ★ ~s houden *take in lodgers/boarders* ▾ onze Lieve Heer heeft rare ~s *it takes all sorts to make a world*

kostgeld *board*

kosthuis *boarding-house*

kostprijs *cost price*

kostschool *boarding school*

kostuum *suit*; ⟨mantelpak⟩ *costume*; *suit*

kostuumfilm *costume film*

kostuumontwerper *costume designer*

kostwinner *breadwinner*; *wage earner*

kostwinning *livelihood*

kot • hok ⟨voor varkens⟩ *sty*; ⟨voor schapen⟩ *pen* • krot *hovel*; *shack*

kotelet *cutlet*; *chop*

koter *youngster*; *nipper*

kots *puke*

kotsen • braken *retch*; *puke* • walgen ★ ik kots ervan *it makes me sick*

kotsmisselijk *sick as a dog/cat*

kotter *cutter*

kou • koude *cold* • verkoudheid *cold* ★ een kou in het hoofd *a cold in the head*

koud • niet warm *cold*; *chilly* ★ het koud hebben/krijgen *be/get cold* ★ laat het niet koud worden *don't let it go cold* ★ zonder gevoel *cold* ★ dat laat me koud *it leaves me cold* • dood ★ iem. koud maken *do a person in* ▾ ik word er koud van *it makes me go cold all over* ▾ dat valt me koud op 't lijf *that gives me quite a shock*

koudbloedig *coldblooded*

koude → kou

koudegolf *cold wave*

koudgeperst *cold-pressed* ★ ~e olijfolie *cold-pressed olive oil*

koudvuur *gangrene* ★ door ~ aangetast *gangrened*

koudwatervrees *fear of something new*; *cold feet*

koufront *cold front*

kougolf *cold spell*

koukleum *(house)tomato*; *a p. who feels the cold easily*

kous • kledingstuk *stocking* ★ op zijn kousen *in one's stockings* • lampenpit ⟨olielamp⟩ *wick*; ⟨gaslamp⟩ *mantle* ▾ de kous op de kop

krijgen *be given the brush off*

kousenband *garter* ▾ Orde van de Kousenband *Order of the Garter*

kousenvoet *stockinged foot*; FIG. *pussyfoot*

koutje *cold*

kouwelijk *chilly*

kozak *Cossack*

kozijn *window frame*

kraag *collar* ▾ bij de ~ pakken *collar* ▾ hij heeft een stuk in zijn ~ *he is tipsy*

kraai *crow*; *carrion crow*

kraaien *crow*

kraaiennest • nest van kraai *crow's nest* • SCHEEPV. uitkijkpost *crow's nest*

kraaienpootjes *crowsfeet*

kraak • gekraak *crack* • inbraak *break-in* ★ een ~ zetten *do a job*

kraakactie *squat*

kraakbeen *cartilage*; *gristle*

kraakbeweging *squatter's movement*

kraakhelder *spick and span*; *immaculate*; *clean as a whistle*

kraakpand *squat*

kraal *bead*

kraaloog • oog *beady-eye* • persoon *beady-eyed person*

kraam *booth*; *stall* ▾ dat kwam niet in zijn ~ te pas *that did not suit his purpose*

kraamafdeling *maternity ward*

kraambed *childbed*

kraambezoek *lying-in visit*; *visit to mother who has given birth*

kraamhulp • kraamverzorgster *maternity nurse* • kraamverpleging *maternity nursing*

kraamkamer *delivery room*

kraamkliniek *obstetric/maternity clinic*

kraamverpleegster *maternity nurse*; *midwife*

kraamverzorgster *health visitor*

kraamvisite *maternity visit*

kraamvrouw ⟨bij bevalling⟩ *woman in childbed*; ⟨na bevalling⟩ *new mother*

kraamzorg *maternity care*

kraan • tap *cock*; *tap*; AE *faucet* • hijskraan *crane*; *derrick* • uitblinker *dab*; *crack*; *ace* ▾ dweilen met de ~ open *running on the spot*; *getting nowhere fast*

kraandrijver *crane driver*

kraanleertje *washer*

kraanmachinist *crane driver*

kraanvogel *crane*

kraanwagen *breakdown lorry*; *tow truck*

kraanwater *tap water*

krab • schaaldier *crab* • schram *scratch*

krabbel • korte notitie *thumb-nail sketch* • onduidelijk schrijfsel *scrawl* • schram *scratch*

krabbelen **I** OV WW slordig schrijven *scrawl*; *scribble* **II** ON WW krabben *scratch*

krabbeltje *scribbled note*

krabben *scratch*; ⟨v. paard⟩ *paw* ★ zich achter de oren ~ *scratch one's head*

krabber *scraper*

krabcocktail *crab cocktail*

krabpaal *scratching post*

krach *crash*

kracht • fysiek vermogen ⟨die men bezit⟩

strength; ⟨die men gebruikt⟩ *force*; ⟨v. motor⟩ *power* ★ in de ~ van zijn leven *in his prime* ★ op ~en komen *recover one's strength* ★ een man van grote ~ *a man of great strength* ★ met volle ~ vooruit *full speed ahead* ★ z'n ~en beproeven aan *try one's hand at* ★ al z'n ~ ergens aan geven *devote all one's strength/energy to s.th.* ★ met ~ verdedigen *defend strongly/stoutly* ★ op eigen ~en aangewezen zijn *be thrown on one's own resources* ★ op volle ~ werken *work at full strength* • geldigheid ★ van ~ zijn *be in force* ★ van ~ worden *come into force/operation; take effect* ★ van ~ blijven *remain in force* • medewerker *man; hand* ▾ hij was uit zijn ~ gegroeid *he had outgrown his strength*

krachtbron *source of power*
krachtcentrale *power station*
krachtdadig *energetic*
krachteloos ⟨zonder kracht⟩ *weak*; ⟨zonder macht⟩ *powerless; impotent*
krachtens *by virtue of; on the strength of* ★ ~ de wet *under (the operation of) the law*
krachtig • kracht hebbend *strong; powerful* ★ ~ gebouwd *well/soundly/strongly built* • werking hebbend *powerful; effective*
krachtmeting *contest; trial of strength*
krachtpatser *bruiser*
krachtproef *test of strength*
krachtsinspanning *effort; exertion*
krachtsport *power sport*
krachtterm *expletive* ★ ~en *strong language*
krachttoer *feat of strength*
krachttraining *power/weight training*
krachtveld *force field;* FIG. *sphere of influence*
krachtvoer *concentrate(s)*
krak *crack*
krakelen *wrangle; squabble*
krakeling *cracknel*
kraken I OV WW • openbreken ⟨noot, kluis, code⟩ *crack* • inbreken *break into;* COMP. *hack* • huis bezetten *squat in* ★ een huis ~ *squat in a house* II ON WW geluid maken *crack; (s)crunch;* ⟨v. deur, schoenen⟩ *creak;* ⟨v. grind⟩ *crunch;* ⟨v. sneeuw⟩ *crackle*
kraker • huisbezetter *squatter* • chiropracticus *chiropractor* • inbreker *cracksman* • succes *smash; hit*
krakkemikkig *rickety; shaky*
kralengordijn *bead curtain*
kralensnoer *string of beads*
kram *staple; cramp*
kramp *cramp*
krampachtig *spasmodic; convulsive*
kranig ⟨houding⟩ *spirited;* ⟨moedig⟩ *plucky* ★ zich ~ houden *acquit o.s. well; keep one's spirit (up)* ★ ~ voor de dag komen *come out well*
krankjorum *crackers; bonkers* ▾ hij is volslagen ~ *he is flaming bonkers*
krankzinnig • geestesziek *insane; mad* ★ ~ worden *become insane; go mad* ★ iem. ~ verklaren *certify a person* • onzinnig *crazy; mad* ★ ~ verhaal *crazy story*
krankzinnigengesticht *lunatic asylum; mental home*

krans • gevlochten ring *wreath;* ⟨bloemen⟩ *garland* • vriendenkring *circle*
kranslegging *laying of a wreath/wreaths*
kransslagader *coronary artery*
krant *(news)paper*
krantenartikel *newspaper article*
krantenbericht *newspaper report*
krantenjongen *news boy; paper boy*
krantenknipsel *press cutting*
krantenkop *(newspaper) headline* ★ schreeuwende ~pen *screaming headlines*
krantenmagnaat *newspaper tycoon*
krantenwijk *(news)paper round*
krap I BNW • nauw *narrow; tight* • niet ruim ★ krap bij kas zijn *be short of cash* ★ zij hebben 't krap *they are hard up* II BIJW ★ iets krap berekenen *cut s.th. very fine* ★ krap meten *measure on the short side* ★ dat is krap aan *barely enough*
krapjes ★ ~ zitten *be hard up; strapped*
kras I ZN haal *scratch* ▾ een kras over de voorruit hebben *be a bit mental* II BNW • vitaal *strong; robust;* ⟨v. ouderen⟩ *hale and hearty;* ⟨taal⟩ *strong* • drastisch *drastic* ★ krasse maatregelen *severe measures* ★ dat is kras! *that's the limit!* ★ dat is wel wat al te kras *that's a bit thick* ★ kras optreden (tegen) *take a strong line (with)* ★ dat is kras gesproken *that's putting it strongly* ★ een kras staaltje *a glaring example* • eigenaardig *strong*
kraslot *scratch card*
krassen • krassen maken *scratch; scrape* • geluid maken ⟨v. persoon, slot⟩ *grate;* ⟨v. uil⟩ *hoot; screech;* ⟨v. raaf⟩ *croak;* ⟨v. kraai⟩ *caw* ▾ op de viool ~ *scrape the violin*
krasvrij *without a scratch*
krat *crate*
krater *crater*
krats *song; mere trifle* ★ ze kocht het voor een ~ *she bought it for a song*
krediet *credit;* INF. *tick* ★ op ~ kopen *buy on credit;* INF. *buy on tick* ★ blanco/doorlopend ~ *unlimited/running credit* ★ ~ geven *give/allow credit*
kredietbank *finance company/house; credit/ loan bank*
kredietgarantie *credit guarantee*
krediettermijn *credit period*
kredietverlening *granting of credit*
kredietwaardig *credit worthy; solvent*
kredietwezen *credit system*
kreeft *crawfish;* ⟨rivierkreeft⟩ *crayfish;* ⟨zeekreeft⟩ *lobster*
Kreeft *Cancer*
kreeftskeerkring *tropic of Cancer*
kreek *creek*
kreet • gil *cry* • loze uitspraak *empty slogan*
kregel *peevish*
krekel *cricket*
Kremlin *Kremlin*
kreng • kadaver *carrion* • rotmens *swine;* ↓ *bastard;* ⟨vrouw⟩ *bitch*
krengerig *bitchy*
krenken *offend; hurt*
krenking *hurt; offence*

krent *currant*
krentenbol *currant bun*
krentenbrood *currant-bread*
krentenkakker *miser; scrooge*
krentenmik *currant loaf*
krenterig *mean; stingy; niggling*
Kreta *Crete*
kretologie *slogan mongering; sloganeering*
kreukel *crease; wrinkle*
kreukelig *creased*
kreukelzone *crush zone*
kreuken I ov ww kreukels maken *crease; (c)rumple* II on ww kreukels krijgen *get/ become creased/(c)rumpled* ★ linnen kreukelt verschrikkelijk *linen creases terribly*
kreukherstellend *non-iron; drip-dry*
kreukvrij *crease-resistant*
kreunen *groan; moan*
kreupel *lame (of one leg)* ★ ~ lopen *limp* ★ ~ worden *go limp* ★ een ~e *a cripple*
kreupelhout *thicket*
krib • bedje *crib; cot* • voederbak *manger* ▾ zijn kont tegen de krib gooien *be obstinate/ rebellious*
kribbig *peevish*
kriebel *itch* ▾ ik kreeg er de ~s van *it gave me the creeps*
kriebelen I ov ww • kietelen *tickle* • klein schrijven *scribble* II on ww jeuken *itch*
kriebelhoest *tickling cough*
kriebelig • kriebelend *ticklish* • klein geschreven *crabbed*; ⟨v. lijn⟩ *squiggly* • kregel *nettled* ★ ik werd er ~ van *it irritated me*
kriebelschrift *spidery handwriting*
kriegel *touchy; testy* ★ het maakt me ~ *it gets under my skin*
kriegelig *touchy*
kriek *black cherry*
kriel *midget*
krielaardappel *small potato*
krielkip *Bantam (fowl)*
krijgen • ontvangen *get; receive* ★ je krijgt er rillingen van *it gives you the shivers* ★ hij kreeg een jaar *he got a year* ★ hoeveel krijgt u van me? *how much do I owe you?* • verkrijgen ⟨baby⟩ *have*; ⟨reputatie, wetenschap⟩ *acquire*; ⟨recht⟩ *secure*; ⟨rubber⟩ *obtain* ★ kan ik dhr. A. te spreken ~? *can I see Mr. A.?* ★ het is te ~ bij ... *it can be obtained from ...* ★ het is met geen mogelijkheid te ~ *it is not to be had for love or money* ★ geld bij elkaar ~ *raise money* • getroffen worden door ⟨schade⟩ *sustain*; ⟨verkoudheid⟩ *catch* ★ een ongeluk ~ *have an accident*, FORM. *meet with an accident* ★ als je er wat aan krijgt... *if anything happens to it...* • grijpen ★ ik zal je nog wel ~ *I'll get you* ★ iem. te pakken ~ *lay (get) hold of a person* ★ in toestand komen ★ een kleur ~ *blush* ★ het koud/warm ~ *begin to feel cold/hot* ★ regen ~ *we are going to have rain* ★ ruzie ~ *have an argument* • in toestand brengen ★ een vlek eruit ~ *get out a stain* ★ ik krijg het wel gedaan/voor elkaar *I shall get it done/fixed up* ▾ hij kreeg er genoeg van *he got tired of it*

krijger *warrior*
krijgertje ★ ~ spelen *play tag/tig*
krijgsdienst *military service*
krijgsgevangene *prisoner of war*
krijgsgevangenschap *captivity; imprisonment*
krijgshaftig *warlike*
krijgsheer *warlord*
krijgslist *stratagem*
krijgsmacht *(military) force*
krijgsraad • militaire rechtbank *court-martial* ★ voor de ~ roepen *court-martial* • vergadering *council of war*
krijgszuchtig *bellicose; warlike; belligerent*
krijsen *scream; shriek*; ⟨v. dieren⟩ *screech*
krijt • kalksteen *chalk* • strijdperk *lists* [mv] ★ in het ~ treden voor iem. *enter the lists on s.o.'s behalf* ▾ in het ~ staan *be in the red*
Krijt *Cretaceous period*
krijtje *piece of chalk*
krijtstreep • lijn *chalk line* • witte streep op donkere stof *pinstripe*
krijttekening *chalk/pastel drawing*
krijtwit *chalk-white*
krik *jack*
krill *krill*
krimi *whodunit*
krimp *shrinkage* ▾ geen ~ hebben *be wanting for nothing* ▾ geen ~ geven *not give in*
krimpen • kleiner worden *shrink*; ⟨v. pijn⟩ *wince* • draaien ⟨v. wind⟩ *back*
krimpfolie *cling film* ★ in ~ verpakken *shrink-wrap*
krimpverpakking *shrink-wrapping/wrapped*
krimpvrij *non-shrink*
kring • cirkel *circle; ring*; ⟨v. ster⟩ *orbit* • sociale groep *circle; company* ★ in de hoogste ~en *in the highest circles* ★ welingelichte ~en *well-informed circles* • omgeving *circle; sphere* ★ in besloten ~ *in private circle* ★ in brede ~ opvallen *attract wide attention* ★ in alle ~en *in all walks of life* • wal onder oog ★ ~en onder de ogen *bags under one's eyes*
kringelen *wreathe; coil*
kringgesprek *group discussion*
kringloop • het rondgaan *circular course; circle* • cyclus *cycle*
kringlooppapier *recycled paper*
kringloopwinkel *shop (specialised) in recycled goods*
kringspier *sphincter muscle*
krinkelen *twist*
krioelen • door elkaar bewegen *swarm; teem* • ~ van *teem with; bristle with*; ⟨fouten⟩ *riddled with* ★ het krioelt er van ongedierte *the place is alive with vermin*
kris *creese; kris*
kriskras *criss-cross*
kristal *crystal*
kristalhelder *crystal-clear*
kristallen *crystal(line)*
kristallisatie *crystallization*
kristallisatiepunt *crystallization point*
kristalliseren *crystallize*
kristalsuiker *granulated sugar*
kritiek I zn • oordeel *criticism* ★ ~ uitoefenen

(op) *criticize* ∗ beneden alle ~ *below criticism; beneath contempt* • oordelend verslag *review* **II** BNW • beslissend *crucial* ∗ op het ~e ogenblik *at the crucial moment* • hachelijk *critical*

kritiekloos *uncritical* ∗ ~ slikken *swallow whole*

kritisch *critical*

kritiseren *criticize;* ⟨v. een boek⟩ *review*

Kroaat *Croatian; Croat* ∗ een Kroatische *a Croatian woman*

Kroatië *Croatia*

krocht *crypt*

kroeg *public-house; pub*

kroegbaas *landlord; publican*

kroegentocht *pub-crawl* ∗ op ~ gaan *go on a pub-crawl*

kroegloper *pub-crawler*

kroelen *cuddle; caress;* INF. *canoodle*

kroep *croup*

kroepoek *prawn/shrimp crackers*

kroes I ZN • mok *mug* • smeltkroes *crucible* **II** BNW *crisp; frizzy*

kroeshaar *frizzy/curly hair; afro*

kroeskop *curly-head;* ⟨neger⟩ *fuzzy-wuzzy*

kroezen *frizz*

krokant *crispy; crunchy*

kroket *croquette*

krokodil *crocodile*

krokodillentranen *crocodile tears*

krokus *crocus*

krokusvakantie ≈ *spring half-term*

krols *in heat*

krom • gebogen *crooked;* ⟨rug⟩ *bent;* ⟨neus⟩ *hooked;* ⟨plank⟩ *warped;* ⟨lijn⟩ *curved* • gebrekkig ∗ krom Engels *bad English* ▾ zich krom lachen *laugh one's head off* ▾ zich krom werken *work one's fingers to the bone*

kromliggen *pinch and scrape*

kromme *curve*

krommen *curve; bend*

kromming *bend; curve*

kromtaal *double Dutch; gibberish*

kromtrekken *warp*

kronen *crown*

kroniek *chronicle*

kroning *coronation*

kronkel *twist; coil;* ⟨in touw, betoog⟩ *kink*

kronkelen *wiggle; wind;* ⟨v. rivier⟩ *meander*

kronkelig *winding; tortuous*

kronkeling *twist*

kronkelpad *winding path*

kronkelweg *twisting/winding road; crooked path* ▾ langs allerlei ~getjes *by all sort of devious means/ways*

kroon • hoofdbedekking *crown;* ⟨adellijke kroon⟩ *coronet* • munt *crown* • bloemkroon *crown;* ⟨v. boom⟩ *top* ▾ de ~ spannen *bear the palm* ▾ dat spant de ~! *that tops everything!;* INF. *that takes the cake!* ▾ naar de ~ steken *rival* ▾ de ~ op het werk zetten *crown it all* ▾ iem. de ~ van het hoofd stoten *strip a person of his glory*

kroonblad *petal*

kroondocent *professor (lector) reader*

kroondomein *royal demesne; estate of the crown*

kroongetuige *chief witness for the Crown*

kroonjaar *jubilee year*

kroonjuweel *crown jewel*

kroonkolonie *Crown colony*

kroonkurk *crown cap*

kroonlid *member appointed by the Crown*

kroonluchter *chandelier*

kroonprins *Crown Prince*

kroonsteentje *connector*

kroos *duckweed*

kroost *issue; offspring*

kroot *beet; beetroot*

krop • stronk groente *head* ∗ een krop sla *a head of lettuce* • voormaag ⟨v. vogel⟩ *crop* • ziekte *goitre*

kropandijvie *endive*

kropgezwel *goitre*

kropsla *cabbage lettuce*

krot *hovel*

krottenwijk *slum*

kruid • plant *herb* • specerij *spice* ▾ daar was geen ~ tegen gewassen *there was no cure for that*

kruiden • *season; spice;* FIG. *spice up*

kruidenazijn *herb vinegar*

kruidenbitter *bitters*

kruidenboter *herb butter*

kruidendokter *herb doctor*

kruidenier • winkelier *grocer* • winkel *grocery; grocer's (shop)* • gierig, benepen mens *petit bourgeois*

kruidenierswaren *groceries*

kruidenierswinkel *grocery*

kruidenthee *herbal thee; infusion*

kruidentherapie *herbal medicine*

kruidentuin *herb garden;* ⟨voor de keuken⟩ *kitchen garden*

kruidig *spicy*

kruidje-roer-mij-niet • plantje *touch-me-not* • persoon *touchy/thin-skinned person*

kruidkoek *spiced gingerbread*

kruidnagel *clove*

kruien I OV WW vervoeren *wheel; trundle* **II** ON WW breken van ijs *drift; break up* ∗ het ijs begint te ~ *the ice is beginning to break up; the ice is breaking up*

kruier *porter*

kruik • kan *jar; stone bottle;* AE *pitcher* • warmwaterzak *hot-water bottle* ▾ de ~ gaat zo lang te water tot ze breekt *the pitcher goes so often to the well that it comes home broken at last*

kruim • kruimel *crumb* • binnenste van brood *crumb*

kruimel *crumb*

kruimeldeeg *crumbly pastry; crumb crust*

kruimeldief • persoon *petty thief; pilferer* • handstofzuiger *dustbuster*

kruimeldiefstal *petty theft*

kruimelen I OV WW tot kruimels maken *crumble* **II** ON WW tot kruimels worden *crumble*

kruimelveger *carpet-sweeper*

kruimelvlaai *crumb-crust flan*

kruimelwerk *odd jobs;* ⟨onbetekenend werk⟩ *tinkering about*

kruimig *crumbly; floury*

kruin • bovendeel hoofd *crown* • bovendeel ⟨v. weg, dijk,⟩ *crown*; ⟨v. boom⟩ *top*; ⟨heuvel⟩ *summit*; ⟨top van golf⟩ *crest*

kruipen • zich voortbewegen ⟨v. mens, dier⟩ *creep*; *crawl*; ⟨v. plant⟩ *creep*; ⟨v. tijd⟩ *drag*; ⟨v. wurm⟩ *worm* • op handen en voeten ~ *go on all fours* • onderdanig zijn *grovel*; ⟨angstig⟩ *cringe* ★ voor iem. ~ *grovel/cringe for s.o.*

kruiper *toady; crawler*

kruiperig *cringing; servile*

kruipruimte *crawl space*

kruis • teken/bouwsel *cross* ★ aan het ~ slaan *nail to the cross* • gebaar *cross* ★ een ~ slaan *cross o.s.* • MUZ. verhogingsteken *sharp* • lichaamsdeel *crotch* • deel van broek *crotch* • zijde van munt ★ ~ of munt *heads or tails* • beproeving *cross*; *affliction* ▾ het Rode Kruis *the Red Cross* ▾ zijn ~ dragen *bear one's cross*

kruisband *wrapper*

kruisbeeld *crucifix*

kruisbes *gooseberry*

kruisbestuiving *cross-pollination*; *cross-fertilization*

kruisboog • schietboog *crossbow* • BOUWK. *ogive*

kruiselings *crosswise*

kruisen I OV WW • dwars voorbijgaan *cut across*; *intersect* ★ onze brieven kruisten elkaar *our letters crossed each other* • BIOL. ⟨v. dieren⟩ *interbreed*; ⟨v. planten⟩ *cross fertilize* II ON WW laveren *cruise* ▾ de degens ~ met *cross swords with*

kruiser *cruiser*

kruisigen *crucify*

kruisiging *crucifixion*

kruising • kruispunt *crossing* ★ ongelijkvloerse ~ *flyover* • bevruchting *crossbreeding* • resultaat van bevruchting *hybrid*

kruiskerk • de christelijke Kerk *the Christian Church* • kerkgebouw *cruciform church*

kruiskopschroevendraaier *crosshead screwdriver*; ⟨handelsmerk⟩ *Phillips/Pozidriv screwdriver*

kruispunt *intersection*; *railway-junction*; *junction*; ⟨verkeer⟩ *crossing*

kruisraket *cruise missile*

kruisridder *crusader*

kruissleutel *capstan wheel nut spanner*; *four-way wrench*; *wheel brace*

kruissnelheid *cruising speed*

kruisspin *garden spider*

kruissteek *cross-stitch*

kruisteken *sign of the cross* ★ een ~ slaan *make the sign of the cross*

kruistocht *crusade*

kruisvaarder *crusader*

kruisvereniging *home-nursing association*

kruisverhoor *cross-examination* ★ iem. een ~ afnemen *cross-examine so.*

kruisweg *Stations of the Cross*

kruiswoordpuzzel *crossword (puzzle)*

kruit *powder; gunpowder* ★ hij heeft al zijn ~ verschoten *he has shot his bolt* ★ zijn ~

verspillen *waste powder and shot*

kruitdamp *(gun)powder-smoke*

kruiwagen • kar *(wheel)barrow* ★ achter een ~ lopen *trundle a wheelbarrow* • nuttige relatie *connection* ★ ~s hebben *have a lot of pull*

kruizemunt *spearmint*; ⟨watermunt⟩ *watermint*

kruk • stoeltje *stool* • klink *handle* • steunstok *crutch* • TECHN. *crank* • sukkel *bungler*

krukas *crankshaft*

krukkig • stumperig *clumsy* • sukkelend *ailing*

krul • versiering *scroll* • haarlok *curl* • houtsnipper *shaving* ★ (hout)krullen *wood shavings*

krulandijvie *chicory*

krulhaar *curly hair*

krullen I OV WW krullen vormen *curl* II ON WW krullen hebben/krijgen *curl*

krullenbol *curly head*; INF. *curly wurly*

krullenkop *curly head*

krulspeld *curler*

krultang *curling tongs*

krypton *krypton*

kst *shoo*

kubiek *cubic* ★ ~e inhoud *solid contents*

kubisme *cubism*

kubus *cube*

kuch *(dry) cough*

kuchen *cough*

kudde *herd*; ⟨schapen⟩ *flock*

kuddedier • dier *herd animal* • persoon *one of the herd/mob*

kuddegeest *herd instinct*

kuieren *stroll*; *amble*

kuif *forelock*; *cow's lick*; *crest*; *quiff*; ⟨v. vogel⟩ *tuft*

kuiken • kip *chicken* • persoon *ninny*; *simpleton*

kuil *pit*; *hole*; ⟨in weg⟩ *pot-hole*; ⟨uitholling⟩ *hollow* ▾ wie een kuil graaft voor een ander, valt er zelf in *be hoist with one's own petard*

kuiltje *dimple* ★ ~s in de wangen hebben *have dimpled cheeks*; *have dimples*

kuip *tub*; ⟨vat⟩ *barrel*

kuiperij • het kuipen *cooperage* • intrige *machination(s)*

kuipje *tub*

kuipstoel *bucket seat*

kuis • Z-N schoon *clean* • zedelijk rein *chaste*

kuisen • censureren *censor* • zuiveren *expurgate*

kuisheid *chastity*

kuisheidsgordel *chastity belt*

kuisvrouw *cleaning-lady*

kuit • deel van onderbeen *calf* • klomp viseitjes *spawn*

kuitbeen *splint-bone*

kuitkramp *cramp in calf muscles*

kuitschieten *spawn*

kuitspier *calf muscle*

kukeleku *cock-a-doodle-doo*

kukelen *go flying; tumble* ★ naar beneden ~ *tumble down*

kul *nonsense; tomfoolery*

kumquat *kumquat*; *cumquat*

kunde *knowledge*

kundig *able* ★ hij is ter zake ~ *he is an expert*

ku

kundigheid *ability*
kungfu *kung fu*
kunne *sex* ★ de andere ~ *the opposite sex*
kunnen I zn *capacity; ability* II ov ww • het vermogen hebben *can; be able to* ★ ik kan er niet bij *I can't reach it*; FIG. *it is beyond me* ★ dat kan ik ook *two can play at that game* ★ zij kan er niet over uit *she's always on about it* ★ ik kon niet anders *I had no choice* ★ hij kon niet meer *he was spent/all in* ★ je kunt niets *you are no good* ★ hij kon uren zitten dromen *he would sit dreaming for hours* ★ ik kan er tegen *I can stand/take it* • mogelijk zijn *may* ★ dat kan zo niet langer *this can't go on* ★ dat kan morgen even goed *tomorrow is just as good* ★ het kan ermee door *it will do; it will get by* ★ 't kan niet anders *there is no choice; it can't be helped* ★ het kan niet op *there's more than enough* ★ zaterdag kan zij niet *Saturday is impossible for her* III HWW • mogelijk/wenselijk zijn ★ 't kan waar zijn *it may be true* ★ hoe kon hij dat weten? *how was he to know?* ★ zoiets kun je gewoon niet doen *you simply can't do such a thing*
kunst • creatieve activiteit *art* ★ ~en en wetenschappen *arts and sciences* • vaardigheid ★ de ~ verstaan om *know how to* ★ foefje *trick* ★ dat is juist de ~! *that's the whole secret!* ★ daar is geen ~ aan *that's no great feat*
kunstacademie *school/academy of art(s)*
kunstbeleid *policy on art; art policy*
kunstbeurs *art exhibition*
kunstbezit *art collection*; ⟨openbaar⟩ *(public) art treasures/collection*
kunstboek *art book*
kunstbont *artificial/fake fur*
kunstcollectie *art collection*
kunstenaar *artist*
kunst- en vliegwerk ★ ergens met veel ~ in slagen *manage to do s.th. by pulling out all the stops*
kunstgebit *(a set of) false teeth; dentures* [mv]
kunstgeschiedenis *history of art*
kunstgreep *artifice*
kunsthandel • winkel *art shop* • handel *art dealing*
kunsthistoricus *art historian*
kunstig *ingenious*
kunstijsbaan *ice-/skating-rink*
kunstje • handigheidje *knack; trick* • truc *trick* ★ ~s doen/vertonen *do/perform tricks*
kunstkenner *art connoisseur; art expert*
kunstleer *imitation leather*
kunstlicht *artificial light*
kunstlievend *art-loving*
kunstmaan *satellite*
kunstmarkt *art market*
kunstmatig *artificial* ★ ~e ademhaling toepassen *apply artificial respiration* ★ ~e intelligentie *artificial intelligence*
kunstmest *fertilizer*
kunstminnend *art loving*
kunstnijverheid *applied art*
kunstredactie *art editorial staff*

kunstrijden ⟨op schaatsen⟩ *figure-skating*
kunstschaats *figure skate*
kunstschaatsen *figure skating*
kunstschilder *painter; artist*
kunstsneeuw *artificial snow*
kunststof I zn *plastic; synthetic material* II BNW *synthetic; plastic*
kunststroming *trend in art*
kunststuk *masterpiece*; ⟨gevaarlijk werk⟩ *stunt*
kunstuitleen *art library*
kunstverlichting *artificial lighting*
kunstverzameling *art collection*
kunstvezel *synthetic fibre*
kunstwereld *art world*
kunstwerk *work of art*
kunstzinnig *artistic*
kunstzwemmen *synchronized swimming*; INF. *synchro swimming*
kür ⟨schaatskür⟩ *free exercise(s)*; ⟨schaatskür⟩ *free skating*
kurk *cork*
kurkdroog *bone-dry; quite dry*
kurken I BNW *cork* II OV WW *cork*
kurkentrekker *corkscrew*
kurkuma *turmeric*
kurkvloer *cork-floor*
kus *kiss*
kushandje ★ 'n ~ geven *blow a kiss*
kussen I zn *cushion*; ⟨op bed⟩ *pillow* II OV WW *kiss*
kussengevecht *pillow-fight*
kussensloop *pillowcase*
kust *coast; shore* ★ aan de kust *on the coast* ★ onder de kust varen *skirt/hug the coast* ▾ te kust en te keur *spoilt for choice; galore; in plenty*
kustbewoner *coastal inhabitant*
kustgebied *coastal region*
kustlijn *coastline*
kustprovincie *coastal province*
kuststreek *coastal region*
kustvaarder *coaster*
kustvaart *coasting trade*
kustwacht *coastguard*
kustwateren *coastal waters*
kut I zn *cunt; beaver* II BNW *shit* ★ die film is kut *that movie is shit* ▾ kut met peren *fucking shit* III TW *fuck; shit*
kuub *cubic metre*
kuur • geneeswijze *cure* ★ een kuur doen *take a cure* • gril *caprice; whim; quirk* ★ hij heeft altijd van die rare kuren *he's always playing silly buggers*
kuuroord *health resort*; ⟨badplaats⟩ *spa*
kwaad I zn *injury; evil; wrong*; ⟨nadeel⟩ *harm* ★ van ~ tot erger vervallen *go from bad to worse* ★ 't kan geen ~ *there's no harm in that* ★ ik bedoel geen ~ *I mean no harm* ★ ~ denken van *think evil of* ★ hij kon geen ~ bij haar doen *he could do nothing wrong in her eyes* ★ ten goede of ten kwade *for good or evil* ★ goed en ~ *good and evil* II BNW • boos *angry* ★ ~ worden *get angry* ★ ~ zijn *be angry (with)* ★ zich ~ maken *fly into a rage* • slecht *guilty*; ⟨kwaadaardig⟩ *malignant*; ⟨hond⟩ *vicious*; ⟨dag, bedoelingen⟩ *evil*; ⟨persoon, geweten⟩ *bad* III BIJW *badly*

kwaadaardig MED. *malignant*; ⟨v. dier⟩ *vicious*; ⟨v. aard⟩ *malicious*; *ill-natured*

kwaadheid *anger*

kwaadschiks → **goedschiks**

kwaadspreken *talk scandal* ∗ ~ *van speak ill of*; *slander*

kwaadwillig *malevolent*

kwaal • ziekte *complaint*; *disease*; ⟨vnl. in samenstellingen⟩ *trouble*; *condition* • gebrek *trouble*; *problem*

kwab • hersenkwab *lobe* • vet *flap*

kwadraat ∗ in het ~ *verheffen (raise to a) square*

kwadrant *quadrant*

kwajongen *naughty boy*; ⟨ventje⟩ *urchin*; ⟨lummel⟩ *lout*

kwajongensstreek *monkey trick*; *practical joke*; *prank*

kwak • klodder *blob* • geluid *thud* • hoeveelheid ⟨verf⟩ *daub*; ⟨room, lijm,e.d.⟩ *blob*; ⟨modder, brij⟩ *dollop* • vogel *night heron*

kwaken • geluid (als) van eend maken *quack* • geluid (als) van kikker maken *croak*

kwakkelen • sukkelen *be sickly* • onbestendig zijn *be changeable*; ⟨winter⟩ *drag*

kwakkelweer *unsteady/changeable weather*

kwakkelwinter *fitful winter*

kwakken I ov ww smijten *dump*; *chuck* II ON ww vallen *bump*; *fall with a thud*

kwakzalver *quack*

kwakzalverij *quackery*

kwal • dier *jelly-fish* • engerd ∗ een kwal van een vent *a rotter*

kwalificatie *qualification*

kwalificatieduel *qualifying match*

kwalificatietoernooi *qualifying rounds*

kwalificatiewedstrijd *qualification match*; *qualifying match*

kwalificeren I ov ww • benoemen *characterize*; *term*; *style* • geschikt maken *qualify* ∗ zich ~ als *qualify as* II WKD WW ∗ zich ~ voor *qualify for*

kwalijk *ill* ∗ neem me niet ~ *I beg your pardon*; *excuse me* ∗ ik neem 't hem niet ~ *I don't blame him (for it)* ∗ ~ nemen *take ill/amiss*

kwalitatief *qualitative*

kwaliteit • eigenschap *quality*; *characteristic* • hoedanigheid *quality*

kwaliteitsbewaking *quality control*

kwaliteitscontrole *quality control*

kwaliteitsniveau *level of quality*

kwaliteitsproduct *high-quality product*

kwallenbeet *jellyfish's sting*

kwantificeren *quantify*

kwantitatief *quantitative*

kwantiteit *quantity*

kwantum *quantum*; *quantity*

kwantumfysica *quantum physics*

kwantumkorting *quantity/volume discount*

kwantummechanica *quantum mechanics*

kwantumtheorie *quantum theory*

kwark *curd cheese*

kwarktaart *cheesecake*

kwart I ZN (de) kwartnoot *crotchet*; *fourth* II ZN (het) • vierde deel *quarter*; *fourth part* ∗ een ~eeuw *a quarter of a century* • kwartier ∗ ~ over/voor vijf *a quarter past/to five*

kwartaal *quarter*

kwartaalblad *quaterly (magazine)*

kwartaalcijfers *quaterly figures*

kwartaalrapport *quaterly report*

kwartel *quail*

kwartet • spel *happy families* • MUZ. *quartet(te)*

kwartetspel *happy families*

kwartfinale *quarter finals*

kwartier • kwart uur *quarter of an hour* ∗ vrij ~ *break* • maanfase ∗ eerste/laatste ~ *first/last quarter* • wijk *quarter* • huisvesting van militairen *quarters* ∗ ~ maken *prepare quarters*

kwartje *25 cents*; AE *quarter* ▾ het ~ is gevallen *the penny dropped*

kwarts *quartz*

kwartshorloge *quartz watch*

kwartsiet *quartzite*

kwartslag *quarter (of a) turn*

kwast • verfkwast *brush* ∗ nodig een ~je moeten hebben *need a fresh coat of paint* • franje *tassel* • aansteller ⟨arrogant, verwaand⟩ *smart alec*; ⟨pedant⟩ *prig* • drank *lemon-squash* • noest *knot*

kwebbel • kletskous *chatterbox* • mond *trap*; *face* ∗ hou je ~! *shut your trap/face!*

kwebbelen *chatter*

kweek • het gekweekte *culture*; *growth* • het kweken *cultivation*

kweekbak *seed/seedling tray*

kweekbodem *breeding ground*

kweekreactor *breeder (reactor)* ∗ snelle ~ *fast breeder reactor*

kweekschool *teacher training (college)*

kweekvijver *fish-breeding pond*; FIG. *breeding ground*

kwekeling *pupil teacher*

kweken • doen groeien *grow*; ⟨gewassen⟩ *cultivate*; ⟨dieren⟩ *raise* • doen ontstaan *breed*; *cultivate* ∗ haat ~ *breed hatred*

kweker *grower*; ⟨groenten⟩ *horticulturist*; ⟨bloemen, planten⟩ *nurseryman*

kwekerij *nursery*

kwekken • kwebbelen *chatter*; *jabber* • kwaken *quack*; ⟨kikvors⟩ *croak*

kwelen ⟨v. mens⟩ ≈ *croon*; ⟨v. mens/vogel⟩ ≈ *warble*

kwelgeest *tormentor*

kwellen • pijn doen *hurt*; ⟨sterk⟩ *torment* • benauwen *trouble*; *worry*; *disturb* ∗ dat kwelt me ↓ *that worries me* ∗ angst kwelde haar *she was tormented by fear* ∗ gekweld door geldgebrek ↓ *troubled by lack of money* ∗ ~de herinneringen *haunting memories*

kwelling *vexation*; *torment*

kwestie • vraagstuk *question* ∗ de ~ is... *the point is...* ∗ dat is de ~ niet *that is beside the point* • aangelegenheid *issue*; *matter* ∗ het is een ~ van tijd *it's a matter of time* • een ~ van smaak *a matter of taste*

kwetsbaar *vulnerable*

kwetsen • verwonden *injure*; *wound* • grieven *grieve*; *wound*; *offend*

kwetsuur *injury*; *wound*

kw

kwetteren • kwebbelen *chatter* • geluid maken *twitter*

kwezel • REL. fanatiekeling *sanctimonious person; mealy-mouthed person* • sukkel *simpleton; goody-goody*

kwibus *weirdo*

kwiek *spry; sprightly*

kwijl *slaver*

kwijlen *slaver; drool; dribble*

kwijnen *languish/pine (away); flag;* ⟨v. bloem⟩ *droop; wilt* ⋆ ~de belangstelling *flagging interest*

kwijt • verloren ⋆ ik ben mijn boek ~ *I have lost my book* • verlost van ▾ hij zei niet meer dan hij ~ wou *he kept his own counsel* ▾ je bent je verstand ~ *you are off your head* ▾ ik ben zijn naam ~ *I forgot his name* ▾ zij zijn hem liever ~ dan rijk *they prefer his room to his company*

kwijten I OV WW voldoen ⋆ een schuld ~ *pay a debt* II WKD WW (van) *acquit o.s. of*

kwijtraken • verliezen *lose* ⋆ ik ben in het donker de weg kwijtgeraakt *I lost my way in the dark* • bevrijd worden van *get rid of* • verkopen *sell*

kwijtschelden *remit*

kwik *mercury*

kwikbarometer *mercury barometer*

kwikstaart *wagtail* ⋆ grote gele ~ *grey wagtail*

kwikthermometer *mercury thermometer*

kwikzilver *mercury; quicksilver*

kwinkeleren *warble*

kwinkslag *witticism*

kwint *quint; fifth*

kwintessens *quintessence*

kwintet *quintet(te)*

kwispelen *wag* ⋆ met de staart ~ *wag the tail*

kwispelstaarten → kwispelen

kwistig *lavish; liberal* ⋆ met ~e hand *with a lavish hand; lavishly* ⋆ ~ zijn met *be lavish of*

kwitantie *receipt*

kynologie *cynology; dog breeding*

L

l *l* ⋆ de l van Lodewijk *L as in Lucy*

la • lade *zie* lade • muzieknoot *la*

laadbak ⟨open⟩ *container;* ⟨v. vrachtwagen⟩ *(loading) platform* ⋆ bestelwagen met open ~ *pick-up (truck)*

laadbrief *bill of lading;* AE *waybill*

laadcapaciteit *loading capacity; carrying capacity*

laadklep ⟨auto⟩ *tailboard;* ⟨veerboot⟩ *loading ramp*

laadruim *cargo hold; freight/cargo compartment*

laadvermogen ⟨v. schip⟩ *cargo capacity; tonnage*

laag I ZN • uitgespreide hoeveelheid *layer;* GEO. *stratum;* ⟨dun⟩ *film;* ⟨v. kolen⟩ *seam;* ⟨v. verf⟩ *coat;* ⟨beschermlaag⟩ *coating* • sociale klasse *class; section* ⋆ de onderste lagen van de maatschappij *the lower ranks/strata of society* ⋆ in brede lagen van de bevolking *in large sections of the population* ▾ iem. de volle laag geven *let a person have it* ▾ de volle laag krijgen *get it hot; get it full in the face* II BNW • niet hoog *low* ⋆ lager onderwijs *primary education* ⋆ bij laag water *at low tide* ⋆ MUZ. de lage c *the lower C* • gering ⋆ de lagere dieren en planten *the lower animals and plants* ⋆ zijn eisen lager stellen *lower one's demands* ⋆ de prijzen zijn lager *the prices are down* • gemeen *mean; base* ⋆ een lage streek *a mean trick* III BIJW ⋆ iem. laag behandelen *treat s.o. meanly*

laag-bij-de-gronds *pedestrian; banal; commonplace*

laagbouw *low-rise (building)*

laaggeschoold *semi-skilled; unskilled*

laaghartig *vile; mean*

laagland *lowland*

laagseizoen *low/slow season*

laagspanning *low tension; low voltage*

laagte • het laag zijn *lowness* • laag terrein *depression; dip* ⋆ naar de ~ gaan *go down*

laagvlakte *lowlands*

laagwater • eb *low tide; low water* ⋆ bij ~ *when tide is out* • lage waterstand in rivier enz. *low water*

laaien *blaze* ▾ ~ van verontwaardiging *blaze/ burn with indignation*

laaiend • woedend *livid; hopping mad* ⋆ zijn moeder was ~ *his mother was livid* • hevig *excited; enthusiastic; wild* ⋆ ~e ruzie *a massive argument* ⋆ ~ enthousiasme *wild enthusiasm*

laakbaar *reprehensible*

laan *avenue* ▾ iem. de laan uitsturen *send a person packing* ▾ hij moest de laan uit *he got the sack*

laars *boot;* ⟨hoge laars⟩ *jackboot* ▾ iets aan zijn ~ lappen *ignore s.th.* ▾ dat lapt hij aan zijn ~ *a fat lot he cares!*

laat *late* ⋆ hoe laat is het? *what's the time?* ⋆ op de late avond *late in the evening* ⋆ hoe laat heb je 't? *what time do you make it?* ⋆ kunt u

mij zeggen hoe laat het is? *can you tell me the time?* ★ tot laat in de nacht *late into the night* ★ beter laat dan nooit *better late than never* ★ te laat zijn/komen *be late* ★ de trein was een uur te laat *the train was an hour late/overdue*

laatbloeier • plant *late-bloomer* • persoon *late-developer*

laatdunkend *conceited; disdainful; arrogant*

laatkomer *late arrival; latecomer*

laatst I BNW • achterste in tijd *latest; last* ★ de op een na ~e *the last but one* ★ in het ~ van november *late in November; at the end of November* ★ morgen op zijn ~ *tomorrow at (the) latest* ★ de ~e trein *the last train* ★ de ~e dagen *the last few days* ★ in de ~e jaren *the last few years* ★ (in) de ~e tijd *of late; recently* ★ de ~ aangekomene *the last/latest to arrive* • achterste in reeks *last* ★ zijn ~e boek ⟨vóór zijn dood⟩ *his last book*; ⟨jongste⟩ *his latest book* ★ de ~genoemde ⟨v. aantal⟩ *the last named*; ⟨v. aantal⟩ *the last mentioned*; ⟨v. twee⟩ *the latter* • recent *latest; most recent* ★ de ~e berichten *the latest reports* ★ de ~e mode *the latest fashion* ★ het ~e nummer van de Guardian *the most recent issue of the Guardian* ▼ de ~en zullen de eersten zijn *the last shall be the first* **II** BIJW • onlangs *lately; the other day; recently* • meest laat ★ op het ~ *to the/till last* ★ op z'n ~ *at (the) latest* ★ voor het ~ *for the last time* ★ ten ~e *lastly; finally*

laatstejaars *final-year student*

laatstgenoemde *last mentioned*; ⟨v. twee⟩ *latter*

laatstleden ★ zondag ~ *last Sunday*

lab *lab*

label • kaartje ⟨voor adres⟩ *address tag*; ⟨etiket⟩ *sticker* ★ van een ~ voorzien *labelled* • serienaam *label*

labelen *label*

labeur *labour*

labiel *unstable; unbalanced*

laborant *lab(oratory) assistant*

laboratorium *laboratory*; INF. *lab*

labrador-retriever *labrador-retriever*

labyrint *labyrinth*

lach *laugh; laughter*; ⟨glimlach⟩ *smile*; ⟨brede glimlach⟩ *grin*; ⟨inwendig⟩ *chuckle* ★ in de lach schieten *burst out laughing*

lachbui *fit of laughter*

lachebek *giggler*

lachen I ONV WW ▼ zijn ~ niet kunnen houden *can't help laughing* **II** ON WW *laugh* ★ in zichzelf ~ *laugh to o.s.* ★ ~ om *laugh at* ★ in ~ uitbarsten *burst out laughing* ★ dat maakte ons aan 't ~ *that made us laugh* ★ dat is niet om te ~ *that's no laughing matter* ★ 't is om te ~ *it's ridiculous* ★ ~ tegen iem. *smile at a person* ▼ wie het laatst lacht, lacht het best *he who laughs last, laughs longest* ▼ laat me niet ~! *don't make me laugh!* ▼ ~ is gezond *laughter is the best medicine* ▼ zich dood ⟨krom, slap, ziek, e.d.⟩ ~ *split one's sides (with) laughing; double up with laughter*

lacher ★ hij had de ~s op zijn hand *he had the laugh on his side*

lacherig *giggly*

lachertje • iets belachelijks *laugh; joke* • iets makkelijks *cinch; doddle* ▼ dat is een ~ *that is a ridiculous suggestion; you must be joking*

lachfilm *comedy*

lachgas *laughing gas*

lachsalvo *burst/wave/peals of laughter*

lachspiegel *distorting mirror*

lachspieren ★ het werkte hem op de ~ *it made him burst out laughing; it made him double-up with laughter*

lachstuip *fit of laughter*

lachwekkend *laughable; ridiculous; absurd*

laconiek *laconic*

lactose *lactose*

lacto-vegetariër *lacto-vegetarian*

lacune *gap; break* ★ een ~ aanvullen *fill up a gap*

ladder • klimtoestel *ladder* • haal in kous *ladder*; AE *run* ▼ de maatschappelijke ~ *the social ladder*

ladderen *ladder*

ladderwagen *ladder truck*

ladderzat *smashed; blind drunk; blotto; pissed (as a newt)*

lade *drawer*

ladekast *chest of drawers; dresser*

ladelichter *petty thief*; INF. *a person with sticky fingers*

laden • bevrachten *load* • voorzien van ⟨vuurwapen⟩ *load*; ⟨accu⟩ *charge*

lading • last *cargo; load* ★ ~ innemen *take in cargo* • elektrische lading *charge* • munitie, explosief *charge*

lady *lady*

ladykiller *lady-killer*

ladyshave ® *Ladyshave*

laf • niet moedig *cowardly* • zonder zout *saltless; flat* • flauw *insipid*

lafaard *coward*; INF. *chicken*

lafenis *refreshment; comfort*

lafhartig *cowardly*

lafheid *cowardice; cowardliness*

lagedrukgebied *low pressure area; depression*

lagelonenland *low-wage country*

lager I ZN (de) *bearing(s)* **II** ZN (het) bier *lager*

Lagerhuis *Lower House/Chamber*; ⟨Verenigd Koninkrijk⟩ *House of Commons*

lagerwal *lee shore* ★ aan ~ raken *be caught on the lee shore* ▼ aan ~ raken *come down in the world*

lagune *lagoon*

lak *varnish*; ⟨vernislak⟩ *lacquer* ▼ ik heb lak aan hem *I don't care about him* ▼ daar heb ik lak aan *a fat lot I care*

lakei *footman; lackey*; ⟨smalend⟩ *flunkey*

laken I ZN • stof *cloth* • bedekking ⟨v. bed⟩ *sheet*; ⟨v. tafel⟩ *cloth* ▼ de ~s uitdelen *boss/run the show* ▼ van 't zelfde ~ een pak krijgen *be served one's own medicine; get as good as one gives* **II** OV WW • berispen *rebuke; blame* • afkeuren *disapprove of; condemn* ★ dat is zeer te ~ *that is reprehensible*

lakken *lacquer; varnish*; ⟨nagels⟩ *polish*

laklaag *layer of varnish; layer of lacquer*

lakmoes *litmus*

lakmoesproef *litmus test*
laks *lax; slack*
lakschoen *patent leather shoe*
laksheid *laxity; slackness*
lakverf *enamel paint*
lallen *jabber; gabble*
lam I ZN *lamb* ★ lammeren krijgen *lamb* II BNW
 • verlamd *paralysed* • stukgedraaid ‹v.
 schroef, e.d.› *stripped* • vervelend *awkward;
 annoying* ▾ iem. lam slaan *beat a person
 senseless; beat a person's brains out* ▾ zich lam
 werken *work one's fingers to the bone*
lama • dier *llama* • priester *lama*
lambrisering *wainscot(ting)*
lamel *layer; strip; slat* ★ (houten) ~len van een
 luik *(wooden) slats of Venetian blinds*
lamenteren *lament*
lamheid *paralysis*
laminaatparket *laminated/laminboard parquet*
lamleggen *bring to a standstill; paralyze* ★ het
 verkeer werd lamgelegd *the traffic was
 brought to a standstill; the traffic was
 paralysed*
lamlendig • lusteloos *sluggish; lazy* • beroerd
 wretched
lamme *paralysed/lame person* ▾ de ~ leidt de
 blinde *the blind is leading the blind*
lammeling *stinker; ratbag; bastard*
lammetje *lambkin; little lamb*
lamp • verlichtingstoestel *lamp* • gloeilamp
 bulb ▾ tegen de lamp lopen *get caught; get
 into trouble*
lampenkap *lamp shade*
lampetkan *ewer; (water) jug*
lampion *Chinese lantern*
lamsvlees *lamb*
lamswol *lambswool*
lanceerbasis *launch(ing) site*
lanceren ‹geruchten, plan› *start*; ‹raket,
 torpedo, e.d.› *launch* ★ nieuwe voorstellen ~
 put forward new proposals ★ de raket is
 gelanceerd! *we have lift-off!*
lancet *lancet*
land • staat *country* ★ uit welk land kom je?
 what nationality are you? ★ uit het land
 zetten *expel/deport a person* ★ het Beloofde
 Land *the Promised Land* • vaste grond *land*
 ★ aan land gaan *go ashore* ★ aan land komen
 land ★ over land *by land* ★ door land
 ingesloten *landlocked* ★ aan land zetten
 land; put on shore • grond *land* ★ hij heeft
 veel land *he owns a great deal of land*
 • akkerland *field* ★ op het land werken *work
 on the land* • platteland *country* ★ op 't land
 in the country ★ een meisje van 't land *a
 country girl* ▾ het land hebben aan iets *hate
 s.th.; be fed up with s.th.* ▾ het land hebben
 over iets *be annoyed at s.th.*
landaanwinning • land *reclaimed land* • het
 aanwinnen *land reclamation*
landaard *national character*
landbouw *agriculture*
landbouwbedrijf *farm; agriculture*
landbouwbeleid *agricultural policy*
landbouwer *farmer*
landbouwkunde *agriculture*

landbouwschool *agricultural school*
landbouwuniversiteit *agricultural college*
landbouwwerktuig *agricultural implement*
landdag *rally*; ‹v. organisatie of vereniging›
 convention ▾ een Poolse ~ *bedlam; madhouse*
landdier *land/terrestrial animal*
landelijk • nationaal *national* ★ ~e
 verkiezingen *general election* • plattelands
 rural
landen *land*; ‹v. vliegtuig, raket ook› *touch
 down*
landengte *isthmus*
land- en volkenkunde *anthropology* ★ een
 museum voor ~ *an anthropology museum*
landenwedstrijd *international (match)*
landerig *listless*; INF. *blue*
landerijen *estates*
landgenoot *countryman; compatriot*
landgoed *(country) estate*
landhuis *country house*
landijs *permafrost*
landing • het landen *landing; touchdown*
 • ontscheping *landing; disembarkation*
landingsbaan *runway*
landingsgestel *landing gear; undercarriage*
landingsleger *landing force*
landingslicht ‹v. vliegveld› *approach lights*; ‹v.
 vliegtuig› *landing lights*
landingsstrip *airstrip*
landingstroepen *landing forces; amphibious
 forces*
landingsvaartuig *landing craft*
landinwaarts *inland*
landjuweel *regional drama festival*
landkaart *map*
landklimaat *continental climate*
landloper *tramp; vagabond; vagrant*; AE *bum*
landloperij *vagrancy*
landmacht *land forces*
landman *country man*
landmeten *(land) surveying*
landmeter *surveyor*
landmijn *landmine*
landnummer *international (dialling) code*
landoorlog *land war*
landrot *landlubber*
landsbelang *national interest*
landschap *landscape*
landschapsarchitectuur *landscape architecture*
landschapsschoon *natural/scenic beauty (of the
 landscape)*
landschildpad *(land) tortoise*
landsgrens *border; frontier*
landskampioen *national champion* ★ hij is ~
 tennis *he is the national tennis champion*
landstreek *region; district*
landtong *spit (of land)*
landverhuizer *emigrant; migrant*
landverhuizing *emigration; migration*
landverraad *high treason; treason against the
 state*
landverrader *traitor (to one's country)*
landweg ‹landelijke weg› *country road*; ‹route
 over land› *overland route*
landwijn *local wine*
landwind *land wind*

la

landwinning *land reclamation*

lang I BNW • van bepaalde / grote lengte *long*; ⟨gestalte⟩ *tall* ★ de kamer is zeven meter lang *the room is seven metres long* ★ de jongens zijn even lang *the boys are the same height* • van bepaalde tijd *long* ★ de tijd viel mij lang *time hung heavy on my hands* ★ een tijd lang *for a time/while* ★ vijf maanden lang *for a period of five months* ★ mijn leven lang *all my life* ★ lang van stof *long-winded* ▾ bij lange na niet *not by a long chalk* **II** BIJW *long* ★ je had al lang in bed moeten liggen *you should have been in bed long ago*; *it's way past your bedtime* ★ de trein had er al lang moeten zijn *the train is long overdue* ★ hij is lang niet gek *he's far from being a fool* ★ 't is lang niet slecht *not at all bad* ★ lang niet zo goed *nothing like as good* ★ je bent er nog lang niet *you still have a long way to go* ★ je hebt het bij lange na niet geraden *your guess is wide of the mark* ★ hij bleef lang weg *he took a long time coming* ★ wat ben je lang weggebleven! *what a time you have been!* ★ hij is al lang dood *he has been dead a long time* ★ bij lange (na) niet *not nearly*; *not by a long way*; INF. *not by a long chalk* ▾ iets lang en breed bespreken *discuss a thing at great length* ▾ 't is zo lang als 't breed is *it's as broad as it's long*

langdradig *long-winded*

langdurig ⟨afwezigheid, verblijf⟩ *prolonged*; ⟨vriendschap⟩ *lasting*; ⟨zaak⟩ *lengthy*

langeafstandsraket *long-range missile*

langeafstandsvlucht *long-distance flight*

langetermijngeheugen *long-term memory*

langetermijnplanning *long-term planning*

langgerekt • lang en smal *elongated* • lang aangehouden *lengthy*; FORM. *protracted*; ⟨onderhandelingen⟩ *long-drawn-out*

langharig *long haired*

langlaufen *langlauf*; *cross-country skiing*

langlopend *long term*

langoestine *langoustine*

langparkeerder *long-term parker*

langs I BIJW ▾ voorbij ★ kom jij daar ~? *can you get past?* ★ bij iem. ~ gaan *drop in on s.o.* ★ voor~ *in front of* ★ achter~ *behind* ★ achter~ gaan *go by the backdoor* • in de lengte naast ★ de kerk ~ en dan rechts *past the church and then right* ▾ er van ~ krijgen *catch it*; *get what for* ★ hij gaf ze er van ~ *he gave them what for*; *he gave them hell* **II** VZ • via *through*; *via* ★ ~ het balkon *via the balcony* ★ ~ een andere weg *by a different route* • in de lengte naast *along* ★ een kroeg ~ de weg *a pub by the roadside* ★ ~ iets lopen *pass/skirt s.th.* ★ dicht ~ de kust varen *hug the coast*

langsgaan *drop by/in/on*; *call on*

langslaper *late riser*; *lie-abed*; *late sleeper*

langspeelplaat *long-playing record*; *L.P.*; *album*

langsrijden • voorbij iets rijden ★ hij reed met grote vaart langs *he drove past very fast*; ⟨auto⟩ *he drove past at great speed*; ⟨fiets⟩ *he rode past ...* • toegaan naar ★ rijd je even bij hem langs? *are you going his way?*; *are you*

dropping in on him?

langst *longest* ★ het kan nog ~ een uur duren *it will take an hour at the longest/most*

langszij *alongside*

languit *(at) full length*

langverwacht *long-expected*; *long-awaited*

langwerpig *oblong*

langzaam I BNW *slow* ▾ ~ maar zeker *slow but sure* ▾ ~ aan! *easy!*; *steady!* ▾ ~ aan, dan breekt 't lijntje niet *easy does it* **II** BIJW ★ ~ rijden *drive slowly*; ⟨waarschuwing⟩ *slow*

langzaam-aan-actie *go-slow*; *slow down*

langzamerhand *little by little*; *gradually*

lankmoedig *patient*; *long-suffering*

lans *lance*; *spear* ▾ een lans breken voor *break a lance for*

lantaarn *lantern*; ⟨fiets-, straatlantaarn⟩ *lamp* ▾ die moet je met een ~tje zoeken *they are very rare*

lantaarnpaal *lamp-post*

lanterfanten *idle*; *loaf (about)*

Laos *Laos*

lap • stuk stof *length*; ⟨op kledingstuk⟩ *patch*; ⟨om te wrijven⟩ *cloth*; ⟨afgescheurd⟩ *rag* • plat stuk ⟨afgeknipt⟩ *cutting*; ⟨grond⟩ *patch*; ⟨vlees⟩ *slice* ★ lappen (bij opruiming) *remnants* ★ ouwe lap *old rag* ▾ de lappen hangen erbij *it's in rags* ▾ dat werkt op hem als een rode lap op een stier *to him it's like a red rag to a bull*

Lap *Lapp*; *Laplander*

laparoscoop *laparoscope*

lapje ⟨om vinger, e.d.⟩ *rag*; ⟨vlees⟩ *steak* ★ ~ grond *patch of ground* ▾ iem. voor het ~ houden *pull a person's leg*

lapjeskat *tortoiseshell cat*

Lapland *Lapland*

lapmiddel *expedient*; *makeshift*

lappen • klaarspelen *pull off* ★ hij heeft het hem gelapt *he has pulled it off*; *he has done it* • schoonmaken *clean* • herstellen *mend*; *repair*; ⟨kleren⟩ *patch* ▾ iem. erbij ~ *grass on s.o.*; ⟨klikken⟩ *tell/sneak on s.o.* ▾ wie heeft me dat gelapt? *who has played me that trick?* ▾ dat heb je 'm goed gelapt *good for you!*; *nice one!*

lappendeken • deken *patchwork quilt* • onsamenhangend geheel *patchwork*

lappenmand ▾ in de ~ zijn ⟨in bed⟩ *be laid up*; *be off colour*

laptop *laptop*; *notebook*

lapwerk • verstelwerk *repair work* • knoeiwerk *makeshift (solution)*

lapzwans *berk*; AE *jerk*

laqué *varnish*

larderen *lard*

larie *bullshit*; *nonsense*; *rubbish*; AE *boloney*

lariks *larch*

larve *larva*; *grub*

laryngitis *laryngitis*

laryngoscopie *laryngoscopy*

larynx *larynx*

las *joint*; *weld*

lasagne *lasagne*

lasbril *welding goggles*

laser *laser*

la

laserdisc *laser disc; optical disc*
laserprinter *laser printer*
laserstraal *laser beam*
lassen *weld*
lasser *welder*
lasso *lasso;* AE *lariat* ⋆ met een ~ vangen *lasso*
last • vracht *load;* OOK FIG. *burden* • bezwijken onder de last *break down under the burden* • scheepslading *cargo; pay load* • hinder *trouble; nuisance* ⋆ last geven, veroorzaken *give trouble* ⋆ ik heb last van het licht *the light is troubling me* ⋆ heb je last van me? *am I in the way?* ⋆ hij heeft last van zijn hart *he has heart-trouble* ⋆ daar krijg je last van *that will get you into trouble* • verplichting ⋆ ten laste komen van *be chargeable to* ⋆ ten laste van 't Rijk komen *be a national charge; come out of taxpayers' money/national purse* ⋆ onkosten komen te uwen laste *charges are for your account; you must pay the bills/charges/overheads* ⋆ taak/zorg *burden* ⋆ de last der jaren *the burden of years* • beschuldiging ⋆ iem. iets ten laste leggen *charge a person with s.th.* • bevel *order* ⋆ last hebben te *be instructed to*
lastdier *beast of burden*
lastendruk *regular costs/expenses* ⋆ de ~ neemt elk jaar toe ⟨m.b.t. belasting⟩ *level of taxation rises every year;* ⟨m.b.t. economie⟩ *the cost of living rises every year*
lastenverlichting *reduction in the level of taxation*
laster *calumny; slander; defamation (of character); smear*
lasteraar *slanderer; libeller*
lastercampagne *smear campaign*
lasteren *slander; defame; insult*
lasterlijk *slanderous*
lasterpraat *slander(ous talk); calumny*
lastgever *principal*
lastig • moeilijk *difficult;* ⟨v. persoon⟩ *troublesome;* ⟨v. probleem⟩ *tricky* ⋆ ~e leeftijd *awkward age* ⋆ het iem. ~ maken *make things difficult for a person* • hinderlijk ⟨v. kind⟩ *troublesome; unruly* ⋆ iem. ~ vallen *trouble a person (for s.th.)* ⋆ wat ben je ~! *what a nuisance you are!*
last-minute *last-minute*
lastpost *nuisance*
lat • stuk hout *slat; lath* ⋆ lange latten *skis* • SPORT ⋆ de bal kwam tegen de lat *the ball hit the crossbar* • onder de latten staan *be in the goal* • mager persoon *broomstick*
laten I OV WW • toestaan *let; permit* ⋆ ertoe brengen *make; have; get* ⋆ ~ zien *show* ⋆ ik zal het je ~ weten *I shall let you know* ⋆ hij liet mij hard werken *he made me work hard* ⋆ een brug ~ bouwen *have a bridge built; cause a bridge to be built* ⋆ iets ~ doen *have s.th. done* ⋆ ik kan het iem. anders ~ doen *I could get s.o. else to do it* ⋆ ik heb achterin gordels ~ aanbrengen *I got safety belts fitted for the rear seats* ⋆ opdragen *tell; order* ⋆ hij liet me zijn boeken halen *he told me to get his books* • nalaten *leave off; refrain from* ⋆ het roken ~ *give up smoking; stop smoking*

⋆ doe wat je niet ~ kunt *do your worst* ⋆ laat dat! *stop it!; don't!* ⋆ dat zal je wel ~ *you'll do nothing of the kind* ⋆ ik kan het niet ~ *I can't help it* • in toestand laten *leave* ⋆ in de steek ~ *abandon; run out on s.o.* ⋆ ik zal het daarbij ~ *I'll let it go at that; I'll leave it at that* ⋆ laat het voor hetgeen het is *let it pass* ⋆ het bij het oude ~ *leave everything as it was* • achterlaten *leave* • niet inhouden ⋆ winden ~ *break wind* ⋆ tranen ~ *shed tears* ⋆ het laat me koud *it leaves me cold* ▼ laat maar *don't bother; never mind* II HWW *let* ⋆ ~ we gaan *let us go* ⋆ laat hij maar oppassen *he'd better watch out*
latent *dormant; latent*
later I BNW *later* II BIJW *later; afterwards;* ⟨naderhand⟩ *later on*
lateraal *lateral*
latertje ⋆ dat wordt een ~ *it's going to be a late night; we'll be late finishing*
latexverf *latex/emulsion paint*
Latijn *Latin* ⋆ in het ~ *in Latin*
Latijns *Latin*
Latijns-Amerika *Latin-America*
Latijns-Amerikaans *Latin-American*
latino *Latino*
lat-relatie *relationship in which the partners live separately*
latrine *latrine*
latwerk • hekwerk *lattice;* ⟨v. bomen, planten⟩ *trellis* • raamwerk *lathing*
laurier *laurel; bay*
laurierblad *bay leaf*
lauw • halfwarm *tepid* • mat *lukewarm; halfhearted*
lauweren ▼ op zijn ~ rusten *rest on one's laurels*
lauwerkrans *laurel wreath*
lava *lava*
lavastroom *stream of lava*
laveloos *dead/blind drunk*
laven *refresh;* ⟨dorst⟩ *quench*
lavendel *lavender*
lavendelblauw *lavender (blue)*
laveren • SCHEEPV. *tack* • wankelend lopen *reel; staggger (about)* • schipperen *manoeuvre; steer a middle course*
lavo *Elementary General Secondary Education*
lawaai *noise; tumult; shouting;* ⟨sterker⟩ *din; racket*
lawaaierig *noisy; clamourous; loud*
lawaaischopper *yob; rowdy*
lawine *avalanche*
lawinegevaar *danger/risk of avalanches*
laxeermiddel *laxative*
laxeren *purge*
lay-out *layout*
lay-outen *lay out*
lazaret *military hospital*
lazarus *sloshed; loaded*
lazer ▼ iem. op zijn ~ geven *give s.o. what for; give s.o. a good hiding* ▼ op zijn ~ krijgen *get a good hiding*
lazeren I OV WW smijten) *fling; sling* ⋆ alles door elkaar ~ *fling/sling everything about* II ON WW • vallen *fall* ⋆ van de trap ~ *fall*

head over heels down the stairs • donderjagen ≈ *be a (real) nuisance/pest*

lbo *Junior Secondary Vocational Education*

LCD *Liquid Crystal Display LCD*

LCD-scherm *LCD screen/display*

leadzanger *lead singer*

leaseauto *leased car*

leasen *lease*

leaseovereenkomst *lease* ⋆ een ~ sluiten met *make a lease with*

lebberen *lap/lick (up)*

lector ⟨v. universiteit⟩ *lecturer* [v: *lectrice*]; *reader*

lectuur *reading (matter)*

ledenadministratie *membership records*

ledenbestand *membership file*

ledenstop *halt on recruitment of (new) members*

ledental *membership (figure)*

ledenwerving *membership recruitment (drive)*

leder → leer

lederen → leren

lederwaren *leather goods/articles*

ledigen *empty*

ledigheid *idleness* ▾ ~ is des duivels oorkussen *the devil will find work for idle hands to do*

ledikant *bedstead*

leed *grief; sorrow;* ⟨letsel⟩ *harm* ⋆ er zal je geen leed geschieden *you won't suffer any harm*

leedvermaak *gloating; malicious enjoyment*

leedwezen *regret* ⋆ zijn ~ betuigen *extend one's sympathies*

leefbaar *fit to live in; livable; habitable* ⋆ een huis ~ maken *make a house comfortable*

leefbaarheid *livability; quality of life*

leefgemeenschap *commune; community*

leefklimaat *social climate*

leefmilieu *environment; surroundings*

leefomstandigheden *living conditons; social circumstances*

leefregel *regimen;* ⟨dieet⟩ *diet*

leefruimte *living-space; room to move (in);* ⟨v. een natie⟩ *Lebensraum*

leeftijd *age;* ⟨levensduur⟩ *lifetime* ⋆ voor alle ~en *U; universal* ⋆ op de ~ van *at the age of* ⋆ op ~ komen *get on in years* ⋆ boven/onder de ~ *over/under age* ⋆ een vrouw op ~ *an elderly woman*

leeftijdsdiscriminatie *age discrimination*

leeftijdsgrens *age limit*

leeftijdsklasse *age group*

leeftocht *provisions*

leefwijze *lifestyle*

leeg • zonder inhoud *empty;* ⟨bladzijde⟩ *blank;* ⟨fietsband, accu⟩ *flat* ⋆ met lege handen *empty-handed* ⋆ met een lege maag *on an empty stomach* • onbezet *idle; empty* • onbewoond *vacant; unoccupied* • uitgeput *exhausted*

leegdrinken *empty; drink (up)*

leeggieten *empty (out); pour (out)*

leeggooien *empty (out)*

leeghalen *empty;* ⟨huis, kast⟩ *clear out;* ⟨v. zakken⟩ *turn out;* ⟨leegroven⟩ *ransack*

leeghoofd *rattlebrain; featherbrain;* AE *airhead*

leegloop • wegtrekken *exodus (from/to)* • ECON.

niet produceren *underload; under-utilization*

leeglopen • leegstromen *(become) empty;* ⟨v. fietsband, accu⟩ *go flat* ⋆ laten ~ ⟨ballon, band⟩ *deflate;* ⟨bad⟩ *drain* • nietsdoen *idle; loaf (about/around)*

leegloper *loafer; idler*

leegstaan *stand/be empty; be unoccupied*

leegstand *vacancy; lack of occupancy*

leegte *emptiness; void;* FIG. *blank* ⋆ zij liet een grote ~ achter *she left a great void*

leek • niet-vakman *layman* • niet-geestelijke *layman* ⋆ de leken ⟨als groep⟩ *the laity*

leem *clay;* ⟨grond⟩ *loam*

leemgroeve *loam pit*

leemte *gap* ⋆ een ~ aanvullen *fill up a gap*

leen *fief*

leengeld *loan charge*

leenheer *feudal lord; liege lord*

leenman *vassal; liegeman*

leenstelsel *feudal system*

leenwoord *loan word*

leep *cunning*

leer I ZN (de) • les *lesson; apprenticeship* ⋆ in de leer zijn bij *serve one's apprenticeship with* ⋆ in de leer doen bij *apprentice to* • doctrine *doctrine; theory* ⋆ de leer van Karl Marx *the teachings of Karl Marx* II ZN (het) leder *leather* ▾ van leer trekken tegen *lash out at; pitch into*

leerboek *textbook*

leergang • cursus *course (of instruction)* • methode *(teaching/educational) method*

leergeld *tuition fees* ▾ ~ betalen *learn (a lesson) the hard way*

leergierig *studious; eager to learn*

leerjaar *schoolyear; year's course;* ≈ AE *class* ⋆ leerjaren *(years of) apprenticeship*

leerkracht *teacher*

leerling • scholier *pupil; student;* ⟨bij baas⟩ *apprentice* • volgeling *follower*

leerlingenraad *student council*

leerling-verpleegster *student nurse*

leerlooien *tan*

leerlooier *tanner*

leermeester *(docent) teacher;* ⟨met volgelingen⟩ *master*

leermiddelen *educational tools*

leerplan *curriculum*

leerplicht *compulsory education* ⋆ de ~ verlengen *raise the school-leaving age*

leerplichtig *of school age* ⋆ ~e leeftijd *school age*

leerplichtwet *compulsory education law*

leerrijk *instructive*

leerschool *school* ▾ een harde ~ doorlopen *learn the hard way*

leerstelling *doctrine*

leerstoel *chair; professorship* ⋆ een ~ bekleden *hold a chair*

leerstof *subject matter*

leertje *piece of leather;* ⟨kraan⟩ *washer;* ⟨schoen⟩ *tongue*

leervak *(theoretical) subject*

leerzaam *instructive*

leesbaar • wat te lezen is *legible* • aangenaam om te lezen *readable*

le

leesblind *dyslexic; wordblind*
leesboek • boek om te lezen *recreational/light reading* • boek om te leren lezen *reader*
leesbril *reading glasses*
leeslamp *reading lamp*
leeslint *bookmark(er)*
leesmoeder *parent volunteer; reading helper*
leesonderwijs *reading lessons; reading instructions*
leespen *lightpen; bar-code reader*
leesplezier *reading pleasure; enjoyment of reading*
leesportefeuille *magazine-club selection of magazines*
leest *last* ▼ op een andere ~ schoeien *cast in a different mould; model on different lines*
leesteken *punctuation mark* ∗ ~s plaatsen *punctuate*
leesvaardigheid *reading skill; reading proficiency*
leesvoer *pulp literature*
leeszaal *reading room* ∗ openbare ~ *public library*
leeuw *lion*
Leeuw *Leo*
leeuwenbek *snapdragon*
leeuwendeel *lion's share*
leeuwenmoed *courage of a lion* ∗ met ~ *heroically; fearless*
leeuwentemmer *lion tamer*
leeuwerik *(sky)lark*
leeuwin *lioness*
lef *pluck; guts;* ⟨branie⟩ *swank* ∗ daar heb je het lef niet toe *you haven't got the guts for it* ∗ heb het lef niet! *don't you dare!*
lefdoekje ↑ *pocket handkerchief*
lefgozer *show-off*
leg *laying* ∗ aan de leg zijn *be laying* ∗ de kip is van de leg *the hen has stopped laying*
legaal *legal*
legaat I zn (de) pauselijke bode *legate* II zn (het) erflating *legacy*
legaliseren *legalize*
legbatterij *battery (cage)*
legen *empty*
legenda *legend; key to symbols*
legendarisch *legendary*
legende *legend*
leger • MIL. *army;* ⟨hele leger⟩ *armed forces* • grote menigte *host* ∗ het groeiende ~ van de werklozen *the growing ranks of the unemployed* • rustplaats van het ⟨v. wild dier⟩ *lair;* ⟨v. beer, hert⟩ *den;* ⟨v. haas⟩ *form* ▼ Leger des Heils *Salvation Army*
legerbasis *army base*
legercommandant *commander (in- chief)/of the army*
legeren¹ *encamp; quarter*
legeren² • samensmelten *alloy; amalgamate* • legateren *bequeath*
legergroen *army/battle green;* ⟨Amerikaans leger⟩ *olive drab*
legering *alloy; amalgam*
legerkamp *army camp*
legerleider *army commander; army leader*
legerplaats *camp*

leges *legal dues/charges*
leggen • plaatsen *put; place* ∗ naast elkaar ~ *put side by side* • eieren leggen *lay* • maken *lay; make* ∗ een nieuwe vloer ~ *lay a new floor*
legio *countless; legion* ∗ ~ mensen *countless people* ∗ hun aantal is ~ *their number is legion*
legioen *legion*
legionair *legionnaire*
legionella *Legionella pneumophilia*
legislatuur • wetgevende macht *legislative power* • wetgevend lichaam *legislature*
legitiem *legitimate; rightful*
legitimatie *identification*
legitimatiebewijs *identity papers/card*
legitimatiepapieren *identification; proof of identity; identity card*
legitimatieplicht ⟨opschrift⟩ *compulsory identification; ID required*
legitimeren ⟨wettigen⟩ *legitimize* ∗ zich ~ *identify o.s.; prove one's identity*
legkast *(linen-)cupboard*
lego ® *Lego*
legpuzzel *(jigsaw-)puzzle*
leguaan *iguana*
lei I zn (de) schrijfbordje *slate* ▼ met een schone lei beginnen *start with a clean slate* II zn (het) leisteen *slate*
leiband *leading strings* [mv] ▼ hij loopt aan de ~ van zijn moeder *he is tied to his mother's apron strings* ▼ iem. aan de ~ houden *spoonfeed s.o.*
leiden I ov ww • doen gaan ∗ hij leidde haar bij de hand *he took/led her by the hand* • aan het hoofd staan van *lead* ∗ een onderneming ~ *to head a company/business* • voorstaan ∗ Oranje leidt met 2-1 *Holland is leading 2-1* II ov ww in een bepaalde richting gaan *lead* ∗ waar leidt dat heen? *where does that lead (to)?*
Leiden ▼ dan is ~ in last *then there will be the devil to pay*
leider • leidinggevende *leader* ∗ de geestelijke ~ *the spiritual leader* • koploper *leader*
leiderschap *leadership*
leiderstrui *leader's jersey;* ⟨Tour de France⟩ *yellow jersey*
leiding • het leiden/besturen *leadership; conduct; guidance* ∗ ~ geven aan ⟨geestelijke⟩ *give guidance to;* ⟨team⟩ *lead;* ⟨zaak⟩ *manage* ∗ onder ~ van *under the leadership of* ∗ ⟨kerk⟩dienst onder ~ van *service conducted by* ∗ de vergadering stond onder ~ van *the meeting was presided (over) by* • bestuur *management* ∗ SPORT ∗ de ~ hebben *lead* • buis, kabel ⟨buis binnen⟩ *pipe;* ⟨buis buiten⟩ *mains;* ⟨draad binnen⟩ *wire;* ⟨dikke draad, buiten⟩ *cable*
leidinggevend *executive; managerial; management* ∗ een ~e positie/functie *an executive position/function*
leidingwater *tap water*
leidraad • richtsnoer *guide(line); guiding principle* • handleiding *guide; instructions*
leien *slate*

leisteen *slate*
leitmotiv *leitmotif*
lek I ZN • gat *leak*; ⟨v. band⟩ *puncture* ∗ een lek krijgen *spring a leak* ∗ een lek stoppen *stop a leak* • verklikker *leak(age)* **II** BNW *leaky*; ⟨v. band⟩ *punctured* ∗ lek zijn *leak*; ⟨v schip⟩ *make water* ∗ een lekke band hebben *have a flat (tyre); have a puncture*
lekenbroeder *lay brother*
lekenzuster *lay sister*
lekkage *leak(age)*
lekken • lek zijn *leak*; ⟨v. schip⟩ *make water*; *leak* ∗ het dak lekt *the roof is leaking* ∗ een ~de kraan *a dripping tap* • strijken *lick* ∗ de vlammen ~ langs de muur *the flames are licking the wall* • informatie doorspelen *leak*
lekker I BNW • smakelijk *good; delicious; tasty* ∗ heb je ~ gegeten? *did you enjoy your meal?* ∗ 't smaakt ~ *it tastes nice; it's delicious* ∗ ~ vinden *like; enjoy* • aangenaam *nice* ∗ dat ruikt ~ *that smells nice* ∗ ik voel me niet ~ *I don't feel well; I am out of sorts* • geestelijk gezond ∗ ben jij wel helemaal ~? *are you out of your mind?* ▼ iem. ~ maken *make s.o.'s mouth water* **II** BIJW ∗ ~ rustig hier *nice and quiet here* ∗ ~! ⟨net goed!⟩ *serve(s) you right!*; ⟨verrukkelijk⟩ *delicious*
lekkerbek *gourmet*
lekkerbekje *fried fillet of haddock*
lekkernij *delicacy; tasty morsel*
lekkers *sweets*
lel • mep *clout*; ⟨trap⟩ *vicious kick* • vel ⟨deel van oor⟩ *lobe*; ⟨v. haan⟩ *wattle*
lelie *lily*
lelieblank *lily-white*
lelietje-van-dalen *lily of the valley*
lelijk • niet mooi *plain*; ⟨afstotend⟩ *ugly* ∗ zo ~ als de nacht *(as) ugly as sin* • kwalijk ⟨daad⟩ *ugly*; ⟨wond⟩ *nasty*; ⟨vergissing⟩ *bad* ∗ dat ziet er ~ uit FIG. *that looks pretty bad* ▼ daar zal ze nog ~ van opkijken *she is in for a very nasty surprise*
lelijkerd • lelijk persoon *ugly person* • gemeen persoon *brute*; INF. *ugly bastard*
lellebel *slut; hussy*
lemen *loam* ∗ een ~ vloer *an earthen floor* ▼ een reus op ~ voeten *a giant on feet of clay*
lemma *headword*; AE *main entry (word)*
lemmet *blade*
lemming *lemming*
lende *small part of the back*; ⟨v. dier⟩ *loin*; MED. *lumbar region*
lendenbiefstuk *sirloin steak*
lendendoek *loin cloth*
lenen • uitlenen *lend (to)* • te leen krijgen *borrow (from)* ∗ zich ergens voor ~ *lend o.s. to s.th.* ▼ 't oor ~ aan *lend (an) ear to*
lengen *lengthen* ∗ de dagen ~ *the days are drawing out/lengthening*
lengte • afmeting *length*; ⟨v. personen⟩ *height* ∗ in zijn volle ~ *(at) full length* ∗ ter ~ van *the length of* • GEO. *longitude* ∗ langste kant *length* ∗ over de hele ~ van *over the entire length of* ∗ doorknippen in de ~ *cut through lengthwise* ▼ tot in ~ van dagen *for many a*

long day ▼ het moet uit de ~ of uit de breedte komen *it must come from somewhere*
lengteas *longitudinal axis*
lengtecirkel *meridian*
lengtegraad *degree of longitude*
lengtemaat *linear measure*
lengterichting *longitudinal/linear direction*
lenig *lithe; supple*
lenigen *relieve; ease*
lening *loan* ∗ een ~ uitgeven/plaatsen *issue/place a loan* ∗ een ~ sluiten *contract a loan*
lens I ZN • voorwerp *objective; lens* • contactlens *lens* ∗ harde/zachte lenzen *hard/soft lenses* • ooglens *lens* **II** BNW • leeg *empty; dry* ∗ lam *weak* ∗ iem. lens slaan *knock the stuffing out of a person*
lente *spring*
lentedag *spring day*
lentemaand *March; spring month*
lente-uitje *spring onion*
lentezon *spring sun*
lenzenvloeistof *contact-lens liquid*
lepel *spoon*; ⟨soeplepel⟩ *ladle*; ⟨lepelvol⟩ *spoonful*
lepelen I OV WW eten, opscheppen *scoop/spoon (up)*; ⟨met opscheplepel⟩ *ladle* **II** ON WW *chip; scoop*
leperd *slyboots; sly dog*
lepra *leprosy*
lepralijder *leper*
leraar *teacher* ∗ ~ in de klassieke talen *classics teacher*
leraarschap *teaching; teaching profession*
lerarenopleiding *teacher training college*
leren I BNW *leather* **II** OV WW • kennis verwerven *learn* ∗ iets uit het hoofd ~ *learn by heart; commit to memory* ∗ een vak ~ *learn a trade* ∗ ~ omgaan met iets *learn to cope with sth.* • onderrichten *teach* ∗ de tijd zal het ~ *time will tell* • doen inzien ∗ dat zal je ~ *that'll teach you* ∗ iem. ~ kennen *get to know s.o.* **III** ON WW studeren *study* ∗ voor arts ~ *study to be a doctor*
lering • onderricht *instruction* • wijsheid *lesson* ∗ ~ uit iets trekken *learn (a lesson) from*
les • leerstof *lesson* ∗ zijn les opzeggen *say one's lesson* ∗ zijn les kennen *know one's work* • onderricht *lesson; class* ∗ les nemen bij *take lessons from* ∗ van 9 tot 11 les hebben *have lessons/class from 9 to 11* ∗ les geven *give lessons; teach* ∗ goed les geven de *a good teacher* ∗ les krijgen *get lessons* ▼ iem. de les lezen *lecture a person*
lesauto BE *learner car*; AE *driver trainer car*
lesbevoegdheid *teaching qualification; qualification to teach* ∗ leraar met ~ *qualified teacher*
lesbienne *lesbian*
lesbisch *lesbian*
lesgeld *lesson money*
lesmateriaal *teaching material*
Lesotho *Lesotho*
lesrooster *timetable*
lessen *quench*
lessenaar *desk*; ⟨in kerk⟩ *lectern*
lest ▼ ten langen leste *at long last* ▼ lest best

le

the last is the best

lesuur lesson; period

lesvliegtuig training plane; trainer

leswagen learner car

lethargie • slaapzucht lethargy • apathie lethargy; apathy

Letland Latvia

letsel injury ★ ernstig ~ oplopen sustain severe injuries ★ iem. ernstig lichamelijk ~ toebrengen inflict grievous bodily harm on a person

letselschade (bodily) injury

letselschadeadvocaat personal injury lawyer

letten I ov ww beletten ★ wat let me? what prevents me (from doing it)? II on ww (op) pay attention to; mind; ⟨toezien op⟩ look after ★ gelet op considering ★ let op mijn woorden mark my words ★ zonder te ~ op heedless/regardless of ▼ let wel mind you; note

letter • teken letter; ⟨drukletter⟩ type; ⟨één letter⟩ character ★ grote ~ capital letter; ⟨druk⟩ upper case ★ kleine ~ small letter; ⟨druk⟩ lower case ★ met duidelijke ~ gedrukt printed in clear type ★ de zes en twintig ~s van het alfabet the twenty-six characters of the alphabet • letterlijke inhoud letter ★ naar de ~ in letter ★ naar de ~ van de wet within the letter of the law ★ zich aan de ~ houden stick to the letter ▼ de kleine ~tjes the small/fine print

letteren ⟨taal- en letterkunde⟩ language and literature; ⟨geesteswetenschappen⟩ humanities ★ ~ studeren study language and literature; ⟨algemeen⟩ be an arts student

lettergreep syllable

letterkunde literature

letterkundig literary

letterkundige literary man/woman; man/woman of letters

letterlijk I bnw literal ★ een ~e vertaling a litteral translation ★ de ~e tekst the verbatim text II bijw • in woordelijke zin literally; verbally ★ volkomen ★ er is ~ niets aan te doen there is literally nothing you can do about it

letterslot letter-lock; combination lock

lettertang device for embossing letters on a tape

letterteken character

letterwoord acronym

leugen lie; form. falsehood ★ een ~tje om bestwil a white lie ★ ~s verkopen tell lies ★ onschuldig ~tje white lie ★ een regelrechte ~ a barefaced lie

leugenaar liar ★ voor ~ uitmaken give s.o. the lie

leugenachtig lying; false

leugendetector lie-detector

leuk • grappig amusing; funny ★ iets leuk vinden enjoy/like s.th. ★ dat is niet erg leuk that is not much fun ★ die is leuk! that's a good one! • aardig nice; pleasant ★ een leuke prijs voor iets krijgen get a good price for s.th. • aantrekkelijk nice; pretty ★ je haar zit leuk your hair looks pretty ★ het staat haar leuk it looks good on her

leukemie leuk(a)emia

leukoplast be sticking plaster; ae bandaid

leukweg coolly; just like that

leunen lean (on/against) ★ je moet niet zo op hem ~ fig. you should not rely on him so heavily

leuning ⟨v. trap⟩ banisters; rail; ⟨rugleuning⟩ back; ⟨armleuning⟩ arm rest

leunstoel arm chair

leuren hawk; peddle

leus slogan; catchword

leut • pret fun ★ voor de leut for fun • koffie ★ een bakkie leut ↑ a cup of coffee

leuteren drivel ★ je zit te ~ you're talking a load of twaddle

leuterkous driveler

leven I zn • bestaan life [mv: lives] ★ om het ~ komen be killed; perish ★ in ~ blijven live ★ nog in ~ zijn be still alive ★ op ~ en dood voeren wage a life-and-death struggle ★ zij rende alsof haar ~ ervan afhing she ran for dear life; she ran as if her life depended on it ★ zijn ~ laten voor lay down one's life for ★ het ~ schenken aan give birth to; ⟨begenadigen⟩ grant s.o. his life ★ ~ voelen ⟨bij zwangerschap⟩ feel the baby move/kick ★ in ~ houden keep alive ★ 't ~ laten lose one's life ★ werkelijkheid life; reality ★ naar het ~ getekend drawn from life ★ in 't ~ roepen set up; call into existence • levensduur ★ mijn ~ lang all my life ★ bij zijn ~ during his life ★ voor het ~ benoemen appoint for life • manier van leven ★ een druk ~ leiden lead a busy life • een nieuw ~ beginnen make a new/fresh start in life; turn over a new leaf ★ dan heb je geen ~ then life is not worth living • lawaai racket; row; noise ★ ~ in de brouwerij brengen pep/liven things up ▼ bij ~ en welzijn all things being equal; if all is well ▼ nooit van mijn ~ never in all my life ▼ wel heb ik van mijn ~! have you ever!; well, I never! II on ww • in leven zijn live; be alive ★ lang ~ live long ★ naar iets toe ~ adapt one's life to s.th.; long for s.th. ★ op zichzelf ~ live all by o.s.; live all alone ★ van zijn rente ~ live on one's means ★ er goed van ~ do well for o.s. ★ daar kan ik niet van ~ I cannot live on that ▼ volgens zijn beginselen ~ live up to one's principles • ~ met ★ met die man is niet te ~ you can't live with that man • ~ van ★ zij heeft genoeg om van te ~ she has enough to get by ★ van de bijstand ~ live on social security ★ erop los ~ live from hand to mouth; lead a loose life ▼ ~ en laten leven live and let live ▼ leve de koningin! long live the Queen! ▼ lang zal hij ~! long life to him; long may he live ▼ wie dan leeft, die dan zorgt all in good time; curiosity killed the cat

levend living; ⟨predikatief⟩ alive ★ in ~en lijve alive and well ★ meer dood dan ~ more dead than alive ★ de ~e talen the modern languages ★ de ~en en de doden the living and the dead ★ ~ aas live bait

levendig • vol leven lively; ⟨kleur, beschrijving⟩ vivid; ⟨persoon⟩ vivacious ★ ik kan het me ~ herinneren I remember it clearly ★ een ~e handel a brisk trade

le

• duidelijk *clear*
levenloos *lifeless*
levensavond *evening of life*; EUF. *twilight of one's days*
levensbedreigend *life-threatening*
levensbehoefte *vital necessity* ∗ de eerste ~n *first necessities of life*
levensbelang *vital interest*
levensbeschouwing *philosophy of/outlook on life*
levensbeschrijving *biography*; ⟨bij overlijden⟩ *obituary*; ⟨bij sollicitatie⟩ *curriculum vitae*
levensboom • REL. *tree of life* • PLANTK. *arbor vitae*
levensduur *life (span)*
levensecht *lifelike*; *true to life*
levenseinde *declining/final years*; *end of one's life*
levenservaring *experience/knowledge of life*
levensfase *stage in life (cycle)*
levensgenieter *hedonist*; *pleasure lover*
levensgevaar *risk/danger to life*; *mortal danger* ∗ met ~ *at the risk of one's life* ∗ buiten ~ *out of danger*
levensgevaarlijk *death-defying* ∗ met ~e snelheid *at breakneck speed*
levensgezel *life companion*; *partner (in life)*
levensgroot *life-size*; *as large as life*
levenshouding *attitude to life*
levenskunst *social graces*; *art of living*
levenskunstenaar *expert in the art of living*
levenslang *lifelong* ∗ ~ krijgen *be sentenced to life (imprisonment)*
levenslicht *light (of day)* ∗ het ~ aanschouwen *see the light (of day)*
levenslied *tear jerker*
levensloop *course of life*; ⟨loopbaan⟩ *career*; ⟨overzicht⟩ *curriculum vitae* ∗ haar ~ is net een avonturenroman *her life story reads like an adventure novel* ∗ sollicitaties met vermelding van ~ *applications accompanied by curriculum vitae*; *applications accompanied by c.v.*; *applications stating qualifications and previous employment*
levenslust *joie de vivre*; *joy of life*
levenslustig *high-spirited*; *full of life*; ⟨v. oude mensen⟩ *sprightly*
levensmiddelen *food(s)*; *foodstuffs*
levensmiddelenindustrie *food industry*
levensmoe *tired/weary of life*
levensomstandigheden *living conditions*
levensonderhoud *support*; *sustenance*; ⟨kost⟩ *living* ∗ kosten van ~ *cost of living* ∗ in zijn eigen ~ voorzien *support o.s.*
levenspad *path/course of someone's life*
levenspeil *standard of living*; *living standard*
levensstandaard *standard of living*
levensteken *sign of life*
levensvatbaar *viable*
levensverhaal *life story*
levensverwachting *life expectancy*
levensverzekering *life insurance* ∗ een ~ afsluiten *take out a life insurance (policy)*
levensvraag *vital question*
levensvreugde *joy of living*
levenswandel *conduct* ∗ een onbesproken ~

an irreproachable life
levenswerk *life's work*; *lifework*
lever *liver* ∗ 't aan de ~ hebben *have liver trouble* ∗ fris van de ~ *off the cuff*
leverancier *purveyor*; ⟨algemeen⟩ *supplier*; ⟨winkelier⟩ *tradesman* ∗ van ~ veranderen *take one's business elsewhere*
leverantie • *koopwaar* *supply* • *levering* *delivery*; *supply*
leverbaar *ready for delivery*; *available* ∗ beperkt ~ zijn *be in short supply*
levercirrose *cirrhosis of the liver*
leveren • *afleveren* *supply*; *deliver* ∗ melk aan restaurants ~ *deliver milk to restaurants* ∗ ze ~ alleen aan de groothandel *they only supply wholesalers* ∗ prachtig werk ~ *do splendid work* • *bezorgen* *provide*; *give*; *furnish* ∗ het bewijs ~ *furnish proof* ∗ een geldelijke bijdrage ~ *give financial support* ∗ commentaar ~ *give comment* ∗ stof voor een verhaal ~ *provide material for a story* • *klaarspelen* ∗ hij zal het 'm wel ~ *he'll bring it off* • *aandoen* ∗ dat zal hij mij niet weer ~ *he won't try that on me again*
levering *supply*; *delivery*
leveringstermijn → **levertijd**
leveringsvoorwaarde *delivery conditions*; *terms of delivery*
leverontsteking *inflammation of the liver*; *hepatitis*
leverpastei *liver pie*
levertijd *delivery period/time*
levertraan *cod-liver oil*
leverworst *liver sausage*
lexicograaf *lexicographer*
lexicografie *lexicography*
lexicon *lexicon*
lezen • *tekst doornemen* *read*; ⟨vluchtig⟩ *skim through* ∗ dat boek laat zich goed ~ *that book is a good read* ∗ over iets heen ~ *overlook/miss s.th.* • *interpreteren* ∗ angst stond op zijn gezicht te ~ *fear was written all over his face* ∗ iets verkeerd ~ *misread s.th.*
lezer *reader* ∗ dit blad telt 20.000 ~s *this magazine has a readership of 20,000*
lezing • *het lezen* *reading* • *interpretatie* *version* • *verhandeling* *lecture* ∗ een ~ houden over *give a lecture on*
liaan *liana*; *liane*
Libanon *Lebanon*
libel *dragon fly*
liberaal I ZN *Liberal* II BNW *liberal*
liberaal-democraat *liberal-democrat*
liberaliseren *liberalize*
liberalisering *liberalisation*
liberalisme *liberalism*
Liberia *Liberia*
libero *sweeper*
libido *libido*
Libië *Libya*
libretto *libretto*
licentiaat I ZN (de) *persoon* ≈ *master of arts/philosophy/science* II ZN (het) *graad* ≈ *master's degree*
licentie *licence* ∗ in ~ gebouwd *built under licence*

li

licentiehouder *licensee*
lichaam • lijf *body* ∗ naar ~ en geest *in body and mind* • vereniging *body; corporation*
lichaamsbeweging *(physical) exercise*
lichaamsbouw *physique; build*
lichaamsdeel *part of the body*
lichaamsholte *body cavity*
lichaamskracht *physical strength*
lichaamstaal *body language*
lichaamsverzorging *personal hygiene; care of the body*
lichaamswarmte *body heat*
lichamelijk *bodily;* ⟨straf⟩ *corporal* ∗ ~e oefening *physical exercise*
licht I ZN • schijnsel *light* ∗ ~ geven *give light* ∗ ~ maken *turn on the light* ∗ ga uit het ~ *stand out of the light* • lichtbron *light* • intelligent mens ∗ hij is ook geen ~ *he's no genius* • openbaarheid ∗ aan het ~ komen *come to light* ∗ iets aan het ~ brengen *bring sth. to light* ∗ opheldering, inzicht ∗ ~ brengen in een zaak *clear a matter up* ∗ er gaat mij een ~ op *I'm beginning to see the light;* ⟨the penny has dropped⟩ ∗ ~ werpen op *throw|shed light on* ∗ invalshoek ∗ in dit ~ gezien *viewed in this light* ∗ iets in een nieuw ~ stellen *put s.th. in a new light* ∗ in een ander ~ komen te staan *take on a new aspect* ▾ zijn ~ bij iem. opsteken *go to s.o. for information* ▾ iem. het ~ in de ogen niet gunnen *hate s.o.'s guts* ▾ zijn ~ onder de korenmaat zetten *hide one's light under a bushel* II BNW • niet donker *bright; light* ∗ zo lang het ~ is *as long as there is day light* • niet zwaar ∗ zij is te ~ *she is underweight* ∗ een ~ gewicht *a light weight* • gemakkelijk *light; easy;* ⟨muziek, maal⟩ *light;* ⟨sigaar⟩ *mild* ∗ het is ~ te begrijpen *it's easy to understand* ∗ lichtzinnig ∗ ~e vrouw *loose woman* • soepel *light* ∗ met ~e tred *light-footed* • onbeduidend *slight* ∗ een ~e hartaanval *mild heart attack* ▾ ~ in het hoofd *light-headed; giddy* ▾ te ~ bevonden *found wanting* III BIJW *slightly; easily* ∗ ~ gezouten *slightly salted* ▾ ~ alcoholisch *light alcoholic* ∗ dat zal niet ~ gebeuren *that won't easily happen; that is not likely to happen* ∗ iets ~ opvatten *take things lightly; make light of things* ▾ het leven ~ opvatten *take life as it comes*
lichtbak *light trough;* ⟨voor stropers⟩ *jacklight*
lichtbeeld *slide* ∗ lezing met ~en *lecture with slides*
lichtblauw *light blue; pale blue*
lichtboei *signalling buoy; beacon*
lichtbron *source of light*
lichtbundel *pencil|shaft|beam of light*
lichtdruk *photo type*
lichtekooi *prostitute; loose woman; hussy*
lichtelijk *slightly*
lichten I OV WW • optillen *lift;* ⟨schip⟩ *raise; lift;* ⟨anker⟩ *weigh* • ledigen ∗ een schip ~ *lighten a ship* ∗ de bus ~ *collect the letters| post; empty the letter box* ▾ iem. van het bed ~ *arrest s.o. in his bed* ▾ de hand ~ met werk *scamp* ▾ de hand ~ met de waarheid *trifle|*

palter with the truth; be economical with the truth* II ON WW *licht geven *light (up); glow;* ⟨v. zee⟩ *phosphoresce*
lichterlaaie ∗ (in) ~ *ablaze*
lichtflits *flash (of light)*
lichtgelovig *credulous; gullible*
lichtgeraakt *touchy*
lichtgevend *luminous*
lichtgevoelig *photosensitive*
lichtgewicht I ZN klasse *lightweight* II BNW *lightweight; light-weight*
lichting • postlichting *collection* • rekrutering *conscription* • opgeroepen soldaten *class*
lichtinstallatie *lighting*
lichtjaar *light-year*
lichtjes • in geringe mate *slightly* ∗ ~ beschadigd *slightly damaged* • zonder drukken *lightly* ∗ ergens ~ over heen gaan *go over s.th. lightly* • luchtig *lightly; airily*
lichtknop *light switch*
lichtkogel *flare*
lichtkrant *illuminated news trailer*
lichtmast *lamppost; light tower*
lichtmatroos *ordinary seaman*
lichtnet *(electric) mains*
lichtpen *light pen*
lichtpunt *power point; socket;* FIG. *bright spot*
lichtreclame ⟨reclame⟩ *illuminated advertisement;* ⟨reclame bord⟩ *sky-sign*
lichtschip *lightship*
lichtshow *lightshow*
lichtsignaal *light signal*
lichtsterkte *brightness; intensity of light*
lichtstraal *ray|beam of light*
lichtvaardig *rash*
lichtval *incidence|play of light*
lichtvoetig *fleet-footed; nimble*
lichtzinnig *frivolous;* ⟨positief⟩ *light-hearted;* ⟨v. zeden⟩ *loose*
lid • deel ⟨v. vinger⟩ *phalanx;* ⟨v. insect⟩ *articulation;* ⟨v. vergelijking⟩ *term* • lichaamsdeel ⟨lidmaat⟩ *limb;* ⟨v. oog⟩ *lid* ∗ mannelijk lid *male member* ∗ iets onder de leden hebben *have a disease* ∗ over al zijn leden beven *tremble in every limb* • gewricht *joint* ∗ uit het lid *out of joint* ∗ uit het lid vallen *dislocate* ∗ een arm in het lid zetten *reduce a dislocated arm; put back a dislocated arm* • persoon *member* ∗ lid worden van *join* ∗ lid zijn van een comité *be on a committee* ∗ bedanken als lid *resign one's membership*
lidmaat • ledematen *limbs* • lid van kerkgenootschap *church member*
lidmaatschap *membership*
lidmaatschapsnummer *membership number*
lidstaat *member state*
lidwoord *article*
Liechtenstein *Liechtenstein*
lied *song;* ⟨kerklied⟩ *hymn*
lieden *people; folk*
liederenbundel *anthology (of songs); songbook;* ⟨kerk⟩ *hymn book*
liederlijk ⟨v. persoon⟩ *debauched;* ⟨v. taal⟩ *obscene; vulgar*
liedje *song; tune* ▾ 't is het oude ~ *it's the old story*

lief I ZN geliefd persoon *sweetheart* ▼ lief en leed delen *share life's joys and sorrows* ▼ lief en leed *joys and sorrows* **II** BNW • aardig *sweet*; *nice* ★ een lieve vrouw *a sweet woman* ★ een lief tuintje *a nice little garden* • geliefd *dear* ★ mijn lieve jongen! *my dear boy!* ★ Onze-Lieve-Heer *Our Lord* ★ zijn liefste vak *his favourite subject* • dierbaar *dear*; *treasured*; *valued* ★ dat gaat een lieve cent kosten *that's going to cost a pretty penny*; *that's going to cost a fortune* ★ iets voor lief nemen *put up with s.th.* • gewenst, graag fond ★ mijn liefste hoop/wens *my dearest/ fondest/greatest hope/wish* ★ meer dan me lief is *more than I care for* **III** BIJW • aardig *sweet*; *dear* ★ lief doen *be sweet* • graag ★ ik zou het net zo lief niet doen *I'd just as soon not do it*
liefdadig *charitable*
liefdadigheid *charity*
liefdadigheidsinstelling *charity institution*; *charitable institution*
liefde • genegenheid *love*; *affection* ★ met ~ *with pleasure* ★ iets doen uit ~ *do s.th. for love* ★ uit ~ tot for (the) love of ★ het beminnen *love* ★ ~ op het eerste gezicht *love at first sight* ★ ~ opvatten voor iem. *fall in love with s.o.* ★ onbeantwoorde ~ *unrequited love* ★ de ~ bedrijven *make love* • geliefde *love*; *lover* • belangstelling *love*; *devotion* ★ muziek was zijn grote ~ *music was his great love*; *music was his passion* ▼ oude ~ roest niet *old love never dies*
liefdeleven *love life*
liefdeloos *loveless*
liefdesaffaire *love affair*
liefdesbrief *love letter*; *billet-doux*
liefdesgeschiedenis • verhouding *love affair* • roman *love story*
liefdeslied *love song*
liefdesscène *love scene*
liefdesverdriet *the pangs of love* ★ hij heeft ~ *he is feeling broken-hearted*
liefdevol *loving*
liefdewerk *work of charity*; ⟨bezigheid⟩ *charitable work* ▼ het is ~ oud papier *it's for love*
liefelijk *lovely*; *charming*; *sweet*
liefhebben *love*
liefhebber • geïnteresseerde *lover* ★ groot ~ van wandelen *keen walker* ★ groot ~ van architectuur *devotee of architecture* ★ muziek~ *music lover/enthousiast* • gegadigde *lover*; *enthusiast* ★ er waren geen ~s voor de baan *the job went begging* ★ er zijn geen ~s voor dat artikel *there are no customers for that article* • amateur *enthousiast*; PEJ. *dabbler*
liefhebberij *hobby* ★ uit ~ *as a hobby*; *for pleasure* ★ er is grote ~ voor *it is greatly sought after*; *there is a great demand for it*
liefje • geliefde *sweetheart*; ⟨minnares⟩ *mistress* • aanspreekvorm *darling*
liefjes *sweetly*; *tenderly*
liefkozen *caress*; *fondle*
liefkozing *caress*
lieflijk *sweet*; *charming*; *lovely*

liefst *preferably* ★ welke heb je 't ~? *which do you prefer?* ★ ~ niet *rather not*
liefste • geliefde *sweetheart* • aanspreekvorm ★ mijn ~ *my love/dear(est)*
lieftallig *sweet*; *pretty*
liegbeest *fibber*; *storyteller*
liegen *lie*; *tell a lie* ★ dat is gelogen *that's a lie* ▼ als ik lieg, lieg ik in commissie *I'm telling you this for what it is worth* ▼ je liegt of 't gedrukt staat *you're lying through your teeth*
lier • hijswerktuig *winch* • muziekinstrument *lyre* ▼ zijn lier aan de wilgen hangen *hang up one's boots* ▼ het brandt als een lier *it burns like matchwood*
lies *groin*
liesbreuk ⟨groin⟩ *rupture*; *hernia*
lieslaars *wader*
lieveheersbeestje *lady bird*
lieveling *darling*; *pet*
lievelingseten *favourite food*
lievelingskleur *favourite colour*
liever *rather*; *sooner* ★ ~ hebben/willen *prefer* ★ hij ~ dan ik *better him than me* ★ ik wens niets ~ *I'd like nothing better* ★ hoe meer, hoe ~ *the more the better* ★ zou je nu niet ~ gaan? *hadn't you better go now?* ★ ik zou veel ~ willen dat hij bleef *I'd rather he stayed* ★ ik heb ~ thee dan koffie *I prefer tea to coffee*
lieverd *darling*
lieverdje ★ zij is geen ~ *she's no angel/ sweetheart*
lieverlede ★ van ~ *gradually*
lievig *insincere*; ⟨woorden⟩ *sugary*; ⟨toon, maniertjes⟩ *smooth*
liflafje *tidbit(s)*; *dainty dish*
lift • hijstoestel *lift*; *elevator* • het meerijden *lift* ★ een lift vragen *hitch a lift/ride* ▼ in de lift zitten *be on the way up*
liften *hitchhike*
lifter *hitchhiker*
liftkoker BE *lift shaft*; AE *elevator shaft*
liga *league*
ligbad *bath(tub)*
ligbank *couch*
ligfiets *reclining bicycle*
liggeld *harbour-dues*
liggen • zich bevinden *lie*; *be situated* ★ de kamer ligt op het westen *the room faces West* ★ dat ligt nu heel anders *things are quite different now* ★ het ligt voor je neus *it's staring you in the face* • uitgestrekt rusten ★ gaan ~ *lie down*; ⟨v. wind⟩ *drop* ★ op de grond ~ *lie on the floor* ★ op sterven ~ *be dying* ▼ blijven ~ *stay in bed*; *sleep in* ★ hij lag met griep te bed *he was laid up with the flu* ★ hij had het geld ~ *he had the money ready* ★ het werk is blijven ~ *the work has been left over* ★ iets laten ~ *leave s.th.* ★ ik heb nog een flesje wijn ~ *I have a bottle of wine left* • ~ aan *depend (on)* ★ waar ligt het aan? *what is the cause of it?* ★ het ligt aan jou *it is your fault*; *you are to blame* ★ dat ligt geheel aan u *that lies/rests entirely with you* ▼ dat ligt mij niet *that is not in my line*; *that does not suit me* ▼ eruit ~ *be out of favour*; *be in the doghouse* ▼ hij heeft het lelijk laten ~ *he*

has botched things up

ligging *situation; position*

light ⟨algemeen⟩ *light;* ⟨v. producten met (veel) vet⟩ *low-fat* ∗ ~product *low-calory food item*

lightrail *lightrail*

ligplaats *berth*

ligstoel *reclining chair*

Ligurische Zee *Ligurian Sea*

liguster *privet*

ligweide *sun terrace; sunbathing area*

lij *lee* ∗ aan lijzijde *on the lee side*

lijdelijk *passive; resigned* ∗ ~ verzet *passive resistance*

lijden I zn *suffering(s)* ∗ iem. uit zijn ~ helpen *put a person out of his misery* **II** ov ww ● ondervinden *suffer; endure; bear;* ⟨honger⟩ *starve* ∗ een verlies ~ *sustain/suffer a loss* ● verdragen ⟨mens, gevoel, zaken⟩ *stand;* ⟨gevoel, zaken⟩ *endure* ∗ ik kan hem niet ~ *I can't stand him* ∗ ik mag ~ dat het waar is *I hope it will be true* **III** on ww ● last hebben *suffer* ∗ zijn gezondheid leed eronder *his health was affected by it* ● ~ aan *suffer from*

lijdend TAALK. ∗ ~ voorwerp *direct object* ∗ ~e vorm *passive voice*

lijdensweg REL. ⟨v. Christus⟩ *Way of the Cross* ● FIG. *martelgang agony*

lijder *patient*

lijdzaam ● passief *passive* ∗ ~ toezien *stand by and watch* ● gelaten *patient; resigned*

lijdzaamheid *patience* ∗ zijn ziel in ~ bezitten *possess one's soul in patience*

lijf ● lichaam *body* ∗ in levenden lijve *in the flesh; in person* ● deel van kledingstuk *bodice* ∗ blijf van mijn lijf! *don't touch me!* ∗ iem. te lijf gaan *go for a person* ∗ iem. tegen het lijf lopen *run across/into a person* ∗ niet veel om 't lijf hebben *there's nothing to it* ∗ iets aan den lijve ondervinden *find out sth. to one's cost* ∗ recht van lijf en leden *straight-limbed*

lijfarts *personal physician;* ⟨hofarts⟩ *court-physician*

lijfblad *favourite paper*

lijfeigene *serf*

lijfelijk *bodily; physically*

lijfrente *life annuity*

lijfsbehoud *preservation of life* ∗ op ~ bedacht *anxious to save one's life*

lijfspreuk *motto*

lijfstraf *corporal punishment*

lijfwacht *body guard*

lijk *corpse; dead body* ∗ zo wit als een lijk *as white as a sheet* ∗ over mijn lijk *over my dead body*

lijkauto *hearse*

lijkbleek *deathly pale; ashen*

lijken ● overeenkomen *resemble; look like* ∗ hij lijkt op zijn broer *he is like his brother* ∗ zij lijkt sprekend op hem *she is his spitting image* ∗ dat begint er op te ~ *that's more like it* ∗ dat lijkt nergens op/naar *that's ridiculous* ● schijnbaar zijn *seem; appear* ∗ dat lijkt me niet *I don't think so* ∗ je lijkt wel gek *you must be mad* ● dunken *suit; fit* ∗ dat lijkt me wel wat *that sounds like a good idea* ∗ dat zou

me wel ~ *that would suit me fine* ∗ dat lijkt nergens naar *that's absolutely hopeless* ● aanstaan *suit* ∗ dat lijkt mij niets *I don't like it at all*

lijkenhuis *mortuary; morgue*

lijkenpikker ● hospik *medical orderly* ● profiteur *ghoul;* FIG. *vulture*

lijkkist *coffin*

lijkrede *funeral oration*

lijkschennis *desecration/violation of a corpse*

lijkschouwer *coroner*

lijkschouwing *autopsy; post-mortem examination;* JUR. *inquest*

lijkstijfheid *rigor mortis*

lijkwade *shroud*

lijkwagen *hearse*

lijkzak *body bag*

lijm *glue*

lijmen ● plakken *glue* ● overhalen *talk round* ∗ iem. ~ *rope s.o. in*

lijmsnuiver *glue-sniffer*

lijmtang *(glueing) clamp*

lijn ● touw *line;* ⟨v. hond⟩ *lead; leash* ∗ de hond aan de lijn houden *keep the dog on the lead/leash* ● streep *line* ∗ lijn van schaakbord ⟨horizontaal⟩ *row;* ⟨verticaal⟩ *file* ● linie ∗ op één lijn *in line with* ∗ op één lijn liggen/staan met ⟨bomen, huizen, e.d.⟩ *be in line with;* FIG. *be on a par/a level with* ∗ iem. op één lijn stellen met *rank a person with* ∗ over de hele lijn *all along the line* ● omtrek ∗ in grote lijnen *broadly speaking* ● verbinding *line* ∗ lijn acht ⟨v. bus⟩ *number eight* ● beleidslijn ∗ één lijn trekken *pull together* ∗ dat ligt niet in mijn lijn *that is not in my line (of business)* ∗ aan de (slanke) lijn doen *be on a diet*

lijndienst *regular/scheduled service*

lijnen *go on a diet*

lijnfunctie *line management post*

lijnfunctionaris *line manager*

lijnolie *linseed oil*

lijnrecht I BNW *precies recht (dead) straight* **II** BIJW ● volkomen *flatly* ∗ ~ staan tegenover *be diametrically opposed to* ∗ ~ in strijd met *in flat contradiction with/to* ● in een rechte lijn *straight*

lijnrechter *linesman*

lijntoestel *air liner; scheduled plane*

lijnverbinding *connection*

lijnvlucht *scheduled flight*

lijnzaad *linseed*

lijs ● slome *slowcoach* ● slungel *slowcoach; slug*

lijst ● opsomming *list;* ⟨school, etc.⟩ *register* ∗ iem. op de zwarte ~ zetten *blacklist s.o.* ● rand *cornice* ● omlijsting *frame* ∗ in een ~ zetten *frame*

lijstaanvoerder ● lijsttrekker *no 1 candidate;* ≈ *party leader* ● SPORT *leader*

lijstenmaker *frame-maker*

lijster *thrush* ● grote ~ *mistle thrush*

lijsterbes ● vrucht *rowan(-berry)* ● boom *rowan; mountain ash*

lijsttrekker *person heading the list of (political) candidates*

lijvig ⟨omvangrijk⟩ *bulky;* ⟨gezet⟩ *corpulent*

lijzig *drawling* ∗ ~ spreken *drawl*
lijzijde *lee side*
lik • het likken *lick* • nor *clink*; nick ▾ iem. een lik uit de pan geven *tick s.o. off sharply*
likdoorn *corn*
likdoornpleister *corn plaster*
likeur *liqueur*
likkebaarden *smack/lick one's lips*; FIG. *lick one's lips*
likken • met tong bewegen *lick* • vleien *toady*; soft soap ▾ lik me reet! *bugger off!*; kiss my ass!
likmevestje • een kwaliteit van ~ *(piss) poor quality* ∗ een boek van ~ *a crummy/lousy book*
lila *lilac*
lillen *quiver*
lilliputter *midget*
limerick *limerick*
limiet *limit*
limiteren *limit*
limoen *lime*
limonade *lemonade*; ⟨priklimonade⟩ *fizzy lemonade* ∗ ~siroop *lemon squash concentrate*
limousine *limousine*
linde *lime (tree)*
lindebloesem *lime blossom*
lineair *linear*; *lineal* ∗ ~e vergelijking *linear equation*
linea recta *straight*
lingerie *lingerie*; *women's underwear*
lingua franca *lingua franca*
linguïst *linguist*
linguïstiek *linguistics*
liniaal *ruler*
linie • MIL. *line (of defences)* • verwantschap ∗ mannelijke ~ *male line* ▾ over de hele ~ *right down the line*
liniëren *line*; *rule*
link I ZN *link*; *connection*; *relationship* ∗ een link leggen tussen twee gebeurtenissen *link two incidents* II BNW slim *sly*; *cunning*; *craftly* ▾ hij is zo link als een looie deur *he's as bent as a corkscrew*; *he's as sly/crafty as a fox*
linker *left*; *left-hand* ▾ met 't ~ been uit bed stappen *get out of bed on the wrong side*
linker- *left(-hand)*
linkerhand *left hand* ▾ hij heeft twee ~en *he's all fingers and thumbs*
linkerkant *left(-hand) side*
linkerrijstrook *left lane*
linkervleugel *left wing*
links I BNW • aan de linkerkant *on the left hand side* • POL. *left-wing*; *leftist* ∗ ~ *the left* • onhandig *awkward* ▾ iem. ~ laten liggen *ignore a person* II BIJW • aan de linkerkant *to/on/at the left* ▾ uiterst ~ rijden *drive well to the left*; INF. *hug the left* • POL. ∗ ~ stemmen *vote for the left* ▾ iem. ~ laten liggen *ignore a person*
linksaf *to the left* ∗ ~ slaan *turn (to the) left*
linksback *left-back*
linksbuiten *outside left*; *left winger*
linksdraaiend *laevorotatory*
links-extremistisch *left (wing) extremist*
linkshandig *left-handed*

linksom *left* ∗ MIL. ~ keert! *turn... left!*
linnen I ZN stof *linen* II BNW *linen* ∗ in ~ band *in cloth*
linnengoed *linen*
linnenkast *linen cupboard*
linoleum *linoleum*
linolzuur *linole(n)ic acid*
lint *ribbon*
lintje *ribbon*; ⟨onderscheiding⟩ *decoration*
lintjesregen *rain of titles (on the monarch's birthday)*; BE *Birthday Honours (List)*
lintworm *tapeworm*
linze *lentil*
lip *lip* ∗ geen woord kwam over zijn lippen *not a word passed his lips* ∗ zij zou het niet over haar lippen kunnen krijgen *she couldn't bring herself to say such a thing* ▾ aan iemands lippen hangen *hang on s.o.'s lips*; *hang on s.o.'s every word*
lipide *lipid(e)*
liplezen *lip-read*; *read s.o.'s lips* ∗ het ~ *lipreading*
liposuctie *liposuction*
lippencrème *lip cream*
lippendienst *lip-service*
lippenpotlood *lip liner/pencil*
lippenstift *lipstick*
liquidatie *liquidation*; *winding-up*; ⟨effectenbeurs⟩ *settlement* ∗ bevel tot ~ *winding-up order*
liquide *liquid* ∗ ~ middelen *liquid assets*
liquideren • opheffen *liquidate*; *settle* • vermoorden *eliminate*
liquiditeit • liquide middelen *liquid assets* • mogelijkheid tot vereffening *liquidity*
lire *lira* [mv: *lire*]
lis *iris*; ⟨wilde lis⟩ *flag* ∗ gele lis *yellow iris*
lispelen I OV WW fluisteren *lisp* II ON WW slissen *(speak with a) lisp*
Lissabon *Lisbon*
list *stratagem*; ⟨truc⟩ *trick* ∗ listen en lagen *tricks and snares*
listig • slim *clever* • sluw *cunning*; *crafty*
litanie *litany*
liter *litre* ∗ een halve ~ *half a litre*
literair *literary*
literatuur *literature*
literatuurgeschiedenis *literary history*
literatuurlijst • boeken *reading list* • lijst titels *bibliography*
literatuuronderzoek *literature search*
literatuurwetenschap *literary theory* ∗ algemene ~ *general literature*
literfles *litre bottle*
literprijs *price per litre*
lithium *lithium*
lithografie *lithography*
litotes *litotes*; *understatement*
Litouwen *Lithuania*
litteken *scar*
littekenweefsel *scar tissue*
liturgie *liturgy*
live *live*
live- • gelijktijdig *live* ∗ ~uitzending *live broadcast* • voor publiek *live* ∗ ~opname *live recording*

li

livrei *livery*

lob • BIOL. *lobe* • SPORT *lob*

lobbes • hond *big friendly dog; good natured dog* • persoon *good/kind soul* ∗ een goeie ~ *a good soul*

lobby • hal *lobby;* ⟨hotel ook⟩ *lounge* • pressiegroep *lobby*

lobbyen *lobby(ing)*

lobelia *lobelia*

lobotomie *lobotomy*

locatie • plaats *location* • plaatsbepaling *localization*

loco-burgemeester *deputy mayor*

locomotief *engine; locomotive*

locutie *locution*

lodderig *drowsy*

loden I ZN (het) stof *loden* II BNW • van lood *lead; leaden;* FIG. *leaden* • van loden ∗ ~ jas *loden coat* III OV WW peilen *sound; plumb*

loeder ⟨man⟩ *brute;* ⟨vrouw⟩ *bitch*

loef *luff* ∗ iem. de loef afsteken *outwit a person*

loefzijde *weather side*

loeien • koeiengeluid maken ⟨v. koe⟩ *low;* ⟨v. stier⟩ *bellow* • huilen *howl; whine;* ⟨v. sirene⟩ *shriek; wail;* ⟨v. vlammen⟩ *roar*

loeihard • snel *full tilt/speed* • oorverdovend ∗ de stereo staat ~ (aan) *the stereo is blaring/ booming*

loempia ≈ *spring/pancake roll;* ≈ AE *egg roll*

loens *squinting; cross-eyed* ∗ hij is ~ *he has a cast in his eye*

loensen *squint*

loep *magnifying glass; loupe* ▼ onder de loep nemen *scrutinize*

loepzuiver *flawless; faultless*

loer ▼ iem. een loer draaien *play s.o. a nasty trick*

loeren • scherp uitkijken *leer (at); spy* • ~ op ⟨persoon⟩ *lie in wait for;* ⟨kans⟩ *be on the look-out for*

lof I ZN (de) • lofbetuiging *praise* ∗ boven alle lof verheven *above all praise* ∗ iem. tot toezwaaien *speak highly of s.o.* ∗ zijn eigen lof verkondigen *blow one's own trumpet* ∗ iemands lof verkondigen *sing s.o.'s praises* ∗ met lof slagen *pass with distinction* • godsdienstoefening *benediction* ▼ eigen lof stinkt *self-praise is no recommendation* II ZN (het) witlof *chicory*

loffelijk *laudable* ∗ ~ spreken over *speak in flattering terms of* ∗ ~ streven *laudable pursuit*

loflied *hymn/song of praise*

lofrede *eulogy*

loftrompet ▼ de ~ steken over *sound the praises of*

loftuiting *(words of) praise*

lofzang *ode* ∗ een ~ op iem. houden *extol s.o.*

log I ZN *log* II BNW ⟨tred⟩ *heavy;* ⟨instrument⟩ *unwieldy;* ⟨wagen⟩ *lumbering*

logaritme *logarithm*

logboek *log (book)*

loge • zitplaats *box* • afdeling van vrijmetselaars *(Freemasons') lodge* • portiershokje *porter's lodge*

logé *guest; visitor*

logeerbed *spare bed*

logeerkamer *visitor's room; spare room*

logement *lodging-house*

logen *steep in lye*

logenstraffen *give the lie (to someone);* ⟨hoop⟩ *belie*

logeren *stay;* INF. *stop* ∗ bij iem. ~ *stay with a person* ∗ blijven ~ *stay the night*

logger *lugger*

logheid *unwieldiness*

logica *logic*

logies *accommodation; lodging(s);* SCHEEPV. *living quarters* ∗ ~ met ontbijt *bed and breakfast*

logisch *logical; rational* ∗ dat is nogal ~ *that is clear; obviously*

logischerwijs *logically*

logistiek I ZN bevoorrading *logistics* II BNW *logistic*

logo *logo*

logopedie *speech therapy*

logopedist *speech therapist*

loipe *cross-country (skiing) trail*

lok *lock*

lokaal I ZN vertrek *room* II BNW *local*

lokaas *bait;* FIG. *lure*

lokaliseren • plaats bepalen *locate* • tot plaats beperken *localize*

lokaliteit *room; hall; premises* [mv]

loket • informatie-/verkooppunt ⟨v. kantoor⟩ *counter;* ⟨v. schouwburg⟩ *booking/box office;* ⟨in station e.d.⟩ *ticket window; booking office* • opbergvakje *pigeon hole; box*

lokettist *ticket/booking-clerk;* AE *teller;* ⟨op postkantoor, bank⟩ *counter clerk*

lokken • aanlokken *entice; lure* • bekoren *tempt; entice* ▼ in de val ~ *lure into a trap; trap*

lokkertje *bait*

lokroep *call (note)*

lokvogel *decoy*

lol *fun; laugh* ∗ lol maken *mess about; fool around* ∗ voor de lol *for fun; for a laugh* ∗ reuze lol hebben *have great fun* ∗ zij kan haar lol wel op *she's in for a tough time;* ⟨ironie⟩ *she's in for one hell of a mess*

lolbroek *clown; buffoon; joker*

lolletje *lark; bit of fun*

lollig *funny* ∗ de ~ste thuis *the family joker*

lolly *lollipop*

Lombardije *Lombardy*

lombok *red pepper; cayenne (pepper)*

lommerd *pawnshop* ∗ naar de ~ brengen *take to the pawnshop; pawn*

lommerrijk • schaduwrijk *shady* • bladerrijk *leafy*

lomp I ZN *rag; tatter* II BNW • plomp *ungainly;* ⟨schoenen⟩ *clumsy* • onhandig *clumsy* • onbehouwen *rude*

lomperd *boor*

lom-school ≈ *remedial school;* ⟨ongeveer⟩ *special school for children with learning and behavioural problems*

Londen *London*

lonen *be worth; pay* ∗ 't loont de moeite *it is worth the trouble*

long *lung*

longarts *lung specialist*
longdrink *longdrink*
longemfyseem *pulmonary emphysema*
longkanker *lung cancer*
longontsteking *pneumonia*
lonken *ogle* ▼ naar iem. ~ *ogle a person*; *to make eyes at a person*
lont *fuse* ▼ lont ruiken *smell a rat* ▼ de lont in het kruitvat werpen *put the spark to the tinder*
loochenen *deny*
lood • metaal *lead* • schietlood *plummet*; *plumb line* ★ uit 't lood *out of plumb/true* ▼ het is lood om oud ijzer *it is six of one and half a dozen of the other* ▼ met lood in de schoenen *reluctantly* ▼ uit het lood geslagen *bewildered*; *unbalanced*
loodgehalte *lead content*
loodgieter *plumber*
loodgietersbedrijf *plumbing business*
loodgrijs *leaden/smoky grey*
loodje • stukje lood *lump of lead* • ter verzegeling *lead seal* ▼ het ~ leggen *get the worst of it*
loodlijn ★ een ~ oprichten/neerlaten *erect/drop a perpendicular* • dieplood *sounding line*
loodrecht *perpendicular*
loods • persoon *pilot* • keet *shed*; ⟨v. vliegtuig⟩ *hangar*
loodsboot *pilot boat*
loodsen • SCHEEPV. *pilot* • leiden *pilot*; *guide*
loodsmannetje *pilot fish*
loodswezen *pilot(age) service*
loodvergiftiging *lead-poisoning*
loodvrij *unleaded*; *lead-free* ★ ~e benzine *lead-free petrol*
loodzwaar *leaden*; *heavy (as lead)* ★ die koelkast is ~ *this refrigerator weighs a ton*
loof *foliage*
loofboom *deciduous tree*
loofbos *deciduous forest*
loofhout *hardwood*
loog *lye*
looien *tan*
looier *tanner*
look I ZN (de) uiterlijk *look* II ZN (het) plantengeslacht *allium*; ⟨knoflook⟩ *garlic*
lookalike *look-alike*
loom ⟨markt⟩ *dull*; ⟨traag⟩ *heavy*; ⟨futloos⟩ *languid*; *listless* ★ met lome schreden *dragging one's feet*
loon • beloning *reward* • salaris *wages*; *pay* ★ loon trekken *draw wages* ★ met behoud van loon *with full pay* ▼ dat is zijn verdiende loon! *it serves him right!*
loonadministratie *wages administration/records*
loonbelasting *P.A.Y.E.*; *pay as you earn*; *tax on wages*; *wage tax*
loonbelastingverklaring *statement of wages and tax paid*
loonconflict *pay dispute*; *wage dispute*
loondienst *paid/salaried employment* ★ in ~ zijn bij *be employed by*; *be on the payroll of*
looneis *wage demand*
loongrens • grens van het loonbedrag *wage limit* • welstandsgrens *maximum wage level*

(for entitlement to national health insurance)
loongroep *pay/wage group*
loonheffing *withholding of tax on wages and social insurance contribution*
loonkosten *labour costs*
loonlijst *payroll*
loonpauze *pause in wage movements*
loonpeil *wage level*
loonplafond *wage ceiling*; *maximum wage*
loonronde *wage round*
loonschaal *scale of wages*; *pay/wage scale* ★ glijdende ~ *sliding scale of wages*
loonspecificatie *pay slip*
loonstop *wage freeze*
loonstrookje *pay slip*
loonsverhoging *wage/pay rise*
loonsverlaging *wage cut*
loontrekker *wage earner*
loonzakje *pay packet*
loop¹ • het lopen *walk*; *gait*; ⟨hard⟩ *run* • voortgang *course*; *development* ★ in de loop der jaren *in the course of years* ★ de vrije loop laten *give free rein to* ★ het recht moet zijn loop hebben *the law must take its course* ★ de loop der gebeurtenissen *the course/march of events* • deel van wapen *barrel* ▼ op de loop gaan *bolt* ▼ op de loop zijn *be on the run*
loop² ⟨zeg: loep⟩ *loop*
loopafstand *walking distance* ★ op ~ *within walking distance*
loopbaan *career*
loopbaanadviseur *career coach*
loopbaanonderbreking *career break*; *career interruption*
loopbaanplanning *career planning*
loopbrug • brug *footbridge* • loopplank *gangway*
loopgips *walking plaster*
loopgraaf *trench*
loopgravenoorlog *trench war(fare)*
loopje *run* ▼ een ~ met iem. nemen *fool s.o.*; *poke fun at s.o.*
loopjongen *errand boy*
looplamp *inspection lamp*
loopneus *runny nose*
looppas *run*; *jog* ★ in de ~ *at a jog*; MIL. *on the double*
loopplank ⟨v. schip⟩ *gangway*
loops *in heat*
looptijd *term*
looptraining *roadwork*
loos • leeg *empty* ★ loos gebaar *empty gesture* • onecht *false* ★ loos alarm *false alarm* • sluw *crafty*; *sly*; *cunning* ▼ wat is er loos? *what's up?*; *what's going on?*
loot • scheut *shoot* • telg *(off)shoot*; FORM. *scion*
lopen • te voet gaan *walk*; *go*; *run* ★ heen en weer ~ *pace/walk to and fro* ★ ~ door *walk through* ★ het is een uur ~ *it is an hour's walk* ★ af en aan ~ *come and go* ▼ iem. in de weg ~ *get in s.o.'s way* ★ 't op een ~ zetten *take to one's heels* ▼ zich voortbewegen • de wind liep naar het noorden *the wind shifted to the North* • zich uitstrekken ★ deze weg loopt naar A *this road leads/goes to A* ★ de weg liep langs de rivier *the road skirted/followed the*

river • verlopen ∗ het boek loopt goed *the book sells well* ∗ het liep heel anders *it turned out quite differently* ∗ ik zal zien hoe het loopt *I'll wait and see* ∗ de twist liep hoog op *the quarrel ran high* ∗ de zaken maar laten ~ *let things slide* ∗ zij loopt tegen de vijftig *she is getting on for fifty* ∗ die zaken ~ over hem *those matters are handled by him* ∗ het moet gek ~ als hij niet komt *he is sure to come* • functioneren ∗ de auto liep 90 mijl per uur *the car was doing 90 miles an hour* ∗ deze auto loopt 1 op 7 *this car does 7 kilometres to the litre* • van kracht zijn ∗ dit project loopt over drie jaar *this project will take three years to complete* ▾ erin ~ *walk right into it* ▾ och, loop heen! *oh, get along with you!* ▾ over iets heen ~ *pass lightly over s.th.*

lopend • te voet gaand *on foot* • voortbewegend *running* ∗ productie aan de ~e band *assembly line production* ∗ aan de ~e band gemaakt *mass-produced* ∗ ~ schrift *running script*; ~e band *conveyor belt*; ⟨systeem⟩ *assembly-line* • actueel ∗ ~e schulden *running debts* ∗ ~e zaken afdoen *settle current affairs* ∗ ~e orders *standing orders* ▾ zich als een ~ vuurtje verbreiden *spread like wild-fire*

loper • boodschapper *runner*; ⟨v. bank, e.d.⟩ *messenger* • sleutel *master key* • tapijt *carpet* • schaakstuk *bishop*

lor • vod *rag* • een lor (v. een ding) *a dud* • prul *(a piece of) junk* ∗ 't kan me geen lor schelen *I couldn't care less*; ↓ *I couldn't give a shit*

lord *lord*

lorgnet *(pair of) pince-nez*

lorrie *lorry*; *trolley*

los • niet vast *loose* ∗ met de handen los rijden *ride (with) no hands* • niet strak *loose*; *slack* ∗ met losse teugel *with a loose rein* • apart *detachable* ∗ los geld *loose change* ∗ los werkman *casual worker* ∗ losse lading *bulk cargo* ∗ los van al het andere *apart from everything else* ∗ los van vooroordeel *free from prejudice* ∗ losse aantekeningen *stray notes* ∗ losse exemplaren *single copies* ∗ een losse houding *a relaxed attitude* ∗ losse stijl *easy style* • ongedwongen ⟨zeden⟩ *loose*; *lax* ▾ erop los schieten *blaze away* ▾ hij steelt alles wat los en vast zit *he steals everything he can lay hands on* ▾ en nu erop los! *now for it!* ▾ erop los kopen *buy left, right and centre*

losbandig *lawless*; *loose*; *licentious*

losbarsten *break out*; *burst (out)* ∗ in lachen ~ *burst out laughing*

losbladig *loose-leaf*

losbol *loose/fast liver*

losbranden *fire/blaze away*

losbreken • uitbarsten *burst out* ∗ het onweer brak los *the thunderstorm broke* • vrijkomen ⟨v. touw, e.d.⟩ *break loose*; ⟨v. gevangene⟩ *break out*

los- en laadbedrijf *company/firm specialized in loading and unloading*

losgaan *come loose*; ⟨haar⟩ *come undone*

losgeld *ransom*

losgeslagen *out of control*

losgooien *loose*; ⟨v. schip⟩ *cast off*

losjes • niet vast *loosely* • luchthartig *airily*; *light heartedly* • luchtig *loosely*

loskomen • losraken *come loose/off*; ⟨vliegtuig etc.⟩ *get off the ground* • vrijkomen *be set free* • zich uiten *let o.s. go*; *express o.s.*

loskopen *buy out*; *ransom*; ⟨op borgtocht⟩ *bail (out)*

loskoppelen *detach*; *uncouple*; *disconnect*

loskrijgen • in bezit krijgen *secure*; INF. *wangle* ∗ geld van iem. ~ *get money out of s.o.* • los/vrij weten te krijgen *get loose/undone*; ⟨gevangene⟩ *(get) released*

loslaten I ov ww • vrijlaten *let loose*; *set free*; ⟨iem. of iets⟩ *let go (of)* ∗ laat los! *let go!* ∗ laat me los! *let go of me!* ∗ met rust laten ∗ de gedachte liet hem niet los *the thought haunted him* • mededelen ∗ hij laat niets los *he does not give away anything* II ON WW losgaan *come off/unstuck* ∗ de lijm heeft weer losgelaten *the glue has come unstuck again*

loslippig *indiscreet*

loslopen *walk about freely*; ⟨v. honden⟩ *run free* ▾ dat is te gek om los te lopen *that's too absurd for words* ▾ het zal wel ~ *that is sure to come right*

losmaken • maken dat iets/iem. los wordt *unfasten*; ⟨v. boeien⟩ *release*; ⟨v. grond⟩ *loosen*; ⟨v. knoop⟩ *untie* ∗ ~ van *detach from* ∗ zijn veters ~ *untie one's shoelaces* ∗ zich ~ van *break away from* ∗ ik kan me niet ~ van het idee *I cannot get rid of the idea* • oproepen *stir up interest*

losprijs *ransom*

losraken *get loose*; *come undone*; ⟨v. ijs⟩ *break up*

losrukken *tear loose*

löss *loess*

losscheuren I ov ww losmaken *tear loose* ∗ zich ~ *tear o.s. away* II ON WW losgaan *be torn loose*

losschieten *come loose*; *become detached*

losschroeven *unscrew*; *screw off*

lossen • uitladen *unload* • afschieten *discharge*; *fire*

losslaan I OV WW losmaken *break loose* II ON WW • plots losraken *break loose* • losraken van anker *break from the moorings* • zelfbeheersing verliezen *go astray*; *go adrift*

lostijd *unloading time*

los-vast *half-fastened*; FIG. *informal*; *casual*

losweg *loosely*; *carelessly*

losweken *soak off*; ⟨door stoom⟩ *steam open* ∗ zich ~ van de oude omgeving *detach o.s. from one's old milieu*

loswerken *extract*; *extricate* ∗ zich ~ *free o.s.*

loswringen (zich) *wrest/twist oneself free*

loszitten *be loose*

lot • lotsbestemming *fate*; *lot* ∗ zijn lot verbinden aan *throw one's lot in with* ∗ zijn lot was bezegeld *his fate was sealed* • loterijbriefje *(lottery) ticket* ∗ een lot uit de

loterij trekken *draw a lucky number* ⋆ door het lot aanwijzen *appoint/determine by lot*
loten *draw lots*
loterij *lottery*
lotgenoot *partner in distress; fellow-sufferer*
lotgeval *adventure; fortune*
loting *drawing lots; draw* ⋆ bij ~ aanwijzen *appoint/assign by lot*
lotion *lotion; wash*
lotsbestemming *fate; destiny*
lotto *lottery*
lottoformulier *Lotto entry form*
lottotrekking *lottery draw*
lotus *lotus*
lotuszit *lotus position*
louche *shady; louche*
lounge *lounge*
louter I BNW enkel *sheer* ⋆ ~ onzin *sheer nonsense* II BIJW *only; purely* ⋆ ~ bij toeval *by mere chance*
louteren *purify; chasten*
loutering *purification; chastening*
lovegame *love game*
loven *praise; commend* ⋆ iem. om iets prijzen *praise s.o. for s.th.*
lovenswaardig *laudable; commendable*
lover *foliage*
lowbudget *low budget*
loyaal *loyal*
loyalist *loyalist*
loyaliteit *loyalty*
loyaliteitsverklaring *declaration of loyalty*
lozen • ontdoen van *get rid of; dump* ⋆ iem. ~ *get rid of s.o.* • afwateren *drain; empty*
lozing *draining; discharge*
lp *LP; album*
LPG *LPG; Liquefied Petroleum Gas*
LSD *lyserginezuurdiëthylamide LSD*
lubberen *hang loose; slacken* ⋆ uitgelubberd *worn out*
lucht • atmosferisch gas *air* ⋆ frisse ~ *fresh air* • adem *air* ⋆ naar ~ happen *gasp for air* ⋆ ~ krijgen *get air* ⋆ geur *smell* ⋆ een speurhond ~ geven *give scent to* • hemel *sky* ⋆ in de open ~ *in the open air* ⋆ het is helemaal uit de ~ gegrepen *it's without any foundation* ⋆ er hangt onweer in de ~ *there is a storm brewing* ⋆ uit de ~ komen vallen *appear out of the blue* ⋆ in de ~ vliegen *explode* ⋆ in de ~ laten vliegen *blow up* ⋆ van de ~ leven *live on air* ⋆ ~ geven aan *give air to* ⋆ er hangt iets in de ~ *there's s.th. in the air; there's s.th. cooking/brewing* ⋆ gebakken ~ *hot air* ⋆ in de ~ zijn *be on the air*
lucht- *air-*
luchtaanval *air attack*
luchtafweer *anti-aircraft defence(s)*
luchtafweerraket *anti-aircraft missile*
luchtalarm *air-raid alarm*
luchtballon *(hot-air) balloon*
luchtband *pneumatic tyre*
luchtbed *air-bed; Lilo*
luchtbel *air bubble*
luchtbrug *air lift*
luchtcirculatie *air circulation*
luchtdicht *airtight*

luchtdoelgeschut *anti-aircraft artillery*
luchtdruk ‹m.b.t. dampkring› *(atmospheric) pressure*; ‹door lucht uitgeoefend› *air pressure*
luchtembargo *flight embargo*
luchten • ventileren *air; ventilate* ⋆ het huis ~ *air/ventilate the house* • uiten *vent* ⋆ zijn hart ~ *unburden o.s.* ⋆ ik kan jou niet ~ of zien *I can't stand you*
luchter • kroonluchter *chandelier* • kandelaar *candelabrum*
luchtfoto *aerial photograph*
luchtgekoeld *air-cooled*
luchthartig *light-hearted*
luchthaven *airport*
luchthaventerminal *airport terminal*
luchtig I BNW • fris *light* ⋆ ~ gekleed *lightly dressed* • licht *light; airy* ⋆ ~ gebak *light pastry* II BIJW *airy; light-hearted* ⋆ iets ~ opvatten *make light of s.th.*
luchtkasteel *castle in the air* ⋆ luchtkastelen bouwen *build castles in the air*
luchtkoeling *air cooling*
luchtkoker *air shaft*
luchtkussen *air cushion*
luchtlaag *layer of air*
luchtlandingstroepen *airborne troops*
luchtledig *vacuous; void of air* ⋆ een ruimte ~ maken *create a vacuum* ⋆ ~e ruimte *vacuum*
luchtledige ⋆ in het ~ praten *speak for deaf ears*
luchtmacht *air force*
luchtmachtbasis *airforce base*
luchtoffensief *air offensive*
luchtpijp *windpipe*; MED. *trachea*
luchtpost *airmail*
luchtreclame *aerial advertisement*
luchtreis *flight*
luchtruim *airspace*; ‹dampkring› *atmosphere*
luchtschip *airship*
luchtslag *air battle*
luchtspiegeling *mirage*
luchtsprong • een ~ maken van vreugde *jump (in the air) for joy*
luchtstreek *zone*
luchttoevoer *air supply*
luchttransport *air transport*
luchtvaart *aviation*
luchtvaartindustrie *aviation industry*
luchtvaartmaatschappij *air line (company)*
luchtverdediging *air defence*
luchtverfrisser *air freshener*
luchtverkeer *air traffic*
luchtverkeersleiding *air traffic control*
luchtverontreiniging *air pollution*
luchtverversing *ventilation*
luchtvochtigheid *humidity*
luchtvracht *air freight/cargo*
luchtweerstand *drag; air resistance*
luchtweg *air route* • ANAT. ~en *respiratory tract*
luchtweginfectie *chest infection*
luchtwortel *aerial root*
luchtzak *air pocket*
luchtziek *airsick*
lucide *lucid*
lucifer *match*

lu

luciferdoosje *matchbox*
lucratief *lucrative*
ludiek *playful*; *frivolous*
luguber *lugubrious*
lui **I** zn mensen *people*; *folk* **II** bnw *lazy*; *idle* ★ luie stoel *easy chair* ★ hij is liever lui dan moe *he was born tired*; *he's bone idle*
luiaard ● persoon *lazy-bones* ● dier *sloth*
luid *loud* ★ spreek luider *speak up*
luiden **I** ov ww doen klinken *ring*; ⟨v. doodsklok⟩ *toll* **II** on ww ● klinken *ring*; *peal* ● behelzen *read*; *run* ★ het antwoord luidt nee *the answer is no*
luidkeels *at the top of one's voice*; *loudly*
luidruchtig *clamorous*; *noisy*
luidspreker *loudspeaker*
luier *nappy*; ae *diaper* ★ een schone ~ aandoen *change baby's nappy/diaper*
luieruitslag *nappy rash*; *diaper rash*
luifel *porch*; ⟨groot⟩ *awning*
luik ⟨v. ruim, e.d.⟩ *hatch*; ⟨voor raam⟩ *shutter*; ⟨in vloer⟩ *trap-door*
luilak *lazybones*
luilekkerland *(land of) Cockaigne*; *land of plenty*
luim ● humeur *mood*; *humour* ● gril *caprice*; *whim*
luipaard *leopard*
luis *louse* [mv: *lice*]
luister *lustre* ★ ~ bijzetten *add lustre to*
luisteraar *listener*
luisterboek *talking book*
luisterdichtheid *listening ratings*
luisteren ● toehoren *listen (naar to)*; ⟨afluisteren⟩ *eavesdrop* ★ ~ of men ook geluid hoort *listen for a sound* ● gehoorzamen *listen* ★ naar 't roer ~ *respond to the helm* ● ~ naar ★ ~ naar de naam van *answer to the name of* ▼ dat luistert nauw *it requires great precision*
luistergeld *radio/TV licence fee*
luisterlied *chanson*
luisterrijk *glorious*; *magnificent*
luistertoets *listening comprehension test*
luistervaardigheid *listening comprehension*
luistervink *eavesdropper*
luit *lute*
luitenant *lieutenant* ★ eerste ~ be *lieutenant*; ae *first lieutenant* ★ tweede ~ *second lieutenant*
luitenant-generaal *lieutenant-general*
luitenant-kolonel ⟨luchtmacht⟩ *wing commander*
luitenant-ter-zee *lieutenant* ★ ~ 1e klasse *lieutenant commander*
luitjes *people*; *folk* ★ de mazzel, ~! *see you later, folks!*
luiwagen *scrubbing-brush*
luiwammes *lazybones*
luizen *louse* ▼ iem. erin ~ *trick s.o. into s.th.*; *take s.o. for a ride*
luizenbaan *soft/easy job*
luizenkam *fine-toothed comb*
lukken *succeed*
lukraak **I** bnw *random*; *haphazard* **II** bijw *haphazardly*
lul ● penis *cock*; *prick* ★ een stijve lul hebben

have a hard-on ● persoon *sod*; *prick* ▼ Lulletje Rozenwater *wally*; *geek*
lulkoek *bullshit*; ↑ *hot air*; ↑ *twaddle*; *rot*
lullen *(talk) bullshit*
lullig ● klungelig *shitty* ★ het is een ~ gezicht *it looks stupid* ● onaangenaam *rotten*; *shitty*; *lousy* ★ doe niet zo ~ *don't be a jerk/idiot*
lumineus ★ een ~ idee *a brain wave*; *a splendid idea*
lummel *lout*; *oaf*
lummelen *hang about*
lummelig *loutish*; *oafish*
lunapark *fun-fair*
lunch *lunch(eon)*
lunchconcert *lunch(eon) concert*
lunchen *lunch*; *have lunch*
lunchpakket *packed lunch*
lunchpauze *lunch break*
lunchroom *tearoom*
luren ▼ iem. in de ~ leggen *take s.o. in*; *take s.o. for a ride*
lurken *suck noisely*
lurven ▼ iem. bij de ~ pakken *have s.o. by the short and curlies*
lus *loop*; ⟨v. touw⟩ *noose*; ⟨in tram⟩ *strap*
lust ● zin *desire* ● verlangen *desire*; *interest* ★ tijd en lust ontbreken haar *she has neither the time nor the energy* ★ ik heb grote lust om *I've a great mind to* ● plezier *delight* ★ een lust voor de ogen *it is a feast for the eyes* ★ werken dat 't een lust is *work with a will* ★ het is zijn lust en zijn leven *it's his ruling passion* ▼ het beneemt me alle lust *it takes away all my pleasure* ▼ wel de lusten en niet de lasten willen dragen *want to have the fun but not the trouble*
lusteloos *listless*
lusten *like*; *enjoy* ★ ik zou wel een sigaretje ~ *I could do with a cigarette* ★ ik lust niet meer *I can't eat any more* ★ ik lust hem rauw! *let me just get my hands on him!* ★ hij zal ervan ~ *he'll catch it* ▼ iem. ervan laten ~ *take it out on a person*
lusthof ● tuin *pleasure garden* ● paradijs *(garden of) Eden*
lustig ● monter *cheerful* ● flink *lusty* ★ zij praatte er ~ op los *she talked away lustily*
lustmoord *sex murder*
lustmoordenaar *sex murderer*
lustobject *sex object*
lustrum ● viering *fifth, etc., anniversary* ● vijfjarig bestaan *lustrum*
luthers *Lutheran*
luttel *little*; *few* ★ voor het ~e bedrag van twaalf euro *for a paltry/measly sum of twelve euro's*
luw ● uit de wind *sheltered* ▼ vrij warm *warm*
luwen ⟨v. ijver⟩ *flag*; ⟨v. vriendschap⟩ *cool down*; ⟨v. wind, boosheid⟩ *die down*
luwte *lee*; *shelter* ★ in de ~ van *in/under the lee of*
luxaflex *venetian blind(s)*
luxe *luxury*
luxeartikel *luxury article*; *luxury goods*
Luxemburg *Luxembourg*
Luxemburger *Luxemburger* ★ een

Luxemburgse *a Luxemburger woman*
Luxemburgs I ZN *Luxemburgian* II BNW
Luxemburgian
luxueus *sumptuous; luxurious*
L-vormig *L-shaped*
lyceïst ≈ *grammar school student/pupil*; ≈ AE
high school student
lyceum ≈ *grammar school*; ≈ AE *high school*
lychee *litchi; lychee*
lycra *Lycra*
lymfklier *lymph node/gland*
lymfocyt *lymphocyte*
lynchen *lynch*
lynx *lynx*
lyriek *lyric poetry*
lyrisch *lyric(al)*

M

m *m* ⋆ de m van Marie *M as in Mary*
ma *mum; mummy; mama*
MA *Master MA*
maag *stomach*; INF. *tummy* ▾ zwaar op de
maag liggen *lie heavy on the stomach* ▾ iem.
iets in de maag splitsen *palm s.th. off on s.o.*
▾ ergens mee in de maag zitten *be saddled
up with s.th.*
maagaandoening *stomach disorder*
maagbloeding *gastric h(a)emorrhage*
maagd *virgin* ⋆ de Heilige Maagd *the Virgin
Maagd Virgo*
maag-darmkanaal *gastrointestinal tract*
maagdelijk ● van een maagd *virginal* ● zuiver
virgin(al) ⋆ ~ gebied *virgin territory*
maagdelijkheid *virginity; maidenhood*
maagdenvlies *hymen; maidenhead*
maagklacht *stomach disorder* ⋆ ~en hebben
have a stomach complaint
maagkramp *stomach cramps*
maagkwaal *stomach-complaint*
maagpatiënt *gastric patient* ⋆ zij is een ~ *she
has stomach trouble*
maagpijn *stomachache*; INF. *tummy-ache*
maagsap *gastric juice*
maagslijmvlies *stomach lining; gastric mucosa*
maagwand *stomach wall*
maagzuur *gastric acid; stomach acid*
⋆ brandend ~ *heartburn*
maagzweer *gastric/peptic ulcer*
maaien *mow*; ⟨v. gras⟩ *cut*; ⟨v. koren⟩ *reap*
maaier *mower; reaper*
maaimachine *mowing-machine*; ⟨voor
grasveld⟩ *lawnmower*; ⟨voor koren⟩ *reaping-
machine*
maak ● het produceren ⋆ in de maak zijn *be in
the making; be under construction* ● het
herstellen ⋆ in de maak zijn *be under repair*
maakbaar *feasible* ⋆ dat was een maakbare bal
that was a genuine chance
maakloon *cost of making*
maaksel ● product *product* ● manier waarop
iets gemaakt is *make; manufacture*
maakwerk *work made to order*
maal I ZN (de) keer *time* ⋆ te enen male
onmogelijk *utterly impossible* ⋆ twee maal
drie is zes *twice three is six; two times three is
six* ⋆ lengte maal breedte *length times/by
width* II ZN (het) maaltijd *meal*; ⟨v. dier⟩ *feed*
⋆ een stevig maal *a square meal*
maalstroom *whirlpool; maelstrom*; FIG. *vortex*
maalteken *multiplication sign*
maaltijd *meal* ⋆ aan de ~ zijn *be at table*
maan *moon* ⋆ volle maan *full moon* ▾ loop
naar de maan! *go to the devil!* ▾ naar de
maan gaan *be ruined*
maand *month* ⋆ de 15e dezer ~ *the 15th inst.*
maandabonnement ⟨v. trein⟩ *monthly season
ticket*; ⟨v. krant⟩ *monthly subscription*
maandag *Monday* ⋆ 's ~s *on Monday; every
Monday* ▾ een blauwe ~ *a short while*
maandagmiddag *Monday afternoon*

ma

maandagmorgen *Monday morning*
maandags I BNW *Monday* ⋆ de ~e post *the Monday mail* II BIJW *on Mondays*
maandblad *monthly (review|magazine)*
maandelijks *monthly*
maandenlang *for months (on end); months long*
maandgeld *monthly pay|allowance*
maandkaart BE *monthly (season) ticket;* AE *(monthly) commutation ticket*
maandloon *monthly wages; monthly pay*
maandsalaris *monthly salary*
maandverband *sanitary towel*
maanexpeditie *moon expedition; lunar expedition*
maangodin *moon-goddess*
maanlander *lunar module*
maanlanding *landing on the moon*
maanlicht *moonlight*
maansikkel *crescent (of the moon)*
maansverduistering *eclipse of the moon*
maanzaad *poppyseed*
maanzaadbrood *poppy-seed bread*
maar I ZN *but* ⋆ geen maren *no buts* II BIJW
  • toch *only; just* ⋆ dat gaat zo maar niet *you can't do a thing like that* ⋆ hij komt maar al te graag *he'd be only too happy to come* ⋆ ze lachte maar *she laughed and laughed* ⋆ was Jan maar hier *if only John were here* ⋆ wist ik het maar *if only I knew* ⋆ zij weet het maar al te goed *she knows only too well* ⋆ wacht maar! *just wait!* ⋆ (waarom deed je dat?) zo maar! *for no reason at all!; because!* • slechts *but; only* ⋆ als ik maar kon *if only I could* ⋆ zo snel als hij maar kon *as fast as ever he could* ⋆ maar al te duidelijk *only too clear* ⋆ maar net *only just* III VW *but* ⋆ ik had het je willen zeggen, maar ... *I would have told you, but ...* ⋆ maar ja, wat kun je ermee doen? *but then, what can you do with it?*
maarschalk *marshal*
maart *March* ⋆ ~ roert zijn staart *March brings gales*
maarts *(of) March* ⋆ ~e bui *April shower*
maas • opening in net *mesh* • FIG. opening *loophole*
Maas *Meuse*
maat • meeteenheid *measure* • afmeting *measure;* ⟨v. kleding⟩ *size* ⋆ iem. de maat nemen *take s.o.'s measure* ⋆ op maat gemaakt *made to measure* ⋆ kleine/grote maat *small|large size* ⋆ hij heeft een kleine maat schoenen *he takes a small size in shoes* ⋆ schoenen in extra grote maten *outsize shoes* • iets waarmee men meet *measure* • gematigdheid *measure* ⋆ maat houden *keep within bounds* ⋆ met mate *in moderation* ⋆ hij weet geen maat te houden *he does not know when to stop; he does not know where to draw the line* ⋆ alles met mate *everything in reason* • makker *mate; comrade;* INF. *chum* • dikke maat(je)s *great pals* • MUZ. *measure; time;* ⟨op muziekbalk⟩ *bar* ⋆ uit de maat slaan *beat time* ⋆ de maat slaan *beat time* ⋆ maat houden *keep time* ⋆ in de maat *in time* ⋆ op de maat der muziek *in time to the music* ⋆ de eerste maat *the first bar* ▾ met twee maten meten

measure by two standards ▾ in hoge mate *in a large measure; to a great degree; highly* ▾ in de hoogste mate *in the extreme* ▾ in meerdere of mindere mate *more or less; to a greater or lesser extent* ▾ de maat is vol *the cup is full*
maataanduiding *measure indication*
maatbeker *measuring cup|jug*
maatgevend *decisive*
maatgevoel *sense of rhythm*
maatglas *measuring-glass;* CHEM. *graduated cylinder*
maathouden *keep time; draw the line*
maatje • vriend *mate;* • chum ⋆ goede ~s zijn *be the best of friends* • deciliter *decilitre*
maatjesharing *raw herring*
maatkleding *made-to-measure clothes; tailor-made clothes*
maatkostuum *suit to measure*
maatregel *measure* ⋆ Algemene Maatregel van Bestuur *Order in Council*
maatschap *partnership*
maatschappelijk *social* ⋆ ~ werk *social|welfare work* ⋆ ~ werker *welfare|social worker*
maatschappij • samenleving *society* • genootschap *society;* ⟨handel⟩ *company*
maatschappijkritisch *critical of the social structure*
maatschappijleer *social science*
maatstaf *standard; norm* ⋆ een ~ aanleggen *apply a standard* ⋆ naar die ~ *by that standard*
maatstok • meetlat *rule; measure; measuring-rod* • dirigeerstok *baton*
maatstreep • MUZ. *bar(-line);* AE *measure* • maatstreep *graduation*
maatwerk *goods made to measure*
macaber *macabre*
macadam *macadam*
Macao *Macau*
macaroni *macaroni*
Macedonië *Macedonia*
Macedoniër *Macedonian* ⋆ een Macedonische *a Macedonian woman*
Macedonisch *Macedonian*
mach *Mach* ⋆ 2 mach vliegen *fly at Mach two* ⋆ getal van mach *Mach (number)*
machiavellisme *Machiavell(ian)ism*
machinaal • met machines *mechanical* ⋆ ~ vervaardigd *machine-made* ⋆ het gaat ~ *it is mechanized* • werktuiglijk *mechanical*
machinatie *machination*
machine *machine*
machinebankwerker *engineering fitter*
machinegeweer *machinegun*
machinekamer *engine-room*
machinepark *machinery*
machinepistool *submachine gun*
machinerie *machinery;* FIG. *machine*
machinist *engine driver;* ⟨v. trein⟩ *driver;* ⟨v. schip⟩ *(ship's) engineer*
macho I ZN *macho* II BNW *macho* ⋆ ~ gedrag *macho behaviour*
macht • vermogen *power; might* ⋆ bij ~e *able* ⋆ boven mijn ~ *above my strength* ⋆ buiten mijn ~ *beyond my control* ⋆ ik heb het niet in

mijn • *it is not in my power* ✶ met/uit alle ~ *with might and main* • heerschappij *power*; *authority* ✶ in zijn ~ krijgen *get into one's power*; *get a hold on* ✶ de ~ in handen hebben *be in power* ✶ (een partij) aan de ~ brengen *lead (a party) into power* ✶ hij verloor de ~ over het stuur *he lost control of the car*; *the car went out of control* ✶ uit de ouderlijke ~ ontzetten *deprive of parental rights* • gezag *dominion*; *power* • wereldlijke/ geestelijke ~ *temporal/spiritual power* • troepen *force(s)* ✶ de gewapende ~ *the armed forces* • WISK. *power* ✶ tot de n-de ~ verheffen *raise to the nth power/degree* ▾ de ~ der gewoonte *the force of habit*

machteloos *powerless*; *helpless*

machthebber • persoon met macht *ruler*; *man in power* • gevolmachtigde *attorney*

machtig I BNW • veel macht hebbend *powerful*; *mighty*; *tremendous* • beheersend *competent in* ✶ ik ben die taal niet ~ *I have not mastered that language* • indrukwekkend *tremendous*; *enormous* ✶ een ~-e menigte was op de been *an enormous crowd was milling about* ✶ het was een ~ schouwspel *it was a tremendous spectacle* • moeilijk te verteren *rich*; *filling* ▾ dat is mij te ~ *that's too much for me*; *that's more than I can bare* ▾ het werd haar te ~ *she was overcome by her feelings*; *she was swamped by emotion* II BIJW *powerfully* ✶ INF. ~ mooi *mighty fine*

machtigen *authorize*

machtiging *authorization* ✶ ~ verlenen *authorize*

machtsevenwicht *balance of power*

machtsmiddel *weapon*; *means of power*

machtsmisbruik *abuse of power*

machtsovername *assumption of power*

machtspositie *position of power*

machtsstrijd *power struggle*

machtsverheffen *raise to a higher power*

machtsverheffing *involution*

machtsverhouding *balance of power*

machtsvertoon *display of power*

machtswellust *lust for power*

macramé *macramé*

macro- *macro*

macro *macro*

macrobiotiek *macrobiotics*

macrobiotisch *macrobiotic*

macro-economie *macroeconomics*

macrokosmos *macrocosm*

Madagaskar *Madagascar*

madam • vrouw PEJ. *woman*; IRON. *lady* • bordeelhoudster *madam*

made *maggot*; *grub*

Madeira *Madeira*

madeliefje *daisy*

madera *Madeira*

madonna *Madonna*

Madrid *Madrid*

madrigaal *madrigal*

Madrileens *Madrilenian*

maf *nuts*; *crackers*; *crazy*

maffen ✶ gaan ~ *hit the sack/hay*; *turn in*

maffia *Mafia*; ‹maffia-achtige groepen› *mafia*

✶ drugs~ *drug mafia*

maffioso *mafioso*

mafkees *nut*; *goofball*

magazijn • opslagplaats *warehouse*; *storehouse* • winkel *department store*; AE *store(s)* • patroonruimte van geweer *magazine*

magazijnbediende *store-man*; AE *warehouse-clerk*

magazijnmeester *storekeeper*

magazine • tijdschrift *magazine*; ‹weekblad› *weekly*; ‹maandblad› *monthly* • rubriek *current affairs*

mager • dun *thin*; *slim* ✶ zo ~ als een lat *as thin as a rake* ✶ ~ worden *get/grow thin*; *lose flesh* • niet vet *lean*; *meagre*; ‹v. vlees› *lean* ✶ ~-e kaas/melk *low fat cheese/milk* ✶ ~-e jaren *lean years* • pover *feeble*; *poor* ✶ ~ resultaat *poor result*

magertjes *thin*; *lean* ✶ de opkomst vanavond was een beetje ~ *the turnout was a bit thin tonight*

maggiblokje ® *stock cube*

magie *magic*

magiër *magician*

magisch *magic(al)*

magistraal *masterly*

magistraat *magistrate*

magistratuur *magistracy*

magma *magma*

magnaat *magnate*; INF. *tycoon*

magneet *magnet*; ‹v. motor› *magneto*

magneetnaald *magnetic needle*

magneetschijf *magnetic disk*

magneetstrip *magnetic stripe*; *mag-stripe*

magnesium *magnesium*

magnesiumcarbonaat *magnesium carbonate*

magnesiumsulfaat *magnesium sulphat*

magnetisch *magnetic*

magnetiseren *magnetize*

magnetiseur *mesmerist*

magnetisme *magnetism*

magnetron *microwave*

magnetronfolie *microwave cling film*; *microwaveable plastic food wrap*

magnifiek *magnificent*

magnolia *magnolia*

mahonie I ZN *mahogany* II BNW *mahogany*

mahoniehouten *mahogany*

mail *mail*

mailbox *mailbox*

mailen *mail* ✶ een document aan iem. ~ *mail a document to s.o.*

mailing *mailing*

maillot *tights* [mv]; *pantyhose*

mailtje *mail*

mainframe *mainframe*

maïs *maize*; AE *(sweet) corn*

maïsgeel *maize (yellow)*

maïskolf *maize-ear*; *corncob*

maïskorrel *kernel of maize*; AE *kernel of corn*

maisonnette *maisonette*

maïsveld *field of maize*; AE *corn field*

maîtresse *mistress*

maïzena *cornflour*; *maizena*

majesteit *majesty* ✶ Uwe/Hare/Zijne Majesteit *Your/Her/His Majesty*

ma

majesteitsschennis *lese-majesty*
majestueus *majestic*
majeur *major* ∗ in C ~ *in C major*
majoor *major*
major *major*
majoraan → marjolein
majorette (drum) *majorette*
majuskel *majuscule*
mak • tam *tame* • meegaand *meek* ∗ zo mak als een lam *as meek as a lamb*
makelaar *broker* ∗ ~ in effecten *stockbroker* ∗ ~ in vaste goederen (real) *estate agent*
makelaardij • bedrijf *estate/house agent* • beroep *brokerage*
makelaarskantoor (real) *estate agent's office*
makelaarsloon FORM. *brokerage; broker's commission;* 〈voor huizen〉 *estate agent's fee*
makelij *make* ∗ van Chinese ~ *of Chinese make*
maken • vervaardigen *make* • doen ontstaan *make; render* • in toestand brengen *make* ∗ iem. boos ~ *make s.o. angry* ∗ iem. aan het lachen ~ *make s.o. laugh* • herstellen *mend;* INF. *fix* ∗ iets laten ~ *have s.th. fixed* • verkrijgen *make; earn* ∗ veel geld ~ *make a lot of money* ▼ hij zal het niet lang meer ~ *he won't last much longer* ▼ maak dat je weg komt! *get out!* ▼ het goed ~ *do well/fine* ▼ het slecht ~ *be in a bad state* ▼ maak het nou! *come on!* ▼ dat kun je niet ~! *you can't do that* ▼ wat moet ik hiervan ~? *what do I make of this?* ▼ hoe maakt u het? *how do you do?* ▼ hij kan me niets ~ *he has nothing on me* ▼ je hebt hier niets te ~ *you have no business here* ▼ daar heb je niks mee te ~ *that's none of your business* ▼ het ernaar gemaakt hebben *have o.s. to blame* ▼ wat heeft zij ermee te ~ *where does she come in?* ▼ daar heb ik niets mee te ~ *I have nothing to do with that* ▼ ik wil niets meer met hem te ~ hebben *I want nothing more to do with him*
maker *maker*
make-up *make-up* ∗ ~ verwijderen *put on make-up*
makken ▼ niets/geen cent te ~ hebben *be flat broke*
makker *comrade; mate*
makkie *piece of cake*
makreel *mackerel*
mal I ZN model *mould* ▼ iem. voor de mal houden *make a fool of s.o.* II BNW dwaas *foolish; silly* ∗ ben je mal? *have you gone silly?*
malafide JUR. *mala fide; in bad faith*
malaise *slump; depression*
malaria *malaria*
malariamug *malaria(l) mosquito*
Malawi *Malawi*
Malediven *Maldive Islands* [mv]; *Maldives* [mv]
Maleis *Malay(an)*
Maleisië *Malaysia*
malen I OV WW fijnmaken *grind* II ON WW • constant in de gedachten zijn *worry; care* ∗ dat maalt maar door mijn hoofd *it keeps running in my head* • raaskallen *be off one's rocker* • ~ om ∗ ik maal er niet om *I don't*

care about it
malheur *bad luck*
Mali *Mali*
maliënkolder *coat of mail*
maligne *malignant*
maling ▼ iem. in de ~ nemen *make a fool of a person; pull s.o.'s leg* ▼ ~ hebben aan *not give a damn about*
mallemoer ▼ die fiets is naar zijn ~ *that bicycle is wrecked* ▼ het interesseert me geen ~ *it doesn't interest me a damn bit*
mallemolen *merry-go-round*
malloot *idiot*
Mallorca *Majorca*
mals • zacht 〈v. vlees〉 *tender* • zachtzinnig *gentle* ∗ niet mals *severe* • sappig *lush*
malt *malt*
Malta *Malta*
maltbier *malt beer*
maltraiteren *maltreat; mistreat; abuse*
malversatie *malversation*
mama BE *Mum(my);* AE *Mom(my)*
mamba *mamba*
mamma *mamma*
mammoet *mammoth*
mammoettanker *supertanker*
mammografie *mammography*
mammon *mammon* ∗ de ~ dienen *serve Mammon*
man • mannelijk persoon *man* ∗ een man van de daad *a man of action* ∗ van man tegen man *man-to-man* • echtgenoot *man* ∗ iem. aan de man brengen *marry off s.o.* • mens *man* ∗ per man ... *a head;* ... *each* ∗ tot de laatste man *to a man; to the last man* ▼ als één man *as one man* ▼ man en paard noemen *give chapter and verse* ∗ aan de man brengen *sell* ▼ met man en muis vergaan *perish with all hands* ▼ een man een man, een woord een woord *an honest man's word is (as good as) his bond* ▼ de gewone man *the man in the street* ▼ ik ben je man! *I'm your man!* ▼ hij is er de man niet naar om ... *he's not the sort of man who would ...* ▼ (recht) op de man af *point-blank* ▼ met man en macht *with might and main* ▼ hij heeft zijn man gevonden *he has found his match*
management *management*
management-consultant *management consultant*
manager *manager*
manche SPORT *heat;* 〈whist〉 *game*
manchet *cuff*
manchetknoop *cuff link*
manco 〈wat ontbreekt〉 *shortage; deficit;* 〈m.b.t. maat〉 *short measure;* 〈m.b.t. gewicht〉 *short weight;* 〈gebrek〉 *shortcoming*
mand *basket* ▼ door de mand vallen *make a clean breast of it*
mandaat • volmacht *power of attorney;* 〈tot betaling〉 *pay-warrant* ∗ iem. een blanco ~ geven *give a person a free hand* • opdracht *mandate* ∗ zijn ~ neerleggen *resign*
mandaatgebied *mandate; mandated territory*
mandarijn • vrucht *mandarin; tangerine* • Chinese ambtenaar *mandarin*

ma

Mandarijn *Mandarin*
mandekker *marker*
mandekking *man-to-man marking*
mandoline *mandolin*
manege *riding-school*; *manège*
manen I ZN *mane* ⋆ een leeuw heeft ~ *a lion has a mane* II OV WW ● aansporen *urge* ⋆ dit maant tot voorzichtigheid *this requires caution* ● herinneren *dun* ⋆ iem. om geld ~ *dun s.o. for money*
maneschijn *moonlight*
manga *manga*
mangaan *manganese*
mangaanerts *manganese ore*
mangat *manhole*
mangel *mangle*; *wringer* ▾ iem. door de ~ halen *put s.o. through the wringer*
mangelen *mangle*
mango *mango*
mangrove *mangrove*
manhaftig *manly*
maniak *maniac*
maniakaal *maniacal*
manicure ● handverzorging *manicure* ● handverzorger *manicurist*
manicuren *manicure*
manie *mania*; *rage*; *craze*; *fad*
manier ● wijze *manner*; *fashion*; *way* ⋆ op de een of andere ~ *somehow*; *one way or (an)other* ⋆ op deze ~ *in this way* ⋆ oh, op zo'n ~ *ah, I see what you mean* ⋆ ~ van doen *manner* ⋆ op zijn ~ *after his fashion* ⋆ op alle mogelijke ~en *in every possible way* ● omgangsvormen *manners* [mv] ⋆ dat is geen ~ (van doen) *that's no way of behaving* ⋆ zij heeft geen ~en *she has no manners*
maniërisme *mannerism*
maniertje ● foefje *trick*; *knack* ● gekunsteldheid *air* ⋆ ~s hebben *have an air*
manifest I ZN *manifesto* II BNW *manifest*
manifestatie ● verschijning *manifestation* ● betoging *demonstration*
manifesteren I OV WW kenbaar maken *manifest* ⋆ zich ~ *manifest o.s.* II ON WW betoging houden *demonstrate*
manipulatie *manipulation*
manipulator *manipulator*
manipuleren *manipulate*
manisch *manic*
manisch-depressief *manic-depressive*
manjaar *man-year*
mank *lame*; *crippled* ⋆ mank lopen *be lame*; *have a limp* ▾ de vergelijking gaat mank *the comparison is faulty*; *the comparison does not go on all fours*
mankement *defect*; *fault*; *trouble* ⋆ ~ aan de motor *engine trouble*
mankeren ● ontbreken *be missing*; *be absent* ⋆ er mankeert een euro aan *there is a euro short* ⋆ schelen *be wrong*; *be the matter* ⋆ wat mankeert je? *what's wrong with you?*; *what's the matter with you?*; *what's up with you?*; PEJ. *what's your problem?* ⋆ ik mankeer niets *I'm alright*; *I'm fine* ▾ zonder ~ *without fail* ▾ dat mankeerde er nog maar aan! *that's all I/we needed!*

mankracht *manpower*; *(manual) labour*
manmoedig *manly*; *manfully*
manna *manna*
mannelijk ● behorend tot een man *male* ● als van mannen *masculine*; ⟨flink⟩ *manly* ⋆ een ~ gezicht *a masculine face* ● TAALK. *masculine*
mannengek *man-eater* ⋆ zij is een ~ *she is man-crazy*
mannenkoor *men's choir*; *male choir*
mannenstem *man's voice*
mannentaal ⋆ dat is ~! *spoken like a man!*
mannenwereld *man's world*
mannequin *mannequin*
mannetje ● kleine man *little fellow/man* ● mannelijk dier *male*; ⟨v. runderen⟩ *bull*; ⟨v. knaagdieren⟩ *buck*; ⟨v. hert⟩ *stag* ● poppetje ≈ *matchstick figure* ▾ hij staat zijn ~ *he can hold his own*
mannetjesputter ● man *he-man*; *tough guy* ● manwijf *she-man*
manoeuvre *manoeuvre*
manoeuvreerbaarheid *manoeuvrability*
manoeuvreren *manoeuvre*
manometer *pressure gauge*; *manometer*
mans ⋆ mans genoeg zijn om *be man enough to*
manschappen MIL. *men* [mv]; ⟨v. marine⟩ *(naval) ratings* [mv]
manshoog *man-size(d)*
manspersoon *male*; *man*
mantel ● jas *jacket*; *coat* ● kleed *cloak* ▾ iem. de ~ uitvegen *give s.o. a good dressing down* ▾ iets met de ~ der liefde bedekken *draw a veil over s.th.* ▾ onder de ~ van *under the cover/cloak of*
mantelpak *coat and skirt*; *lady's suit*
mantra *mantra*
manueel *manual*
manufacturen *drapery*; *dry goods* [mv]
manuscript *manuscript*
manusje-van-alles *jack of all trades*; *factotum*
manuur *man-hour*
manwijf *she-man*; FORM. *virago*
maoïsme *Maoism*
map ● omslag ⟨schrijfmap⟩ *writing case*; ⟨voor tekeningen⟩ *portfolio*; ⟨voor brieven⟩ *folder* ● COMP. groep documenten *directory*; *folder*
maquette *model*
maraboe *marabou*
marathon *marathon* ⋆ een ~ lopen *run a marathon*
marathonloper *marathon runner*
marathonschaatser *marathon skater*
marathonzitting *extended meeting*; *marathon session*
marchanderen *bargain*; *haggle*
marcheren ● lopen *march* ● voorspoedig gaan *go swimmingly*
marconist *wireless operator*
mare ● bericht *report*; *tidings* [mv] ● gerucht *rumours* [mv]
marechaussee ⟨ongeveer⟩ *military police* [mv]
maren *raise objections* ⋆ niets te ~! *no buts!*
maretak *mistletoe*
margarine *margarine*; INF. *marge*
marge *margin*

ma

marginaal *marginal*

margriet *oxeye daisy*; *marguerite*

Maria *Maria*; *Mary*

Maria-Hemelvaart *Assumption*

marihuana *marihuana*; INF. *grass*; *pot*

marinade *marinade*

marine *navy*; ⟨deel van samenstelling⟩ *naval*

marinebasis *naval base*

marineblauw *navy blue*

marineren *marinate*; *marinade*

marinier *marine*

marinierskapel *band of the Royal Marines*

marionet *marionette*; *puppet*

marionettenregering *puppet regime|
government*

marionettenspel *puppet show*

maritiem *maritime*

marjolein *(sweet) marjoram*

markant *striking*

markeerstift *marker*; BE *marker pen*

markeren *mark*

marketing *marketing*

marketingstrategie *marketing strategy*

markies ● edelman *marquis*; *marquess*
● zonnescherm *awning*

markiezin *marchioness*

markt ● verkoopplaats *market* ● handel *market*
★ iets op de ~ brengen *put s.th. on the market*
★ de ~ bederven *spoil the market* ★ op de ~
gooien *launch on the market* ★ zwarte ~ *black
market* ▾ vraag *market* ▾ ik ben van alle ~en
thuis *I can turn my hand to anything*

marktaandeel *market share*

marktanalyse *market analysis*

markteconomie *market economy*

markten ★ gaan ~ *go marketing*

marktkoopman *market vendor*

marktkraam *(market) stall*

marktleider *market leader*

marktmechanisme *market forces* [mv]

marktonderzoek *market research*

marktplein *marketplace*; *marketsquare*

marktprijs *market price*; *market rate*

marktstrategie *market(ing) strategy*

marktverkenning *market(ing) research*

marktwaar *market goods* [mv]

marktwaarde *market value*

marmelade *marmalade*

marmer *marble*

marmeren I BNW *marble* II OV WW *marble*;
grain

marmot *marmot*; *woodchuck*; ⟨kleine marmot⟩
guinea-pig ▾ slapen als een ~ *sleep like a log*

Marokkaan *Moroccan*

Marokko *Morocco*

mars I ZN ● voettocht *march* ★ op mars gaan
march; *set out* ● MUZ. *march* II TW
★ voorwaarts mars! *forward, march!*

Mars *Mars*

marsepein *marzipan*

Marshalleilanden *Marshall Islands* [mv]

marskramer *pedlar*; *hawker*

marsmannetje *martian*

marsmuziek *marching music*

marsorder *marching-orders*

martelaar *martyr*

martelaarschap *martyrdom*

marteldood *martyrdom* ★ de ~ sterven *suffer
martyrdom*

martelen ● folteren *torture* ★ iem. dood~
torture s.o. to death ● FIG. kwellen *torment*;
torture

martelgang *agony*

marteling *torture*; *torment*

marteltuig *instruments of torture* [mv]

marter *marten*

martiaal *martial*

martini ® *martini*

Martinique *Martinique*

marxisme *Marxism*

marxist *Marxist*

marxistisch *Marxist*

mascara *mascara*

mascarpone *mascarpone*

mascotte *mascot*

masculien *masculine*

masker *mask*; ⟨als bescherming⟩ *face-guard*
▾ onder het ~ van ... *under the cloak of ...*

maskerade *masquerade*

maskeren *mask*

masochisme *masochism*

masochist *masochist*

masochistisch *masochistic*

massa ● NAT. *mass* ★ inerte ~ *dead-weight*
● grote hoeveelheid *mass* ★ bij ~'s *in large
quantities* ★ een ~ dingen *a mass of things*; *a
lot of things* ★ een ~ geld *pots of money* ★ een
~ water *a mass of water*; *tons of water* ★ een
~ fouten *piles of errors* ● volk *mass*; *crowd*
★ de grote ~ *the masses* [mv]

massaal I BNW ● een groot geheel vormend ⟨v.
gebouw, e.d.⟩ *massive* ● in massa *massive*;
⟨dood, vernietiging e.d.⟩ FIG. *wholesale*
★ massale aanval *mass attack* II BIJW
massively; FIG. *solidly*

massacommunicatie *mass communication*

massacultuur *popular culture*

massage *massage*

massagraf *mass grave*

massamedium *mass medium*

massamoord *mass murder*

massaproductie *mass production*

massatoerisme *mass tourism*

massavernietigingswapen *weapon of mass
destruction*

masseren *massage*

masseur *masseur*

massief ● stevig *massive* ● niet hol *solid*

mast ● paal *mast*; ⟨voor hoogspanningskabels,
e.d.⟩ *pylon* ● scheepsmast *mast* ★ vóór de
mast *before the mast*

master *master*

masterclass *masterclass*

mastodont *mastodon*

masturbatie *masturbation*

masturberen *masturbate*

mat I ZN (de) kleed *mat* II ZN (het) schaakmat
mate III BNW ● dof ⟨v. goud⟩ *matt*; ⟨v. licht⟩
dim; ⟨v. ogen, kleur⟩ *dull*; ⟨v. stem⟩ *flat*
● moe *weary*; *languid* ● schaakmat *mate*
★ iem. mat zetten *mate s.o.*

matador *matador*

match *match; game*
matchpoint *match point*
mateloos *unlimited*
materiaal • stof *material* [vaak mv] • FIG. *material*
materialisme *materialism*
materialist *materialist*
materialistisch *materialistic*
materie *matter*
materieel I ZN *materials* [mv] ★ rollend ~ *rolling stock* II BNW *material*
matglanzend *mat(-finished)*
matglas *frosted glass*
matheid • dofheid *dullness* • vermoeidheid *lethargy; weariness*
mathematica *mathematics* [mv]
mathematicus *mathematician*
mathematisch *mathematical*
matig • sober *moderate* • middelmatig *moderate; mediocre* ★ ik vind het maar ~ *I don't think much of it; I'm none too pleased about it*
matigen • intomen *moderate* • verminderen *mitigate*
matiging • het intomen *moderation* • het verminderen *mitigation*
matinee *matinée*
matineus ★ ~ zijn *be an early riser*
matje ▾ iem. op het ~ roepen *have s.o. on the carpet; tell s.o. off*
matras *mattress*
matriarchaal *matriarchal*
matriarchaat *matriarchy*
matrijs *mould*
matrix *matrix* [mv: *matrices/-xes*]
matrixprinter *dot matrix printer*
matrone *matron*
matroos *sailor; seaman* ★ ~ 1e klas *leading seaman*
matrozenpak ⟨vooral voor kinderen⟩ *sailor suit*
matse *matzo* [mv: *matzos*]; *Passover bread*
matsen *fix*; ⟨met betrekking tot baantje⟩ *wangle; help out* ★ ik zal je wel ~ *I'll wangle it for you*
matten I OV WW met matten beleggen *cane* ★ stoelen ~ *cane chairs* II ON WW vechten *fight*
mattenklopper *carpet-beater*
Mauritanië *Mauritania*
Mauritius *Mauritius*
mausoleum *mausoleum*
mauve *mauve*
mauwen *mew*
mavo ≈ *junior general secondary education*
maxicosi ® *car seat*
maximaal I BNW *maximum; top* II BIJW to the *maximum*
maximaliseren *maximize*; BE *maximise*
maximum *maximum* ★ jij staat op je ~ *you are on/at your maximum*
maximumsnelheid • toegestaan *speed limit* • mogelijk *top speed*
maximumtemperatuur *maximum temperature*
maxisingle *maxisingle*
mayonaise *mayonnaise*; INF. *mayo*
mazelen *measles* mv

mazen *darn*
mazzel *(lucky) break* ★ ~ hebben *have a lucky break* ▾ (de) ~! *(catch you) later!*
mazzelen *have a lucky break*
MBA *Master of Business Administration MBA*
mbo ≈ *senior secondary vocational education*
MC *Master of Ceremonies MC*
me *me*
ME • Mobiele Eenheid *riot police* • Middeleeuwen *Middle Ages* [mv] • MED. myalgische encefalomyelitis ⟨myalgic encephalomyelitis⟩ *ME*
meander *meander*
meanderen *meander*
meao ≈ *Senior Secondary Commercial Education*
mecanicien *mechanic*
mecenaat *patronage*
mecenas *Maecenas*
mechanica *mechanics* [mv]
mechaniek *mechanism*; ⟨v. geweer, piano, instrument⟩ *action*; ⟨v. speelgoed⟩ *clockwork*
mechanisch *mechanical*
mechaniseren *mechanize*; BE *mechanise*
mechanisme *mechanism*
medaille *medal*
medaillon *medaillon*
mede *also* ★ mede namens mijn man *also on behalf of my husband* ★ mede mogelijk gemaakt door *sponsored by*
mede- *co-; joint*
medeaansprakelijk *jointly liable*
medebeslissingsrecht *right of consultation*
medeburger *fellow citizen*
mededeelzaam *communicative* ★ ~ worden *expand*
mededelen → *meedelen*
mededeling *(piece of) information; announcement* ★ een ~ doen *make an announcement*
mededelingenbord *notice board*
mededinger *rival*; SPORT *competitor*
mededinging *competition*
mededogen *compassion*
medeklinker *consonant*
medeleven *sympathy* ★ ons ~ gaat uit naar ... *our sympathy lies with ...* ★ iem. ~ betonen met het overlijden van ... *express sympathy to s.o. on the loss of ...; condole s.o. on the loss of ...*
medelijden *pity; compassion* ★ om ~ mee te hebben *pitiable* ★ ~ hebben met *have pity on* ★ uit ~ *out of pity (for)*
medelijdend *compassionate*
medemens *fellow-man*
medemenselijkheid *humanity; solidarity* ★ iem. uit ~ helpen *help s.o. out of solidarity*
medeplichtig *accessory (to)*
medeplichtige *accomplice*; ⟨bij echtscheidingsproces⟩ *co-respondent*
medestander *supporter*
medewerker *co-worker; fellow-worker; collaborator*; ⟨aan tijdschrift⟩ *contributor*
medewerking *co-operation; collaboration* ★ met ~ van *with the co-operation of*
medeweten ★ met ~ van *with the knowledge of*
medezeggenschap *worker/employee*

me

participation ★ ~ hebben *have a voice/say in the matter*

media *media* ★ aandacht van/in de ~ *media coverage*

mediabeleid *media policy*

mediatheek *multimedia centre*

medicament *medicament*; *medicine*

medicatie *medication*

medicijn *medicine*; *medication*; *drug*

medicijnflesje *medicine bottle*

medicijnkastje *medicine chest*

medicijnman *medicine-man*

medicinaal *medicinal*

medicus *medical man*; *doctor*; *physician*

mediëvist *medievalist*

mediëvistiek *medieval studies*; *medievalism*

medio *in the middle of*; *mid-* ★ ~ september *in mid-September*

medisch *medical* ★ ~ adviseur *medical adviser*

meditatie *meditation*

mediteren *meditate*

mediterraan *Mediterranean*

medium *medium*

mee • (samen) met ★ hij gaat met ons mee *he'll join us* ★ daar spreekt u mee *speaking* ★ dat heeft er totaal niets mee te maken *that has nothing to do with it whatsoever* ★ dat kan er nog net mee door *it'll just about do* • ten gunste ★ de wind mee hebben *have a tail wind*; FIG. *ride on the crest of the wave* ★ zij heeft alles mee *she has got every advantage* ★ het zit ons niet mee *things aren't going our way*

meebrengen • meenemen *bring along/around* • inherent zijn aan *involve*; *entail* ★ de problemen die dit met zich meebracht *the problems ensuing/resulting from this*

meedelen I OV WW laten weten *inform (of)*; *let know*; FORM. *notify* ★ iem. iets voorzichtig ~ *break the news to s.o. gently* ★ tot onze spijt moeten wij u ~ *we regret to inform you* ★ hierbij deel ik u mee dat ... *I am writing to inform you that ...* II ON WW deel hebben *share (in)*; *participate (in)* ★ iem. laten ~ in *give s.o. a share of*

meedingen ★ ~ naar de wereldcup *compete for the World Cup*

meedoen *join (in)*; ⟨aan examen⟩ *go in for*; ⟨aan race⟩ *compete* ★ niet ~ *opt out*; *stand out* ★ ik doe mee *I'm on*

meedogend *compassionate*

meedogenloos *pitiless*; *ruthless*

meedraaien • meedoen *work (with)* ★ hij draait al een tijd mee *he's worked here for quite a while* • samen draaien *turn (with)*

meedragen *carry* ★ hij droeg een geheim met zich mee *he bore a secret*

mee-eter *blackhead*; MED. *comedo* [mv: *comedones*]

meegaan • vergezellen *accompany*; *go with* ★ ga je mee? *are you coming?* • instemmen (met) ★ met zijn tijd ~ *keep up with the times*; *move with the times* ★ ik ga met je mee *I go along with your views* ★ met een voorstel ~ *agree/subscribe to a proposal* • bruikbaar blijven *last* ★ lang ~ *wear well*

meegaand *accommodating*; *compliant*

meegeven I OV WW geven *give*; *provide (with)* II ON WW geen weerstand bieden *give (way)*; *yield* ★ de deur gaf een beetje mee *the door gave way a little*

meehelpen *help (with/in)*; *assist (with/in)*; *lend a hand (with)*

meekomen • bijblijven *keep up* ★ hij kan niet ~ *he can't keep up with the others* • samen komen *come (along/with)*

meekrijgen • op de hand krijgen *win over* ★ hij kreeg z'n toehoorders mee *he carried his audience with him*; *he won over his audience* • ontvangen *get*; *receive* ★ ik kreeg het geld mee *I was given the money* • overhalen *persuade to go*

meel ⟨v. graan⟩ *flour*

meeldauw *mildew*

meeldraad *stamen*

meeleven *empathize*; *sympathize* ★ ~ met iem. *empathize/sympathize with s.o.*

meelijwekkend *piteous*; *pathetic*

meelokken *entice*; *lure*

meelopen • meegaan *walk along* ★ met iem. ~ *accompany s.o.* • gunstig verlopen ★ alles loopt hem mee *he is always lucky*

meeloper *hanger-on*; POL. *fellow-traveller*; ⟨algemeen⟩ *follower*

meemaken ★ zij heeft veel meegemaakt *she's been/gone through a lot*

meenemen *take along/with* ★ een goede opinie van iets/iem. ~ *carry away a good opinion of s.th./s.o.* ▼ dat is mooi meegenomen *that is so much to the good*; *all the better*

meepikken • stelen *pinch*; INF. *nick* • iets extra doen *include*; *take in* ★ dat cursusje pik ik ook nog wel even mee *I'll include/do that course as well*

meepraten • samen praten *join in the conversation*; *put in a word* • napraten *go along with* ★ met iem. ~ ⟨vleierig⟩ *play up to a person* ▼ daar kan ik van ~ *I know s.th. about that*

meer I ZN (het) *lake* II BIJW • in hogere mate ★ zij is geen kind meer *she is no longer a child* ★ het is meer dan erg *it's too bad for words* • veeleer ★ hij is meer verdrietig dan beledigd *he is sad rather than offended* • verder *more* ★ hij had geen kracht meer *he had no strength left* ★ hij woont hier niet meer *he doesn't live here any more* ★ ik hoop hem meer te zien *I hope to see more of him* ★ niets meer of minder dan *nothing less than* ★ niet meer dan billijk *only fair* ★ nooit meer *never more/again* ★ te meer daar *the more so as* ★ een gevaar te meer *an added danger* III ONB VNW • in grotere hoeveelheid ★ onder meer *amongst others* • zonder meer *without more ado*; *simply*; *merely* ▼ zonder meer *just like that* IV TELW in grotere mate *more* ★ er kan nog veel meer bij *there's room for plenty more* ★ geen woord meer *not another word* ★ hij wil steeds meer *he wants to have more and more* ★ er zijn dit jaar meer toeristen hier *there are more tourists here this year* ★ meer dan eens heb ik hem gewaarschuwd

I warned him more than once

meerdaags of/for more than one day

meerdelig multipartite; in several parts/volumes

meerdere superior; MIL. superior in rank ★ ik moet in hem mijn ~ erkennen *I have to acknowledge his superiority*

meerderen increase

meerderheid ● groter aantal majority ★ in de ~ zijn be in the majority ★ de zwijgende ~ the silent majority ● overwicht superiority

meerderheidsbelang majority interest; controlling interest

meerderjarig of age ★ ~ worden come of age

meerijden drive/ride along with a person ★ iem. laten ~ give a person a lift

meerjarenplan long-range plan

meerjarig of more than one year ★ ~e planten perennials

meerkeuzetoets multiple-choice exam/test

meerkeuzevraag multiple-choice question

meerkoet coot

meerling multiple birth

meermaals several times; repeatedly; more than once

meeropbrengst marginal output; marginal return; LANDB. surplus; increased yield

meerpaal mooring mast

meerpartijensysteem multi-party system

meerstemmig arranged for several voices ★ ~ gezang part-singing ★ ~ zingen sing in parts

meertalig multilingual; polyglot

meerval sheatfish; wels

meervoud plural

meervoudig plural ★ ~ kiesrecht plural vote

meerwaarde surplus value

mees tit(mouse) ★ zwarte mees coal tit

meesjouwen lug (about); bear ★ een zware last ~ bear a heavy load; FIG. carry a heavy burden

meeslepen ● meenemen drag along; ⟨v. water⟩ sweep away ★ ik moest hem gewoon ~ naar het stuk *I simply had to drag him to the play* ● in vervoering brengen carry away ★ laat je toch niet ~ don't get carried away

meeslepend stirring; rousing

meesmuilen smile ironically

meespelen ● meedoen join in (the game) ● van belang zijn play a part; be in the picture

meespreken ● meedoen aan gesprek take part in a conversation ● meebeslissen ★ mag ik ook een woordje ~? may I put in a word?; may I have a say in the matter? ● meetellen ★ dat spreekt ook een woordje mee that also counts for s.th.; that must also be taken into consideration ● ervaring begon een woordje mee te spreken experience made itself felt

meest I BIJW in hoogste mate mostly ★ op zijn ~ at (the) most ★ dat wens ik 't ~ that I wish most ★ het ~ gelezen tijdschrift the most widely read magazine ★ het ~e houden van like most/best II ONB VNW ● de grootste hoeveelheid ★ het ~e geld/water most money/water ★ het ~e most ★ de ~en most people III TELW het grootste aantal most ★ de ~e auto's/boeken/mensen most cars/books/men

meestal mostly

meestbiedende highest bidder

meester ● baas master ★ zichzelf niet langer ~ zijn lose control of o.s. ★ zich ~ maken van take possession of ★ zichzelf ~ zijn be master of o.s. ★ men is de toestand ~ the situation is well in hand/under control ★ men is de toestand niet meer ~ the situation has got out of control ★ iets ~ worden/zijn master s.th.; ⟨v. brand⟩ conquer ★ zichzelf weer ~ worden regain control of o.s. ★ zijn ~ vinden meet one's master ★ het Engels volkomen ~ zijn have a thorough command of English ● onderwijzer teacher ★ groot kunstenaar master ● afgestudeerd jurist Master of Laws

meesterbrein mastermind

meesteres mistress

meesterhand master-hand ★ (dit verraadt) de ~ (this betrays) the master's hand

meester-kok master chef

meesterlijk masterly

meesterproef master piece

meesterschap mastership; mastery

meesterstuk masterpiece

meesterwerk masterpiece

meet ● beginpunt start(ing-line) ● z-N eindpunt finish ▾ van meet af aan from the start ▾ van meet af aan beginnen start from scratch

meetapparatuur measuring equipment

meetbaar measurable

meetellen I OV WW erbij rekenen include; count in II ON WW van belang zijn count ★ niet meer ~ no longer count; INF. be off the map; be out of the picture ★ ieder die ook maar enigszins meetelt everybody who is anybody ★ de leeftijd gaat bij hem ~ age is telling on him ★ gaan ~ ⟨v. belang worden⟩ enter the picture

meetkunde geometry

meetkundig ★ ~e plaats locus

meetlat measuring rod/rule

meetlint BE tape measure; AE measuring tape

meetronen coax along; entice away

meeuw gull; sea-gull

meevallen exceed one's expectations ★ 't valt nogal mee it might have been worse ★ 't valt niet mee it takes some doing ★ hij valt mee bij kennismaking he improves upon acquaintance ★ ('t stuk) viel niet mee (the play) was rather disappointing

meevaller piece/stroke of luck ★ een financiële ~ windfall

meevoelen feel/sympathize with a person ★ hij voelde erg met ons mee he was very sympathetic

meewarig compassionate

meewerken ● samenwerken co-operate; collaborate ● bijdragen aan assist; contribute (to)

meezinger memorable song; singalong tune

meezitten be favourable ★ alles zit ons mee vandaag we are having a lucky streak today ★ het zit je niet mee vandaag, hè? luck seems to be against you today, doesn't it? ★ als alles meezit if all goes well/smoothly

megabioscoop super cinema; ⟨gebouw met meerdere bioscopen⟩ multiplex cinema

me

megabyte *megabyte*
megafoon *megaphone*
megahertz *megahertz*
megalomaan **I** ZN *megalomaniac* **II** BNW *megalomaniac(al)*
megaster *megastar*
mei *May*
meid • meisje *girl* • dienstbode *servant; maid(-servant)*
meidengek *girl-mad/crazy*; SCHERTS. *skirt chaser*
meidengroep • popgroep *(all) female group* • praatgroep *girl group*
meidoorn *hawthorn*
meikever *cockchafer*
meineed *perjury* ∗ ~ plegen *commit perjury; forswear o.s.*
meisje • jonge vrouw *girl* • verloofde *fiancée; girl-friend*; INF. *sweetheart*
meisjesachtig *girlish*
meisjesboek *girl's book*
meisjesnaam • voornaam *girl's name* • familienaam *maiden name*
mekaar → elkaar
Mekka *Mecca*
mekkeren • blaten *bleat* • zaniken ⟨tegen iem.⟩ *keep/go on at someone*; ⟨over iets⟩ *keep/go on about something* ∗ loop niet zo te ~! *oh stop whining!*
melaats *leprous*
melaatsheid *leprosy*
melancholie *melancholy*
melancholiek *melancholy; sombre*
melange *blend; mixture*
melanoom *melanoma*
melasse BE *treacle*; AE *molasses*
melden **I** OV WW iets laten weten *mention; report; state* ∗ ik zal het u ~ *I shall let you know* **II** WKD WW aanmelden *report* ∗ zich ziek ~ *report sick*
melding • vermelding *mention* ∗ ~ maken van *mention* • aanmelding *reporting*
meldingsplicht *duty to report (to/at)*
meldkamer • ~ voor noodgevallen *incident room; emergency centre*
meldpunt *check-in (point); check-in (site);* ⟨voor klachten⟩ *complaints office/desk*
melig • meelachtig *mealy* • flauw *corny*
melisse *balm*
melk *milk* ∗ magere/halfvolle melk *low-fat milk* ∗ volle melk *whole milk* ▼ de koe gaf goed melk *the cow was a good milker; the cow milked well* ▼ land van melk en honing *land of milk and honey* ▼ iets in de melk te brokkelen hebben *have a finger in the pie; have a say in the matter*
melkachtig *milky*
melkboer *milkman*
melkbrood *bread (made with milk); milk-loaf*
melkchocola *milk chocolate*
melken **I** OV WW van melk ontdoen *milk* • fokken ⟨duiven⟩ *keep/breed* **II** ON WW zeuren *moan; go on about something*
melkfabriek *dairy factory; creamery*
melkfles *milk-bottle*
melkgebit *milk teeth*
melkglas • drinkglas *milk-glass* • glassoort *opal glass*

melkkies *milk tooth*
melkkoe *dairy-cow; milch cow*
melkmuil *milksop*
melkpoeder *powdered milk; dried milk* ∗ magere ~ *low-fat milk-powder*
melkproduct *milk/dairy product*
melkquotering *milk quotas*
melksuiker *lactose*
melktand *milk tooth*
melkvee *dairy cattle*
melkweg *Milky Way*
melkzuur *lactic acid*
melodie *melody*
melodieus *melodious; tuneful*
melodisch • melodie betreffend *melodic* • welluidend *melodious; sweet-sounding*
melodrama *melodrama*
melodramatisch *melodramatic*
meloen *melon*
membraan *membrane*
memo • notitieblaadje *note paper* • korte nota *memo(randum)*
memoires *memoirs*
memorandum • nota *memorandum* • notitieboek *note book*
memoreren *recall to memory; mention*
memoriam ∗ in ~ *in memoriam*
memorie • geheugen *memory* ∗ kort van ~ zijn *have a short/poor memory* • geschrift *memorandum; statement* ∗ ~ van toelichting *explanatory memorandum*
memoriseren *commit to memory; learn by heart*
men *a man; people; they; we; you; one* ∗ men zegt *it is said; they/people say* ∗ men zegt dat hij... *he is said to...* ∗ dat doet men niet *that is not done* ∗ dat zegt men niet *you can't say such a thing* ∗ men wordt verzocht ⟨vaak vert. door lijdende vorm⟩ *the public are requested*
menagerie *menage; menagerie*
meneer *Mr. (A)* ∗ ja, ~ *yes Sir*
menen • denken *think; fancy* ∗ ik meende dat ik het haar moest zeggen *I felt I ought to tell her* • bedoelen *mean* ∗ iem. die het goed met u meent *a well-wisher* ∗ 't was niet kwaad gemeend *no harm was meant* ∗ hij meent het goed (met je) *he means well (by you)*
menens ∗ 't is ~ *it is serious; the gloves are off*
mengeling *mixture*
mengelmoes *medley; jumble; farrago*
mengen **I** OV WW door elkaar doen *mix; mingle*; ⟨v. thee⟩ *blend*; ⟨v. metalen⟩ *alloy* **II** WKD WW • zich bemoeien met ~ in *interfere in; join in* ∗ zich ongevraagd in iets ~ *barge into s.th.; butt in s.th.* ∗ als ik mij er in mag ~ *if I may butt in* ∗ zich in een gesprek ~ *join in the conversation* • zich voegen bij ∗ zich ~ onder de menigte *mingle with the crowd*
mengkleur *mixed colour; blended shade*
mengkraan *mixing tap*; AE *mixing faucet*
mengpaneel *mixing console/desk*
mengsel *blend; mixture*

mengsmering *two-stroke mixture*
menhir *menhir*
menie *red-lead*; *minium*
meniën *paint with red-lead*
menig *many (a)* ★ in ~ opzicht *in many ways*
menigeen *many a man*
menigmaal *many a time*
menigte *crowd*; *multitude* ★ in ~ *plentifully*
mening *opinion* ★ bij zijn ~ blijven *stick to one's opinion* ★ van ~ zijn dat *be of opinion that* ★ de openbare ~ *public opinion* ★ ik geef mijn ~ gaarne voor een betere *I am open to correction* ★ in de ~ dat *in the belief that*; *under the impression that* ★ naar/volgens mijn ~ *in my opinion*
meningitis *meningitis*
meningsuiting *expression of opinion* ★ vrijheid van ~ *freedom of speech*
meningsverschil *disagreement*; *difference of opinion*
meniscus *meniscus* [mv: *menisci*]
mennen *drive*
menopauze *menopause*
mens I ZN (de) *human being*; *man* ★ mensen *people*; ⟨enkelvoud⟩ *man* ★ veel mensen *many people* ★ ik ben ook maar een mens *I'm only human* ★ de inwendige mens *the inner man* ★ een mens maken van *make a man of*; INF. *lick into shape* ★ door mensen gemaakt *man-made* ★ mens worden *become human* ★ daar heb ik mijn mensen voor *I've got people to do that* ▾ de mens wikt, God beschikt *man proposes, God disposes* ▾ de inwendige mens versterken *strengthen/refresh the inner man* ▾ ik ben geen half mens meer *I am dead beat* II ZN (het) ● PEJ. ★ 't arme mens *the poor soul* ★ wie is dat mens? *who is that person?* ★ dat mens van Smit *that Smit woman*
mensa *(university) cafeteria/restaurant*; VERO. *refectory*
mensaap *man-ape*; BIOL. *primate*; *anthropoid (ape)*
mensdom *mankind*
menselijk *human*
menselijkerwijs *humanly*
menselijkheid *humanity*
menseneter *man-eater*
mensengedaante *human shape*
mensenhand *the hand of man*
mensenhater *misanthrope*
mensenheugenis ★ sinds ~ *within living memory*
mensenkennis *knowledge of human character*
mensenkinderen *goodness gracious*
mensenleven *human life* ★ verlies van ~s *loss of life*
mensenmassa *mass (of people)*
mensenrechten *human rights*
mensenrechtenactivist *human rights activist*
mensenschuw *unsociable*
mensensmokkel *smuggling illegal aliens*; *smuggling refugees*
mensenwerk *work of man*
mensheid *humanity*; *mankind*
mensjaar *person-year*

menskunde ● mensenkennis *insight into human nature/character* ● BIOL. *human biology*
menslievend *humane*; *philanthropic*; *charitable*
mensonterend *degrading*
mensonwaardig *degrading*
menstruatie *menstruation*
menstruatiecyclus *menstrual cycle*
menstruatiepijn *period pain*
menstrueren *menstruate*
menswaardig *worthy of a human being*; *decent*
menswetenschappen ⟨biologie, antropologie, e.d.⟩ *life sciences*; ⟨economie, politiek, e.d.⟩ *social sciences*
mentaal *mental*
mentaliteit *mentality*
menthol *menthol*
mentor *mentor*
menu ● maaltijd *menu* ● menukaart *menu*
menuet *minuet*
menukaart *menu*
mep *blow*; *crack*; *slap*
meppen *slap*
merchandising *merchandising*
Mercurius *Mercury*
merel *blackbird*
meren *moor*
merendeel ★ 't ~ *the greater part/number*
merendeels *for the greater part*; *largely*
merg ● BIOL. *(bone) marrow* ● PLANTK. *pith* ▾ dat geluid gaat je door merg en been *that noise sets your teeth on edge*
mergel *marl*
mergelsteen *marlstone*
mergpijp *marrow-bone*
meridiaan *meridian*
meringue *meringue*
merk ● herkenningsteken *mark*; ⟨fabrikaat⟩ *make*; ⟨soort⟩ *brand*; ⟨bij keuring⟩ *hall-mark* ● handelsmerk *trade-mark*
merkartikel *proprietary brand/item*
merkbaar *noticeable*
merken ● bemerken *perceive*; *notice* ★ zonder iets te laten ~ *without giving anything away*; *without letting on* ● van merk voorzien *stamp*; *brand*; ⟨goederen⟩ *mark*
merkkleding *designer clothes*
merknaam *brand name*
merkteken *mark*; *sign*
merkwaardig *remarkable*
merkwaardigerwijs *oddly/strangely enough*
merkwaardigheid ⟨abstract⟩ *remarkableness*; ⟨concreet⟩ *curiosity*
merrie *mare*
mes *knife* ▾ 't mes snijdt aan twee kanten *it cuts both ways* ▾ 't mes erin zetten *apply the axe* ▾ onder 't mes gaan *be closely examined*; *undergo surgery*
mesjoche *crazy*; *nuts*
Mesopotamië *Mesopotamia*
mespunt ★ een ~je zout *a pinch of salt*
mess *mess hall/room*
messcherp *razor sharp* ★ ~e kritiek *caustic criticism*
messentrekker *knife fighter*
Messias *Messiah*

me

messing I ZN (de) *tongue* ⋆ ~ en groef *tongue and groove joint* II ZN (het) *brass*
messteek *knife-thrust*
mest *dung; manure*
mesten • bemesten *fertilize; manure* • vetmesten *fatten*
mesthoop *dung-hill*
mestkever *dung-beetle*
mestoverschot *manure surplus*
mestvaalt *dung-hill*
mestvee *fatting-cattle; store-cattle*
mestvork *dung-fork*
met • voorzien van *with* ⋆ een meid met lef *a chick with pluck* ⋆ patat met (mayonaise) *chips with mayonnaise* • in gezelschap van ⋆ ik ga met hem op vakantie *I'm going on holidays with him* • op zekere wijze *with* ⋆ met lof *with honours* ⋆ met genoegen *with pleasure* • op zeker tijdstip *at; in* ⋆ met een week of twee *in a week or two* ⋆ met de jaren *over the/after years* ⋆ met kerst *at Christmas* • voor wat betreft ⋆ stoppen met roken *give up smoking* • door middel van *by; with* ⋆ hakken met een bijl *chop with an axe* ⋆ met inkt geschreven *written in ink* • voor een getal ⋆ met z'n achten zijn *be eight* ⋆ winnen met 3-0 *win by 3 to 0* ⋆ met z'n tweeën dronken ze een fles leeg *they drank a bottle between them*
meta- *meta-*
metaal *metal*
metaalachtig *metallic*
metaaldetector *metal detector*
metaaldraad I ZN (de) *wire;* ⟨v. lamp⟩ *filament* II ZN (het) *wire*
metaalindustrie *metal(lurgical) industry*
metaalmoeheid *metal fatigue*
metaalnijverheid *metal(lurgical) industry*
metafoor *metaphor*
metaforisch *metaphoric*
metafysica *metaphysics*
metalen *metal*
metallic *metallic*
metamorfose *metamorphosis*
metastase *metastasis*
meteen • tegelijk *at the same time* • direct erna *at once* ⋆ ik kom zo ~ *I'm coming in a minute*
meten I OV WW afmeting bepalen *measure;* ⟨land⟩ *survey* ⋆ zich met iem. ~ *measure one's strength against* ⋆ hij kan zich niet met u ~ *he is no match for you* ⋆ met de ogen ~ *measure by eye* II ON WW afmeting hebben *measure*
meteoor *meteor*
meteoriet *meteorite*
meteorietinslag *meteorite strike*
meteorologie *meteorology*
meteorologisch *meteorological* ⋆ ~ instituut *meteorological station;* BE *Meteorological Office*
meteoroloog *meteorologist*
meter • lengtemaat *metre* • meettoestel *meter* • peettante *godmother*
meterkast *meter cupboard;* AE *meter closet*
meteropnemer *(gas)meter reader*

meterstand *meter reading* ⋆ de ~ opnemen *read the meter; take the meter reading*
metgezel *companion; fellow*
methaan *methane*
methadon *methadone*
methanol *methanol*
methode *method*
methodiek *methodology*
methodisch *methodical*
methodologie *methodology*
methodologisch *methodological*
Methusalem *Methuselah*
methyl *methyl*
metier *métier*
meting *measurement; measuring*
metonymie *metonymy*
metriek I ZN maatleer *metre* II BNW *metric* ⋆ ~ stelsel *metric system*
metrisch *metrical*
metro *underground (railway); metro;* AE *subway;* INF. *tube* ⋆ de ~ nemen *take the underground;* AE *ride the subway*
metronoom *metronome*
metropool *metropolis*
metroseksueel *metrosexual*
metrostation *underground station;* AE *subway station;* INF. *tube station*
metrum *metre*
metselaar *bricklayer; mason*
metselen *lay bricks*
metselwerk *masonry;* ⟨v. bakstenen⟩ *brickwork*
metten *matins* ▾ korte ~ maken met *make short work of* ▾ hij maakt korte ~ *he is a fast worker*
metterdaad *actually*
mettertijd *in course of time*
metworst *German sausage*
meubel *piece/article of furniture* [mv: *furniture*]
meubelboulevard *Furniture World; Furniture Centre*
meubelmaker *cabinet-maker*
meubelplaat *blockboard*
meubilair *furniture*
meubileren *furnish*
meubilering • het meubileren *furnishing* • meubilair *furniture*
meug ⋆ ieder zijn meug *every man to his taste*
meute • troep honden *pack (of hounds)* • troep mensen *crowd*
mevrouw *Mrs.; lady; Madam* ⋆ er is een ~ voor u *there's a lady to see you* ⋆ gaat u zitten, ~ *please sit down, Madam* ⋆ Mevrouw Johnson *Mrs Johnson* ⋆ is ~ thuis? *is the lady of the house at home?*
Mexicaan *Mexican*
Mexicaans *Mexican*
Mexico *Mexico*
mezelf *myself; me*
mi • Chinese vermicelli *chinese noodles* • MUZ. *mi*
miauw *miaou; miaow; meow*
miauwen *miaow; mew*
mica *mica*
micro- *micro-*
microbe *microbe*
micro-economie *microeconomics*

microfilm *microfilm*

microfoon *microphone* ★ verborgen ~ *hidden microphone*; INF. *bug* ★ een verborgen ~ installeren in een kamer *bug a room* ★ voor de ~ komen *come to the microphone*; ⟨op radio komen⟩ *broadcast*

microkosmos *microcosm*

micro-organisme *micro-organism*

microprocessor *microprocessor*

microscoop *microscope*

microscopisch *microscopic*

middag ● namiddag *afternoon* ★ 's ~s *in the afternoon* ★ heden~ *this afternoon* ● midden van de dag *midday; noon* ★ voor de ~ *before noon*

middagdutje *(afternoon/after lunch) nap; siesta*

middageten *midday meal; lunch*

middagpauze *lunch break/interval*

middaguur *noon(tide)*

middel ● taille *waist* ● hulpmiddel *means; expedient; device* ★ door ~ van *by means of* ★ het is een ~, geen doel *it is a means to an end* ● geldmiddelen *means; resources* ★ ~en van bestaan *means of subsistence* ★ eigen ~en hebben *have private means* ★ mijn ~en laten dit niet toe *I can't afford this* ● geneesmiddel *remedy; medicine* ★ pijnstillende ~en *painkillers*

middelbaar *medium; average* ★ van middelbare leeftijd *middle-aged* ★ middelbare school *secondary school* ★ op middelbare leeftijd *at middle age*

Middeleeuwen *middle ages*

middeleeuws *medi(a)eval*

middelen I ov ww gemiddelde berekenen *average* II ON ww bemiddelen *mediate*

middelgroot *medium-sized*

Middellandse Zee *Mediterranean Sea*

middellang *medium (length/height)*

middellijn *diameter*

middelmaat *medium size*

middelmatig ● gemiddeld ⟨v. prijs⟩ *moderate*; ⟨v. lengte⟩ *medium*; ⟨v. maat⟩ *middling* ● niet bijzonder *mediocre*

middelmatigheid *mediocrity*

Middelnederlands *Middle Dutch*

middelpunt *centre* ★ in 't ~ der belangstelling staan *be the centre of interest; be in the limelight*

middelpuntvliedend *centrifugal*

middels *by means of*

middelst *middle*

middelvinger *middle finger* ★ de ~ opsteken naar iem. *give s.o. the finger*

midden I ZN *middle; midst*; ⟨v. stad e.d.⟩ *centre* ★ in ons ~ *in our midst* ★ te ~ van ⟨vrienden⟩ *among*; ⟨de vijand, gevaar⟩ *in the midst of* ★ een uit hun ~ *one from their midst* ★ het ~ houden tussen uitersten *preserve the happy mean between extremes* ★ dit houdt het ~ tussen *this is midway between* ★ in het ~ van de oceaan *in mid-Ocean* ★ op het ~ van de dag *in the middle of the day* ★ het juiste ~ *the happy mean* ★ iets in het ~ brengen *put forward s.th.* ▼ iets in het ~ laten *leave s.th. an open question* ▼ de waarheid ligt in het ~

truth lies midway II BIJW *in the middle of* ★ ~ in de rivier *in the middle of the river* ★ zij is ~ in de dertig *she is in her mid(dle) thirties*

Midden-Amerika *Central-America*

middenberm *central reservation*; AE *median*

middendoor *in two* ★ ~ delen *bisect*

middengewicht *middle-weight*

middengolf *medium wave*

middenin *in the middle/centre*

middenkader *middle management*

middenklasse ⟨m.b.t. maat⟩ *medium size*; ⟨m.b.t. prijs⟩ *medium price* ★ auto uit de ~ *medium sized/priced car*

middenmoot *middle bracket*

middenoor *middle ear*

middenoorontsteking *inflammation of the middle ear*

Midden-Oosten *Middle-East*

middenpad *centre path*; ⟨in kerk⟩ *centre aisle*

middenrif *midriff; diaphragm*

middenschip *nave*

middenschool *comprehensive school*

middenstand *middle classes*

middenstander *shopkeeper; tradesman; retailer* ★ kleine ~ *small businessman*

middenstandsdiploma *shopkeeper's diploma*

middenstip *centre spot*

middenstreep *centre strip*; AE *median strip*

middenveld ● deel van sportveld *midfield*; centrefield ● spelers *midfielders; linkmen*

middenweg ▼ de gulden ~ bewandelen *strike the golden mean; strike a happy medium*

middernacht *midnight*

middernachtelijk *midnight*

midgetgolf *midget golf*

midlifecrisis *mid-life crisis*

midscheeps *amidship(s)*

midvoor *centre forward*

midweek *midweek*

midweekarrangement *midweek arrangement*

midwinter *midwinter*

midzomer *midsummer*

mier *ant*

mieren ● peuteren *fiddle; tinker* ● zeuren *go/keep on about; nag*

miereneter *ant-eater*

mierenhoop *ant heap; anthill*

mierenneuker *nitpicker; finicky person*

mierikswortel *horseradish*

mierzoet *saccharine; cloyingly sweet; rich*

mieter ▼ iem. op z'n ~ geven *give s.o. a good shakeup; give s.o. a good talking to* ▼ het kon hem geen ~ schelen *he did not care a hoot/damn*

mieteren I ov ww gooien *fling; chuck (out)* II ON ww zeuren *keep/go on (about); nag*

mieters VERO. *smashing* ★ een ~e auto *a smashing car* ★ dat is ~ *that's brilliant*

mietje ● homo *pansy; poofter* ● slappeling *cream puff* ▼ laten we elkaar geen ~ noemen *let us call a spade a spade*

miezeren *drizzle*

miezerig ● druilerig *drizzly; dull; dreary* ● nietig *tiny; measly*

migraine *migraine*

migrant *migrant*

migrantenbeleid *official policy regarding migrant workers*

migrantenvraagstuk *migrant problem*

migratie *migration*

mihoen *(thin) Chinese noodles*

mij *me* ★ dat is van mij *that's mine* ★ een vriend van mij *a friend of mine*

mijden *avoid*; *shun*

mijl *mile* ★ mijlen uiteen FIG. *poles apart* ▼ een mijl op zeven *a roundabout way*

mijlenver *for miles (and miles)*; *miles away* ★ ~ in de omtrek *for miles around* ★ ~ boven iets/iem. uitsteken *be streets ahead of s.th./s.o.*

mijlpaal • markeerpaal *milestone* • keerpunt *land-mark*

mijmeren *muse*

mijmering *musing*; *day-dreaming*

mijn I ZN • winplaats *mine*; *pit* • bom *mine* ★ op 'n mijn lopen *strike a mine* II BEZ VNW *my* ★ ik en de mijnen *I and mine* ★ ik denk er 't mijne van *I have my own opinion about it* ★ ik zei er 't mijne van *I had my say about it* ▼ het mijn en dijn *mine and thine*

mijnbouw *mining*

mijnbouwkunde *mining (engineering)*

mijnenjager *mine hunter*

mijnenlegger *minelayer*

mijnenveger *minesweeper*

mijnenveld *minefield*

mijnerzijds *on my part*; *for my part*

mijnheer *Mr.*; *mister*; *Sir*; *gentleman* ★ ~ de voorzitter *Mr. Chairman* ★ ~ A. *Mr. A.* ★ ja, ~ *yes Sir*

mijnschacht *mineshaft*

mijnstreek *mining-district*

mijnwerker *miner*

mijt • insect *mite* • stapel *stack*; *pile*

mijter *mitre*

mijzelf → mezelf

mik *loaf (of rye-bread)* ▼ het is dikke mik tussen die twee *those two are as thick as thieves*

mikado I ZN (de) keizer *emperor of Japan* II ZN (het) spel *jackstraws*

mikken I OV WW gooien *chuck*; *fling* II ON WW • richten *(take) aim (at)* • streven naar *aim (for)*

mikmak *trouble* ★ de hele ~ *the whole caboodle*

mikpunt *aim*; *target*; FIG. *butt*

Milaan *Milan*

mild • zachtaardig *mild* • zacht *gentle* • gul *liberal*; *generous*

mildheid • welwillendheid *mildness*; *gentleness* • zachtheid *mildness* • gulheid *liberality*; *generosity*

milieu • leefklimaat *environment* • sociale kring *milieu*; *social environment/background* ★ uit een ander ~ *from a different social background*

milieuactivist *conservationist*

milieubeheer *(nature) conservation*

milieubelasting *environment tax*

milieubescherming *environmental protection*; *conservation of the environment*

milieubewust ⟨v. personen⟩ *environmentalist*; ⟨v. handeling⟩ *ecological*; ⟨v. personen⟩ *environment-minded*

milieugroep *ecology group*; *environmentalists*

milieuheffing *environmental tax*

milieuhygiëne • milieuzorg *environmental protection* • toestand van het milieu *state of the environment*; *environmental state*

milieumaatregel *environmental measure*

milieuramp *environmental disaster*; *ecodisaster*

milieuschandaal *environmental scandal*

milieuverontreiniging *environmental pollution*

milieuvriendelijk *ecological*

militair I ZN *military man*; *soldier* [mv: *the military*] II BNW *military*

militant *militant*

militarisme *militarism*

militaristisch *militarist*

military *three-day event*

militie *militia*

miljard I ZN (a/one) *thousand millions*; AE (a/one) *billion* II TELW *milliard*; AE *billion*

miljardair *multi-millionaire*; AE *billionaire*

miljoen I ZN (a/one) *million* II TELW *million*

miljoenennota *budget*

miljonair *millionaire*

milkshake *milkshake*

mille (one) *thousand* ★ hij verdient zestig ~ per jaar *he earns/makes sixty thousand a year*

millennium *millennium* [mv: *millennia/millenniums*]

millibar *millibar*

milligram *milligramme*

milliliter *millilitre*

millimeter *millimetre*

millimeteren *crop (close)*

milt *spleen*; *milt*

mime *mime* ★ mimespeler *mime (artist)*

mimicry *mimicry*

mimiek *mimic art*; *mimicry*

mimosa *mimosa*

min I ZN • minteken *minus* • liefde *love* • voedster *(wet-)nurse* II BNW • onbeduidend *poor* ★ dat is mij te min *that's beneath me* ★ daar moet je niet zo min over denken *that is not to be underestimated* • gemeen *mean* III BIJW ★ min of meer *more or less* ★ zes min drie *six minus three*

minachten *disdain*; *slight*

minachtend *disdainful*; *contemptuous* ★ ~ neerkijken op *look upon with contempt*

minachting *contempt for/of* ★ uit ~ voor *in contempt of*

minaret *minaret*

minder I BNW • geringer *less* ★ ~ worden *decrease*; *fall off*; *lessen*; *decline* • inferieur *inferior* ★ de ~e goden *the lesser gods* II BIJW in geringere mate *less* ★ dat doet er ~ toe *that is of lesser importance* ★ hoe ~ je ervan zegt hoe beter *least said soonest mended* III ONB VNW een kleinere hoeveelheid *less* ★ in ~ dan geen tijd *in less than no time* ★ ~ tijd *less time* IV TELW een kleiner aantal *fewer* ★ ~ vrienden *fewer friends* ★ ~ dan *less/fewer than*

mindere *inferior* ★ de ~n ⟨in marine⟩ *the ratings*; ⟨in leger⟩ *the rank and file*

minderen I OV WW verminderen *diminish*; *decrease* ★ vaart ~ *slow down*; *reduce speed*

|| ON WW minder worden *diminish*; ⟨ook van breiwerk⟩ *decrease*

minderhedenbeleid *minorities policy*; *policy towards minorities*

minderhedendebat *debate about minorities*; *debate about minority groups*

minderheid *minority*

minderheidsgroep *minority group*

minderheidskabinet *minority government*

minderheidsstandpunt *minority view(point)*

mindering *decrease* ★ in ~ brengen *deduct (from)*

minderjarig *under age*

minderjarige *minor*

minderjarigheid *minority*; JUR. *infancy*

mindervalide *disabled*; ⟨eufemistisch⟩ *challenged*

minderwaardig ⟨v. kwaliteit⟩ *inferior*; ⟨geestelijk minderwaardig⟩ *mentally deficient* ★ ~ e praktijken *shady practices*

minderwaardigheid *inferiority*

minderwaardigheidscomplex *inferiority complex*

minderwaardigheidsgevoel *feeling/sense of inferiority*

mineraal I ZN *mineral* II BNW *mineral*

mineraalwater *mineral water*

mineur ● MUZ. *minor* ★ a ~ *A minor* ● stemming *minor key*

mini *mini*

miniatuur *miniature*

miniatuurformaat *miniature*

miniatuurtrein *miniature train*; *model train*

miniem *slight*; *insignificant*

minigolf *midget golf*

minima *minimum-wage earners*

minimaal *minimum*; *minimal*

minimaliseren *minimize*

minimum *minimum* ★ in een ~ van tijd *in less than no time*

minimumeis *minimum claim*

minimuminkomen *minimum income*

minimumleeftijd *minimum age*

minimumlijder ● lijntrekker *minimalist* ● iem. met een minimuminkomen *minimum wage-earner*

minimumloon *minimum-wage*

minirok *miniskirt*

miniseren *cut down on*; *cut back*

minister *minister*; ⟨sommigen⟩ BE *secretary of state*; AE *secretary* ★ eerste ~ *Prime Minister*; *Premier* ★ ~ van binnenlandse zaken *Minister of the Interior*; *Home Secretary*; BE *Secretary of State for Home Affairs*; AE *Secretary of the Interior* ★ ~ van buitenlandse zaken *Minister for Foreign Affairs*; ⟨informeel⟩ *Foreign Secretary*; BE *Secretary of State for Foreign Affairs*; AE *Secretary of State* ★ ~ van defensie *Minister of Defence*; BE *Secretary of State for Defence*; AE *Secretary of Defence* ★ ~ van economische zaken *Minister for Economic Affairs*; BE *Secretary of State for Trade and Industry* ★ ~ van landbouw en visserij *Minister of Agriculture, Nature Management and Fisheries*; ≈ BE *Minister of Agriculture, Fisheries and Food* ★ ~ van staat *Minister of State* ★ ~ van justitie *Minister of Justice*; ≈ BE *Lord (High) Chancellor*; ≈ AE *Attorney General* ★ ~ van onderwijs en wetenschappen *Minister of Education and Science*; AE *Secretary of Education*; ≈ BE *Education Secretary* ★ ~ van verkeer en waterstaat *Minister of Transport and Public Works*; ≈ BE *Secretary of State for Transport*; ≈ AE *Secretary of Transportation* ★ ~ voor ontwikkelingssamenwerking *Minister for Overseas Development* ★ ~ van sociale zaken en werkgelegenheid *Minister for Social Services and Employment* ★ ~ van financiën *Minister of Finance*; BE *Chancellor of the Exchequer*; AE *Secretary of the Treasury* ★ ~ van volkshuisvesting, ruimtelijke ordening en milieu *Minister for Housing, Regional Development and the Environment* ★ ~ van welzijn, volksgezondheid en cultuur *Minister of Welfare, Health and Cultural Affairs*; ≈ *Secretary of Health and Human Services*; ≈ BE *Secretary of State for Social Services*

ministerie ● departement *ministry*; *department*; *office* ★ ~ van binnenlandse zaken *Ministry/Department of the Interior*; ↓ *Home Office*; BE *Home Department* ★ ~ van buitenlandse zaken *Ministry of Foreign Affairs*; BE *Foreign Office*; AE *State Department* ★ ~ van defensie *Ministry of Defence*; AE *Department of Defence* ★ ~ van economische zaken *Ministry of Economic Affairs*; ≈ BE *Department of Trade and Industry*; ≈ AE *Department of Commerce* ★ ~ van financiën *Ministry of Finance*; BE *Treasury*; AE *Treasury Department* ★ ~ van justitie *Ministry of Justice* ★ ~ van landbouw, natuurbeheer en visserij *Ministry of Agriculture, Nature Management and Fisheries*; ≈ BE *Ministry of Agriculture, Fisheries and Food* ★ ~ van onderwijs, cultuur en wetenschappen AE *Department of Education*; ≈ BE *Ministry of Education and Science* ★ ~ van ontwikkelingssamenwerking *Ministry for Overseas Development* ★ Openbaar Ministerie ≈ *the Public Prosecutor* ★ ~ van verkeer en waterstaat *Ministry of Transport and Public Works*; ≈ BE *Ministry of Transport*; ≈ AE *Department of Transportation* ★ ~ van volkshuisvesting, ruimtelijke ordening en milieubeheer *Ministry for Housing, Regional Development and the Environment* ★ ~ van volksgezondheid, welzijn en sport *Ministry of Welfare, Health and Cultural Affairs*; ≈ BE *Department of Health and Social Security*; ≈ AE *Department of Health and Human Services* ★ het Openbaar Ministerie wordt waargenomen door ... *The Director of Public Prosecutions is being represented by ...* ● gezamenlijke ministers *the Cabinet*

ministerieel *ministerial* ★ ministeriële crisis *cabinet crisis*

minister-president *Premier*; *Prime Minister*

ministerraad *council of ministers* ★ vergadering van de ~ *Cabinet meeting*

ministerspost *ministerial post*

mink *mink*

minnaar *lover*

minne ▾ iets in der ~ schikken *settle a matter amicably*

minnedicht *love poem*

minnekozen *bill and coo; make love*

minnen *love*

minnetjes *poorly*

minor *minor*

minpool *negative pole*

minpunt *disadvantage*

minst I *geringst least; slightest* ★ ten ~e *at least* ★ in 't ~ (niet) *(not) in the least* ★ niet de ~e fout maken *not make the slightest mistake* ★ op z'n ~ *at the least* II BIJW in de kleinste mate *least* III ONB VNW de kleinste hoeveelheid *least* ★ hij heeft het ~e tijd *he has the least time* IV TELW het kleinste aantal *fewest* ★ zij heeft de ~e vrienden *she has the fewest friends*

minstens *at (the) least* ★ zij is ~ 30 *she is 30, if she's a day*

minstreel *minstrel*

minteken *minus sign*

minus I ZN ● tekort *deficit* ★ minteken *minus* II VZ *minus; less*

minuscuul *minuscule*

minuskel *minuscule*

minutieus *minute*

minuut *minute* ★ op de ~ af *to the minute*

minzaam *affable; bland*

miraculeus *miraculous*

mirakel *miracle*

mirre *myrrh*

mis I ZN *mass* ★ stille mis *low mass* ★ gezongen mis *choral mass; sung mass* ★ de mis opdragen *read/celebrate mass* II BNW ● niet raak *out* ★ mis is mis *a miss is as good as a mile* ★ het schot was mis *the shot went wide (of the mark)* ★ hij schoot mis SPORT *he shot wide* ● onjuist *wrong; amiss* ★ je hebt het mis *you've got it wrong* ★ er is iets mis met hem *there is s.th. amiss with him* ★ 't is weer mis met haar *things are wrong again with her* ● gering ★ hij is lang niet mis *he is no fool* ★ dat is lang niet mis *that is not half bad*

misantroop *misanthrope; misanthropist*

misbaar *clamour; uproar* ★ groot ~ maken *raise an outcry*

misbaksel ● wanprodukt *waster*; ⟨v. aardewerk⟩ *misfire* ★ naarling *bastard*

misbruik *abuse* ★ ~ van vertrouwen *abuse of confidence; breach of trust* ★ ~ maken van (goedheid) *take advantage of (goodness); abuse*

misbruiken ● verkeerd gebruiken *abuse; misuse* ● verkrachten *rape*

miscommunicatie *misunderstanding; failure to comprehend; break down in communication*

misdaad *crime* ★ een ~ begaan *commit a crime* ★ misdaden tegen de menselijkheid *crimes against humanity* ★ ~ loont niet *crime doesn't pay*

misdaadbestrijding *crime prevention; measures to combat crime*

misdaadroman *crime novel*

misdadig *criminal; wicked*

misdadiger *criminal*

misdeeld *poor; destitute;* ⟨geestelijk⟩ *mentally deficient;* ⟨lichamelijk⟩ *physically defective* ★ de maatschappelijk ~en *the underdogs*

misdienaar *server; acolyte*

misdoen *do wrong(ly)*

misdragen (zich) *misbehave*

misdrijf *criminal offence; misdemeanour*

misdrijven *do wrong*

misdruk *misprint; mackle;* ⟨m.b.t. boek⟩ *bad/reject copy*

mise-en-scène *mise en scène; staging*

miserabel *miserable; wretched*

misère *misery* ★ in de ~ zitten *be under the weather*

misgaan *go wrong*

misgreep *mistake*

misgrijpen ⟨letterlijk⟩ *miss one's hold;* FIG. *fail*

misgunnen *(be)grudge*

mishagen *displease*

mishandelen *ill-treat; manhandle*

mishandeling *ill-treatment*

miskennen ● niet erkennen *ignore; disown* ● onderwaarderen *misjudge; neglect*

miskenning *misjudgment; neglect*

miskleun *blunder; clanger*

miskleunen *slip up; blunder* ★ hij heeft zwaar misgekleund *he has slipped up badly*

miskoop *bad buy/investment*

miskraam *miscarriage*

misleiden *deceive; mislead*

misleiding *deception*

mislopen I OV WW ● niet krijgen *miss* ★ zijn straf ~ *get off scotfree* ● niet treffen ★ zijn roeping ~ *mistake one's vocation* ★ zijn carrière ~ ★ zijn promotie ~ *miss out on one's promotion* II ON WW mislukken *go wrong*

mislukkeling *failure;* ⟨v. man⟩ *misfit*

mislukken *miscarry; fail;* ⟨v. plan, opzet, e.d.⟩ *fall through;* ⟨v. onderhandelingen⟩ *break down* ★ mislukt ⟨student⟩ *unsuccessful;* ⟨poging⟩ *abortive* ★ doen ~ *wreck*

mislukking *failure; flop; breakdown* ★ de hele voorstelling was één grote ~ *the performance was a complete failure/flop*

mismaakt *deformed*

mismanagement *mismanagement*

mismoedig *dejected; disheartened*

misnoegd *displeased (at/with)*

misnoegen *displeasure*

misoogst *bad harvest*

mispel ● vrucht *medlar* ● boom *medlar (tree)* ▾ die appel is zo rot als een ~ *that apple is rotten through (and through)*

misplaatst *mistaken* ★ ~ optimisme *misplaced/mistaken optimism* ★ dat is ~ *that is out of place*

misprijzen I ZN *despise; contempt* II OV WW *disapprove of* ★ een ~de blik *a disapproving look; a look of disapproval*

mispunt *rotter*

misrekenen (zich) *miscalculate* ★ zich in iets ~ *slip up on s.th.*

misrekening ● fout *miscalculation* ● teleurstelling *miscalculation; disappointment*

miss ⟨aanspreekvorm⟩ *miss;*

⟨schoonheidskoningin⟩ *beauty queen*; ⟨aanhef van brief⟩ *Miss* ⋆ een missverkiezing *a beauty queen contest*

misschien *perhaps*; *maybe* ⋆ zoals je ~ weet *as you may know* ⋆ ken je hem ~? *do you know him by any chance?*

misselijk ● onpasselijk *sick* ⋆ zo ~ als een hond *as sick as a cat* ● walgelijk *disgusting*; *revolting*; ⟨grap⟩ *sick*; ⟨streek⟩ *nasty* ⋆ ~ makende stank *sickening stench*

misselijkheid *nausea; sickness*

missen I OV WW ● niet treffen *miss* ⋆ zijn uitwerking ~ *be ineffective* ⋆ zijn woorden misten hun uitwerking niet *his words struck home; had a marked effect* ● ontberen *lack*; ⟨afstaan⟩ *spare* ⋆ kun je het ~? *can you spare it?* ⋆ wij kunnen hem slecht ~ *we can ill-spare him* ● gemis voelen *miss* ⋆ ik zal je ~ *I'll miss you* II ON WW ontbreken *miss; be missing* ⋆ het schot miste *the shot went wide* ⋆ dat kan niet ~ *that cannot fail* ⋆ er ~ er tien *ten are missing*

misser ● mislukte poging *fiasco* ● SPORT *miss*; ⟨schot⟩ *bad shot*; ⟨bij biljart⟩ *miscue*

missie *mission*

missiepost *mission; missionary post*

missionaris *missionary*

misslag ● niet-rake slag *miss* ● vergissing *error*

misstaan ● niet goed staan (v. kleding) *not suit* ⋆ geel misstaat je niet *yellow suits you* ● niet betamen *be unbecoming*

misstand *abuse*

misstap ● verkeerde stap *misstep* ● vergissing *false step; lapse* ⋆ een ~ begaan *make a slip*

misstappen *miss one's footing*

missverkiezing *beauty contest*

mist *fog*; ⟨nevel⟩ *mist* ⋆ een dikke/dichte mist *a thick/dense fog* ⋆ we werden in Newcastle door de mist opgehouden *we were fogbound in Newcastle* ▾ de mist ingaan *come to nothing; flop*

mistbank *fogbank*

misten *be foggy* ⋆ 't mist erg *it is very foggy*

misthoorn *foghorn; siren*

mistig *foggy*

mistlamp *fog lamp*

mistletoe *mistletoe*

mistlicht *fog light(s)*

mistroostig *dejected*

misvatting *misconception*

misverstaan *misunderstand; misconstrue*

misverstand *misunderstanding*

misvormd *deformed*

misvormen *deform*

misvorming *disfigurement*

miszeggen ⋆ daaraan heb je niets miszegd *there's nothing wrong in what you said*

mitella *sling*

mitrailleur *machine-gun*

mits *provided (that)*

mix *mix*

mixen *mix*

mixer *mixer*

mkz mond- en klauwzeer *foot-and-mouth disease*

mmm *mm*

MMS *Multimedia Messaging Service* ⟨Multimedia Messaging Service⟩ *MMS*

MMS'en *send an MMS*

mobiel I ZN telefoon *mobile phone; cellular phone; cellphone* II BNW *mobile* ⋆ iem. ~ bellen *call s.o. on one's mobile* ⋆ ~ bellen *use a mobile* ⋆ ~ maken *mobilize s.th.*

mobilisatie *mobilization*

mobiliseren *mobilize*

mobiliteit *mobility*

mobilofoon *radiotelephone*

modaliteit ● FIL. *mode* ● TAALK. *modality*

modder *mud*; ⟨sneeuwmodder⟩ *slush* ⋆ onder de ~ zitten *be plastered with mud*

modderen ● baggeren *dredge* ● knoeien *mess about; muddle along/through*

modderfiguur ▾ een ~ slaan *look foolish*

modderig *muddy*

modderstroom *mudflow*

moddervet *bloated; gross*

mode *fashion; style* ⋆ uit de mode raken *go out of fashion* ⋆ in de mode komen *come into fashion* ⋆ in de mode brengen *bring into fashion* ⋆ mode worden *become the fashion* ⋆ met de mode meedoen *follow the fashion* ⋆ de mode aangeven *set the fashion* ⋆ in de mode zijn *be in fashion* ⋆ naar de nieuwste mode *after/in the latest fashion*

modeartikel *fancy-article*

modebewust *fashion-conscious*

modeblad *fashion-paper; fashion-magazine*

modegril *freak of fashion*

modehuis *fashion-house; dress shop*

modekleur *fashion colour*

model *model* ⋆ ~ staan ⟨poseren⟩ *sit/model (for)*; ⟨als voorbeeld dienen⟩ *serve as a model for* ⋆ het nieuwste ~ cd-speler *the latest model in CD players*

modelactie ● voorbeeldige actie *model action* ● protestactie *work-to-rule*

modelbouw *model-building*

modelleren *model* ⋆ iets ~ naar ... *model s.th. after/on ...*

modelvliegtuig *model aeroplane*

modelwoning ● ideale woning *model home* ● woning als voorbeeld *show house*

modem *modem*

modeontwerper *fashion designer; couturier*

modepop ⟨vrouw⟩ *doll*; ⟨man⟩ *fop; dandy*

modern *modern; modernist*

moderniseren *modernize*

modernisme *modernism*

modeshow *fashion show/parade*

modeverschijnsel *fashion; fad; craze* ⋆ het is een ~ *it's a (new) fashion/fad*

modewoord INF. *buzz word*

modezaak *fashion shop/store*

modieus *fashionable; stylish*

modificatie *modification; alteration*

module *module*

moduleren *modulate*

modus *mode* ⋆ we moeten een ~ vinden om het op te lossen *we must work out a way to solve the problem*

moe I ZN *mum*; AE *mom* II BNW vermoeid *tired; weary* ⋆ zich moe lopen *tire o.s. (out) with*

mo

walking ⋆ 't leven moe *weary of life* ⋆ moe in de benen *leg-weary* ⋆ moe maken *tire (out)* ⋆ zo moe als een hond *dog-tired*

moed • dapperheid *courage* ⋆ moed bijeenrapen *muster courage* ⋆ moed geven *hearten* ⋆ hij had de euvele moed om ... *he had the audacity to ...* • goede hoop *courage* ⋆ de moed verliezen *lose courage/heart* ⋆ moed houden *keep (a good) heart* ⋆ houd (goede) moed! *cheer up!* ⋆ de moed erin houden *keep up one's courage* ⋆ moed scheppen/vatten *take courage; take heart* ▾ blij te moede *in high spirits* ▾ droef te moede *sad at heart*

moedeloos *despondent*

moeder • moeder ⋆ ∼ de vrouw *the wife*; INF. *the missus* ⋆ zo ∼, zo dochter *like mother, like daughter*

moederbedrijf *parent company*

moederdag *Mother's Day*

moederinstinct *maternal instinct*

moederkoek *placenta*

moederlijk *maternal; motherly*

moedermavo *secondary education for adults, esp. women;* ≈ *general secondary courses for adults*

moedermelk *mother's/breast milk*

moeder-overste *Mother superior*

moederschap *motherhood*

moederschip • schip als basis *mother ship* • schip dat lichters meeneemt *barge carrier*

moederskant *on the mother's side; maternal* ⋆ oom van ∼ *maternal uncle*

moederskind • lievelingskind van moeder *mother's child* • kind dat veel aan moeder hangt *mother's boy/girl*

moedertaal *mother tongue; native language*

moedervlek *birthmark*

moederziel ▾ ∼ alleen *all forlorn*

moedig *plucky; brave; courageous*

moedwil *wantonness;* ⟨opzet⟩ *wilfulness* ⋆ met ∼ *on purpose* ⋆ uit ∼ *wantonly*

moedwillig *wanton;* ⟨opzettelijk⟩ *wilful*

moeheid • moe zijn *weariness; fatigue* • materiaalmoeheid *fatigue*

moeien • iem. in iets ∼ *involve a person in s.th.* ⋆ zich in iets ∼ *take up a matter*

moeilijk I BNW *difficult;* ⟨taak⟩ *arduous;* ⟨tijden⟩ *hard; trying* ⋆ wij hebben 't ∼ gehad *we've been hard put to it* ⋆ het is ∼ te zeggen *it's hard to say* II BIJW ⟨met moeite⟩ *with difficulty;* ⟨bezwaarlijk⟩ *hardly* ⋆ ik kan toch ∼ met hen mee *I can hardly come with them* ⋆ ∼ opvoedbare kinderen *problem children*

moeilijkheid *trouble; difficulty* ⋆ iem. in moeilijkheden brengen *get a person into trouble; land a person in difficulties* ⋆ in ∼ raken/zitten *get into trouble/be in trouble*

moeite • inspanning *trouble; pains* [mv] ⋆ doet u geen ∼ *don't bother; don't trouble* ⋆ dat is de ∼ niet waard *that's not worth the trouble; that's not worthwhile* ⋆ ∼ doen *take pains* ⋆ 't is nauwelijks de ∼ *don't mention it!; no trouble (at all!)* ⋆ vergeefse ∼ *try in vain (to)* • last *difficulty; trouble* ⋆ ∼ hebben met iets *have difficulty with s.th.* ⋆ ∼ hebben om

te *find it difficult to* ⋆ hij had de grootste ∼ om ernstig te blijven *it was all he could do to keep a straight face* ⋆ ik had de grootste ∼ om hem te overtuigen *I had my work cut out in convincing him* ⋆ dat gaat bij hem in één ∼ door *he takes it in his stride* ⋆ ik kon mij slechts met de grootste ∼ goed houden *it was all I could do to keep a straight face* ⋆ de ∼ nemen *take the trouble to* ⋆ dat gaat in één ∼ door *that can be done at the same time* ⋆ met ∼ *with difficulty* ⋆ iem. heel wat ∼ geven *cause a person a great deal of trouble*

moeiteloos *effortless*

moeizaam *laborious*

moer • schroefmoer *nut* • bezinksel *lees*

moeras *marsh; bog; swamp*

moerasgebied *marshland; swampland*

moerasschildpad *terrapin*

moerassig *swampy; marshy*

moerbei • moerbes *mulberry* • boom *mulberry (tree)*

moeren *mawl*

moersleutel *spanner*

moerstaal ↑ *mother tongue; native language* ⋆ spreek je ∼ *speak plain English*

moes *pulp*

moesappel *cooking apple*

moesson *monsoon*

moestuin *kitchen garden*

moeten I OV WW ∼ ik moet die vent niet *I don't like that man; I can't stand that man* II HWW • noodzakelijk zijn *must* ⋆ het móet it *múst be done* ⋆ dit plan moet wel mislukken *this plan is bound to fail* ⋆ ze ∼ dit wel opmerken *they can't fail to notice this; it cannot fail to attract notice* ⋆ ik moest wel lachen, of ik wou of niet *I couldn't help laughing* • verplicht zijn *must; have to; be obliged to;* ⟨afspraak, bevel⟩ *be to* ⋆ daar moet ik niets van hebben *I'll have none of it* ⋆ ik weet niet hoe ik ermee aan moet *I don't know how to set about it* ⋆ ik moet nog zien dat het gebeurt *I have yet to see it happen; that'll be the day!* ⋆ jij moet *your turn.* • behoren *should; ought to* ⋆ het moet regelmatig schoongemaakt worden *it requires cleaning regularly* ⋆ dat moest de politie eens weten *if only the police knew* ⋆ de kamer moet eens schoongemaakt worden *the room wants cleaning* • aannemelijk zijn *must* ⋆ de stad moet (naar men zegt) in brand staan *the town is reported to be on fire* ⋆ ze moet erg rijk zijn *she is said to be very rich; she must be very rich* • willen *want* ⋆ wat moet je hier? *what do you want?; what is your business?* ⋆ wat moet dat? *what's the idea?* ⋆ wat moet dat voorstellen? *what is that supposed to be?* ⋆ hij moest naar huis *he had to go home* ⋆ ik moet ervandoor *I must be off (home)*

moetje *shotgun wedding*

moezelwijn *Moselle (wine)*

mof • bonten huls *muff* • PEJ. Duitser *Hun; Kraut;* MIL. *Jerry*

mogelijk *possible; perhaps* ⋆ zo ∼ *if possible; as best as I can* ⋆ zo goed ∼ *to the best of my ability* ⋆ zo spoedig ∼ *as soon as possible* ⋆ al

het ~e *all that is possible* ★ bij ~e moeilijkheden *in case of difficulties* ★ het énig ~e *the only possible thing* ★ best ~ *quite possible* ★ op alle ~e manieren *in every possible way*

mogelijkerwijs *possibly*; *perhaps*; *maybe*

mogelijkheid *possibility* ★ ik kan met geen ~ komen *I can't possibly come*

mogen I OV WW *like* ★ ik mag hem wel *I rather like him* ▾ 't mocht wat! *(honest) indeed!*; *nothing doing!* **II** HWW • toestemming hebben *be allowed* ★ hij mag niet van zijn vader *his father won't let him* ★ dat mag ik niet van de dokter *my doctor forbids it* • wenselijk zijn *should* ★ mocht hij blijven... *should he stay...* • kunnen *may*; *be allowed* ★ hij mag wel oppassen *he had better be careful* ★ je had hem wel eens ~ helpen *you ought to have helped him*

mogendheid *power*

mohair *mohair*; *angora wool*

mohammedaan *Mohammedan*; *Muhammedan*; *Muslim*

mohammedaans *Muhammedan*; *Mohammedan*; *Muslim*

mok *mug*

moker *sledge*

mokerslag OOK FIG. *sledgehammer blow*

mokka *mocha*

mokkel *fat woman*; *baby*; INF. *dame*

mokken *sulk*

mol • dier *mole* • MUZ. verlagingsteken *flat*

Moldavië *Moldavia*

moleculair *molecular*

molecule *molecule*

molen *mill* ▾ ambtelijke ~s malen langzaam *the mills of government grind slowly*

molenaar *miller*

molensteen *millstone* ▾ als een ~ om de nek *like a millstone round my neck*

molenwiek *wing/sail of a mill*

molesteren *importune*; *molest*

molestverzekering *war-damage insurance*

molière *lace-up(s)/shoes*

mollen • kapot maken *break*; *wreck* • doden *do in*

mollig *plump*; *chubby*

molm ⟨vergaan hout⟩ *mouldered wood*; ⟨vermolming in hout⟩ *wood rot*; ⟨turfmolm⟩ *peat (dust)*

molshoop *mole-hill*

molton *flannel*

Molukken *Moluccas*

Molukker *Moluccan*

Moluks *Molucca(n)*

Molukse *Moluccan (woman)*

mom *mask* ★ onder het mom van *under the cloak of*

mombakkes *mask*

moment *moment*

momenteel I BNW • huidig *present*; *current* • kortstondig *momentary* **II** BIJW *at the moment*; *right now*

momentopname *snapshot*

moment suprême *sublime/supreme moment*

mompelen *mutter*

Monaco *Monaco*

monarch *monarch*

monarchie *monarchy*

monarchist *monarchist*

mond • orgaan *mouth* ★ houd je mond! *hold your tongue!*; *shut up!* ★ met de mond brave *in words* ★ met open mond naar iem. kijken *gape at s.o. open-mouthed* ★ zij deed geen mond open *she never said a word* ★ zijn mond stond geen ogenblik stil *his tongue was going all the time; he talked non-stop* • monding ⟨rivier⟩ *mouth*; ⟨v. vuurwapen⟩ *muzzle* ▾ van mond tot mond *from mouth to mouth* ▾ een grote mond hebben *talk big* ▾ met de mond vol tanden staan *be gobsmacked*; *not have a word to say for o.s.* ▾ iem. naar de mond praten AE *soft-sawder s.o.*; *play up to a person* ▾ de morgenstond heeft goud in de mond *the early bird catches the worm* ▾ je neemt me de woorden uit de mond *you take the words out of my mouth* ▾ iets uit zijn mond sparen *save s.th. out of one's mouth* ▾ wat hem voor de mond komt *whatever comes into his head* ▾ met twee monden spreken *be two-faced*; *blow hot and cold* ▾ een grote mond tegen iem. opzetten *bully a person*; *bluster at a person* ▾ nou heb ik mijn mond voorbijgepraat *now I've put my foot in it* ▾ ieder had er de mond vol van *it was in everybody's mouth* ▾ bij monde van *from the lips/mouth of* ▾ zij weet haar mondje te roeren *she has the gift of gab; she has a tongue in her head*

mondain *fashionable*; *mundane*

monddood ▾ iem. ~ maken *silence s.o.*

mondeling I ZN *oral*; ⟨op universiteit⟩ *viva voce* **II** BNW *verbal*; ⟨overlevering⟩ *oral* **III** BIJW *orally*; *by word of mouth*

mond- en klauwzeer *foot-and-mouth disease*

mondharmonica *mouth-organ*

mondhoek *corner of the mouth*

mondholte *mouth-cavity*

mondhygiënist *dental hygienist*

mondiaal *mondial*; *world-wide*

mondig • meerderjarig *of age* • zelfstandig *mature*; *independent*; ⟨m.b.t. een gemeenschap⟩ *emancipated*

monding *mouth*

mondje ★ ~ dicht! *mum's the word!* ▾ 'n aardig ~ Engels spreken *speak English fairly well*

mondjesmaat *in dribblets*; *scantily*

mond-op-mondbeademing *mouth-to-mouth resuscitation* ★ ~ geven *apply mouth-to mouth resuscitation*; INF. *give the kiss of life*

mondstuk • deel ⟨v. sigaret⟩ *tip*; ⟨v. pijp/muziekinstrument⟩ *mouthpiece* ★ zonder ~ *plain* • bit *bit*

mond-tot-mondreclame *advertisement by word of mouth*; *word-of-mouth advertising*

mondverzorging *oral hygiene*

mondvol *mouthful*

mondvoorraad *provisions*

mondzweertje *mouth ulcer*

monetair *monetary*

Mongolië *Mongolia*

mo

mongolisme *mongolism*; MED. *Down's Syndrome*

mongoloïde *mongoloid*

mongool *person suffering from Down's Syndrome*

Mongool *Mongol*

monitor *monitor*

monnik *monk* ▼ gelijke ~en, gelijke kappen *(what is) sauce for the goose is sauce for the gander*

monnikenwerk *drudgery*

monnikskap ● deel v.e. gewaad *cowl* ● PLANTK. *monks-hood; aconite*

mono *mono*

monochroom *monochrome*

monocle *monocle; eye-glass*

monofoon *monophonic*

monogaam *monogamous*

monogamie *monogamy*

monogram *monogram*

monokini *monokini*

monolithisch *monolithic*

monoloog *monologue*

monomaan *monomaniac*

monomanie *monomania*

monopolie *monopoly*

monopoliepositie *monopoly position*

monorail *monorail*

monoski *mono-ski*

monotoon *monotonous*

monster ● gedrocht *monster; freak* ● proefstuk *sample* ● op ~ kopen *buy from sample* ⋆ ~ zonder waarde *sample without (commercial) value*

monster- *monster; mammoth* ⋆ monsterscore *record score* ⋆ monstervergadering *mass meeting*

monsterachtig *monstrous*

monsterboekje *sample/pattern book*

monsteren ● SCHEEPV. *sign on* ● keuren *inspect*

monsterlijk *monstrous; hideous*

monstrueus *monstrous*

monstruositeit *monstrosity*

montage *assembling; mounting*; ⟨v. film⟩ *montage*

montagebouw *prefabrication*

montagefoto ⟨m.b.t. bestaande foto's⟩ *photomontage*; ⟨i.v.m. opsporing⟩ *photofit (picture)*

montagetafel *film-editing table*

Montenegrijn *Montenegrin* ⋆ een ~se *a Montenegrin woman*

Montenegrijns *Montenegrin*

Montenegro *Montenegro*

monter *brisk; lively; sprightly*

monteren ⟨in elkaar zetten⟩ *assemble; install*; ⟨film⟩ *edit; cut*; ⟨foto⟩ *assemble*

montessorischool *Montessori school*

monteur *mechanic*; ⟨luchtvaart⟩ *rigger*

Montevideo *Montevideo*

montuur *frame; mount*; ⟨v. steen⟩ *setting* ⋆ bril met hoornen ~ *hornrimmed spectacles*

monument *monument*

monumentaal *monumental*

Monumentenwet ≈ *Historic Buildings and Ancient Monuments Act*

monumentenzorg ≈ *Department of the Environment Historic Buildings Bureau*

mooi I BNW ● aangenaam aandoend *beautiful; handsome; fine; pretty* ⋆ mooi maken *dress up* ⋆ mooi weer *fine/fair weather* ⋆ zijn mooie kleren *his Sunday best* ⋆ mooie woorden *fine words* ⋆ mooi vroeg *nice and early* ⋆ wat een mooie! *what a beauty!* ⋆ maar het mooiste komt nog *but the funniest part is yet to come* ⋆ er op zijn mooist uitzien *look one's best* ⋆ 't mooist van alles is dat ... *the cream of the story is that ...* ● IRON. ⋆ een mooie manier van doen *that's a fine way of carrying on* ⋆ mooie vrienden zijn dat *nice pack of friends they are* ⋆ daar zijn we mooi mee! *that's a pretty pickle we are in!; that's a fine mess!* ⋆ daar kun je lang mooi mee zijn *that may be a long story* ⋆ jij bent ook een mooie! *you're a nice one!* ⋆ dat is me wat moois! *that's a nice business!* ⋆ wel nu nog mooier! *well I never!* II BIJW ● op mooie wijze ⋆ mooi zo! *good!; that's right!* ⋆ mooi zitten ⟨v. hond⟩ *beg* ● IRON. ⋆ dat is mooi meegenomen *that's so much to the good* ⋆ jullie hebben mooi praten, maar ... *it's all very well for you, but ...*

mooipraten *humbug*

moonboot *moon boot*

moor *Moor*

moord *murder*; ⟨sluipmoord⟩ *assassination* ⋆ een ~ plegen *commit murder* ⋆ de ~ op de koning *the assassination of the king* ▼ ~ en brand schreeuwen FIG. *cry blue murder*

moordaanslag *attempted murder* ⋆ een ~ plegen *attempt to murder a person*

moordbrigade ● terroristische groep *hit squad; death squad* ● politieafdeling *homicide squad*

moorddadig ● moordend *murderous* ● erg *terrific*

moorden ⟨commit⟩ *murder; kill*

moordenaar *murderer; killer*

moordend ● moorddadig *murderous; killing* ● slopend ⋆ ~e competitie/concurrentie *cutthroat competition*

moordgriet *super girl*

moordkuil ▼ hij maakt van zijn hart geen ~ *he wears his heart upon his sleeve*

moordpartij *massacre*

moordwapen *murder weapon*

moorkop ≈ *chocolate éclair*

moot *slice*; ⟨v. vis⟩ *chunk*

mop *joke; hoax* ⋆ moppen tappen *crack jokes* ⋆ een mop met een baard *a hoary old joke; a chestnut*

moppentapper *joker*

mopperaar *grumbler*

mopperen *grumble about/at*

mopperkont *grumbler; grump*

mopperpot *grumbler*; AE *grouch*

mopsneus *pug-nose*

moraal ● zedenleer *morality; ethics* ⋆ de christelijke ~ *Christian ethics* ● wijze les *moral*

moraalridder *moral crusader*

moraliseren *moralize*

moralisme *moralism*

moralist *moralist*
moratorium *moratorium*
morbide *morbid; unwholesome*
moreel I ZN *morale* II BNW *moral*
morel *morello (cherry)*
mores ▾ iem. ~ leren *teach a person manners*
morfeem *morpheme*
morfine *morphia; morphine*
morfologie *morphology*
morgen I ZN *morning* ⋆ 's ~s *in the morning; every morning* II BIJW *tomorrow* ⋆ ~ over acht dagen *tomorrow week* ⋆ 's ~s *in the morning* ⋆ op een ~ *one morning* ⋆ tot ~! *till tomorrow!* ⋆ van~ *this morning*
morgenavond *tomorrow evening*
morgenland *the East/Orient* ⋆ de wijzen uit het ~ *the Wise Men of the East*
morgenmiddag *tomorrow afternoon*
morgenochtend *tomorrow morning*
morgenrood *red morning-sky*
Morgenster *morning star*
morgenstond *early morning* ▾ de ~ heeft goud in de mond *the early bird catches the worm*
mormel *monster*
mormoon *Mormon*
morning-afterpil *morning-after pill*
morrelen *fumble*
morren *grumble (at)*
morsdood *stone-dead*
morse *Morse (code)*
morsen I OV WW laten vallen *spill* II ON WW knoeien *mess*
morseteken *Morse character*
morsig *dirty; grubby*
mortel *mortar*
mortier *mortar*
mortiergranaat *mortarshell*
mortuarium *mortuary; morgue*
mos *moss*
mosgroen *moss-green*
moskee *mosque*
Moskou *Moscow*
Moskoviet *Muscovite*
moslima *Muslimah*
moslimextremisme *Islamic extremism*
mossel *mussel*
mosselbank *mussel bed/bank*
most *must*
mosterd *mustard* ▾ dat is ~ na de maaltijd *it's come too late to be of any use*
mosterdgas *mustard gas*
mosterdzaad ⟨zaad⟩ *mustard seed*
mot ● insect *moth* ⋆ de mot zit erin *it is moth-eaten* ● ruzie *tiff; scrap* ⋆ zij hebben mot *they have fallen out*
motel *motel*
motie *motion; vote* ⋆ ~ van wantrouwen *motion/vote of no-confidence* ⋆ ~ van afkeuring *motion/vote of censure*
motief ● beweegreden *motive* ● patroon *design; pattern* ● MUZ. *motif*
motivatie *motivation*
motiveren ● beredeneren *explain; state reasons/motives (for)* ● stimuleren *motivate; stimulate*
motivering *motivation*

motor ● machine *motor;* ⟨v. vliegtuig, auto⟩ *engine* ⋆ met 1/2/4 ~(en) *single-/twin-/four-engined* ● motorfiets *motorbike* ⋆ ~ met zijspan *motorcycle combination*
motoragent *motorcycle policeman;* INF. *speed cop;* AE *motor cop*
motorboot *motorboat; motor launch*
motorcross *moto-cross*
motorfiets *motor bicycle; motorbike*
motoriek ⟨m.b.t. systeem⟩ *(loco)motor system;* ⟨bewegingen⟩ *locomotion*
motorisch *motorial*
motoriseren *motorize*
motorkap *bonnet;* AE *hood;* ⟨v. vliegtuig⟩ *cowling*
motorpech *engine trouble*
motorrijder *motorcyclist*
motorrijtuig *motor vehicle*
motorrijtuigenbelasting *road tax*
motorvoertuig *motor vehicle*
motregen *drizzle*
motregenen *drizzle*
mottenbal *mothball* ▾ iets uit de ~len halen *take s.th. out of the mothballs*
mottig *moth-eaten*
motto *device; motto* ⋆ brieven onder 't ~ ... *letters marked ...*
mountainbike *mountain bike*
mousse *mousse*
mousseren *effervesce*
mout *malt*
mouw *sleeve* ▾ iem. iets op de mouw spelden INF. *take the mickey out of s.o.; take s.o. for a ride* ▾ ergens een mouw aan weten te passen *make the best out of s.th.* ▾ hij schudt ze maar zo uit de mouw *he just knocks them off*
mouwlengte *sleeve length*
moven *get lost* ⋆ ~, joh! ↓ *beat it!*
mozaïek *mosaic*
Mozambique *Mozambique*
mozzarella *mozzarella*
mp3 I ZN ⟨de⟩ bestand *MP3* II ZN ⟨het⟩ compressietechniek *MP3*
mp3-bestand *MP3 file*
Mpeg *MPEG*
msn *MSN*
msn'en *chat on/via MSN*
mts *intermediate technical school*
mud *hectolitre*
mudvol *jam-packed; chock-full; cram-full*
muesli BE *muesli;* AE *granola*
muf ⟨geur⟩ *musty;* ⟨v. kamer⟩ *stuffy*
mug *gnat; mosquito* ▾ van een mug een olifant maken *make a mountain out of a mole-hill*
muggenbeet *mosquito bite*
muggenbult *mosquito bite*
muggenolie *insect repellant*
muggenziften *split hairs*
muggenzifter *hairsplitter*
muil ● bek *muzzle* ● schoen *slipper*
muildier *mule*
muilezel *hinny*
muilkorf *muzzle*
muilkorven ● muilkorf aandoen *muzzle* ● monddood maken *muzzle; gag*

mu

muilpeer *box on the ear*

muiltje *mule*

muis ● dier *mouse* [mv: *mice*] ● van computer *mouse* ★ optische muis *optical mouse* ● deel van hand *ball of the thumb*

muisarm *RSI*; ⟨in context⟩ *mouse arm*

muisgrijs *mous(e)ly; mouse-coloured*

muisje ● kleine muis *little mouse* ● gesuikerd anijszaadje ★ beschuit met ~s *rusk(s) with aniseed comfits* ▼ dat ~ zal nog wel een staartje hebben *it won't end here; this is not the end of it/the matter*

muismat *mouse mat*

muisstil *as still as a mouse*

muiten *rebel; mutiny* ★ aan 't ~ slaan *mutiny*

muiter *mutineer*

muiterij *mutiny*

muizenis *care; worry; trouble* ★ zich ~sen in het hoofd halen *have a lot on one's mind*

muizenval *mouse-trap*

mul I zn (de) zeevis *red mullet* II bnw *loose*

mulat *mulatto*

multicultureel *multicultural*

multidisciplinair *multidisciplinary*

multifunctioneel *multifunctional*

multi-instrumentalist *performer skilled in playing a number of musical instruments*

multimedia- *multimedia*

multimediaal *multimedia*

multimiljonair *multimillionaire*

multinational *multinational*

multipel *multiple*

multiplechoicetest *multiple-choice test*

multiple sclerose *multiple sclerosis*

multiplex *plywood*

multomap *ringbinder*

mum ▼ in een mum van tijd *in no time; in a jiffy*

mummelen *mumble*

mummie *mummy*

mummificeren *mummify*

municipaal *municipal*

munitie *ammunition; munition*

munitiedepot ⟨am⟩*munition depot*; ⟨tijdelijk⟩ *munition dump*

munt ● geldstuk *coin* ★ munt slaan uit *cash in on; make capital out of* ● penning *token* ● munteenheid *currency; coinage* ● waardestempel *mintage* ● muntgebouw *the (Royal) Mint* ● plant *mint* ▼ iem. met gelijke munt terugbetalen *pay a person (back) in his own coin*

munteenheid *currency (unit)*

munten ● tot munt slaan *mint; coin* ● ~ op ★ het op iem. gemunt hebben *have it in for s.o.; be after s.o.*

muntstuk *coin*

murmelen *murmur*; ⟨v. stroompje⟩ *babble*

murw *tender; soft* ★ iem. murw slaan *beat a person to a jelly* ★ murw maken *soften up*

mus *sparrow* ▼ hij maakt zich blij met een dode mus *he has found a mare's nest*

musculatuur *musculature*

museum *museum; gallery*

museumbezoek *museum visit/attendance*

museumjaarkaart *annual museum pass*

museumstuk *museum piece*

musiceren *make music*

musicoloog *musicologist*

musicus *musician*

muskaat ● noot *nutmeg* ● wijn *muscat; muscatel*

muskaatdruif *muscadine*

musket *musket*

musketier *musketeer*

muskiet *mosquito*

muskietennet *mosquito-net*

muskietenplaag *mosquito plague*

muskus *musk*

muskushert *musk deer*

must *a must*

mutatie ● verandering *mutation*; ⟨personeel⟩ *turnover* ● biol *mutation*

muts *cap; bonnet* ▼ zijn muts staat verkeerd *he's in a bad mood*

muur *wall* ▼ de muren hebben oren *walls have ears*

muurbloempje *wall flower*

muurkrant *wallposter*

muurschildering *mural painting*

muurvast ⟨letterlijk⟩ *as firm as a rock*; fig. *deep-rooted*

muurverf *masonry paint*

muzak *muzak*

muze *muse*

muziek *music*; ⟨muzikanten⟩ *band* ★ op ~ zetten *set to music* ★ met ~ *with the band playing* ★ op de ~ *to the music* ★ er zit ~ in *it goes with a swing*

muziekbibliotheek *music library*

muziekblad ● blad papier *sheet of music* ● tijdschrift *music magazine*

muziekcassette *music cassette*

muziekdoos *musical box*

muziekfestival *music festival*

muziekgezelschap *music club/ensemble*

muziekinstrument *musical instrument*

muziekkapel *band*

muziekkorps *band*

muziekminnend *music-loving*

muzieknoot *(musical) note*

muziekschool *school of music*

muziekstandaard *music stand*

muziekstuk *(musical) piece*

muziektent *band stand*

muziektheater *music theatre*

muziekwetenschap *musicology*

muzikaal *musical* ★ een ~ gehoor hebben *have an ear for music*

muzikant *musician*

myocarditis *myocarditis*

mysterie *mystery*

mysterieus *mysterious*

mysticus *mystic*

mystiek I zn *mysticism* II bnw *mystic(al)*

mystificatie *mystification*

mythe *myth*

mythisch *mythical*

mythologie *mythology*

mythologisch *mythological*

mu

mytylschool *school for physically handicapped children*
myxomatose *myxomatosis*

N

n *n* ★ de n van Nico *N as in Nelly*
na I BIJW ● later/toe *after* ★ hij nam fruit na *he had fruit for dessert* ● na-/dichtbij ★ zij stond hem zeer na *she was very dear to him* ● behalve ★ op twee na de grootste *the third biggest* ★ de laatste op een na *the last but one* ★ op één euro na *less one euro* ▾ iem. te na komen *tread on s.o.'s toes* ▾ het ligt mij na aan het hart *it's close to my heart* ▾ de goeden niet te na gesproken *the good ones excepted* ▾ het is haar eer te na *she would be piqued* II VZ ● later dan/achter *after* ★ de een na de ander *the one after the other* ★ na u! *after you!* ● over *after* ★ na een jaar *after a year* ★ zij blijft tot na Kerstmis *she's staying over Christmas*

naad *seam*; ⟨v. wond⟩ *suture* ▾ zich uit de naad lopen *run o.s. off one's legs* ▾ het naadje van de kous weten *know the ins and outs*
naadloos *seamless*; FIG. *smooth*; *imperceptible*
naaf *hub*
naaidoos *sewing box*
naaien ● met draad vastmaken *sew*; ⟨v. wond⟩ *stitch* ● neuken *screw* ● belazeren *screw*
naaigarnituur *sewing case/kit*
naaimachine *sewing machine*
naaister *needlewoman*; ⟨als beroep⟩ *seamstress*
naaiwerk *sewing*
naakt I ZN *nude* ★ naar het ~ tekenen *draw from the nude* II BNW ● ongekleed *naked*; *nude*; *bare* ★ ~ zwemmen *swim in the nude*; INF. *skinny-dip* ★ (zich) ~ uitkleden *strip (to the skin)* ● FIG. onopgesmukt ★ de ~e waarheid *the naked truth* ★ de ~e feiten *the bare facts*
naaktfoto *nude photo*
naaktloper *nudist*; *naturist*
naaktmodel *nude model*
naaktstrand *nudist beach*
naald ● gereedschap *needle* ● wijzer *needle* ● van platenspeler *needle*; *stylus* ● PLANTK. *needle* ▾ een ~ in een hooiberg zoeken *look for a needle in a haystack* ▾ heet van de ~ *with the ink still wet*; ⟨v. nieuws⟩ *up-to-the-minute*
naaldboom *conifer*; *coniferous tree*
naaldbos *pine forest*
naaldenboekje *packet of needles*; *needle book*
naaldenkussen *pin-cushion*
naaldenprik *pin-prick*
naaldhak *stiletto heel*
naaldhout ● boomsoort *conifers* ● hout *softwood*
naaldkunst *needlecraft*
naam ● benaming *name* ★ uit naam van *on behalf of* ★ aandeel op naam *registered share* ★ op zijn naam gekocht *bought in his name* ★ vrij op naam *no legal charges* ★ hoe is uw naam? *what is your name?* ★ in naam *in name*; *nominal(ly)* ★ uit mijn naam *from me*; *in my name* ★ iem. van naam kennen *know a person by name* ★ met name *particularly* ★ bij naam noemen *mention by name* ★ bekend

staan onder de naam *go by the name of* • reputatie *name; reputation* ★ van naam *distinguished* ★ een goede/slechte naam hebben *have a good/bad name* ★ naam krijgen/maken *make a name (for o.s.)* ▾ mijn naam is haas *I don't know the first thing about it* ▾ te goeder naam (en faam) bekend staan *have a good reputation*

naamdag *name day*
naamgenoot *namesake*
naamkaartje *name tag; visiting card*
naamkunde *onomastics*
naamloos *nameless; anonymous*
naamsverandering *change of name*
naamsverwarring *confusion about/over names*
naamsverwisseling *exchange of names*
naamval *case*
naamwoord *noun*
naamwoordelijk *nominal* ★ het ~ deel van het gezegde *subject complement*; VERO. *the nominative element*
na-apen *ape; mimic*
naar I BNW • akelig *nasty; unpleasant* ★ een nare kerel *a nasty piece of work* • beroerd ★ ik werd er helemaal naar van *it made me (feel) sick* ★ zij was er naar aan toe *she was in a bad way* II VZ • in de richting van ★ naar huis lopen *walk home* ★ naar Frankrijk vertrekken *leave for France* ★ naar Londen gaan *go to London* ★ naar de dokter gaan *see the doctor* ★ naar beneden/boven brengen *take down(stairs)/up(stairs)* • volgens ★ naar de natuur geschilderd *painted from nature* ★ naar waarheid *in truth* ★ is alles naar wens? *is everything to your liking?* ▾ hij is er niet de man naar om ... *it's not like him to ...* ▾ de dorst naar opwinding *the thirst for excitement* III VW • naar verluidt *rumour has it (that)* ★ naar men zegt/hoopt *it is said/ hoped* ★ naar wij vernemen *it is reported (that)* ★ naar u verkiest *as you choose/wish*
naargeestig *gloomy*
naargelang *according to; as*
naarling *nasty person*
naarmate *as; as according to*
naarstig *industrious*
naast I BNW • dichtst bij *nearest* ★ ~e medewerkers *closest colleagues* • de ~ toekomst *the very near future* ★ in de ~e omgeving *in the immediate surroundings* • intiemst *closest* ★ ~e familie *next of kin* ▾ ieder is zichzelf het ~ *blood is thicker than water; charity begins at home* ▾ ten ~e bij *approximately* ▾ die opmerking was er ~ *that was beside the point* II BIJW ★ de keeper greep ~ *the goalkeeper missed the ball* III VZ • terzijde van ★ ~ elkaar *side by side* • de vrouw ~ haar *the woman next to her* • behalve *as well as* ★ ~ het een ook het ander *this as well as that*
naaste *fellow man* ▾ heb uw ~ lief *love thy neighbour*
naastenliefde *neighbourly love*; ⟨bijbels⟩ *charity*
naastgelegen • grenzend aan *adjacent* • dichtstbij *nearest*

nababbelen I OV WW nadoen *parrot; repeat* II ON WW na blijven praten *have a chat afterwards*
nabehandeling *follow-up treatment; post-operative treatment*
nabeschouwing *commentary; review*; ⟨militair, diplomatiek⟩ *debriefing* ★ een ~ houden *hold a review*
nabespreking *(subsequent) discussion*
nabestaande *relation; (surviving) relative* ★ de ~n *the next of kin*
nabestaandenpensioen *surviving relatives'/ dependants' pension*
nabestaandenregeling *legal/financial provision for surviving dependants*
nabestellen *put on back order; reorder*
nabezorging ⟨te laat⟩ *late delivery*; ⟨v. uitstaande bestelling⟩ *back order delivery*
nabij I BNW *near; close* ★ in de ~e toekomst in *the near future* ★ het Nabije Oosten *the Near East* ★ iem. van ~ kennen *know s.o. intimately* II VZ ★ de dood ~ zijn *be at death's door*
nabijgelegen *neighbouring; adjacent*
nabijheid *nearness*
nablijven *stay behind*
nablussen *dampen down* ★ het ~ duurde tot de ochtend *it was morning before the fire was completely extinguished*
nabootsen *imitate; copy*
nabootsing *imitation; mimicry*
naburig • in de buurt *nearby* • aangrenzend *neighbouring*
nacht *night* ★ 's ~s *at night; in the night; every night* ★ bij het vallen van de ~ *at nightfall* ★ de afgelopen ~ *last night* ★ de komende ~ *tonight* ★ de hele ~ *doorfeesten make a night of it* ★ er een ~je over slapen *sleep on s.th.* ★ gedurende/in de ~ *during/in the night* ★ dag en ~ *night and day* ★ de ~ van zaterdag op zondag *Saturday night* ▾ niet over één ~ ijs gaan *take no risks* ▾ bij ~ en ontij *at unreasonable hours*
nacht- *night-* ★ nachtvlucht *nightflight*
nachtblind *night-blind*
nachtbraken • 's nachts feesten *make a night of it* • 's nachts werken *burn the midnight oil*
nachtbraker ⟨m.b.t. uitgaan⟩ *night-reveller*; ⟨m.b.t. werken⟩ *night owl*
nachtbus *(late-)night bus*
nachtclub *nightclub*
nachtcrème *night cream*
nachtdienst ⟨v. boot, e.d.⟩ *night service*; ⟨op fabriek⟩ *night shift*; ⟨v. personeel⟩ *night duty*
nachtdier *nocturnal animal*
nachtegaal *nightingale*
nachtelijk *nightly*; FORM. *nocturnal* ★ een ~e aanval *a night attack*
nachtfilm *late film*
nachthemd ⟨v. vrouwen⟩ *nightdress*; ⟨v. mannen⟩ *nightshirt*
nachtjapon *nightgown*
nachtkaars ▾ als een ~ uitgaan *peter/fizzle out*
nachtkastje *night/bedside table*; AE *nightstand*
nachtkijker *nightsight*
nachtkleding *nightwear*

nachtlamp *nightlight; nightlamp*
nachtleven *nightlife*
nachtmens *night person*
nachtmerrie *nightmare*
nachtmis *midnight mass*
nachtploeg *night shift*
nachtpon *nightdress;* INF. *nightie*
nachtportier *nightporter*
nachtrust *night's rest*
nachtschade *nightshade*
nachtslot *double lock* ★ op 't ~ doen *double-lock*
nachtstroom *off-peak rate electricity*
nachttarief *night tariff/rate*
nachttrein *night train*
nachtvlinder *moth; nighthawk;* ⟨persoon⟩ *night owl*
nachtvorst *night frost;* ⟨aan de grond⟩ *ground frost*
nachtwaker *night watchman/guard*
nachtwerk *nightwork* ★ er ~ van maken ⟨m.b.t. studie/werk⟩ *burn the midnight oil;* ⟨m.b.t. uitgaan⟩ *make a night of it*
nachtzoen *goodnight kiss*
nachtzuster *night nurse*
nacompetitie *play-offs*
nadagen *declining/latter days/years*
nadat *after*
na dato *afterwards*
nadeel *disadvantage; drawback;* ⟨schade⟩ *damage; harm;* ⟨verlies⟩ *loss* ★ ten nadele van *be detrimental to* ★ het enige ~ ervan is ... *the only drawback is ...* ★ zijn leeftijd was in zijn ~ *his age counted against him* ★ in 't ~ zijn *be at a disadvantage*
nadelig *disadvantageous;* ⟨schadelijk⟩ *injurious; harmful* ★ ~ werken op *be harmful to*
nadenken *think (about); reflect (upon); consider* ★ als je er goed over nadenkt *when you (come to) think of it*
nadenkend *thoughtful*
nader I BNW ● dichterbij *nearer; closer* ● preciezer *closer;* ⟨bijzonderheden⟩ *further* ★ bij ~ inzien *on second thought(s)* ★ tot ~ aankondiging/order *until further notice/orders* II BIJW ● dichterbij *nearer* ● uitvoeriger ★ ~ leren kennen *get better acquainted with* ★ iets ~ bekijken *take a closer look at s.th.* ★ er ~ van horen *hear more of it* ★ ~ op iets ingaan *go into s.th. in more detail* ★ ~ aanduiden *specify*
naderbij *closer; nearer*
naderen *approach; draw near*
naderhand *afterwards; later on*
nadien *since*
nadoen *imitate* ★ doe me dat maar eens na *can you beat that?*
nadorst *dry throat*
nadruk ● accent *emphasis; stress* ★ de ~ leggen op iets *emphasize/stress s.th.* ● herdruk *reprint* ★ ~ verboden *(under) copyright; all rights reserved*
nadrukkelijk *emphatic*
nagaan ● volgen *follow* ★ een misdadiger ~ *keep track of a criminal* ● concluderen *work out* ★ voor zover we kunnen ~ *as far as we can gather* ● controleren *check (up on)* ★ wil

je dat even ~? *will you check up on it?* ★ een ontwikkeling ~ *follow a development* ★ iemands werk ~ *check a person's work* ★ als ik dat alles naga *when I consider all that* ★ kun je ~! *just imagine!*
nagalm *reverberation; echo*
nageboorte *afterbirth*
nagedachtenis *memory* ★ ter ~ van *in memory of*
nagel ● verhoornde huid *nail;* ⟨v. dier⟩ *claw* ★ op zijn ~s bijten *bite one's nails* ● spijker *nail* ▼ een ~ aan mijn doodkist *a nail in my coffin*
nagelbed *quick* ★ tot op het ~ afgekloven *bitten down to the quick*
nagelbijten *bite one's nails*
nagelgarnituur *manicure set*
nagelkaas *clove cheese*
nagellak *nail polish*
nagelriem *cuticle*
nagelschaar *pair of clippers | nail scissors; clippers* [mv]; *nail scissors* [mv]
nagelvijl *nail file*
nagemaakt ● volgens model gemaakt *copied* ● bedrieglijk nagebootst *forged*
nagenieten *enjoy/relish the memory of; remember with pleasure/enjoyment*
nagenoeg *almost; nearly*
nagenoemd *mentioned below*
nagerecht *dessert*
nageslacht ● nakomelingen *offspring* ● latere geslachten *posterity* ★ voor het ~ bewaard *preserved for posterity*
nageven ★ dat moet ik hem (tot zijn eer) ~ *I'll say that (much) for him; I'll give him that*
nagloeien *glow after extinction; smoulder*
naheffing *retrospective collection (of taxes)*
naheffingsaanslag *additional/supplementary assessment of tax*
naïef *naive*
naïeveling *naïve; simpleton*
naijver *jealousy; envy*
naijverig *envious; jealous*
naïviteit *naivety*
najaar *autumn;* AE *fall* ★ in het ~ *in autumn*
najaarscollectie *autumn collection*
najaarsklassieker *autumn classic*
najaarsmode *autumn fashion*
najaarsstorm *autumn storm*
najaarszon *autumn sun*
najagen ● vervolgen *chase; pursue; run after* ● nastreven *pursue;* ⟨geluk⟩ *search for*
nakaarten *have a post-mortem; talk things over afterwards*
nakie ▼ in zijn ~ *in the nude; in the altogether*
nakijken ● kijken naar *watch s.o. go; follow with one's eyes* ● controlerend nagaan *have a look at; check; correct;* ⟨v. leerstof⟩ *look over;* ⟨v. motor⟩ *overhaul* ★ een proefwerk ~ *mark a paper* ▼ dan heb je het ~ *then you've had it*
naklinken *(still) sound; reverberate*
nakomeling *descendant*
nakomen I OV WW naleven ⟨v. belofte⟩ *keep;* ⟨v. bevel⟩ *obey;* ⟨v. contract, regel⟩ *observe* II ON WW later komen *follow*
nakomertje *afterthought; late arrival*

na

nalaten • achterlaten *leave (behind)* ★ nagelaten werken *posthumous works* • niet doen *refrain from*; ⟨verzuimen⟩ *omit*; ⟨verplichtingen⟩ *neglect* ★ ik kan niet ~ te denken *I can't help thinking*

nalatenschap *inheritance*; ⟨boedel⟩ *estate*

nalatig *negligent*

nalatigheid *negligence*

naleven *observe*; *live up to*; ⟨v. contract⟩ *fulfil*; ⟨principes⟩ *live up to*; ⟨v. regels⟩ *observe*

naleving *fulfilment*; *observance*

nalezen • overlezen *read again* • nazoeken *read/go through*

nalopen • achternalopen *run after*; *follow* • controleren *check* ★ ik kan niet alles ~ *I cannot take care of everything*

namaak *imitation*; *copy*; ⟨geld, e.d.⟩ *counterfeit*; ⟨v. handtekening, e.d.⟩ *forgery* ★ dat is ~ *it's imitation*; INF. *it's a fake*

namaken • maken volgens model *copy*; *imitate* • bedrieglijk nabootsen *forge*; *fake*

name ▾ met name *especially*; *particularly* ▾ ten name van *in the name of* ▾ hij heeft je niet met name genoemd *he didn't mention your name (specifically)*

namelijk • te weten *namely* • immers ★ ik heb ~ geen geld *the fact is, I have no money*; *as it happens, I have no money*

nameloos *indescribable*; *untold* ★ ~ verdriet *untold misery*

namens *on behalf of* ★ ik spreek ook ~ de anderen *I'm also speaking for/on behalf of the others*

nameten *check*; *verify*

Namibië *Namibia*

namiddag *afternoon* ★ in de ~ *in the afternoon*

naoorlogs *post-war*

nap *bowl*

NAP *Normal Amsterdam Level*

napalm *napalm*

Napels *Naples*

napluizen *investigate*; *sift*

napoleontisch *Napoleonic*

nappa I ZN *sheepskin* II BNW *sheepskin*

napraten I OV WW praten in navolging van *repeat*; *echo* II ON WW na afloop blijven praten *stay and talk (over)*

napret *afterglow*

nar *jester*; *fool*

narcis *daffodil*

narcisme *narcissism*

narcistisch *narcissistic*

narcolepsie *narcolepsy*

narcose *narcosis*; *anaesthesia* ★ onder ~ brengen *anaesthetize*

narcoticabrigade *drug squad*

narcoticum *narcotic*

narcotiseren *anaesthetize*

narcotiseur *anaesthetist*

narekenen *check*

narigheid *trouble*

naroepen *call after*; ⟨najouwen⟩ *jeer at*

narratief *narrative*

narrig *peevish*

nasaal I ZN *nasal* II BNW *nasal*

nascholing *refresher course*; *continuing education*

naschrift ⟨v. boek⟩ *epilogue*; ⟨v. brief⟩ *postscript*

naseizoen *late season*; *end of season*

nasi ★ nasi goreng ≈ *fried rice with pieces of meat and vegetables*

nasibal ≈ *deep-fried rice-balls*

naslaan ⟨v. woord⟩ *look up*; ⟨in naslagwerk⟩ *consult* ★ er een woordenboek op ~ *consult a dictionary*

naslagwerk *reference book*

nasleep *aftermath*

nasmaak *aftertaste* ★ het heeft een bittere ~ *it leaves a bitter taste (in the mouth)*

naspel • stuk na afloop MUZ. *postlude*; ⟨toneel⟩ *afterpiece* • nasleep *aftermath* • liefdesspel *afterplay*

naspelen *play after someone* ★ op het gehoor ~ *play by ear*

naspeuren *investigate*; ⟨oorzaak⟩ *trace*

nastaren *stare at*; *gaze after*

nastreven • streven naar *strive for*; *pursue* • evenaren *emulate*

nasukkelen *trudge/plod behind*

nasynchroniseren *dub*

nat I ZN *moisture*; *liquid* II BNW • niet droog *wet*; ⟨vochtig⟩ *damp* ★ nat maken *wet* ★ nat ⟨opschrift⟩ *wet paint* • regenachtig *rainy*; *wet*

natafelen *linger at table (after dinner)*

natekenen *copy*; ⟨overtrekken⟩ *trace*

natellen *check*; *count over*

natheid *wetness*

natie *nation*

nationaal *national*

nationaal-socialisme *national socialism*; *Nazism*

nationalisatie *nationalization*

nationaliseren *nationalize*

nationalisme *nationalism*

nationalist *nationalist*

nationalistisch *nationalist(ic)*

nationaliteit *nationality*

nationaliteitsbeginsel *right of self-determination*

nativisme *nativism*

natje *drink* ▾ zijn ~ en zijn droogje *his food and drink*

natmaken *moisten*

natrappen OOK FIG. *kick s.o. while they are down*; FIG. *add insult to injury*; *kick a man when he's down*

natregenen *get wet/soaked with rain*

natrekken • nagaan *check*; *verify* ★ een zaak ~ *investigate a matter* • overtrekken *trace*; *copy*

natrium *sodium*

natriumcarbonaat *sodium carbonate*

nattevingerwerk *guesswork*

nattig *damp*; *wettish*

nattigheid • vocht *damp*; *moisture* • vochtigheid *dampness* ▾ ~ voelen *smell a rat*

natura • in ~ *in kind*

naturalisatie *naturalization*

naturaliseren *naturalize*

naturalisme *naturalism*

naturalistisch *naturalist(ic)*

naturel *natural*

naturisme *naturism; nudism*

naturist *naturist; nudist*

naturistenvereniging *nudists' association; naturists' association*

natuur • natuurlijke omgeving *nature*; ⟨landschap⟩ *scenery* ★ de vrije ~ *the great outdoors* [mv]; *the countryside* ★ naar de ~ getekend *drawn from nature* • aard *nature* ★ van nature *by nature* ★ een ernstige ~ *a serious nature* ★ een tweede ~ *second nature*

natuurbad *open-air (swimming) pool*

natuurbehoud *(nature) conservation*

natuurbescherming *(nature) conservation*

natuurfilm *nature film*

natuurgebied *wildlife area; beauty spot*; ⟨m.b.t. natuurleven⟩ *nature reserve*; ⟨m.b.t. natuurschoon⟩ *area of scenic beauty*

natuurgeneeskunde *naturopathy; natural medicine*

natuurgeneeswijze *natural cure*

natuurgenezer *natural healer; naturopath*

natuurgetrouw *true to nature*

natuurhistorisch *natural history*

natuurkunde *physics*

natuurkundige *physicist*

natuurlijk **I** BNW van/volgens de natuur *natural*; ⟨v. tekening e.d.⟩ *true-to-nature/life* ★ een ~e zaak *a matter of course* **II** BIJW *of course; naturally* **III** TW *sure; course*

natuurlijkerwijs *naturally*

natuurmens • mens in natuurstaat *natural man* • natuurvriend *nature lover*

natuurmonument *nature reserve* ★ Vereniging tot Behoud van Natuurmonumenten ≈ BE *National Trust*

natuurproduct *product of nature; product made with natural ingredients*

natuurramp *natural disaster*

natuurreservaat *nature reserve*

natuurschoon *scenery; natural/scenic beauty*

natuursteen *(natural) stone*

natuurtalent *gift; born talent*

natuurverschijnsel *natural phenomenon*

natuurwetenschap *science*

nautisch *nautical*

nauw **I** ZN • zeestraat *narrows; strait; straits* [mv] ★ het Nauw van Calais *the Straits of Dover* • moeilijkheid *tight spot* ★ in het nauw zitten *be in a fix* ★ iem. in 't nauw brengen *corner a person* **II** BNW • krap *narrow; tight* ★ nauw opeen *close together* • innig ★ nauwe banden *close relations* • nauwgezet ★ 't nauw nemen *be very particular* ★ nauw van geweten *scrupulous*

nauwelijks • net ★ ~ ... of *scarcely/hardly... when; no sooner ... than* • bijna niet *hardly; scarcely* ★ het was ~ te lezen *it was barely readable*

nauwgezet *scrupulous; painstaking*

nauwkeurig *accurate; precise* ★ tot op de millimeter ~ *to a millimetre* ★ ~ overeenstemmen *agree completely*

nauwlettend *close*; ⟨plichtsgetrouw⟩ *conscientious*; ⟨zorgvuldig⟩ *careful* ★ ergens ~ op toezien *keep a strict watch on s.th.*

nauwsluitend *close/tight fitting*

navel *navel*; KIND. *belly button*

navelsinaasappel *navel orange*

navelstaren *navel-gaze* ★ het ~ *navel-gazing*

navelstreng *umbilical cord*

naveltruitje ≈ *boob tube*

navenant *in keeping (with)*

navertellen *retell; repeat* ★ zij zal het niet meer ~ *she won't live to repeat it*

navigatie *navigation*

navigator *navigator*

navigeren • besturen *navigate* • schipperen *give and take; compromise*

NAVO *NATO; North Atlantic Treaty Organization*

navolgen *imitate*; ⟨v. voorbeeld⟩ *follow*

navolging *imitation* ★ ~ vinden *be copied*

navordering *retrospective/supplementary demand*

navraag *inquiry* ★ ~ doen naar *make inquiries about/into* ★ bij ~ *on inquiry*

navragen *inquire (about/into)*

navrant *heart-rending; distressing*

navullen *refill*

navulverpakking *refill packing*

nawee • pijn achteraf ★ ~ën *afterpains* • vervelend gevolg ★ ~ën *after effects* mv; *aftermath*

nawerken • zijn werking doen gelden *have a lasting effect* ★ zijn invloed werkt nog na *his influence is still felt* • overwerken *work overtime*

nawerking *aftereffect*

nawijzen *point at*

nawoord *epilogue*

nazaat *descendant*

nazeggen *repeat; say after* ★ dat kun je mij niet ~ *that is more than you can say*

nazenden *send on*

nazi *Nazi*

nazi-Duitsland *Nazi Germany*

nazien • volgen met de blik *follow with one's eyes* • nagaan, uitzoeken *check*; ⟨v. leerstof⟩ *look over*; ⟨v. motor⟩ *overhaul*; ⟨v. repetitie⟩ *correct*

nazisme *Nazism*

nazitten *chase; hunt; pursue*

nazoeken • opzoeken *look up*; ⟨v. fout⟩ *trace* • onderzoeken *search*

nazomer *late summer*; ⟨mooie nazomer⟩ *Indian summer*

nazorg *aftercare*

Neanderthaler *Neanderthal*

necrologie *obituary notice; necrology*; ⟨lijst van gestorvenen⟩ *necrology*

necropolis *necropolis*

nectar *nectar*

nectarine *nectarine*

nederig *humble*

nederigheid *humility*

nederlaag *defeat*; ⟨omverwerping⟩ *overthrow*

Nederland *the Netherlands*

Nederlander *Dutchman*

Nederlands **I** ZN *Dutch* **II** BNW *Dutch*

Nederlandse *Dutchwoman*

Nederlandse Antillen *Netherlands Antilles*

Nederlands-Indië *Netherlands/Dutch East Indies*

ne

Nederlandstalig • Nederlands sprekend *Dutch-speaking* • in het Nederlands *Dutch (language)*

nederwiet *Dutch (-grown) cannabis/grass*

nederzetting *settlement*

nee I ZN *no* ▼ nee heb je, ja kun je krijgen *nothing ventured, nothing gained* II TW *no* ★ daar zeg ik geen nee tegen *I won't say no to that* ★ nee verkopen *give no for an answer* ★ nee schudden *shake one's head* ★ nee maar! *I say!; you don't say!* ★ geen nee kunnen zeggen *not be able to say no; not be able to refuse*

neef • zoon van oom of tante *cousin* ★ volle neef *first cousin* ★ ze zijn neef en nicht *they are cousins* • zoon van broer of zus *nephew*

neer • *down*

neerbuigend *condescending*

neerdalen *descend*

neergaan *go down*; ⟨bokser⟩ *be knocked out*

neergang *decline*

neergooien • naar beneden gooien *throw down* • ophouden ★ de boel er bij ~ *chuck it*; ⟨bij staking⟩ *down tools*

neerhalen • naar beneden halen *take/pull down*; ⟨v. vlag⟩ *lower*; ⟨v. zeil⟩ *strike* • slopen *pull down* • afkammen *run down* • neerschieten ★ een vliegtuig ~ *bring down a plane*

neerkijken • naar beneden kijken *look down* • ~ op ★ op iem. *look down on s.o.*

neerkomen • dalend terechtkomen *come down*; *descend*; *land* ▼ doen ~ *bring down* • tot last komen van ★ alles komt op mij neer *I have to do everything* • betekenen *come/boil down to* ★ het komt op 't zelfde neer *it comes to the same thing* ★ daar komt 't op neer *that's what it boils down to*

neerlandicus *bachelor in the Dutch language*

neerlandistiek *study of the language and literature of the Netherlands/Low Countries*

neerlaten *let down; lower*

neerleggen • op iets leggen *lay/put down* • afstand doen van *lay down* ★ de wapens ~ *lay down arms* ★ de (voorzitters)hamer ~ *vacate the chair* • vastleggen *set down* ★ het werk ~ *go on strike* • neerschieten *shoot; kill* ▼ een bevel naast zich ~ *ignore/disregard an order* ▼ zich ergens bij ~ *put up with s.th.; resign o.s. to s.th.*

neerploffen *flop/plump down* ★ in een stoel ~ *flop down in a chair*

neerschieten I OV WW schietend neerhalen *shoot (down)* II ON WW omlaag storten *dive/dash down* ★ ⟨v. roofvogel⟩ *swoop down*

neerslaan I OV WW tegen de grond slaan *knock down*; ⟨opstand⟩ *crush*; *put down* • omlaag doen ⟨v. gewas⟩ *flatten*; ⟨v. kraag⟩ *turn down*; ⟨v. ogen⟩ *lower* II ON WW • CHEM. *be precipitated* • naar beneden vallen *fall down*

neerslachtig *dejected; depressed*

neerslag • regen *rainfall*; ⟨regen⟩ *rain*; ⟨weerkundig⟩ *precipitation*; ⟨na nucleaire explosie⟩ *fallout*; • bezinksel *sediment*; *deposit*; CHEM. *precipitation*

neerslaggebied *catchment area*

neerslagmeter *precipitation indicator*; ⟨regen ook⟩ *rain gauge*

neersteken *stab*

neerstorten *plunge down*; ⟨v. vliegtuig⟩ *crash*

neerstrijken • neerdalen *alight* • zich vestigen *settle (on)* • gaan zitten *descend (on)* ★ we streken op een terrasje neer *we settled down on a terrace*

neertellen *count down*; INF. *fork out*

neervallen *fall down*; *drop* ★ werken tot je er bij neervalt *work o.s. to death*

neervlijen *lay down* ★ zich ~ *lie down*; *nestle; snuggle*

neerwaarts *downward(s)* ★ ~e beweging *downward movement*

neerwerpen *cast/throw down*

neerzetten • plaatsen *put/lay down*; ⟨v. huis⟩ *build*; *erect* ★ zich ~ *sit down* • uitbeelden *create*

neerzien • naar beneden kijken *look down* • ~ op *look down (up)on*

neet *nit* ▼ kale neet *a down-and-out* ▼ zo lui als de neten zijn *be lazy as they come*

negatie • ontkenning *negation* • loochening *denial; renunciation* ★ een ~ van haar principes *a denial of her principles*

negatief I ZN *negative* II BNW *negative* ★ ~ beantwoorden *answer in the negative* ★ waarom doe je altijd zo ~? *why are you always so negative*

negen I ZN getal *nine* II TELW *nine* → acht

negende *ninth* ★ een ~ (deel) *a ninth (part)* → achtste

negentien *nineteen* ★ we waren met zijn ~en *there were nineteen of us* → acht

negentiende *nineteenth* ★ het is vandaag de ~ *it's the nineteenth today* → achtste

negentig *ninety* → acht

negentigste *ninetieth* → achtste

neger *black*; GESCH. *negro* [v: *negress*]; BEL. *nigger*

negeren[1] *bully; coldshoulder*

negeren[2] *ignore*

negerzoen ≈ *chocolate éclair*

negligé *negligee*

negorij *hole; dump*

negroïde *Negro(id)*

neigen • hellen *incline* • tenderen *incline/tend (to/towards)* ★ tot het katholicisme ~ *incline/gravitate towards Catholicism*

neiging *inclination*; *leaning*; *tendency* ★ ik heb geen enkele ~ om ... *I am not at all inclined to ...*

nek *neck* ★ iem. de nek omdraaien *wring a person's neck* ▼ iemands nek breken *break s.o.'s neck* ▼ iem. met de nek aankijken *coldshoulder a person* ▼ zijn nek uitsteken *stick one's neck out* ▼ over zijn nek gaan *puke* ▼ uit zijn nek kletsen *talk rubbish* ▼ dat zal hem de nek breken *that'll be the end of him; that'll finish him off*

nek-aan-nekrace *neck-and-neck race*

nekken • doden *kill (s.o.)* • FIG. kapotmaken *wreck; ruin* ★ een plan ~ *wreck a plan* ★ de handel ~ *deal the deathblow to commerce*

★ dat nekte hem *that finished him*

nekkramp *spotted fever*; MED. *cerebro-spinal meningitis*

nekslag *deathblow*; *final blow*

nekvel *scruff of the neck*

nekwervel *cervical vertebra* [mv: *vertebrae*]

nemen ● pakken *get*; *take (out)* ★ iem. bij de hand ~ *take s.o. by the hand* ● uit elkaar ~ *take apart* ★ iets ter hand ~ *take s.th. in hand* ● zich aan-/verschaffen *get*; *take* ★ een verzekering ~ *take out a policy* ★ een hond ~ *get a dog* ● gebruiken *have* ★ wat neem jij? *what will you have?* ★ iets te eten ~ *have s.th. to eat* ● aanvaarden *take* ★ dat neem ik niet *I won't stand for it* ★ iets op zich ~ *take s.th. (up)on o.s.*; *take s.th. on* ● opvatten ★ strikt genomen *strictly speaking* ★ (iets) niet zo nauw ~ *not take things too seriously* ● overwinnen ★ een hindernis ~ *overcome an obstacle* ★ een schaakstuk ~ *take/capture a piece* ● beetnemen ★ iem. ertussen ~ *pull s.o.'s leg* ★ ik voel me genomen *I feel I have been taken* ● tot stand brengen *take* ★ een foto ~ *take a picture* ★ een besluit ~ *take a decision* ★ maatregelen ~ *take measures* ▼ alles bij elkaar genomen *all things considered* ▼ het er goed van ~ *do o.s. proud*; *live well* ▼ het er eens goed van ~ *go for it* ▼ iets ter harte ~ *take s.th. to heart* ▼ afscheid ~ *say goodbye* ▼ iem. ertussen ~ *pull s.o.'s leg*; *take s.o. in*

neoclassicisme *neoclassicism*

neofascisme *Neo-Fascism*; *neofascism*

neoklassiek *neoclassic(al)*

neolithisch *neolithic*

neologisme *neologism*

neon *neon*

neonazi *neo-Nazi*

neonbuis *neon tube/lamp*

neonlicht *neon light*

neonreclame *neon sign(s)*

nep *sham*; *fake* ★ het is allemaal nep *it's bogus*

Nepal *Nepal*

nepotisme *nepotism*; *favouritism*

neppen *swindle*; INF. *bamboozle* ★ ze hebben je flink genept met die auto *they really ripped you off with that car*

Neptunus *Neptune*

nerf ● PLANTK. ⟨v. blad⟩ *rib*; *vein* ● houtvezel *grain*

nergens ● op geen enkele plaats *nowhere* ★ zonder woordenboek ben ik ~ *I'm lost without a dictionary* ● niets ★ hij geeft ~ om *he cares for nothing* ★ ~ goed voor *good for nothing* ★ hij staat ~ voor *he sticks at nothing*

nering ● handel *(retail) trade* ★ ~ doen *keep a shop* ● klandizie *custom* ▼ men moet de tering naar de ~ zetten *cut your coat according to your cloth*

neringdoende *tradesman*; *shopkeeper*

nerts *mink*

nerveus *nervous*

nervositeit *nervousness*

nest ● DIERKUNDE broedplaats *nest*; ⟨v. roofvogel⟩ *eyrie* ★ nesten uithalen *go (bird-)nesting* ● bed *bunk*; *sack* ★ naar zijn nest gaan *turn in*; *hit the sack* ● worp *litter*; ⟨v. vogels⟩ *brood* ● familie ★ zij komt uit een goed nest *she comes from a good family*; *she is of good stock* ● nuffig meisje *chit (of a girl)* ★ verwend nest *spoilt brat* ▼ in de nesten zitten *be in a spot/fix* ▼ zijn eigen nest bevuilen *to foul one's own nest*

nestblijver *altricial bird*; *nidicolous bird*

nestelen ● ON WW *nest* ‖ WKD WW veilig wegkruipen *lodge*; *nestle*; *ensconce o.s.* ★ zij nestelde zich (in een hoekje) bij het vuur *she ensconced herself (in a corner) by the fire*

nesthaar *down*

nestkuiken *nestling*

nestor *grand old man*; POL. *elder statesman*

nestplaats *nesting place*

nestvlieder *nidifugous bird*; *precocial bird*

nestwarmte *family affection*

net ‖ ZN ● weefsel met mazen *net*; ⟨bagagenet⟩ *rack* ● netwerk *network*; *system*; ⟨elektrisch⟩ *mains* ★ internet *Net* ● televisiezender *channel* ● niet klad *fair copy* ★ in het net schrijven *make a fair copy* ▼ achter het net vissen *miss the boat* ‖ BNW ● proper *tidy*; *clean* ● keurig *neat*; *smart* ● fatsoenlijk *decent*; *nice* ★ nette manieren *nice manners* ★ een nette man *a decent man* ‖‖ BIJW ● precies *just* ★ we hebben nog net tijd om dat te doen *we've just got time to do it* ★ dat is net wat voor jou *that is the very thing for you* ★ net gepast *the exact money* ★ net toen ik viel *just when I fell* ★ net zo *just like that* ● zojuist *just* ★ ik ben net klaar *I am just ready* ▼ net goed *serves you right!*

netel *nettle*

netelig *thorny* ★ een ~e situatie *a tricky situation*

netelroos *nettle rash*; *hives*

netheid ● ordelijkheid *neatness*; *cleanliness* ● fatsoenlijkheid *respectability*

netjes ‖ BNW ● ordelijk *tidy*; *neat*; *clean* ★ 't ~ houden *keep it clean* ● fatsoenlijk *decent*; *proper* ★ dat is niet ~ *that is bad manners* ★ zich ~ gedragen *behave properly* ‖ BIJW ● ordelijk *neatly*; ⟨zindelijk⟩ *cleanly* ● fatsoenlijk *properly* ★ ~ gezegd *neatly put*

netkous *fishnet stocking*

netnummer *dialling code*; AE *area code*

netspanning *mains voltage*

netto *net(t)*; *after tax* ★ ~gewicht *net weight* ★ ~-inkomen *net income*

nettoloon *net(t) wages*; *net(t) salary*; *net(t) earnings*

netto-omzet *net(t) turnover*

nettowinst *net(t) earnings*

netvlies *retina*

netvliesontsteking *retinitis*

netwerk *network*

neuken *fuck*

neuriën *hum*; *croon*

neurochirurg *neurosurgeon*

neurochirurgie *neurosurgery*

neurologie *neurology*

neuroloog *neurologist* ★ naar de ~ gaan *see a neurologist*

ne

neuroot *neurotic (person)*
neuropsychologie *neuropsychology*
neurose *neurosis*
neurotisch *neurotic*
neurotransmitter *neurotransmitter*
neus • reukorgaan *nose* ★ door de neus spreken *speak in a nasal tone* ★ de deur voor iemands neus dichtdoen *shut the door in a person's face* ★ de neus ophalen *sniff; sniffle* • reukzin *nose; scent* • punt *nose*; ⟨v. schoen⟩ *toe* ▾ op zijn neus kijken *look foolish* ▾ iem. bij de neus nemen *pull a person's leg* ▾ wie zijn neus schendt, schendt zijn aangezicht *it's an ill bird that fouls its own nest* ▾ met zijn neus in de wind lopen *walk with one's nose in the air* ▾ het neusje van de zalm *the pick of the bunch* ▾ iem. iets door de neus boren *cheat/defraud a person of s.th.* ▾ met zijn neus in de boter vallen *be in luck* ▾ doen alsof zijn neus bloedt *act dumb* ▾ hij kijkt niet verder dan zijn neus lang is *he can't see beyond his own nose* ▾ dat zal ik jou niet aan je neus hangen *it's none of your business* ▾ langs zijn neus weg *casually* ▾ het iem. onder de neus wrijven *cast it in a person's teeth* ▾ hij heeft een fijne neus voor zo iets *he has a nose/flair for that sort of thing* ▾ het komt me de neus uit *I'm fed up to the back teeth with it* ▾ een wassen neus *an empty formality* ▾ een lange neus maken naar iem. *cock a snook at so.* ▾ overal zijn neus in steken *poke one's nose into everything; be a nosy parker* ▾ dat gaat je neus voorbij *you can whistle for it* ▾ zijn neus voor iets ophalen *turn up one's nose at s.th.*
neusademhaling *nose breathing*
neusamandel *adenoids*
neusbeen *nasal bone*
neusbloeding *nosebleed*
neusdruppels *nose drops*
neusgat *nostril*
neusholte *nasal cavity*
neushoorn *rhinoceros*
neus-keelholte *nasopharynx; rhinopharynx*
neusklank *nasal sound*
neuslengte • met een ∼ voorsprong winnen *win by a hair's breadth; win by a whisker*
neusspray *nasal spray*
neusstem *nasal voice; twang*
neustussenschot *nasal septum*
neusverkouden *have a (head) cold; suffer from a (head) cold*
neusverkoudheid *cold*
neusvleugel *nostril*
neut *drop; snorter*
neutraal • onpartijdig *neutral*; ⟨v. onderwijs⟩ *non-denominational* ★ een neutrale opmerking *a noncommittal remark* • niet opzichtig *neutral* ★ neutrale kleur *neutral colour*
neutraliseren *neutralize*
neutraliteit *neutrality*
neutron *neutron*
neutronenbom *neutron bomb*
neutrum *neuter*
neuzelen • door de neus praten *talk through one's nose* • onzin uitkramen *talk through one's hat*
nevel *haze*; ⟨dichte nevel⟩ *mist* ▾ zich in ∼en hullen *wrap o.s in mystery*
nevelig • met nevel *misty; hazy* • onduidelijk *misty; hazy; vague*
nevelvorming *formation of mist*
nevenactiviteit *sideline*
nevendienst *children's service (church service for children)*
neveneffect *side effect*
nevenfunctie *additional job/function*
nevengeschikt *coordinate*
neveninkomsten *additional income*
nevenschikkend *coordinating*
nevenwerkzaamheden *extra duty*
new age *new age*
newfoundlander *Newfoundland (dog)*
new wave *new wave*
New York *New York*
Nicaragua *Nicaragua*
niche *niche*
nicht • dochter van oom/tante *cousin* ★ volle ∼ *first cousin* • dochter van broer/zus *niece* • homoseksueel *queer*
nichterig *fairy; poofy*
nicotine *nicotine*
nicotinevergiftiging *nicotine poisoning*
nicotinevrij *non-nicotine; denicotinized*
niemand *nobody; no one; none* ▾ ∼ minder dan *no less (a person) than* ★ ∼ anders dan *none other than*
niemandsland *no man's land*
niemendal *nothing at all*
niemendalletje ⟨kledingstuk⟩ *scanty (piece of) clothing*; ⟨boek, toneel, e.d.⟩ *light book/play*
nier *kidney* ★ wandelende nier *a floating kidney*
nierbekken *renal pelvis*
nierbekkenontsteking *pyelitis*; ⟨nierbekken en nier⟩ *pyelonephritis*
nierdialyse *dialysis*; MED. *haemodialysis*
niergruis *gravel*
nierpatiënt *kidney patient*
niersteen *kidney stone*
niertransplantatie *kidney transplant*
nierziekte *kidney disease*
niesbui *sneezing fit; fit of sneezing*
niesen *sneeze*
niespoeder *sneezing powder*
niesziekte *cat flu*
niet I ZN (de) lot *blank* ★ een niet trekken *draw a blank* II ZN (het) *nothingness* ★ uit 't niet te voorschijn roepen *conjure (up) out of thin air* ▾ in het niet vallen *pale into insignificance* III BIJW *not* ★ niet eens *not even* ★ niet dat het waar is *not that it is true* ★ hoe vaak heb ik dat niet gezegd! *how often have I told you!* ★ was dat niet mooi! *wasn't that wonderful!* IV ONB VNW *nothing* ★ om niet spelen *play for love* ★ te niet doen *neutralize*; ⟨v. contract⟩ *annul*; ⟨v. resultaten⟩ *offset*
niet-aanvalsverdrag *non-aggression pact*
nieten *staple*
nietes *'tisn't; it doesn't!; not!*
niet-EU-land *non-EU country*

niet-gebonden ★ de ~ landen *non-aligned countries*
nietig • onbeduidend *insignificant*; *paltry*; ⟨schriel⟩ *diminutive*; *puny*; ⟨v. reden⟩ *futile*; ⟨v. zaak⟩ *trivial* • niet van kracht *invalid*; *null (and void)* ★ ~ verklaren *declare null and void*
nietigverklaring *nullification*
niet-ingezetene *non-resident*
nietje *staple*
niet-lid ⟨vakbond⟩ *non-member*
nietmachine *stapler*
niet-ontvankelijkverklaring *nonsuit* ★ ~ van het beroep *refusal of appeal* ★ bij ~ van vordering etc. *in the event of a nonsuit* ★ de rechtbank spreekt een ~ uit *the court allows a nonsuit*; *the court gives a judgement of nonsuit (against the plaintiff)*
nietpistool *staple gun*
niet-roken- *nonsmoking* ★ niet-rokencoupé *no(n)smoking compartment*
niet-roker *non-smoker*
niets I ZN *nothingness*; ⟨leegte⟩ *void* ★ in het ~ verdwijnen/oplossen *disappear into thin air* **II** BIJW *not at all* ★ 't lijkt er ~ op *it's nothing like it* ★ 't bevalt mij ~ *I don't like it at all* **III** ONB VNW *nothing* ★ ~ nieuws *nothing new* ★ ~ daarvan! *nothing of the sort!* ★ er kwam ~ van *nothing came of it* ★ verder ~? *is that all?* ★ dat is ~ vergeleken bij... *it is (as) nothing compared with...* ★ 't is ~ gedaan *it's no good* ★ ~ wijzer dan te voren *no wiser than before* ★ ~ dan klachten *nothing but complaints* ★ ik heb er ~ aan *it's no good to me* ★ 't is ~ voor jou om... *it's not like you to...* ★ niet voor ~ *not for nothing* ★ ~ te veel *none too many* ★ om/voor ~ *for nothing* ★ iem. voor ~ laten lopen *send a person on a fool's errand* ★ ik zou het nog niet voor ~ willen hebben *I wouldn't have it as a gift*
nietsbetekenend *insignificant*
nietsdoen *idleness*
nietsnut *good-for-nothing*
nietsontziend *unscrupulous*; *ruthless*
nietsvermoedend *unsuspecting(ly)*; *unsuspicious(ly)*
nietszeggend *meaningless* ★ ~e woorden/toespraak *empty words*; *pointless speech* ★ ~ gezicht *blank expression*
niettegenstaande *notwithstanding*; *in spite of*; *despite*
niettemin *nevertheless*; *nonetheless*
nietwaar ★ hij gaat mee, ~? *he is going, isn't he?*
nieuw • pas ontstaan *new* ★ ~e poging/moed *fresh attempt|courage* ★ de ~ste mode *the latest fashion* ★ iets ~s *s.th. new* • volgend op iets/iem. *new*; *modern* ★ de ~e president *the new|next president* ★ ~e geschiedenis *modern history*
nieuwbakken • vers *fresh*; *freshly baked* • pas geworden *new*; ⟨pas aangesteld⟩ *newly appointed* ★ ~ echtgenoot *newly-wed husband*
nieuwbouw • nieuwe gebouwen *newly-built houses* ★ in de ~ wonen *live on a new housing estate* • het bouwen *building of new houses*
nieuwbouwwijk *new housing estate|development*
nieuwbouwwoning *new house (development)*
nieuweling *newcomer*; ⟨beginneling⟩ *novice*
nieuwerwets *new-fashioned*; PEJ. *new-fangled*
Nieuwgrieks *Modern Greek*
Nieuw-Guinea *New Guinee*
nieuwigheid • het nieuwe *novelty* • iets nieuws *innovation*; *new departure* ★ een ~ op het gebied van ... *the latest thing in ...*; *the last word in ...*
nieuwjaar *New Year* ★ een gelukkig ~ *a Happy New Year*
nieuwjaarsdag *New Year's Day*
nieuwjaarskaart *New Year card*
nieuwjaarsreceptie *New Year(s' Day) reception*
nieuwjaarswens *New Year's greeting(s)*
nieuwkomer ⟨zonder ervaring⟩ *novice*; ⟨pas aangekomen⟩ *newcomer*
nieuwlichter *modernist*
nieuwprijs *original|purchase price*
nieuws • berichten *news* ★ wat is er voor ~? *what('s the) news?* • nieuwsuitzending *news* ★ wil je het ~ nog zien? *do you want to watch the news?*
nieuwsagentschap *news|press agency*
nieuwsbericht *news item|bulletin*
nieuwsblad *newspaper*
nieuwsbrief *newsletter*
nieuwsdienst *news service*; *press agency*; *news agency*
nieuwsfeit *news item*
nieuwsgaring *gathering|collection of news*
nieuwsgierig *inquisitive*; *curious*; INF. *nosey* ★ ik ben ~ wat hij zal doen *I wonder what he will do* ★ ~ te weten *curious|anxious to know* ★ een ~ Aagje *a Nosey Parker*
nieuwsgierigheid *curiosity*; *inquisitiveness*
nieuwslezer *newsreader*; *newscaster*
nieuwsmedium *news medium*
nieuwsoverzicht *news summary*
nieuwsrubriek *news programme*
nieuwsuitzending *newscast*; *news broadcast*
nieuwtje • nieuwigheid *novelty* ★ het ~ gaat er gauw af *the novelty soon wears off* • actueel bericht *news (item)*
nieuwwaarde *replacement value* ★ iets tegen ~ verzekeren *insure for (the) replacement value*
Nieuw-Zeeland *New Zealand*
niezen → **niesen**
Niger *Niger*
Nigeria *Nigeria*
nihil *nil*
nihilisme *nihilism*
nihilistisch *nihilistic*
nijd • afgunst *envy*; *jealousy* • woede *malice*; *spite*
nijdas *crosspatch*
nijdig • boos *angry*; *cross*; INF. *huffy* • venijnig *mean*; *nasty* ★ ~e blik *mean look*
nijgen *bow*; *curts(e)y*
nijging *bow*; *curts(e)y*
Nijl *Nile*
nijlpaard *hippopotamus* [mv: *hippopotami*]; INF. *hippo*
Nijmegen *Nijmegen*
nijnagel *hangnail*

nijpend *biting* ✳ ~ tekort *acute shortage*
nijptang *(pair of) pincers*
nijver *industrious*
nijverheid *industry*
Nikkei-index *Nikkei Index*
nikkel *nickel*
niks *nothing* ✳ dat is niet niks *that's not to be sneezed at* ✳ 'n vent van niks *dead loss* ✳ 'n ding van niks *a flimsy affair*
niksen *lie about; lounge about*
niksnut *good-for-nothing; worthless person*
nimf *nymph*
nimmer *never*
nippel *nipple*
nippen *sip|nip (at)*
nippertje ▾ op het ~ *in the nick of time* ▾ op het ~! komen *cut it fine* ▾ dat was op het ~! *that was a close shave!*
nipt *narrow* ✳ een nipte overwinning *a win by a short lead*
niqab *niqab*
nirwana *nirvana*
nis *niche*
nitraat *nitrate*
nitriet *nitrite*
nitwit *twit; nitwit; silly person; nit*
niveau *level*
niveauverschil *difference in level*
nivelleren *level (out/off)*
nobel *high-minded; noble*
Nobelprijs *Nobel prize*
noch *nor; neither* ✳ noch A noch B *neither A nor B*
nochtans *nevertheless*
no claim *no claim*
no-claimkorting *no-claim bonus*
nocturne *nocturne*
node ✳ node vertrekken *go reluctantly*
nodeloos *unnecessary; needless*
noden • uitnodigen *invite; bid* ▾ tot iets uitlokken *ask for*
nodig I BNW • noodzakelijk *necessary; needful* • gebruikelijk *usual* II BIJW • noodzakelijk *necessarily; needfully* ✳ ~ maken *necessitate* ✳ ~ zijn *be necessary|needed* ✳ er is grote moed voor ~ om... *it requires great courage to...* ✳ zo ~ *if necessary* ✳ de ~e aandacht *due attention* ✳ iets ~ hebben *need|require s.th.* ✳ ik had niet lang ~ om... *it did not take me long to...* • dringend *necessarily* ✳ ik moet ~ weg *it is high time I went; I really have to go; I must go* ✳ het moet ~ hersteld *it badly needs repairing* ▾ dat moet jij ~ zeggen IRON. *look who's talking*
nodigen *invite*
noedels *noodles*
noemen • een naam geven *name; call* ✳ hoe noem je dat? *what do you call that?* ✳ de dingen bij hun naam ~ *call a spade a spade* • met name vermelden *mention* ✳ ik noem geen namen *I'll mention no names*
noemenswaardig *worthy of mention; worth mentioning; considerable* ✳ het verschil is niet ~ *the difference is not worth mentioning; there's no difference to speak of*
noemer *denominator* ▾ onder één ~ brengen

reduce to a common denominator
noest I ZN *knot* II BNW *diligent; industrious* ✳ ~e vlijt *unflagging industry*
nog • tot nu ✳ tot nog toe *so far; as yet* ✳ nog altijd *still* ✳ zelfs nu nog *even now; to this day* ✳ nog steeds niet *still not* • vanaf nu ✳ nog slechts twee dagen *only two more days* ✳ hoe lang nog? *how much longer?* • bovendien, meer *yet; still* ✳ nog eens *once more* ✳ nog ouder *even older* ✳ nog een ei *another egg* ✳ nog vele jaren *many happy returns* ✳ (wil je) nog thee? *more tea?* ✳ is er nog melk? *is there any milk left?* ✳ nog eens zoveel *as much|many* ✳ nog iem. *somebody else* ▾ gisteren nog *only yesterday* ▾ nog diezelfde dag *that very day* ▾ en dat nog wel vandaag! *and that today of all days!* ▾ al weet hij nog zoveel *though he knows ever so much* ▾ dat is nog eens een man! *there's a man for you!*
noga *nougat*
nogal *rather;* INF. *pretty*
nogmaals *once more|again*
no-iron *non-iron; drip dry*
nok • deel van dak *ridge* • SCHEEPV. *yardarm* ▾ tot de nok toe gevuld *crammed; packed to the gunnels*
nokkenas *camshaft*
nomade *nomad*
nomenclatuur *nomenclature*
nominaal *nominal* ✳ nominale waarde *face value*
nominatie • benoeming *appointment* ✳ op de ~ staan voor *be short-listed for; be a candidate for* • kandidatenlijst *nomination*
nominatief *nominative*
non *nun*
non- *non-* ✳ non-fictie *non-fiction*
non-actief ✳ op ~ stellen *suspend* ✳ op ~ staan *be suspended*
non-agressiepact *nonaggression pact*
non-alcoholisch *nonalcoholic*
nonchalance *nonchalance*
nonchalant *nonchalant; careless; off-hand*
non-conformistisch *nonconformist*
nondedju *goddamn*
non-fictie *nonfiction*
nonnenklooster *convent*
nonnenkoor *nun's choir*
nonnenschool *convent (school)*
no-nonsense *no-nonsense* ✳ ~ politiek *no-nonsense politics*
non-profit *non-profit* ✳ een ~ organisatie *a non-profit organization*
non-proliferatieverdrag *non-proliferation treaty*
nonsens *nonsense; rot* ✳ ~! *rubbish!*
non-stop *non-stop* ✳ ~muziek *non-stop music*
non-stopvlucht *non-stop flight*
non-verbaal *non-verbal*
nood • behoefte | noodzakelijkheid *need* ✳ iem. uit de nood helpen *set a person on his legs* • dringende omstandigheid *necessity* • gevaar *distress* ✳ in nood verkeren *be in distress* ✳ geen nood! *no fear!* ▾ van de nood een deugd maken *make a virtue of necessity*

▾ nood breekt wet *necessity knows no law*
▾ als de nood 't hoogst is, is de redding nabij *the darkest hour is (that) before the dawn* ▾ in de nood leert men zijn vrienden kennen *a friend in need is a friend indeed*
▾ nood maakt vindingrijk *necessity is the mother of invention*
nood- *emergency; distress* ⋆ nooduitgang *emergency exit* ⋆ noodsignaal *distress signal*
noodaggregaat *stand-by/emergency power unit*
noodbrug *temporary bridge*
noodgang → bloedgang
noodgebied • rampgebied *disaster area* • noodlijdend gebied *depressed/deprived area*
noodgedwongen *out of/from necessity;* FORM. *perforce*
noodgeval *(case of) emergency*
noodhulp *emergency aid/relief*
noodkerk *makeshift chapel*
noodklok *alarm (bell)*
noodkreet *cry of distress*
noodlanding *forced/emergency landing*
noodlijdend • behoeftig *distressed; destitute* • niet renderend ⋆ ~e fondsen *defaulted securities* ⋆ ~e wissel *dishonoured bill*
noodlot *fate; destiny*
noodlottig *fatal*
noodplan *disaster (action) plan*
noodrantsoen *emergency ration*
noodrem *emergency brake* ⋆ aan de ~ trekken *pull the communication cord;* FIG. *take desperate measures*
noodsprong *leap for safety;* FIG. *desperate move/manoeuvre/measure*
noodstop *emergency stop*
noodtoestand *state of emergency*
nooduitgang *emergency exit*
noodvaart ⋆ INF. met een ~ *at breakneck speed;* ⟨informeel⟩ *like a scalded cat*
noodverband *first aid dressing*
noodverlichting *emergency lighting*
noodvulling *temporary filling*
noodweer I ZN (de) zelfverdediging *self-defence* ⋆ uit ~ handelen *act in self-defence* II ZN (het) onstuimig weer *heavy weather*
noodzaak *necessity*
noodzakelijk • beslist nodig *necessary* • onontkoombaar *unavoidable*
noodzakelijkerwijs *necessarily; inevitably;* FORM. *perforce*
noodzaken *compel; force* ⋆ zich genoodzaakt zien om *be forced to*
nooit *never* ⋆ ~ ofte nimmer *never ever* ⋆ bijna ~ *hardly ever*
Noor *Norwegian* ⋆ een Noorse *a Norwegian woman*
noord *north*
Noord-Amerika *North America*
Noord-Amerikaan *North American* ⋆ een ~se *a North American woman*
Noord-Amerikaans *North American*
noordelijk *northern;* ⟨v. wind⟩ *northerly* ⋆ ~ van *north of*
noorden • windstreek *north* ⋆ ten ~ van *(to the) north of* • noordelijke gebieden *North*
noordenwind *north wind*

noorderbreedte *north latitude*
noorderbuur *northern neighbour*
noorderkeerkring *tropic of Cancer*
noorderlicht *northern lights*
noorderling *northerner*
noorderzon ▾ met de ~ vertrekken *do a (moonlight) flit;* INF. *take French leave;* INF. *scarper*
Noord-Europa *Northern Europe*
Noord-Europees *Northern European*
Noord-Ierland *Northern Ireland*
Noord-Korea *North Korea*
noordkust *north(ern) coast*
noordnoordoosten *north-northeast*
noordoostenwind *northeaster(ly wind)*
noordpool *North Pole*
noordpoolcirkel *arctic circle*
noordpoolexpeditie *arctic expedition*
noordpoolgebied *Arctic (region)*
noords *northerly;* ⟨v. volkeren⟩ *Nordic*
noordwaarts I BNW *northward* II BIJW *northward(s)*
noordwesten *northwest*
Noordzee *North Sea*
Noordzeekust *North Sea coast*
Noorman *Norseman; Viking*
Noors I ZN *Norwegian* II BNW *Norwegian*
Noorwegen *Norway*
noot • nootvrucht *nut* • muzieknoot *note* • aantekening *note* ▾ veel noten op zijn zang hebben *be hard to please*
nootmuskaat *nutmeg*
nop ⟨dopje⟩ *stud;* ⟨v. matras⟩ *tuft;* ⟨in weefsel⟩ *burl;* ⟨stip⟩ *polka dot*
nopen *compel; induce*
nopjes ▾ in zijn ~ zijn *be as pleased as Punch; be over the moon*
noppes *nothing;* AE *zilch* ⋆ voor ~ *for nothing*
nor *slammer; clink* ⋆ in de nor zitten *be doing time*
noren *racing skates*
norm • *norm; standard* • ethisch *value*
normaal I ZN • loodlijn *normal* • normale waarde *standard; normal* II BNW *normal* ⋆ beneden/boven ~ *below/above normal*
normalisatie *regulation; normalization*
normaliseren • regelmatig maken *normalize* ⋆ een rivier ~ *regulate a river* • standaardiseren *standardize*
normaliter *normally*
Normandië *Normandy*
Normandisch *Norman*
normatief *normative* ⋆ normatieve kracht *legal force*
normbesef *sense of standards/values*
normstelling *norm; standard(s)*
normvervaging *declining standards; changing social values*
nors *gruff; surly*
nostalgie *nostalgia*
nostalgisch *nostalgic(ally)*
nota • geschrift *note; memorandum* • rekening *bill; invoice* ▾ (goede) nota nemen van *take (due) note of*
nota bene *N.B.; (please) note*
notariaat • ambt *profession of notary* • praktijk

no

notary's practice

notarieel *notarial* ★ notariële akte *notarial deed* ★ notariële volmacht *power of attorney*

notaris *notary (public)*

notariskantoor *notary('s) office*

notatie *notation*

notebook *notebook*

noten • van notenhout *walnut* • nootkleurig *nutbrown*

notenbalk *staff* [mv: *staves*]

notenbar *nut counter/shop/stall*

notenboom ⟨walnotenboom⟩ *walnut (tree)*; ⟨hazelnotenboom⟩ *hazel*

notenbrood *nut loaf*

notendop *nutshell* ▼ in een ~ *in a nutshell*

notenhout *walnut*

notenkraker *nutcracker*; *a pair of nutcrackers*

notenschrift *(musical) notation*

noteren • aantekenen *note (down)* • opgeven/vaststellen *quote*; *list*

notering *quotation*

notie *notion* ▼ geen flauwe ~ *not the faintest notion*

notificatie *notification*

notitie *note* ▼ neem er geen ~ van *take no notice of it*

notoir *notorious*; *well known*

notulen *minutes* ★ in de ~ opnemen *place on record* ★ de ~ maken *take the minutes* ★ de ~ goedkeuren *adopt the minutes* ★ de ~ arresteren *prove/accept the minutes*

notuleren I ov ww in notulen opnemen *enter in the minutes* II on ww notulen maken *minute*; *take minutes*

notulist *secretary*

nou I bijw *now* ▼ wat moeten we nou doen? *what do we do now?* II tw • nou en of! *you bet!* ▼ nou en? *so what?*

nouveau riche *nouveau riche*

nouvelle cuisine *nouvelle cuisine*

novelle *short story*

november *November*

novice *novice*

noviciaat *noviciate*

noviteit *novelty*

novum *novelty*

nozem *yob*

nu I zn *(the) present (time)* II bijw op het ogenblik *now*; *at present* ▼ nu toe *so far* ★ nu en dan *now and then*; *occasionally* ★ nu eens ... dan weer ... *now..., now...* ★ nu of nooit *now or never* ★ nu niet *not now* ★ nu nog niet *not yet* ★ wat nu? *what next?* ★ nu pas *only now* ★ maar/en nu eerst *but first* ★ van nu af *from now (on)* ★ nu eens 'n ander *now another one* ★ zelfs nu nog *even now* III vw *now that* IV tw *now*; *well*

nuance • onderscheid *nuance*; *shade of meaning* • kleurschakering *shade*

nuanceren *shade*; *modify*; *nuance*

nuanceverschil *difference in nuance*; *minor/slight difference*

nuchter • nog niet gegeten hebbend ★ hij was nog ~ *he had not had any breakfast* ★ op de ~e maag *on an empty stomach* ★ ~ kalf *newborn calf*; fig. *greenhorn* • niet dronken

sober ★ hij was nog ~ *he was still sober* ★ ~ worden *sober up* • realistisch *sensible*; *sober*; matter-of-fact ▼ de ~e feiten *the hard facts* ★ de ~e waarheid *the plain truth*

nucleair *nuclear*

nucleus *nucleus*

nudisme *nudism*; *naturism*

nudist *nudist*; ⟨aanhanger van naturisme⟩ *naturist*

nuf *prim/conceited girl*

nuffig *affected*; *haughty*; *conceited*

nuk *whim*; *caprice*

nukkig *whimsical*; *capricious*

nul I zn • cijfer *zero*; *nought* ★ je moet eerst een nul draaien *you have to dial a nought/zero first* • onbeduidend persoon *nobody* ★ hij is een nul *he's just a nobody* II bnw ▼ van nul en gener waarde zijn *be utterly worthless* III znw *nil*; *zero*; *nought* ★ zes-nul *six (to) nil* ★ tien graden onder nul *ten degrees below zero* → acht

nullificeren *nullify*

nulmeridiaan *prime meridian*

nulnummer *trial issue*

nulpunt *zero* ▼ het absolute ~ bereiken *reach an all-time low*

numeriek *numerical*

numero *number*

numerologie *numerology*

numerus fixus *numerus clausus* ★ een ~ bepalen voor een studierichting *determine a numerus clausus for a field of study*

numismatiek *numismatics*

nummer • getal *number* ★ een ~ trekken *draw/pick a number* • telefoonnummer *number* ★ een ~ draaien *dial a number* • persoon *character* ▼ 'n mooi ~ *a fine specimen* • programmaonderdeel *number*; *item*; sport *event*; ⟨v. circus, variété⟩ *turn*; *act* • liedje *number*; ⟨op geluidsdrager⟩ *track* ▼ iem. op zijn ~ zetten *put a person in his place*

nummerbord *number plate*; ae *license plate*

nummeren *number*

nummerherhaling *last number redial (facility)*

nummering *numbering*

nummertje • volgnummer *number*; *ticket* ★ een ~ trekken *draw/take a number* • geslachtsgemeenschap ★ een ~ maken *screw*; *fuck* • staaltje *sample*

nummerweergave *call line identity*; *CLI*

nuntius *nuncio*

nurks I zn *grumbler* II bnw *surly*

nut *use*; *benefit*; *profit* ★ zich iets ten nutte maken *avail o.s. of* • het heeft geen nut erheen te gaan *it is no use going there* ★ ten nutte van *for the benefit of* ▼ van groot nut *of great value* ★ zij ziet er het nut niet van in *she doesn't see the point of it*

nutsbedrijf *(public) utility*

nutsvoorzieningen *utilities*

nutteloos • onbruikbaar *useless*; *pointless* • vergeefs *fruitless*; *futile*

nuttig *useful* ★ ~ effect *useful effect* ★ het ~e met het aangename verenigen *combine business with pleasure* ★ zich ~ maken *make o.s. useful*

nuttigen *take*; *consume*; FORM. *partake of*
NV *limited liability company*
nylon *nylon*
nymfomane *nymphomaniac*; INF. *nympho*

o I ZN *o* ★ de o van Otto *O as in Oliver* II TW *oh!*
★ o zo! *so there!* ★ zij is o zo mooi *she is ever
so beautiful* ★ o ja? *oh really?* ★ o jee! *oh
dear!; dear me!*
oase *oasis*
obductie *obduction*
obelisk *obelisk*
o-benen *bandy-legs*
ober *waiter*
obesitas *obesity*
obituarium *obituary*
object *object*; MIL. *objective*
objectfinanciering *object financing*
objectief I ZN lenzenstelsel *objective*; *object-
glass* II BNW *objective*
objectiveren *objectify*
objectiviteit *objectivity*
obligaat *obligatory* ★ het obligate geschenkje
the necessary sweetener
obligatie *bond*; *debenture*
obligatiehouder *bond-holder*
obligatiekoers *bond price*
obligatielening *secured loan*
obligatoir *obligatory*
oblong *oblong*
obsceen *obscene*
obsceniteit *obscenity*
obscurantisme *obscurantism*
obscuur • dubieus ★ een ~ zaakje *a shady
business* • duister *obscure*
obsederen *obsess*
observatie *observation*
observatiepost *observation-post*
observatorium *observatory*
observeren *observe*
obsessie *obsession*
obstakel *obstacle*; *hindrance*
obstinaat *obstinate*
obstipatie *constipation*
obstructie *obstruction* ★ ~ voeren *obstruct*
occasie *bargain*; *second-hand*; ⟨v. auto⟩ *used*
★ bij/per ~ *by chance*
occasion • tweedehands auto *used car* • koopje
bargain
occidentaal *Occidental*
occult *occult*
oceaan *ocean* ★ Atlantische Oceaan *Atlantic
(Ocean)* ★ Stille/Grote Oceaan *Pacific
(Ocean)*
oceaandepressie *oceanic depression*
oceaanfront *ocean front*
oceaanvlucht *transoceanic flight*
Oceanië *Oceania*
oceanologie *oceanology*
och *oh!* ★ och kom! *really?; oh, come on!* ★ och
arme! *poor thing!*
ochtend *morning* ★ 's ~s *in the morning*
ochtendblad *morning paper*
ochtendeditie *early/morning edition*
ochtendgloren *daybreak*; *break of dawn* ★ bij
het eerste ~ *at peep of day; at the break of
day*
ochtendgymnastiek *morning exercise(s)*

OC

ochtendhumeur *(early) morning mood* ∗ een ~ hebben *have got out of the wrong side of the bed*
ochtendjas *dressing gown*
ochtendjournaal *morning news*
ochtendkrant *morning paper*
ochtendmens *early bird/riser*
ochtendploeg *morning shift*
ochtendspits *morning rush hour*
octaaf *octave*
octaan *octane*
octaangehalte *octane number/rating*
octet *octet*
octopus *octopus*
octrooi ⟨op uitvinding⟩ *patent*; ⟨machtiging⟩ *charter*
octrooigemachtigde *patent agent*
octrooihouder *patentee*
ode *ode* ∗ een ode brengen aan *pay a tribute to*
odyssee *odyssey*
oecumene *ecumenicalism*; *ecumenicism*
oecumenisch *ecumenic(al)*
oedeem *oedema*
oedipaal *Oedipal*
oedipuscomplex *Oedipus complex*
oef *phew*
oefenen • vaardig maken *practise*; *rehearse*; ⟨trainen⟩ *train* ∗ zich in iets ~ *practise s.th.* ∗ zich regelmatig ~ *keep one's hand in practice* • in praktijk brengen *exercise* ∗ geduld ~ *exercise patience*
oefengranaat *dummy*
oefening • lichamelijk *exercise*; *practice* ∗ lichamelijke ~ *physical education* ∗ ~en voor arm- en beenspieren *exercises for arm and leg muscles* • geestelijk *exercise* ▾ ~ baart kunst *practice makes perfect*
oefenmateriaal • materiaal *practice/exercise material* • lessen *teaching aids*
oefenmeester *trainer*; *coach*
oefenwedstrijd *practice match*; *training match*
Oeganda *Uganda*
oehoe *eagle owl*
oei ⟨bij schrik, verrassing⟩ *oh!*; ⟨bij pijn⟩ *ouch!*
oekaze *ukase*
Oekraïne *Ukraine*
oelewapper *nincompoop*; *blockhead*
oen *nerd*; *blockhead*
Oeral *Urals*; *Ural Mountains*
oerbos *prim(a)eval forest*
oer-Hollands *really/truly Dutch*
oerknal *Big Bang*
oermens *primitive man*
oeroud *ancient*
oersaai *dull (as ditchwater)*
oertaal *protolanguage*
oertijd *prehistory*
oerwoud *jungle* ▾ een ~ van voorschriften *a labyrinth of regulations*
OESO *O.E.C.D.*; *Organisation for Economic Co-operation and Development*
oester *oyster*
oesterbank *oyster bed*
oesterkwekerij *oyster gathering*
oesterzaad *oyster seed/brood*
oesterzwam *oyster mushroom*

oestrogeen *oestrogen*; AE *estrogen*
oeuvre *oeuvre*; *(complete) works* ∗ een omvangrijk/indrukwekkend ~ *a vast/impressive body of works*
oever ⟨v. zee, meer⟩ *shore*; ⟨v. rivier⟩ *bank* ∗ buiten zijn ~s treden *flood*; ⟨v. rivier⟩ *burst its banks*
oeverloos *endless*; *boundless* ∗ een oeverloze discussie *an endless/interminable discussion*
oeverplant *littoral plant*
oeververbinding *cross-river/channel connection*
Oezbekistan *Uzbekistan*
of • bij tegenstelling *or* ∗ goed of fout *right or wrong* • ongeacht *whether* ∗ (ik doe het) of je het goedvindt of niet *whether you like it or not* • bij twijfel *if*; *whether* ∗ ik vraag je of ... *I'm asking you if/whether ...* • alsof *as if* ∗ hij doet net of hij gek is *he pretends he is mad* • bevestigend ∗ nou en of! *rather!*; *not half!*; *you bet!* • na ontkenning *but* ∗ 't duurde niet lang, of ... *it was not long before ...* ▾ een minuut of twintig *some twenty minutes*
offensief I ZN *offensive*; *(complete)* ∗ tot het ~ overgaan *go on the offensive* II BNW *offensive*
offer • opoffering *sacrifice* ∗ zich ~s getroosten *make sacrifices* • offerande *sacrifice* • slachtoffer *victim* ∗ ten ~ vallen aan *fall victim to*
offerande • offer *offering*; *sacrifice* • dankgebed *offertory*
offeren *sacrifice*
offergave *offering*
offerte *offer*; *quotation* ∗ een ~ doen *quote (for)*
official *official*
officieel • erkend *official*; *formal* ∗ officiële feestdag *public holiday* • formeel *formal* ∗ officiële gelegenheid *official occasion*
officier *officer* ∗ ~ van Justitie *public prosecutor* ∗ Officier in de Orde van ... *Knight in the Order of ...*
officiersuniform *officer's uniform*
officieus *unofficial*
off line *off-line*
offreren *offer*
offset *offset*
offshore *offshore*
offside *offside*
ofschoon *(al)though*
oftewel *also known as*; *i.e.*; *or*; *that is*
ogen ⟨goed staan⟩ *look (nice/good)* ∗ zij oogt nog erg jong *she still looks very young*
ogenblik • korte tijd *moment*; *instant* ∗ in een ~ *in a moment* • een ~, s.v.p. *just a/one moment, please* • tijdstip *moment* ∗ op 't/dit ~ *at the moment* ∗ voor 't ~ *for the moment*
ogenblikkelijk I BNW onmiddellijk *immediate* II BIJW *immediately*; *at once*
ogenschijnlijk *apparent*; *seeming*
ogenschouw ∗ in ~ nemen *inspect*; ⟨situatie⟩ *review*
ohm *ohm*
oké *o.k.*; *okay*
oker *ochre*
oksel • lichaamsdeel *armpit* • PLANTK. *axil*
okselhaar *underarm hair*
oktober *October*

Oktoberrevolutie *October Revolution*
oldtimer *vintage car; veteran car*
oleander *oleander*
olie *oil* ★ ruwe olie *crude (oil)* ★ olie verversen *change the oil* ★ olie innemen ⟨schip, e.d.⟩ *oil* ▼ olie op het vuur gieten *add fuel to the flames* ▼ hij is in de olie *he is well oiled*
oliebol *doughnut ball*
oliebollenkraam *doughnut stall/stand*
oliebron ● vindplaats *oil well* ● hoeveelheid *source of oil*
olieconcern *oil company*
oliecrisis *oil crisis*
oliedom *as thick as a brick; as dumb as an ox*
olie-embargo *oil embargo*
olie-en-azijnstel *cruet (set)*
oliefilm *oil film*
oliefilter *oil filter*
oliejas *oilskin (coat)*
oliekachel *oil stove/heater*
oliën *oil*; FORM. *lubricate* ▼ een goed geolied bedrijf *a well-run firm*
olieraffinaderij *oil refinery*
oliesel *unction* ★ iem. het laatste ~ toedienen *administer the last rites to a person*
olieslagerij *oil mill; oil-press*
olieveld *oilfield*
olieverf *oil paint*
olievervuiling *oil pollution*
olievlek *oil stain*; ⟨op water⟩ *oil slick* ▼ zich als een ~ uitbreiden *spread unchecked*
oliewinning *oil production*
olifant *elephant*
olifantshuid *elephant hide/skin* ▼ een ~ hebben *have a hide like a rhinoceros; have a thick skin*
oligarchie *oligarchy*
olijf ● vrucht *olive* ● boom *olive (tree)*
olijfolie *olive oil*
olijftak *olive branch*
olijk *shy; roguish*
olm *elm*
olympiade *Olympiad*
olympisch *Olympic*; ⟨m.b.t. mythologie⟩ *Olympian* ★ de Olympische Spelen *the Olympic games*
om I BIJW ● voorbij ▼ de tijd is om *time is up* ● in omgekeerde richting ★ de Tweede Kamer is om *the House of Commons has come round* ● langer ▼ dat is zeker een uur om *that's at least an hour longer* ▼ hij had 'm nogal om! *he was tight/sloshed/pissed* ▼ ⟨iets⟩ om en om (doen) *take turns* ▼ om en nabij *roughly; approximately* II VZ ● rond(om) *round; about* ★ om de tafel *about/round the table* ★ een blokje om *round the block* ● op zeker tijdstip *at* ★ om vier uur *at four (o'clock)* ● met als doel *to; in order to; so as to* ★ ik heb geen tijd om je te helpen *I've no time to help you* ★ dat doet hij om op te vallen *he does that to attract attention* ● vanwege *on account of; because of; for* ★ ergens om bekend staan *be famous for s.th.* ★ om die reden *for that reason* ● afwisselend ★ om de dag *every other day* ★ om de beurt *in turn; by turns*

oma *grandma; granny*
Oman *Oman*
omarmen ● de armen slaan om *embrace; hug* ● graag aannemen *accept/greet with open arms*
omblazen *blow down; blow over*
ombouw *surround(s); housing*
ombouwen *reconstruct*; ⟨voor ander doel⟩ *convert*; ⟨veranderen⟩ *rebuild* ★ ~ tot *convert into*
ombrengen *kill; murder*
ombudsman *ombudsman*
ombuigen I OV WW ● verbuigen *bend* ● veranderen *adjust* ★ een politiek ~ *reorganize/adjust a policy* II ON WW buigen *bend (over)*
ombuiging ● het ombuigen *bending* ● beleidswijziging *restructuring*
omcirkelen *circle*
omdat *because*
omdoen *put on* ★ doe je sjaal om *put on your scarf*
omdopen *rename*
omdraaien I OV WW van stand doen veranderen ★ zich ~ *turn round* II ON WW ● omkeren *turn back*; ⟨v. wind⟩ *shift*; ⟨v. personen⟩ *swing/turn around* ● draai maken *turn* ★ de hoek ~ *turn the corner*
omduwen *push over*; ⟨ongewild⟩ *knock over; upset*
omega *omega*
omelet *omelette*
omfloerst *shrouded; veiled; muffled* ★ ~ zonlicht *hazy sunlight* ★ een ~e stem *a muffled voice*
omgaan ● rondgaan *go round* ★ de hoek ~ *turn the corner* ● zich afspelen *happen* ★ wat gaat er in hem om? *what's he thinking about?* ● verhandeld worden ★ er gaat heel wat om in dit bedrijf *this enterprise does a lot of business* ● van mening veranderen *swing round* ● verstrijken *pass* ● ~ met *mix with*; ⟨mensen⟩ *associate with* ● met mensen weten om te gaan *know how to get on with people* ● vertrouwelijk met iem. ~ *be on familiar terms with s.o.* ★ met gereedschap ~ *handle tools*
omgaand ● verzoeke ~ bericht *please reply by return (of post)*
omgang ● sociaal verkeer *association; contact*; ⟨ook geslachtelijk⟩ *intercourse* ● ~ hebben met *associate with* ★ seksuele ~ *sexual intercourse* ★ prettig in de ~ *nice to get on with* ● processie *procession*
omgangsrecht *parental access rights*
omgangsregeling *arrangements concerning parental access*
omgangstaal *everyday speech*; FORM. *colloquial language*
omgangsvormen *manners*
omgekeerd I BNW ● omgedraaid *reverse* ★ in ~e volgorde *in reverse order* ● tegenovergesteld *reverse(d)* ▼ de ~e wereld *the world turned upside down; a topsy-turvy world* II BIJW tegenovergesteld ★ ~ evenredig zijn aan *be inversely proportional to*

om

omgeven *surround*; *envelop* ★ zich ~ met *surround o.s. with*

omgeving • omstreken *neighbourhood*; *vicinity* • kring van mensen *environment*; *acquaintances*

omgooien • omvergooien *overturn*; *upset* • omdoen *throw... round* ★ een jas ~ *throw a cloak round o.s.* ★ vlug draaien *shift* ★ het roer ~ *put over the helm*; FIG. *change course/tack* • veranderen *change* ★ de tactiek ~ *change tactics*

omhaal • wijdlopigheid *wordiness* ★ met veel ~ van woorden *with a great show of words* • nodeloze drukte *fuss*; *ado*; *ceremony* ★ zonder veel ~ *without much ceremony* ★ ~ maken *make a fuss* • SPORT *overhead kick*

omhakken *fell*; *cut down*

omhangen *drape (around)*; *hang on/round*

omheen *round (about)*; *around* ★ je kunt er niet ~ *you can't get away from it* ★ ergens ~ draaien *beat about the bush*

omheining *fence*

omhelzen *embrace*

omhelzing *embrace*

omhoog • naar boven *up(wards)* ★ handen ~! *hands up!* • in de hoogte *up*

omhoogschieten • snel omhooggaan ★ de raket schoot omhoog *the rocket shot up (into the air)* • snel groeien ★ de planten schoten omhoog *the plants shot up*

omhoogzitten • be in a fix; FIG. be stuck ★ ik zit omhoog wat geld betreft *I'm hard-pressed for cash/money* ★ zij zit er erg mee omhoog *she's really in a jam with it*

omhullen *wrap up*; FORM. *envelop*

omhulsel *covering*; *wrapping*; *casing* ▾ 't stoffelijk ~ *the mortal remains*

omissie *omission*

omkeerbaar *reversible*

omkeren I OV WW omdraaien *turn*; ⟨hooi, kaart⟩ *turn over*; ⟨zakken⟩ *turn out* ★ zich ~ *turn (round)* ▾ ieder dubbeltje ~ *look twice at every penny* II ON WW keren *turn back/round*

omkijken • achter zich kijken *look back/round* • zoeken *look round/out* • ~ naar *look after*; *worry about* ★ je hebt er geen ~ naar *it doesn't need looking after* ★ hij kijkt niet naar zijn kinderen om *he doesn't look after his children*

omkleden *change* ★ zich omkleden *change*

omklemmen *hug*; *clasp*

omkomen • ergens omheen komen *come round* ★ de hoek ~ *come round the corner* • sterven *die*; *be killed*; ⟨v. honger⟩ *starve* ★ bij een ongeluk ~ *be killed in an accident* ★ van de kou ~ *die of cold*

omkoopbaar *corruptible*

omkopen *bribe*; *corrupt*

omkoperij *bribery*; *corruption*

omkoping *bribery*

omlaag • beneden *below*; *down* ★ van ~ *from below* ★ ~ houden *keep down* • naar beneden *down(wards)* ★ ~ gaan *go down*

omlaaghalen • neerhalen *bring down* • in aanzien doen dalen *drag down*; *run down* ★ het haalde zijn reputatie omlaag *it brought his reputation down*

omleggen • anders leggen ⟨verkeer⟩ *divert*; ⟨wissel⟩ *shift* • om iets leggen *put round*; ⟨verband⟩ *put on*; *apply*

omlegging *diversion*

omleiden *re-route*; *divert*

omleiding *diversion*

omliggend *neighbouring*; *surrounding*

omlijnen *outline* ★ scherp omlijnd plan *clear cut plan*; *well defined plan*

omlijsten *frame*

omlijsting *frame*; FIG. *setting*

omloop • circulatie *circulation* ★ in ~ brengen *circulate*; ⟨gerucht⟩ *spread* • omwenteling *revolution*; *orbit*

omloopsnelheid ⟨wentelsnelheid⟩ *rotation speed*; ⟨v. geld⟩ *velocity of circulation*; ⟨v. planeten⟩ *orbital velocity*

omlopen I OV WW omverlopen *knock over* II ON WW • omweg maken *walk/go round* ★ dat loopt om *that's a long way round* • rondlopen *go round* ★ een straatje ~ *go for a turn*

ommekeer *turn about*; *change*

ommetje *stroll* ★ een ~ maken *take a stroll*

ommezien *moment* ★ in een ~ *in a jiffy*

ommezijde *back* ★ zie ~ *(please) turn over* ★ aan ~ FORM. *overleaf*

ommezwaai *about-turn/face*; *reversal*; FIG. *U-turn*

ommuren *wall (in)*

omnibus *omnibus*

omnivoor *omnivore*

omploegen *plough*

ompraten *talk/bring round*

omrekenen *convert*

omrekening *conversion*

omrijden I OV WW omverrijden *run/knock down* II ON WW • rondrijden ⟨m.b.t. auto⟩ *drive about*; ⟨m.b.t. fiets⟩ *ride about* • eindje gaan ~ *go for a drive/ride* • ergens omheen rijden ⟨met auto⟩ *drive round*; ⟨met fiets, e.d.⟩ *ride round* • omweg maken *make a detour*; *take the long way round* ★ zo rijden we om *we're going a long way round*

omringen *surround*; *enclose*; ⟨met gevaar⟩ *beset*

omroep • omroepvereniging *broadcasting corporation* • het uitzenden *(radio) broadcast(ing)*

omroepbestel *broadcasting system*

omroepen • oproepen *call*; ⟨in zaak, hotel⟩ *page* • uitzenden *broadcast*

omroeper *announcer*

omroepgids *(radio and) t.v. guide*

omroeporganisatie *broadcasting corporation/company*; AE *network*

omroepsatelliet *broadcasting satellite*

omroepvereniging *broadcasting company/corporation*

omroeren *stir (up)*

omschakelen in andere stand schakelen *change/switch over* ★ ~ van X naar Y *change from X to Y* • aanpassen *change (to)*; *switch over (to)*

omschakeling *changeover*; *shift*; *switch*

omscholen *retrain*

omscholing *retraining*
omschrijven • beschrijven *describe* • bepalen *define*
omschrijving • beschrijving *description* • definitie *definition*
omsingelen *surround; besiege*
omslaan I ov ww • omverslaan *knock down* • omdraaien ⟨v. bladzij⟩ *turn over;* ⟨v. broekspijp⟩ *turn up;* ⟨v. mouwen⟩ *tuck up* • omdoen *wrap round one; put on* ★ een sjaal ~ *put on a scarf* • verdelen *divide; apportion* II on ww • om iets heen gaan *turn;* ⟨v. boei⟩ *round* ★ de hoek ~ *turn (round) the corner* • kantelen *overturn;* ⟨v. boot⟩ *capsize* ★ doen ~ *upset* • veranderen ⟨v. weer⟩ *break;* ⟨v. stemming⟩ *break*
omslachtig *roundabout; long-winded;* FORM. *discursive* ★ ~ systeem *cumbersome system*
omslag • verandering *turn;* ⟨v. weer⟩ *break* • omhaal *fuss; ceremony* • verdeling van kosten *apportionment* ★ hoofdelijke ~ *capitation* • omgeslagen rand ⟨v. mouw⟩ *cuff;* ⟨v. broek⟩ *turn-up* • kaft ⟨v. boek⟩ *cover;* ⟨los⟩ *jacket*
omslagartikel *cover story*
omslagboor *brace and bit*
omslagdoek *shawl*
omslagontwerp *jacket design*
omsluiten • omvatten *enclose; contain* ★ omsloten ruimte *enclosed area* • geheel insluiten *enclose; surround* ★ door land omsloten haven *landlocked harbour*
omsmelten *melt down*
omspannen *span; enclose;* ⟨strak⟩ *fit tightly around/over*
omspitten *dig up*
omspoelen[1] • schoonspoelen *rinse (out); wash; bathe* ★ met koud water omspoelen *rinse with/in cold water* • op andere spoel zetten *rewind*
omspoelen[2] *wash away*
omspringen I ov ww door springen omgooien *upset* II on ww (met) *deal with* ★ met iem./ iets weten om te springen *know how to manage a person/s.th.*
omstander *bystander*
omstandig I bnw *detailed; circumstantial* II bijw *in detail*
omstandigheid • toestand *circumstance* ★ naar omstandigheden redelijk wel *fairly well/not too bad, all things considered* ★ onder de heersende omstandigheden *in/under the present conditions* ★ onder geen ~ *on no account* • breedvoerigheid *elaborateness*
omstoten *knock over (a glass)*
omstreden *disputed; contested* ★ een ~ punt *a vexed matter*
omstreeks *about; round (about)* ★ een man van ~ dertig jaar *a man of about thirty* ★ ~ kerst *round about Christmas*
omstreken *surroundings* ★ Lelystad en ~ *Lelystad and environs*
omstrengelen • omhelzen *embrace; entwine* • omvatten *wind/twist about/around*
omtoveren *transform; change; convert* ★ de zolder in een studeerkamer ~ *convert the loft*

into *a study*
omtrek • contour *outline* • afmeting ⟨v. veelhoek⟩ *perimeter;* ⟨v. cirkel⟩ *circumference* ★ in ~ *in circumference* • omgeving *vicinity; neighbourhood* ★ in de ~ *in the neighbourhood* ★ mijlen in de ~ *for miles around*
omtrekken I ov ww omvertrekken *pull down* II on ww er omheen trekken *turn; round*
omtrent I bijw • nabij *about* • ongeveer *approximately; about* II vz • omstreeks *round (about)* ★ ~ Pasen *round about Easter* • betreffende *about; concerning,* ★ geen mededelingen doen ~ *een ongeluk be tight-lipped about an accident*
omturnen *bring round; win over*
omvallen *fall over/down* ▼ ~ van verbazing *be thunderstruck*
omvang • omtrek *circumference;* ⟨v. borstkas⟩ *width;* ⟨v. lichaam, boom⟩ *girth* • grootte *dimension; size;* ⟨v. schade⟩ *extent;* ⟨v. stem⟩ *range;* ⟨v. taak⟩ *magnitude;* ⟨v. ding⟩ *size* ★ het had een grote ~ aangenomen *it had assumed large proportions* ★ zijn geweldige ~ *his enormous bulk*
omvangrijk *sizeable; extensive;* ⟨groot en zwaar⟩ *bulky*
omvatten • inhouden *include; comprise* ★ alles ~d *all-embracing* • omsluiten *enclose*
omver *down; over*
omverwerpen • omgooien *topple; overturn; upset* • een einde maken aan ★ een regering ~ *overthrow/bring down a government/regime*
omvliegen • om iets heen vliegen *fly/tear round* • snel verstrijken *fly (by)*
omvormen *convert; transform*
omvouwen *double; fold/turn down*
omweg • langere weg *roundabout way; detour* • omslachtiger manier ★ zonder ~ en *point-blank; straight out*
omwentelen I ov ww • ronddraaien *rotate* • omkeren *turn (round)* II on ww om as draaien *rotate; revolve;* ⟨satelliet⟩ *orbit*
omwenteling • ommekeer *revolution* • draaiing *revolution; rotation*
omwentelingstijd *rotation time/period*
omwerken • herzien *rewrite;* ⟨wettekst e.d.⟩ *redraft* • omploegen *dig up*
omwerpen • verwoesten *destroy* • omgooien *topple*
omwikkelen *wrap (around/in)*
omwille ▼ ~ van *for the sake of*
omwisselen *change*
omwonend *neighbouring* ★ ~en *neighbours*
omzeilen • vermijden *bypass; get round* ★ de moeilijkheden omzeilen *skirt around the problems* ★ een vraag omzeilen *sidestep a question* • zeilen om *sail round*
omzet • opbrengsten *sales; returns* • verkochte goederen *turnover* ★ een vlugge ~ vinden *sell readily*
omzetbelasting AE *sales tax;* BE *turnover tax;* ⟨btw⟩ *value added tax (V.A.T.)*
omzetsnelheid *rate of turnover;* ⟨scheikunde⟩ *conversion rate*
omzetten I ov ww • veranderen *turn/convert*

om

(into) ∗ in geld ~ *convert into money* • anders zetten *change*; ⟨letters⟩ *transpose*; ⟨meubels⟩ *shift* • in andere stand zetten *turn over*; ⟨motor⟩ *reverse* • verhandelen *turn over* ‖ ON ww snel om iets gaan/lopen ∗ de hoek komen ~ *come running/tearing round the corner*

omzichtig *cautious; wary*

omzien • omkijken *look back* • uitkijken naar *look out* • naar beter werk ~ *look out for a better job* • zorgen voor *look after; take care of*

omzomen¹ *hem; edge/border with*

omzomen² *border; fringe; surround* ∗ omzoomd met borduursel *bordered with embroidery*

omzwaaien • van standpunt veranderen *swing round* • van studie veranderen *change one's subject* ∗ van Engels naar Duits ~ *switch over from English to German*

omzwerving *wandering; ramble*

onaandoenlijk *impassive*

onaangedaan *unmoved*

onaangediend *unannounced*

onaangekondigd *unannounced* ∗ ~ bezoek *a surprise visit*

onaangenaam *unpleasant; disagreeable*

onaangepast *unadapted*; *maladjusted* ∗ ~ gedrag *maladjusted behaviour*

onaangeroerd *untouched*

onaangetast *unaffected; intact; unimpaired*

onaanvaardbaar *unacceptable*

onaanzienlijk • zonder aanzien *modest*; ⟨komaf⟩ *humble* • gering *insignificant*; ⟨som geld⟩ *inconsiderable*

onaardig • onvriendelijk *unpleasant; unkind* • onbeleefd *unpleasant; nasty* ▾ niet ~ *not bad*

onachtzaam *inattentive; careless*

onaf *unfinished; incomplete*

onafgebroken *continuous; unbroken*

onafhankelijk *independent (of)*

onafhankelijkheid *independence*

onafhankelijkheidsoorlog *war of independence*

onafhankelijkheidsverklaring *declaration of independence*

onafscheidelijk *inseparable*

onafwendbaar *inevitable*

onafzienbaar *vast; immense*

onaneren *masturbate*

onbaatzuchtig *disinterested; unselfish*

onbarmhartig *merciless*

onbeantwoord *unanswered* ∗ ~e liefde *unrequited love*

onbedaarlijk *uncontrollable*

onbedachtzaam *thoughtless; rash* ∗ ~ handelen *act rashly*

onbedekt • niet bedekt *uncovered; bare* • openlijk *open*

onbedorven • onschuldig *innocent; unspoilt* • gaaf *unspoilt*

onbeduidend • onbelangrijk ⟨ook persoon⟩ *insignificant*; ⟨reden⟩ *trivial* • gering *trifling* ∗ ~ bedrag *trifling sum of money*

onbegaanbaar *impassable*

onbegonnen ∗ een ~ werk *a hopeless task*

onbegrensd *unlimited*

onbegrijpelijk • niet te begrijpen *incomprehensible* • onvoorstelbaar *incredible*

onbegrip *incomprehension*; *lack of understanding*

onbehaaglijk • onaangenaam *unpleasant* ∗ ~ gevoel *uncomfortable feeling* • niet op zijn gemak *ill at ease*

onbehagen *discomfort (about); unease (about)*

onbeheerd *abandoned* ∗ ~ staand *unattended*

onbeheerst *unrestrained*

onbeholpen *awkward*

onbehoorlijk *improper; unseemly*

onbehouwen *boorish*

onbekend *ignorant (of)*; *unacquainted (with)*; ⟨niet bekend⟩ *unknown* ∗ ik ben hier ~ *I'm a stranger here* ∗ ~ met de feiten *ignorant of the facts* ∗ het was me ~ of ... *I didn't know whether ...*

onbekende *unknown*

onbekendheid *unfamiliarity (with)*; ⟨onwetendheid⟩ *ignorance (of)*

onbekommerd *unconcerned; carefree*

onbekookt *ill-considered*

onbekwaam • incompetent *incompetent*; *incapable; incapacitated* • dronken *incapacitated*

onbelangrijk *unimportant; insignificant*

onbelast • vrij van lasten ⟨invoer⟩ *duty free*; ⟨belasting⟩ *tax exempt/free* • vrij van gewicht *unburdened; unloaded*

onbeleefd *impolite*

onbeleefdheid *rudeness; impoliteness*; ⟨uiting⟩ *incivility*

onbelemmerd *unobstructed; unimpeded*

onbemand *unmanned*

onbemiddeld *without means*; FORM. *impecunious*

onbemind *unpopular*

onbenul • stuk ~ *dimwit; featherbrain*

onbenullig • dom *vapid; inane* • onbeduidend *trivial*

onbepaald • onbegrensd *indefinite* ∗ voor ~e tijd *indefinitely; permanently* • vaag *vague; uncertain* • TAALK. *indefinite*

onbeperkt • onbegrensd *unlimited; unrestricted* ∗ ~ vertrouwen *implicit faith/trust* • onbelemmerd *unrestricted*

onbeproefd *untried*

onberaden *ill-advised*

onbereikbaar *inaccessible*; FIG. *unattainable*

onberekenbaar • niet te berekenen *incalculable* • wisselvallig *unpredictable*

onberispelijk *irreproachable; faultless*

onberoerd • onaangedaan *unperturbed; unaffected* • niet aangeraakt *untouched*

onbeschaafd • zonder beschaving *uncivilized* • onbeleefd *rude; uneducated*

onbeschaamd *insolent; impudent*

onbescheiden ⟨niet bescheiden⟩ *immodest*; ⟨vrijpostig⟩ *indiscreet*

onbeschoft *impudent*

onbeschreven *blank*

onbeschrijfelijk *indescribable*

onbeslist *undecided* ∗ de wedstrijd eindigde ~ *the match ended in a draw*

onbespoten *unsprayed*; *untreated*; *free of pesticides*

onbesproken • niet behandeld *undiscussed* ⋆ iets ~ laten *pass s.th. over* • niet gereserveerd *not reserved*; *not booked* • onberispelijk *irreproachable*; *blameless*

onbestelbaar ⋆ een onbestelbare brief *a dead letter* ⋆ indien ~, gelieve terug te zenden aan... *if undelivered, please return to...*

onbestemd *vague*; *indefinable*

onbestendig • wispelturig *unsteady*; *fickle*; ⟨v. geluk, liefde⟩ *inconstant* • veranderlijk *unsettled*; ⟨v. weer⟩ *variable*

onbesuisd *rash*; *reckless*

onbetaalbaar • niet te betalen *prohibitive*; ⟨schuld⟩ *unpayable* • kostelijk *priceless*

onbetamelijk *improper*; *unseemly*

onbetekenend *insignificant*; *trivial*

onbetrouwbaar *unreliable*; *untrustworthy*; *shady* ⋆ een ~ sujet *a shady character*

onbetuigd ⋆ zich niet ~ laten *keep one's end up*; *be quick to respond*; ⟨aan tafel⟩ *do justice to a meal*

onbetwist *undisputed*

onbetwistbaar *indisputable*

onbevangen • vrijmoedig *uninhibited*; *frank* • zonder oordeel vooraf *unprejudiced*; *open-minded* ⋆ ~ staan tegenover iets *have an open mind on s.th.*

onbevlekt *unstained* ⋆ de ~e ontvangenis *the Immaculate Conception*

onbevoegd *unauthorized*; ⟨zonder getuigschrift⟩ *unqualified* ⋆ geen toegang voor ~en *no admittance to unauthorized persons*

onbevooroordeeld *unprejudiced*

onbevredigd *unsatisfied*; *unappeased*

onbewaakt *unguarded* ⋆ ~e overweg *unguarded level crossing*

onbeweeglijk • roerloos *motionless* • onwrikbaar *immovable*

onbewogen • onbeweeglijk *motionless* • onaangedaan *unmoved* ⋆ met ~ gezicht *straightfaced*

onbewoonbaar *uninhabitable* ⋆ ~ verklaren *condemn a house*

onbewust • niet bewust *unconscious* • onwillekeurig *unwitting*; *unintentional*

onbezoldigd *unpaid* ⋆ ~ secretaris *honorary secretary*

onbezonnen *rash*

onbezorgd • zonder zorgen *carefree* • niet besteld *undelivered*

onbillijk *unjust*; *unfair*

onbreekbaar *unbreakable*

onbruik *disuse* ⋆ in ~ geraken *fall into disuse*

onbruikbaar *useless*; ⟨v. weg⟩ *unusable*

onbuigzaam • niet te buigen *inflexible* • koppig *unbending*; *uncompromising*

onchristelijk • niet christelijk *unchristian* • ergerlijk *ungodly* ⋆ op een ~ vroeg tijdstip *at an ungodly/unholy hour*

oncologie *oncology*

ondank *ingratitude* ▼ ~ is 's werelds loon *reward (s.o.) with ingratitude*

ondankbaar *ungrateful* ⋆ een ~ karwei *an unrewarding task*

ondanks *despite*; *in spite of*

ondeelbaar • niet deelbaar *indivisible* ⋆ ~ getal *prime number* • zeer klein *infinitesimal*

ondefinieerbaar *indefinable*

ondenkbaar *inconceivable*; *unthinkable*

onder I BIJW *underneath*; *below* ⋆ zij woont ~ (ons) *she lives downstairs* • van ~ naar boven *from the bottom upward(s)* ⋆ ten ~ gaan *come to grief*; *be ruined* ⋆ de zon gaat/is ~ *the sun is setting/has set* ⋆ iem. kopje ~ duwen *give s.o. a ducking* ▼ ik zat ~! *I was covered!* ▼ van ~ af aan beginnen *start from scratch* II VZ • beneden ⋆ ~ het huis *under the house* ⋆ ~ dak *under cover*; *indoors* ⋆ ~ water staan *be flooded* • minder/lager dan *under* ⋆ ~ de prijs *under the price* ⋆ kinderen ~ de twaalf *children under twelve* • te midden van *among(st)* ⋆ ~ de mensen komen *mix with people* ⋆ zij zaten ~ elkaar te praten *they were talking among themselves* ⋆ ~ andere *among other things* • tussen (personen) ⟨twee⟩ *between*; ⟨meer dan twee⟩ *among* ⋆ ~ ons gezegd *between you and me (and the gatepost)* • vergezeld van ~ luide bijval *to the applause* ⋆ ~ een kopje koffie *over a cup of coffee* • dicht bij *nearby* ⋆ ~ de kust van Noorwegen *off the coast of Norway* • tijdens *during* ⋆ ~ het rijden viel hij in slaap *while driving, he dropped off*

onderaan *at the foot of*

onderaannemer *subcontractor*

onderaanzicht *view from below*

onderaards *subterranean*; *underground*

onderaf ⋆ zich van ~ opwerken *work one's way up (from the bottom of the ladder)*

onderarm *forearm*

onderbeen *leg*; ⟨voorkant⟩ *shin*; ⟨kuit⟩ *calf*

onderbelichten *underexpose*

onderbesteding *underspending*

onderbetalen *underpay*

onderbewust *subconscious*; *unconscious*

onderbewustzijn *subconscious*

onderbezet *undermanned*; *understaffed*

onderbouw • lagere klassen op school *lower forms (of a school)* • BOUWK. basis *bouwwerk substructure*

onderbouwen *build*; *found*

onderbreken *interrupt*

onderbreking • het onderbreken *interruption* ⋆ zonder ~ *without interruption* • pauze *break*; ⟨film, toneel⟩ *intermission*

onderbrengen • onderdak verlenen *lodge*; *house*; ⟨vluchtelingen⟩ *shelter*; ⟨misdadigers⟩ *harbour* • indelen *class (under)* ⋆ zich nergens laten ~ *not fit in anywhere*

onderbroek *pair of underpants/knickers/briefs/johns*; *underpants* [mv]; *knickers* [mv]; *briefs* [mv]; ⟨lang⟩ *(long) johns* [mv]

onderbroekenlol *lavatorial humour*

onderbuik *abdomen*

onderdaan • staatsburger *subject* • been *limb*; *pins* [meestal mv]

onderdak *shelter*; *accommodation* ⋆ ~ verschaffen *accommodate*

onderdanig *submissive*

onderdeel • deel van geheel *part*;
(sub)division; ⟨v. seconde⟩ *fraction* ★ in een ~
van een seconde *in a split second* • afdeling
branch; SPORT *discipline*; ⟨v. leger⟩ *unit*
• TECHN. ⟨reservedeel⟩ *spare part*; ⟨deel van
machine⟩ *component*

onderdeurtje *peewee; shorty*

onderdirecteur *assistant director/manager*; ⟨v.
een school⟩ *assistant/deputy head*

onderdoen I OV WW aantrekken *put/tie on*
II ON WW de mindere zijn *be inferior (to)*
★ voor niemand ~ *be second to none* ★ niet ~
voor iem. *hold one's own with*

onderdompelen *immerse*

onderdoor *under*; *underneath*

onderdoorgang • voetgangerstunnel *subway*
• weg *underpass*

onderdrukken • ondergeschikt houden *oppress*
• bedwingen ⟨woede, teleurstelling⟩ *fight
down*; ⟨gevoel⟩ *suppress*; ⟨lachen, geeuw,
schandaal⟩ *stifle*; *smother*; ⟨opstand⟩ *crush*;
⟨snik, tranen⟩ *choke back* ★ niet te
onderdrukken *irrepressible*

onderdrukker *oppressor*

onderdrukking *oppression*

onderduiken • duiken *dive*; *take a nosedive*
• zich schuilhouden *go underground*; *go into
hiding*

onderduiker *person in hiding*

onderen *down(ward)* ▼ van ~! *timber!*; *watch
out below!*

ondergaan ¹ • zinken *go down*; *sink* • dalen
(van zon) *set*; *go down* • tenietgaan *perish*

ondergaan ² *undergo*; *endure* ★ een operatie
ondergaan *undergo an operation*

ondergang *(down)fall*; *setting* ★ dat was zijn ~
that was his undoing

ondergeschikt • onderworpen aan *subordinate*
★ iets ~ maken aan *subordinate s.th. to* • van
minder belang *secondary* ★ van ~ belang of
minor importance ★ een ~e rol spelen *play
second fiddle*

ondergeschikte *subordinate*; *inferior*

ondergeschoven *supposi(ti)tious* ▼ een ~ kindje
a changeling

ondergetekende ★ (de) ~ *the undersigned*;
SCHERTS. *yours truly*

ondergoed *underwear*

ondergraven *undermine*

ondergrens *lower limit*; *minimum*

ondergrond • onderliggende laag *sub-soil*
• grondslag *foundation* • achtergrond
(back)ground

ondergronds • onder de grond *underground*
• clandestien ★ het ~e verzet *the resistance
movement*

ondergrondse • metro *underground*; INF. *tube*;
AE *subway* • verzetsbeweging *underground*;
resistance

onderhand *meanwhile*; *in the meantime*

onderhandelaar *negotiator*

onderhandelen *negotiate*

onderhandeling *negotiation* ★ ~en aanknopen
enter into negotiations

onderhandelingspositie *negotiating position*

onderhands • zonder tussenpersoon *private*

• niet bovenhands *underhand*; *backstairs* ★ ~e
activiteiten *backstairs activities* • geheim
secret ★ een ~ verdrag *a secret treaty*

onderhavig ★ 't ~e geval *the present case*

onderhemd *vest*

onderhevig *liable/subject (to)* ★ aan twijfel ~
open to question

onderhorig • ondergeschikt *subordinate*
• afhankelijk *dependent*

onderhoud • verzorging *maintenance*; *upkeep*
★ in goede staat van ~ *in a good state of
repair* ★ in slechte staat van ~ *in bad repair*
• levensonderhoud *maintenance*; *keep* ★ in
eigen ~ voorzien *support o.s.*; *be self
supporting* • gesprek *interview* ★ een ~ met
iem. hebben *have an interview with s.o.*

onderhouden ¹ *keep under*

onderhouden ² • in stand houden *maintain*
• verzorgen *support*; *take care of* ★ een gezin
onderhouden *support a family* • in goede
staat houden *keep* ★ zijn huis in goede staat
houden *keep one's house in a good state of
repair* • naleven *observe* • aangenaam
bezighouden *entertain* • ernstig toespreken
lecture

onderhoudend *entertaining*

onderhoudsbeurt *overhaul*; *service*

onderhoudscontract *(maintenance and) service
contract*

onderhoudsmonteur *maintenance mechanic*;
maintenance engineer

onderhoudswerkzaamheden *maintenance
work*

onderhuids *subcutaneous* ★ ~e inspuiting
hypodermic injection

onderhuren *sublet*

onderhuur *sublet*

onderhuurder *subtenant*

onderin *at the bottom*

onderjurk *slip*; *petticoat*

onderkaak *lower jaw*

onderkant *bottom*

onderkennen • beseffen *recognize*; *realize*
• herkennen *recognize*; *distinguish*

onderkin *double chin*

onderklasse *subclass*

onderkoeld • afgekoeld NAT. *supercooled*; MED.
hypothermal • zonder emoties *cool*;
unemotional

onderkomen *shelter*

onderkoning *viceroy*

onderkruiper *blackleg*; *scab*

onderkruipsel *shorty*; *shrimp*; ⟨kind⟩ *mite*

onderlaag • onderste laag *bottom layer*; ⟨verf⟩
undercoat • steunlaag *foundation*

onderlangs *along the bottom*; *underneath*

onderlegd ★ goed ~ zijn in *have a good
grounding in*

onderlegger ⟨op matras⟩ *underblanket*; ⟨op
tafel⟩ *table/place mat*; ⟨onder tapijt⟩
underlay; ⟨vloeipapier⟩ *blotting-paper*

onderliggen • de mindere zijn *be the underdog*
• liggen ★ het boek ligt onder *the book is
underneath/at the bottom*

onderlijf *lower part of the body*

onderling ★ met ~ goedvinden *with mutual*

on

consent ★ de ~e positie *the relative position*
★ ~e strijd *infighting* ★ ~ beraadslagen
consult one another
onderlip *lower lip*
onderlopen *be flooded/swamped*
ondermaans *sublunary; earthly; terrestrial* ★ dit
~e *this earthly existence*
ondermaats • te klein *undersized* • van
mindere kwaliteit *substandard; inferior;
below par*
ondermijnen *undermine*
ondernemen *undertake*
ondernemend *enterprising*
ondernemer *employer;* ⟨in zaken⟩ *entrepreneur*
ondernemerschap *entrepreneurship*
onderneming • bedrijf *business; concern*
• karwei *undertaking*
ondernemingsklimaat *investment climate*
ondernemingsraad *works council*
ondernemingsrecht *corporate law; company
law*
onderofficier *non-commissioned officer*
onderonsje • gesprek *tête-à-tête; informal chat*
• kleine kring *small circle;* ⟨ongunstig⟩ *clique*
onderontwikkeld *underdeveloped*
onderop *at the bottom*
onderpand *pledge; security*
onderricht *instruction*
onderrichten *instruct*
onderschatten *underrate*
onderscheid • verschil *difference* ★ ~ maken
tussen *distinguish between;* *make a distinction
between* ★ allen zonder ~ *all and sundry*
• inzicht *distinction* ★ jaren des ~s *age of
discretion*
onderscheiden I BNW verschillend *different/
distinct from;* ⟨uiteenlopend⟩ *various;* ⟨v.
aantal⟩ *several* II OV WW • waarnemen
discern • als ongelijksoortig bezien
distinguish • niet te ~ van *indistinguishable
from* • een onderscheiding verlenen *decorate*
• eervol behandelen *honour* III WKD WW
distinguish o.s.
onderscheiding • het onderscheiden
distinction • ereteken *decoration* • eerbewijs
distinction; esteem
onderscheidingsteken • ereteken *decoration*
• herkenningsteken *distinguishing mark*
onderscheidingsvermogen *discrimination;
discernment*
onderscheppen *intercept*
onderschikkend *subordinate*
onderschikking *subordination*
onderschrift *caption; legend;* ⟨v. film⟩ *subtitle*
onderschrijven *subscribe to; endorse*
ondershands • niet openbaar *privately* • in het
geheim *secretly*
ondersneeuwen • door sneeuw bedekt
worden *be snowed under* • uit de
belangstelling geraken *be overlooked*
onderspit ▼ het ~ delven *get the worst of it*
onderstaand *below; hereunder*
onderstebovenn • overhoop *in a mess* ▼ ~ gooien
overturn; upset ★ ~ halen *turn upside down*
• op zijn kop *upside down* • overstuur *upset*
★ ergens ~ van zijn *be upset about s.th.*

onderstel *undercarriage*
ondersteunen • steun geven ⟨gebouw, e.d.⟩
support; INF. *prop up* • helpen *support; back
up* ★ de armen ~ *help the poor* ★ iem.
financieel ~ *support s.o. financially*
• onderschrijven *support;* ⟨voorstel⟩ *back up*
ondersteuning • het steun geven *support*
• hulp *support; relief* ★ geldelijke ~ *financial
relief*
onderstrepen • streep zetten onder *underline*
• met nadruk zeggen *stress*
onderstuk *lower part; base*
ondertekenaar *signer;* ⟨v. verdrag e.d.⟩
signatory
ondertekenen *sign*
ondertekening • het ondertekenen *signing*
• handtekening *signature*
ondertitel • onderschrift *sub-title* • tweede titel
sub-heading
ondertitelen *subtitle*
ondertiteling *subtitles*
ondertoon • toon *undertone* • bijbetekenis
overtone; undercurrent ★ er zat een ~ van
wrok in *it carried a ring of resentment*
ondertrouw ▼ in ~ gaan ⟨kerkelijk huwelijk⟩
have the banns published; ⟨burgerlijk
huwelijk⟩ *take out a marriage license*
ondertussen • intussen *meanwhile* • toch *yet*
onderuit *sprawling; sprawled* ▼ ergens ~
proberen te komen *try to get/wriggle out of
s.th.*
onderuitgaan • vallen *topple over;* ⟨struikelen⟩
trip; ⟨uitglijden⟩ *slip* • falen *fall flat on one's
face*
onderuithalen • neerhalen *tackle* • verbaal
verslaan *wipe the floor with (s.o.)*
ondervangen *overcome;* ⟨gevaar,
moeilijkheid⟩ *remove;* ⟨v. bezwaren ook⟩
meet
onderverdelen *(sub)divide*
onderverhuren *sublet*
ondervertegenwoordigd *underrepresented*
ondervinden • ervaren *experience* ★ iets aan
den lijve ~ *find to one's cost* • verkrijgen *meet
with; encounter*
ondervinding *experience* ★ spreken uit ~ *speak
from experience*
ondervoed *undernourished*
ondervoeding *malnutrition*
ondervragen *question; examine*
ondervraging *interrogation; examination*
onderwaarderen *underrate; underestimate*
onderwatersport *underwater sports*
onderweg *on the way* ★ ~ zijn *head/make for*
onderwereld *underworld*
onderwerp • wat behandeld wordt *subject;*
topic ▼ blijf bij het ~ *stick to the point* ★ nu
we het toch over dat ~ hebben *since we are
on the subject* • TAALK. *subject*
onderwerpen • onder gezag brengen *subject
to* ★ zich ~ aan *submit to;* ⟨aan zijn lot⟩ *resign
o.s. to* • blootstellen ~ aan *subject to*
• voorleggen *submit (to)*
onderwijs *education; instruction* ★ bijzonder/
buitengewoon ~ *Special Education* ★ ~ geven
teach ★ schriftelijk ~ *correspondence course*

* bijzonder/hoger/lager/middelbaar ~
*denominational/higher/primary/secondary
education* * bij 't ~ zijn *be a teacher*
onderwijsinspectie *schools inspectorate*
onderwijskunde *didactics; pedagogy*
onderwijsmethode *teaching method*
onderwijsraad *Advisory Council for Education*
onderwijsvernieuwing *educational reform*
onderwijzen *teach*
onderwijzer *(school)teacher*
onderwijzersakte *teacher's certificate*
onderworpen • ondergeschikt *subject;
subordinate* • onderdanig *submissive* * een ~
houding *a submissive attitude* • onderhevig
* ~ aan *subject to*
onderzeeboot *submarine* * een ~ met
kernaandrijving *a nuclear (powered)
submarine*
onderzeebootjager *submarine hunter*
onderzeeër *submarine*
onderzetter ‹voor glas, fles› *coaster*; ‹voor
pannen› *table-mat*
onderzoek • het onderzoeken *examination;
investigation*; ‹door politie, e.d.› *inquiry*; ‹v.
land› *exploration*; ‹wetenschappelijk›
research * JUR. een ~ instellen *investigate a
matter* * (de zaak) is in ~ *(the matter) is under
investigation* * bij (nader) ~ *on (closer)
examination* * MED. *check-up*;
‹bloedonderzoek› *test* * geneeskundig ~
medical examination
onderzoeken • nagaan *examine; investigate*;
‹wetenschappelijk› *research; study* * ~ op *test
for* • MED. *test*
onderzoeker *investigator*; ‹v. mijnbouw›
prospector; ‹wetenschap› *researcher; research
worker*
onderzoeksbureau *research bureau*
onderzoeksresultaat *research/test results*
ondeugd • slechte eigenschap *vice*
• ondeugendheid *mischief* • deugniet *scamp*
ondeugdelijk • van slechte kwaliteit *inferior;
faulty* • gebrekkig *unsound; invalid*
ondeugend *naughty; mischievous*
ondiep *shallow*
ondiepte *shallow; shoal*
ondier *monster*
onding *trash*
ondoelmatig *inefficient; ineffective*
ondoenlijk *unfeasible* * dat is ~ *it can't be done*
ondoordacht *thoughtless(ly); rash(ly)* * een ~e
opmerking *an ill-considered remark* * een ~e
keuze *a rash choice*
ondoorgrondelijk *inscrutable*
ondraaglijk *unbearable*
ondubbelzinnig *unequivocal*
onduidelijk *indistinct*; ‹v. betekenis› *obscure*
onecht • niet echt *not genuine; spurious; false;
counterfeit* • onwettig *illegitimate (child)*
oneens • 't ~ zijn met *disagree with* * hij was 't
met zichzelf ~ *he couldn't make up his mind*
oneerbaar *indecent*
oneerlijk *dishonest; unfair*
oneffen *uneven; rough*
oneffenheid *roughness*
oneigenlijk • onecht *improper* • figuurlijk

metaphoric
oneindig • zonder einde *infinite* * tot in 't ~e
indefinitely • buitengewoon *infinite*
oneindigheid *infinity*
one-man-show *one-man show*
onenigheid • meningsverschil *discord;
disagreement* • ruzie *argument; conflict;
quarrel* * ~ hebben *have a quarrel/conflict* * ~
krijgen *fall out*
onervaren *inexperienced*
onervarenheid *inexperience*
onesthetisch *unaesthetic*
oneven *odd*
onevenredig *disproportionate*
onevenwichtig *unbalanced*
onfatsoenlijk *indecent; bad mannered*
onfeilbaar *infallible; foolproof*; ‹AE, inf.› *sure-
fire*
onfortuinlijk *unfortunate(ly); unlucky/unluckily*
onfris • niet fris ‹oud› *stale*; ‹bedompt› *stuffy*
• dubieus *unsavoury; fishy*
ongaarne *unwillingly; reluctantly*
ongans *unwell* * zich ~ eten *stuff o.s.; to gorge
o.s. (with)*
ongeacht I BNW *unesteemed* II VZ *irrespective/
regardless of* * ~ de kosten *irrespective of cost*
ongebonden • vrij *free; unfettered*; ‹zonder
verplichtingen› *unattached; without ties*
* een ~ leven *a free and unfettered life*
• losbandig *dissolute*
ongeboren *unborn*
ongebreideld *unbridled*
ongebruikelijk *unusual*
ongecompliceerd *simple; uncomplicated*
ongedaan *undone* * ~ maken *undo*; ‹contract›
cancel
ongedeerd *unhurt*
ongedierte *vermin* * vol ~ *infested, flea-ridden*
ongedisciplineerd *undisciplined*
ongeduld *impatience*
ongeduldig *impatient*
ongedurig *fidgety; restless*
ongedwongen • vrijwillig *unconstrained*
• losjes *natural; easy*
ongeëvenaard *unequalled; unrivalled*
ongegeneerd *unashamed*
ongegrond *unfounded*
ongehinderd *unhindered; unhampered*
ongehoord • niet gehoord *unheard* • vreemd
strange • buitensporig *unprecedented;
unheard-of*
ongehoorzaam *disobedient*
ongehoorzaamheid *disobedience*
ongekend *unprecedented*
ongekunsteld *unaffected; artless*
ongeldig *invalid* * ~ verklaren *declare (null
and) void* * ~ maken *invalidate*
ongelegen *inconvenient* * 't komt mij ~ *it is
inconvenient to me* * kom ik u ~? *am I
intruding?*
ongeletterd • analfabeet *illiterate* • zonder
onderricht *uneducated*; LIT. *unlettered*
ongelijk I ZN ~ hebben *be (in the) wrong* * ik
geef je geen ~ *I can't/don't blame you* II BNW
• verschillend *unequal*; ‹niet gelijkend›
different from • onregelmatig *uneven*

• oneffen *uneven*

ongelijkheid • het ongelijk zijn *disparity*; *inequality* • oneffenheid *unevenness*

ongelijkmatig *unequal*; *uneven*

ongelijkvloers *on different levels* ★ een ~e kruising BE *fly-over*; AE *overpass*

ongelikt ▼ een ~e beer *a lout*

ongelimiteerd *unlimited*

ongelofelijk *incredible*; *unbelievable*

ongelood *unleaded*

ongeloof *disbelief*; REL. *unbelief*

ongeloofwaardig *incredible*; *implausible*

ongelovig • niet gelovig *unbelieving* • iets niet gelovend *incredulous*

ongeluk • tegenspoed *misfortune* ★ 't ~ wilde *as (ill-)luck would have it* ▼ ongeval *accident* ★ bij/per ~ *by accident*; *accidentally* ▼ zich een ~ lachen *fall about laughing* ▼ een ~ komt zelden alleen *misfortunes never come singly* ▼ een ~ zit in een klein hoekje *accidents will happen* ▼ zich een ~ eten *eat till one is fit to burst* ▼ geen ~ zo groot of er is een gelukje bij *it is an ill wind that blows nobody (any) good* ▼ een stuk ~ *a pain in the neck*

ongelukje • klein ongeluk *mishap*; *slight/little accident* • onvoorzien kind *mistake*; *accident*

ongelukkig • niet gelukkig *unhappy* • jammerlijk *unfortunate*; ⟨door pech⟩ *unlucky* ★ ~e liefde *unhappy love-affair* • met lichaamsgebrek *handicapped*

ongeluksgetal *unlucky number*

ongeluksvogel *unlucky/jinxed person*; *accident-prone person*

ongemak • hinder *discomfort*; *inconvenience* ★ ~ bezorgen *cause inconvenience* • lichamelijke kwaal *ailment*

ongemakkelijk • ongerieflijk *awkward*; *uncomfortable* ★ zich ~ voelen *feel uncomfortable* • lastig *difficult*

ongemanierd *ill-mannered*

ongemeen • ongewoon *uncommon* • buitengewoon *extraordinary*

ongemerkt I BNW • niet bemerkt *unnoticed* • zonder merk *unmarked* II BIJW niet bemerkt *imperceptibly*

ongemoeid *undisturbed*

ongenaakbaar *unapproachable*

ongenade *disgrace* ★ in ~ vallen *fall into disfavour*

ongenadig *merciless*

ongeneeslijk *incurable* ★ een ~ zieke *an incurable*

ongenietbaar ⟨v. eten, drinken⟩ *indigestible*; ⟨v. persoon⟩ *disagreeable*

ongenoegen • misnoegen *displeasure* ★ iemands ~ op de hals halen *incur s.o.'s displeasure* • onenigheid ★ ~ hebben *be at odds (with)*

ongeoorloofd *unlawful*; *illicit*

ongepast • misplaatst *inappropriate* • onbehoorlijk *improper*; *unbecoming*

ongepastheid • het misplaatst zijn *inappropriateness* • onbehoorlijkheid *impropriety*

ongerechtigheid • onrechtvaardigheid

injustice; *iniquity* • onvolkomenheid *flaw*

ongerede ★ in het ~ raken ⟨stuk⟩ *break down*; ⟨stuk⟩ *go wrong*; ⟨zoek⟩ *get lost/mislaid*; ⟨in de war⟩ *get mixed up*

ongeregeld • niet geregeld *irregular*; ⟨studie⟩ *haphazard* ★ op ~e tijden *at odd times* ★ ~e klanten *chance customers* • wanordelijk *disorganized*; ⟨leven⟩ *disorderly* ★ een zootje ~ *a mixed bag*; *a mixed bunch*

ongeregeldheden • wanordelijkheden *irregularities* • oproer *riots*; *disturbances*

ongeremd *unrestrained*

ongerept • onaangeraakt *intact* • onbedorven ⟨woud⟩ *virgin*; ⟨natuur, schoonheid⟩ *unspoilt*

ongerief *inconvenience*

ongerijmd *absurd*

ongerust *uneasy*; *anxious* ★ zich ~ maken *worry (about)*

ongerustheid *uneasiness*; *anxiety*

ongeschikt • niet geschikt *unsuitable*; *incapacitated*; ⟨m.b.t. gezondheid⟩ *unfit* ★ ~ maken voor *render unfit for* ★ iem. ~ verklaren *declare s.o. unfit*; *disqualify s.o.* • onaardig ★ zij is niet ~ *she is not a bad sort*

ongeschonden *undamaged*

ongeschoold *untrained*; *unskilled* ★ ~e arbeid *unskilled labour*

ongeslagen *unbeaten*

ongesteld ★ zij is ~ *she is having her period*

ongesteldheid *menstrual period*

ongestoord *undisturbed*

ongestraft *unpunished*

ongetwijfeld *undoubtedly*; *doubtless*

ongeval *accident*

ongevallenverzekering *accident insurance*

ongeveer *about*; *roughly*

ongeveinsd *unfeigned*

ongevoelig • onaangedaan *insensitive*; *callous* ★ ~ voor kritiek *indifferent to criticism* • verdoofd ⟨voor kou, pijn, e.d.⟩ *insensible (to)*

ongevraagd ⟨gast⟩ *uninvited*; ⟨advies, e.d.⟩ *uncalled-for*

ongewapend • zonder versterking *not reinforced* • zonder wapen *unarmed*

ongewenst *undesirable*; ⟨kind⟩ *unwanted*

ongewild • ongewenst *unwanted* • onbedoeld *unintentional*; *not intended*

ongewisse *uncertainty* ★ in het ~ verkeren *be in a state of uncertainty* ★ iem. in het ~ laten *keep s.o. dangling/hanging*

ongewoon • zeldzaam *unusual*; *uncommon* • niet gewoon *unusual*; *unaccustomed*

ongezeglijk *disobedient*; *unruly*

ongezellig ⟨persoon⟩ *unsociable*; ⟨kamer⟩ *cheerless*

ongezien • niet gezien *unseen*; *unnoticed* ★ ~ wegsluipen *sneak away unnoticed/unobserved* • zonder te zien *sight unseen* ★ iets ~ kopen *buy s.th. sight unseen* • zonder aanzien *unrespected*; *unesteemed* ★ hij is niet ~ *he is very much respected*

ongezond • ziek *unhealthy* • slecht voor de gezondheid *unwholesome*; *unhealthy* ★ een ~ klimaat *an unhealthy climate* • FIG. slecht *unhealthy* ★ een ~e situatie *an unhealthy*

on

situation

ongezouten • zonder zout *unsalted*
• onverbloemd *straight* * ik zei hem ~ de waarheid *I gave him a piece of my mind*
ongrijpbaar *elusive; impalpable;* FIG. *intangible*
ongrondwettig *unconstitutional*
ongunstig • ongeschikt *unfavourable* • slechte indruk gevend *unprepossessing; unfavorable* * iem. in een ~ daglicht stellen *put s.o. in an unfavourable/adverse light* * zich ~ over iets uitlaten *make unfavourable comments about s.th.*
onguur • ruw *unsavoury; disreputable*
• ongunstig uitziend *sinister*
onhandelbaar *unmanageable*
onhandig *clumsy; awkward*
onhebbelijk *rude; offensive*
onhebbelijkheid *rudeness*
onheil *disaster; calamity* * ~ stichten *make mischief*
onheilspellend *ominous*
onheilsprofeet *prophet of doom; doomsayer*
onherbergzaam *inhospitable*
onherkenbaar *unrecognizable*
onherroepelijk *irrevocable*
onherstelbaar *irreparable; irretrievable*
onheuglijk *immemorial* * sedert ~e tijden *from time immemorial*
onheus *discourteous; unkind; ungracious* * iem. ~ bejegenen *snub a person*
onhoudbaar • niet te verdedigen *untenable*
• niet te harden *unbearable* • SPORT *unstoppable*
onjuist *incorrect*
onjuistheid • fout *error* • het onjuist zijn *incorrectness*
onkies *indelicate*
onklaar *out of order* * ~ raken *break down; be put out of action;* INF. *conk out*
onkosten *charges; expenses* * algemene ~ *overhead expenses; overheads*
onkostendeclaratie *expense(s) claim*
onkostenvergoeding *payment of expenses; allowance for expenses*
onkreukbaar • niet kreukend *uncrushable*
• integer *honest; incorruptible*
onkruid *weeds* ▾ ~ vergaat niet *turn up like a bad penny*
onkuis *unchaste*
onkunde *ignorance*
onkundig *ignorant*
onlangs *recently; the other day*
onledig * zich ~ houden met *be engaged in*
onleesbaar ‹v. schrift› *illegible;* ‹v. roman› *unreadable*
on line *on-line*
onlogisch *illogical*
onloochenbaar *undeniable*
onlosmakelijk *inextricable; inseparable* * ~ met iets verbonden zijn *inextricably bound up with*
onlust • onbehagen *unease*
• ongeregeldheden *riots*
onmacht • machteloosheid *impotence*
• flauwte *faint* * in ~ vallen *faint*
onmachtig *impotent; powerless*

onmatig I BNW *immoderate* II BIJW * ~ drinken *drink to excess*
onmens *brute*
onmenselijk *inhuman*
onmetelijk I BNW *immense* II BIJW *immeasurably* * ~ groot *immense*
onmiddellijk I BNW • zonder tussenruimte *immediate; close* * in de ~e nabijheid van *in close proximity of* • meteen *immediate* * ik kom ~ *I'm coming straightaway*
• rechtstreeks *immediate; direct* II BIJW *immediately; at once; straightaway*
onmin *discord* * in ~ leven met *be at odds/ variance with*
onmisbaar *indispensable*
onmiskenbaar *unmistakable*
onmogelijk I BNW • niet mogelijk *impossible* * het ~e eisen *demand the impossible* * een ~ verhaal *an impossible story* * zich ~ maken *make o.s. impossible* • potsierlijk *impossible; preposterous* * een ~ hoed *a ridiculous hat* II BIJW *impossibly; not possibly* * ik kan dat ~ van haar vragen *I cannot possibly ask her that*
onmogelijkheid *impossibility*
onmondig • niet mondig * ~ houden *keep in a state of dependence/tutelage* • minderjarig *under age*
onnadenkend *thoughtless* * iets ~ doen *do s.th. without thinking*
onnatuurlijk • niet natuurlijk *unnatural*
• gekunsteld *affected*
onnavolgbaar *inimitable*
onneembaar *impregnable*
onnodig *unnecessary; needless* * ~ op te merken dat ... *needless to state that ...*
onnoemelijk *infinite(ly); immense(ly)*
onnozel • argeloos *naïve;* ‹lichtgelovig› *gullible;* ‹onervaren› *green* • dom *stupid;* ‹onnervaren› green • dom *stupid; silly* * ~e hals *sucker; mug* * zie je me voor ~ aan? *what kind of sucker do you think I am?*
onofficieel *unofficial*
onomatopee *onomatopoeia*
onomkeerbaar *irreversible; irrevocable*
onomstotelijk *incontrovertible*
onomwonden *outspoken; frank*
onontbeerlijk *indispensable*
onontkoombaar *inevitable*
onooglijk *unsightly*
onopgemerkt *unnoticed*
onophoudelijk *unceasing; continuous*
onoplettendheid *inattention*
onoprecht *insincere*
onopvallend *nondescript;* ‹figuur› *inconspicuous*
onopzettelijk *unintentional*
onovergankelijk *intransitive*
onoverkomelijk *insuperable*
onovertroffen *unsurpassed*
onoverzichtelijk *badly organized; unmethodical;* ‹stijl› *confused; obscure; not clear*
onpartijdig *impartial*
onpas → pas
onpasselijk *sick* * ik word daar ~ van *it makes*

me sick

onpeilbaar • niet te doorgronden *inscrutable* • niet te peilen *unfathomable*

onpersoonlijk *impersonal*

onplezierig *unpleasant*

onpraktisch • stuntelig *impractical*; *not practical* • niet goed bruikbaar *impractical*

onraad *danger* ∗ ~ ruiken *scent danger*; *smell a rat*

onrecht *wrong*; *injustice* ∗ ten ~e *wrongly* ∗ iem. ~ aandoen *wrong a person*

onrechtmatig *unlawful*; *illegal*; *wrongful* ∗ ~ beschuldigd *wrongfully accused*

onrechtvaardig *unjust*

onredelijk • irrationeel *unreasonable* • onbillijk *unfair*

onregelmatig *irregular* ∗ ~e busdienst *irregular bus service*

onregelmatigheid *irregularity*

onregelmatigheidstoeslag *supplementary payment for unsocial hours*

onreglementair *irregular*

onrein *unclean*

onrijp • niet rijp *unripe* • onervaren *immature*

onroerend ∗ ~e goederen *real estate*; JUR. *immovables*

onroerendezaakbelasting *property tax(es)*

onroerendgoedbelasting ≈ *community tax*; ≈ BE *council tax*

onrust • gemis van rust *restlessness* • beroering *unrest*; *agitation* • uurwerkwieltje *balance wheel*

onrustbarend *alarming*

onrustig • niet kalm *agitated*; ⟨v. slaap⟩ *uneasy*; *fitful* • ongedurig *restless*

onruststoker *trouble-stirrer*

onrustzaaier *troublemaker*

ons I ZN *100 grammes*; *hectogram* II PERS VNW *us* ∗ bij ons vind je dat niet *you won't find that where we come from* III BEZ VNW *our* ∗ dat is van ons *that's ours*

onsamenhangend ⟨v. taal⟩ *incoherent*; ⟨v. zinnen⟩ *disjointed*; ⟨conversation⟩ *scrappy*

onschadelijk *harmless* ∗ ~ maken *render harmless*; ⟨doden⟩ *eliminate*; ⟨doden⟩ *do away with s.o.*; ⟨v. bom⟩ *defuse*

onschatbaar *invaluable*

onschendbaar • niet te schenden *inviolable* • immuun voor rechtsvervolging *immune* ∗ de koning is ~ *the king can do no wrong*

onschuld *innocence* ∗ zijn handen in ~ wassen *have clean hands* ▾ de vermoorde ~ spelen *act the injured/innocent party*

onschuldig • niet schuldig *innocent (of)* • argeloos ∗ zo ~ als een pasgeboren kind *as innocent as a newborn babe* • onschadelijk *harmless*

onsmakelijk • niet smakelijk *distasteful*; *unappetizing* • stuitend *unsavoury*; *distasteful* ∗ ~e bijzonderheden *unsavoury/lurid details*

onsportief • geen sport beoefenend *unathletic* • unfair *unsporting*

onstandvastig *unstable*

onsterfelijk • niet sterfelijk *immortal* • eeuwigdurend *immortal*; *everlasting* ∗ zich ~ belachelijk maken *make an absolute fool of*

o.s.

onsterfelijkheid *immortality*

onstilbaar *insatiable* ∗ een onstilbare honger naar iets hebben *to have an insatiable appetite for s.th.*

onstuimig • woest *turbulent* • hartstochtelijk *passionate*; *impetuous*

onstuitbaar *unstoppable*; ⟨ziekten, misdaad⟩ *rampant*

onsympathiek *uncongenial*

onszelf I PERS VNW *us* II WKD VNW *ourselves*

ontaard *degenerate* ∗ een ~e vader *an unnatural father*

ontaarden *degenerate* ∗ het feest ontaardde in een braspartij *the party degenerated into an orgy of eating and drinking*

ontberen *lack* ∗ ik kan het niet ~ *I can't do without it*

ontbering • gebrek *deprivation* • ellende *hardship*

ontbieden *summon*

ontbijt *breakfast*

ontbijten *have breakfast*

ontbijtkoek *(Dutch) spice cake*

ontbijtshow *breakfast show*

ontbijtspek *bacon*

ontbijt-tv *breakfast TV*

ontbinden • ontleden *resolve* ∗ in factoren ~ *resolve into factors* • opheffen ⟨huwelijk, parlement e.d.⟩ *dissolve*; ⟨leger⟩ *disband*

ontbinding • het opheffen *dissolution*; ⟨v. leger⟩ *disbandment* • ontleding *resolution* • bederf *decomposition* ∗ tot ~ overgaan *decompose*

ontbladeringsmiddel *defoliant*

ontbloot • naakt *naked*; *bare* • ~ van *devoid of* ∗ van alle grond ~ *(utterly) unfounded*; *groundless*

ontbloten • bloot maken *bare* • ~ van *strip (off)*

ontboezeming *outpouring*; *unburdening*

ontbossen *deforest*; *clear*

ontbossing *deforestation*

ontbranden • beginnen te branden *ignite*; *flare up* • ontsteken *fire* ∗ oorlog doen ~ *spark off war*

ontbreken *be absent*; *be missing* ∗ 't ontbreekt me aan geld *I don't have enough money* ∗ 't ~de *the deficiency*; *the balance* ▾ dat ontbrak er nog maar aan! *that's the last straw!*

ontcijferen *decipher*

ontdaan *dismayed*; *upset*

ontdekken *discover*; ⟨v. fout⟩ *detect*

ontdekker *discoverer*

ontdekking *discovery* ∗ hij kwam tot de ~ dat ... *he found/discovered that ...*

ontdekkingsreis *voyage of discovery*

ontdoen (van) *strip* ∗ zich ~ van zijn jas *take off one's coat*

ontdooien I OV WW ijsvrij maken *thaw (out)*; *defrost* ∗ de koelkast ~ *defrost the refrigerator* ∗ de waterleiding ~ *thaw out the water pipes* II ON WW • smelten *thaw*; ⟨sneeuw⟩ *melt*; ⟨ingevroren voedsel⟩ *defrost* • minder stijf worden *thaw*; *relax*

ontduiken • zich onttrekken aan *evade*; ⟨v.

belasting) *dodge*; ⟨v. plicht⟩ *shirk*; ⟨v. wet⟩ *evade* • bukkend ontgaan *evade*; *dodge*

ontegenzeglijk *unquestionable*

onteigenen *expropriate*

onteigening *expropriation*

onteigeningsprocedure *expropriation procedure*

ontelbaar *countless*; *innumerable*

ontembaar *indomitable*

onterecht *unjust*; ⟨straf, ongeluk⟩ *undeserved*

onteren • van eer beroven *dishonour* • verkrachten *rape*; *violate*

onterven *disinherit*

ontevreden *discontented (with)*; *dissatisfied (with)*

ontevredenheid *discontent*

ontfermen (zich) • medelijden tonen ★ zich ~ over *take pity on* • voor zijn rekening nemen *take care of*

ontfutselen ★ iem. iets ~ *filch/pilfer s.th. from s.o.*

ontgaan ★ het begin/de kans ontging mij *I missed the beginning/my chance* ★ 't verschil ontgaat me *I fail to see the difference*

ontgelden ★ hij moest het ~ *he had to pay for it*

ontginnen ⟨v. bos⟩ *clear*; ⟨v. land⟩ *reclaim*; ⟨v. mijn⟩ *exploit*; FIG. *explore*

ontginning ⟨v. land⟩ *reclamation*; ⟨v. mijn⟩ *exploitation*; ⟨v. bos⟩ *clearing*

ontglippen • glijden uit *slip from one's hands* • FIG. ongewild ontsnappen *escape* ★ die opmerking ontglipte me *that remark slipped out* ★ aan de aandacht ~ *slip one's attention* ★ hij ontglipte me *he gave me the slip*

ontgoochelen *disillusion*

ontgoocheling *disillusionment*

ontgroeien *outgrow*

ontgroenen ≈ *initiate*; ≈ *rag*

ontgroening *initiation*

onthaal *reception*

onthaasten ≈ *slow down*

onthalen • ontvangen *welcome* ★ iem. warm ~ *give s.o. a warm welcome* • ~ **op** *treat (to)*; *regale (with)*; INF. *do (s.o.) proud*

onthand *inconvenienced*

ontharder *softener*

ontharen *remove hair*; *depilate*

ontharingscrème *depilatory cream*

ontheemd • ontworteld *uprooted* ★ zich ~ voelen *feel uprooted/out of place* • weg uit vaderland *homeless*; *uprooted*

ontheffen • vrijstellen *release* ★ van een verplichting ~ *exempt from an obligation* • ontslaan *discharge*; *dismiss* ★ iem. ~ uit zijn functie *relieve s.o. of his position*

ontheffing • vrijstelling *exemption* ★ ~ verlenen van *grant exemption from* • ontslag *discharge*

ontheiligen *desecrate*; *profane*

onthoofden *behead*

onthouden I OV WW • niet vergeten *remember* ★ help 't mij ~ *remind me (of it)* ★ iets goed kunnen ~ *have a good memory for s.th.* • achterhouden ★ iem. iets ~ *deny s.o. s.th.* II WKD WW **(van)** ⟨activiteit⟩ *refrain from*;

⟨kritiek, alcohol enz.⟩ *abstain from*

onthouding • het zich onthouden *abstinence*; ⟨voornamelijk van seksueel verkeer⟩ *continence* • het blanco stemmen *abstention*

onthoudingsverschijnselen *withdrawal symptoms*

onthullen • bekendmaken *reveal* • inwijden *unveil*

onthulling • bekendmaking *revelation* • ⟨ongewild⟩ verraad *giveaway* • inwijding *unveiling*

onthutst *bewildered*; *disconcerted*; *flustered* ★ ~ reageren (op) *be dismayed/appalled (by)*

ontiegelijk *immensely*; *terribly*

ontij → nacht

ontijdig *untimely*; *premature*

ontkennen *deny* ★ 't valt niet te ~ dat ... *there is no denying that ...*

ontkennend *negative* ★ hij moest daarop ~ antwoorden *he had to answer in the negative*

ontkenning • het ontkennen *denial*; FORM. *negation* • TAALK. *negation*

ontketenen • doen losbreken ⟨v. aanval⟩ *launch*; ⟨v. oorlog, reactie⟩ *spark off* • ketenen verbreken *unchain*; *unleash*

ontkiemen *germinate*; *sprout*

ontkleden (zich) *undress*

ontknoping *dénouement*; *outcome*

ontkomen • ontsnappen aan *escape*; *get away from* ★ daar kun je niet aan ~ *there's no getting away from it* • zich onttrekken aan *elude*; *evade*

ontkoppelen • loskoppelen *uncouple*; FIG. *disconnect* • debrayeren *release the clutch*; *declutch*

ontkoppeling *disconnection*; *separation*

ontkrachten *enfeeble*; *weaken* ★ een argument/ bewering ~ *weaken an argument/a claim*

ontkroezen *straighten (hair)*

ontkurken *uncork*

ontladen I OV WW • van lading ontdoen *unload* • NAT. *discharge* II WKD WW *be released*

ontlading • NAT. *discharge* • het zich ontladen *release*

ontlasten I OV WW • ontdoen van last *unburden*; *relieve*; ⟨v. onweer⟩ *burst*; *break* • verlichten *unburden*; *relieve* • ontheffen *exempt*; *relieve* ★ iem. van zijn taak ~ *relieve s.o. of his duty* II WKD WW *defecate*; *empty one's bowels*

ontlasting • het ontlasten *discharge*; *relief* • uitwerpselen *stools*; *faeces* ★ ~ hebben *relieve o.s.* ★ voor goede ~ zorgen *keep the bowels open* • stoelgang *motion*; *defecation*

ontleden • CHEM. *analyse* • ANAT. *dissect* • TAALK. ⟨redekundig⟩ *analyse*; ⟨taalkundig⟩ *parse*

ontleding • ANAT. *dissection* • CHEM. *analysis* • TAALK. *parsing*

ontlenen • te danken hebben aan *derive from* ★ een recht ~ aan *derive a right from* • overnemen uit *borrow/take from* ★ een woord ~ aan het Frans *borrow a word from French*

ontlokken *elicit/draw (from)*

ontlopen • mijden *avoid (s.o.)* • verschillen ★ zij ~ elkaar niet veel *there is not much*

difference between them
ontluiken • uit de knop komen *open*
• ontstaan *bud* ∗ ~d talent *budding talent*
ontluisteren *tarnish*; *taint*/*sully*; *defile*
ontmaagden *deflower*
ontmannen *emasculate*; FIG. *unman*
ontmantelen *dismantle*
ontmaskeren *unmask*; FIG. *unmask*; *expose*
ontmoedigen *discourage*
ontmoedigingsbeleid *determent policy*
ontmoeten • tegenkomen *meet*; ⟨per toeval⟩ *come across*; *run into*; *happen on* ∗ waar zullen we elkaar ~? *where shall we meet?*
• ondervinden *encounter*
ontmoeting *meeting*; *encounter*
ontmoetingsplaats *meeting place*; *meeting point*
ontmythologiseren *demythologize*
ontnemen *take (away) from*; *deprive of*
ontnuchteren • nuchter maken *sober up*
• ontgoochelen *disenchant*
ontnuchtering • het nuchter worden *sobering up* • ontgoocheling *disenchantment*
ontoegankelijk *inaccessible*
ontoelaatbaar *inadmissible*
ontoereikend *inadequate*
ontoerekeningsvatbaar *not responsible (for one's actions)*; JUR. *non compos mentis* ∗ iem. ~ verklaren *declare s.o. to be of unsound mind*
ontplofbaar *explosive*
ontploffen *explode* ∗ doen ~ *explode*; *detonate*
ontploffing *explosion*; *detonation* ∗ tot ~ brengen *explode*; *detonate*
ontploffingsgevaar *risk*/*danger of explosion*
ontplooien • ontvouwen *unfold*; ⟨v. vlag, zeilen⟩ *unfurl* • ontwikkelen *unfold*; MIL. *deploy*; ⟨v. zaak⟩ *expand* ∗ zich ~ ⟨persoon⟩ *open out*
ontplooiing • het ontvouwen *unfolding* • ontwikkeling *development*
ontpoppen (zich) • BIOL. *emerge* • blijken te zijn *turn out (to be)*; *reveal oneself (as)*
ontraadselen *unravel*; *unriddle*; *solve*
ontraden *advise against*; *dissuade from* ∗ iets ten sterkste ~ *strongly advise against s.th.*
ontrafelen *unravel*; *disentangle*
ontredderd *upset*; *shattered*; *broken down*
ontreddering ⟨v. situatie⟩ *disorder*; *upheaval*; ⟨v. persoon⟩ *desperation* ∗ er heerste complete ~ *there was complete chaos*
ontregelen *disorder*; *disrupt*; *disorganize*
ontrieven *inconvenience*
ontroeren *move*; *touch*
ontroerend *moving*; *touching*
ontroering *emotion*
ontrollen • zich tonen ∗ een weids panorama ontrolde zich *a broad landscape unfolded* • open rollen *unroll*; *unfurl*; *open out*
ontroostbaar *inconsolable*
ontrouw I ZN *unfaithfulness* II BNW • niet trouw *disloyal* ∗ zijn woord ~ worden *go back on one's word* • overspelig *unfaithful*
ontroven *rob*
ontruimen • verlaten *clear*; *vacate* • doen verlaten *evacuate*; *clear*
ontruiming ⟨het verlaten⟩ *evacuation*;

⟨uitzetting⟩ *eviction*
ontrukken *snatch*/*wrest from*
ontschepen ⟨passagiers⟩ *disembark*; ⟨goederen⟩ *discharge*; *unship*
ontschieten • ontglippen *slip out* • FIG. ongewild ontsnappen *escape* ∗ het is mij ontschoten *it slipped my memory*
ontsieren *mar*; *disfigure*
ontslaan • ontslag geven *dismiss*; INF. *fire*; *sack*; ⟨uit baan⟩ *discharge (from)*; ⟨v. werknemers⟩ *lay off* • ontheffen ∗ iem. van een verplichting ~ *release s.o. from an obligation* ∗ van rechtsvervolging ~ *discharge a defendant* • laten gaan ⟨uit de gevangenis⟩ *release*; ⟨uit het ziekenhuis⟩ *discharge*
ontslag • het ontslaan *discharge*; *dismissal* ∗ zijn ~ indienen *submit one's resignation*; ⟨v. officier⟩ *resign one's commission* ∗ iem. ~ geven *dismiss s.o.* ∗ ~ nemen *resign* ∗ tijdelijk ~ *lay-off* • het vrijlaten ⟨uit het ziekenhuis⟩ *discharge*; ⟨uit de gevangenis⟩ *release*
ontslagaanvraag ⟨v. werkgever⟩ *application for dismissal*; ⟨v. werknemer⟩ *letter of resignation*
ontslagbrief ⟨v. werkgever⟩ *letter of dismissal*; ⟨v. werknemer⟩ *letter of resignation*
ontslagprocedure • procedure bij beëindiging dienstverband *dismissal procedure* • procedure bij vertrek uit instelling ⟨ziekenhuis⟩ *discharge procedure*; ⟨gevangenis⟩ *release procedure*
ontslagvergoeding *severance pay*
ontslapen *pass away* ∗ de ~e *the deceased*
ontsluieren *unveil*; *reveal*
ontsluiten • openen *open*; *unlock* • toegankelijk maken *open (up)*
ontsluiting *opening up*; *unlocking*; ⟨bij bevalling⟩ *dilatation*
ontsluitingswee *labour pains*
ontsmetten *disinfect*
ontsmetting *disinfection*
ontsmettingsmiddel *disinfectant*
ontsnappen • wegkomen *escape*; *get away* ∗ aan een gevaar ~ *escape from a danger* ∗ aan de aandacht ~ *escape attention* • ontglippen *escape*; *slip out* ∗ dat woord ontsnapte me *that word just slipped out*
ontsnapping *escape*; *getaway*
ontsnappingsclausule *escape clause*
ontsnappingsmogelijkheid *opportunity to escape*
ontspannen I BNW *relaxed*; *easy* II ov ww • minder strak maken *unbend*; *ease*; ⟨v. veer⟩ *release*; ⟨v. spier⟩ *relax* ∗ tot rust laten komen *relax* III WKD WW *relax*
ontspanning *relaxation* *unbending*; ⟨v. veer⟩ *release*; ⟨v. spier⟩ *relaxation* • POL. *détente* • verpozing *diversion*; *relaxation*
ontspiegelen *make non-reflective* ∗ ontspiegeld glas *non-reflecting glass*
ontspinnen (zich) ∗ er ontspon zich een debat/discussie *a debate/discussion arose*
ontsporen *be derailed*; FIG. *go off the rails* ∗ doen ~ *derail*
ontsporing *derailment*
ontspringen • oorsprong hebben *rise*

on

• ontkomen *escape*
ontspruiten • uitspruiten *sprout* • afkomstig zijn (uit) *arise (from)*
ontstaan I ZN *origin* II ON WW • beginnen te bestaan *come into being; arise* ∗ doen ~ *cause; bring about* ∗ de brand ontstond in de garage *the fire started in the garage* • voortkomen *originate (in); start* ∗ ~ uit *arise/stem from* ∗ ~ door *be caused by*
ontstaansgeschiedenis *genesis*
ontstaanswijze *method of creation/generation*
ontsteken I OV WW doen ontbranden *kindle; light*; TECHN. *ignite* ∗ de lichten ~ *switch on the lights* II ON WW • ontbranden *kindle* ∗ in woede ~ *fly into a rage* • MED. *become inflamed*
ontsteking • TECHN. *ignition* • MED. *inflammation*
ontstekingsmechanisme ⟨v. explosieven⟩ *detonator*; ⟨v. vuurwapen⟩ *firing mechanism*
ontsteld *alarmed; dismayed*
ontstellend • schokkend *disconcerting* ∗ een ~ bericht *shocking/alarming news* • zeer erg *appalling; outrageous*
ontsteltenis *alarm; dismay; confusion*
ontstemd • MUZ. *out of tune* • misnoegd *put out; annoyed*
ontstemmen • MUZ. *go out of tune* • ergeren *displease; put out*
ontstemming *displeasure*
ontstentenis ∗ bij ~ van *in default of*
ontstijgen • uitstijgen boven *rise (above); transcend* • opstijgen uit *rise up*
ontstoken *inflamed*
onttrekken I OV WW ontnemen *withdraw (from)* ∗ aan het oog ~ *hide from view* II WKD WW zich niet houden aan *shirk; back out of* ∗ zich aan zijn plicht ~ *shirk one's duty*
onttronen *dethrone*
ontucht *vice*; ⟨bijbel⟩ *fornication* ∗ ~ plegen *commit a sexual offence*; ⟨met minderjarigen⟩ *commit a sexual abuse*
ontuchtig *lewd; lascivious*
ontvallen • verloren gaan ∗ zijn moeder is hem ~ *he has lost his mother* • ongewild gezegd worden ∗ het ontviel me *it just slipped out*
ontvangen • krijgen *receive* ∗ in dank ~ *received with thanks* • onthalen *receive; welcome* ∗ het ~de land *the host country* • innen *collect*; ⟨salaris⟩ *draw* • TELECOM. *receive* ∗ we kunnen radio Hilversum hier niet ~ *we can't get Hilversum on the radio here*
ontvanger • iem. die ontvangt *receiver* • belastingontvanger *tax collector* • ontvangtoestel *receiver*
ontvangruimte *reception room*
ontvangst • het ontvangen *receipt* ∗ in ~ nemen *receive*; ⟨v. salaris⟩ *draw* ∗ bij/na ~ *on receipt (of)* • onthaal *reception; welcome* ∗ ~ commissie van ~ *reception committee* • inkomsten *takings* • TELECOM. *reception*
ontvankelijk • openstaand ∗ ~ voor *susceptible to; open to* • JUR. *susceptible* ∗ zijn eis werd (niet) ~ verklaard *his claim was admitted*

(dismissed)
ontvellen *graze*
ontvetten • schoonmaken *degrease*; ⟨wol⟩ *scour* • vet onttrekken *defat*
ontvlambaar • brandbaar *inflammable* • temperamentvol *fiery*
ontvlammen OOK FIG. *inflame*
ontvluchten *escape* ∗ het ouderlijk huis ~ *run away from home*
ontvoerder *kidnapper*
ontvoeren *carry off; kidnap*
ontvoering *abduction; kidnapping*
ontvolken *depopulate*
ontvolking *depopulation*
ontvouwen • uitvouwen *unfold* • uiteenzetten *unfold*
ontvreemden *steal*
ontwaken • wakker worden *awake; wake up* • tot besef komen *awaken*
ontwapenen *disarm* ∗ een ~de glimlach *a disarming smile*
ontwapening *disarmament*
ontwapeningsconferentie *disarmament conference*
ontwaren *perceive; discern*
ontwarren • uit de war halen *disentangle; unravel* • ophelderen *straighten out*
ontwennen ∗ iets ~ *get out of the habit*
ontwenning *withdrawal*
ontwenningskliniek *(alcohol/drug) rehabilitation centre*
ontwenningskuur *cure for addiction* ∗ (een) ~ (doen) *(undergo/go into) detoxification*
ontwenningsverschijnsel *withdrawal symptoms*
ontwerp • plan *project; plan* • schets *draft*; ⟨v. rapport⟩ *design*; ⟨v. wet⟩ *bill* ∗ volgens ~ *according to design*
ontwerp-bouwtekening *draft floor plan*
ontwerpen • schetsen *design; draft*; ⟨v. meubel, kleding⟩ *design* • opstellen *devise*; ⟨document⟩ *draw up*; ⟨v. wet⟩ *prepare*
ontwerper *designer*
ontwerp-nota *draft document*
ontwijken *evade; avoid*; ⟨v. slag, vraag⟩ *dodge*; ⟨v. vraag⟩ *side-step*
ontwikkelaar *developer*
ontwikkeld • geestelijk gevormd *educated* • economisch op niveau *developed* • *developed*
ontwikkelen • geleidelijk vormen *develop* • voortbrengen ⟨v. kracht⟩ *put forth*; ⟨v. hitte, rook⟩ *generate* • uitwerken *develop*; ⟨v. theorie⟩ *evolve* • kennis bijbrengen *educate* • *develop*
ontwikkeling • groei *development* ∗ tot ~ brengen/komen *develop* • voortgang *development* ∗ er zit helemaal geen ~ in die zaak *there's no movement whatsoever in the affair* • het ontwikkeld zijn *education* ∗ algemene ~ *general knowledge*
ontwikkelingsgebied *development area*; ⟨land⟩ *developing country*
ontwikkelingshulp *development aid*
ontwikkelingskosten *development costs*
ontwikkelingsland *developing country*

on

ontwikkelingspsychologie *developmental psychology*
ontwikkelingsroman *Bildungsroman*
ontwikkelingssamenwerking *development co-operation*
ontwikkelingswerk *development work*
ontwikkelingswerker *development-aid worker*
ontworstelen *wrest from* ∗ zich ~ aan *break away from*
ontwortelen *uproot*
ontwrichten • MED. *dislocate* • ontregelen *unsettle* ∗ de economie ~ *disrupt the economy*
ontzag *respect*; *awe* ∗ ~ inboezemen *have authority* ∗ ~ hebben voor *stand in awe of*
ontzaglijk • ontzagwekkend *awesome* • zeer groot *enormous*
ontzagwekkend *awe-inspiring*
ontzeggen I OV WW • niet toekennen *deny* ∗ gevoel voor humor kan men hem niet ~ *it can't be denied that he has a sense of humour* • weigeren *deny* ∗ iem. de toegang ~ *deny s.o. admission* II WKD WW afzien van ∗ zich elk genoegen ~ *deny o.s. all pleasure*
ontzenuwen *refute*
ontzet I ZN *relief* II BNW • ontsteld *aghast*; *appalled* • ontwricht ⟨uit verband⟩ *dislocated*; ⟨v. metaal⟩ *buckled*
ontzetten • ontheffen ∗ uit de ouderlijke macht ~ *deprive of parental rights* • bevrijden ⟨persoon⟩ *rescue*; ⟨stad⟩ *relieve* • verbijsteren *appal*; *horrify* • ontwrichten *dislocate*; ⟨v. metaal⟩ *buckle*
ontzettend • vreselijk *dreadful*; *appalling*; *awful* • geweldig *tremendous*; *terrific*
ontzetting • ontheffing *removal*; ⟨uit ambt⟩ *expulsion* • bevrijding ⟨stad⟩ *relief*; ⟨persoon⟩ *rescue* • verbijstering *dismay* • ontwrichting *dislocation*
ontzien I OV WW sparen *spare*; ⟨v. persoon, rechten⟩ *respect* ∗ zich ~ *take care of o.s.* ∗ niets ~d *ruthless* II WKD WW opzien tegen ∗ zich niet ~ *not hesitate to*
ontzuiling *removal/breaking down of traditional religious and socio-political barriers in the Netherlands*
onuitputtelijk *inexhaustible*
onuitroeibaar *ineradicable*; *indestructible*
onuitspreekbaar *unpronounceable*
onuitsprekelijk *unspeakable*; *inexpressible*
onuitstaanbaar *insufferable*
onvast • niet vast *unsteady* ∗ ~e gang *unsteady gait* • wankel *unsteady*; *insecure*
onveilig *unsafe* ∗ ~ sein *danger signal* ▾ ~ maken *make unsafe*; ⟨de buurt⟩ *infest*
onveranderlijk I BNW *unchanging* II BIJW *invariably*
onverantwoord *unwarranted*; *irresponsible*; ⟨zonder verklaring⟩ *unaccounted for*
onverantwoordelijk ⟨v. gedrag⟩ *inexcusable*; ⟨v. persoon⟩ *irresponsible*
onverbeterlijk • niet te verbeteren *unsurpassable* • verstokt *incorrigible*
onverbiddelijk • onvermurwbaar *inexorable* • onvermijdelijk *unrelenting*
onverbloemd *plain*
onverbrekelijk I BNW *unbreakable*; *indissoluble*

∗ ~ met elkaar verbonden *bound by indissoluble ties* II BIJW *indissolubly*; *inseparably*
onverdeeld • niet verdeeld *undivided* • volledig ⟨v. aandacht⟩ *undivided*; ⟨v. goedkeuring⟩ *unqualified*
onverdienstelijk ∗ niet ~ *not without merit*
onverdraaglijk *unbearable*; *intolerable*
onverdraagzaam *intolerant*
onverdroten *indefatigable*
onverenigbaar *incompatible*
onvergankelijk *everlasting*; ⟨niet vergaand⟩ *imperishable*
onvergeeflijk *unforgivable*; *unpardonable*
onvergelijkbaar *incomparable*; *incommensurable*
onvergelijkelijk *incomparable*
onvergetelijk *unforgettable*
onverhoeds *unexpected*
onverholen I BNW *unconcealed* II BIJW *candidly*; *openly*
onverhoopt I BNW *unexpected* II BIJW *in the unlikely event that* ∗ mocht het ~ gaan regenen ... *if it should begin to rain, ...* ∗ mocht zij ~ besluiten ... *if, against all expectation, she should decide...*
onverklaarbaar *inexplicable*
onverkort • niet ingekort *unabridged* • integraal *uncurtailed* ∗ zijn standpunt ~ handhaven *refuse to compromise*
onverkwikkelijk *distasteful*; *unpalatable*; ⟨onderwerp⟩ *unsavoury*
onvermijdelijk *inevitable*
onverminderd I BNW *undiminished* ∗ met ~ enthousiasme *with unabated/unflagging enthusiasm* II BIJW ∗ de regel is ~ van kracht *the rule is still in full force*
onvermoeibaar *indefatigable*
onvermogen • onmacht *impotence*; *incapacity*; ⟨om te handelen⟩ *inability* • insolventie *insolvency*
onvermurwbaar *inexorable*
onverricht *undone* ∗ ~er zake *empty-handed*; *with nothing achieved*
onversaagd *undaunted*
onverschillig • geen verschil uitmakend ∗ ~ wie *no matter who* ∗ 't is mij ~ *it's all the same to me* • ongeïnteresseerd *indifferent (to)*; *careless* ∗ op een ~e manier *in a careless manner*
onverschilligheid *indifference*
onverschrokken *fearless*; *undaunted*
onversneden ⟨v. vloeistof⟩ *undiluted*; ⟨v. vaste stoffen⟩ *unadulterated*
onverstaanbaar *unintelligible*
onverstandig *unwise*
onverstoorbaar *imperturbable*
onvertogen *improper* ∗ er is geen ~ woord gevallen *the matter was handled with great delicacy*
onvervaard *undaunted*; *fearless*
onvervalst *pure*; *unadulterated*; *unalloyed*
onvervreemdbaar *inalienable*
onverwacht *unexpected*
onverwachts *suddenly*; *unexpectedly* ∗ die brief kwam niet ~ *this letter did not come as a*

on

surprise

onverwijld I BNW *immediate* II BIJW *straightaway; immediately*

onverwoestbaar *indestructible;* ⟨humeur⟩ *irrepressible;* ⟨vloerbedekking⟩ *durable*

onverzadigbaar *insatiable*

onverzadigd • niet voldaan *not satiated;* *unsatisfied* • CHEM. *unsaturated* * meervoudig ~ *polyunsaturated*

onverzettelijk *inflexible; immovable*

onverzoenlijk *implacable;* ⟨v. vijand⟩ *irreconcilable;* ⟨niet tot compromis bereid⟩ *intransigent*

onverzorgd • zonder verzorging * ~ achterblijven *be left unprovided for* • slordig *unkempt;* ⟨niet verzorgd⟩ *slovenly*

onvindbaar *untraceable; not to be found*

onvoldaan • onbevredigd *unsatisfied* • niet betaald *unpaid;* ⟨schulden⟩ *outstanding*

onvoldoende I ZN *unsatisfactory mark; fail* * een ~ voor biologie halen *fail/flunk biology; get an unsatisfactory mark in biology* II BNW *insufficient(ly); unsatisfactory/ unsatisfactorily* * ~ betaald *underpaid* * ~ zijn *fall short; be below standard*

onvolkomen • onvolledig *incomplete* • onvolmaakt *imperfect*

onvolkomenheid • gebrek *imperfection* • tekortkoming *inadequacy; deficiency*

onvolprezen *one and only; unsurpassed; unparalleled*

onvoltooid *unfinished* * ~ verleden tijd *simple past tense; imperfect* * ~e tijden *imperfect tenses*

onvolwaardig *imperfect*

onvoorstelbaar *inconceivable; unimaginable*

onvoorwaardelijk ⟨v. overgave⟩ *unconditional;* ⟨v. vertrouwen⟩ *implicit;* ⟨gezag⟩ *absolute*

onvoorzichtig *careless; imprudent*

onvoorzichtigheid *carelessness; imprudence*

onvoorzien *unforeseen*

onvrede • onbehagen *dissatisfaction (with); discontent(ment)* • ruzie *discord; strife* * in ~ leven met *be at variance with; be at loggerheads with*

onvriendelijk *unkind;* ⟨optreden⟩ *unfriendly*

onvruchtbaar *infertile; barren* * ~ maken *sterilize*

onwaar *untrue; false*

onwaarachtig • niet echt *untruthful* • onoprecht *insincere*

onwaardig • iets niet waard zijnd *unworthy* • verachtelijk *undignified*

onwaarheid • het onwaar zijn *untruthfulness* • leugen *lie; untruth*

onwaarschijnlijk *improbable; unlikely* * ik acht het hoogst ~ *I consider it highly unlikely* * haar verklaring lijkt erg ~ *her explanation seems highly improbable*

onwankelbaar *unshak(e)able;* ⟨toewijding⟩ *unfaltering;* ⟨geloof⟩ *firm*

onweer *(thunder)storm* * er zit ~ in de lucht *there is a storm brewing*

onweerlegbaar *irrefutable; unanswerable*

onweersbui *thundery rain*

onweersproken *uncontested* * ~ bewering

unchallenged allegation

onweerstaanbaar *irresistible*

onweersvliegje *thrips*

onweerswolk *thundercloud*

onwel *unwell*

onwelwillend *unkind; unsympathetic (towards);* ⟨houding⟩ *disobliging*

onwennig *unaccustomed* * zich nog wat ~ voelen *still feel a bit strange*

onweren *thunder* * het onweerde *there was a thunderstorm*

onwerkelijk *unreal*

onwetend • iets niet wetend *ignorant* • onbewust *unknowing*

onwetendheid *ignorance*

onwettig *illegal; unlawful;* ⟨v. kind⟩ *illegitimate*

onwezenlijk *unreal; ethereal; imaginary*

onwijs I BNW *dwaas unwise; foolish* II BIJW in hoge mate *extremely* * ~ gaaf *brill; great*

onwil *unwillingness*

onwillekeurig I BNW *involuntary* II BIJW *in spite of oneself; inadvertently* * hij moest ~ denken ... *he couldn't help thinking ...*

onwillig *unwilling*

onwrikbaar *firm; unshakable;* ⟨niet te bewegen⟩ *immovable*

onyx *onyx*

onzacht *rough; rude*

onzalig • rampzalig *unholy* • ongelukkig *unhappy*

onze → ons

onzedelijk • immoreel *immoral* • onzedig *indecent; obscene*

onzedig *immodest*

onzeker • niet zeker *uncertain;* ⟨v. bestaan⟩ *precarious;* ⟨v. weer⟩ *unsettled* * iem. in 't ~ laten *leave s.o. in doubt* * in 't ~ zijn omtrent *be in the dark/uncertain as to* • onvast *shaky; unsteady;* ⟨v. ijs⟩ *unsafe* • niet zelfverzekerd *uncertain; insecure*

onzekerheid • onzekere zaak *uncertainty; insecurity* • onvastheid *unsteadiness* • twijfel *uncertainty* * iem. in ~ laten *leave s.o. in a state of suspense*

Onze-Lieve-Heer *Our Lord* * ~ heeft rare kostgangers *it takes all sorts to make a world*

onzelieveheersbeestje → lieveheersbeestje

onzent * te ~ *at our house* * om ~ wil *for our sake*

onzerzijds *on our part*

onzevader *Our Father; Lord's Prayer*

onzichtbaar *invisible*

onzijdig • neutraal *neutral* • TAALK. *neuter*

onzin • dwaasheid *nonsense; folly* • dwaze taal *nonsense* * ~ uitkramen *talk nonsense*

onzindelijk • vies ⟨v. dier⟩ *not housetrained;* ⟨v. kind⟩ *not toilet-trained;* ⟨vuil⟩ *unclean* • niet ethisch *offensive*

onzinnig *absurd*

onzorgvuldig *careless; inaccurate*

onzuiver • niet zuiver *impure* • afwijkend van iets *inaccurate;* ⟨beeld⟩ *inaccurate;* ⟨v. toon⟩ *out of key/tune;* ⟨v. weegschaal⟩ *not true* * ~e waarneming *inaccurate observation* * deze weegschaal is ~ *these scales give a false*

reading • onoprecht *false* • bruto *gross*
ooft *fruit*
oog • gezichtsorgaan *eye* ★ blind aan één oog *blind in one eye* ★ kijk uit je ogen! *look where you are going!* • blik ★ oog hebben voor *have an eye for*; *be alive to* ★ met het oog op ⟨in overweging genomen⟩ *in view of*; ⟨ten einde⟩ *with a view to* ★ iem. iets onder het oog brengen *point out s.th. to s.o.* ★ hij durft mij niet onder de ogen te komen *he daren't face me* ★ op het oog *outwardly*; *on the face of it* ★ in het oog vallend *striking*; ⟨opvallend⟩ *conspicuous*; ⟨overduidelijk⟩ *glaring* • gezichtsveld ★ uit het oog verliezen *lose sight of* ★ uit het oog lopend *get out of my sight!* ★ in het oog krijgen *catch sight of*; *spot* ★ in het oog houden *keep an eye on*; FIG. *bear in mind* • gat *eye* ★ haken en ogen *hooks and eyes* • stip op dobbelsteen *pip*; *spot* • vetoog *globule* • PLANTK. *eye* ▼ mijn ogen vielen me uit de kassen *my eyes popped from their sockets* ▼ onder vier ogen *face to face*; *privately* ▼ zijn ogen de kost geven *keep one's eyes open* ▼ in het oog lopend *conspicuous* ▼ oog om oog, tand om tand *an eye for an eye, a tooth for a tooth* ▼ de ogen sluiten voor *shut one's eyes to* ▼ iem. de ogen openen *open s.o.'s eyes (to)* ▼ iem. naar de ogen zien *fawn upon s.o.*; *dance attendance to s.o.* ▼ met lede ogen aanzien *look upon with envious eyes* ▼ op het oog hebben *have in mind* ▼ door het oog van de naald kruipen *have a narrow escape* ▼ tracht je dit eens voor ogen te stellen *try to visualize this* ▼ geen oog dichtdoen *not sleep a wink* ▼ hij heeft zijn ogen niet in zijn zak *he is wide awake* ▼ een en al oog zijn *be all eyes* ▼ onderhoud onder vier ogen *private interview* ▼ ik kan geen hand voor ogen zien *I can't see my hand in front of my face* ▼ onder ogen zien *face up to*; ⟨v. problemen, de dood⟩ *face* ▼ met dit doel voor ogen *with that end in view*; *to that end* ▼ met de dood voor ogen *with death staring one in the face* ▼ iets voor ogen houden *bear s.th. in mind*
oogappel • deel van oog *iris*; *pupil* • lieveling *apple of one's eye* ★ zij is mijn ~ *she is the apple of my eye*
oogarts *eye-specialist*; *ophthalmic surgeon*
oogbal *eyeball*
oogcontact *eye contact*
oogdruppels *eye drops*
ooggetuige *eyewitness*
ooggetuigenverslag *eyewitness account*; SPORT *running commentary*
oogheelkunde *ophthalmology*
oogheelkundig *ophthalmic*
ooghoek *corner of the eye*
oogholte *eye socket*; *orbit*
ooghoogte ★ op ~ *at eye level*
oogje ▼ een ~ hebben op *have designs on*; ⟨een meisje/jongen⟩ *have one's eyes on* ▼ een ~ in het zeil houden *keep one's weather-eye open* ▼ een ~ houden op *keep an eye on* ▼ een ~ dichtdoen voor iets *turn a blind eye to s.th.*
oogklep *blinker*

ooglens *lens*
ooglid *eyelid*
oogluikend ★ ~ toelaten *ignore*
oogmerk *intention*; *design* ▼ met 't ~ om ... *with a view to ...*; JUR. *with intent to ...*
oogmeting *eye test*
oogontsteking *inflammation of the eye*
oogopslag *look*; *glance* ★ bij de eerste ~ *at a glance*
oogpotlood *eyeliner pencil*
oogpunt *point of view*; *angle* ★ uit het ~ van *from the point of view of* ★ uit verschillende ~en bekijken *view from different angles*
oogschaduw *eyeshadow*
oogst • het oogsten *harvest* • opbrengst *harvest*; *yield* • het geoogste *harvest*; *crop(s)*
oogsten • binnenhalen *reap*; *harvest* • verwerven ⟨v. eer, beloning⟩ *reap*; ⟨v. dank⟩ *earn*; ⟨v. bijval⟩ *win* ★ ondank ~ *get little thanks*
oogstmaand *harvest time*
oogstmachine *harvester*
oogstrelend *delightful to the eye*
oogverblindend *dazzling*
oogwenk *twinkling (of an eye)*; *moment*; *instant*
ooi *ewe*
ooievaar *(white) stork* ▼ de ~ heeft het gebracht *the stork brought it*
ooievaarsnest *stork's nest*
ooit *ever*; *at any time* ▼ wel heb je ooit! *have you ever!*; *well, I never!*
ook • evenzo *also*; *as well*; *too* ★ volgende week kan ook nog wel *next week will do as well* • bovendien *moreover*; *also* ★ zij dacht er niet aan en ik trouwens ook niet *she forgot about it and so did I for that matter* • zelfs *even* ★ ook de armsten even de poorest *people* • misschien *perhaps*; *by any chance* ★ hebt u ook eieren? *have you any eggs?* • als versterking *again*; *whatever* ★ wie ook maar *whoever* ★ hoe heet je ook weer? *what is your name again?* ★ jij bent ook een mooie! *you are a one!* • dienovereenkomstig *therefore* • immers *thus*; *therefore* ★ hij is ook zo jong niet meer *he is none too young either* ★ het valt dan ook niet te verwonderen *there's nothing amazing in that*
oom *uncle* ▼ een hoge ome *a big shot*; *a bigwig* ▼ naar ome Jan brengen *pawn*
oor • gehoororgaan *ear* • oorschelp *ear* • handvat *handle* ▼ het is mij ter ore gekomen *it has come to my attention* ▼ een en al oor zijn *be all ears* ▼ de oren spitsen *prick up one's ears* ▼ dat gaat het ene oor in en het andere uit *it goes in one ear and out the other* ▼ tot over de oren verliefd *head over heels in love* ▼ het is op een oor na gevild *it is almost finished* ▼ iem. een oor aannaaien *make a fool of s.o.* ▼ iem. de oren van het hoofd eten *eat s.o. out of house and home* ▼ er wel oren naar hebben *rather like the idea* ▼ geen oor hebben voor talen *have no ear for languages* ▼ een open oor hebben voor iets *have an ear open for s.th.* ▼ zijn oor te luisteren leggen *keep one's ear to the*

ground ▾ met een half oor luisteren *listen with half an ear* ▾ iem. om zijn oren slaan *box s.o.'s ears* ▾ dat klinkt me bekend in de oren *that has a familiar ring (to it)*
oorarts *ear specialist*
oorbel *earring*
oord *region*; *place*; ‹verblijf› *residence*
oordeel • mening *judgment*; *opinion* ✶ van ~ zijn dat *be of (the) opinion that* ✶ een helder ~ *a clear judgement* ✶ naar/volgens mijn ~ *in my judgment/opinion* • vonnis *judgment*; *sentence* ✶ het laatste ~ *the last judgment* ✶ een ~ vellen *pass/pronounce judgment on* ▾ er ontstond een leven als een ~ *pandemonium broke out*
oordelen I ov ww menen *deem*; *judge* II on ww • concluderen *judge* ✶ te ~ naar *judging from* ✶ naar de schijn ~ *judge by appearances* • rechtspreken *judge*; *pass judgement*
oordopje *earplug*
oordruppels *ear drops* [mv]
oorheelkunde *otology*
oorkonde *document*; *charter*
oorlam *dram*; *shot (of liquor)*
oorlel *earlobe*
oorlog *war* ✶ ~ voeren *wage war against/on* ✶ de ~ verklaren *declare war on* ✶ in staat van ~ *in a state of war* ✶ ten ~ trekken tegen 'n land *go to war with a country* ▾ de koude ~ *the cold war*
oorlogsbodem *warship*
oorlogscorrespondent *war correspondent*
oorlogseconomie *war economy*
oorlogsfilm *war film*
oorlogsheld *war hero*
oorlogsindustrie *war industry*
oorlogsinvalide *war invalid*
oorlogsmisdadiger *war criminal*
oorlogsmonument *war memorial*
oorlogsschip *warship*; GESCH. *man-of-war*
oorlogsslachtoffer *war victim*
oorlogsverklaring *declaration of war*
oorlogszuchtig *warlike*
oorlogvoering *warfare*; *conduct of war*
oormerk *earmark*
oormijt *earmite*
oorontsteking *inflammation of the ear*
oorsmeer *earwax*; *cerumen*
oorsprong • begin *origin*; *source* ✶ zijn ~ vinden in *have its origins in* • afkomst *origin* • rivierbron *source*
oorspronkelijk • aanvankelijk *original* ✶ ~e bewoners *original inhabitants*; *indigenous people(s)*; ‹v. Australië› *Aborigines* • origineel *innovative* ✶ in 't ~e lezen *read in the original (version)*
oorverdovend *deafening*
oorvijg *box/cuff/clip on the ear(s)*
oorwurm *earwig* ▾ een gezicht als een ~ zetten *have a long face*
oorzaak *cause*; *origin* ✶ ~ en gevolg *cause and effect* ✶ kleine oorzaken hebben grote gevolgen *little strokes fell great oaks*
oorzakelijk *causal* ✶ ~ verband *causal relationship*
oost I ZN het oosten *east* ▾ oost west, thuis best

east west, home's best II BNW *east*; *easterly* ✶ de wind is oost *the wind is easterly* III BIJW *easterly*
Oost *East*
Oostblok *eastern Europe*; *the East bloc* ✶ de voormalige ~landen *the former communist countries of eastern Europe*
Oost-Duits *East German*
Oost-Duitsland *East Germany*; *German Democratic Republic*
oostelijk • eastern • gericht naar het oosten *easterly*
oosten • windstreek *east* ✶ ten ~ van *(to the) east of* ✶ het huis ligt op het ~ *the house faces east* • gebied *East*
Oostenrijk *Austria*
Oostenrijker *Austrian* ✶ een Oostenrijkse *an Austrian woman*
Oostenrijks *Austrian*
oostenwind *east wind*
oosterlengte *eastern longitude*; *longitude east*
oosterling *Oriental*
oosters *eastern*; *oriental* ✶ ~e talen *oriental languages*
Oost-Europa *Eastern Europe*
Oost-Europees *Eastern European*
Oost-Indisch *East Indian* ✶ ~e inkt *Indian ink* ✶ ~e kers *nasturtium* ✶ ~e Compagnie *East India Company* ▾ ~ doof zijn *play deaf*
oostkust *east coast*
Oost-Timor *Eastern-Timor*
oostwaarts *eastward(s)*
Oostzee *Baltic Sea*
oostzuidoost *east-southeast*
ootje ▾ iem. in het ~ nemen *make fun of s.o.*; *have a dig at a person*
ootmoed *humility*
ootmoedig *humble*
op I BIJW • omhoog ✶ op en neer *up and down* ✶ trap op, trap af *up and down the stairs* • verbruikt ✶ het water is op *we've run out of water* ✶ op is op *finished means finished* ✶ mijn geduld raakte op *my patience gave out* • uitgeput *exhausted*; *all in* ✶ hij was helemaal op *he was dead beat* ✶ uit bed op *(and about)* ✶ ben je al op? *are you up (and about) yet?* ✶ het is er op of er onder *it is kill or cure* ▾ vraag maar op! *ask away!* II VZ • boven(op) *on* ✶ de kat zit op tafel *the cat is on the table* • in *in* ✶ op straat *in the street* • verwijderd van ✶ op drie kilometer afstand *at three kilometers' distance* • tijdens *on* ✶ op maandag *on Monday* ✶ op zekere dag *one day* ✶ op vakantie *on holiday* ✶ later op de dag *later in the day* ✶ op dit tijdstip *at this moment* • volgens een bepaalde manier *at* ✶ op z'n gemak *at ease* ✶ op z'n Engels *in the English way* • uitgezonderd ✶ allemaal op twee na *all but two* • met ✶ op gas koken *cook with gas* ✶ op waterstof lopen *run on hydrogen* • in de richting van *on*; *at* ✶ op het noorden *to the North*; *facing North* ▾ op z'n elfendertigst *at a snail's pace* ✶ op zijn hoede *on one's guard/the alert* ▾ iem. op zijn woord geloven *take s.o. at their word* ▾ op heterdaad betrapt *catch red-handed/in the act*

opa *grandpa*; *gran(d)dad*
opaal *opal*
op-art *op(tical) art*
opbakken *refry*; *recook*
opbaren *lay out* ∗ opgebaard liggen *lie in state*
opbellen *call/phone/ring up*; *give (s.o.) a ring*
opbergen *put away*; ⟨in pakhuis⟩ *store (away)*; ⟨aantekeningen⟩ *file*
opbergsysteem *filing system*
opbeuren • optillen *lift up* • opvrolijken *cheer (up)*
opbiechten *confess*; *own up* ∗ zijn fouten ~ *own up to one's mistakes*
opbieden ∗ ~ tegen *outbid*; *bid against*
opbinden *bind/tie up* ∗ het haar ~ *do one's hair up*
opblaasbaar *inflatable* ∗ een opblaasbare boot *an inflatable dinghy*
opblaaspop *inflatable/blow-up doll*
opblazen • doen zwellen *blow up*; ⟨v. wangen⟩ *puff out* • doen ontploffen *blow up* ∗ een huis/brug ~ *blow up a house/bridge* • aandikken *exaggerate*
opblijven *stay up*
opbloei *flourishing*; *revival*
opbloeien *flourish*; *prosper*; *revive*
opbod • het opbieden ∗ bij ~ verkopen *sell by auction* • hoger bod *higher bid*
opboksen *fight/compete against*
opborrelen *bubble up*
opbouw • het opbouwen *building*; *construction* • samenstelling *structure* • bouw erbovenop *superstructure*
opbouwen • bouwen *build up*; *construct* ∗ weer ~ *reconstruct*; *rebuild* ∗ tot stand brengen *set/build up* ∗ een nieuw bestaan ~ *build a new life*
opbouwend ∗ ~e kritiek *constructive criticism*
opbouwwerk *community work*
opbranden I ov ww branden *burn up* **II** on ww verbranden *be burnt up/down*
opbreken I ov ww • openbreken *dig up*; ⟨v. straat⟩ *break up* • demonteren *break up*; *take down* ∗ een kamp ~ *strike/break camp* • beëindigen ⟨v. beleg⟩ *raise* • slecht bekomen *tear down* ∗ dat zal hem ~ *he'll rue the day*; *he'll regret the day* **II** on ww • vertrekken *leave* • oprispen *come up*
opbrengen • als overtreder meevoeren *run/take in* • opleveren *bring in*; *yield* ∗ een goede prijs ~ *fetch a good price* • betalen *pay* ∗ dat kan ik niet ~ *I can't afford that* ∗ onkosten ~ *defray the cost* • hebben ∗ begrip ~ *show understanding* ∗ moed ~ *muster courage*
opbrengst *rendement yield*; *proceeds*; ⟨v. belasting⟩ *net revenue* ∗ de ~ van de tentoonstelling *the proceeds of the show/exhibition* • oogst *yield*; *produce*; *crop*
opdagen *turn up*
opdat *so that*; *in order that* ∗ ~ niet FORM. *lest*
opdienen *serve (up)*
opdiepen • opsporen *dig up*; *unearth* • omhoog halen *dig up*
opdirken *dress up*
opdissen *dish up*

opdoeken I ov ww opheffen *do away with*; ⟨zaak⟩ *shut up shop* **II** on ww weggaan *clear out*
opdoemen *loom (up)*
opdoen • aanbrengen ∗ parfum ~ *put on perfume* • opzetten *put on* • verkrijgen *acquire*; ⟨v. ervaring⟩ *gain* • oplopen *catch*; *contract* ∗ waar heb je je Engels opgedaan? *where did you pick up your English?*
opdoffer ∗ iem. een ~ geven *give s.o. a punch/knuckle sandwich*; *belt s.o.*
opdonder • stomp *punch*; *sock* • tegenslag *setback*
opdonderen ∗ donder op! *beat it!*; *scram!*; *get lost!*
opdondertje *squirt*
opdraaien I ov ww opwinden *wind up* **II** on ww • ~ voor ∗ ergens voor ~ *suffer for it* ∗ hij liet mij ervoor ~ *I was left holding the baby*
opdracht • taak *assignment*; *task*; *order*; *instruction* ∗ ~ geven *instruct/order* ∗ ~ hebben... *be instructed/ordered to...* ∗ in ~ handelen *act under orders* ∗ in ~ van *by order of*; ⟨toneelstuk, kunst⟩ *commissioned by* ∗ zij zag het als haar ~ *she saw it as her duty/mission* • opdracht in boek *dedication*
opdrachtgever JUR. *principal*; ⟨v. aannemer etc.⟩ *client*; *customer*
opdragen • opdracht geven tot *charge*; *instruct*; *commission* ∗ iem. de zorg voor iets ~ *put s.o. in charge of s.th.* ∗ iem. werk ~ *give s.o. a task* • offeren ∗ de mis ~ *celebrate/say mass* • aanbieden ~ *aan dedicate to* ∗ een boek ~ aan iem. *dedicate a book to s.o.*
opdraven • dravend gaan *trot up (to)* • op bevel komen *present oneself*; *put in an appearance*
opdreunen *rattle off*; ⟨v. rijtjes⟩ *drill*; ⟨v. tekst⟩ *recite*
opdrijven • voortdrijven *drive* • doen stijgen *force up* ∗ de prijs ~ *force up the price*
opdringen I ov ww opleggen(aan) ∗ iem. iets ~ *force s.th. on s.o.*; *ram s.th. down s.o.'s throat* **II** on ww naar voren dringen *press forward* **III** WKD ww ∗ zich ~ aan *force/inflict o.s. on*
opdringerig *obtrusive*; *intrusive*
opdrinken *empty*; *drink (up)*; *finish*
opdrogen I ov ww droogmaken *dry* **II** on ww droog worden *dry (up)*
opdruk *print* ∗ postzegel met ~ *overprint*
opdrukken • omhoog-/voortdrukken *press up*; SPORT *do press/push-ups* • erop drukken *impress on*
opduikelen *dig/pick up*; *unearth*
opduiken I ov ww • naar boven halen *dive for* • vinden *unearth* **II** on ww • boven water komen *emerge*; ⟨v. onderzeeboot⟩ *surface* • te voorschijn komen *turn up*
opduvel • *wallop*; *punch*; *blow* ∗ iem. een ~ geven *to smack s.b. in the face*; *to give a blow to somebody* ∗ hij heeft een ~ gekregen *he has taken a punch* • elektrische schok *(electric) shock* ∗ hij heeft een ~ gehad *he is struck by an electric shock*

opduvelen *push off*; *get lost* ★ duvel op, man! *scram!*

OPEC *Organisation of Petroleum Exporting Countries*; *O.P.E.C.*

opeen *together*; ⟨boven op elkaar⟩ *one on top of another*

opeenhoping ⟨v. verkeer⟩ *congestion*; ⟨v. werk⟩ *accumulation*; ⟨v. mensen⟩ *crowd*; *mass*; ⟨v. sneeuw⟩ *snowdrift*

opeens *all at once*; *suddenly*

opeenstapeling *accumulation*

opeenvolgend *successive*

opeenvolging *succession*

opeisen *claim*; *demand*

open • niet dicht *open*; ⟨v. kraan⟩ *on*; ⟨niet op slot⟩ *unlocked* ★ een open wond *a sore wound* ★ een open haard *an open fire* ★ open dak *sunroof* ★ de deur wil niet open *the door won't open* • toegankelijk ★ open tot vijf uur *open till five* • niet bedekt ★ een open riool *an open drain/sewer* • niet bezet *vacant*; *open* ★ de betrekking is nog open *there is still a vacancy*; *the job is still vacant* • niet ingevuld *open* ★ een open plek in het bos *a clearing in the woods* ▾ open en bloot *openly* ▾ in open zee *on the open sea*; *on the high seas*

openbaar • toegankelijk *public* ★ een openbare weg *a public road* • publiek ★ in het ~ *in public* • bekend *public* ★ ~ maken *make public*; *disclose*

openbaarheid *publicity*

openbaren I OV WW ruchtbaar maken *reveal*; *disclose* II WKD WW aan het licht komen *reveal/manifest itself*

openbaring • het openbaren *disclosure* • het geopenbaarde *revelation* ★ de Openbaring van Johannes *the Revelation of St. John*

openblijven *remain/stay open*

openbreken I OV WW • openen *break/force open*; ⟨v. slot⟩ *break*; ⟨v. deksel⟩ *prize off* • wijzigen ★ een contract ~ *lay a contract on the table* II ON WW zich openen *burst open*

opendoen *open* ★ de deur ~ ⟨na bellen⟩ *answer the door*

openen I OV WW • openstellen *open (up)* ★ een tentoonstelling ~ *open an exhibition* • openmaken *open*; ⟨kraan⟩ *turn on*; ⟨deksel⟩ *unscrew* • beginnen *open*; *start* ★ een zaak ~ *start/open a business* ★ 't vuur ~ op *open fire on* II ON WW • opengaan ★ hij opent (de winkel) om negen uur *he starts business at nine* • beginnen *open*; *begin*

opener *opener*

opengaan *open*

openhartig *outspoken*; *frank*

openhartoperatie *open-heart surgery*

openheid *openness*; *frankness*

openhouden • niet dicht laten gaan *keep open* ★ zij hield de deur voor me open *she held the door for me* • vrijhouden *reserve* ★ een baantje voor iem. ~ *keep a job open for s.o.*

opening • het openen *opening* ★ ~ van zaken geven *disclose the state of affairs* ★ feestelijke ~ *official opening* • gat *opening*; ⟨in 'n heg⟩ *gap* • begin *beginning*; *opening*

• toenadering *opening*

openingsbod *opening bid*

openingskoers *opening price*

openingsplechtigheid *opening ceremony*

openingstijd *opening hours*

openingswedstrijd *opening match*; *first-round match*

openingszet *opening move*

openlaten • niet af-/uitsluiten *leave open* ★ de mogelijkheid ~ *leave the option open* • geopend laten *leave open*; ⟨v. kraan⟩ *leave on* • niet invullen *leave blank* ★ steeds een regel ~ *write on alternate lines*

openleggen • open neerleggen *lay open* • toegankelijk maken *lay open* • uiteenzetten *lay open*; *disclose*

openlijk *open*; ⟨in het openbaar⟩ *public*

openlucht- *open-air*

openluchtbad *open-air (swimming) pool*

openluchtconcert *open-air concert*

openmaken ⟨v. deur⟩ *open*; *unlock*; ⟨v. pakje⟩ *undo*

op-en-neer *up and down*

openslaan *open* ★ een boek ~ *open a book*

opensperren *open wide*

openspringen *burst (open)*; ⟨v. huid/lippen⟩ *chap*

openstaan • geopend zijn *be open* • nog te betalen *be unpaid*; *outstanding* • vacant zijn *be open/vacant* ★ die betrekking is nog open *that job is still vacant* • — **voor** *be open to* ★ ~ voor nieuwe ideeën *be open/receptive to new ideas*

openstellen *open* ★ voor het publiek ~ *(throw) open to the public*

op-en-top ★ ~ 'n heer *every inch a gentleman*

openvallen • opengaan *fall open* • vacant raken *fall vacant*

openzetten *open*

opera *opera*

operabel *operable*

operateur *operator*

operatie MED. *operations*; *surgery* • ECON. *operation* • MIL. *operation*

operatief *operative* ★ ~ ingrijpen *perform an operation*

operatiekamer *(operating) theatre*

operatiezuster *theatre sister/nurse*

operationaliseren *make operational*; *put into operation*

operationeel *operational*

operator *operator*

operazangeres *opera singer*

opereren *work*; *operate* ★ op een bepaald gebied ~ *operate in a particular field* ★ iem. ~ *operate on s.o.* ★ zij is geopereerd aan de blindedarm *she has had an operation for an appendicitis*

operette *operetta*; *musical comedy*

operettegezelschap *operetta company*; *light-opera company*

opeten • eten *eat (up)*; *finish* • verkwisten *eat (up)*; *consume*

opfleuren *brighten (up)*; *cheer up*

opflikkeren • helderder flikkeren *flare up*; *blaze up* • opduvelen *piss off*

opfokken • grootbrengen *breed; rear;* boos maken *work up;* laat je toch niet ~ *don't get worked up*

opfrissen I OV WW fris maken *refresh;* FIG. brush/hup;star wat ~ *have a wash and brush-up* **II** ON WW fris worden *freshen (up);* daar zul je van ~ *that will refresh you;* FIG. *that'll make you sit up*

opgaan • omhooggaan *go up;* ⟨v. trap, heuvel⟩ *climb; go up;* ⟨v. zon⟩ *rise;* gaan naar ★ we gaan allen dezelfde kant op *we all go the same way* ★ ze gaan de verkeerde kant op *they go wrong; they go the wrong way* • geheel op raken *be finished* ★ de wijn was helemaal opgegaan *the wine was all gone* • juist zijn *hold good* ★ dat argument gaat niet op *that argument is irrelevant; that argument won't hold* ★ dat gaat niet altijd op *that doesn't always follow* • examen doen *sit for* • ~ in *be absorbed in* ★ geheel in zijn werk ~ *be wholly absorbed in one's work* ★ beide banken zijn in elkaar opgegaan *the two banks have merged*

opgang • het opgaan *rise;* ⟨trap⟩ *staircase* ★ een appartement met een eigen ~ *an apartment with private access* ▾ grote ~ maken *become very popular; be a great success*

opgave • vraagstuk *exercise; assignment;* ⟨examenvraag⟩ *question* ★ schriftelijke ~ *written assignment* • taak *task;* ⟨bij examen⟩ *paper* ★ het was een hele ~ *it was a tall order; quite a task* • vermelding *statement* ★ zonder ~ van reden *without reason given*

opgeblazen • gezwollen *puffy; swollen* • verwaand *puffed up; conceited*

opgefokt *het up; pent up; stressed*

opgelaten *embarrassed; ill at ease; awkward*

opgeld *agio; premium* ▾ ~ doen *be in vogue; be highly successful*

opgelucht *relieved* ★ ~ ademhalen *heave a sigh of relief*

opgeprikt *dolled-up; in one's Sunday best*

opgeruimd • netjes *tidy; neat* • vrolijk *cheerful; bright*

opgeschoten *lanky; gangling* ★ ~ jongen *lanky youth*

opgeschroefd *inflated* ★ ~e verwachtingen *unrealistic expectations*

opgesmukt *gaudy*

opgetogen *elated; delighted*

opgeven I OV WW • prijsgeven *give up;* ⟨v. hoop⟩ *abandon;* ⟨bij schaken⟩ *abandon (a game)* ★ Zwart geeft 't op *Black resigns* ★ zij heeft het roken op moeten geven *she's had to give up smoking* • melden *give; state;* ⟨v. inkomen⟩ *return; declare* ★ als reden ~ *state as one's reason* • aanmelden *enter* ★ zich ~ als lid *apply for membership* ★ zich ~ voor ... *enrol for ...;* enter one's name for ... • opdragen *give; set;* ⟨v. taak⟩ *set;* ⟨v. raadsel⟩ *ask* • braken *spit; bring up; vomit* **II** ON WW roemen ★ hoog ~ van *speak highly of; make much of*

opgewassen ▾ ~ zijn tegen ⟨iem.⟩ *be a match for;* ⟨een taak⟩ *be equal to* ★ zich tegen de moeilijkheden ~ tonen *rise to the occasion*

★ hij is er niet tegen ~ *he can't cope with it*

opgewekt *cheerful*

opgewonden *excited; worked up;* ⟨boos⟩ *in a state;* ⟨zenuwachtig⟩ *agitated* ★ een ~ discussie *a heated argument*

opgooien • gooien *toss/throw (up)* • tossen *toss (up)*

opgraven *dig up; unearth;* ⟨v. lijk⟩ *exhume;* ⟨v. oudheden⟩ *excavate*

opgraving *excavation;* ⟨v. lijk⟩ *exhumation;* ⟨plaats⟩ *excavation (site)*

opgroeien *grow up* ★ ~ tot *grow up into*

ophaalbrug *drawbridge*

ophalen • omhooghalen *draw up; pull up;* ⟨v. anker⟩ *weigh;* ⟨v. brug⟩ *draw up;* ⟨v. neus⟩ *sniff;* ⟨v. sokken, rolgordijn⟩ *pull up* • inzamelen *collect* ★ huisvuil ~ *collect refuse* • afhalen *collect; fetch* ★ iem. ~ *call for s.o.* ★ kom me bij het station ~ *meet me at the station* ★ ik kom je met de auto ~ *I'll come and collect you in my car* • verbeteren *pick up* ★ zijn cijfers ~ *improve on one's marks* • in herinnering roepen *recall; bring back/up* ★ oude herinneringen ~ *revive old memories* ▾ zijn schouders ~ *shrug one's shoulders*

ophanden *at hand* ★ het ~ zijnde feest *the coming festival*

ophangen I OV WW • erop/eraan hangen *hang (up);* ⟨aan plafond⟩ *suspend (from)* ★ een schilderij ~ *put up a picture* ★ aan de galg hangen *hang* • opdissen ★ een verhaal ~ *spin a yarn* ★ een somber verhaal ~ van *paint a gloomy picture of* • ~ aan ★ iem. aan zijn woorden ~ *make s.o. answer for his words; keep s.o. to his words* **II** ON WW telefoongesprek beëindigen *hang up; ring off*

ophanging • straf *hanging* • TECHN. *suspension*

ophebben • dragen *wear; have on* • genuttigd hebben ⟨v. drank⟩ *have drunk;* ⟨v. eten⟩ *have eaten* ★ hij had te veel op *he had had a drop too much* • ~ met ★ veel ~ met iem. *be fond of s.o.* ★ ik heb niet veel op met die maatregel *I don't hold with this measure*

ophef *fuss; song and dance*

opheffen • optillen *lift (up); raise* ★ zijn hand ~ tegen *raise one's hand against* • beëindigen *discontinue;* ⟨v. partij, zaak⟩ *liquidate;* ⟨v. school⟩ *close;* ⟨v. staking⟩ *call off;* ⟨v. wet⟩ *abolish* ★ een verbod ~ *lift a ban* • teniet doen ★ die dingen heffen elkaar op *these things cancel each other out*

opheffing *cancellation;* ⟨v. praktijken, verbod, wet⟩ *abolition;* ⟨v. dienst, zaak⟩ *removal;* ⟨v. sancties⟩ *lifting* ★ uitverkoop wegens ~ *closing-down sale*

opheffingsuitverkoop *closing-down sale;* AE *close out*

ophelderen I OV WW toelichten *clear up; explain;* clarify **II** ON WW weer helder worden *clear (up);* ⟨v. gelaat, weer⟩ *brighten*

opheldering • opklaring *brightening* • uitleg *explanation*

ophemelen *extol* ★ zichzelf ~ *blow one's own trumpet*

ophijsen *hoist/pull up* ★ zijn broek ~ *hitch up*

op

one's trousers
ophitsen incite; stir up ∗ ~de woorden
provocative words ∗ een hond ~ set a dog on
∗ mensen tegen elkaar ~ set people at one
another's throats
ophoepelen get lost ∗ hoepel op! hop it!; get
lost!; scram!
ophoesten • spuwen cough up ∗ slijm ~ cough
up phlegm ∗ te voorschijn toveren turn out;
INF. cough up ∗ geld/jaartallen ~ cough up
money/dates
ophogen raise
ophopen heap/pile up; accumulate
ophouden I OV WW • omhoog houden hold up
∗ zijn hand ~ hold up one's hand ∗ hoog
houden uphold ∗ zijn eer ~ uphold one's
honour ∗ de schijn ~ keep up appearances
• op het lichaam houden keep on
• tegenhouden hold up ∗ het werk ~ hold up
work ∗ zij werd opgehouden she was delayed
II ON WW stoppen stop; come to an end
∗ zonder ~ without stopping; continuously
∗ houd op! stop (it)! ∗ daar houdt alles mee
op there's nothing more to be said III WKD WW
• ergens zijn stay; ‹rondhangen› hang
around ∗ waar houdt hij zich op? where is he
staying? ∗ zich bezighouden ~ met ∗ zich ~
met slecht gezelschap keep bad company
opiaat opiate
opinie opinion ∗ naar mijn ~ in my opinion
opinieblad newsmagazine
opinieonderzoek opinion poll
opium opium
opiumkit opium-den
opjagen • voortjagen ‹v. persoon› hunt; chase;
‹stof, e.d.› blow up; raise; ‹v. wild› put/beat
up • opdrijven force up • tot haast aanzetten
rush ∗ jaag me niet zo op stop hassling me;
don't rush me
opjutten egg on; incite
opkalefateren patch up
opkijken • omhoogkijken look up (at) ∗ zonder
op of om te kijken oblivious to everything
• verbaasd zijn surprise ∗ daar zal hij van ~
that will surprise s.o.; that will make
him sit up ∗ ~ tegen ∗ tegen iets ~ not look
forward to s.th. ∗ tegen iem. ~ look up to s.o.
opkikkeren I OV WW doen opfleuren buck/
cheer up ∗ van een kop koffie zal je ~ a cup
of coffee will do you good II ON WW opfleuren
perk up
opkikkertje • iets dat opkikkert boost ∗ een ~
nodig hebben need a bit of cheering up
• borrel pepper-upper; pick-me-up
opklapbaar ‹bed› foldaway; ‹tafel› drop leaf;
‹stoel› tip-up
opklapbed foldaway bed
opklappen fold up
opklaren clear/brighten up ∗ de lucht klaart op
the sky's clearing up
opklaring bright interval/period
opklimmen • omhoog klimmen climb (up);
mount ∗ ~ tegen climb up • in rang stijgen
rise ∗ van onderaf aan ~ rise from the ranks
opkloppen • doen rijzen beat; fluff up ∗ het
eiwit ~ met een vork fluff up/beat the egg-

white with a fork • overdrijven exaggerate;
INF. blow up ∗ een opgeklopt verhaal a tall
story
opknapbeurt redecoration; INF. touch up ∗ het
huis een ~ geven redecorate the house
opknappen I OV WW • netjes maken tidy up;
smarten up; ‹v. kleren› patch up ∗ zich ~ tidy
o.s. up • verrichten fix; carry out ∗ een
karweitje ~ fix a job ∗ straf uitzitten do time
• ~ met ∗ hij wou mij ermee ~ he wanted to
pass it onto me II ON WW beter worden ‹v.
gezondheid, weer, uiterlijk› improve; ‹v.
patiënt› be on the mend ∗ je zult ervan ~ it
will pick you up
opknopen • omhoog knopen tie up
• ophangen string up ∗ zich ~ hang o.s.
opkomen • ontstaan ‹v. onweer› come on; ‹v.
pokken› come out; ‹v. wind› rise; ‹v. koorts›
set in • omhoogkomen rise; ‹getij› come in;
‹v. plant› come up • verschijnen turn/show
up ∗ slechts twaalf leden waren opgekomen
only twelve members had turned up • in
gedachten komen occur; ‹vraag› arise; crop
up ∗ de gedachte kwam bij mij op the idea
crossed my mind; it occurred to me ∗ dat zou
nooit bij haar opgekomen zijn she would
never have thought of such a thing; it would
never have occurred to her • op toneel komen
come on (stage) • MIL. join up • op raken run
out ∗ de drank zal wel ~ we'll get through the
drink ∗ ~ tegen stand up against ∗ tegen iets
~ protest against s.th.; object to s.th. • ~ voor
stand up for ∗ voor zichzelf ~ stand up for o.s.
∗ voor een zaak ~ plead a cause ∗ voor elkaar
~ stick together ▼ kom maar op! come on!
opkomst • beweging omhoog rise
• ontwikkeling rise • komst na oproep ‹bij
vergadering› attendance; ‹bij verkiezingen›
turnout • MIL. enlistment
opkomstplicht compulsory attendance
opkopen buy up; buyout
opkoper wholesale buyer; ‹v. oude rommel›
junk dealer
opkrabbelen • krabbelend opstaan scramble to
one's feet • zich herstellen recover; pick up
opkrassen beat it
opkrikken • krikken jack up • opvijzelen pep
up
opkroppen bottle up ∗ opgekropte woede pent-
up rage
oplaadbaar rechargeable ∗ oplaadbare
batterijen rechargeable batteries
oplaaien flare/blaze up
opladen • laden load (up) • elektrisch laden
charge ▼ zich ~ get up steam
oplader charger
oplage circulation
oplappen • patch up • herstellen restore
oplaten fly ∗ een vlieger ~ fly a kite
oplawaai clout; thump
oplazeren bugger/sod/piss off
opleggen • op iets leggen lay on • belasten
met ‹v. belastingen, boete› impose; ‹v. straf›
inflict ∗ zijn wil aan iem. ~ impose one's will
on s.o. • SCHEEPV. lay up ▼ er een euro ~ raise
the price by one euro

oplegger *trailer*; ⟨voor tanks, auto's⟩ *transporter* ★ truck met ~ *articulated lorry*; AE *trailer truck*

opleiden *train*; *educate*; *school* ★ voor een examen ~ *coach for an examination*

opleiding *training*; *education*

opleidingscentrum *training centre*

opleidingsinstituut *education/training institute*; *education/training college*; *college of education*

oplepelen • opeten *spoon up/out*; *ladle up* ★ zijn soep ~ *spoon up one's soup* • vlot opzeggen *dish out*

opletten *pay attention*; *attend (to)* ★ opgelet! *attention, please!*

oplettend *attentive*

opleuken *jazz up*; ⟨iets saais⟩ *make sexy*

opleven *revive* ★ doen ~ *revive*

opleveren • voortbrengen *furnish*; *produce* ★ niets ~d *futile*; *getting nowhere* • opbrengen *yield*; *bring in* ★ verlies ~ *cause a loss* ★ niets ~ *be unprofitable* ★ schrijven levert weinig op *writing doesn't bring in much* • afleveren *deliver*

oplevering ⟨v. werk⟩ *delivery*; ⟨v. huis⟩ *completion*

opleving *revival*; ECON. *recovery*

oplichten I ov ww • optillen *lift (up)*; *raise* • bedriegen *swindle* II ON WW helder worden *lighten*

oplichter *fraud*; *swindler*; *con (wo)man/artist*

oplichterij *swindle*

oplichting • het optillen *lifting* • bedrog *fraud*; INF. *rip-off* ★ beschuldigd van ~ *charged with fraud*

oploeven *luff (up)*

oploop *crowd* ★ er was een ~ *a crowd had gathered*

oplopen I ov ww ongewild krijgen ⟨v. schade⟩ *sustain*; ⟨v. straf⟩ *incur*; ⟨v. verkoudheid ook⟩ *catch*; *get* II ON WW • naar boven lopen *go/walk up*; ⟨trap⟩ *mount* • naar boven gaan *rise*; ⟨schuin⟩ *slope up* • gaan ★ samen een eindje ~ *walk part of the way together* ★ tegen iem. ~ *bump/run into s.o.* • toenemen *rise*; ⟨prijzen⟩ *increase*; ⟨v. spanning⟩ *mount*

oplosbaar *soluble*; FIG. *solvable*

oploskoffie *instant coffee*

oplosmiddel *solvent*

oplossen I ov ww • CHEM. *dissolve* • de uitkomst vinden *solve*; ⟨v. probleem⟩ *(re)solve* ★ een vergelijking ~ *solve an equation* II ON WW • CHEM. *dissolve* • verdwijnen ★ zich ~ *dissolve*

oplossing • CHEM. *solution* • uitkomst *solution*; *answer*

oplossingscoëfficiënt *(coefficient of) solubility*

opluchten *relieve*

opluchting *relief*

opmaak • lay-out *layout* • cosmetica *make-up*

opmaakredacteur *lay-out editor*

opmaat • MUZ. *upbeat* • begin *overture*

opmaken • verbruiken *consume*; ⟨v. voedsel⟩ *eat*; ⟨v. voorraad⟩ *use up*; ⟨v. geld⟩ *spend* • in orde maken ⟨v. bed⟩ *make*; ⟨v. haar⟩ *dress*;

⟨v. schotel⟩ *garnish* ★ zich ~ *put on one's make-up* ★ zich ~ voor een reis *get ready for a journey* • concluderen *gather* ★ ik maak hieruit op dat ... *from this I gather ...* ★ je kunt er niet veel uit ~ *there's not a lot to go by/on* • typografisch indelen *lay out* • opstellen ⟨v. contract, plan⟩ *draw up*; ⟨v. rekening⟩ *make out*

opmars • het opmarcheren *march*; *advance* • vooruitgang *advance*

opmerkelijk *striking*

opmerken • waarnemen *note*; *notice* ★ iem. iets doen ~ *point out s.th. to s.o.* ★ niet opgemerkt worden *pass unnoticed* • aandacht vestigen op *note*; *notice* • opmerking maken *observe*; *remark* ★ terloops ~ *mention in passing*

opmerking *observation*; *remark*; *comment* ★ aanleiding geven tot ~en *call for comment*

opmerkingsgave *power of perception*

opmerkzaam *attentive*; *observant* ★ iem. ~ maken op iets *draw s.o.'s attention to s.th.*

opmeten *measure*; ⟨v. land⟩ *survey*

opmonteren *cheer up*

opnaaien • vastnaaien *sew on* • opjutten *needle* ★ laat je niet ~ *keep your shirt on*; *don't let them take the mickey out of you*

opname • het opnemen *admission* • registratie *recording*

opnamestudio *recording/film studio*

opnemen • oppakken *lift (up)*; FIG. *take up* ★ de pen ~ *take up the pen* • telefoon beantwoorden *answer* • van tegoed halen *take up*; *withdraw* • aanvaarden ★ je neemt 't nogal kalm/makkelijk op *you are taking it calmly*; *you are taking it rather lightly* ★ zoiets neem ik hoog op *I take that very seriously* • een plaats geven ⟨v. artikel⟩ *insert*; ⟨v. gasten⟩ *take in*; ⟨v. patiënt⟩ *admit* ★ als compagnon ~ *take into partnership* ★ iem. in de regering ~ *bring s.o. into the government* • absorberen *absorb* ★ 't neemt geen warmte op *it does not absorb heat* • bekijken *size up*; *survey* ★ iets goed ~ *have a good look at s.th.* • vastleggen *record*; ⟨v. film⟩ *shoot* • noteren ⟨opschrijven⟩ *take down*; ⟨v. bestelling⟩ *take*; ⟨v. stemmen⟩ *collect* • meten ⟨v. land⟩ *survey*; ⟨v. temperatuur⟩ *take* ★ iemands tijd ~ *time s.o.* • schoonvegen *mop up*; *wipe up* ▼ iets goed in zich ~ *take s.th. in* ▼ ik kan het tegen jou niet ~ *I'm no match for you* ▼ hij nam het voor mij op *he took my part*

opnieuw *again*; *once more*

opnoemen *name*; *mention* ▼ ... (en) noem maar op *... and all that*; *... you name it*

opoe • oma *gran(ny)* • oud vrouwtje *granny*

opofferen *sacrifice*

opoffering *sacrifice* ★ met ~ van *at the sacrifice of*

opofferingsgezind *self-sacrificing*

oponthoud • vertraging *delay* ★ zonder ~ *without delay* ★ ~ hebben *be delayed* • verblijf *stay* ★ plaats van ~ *whereabouts*

oppakken • optillen *take/pick up* • arresteren *run in*

oppas *baby-sitter*

op

oppassen • opletten *be careful*; *look out* ∗ pas op! *watch/look out!* ∗ ~ voor *guard against* ∗ pas goed op je zelf *take care* ∗ pas op voor de hond *beware of the dog* • zorgen voor *nurse*; *babysit* • zich gedragen *behave* ∗ goed ~ *behave well*

oppasser • toezichthouder *caretaker* • verzorger ⟨in dierentuin⟩ *keeper*

oppeppen *pep up*

oppepper *boost*; ↓ *pick-me-up*

opperbest *excellent*

opperbevel *supreme command*

opperbevelhebber *commander-in-chief*

opperen *propose*; *suggest* ∗ bezwaren ~ *raise objections*

oppergezag *supreme authority*

opperhoofd *chief(tain)*

opperhuid *epidermis*

oppermachtig *supreme*

opperst • hoogst liggend *uppermost*; *top* • machtigst *supreme*; *superior* ∗ de ~e macht *supreme power* • belangrijkst *supreme*; *complete* ∗ ~e wanhoop *ultimate despair* ∗ ~e verwarring *utter/complete confusion*

oppervlak *surface*

oppervlakkig *superficial* ∗ ~ beschouwd *on the face of it*

oppervlakte • bovenkant *surface* • uitgestrektheid ⟨gebied⟩ *area*; ⟨afmeting⟩ *surface area*

oppervlaktemaat *(measured) surface area; area measure*

oppervlaktewater *surface water*

Opperwezen *supreme being*; *divinity*; *godhead*

oppeuzelen ∗ een appel/noten ~ *munch an apple/nuts*

oppiepen *beep up*

oppikken • met snavel pakken *peck/pick at* • meenemen *pick up* • leren *pick up; catch on to*

oppoetsen *polish*; FIG. *brush up* ∗ iets een beetje ~ *give s.th. a rub*

oppompen • omhoog pompen *pump (up)* • vol lucht pompen *pump up; inflate*

opponent *opponent*

opponeren I OV WW plaatsen tegenover *oppose (to)* II ON WW zich verzetten *oppose; raise objections*

opporren • oprakelen *stir/poke up* • aansporen *rouse; prod*

opportunisme *opportunism*

opportunistisch *opportunist*

opportuun *opportune*

oppositie *opposition*

oppositieleider *leader of the opposition*

oppositiepartij *opposition party*

oppotten *hoard*; *salt away*

oprakelen • vuur opstoken *rake/stir up* • ophalen *drag/rake up*

oprapen *pick up* ∗ 't geld ligt niet voor 't ~ *money does not grow on trees*

oprecht *sincere*

oprechtheid *sincerity*

oprichten • overeind zetten *set up (right)*; *raise (up)* ∗ zich ~ *draw o.s. up*; ⟨in bed⟩ *sit up* • bouwen *erect* • stichten *establish*; ⟨v. club⟩ *start*

oprichter *founder*

oprichting • stichting *foundation*; ⟨v. zaak⟩ *establishment* • bouw *erection*

oprijden (tegen) ⟨met auto⟩ *drive up*; ⟨met fiets, paard⟩ *ride up* ∗ 't trottoir ~ *mount the pavement*

oprijlaan *drive; sweep*

oprijzen • omhoogkomen *rise* ∗ hoog ~d boven *towering over/above* • zich voordoen *arise*

oprisping • belch • plotseling idee *whim*; *impulse*

oprit ⟨v. dijk⟩ *ramp*; ⟨oprijlaan⟩ *drive*; ⟨v. snelweg⟩ *access*; ⟨v. brug⟩ *approach*

oproep ⟨v. politie, e.d.⟩ *summons*; ⟨per telefoon⟩ *call*; ⟨om hulp⟩ *call*; *appeal*; ⟨voor betrekking⟩ *notice* ∗ een ~ doen tot het volk *make an appeal to the nation*

oproepen • te voorschijn roepen *call up*; ⟨v. geesten⟩ *conjure up*; ⟨v. herinnering⟩ *evoke*; *recall* • ontbieden *summon*; ⟨v. getuige, soldaat⟩ *call up* • opwekken tot *exhort*; *incite*

oproepkracht *stand-by employee*

oproer • opstand *rebellion*; *revolt* • heftige beroering *tumult*

oproerkraaier *agitator*; *rioter*

oproerpolitie *riot police*

oprollen • in elkaar rollen *roll up* • onschadelijk maken *round up*

oprotpremie ⟨bij ontslag⟩ ↑ *severance pay*; ⟨bij remigratie⟩ ↑ *repatriation bonus*

oprotten *absquatulate*; INF. *piss/sod/fuck off* ∗ ~! *bugger off!*

opruien *incite*; *stir up*

opruimen • netjes maken ⟨v. kast⟩ *clear*; ⟨rommel⟩ *clear away* • wegdoen *get rid of* • uitverkopen *sell out*; *clear* • vermoorden *kill*; *assassinate*; INF. *ice*

opruiming • het opruimen *clearing away/up* ∗ ~ houden onder *make a clean sweep of* • uitverkoop *clearance (sale)* ∗ ~ houden *hold a clearance sale*

opruimingsuitverkoop *(stock-)clearance sale*

oprukken *advance (on); progress*

opscharrelen *pick up; hunt out*

opschepen (met) ∗ iem. met iets ~ *saddle s.o. with s.th.*; *inflict s.th. on s.o.*

opscheplepel *tablespoon; serving spoon*

opscheppen I OV WW scheppend opdoen *ladle out*; *dish out* II ON WW pochen *brag; show off*

opschepper *show off*

opschepperig *boastful*

opschepperij *boasting*

opschieten • zich haasten *hurry up* ∗ schiet op! *hurry up!*; ⟨ga weg⟩ *hop it!* • groeien *shoot up* • vorderen *make progress* ∗ goed/flink ~ *make good progress* ∗ de tijd begint op te schieten *time is running short* ∗ daar schiet ik niets mee op *that gets me nowhere* • omgaan ⟨met⟩ *get on/along* ∗ goed met elkaar kunnen ~ *get on/along (well) together*

opschik *adornment*

opschikken I OV WW • in orde brengen *arrange* • versieren *dress up* II ON WW opschuiven *move up*

opschonen *clear (out)*

opschorten ⟨v. beslissing⟩ *postpone*; ⟨v. oordeel⟩ *reserve*; ⟨v. vergadering⟩ *adjourn*

opschrift • tekst ergens op ⟨gebouw, standbeeld⟩ *inscription*; ⟨v. munt⟩ *legend* • titel ⟨v. artikel⟩ *heading*; ⟨v. krantenbericht⟩ *headline*

opschrijven *note/write down*; ⟨bij spel⟩ *score* ★ kun je het voor me ~? *can you write it down for me?*; ⟨rekening⟩ *can you put it on my account?*

opschrikken I OV WW doen schrikken *startle* II ON WW van schrik opspringen *start*

opschroeven • iets ergens op schroeven *screw up* • FIG. verhogen *drive up*; *force up*; *inflate* • de prijs ~ *force up the price*

opschrokken *wolf down*

opschudden *shake*; *stir*

opschudding *commotion*; *stir* ★ in ~ brengen *cause a commotion* ★ ~ veroorzaken *cause a sensation*

opschuiven I OV WW • opzij schuiven *shift*; *push up* • uitstellen *put off* II ON WW opschikken *move up/over*

opslaan I OV WW • omhoog slaan ⟨v. kraag⟩ *turn up*; ⟨v. mouwen⟩ *roll back*; ⟨v. ogen⟩ *raise* • openslaan ⟨v. bladzijde⟩ *turn up*; ⟨v. boek⟩ *open* • verhogen *raise* ★ de lonen ~ *increase wages* • bergen ⟨in pakhuis⟩ *store*; ⟨v. voedsel⟩ *lay in* • opzetten ⟨kamp⟩ *pitch*; ⟨tent⟩ *put up* • SPORT *serve* • COMP. *save* (als *as*) II ON WW duurder worden *go up* ★ de melk is opgeslagen *milk has gone up*

opslag • loonsverhoging *rise* ★ iem. ~ geven *give s.o. a rise* • berging ⟨plaats⟩ *warehouse*; *depot*; ⟨v. goederen⟩ *storage* • MUZ. *up-beat* • SPORT *service*

opslagcapaciteit *storage capacity*

opslagmedium

opslagplaats *warehouse*; *store*

opslagruimte *storage space*

opslagtank *storage tank*

opslobberen *lap up*

opslokken *swallow*

opslorpen • in beslag nemen *absorb* ★ door je bezigheden opgeslorpt worden *be absorbed in one's work* • slurpend opdrinken *lap up*

opsluiten *lock/shut up*; ⟨v. misdadiger⟩ *lock up*; ⟨v. dier⟩ *cage* ★ in 'n kleine ruimte ~ *confine to a small space* ★ opgesloten zitten in huis *be cooped up in one's house* ★ dat ligt erin opgesloten *that is implied in it*

opsluiting *confinement* ★ eenzame ~ *solitary confinement*

opsmuk • versiering *finery* • poespas ★ zonder ~ *plain*; *unadorned*

opsnijden I OV WW snijden *cut up* II ON WW opscheppen *boast*

opsnorren *hunt out*

opsnuiven *inhale*; *sniff*

opsodemieteren *piss/fuck/bugger off*

opsommen *sum up*; *enumerate*

opsomming *enumeration*; *summing up*

opsparen *save up*

opspelden *pin on*

opspelen *kick up a row*

opsporen *trace*; *find out*; *track (down)*; ⟨v. vermisten⟩ *locate*; ⟨v. misdadigers⟩ *run to earth*

opsporing *tracing*; *location* ★ ~ verzocht van ... *the police are anxious to establish/trace the whereabouts of ...*

opsporingsambtenaar ⟨criminal⟩ *investigator*

opsporingsbericht *police notice/announcement*; ⟨v. misdadiger⟩ *wanted notice*; ⟨v. vermiste⟩ *missing person notice*

opsporingsbevoegdheid *powers of (criminal) investigation*

opsporingsdienst *criminal investigation department*; *C.I.D.*

opspraak *scandal* ★ in ~ brengen *compromise* ★ in ~ komen *compromise o.s.* ★ ~ verwekken *cause a scandal*

opspringen *jump up*; ⟨v. bal⟩ *bounce*

opstaan • gaan staan *get up*; *stand up*; *rise* ★ van tafel ~ *get up from the table* ★ doen ~ *raise* • uit bed komen *get up* ★ altijd vroeg ~ *be an early bird/riser* • verschijnen *arise* • verrijzen ★ uit de dood ~ *rise from the dead* • in opstand komen *rise*; *rebel* • op het vuur staan ★ 't eten staat op *dinner is cooking*

opstalverzekering *bricks and mortar insurance*; ⟨exclusief inboedel⟩ *building insurance*; ⟨privé⟩ *house insurance*

opstand *(up)rising*; *rebellion*; *revolt* ★ in ~ komen tegen *revolt against*; FIG. *revolt at* ★ in ~ zijn *be in revolt*

opstandeling *rebel*; *insurgent*

opstandig *rebellious*

opstanding *resurrection*

opstap *step*

opstapelen *pile up*; ⟨v. borden⟩ *stack* ★ zich ~ *pile up*

opstapje • trede *step* ★ denk om het ~! *mind the step!* • middel om hogerop te komen *leg up*

opstappen • op iets stappen ⟨op fiets⟩ *get on*; ⟨treden⟩ *walk up*; ⟨de weg⟩ *walk into* • weggaan *go away*; *push off*; ⟨ontslag nemen⟩ *resign* ★ ik moet nu ~ *I must be off now*

opstapplaats *pick-up point*

opstarten *start up*

opstartprocedure *start-up procedure*

opsteken I OV WW • omhoogsteken ⟨v. hand⟩ *put up*; ⟨haar⟩ *pin up* • aansteken *light (up)* ★ wil je eens ~? *do you want a smoke?* • te weten komen *learn*; *pick up* ★ weinig ~ van iets *not learn much from s.th.* II ON WW gaan waaien *rise*; *get up* ★ de wind steekt op *the wind is rising*

opsteker *windfall*

opstel *essay*; *paper* ★ een ~ maken *write an essay*

opstellen I OV WW • plaatsen ⟨kanon⟩ *mount*; ⟨materiaal⟩ *set up*; ⟨troepen⟩ *line up*; ⟨raketten, leger⟩ *deploy* • ontwerpen *draw up*; *draft* ★ een plan ~ *draw up a plan* II WKD WW standpunt innemen *take up a position*; ⟨in formatie⟩ *line up*; FIG. *adopt an attitude* ★ zich keihard ~ *take a hard line*

opstelling • plaatsing *placing*; MIL. *deployment*;

formation; SPORT *line-up* • houding *attitude*
opstijgen • omhoogstijgen *rise; ascend*; ⟨v.
vliegtuig⟩ *take off*; ⟨ruimtevaart⟩ *lift off* • te
paard klimmen *mount*
opstijven I OV WW • opnieuw stijven van
kleding *starch* • BOUWK. *strengthen; reinforce*
II ON WW • toenemen van de wind *stiffen*
• stijf worden ⟨v. cement⟩ *set; solidify*; ⟨v.
gelei, pudding, enz.⟩ *stiffen*
opstoken • harder stoken *stir/poke (up)*
• verbranden *burn (up)* • ophitsen *incite*
★ kinderen tegen elkaar ~ *set children
against each other*
opstootje *disturbance*
opstopping *stoppage*; ⟨v. verkeer⟩ *traffic jam;
congestion*
opstrijken • innen *rake in* ★ de winst ~ *reap the
profits* • gladstrijken *iron*
opstropen *tuck up*
opsturen *send*; *post*
optakelen • met takels ophijsen *hoist up*
• optuigen *rig up* • opdirken *tart up*
optater *wallop; punch*
optekenen *record*; *note down*
optellen *add (up)*
optelling *addition*
optelsom *addition sum*
opteren (voor) *opt for*
opticien *optician*
optie • keuzemogelijkheid *option* • vrije keuze
★ iets in ~ hebben *have first refusal of s.th.*;
have an option on s.th. • ECON. *option*
optiebeurs *options exchange*
optiek *point of view* ★ vanuit deze ~ *from this
point of view*
optillen *lift up*
optimaal *optimum*
optimaliseren *optimize*
optimisme *optimism*
optimist *optimist*
optimistisch *optimistic*
optioneel *optional*
optisch *optical* ★ ~ bedrog *optical illusion*
optocht *procession*; GESCH. *pageant*
optometrie *optometry*
optornen ★ ~ tegen *cope/battle with*
optreden I ZN • handelwijze ⟨houding⟩
attitude; manner; ⟨voorkomen⟩ *bearing*;
⟨politie⟩ *action* • opvoering *appearance*
★ eerste ~ *first appearance* **II** ON WW
• handelen ★ als verdediger ~ JUR. *appear for
the defendant* • flink ~ tegen *take strong
action against* ★ gewapend ~ tegen *take
armed action against* ★ voor iem. ~
behalf of s.o.; *deputize for s.o.* • zich voordoen
appear ★ er trad een verbetering op in zijn
toestand *his condition improved* • een rol
spelen *appear*; *make one's appearance* ★ voor
de eerste maal ~ *make one's first appearance*
★ in 'n film ~ *appear in a film*
optrekje *(holiday) cottage*
optrekken I OV WW • omhoogtrekken *pull up*;
raise; ⟨v. schouders⟩ *shrug*; ⟨v.
wenkbrauwen⟩ *raise*; *lift* • verhogen *raise*
★ de lonen ~ *raise wages* • opbouwen *put up*
★ een muur ~ *put up a wall* **II** ON WW

• opstijgen *lift* ★ de mist trekt op *the fog is
lifting* • oprukken *advance* • accelereren *pick
up speed*; ⟨v. motor⟩ *accelerate* • omgaan met
★ ik heb heel wat met hem opgetrokken
we've been around together a great deal
optrommelen *get together*
optuigen • van tuig voorzien ⟨v. paard⟩
harness; ⟨v. schip⟩ *rig* • versieren ★ de
kerstboom ~ *decorate the Christmas tree*
optutten INF. *doll/tart up*
opus *opus* [mv: *opuses, opera*]
opvallen *attract attention*; *strike* ★ het valt mij
op dat *it strikes me that* ★ doen ~ *make
conspicuous* ★ het valt niet op *it doesn't show*
opvallend *striking; marked*
opvang *emergency measures*; ⟨bij
noodgevallen, rampen⟩ *relief*
opvangcentrum *shelter*; ⟨v. daklozen⟩ *centre
for the homeless*; ⟨hulpverlening⟩ *crisis
centre*; ⟨v. vluchtelingen⟩ *reception/refugee
centre*
opvangen • vangen *catch*; *receive* ★ een stoot ~
receive a blow • vergaren *catch*; *collect*
★ water ~ *catch water* • waarnemen *pick up*;
⟨v. gesprek⟩ *overhear* • ondervangen ⟨schok⟩
absorb; ⟨slag⟩ *intercept*; ⟨verlies⟩ *meet*;
⟨botsing⟩ *cushion* • helpen take care of
★ vluchtelingen ~ *receive refugees* ▼ een blik
van iem. ~ *catch s.o.'s eye*
opvangkamp *reception camp*; ⟨v.
vluchtelingen⟩ *refugee camp*
opvarende *person on board*; ⟨passagier⟩
passenger; ⟨bemanningslid⟩ *crew member*
opvatten • opnemen *take up* ★ de draad van
het verhaal weer ~ *take up the thread of the
story* ★ zijn taak weer ~ *resume one's task*
• gaan koesteren *conceive* ★ haat ~ voor iem.
develop a hatred for s.o. • beschouwen
understand; *conceive* ★ iets verkeerd ~
misunderstand s.th. ★ iets te licht/te somber ~
take too light/too gloomy a view of s.th.
opvatting *opinion*; *notion*; *idea* ★ achterhaalde
~en *outmoded views* ★ ruim van ~
broadminded
opvijzelen • opkrikken *jack up* • verbeteren
boost ★ het zelfvertrouwen wat ~ *boost/
bolster self-confidence*
opvissen • uit water halen *dredge up*; INF. *fish
up* • opdiepen *dig/fish up*; *hunt out*
opvliegen • omhoogvliegen *fly up* ★ de trap ~
dash up the stairs • driftig worden *flare up*
opvliegend *short-tempered*
opvlieger *(hot) flush*
opvoeden • grootbrengen *bring up*; *raise*
• vormen *educate* ★ goed/slecht opgevoed
well/badly brought up
opvoeding • het grootbrengen *upbringing*
• vorming *education* ★ lichamelijke ~
physical education; *P.E.* ★ iem. met een goede
~ *well-educated person*; *well-brought up person*
opvoedingsgesticht *borstal*; *approved school*
opvoedkunde *pedagogy*
opvoedkundig *pedagogic(al)*
opvoeren • vertonen *perform*; *present* ★ een
stuk ~ *put on a play* • groter/krachtiger
maken ⟨v. productie⟩ *increase*; *step up*; ⟨v.

op

motor⟩ *tune up* ⋆ de capaciteit ~ *increase the capacity* • opdrijven ⟨v. prijs⟩ *raise* ⋆ het peil ~ *raise the standard* • voeren *feed* ⋆ het brood ~ aan de vogels *feed the bread to the birds*

opvoering • vertoning *performance* • verhoging *increase*; ⟨v. snelheid⟩ *acceleration*

opvolgen I ov ww gevolg geven aan ⟨v. advies⟩ *follow*; ⟨v. bevel⟩ *obey*; ⟨v. regels⟩ *observe* II on ww volgen op *succeed* ⋆ zijn vader ~ *succeed one's father*

opvolger *successor*

opvouwbaar *folding*; ⟨v. bed⟩ *collapsible*

opvouwen *fold up*

opvragen *claim, ask for*; *reclaim*; ⟨v. geld van rekening⟩ *withdraw*; ⟨v. hypotheek⟩ *recall*; ⟨gegevens⟩ *retrieve*

opvreten I ov ww *opeten eat up*; *devour* ▾ hij wordt opgevreten van de zenuwen *he is a nervous wreck* II wkd ww verteerd worden ⋆ zich ~ van afgunst *be consumed with jealousy*

opvrijen • vleien *butter s.o. up* • seksueel prikkelen *arouse someone*

opvrolijken *cheer (up); enliven*

opvullen *fill up*; ⟨v. kleren⟩ *pad*; ⟨v. kussen, kalkoen⟩ *stuff*

opwaaien I ov ww omhoog brengen *blow up* II on ww omhoog gaan *be/get blown up*

opwaarderen *upgrade; revalue*

opwaarts *upward(s)* ⋆ ~e druk *upward pressure*; ⟨in vloeistof⟩ *buoyancy*

opwachten *wait for*; ⟨met vijandige bedoeling⟩ *waylay*

opwachting ⋆ zijn ~ maken bij *pay one's respect to*; lit. *wait on*

opwarmen I ov ww opnieuw verwarmen *heat/warm up* II on ww warm worden *heat up* III wkd ww *warm up*

opwegen *be equal to* ⋆ ~ tegen *(counter)balance; offset* ⋆ hij weegt niet tegen haar op *he is no match for her*

opwekken • doen ontstaan *arouse*; ⟨energie⟩ *generate*; ⟨v. eetlust⟩ *stimulate*; ⟨gevoelens⟩ *evoke* ⋆ argwaan ~ *arouse suspicion* • aansporen *urge on; stimulate* • doen herleven *revive* ▾ uit de dood ~ *raise from the dead*

opwekkend • opvrolijkend *cheerful; heartening* • stimulerend *stimulating* ⋆ ~ middel *tonic; stimulant*

opwellen *well up* ⋆ ~de tranen *gathering tears*

opwelling *fit*; ⟨v. enthousiasme⟩ *burst*; ⟨jaloezie *stab*; ⟨v. woede⟩ *surge*; *fit* ⋆ in een ~ handelen *do s.th. in an impulse* ⋆ in een ~ van drift *in a fit of temper* ⋆ in de eerste ~ *on the first impulse*

opwerken I ov ww • bruikbaar maken *touch up* • naar boven brengen *work up* II wkd ww opklimmen *work one's way up*

opwerkingsfabriek *nuclear fuel (re)processing plant*

opwerpen I ov ww • omhoog werpen *throw/ toss up* • aanleggen *erect* • opperen *raise* ⋆ een idee ~ *put forward/suggest an idea* II wkd ww ⋆ zich ~ als *set o.s. up as*

opwinden I ov ww • optrekken *winch up; reel in/up* • oprollen *wind* • draaiend spannen *wind (up)* • heftige gevoelens veroorzaken *excite*; ⟨seksueel⟩ *arouse*; ⟨v. woede⟩ *get enraged (at)* II wkd ww kwaad worden *get excited* ⋆ zich hevig ~ *work o.s. into a lather*

opwindend *exciting*

opwinding *excitement; arousal*

opzadelen • zadel opdoen *saddle up* • opschepen *saddle; burden* ⋆ iem. met iets ~ *saddle s.o. with s.th.*

opzeggen • voordragen *read out*; ⟨v. gedicht, les⟩ *recite* • beëindigen ⟨v. contract⟩ *terminate*; ⟨v. abonnement⟩ *withdraw*; ⟨betrekking⟩ *resign* ⋆ een abonnement ~ *discontinue a subscription* ⋆ lidmaatschap ~ *resign* ▾ zeg op! *speak out!*

opzegtermijn *(period/term of) notice*

opzet I zn (de) planning *planning*; idea; *plan* ⋆ de ~ was om ... *the idea was ...* II zn (het) bedoeling *intention; purpose* ⋆ met ~ *on purpose*; *wilfully* ⋆ zonder ~ *unintentionally* ⋆ boos ~ jur. *criminal intent* ⋆ met het ~ om *with intent to*

opzettelijk *deliberate; intentional*; ⟨verwaarlozing⟩ *wilful*; ⟨belediging⟩ *calculated*

opzetten I ov ww • overeind zetten *set up; put up*; ⟨recht overeind⟩ *stand up*; ⟨v. kraag⟩ *turn up*; ⟨v. paraplu⟩ *put up* • opdoen *put on* • op het vuur zetten *put on* ⋆ water ~ *put the kettle on* • beginnen *set up; start* ⋆ een zaak ~ *start a business* • prepareren *stuff* ⋆ een opgezette uil *a stuffed/mounted owl* • opstoken *set on* ⋆ ~ tegen *set against* ⋆ tegen elkaar ~ *set people against each other* II on ww • opkomen • komen ~ ⟨v. onweer⟩ *come on*; ⟨v. mist⟩ *set in* • zwellen *swell (up)* ⋆ de wind komt ~ *the wind is getting up*

opzicht • toezicht *supervision* • aspect ⋆ in dit ~ *in this respect* ⋆ ten ~e van *with regard to* ⋆ in zeker ~ *in a way*

opzichter *overseer; supervisor*; ⟨v. park⟩ *keeper*

opzichtig ⟨v. kleren⟩ *flamboyant*; ⟨v. kleuren⟩ *loud*; ⟨v. kleren⟩ *showy*

opzichzelfstaand *isolated; individual* ⋆ iets ~s *a one-off; a thing apart*

opzien I zn ~ baren *cause a sensation; make a splash* II on ww • opkijken *look up* • bewonderen *look up (at)* ⋆ ~ tegen iem. *look up to s.o.* • vrezen *not be able to face* ⋆ ~ tegen de kosten *shrink from the costs* ⋆ ik zie er tegen op om het hem te zeggen *I'm not looking forward to telling him*

opzienbarend *sensational*

opziener *inspector*

opzij ⋆ ~ daar! *out of the way!* ⋆ met zijn hoofd een beetje ~ *with his head a little on one side* ⋆ ~ zetten *put on one side* ⋆ ~ van de weg *set back from the road* • een foto van ~ *a side view* • naar de zijkant *aside; out of the way* • terzijde *at/on one side*

opzijleggen *put/set aside* ⋆ geld ~ *lay aside money; put money by*

opzitten • overeind zitten *sit up*; ⟨v. hond⟩ *sit up (and beg)* • opblijven *stay up* ▾ er zal wat

voor hem ~ *he'll catch it*

opzoeken • zoeken *look for*; ⟨een woord⟩ *look up* • bezoeken *look up; call on* ★ kom me eens ~ *come and see me some time*

opzouten I OV WW in het zout leggen *salt (down); pickle* **II** ON WW opdonderen *piss/fuck/bugger off*

opzuigen • absorberen *absorb* • naar boven zuigen *suck in/up*; ⟨met stofzuiger⟩ *hoover*

opzwellen *swell (up)* • doen ~ *swell*

opzwepen • aanvuren *whip/stir up* • voortdrijven *whip on*

OR *works council*

oraal I BNW mondeling *oral; verbal* ★ orale geschiedenis *oral history* **II** BIJW door de mond *orally* ★ medicijnen ~ toedienen *give medicine orally*

orakel *oracle*

orang-oetang *orang-utan*

oranje I ZN kleur *orange*; ⟨v. verkeerslichten⟩ *amber* **II** BNW *orange*

Oranje • vorstenhuis *the house of Orange* • nationale sportploeg *the Dutch team*

oranjebitter *orange bitters*

Oranjehuis *House of Orange*

Oranjeteam *the Dutch (national) team*

oratie *oration*

oratorium *oratorio*

orchidee *orchid*

orde • geregelde toestand *order* ★ ik ben weer helemaal in orde *I'm quite all right again* ★ zie zo, dat is in orde *well, that's that* ★ er is iets niet in orde *there is s.th. wrong* ★ de openbare orde verstoren *disturb the peace* ★ goede orde hebben ⟨v. leraar⟩ *be good at keeping order* ★ orde houden *keep order* ★ in orde! *all right!; righto!* ★ iem. tot de orde roepen *call s.o. to order; bring s.o. into line* ★ voor de goede orde *for the sake of order* ★ orde scheppen *put (s.th.) in order* ★ orde op zaken stellen *put one's affairs in order* ★ zodra we geheel op orde zijn *as soon as we are quite settled/sorted out* • klasse *order* ★ in die orde van grootte *in that order of magnitude* • genootschap *order* • BIOL. *order* • volgorde ★ 'n zaak aan de orde stellen *raise a matter* ★ aan de orde komen *come up for discussion* ★ dat is aan de orde van de dag *that is the order of the day*

ordedienst *(body of) officials responsible for order*

ordelievend *orderly; law-abiding*

ordelijk I BNW *orderly* **II** BIJW geregeld *in good order*

ordeloos *disorderly*

ordenen • rangschikken *put something in order* ★ zijn gedachten ~ *collect one's thoughts* • regelen *order; arrange* ★ geordende economie *planned economy*

ordening • het rangschikken *arrangement* • het regelen *planning; regulation* ★ ruimtelijke ~ *regional planning*

ordentelijk • fatsoenlijk *decent* • billijk *fair; reasonable*

order • bevel *order; command* ★ tot nader ~ *until further notice* • bestelling *order*

orderportefeuille *order portfolio*

ordeverstoorder *disturber of the peace; agitator*; INF. *hooligan*

ordinair • gewoon *common; ordinary* • onbeschaafd *common; vulgar*

ordinantie *ordinance*

ordinariaat • bestuursorgaan *ordinariate* • ambtsgebied *ordinariate* • gewoon hoogleraarschap *professorate*

ordner *file*

ordonnans *messenger; courier*; MIL. *orderly*

oregano *oregano*

oreren • redevoering houden *deliver a speech* • hoogdravend praten *declaim; hold forth*

orgaan *organ* ★ een ambtelijk ~ *an official body*

orgaandonatie *organ donation*

orgaanhandel *trade in organs*

organisatie *organization*

organisatieadviseur *organization/planning advisor*

organisatiedeskundige *management consultant*

organisator *organizer*

organisatorisch *organizational* ★ ~e fout *flaw in the organization*

organisch *organic*

organiseren *organize*

organisme *organism*

organist *organist; organ-player*

organizer *organizer*

organogram • MED. *organography* • organisatieschema *organization chart*

orgasme *orgasm*

orgel • toetsinstrument *organ* • draaiorgel *(barrel) organ* ★ een ~ draaien *grind an organ*

orgelbouwer *organ builder*

orgelconcert *organ concert*

orgelman *organ-grinder*

orgelpijp *organ pipe*

orgie *orgy*

oriënt *the Orient*

oriëntaals *oriental*

oriëntalist *orientalist*

oriëntatie *orientation*

oriëntatievermogen *sense of direction*

oriënteren • zijn positie bepalen ★ zich ~ *get one's bearings; orient/orientate o.s.* ★ zich ~ naar *gravitate towards* • informeren *familiarize with; look around*

oriënteringsvermogen *sense of direction*

originaliteit *originality*

origine *origin*

origineel I ZN *original* **II** BNW • oorspronkelijk *original* • apart *strange; original*

orkaan *hurricane*

orkaankracht *hurricane force*

orkest *orchestra*

orkestbak *(orchestra) pit*

orkestraal *orchestral*

orkestratie *orchestration*

Orkney-eilanden *Orkney Islands*

ornaat ★ in vol ~ *in state*; ⟨v. priester⟩ *in full vestments*

ornament *ornament*

ornithologie *ornithology*

ornitholoog *ornithologist*
orthodontie *orthodontics*
orthodontist *orthodontist*
orthodox *orthodox*
orthopedagogiek *remedial education (studies)*
orthopedie *orthopaedy*
orthopedisch *orthopaedic*
orthopedist *orthopaedic specialist*
os *ox* [mv: *oxen*] ▾ hij sliep als een os *he slept like a log*
oscilloscoop *oscilloscope*
Oslo *Oslo*
osmose *osmosis*
ossenhaas *fillet of beef*
ossenstaartsoep *oxtail soup*
ostentatief *ostentatious*
osteocyt *osteocyte*
osteoporose *osteoporosis*
otter *otter*
ottomaans *Ottoman*
oubollig *corny*
oud • van zekere leeftijd *old* • allang bestaand *old*; ⟨v. brood⟩ *stale* ★ oud maken *age* ★ oud worden *grow old*; *age* ★ oud en nieuw vieren *see the new year in* • voormalig *former*; *ex-* • als vroeger *old*; *former* • uit klassieke oudheid *ancient* ★ de oude talen *the classical languages* ▾ jong en oud *young and old*
oud- *former*; *ex* ★ oud-leerling *former pupil*
oudbakken • niet vers *stale* • ouderwets *stale*; *trite*
oudedagsvoorziening *pension scheme*; *provisions for old age*; *old age pension/benefit*
oudejaar *New Year's Eve*; ⟨in Schotland⟩ *Hogmanay*
oudejaarsavond *New Year's Eve*
oudejaarsnacht *New Year's Eve*
ouder *parent* ★ mijn ~s *my parents* ★ van ~ tot/ op ouder overgaan *be handed down from generation to generation*
ouderavond *parent evening*
oudercommissie ≈ *parents' committee*
ouderdom • leeftijd *age* ★ een hoge ~ bereiken *live to a great age* • hoge leeftijd *old age*
ouderdomskwaal *infirmity of old age*
ouderdomspensioen *retirement pension*
ouderdomsverschijnsel *sign of old age*
oudere ★ ~n *elderly (people)*
ouderejaarsstudent *senior student*; *2nd/3rd/ (etc.)-year student*
ouderlijk *parental*
ouderling *elder*
ouderraad *parents' council*
ouderschap *parenthood*
ouderschapsverlof *maternity/parental leave*
ouderwets I BNW • uit de mode *old-fashioned*; *out of date* ★ het was weer ~ *it was just like the old days* • degelijk *proper* II BIJW *in an old-fashioned way*
oudgediende • ex-militair *veteran*; *ex-serviceman* • oude rot *old hand*; INF. *old-timer*
Oudgrieks I ZN *Ancient Greek* II BNW *ancient Greek*
oudheid *antiquity*
oudheidkunde *archaeology*
oudheidkundige *archeologist*

oudje • persoon *old man/woman* ★ de ~s *the old folks* • voorwerp *museum piece*
oudoom *great uncle*
oudsher ★ van ~ *of old*; *from time immemorial*
oudste *oldest*; *eldest*; ⟨in rang⟩ *(most) senior* ★ wie is de ~ van jullie tweeën *which of you is older/the elder* ★ hij is de ~ van de twee *he is the elder of the two*
oudtante *great-aunt*
oudtestamentisch *Old Testament*
outcast *outcast*
outfit *outfit*
outillage *equipment*
ouverture • MUZ. eerste deel *overture* • FIG. begin *prelude*; *introduction*
ouvreuse *usherette*
ouwehoer *windbag*; *gasbag*
ouwehoeren *bullshit*; BE *waffle on*
ouwel *wafer*
ouwelijk *oldish*; *elderly*
ovaal I ZN *oval* II BNW *oval*
ovatie *ovation* ★ een ~ brengen *give an ovation*
oven *oven*; ⟨steenoven⟩ *kiln*; ⟨hoogoven⟩ *furnace*
ovenschaal *ovenware*
ovenschotel *oven dish*
ovenstand *oven setting*; ⟨gasoven⟩ *gasmark*
ovenvast *heat-resistant*; *oven-proof*
ovenwant *oven glove*
over I BIJW • van/naar een andere plaats *across*; *over* ★ zij liep de gang over *she walked down the corridor* ★ ga jij dit jaar over? *will you move up this year?* ★ dwars over *straight across* • afgelopen *over*; *finished* ★ en nu is het over! *and now it's done/ finished* ★ hun vriendschap was over *their friendship was at an end* • resterend *left* ★ hoeveel is er nog over? *how much have we got left?* • opnieuw *again* ★ lees die zin nog eens over *read that sentence again* ▾ zij heeft iets over zich *there is s.th. about her* II VZ • van/naar een andere plaats *across*; *over* ★ over de brug *over the bridge* ★ over de grens *over/across the border* • bovenop/-langs *across*; *over* ★ over het hek *over the fence* ★ over de knie leggen *put across one's knees* • via *by way of*; *via* ★ ik rijd over Parijs *I'm driving via Paris* ★ over land en zee *by land and by sea* • meer/langer dan *over*; *past* ★ bewijzen te over *plenty of evidence* ★ zij is ver over de dertig *she's well over thirty* • een beetje over zijn toeren *a bit upset* • na ★ over een minuut ben ik bij je *I'll be with you in a minute* ★ het is over enen *it's past one* • over enige tijd *after some time* ★ vandaag over een week *a week today* • betreffende *about*; *concerning* ★ over wie gaat het? *who is it about?* ★ over de doden niets dan goeds *do not speak ill of the dead* ▾ over en weer *back and forth* ▾ beschuldigingen over en weer *mutual recriminations*
overal • op alle plaatsen *everywhere*; INF. *all over the place* ★ ~ waar *wherever* • alles ★ hij weet ~ van *he knows all about it*
overall *overall*; *overalls* [mv]; *coveralls* [mv]
overbekend *widely known* ★ die naam is ~ *it's*

a household name
overbelasten *overburden*; ⟨v. machine⟩
overload
overbelichten FIG. *overdo*; FOT. *overexpose*; FIG.
overplay
overbemesting *over-fertilisation*
overbesteding *overspending*
overbevissing *overfishing*
overbevolking *overpopulation*
overbevolkt *overpopulated*; ⟨buurt⟩
overcrowded
overbezet *overcrowded*
overblijflokaal *room in which children eat their
packed lunch*
overblijfmoeder *mother acting as
schoollunchtime supervisor*
overblijfsel *remnant*; ⟨afval, restanten⟩
remains; ⟨voornamelijk etensresten⟩ *left-overs*
[mv]; ⟨na brand e.d.⟩ *debris*; *wreckage*
overblijven • *resteren be left*; *remain* ★ er blijft
niets anders over dan te gaan *there is
nothing for it but to go* ★ 't ~de *the remainder/
rest*; ⟨bedrag⟩ *the balance* • op school blijven
stay for/over the lunch break
overbluffen • *overdonderen confound*
• verwarren *dumbfound*
overbodig *superfluous*
overboeken • op andere lijst plaatsen *transfer*
• op andere rekening zetten *transfer* ★ geld
overboeken op *transfer money to*
overboord *overboard* ★ ~ slaan *fall overboard*
★ de plannen ~ gooien *throw the plans
overboard* ★ ~ gooien *throw overboard*
overbrengen • verplaatsen *bring*; *take*; *move*;
⟨v. goederen⟩ *transport* ★ iem. naar het
hospitaal brengen *take s.o. to hospital*
• overboeken *transfer* • overdragen *carry*;
TECHN. *transmit* ★ iets op iem. ~ *pass s.th. on
to s.o.* • doorgeven ⟨boodschap⟩ *take*;
⟨groeten⟩ *give*; ⟨opmerkingen⟩ *pass on*;
report • vertalen *translate*; *render*
overbrenging • het overbrengen *transport*;
transfer; *removal* • TECHN. *transmission*
overbrieven *tell*; *repeat*; INF. *blab*
overbruggen • met brug overspannen *bridge*
• FIG. ondervangen ⟨m.b.t. tijd⟩ *tide over*;
⟨verschil, e.d.⟩ *bridge*
overbrugging • het overbruggen *bridging* ★ ter
~ ... *to tide over ...* • middel *bridging (of)*;
bridge (over)
overbruggingsregeling *transitional
arrangement*
overbuur *opposite neighbour*
overcapaciteit *overcapacity*
overcompleet *surplus*
overdaad *excess* ★ ~ schaadt *enough is as good
as a feast*; *everything over a mouthful is
waisted*
overdadig *excessive*; ⟨m.b.t. eten en drinken⟩
lavish
overdag *during the day*; *in the daytime*
overdekken *cover (over)*
overdekt *covered*; ⟨zwembad⟩ *indoor*
overdenken *reflect on*; *consider*
overdenking *reflection*; *consideration*
overdoen • opnieuw doen *do (s.th.) over again*;

⟨examen⟩ *resit* • verkopen *sell (off)*
• overgieten *transfer*
overdonderen *browbeat*
overdosis *overdose*
overdraagbaar • over te dragen *transferable*
• MED. *contagious*; ⟨seksueel⟩ *transmittable*
overdraagbaarheid *contagiousness*;
transmittability
overdracht ⟨v. gezag⟩ *devolution*; ⟨v. bezit,
wissel⟩ *transfer*; ⟨v. eigendom⟩ *conveyance*;
⟨v. gezag⟩ *delegation*
overdrachtelijk *metaphorical* ★ in ~e zin *in a
metaphorical sense*
overdrachtsbelasting ⟨v. onroerend goed⟩
conveyance tax; ⟨v. waardepapieren⟩ *stamp
duty*
overdrachtskosten *conveyancing costs*
overdragen • overbrengen *pass on*; *transmit*
★ kennis ~ *pass on knowledge* • overgeven
~ aan *hand over*; ⟨taak⟩ *delegate*; *assign* ★ aan
de politie ~ *hand over to the police*
• overboeken *transfer*
overdreven *exaggerated*; *gushing* ★ ~
nauwgezet *meticulous* ★ ~ edelmoedig
generous to a fault
overdrijven[1] *blow over*
overdrijven[2] • geen maat houden *overdo
something*; *go too far* • iets overdreven
voorstellen *exaggerate* ★ overdrijf niet zo
don't pile it on
overdrive *overdrive*
overdruk • extra afdruk *offprint*
• overgedrukte tekst *overprint*; ⟨postzegel⟩
overprint • NAT. *overpressure*
overdrukken • opnieuw drukken *reprint*
• ergens overheen drukken *overprint*
overduidelijk *manifest*; *obvious*
overdwars *across*; *crosswise*
overeenkomen I OV WW afspreken *agree (on)*
★ iets ~ *agree on s.th.* **II** ON WW • gelijk zijn
correspond (to) ★ ~ met de verklaringen *be
consistent with the statements* • bij elkaar
passen *go together*; *match*
overeenkomst • gelijkheid *match* • gelijkenis
similarity; *correspondence*; *resemblance* ★ ~
vertonen *resemble* ★ geen enkele ~ vertonen
show not the slightest similarity/resemblance
• afspraak *agreement*; ⟨verdrag⟩ *treaty*; *pact*
★ een ~ treffen *enter into an agreement*
overeenkomstig I BNW gelijk *similar*;
corresponding ★ ~e cijfers *corresponding
figures* **II** VZ volgens *in accordance with*;
consistent with ★ ~ de feiten *in accordance/
keeping with the facts* ★ ~ onze afspraak
consistent with our agreement
overeenstemmen • overeenkomst vertonen
correspond to ★ ~ met *fit in with*
• gelijkgestemd zijn *agree (with)*
overeenstemming • gelijkenis *similarity*;
resemblance • harmonie *harmony*; *agreement*
★ volkomen in ~ zijn met *be in complete
agreement with* • eensgezindheid *agreement*
★ tot ~ komen *come to terms*; *reach an
understanding* ★ stilzwijgende ~ *tacit
understanding*
overeind • rechtop *upright*; *on end* ★ ~ komen

OV

get up ∗ ~ gaan zitten *sit up (straight)* • van kracht ∗ van zijn beweringen bleef niets ~ *his arguments did not stand up* ∗ dat houdt hem ~ *that keeps him on his feet*

overerven I ov ww meekrijgen *inherit* II on ww overgaan op *pass down; be handed down*

overgaan • oversteken *cross* • zich voegen bij *change over* ∗ tot een godsdienst ~ *embrace a religion* • bevorderd worden *move up* ∗ naar de vierde ~ *move up to the fourth form*; AE *move up to the fourth grade* • van bezitter veranderen *transfer; pass* ∗ in andere handen ~ *change hands/ownership* • voorbijgaan *pass off/away*; ⟨v. bui⟩ *blow over*; ⟨v. gevoelens ook⟩ *wear off* • veranderen ∗ ~ in *pass into* ∗ geleidelijk in elkaar ~ *blend into one another* • beginnen ∗ ~ tot *proceed to* ∗ tot de aanval ~ *start an attack* • ~ op *go on to; pass to* ∗ op een ander onderwerp ~ *move/pass to the next topic*

overgang • het overgaan ⟨op school⟩ *promotion* • tussenfase *link*; ⟨v. toestand⟩ *transition; changeover* • ⟨v. leeftijd⟩ *change of life; menopause* • oversteekplaats ⟨v. rivier⟩ *crossing*; ⟨spoorlijn⟩ *(level)crossing*

overgangsbepaling *temporary provision*

overgangsfase *transitional/interim phase/stage*

overgangsmaatregel *interim/transitional measure*

overgangsperiode *transition(al) period*

overgankelijk *transitive*

overgave • capitulatie *surrender* • toewijding *devotion; dedication*

overgeven I ov ww • overhandigen *hand (over); pass*; ⟨v. stad⟩ *surrender* • toevertrouwen *entrust* II on ww braken *vomit; throw up* ∗ moeten ~ *be sick* III wkd ww • capituleren *surrender* • zich wijden ~ aan *dedicate oneself to* • verslaafd raken ~ aan *take to; indulge in* ∗ zich ~ aan de drank *indulge in drink*

overgevoelig • allergisch ook FIG. *allergic* • zeer gevoelig *oversensitive; hypersensitive*

overgewicht *overweight; excess weight*

overgieten¹ *recast*

overgieten² *dowse* ∗ overgoten met water *dowsed with water*

overgooier *pinafore (dress)*

overgordijn *curtain*

overgrootmoeder *great-grandmother*

overgrootvader *great-grandfather*

overhaast *rash; hasty; hurried* ∗ een ~e beslissing *a rash decision*

overhaasten *hurry* ∗ zich ~ *hurry*

overhalen • trekken aan *pull* ∗ de trekker ~ *pull the trigger* • overreden *persuade; talk (s.o.) into* ∗ zich laten ~ *be persuaded*

overhand ∗ de ~ hebben *have the upper hand; prevail*

overhandigen *hand (over); deliver*

overhangen *hang over*

overheadkosten *overheads; fixed costs*

overheadprojector *overhead projector*

overhebben • overhouden *have (s.th.) left* ∗ een kamer ~ *have a spare room* • willen missen ∗ dat heb ik er wel voor over *I don't*

mind; it's worth it ∗ ik heb er geen cent voor over *I'm not spending any money on it* ∗ hij heeft niets voor je over *he won't do anything for you*

overheen • over iets *over; across; on top* ∗ ergens ~ stappen *step over s.th.*; FIG. *pass over* • voorbij ∗ ik liet er geen tijd ~ gaan *I lost no time (in)* ∗ daar kunnen nog jaren ~ gaan *it may take years* ▾ zich ergens ~ zetten *get over s.th.* ▾ daar ben ik ~ *I've got over it* ▾ ik kan er niet ~ (komen) *I can't get over it* ▾ ik zal er maar ~ stappen *I'll let it go at that*

overheersen • heersen over *rule over* • domineren *dominate* ∗ een ~de factor *a predominant factor*

overheersing • heerschappij *rule; oppression* • dominantie *dominance*

overheid *government* ∗ plaatselijke ~ *local authorities*

overheidsbedrijf *public enterprise*

overheidsdienst ∗ in ~ zijn *work in the civil service*

overheidssubsidie *government grant*

overheidswege ∗ van ~ *by the authorities* ∗ van ~ wordt verklaard *the authorities announce*

overhellen • hellen *lean over*; ⟨v. schip⟩ *list*; ⟨v. vliegtuig⟩ *bank* • neigen *incline* ∗ ~ naar/tot *lean/gravitate towards*

overhemd *shirt*

overhevelen • met hevel *siphon into* • overbrengen *transfer*

overhoop *in disorder*; FIG. *at odds* ∗ ~ halen *turn upside down*; ⟨verwarren⟩ *mix up* ∗ ~ liggen *be in disorder*; ⟨ruzie hebben⟩ *be at loggerheads/odds (with); be in a mess* ∗ ~ schieten *shoot down*; INF. *blow away* ∗ ~ steken *stab* ∗ ~ gooien *upset*

overhoren *test*

overhoring *test* ∗ schriftelijke ~ *written test* ∗ mondelinge ~ *oral test*

overhouden • als overschot hebben *have left; be left with* • in leven houden *keep* ∗ aardappelen de winter ~ *keep potatoes through the winter*

overig • overblijvend *remaining* ∗ voor 't ~e *for the rest* ∗ de ~e dagen *the remaining days* • ander ∗ de ~e mensen *the other people*

overigens • voor het overige *for the rest* ∗ ~ een goed man *an otherwise good man* • trouwens *for that matter; indeed*

overijld *rash; hasty; hurried*

overjarig • meer dan één jaar oud *over a year old* • winterhard *perennial*

overjas *overcoat*

overkant *opposite/far side* ∗ aan de ~ van *beyond; across* ∗ naar de ~ *across*

overkapping *covering; roof*

overkill *overkill*

overkoepelen *cover*; FIG. *coordinate* ▾ ~de organisatie *umbrella organisation*

overkoken *boil over*

overkomen² *happen to* ∗ dat overkomt mij nou nooit *it could never happen to me*

overladen² ∗ te vol laden *overload* ∗ een wagen overladen *overload a car* • overstelpen *shower; heap on* ∗ overladen

OV

met geschenken *shower with gifts*

overlangs I BNW *lengthwise*; ⟨in wetenschap⟩ *longitudinal* **II** BIJW *lengthwise*

overlappen *overlap*

overlast *annoyance*; *nuisance* ★ iem. ~ bezorgen *cause s.o. inconvenience*

overlaten • doen overblijven *leave* • toevertrouwen *leave* ★ ik moet u even aan uzelf ~ *I'll have to leave you to your own devices* ★ niets aan het toeval ~ *leave nothing to chance* • erover laten gaan *let go over*

overleden *dead*; *deceased* ★ de ~ *the deceased*

overledene *deceased*

overleg • beraadslaging *deliberation*; ⟨bespreking⟩ *consultation* ★ ~ plegen over iets *confer on s.th.* ★ in ~ met *in consultation with* • bedachtzaamheid *discretion*; *judgement* ★ met ~ te werk gaan *act with discretion* ▾ ~ is 't halve werk *look before you leap*

overleggen¹ *produce*

overleggen² *confer* ★ iets met iem. overleggen *confer with s.o. about s.th.*

overlegorgaan *consultative body*

overleven • blijven leven *survive* • langer leven *outlive*

overlevende *survivor*

overleveren • doorgeven *hand down* • FIG. overdragen *hand over* ★ overgeleverd zijn aan FIG. *be at the mercy of*

overlevering *tradition*

overlevingskans *chance of survival*

overlevingstocht *survival trek/trip*

overlezen • opnieuw lezen *reread* • doorlezen *read over/through*

overlijden I ZN *death*; FORM. *decease* **II** ON WW *die*; *pass away*

overlijdensadvertentie *death announcement*

overlijdensakte *death certificate*

overlijdensbericht *obituary notice*; *death announcement* ★ de ~en lezen *read the obituaries*

overlijdensverzekering *life insurance*

overloop • het overstromen *flooding* • bovenportaal *landing* • overloopbuis *overflow*

overlopen • overstromen *run over*; FIG. brim over ★ de gootsteen loopt over *the sink is running over* • lopen over *walk across*; *cross* ★ een brug ~ *cross a bridge* • naar andere partij gaan *defect*; *desert* ★ ~ naar de vijand *go over to the enemy* • ~ **van** brim over ★ ~ van enthousiasme *brim over with enthusiasm*

overloper *deserter*; *defector*; *turncoat*

overmaat *excess* ▾ tot ~ van ramp *to crown it all*; *on top of all that*

overmacht • grotere macht *superior forces/ numbers* • JUR. *circumstances beyond one's control*; *an Act of God*

overmaken • opnieuw maken *redo*; *do over again* • overschrijven ⟨v. geld⟩ *transfer*; *remit*

overmannen *overpower*

overmatig *excessive* ★ ~ drinken *drink to excess*

overmeesteren *overcome*; *overpower*

overmoed *recklessness*

overmoedig *reckless*

overmorgen *the day after tomorrow*

overnaads *clinker-built*

overnachten *stay the night*

overnachting *night* ★ ~ met ontbijt *bed and breakfast* ★ het aantal ~en *the number of nights (spent at a hotel)*

overname *taking over*; *takeover purchase* ★ ter ~ aangeboden *(offered) for sale* ★ ter ~ gevraagd *wanted* ★ een vijandige ~ *a hostile take-over*

overnamekosten *take-over price*; *take-over costs*

overnemen • uit handen nemen *take over* ★ de leiding ~ SPORT *take over the lead* • kopen *buy* • navolgen *adopt* ★ een amendement ~ *adopt an amendment* • kopiëren *copy*

overnieuw *again*; *(all) over again*

overpad ▾ recht van ~ *right of way*

overpeinzen *ponder (on)*; *meditate*

overpeinzing *meditation*; ⟨het overdachte⟩ *reflection*

overplaatsen *transfer*

overplaatsing *transfer*

overproductie *over production*

overreden *persuade*

overredingskracht *power of persuasion*

overrijden *drive over*; INF. *knock down*

overrompelen *(take by) surprise*

overrulen *overrule*

overschaduwen • schaduw werpen op *overshadow* • overtreffen *eclipse*

overschakelen • andere verbinding maken *switch over* • in andere versnelling gaan *change gear* ★ naar de hoogste versnelling ~ *change into top gear* • overstappen op ~ *switch over to* ★ ~ op gas *convert to gas*

overschatten *overrate*

overschieten I OV WW *pass* ★ de bal ~ naar ... *pass the ball to* ... **II** ON WW *resteren remain*; *be left* • snel gaan over *dash across/over* ★ de jongen schoot de weg over *the boy darted/ dashed across the road*

overschoen *galosh*

overschot • teveel *surplus* • restant *remainder*; ⟨aan geld⟩ *balance* ★ het stoffelijk ~ *the (mortal) remains*

overschreeuwen ★ iem. ~ *shout s.o. down*

overschrijden • stappen over *cross* • te buiten gaan *exceed* ★ zijn verlof ~ *overstay one's leave*

overschrijven¹ • naschrijven *copy (out)*; *make a fair copy of* • op andere naam zetten *transfer*

overschrijven² *overwrite*

overschrijving • het opnieuw schrijven *transcription* • het op andere naam zetten *transfer* • overgeboekt bedrag *remittance*

oversized *oversized*

overslaan I OV WW • laten voorbijgaan *omit*; *miss (out)*; ⟨bij uitdeling⟩ *pass over*; ⟨verzuimen⟩ *miss* ★ je hebt één woord overgeslagen *you've missed out one word* • overladen *transfer* **II** ON WW • op iets anders overgaan *jump over*; *spread to* ★ de vlammen sloegen over op de schuur *the flames spread to the barn* • snel veranderen *swing round* • uitschieten ⟨v. stem⟩ *break*; *catch*

overslag • omgeslagen rand ⟨v. enveloppe⟩ *flap*; ⟨v. jas⟩ *overlap*; ⟨rand, omslag⟩ *turnover* • het overslaan van goederen *transfer*

overslagbedrijf *trans(s)hipment company*

overslaghaven *container port*; *port of tran(s)shipment*

overspannen I BNW • te gespannen *overstrained* ⋆ ~ verwachtingen *unrealistic expectations* • ~ arbeidsmarkt *overstrained labour market* • overwerkt *overwrought* II OV WW • te sterk spannen *overstrain* ⋆ zich ~ *drive o.s. too far* • overdekken *span* ⋆ een rivier ~ *span a river*

overspanning • spanning *over-exertion* • stress *nervous exhaustion*

overspel *adultery* ⋆ ~ plegen *commit adultery*

overspelen [1] • opnieuw spelen *replay* • SPORT afspelen *pass*

overspelen [2] • overtreffen *outplay*; *outclass* • in kaartspel *overplay* ⋆ zijn hand overspelen *overplay one's hand*

overspelig *adulterous*

overspoelen *flood*; *swamp*; *wash over* ▾ met vragen overspoeld worden *be flooded with questions*

overspringen *jump/leap over* ⋆ hij sprong op een nieuw onderwerp over *he leapt on to a new subject*

overstag ⋆ ~ gaan *tack*; FIG. *change tack*

overstappen • overgaan op *change over* ⋆ op iets anders ~ *move on to s.th. else* • van vervoermiddel wisselen *change* ⋆ reizigers voor Utrecht hier ~ *change here for Utrecht*

overste • MIL. *lieutenant-colonel* • REL. *prior* [v: *prioress*]

oversteek *crossing* ▾ de grote ~ maken *cross the Atlantic*

oversteekplaats *crossing* ⋆ ~ voor voetgangers *pedestrian crossing*

oversteken I OV WW ruilen *exchange* ⋆ gelijk ~! *make an equal exchange*; hand over *simultaneously* II ON WW naar overkant gaan *cross* ⋆ naar Engeland ~ *cross over to England*

overstelpen • bedelven *shower*; *heap*; *swamp* ⋆ overstelpt met werk *snowed under with work* • overweldigen *overwhelm*; *overcome*

overstemmen [1] *vote again*

overstemmen [2] • meer geluid maken *drown out* • door meer stemmen verslaan *outvote*

overstromen *overflow*

overstroming *flood*

overstuur [1] *oversteer*

overstuur [2] *upset* ⋆ overstuur maken *upset*

overtekenen [1] • natekenen *copy* • opnieuw tekenen *draw again*

overtekenen [2] *oversubscribe*

overtocht *passage*; *crossing*

overtollig *superfluous*

overtreden *break*; *infringe*; FORM. *offend against*

overtreder *offender*; *trespasser*

overtreding *violation*; *offense (jur.)*; *foul (sp.)*

overtreffen *exceed*; *surpass*; *outstrip* ⋆ zichzelf ~ *surpass o.s.* ⋆ ~ de trap *superlative* ⋆ dat overtreft alles *that beats everything* ⋆ in aantal ~ *outnumber*

overtrek *cover*

overtrekken [1] I OV WW • overtekenen *trace* ⋆ met inkt overtrekken *trace in ink* • oversteken *cross* II ON WW voorbijgaan *pass (over)*; *blow over* ⋆ een overtrekkende storm *a passing storm*

overtrekken [2] • bekleden/bedekken *cover*; ⟨v. meubel⟩ *upholster* • overdrijven *exaggerate*; *blow up* • Z-N betrekken van de lucht *become overcast/cloudy*

overtrekpapier *tracing paper*

overtroeven [1] *overtrump*

overtroeven [2] *outdo*; *outwit*

overtrokken • bekleed/bedekt *covered*; ⟨meubels⟩ *upholstered* • opgenomen boven saldo *overdrawn* • overdreven *exaggerated*; *blown up*

overtuigen I OV WW *convince*; *satisfy* ⋆ overtuigd christen *confirmed Christian* ⋆ 'n overtuigd voorstander van *a firm believer in* II WKD WW *convince oneself of*

overtuigend *convincing* ⋆ wettig en ~ bewijs *legal proof*

overtuiging *conviction* ⋆ in de ~ dat *in the conviction that* ⋆ naar mijn ~ ... *it's my conviction that* ... ⋆ uit ~ *from conviction*

overtuigingskracht *persuasiveness*; *power of persuasion*

overtypen • opnieuw typen *retype* • uittypen *type out*

overuur *overtime*; *extra hour* ⋆ overuren maken *put in extra hours*; *put in overtime*; *work overtime*

overvaart *crossing*; *passage*

overval *surprise attack*; ⟨persoon⟩ *assault*; ⟨v. politie⟩ *raid* ⋆ een ~ plegen op een bank *rob a bank*

overvalcommando *police assault squad*

overvallen • aanvallen ⟨v. personen⟩ *assault*; ⟨beroven⟩ *hold up*; ⟨v. vijand⟩ *surprise* • verrassen ⟨v. emoties⟩ *come over*; ⟨storm⟩ *overtake* ⋆ iem. ~ met een vraag *spring a question upon s.o.* ⋆ door een storm ~ worden *be caught in a storm*

overvalwagen *police van*

overvaren • varend brengen *ferry/take/put across* • varend oversteken *cross (over)*; *sail (across)*

oververhit *overheated*; NAT. *superheated* ▾ de gemoederen raakten ~ *feelings ran high*

oververmoeid *overtired*; *run down*

oververtegenwoordigd *overrepresented*

overvleugelen *outstrip*

overvliegen *fly over*

overvloed *abundance*; *plenty*; *profusion* ⋆ tijd in ~ *plenty of time* ⋆ in ~ voorkomen *abound* ⋆ misschien ten ~e ... *(it is) perhaps unnecessary (to say)* ...

overvloedig *abundant*; *plentiful*; *copious*

overvloeien • overstromen *overflow* • in elkaar overlopen *flow over* • ~ van *brim with*

overvoeren • te veel voeren *overfeed* • overstelpen *glut*; *oversupply*

overvol *crowded*; *overcrowded*; *crammed (with)*

overwaaien • overtrekken *blow over* ⋆ de regenbui zal wel ~ *the shower will blow over*

OV

• voorbijgaan *pass*; *blow over* ∗ zijn sombere bui zal wel ~ *his gloomy mood will blow over*; *his gloomy mood will pass* • van elders komen ∗ hij kwam even ~ *he dropped in*; *he paid a surprise visit*

overwaarderen OOK FIG. *overvalue*; FIG. *overrate*

overweg[1] *level crossing*

overweg[2] ∗ zij kan ermee overweg *she knows how to handle it* ∗ ze kunnen goed met elkaar overweg *they get along fine*

overwegbeveiliging *safety installations at level crossings*

overwegen I OV WW nadenken *consider*; *weigh* ∗ alles wel overwogen *all things considered* ∗ ik overweeg een huis te kopen *I'm thinking of buying a house* II ON WW het belangrijkst zijn *prevail*; *preponderate*

overwegend I BNW doorslaggevend *paramount* ∗ van ~ belang is *all-important is* II BIJW *predominantly*; *mainly*

overweging • overdenking *consideration* ∗ in ~ geven *suggest* ∗ in ~ nemen *take into consideration* ∗ 'n punt van ~ uitmaken *be a matter for consideration* • beweegreden *ground*; *reason* ∗ uit ~ van *in consideration of*; *in view of*

overweldigen • overmeesteren ⟨persoon⟩ *overpower*; ⟨land⟩ *conquer* • overstelpen *overwhelm*

overweldigend ⟨meerderheid⟩ *overwhelming*; ⟨schouwspel⟩ *thrilling*

overwerk *overtime (work)*

overwerken[1] *work overtime*

overwerken[2] (zich) *overwork oneself*

overwerkt *overworked*

overwicht • overgewicht *overweight* • macht *preponderance* ∗ een natuurlijk ~ hebben op *have a natural authority over* ∗ zedelijk ~ *prestige*; FORM. *moral ascendancy*

overwinnaar *victor*; *conqueror*

overwinnen I OV WW verslaan *gain the victory*; *conquer* II ON WW *overcome*

overwinning *victory*; SPORT *win*

overwinningsroes *flush of victory*

overwinteren *winter*; *hibernate*

overwoekeren *overgrow*; *overrun*

overzees *overseas*

overzetten • naar overkant brengen *take across*; ⟨met veer⟩ *ferry (across)* • vertalen *translate*

overzicht • het overzien *survey* • samenvatting *summary*

overzichtelijk *well-organized*; *clear* ∗ ~ gerangschikt *conveniently arranged*

overzichtstentoonstelling *retrospective exhibition*

overzien • in zijn geheel zien ∗ met één blik overzien *take in at a glance* • voorstellen ∗ een situatie overzien *take stock of a situation* ∗ de gevolgen zijn niet te overzien *the consequences are incalculable*

overzijde → overkant

OV-jaarkaart *year public transportation card*

OVSE Organisatie voor Veiligheid en Samenwerking in Europa *OSCE*; *Organisation for Security and Cooperation in Europe*

ovulatie *ovulation*

oxidatie *oxidation*

oxide *oxide*

oxideren *oxidize*

ozon *ozone*

ozonlaag *ozone layer*

P

p *p* ⋆ de p van Pieter *P as in Peter*
pa *pa*; *dad*
paaien I OV WW voor zich winnen *win a person over*; *jolly a person along* **II** ON WW paren *spawn*
paaitijd *spawning season*
paal • lang voorwerp *post*; ⟨telefoon⟩ *pole*; ⟨heipaal⟩ *pile* ⋆ stijve penis *hard on* ▾ voor paal staan *look a complete fool* ▾ paal en perk stellen aan *put a check on s.th.* ▾ dat staat als een paal boven water *that is indisputable*
paalsteek *bowline (knot)*
paalwoning *pile dwelling*; ⟨moderne architectuur⟩ *cube-shaped house on concrete pillars*
paap PEJ. *papist*
paaps *papist(ic)*; *Roman Catholic*
paar • koppel *couple*; *pair* ⋆ het jonge paar *the young couple* ⋆ een vrijend paartje *two lovers* • klein aantal *couple* ⋆ een paar dagen/dingen, e.d. *a couple of days/things, etc.* ▾ niet ieder paar hoort bij elkaar *every couple is not a pair*
paard • dier *horse* ⋆ te ~ *on horseback* ⋆ ~ rijden *ride (a horse)* ⋆ te ~ springen *vault into the saddle* ⋆ van 't ~ stijgen *dismount* • schaakstuk *knight* • turntoestel *(vaulting) horse* ▾ het ~ achter de wagen spannen *put the cart before the horse* ▾ op het verkeerde ~ wedden *back the wrong horse* ▾ het beste ~ struikelt wel eens *it's a good horse that never stumbles* ▾ men moet een gegeven ~ niet in de bek zien *do not look a gift horse in the mouth* ▾ hij is over het ~ getild *he is swollen-headed; they have made too much of him*
paardebloem *dandelion*
paardendressuur ⟨beginfase⟩ *horse-braking*; ⟨vergevorderd niveau⟩ *dressage*
paardenkracht *horsepower*
paardenliefhebber *horse lover*
paardenmiddel *drastic/desperate remedy*
paardensport *equestrian/hippic sport*
paardensprong ⟨turnen⟩ *vault*; ⟨schaken⟩ *knight's move*
paardenstaart *ponytail*
paardenstal *stable* ▾ het lijkt hier wel een ~ *this place looks like a pigsty*
paardenvijg *(ball of) horse-dung* ⋆ ~en *horse-droppings*
paardjerijden *ride on someone's knee*
paardrijden *ride (horseback)*
paardrijkunst *horsemanship*; *equestrianism*
paars *purple*
paarsblauw *violet*
paarsgewijs *in pairs*
paarsrood *purple*
paartijd *mating season*; ⟨v. vogels⟩ *pairing time*
paasbest *Sunday best* ▾ op zijn ~ zijn *be all dressed up*
paasbrood *simnel (-cake/bread)*
paasdag *Easter Day* ⋆ eerste ~ *Easter Sunday*

⋆ tweede ~ *Easter Monday*
paasei *Easter egg*
paasfeest *Easter*; ⟨joods⟩ *Passover*
paashaas *Easter bunny*
paasmaandag *Easter Monday*
paasvakantie *Easter holidays*
paaszaterdag *Easter Eve*
paaszondag *Easter Sunday*
pabo *Teacher training college (for primary education)*
pacemaker *pacemaker*
pacht • huurovereenkomst *lease* ⋆ in ~ geven *let out on lease* ⋆ in ~ hebben *have on lease*; *rent* • pachtgeld *rent* ⋆ vrij van ~ *free of rent* ▾ hij denkt dat hij de wijsheid in ~ heeft *he thinks he has a monopoly on wisdom*
pachten *rent* ⋆ de visserij van een landgoed ~ ⟨aan iem.⟩ *rent out the fishing on an estate*; ⟨v. iem.⟩ *rent the fishing on an estate*
pachter *leaseholder*; *lessee*; ⟨v. boerderij⟩ *tenant*
pachtgrond *leasehold*; JUR. *tenement*
pachtovereenkomst *lease*
pacificatie *pacification*
pacifisme *pacifism*
pacifist *pacifist*
pacifistisch *pacifist*
pact *pact*; *treaty*
pad I ZN (de) dier *toad* **II** ZN (het) weg *path*; ⟨v. tuin ook⟩ *walk*; ⟨niet aangelegd⟩ *track* ⋆ op pad zijn *be on one's way* ▾ het verkeerde pad opgaan *fall into evil ways* ▾ op het rechte pad blijven *keep to the straight and narrow*
paddentrek *toads' (spring) migration*
paddentunnel *underpass for migrating toads*
paddestoel • zwam *fungus*; ⟨eetbaar⟩ *mushroom*; ⟨altijd giftig⟩ *toadstool* • wegwijzer *road marker*
paddestoelwolk *mushroom cloud*
paddo *magic mushroom*
padvinder ⟨jongen⟩ *(boy) scout*; ⟨meisje⟩ *girl guide*; AE *girl scout*
padvinderij *(boy) scout movement*
paella *paella*
paf ▾ hij stond er paf van *it made him gasp*
paffen • roken *puff* • schieten *pop*
pafferig *puffy*; ⟨dik⟩ *flabby*
pagaai *paddle*
page *page*
pagina *page*
paginagroot *full-page*
pagineren *page*
paginering *pagination*
pagode *pagoda*
pais ▾ alles is weer pais en vree *peace reigns again; the dust has settled*
pak • pakket *package*; ⟨klein⟩ *parcel*; *packet*; ⟨baal⟩ *bale*; *bundle* ⋆ pak sinaasappelsap *carton of orange juice* • kostuum *suit* ▾ bij de pakken neerzitten *throw in the towel* ▾ een nat pak oplopen *get a wetting* ▾ er viel een pak van mijn hart *a load was lifted off my mind* ▾ niet bij de pakken neerzitten *never say die*
pakbon *packing slip*; *packer's number*
pakezel *pack mule*
pakhuis *warehouse*

pakijs *pack (ice)*
Pakistan *Pakistan*
pakje • doosje *parcel* • pakket *packet*
pakjesavond *evening of December 5, on which gifts are exchanged within the family*
pakkans *chance/risk of being caught/arrested*
pakken I OV WW • beetpakken *catch*; ‹omhelzen› *hug* ★ hij pakte me bij de arm *he grabbed my arm* • te voorschijn halen *get; fetch; take* ★ even mijn pen ~ *just let met get my pen* ★ een schone handdoek uit de kast ~ *get a clean towel from the cupboard* ★ te ~ krijgen *get hold of* • betrappen *catch; seize* ★ de verkeerde te ~ hebben *have got hold of the wrong person; have the wrong sow by the ear* ★ iem. ~ op het bezit van drugs *get s.o. on possession of drugs* • inpakken *pack; do up* ★ zijn boeltje ~ *pack up* • boeien *grip; hold* ★ zij heeft het lelijk te ~ van hem *she is head over heels in love with him* ★ iem. te ~ nemen *pull a person 's leg* II WW WW houvast vinden ‹v. sleutel› *bite*; ‹v. sneeuw› *ball*; ‹v. verf› *take*; ‹v. rem› *grip*
pakkend ‹reclame, krantenkop› *arresting*; ‹reclame› *catching*; ‹melodie› *catchy*; ‹titel› *snappy*; ‹verhaal› *thrilling*
pakkerd *hug; kiss; smack*
pakket *parcel; packet* ★ een ~ maatregelen *package of measures*
pakketpost • pakket *parcel post* • postafdeling *parcel post office*
pakking *packing; gasket*
pakmateriaal *packing material(s); packaging material(s)*
pakpapier *wrapping paper*
paksoi *Chinese cabbage; pak-choi cabbage*
pakweg *roughly* ★ ~ duizend euro *about/ around a thousand euro's*
pal I ZN *catch* II BIJW • precies *directly* ★ pal voor de vakantie *immediately/right before the holidays* ★ pal noord *due north* • onwrikbaar *firmly* ★ pal staan *stand firm*
paleis *palace*
paleisrevolutie *palace revolution*
Paleoceen *Palaeocene*
paleografie *paleography*
paleontologie *palaeontology*
Palestijn *Palestinian*
Palestijns *Palestinian*
Palestina *Palestine*
palet *palette*
palimpsest *palimpsest*
palindroom *palindrome*
paling *eel* ★ gestoofde ~ *eel stew* ★ ~ in het groen *stewed eel in chervil sauce* ★ zo glad als een ~ in een emmer snot *(as) slippery as an eel*
palissade *palisade; stockade*
palissander *rosewood*
paljas *buffoon; clown*
pallet *pallet*
palm • handpalm *palm* • boom *palm* ★ de palm wegdragen *carry off the palm*
palmboom *palm (tree)*
palmenstrand *palm beach*
palmolie *palm oil*

Palmpasen *Palm Sunday*
palmtak *palm branch*; FIG. *palm*
palmtop *palmtop*
Palmzondag *Palm Sunday*
pamflet *pamphlet*; ‹schotschrift› *lampoon*
pampa *pampas*
pampus ▼ voor ~ liggen *be dead to the world; be out for the count*; ‹dronken› *be out cold*
pan • kookpan *pan* • dakpan *tile* • duinpan *hollow; dip* ★ de pan uit rijzen *shoot up* ★ onder de pannen zijn *be out of harm's way*; ‹gehuisvest› *have a roof over one's head*
pan- *pan-* ★ Amerikaans *pan-American*
panacee *panacea*
Panama *Panama*
Panamakanaal *Panama Canal*
pan-Amerikaans *Pan-American*
pancreas *pancreas*
pand • gebouw *property*; *building*; ‹huis en erf› *premises* • onderpand *pledge; security; forfeit* • slip van jas *panel*; ‹v. rokkostuum› *tail* • onderdeel van kleding *panel*
panda *panda*
pandbrief *mortgage bond*
pandemonium *uproar; pandemonium*
pandjeshuis *pawn shop*
pandjesjas *tailcoat*
pandverbeuren *game of forfeits*
paneel *panel*
paneermeel *breadcrumbs*
panel *panel*
paneldiscussie *panel discussion*
panellid *panel member; member of a/the panel*
paneren *coat with breadcrumbs*
panfluit *panpipes*
paniek *panic; scare* ★ in ~ raken *panic* ★ door ~ bevangen *panic-stricken*
paniekerig *panicky*
paniekreactie *panic/alarm reaction*
paniekvoetbal *panic measures* [mv]
paniekzaaier *alarmist; scaremonger*
panikeren *panic*
panisch I BNW *panic; frantic* ★ ~ zijn voor iets *be terrified of s.th.* II BIJW ★ ~ reageren *panic*
panklaar • gereed voor de pan *ready for cooking; oven-ready* • direct toepasbaar *ready-made* ★ geen panklare oplossing hebben *have no instant solution*
panne *breakdown* ★ ~ hebben *have engine trouble; have a breakdown*
pannendak *tiled roof*
pannenkoek *pancake*
pannenkoekmix *pancake mix*
pannenlap *oven cloth*
pannenlikker *scraper*
pannenset *set of (pots and) pans*
pannenspons *scouring pad; wire wool*; Brillo ® *pad*
panorama *panorama*
pantalon *trousers*; AE *pants*
panter *panther*
pantheïsme *pantheism*
pantheon *pantheon*
pantoffel *slipper* ★ op ~s *in slippers*
pantoffeldiertje BIOL *paramecium*
pantoffelheld • lafaard *coward* • man onder

de plak *henpecked husband*
pantomime *dumb show; mime*
pantser • stalen bescherming *armour-plating;* ‹voor borst en rug› *cuirass* • huidlaag *armour;* ‹v. schaaldier› *shell*
pantseren *armour; steel* ▾ zich ~ tegen *guard against*
pantserglas *bulletproof glass*
pantsertroepen *armoured (troops) division*
pantservoertuig *armoured car; armoured vehicle*
pantserwagen *armoured car*
panty *tights; panty hose*
pap • voedsel *porridge* • mengsel ‹geneesmiddel› *poultice;* ‹v. sneeuw› *slush*
papa *dad(dy)*
papaja *papaya*
paparazzo *paparazzo* [mv: *paparazzi*]
papaver *poppy*
papegaai *parrot*
papegaaiduiker *puffin*
paperassen *papers*
paperback *paperback*
paperclip *paperclip*
papeterie • waren *(gift) stationery* • winkel *stationers; card shop*
Papiamento *Papiamento*
papier • materiaal *paper* ★ op ~ zetten *put on paper* • document *paper* [meestal mv] ★ ~en *papers* ★ goede ~en hebben *have good testimonials* • geldswaardig stuk *paper;* ‹effecten› *stock(s)* ★ zijn ~en stijgen *his stock is rising* ▾ 't loopt in de ~en *it runs into a lot of money*
papieren • van papier *paper* ★ ~ servetten *paper napkins* ★ in theorie *paper* ★ ~ maatregelen *paper measures*
papierformaat *paper size; size of paper*
papiergeld *paper money; banknotes*
papier-maché *papier-mâché*
papierversnipperaar *(paper) shredder*
papierwinkel • winkel *stationer's (shop)* • veel paperassen *a pile of paperwork*
papillot *curl(ing) paper* ★ ~ten zetten *put one's hair in curling papers*
papkind *spoilt child*
Papoea *Papua New Guinean; Papuan*
Papoeaas *Papuan; Papua New Guinean*
Papoea-Nieuw-Guinea *Papua New Guinea*
pappa *papa; dad(dy)*
pappen MED. *poultice;* ‹v. stoffen› *dress* ▾ ~ en nat houden *stick it out*
pappenheimer ▾ ik ken mijn ~s *I know who I'm dealing with*
papperig • week als pap *mushy; pulpy* • dik *flabby; puffy*
paprika • vrucht *pepper; paprika* • plant *paprika*
paprikapoeder *paprika*
papyrus *papyrus*
papyrusrol *papyrus*
papzak *fatty*
para *paratrooper*
paraaf *initials*
paraat *ready; prepared* ★ parate kennis *ready knowledge* ★ parate troepen *troops on stand-*

by; *troops at the ready*
parabel *parable*
parabool *parabola*
paracetamol *paracetamol*
parachute *parachute*
parachuteren • aan parachute neerlaten *parachute* • buitenstaander aanstellen *appoint unexpectedly*
parachutespringen *(make a) parachute jump*
parachutist *parachutist;* MIL. *paratrooper*
parade *review; parade* ★ ~ houden *hold a parade* ★ ~ afnemen *take the salute* ▾ alleen om ~ te maken *only for (the) show*
paradepaard • paard voor parades *parade horse* • pronkstuk *showpiece*
paraderen • parade houden *parade* • pronken *show off; make a show of*
paradigma *paradigm*
paradijs *paradise*
paradijsvogel *bird of paradise*
paradox *paradox*
paradoxaal *paradoxical*
paraferen *initial*
parafernalia *paraphernalia*
paraffine *paraffin*
paraffineolie • MED. *liquid paraffin; medicinal oil* • kerosine *paraffin (oil);* AE *kerosine* • grondstof voor smeermiddelen/cosmetica *white oil*
parafrase *paraphrase*
parafraseren *paraphrase*
paragnost *psychic; medium*
paragraaf • deel van een tekst *section* • paragraafteken *paragraph*
Paraguay *Paraguay*
parallel I ZN *parallel* II BNW evenwijdig *parallel* ★ ~ lopen (aan) *run parallel (to/with)*
parallellie *parallelism*
parallellogram *parallelogram*
parallelweg *parallel road*
Paralympics *Paralympics*
paramedisch *paramedical* ★ ~e beroepen *paramedical professions*
parameter *parameter*
paramilitair *paramilitary*
paranoia *paranoia*
paranoïde *paranoid*
paranoot *Brazil nut*
paranormaal *paranormal; supernatural*
paraplu *umbrella*
paraplubak *umbrella stand*
parapsychologie *parapsychology*
parasiet • BIOL. *parasite* • klaploper *sponger*
parasiteren *parasitize* ▾ op iem. ~ *sponge on/off a person*
parasol *parasol; sunshade*
paratroepen *paratroops*
paratyfus *paratyphoid (fever)*
parcours *course; circuit*
pardoes *bang; slap; smack*
pardon I ZN vergeving *pardon* ★ zonder ~ *ruthlessly; without mercy* ★ geen ~ geven *give no quarter* II TW *pardon me!; (I beg your) pardon!*
parel • sieraad *pearl* • kostbaar iets, iem. *jewel* ▾ ~s voor de zwijnen werpen *cast pearls*

before swine

parelduiker • persoon *pearl diver* • vogel *black-throated diver*

parelen *pearl; bead* ∗ het zweet parelde mij op het voorhoofd *beads of perspiration stood on my brow; my brow was beaded with sweat*

parelhoen *guinea fowl* [v: *guinea hen*]

parelmoer *mother-of-pearl*

parelmoeren *mother-of-pearl*

pareloester *pearl oyster*

parelsnoer *pearl necklace; string of pearls*

parelwit *pearly white*

paren I OV WW koppelen *couple (with); combine (with)* ∗ gepaard gaan met *go hand in hand with* **II** ON WW copuleren *mate with; copulate*

pareren *parry; ward off*

par excellence *par excellence*

parfum *perfume;* ⟨geur⟩ *scent*

parfumeren *scent; perfume*

parfumerie *perfumery*

pari I ZN *par* ∗ beneden pari *below par; at a discount* ∗ tegen pari uitgeven *issue at face value* ∗ boven pari *above par; at a premium* **II** BIJW *par* ∗ a pari *at par*

paria *pariah*

parig *two-line*

Parijs *Paris*

paring *mating; copulation*

paringsdrift *reproductive drive*

pariteit *parity*

park *park* ∗ nationaal park *national park*

parka *anorak;* AE *parka*

parkeerautomaat *ticket machine in a car park*

parkeerbaan *parking orbit*

parkeerbon *parking ticket*

parkeergarage *multistorey/underground car park*

parkeergelegenheid • parkeerplaats *parking space* • parkeerterrein *parking facilities* mv

parkeerhaven *lay-by*

parkeerklem *wheel clamp*

parkeerlicht *parking light*

parkeermeter *parking meter*

parkeerontheffing *(special) parking license*

parkeerplaats • parkeervak *parking place;* ⟨langs weg⟩ *lay-by* • parkeerterrein *car park;* AE *parking lot*

parkeerverbod ∗ er geldt hier een ~ *there's no parking here*

parkeervergunning *parking permit*

parkeerwachter *parking attendant*

parkeerzone *(controlled) parking zone*

parkeren *park* ∗ verboden te ~ *no parking*

parket • houten vloer *parquet floor* • JUR. Openbaar Ministerie *office of the Public Prosecutor* • rang in theater *parquet* ▼ in een lastig ~ zitten *be in an awkward predicament*

parketvloer *parquet floor*

parketwacht *court police officer*

parkiet *parakeet; budgerigar*

parkietenzaad *budgerigar seed*

Parkinson *Parkinson's disease*

parkoers *track* ∗ een foutloos ~ *a clear round*

parkwachter *park keeper*

parlement *parliament*

parlementair • m.b.t. parlement *parliamentary* • beleefd *parliamentary; civil*

parlementariër *parliamentarian; member of parliament;* MP

parlementsgebouw *parliamentary building*

parlementslid *Member of Parliament;* MP

parlementsverkiezingen *parliamentary elections*

parmantig *jaunty*

Parmezaans ∗ ~e kaas *Parmesan cheese*

parochiaal *parochial*

parochiaan *parishioner*

parochie *parish* ▼ voor eigen ~ preken *preach to the converted*

parodie *parody* ∗ een ~ op *a parody on/of*

parodiëren *parody*

parool • wachtwoord *password* • leus *slogan*

part *part; share* ▼ voor mijn part *for all I care* ▼ part noch deel hebben aan *have nothing to do with*

parterre • begane grond *ground floor; first floor* • rang in schouwburg *pit*

participant *participant*

participatie *participation*

participeren *participate*

particulier I ZN *private person* **II** BNW *personal;* ⟨v. secretaresse, school, e.d.⟩ *private* ∗ in ~ bezit *privately owned*

partieel *partial*

partij • groep *party* ∗ politieke ~ *political party* ∗ de wijste ~ kiezen *take the wisest course* • hoeveelheid *set; bunch;* ⟨v. goederen⟩ *parcel; lot;* ⟨een zending⟩ *shipment* ∗ bij ~en verkopen *sell in lots* • contractant *(contracting) party* • deelhebber *party* ∗ boven de ~en staan *be above party* ∗ beide ~en te vriend houden *run with the hare and hunt with the hounds* ∗ ~ kiezen *take sides* • procesvoerder ⟨eisende⟩ *plaintiff;* ⟨aangeklaagde⟩ *defendant* • huwelijkspartner *match* ∗ een goede ~ doen *make a good/desirable match* • spel *game* • handeling, gebeurtenis ∗ een ~tje vechten *a bout of fighting* • feest *party* • MUZ. *part* ∗ zijn ~ spelen *play one's part;* FIG. *pull one's weight* • voordeel ∗ ~ trekken van *take advantage of* ▼ van de ~ zijn *be a member of the party; be in on it* ▼ zijn ~ vinden *find one's match* ▼ goed ~ geven *play well*

partijbijeenkomst *party meeting*

partijbonze *party boss*

partijdig *partial; bias(s)ed*

partijganger *party follower; party stalwart*

partijgenoot *party-member*

partijkader *party officials*

partijleider *party leader*

partijpolitiek I ZN *party politics* ∗ de officiële ~ *the party line* **II** BNW *party-political*

partijraad *party council*

partijtop *party leaders/leadership*

partikel *particle*

partituur *score*
partizaan *partisan*
partner *partner*
partnerruil *swapping partners; wife-swapping*
partnerschap *(co-)partnership*
parttime *part-time*
parttimebaan *part-time job*
parttimer *part-timer*
partydrug *party drug*
partytent *party tent*
parvenu *upstart; parvenu*
pas I ZN (de) • stap *step; pace* ★ in de pas lopen/marcheren *walk/march in step* ★ gewone pas! *quick march!* • legitimatiebewijs *pass;* ⟨paspoort⟩ *passport* ▾ weg door gebergte *pass* ▾ de pas erin houden *keep up a steady pace* ▾ de pas erin zetten *step out briskly* ▾ pas op de plaats maken *mark time* II ZN (het) ▾ dat komt niet van pas *not be convenient* ▾ goed van pas komen *come in very useful/handy; be very apposite/apt* ▾ dat geeft geen pas *that won't do* ▾ je komt juist van pas *you are the very man I want* ▾ te pas en te onpas *in (season) and out of season* ▾ het kwam zo in het gesprek te pas *it cropped up in the course of the conversation* ▾ er komt meer bij te pas *there's more to it* III BNW • passend *fit* • waterpas *level* IV BIJW • nog maar net ★ pas was hij thuis of *hardly/scarcely was he home when* • niet meer/eerder/verder dan *just* ★ pas twee jaar oud *only two years old* ★ pas toen hij wegging *not until he left* • in hoge mate ★ dat is pas leuk *now that's what I call fun*
pascontrole *passport control*
Pasen *Easter;* ⟨joods⟩ *Passover*
pasfoto *passport photo*
pasgeboren *newborn*
pasgetrouwd *just married* ★ ~ stel *newly weds*
pasje • stapje *pass* • legitimatiebewijs *pass; identity/I.D. card*
pasjessysteem *electronic pass/card system*
paskamer *fitting room*
pasklaar *made to measure* ★ iets ~ maken voor *adapt s.th. to* ★ een pasklare oplossing *a cut and dried solution*
pasmunt *change*
paspoort *passport;* MIL. *pass*
paspop *tailor's dummy*
pass *pass*
passaat *trade wind*
passaatwind *trade wind*
passage • overtocht *passage* ★ ~ bespreken *book a passage* • doorgang *passage;* ⟨in de bergen⟩ *pass;* ⟨in winkelgalerij⟩ *arcade* • winkelgalerij *mall* • deel van tekst *passage*
passagier *passenger;* ⟨in taxi⟩ *fare* ★ een blinde ~ *stowaway*
passagieren *go on/take shore leave*
passagierslijst *passenger list*
passagiersschip *passenger liner/ship*
passagiersvliegtuig *passenger plane*
passant *passer-by*
passé *outmoded; passé*
passen¹ I OV WW • juist plaatsen ★ aan/in

elkaar passen *fit together/in* • juiste maat proberen *try on;* fit ▾ afpassen *fit* ★ exact betalen *pay the exact sum* II ON WW • op maat zijn *fit* ★ dat past precies *it fits like a glove* ★ op een slot passen *fit a lock* • gelegen komen *suit* • fatsoenlijk zijn *become* ★ het past niet om *it isn't proper to* • beurt overslaan *pass* ★ ik pas *pass* • ~ bij *fit; match; suit; become* ★ dat past er niet bij *that does not match* ★ goed bij elkaar passen ⟨v. persoon⟩ *be suited to each other* • ~ op *mind; look after* ★ pas op het opstapje *mind the steps* ★ op de baby passen *take care of the baby* ▾ ik pas er voor om... *I refuse to...*
passen² (zeg: pàssen) *pass*
passend • gepast *proper; appropriate* • erbij passend *fit; suitable* ★ 'n erbij ~e das *a tie to match* ★ ~e uitdrukking *appropriate term* ★ ~e arbeid *suitable work*
passe-partout • toegangskaart *pass* • omlijsting *passe-partout*
passer *compass;* ⟨pair of⟩ *compasses*
passerdoos *box of compasses*
passeren I OV WW • gaan langs *pass (by)* ★ mag ik even ~? *would you excuse me, please* • inhalen *overtake* • gaan door/over *pass through; cross* ★ hij is de 60 gepasseerd *he is over 60 years of age* • overslaan *pass over* ★ zich gepasseerd voelen *feel passed over* • JUR. bekrachtigen *execute* ★ een akte ~ *execute a deed* II ON WW gebeuren *pass*
passie • hartstocht *passion* • het lijden van Christus *Passion*
passiebloem *passion-flower*
passief • niet actief *passive;* TAALK. *passive* • ECON. *adverse*
passievrucht *passion fruit*
passiva *liabilities*
passiviteit *passivity*
passpiegel *full-length mirror*
password *password*
pasta • mengsel *paste* • deegwaar *pasta*
pastei *pie*
pastel *pastel*
pasteltint *pastel colour*
pasteuriseren *pasteurize*
pastiche *pastiche*
pastille *pastille*
pastoor *priest* ★ meneer ~ *Father*
pastor *pastor*
pastoraal • REL. *pastoral* ★ ~ werk *pastoral work* • herderlijk *pastoral; rustic*
pastoraat • pastoorschap *priesthood* • zielzorg *pastoral care*
pastorale *pastoral (piece/song/poem/play);* *pastorale*
pastorie SCHOTS *manse;* ⟨protestants⟩ *parsonage; vicarage;* ⟨rooms-katholiek⟩ *presbytery*
pasvorm *fit*
paswoord → **password**
pat I ZN (de) strookje stof *tab* II BNW *stalemate* ★ pat zetten *stalemate*
Patagonië *Patagonia*
patat • soortnaam *chips* • portie ★ ~je *portion of chips/French fries*

patatgeneratie *couch potato generation*
patatkraam *chip shop; ≈ fish and chips stand*
patchwork *patchwork*
paté *pâté*
patent I ZN ⟨voor uitvinding⟩ *(letters) patent*; ⟨voor bedrijf⟩ *licence* ∗ ~ aanvragen *apply for a patent* ▾ daar heeft hij het ~ op *that's his trademark* II BNW *excellent; first-rate* ∗ er ~ uitzien *look very fit; look great*
patentbloem *patent flour*
patenteren *patent*
pater *father*
pater familias *paterfamilias; head of the family*
paternalisme *paternalism*
paternalistisch *paternalistic*
paternoster I ZN (de) rozenkrans *rosary* II ZN (het) gebed *paternoster; Lord's Prayer*
pathetisch *pathetic*
pathologie *pathology*
pathologisch *pathological*
patholoog-anatoom *pathologist*
pathos *pathos*
patience *patience*
patiënt *patient*
patiëntenorganisatie *patients' association*
patiëntenplatform *patients' support group*
patio *patio*
patiowoning *dwelling with a patio*
patisserie *pastry/cake shop; patisserie*
patjepeeër *boor*
patriarch *patriarch*
patriarchaal *patriarchal*
patriarchaat ⟨waardigheid, gebied⟩ *patriarchate*; ⟨rechtstoestand⟩ *patriarchy*
patriciër *patrician*
patrijs *(grey) partridge*
patrijspoort *porthole*
patriot *patriot*
patriottisch *patriotic*
patriottisme *patriotism*
patronaat *patronage*
patroon I ZN (de) • beschermheer *patron* • beschermheilige *patron saint* • baas *employer; master* • huls met lading *cartridge* ∗ losse ~ *blank cartridge* ∗ scherpe ~ *live cartridge* II ZN (het) • model *pattern* • dessin *pattern; design*
patroonheilige *patron saint*
patroonhuls *cartridge (case)*
patrouille *patrol*
patrouilleauto *patrol/squad car;* AE *squad car*
patrouilleboot *patrol boat*
patrouilledienst *patrol duty*
patrouilleren *patrol*
pats *wham*
patser *bounder*
patstelling • stelling in schaakspel *stalemate* • impasse *stalemate; deadlock*
pauk *kettledrum* ∗ de pauk(en) slaan *play the kettledrum(s)*
paukenist *kettledrummer*
pauper *pauper*
paus *pope* ▾ hij is roomser dan de paus *he has a holier-than-thou attitude*
pauselijk *papal; pontifical*
pausmobiel *Popemobile*

pauw *peacock* [v: *peahen*] ▾ zo trots als een pauw *as proud as a peacock*
pauwenoog • vlek op pauwenstaart *peacock eye* • vlinder *peacock butterfly*
pauze *pause*; ⟨in schouwburg, e.d.⟩ *interval*; ⟨op school⟩ *break*; ⟨in wedstrijd⟩ *half-time*; ⟨in schouwburg, e.d.⟩ AE *intermission*
pauzefilm *intermission (film)*
pauzeren *pause; stop; have a break*
pauzetoets *pause button/key*
paviljoen • buitenverblijf *pavilion* • bijgebouw *outbuilding*
pay-tv *pay TV*
pc *personal computer* ⟨personal computer⟩ *pc*
PCB *PCB*
pecannoot *pecan(-nut)*
pech • tegenspoed *bad luck* • panne *trouble; breakdown*
pechlamp *breakdown lamp*
pechvogel *unlucky person*
pectine *pectin*
pedaal *pedal*
pedaalemmer *pedal bin*
pedagogie *pedagogy*
pedagogisch *pedagogic(al)*; ⟨opvoedend⟩ *educational* ∗ ~e academie *teacher(s') training college*
pedagoog ⟨onderwijzer⟩ *pedagogue*; ⟨opvoedkundige⟩ *educationalist*
pedant • wijsneuzig *pedantic* • verwaand *priggish; conceited*
pedanterie *pedantry*
peddel *paddle*
peddelen • roeien *paddle* • fietsen *pedal*
pedel *registrar; beadle*
pediatrie *paediatrics*
pedicure • verzorging *pedicure* • persoon *chiropodist*
pedofiel *paedophile*
pedologie *paedology*
pedometer *pedometer*
pee ▾ de pee aan iem. hebben *hate so.* ▾ (er) de pee in hebben *be in a huff*
peeling *(cosmetic) peeling (of epidermis)*
peen *carrot* ∗ witte peen *parsnip*
peepshow *peep show*
peer • vrucht *pear* • boom *pear (tree)* • lamp *bulb* • vent *guy; bloke* ▾ met de gebakken peren zitten *be left holding the baby*
peervormig *pear shaped*
pees *tendon; sinew*
peeskamertje † *bedroom in a brothel*
peesontsteking *tendinitis*
peetoom *godfather*
peettante *godmother*
peetvader • peter *godfather* • geestelijke vader *spiritual father*
pegel *icicle*
peignoir *peignoir; dressing gown*
peil *level; mark*; ⟨v. water⟩ *watermark*; FIG. *level; standard* ∗ beneden peil *not up to the mark*; ⟨v. water⟩ *below the usual level* ∗ op peil *up to the mark* ▾ op hoger peil brengen *raise to a higher level* ▾ daar kan men geen peil op trekken *that is quite unpredictable*
peildatum *set date/day; reference date*

peilen • bepalen ⟨v. diepte⟩ *sound*; *fathom*; ⟨v. gehalte, inhoud⟩ *gauge*; ⟨v. positie⟩ *take (one's) bearings* • doorgronden ⟨v. gedachten⟩ *fathom*; *probe*; *sound out*; ⟨v. kennis⟩ *test*; *gauge*

peilglas *gauge*; *gauge-glass*

peiling ⟨v. gehalte⟩ *gauging*; ⟨v. hoogte, diepte⟩ *sounding*; ⟨ter oriëntatie⟩ *bearing* ★ ~en doen ⟨v. hoogte, diepte⟩ *take soundings*; ⟨ter oriëntatie⟩ *take bearings* ▼ ik heb je in de ~ *I've got you taped*

peillood *plumb line*

peilloos *unfathomable*

peilstok *dipstick*; ⟨voor wijn⟩ *gauging-rod*; ⟨voor water⟩ *sounding rod*

peinzen *ponder*; *meditate*; *muse (on)*; ⟨somber peinzen⟩ *brood* ▼ ik peins er niet over! *no way!*

pek *pitch*

pekel • oplossing *brine*; *pickle* • strooizout *salt*

pekelen • in pekel inleggen *pickle* • bestrooien *salt*

pekelvlees *salt(ed) meat*

Peking *Beijing*; *Peking*

pekingeend *Peking duck*

pelgrim *pilgrim*

pelgrimage *pilgrimage*

pelgrimsoord *place|site of pilgrimage*

pelikaan *pelican*

pellen *peel*; ⟨v. noten⟩ *shell*; ⟨v. rijst⟩ *husk*

peloton • MIL. *platoon* • SPORT *pack*

pels • vacht *pelt* • bont *fur*

pelsdier *furred animal*

pelsjager *trapper*

pen • lang, puntig voorwerp *pin*; ⟨breipen⟩ *knitting needle* • schrijfpen *pen*; ⟨ganzenpen⟩ *quill* ★ de pen opnemen *take pen in hand* • schrijfwijze ★ een vlotte pen hebben *wield a facile pen* • vogelveer *feather*; ⟨slagpen⟩ *pinion* ▼ met geen pen te beschrijven ▼ in de pen klimmen *put pen to paper* ▼ iem. de pen op de neus zetten *take s.o. to task* ▼ 't zit in de pen *it is on the stocks*; *it's at|in the planning stage* ▼ heel wat pennen in beweging brengen *arouse a good deal of controversy* ▼ een werk in de pen hebben *have a work in hand*

penalty *penalty (kick|shot)*

penaltystip *penalty spot*

penarie ▼ in de ~ zitten *be in the soup|a mess*

pendant *pendant*; *counterpart*; *opposite number*

pendel • hanglamp *hanging lamp* • het pendelen *commuting*; *shuttling*

pendelaar *commuter*

pendelbus *shuttle bus (service)*

pendeldienst *shuttle service*

pendelen *commute*

pendule *clock*; FORM. *timepiece*

penetrant *penetrating*

penetratie *penetration*

penetreren *penetrate*

penibel *awkward*

penicilline *penicillin*

penis *penis*

penisnijd *penis envy*

penitentiair *penitentiary* ★ ~e inrichting

penitentiary

penitentie *penance*

pennen *pen*; *scribble*; *jot down*

pennenbak *pen tray*

pennenlikker *penpusher*; *inkslinger*

pennenmes *penknife*

pennenstreek *penstroke*; *stroke of the pen*

pennenstrijd *controversy*

pennenvrucht *product of one's pen*

penning • geld *penny* • muntstuk *penny* • medaille *medal*; ⟨v. politieagent⟩ *badge*; ⟨v. koffieautomaat, e.d.⟩ *token* ▼ hij is erg op de ~ *he is very tight-fisted* ▼ 's lands ~en *the public funds*

penningmeester *treasurer*

penopauze *penopause*

penoze *underworld*; *world of crime*

pens • buik *paunch* • voormaag *paunch*; ⟨voor consumptie⟩ *tripe*

penseel *brush*

penseelstreek *brushstroke*

pensioen *retirement pay*; *pension* ★ met ~ gaan *retire (on pension)* ★ vervroegd ~ *early retirement* ★ aanvullend ~ *supplementary pension* ★ een ambtenaar met ~ *a retired civil servant*

pensioenbreuk ⟨wegens verandering van baan⟩ *non-transferability of pension rights*

pensioenfonds *pension fund*

pensioengat ≈ *pension loss*

pensioengerechtigd *pensionable* ★ ~e leeftijd *pensionable|superannuation age*

pensioenopbouw *pension build-up*

pensioenpremie *pension contributions*

pension • kosthuis *boarding house*; ⟨voor dieren⟩ *kennel* • kostgeld *board* • kost en inwoning *bed and board* ★ in ~ zijn bij *board with*

pensionaat *boarding school*

pensioneren *pension off*; *place on the retired list*

pensionering *retirement*

pensionhouder *landlord*

pentagram *pentagram*

penthouse *penthouse*

penvriend *pen-friend*; INF. *pen-pal*

pep • fut *pep*; *energy* • pepmiddel *pep pill*; MED. *amphetamine*

peper *pepper*

peperbus *pepper pot*

peperduur *very expensive*

peperen *pepper*

peper-en-zoutkleurig *salt-and-pepper*; ⟨v. haar ook⟩ *grizzled*

peper-en-zoutstel *salt cellar and pepper pot*; *cruet stand*; *salt and pepper pots*

peperkoek ≈ *gingerbread*

peperkorrel *peppercorn*

pepermolen *pepper-mill*

pepermunt *peppermint*

pepernoot ≈ *gingernut*

pepmiddel *pep pill*

peppil *pep pill*

peptalk *pep talk*

peptide *peptide*

per • vanaf *from* ★ per 1 augustus *from August*

pe

1st onwards • door middel van/met *by* ∗ per fiets/boot/trein/vliegtuig *by bike/boat/train/plane* • in/voor *per; by* ∗ per stuk *by the piece; singly* ∗ per vierkante meter *per square metre* ∗ honderd km per uur *one hundred kilometres an hour* ∗ vijf euro per persoon *five euro's each/a head* ∗ per dag *per day*

perceel • stuk land *parcel; plot;* ⟨kaveling⟩ *lot* • pand *property*

percent *per cent* ∗ tegen twee ~ uitstaan *be put out at two per cent*

percentage *percentage*

percentsgewijs *percentagewise; in terms of percentage*

perceptie *perception*

perceptief *perceptive*

percolator *percolator*

percussie *percussion*

percussionist *percussionist; percussion player*

perenboom *pear tree*

perensap *pear juice*

perestrojka *perestroika*

perfect *perfect*

perfectie *perfection* ∗ in de ~ *perfectly; to perfection*

perfectioneren *perfect; bring to perfection*

perfectionist *perfectionist; stickler for perfection*

perfide *perfidious; treacherous*

perfidie *perfidy*

perforatie *perforation*

perforator *perforator; punch*

perforeren *perforate*

pergola *pergola*

perifeer *peripheral* ∗ het perifere zenuwstelsel *the peripheral nervous system*

periferie *periphery; perimeter* ∗ aan de ~ van de stad *on the periphery/outskirts of town*

perikel • gevaar *∼; ~en perils* • lastig voorval ∗ ~en *adventures*

periode *period*

periodekampioen *period champion(s)*

periodiek I ZN • tijdschrift *periodical* • salarisverhoging *increment* **II** BNW *periodical* ∗ ~e onthouding *rhythm method* ∗ ~e overschrijving *payment by standing order* ∗ ~e verhogingen *increments*

periodiseren *divide into periods/phases/stages*

periscoop *periscope*

peristaltisch *peristaltic* ∗ ~e beweging *peristalsis*

perk • vlak in een tuin *bed; flowerbed* • begrenzing *bound; limit* ∗ binnen de perken der wet blijven *keep within the law*

perkament *parchment;* ⟨v. boeken⟩ *vellum*

Perm *Permian*

permafrost *permafrost*

permanent I ZN *permanent (wave)* ∗ een ~ laten zetten *have one's hair permed* **II** BNW *permanent*

permanenten *give a permanent wave;* INF. *perm*

permeabel *permeable*

permissie *permission; leave* ∗ met ~ *by your leave*

permissief *permissive*

permitteren *allow; permit* ∗ zich de vrijheid ~ om *take the liberty to* ∗ ik kan me die weelde

niet ~ *I can't afford that luxury*

perpetuum mobile MUZ. *perpetuum mobile;* ⟨machine⟩ *perpetual motion*

perplex *perplexed; baffled* ∗ iem. ~ doen staan *perplex a person*

perron *platform*

pers • toestel om te persen *press* • drukpers *(printing) press* ∗ ter perse gaan *go to press* • nieuwsbladen en journalisten *press* ∗ een goede pers hebben *have a good press* ∗ iem. van de pers *newspaper man* • tapijt *Persian carpet/rug*

persagentschap *press/news agency*

per saldo → *saldo*

persbericht • bericht aan de pers *press release* • bericht in de pers *press/newspaper report*

persbureau *news agency*

perschef *press officer*

persconferentie *press conference*

per se *at any price; definitely* ∗ hij wilde er ~ heen *he wanted to go there by hook or by crook* ∗ dit hoeft niet ~ waar te zijn *this is not necessarily true*

persen I OV WW • iets krachtig drukken ⟨staal, papier,⟩ *press;* ⟨hooi, spaanders⟩ *compress* • uitpersen ⟨olijf, druif⟩ *press;* ⟨citrusvruchten⟩ *squeeze* ∗ zich ergens doorheen ~ *squeeze o.s. through s.th.* • gladstrijken *press* **II** ON WW drukken *push*

persfotograaf *press photographer*

persiflage *persiflage*

perskaart *press pass*

persklaar *ready to go to press; ready for the press*

persmuskiet *press hound*

personage • rol, figuur *personage; character* • persoon *person*

personal computer *personal computer*

personalia *personal particulars/details;* ⟨opschrift van rubriek in krant⟩ *personalia*

persona non grata *persona non grata*

personeel I ZN *personnel; staff;* ⟨werknemers⟩ *employees* ∗ te weinig/te veel ~ hebben *be understaffed/overstaffed* **II** BNW persoonlijk *personal* • personele belasting *property tax;* BE *local rate* ∗ personele unie *personal union*

personeelsadvertentie *recruitment ad(vertisement)*

personeelsafdeling *personnel department*

personeelsbeleid *personnel management; staff policy*

personeelschef *personnel | staff mananger*

personeelslid *member of staff*

personeelsstop *freeze on personnel/staff recruitment*

personeelstekort *shortage of staff; shortage of personnel*

personeelszaken • aangelegenheden *staff matters* • afdeling *personnel department*

personenauto *passenger car*

personenlift *passenger lift*

personenregister *register of births, marriages and deaths*

personentrein *passenger train*

personenvervoer • vervoeren van personen *transport of passengers* • aantal vervoerde

personen *passenger traffic*
personificatie *personification*
personifiëren *personify*
persoon • individu *person* ★ per ~ *a head*; *each* ★ in (eigen) ~ *in person*; *personally* ★ de gierigheid in ~ *avarice personified* • TAALK. *person* ★ derde ~ enkelvoud *third person singular*
persoonlijk I BNW • van/voor een persoon *personal*; *private* ★ strikt ~ *(strictly) private* • in eigen persoon *personal* • met eigen karakter *personal*; *individual* ★ 't ~e in haar beschrijvingen *the personal/human touch in her descriptions* • TAALK. *personal* ★ ~ voornaamwoord *personal pronoun* II BIJW *personally* ★ iem. ~ kennen *know s.o. personally*
persoonlijkheid • aard *personality*; *character* • persoon *personality*
persoonsbewijs *identity card*; *ID*
persoonsgebonden *personal*; *individual*
persoonsregister *register of births, marriages, and deaths*
persoonsregistratie *registration of personal data*
persoonsverheerlijking *personality cult*
persoonsvorm *finite form/verb*
perspectief I ZN (de) uitbeelding in plat vlak *perspective* ★ in ~ tekenen *draw in perspective* II ZN (het) • gezichtspunt *perspective*; *point of view* • vooruitzicht *perspective*; *prospect* • context *perspective*; *context* ★ dingen in het juiste ~ zien *look at things in their proper perspective/context* ★ iets in ~ plaatsen *put sth. into perspective*
perspectivisch *perspective*
perspex *(made of) perspex*; AE *(made of) plexiglass*
perssinaasappel *juice orange*
perstribune *press/reporters' gallery*
persvoorlichter *press officer*; *public relations officer*
persvrijheid *freedom of the press*
perswetenschap *journalism*
pertinent • beslist *positive*; *definite* ★ dat is ~ gelogen *that's a definite/downright lie* ★ ik weet het ~ zeker *I am positive* • ter zake dienend *pertinent*; *relevant*
Peru *Peru*
Peruaan *Peruvian*
pervers *perverse*
perversie *perversion*; *degeneration*
Perzië *Persia*
perzik • vrucht *peach* • boom *peach (tree)*
perzikhuid *soft/peachy/creamy skin*
Pesach *Passover*
pessarium *pessary*; *diaphragm*
pessimisme *pessimism*
pessimist *pessimist*
pessimistisch *pessimistic*
pest • ziekte *plague* • iets schadelijks *pest*; *blight* ▼ hij is in een pesthumeur *he is in a foul mood* ▼ ik heb er de pest aan *I hate it like poison* ▼ dat is de pest voor ... *it plays hell with ...*; *it plays the devil with ...*
pestbui *rotten mood/temper*

pesten *bully*; *badger*; *pester*
pestepidemie *epidemic of plague*
pesterij *pestering*; *harassment*
pesthekel *loathing* ★ een ~ hebben/krijgen aan *hate like poison*
pesthumeur *lousy/bad mood*
pesticide *pesticide*
pestkop *bully*; *tormentor*
pet I ZN *(peaked) cap* ▼ dat gaat boven mijn pet(je) *that is beyond me* ▼ gooi het maar in mijn pet *search me* ▼ met de pet rond gaan *pass the hat round* II BNW *lousy* ★ dat is pet *that's awful*
petat *potato*
petekind *godchild*
petemoei *godmother*
peter *godfather*
peterselie *parsley*
petfles *PET-bottle*
petieterig *tiny* ★ een ~ kamertje *a poky room*
petitfour *petit four*
petitie *petition*
petrochemie *petrochemistry*
petrochemisch *petrochemical*
petroleum ⟨ruw⟩ *petroleum*; ⟨gezuiverd⟩ *paraffin*; AE *kerosene*
petroleumhoudend *petroleum-bearing*
petroleumlamp BE *paraffin lamp*; AE *kerosine lamp*
petrouleumtanker *oil tanker*; *oiler*
pets *cuff*; *whack*
petticoat *petticoat*
petunia *petunia*
peuk • stompje sigaret *butt*; *stub* • sigaret *fag*
peul • peulvrucht *legume* • soort erwt *mangetout* • peulenschil *pod*
peulenschil • schil van een peul *pea pod* • kleinigheid *trifle* ★ dat is een ~ voor hem *that is a mere trifle for him*
peulvrucht • erwt, boon *dried peas and beans* • plant *leguminous plant* • vrucht *legume*
peut • petroleum *oil*; *paraffin* • terpentine *turps* • klap *dig*
peuter *toddler*
peuteren • pulken *pick* ★ in je neus/tanden ~ *pick one's nose/teeth* • friemelen *fumble*; *fiddle*; *tamper (with)*
peuterig • pietepeuterig *finicky* • klein *tiny*; *diminutive* • prutserig *slapdash*
peuterleidster *nursery school/kindergarten teacher*
peuterspeelzaal ≈ *playgroup*
peuzelen *munch*; *nibble*
pezen • hard werken *slog (away at)* • hard rijden *speed*; *put one's foot down* • tippelen *hustle*; AE *turn a trick* • neuken *screw*; *fuck*
pezig • taai *wiry*; *tough* • met krachtige pezen *sinewy*
Pfeiffer ★ ziekte van ~ *glandular fever*; INF. *kissing disease*
pH *pH*
pi *pi*
pianissimo *pianissimo*
pianist *pianist*; *piano player*
piano *piano*
pianoconcert • muziekstuk *piano concerto*

pi

• uitvoering *piano recital*
pianoforte *pianoforte*
pianola *pianola*
pianoles *piano lesson*
pianostemmer *piano tuner*
pias *clown*; *buffoon*; *fool*; ‹trekpop› *jumping jack* ⋆ de pias uithangen *clown about*
piccalilly *piccalilli*
piccolo • kleine fluit *piccolo* • hotelbediende *bellboy*; AE *bellhop*
picknick *picnic*
picknicken *(go for a) picnic*
picknickmand *picnic basket*
pick-up • kleine open vrachtauto *pick-up (truck)* • platenspeler *record player*; *turn-table*
pico bello *splendid*; *outstanding*
pictogram *pictogram*; *pictograph*
picture ▾ in de ~ komen *come to the fore*
pied-à-terre *pied-à-terre*
piëdestal *pedestal*
pief *type*; *sort* ⋆ een hoge pief *a nob*; *a big cheese*
piek • spits *peak*; *summit* • hoogtepunt *summit*; *peak*; *zenith* • haarlok *wisp* • gulden *guilder* • wapen *pike*
pieken • goed presteren *peak* • van haar *be straggly|spiky*; *be in rat's tails*
piekeraar *puzzle-head*; *worrier*
piekeren *puzzle over*; *brood*; *worry*; *fret* ⋆ zich suf ~ *puzzle one's head off*
piekfijn • erg goed *A1*; *first class* ⋆ ~ in orde *in tip-top order|shape* • keurig ‹v. uiterlijk› *spruce*; *natty*
piekhaar *spiky hair*
piekuur *peak hour*; ‹voornamelijk van drukte› *rush hour*
pielen *fiddle*; *play about*
piemel *willy*; *peter*; AE *pecker*
pienter *bright*; *clever*; *smart*
piep I BNW *very young* **II** TW *peep*; ‹muizen› *squeak*; ‹vogels› *chirp*
piepen • geluid maken ‹v. adem› *wheeze*; ‹v. muizen› *squeak*; ‹v. scharnier› *creak* • klagen *whine* ▾ dan piept hij wel anders *he'll change his tune*
pieper • aardappel *spud* • apparaatje *bleeper*
piepjong *extremely young*
piepklein *teeny*; *tiny* ⋆ een ~ huisje, kamertje, tuintje, e.d. *a tiny house, room, garden, etc.*
piepkuiken *spring chicken*
piepschuim *polystyrene foam*
pieptoon *bleep*
piepzak ▾ in de ~ zitten *be in a blue funk*
pier • worm *earthworm* • wandeldam *pier*; ‹golfbreker› *jetty* • loopbrug *pier* ▾ zo dood als een pier *as dead as a doornail* ▾ ik ben altijd de kwaaie pier *I always get the blame*
piercing *piercing*
pierebad *paddling pool*
pierement *barrel organ*
pierewaaien *be on a spree*
pies *pee*; *piss*
piesbak *urinal*
piesen *pee*; *piss*
piet • vent *chap* ⋆ een saaie piet *a dry old stick*; *a dull dog*; *a terrible bore* • belangrijk persoon ⋆ een hele piet *quite a guy* • vogel *canary*
Piet ▾ voor Piet Snot staan *look silly*; *look like a fool* ▾ zwarte Piet *Black Jack*; *Black Peter*
piëteit *piety*
pietepeuterig • klein *minute*; *diminutive* • pietluttig *finicky*; *punctilious*
piëtisme *pietism*
pietlut *niggler*
pietluttig *niggling*; *petty*
pigment *pigment*
pigmentatie *pigmentation*
pigmentvlek *mole*; ‹sproet› *freckle*; ‹moedervlek› *birthmark*
pij *(monk's) habit*
pijl *arrow*; ‹klein› *dart* ⋆ pijl en boog *bow and arrow(s)* ▾ als een pijl uit de boog *like a rocket|shot*
pijler *pillar*; *column*; ‹v. brug› *pier*
pijlinktvis *squid*; *sea arrow*
pijlkruid *arrowhead*
pijlsnel *(as) swift as an arrow*
pijltjestoets *scroll arrow*
pijlvormig *arrow shaped*
pijn • lichamelijk lijden *ache*; *pain*; ‹plotseling› *pang* ⋆ stekende pijn *stabbing|sharp pain* ⋆ mijn been doet pijn *my leg hurts|aches* ⋆ pijn in de keel hebben *have a sore throat* • verdriet *distress*; *pain* ⋆ iem. pijn doen *hurt a person* • moeite *pains*; *effort*
pijnappel *pinecone*; ‹v. spar› *fir cone*
pijnappelklier *pineal gland*
pijnbank *rack* ▾ iem. op de ~ leggen *put a person on the rack*
pijnbestrijding *pain control*; *measures to alleviate pain*
pijnboom *pine (tree)*
pijnboompit *pine nut*
pijndrempel *pain threshold*
pijngrens *pain threshold|level*
pijnigen *torment* ▾ zijn hersens ~ *rack one's brains*
pijnlijk • pijn doend *painful* ⋆ ~e keel/voeten *sore throat|feet* • onaangenaam *awkward* ⋆ een ~e situatie *an embarrassing situation* • nauwgezet *painstaking* ⋆ met ~e zorg *with meticulous care*
pijnloos *painless*
pijnprikkel *pain stimulus*
pijnpunt • discussiepunt *painful subject* • pijnlijke plek *painful area*
pijnscheut *stab (of pain)*; *twinge*; *shooting pain*
pijnstillend *soothing* ⋆ ~ middel *sedative*
pijnstiller *painkiller*; MED. *analgesic*
pijp • buis *tube*; ‹v. orgel› *pipe*; ‹v. brandslang› *nozzle* • schoorsteenpijp *chimney pot*; ‹schip› *funnel* • broekspijp *leg* • rookgerei *pipe* • staafje *stick* ⋆ een pijp kaneel *a stick of cinnamon* ▾ een lelijke pijp roken *have a hard time of it* ▾ de pijp uitgaan *kick the bucket* ▾ naar iemands pijpen dansen *dance to s.o.'s tune* ▾ de pijp aan Maarten geven *opt out*
pijpen *blow*; *suck off*; *give a blowjob*
pijpenkrul *corkscrew curl*
pijpenla *pipe drawer*; FIG. *long (and) narrow*

room/house
pijpenrager *pipe cleaner*
pijpensteel *stem of a pipe* ▾ het regent pijpenstelen *it's raining cats and dogs*
pijpfitter *pipefitter*
pijpfitting *pipefitting*
pijpje • kleine pijp *small pipe* • pilsflesje *small beer bottle*
pijpkaneel *(stick of) cinnamon*
pijpleiding *pipeline*
pijpsleutel *barrelspanner;* AE *socket wrench*
pik • penis *prick;* cock • houweel *pick(axe)* • prik *peck*
pikant • scherp *piquant; savoury* • gewaagd *salty; racy* ▾ ~ verhaal *racy story* ★ ~e bijzonderheden *juicy details*
pikdonker I ZN *pitch darkness* II BNW *pitch-dark*
pikeren *nettle; pique*
piket I ZN (de) paaltje *picket* II ZN (het) groep *picket* ▾ officier van ~ *picket officer*
pikeur • ruiter *horseman* • paardenafrichter *riding-master;* 〈in circus〉 *ringmaster*
pikhouweel *pickaxe*
pikkedonker I ZN *pitch-darkness* II BNW *pitch-dark; pitch-black*
pikken • pakken *pinch; lift; grab* • prikken, steken *peck; pick* • dulden *take* ★ dat zou ik niet ~ *I wouldn't take it if I were you*
pikorde *pecking order*
pikzwart *pitch-black*
pil • geneesmiddel *pill* ★ pillen draaien *roll pills* • anticonceptiepil *(the) pill* ★ de pil slikken *take the pill;* be on the pill • iets diks 〈boek〉 *tome;* 〈boterham〉 *chunk (of bread)*
pilaar *pillar; column*
pilav *pilau; pilaff; pilaw*
piloot *pilot* ★ tweede ~ *co-pilot*
pilotproject *pilot project/scheme*
pilotstudie *pilot study*
pils I ZN (de) ★ een pilsje graag *a glass/pint of lager, please* II ZN (het) *(Pilsener) beer; lager*
piment *allspice*
pimpelaar *boozer; tippler*
pimpelen *booze; tipple*
pimpelmees *blue tit*
pimpelpaars *purple*
pin • staafje *peg; pin* • pinnig mens *shrew*
pinapparaat *PIN-code reader*
pinautomaat *cashpoint*
pincet *(pair of) tweezers*
pincode *PIN*
pinda *peanut*
pindakaas *peanut butter*
pindasaus *peanut sauce*
pineut ▾ de ~ zijn *be the dupe*
pingelaar *haggler*
pingelen • tingelen *strum* • afdingen *haggle (about); chaffer; dicker (over)* • SPORT *dribble* • tikken van motor *pink*
pingpongbal *ping-pong ball; table tennis ball*
pingpongen *play ping-pong*
pinguïn *penguin*
pink • vinger *little finger* • kalf *yearling* ▾ hij is bij de pinken *he is all there*
pinksterbeweging *Pentecostal movement*
pinksterbloem 〈veldkers〉 *cuckoo flower;* 〈gele

iris〉 *yellow iris;* 〈koekoeksbloem〉 *campion*
Pinksteren *Whitsun(tide);* 〈zondag〉 *Pentecost*
pinkstermaandag *Whit Monday*
pinkstervakantie *Whitsun(day); Whit*
pinnen • betalen *pay with a bank/credit card* • geld opnemen *withdraw cash from a cash dispenser*
pinnig • vinnig *sharp; tart* • gierig *stingy; mingy*
pinpas *bank/credit card*
pint • glas bier *pint* • inhoudsmaat *pint*
pin-up *pin-up*
pioen *peony* ▾ een hoofd als een ~ *blushing scarlet/as red as a rose*
pioenroos *peony*
pion *counter;* 〈bij schaken〉 *pawn*
pionier *pioneer*
pionieren *pioneer*
pioniersgeest *pioneer(ing) spirit*
pionierswerk *pioneering* ▾ ~ verrichten *be in the vanguard*
pipet *pipette*
pips *off colour*
piraat • zeerover *pirate* • zender *pirate (station)*
piramide *pyramid*
piramidevormig *pyramid-shaped; pyramidic(al)*
piranha *piranha*
pirateneditie *pirate edition*
piratenschip • zeeroversschip *pirate ship* • illegaal radioschip *pirate radio ship*
piratenzender *pirate (radio station)*
piraterij *piracy*
pirouette *pirouette*
pis *piss*
pisang *banana* ▾ de ~ zijn *be the dupe*
pisbak *urinal*
piscine • teeltvijver *artificial fish pond/lake* • waterbassin *bath(s)*
pisnijdig *livid; hopping mad; pissed-off*
pispaal *butt*
pispot *piss-pot*
pissebed *woodlouse* [mv: *woodlice*]
pissen *piss;* ↑ *make water*
pissig *pissed-off (at);* ↑ *angry (with)*
pistache *pistachio (nut)*
pistachenoot *pistachio (nut)*
piste 〈v. circus〉 *ring;* 〈skipiste〉 *(ski) run;* 〈wielerbaan〉 *track*
pistolet • broodje *bread roll; hard roll* • tekenmal *(French) curve*
piston • muziekinstrument *cornet* • ventiel *valve* • zuiger *piston*
pistool *pistol* ★ hij zette mij het ~ op de borst *he put a pistol to my breast*
pistoolschot *pistol-shot*
pit • elan *spirit* ★ hij heeft pit *he is full of (get-up-and-)go* • kern van vrucht 〈v. appel〉 *pip;* 〈eetbaar〉 *kernel;* 〈v. kers, perzik, e.d.〉 *stone* ★ van pitten ontdoen *stone* • brander *burner* ★ gasstel met 3 pitten *gascooker with three rings* • lont 〈v. kaars, olielamp〉 *wick*
pitabroodje *pi(t)ta bread*
pitbull *pitbull (terrier)*
pitcher *pitcher*
pitje *low-flame* ▾ iets op een laag ~ zetten *give s.th. a low profile* ▾ de centrale verwarming

pi

op een laag ~ zetten *keep the central heating ticking over*

pitloos ⟨v. sinaasappel e.d.⟩ *pipless*; ⟨v. pruim, perzik enz.⟩ *stoneless*; ⟨v. druif⟩ *seedless*

pitriet *pulp cane*

pitsstop *pit stop*

pitten I OV WW van pit ontdoen *stone* **II** ON WW slapen *sleep*; INF. *snooze* ★ ik ga ~ *I'm turning in*

pittig ● energiek *lively*; ⟨v. taal⟩ *racy*; ⟨v. persoon, toespraak⟩ *spirited*; ⟨v. stijl⟩ *pithy* ★ een ~ gesprek *a meaty discussion* ● kruidig *spicy*; ⟨v. sigaar, wijn⟩ *full-flavoured*

pittoresk *picturesque; scenic*

pixel *pixel*

pizza *pizza*

pizzakoerier *pizza deliverer*

pizzeria *pizzeria*

plaag ● bezoeking *plague; curse*; *pest* ● ziekte *plague*

plaaggeest *tease(r)*

plaagstoot *playful blow*; FIG. *dig (at); tease* ★ een ~je uitdelen *deal a teasing blow*; FIG. *dig at s.o.*

plaagziek *teasing*

plaat ● plat, hard stuk ⟨v. beton, marmer⟩ *slab*; ⟨v. glas, metaal⟩ *plate*; ⟨v. ijzer⟩ *sheet* ● prent *picture; plate* ● grammofoonplaat *record* ● zandbank *sandbank; shallow(s)* ▼ de ~ poetsen *sling one's hook; bolt; clear out*

plaatijzer *sheet iron*

plaatje ● kleine plaat ★ metalen ~ *metal disc/ tag* ● tandprothese *(dental) plate* ● afbeelding *picture; snapshot* ★ ~s schieten *take photos* ● iets moois *picture*

plaatopname *recording session*

plaats ● waar iem./iets zich bevindt *place; position* ★ ter ~e *on the spot* ★ op de ~ rust! *stand easy!* ★ de ~ van handeling *the scene of action* ★ ~ bepalen *locate*; SCHEEPV. *fix the position* ● ruimte *room; space*; ⟨zitplaats⟩ *seat* ★ ~nemen *take a seat* ★ ~ maken voor *make room for*; FIG. *give way to* ★ tot de laatste ~ bezet *absolutely packed; filled to capacity* ● woonplaats *town*; ⟨dorp⟩ *village* ★ hier ter ~e *in our town* ● binnenplaats *court; yard; courtyard* ● functie *post; place*; ⟨v. predikant⟩ *living* ★ een ~ in het bestuur *a seat on the board* ● iemands ~ innemen *take a person's place*; ⟨tijdelijk⟩ *deputize for a person* ● positie *position* ● zijn ~ innemen *take up one's position* ● passage in geschrift *passage* ▼ in de ~ stellen van *substitute for* ▼ in de eerste ~ *in the first place; first of all; primarily* ▼ iem. op zijn ~ zetten *put a person in his place* ▼ zijn ~ weten *know one's place* ▼ dit is niet op zijn ~ *this is out of place; this is uncalled for*

plaatsbespreking *booking*

plaatsbewijs *ticket*

plaatselijk I BNW ter plaatse *local* ★ ~e tijd *local time* ★ ~ bestuur *local government; local authority* ★ ~e verordening *by(e)-law* **II** BIJW ● ter plaatse *locally* ★ ~ bekend als ... *locally known as ...* ● hier en daar *in some places* ★ ~ regen *local showers*

plaatsen I OV WW ● een plaats geven *place*;

put; SPORT *rank*; ⟨stationeren⟩ *post; station* ★ een advertentie ~ *insert/put an ad in the paper* ★ hij is als eerste geplaatst *he is ranked first* ● beleggen ⟨v. kapitaal⟩ *invest*; ⟨v. orders, lening⟩ *place* ● in dienst nemen *appoint (to)* ★ een officier bij een regiment ~ *attach an officer to a regiment* **II** WKD WW *qualify (for)* ▼ dat kan ik niet ~ *I can't place this*

plaatsgebrek *lack of space*

plaatsing ● het plaatsen *placing*; ⟨stationering⟩ *attachment* ● aanstelling *posting; appointment* ● belegging *investment* ● klassering *ranking*

plaatsnaam *place-name*

plaatsnemen *take a seat*

plaatsruimte *room; accommodation*

plaatsvervangend *substitute* ★ ~ lid *deputy member* ★ ~ chef *acting manager*

plaatsvervanger *replacement; substitute; deputy*; ⟨v. acteur⟩ *understudy*; ⟨v. dokter⟩ *locum (tenens)*

plaatsvinden *take place; happen*

plaatwerk ● boek *illustrated work* ● plaatmetaal *plating*

placebo *placebo*

placebo-effect *placebo effect*

placemat *place mat*

placenta *placenta*

plafond ● kamerplafond *ceiling* ● bovengrens *ceiling; limit* ★ hij heeft zijn ~ bereikt *he has reached his limits*

plafonnière *ceiling light*

plag *sod (of grass/peat); (piece of) turf*

plagen ● pesten *tease*; SCHERTS. *chaff* ★ ~ met *chaff about* ★ ik plaag maar wat *I'm just teasing* ● hinderen *trouble; worry; bother* ★ door muggen geplaagd *tormented by mosquitoes* ★ door schuldgevoel geplaagd *troubled by one's conscience* ▼ mag ik u even ~ *excuse me*

plagerig ● plagend *teasing* ● plaagziek *fond of teasing*

plagerij *teasing; chaff; banter(ing)*

plaggenhut *turf hut*

plagiaat *plagiarism; plagiary* ★ ~ plegen *plagiarize; crib*

plagiëren *plagiarise; pirate*

plaid *plaid*

plak ● schijf *slice*; ⟨v. chocola⟩ *slab*; ⟨v. spek⟩ *rasher* ● medaille *medal* ● tandaanslag *(dental) plaque* ▼ ze onder de plak hebben *have them under one's thumb* ▼ hij zit onder de plak *he is henpecked*

plakband *adhesive, sticky tape*

plakboek *scrapbook*

plakkaat ● aanplakbiljet *placard; poster* ● vlek, klodder *blob; blotch*

plakkaatverf *poster colour/paint*

plakken I OV WW lijmen *paste (on/to); stick (on/ to); glue (on/to)* **II** ON WW ● kleven *stick* ★ 't plakt niet *it won't stick* ● lang blijven *stay on; stick around* ★ zij blijft altijd ~ *she never knows when to go*

plakker ● sticker *sticker* ● aanplakker *paster*; ⟨v. aanplakbiljetten⟩ *(bill)sticker* ● iem. die lang

blijft *sticker*; *lingerer*
plakkerig *sticky*; *tacky*
plakletter *self-adhesive letter*
plakplaatje *sticker*
plakplastic *adhesive plastic*
plaksel *adhesive*; *glue*; ⟨v. behang⟩ *paste*
plakstift *Pritt stick*
plaktafel *pasting table*
plamuren *fill*
plamuur *filler*
plamuurmes *filling-knife*
plan • *voornemen design*; *plan* ★ met 't plan om... *with the intention of...* ★ ik ben niet van plan om... *I am not going to...* • *ontwerp plan*; *design*; *scheme*; *project* ★ een plan maken *make a plan* ★ volgens plan *according to plan* • *plattegrond* ⟨v. gebouw⟩ *ground plan*; ⟨v. stad⟩ *map* • *niveau plane* ★ van het eerste/tweede plan *first-rate/second-rate*
planbureau *planning office*
planchet *shelf*
plan de campagne *plan of action*; MIL. *plan of campaign*
planeconomie *planned economy*
planeet *planet*
planeetbaan *orbit (of a planet)*
planetarium *planetarium*
planetenstelsel *planetary system*
planetoïde *planetoid*
plank *plank*; ⟨dun⟩ *board* ★ zet het maar op de onderste ~ *put it on the bottom shelf* ▾ de ~ misslaan *be beside the mark* ▾ van de bovenste ~ *first-rate* ▾ op de ~en brengen/ staan *put/be on the stage*
plankenkast *linen cupboard*
plankenkoorts *stage fright*
plankgas ★ ~ geven *step on the gas* ★ ~ rijden *drive flat out*
plankier *platform*
plankton *plankton*
plankzeilen *windsurfing*
planmatig *systematic*
plannen *plan*
planning *plan(ning)* ★ ~ op lange termijn *long-term planning*
planologie *town and country planning*
planologisch *planning* ★ ~ bureau *planning bureau*
planoloog *(town) planner*
plant *plant*
plantaardig *vegetable*
plantage *plantation*; *estate*
planten *plant*
plantenbak *flower box*
planteneter *herbivore*
plantengroei *vegetation*
plantenrijk *vegetable kingdom*
planter • iem. die plant *planter* • eigenaar van plantage *planter*
plantkunde *botany*
plantkundig *botanical*
plantsoen *public garden(s)*
plantsoenendienst ≈ *Parks and Public Gardens Department*
plaque *plaque*
plaquette *plaque(tte)*

plas • *plens puddle* • *regenplas pool*; *puddle* • *watervlakte* ⟨meer⟩ *lake* • *urine* ★ een plas doen *go to the bathroom/toilet*; INF. *go to the loo*; INF. *take a leak* ▾ de grote/zilte plas *the briny*
plasma *plasma*
plasmacel *plasma cell*
plasmascherm *plasma screen/display*
plaspauze *toilet break*
plaspil ↑ *diuretic*
plassen • *spatten splash* ★ met water ~ *splash water* • *urineren make/pass water* ★ in bed ~ *wet the bed*
plassengebied *area of small lakes*; *lake area*
plasser *willie*
plastic I ZN *plastic* II BNW *plastic* ★ ~ zak *polythene bag*; *plastic bag*
plastiek I ZN (de) • *kunst plastic art(s)*; ⟨beeldhouwen⟩ *sculpture* • *voorwerp* ⟨geboetseerd⟩ *model*; ⟨gebeeldhouwd⟩ *sculpture* II ZN (het) *plastic plastic*
plastieken *plastic*
plastificeren *plasticize*
plastisch *plastic* ★ ~e chirurgie *plastic surgery*
plat I ZN • *plat vlak plateau*; *shelf*; *flat* ★ continentaal plat *shelf* ★ vals plat *deceptive gradient* • *plat dak sun roof*; *terrace(roof)* II BNW • *vlak, ondiep flat*; *low*; *shallow*; ⟨horizontaal⟩ *flat*; *level* ★ plat drukken *crush* ★ zo plat als een dubbeltje *as flat as a pancake* ★ plat maken/rijden/worden *flatten* ★ plat bord *dinner plate* • *platvloers coarse*; *vulgar* • *niet in bedrijf closed*; *shut down* • *dialectisch* ★ plat praten *speak with a broad dialect/accent*
plataan *plane (tree)*
platbodem *flat(-bottomed) boat*
platbranden *burn to the ground*
platdrukken *flatten*; *squash*
plateau • *hoogvlakte plateau*; *tableland* • *presenteerblad tray*; ↑ *plateau*; ⟨voor kaas⟩ *platter*
plateauzool *platform sole/shoe*
platenalbum • *album met plaatjes illustrated album* • *album voor grammofoonplaten record album*
platenbon *record voucher*
platencontract *record deal*; *recording contract*
platenhoes *record sleeve*; AE *record jacket*
platenmaatschappij *record(ing) company*
platenspeler *record player*
platenzaak *record shop*
plateservice *plate service*
platform • *verhoogd vlak platform*; ⟨v. vliegveld⟩ *apron* • *kader voor overleg platform*
platgaan • *onder de indruk raken fall for (sth.)* • *gaan slapen hit the sack*; *turn in*
platheid • *het vlak zijn flatness* • *platvloersheid vulgarity*; *banality*; *coarseness*
platina *platinum*
platinablond *platinum blonde*
platje *crab-louse*
platleggen • *plat neerleggen lay flat* ★ iem. ~ *knock s.o. flat* • *stilleggen bring to a standstill*

pl

platliggen • ziek op bed liggen *be/lie flat on one's back* • stilliggen door staking *be strikebound; be at a standstill*

platonisch *Platonic*

platslaan *beat flat/down*

platspuiten *(heavily) sedate*

plattegrond ⟨v. stad, straten⟩ *street plan/map*; ⟨v. gebouw⟩ *floor/ground plan*

platteland *country(side)* ★ op het ~ wonen *live in the country*

plattelander *countryman/woman*

plattelandsbevolking *rural/country population*

plattelandsgemeente *rural district*

platvis *flatfish* [mv: *flatfish(es)*]

platvloers *coarse; vulgar*

platvoet *flat foot*

platwalsen • pletten *flatten* • overbluffen *flatten; steamroller; bulldoze*

platweg *bluntly; straight out* ★ ~ weigeren *flatly refuse*

platzak *broke*

plausibel *plausible*

plaveien *pave*

plaveisel *pavement*

plavuis *tile*; ⟨v. steen⟩ *flag(stone)*

playbacken *lip-sync(h); mime*

playbackshow *playback show*

playboy *playboy*

plebejer *plebeian*

plebs *rabble; riff raff*

plecht *deck*

plechtig *solemn; stately; ceremonious* ★ ~ openen *open in state* ★ ~ verklaren *solemnly declare*

plechtigheid • ceremonie *solemnity; ceremony* • stemmigheid *solemnity*

plechtstatig *solemn; stately*

plectrum *plectrum*

plee *loo* ★ hij is op de plee *he's in the loo*

pleeggezin *foster home/family*

pleegkind *foster child*

pleegouders *foster parents*

pleepapier *loo paper*

plegen I ov ww uitvoeren *do; perform; commit*; ⟨iets ongeoorloofds ook⟩ *perpetrate* ★ verzet ~ *resist* ★ zelfmoord ~ *commit suicide* **II** ON WW (te) *be in the habit of; be used to; tend to* ★ hij pleegt vroeg te komen *he tends to be early*

pleidooi *plea(ding)* ★ een ~ houden (voor) *make a plea (for)*

plein *square*

pleinvrees *agoraphobia*

pleister I ZN (de) verband *(sticking) plaster*; AE *band-aid* ▼ een ~ op de wond leggen *soften the blow* **II** ZN (het) kalkmengsel *plaster*

pleisteren *plaster*

pleisterplaats *stopping place*

pleisterwerk *plaster work; stucco*

Pleistoceen *Pleistocene*

pleit • geschil *dispute; argument* ★ het ~ winnen *carry one's point; carry the day* ★ het ~ is beslecht *that's settled* ★ het ~ is beslist *it's all over* • pleidooi *(pleitend betoog) plea*; ⟨verdedigend betoog⟩ *defence*

pleitbezorger *advocate*

pleiten I ov ww bepleiten *plead*; *argue* **II** ON ww een pleidooi houden *plead* ★ dat pleit voor je *that is to your credit* ★ ~ voor iets *argue in favour of s.th.*

pleiter *counsel*; ⟨voorstander⟩ *supporter*

plek • plaats *spot*; *place* ★ ter plekke *on site*; *in situ* • vlek *stain* ★ zwakke plek *soft spot* ★ blauwe plek *bruise*

plenair *plenary* ★ ~e vergadering *plenary (meeting)*

plens *splash; gush*

plensbui *downpour*

plensregen *pouring rain; downpour*

plenzen I ov ww uitstorten *gush; splash* **II** ON ww gutsen *pour; gush* **III** ONP ww regenen *pour; bucket down*

pleonasme *pleonasm*

pletten *flatten*; ⟨fruit⟩ *squash*; ⟨metaal⟩ *roll*; ⟨koolzaad, druiven e.d.⟩ *crush*

pletter ▼ te ~ slaan *smash*

pleuren *chuck; fling*

pleuris *pleurisy* ▼ zich de ~ schrikken *be scared stiff*

plexiglas *plexiglass*

plezant • ZN plezierig, aangenaam *pleasant; agreeable* • ZN vrolijk, opgewekt *cheerful*

plezier *pleasure; joy; delight; fun* ★ ~ hebben/maken *have fun* ★ ~ hebben in *take pleasure in* ★ dat doet me ~ *that gives me joy* ★ met (alle) ~ *with pleasure* ★ iem. een ~ doen *do s.b. a favour*

plezieren *please*

plezierig *pleasant*

plezierjacht *pleasure yacht*

pleziervaartuig *pleasure craft/boat*

plicht *duty; obligation* ★ zijn ~ doen *do one's duty* ★ het is niet meer dan je ~ ... *you are in duty bound to* ★ uit ~ tegenover ... *in duty to ...*

plichtmatig *dutiful* ★ louter ~ *perfunctory*

plichtpleging *ceremony; compliment* ★ zonder verdere ~en *without ceremony*

plichtsbesef *sense of duty*

plichtsbetrachting *devotion to duty*

plichtsgetrouw *dutiful*

plichtsverzuim *neglect of duty*

plint *skirting board*

plissé *plissé*

plisseren *pleat*

PLO *PLO*

ploeg • landbouwwerktuig *plough* • groep *team*; MIL. *squad*; SPORT *team*; *side*; ⟨arbeiders ook⟩ *gang*; ⟨in ploegendienst⟩ *shift; relay*; ⟨bij examen⟩ *batch (of candidates)* ★ roei~ *crew* ▼ de hand aan de ~ slaan *put (set) one's hand to the plough*

ploegbaas *foreman; overseer*

ploegen I ov ww met ploeg omwerken *plough* **II** ON ww voortzwoegen *plough; plod* ★ door het zand ~ *plod through the sand*

ploegendienst *shift work* ★ in de ~ werken/zitten *be on shifts/shift work*

ploegenstelsel *shift/rota/roster system*

ploegentijdrit *team time-trial*

ploeggenoot *team-mate*

ploert *cad; bastard*

ploertendoder *bludgeon*; AE *blackjack*
ploertenstreek *dirty trick*
ploeteraar *plodder*; PEJ. *drudge*
ploeteren *toil*; *plod* ⋆ ~ aan *slave away at*; *peg away at*
plof *thud*; *flop*
ploffen I OV WW doen vallen *dump*; *chuck*
  II ON WW • vallen *thud*; *flop* ⋆ neer~ *plump down* ⋆ in het water ~ *plop (into the water)* • geluid geven *pop*; *bang* • ontploffen *explode*; *burst*
plomberen *fill*
plomp I ZN • water *ditch* • plons *thud*; *flop* • waterplant *waterlily* II BNW • log *plump*; ⟨mens⟩ *squat* • lomp *clumsy*; *rude*; *blunt*
plompverloren *bluntly*
plons *splash*
plonzen *splash*
plooi • vouw ⟨in stof⟩ *fold*; *pleat*; ⟨in broek⟩ *crease* ⋆ valse ~ *ruck* • rimpel *wrinkle*; *line* ▾ hij komt nooit uit de ~ *he never unbends*
plooibaar *pliable*
plooien • plooien maken ⟨in stof⟩ *fold*; *pleat*; ⟨kreuken⟩ *crease*; ⟨m.b.t. gezicht⟩ *wrinkle*; *crease* • schikken *arrange* ⋆ het zo weten te ~ dat ... *arrange matters in such a way that ...*
plooirok *pleated skirt*
plot *plot*; *storyline*
plots *suddenly*; *all of a sudden*
plotseling I BNW *sudden*; *unexpected*; *abrupt* ⋆ een ~e dood *a sudden death* II BIJW *suddenly*; *all of a sudden*
plotsklaps *all of a sudden*; *suddenly*
plotter *plotter*
plu *umbrella*
pluche *plush*
plug • stop *plug*; ⟨in vat⟩ *bung* • stekkertje *plug* • schroefbout *screw plug*
pluggen *plug*; *promote*
plugger *plugger/promotor*
pluim • vogelveer *feather*; *plume* • pluimbos *plume*; ⟨klein⟩ *tuft* ⋆ dat is een ~ op je hoed *that is a feather in your cap*
pluimage *plumage* ▾ vogels van diverse ~ *all sorts and conditions of men*
pluimpje *tuft*; *wisp*
pluimvee *poultry*
pluimveehouderij • het fokken *poultry farming* • bedrijf *poultry farm*
pluis I ZN ⟨de⟩ *fluff* II BNW ▾ het is niet ~ *there is s.th. fishy about it*
pluishaar *fuzzy hair*
pluizen I OV WW uitrafelen *fluff* ⋆ touw ~ *pick oakum* II ON WW gaan rafelen *become fluffy*; *fluff up*
pluizig *fluffy*
pluk • oogst *pickings*; *crop* • bosje *tuft*
plukharen *tussle*; *scuffle*
plukken I OV WW • oogsten *gather*; *pick* • grijpen *pluck* ⋆ SPORT de bal uit de lucht ~ *pluck the ball from the air* • van veren ontdoen *pluck* • bezit afpakken *pluck*; *fleece* ⋆ kaal ~ *clean out*; *strip bare* II ON WW peuteren *pull (at)*; *pick/pluck (at)*
plumeau *feather duster*
plumpudding *plum pudding*

plunderaar *plunderer*
plunderen *plunder*; *loot* ⋆ een stad ~ *sack a town*
plundering *plundering*; *looting*
plunje *duds*; *togs*; ⟨bagage⟩ *kit*; *gear* ⋆ zijn beste ~ *his Sunday best*
plunjezak *kit bag*
pluralis *plural* ⋆ ~ majestatis *the royal 'we'*
pluralisme *pluralism*
pluriform *multiform*
plus I ZN • plusteken *plus* • waardering *plus(point)* II BIJW boven nul *plus*; *over* III VZ *plus* ⋆ drie plus vier is zeven *three plus/and four is seven*
plusminus *approximately*; *about*
pluspool *positive/plus pole*
pluspunt *advantage*
plusteken *plus sign*
Pluto *Pluto*
plutocratie *plutocracy*
plutonium *plutonium*
pneumatisch *pneumatic*
pneumonitis *pneumonitis*
po *chamber pot*; INF. *po*; ⟨voor kinderen⟩ *potty*
Po *Po*
pochen *boast*; *brag*
pocheren *poach*
pochet *breast-pocket handkerchief*
pocket • boek *paperback*; *pocket edition* ⋆ als ~ verkrijgbaar *available in paperback* • zak in biljarttafel *pocket*
pocketboek *pocket edition*
pocketcamera *pocket camera*
podium *platform*; *dais*; ⟨v. toneel⟩ *stage*
podoloog *podologist*
poedel *poodle*
poedelen *bath*; *wash* ⋆ zich ~ *have a wash*
poedelnaakt *stark naked*
poedelprijs *booby prize*
poeder I ZN ⟨de⟩ *powder* II ZN ⟨het⟩ stof, gruis *powder* ⋆ tot ~ malen *grind to powder*; *pulverize*
poederblusser *powder extinguisher*; *dry-chemical extinguisher*
poederdoos *(powder) compact*
poederen *powder* ⋆ de neus ~ OOK FIG. *powder ones nose*
poederkoffie *granulated coffee*
poedermelk *powdered milk*
poedersneeuw *powder snow*
poedersuiker *powdered sugar*; *icing sugar*
poef *hassock*
poeha *fuss*
poel • plas *pool*; ⟨op straat⟩ *puddle* • broeiplaats *cesspool* ⋆ poel van verderf *cesspool/cesspit of vice*
poelet *soup meat*
poelier *poulterer*
poema *puma*
poen • geld *dough*; *bread* • patser *flash Harry* ⋆ een echte poen *s.o. who flashes his money about*
poenig *flashy*
poep • uitwerpselen *dirt*; *crap*; ⟨v. hond, e.d.⟩ *mess*; ⟨v. koe⟩ *dung* • wind *fart* ▾ iem. een poepje laten ruiken *show s.o. a trick or two*

poepen *(have a) crap/shit*; † *relieve oneself*; ⟨kind⟩ *do a jobby*

poeperd *bottom; behind*

poepluier *poo diaper*

poepschep *poop scoop*

poes • kat *(pussy)cat* ★ poes!, poes! *puss!, puss!* • mooie meid *pussycat* • vagina *pussy* ▼ dat is niet voor de poes *that is not to be sneezed at; that's no kids' stuff* ▼ hij is niet voor de poes *he is not to be trifled with*

poesiealbum *album (of verses)*

poeslief *smooth*; ⟨woorden⟩ *honeyed*; ⟨glimlach, woorden⟩ *sugary*

poespas *fuss; song and dance*

poesta *puszta*

poet *loot; swag* ▼ de poet is binnen *we've got the loot/swag*

poëtica *poetics*

poëtisch *poetic(al)*

poets *trick; prank* ▼ iem. een ~ bakken *play a trick on a person*

poetsdoek *cleaning cloth; cleaning rag*

poetsen • glimmend wrijven *polish*; ⟨schoenen ook⟩ *shine* • reinigen *clean*; ⟨v. tanden⟩ *brush*

poetskatoen *waste cotton*

poezenluik *cat door; cat flap*

poëzie *poetry*

poëziealbum *album of verse*

poëziebundel *volume/collection of poetry/verse*

pof ▼ op de pof kopen *buy on tick*

pofbroek *knickerbockers* [mv]

poffen I ov ww in schil gaar stoven *roast*; ⟨maïs⟩ *pop* ★ gepofte aardappels *jacket potatoes* II on ww • op de pof kopen *buy on credit/tick* • op de pof verkopen *sell on credit*

poffertje ≈ *tiny puff-pancakes*

poffertjeskraam *'poffertjes' stand/stall*

poffertjespan *'poffertjes' griddle*

pofmouw *puff sleeve*

pogen *endeavour; try; attempt*

poging *attempt*; ⟨met inspanning⟩ *effort* ★ een ~ wagen *have a try; have a go*

pogoën *pogo; pogo-dance*

pogrom *pogrom*

pointe *point*

pointer *pointer*

pok *pock (mark)*

pokdalig *pock marked* ★ een ~ gezicht *a pockmarked face*

poken *poke* ★ in 't vuur ~ *poke the fire*

poker *poker*

pokeren *play poker*

pokersteen *poker dice*

pokken *smallpox; variola* ★ inenting tegen de ~ *smallpox vaccination* ▼ krijg de ~! *drop dead!* ▼ zich de ~ werken *work one's butt/ass off*

pokkenprik *smallpox vaccination/injection*

pokkenweer *foul/nasty/lousy weather*

pol *clump; tussock*

polair *polar*

polarisatie *polarization*

polariseren *polarize*

polariteit *polarity*

polaroid ® *polaroid*

polder *polder*

polderlandschap *polder landscape*

poldermodel *polder model*

polemiek *polemic(s); controversy*

polemisch *polemic(al); controversial*

polemiseren *carry on a controversy*

polemologie *polemology*

Polen *Poland*

polenta *polenta*

poliep • dier *polyp* • MED. *polyp*

polijsten • glad maken *polish*; ⟨met schuurpapier⟩ *sand(paper)* • verfijnen *polish; refine*

polijstwerk *polishing work/job*

polikliniek *polyclinic; out-patients' clinic*

poliklinisch ★ ze wordt ~ behandeld *she is being treated as an outpatient*

polio *polio*

poliovaccin *polio vaccine*

polis *policy* ★ een ~ sluiten *take out a policy* ★ voorlopige ~ *cover note*

polisvoorwaarden *terms/conditions of a(n) insurance) policy*

politbureau *politburo*

politicologie *political science*

politicoloog *political scientist*

politicus *politician*

politie *police*; ⟨in burgerkleding⟩ *plain clothes* ★ bereden ~ *mounted police* ★ hij is bij de ~ *he is in the police (force)*

politieagent *policeman; constable* ★ vrouwelijke ~ *policewoman*

politieauto *police car*

politiebericht *announcement by the police*

politiebureau *police station*

politiek I zn • overheidsbeleid *politics* ★ in de ~ gaan/zijn *go into/be in politics* • tactisch beleid *policy* II bnw • met betrekking tot overheidsbeleid *political* • tactisch *politic; diplomatic*

politiekogel *police bullet*

politiemacht *police force* ★ er was een grote ~ op de been *the police were there in force*

politieman *police officer; policeman*

politieoptreden *police action*

politiepenning *police identification (badge)*

politierechter *magistrate*

politiestaat *police state*

politieverordening *police regulation; by-law*

politiseren *politicize*

polka *polka*

pollen *pollen*

pollepel *ladle*

polo • balspel voor ruiters *polo* • shirt *sports shirt*

polohemd *polo shirt; sports shirt*

polonaise *conga* ▼ aan mijn lijf geen ~ *I'm not having any*

poloshirt *polo shirt*

pols • polsgewricht *wrist* • polsslag *pulse* ★ iem. de pols voelen *feel/take a person's pulse* ★ een snelle pols *a rapid pulse* ★ zijn pols jaagt *his pulse is racing* ▼ uit de losse pols *off the cuff; straight out of one's head*

polsen ★ iem. (over iets) ~ *sound s.o. out (about s.th.)*

polsgewricht *wrist (joint)*
polshorloge *wristwatch*
polsslag *pulse* ⋆ de ~ meten *measure the pulse rate*
polsstok *jumping/vaulting pole*
polsstokhoogspringen *pole vault*
polsstokhoogspringer *pole-vaulter*
poltergeist *poltergeist*
polyamide *polyamide*
polycratie *polyarchy*
polyester *polyester*
polyetheen *polyethene*
polyether *polyether*
polyfoon *polyphonic*
polygaam *polygamous*
polygamie *polygamy*
polygoon *polygon*
polymeer I ZN *polymer* II BNW *polymeric*
Polynesië *Polynesia*
Polynesiër *Polynesian*
polytheïsme *polytheism*
polyvalent *polyvalent*
pommade ⟨v. haar⟩ *pomade*; ⟨v. huid⟩ *cream*
pomp • werktuig *pump* • tankstation *petrol station*; ⟨voornamelijk langs autoweg⟩ *service station* ▾ loop naar de pomp! *go to hell!*
pompbediende *petrol/service station attendant*
pompelmoes *grapefruit*
pompen *pump* ▾ ~ of verzuipen *sink or swim*
pompeus *pompous*; INF. *stuffed*
pomphouder *petrol station owner*; AE *gasoline station owner*
pompoen *pumpkin*
pompon *pom-pom*
pompstation • tankstation *filling/service station* • gebouw voor oppompen van water *pumping-station*
poncho *poncho*
pond • munteenheid *pound* ⋆ pond sterling *pound sterling* • gewichtseenheid *pound* ▾ het volle pond betalen *pay the full price* ▾ 't volle pond eisen *exact one's pound of flesh*
ponem • gezicht *mug* • neus *conk*
poneren *postulate*; *put forward*
ponsen *punch*
ponskaart *punch(ed) card*
pont *ferryboat*
pontificaal *pontifical* ⋆ in ~ *in full pontificals*; IRON. *in full feather*
pontificaat *pontificate*
ponton *pontoon*
pony • dier *pony* • haardracht *fringe*; *bang*
pooier *pimp*
pook • vuurpook *poker* • versnellingshendel *(gear)stick*
pool- *polar*
Pool *Pole* ⋆ een Poolse *a Polish woman*
pool¹ • uiteinde *pole* • poolstreek *pole* • vezeluiteinde *pile*
pool² ⟨zeg: poel⟩ *pool*
poolbeer *polar bear*
poolcirkel *polar circle*
poolen I OV WW • in één pot doen *pool* • gemeenschappelijk inleggen *pool (resources)* II ON WW • carpoolen *operate a*

carpool • poolbiljarten *play pool*
poolexpeditie *polar expedition*
poolgebied *polar region*
poolhond *husky*
poolkap *polar cap*
poolklimaat *arctic climate*
poolreiziger *arctic explorer*
Pools I ZN *Polish* II BNW *Polish*
poolshoogte *latitude* ▾ ~ nemen *see how the land lies*
Poolster *polar star*
poolstreek *polar region*
poolzee *polar sea*
poon *gurnard*
poort • ingang *gate* • doorgang *gate(way)*; ⟨nauw⟩ *alley(way)* ⋆ zijn ~en sluiten (voor) *shut/close your doors (to)*
poorter *burgess*; *burgher*
poortwachter *gatekeeper*
poos *while*; *time* ⋆ een hele poos *a good while*; *quite a while*
poot • ledemaat van dier *leg*; ⟨v. dier⟩ *paw*; *foot* ⋆ een poot geven *give a paw* • INF. *been leg* • INF. hand *paw* ⋆ blijf er met je poten van af! *keep your paws off!* • steunsel *leg* ▾ op zijn poot spelen *raise Cain* ▾ poot aan spelen *be up and doing*; *slog away* ▾ geen poot uitsteken *not lift a finger*
pootaardappel *seed-potato*
pootgoed *seeds*
pootjebaden *paddle*
pootmachine *(potato) planter*
pop • speelgoed *doll* • marionet *puppet* • popmuziek *pop* • larve *pupa* ▾ toen had je de poppen aan het dansen *then the fat was in the fire*
pop-art *pop art*
popartiest *pop artist*
popblad *pop magazine*
popconcert *pop/rock concert*
popcorn *popcorn*
popcultuur *pop culture*
popelen *be anxious to* ⋆ zij ~ om aan de slag te gaan *they are itching to get down to work*
popfestival *pop festival*
popgroep *popgroup*
popidool *pop idol*
popmuziek *popmusic*
poppenhuis *doll's house*
poppenkast • poppenspel *Punch and Judy show*; *puppet show*; ⟨kast⟩ *puppet theatre* • overdreven gedoe *(tom)foolery*
poppenkleren *doll's clothes*
poppenspel *puppet show*
poppenspeler *puppeteer*
poppentheater • spelers en poppen *puppet theatre* • voorstelling *puppet show*
poppenwagen *doll's pram*
popperig *doll-like*
popprogramma *pop music programme*
popsong *pop song*
popster *pop star*
populair • geliefd *popular* ⋆ razend ~ *all the rage* • begrijpelijk *popular*
populair-wetenschappelijk *non-specialist*
populariseren *popularize*

po

populariteit *popularity*
populariteitspoll *popularity poll*
populatie *population*
populier *poplar*
populist *populist*
populistisch *populist*
pop-upvenster *pop-up window*
popzender *pop (music) (radio) station*
por *prod*; *poke*; ⟨met mes⟩ *stab*
poreus *porous*
porie *pore*
porno *porno*
pornoblad *porn(ographic) magazine*
pornografie *pornography*
pornografisch *pornographic*
porren I OV WW • duwen *prod*; *poke*; ⟨met mes⟩ *stab* • aanzetten *prod*; *push* ▾ daar ben ik altijd voor te ~ *I won't take much persuading* II ON WW poken *poke*
porselein *china*; *porcelain*
porseleinen *china*; *porcelain* ★ ~ servies *china/porcelain service*
porseleinkast *china cabinet*
port I ZN (de) drank *port(-wine)* II ZN (het) porto *postage*
portaal • hal *porch*; *hall*; ⟨v. kerk⟩ *portal* • overloop *landing*
portable ⟨tv, computer⟩ *portable*
portee *purport*; *import*
portefeuille • portemonnee *wallet* • opbergmap *portfolio* ★ in ~ houden *keep in portfolio* • taak *portfolio* ★ minister zonder ~ *minister without portfolio*
portemonnee *purse*
portfolio *portfolio*
portie *portion*; ⟨aandeel⟩ *share*; ⟨v. eten aan tafel⟩ *helping* ▾ een ~ ijs *an ice* ▾ geef mijn ~ maar aan Fikkie *count me out*
portiek *portico*; *porch*
portier I ZN (de) persoon *doorkeeper*; *gatekeeper*; ⟨hotel⟩ *porter* II ZN (het) deur *door*
portiersloge *(porter's) lodge*
porto *postage*
portofoon *walkie-talkie*; *walky-talky*
Porto Ricaans *Puerto Rican*
Porto Rico *Puerto Rico*
portret • afbeelding *portrait*; *photo(graph)* ★ zijn ~ laten maken *have one's photo taken*; *have one's portrait painted* • beschrijving *portrait* ▾ een lastig ~ *a handful*
portretfotografie *portrait photography*
portretschilder *portrait painter*; *portraitist*
portrettengalerij *portrait gallery*
portretteren *portray* ★ iem. ~ *paint a person's portrait*
Portugal *Portugal*
Portugees I ZN (de) *Portuguese* ★ een Portugese *a Portuguese woman* II ZN (het) *Portuguese* III BNW *Portuguese*
portvrij *postage free*; AE *postpaid*
pose *pose*; *attitude*
poseren *sit (for one's portrait)*; *pose* ★ ~ als *pose/masquerade (as)*
positie • houding *position*; *posture* ★ ~ kiezen/nemen tegen *make a stand against* • ligging

position • toestand *situation* • maatschappelijke stand *position* ★ zijn ~ verbeteren *better o.s.* • betrekking *position*; *post* ▾ in ~ zijn *be in the family way*
positief I ZN (het) fotoafdruk *positive* II BNW • niet negatief *positive* ★ positieve pool *positive pole* • bevestigend *positive*; ⟨antwoord⟩ *affirmative*; ⟨stellig⟩ *definite* • opbouwend *positive*; *favourable* ★ positieve discriminatie *positive discrimination*
positiejurk *maternity dress*
positiekleding *maternity clothes*
positiespel *positional play*
positieven ▾ weer bij zijn ~ komen *regain consciousness* ▾ ze heeft haar ~ goed bij elkaar *she has all her wits about her*
positioneren *position*; *promote*
positionering *positioning*; *placing*
positivisme *positivism*
positivist *positivist*
positivo *positive thinker*
possessie *possession*
post • poststukken *mail*; *post* ▾ is er post? *is there any post?* • postdienst *postal services*; *post*; ⟨kantoor⟩ *post office* ★ met de post verzenden *send by post* ★ een brief op de post doen *post a letter* ★ per kerende post *by return of post* • deur-/raamstijl *post* • standplaats *station*; *post* ★ op post staan *stand sentry*; *be stationed* ★ zijn post verlaten *desert one's post* • bedrag *item*; *entry* ★ een post boeken *make an entry* • betrekking *post*; *position*; *place*
post- *post*
postacademisch *postgraduate*
postadres *postal address*
postagentschap *sub post office*
postbeambte *post office/postal worker*
postbestelling *postal delivery*
postbode *postman*
postbus *post(office) box*
postbusnummer *PO box*
postcheque *giro cheque*
postcode *postcode*; AE *zip code*
postdoc *postgraduate*
postdoctoraal *postgraduate*
postduif *carrier/homing pigeon*
postelein *purslane*
posten I OV WW op de post doen *post* II ON WW • op wacht staan *stand guard* • als staker actief zijn *picket*
poster[1] *picket(er)*
poster[2] ⟨zeg: pooster⟩ *poster*; *bill*
posteren I OV WW *station* ★ zich ~ bij *take up one's position at*
poste restante *poste restante*
posterformaat *poster format/size*
posterijen *postal services*; *the Post Office*
postgiro *post office giro*; *national giro*
postindustrieel *post-industrial*
postkamer *post room*
postkantoor *post office*
postkoets *post carriage*
postkoloniaal *post-colonial*
postmerk *post mark*
postmodern *post-modern*

po

postmodernisme *post-modernism*
postorderbedrijf *mail order firm/business*
postpakket *postal parcel* ▪ als ~ verzenden *send by parcel post*
postpapier *stationery; writing paper*
postscriptum *postscript*
poststempel *postmark*
poststuk *postal packet/parcel*
posttraumatisch *posttraumatic*
posttrein *mail train*
postuleren I OV WW vooronderstellen *postulate* **II** ON WW solliciteren *apply*
postuum *posthumous*
postuur *figure; build*
postvak ▪ open postbak *pigeon hole* ▪ COMP. postbus *box* ★ ~ IN *inbox* ★ ~ UIT *outbox*
postvliegtuig *mail plane*
postwissel *postal/money order*
postzegel *(postage) stamp*
postzegelautomaat *stamp (vending) machine*
postzegelverzamelaar *stamp collector; philatelist*
pot ▪ bak, kan *pot*; ⟨v. glas⟩ *jar* ▪ po *(chamber) pot* ▪ kookpot *saucepan; cooking pot* ▪ eten wat de pot schaft *take potluck* ▪ de gewone pot *plain cooking* ▪ spelinzet *pool; stakes* ▪ lesbienne *dike; dyke* ▪ het is één pot nat *that's two peas in a pot* ▪ de pot verteren *squander money* ▪ je kan de pot op *you can get stuffed* ▪ van de pot gerukt zijn *be totally out of ones mind*
potaarde *potting compost*
potdicht *locked; sealed; hermetically closed;* ⟨eigenschap van iem.⟩ *as closed as an oyster*
poten ▪ planten *plant; set* ▪ neerzetten *clap down*
potenrammen *queer-bashing*
potenrammer *queer-basher*
potent *potent*
potentaat *potentate*
potentie ▪ macht *potency; power* ▪ seksueel vermogen *potency; virility*
potentieel I ZN *potential; capacity* **II** BNW *potential* ★ potentiële klanten *prospective customers*
potgrond *potting compost*
potig *burly; robust; husky*
potje ▪ kleine pot *(little) pot* ▪ spaarpotje *nest egg* ★ het geld in 'n ~ doen *pool the money* ▪ partijtje *game* ▪ een ~ voetballen *have a game of football* ▪ zijn eigen ~ koken *do one's own cooking;* FIG. *fend for o.s.* ▪ kleine ~s hebben grote oren *little pitchers have long ears*
potjeslatijn *dog Latin*
potkachel *potbelly stove*
potlood *pencil;* ⟨grafiet⟩ *black lead*
potloodventer *flasher*
potplant *pot plant*
potpourri *potpourri;* MUZ. *medley*
potsierlijk *clownish; grotesque*
potten ▪ sparen *hoard* ▪ in potten doen *pot*
pottenbakker *potter*
pottenbakkerij *pottery*
pottenbakkersschijf *potter's wheel*
pottenkijker *nosy parker; snooper*

potverteren *squander money*
potvis *sperm whale*
poule *group*
pousseren ▪ vooruithelpen *push* ▪ onder de aandacht brengen *promote*
pover ⟨resultaat⟩ *poor;* ⟨kleren⟩ *shabby* ★ een ~ figuur slaan *cut a sorry figure*
povertjes *poor; indifferent*
poweryoga *power yoga*
p.p.p.d. per persoon per dag *per person per day*
Praag *Prague*
praaien ▪ SCHEEPV. *hail* ▪ aanklampen *accost; buttonhole*
praal *pomp; splendour*
praalwagen *float*
praam *barge;* ≈ *flatboat*
praat ▪ wat gezegd wordt *talk* ▪ het spreken *talk* ★ aan de ~ raken met *get talking to s.o.* ★ iem. aan de ~ krijgen *get a person to talk* ▪ veel ~s hebben *talk big* ▪ zijn auto aan de ~ krijgen *get one's car going* ▪ je krijgt te veel ~s *you are getting too big for your boots*
praatgraag *talkative*
praatgroep *discussion group*
praatje ▪ voordracht *talk* ★ een ~ houden over... *give a talk on...* ▪ gesprekje *talk; chat* ★ 'n ~ maken *have a chat* ▪ gerucht *rumour; story* ★ geen ~s! *no backchat!* ★ mooie ~s *fine talk* ▪ zonder ~s *without further ado* ▪ ~s vullen geen gaatjes *words are cheap*
praatjesmaker *gasbag; boaster*
praatpaal ▪ telefoon *emergency telephone* ▪ persoon *confidant*
praatprogramma *chat show*
praatstoel ▪ op zijn ~ zitten *be in the vein for talking*
praatstuk *working paper*
praatziek *talkative; chatty*
pracht ▪ schoonheid *splendour; magnificence* ▪ prachtig exemplaar *beauty*
prachtexemplaar *beauty*
prachtig ▪ mooi *splendid; magnificent* ▪ goed *fine; wonderful* ★ een ~e gelegenheid *a marvellous opportunity*
practical joke *practical joke*
practicum ⟨werk⟩ *practical work;* ⟨ruimte⟩ *lab(oratory)*
pragmaticus *pragmatist*
pragmatiek *pragmatics*
pragmatisch *pragmatic; practical*
prairiehond *prairie dog*
prak *hash; mash* ▪ een auto in de prak rijden *smash up a car*
prakken *mash* ★ geprakte aardappels *mashed potatoes*
prakkiseren ▪ denken *muse* ★ ik prakkiseer me suf *I'm thinking until I can't see straight* ▪ piekeren *brood* ★ zij prakkiseert er niet over *she won't even consider it*
praktijk ▪ manier van doen *practice* ★ kwade ~en *evil practices* ▪ toepassing *practice* ★ in ~ brengen *put into practice* ★ de ~ is heel anders *in practice it's quite different* ▪ beroepswerkzaamheid *practice* ★ de ~ neerleggen *retire from practice* ▪ de ~

uitoefenen *practise*
praktijkervaring *hands-on experience*; *practical experience*
praktijkgericht *practically-oriented*
praktijkjaar *practical year*
praktijkvoorbeeld *practical example*
praktisch I BNW *practical* II BIJW vrijwel *practically*; *almost*
praktiseren *practise* ★ ~d geneesheer *medical practitioner*
pralen *parade*; *flaunt* ★ met zijn kennis ~ *show off one's knowledge*; *parade one's knowledge*
praline *chocolate truffle*
pram *boob*; *tit*
prat ★ ~ gaan op *pride o.s. on*; *glory in* II BNW + BIJW ▾ prat gaan op *pride o.s. on*; *glory in*
praten *talk* ★ ~ over *talk of/about* ★ daar is al heel wat over gepraat *there has been a great deal of talk about it* ★ iem. iets uit zijn hoofd ~ *talk a person out of s.th.* ★ langs elkaar heen ~ *be/talk at cross-purposes* ▾ er valt met hem niet te ~ *he won't listen to reason* ★ om de zaak heen ~ *beat about the bush*; *prevaricate* ★ daar valt (niet) over te ~ *that admits of (no) discussion*; *that's not a matter for discussion* ▾ praat me niet van ... *don't talk to me of...* ▾ langs elkaar heen ~ *be/talk at cross-purposes* ▾ honderduit ~ *talk nineteen to the dozen* ▾ ~ als Brugman *have the gift of the gab* ▾ ji hebt mooi ~ *it's all very well for you to talk*; *that's easy for you to say*
prater *talker*; ↑ *conversationalist*
preambule *preamble*
precair *precarious*
precedent *precedent* ★ dit zou een ~ scheppen *this would create/set (up) a precedent*
precederen *precede*
precies = juist *precise*; *exact* ★ hij is ~ zijn broer *he is just like his brother* ● nauwgezet *precise*; *meticulous* ★ ~ op tijd *right on time* ★ ~ in het midden *right smack in the middle* ★ om tien uur ~ *at ten precisely/sharp*
precieus *affected*
preciseren *define*; *state precisely*; *specify*
precisie *precision*; *accuracy* ★ met de uiterste ~ *with clockwork precision*
precisiebom *precision bomb*
precisie-instrument *precision instrument*
predestinatie *predestination*
predikaat *designation*; *predicate*
predikant ⟨protestant⟩ *clergyman*; ⟨anglicaans⟩ *vicar*; ⟨rooms-katholiek⟩ *preacher*
prediken *preach*
prediker *preacher*
prednison *prednisone*
preek *sermon*; ⟨vermaning⟩ *lecture* ★ een ~ houden *deliver a sermon*; IRON. *preachify* ★ iem. een ~ geven *give s.o. a lecture*; ⟨stevige uitbrander⟩ *read s.o. the Riot Act*
preekstoel *pulpit*
prefab *prefab* ★ ~ huizen *prefabs*; *prefab houses*
prefect *prefect*
preferent *preferred*; *preferential* ★ ~e aandelen *preference shares/stock*
preferentie *preference*

prefereren *prefer*
preglaciaal *preglacial*
pregnant ● met versterkte betekenis *pregnant* ● kernachtig *succinct*
prehistorie *prehistory*
prehistorisch *prehistoric*
prei *leek*
preken *preach*
prelaat *prelate*
prelude *prelude*
prematuur *premature*
premie ● beloning *premium*; *bonus* ● verzekeringspremie *premium*; ⟨m.b.t. sociale verzekering⟩ *contribution* ★ sociale ~ *social security/insurance contribution*
premiejager ● ECON. *venture capitalist*; *stag* ● GESCH. *bounty hunter*
premiekoopwoning ≈ *state-subsidized private house*
premier *premier*; *prime minister*
première *first night*; *premiere*; ⟨v. toneelstuk⟩ *opening night*
premierschap *premiership*; *office of Prime Minister*
premiestelsel ● wijze van verzekeren *premium system* ● stelsel van aanmoediging via premies *incentive pay scheme*
premiewoning *subsidized (private) house/flat*
premisse *premise*
prenataal *antenatal*; AE *prenatal*
prent ● afbeelding *print*; *picture* ● pootafdruk *track*; *trail*
prentbriefkaart *picture postcard*
prenten *impress*; *fix* ★ iets in het geheugen ~ *impress s.th. on the memory/mind*; *fix s.th. in the memory/mind*
prentenboek *picture book*
preoccupatie *preoccupation*
prepaid *prepaid* ★ ~ kaart *top-up card*
preparaat *preparation*
prepareren ● voorbereiden *prepare* ★ zich (op/voor iets) ~ *prepare o.s. (for s.th.)* ● duurzaam maken *prepare*; ⟨v. huiden⟩ *dress* ● dieren opzetten *stuff*
prepensioen *early retirement pension*
prepositie *preposition*
prepuberteit *pre-adolescence*
prequel *prequel*
presbyteriaan *Presbyterian*
presbyteriaans *Presbyterian*
prescriptie *prescription*
present I ZN *present* II BNW *present* ★ ~! *here!*
presentabel *presentable*; *respectable*
presentatie *presentation* ★ de ~ was in handen van ... *the show was presented/hosted by...*
presentator *anchor man*; ⟨v. nieuws⟩ *presenter*; ⟨v. tv⟩ *host* [v: *hostess*]
presenteerblad *salver*; *tray* ★ iets op een presenteerblaadje geven *hand s.th. on a silver platter*
presenteren ● voorstellen *present*; *introduce* ★ zich ~ *present o.s.* ● aanbieden *present*; ⟨v. voedsel e.d.⟩ *offer* ★ het geweer ~ *present arms* ● introduceren op tv *host*
presentexemplaar ⟨als geschenk⟩ *presentation copy*; ⟨extra⟩ *free copy*

presentie *presence*
presentielijst *roll; attendance list/register/sheet*
preses *chairman; president*
president • staatshoofd *President* • voorzitter
 president; chairman
president-commissaris *chairman of the board
 (of directors)*
president-directeur *chairman (of the board)*
presidentieel *presidential*
presidentschap *presidency*
presidentskandidaat *presidential candidate*
presidentsverkiezing *presidential elections*
presideren *preside (over); chair (a meeting)*
presidium • dagelijks bestuur *(presiding)
 committee* • voorzitterschap *presidency*
 • GESCH. *presidium*
pressen *press*
presse-papier *paperweight*
pressie *pressure* ⋆ ~ uitoefenen op *exert/put
 pressure on* ⋆ onder ~ staan van *be under
 pressure from*
pressiegroep *pressure group*
pressiemiddel *means of putting pressure on;
 coercive measure*
prestatie *achievement; performance*
prestatiebeurs *performance-related education
 grant/scholarship*
prestatiedwang *pressure to perform/achieve*
prestatiegericht *achievement oriented*
prestatievermogen *(operating) capacity*
presteren *achieve; perform*
prestige *prestige* ⋆ zijn ~ ophouden *maintain
 one's prestige* ⋆ ~ verliezen *lose face*
prestigekwestie *question/matter of prestige*
prestigeobject *prestige object*
prestigieus *prestigious*
presumptief *presumptive*
pret *fun; pleasure* ⋆ pret maken *have a great
 time* ⋆ dat mag de pret niet drukken *never
 mind* ⋆ pret hebben om/over *be amused at*
 ⋆ 't is uit met de pret *the fun is over*
 ⋆ zomaar voor de pret *just for fun*
prêt-à-porter *ready-to-wear*
pretendent *pretender*
pretenderen *pretend (to be)*
pretentie *pretension;* ⟨aanspraak⟩ *claim*
 ⋆ zonder ~s *without pretentious*
pretentieloos *unpretentious*
pretentieus *pretentious*
pretje *bit of fun* ⋆ hij houdt wel van een ~ *he
 likes a bit of fun* ⋆ dat is bepaald geen ~
 that's no picnic
pretogen *twinkling/laughing eyes*
pretpakket *combination of lazy examination
 subjects*
pretpark *amusement park; funfair*
prettig *pleasant; nice* ⋆ iets ~ vinden *like s.th.;
 find s.th. pleasant*
preuts *prudish; prim*
prevaleren *prevail*
prevelen *mutter*
preventie *prevention*
preventief *preven(ta)tive; precautionary*
preview *preview*
prieel *summerhouse; gazebo*
priegelen *do fine/delicate/detailed work*

priegelwerk *delicate/fiddly work*
priem *awl; bodkin*
priemen *pierce*
priemgetal *prime number*
priester *priest* [v: *priestess*] ⋆ ~ worden *take
 (holy) orders; enter the Church*
priesterschap *priesthood*
priesterwijding *ordination* ⋆ de ~ ontvangen
 be ordained
prietpraat *twaddle; hot air; poppycock*
prijken *figure* ⋆ ~ met *parade; show off* ⋆ op het
 menu ~ *appear on the menu*
prijs • koopsom *price;* ⟨prijskaartje⟩ *price (tag)*
 ⋆ voor een zacht ~je *at a low price/a bargain*
 ⋆ tegen de ~ van *at the price of* ⋆ onder de ~
 verkopen *undersell* ⋆ van lage ~ *low-priced*
 ⋆ voor geen ~ doe ik hier afstand van *I
 won't part with it at any price* ⋆ tot elke ~ *at
 any price; at all costs* • beloning *prize; award;*
 ⟨uitgeloofd⟩ *reward* ⋆ de eerste ~ *the first
 prize* ⋆ een ~ op iemands hoofd zetten *set/
 put a price on a person's head* • buit *prize* ▾ ik
 stel er ~ op te verklaren *I wish to state*
prijsbewust *cost-conscious*
prijscompensatie *indexation; index-linking*
prijsgeven *abandon; give up;* ⟨geheimen⟩
 divulge ⋆ terrein ~ *concede ground*
prijskaartje *price tag* ⋆ er hangt wel een ~ aan
 there is a price to it; there is a price tag on it
prijsklasse *price-class; price range/bracket*
prijslijst *price list*
prijsmaatregel *price control measure*
prijsopdrijving *forcing up of prices*
prijsopgave *(schatting) estimate;* ⟨offerte⟩
 quotation ⋆ ~ vragen voor *make inquiries for;
 request a quotation* ⋆ ~ doen *make/give a
 quotation; quote a price*
prijspeil *price level*
prijsstijging *rise in prices*
prijsstop *price freeze*
prijsvechter • vechtsporter *prizefighter*
 • goedkope winkel *price cutter*
prijsvraag *prize contest; competition* ⋆ een ~
 uitschrijven *offer a prize; open a competition*
prijzen I OV WW • loven *praise; commend*
 • schatten, achten ⋆ zich gelukkig ~ *consider
 o.s. fortunate* II OV WW van prijs voorzien
 price; ticket
prijzengeld *prize money; purse*
prijzenoorlog *price war*
prijzenslag *price war*
prijzenswaardig *praiseworthy; commendable;
 laudable*
prijzig *expensive;* INF. *pricey*
prik • steek *prick; stab* • injectie *injection*
 • limonade *pop; fizz*
prikactie *lightning strike*
prikbord *pin-board; notice board*
prikje ▾ iets voor een ~ kopen *buy s.th. dirt
 cheap; buy s.th. for next to/practically nothing*
prikkel • stekel *prickle* • aansporing *incentive;
 stimulus; spur* • prikkeling *tingle;* BIOL.
 stimulus
prikkeldraad *barbed wire*
prikkelen • prikkelend gevoel geven *tingle*
 • stimuleren *stimulate; excite* ⋆ iem. ~ tot

pr

⟨grotere inspanningen⟩ *stimulate a person to*; ⟨woede, verzet⟩ *goad a person into* • ergeren *irritate*; *nettle*
prikkeling *stimulation*; *arousal*
prikken I ov ww • steken *prick* ★ een foto op de deur ~ *stick/pin a photo to the door* • injectie geven *inject* • vaststellen *set*; *fix* ★ een datum ~ *set/fix a date* **II** on ww prikkelen *tingle*
prikkertje *cocktail stick*
prikklok *time clock*
prikpil *contraceptive injection*
prikstaking *selective strike action*
pril *early*; *tender* ★ in haar prille jeugd *in her early youth* ★ het prille groen *the tender green*
prima *excellent*; *great*; *first-rate* ★ 't is ~ *it's tip-top*; INF. *it's A1*
primaat I ZN (de) • geestelijke *primate* • zoogdier *primate* **II** ZN (het) oppergezag *primacy*
prima ballerina *prima ballerina*
prima donna *prima donna*
primair *primary*
prime time *prime time*
primeur *something new*; ⟨v. journalist⟩ *scoop* ★ de ~ hebben *be the first to get/see/hear s.th.*
primitief *primitive*
primula *primrose*; *primula*
primus *primus (stove)*
principe *principle* ★ uit ~ *on principle* ★ in ~ *in principle*
principeakkoord *agreement in principle*
principebesluit ≈ *basic decision*
principieel *essential*; *fundamental* ★ een principiële beslissing *a principled decision* ★ ~ onderscheid *fundamental difference* ★ ~ tegenstander *opponent on principle* ★ om principiële redenen *on principle*
prins *prince* ▼ van de ~ geen kwaad weten *be as innocent as a new-born baby* ▼ de ~ op het witte paard *the knight in shining armour*
prinselijk *princely*
prinses *princess*
prins-gemaal *prince consort*
prinsheerlijk *like a lord*; *sumptuous*
prinsjesdag ≈ *day of the Queen's speech*
print • computeruitdraai *print(-)out*; *hard copy* • afdruk *print*
printen *print*
printer *printer*; *printer*
prior *prior*
prioriteit *priority*
prioriteitsaandeel *preference/preferential share*
prisma *prism*
privaat I ZN *privy*; *toilet* **II** BNW *private*
privaatrecht *private law*
privacy *privacy*
privatiseren *privatize*; *denationalize*
privé *private*; *personal*
privé-aangelegenheid *private matter*
privé-rekening *private account*
privé-sfeer ★ uitgaven in de ~ *personal expenditure*; *private expenditures*
privilege *privilege*
pro *pro* ★ de pro's en contra's *the pros and cons*

proactief *proactive*
probaat *approved*; *effective* ★ een ~ geneesmiddel *a sovereign remedy*
probeersel *experiment*
proberen • iets beproeven *test*; *try (out)*; ⟨v. wijn⟩ *sample* • een poging doen *try*; *attempt* ★ laat mij het eens ~ *let me have a try/go/bash (at it)* ★ probeer 't nog eens *give it another try*
probleem *problem* ★ het ~ met haar is ... *the trouble with her is ...* ★ we maken er geen ~ van *we won't make a point of it*
probleemgeval *problematical case*; *problem*
probleemgezin *problem family*
probleemkind *problem child*
probleemloos *trouble-free*; *uncomplicated*
probleemstelling *formulation/definition of the/ a problem*
problematiek *problem(s)*; *question at hand*
problematisch *problematic(al)*
procédé *process*
procederen *take legal action*; *litigate* ★ gaan ~ *go to court*
procedure • proces *suit*; *lawsuit*; *action* • werkwijze *procedure* ★ de juiste ~ *the proper procedure*
procedureel *procedural*
procedurefout *procedural mistake*
procent *per cent* ★ tegen acht ~ uitstaan *be put out at eight per cent* ★ voor de volle honderd ~ zeker *dead certain*
procentueel *in terms of percentage*
proces • wijze waarop iets verloopt *process* • rechtszaak *action*; ⟨strafrecht⟩ *(law)suit*; *trial* • een ~ voeren ⟨v. advocaat⟩ *conduct a case*; ⟨door eiser⟩ *prosecute an action* ★ iem. een ~ aandoen *bring an action against a person* ★ in een ~ gewikkeld zijn *be involved in a lawsuit*
procesgang *progress (of a (production) process)*
procesoperator *operator*
processie *procession*
processor *microprocessor*; *central processing unit*
proces-verbaal • bekeuring *charge*; *ticket* ★ een ~ krijgen *be booked* • verslag *official report*; ⟨v. rechtzitting⟩ *minutes*
procesvoering *conduct of a case*
proclamatie *proclamation*
proclameren *proclaim*
procreatie *procreation*
procuratiehouder *deputy manager*
procureur *solicitor*; *attorney*
procureur-generaal *attorney general*
pro Deo *free (of charge)*; *gratis*
pro-Deoadvocaat *legal aid counsel*
producent *producer*
producer *producer*
produceren *produce*; ⟨warmte, e.d.⟩ *generate*
product *product*
productaansprakelijkheid *manufacturer's liability*; *product liability*
productie *production*; ⟨opbrengst⟩ *output*
productiecapaciteit *productive capacity*
productief *productive*; ⟨schrijver⟩ *prolific* ★ zijn kennis ~ maken *turn one's knowledge to*

account

productiekosten *production cost(s); manufacturing cost(s)*
productielijn *production (line)*
productiemiddel *production means*
productieproces *production process*
productiviteit *productivity*
productmanager *product manager*
productschap ≈ *Commodity Board*
proef ● onderzoek *test* ★ de ~ doorstaan *stand the test* ★ de ~ op de som nemen *put to the test* ★ op ~ *on trial; on probation* ● experiment *test; experiment* ★ proeven nemen *experiment; carry out experiments* ★ een ~ ermee nemen *give it a trial/try-out* ★ proeve van bewerking *specimen page* ● drukproef ★ vuile ~ *galley proof* ● bewijs *test; proof* ★ dat is de ~ op de som *that settles it* ★ proeven van bekwaamheid afleggen *pass a proficiency test*
proefabonnement *trial subscription*
proefballon *pilot balloon;* FIG. *(trial) kite* ★ een ~ oplaten *fly a kite; test the water; see which way the wind blows; put out a feeler; sound out*
proefboring *test/trial drill*
proefdier *laboratory animal;* FIG. *guinea pig*
proefdraaien *(give a) trial/test run*
proefdruk *proof*
proefkonijn *laboratory rabbit;* FIG. *guinea pig*
proeflokaal *bodega; bar*
proefneming *experiment*
proefnummer *specimen copy*
proefondervindelijk ● empirisch *empirical* ● experimenteel *experimental*
proefperiode *trial period*
proefpersoon *(experimental/test) subject*
proefrit *trial run; test drive*
proefschrift *thesis* ★ 'n ~ verdedigen *uphold/defend a thesis*
proefterrein *proving ground;* ⟨v. wapens⟩ *test range*
proeftijd *probation* ★ iem. aanstellen met een ~ van één jaar *appoint s.o. on one year's probation*
proefverlof *probationary/trial rehabilitation period; probation*
proefvertaling ⟨op school⟩ *translation test;* ⟨voor uitgever⟩ *sample/test translation*
proefvlucht *test flight*
proefwerk *test paper*
proesten ● niezen *sneeze* ● snuiven *snort* ● lachen *snort; splutter* ★ ~ van 't lachen *explode/snort with laughter*
proeven ● op smaak keuren *taste; sample* ● bespeuren *sense* ★ ik proef afkeuring in je woorden *I sense disapproval in your words*
prof ● hoogleraar *prof* ● professional *pro*
profaan *profane*
profclub *professional club*
profeet *prophet* [v: *prophetess*]
professie *profession; trade* ★ van ~ *by profession*
professional *professional;* ⟨sport⟩ INF. *pro*
professionalisering *professionalization*
professioneel *professional*
professor *professor* ★ een verstrooide ~ *an*

absent-minded professor

profetie *prophecy*
profetisch *prophetic*
proficiat *congratulations*
profiel ● zijaanzicht *profile* ● typering *profile* ● insnijding op band *tread*
profielband *tyre with moulded treads*
profielschets *profile*
profieltekening *profile (drawing)*
profielzool *grip sole*
profijt *profit; gain* ★ ~ trekken van *benefit from*
profijtbeginsel *direct benefit principle*
profijtelijk *profitable*
profileren ● profiel aanbrengen *profile; mould* ● karakteriseren *characterize; make known* ★ zich ~ als *present o.s. as*
profiteren *profit (by/from); benefit (by/from); avail o.s. of; take advantage (of)* ★ zoveel mogelijk van onze tijd ~ *make the most of our time*
profiteur *profiteer*
pro forma *pro forma*
profspeler *pro(fessional)*
profvoetballer *pro(fessional) soccer/football player*
prognose *prognosis*
program *programme;* POL. *platform*
programma ● geheel van activiteiten *programme* ★ een druk ~ hebben *have a busy schedule* ● COMP. *program(me);* POL. *programme; platform* ● uitzending *programme; broadcast*
programmablad AE *TV Guide;* ⟨BBC⟩ *Radio Times*
programmaboekje *programme*
programmakiezer *channel selection;* ⟨v. wasmachine e.d.⟩ *cycle selection*
programmamaker *programme maker/producer*
programmatuur *software*
programmeertaal *computer language; machine code*
programmeren ● programma opstellen *program; schedule* ● COMP. *program* ★ geprogrammeerde instructie *programmed instruction*
programmering *programming*
programmeur *programmer*
progressie ● vooruitgang *progress* ● toename *progression*
progressief ● voortgaand *progressive* ● vooruitstrevend *progressive; liberal*
prohibitie *prohibition*
project *project*
projectbureau *property developer*
projecteren *project*
projectie *projection*
projectiel *missile; projectile* ★ geleide ~en *guided missiles*
projectiescherm *screen*
projectmanager *project manager*
projectmatig ⟨na znw.⟩ *thematic;* NA ZNW. *by making projects*
projectonderwijs ⟨na znw.⟩ *project learning*
projectontwikkelaar *property/real estate developer*
projector *projector;* ⟨v. dia's⟩ *slide projector*

pr

proleet *vulgarian*; *plebeian*
proletariaat *proletariat*
proletariër *proletarian*
proletarisch *proletarian*
pro-lifebeweging *pro-life movement*
proliferatie *proliferation*
prolongeren *prolong*; *extend*; ⟨film⟩ *continue*;
⟨v. lening⟩ *renew*
proloog *prologue*
promenade ⟨winkelstraat⟩ *shopping precinct*;
⟨weg⟩ *promenade*
promenadeconcert *promenade concert*
promenadedek *promenade deck*
promesse *promissory note*
promillage *permillage*
promille *per mille*
prominent *prominent*
promiscue *promiscuous*
promiscuïteit *promiscuity*
promoten *promote*; *push*
promotie • bevordering *promotion*; *rise* ⋆ ~
maken *get promotion* • verkoopbevordering
promotion • behalen van doctorsgraad
taking one's Ph.D./doctor's degree • SPORT
promotion
promotiekans *chance of promotion/
advancement*
promotiewedstrijd *promotion match*
promotor • belangenbehartiger *promoter*
• hoogleraar ≈ *supervisor of a Ph.D. student*
promovendus *doctoral student*; *Ph.D. student*
promoveren I OV WW doctorstitel verlenen
doctor; *confer a degree of doctor on* II ON WW
• SPORT *be promoted* • doctorstitel verwerven
take a doctor's degree
prompt I BNW • vlot *prompt*; *quick* • stipt
punctual; *prompt* ⋆ ~ op tijd *punctual* ⋆ iets ~
kennen *have it pat* II BIJW *promptly*; *at once*
pronken *show* ⟨oneself/something⟩ *off*; *flaunt*
(oneself/something)
pronkjuweel • kleinood *jewel* • persoon *jewel*;
gem
pronkstuk *showpiece*
pront • flink *lively*; *fine* • onmiddellijk *prompt*
prooi • buit *prey* • slachtoffer *prey*; *victim* ⋆ ten
~ zijn aan *be prey to*
proost INF. *bottoms up!*; ⟨bij drinken⟩ *cheers!*;
⟨bij niezen⟩ *bless you!*
proosten *toast*
prop • samengedrukte bol *ball*; *wad*; ⟨klein⟩
pellet; ⟨in de mond⟩ *gag* ⋆ ik had een prop in
de keel *I had a lump in my throat* • persoon
pudge ▾ op de proppen komen met *come out
with*
propaan *propane*
propaangas *propane gas*
propaganda *propaganda*
propagandafilm *propaganda film*
propagandamateriaal *propaganda material*
propagandistisch *propagandist(ic)*
propageren *propagate*
propedeuse *foundation course*
propedeutisch ⋆ ~ examen *first-year
examination*
propeller *propeller*
propellervliegtuig *propeller aeroplane*; AE

propeller *airplane*
proper *clean*; ⟨netjes⟩ *neat*
proportie *proportion*; *dimension*
proportioneel *proportional*
propositie • voorstel *proposition* • stelling
postulate
proppen *stuff*; *cram* ⋆ zijn eten naar binnen~
stuff one's food into one's mouth
propvol *chock-full*; *packed*; *chock-a-block* ⋆ de
trein was ~ *the train was packed (to capacity)*
prosecutie *persecution*
prosodie *prosody*
prospectus *prospectus*
prostaat *prostate (gland)*
prostituee *prostitute*; ⟨op straat⟩ *streetwalker*
prostitueren *prostitute* ⋆ zich ~ *prostitute o.s.*
prostitutie *prostitution*
protagonist *protagonist*
protectie *protection*; ⟨steun⟩ *influence*
protectiegeld *protection (money)*
protectionisme *protectionism*
protectoraat *protectorate*
protégé *protégé* [V: *protégée*]
proteïne *protein*
protest *protest* ⋆ ~ aantekenen tegen *lodge a
protest against* ⋆ een ~ laten horen *raise a
protest* ⋆ onder ~ *under protest* ⋆ uit ~ *in
protest*
protestactie *demonstration*; *protest (action)*
protestant *Protestant*
protestantisme *Protestantism*
protestants *Protestant*
protestbeweging *protest movement*
protesteren *protest* ⋆ zonder ~ *without protest*
protestmars *protest march*
protestsong *protest song*
proteststaking *protest strike*
protestzanger *protest singer*
prothese *prosthesis*; ⟨v. ledemaat⟩ *artificial
limb*; ⟨v. tanden⟩ *dentures*; *false teeth*
protocol • etiquette *protocol* • verslag *protocol*;
record
protocollair *formal*; *according to protocol*;
ceremonial
proton *proton*
protoplasma *protoplasm*
prototype *prototype*
protserig *showy*; *flashy*; *gaudy*
Provençaals *Provençal*
Provence *Provence*
proviand *provisions* [meervoud]; *victuals*
[meervoud]
provider *provider*
provinciaal I ZN *provincial* II BNW • van de
provincie *provincial* • kleinsteeds *parochial*;
provincial
provincialisme *provincialism*
provincie *province* ⋆ iem. uit de ~ *s.o. from the
country*
provinciebestuur ≈ *County Council*; ≈ AE
County Board
provinciehuis ≈ *provincial government
building*; *County Hall*; ≈ AE *State Hall*
provisie • commissieloon *commission*;
⟨makelaar⟩ *brokerage* • voorraad *provisions*;
stock of food

provisiekast *pantry; larder*
provisorisch *provisional*
pro-vitamine *provitamin*
provo *young person out to provoke the authorities*
provocateur *agent provocateur*
provocatie *provocation*
provoceren *provoke*
provoost • persoon *provost marshal/sergeant*
• soldatengevangenis *detention room*
• militaire straf *close arrest*
Prov. St. → staat
pro-westers *pro-Western*
proximaal *proximal*
proza *prose*
prozaïsch *prosaic*
pruik • haardos *mop of hair* • vals haar *wig*
pruikentijd *the Regency period*
pruilen *pout; sulk*
pruillip *pouting mouth; pout* ⋆ een ~ trekken *pout*
pruim • vrucht *plum* ⋆ gedroogde ~en *prunes*
• boom *plum (tree)* • tabakspruim *quid*
pruimen • tabak kauwen *chew tobacco*
• verdragen ⋆ ik kan die man niet ~ *I can't stand that man*
pruimenboom *plumtree*
pruimenmond *pursed lips* ⋆ een ~je trekken *purse one's lips*
pruimenpit • *plum stone;* AE *plum pit* ⋆ van een gedroogde pruim *prune stone;* AE *prune pit*
pruimtabak *chewing tobacco*
Pruis *Prussian*
Pruisen *Prussia*
Pruisisch *Prussian*
prul • ding *trash; gimcrack;* ⟨v. krant⟩ *rag* ⋆ een prul van 'n ding *a piece of junk* • mens *nonentity*
prulding *(piece of) trash*
prullaria *rubbish*
prullenbak *wastepaper basket;* AE *waste-basket*
prullenmand *wastepaper basket;* AE *waste-basket*
prulschrijver *scribbler*
prut I ZN • drab *mud; mire* • bezinksel ⟨v. koffie⟩ *grounds* II BNW slecht *rotten*
prutje *mash; stew*
prutsding *piece of trash; piece of rubbish*
prutsen • knutselen *tinker (about/with); mess about with* ⋆ in elkaar ~ *put together; fix; rig (up)* ⋆ er tussen ~ *fiddle with s.th. until it fits* • klungelen *bungle*
prutser • klungelaar *bungler* • knutselaar *tinker(er)*
prutswerk • knoeiwerk *shoddy work; botch(-up)* • peuterwerk *finicky work*
pruttelen • koken *simmer;* ⟨koffie⟩ *percolate* • mopperen *grumble*
przewalskipaard *Przewalski's horse*
psalm *psalm*
psalmboek *psalm book*
psalmbundel *psalter*
pseudo- *pseudo-*
pseudoniem *pseudonym*
psifactor *psifactor*
psoriasis *psoriasis*
pst *pst*

p.st. per stuk *ea.; each*
psyche *psyche*
psychedelisch *hallucinogenic; psychedelic*
psychiater *psychiatrist;* IRON. *shrink*
psychiatrie *psychiatry*
psychiatrisch *psychiatric*
psychisch *psychic(al)*
psychoanalyse *psychoanalysis*
psycholinguïstiek *psycholinguistics*
psychologie *psychology*
psychologisch *psychological*
psycholoog *psychologist*
psychoot *psychotic*
psychopaat *psychopath*
psychose *psychosis*
psychosociaal *psychosocial*
psychosomatisch *psychosomatic*
psychotherapie *psychotherapy*
psychotisch *psychotic*
ptolemeïsch *Ptolemaic*
PTT BE *P.O.; Post Office;* AE *U.S.P.O.; United States Post Office* ⋆ bij de PTT werken *work for the Post Office*
pub *pub*
puber *adolescent*
puberaal *adolescent; juvenile*
puberen *reach puberty*
puberteit *puberty*
publicatie *publication*
publicatieverbod *publication ban*
publiceren *publish*
publicist *publicist; writer on current affairs; journalist*
publicitair ⟨m.b.t. reclame⟩ *publicity;* ⟨m.b.t. media⟩ *advertising*
publiciteit *publicity* ⋆ ~ geven aan *give publicity to; advertise* ⋆ in de ~ brengen *bring to public notice*
publiciteitscampagne *publicity campaign*
publiciteitsgeil *hot on publicity*
publiciteitsstunt *publicity stunt*
public relations *public relations*
publiek I ZN *public;* ⟨v. sport⟩ *crowd;* ⟨v. culturele gebeurtenis⟩ *audience* ⋆ 't grote ~ *the general public* II BNW • openbaar *public* ⋆ ~ geheim *open secret* ⋆ ~e zitting *open court* ⋆ ~ worden *become known* • t.b.v. iedereen ⋆ ~e vrouw *prostitute* ⋆ ~e werken *public works*
publiekelijk *openly; publicly; in public*
publieksfilm *popular film*
publieksgericht *aimed at an audience*
publiekstrekker *crowd puller; (box-office) draw/attraction*
puck *puck*
pudding *pudding*
puddingbroodje *custard bun*
puddingvorm *pudding/jelly mould*
puf *energy* ⋆ ik heb er geen puf in *I don't feel up to it; I can't be bothered (with it)*
puffen *puff; pant* ⋆ ~ van de hitte *pant with the heat*
pui *front;* ⟨v. winkel⟩ *shopfront*
puik *choice* ⋆ hij ziet er puik uit *he looks great*
puikje *pick (of the bunch)* ⋆ 't ~ van ... *the pick of...*

pu

puilen *bulge* ★ de ogen puilden hem uit het hoofd *his eyes popped out (of) their sockets*
puimsteen *pumice*
puin *debris*; *rubbish*; *rubble* ★ in puin vallen *fall to pieces* ★ puin ruimen *clear up the rubbish/mess*; FIG. *pick up the pieces* ★ puin storten *shoot rubble* ★ in puin liggen *lie in ruins* ▾ zijn auto in puin rijden *smash up one's car*
puinhoop • hoop puin *heap of rubble/rubbish* • warboel *mess*
puissant *puissa(u)nt*
puist *pimple*; INF. *zit*; *spot*; MED. *pustule*
puistenkop • persoon met puisten *pimple-face* • scheldwoord *rotter*
puk *mite*; *tiny tot*
pukkel • puist *pimple*; *spot*; INF. *zit* • tas *satchel*
pul *tankard*
pulken *pick* ★ in de neus ~ *pick one's nose*
pulli *turtleneck*
pullover *pullover*
pulmonaal *pulmonairy*
pulp • brij *pulp* • slecht product *pulp*; ⟨m.b.t. boeken⟩ *junk reading*
pulsatie *pulsation*
pulseren *pulsate*; *throb*
pulver *powder*
pummel *lout*
pump *court shoe*
punaise *drawing pin*; AE *thumbtack*
punch *punch*
punctie *puncture*
punctueel *punctual*
punk • subcultuur *punk* • punker *punk rocker*
punker *punk*
punkkapsel *punk hair style*; ⟨vrouw ook⟩ *punk hairdo*
punniken *French knitting*
punt I ZN (de) • uiteinde *tip*; *point*; ⟨v. zakdoek, tafel⟩ *corner*; ⟨v. kaas e.d.⟩ *wedge-shaped piece* • stip *dot*; ⟨leesteken⟩ *full stop*; ⟨decimaalpunt⟩ *decimal (point)*; ⟨v. letterkorps⟩ *point*; ⟨leesteken⟩ AE *period* ★ dubbele punt *colon* ★ punten en strepen *dots and dashes* ★ ergens een punt achter zetten ⟨m.b.t. werk⟩ *call it a day* ★ ... punt com ... *dot com* II ZN (het) • plaats *point* • onderdeel, kwestie *point*; *item*; ⟨v. dagvaarding⟩ *count*; ⟨gezichtspunt⟩ *point of view* ★ punt voor punt *point by point* ★ een punt van belang *an important point* ★ een punt van bespreking *subject for discussion* ★ dit vormt een punt van overweging *this is a subject for consideration*; *this is a point to be considered* ★ moment *point* ★ op 't punt staan om... *be on the point of...*; *be about to...* ★ een dood punt *a dead-lock* • waarderingseenheid *point*; *mark* ★ op punten winnen *win on points*
puntbaard *pointed beard*
puntbroodje ≈ *(soft) roll*
puntdicht *epigram*
punten • een punt maken aan *point*; *sharpen* • afknippen *trim*
puntenschaal *point scale*
puntenslijper *pencil sharpener*
punter • boot *punt* • SPORT *toe-kick/-shot*

puntgaaf *flawless*; *perfect* ★ een ~ exemplaar *a perfect specimen*; *a specimen in mint condition*
punthoofd ▾ ik krijg er een ~ van *it drives me up the wall*
puntig • spits *pointed*; *sharp* • kernachtig *pointed*; *sharp*; *witty*
puntje • kleine punt *tip*; *dot* • broodje *roll* ★ als ~ bij paaltje komt *when it comes to the point* ▾ de ~s op de i zetten *dot the i's and cross the t's* ▾ iets tot in de ~s kennen *know s.th. to perfection* ▾ tot in de ~s verzorgd ⟨v. mensen⟩ *highly groomed*; ⟨v. dingen⟩ *highly finished* ▾ er in de ~s uitzien *look spick and span* ▾ daar kun je een ~ aan zuigen *that takes the shine out of you* ▾ het ligt op het ~ van mijn tong *it's on the tip of my tongue*
puntkomma *semicolon*
puntmuts *pointed cap/hat*
puntschoen *pointed shoe*; INF. *winkle-picker*
puntsgewijs *point by point*
puntzak *cone(-shaped bag)*
pupil • oogpupil *pupil* • leerling *pupil*; *student* • kind *pupil*; *ward* • SPORT *junior*
puppy *pup(py)*
puree *puree* ★ aardappel~ *mashed potatoes* ★ in de ~ zitten *be in trouble*
pureren *puree*
purgeermiddel *purgative*; *laxative*
purisme *purism*
purist *purist*
puritein *puritan*; ⟨in Engeland⟩ *Puritan*
puriteins *puritanical*
purper *purple*
purperrood *purplish-red*; *crimson*
purser *purser*
pus *pus*
pushen • aanzetten *push/urge (on)*; *drive (on)*; *push* • promoten *push*; *back*
put ⟨v. water, gas, olie⟩ *well*; ⟨kuil⟩ *pit* ★ 'n put graven *sink a well* ▾ in de put zitten *be down-hearted* ▾ je geld in een bodemloze put gooien *pour/throw your money down the drain*
putsch *putsch*; *coup (d'état)*
putten • water ophalen *draw* • ontlenen *draw (from/on)* ★ uit eigen ervaring ~ *draw from one's own experience*
puur *pure*; ⟨v. nonsens⟩ *sheer*; ⟨v. alcoholische dranken⟩ *neat*; ⟨v. chocola⟩ *plain*
puzzel • legpuzzel *puzzle*; *jigsaw (puzzle)* • probleem *puzzle*; *riddle*
puzzelaar *puzzler*
puzzelen • puzzels oplossen *solve/do (crossword/jigsaw etc.) puzzles* • diep nadenken *puzzle*
puzzelrit ⟨per fiets en voet⟩ *treasure hunt*; ⟨per auto⟩ *treasure rally*
puzzelwoordenboek *crossword dictionary*
pvc *PVC*
pygmee *pygmy*
pyjama *(pair of) pyjamas*
pyjamabroek *pyjama trousers*
pylon *(traffic) cone*
pyromaan *pyromaniac*

pu

Pyrrusoverwinning *Pyrrhic victory*
python *python*

Q

q *q* ★ de q van Québec *Q as in Queenie*
qua *qua; as for*
quadrafonie *quadraphony*
quadrupel I ZN *quadruple* II BNW *quadruple*
quarantaine *quarantine* ★ in ~ liggen *be (put) in quarantine*
quartair *quaternary* ★ ~ gesteente *Quaternary formation* ★ de ~e sector *public sector*
Quartair *(the) Quaternary*
quasi *quasi* ★ hij viel ~ in slaap *he pretended to fall asleep*
quasi- *quasi-* ★ ~wetenschappelijk *quasi-scientific*
quatre-mains I ZN *piano piece for four hands* II BNW ★ (à) ~ *for four hands*
queeste *quest*
querulant *querulous person*; INF. *grouser*
questionnaire *questionnaire*
quiche *quiche*
quickstep *quickstep*
quitte *quits* ★ we zijn ~ *we are quits* ★ ~ spelen *break even*
qui-vive ▾ op zijn ~ zijn *be on the alert*
quiz *quiz*
quizmaster *quizmaster*
quorum *quorum*
quota *quota; contingent; share*
quotatie ⟨aanhaling⟩ *quotation*
quote *quota*
quoteren *quote*
quotiënt *quotient*
quotum • winst/verlies *quotum; quota* • belasting *assessment*

qu

R

r r ★ de r van Rudolf *R as in Robert*
ra *yard* ★ grote ra *main yard*
raad • advies *advice; counsel* ★ op raad van *on the advice of* ★ bij iem. te rade gaan *consult a person* • luister naar mijn raad *listen to my advice; listen to me* ★ iem. raad geven *advise/ counsel a person* ★ met raad en daad *in word and deed* ★ hij weet altijd raad *he is never at a loss* ★ daar weet ik wel raad mee *I can manage that* • adviserend college *council*; ⟨vnl. in besloten organisatie⟩ *board* ★ de Raad van State *Council of State*; ≈ AE *National Security Council*; BE *Privy Council* ★ Raad van Arbeid *Labour Council* ★ Raad van Beheer/Commissarissen *Board of Directors* ★ Raad van Europa *Council of Europe* ★ Raad van Toezicht *Supervisory Board* ▼ ten einde raad *at one's wits' end* ▼ goede raad was duur *here was a dilemma*
raadgever *adviser*
raadgeving *advice*; ⟨officieel⟩ *notification*
raadhuis *town hall*; ⟨v. stad⟩ *city hall*
raadpensionaris *Grand Pensionary*
raadplegen *consult; seek advice* ★ een arts ~ *see a doctor*
raadsbesluit *council decision*; ⟨v. gemeenteraad⟩ *ordinance*
raadscommissie *council committee*
raadsel • iets onbegrijpelijks *mystery; puzzle; enigma* ★ het is voor mij een ~ *it is a mystery to me* • opgave *riddle*
raadselachtig *enigmatic; mysterious* ★ een ~ persoon *an enigmatic person* ★ een ~ toeval *an odd coincidence*
raadsheer • rechter *councillor* • schaakstuk *bishop*
raadslid *councillor*
raadsman • raadgever *adviser*; JUR. *counsel* • advocaat *counsel*
raadszitting *sitting/session of the (town/city) council*
raadzaal *council chamber*
raadzaam *advisable; wise* ★ het is ~ om *it would be wise to*
raaf *raven*
raak • doel treffend ★ raak schieten *hit the mark* ★ die klap was raak *that blow went home* • juist *to the point* ★ raak antwoord *a quick retort* ▼ maar raak praten *talk at random; talk away*
raaklijn *tangent*
raakpunt *point of contact; juncture*
raakvlak • WISK. *tangent plane* • gemeenschappelijk gebied *interface*
raam • venster *window* ★ voor het raam zitten *sit in the window* ★ voor het raam staan *stand at the window* ★ uit het raam kijken *look ou tof the window* • lijst *frame* • kader *context; frame* ▼ achter het raam zitten *be on the game*
raamadvertentie *window card*
raamkozijn *window frame*

raamprostitutie *window prostitution*
raamsponning *groove in frame of sash window; sash rabbet*
raamvertelling *frame story*
raamwerk • houtwerk *frame* • globale opzet *outline; framework*
raamwet *skeleton law; legislative framework*
raap *turnip* ▼ recht voor zijn raap *straightforward*
raapstelen *turnip tops/greens*
raar • vreemd *strange; odd; weird* ★ een raar mens *a queer fish* • onwel ★ zich raar voelen *feel strange; feel out of sorts*
raaskallen *rave; talk gibberish*
raat *honeycomb*
rabarber *rhubarb*
rabat *discount; rebate*
Rabat *Rabat*
rabbijn *rabbi*
rabiës *rabies*
race *race*
racebaan *race track*; AE *racecourse*; ⟨autosport ook⟩ *circuit*; ⟨voornamelijk motorsport⟩ *speedway*
racefiets *racing bicycle*
racen • aan een race deelnemen *race* • zeer snel gaan *speed*
racewagen *racing car*
raciaal *racial; ethnic* ★ raciale onlusten *race riots*
racisme *racism*
racist *racist*
racistisch *racist*
racket *racket*
raclette *raclette*
rad I ZN *wheel* ★ rad van avontuur/geluk *wheel of fortune* ▼ iem. een rad voor ogen draaien *throw dust in a person's eyes* II BNW *swift; glib* ★ rad van tong zijn *have the gift of the gab; always ready with a quick retort*
radar *radar*
radarantenne *scanner*
radarapparatuur *radar equipment*
radarinstallatie *radar installation/unit*
radarscherm *radar screen*
radarsignaal *radar signal*
radarvliegtuig *early-warning aircraft*
radbraken • martelen *break upon the wheel* • verhaspelen *mutilate/ruin a language* ▼ ik was geradbraakt *I was exhausted; I was dead beat*
raddraaier *ringleader*
radeermesje *erasing knife*
radeloos *desperate*
radeloosheid *despair; desperation*
raden • gissen *guess* ★ goed/mis ~ *guess right/ wrong* ★ ~ naar *guess at* ★ ik geef je te ~ wie *guess who* • raadgeven *advise; counsel* ★ het is je ge~ ermee op te houden *you'd better be advised to stop doing that* ★ dat is je ge~ ook *you'd better*
radencommunisme *soviet(-style) communism*
radenrepubliek *soviet(-style) republic*
raderboot *paddle-boat*
raderen¹ *trace*
raderen² • graveren *engrave; etch* • afkrabben

erase; *scratch off*
radertje *cog(wheel)*
raderwerk *wheels*; ⟨v. klok⟩ *clockwork*
radiaalband *radial tyre*
radiateur *radiator*
radiator *radiator*
radicaal I ZN *radical* II BNW *radical*; *drastic*
radicalisme *radicalism*
radicchio *radicchio*
radijs *radish*
radio • toestel *radio* • uitzending *radio* ∗ voor de ~ spreken/optreden *broadcast*
radioactief *radioactive*
radioactiviteit *radioactivity*
radiobesturing *radio control*
radiocassetterecorder *radio-cassette-recorder*
radiografie *radiography*
radiografisch *radiographic*
radiologie *radiology*
radioloog *radiologist*
radionieuwsdienst • uitzending *radio news (broadcast)* • dienst *radio news service*
radio-omroep *broadcasting service*
radioprogramma *radio programme*
radioscopie *radioscopy*
radiostation *radio station*
radiotherapie *radiotherapy*
radiotoespraak *broadcast/radio speech*
radiotoestel *radio (set)*
radio-uitzending *radio broadcast*
radioverslaggever *radio reporter*
radiowekker *clock-radio*
radiozender *radio transmitter*
radium *radium*
radius *radius*
radja *rajah*
radslag *cartwheel* ∗ een ~ maken *turn a cartwheel*
rafel *frayed end*; *loose end* ∗ knip de ~s er af *cut off the loose threads*
rafelen I OV WW losmaken *unravel* II ON WW losraken *fray*
rafelig *frayed*; *unravelled*
raffia *raffia*
raffinaderij *refinery*
raffinement *refinement*; ⟨geraffineerdheid⟩ *subtlety*
raffineren *refine*
raften *rafting*
rag *cobweb*
rage *craze*; *rage*; *trend*
ragebol • borstel *broom* • haardos *mop of hair*
ragfijn *filmy*; *gossamer* ∗ het was ~ *it was filmy*
raggen *horse about/around*; *mess about/around*
ragout *ragout*
ragtime *ragtime*
rail • roede *rail* • spoorstaaf *rail* ∗ uit de rails lopen *be derailed*; *come off the rails* ∗ de zaken op de rails zetten *put things back on the rails*
railsysteem *railway system/network*
railvervoer *rail(road) transport(ation)*
rakelings *closely*; *narrowly* ∗ iem./iets ~ voorbijgaan *brush past a person/a thing*
raken I OV WW • aanraken *touch* • treffen *hit* ∗ de schijf/het doel ~ *hit the target*

• ontroeren *move*; *touch* ∗ het heeft mij diep geraakt *it touched me deeply*; *it moved me*
• betreffen *concern*; *affect* II ON WW
• geraken ∗ aan de praat ~ *begin a conversation* ∗ in moeilijkheden ~ *get into difficulties*; *fall on hard times*
raket • projectiel *rocket*; *missile* • plant *hedge mustard*
raketaanval *missile/rocket attack*
raketbasis *missile/rocket base*
raketbeschieting *missile/rocket bombardment/strike*
raketinstallatie *missile/rocket installation*
rakker *rascal*; *scamp*
rally *rally*
ram • mannetjesschaap *ram* • stormram *battering ram*
RAM *RAM*; *random access memory*
Ram *Aries*
ramadan *Ramadan*
rambam ∗ krijg de ~! *go to hell!* ∗ zich het ~ werken *work one's ass off*; *work one's fingers to the bone*; *flog one's guts out*
ramen *estimate* ∗ de kosten werden geraamd op *the costs were estimated at*
raming *estimate*
rammelaar • speelgoed *rattle*
• mannetjeskonijn *buck rabbit*
rammelen I OV WW door elkaar schudden *shake* II ON WW • geluid maken *rattle*; ⟨v. geld⟩ *jingle* • gebrekkig in elkaar zitten *be ramshackle*; *be shaky* ▼ ik rammel van de honger *I am famished*
rammelkast • piano *ramshackle old piano*
• voertuig *jalopy*
rammen *ram*
rammenas *winter radish*
ramp *catastrophe*; *disaster*
rampbestrijding *emergency measures*
rampenplan *contingency plan*
rampgebied *disaster area*; *distressed area*
rampspoed *adversity*; *misfortune*
ramptoerist *thrill seeker*; *sensation seeker*
rampzalig *disastrous* ∗ ~ jaar *disastrous year*
ramsj • handel *trade in second-hand/remaindered stock* ∗ een boek in de ~ gooien *remainder a book* • rommel *seconds*; *junk*; *rejects*
ramsjpartij *batch of rejects/seconds*
ranch *ranch*
rancune *rancour* ∗ sans ~ *no ill feeling*; *without rancour*
rancuneus *rancorous*; *spiteful*
rand • omtrek, grens *edge*; ⟨v. bloemen, gras⟩ *border*; ⟨v. bos, tafel, water⟩ *edge*; ⟨v. hoed⟩ *brim*; ⟨v. holte, m.b.t. volume⟩ *brim*; ⟨v. kopje⟩ *rim*; ⟨richel⟩ *ledge* ∗ aan de rand van de stad *on the outskirts/periphery of town* ∗ aan de rand van het water *at the edge of the water* ∗ tot de rand vol *filled to the brim*; *brimful* • uiterste deel *verge*; ⟨v. afgrond⟩ *brink* ∗ aan de rand van de ondergang *on the verge of ruin*
randaarde *ground*
randapparatuur *peripheral equipment*
randfiguur *background/minor figure*

randgebied GEO. *outlying area*; ⟨v. denkwijze, maatschappij⟩ *on the fringes of*
randgemeente ≈ *satellite town*
randgroep ⟨m.b.t. welvaartsniveau⟩ *subsistence level group*; ⟨m.b.t. samenleving⟩ *fringe group*
randgroepjongere *drop-out*
randschrift *legend*
Randstad ⟨the urban conglomeration of Western Holland⟩ *Randstad*
randstoring *secondary depression*
randverschijnsel *marginal/peripheral phenomenon*
randvoorwaarde *essential precondition*; *prerequisite constraint*
rang • plaats in hiërarchie *rank*; *position* ★ van de eerste rang *first-class* ★ in rang boven/onder iem. staan *rank above/below s.o.* • maatschappelijke stand *rank* ★ mensen van alle rangen en standen *people of all ranks and classes* ★ plaats in schouwburg ★ eerste rang *dress circle*
rangeerder *shunter*
rangeerterrein *marshalling yard*
rangeren *shunt*
ranglijst *list*
rangnummer *serial number*
rangorde *order of rank*; *hierarchy*
rangschikken • ordenen *order*; *arrange* • indelen *range*; ⟨in categorie⟩ *class*; ⟨m.b.t. rangorde⟩ *classify* ★ ~ onder *classify under*
rangschikking • ordening *arrangement* • indeling *classification*
rangtelwoord *ordinal*
ranja *orangeade*
rank I ZN *tendril* II BNW *slender*
ranken I OV WW ontdoen van uitlopers *remove tendrils*; *remove runners* II ON WW uitlopers vormen *twine*; *climb*
ranking *ranking list*
ranonkel *ranunculus*
ransel *knapsack* ▼ een pak ~ *a good hiding*
ranselen *thrash*; *flog*; *beat*
ransuil *long-eared owl*
rantsoen *ration* ★ op ~ stellen *ration*
rantsoeneren *ration*
ranzig *rancid*
rap¹ *quick*; *agile*; ⟨v. beweging, verstand⟩ *nimble*
rap² (zeg: rep) *rap*
rapen *pick up*
rapgroep *rap group*
rapmuziek *rap music*
rappelleren • terugroepen *recall* • aanmanen *remind*
rappen *rap*
rapper *rapper*
rapport *report* ★ ~ maken van *report*
rapportage *report(age)*
rapportcijfer *mark*; AE *grade*
rapporteren *report*
rapsodie *rhapsody*
rariteit *curiosity*
rariteitenkabinet *collection of curiosities*
ras I ZN ⟨v. mensen⟩ *race*; ⟨v. dieren⟩ *breed*; ⟨v. planten⟩ *variety* II BNW snel *quick*; *swift*

★ met rasse schreden *swiftly*
rasartiest *born artist*
rasecht • raszuiver *thoroughbred* • echt *born* ★ een ~e toneelspeler *a born actor*
rasegoïst *arch egoist*
rashond *pedigree dog*
rasp *grater*
raspen *grate*
rassendiscriminatie *racial discrimination*
rassenhaat *racial hatred*
rassenintegratie *racial integration*
rassenkwestie *race/racial problem*
rassenonlusten *race/racial riots*
rassenscheiding *racial segregation*
rassenvraagstuk *race/racial problem*
rasta *rasta*; *rastafarian*
rastafari *Rastafarian*
rastakapsel *dreadlocks*; *Rasta(farian) hairstyle*
raster • hekwerk *fence*; ⟨v. hout⟩ *picket fence* • puntenpatroon *screen*
rasterdraad *fencing wire*
rasterfoto *halftone photo*
rasterwerk • omheining *fencing* • rooster *lattice(work)*; ⟨metaal⟩ *grill*
raszuiver *thoroughbred*
rat *rat*
rataplan ▼ de hele ~ *the whole caboodle*
ratatouille *ratatouille*
ratel • instrument *rattle* • mond/persoon *chatterbox*; PEJ. *blabbermouth* ★ zijn ~ staat geen ogenblik stil *his tongue is always wagging* ★ hou je ~! *shut your trap!*
ratelaar • boom *aspen*; *trembling poplar* • plant *(yellow) rattle* • nachtzwaluw *nightjar* • babbelaar *rattle(r)*
ratelen • geluid maken *rattle*; ⟨v. donder⟩ *crash* • druk praten *chatter*
ratelslang *rattlesnake*
ratificatie *ratification*
ratificeren *ratify*
rating • waarderingscijfer/kijkcijfer *rating(s)* • zeilschipklasse naar tonnage *rating*
ratio *reason*
rationaliseren *rationalize*
rationalisme *rationalism*
rationalistisch *rationalist(ic)*
rationeel *rational*
ratjetoe • stamppot *hotch-potch* • allegaartje *hash*; *hotch-potch* ★ een ~ van stijlen *a medley of styles*
rato ▼ naar rato van *in proportion to*
rats ▼ in de rats zitten *be in a blue funk*; *have one's heart in one's mouth*; *be panic stricken*
rattengif *rat poison*
rauw • ongekookt *raw* • schor *raucous* • ontveld *open*; ⟨v. wond⟩ *raw* • grof *rough* ▼ dat viel me rauw op m'n dak *that was an unpleasant surprise*
rauwkost *raw/uncooked food*; *raw vegetables*; ⟨salade⟩ *vegetable salad*
ravage *havoc*; *devastation*
ravigotesaus *ravigote*
ravijn *ravine*; *gorge*
ravioli *ravioli*
ravotten *romp*
rayon I ZN (het) werkgebied *area* II ZN (het)

kunstzijde *rayon*
rayonchef *area supervisor*
razen • tekeergaan *rage*; *rave* • snel bewegen *race*
razend • woedend *furious* ★ iem. ~ maken *drive s.o. mad*; *infuriate s.o.* ★ 't is om ~ te worden *it's enough to drive you mad/crazy* • hevig ★ ~e honger *ravenous appetite* ★ ~ verliefd *madly in love*
razendsnel *rapid*; *quickly*; *like a flash/shot*
razernij *frenzy*; *rage*; ⟨krankzinnigheid⟩ *madness*
razzia *raid*; *round-up*; GESCH. *razzia*
re *re*
reactie *reaction* ★ in ~ op *in response to*
reactiesnelheid *reaction rate*
reactievermogen *reactions*; *response*; *ability to react*
reactionair I ZN *reactionary* II BNW *reactionary*
reactor *reactor*
reactorcentrale *nuclear power plant*
reactorvat *reactor/reaction vessel*
reader *reader*
reageerbuis *test tube*
reageerbuisbaby *test-tube baby*
reageerbuisbevruchting *in vitro fertilization*
reageren *react* ★ ~ op *react to*
realisatie *realization*
realiseerbaar *realizable*; *feasible*; *practicable*
realiseren I OV WW *realize* II WKD WW *realize*
realisering • verwezenlijking *realization*; *execution*; *completion* • besef *realization*; *awareness*
realisme *realism*
realist *realist*
realistisch *realistic*
realiteit *reality*
realiteitszin *sense of reality*
realpolitik *realpolitik*
reanimatie *resuscitation*; *reanimation*; *bringing to*
reanimeren *resuscitate*; *reanimate*
rebel *rebel*
rebellenleger *rebel army*
rebellenleider *rebel leader*
rebelleren *rebel*
rebellie • opstand *rebellion* • opstandigheid *rebelliousness*
rebels *rebellious*
rebound *rebound*
rebus *rebus*
recalcitrant *recalcitrant*
recapituleren *recapitulate*
recensent *reviewer*; *critic*
recenseren *review*; ⟨beknopt⟩ *notice*
recensie *review*; *criticism* ★ goede ~s *rave reviews*
recensie-exemplaar *review copy*
recent *recent*
recentelijk *recently*; *of late*; *lately* ★ ik heb hem ~ gezien *I saw him recently*
recept • keukenrecept *recipe* • doktersrecept *prescription*
receptie • balie *reception (desk)* • ontvangst *reception* ★ een ~ houden *give a reception*
receptief *receptive*; *susceptible*

receptionist *receptionist*
reces *recess* ★ op ~ gaan *go into recess*
recessie *recession*
recette *receipts*; *takings*; SPORT *gate*; *gate-money*
rechaud *hot plate*
recherche *criminal investigation department*
recherchebijstandsteam *special investigating team*
rechercheur *detective*
recht I ZN • overheidsvoorschriften *law* ★ canoniek ~ *canon law* • rechtsgeleerdheid INF. *law*; FORM. *jurisprudence* • rechtspleging ★ iem. in ~e aanspreken *take s.o. to court*; ⟨voornamelijk voor vergoeding⟩ *sue a person* • gerechtigheid *right*; *justice* ★ ~ verschaffen *procure justice* ★ het ~ in eigen hand nemen *take the law into one's own hands* ★ in zijn ~ zijn *be within one's rights* ★ ~matig *rightful* • bevoegdheid, aanspraak *right*; ⟨auteursrechten⟩ *copyright* ★ ~ hebben op *have a right to* ★ ~ op zijn ~ staan *stand on one's right* ★ ~ van spreken hebben *have a say in the matter* ★ ~ geven op *entitle to* ★ ~ van vereniging en vergadering *right of free assembly* ★ het ~ van de sterkste *the law of the jungle* ★ ~ van beroep *right of appeal* ★ ~ van overpad *right of way* • belasting *duty*; ⟨te betalen⟩ *duties*; ⟨op documenten⟩ *fee* ★ vrij van ~en *duty-free* ▼ ~ doen *do justice* ▼ ik weet er het ~ e niet van *I don't know the rights of it* II BNW • niet gebogen *straight* ★ ~ zetten *adjust*; FIG. *put straight*; FIG. *rectify* ★ het bij het ~e eind hebben *be right*; *have the right end of the stick* ★ de vraag blijft ~ overeind staan *the question remains unsolved* • loodrecht ★ ~e hoek *right angle* III BIJW • niet gebogen *straight* ★ ~ afgaan op *make straight for*; *make a beeline for* • rechtop, loodrecht *straight (up)*; *upright* • precies ★ iem. ~ in het gezicht kijken *look a person full in the face* • geheel *quite*; *straight*; *right*
rechtbank • college van rechters *law court*; *court of justice* • gerechtsgebouw *court*
rechtdoor *straight on/ahead*
rechtdoorzee *straightforward*; *candid*
rechteloos *without rights*; GESCH. *outlawed*
rechten *bend straight*; *straighten (out)* ★ zijn rug ~ *straighten one's back*
rechtens *by right(s)*
rechtenstudie *(study of) law*
rechter I ZN *judge* ★ ~ van instructie *examining magistrate* ▼ eigen ~ spelen *take the law into one's own hands* II BNW *right(-hand)* ★ de ~ voet *the right foot*
rechter-commissaris *examining judge/ magistrate*
rechterhand *right hand* ★ tegenover het gebouw aan je ~ *opposite the building on your right* ▼ zij heeft twee ~en *she is very good with her hands*
rechterkant *right(-hand) side* ★ auto met stuur aan ~ *right-hand drive car* ★ aan de ~ ⟨auto, enz.⟩ *on the right(-hand) side*; ⟨m.b.t. verkeer⟩ BE *on the offside*
rechterlijk *judicial* ★ de ~e macht *judiciary* ★ ~e uitspraak ⟨v. adviseur⟩ *legal judgement*; ⟨v.

rechter en jury) *verdict*
rechtervleugel *right wing*
rechtgeaard *right-minded*
rechthebbende (rightful) *claimant*
rechthoek *rectangle*
rechthoekig • met rechte hoeken *right angled* ∗ ~ staan op *be at right angles to* • met rechthoekige vorm *rectangular*
rechtlijnig • WISK. *rectilinear* • consequent ∗ ~ denken *think along fixed/straight lines*
rechtmatig *rightful*; *legitimate* ∗ de ~e erfgenaam *the legitimate heir*
rechtop *upright*; *erect* ∗ ~ gaan zitten *sit up* ∗ ~ zitten *sit straight*
rechtopstaand *vertical*; *erect*; *upright*; *on end*
rechts I ZN ∗ op ~ stemmen *cast one's vote with the right* II BNW • aan de rechterkant *on/to/at the right* ∗ ~ inhalen *pass/overtake on the nearside* ∗ goed ~ rijden *drive well on the right*; INF. *hug the curb/right* ∗ met het stuur ~ *with right-hand drive* • rechtshandig *right-handed* • POL. *right-wing*
rechtsaf *to the right*
rechtsback *right back*
rechtsbeginsel *legal principle*
rechtsbekwaam *legally qualified*
rechtsbevoegdheid *entitlement to rights*
rechtsbijstand *legal aid*
rechtschapen *righteous*; *honest*
rechtsdraaiend *dextrorotatory*
rechtsgang *court procedure*; *judicial process*
rechtsgebied *jurisdiction*
rechtsgeding *lawsuit*
rechtsgeldig *legal*; *valid* ∗ een ~ contract *a valid contract* ∗ een ~ argument *a legal argument*
rechtsgeleerde *jurist*; INF. *lawyer*
rechtsgeleerdheid *jurisprudence* ∗ de faculteit der ~ *the faculty of law*
rechtsgelijkheid *equality before the law*
rechtsgevoel *sense of justice*
rechtsgrond *legal ground*
rechtshandeling *act of law*; *legal act/transaction*
rechtshandig *right-handed*
rechtshulp *legal aid/assistance*
rechtskracht *legal force*; *force of law*
rechtskundig *legal* ∗ ~ adviseur *legal adviser*
rechtsom *to the right*
rechtsomkeert ∗ ~ maken *do an about-face/about-turn*; FIG. *turn on one's heel*
rechtsorde *legal system*
rechtspersoon *legal body*; *legal entity*; (vereniging e.d.) *corporation*; (gemeente e.d.) *corporate body* ∗ als ~ erkend worden *be incorporated*
rechtspleging *administration of justice*
rechtspositie *legal status*; *legal position*
rechtspraak • rechtspleging *jurisdiction* • jurisprudentie *jurisprudence*
rechtspreken *administer justice*
rechts-radicaal *right-wing radical*
rechtsstaat *constitutional state*
rechtsstelsel *legal system*; *system of law*
rechtstandig *perpendicular*
rechtstreeks • zonder omwegen *direct* ∗ zij

ging ~ naar de kroeg *she went straight to the pub* • live ∗ ~e uitzending *live broadcast*
rechtsvervolging *prosecution* ∗ iem. van ~ ontslaan *dismiss the case against a person*
rechtsvordering • vordering *legal action* ∗ een ~ tegen iem. instellen *take legal action against s.o.* • procesrecht *procedural law*
rechtswege ∗ van ~ *by law*; *legally*
rechtswetenschap *jurisprudence*
rechtswinkel *law centre*
rechtszaak *lawsuit*
rechtszaal *courtroom*
rechtszekerheid FORM. *legal protection*; INF. *legal cover* ∗ hebben wij ~? *are we legally covered?*
rechtszitting *session in court*; *court case*
rechttoe ▾ ~, rechtaan *straightforward*; *outright*
rechtuit • rechtdoor *straight on* • ronduit *outright*
rechtvaardig *just*; (v. persoon, actie) *righteous*
rechtvaardigen *justify*; *warrant* ∗ niet te ~ *unjustifiable* ∗ gerechtvaardigd *justifiable*; *legitimate*
rechtvaardigheid *justice*; (v. persoon, actie) *righteousness*
rechtzetten • overeind zetten *set/put up*; (in goede stand) *adjust* • corrigeren *rectify*
rechtzinnig *orthodox*
recidive • misdaad *recidivism* • ziekte *relapse*
recidivist *recidivist*; *backslider*; (m.b.t. misdrijf) *hardened offender*
recipiëren *receive* (guests); *give a reception*
recital *recital*
reciteren *recite*; (met passie) *declaim*
reclamant • aanklager *complainant* • eiser *claimant* • indiener van verzoekschrift *petitioner*
reclame • aanprijzing *advertising*; *publicity* ∗ ~ maken voor *promote* • aanbieding ∗ in de ~ zijn *be on sale*; *be on special offer* • middel, voorwerp *neon sign*; (advertentie) *advertisement*; (radio, tv) *spot* • bezwaar *protest*; (tegen belasting) *appeal*
reclameblok *commercial break*
reclameboodschap *commercial*
reclamebureau *advertising agency*
reclamecampagne *advertising campaign*
reclamecodecommissie *Advertising Standards Authority*
reclame-inkomsten *advertising revenues/income*
reclameren • terugvorderen *reclaim*; *claim back* ∗ betaling ~ *request a refund* ∗ ~ bij afzender *demand remittance* • bezwaar indienen *protest*; *complain* (about)
reclamespot *advertisement*
reclamestunt *publicity stunt*
reclamevliegtuig *advertising plane*
reclamezendtijd *commercial broadcasting time*
reclamezuil *advertising column*
reclasseren *rehabilitate*
reclassering *rehabilitation of discharged prisoners*; BE *probation and after-care services*
reclasseringsambtenaar *probation officer*
reconstructie *reconstruction*

reconstrueren • herstellen *reconstruct*
• opnieuw voorstellen *reconstitute*
reconvalescent I ZN *(re)convalescent* II BNW
(re)convalescent
record¹ (zeg: rekòr) *record* ★ een record breken
beat/break a record
record² (zeg: rèkord) *record*
recordaantal *record number*
recordbedrag *record figure(s)*
recorder *recorder*
recordhouder *record-holder*
recordpoging *record attempt*
recordtijd *record time*
recordvangst *record catch*
recreant *holiday-maker*
recreatie *recreation*
recreatief *recreational*
recreatiegebied *recreation area*
recreatiepark *recreation ground/park*
recreatiesport *(leisure) sport*
recreatiezaal *recreation room*
recreëren *recreate*
rectificatie *rectification*
rectificeren *rectify*
rector • voorzitter *rector* • hoofd van school
headmaster
rectum *rectum*
reçu *receipt*; ⟨v. aangetekende postzending⟩
proof of posting; ⟨v. niet-aangetekende
postzending⟩ *certificate of posting*; ⟨v.
bagage, kleding⟩ AE *check*
recupereren I OV WW terugwinnen *recycle*
II ON WW zich herstellen *recuperate*; *recover*
recyclen, recycleren *recycle*
recycling *recycling*
redacteur *editor*
redactie • het redigeren *editorship* • de
redacteuren *editors*; ⟨afdeling⟩ *editorial office*
redactiebureau *editorial office*
redactielid *member of the editorial staff*
redactioneel *editorial*
reddeloos *irretrievable*; *beyond repair* ★ ~
verloren *irretrievably lost*
redden I OV WW • in veiligheid brengen *save*;
rescue • niet meer te ~ *past saving* • voor
elkaar krijgen *manage* ★ iem. uit een
moeilijkheid ~ *get a person out of difficulty*
II WKD WW ★ ik kan me met 10 euro's ~ *ten
euro's will help me out; I can make do with
ten euro's* ★ hij zal zich wel weten te ~ *he'll
manage* ★ hij redt zichzelf *he can look after
himself* ▼ zijn figuur trachten te ~ *try to save
one's face*
redder • iem. die redt *rescuer* • verlosser
saviour ★ de Redder *the Saviour*
redderen *put in order*; *arrange*
redding • het redden *rescue* • verlossing
deliverance; *salvation*
reddingsactie *rescue operation*
reddingsboot *lifeboat*
reddingsbrigade *rescue-party*; *rescue-team*
reddingsoperatie *rescue operation*
reddingsvest *life jacket*
reddingswerk *rescue work/operations*
reddingswerker *rescue worker*
reddingswerkzaamheden *rescue operations*

reddingswezen *rescue work*
rede • het spreken ★ iem. in de rede vallen
interrupt a person • toespraak *speech*
• verstand *reason*; *sense* ★ iem. tot rede
brengen *bring a person to his senses* ★ naar
rede luisteren *listen to reason* • ankerplaats
roadstead [mv: *roads*]
redelijk I BNW • met verstand *rational*;
⟨verstandig⟩ *sensible* • billijk *reasonable; fair*
★ wees ~ *be reasonable* • vrij goed *passable*;
tolerable II BIJW tamelijk *rather* ★ het is ~ ver
it is rather far
redelijkerwijs • logisch beschouwd *reasonably*
• volgens billijkheid *in fairness*
redelijkheid • verstandigheid *reasonableness*
• billijkheid *fairness*
redeloos • zonder verstand *irrational*; *senseless*
• dwaas *unreasonable*; ⟨zinloos⟩ *senseless*
reden • beweegreden *reason*; *motive* ★ ~ te
meer *all the more reason* ★ 't geeft ~ tot
praatjes *it gives rise to gossip* ★ en met ~ *and
with (good) reason* ★ er is alle ~ om... *there is
every reason to...* ★ zonder geldige ~ *without
valid/good reason* ★ ~ tot dankbaarheid
hebben *have reason to be thankful*
• aanleiding *ground*; *cause* ★ ~ geven voor
ongerustheid *give cause for alarm* ★ dat is de
~ waarom *that's the reason why* ★ zonder
opgaaf van ~en *without stating reasons* ★ een
besluit met ~en omkleden *state reasons/
grounds for a decision*
redenaar *orator*
redenatie *argument*
redeneren *reason*; *argue* ★ daar is niet tegen te
~ *there's no arguing with that*
redenering • gedachtegang *reasoning*;
argument • betoog *argument*; FORM. *discourse*
★ zijn ~ was... *his point was...*
reder *ship owner*
rederij *shipping company*; ⟨v.
passagiersvervoer⟩ *shipping line*; ⟨v.
goederenvervoer⟩ *merchant shipper*
rederijker *rhetorician*
rederijkerskamer *chamber of rhetoric*
redetwist *dispute*
redetwisten *dispute*
redevoering *speech* ★ eerste ~ *maiden speech*
redigeren • redactie voeren *edit* • opstellen
draw up; *draft* ★ een document ~ *draw up a
document* ★ een wetsartikel ~ *draft a bill*
redmiddel *remedy* ★ het laatste ~ *the last resort*
reduceren • verminderen *reduce* ★ tegen
gereduceerd tarief *at cut/reduced rate*
• herleiden *reduce*; ⟨v. munten⟩ *devalue*
reductie *reduction*
reductieprijs *reduced/bargain price*
redundant *redundant*; *superfluous*
ree *roe(-deer)*; ⟨vrouwelijk⟩ *doe*
reebruin *fawn(-coloured)*
reeds *already*
reëel • werkelijk *real* • realistisch *realistic*
reehert *roe (deer)*
reeks • serie *row*; *series*; ⟨woorden, cijfers⟩
string ★ een ~ huizen *a row of houses* ★ een ~
bergen *a range of mountains* • WISK.
progression

re

re

reep • strook *strip* • lekkernij *bar*

reet • spleet *crack*; *chink*; *fissure* • achterwerk *arse*

referaat • voordracht *lecture* • verslag *report*

referendaris *senior government official*

referendum *referendum*

referent • verslaggever *reporter*; *reviewer* • spreker *speaker*

referentie • verwijzing *reference*; TAALK. *referent* • opgave van personen *reference*; *referee*

referentiekader *frame of reference*

referentiepunt *point of reference*; *benchmark*

refereren • verwijzen (naar) ~ aan *refer* ★ ~ aan iets *refer to s.th.* • verslag uitbrengen *report*

referte ★ onder ~ aan *referring to*

reflectant • prospective buyer; ⟨sollicitant⟩ *applicant*

reflecteren • weerkaatsen *reflect* • ~ op *answer*

reflectie *reflection*

reflector *reflector*

reflex *reflex*

reflexbeweging *reflex action*

reflexcamera *reflex camera*

reflexief • TAALK. *reflexive* ★ ~ voornaamwoord *reflexive pronoun* • bespiegelend *reflective*; *contemplative*

reform *reform*

reformatie *reformation*

Reformatie *Reformation*

reformatorisch *reformational*

reformeren *reform*

reformisme *reformism*

reformvoeding *health food*; *wholefood*

reformwinkel *health food shop*

refrein *refrain*; *chorus*

refter *refectory*

refugié *refugee*

regatta *regatta*

regeerakkoord *coalition agreement*

regeerperiode *office*; *government*; *administration*

regel • tekstregel *line* ★ tussen de ~s *between the lines* • voorschrift *rule*; ⟨v. spel⟩ *law* ★ zich tot ~ stellen *make it a rule (to)* • gewoonte *rule*; *habit* ★ in de ~ *as a rule* ▾ volgens de ~en der kunst *according to the rules*

regelaar • organisator *organizer* • deel van werktuig *regulator*

regelafstand *line spacing*

regelbaar *adjustable* ★ regelbare verwarming *adjustable heating*

regelen • in orde brengen *order*; *arrange*; TECHN. *regulate*; ⟨klok⟩ *adjust*; ⟨verkeer⟩ *regulate*; *control* ★ zich ~ naar *conform to*; INF. *fall in line with* ★ zijn zaken ~ *sort out*; *order one's affairs* • bepalen *regulate*; *lay down rules* ★ geregeld bij de wet *provided for by the law*

regelgeving • stellen van regels *issuing/giving of rules* • gestelde regels *rules*

regeling • het regelen *arrangement*; *regulation*; ⟨v. apparaat⟩ *adjustment* • geheel van regels *regulation*; *control* • schikking *settlement*; *arrangement* ★ ~en treffen *make arrangements*

regelkamer *control room*

regelmaat *regularity*

regelmatig *regular*

regelneef *busybody*

regelrecht I BNW • rechtstreeks *straight* ★ ~ naar huis komen *come straight home* • ronduit ★ een ~e leugen *a downright lie* II BIJW *straight*

regen • neerslag *rain* ★ zure ~ *acid rain* • grote hoeveelheid *rain*; *shower* ★ een ~ van kogels *a hail of bullets* ▾ van de ~ in de drup komen *leap out of the frying pan into the fire*; *get from bad to worse* ▾ na ~ komt zonneschijn *every cloud has a silver lining*

regenachtig *rainy*

regenboog *rainbow*

regenboogtrui *rainbow-coloured jersey*

regenboogvlies *iris*

regenbroek *waterproof/showerproof trousers*

regenbui *shower* ▾ het regent dat het giet *it's pelting down*; *it's pouring (with rain)*

regendans *rain dance*

regendruppel *raindrop*

regenen • vallen van regen *rain* • veel voorkomen ★ 't regende klachten *complaints poured in*

regeneratie *recycling*; *regeneration*

regenereren *regenerate*

regenfront ⟨(weather)front*; *warm front*; *cold front*

regeninstallatie *sprinkler*

regenjas *raincoat*; *mackintosh*

regenkleding *showerproof clothing*

regenmeter *rain gauge*

regenpak *waterproof outfit*

regenpijp *drainpipe*

regenrijk *rainy*; *wet*

regenseizoen *rainy season*

regent • bestuurder *dictator* • waarnemend vorst *regent*

regentijd *rainy season*

regenton *water butt*

regentschap *rule*; ⟨v. vorst⟩ *reign*

regenval *rainfall*

regenverzekering *rain insurance*

regenvlaag *squall*

regenwater *rainwater*

regenworm *earthworm*

regenwoud *rain-forest*

regenzone *rain belt*

regeren • besturen *rule*; ⟨v. vorst⟩ *reign (over)*; ⟨v. ministers⟩ *govern* • beheersen *rule*; *control*

regering • het regeren *government*; ⟨v. vorst⟩ *reign*; *administration* ★ aan de ~ komen ⟨v. vorst⟩ *come to the throne*; ⟨v. partij⟩ *come into power* • landsbestuur *government*; *administration* ★ onder de ~ van ⟨v. vorst⟩ *in/under the rule/reign of*

regeringsbesluit *government decision*

regeringscoalitie *government coalition*

regeringsdelegatie *government delegation*

regeringsfunctionaris *government official*

regeringskringen *government circles*

regeringsleger *government forces/army*
regeringstroepen *government troops*
regeringsverklaring *government statement*
regeringsvorm *form of government*
regeringswege ★ van ~ *officially; by the government*
reggae *reggae (music)*
regie *direction; production*
regieassistent *assistant to the director/producer*
regiekamer *direction room*
regime • staatsbestel *regime* • leefregels *regimen*
regiment *regiment*
regio • gebied *region; area; district* • sfeer ★ in hogere ~nen *in higher spheres; on cloud nine*
regiogebonden *regional; local*
regiokorps *regional police force*
regionaal *regional*
regisseren *direct* ★ een stuk ~ *direct a play*
regisseur *director*
register • lijst *register* • inhoudsopgave *index* • orgelpijpen *(organ) stop* ▼ alle ~s opentrekken *pull out all the stops*
registeraccountant ⟨in Nederland⟩ *officially recognized public accountant*; ⟨in Groot-Britannië⟩ *chartered public accountant*
registratie *registration*
registratiebeleid *registration policy*
registratiebewijs *registration certificate*
registratienummer *registration number*
registratieplicht *legal obligation to register*
registratierecht *registration fee*
registratiesysteem *registration system*
registratiewet *Registration Act*
registreren • vastleggen *register* • inschrijven *register* • waarnemen *register; notice*
reglement *regulations; rules* ★ ~ van orde *code of order*
reglementair I BNW *prescribed* ★ ~e bepaling *stipulations of the rules* ★ niet ~ *not permitted by the rules* II BIJW *as prescribed in the rules/regulations; as laid down in the rules/regulations; according to the regulations/rules* ★ ~ voorgeschreven verlichting *regulation lights*
reglementeren *regulate*
regressie *regression*
reguleren *regulate* • ⟨klok, machinerie⟩ *adjust*
regulering *regularization*
regulier *regular*
rehabilitatie *rehabilitation*
rehabiliteren *rehabilitate*
rei *chorus*
reiger *heron* ★ blauwe ~ *grey heron* ★ purper~ *purple heron*
reiken I OV WW aanreiken *pass* ★ elkaar de hand ~ *hold out a hand to each other* II ON WW • zover komen *reach*; ⟨v. macht⟩ *extend*; ⟨v. stem⟩ *carry* ★ zo ver 't oog reikt *as far as the eye can see* • hand uitstrekken *reach* ★ ~ naar *reach (out) for*
reikhalzen ★ ~ naar *long for*
reikwijdte *range; reach*; FIG. *implication* ★ buiten ~ *out of reach* ★ binnen ~ *within range*
reilen ▼ zoals het reilt en zeilt *lock, stock and barrel* ▼ het ~ en zeilen *the ins and outs (of)*

rein • schoon *clean; spotless* • zuiver *pure; sheer* ★ de reinste dwaasheid *sheer/utter folly*
reïncarnatie *reincarnation*
reinigen • schoonmaken *clean*; ⟨wond⟩ *cleanse* ★ chemisch ~ *dry-clean* • zuiveren *purify; cleanse*
reiniging • het schoonmaken *cleaning*; ⟨wond⟩ *cleansing* • het zuiveren *redemption*
reinigingscrème *cleansing cream*
reinigingsdienst *sanitation department*
reinigingsheffing *standing charge for refuse/garbage collection*
reinigingsrecht *refuse collection rate(s)*; AE *garbage collection rate(s)*
reïntegratie *reintegration*
reïnterpreteren *reinterpret*
reis • journey; ⟨rondreis⟩ *tour*; ⟨kort⟩ *trip*; ⟨op zee⟩ *voyage*; ⟨lang⟩ *travel* ★ op reis gaan *go on a journey* ★ een reis om de wereld maken *take a trip around the world* ★ enkele reis *one-way ticket* ▼ goede reis! *have a pleasant journey/trip!*
reisapotheek *medicine kit; first-aid kit*
reisbeschrijving *travel story*; ⟨film, lezing⟩ *travelogue*
reisbeurs *travelling scholarship/grant*
reisbureau *tourist office; travel bureau/agency*
reischeque *traveller's cheque*
reisdocument *travel documents*
reis- en kredietbrief *letter of credit*
reisgenoot *travelling companion*
reisgezelschap *party (of travellers)*
reisgids • boek *guide book*; *(travel) guide* • persoon *guide*
reiskosten *travelling expenses/costs*
reiskostenvergoeding *refund of travelling expenses; travelling allowance*
reisleider *tour guide*
reislustig *fond of/keen on travelling*
reisorganisatie *travel organisation*
reistijd *travelling time*
reisvaardig *ready to start*
reisverslag *travel report*; ⟨in dagboekvorm⟩ *holiday diary*
reisverzekering *travel insurance*
reiswekker *travelling alarm (clock)*
reiswieg *carrycot*
reisziekte *travel sickness*
reizen *travel; journey*; ⟨op zee⟩ *make a voyage* ★ vrij ~ hebben *get a free trip*
reiziger *traveller*
rek I ZN (de) elasticiteit *elasticity*; FIG. *flexibility* ★ er zit geen rek in *it does not stretch* ▼ de rek is eruit *the options are limited* II ZN (het) • opbergrek ⟨v. bagage, e.d.⟩ *rack*; ⟨v. kleren⟩ *clothes-horse*; ⟨v. handdoek⟩ *towel-horse* • gymrek *climbing frame*
rekbaar *elastic*
rekbaarheid *elasticity*
rekel • deugniet ★ kleine ~ *little rascal* • mannetjesdier *male dog/fox/wolf/badger*
rekenaar *calculator; arithmetician*
rekencentrum *computing/computer centre*
rekenen I OV WW • tellen *count* ★ bij elkaar ~ *add up* ▼ het pond ~ op *calculate the pound*

re

at • als betaling vragen *charge* ★ er niets voor ~ *make no charge for it* ★ iem. te veel ~ *overcharge a person* • in aanmerking nemen ★ je moet ~ dat ... *you must take into account that...* ★ reken maar! *you bet!* • achten *consider* • meetellen ~ onder *count among*
II ON WW • cijferen *calculate; reckon*; ⟨sommen maken⟩ *do sums* ★ uit het hoofd ~ *work it out in one's head* ★ goed/slecht in ~ *good/bad at figures; have a/no head for figures* • ~ op *depend/count (on)* ★ reken er maar niet op *don't bank/count on it* ★ reken niet op hem *count him out*

rekening • nota *account; bill* ★ in ~ brengen *charge* ★ voor ~ van *to the account of* ★ ~en maken *run up bills* ★ ~en schrijven *make out accounts* ★ op ~ kopen *buy on credit* ★ volgens ~ *as per account* ★ een oude ~ vereffenen *settle an old score* • bankrekening *account* ★ lopende ~ *current account* ★ een ~ hebben/openen bij een bank *have/open an account with a bank* ★ een bedrag op iemands ~ schrijven *pay an amount into s.o.'s account* ★ het is voor gezamenlijke ~ *on joint account* ★ het rekenen *calculation; reckoning* ▾ ~ en verantwoording afleggen *render an account (of)* ▾ op iemands ~ schrijven FIG. *put down to s.o.*; FIG. *chalk up to s.o.* ▾ ~ houden met *consider; take into account* ▾ ~ houden met iemands leeftijd *make allowance for s.o.'s age* ▾ deze uitlating blijft voor zijn ~ *he must account for his remark* ▾ dat neem ik voor mijn ~ *I'll take charge of that*

rekeningafschrift *bank statement; statement of account*

rekening-courant *current account* ★ in ~ staan met *have a current account with*

rekeninghouder *account holder*

rekeningnummer *account number*

Rekenkamer *Audit/auditor's office*

rekenkunde *arithmetic*

rekenkundig *arithmetical*

rekenles *arithmetic lesson/class*

rekenliniaal *slide rule*

rekenmachine *calculator*

rekenschap *account* ★ zich ~ geven van *realize; appreciate* ★ ~ afleggen van *give an explanation of* ★ iem. ~ vragen *ask a person to explain himself*

rekensom *sum; arithmetical problem*

rekest *petition* • een ~ opstellen/indienen *present/file/submit a petition* ▾ nul op het ~ krijgen *meet with a refusal; be turned down; be told off*

rekken I OV WW • langer maken *draw out*; ⟨linnen, nek⟩ *stretch* ★ zich ~ *stretch o.s.* • lang aanhouden *prolong; spin out; protract*
II ON WW langer worden *stretch*

rekruteren *recruit*

rekruut *recruit*; AE *draftee*

rekstok *horizontal bar*

rekverband *elastic bandage*

rekwireren *requisition*; JUR. *demand*

rekwisiet *stage property; prop*

rel *riot; row*; ⟨over een kleinigheid⟩ *hullabaloo*

relaas *story*

relais *relay*

relateren *relate (to)*

relatie • onderlinge betrekking *relationship; connection* • liefdesverhouding *relationship; (love) affair* • bekend persoon *business acquaintance/contact*

relatief *relative*

relatiegeschenk *business gift/present*

relatietherapie *relational therapy*

relationeel *relational*

relativeren *relativize; put in perspective*

relativeringsvermogen *sense of perspective; ability to put things in perspective*

relativiteit *relativity*

relativiteitstheorie *theory of relativity*

relaxed • ontspannen *relaxed* • aangenaam *cool*

relaxen *relax; take it easy*

release *release*

relevant *relevant*

relict *relic*

reliëf *relief* ★ en relief *in relief* ★ ~ geven aan FIG. *emphasize*; ⟨kaart of kunstwerk⟩ *throw into relief* ★ in ~ brengen *raise*

reliek *relic*

religie *religion*

religieus *religious*

relikwie *relic*

reling *rail(ing)*

relipop *religious rock music*

relirock *religious rock music*

relletje *row; disturbance*

relschopper *rioter; troublemaker*

rem • toestel om te remmen *brake*; FIG. *hindrance; drag* ★ aan de rem trekken *apply the brakes* • rapid eye movement *REM* ▾ alle remmen losgooien *shake off all restraints*

remafstand *braking/stopping distance*

rembekrachtiging *power brakes*

remblok *brake block; shoe*

rembours ★ iets onder ~ zenden *send s.th. C.O.D.; send s.th. cash on delivery*

remedial teacher *remedial teacher*

remedie *remedy*

remigrant *remigrant*

remigratie *remigration*

remigreren *remigrate*

remilitariseren *remilitarize*

remise • loods *depot* • onbesliste partij *draw* ★ ~ spelen *(come to a) tie; come to a draw*

remissie • gratie *remission* • korting *reduction*

remixen *remix*

remkabel *brake cable*

remleiding *brake circuit* ★ uitgerust met gescheiden ~en *equipped with twin independent brake circuits/systems*

remlicht *stoplight; brake light*

remmen I OV WW belemmeren *inhibit; check; hinder* ★ ontwikkelingen ~ *be a drag on further developments; impede developments* ★ te geremd om er over te praten *too inhibited to talk about it* ★ een ~de factor *a restraining factor* ★ het belemmert mij *it's holding me back* **II** ON WW afremmen *put on the brake(s); brake* ★ uit alle macht ~ *slam on the brakes*; INF. *stand on the brakes*

remmer *brakesman*
remming *restraint; inhibition*
remonstrants *remonstrant*
remouladesaus *rémoulade*
rempedaal *brake pedal*
remproef *brake test*
remschijf *brake disc*
remslaap *REM sleep*
remspoor *skid marks*
remvloeistof *brake fluid*
remvoering *brake lining*
remweg *braking distance*
ren • wedren *race* • snelle loop *run; race* • kippenren *chicken-run*
renaissance *renaissance*
renbaan *race track;* ⟨voornamelijk motorsport⟩ *speedway;* ⟨autosport ook⟩ *circuit;* ⟨paardensport⟩ *racecourse*
rendabel *paying; profitable* ★ 'n zaak ~ maken *make a business pay*
rendement • nuttig effect ⟨v. machine⟩ *output;* ⟨v. motor⟩ *performance* • opbrengst *return; yield*
renderen *pay (its way)*
rendez-vous *rendez-vous*
rendier *reindeer*
renegaat *renegade*
rennen *run;* ⟨haast hebben⟩ *rush;* ⟨hard⟩ *race*
renner ⟨coureur⟩ *racing driver;* ⟨te voet⟩ *runner*
rennersveld *field*
renovatie *renovation*
renoveren *renovate;* ⟨v. gebouw, wijk⟩ *redevelop; renovate*
renpaard *racehorse*
rensport *racing*
renstal *racing stable*
rentabiliteit *earning capacity;* ECON. *return*
rente *interest* ★ op ~ zetten *put out at interest* ★ een behoorlijke ~ maken van je geld *obtain a fair return on your capital*
renteaftrek • het fiscaal aftrekken van rente *deduction of interest* • bedrag *deductible interest*
rentedaling *fall in interest rate(s)*
rentedragend • rente opleverend *profitable* • waar rente op gegeven wordt *interest-bearing*
rentegevend *interest-bearing*
renteloos *interest-free* ★ ~ voorschot *interest-free advance* ★ ~ kapitaal *idle capital*
rentenier *person living off of his/her investments*
rentenieren *live of one's investments* ★ gaan ~ *retire and lead a life of leisure*
rentepercentage *interest rate*
renteverhoging *rise/increase in interest rate(s)*
renteverlaging *lowering/reduction of interest rate(s)*
rentevoet *interest rate*
rentmeester *manager; steward; estate agent*
rentree *comeback; re-entry* ★ zijn ~ maken *make his comeback*
renvooieren • doorzenden *deliver* ★ stukken ~ *deliver documents* • JUR. *refer (to a judge)*
reorganisatie *reorganization*
reorganiseren *reorganize*

rep ▾ in rep en roer brengen *cause a commotion; throw into confusion*
reparateur *repairman*
reparatie *repair(s)* ★ in ~ *under repair*
reparatiekosten *cost(s) of repair*
repareren *fix; mend; repair* ★ een auto ~ *fix/repair a car*
repatriant *repatriate; repatriated person*
repatriëren *repatriate*
repatriëring *repatriation*
repercussie *repercussion*
repertoire *repertoire; repertory*
repeteergeweer *repeating rifle; repeater*
repeteerwekker *repeating alarm (clock)*
repeteren I OV WW • herhalen *rehearse* • instuderen ★ een toneelstuk ~ *rehearse a play* II ON WW zich herhalen *repeat* ★ ~de breuk *recurring decimal*
repetitie • herhaling *repetition* • proefwerk *test* • proefuitvoering *rehearsal* ★ generale ~ *dress rehearsal*
repetitor *coach; private tutor*
replay *replay*
replica *replica; reproduction*
repliceren *reply*
repliek • weerwoord *retort* ★ iem. van stevig ~ dienen *tell s.o. where to get off; put s.o. in his place* • JUR. *reply; replication*
reply *reply*
replyen ★ een e-mail ~ *reply to an e-mail*
reportage *report; commentary* ★ rechtstreekse ~ *live/running commentary*
reportagewagen *mobile broadcasting unit*
reporter *reporter*
reppen I ON WW spreken *mention* ★ hij rept er niet over *he daren't breathe a word about it* II WKD WW zich haasten *hurry*
represaille *reprisal; retaliation* ★ ~s nemen (tegen) *retaliate against; take reprisals against*
represaillemaatregel *reprisal; retaliatory measure*
representant *representative*
representatie *representation*
representatief *representative (of)* ★ ~ voor zijn oeuvre *typical of his work*
representatiekosten *entertainment expenses*
representeren *represent*
repressie • verdringing *repression* • onderdrukking *repression*
repressief *repressive*
repressiepolitiek *policy of repression*
reprimande *reprimand; rebuke*
reprise *repeat performance; revival;* ⟨toneel⟩ *rerun*
repro *repro*
reproduceren *reproduce*
reproductie *reproduction*
reproductievermogen *reproductive/procreative power; fertility*
reprorecht *copyright law; implementation/ enforcement of copyright law*
reptiel *reptile*
republiek *republic*
republikein *republican*
republikeins *republican* ★ de ~e partij *the Republican party* ★ de ~e kalender *the*

re

Revolutionary Calendar

reputatie *reputation* ★ zijn ~ waarmaken *live up to one's reputation*

requiem *Requiem (mass)*

requisitoir *indictment*; ⟨v. openbare aanklager⟩ *closing speech*

research *research*

researchafdeling *research department*

reservaat *reserve* ★ indianen~ *Indian reservation*

reserve • voorbehoud *reservation* ★ zonder ~ *without reserve/reservations* ★ onder ~ aannemen *accept with reservations* • noodvoorraad *reserve* ★ in ~ houden *hold in reserve* • plaatsvervanger *standby*; *substitute*; SPORT *reserve/substitute (player)*

reserve- *back up*

reserveband *spare tyre*

reservebank *reserve('s) bench*

reservekopie *backup*

reserveren • bespreken *book* • in reserve houden *reserve*; *set aside*

reservering *reservation*

reservespeler *reserve/substitute (player)*

reservewiel *spare wheel*

reservist *reservist*

reservoir *reservoir*; *tank*

resident *resident*

residentie *(royal) residence*

residentieel *residential*

residentschap • GESCH. *residency* • ambt *residentship* • ambtstermijn *residence*

resideren *reside*

residu *residue*; CHEM. *residuum*

resigneren I ON WW ambt neerleggen *resign* II WKD WW berusten *resign oneself to*; *submit to*

resistent *resistent (to)*

resistentie *resistance*

resolutie *resolution*

resoluut *resolute*

resonantie *resonance*

resoneren *resonate*; *reverberate*

resorptie *resorption*; *reabsorption*

resort *resort*

respect *respect*; *regard* ★ uit ~ voor *out of respect/consideration for*

respectabel • eerbiedwaardig *respectable* • aanmerkelijk *considerable* ★ een ~ aantal *a considerable number*

respecteren • achten *respect* • naleven *observe*

respectievelijk *respectively*

respectvol *respectful*

respijt *respite*; *delay* ★ een paar dagen ~ *a few days' grace* ★ zonder ~ *without respite*; *without a break*

respiratie *respiration*

respiratoir *respiratory*

respondent *respondent*

respons *response*; *reply*; *reaction*

responsie • onderdeel van beurtzang *response* • antwoord in college *reply* • PSYCH. *reponse*; *reaction* • NAT. *response*

ressentiment *resentment*; *spite*

ressort *jurisdiction*

ressorteren ★ ~ onder *come under* ★ dat

ressorteert niet onder ons *that's outside our province*

rest ⟨restant⟩ *rest*; ⟨het overblijvende⟩ *remainder* ★ de stoffelijke resten *the (mortal) remains* ★ voor de rest doet het er niet toe *for the rest, it makes no difference*

restafval *refuse remaining after separation of recyclable elements*

restant *remainder*; *remnant* ★ uitverkoop van ~en *remnant sale*

restaurant *restaurant*

restaurateur • hersteller *restorer* • restauranthouder *restaurateur*

restauratie • het herstellen *restoration* • eetgelegenheid *restaurant*; ⟨trein, station, luchthaven⟩ *buffet*

restauratiekosten *restoration costs*

restauratiewagen *dining car*

restaureren *restore*

resten *remain*; *be left* ★ er restte hem niets anders dan te gaan *he had no choice but to go*

resteren *remain*; *be left*; ⟨v. geld⟩ *remain* ★ het ~de bedrag *the outstanding amount*; *the balance* ★ 't ~de *the remainder*; *the balance*

restitueren ⟨geld⟩ *refund*; *repay*; ⟨goederen⟩ *return*

restitutie ⟨teruggave⟩ *restitution*; ⟨terugbetaling⟩ *refund*

restje *leftovers*

restrictie *restriction*

restrictief *restrictive*; *conditional*

restwaarde *scrap value*; ECON. *residual value*

restylen *restyle*

restzetel *residual seat*

resultaat *result* ★ als/tot ~ hebben *result in*

resultante *resultant*

resulteren • voortvloeien uit *result (from)* • ~ in *lead up to*; *result in*

resumé *résumé*; *summary* ★ ⟨v. rechter⟩ *summing-up*

resumeren *sum up*

resusaap *rhesus monkey*

resusfactor *rhesus factor*

resusnegatief *Rhesus negative*

resuspositief *Rhesus positive*

retina *retina*

retorica *rhetoric*; *oratory*; ⟨bombast⟩ *grandiloquence*

retoriek *rhetoric*

retorisch *rhetorical*

Reto-Romaans *Rhaeto-Romanic*

retort *retort*

retoucheren *retouch*; *touch up*

retour I ZN ⟨de⟩ terugkeer *return* II ZN ⟨het⟩ kaartje *return (ticket)* ★ ~ tweede klas Arnhem *second class return to Arnhem* III BIJW ★ ~ afzender *return to sender*

retourbiljet *return ticket*

retourenvelop *stamped-addressed/self-addressed envelope*; *SAE*

retourneren *return*

retourticket *return ticket*

retourtje *return (trip)*

retourvlucht *return flight*

retourvracht • retourlading *return cargo/*

freight • prijs return charges
retraite *retreat* ★ in ~ zijn *be in retreat*
retriever *retriever* ★ golden ~ *golden retriever*
retrogressie *retrogression*
retrospectie *retrospection*
retrospectief I ZN *retrospective* ★ in ~ *in retrospect* II BNW *retrospective*
retrostijl *retro style*
retrovirus *retrovirus*
return • 2e wedstrijd *return match* • COMP. *return* ★ harde/zachte ~ *hard/soft return*
returnwedstrijd *return match*
reu *(he-)dog*
reuk • geur *scent*; *smell*; *odour*; ⟨v. lichaam⟩ *odour* • zintuig *smell*; ⟨v. dier⟩ *smell*; ⟨scent ▾ in een kwade reuk staan *be in bad odour (with)*; *be in disrepute*
reukloos ⟨gas⟩ *odourless*; ⟨bloem⟩ *scentless*
reukorgaan *olfactory/nasal organ*
reukwater *scent*; *perfume*
reukzin *(sense of) smell*; AE *olfactory sense*
reukzintuig *sense of smell*
reuma *rheumatism*
reumatiek *rheumatism*
reumatisch *rheumatic*
reumatologie *rheumatology*
reumatoloog *rheumatologist*
reünie *reunion*
reünist *reunion participant*
reus *giant*
reusachtig I BNW • zeer groot *gigantic*; *huge* • zeer goed *grand*; *great* II BIJW *immensely*; *enormously*
reut *caboodle* ★ de hele reut *the whole caboodle*
reutelen *rattle*
reuze I BNW • zeer groot *giant* • zeer goed *smashing*; *great* II BIJW *enormously*; *immensely* ★ ~ veel *an awful lot (of)* III TW *great*
reuze- ⟨als bnw⟩ *giant*; ⟨als bijwoord⟩ *enormously*; *immensely*; *awfully* ★ reuzehonger *raging hunger*
reuzel *lard*
reuzendoder *giant killer*
reuzenrad *big wheel*; AE *ferris wheel*
reuzenschildpad *giant tortoise/turtle*
revalidatie *rehabilitation*
revalidatiearts *rehabilitation specialist*
revalidatiecentrum *rehabilitation centre*
revalideren I OV WW • weer valide maken *rehabilitate* II ON WW weer valide worden *recover*; *convalesce*
revaluatie *revaluation*
revalueren *revalue*
revanche *revenge* ★ ~ nemen op ⟨genoegdoening⟩ *get even with*; ⟨wraak⟩ *take revenge on*
revancheren (zich) *revenge oneself upon someone*
revanchewedstrijd *return match*
reveil *revival*
revelatie • ontdekking *discovery* • openbaring *revelation*
reven *reef*; *take in a reef*
revers *lapel*
reviseren *overhaul*

revisie • herziening ⟨v. vonnis⟩ *review*; ⟨tekst⟩ *revision* • controlebeurt *overhaul*
revisor • corrector van rekeningen *reviser* • corrector *proofreader*
revitalisatie *revitalization*
revival *revival*
revolte *insurgence*; *revolt*; *uprising*
revolutie *revolution*
revolutionair *revolutionary*
revolver *revolver*
revolverheld *gunslinger*
revolvertang *revolving punch*
revue *revue* ▾ iets de ~ laten passeren *review s.th.*
revueartiest *artiste*
Reykjavik *Reykjavik*
RIAGG *Regional Institute for Mental Welfare*
riant *delightful*; ⟨ruim⟩ *ample* ★ een huis met een ~ uitzicht *a house with a splendid view* ★ een ~e woonkamer *a spacious living-room*
rib • bot *rib* ★ iem. een por tussen de ribben geven *poke s.o. in the ribs* • balk *joist* ▾ dat is een rib uit mijn lijf *that makes a hole in my pocket* ▾ je kunt zijn ribben tellen *he is a bag of bones*
ribbel *rib*; ⟨verhoging⟩ *ridge*
ribbenkast *ribcage*
ribbroek *corduroy trousers*; *corduroys*; AE *corduroy pants*
ribes *Ribes*
ribfluweel *cord(uroy)*
ribkarbonade *rib chop*
riblap *rib*
ribstof *cord(uroy)*
richel • rand *ledge*; ⟨opstekend rand⟩ *ridge* • lat *lath*
richten I OV WW • in richting doen gaan *direct* ★ zijn schreden ~ naar *direct one's steps towards* • sturen *direct*; *address* ★ kritiek ~ op *level criticism at* • een vraag ~ tot iem. *direct a question to s.o.* • instellen op een doel ⟨v. camera⟩ *point (at)*; ⟨v. kijker⟩ *train (on)*; ⟨v. wapen⟩ *aim*; *level (at)* ★ 't oog ~ op *fix one's eye upon* II WKD WW • zich wenden ~ tot *address* ★ zich ~ tot iem. *address s.o.*; ⟨met een verzoek⟩ *appeal to s.o.* • afstemmen ~ naar *conform to*; *be guided by* ★ zich ~ naar iemands wensen *conform to a person's wishes*
richtgetal *target (figure)*
richting • bepaalde kant *direction*; ⟨gesprek⟩ *trend* ▾ ~ aangeven *signal*; *indicate direction* • gezindheid *school*; ⟨geloof, politiek⟩ *creed*; *persuasion* ★ de moderne ~ in de muziek *the modern school of music*
richtingaanwijzer *indicator*
richtingbord *signpost*
richtinggevoel *sense of direction*
richtlijn • lijn voor grond- en bouwwerk ⟨verticaal⟩ *plumb line*; *line* • voorschrift *guideline* ★ ~en geven *give directions*; *provide guidelines* • WISK. *directrix*
richtprijs *recommended retail price*
richtpunt *target*
richtsnoer *guide* ★ tot ~ dienen *serve as a guide* ★ een ~ geven *give a lead*
ridder • lid van de ridderstand *knight* ★ iem.

ri

tot ~ slaan *knight a person* • lid van ridderorde *knight* ★ ~ in de Orde van de Kousenband *knight of the Garter*

ridderen • tot ridder slaan *knight; confer knighthood on* • decoreren ★ geridderd worden *receive a knighthood*

ridderepos *chivalric epic*

ridderlijk • galant *chivalrous* • van een ridder *knightly*

ridderorde • onderscheiding *decoration* • ridderstand *knighthood*

ridderroman *romance (of chivalry)*

ridderslag *accolade*

ridderspoor *delphinium; larkspur*

ridderstand *knighthood*

riddertijd *age of chivalry*

ridderzaal *(great) hall; Knights Hall*

ridicuul *ridiculous*

riedel *tune; jingle*

riek *(three-/four-pronged) fork*

rieken • geur afgeven *reek* • ~ naar *smack/ smell of*

riem • band *strap; (v. hond) lead; leash; (v. fototoestel, geweer, e.d.) sling; (v. zweep) thong; (om middel) belt; girdle* • drijfriem *(transmission) belt* • roeispaan *oar* • hoeveelheid papier *ream* • je moet roeien met de riemen die je hebt *one must make do with what one has got*

riet • grasstoort *reed; (suikerriet) (sugar) cane* • stengel *reed; (dik) cane* • MUZ. *reed*

rietdekker *thatcher*

rieten *reed* ★ ~ stoel *cane/wicker chair* ★ ~ dak *thatched roof* ★ ~ mat *rush mat*

rietje *straw*

rietkraag *reed border*

rietstengel *reed stem*

rietsuiker *cane sugar*

rif *reef*

Riga *Riga*

rigide *stiff;* FIG. *rigid; formal*

rigoureus *rigorous*

rij • reeks *(v. getallen onder elkaar) column; (v. getallen naast elkaar) row; series* • volgorde ★ op de rij af *in order; in sequence* • reeks in rechte lijn *(voornamelijk naast elkaar) row; (voornamelijk achter elkaar) line; (mensen achter elkaar ook) file; (achter elkaar wachtend) queue* • de rij sluiten *bring up the rear* ★ in een rij *in a row* ★ in de rij gaan staan *queue up;* AE *stand in line* ▾ hij heeft ze niet allemaal op een rijtje *he's not all there; he has a screw loose*

rijbaan *roadway; (rijstrook) lane* ★ weg met gescheiden rijbanen *dual carriageway*

rijbevoegdheid *driving licence; driver's license*

rijbewijs *(driving) licence;* AE *driver's license* ▾ ~ halen *pass one's driving test* • een ~ (tijdelijk) intrekken *suspend a driving licence*

rijbroek *(riding) breeches*

rijden I OV WW • besturen *(auto, bus, e.d.) drive; (v. fiets, paard) ride* ★ door rood licht ~ *go through a red light; jump the lights; (v. trein) pass the halt/stop signal* ★ iem. klem ~ *force s.o. off the road* • vervoeren *drive* II ON WW • zich voortbewegen *ride; taxi* ★ de

bussen ~ vaak *the buses run frequently* ★ gaan ~ *go out for a ride/drive* ★ met de bus/trein ~ *go by bus/train* ★ op benzine ~ *run on petrol* • schaatsen *skate* • op en neer bewegen ★ zitten te ~ *fidget (about)*

rijdier *mount*

rijervaring *driving/road experience*

rijexamen *driving test*

rijgedrag *performance; (v. auto) handling; (v. bestuurder) way of driving*

rijgen • aan een snoer doen *thread; string* • dichtmaken *lace* • naaien *baste; tack* ▾ iem. aan de degen ~ *run a person through with one's sword*

rijglaars *lace-up boot*

rijgnaald *bodkin*

rijgsnoer *string*

rij-instructeur *driving instructor*

rijk I ZN • staat *state; (internationaal) empire; (koninkrijk) kingdom* ★ 't Britse rijk *the British Empire* • FIG. gebied ★ iets naar het rijk der fabelen verwijzen *dismiss as a myth* ★ 't rijk der fantasie *(bedrieglijk) the realm of fancy; (bekoorlijk) fantasy world* ★ 't rijk der letteren *the republic of letters* • heerschappij ★ het rijk alleen hebben *have the place to o.s.* ★ zijn rijk is uit *his rule is over* II BNW • vermogend *rich; wealthy; well-to-do; well off* ★ stinkend rijk zijn *be filthy rich* • overvloedig *abundant; rich; (v. maaltijd) lavish; sumptuous* ★ rijke oogst *a bumper crop* • ~ aan ★ rijk aan vitaminen *rich in vitamins*

rijkaard *rich/wealthy person*

rijkdom • het rijk zijn *affluence; wealth* • kostbaar bezit *riches* ★ natuurlijke ~men *natural resources* • overvloed *abundance; richness; wealth*

rijke *rich man/woman* ★ de ~n *the rich*

rijkelijk I BNW • overvloedig *abundant* • kwistig *lavish; unsparing; profuse* II BIJW • overvloedig *rich(ly)* ★ ~ gezegend *richly blessed* ★ ~ belonen *reward amply/ handsomely* • in ruime mate *excessive; ample* ★ hij heeft zichzelf ~ voorzien *he helped himself to an excessive amount*

rijkelui *rich/wealthy people;* INF. AE *fat cats*

rijkeluiskind *rich kid*

rijkostuum *riding outfit; (v. amazone) riding habit*

rijks- *national; state*

rijksacademie *state/national academy*

rijksadvocaat *government lawyer*

rijksambtenaar *public servant; government official*

rijksarchief *Public Record(s) Office*

rijksbegroting *national budget; (voorlopige) government estimates*

rijksbijdrage *government contribution/grant*

rijksbouwmeester *government architect*

rijksdaalder *two-and-a-half guilder coin*

rijksdeel *territory (overseas); (autonoom) dominion*

rijksdienst *public service*

rijksgenoot *fellow citizen*

rijksinstituut *national/state/government institution*

rijksluchtvaartdienst *Netherlands Department of Civil Aviation*
rijksmunt *Royal Mint*
rijksmuseum *national museum*
rijksoverheid *central/national government*
rijkspolitie *national/state police (force)*; AE *Federal Police*
rijksuniversiteit *state university*
rijksvoorlichtingsdienst *Netherlands Information Service*
rijkswachter *gendarme; state policeman*
rijkswaterstaat *Directorate-General for public works and water management*
rijksweg *national trunkroad*; AE *state highway*; JUR. *national highway*
rijkswege ★ van ~ *by authority of the government*; AE *by/from the state*
rijkunst *horsemanship*
rijlaars *riding boot*
rijles ⟨auto⟩ *driving lesson*; ⟨te paard⟩ *riding lesson*
rijm • het rijmen *rhyme* ★ op rijm zetten *put into verse* • versregel *verse*
rijmelaar *poetaster*; *rhymester*; *versifier*
rijmelarij *doggerel (verse)*
rijmen I OV WW in overeenstemming brengen *reconcile* ★ hoe valt dit te ~ met...? *how can you reconcile this with...?* **II** ON WW • rijmen maken *rhyme* • rijm hebben *rhyme* ★ ~ op *rhyme with* • overeenstemmen (met) *be in accordance (with); be consistent (with)*
rijmpje *rhyme*
rijmschema *rhyme scheme*
rijmwoordenboek *rhyming dictionary*
Rijn *Rhine*
rijnaak *Rhine barge*
rijnwijn *Rhine wine*
rijopleiding • onderricht *driving instruction* • instituut *driving school*
rijp I ZN *(white) frost; hoarfrost* ★ het is wit van de rijp *it is white with frost* **II** BNW • volwassen *mature; adult* • eetbaar ⟨gewassen, vruchten⟩ *ripe*; ⟨voornamelijk sappig⟩ *mellow*; ⟨kaas, wijn⟩ *mature* ★ rijp worden/maken *mature; ripen* • goed overdacht ★ na rijp beraad *after due consideration* • ~ **voor** *fit/ready/ripe for* ★ de tijd is rijp voor actie *the time is ripe for action*
rijpaard *mount; (riding) horse*
rijpen I ON WW rijp worden ⟨personen, zaken⟩ *mature*; ⟨vruchten⟩ *ripen* ★ mijn plan is aan het ~ *my plan is developing/maturing* **II** ONP WW rijp vertonen ★ het heeft gerijpt *there has been a (hoar)frost*
rijpheid *maturity; ripeness*
rijping *ripening; maturing*
rijpingsproces *maturation; ripening process*
rijproef *driving test*
rijrichting *direction of (the) traffic (flow)*
rijs • rijshout *brushwood* • twijg *sprig; twig*
rijschool • autorijschool *driving school* • manege *riding school*
rijschoolhouder ⟨exploitant van autorijschool⟩ *owner of a driving-school*; ⟨exploitant van manege⟩ *owner of a riding-school*

rijshout *brushwood*; ⟨v. wilgen⟩ *osier*
rijst *rice* ★ gepelde ~ *polished rice*
rijstbouw *cultivation of rice*
rijstebrij *rice pudding*
rijstevlaai *rice flan/tart*
rijstijl *style of driving*
rijstrook *lane*
rijsttafel *(Indonesian) rice table*
rijstveld *rice field*
rijten *rip; tear*
rijtijdenwet *Driving Hours Act*
rijtje ★ alles op een ~ zetten *list all the points* ★ hij heeft ze allemaal op een ~ *he has a head on his shoulders; he has his head screwed on right; he's on the ball* ★ het ~ afgaan *do things one by one*; ⟨in klas⟩ *go round the class*
rijtjeshuis *terraced house*; AE *row house*
rijtoer *drive* ★ een ~ maken *go for a drive*
rijtuig • koets *carriage* • treinstel *carriage*
rijvaardigheid *driving proficiency*
rijverbod *driving ban*
rijvlak *tread*
rijweg *carriageway*; *road(way)*
rijwiel *bicycle*
rijwielhandel *bicycle shop*
rijwielpad *bicycle path; cycle track*
rijwielstalling *(bi)cycle racks*; INF. *bike/cycle shed*; ⟨binnen⟩ *cycle lock-up*
rijwielverzekering *(bi)cycle insurance*
rijzen • omhoogkomen *rise* • ontstaan *arise; occur* ★ de vraag rijst of ... *the question arises whether ...* ▾ de kosten ~ de pan uit *costs are soaring*
rijzig *tall*
rijzweep *(riding) crop; riding whip*
rikketik I ZN *ticker* **II** TW ★ zijn hartje ging van ~ *his heart went pit-a-pat*
riksja *rickshaw*
rillen *shiver*; ⟨v. angst ook⟩ *shudder*
rillerig *shivery*
rilling *shiver*; ⟨v. angst ook⟩ *shudder* ★ ik kreeg er koude ~en van *it sent shivers down my spine*
rimboe • wildernis *jungle* • afgelegen gebied *back of beyond; wilds*
rimpel • plooi *wrinkle*; ⟨diep⟩ *furrow* • golving op water *ripple*
rimpelen I OV WW rimpels doen krijgen *wrinkle* **II** ON WW • rimpels doen krijgen ⟨v. gezicht⟩ *wrinkle* • doen golven *ripple; ruffle*
rimpelig ⟨v. gezicht⟩ *lined; wrinkled*; ⟨gekreukeld⟩ *creased*
rimpeling *rippling*; ⟨het rimpelen⟩ *wrinkling*; ⟨golfje⟩ *ripple*
rimpelloos *smooth; calm; untroubled*
ring • voorwerp *ring; band; circle(t)*; ⟨on vat⟩ *hoop* ★ ringetje *washer* • sieraad *ring* • ringweg *ring road* • boksring *boxing ring* ▾ om door een ringetje te halen *as neat as a (new) pin*
ringbaard *fringe of beard*
ringband *ring binder*
ringdijk *ring/encircling dike*
ringeloren *bully* ★ ik laat me door hem niet ~ *I won't allow myself to be bullied by him; I won't allow myself to be pushed around by*

ri

him
ringen *ring*
ringlijn *circle|circular line*
ringslang *grass snake*
ringsleutel *ring spanner*
ringsteken *tilt at the ring*
ringtoon *ringtone*
ringvaart *ring canal*
ringvinger *ring finger*
ringweg AE *beltway*
ringwerpen *play quoits*
ringworm • BIOL. *annelid* • MED. *ringworm*
rinkelen *jingle; tinkle;* ⟨v. bel, telefoon⟩ *ring;* ⟨glas, metaal⟩ *rattle*
rins *sourish*
RIOD *National Institute of War Documentation*
Rio de Janeiro *Rio de Janeiro*
riolering *sewerage; sewer system*
rioleringssysteem *sewer system*
riool *sewer;* ⟨vanaf huis⟩ *drain*
rioolbelasting *sewerage charges*
riooljournalistiek *gutter journalism*
ris • *hoeveelheid bunch* • *aaneengeregen voorwerpen string; rope* ✳ *een ris uien a string of onions*
risee *laughing stock; butt*
risico *risk* ✳ *voor ~ van at the risk of* ✳ *op eigen ~ at one's own risk* ✳ *~ lopen run a risk* ✳ *geen ~ nemen take no chances*
risicoclub *high-risk (football) club*
risicodekking *risk cover*
risicodragend *risk bearing*
risicofactor *risk factor*
risicogroep *high-risk group*
risicowedstrijd *high-risk contest|fight|match*
riskant *risky*
riskeren • *gevaar lopen run the risk of* • *op het spel zetten risk* ✳ *zijn leven ~ risk one's neck| life*
risotto *risotto*
rit • *tocht run; ride; drive* ✳ *een ritje maken go for a ride|drive* • SPORT *etappe stage; leg*
rite *rite; ritual*
ritme *rhythm*
ritmebox *rhythm box*
ritmeester *troop captain*
ritmesectie *rhythm section*
ritmisch *rhythmic(al)*
rits • *ritssluiting zip;* AE *zipper* ✳ *kun je mijn rits even dichtdoen? could you zip me up?* • *reeks bunch; string*
ritselaar *fixer*
ritselen I OV WW *regelen fix; wangle* II ON WW *geluid maken rustle*
ritsen I OV WW *inkepen score* II ON WW *invoegen get in lane*
ritssluiting *zip;* AE *zipper*
ritueel I ZN *ritual* II BNW *ritual*
ritus *rite*
ritzege *stage victory* ✳ *een ~ behalen win a stage*
rivaal *rival*
rivaliseren *vie|contend|compete with someone*
rivaliteit *rivalry*
rivier *river* ✳ *aan de ~ on the river* ✳ *de ~ op|af varen go up|down the river* ✳ *de ~ de Rijn the*

River Rhine
Rivièra *Riviera*
rivierafzetting *fluvial deposit(s); fluvial silt*
rivierbedding *riverbed*
rivierdelta *delta*
rivierklei *river clay*
rivierkreeft *crayfish*
rivierlandschap *river scenery|landscape*
riviermond *river mouth; mouth of the river;* ⟨breed⟩ *estuary*
rivierpolitie *river police*
rivierslib *river silt*
riviertak *branch of a river*
RIVM *(Dutch) National Institute for Public Health and Environmental Protection*
roadie *roadie*
rob *seal*
robbedoes ⟨jongetje⟩ *wild boy;* ⟨meisje⟩ *hoyden; tomboy*
robbenkolonie *(seal) rookery*
robe • *japon gown* • *toga robe*
robijn *ruby*
robot *robot*
robotica *robotics*
robuust *robust;* ⟨v. gestalte⟩ *sturdy*
ROC ≈ *regional institution for adult and vocational training*
rochel • *fluim spit; phlegm;* VULG. *gob* • *reutel rasp;* ⟨v. stervende⟩ *rattle*
rochelen • *fluim opgeven spit; hawk; cough; clear one's throat* • *reutelen rasp;* ⟨v. stervende⟩ *rattle*
rock *rock*
rockabilly *rockabilly*
rockband *rock band*
rockgroep *rock group*
rockmuziek *rock music*
rock-'n-roll *rock and roll; rock 'n roll*
rockopera *rock opera*
rococo *rococo*
rococostijl *rococo*
roddel *gossip; rumour* ✳ *~ en achterklap malicious gossip*
roddelaar *backbiter; gossip*
roddelblad *gossip magazine; rag*
roddelcircuit *grapevine*
roddelen *gossip; backbite*
roddelpers *gossip press*
roddelpraat *idle talk; gossip*
roddelrubriek *gossip column*
rodehond *German measles; rubella*
rodelen *toboggan*
rodeo *rodeo*
rododendron *rhododendron*
roebel *rouble*
roede • *gard (birch) rod* ✳ *met de ~ krijgen be caned* • *staaf rod*
roedel *herd;* ⟨v. wolven/honden⟩ *pack*
roeiboot *rowing boat*
roeien *row;* SPORT *scull* ✳ *gaan ~ go for a row* ✳ *goed/slecht ~ pull a good/bad oar*
roeier *oarsman* [v. *oarswoman*]; *rower*
roeiregatta *(rowing) regatta*
roeiriem *oar;* ⟨licht en ook voor gebruik achter⟩ *scull*
roeispaan *oar*

roeivereniging *rowing club*
roeiwedstrijd *boat race*; *rowing race*; ⟨grote opzet⟩ *regatta*
roek *rook*
roekeloos *reckless*; *rash*
roekoeën *coo*
roem • eer *fame*; *glory* ∗ roem vergaren *reap fame* • kaartencombinatie *meld*
Roemeen *Romanian* ∗ een ~se *a Romanian woman*
Roemeens I ZN *Romanian* **II** BNW *Romanian*
roemen I OV WW prijzen *praise*; *speak highly of* **II** ON WW ⟨op⟩ *boast of*
Roemenië *Romania*
roemer *rummer*
roemloos *inglorious*
roemrijk *glorious*
roemrucht *illustrious*; *renowned*; *famous*
roep • het roepen *call*; ⟨vogel⟩ *cry*; *call* • dringend verzoek *demand* • reputatie *reputation*; *fame* ∗ in een kwade roep staan *have a bad reputation* ∗ in een kwade roep brengen *bring into disrepute*
roepen I OV WW • ontbieden *call (a p.)* ∗ er een vakman bij ~ *call in an expert* ∗ een dokter ~ *send for a doctor* • in bepaalde toestand brengen *call* ∗ zich iets voor de geest ~ *recall s.th.* ∗ zich ge~ voelen om *feel called upon to* ∗ in het leven ~ *call into being*; *create* **II** ON WW • luid spreken *call (out)*; *cry (out)*; *shout* • ~ om *call for* • ~ over ~ over iem. ~ *speak highly of a person*
roepia *rupee*
roeping *call(ing)*; *vocation*; ⟨levenstaak⟩ *mission* ∗ hij heeft zijn ~ gemist *he has missed his vocation*
roepnaam *first name*; *name by which s.o. is generally known*
roepstem *inner voice*
roer *rudder*; ⟨stuurmiddel⟩ *helm* ∗ uit 't roer lopen *sheer* ∗ 't roer in handen nemen *take the helm*; FIG. *take control* ∗ 't roer omgooien *put over the helm*; FIG. *change tack* ▾ hou je roer recht! *steady!* ▾ aan 't roer komen *come into power*
roerbakken *stir-fry*
roerdomp *(great) bittern*
roerei *scrambled eggs*
roeren I OV WW • mengen *stir*; *mix* • in beweging brengen *stir*; *move* • ontroeren *move*; *touch* ∗ tot tranen geroerd *moved to tears* **II** ON WW draaiend bewegen *stir* ∗ goed ~ *stir well* **III** WKD WW • in beweging komen *move*; *stir* ∗ in verzet komen *rise* ▾ zich goed kunnen ~ *be well off*
roerend • niet vast ∗ ~e goederen *movables*; *personal property* • ontroerend *moving*; *touching* ▾ ik ben het ~ met je eens *I couldn't agree with you more*
roerganger *helmsman*
roerig • beweeglijk *lively*; *restless* • oproerig *turbulent*; ⟨massa⟩ *riotous*
roerloos *motionless*
roersel *motive*
roerstaafje *stirrer*
roes • bedwelming *intoxication*; ⟨v. drank,

drugs⟩ *high* • opgewondenheid ∗ de roes der overwinning *the flush of victory* ▾ zijn roes uitslapen *sleep it off*
roest *rust* ∗ oud ~ *scrap iron*
roestbestendig *rustproof*
roestbruin I ZN *rust (colour)* **II** BNW *rust-coloured*
roesten *rust*
roestig *rusty*
roestkleurig *rust-coloured*
roestvrij *rustproof* ∗ ~ staal *stainless steel*
roestwerend *anti-corrosive*
roet *soot* ▾ je moet geen roet in 't eten gooien *don't be a spoilsport*; *don't throw a spanner in the works*
roetaanslag *soot deposit*; *built-up of soot*
roetafzetting *soot deposit*
roetfilter *soot filter*
roetsjen *slide*; *coast*
roetzwart *black as soot*
roezemoezen *buzz*
roffel *roll* ∗ 'n ~ slaan *beat|give a roll*
roffelen *roll* ∗ op een trommel ~ *give a roll on the drum*
rog *ray*
rogge *rye*
roggebrood *rye bread*
rok • dameskleding *skirt* • herenjas *dress coat*; INF. *tails* ∗ in rok *in evening dress*
rokade *castling*
roken I OV WW tabak gebruiken *smoke* ∗ ~ als een ketter *smoke like a chimney* **II** ON WW in de rook hangen (bijv. vlees) *smoke*; *cure*
roker *smoker*
rokeren *castle*
rokerig *smoky*
rokershoest *smoker's cough*
rokertje *smoke*
rokkenjager *womanizer*; *lady-killer*
rokkostuum *dress suit*
roklengte *skirt length*
rol • opgerold iets *roll*; ⟨perkament⟩ *scroll*; ⟨touw⟩ *coil* • cilindervormig voorwerp *cylinder*; ⟨v. deeg⟩ *rolling pin*; ⟨onder stoelpoot e.d.⟩ *castor* • naamlijst *list*; *roll*; JUR. *cause list* ∗ JUR. een zaak op de rol plaatsen *set a case down for hearing* • toneelrol *part*; *role* ∗ in zijn rol blijven *keep in character* ∗ een rol bezetten *act a part* ∗ uit zijn rol vallen *act out of character* • FIG. eigen aandeel *part* ∗ de rollen zijn omgekeerd *the tables are turned* ∗ een rol spelen *play a part* ∗ geld speelt geen rol *money is no object* ▾ aan de rol zijn *be on the razzle*; INF. *be out on the town*
rolberoerte fit ∗ we lachten ons een ~ *we nearly split our sides laughing*
rolbevestigend *role-reinforcing*
rolbezetting *cast*
rolconflict *conflict of roles*
roldoorbrekend *breaking social conventions|set patterns*; *unconventional*
rolgewricht *hock*
rolgordijn *(roller) blind*; AE *(window) shade*
rollade *meat roll*
rollator *rollator*

ro

rollebollen • over de kop rollen *turn head over heals* • wild stoeien *play around*; *lark about*; *romp*; AE *horse around* • vrijerig stoeien *have a romp/roll*; *tumble*

rollen I OV WW • voortbewegen *roll* • met een rol pletten *roll* • oprollen *roll* • een sjekkie ~ *roll a cigarette* • bestelen ~ iemands zakken ~ *pick a person's pocket* II ON WW • zich voortbewegen *roll*; ⟨v. vliegtuig⟩ *taxi* • vallen *tumble*; *fall* • van z'n fiets ~ *fall/ tumble off one's bicycle* • roffelend geluid maken *roll* • ~de donder *rolling thunder* • de zaak aan het ~ brengen *get the ball rolling* • geld moet ~ *money is there to be spent*

rollenspel *role-playing*; *role play*
roller • golf *roller* • rollend geluid *trill*
rolletje *(small) roll*; ⟨drop⟩ *packet*; ⟨fotorol⟩ *roll*; ⟨onder meubel⟩ *castor*
rolluik *roll-down shutter*
rolmops ≈ *collared and pickled herring*
rolpatroon *role pattern*
rolprent *film*
rolschaats *roller skate*
rolschaatsen *roller-skate*
rolstoel *wheelchair*
rolstoelsport *wheelchair games/sports*
roltrap *escalator*
rolverdeling *cast*
rolwisseling *exchange/swapping of roles*; ⟨tussen man en vrouw⟩ *role reversal*
ROM *ROM*; *read only memory*
Romaans TAALK. *Romance*; KUNST *Romanesque* • ~e talen *Romance languages*
roman *novel*
romance *romance*
romancier *novelist*
Romanen *Romans*
romanist *student of Romance languages*; *Romanist*
romanpersonage *character in a novel*
romanschrijver *novelist*
romanticus • aanhanger van de romantiek *romanticist* • tot romantiek neigend persoon *romantic*
romantiek • KUNST stroming *Romanticism* • sfeer *romance*
romantisch • m.b.t. stroming *romantic* • m.b.t. gevoel *romantic*
romantiseren • romantisch voorstellen *romanticize* • tot een roman verwerken *fictionalize*
Rome *Rome* • het oude Rome *ancient Rome*
Romein *Roman*
Romeins *Roman*
römertopf *römertopf*
romig *creamy*
rommel • wanorde *mess*; ⟨achtergelaten rommel⟩ *litter* • ~ maken *make a mess* • waardeloze prullen *rubbish*; *junk* • oude ~ *old junk* • de hele ~ *the whole lot/caboodle*
rommelaar • iem. die iets zoekend overhoop haalt *rummager* • iem. die prutswerk levert *muddler*; *fiddler* • iem. die alles ritselt *wangler*
rommelen • dof rollend klinken *rumble*; *roll* • ordeloos zoeken *rummage* • sjacheren

wangle; *fix up* • prutsen *mess/fart about/ around*
rommelig *messy*; *untidy*
rommelkamer *lumber/junk room*
rommelmarkt *jumble sale*; AE *rummage sale*
rommelzolder *attic (used as a junk room)*
romp • lijf *trunk* • casco body; ⟨v. schip⟩ *hull*; ⟨v. vliegtuig⟩ *fuselage*; ⟨v. afgebrand gebouw⟩ *shell*
rompkabinet *rump cabinet*
rompslomp *bother*; *fuss*
rond I ZN *round* • in het rond draaien/kijken *turn/look (a)round* II BNW • gevuld • ronde vormen *rounded shapes* • bol-/cirkelvormig *round* • afgerond *round* • ronde cijfers/ getallen *round figures* • zijn buikje rond eten *eat one's fill* III BIJW ⟨voltooid⟩ *completed* • de wereld rond *around the world* • zij ging de kring rond *she went around the circle (of guests)* • het gerucht ging rond *rumour had it* • de zaak is rond *it is all fixed up* • hij kwam er rond voor uit *he told me straight out* IV VZ • om(heen) *(a)round* • rond de haard *round the fire* • ongeveer, in de buurt van *around* • rond een uur of zes *round about six (o'clock)* • rond de twintig mensen *some twenty people* • zij is rond de vijftig *she's fiftyish*; *she's about fifty*
rondbazuinen *trumpet*; *noise abroad*; *broadcast*
rondborstig *candid*; *frank*
rondbrengen *deliver*
ronddelen *hand/pass round*
ronddolen *wander about/around*
ronddraaien I OV WW draaien *turn round*; *rotate*; ⟨snel⟩ *spin (round)* II ON WW • draaiend rondgaan *turn round*; ⟨snel⟩ *spin (round)* • zich bewegen rondom *move round* • ~de beweging *rotary motion*
ronddwalen *wander about*
ronde • rondgang ⟨v. agent⟩ *beat*; ⟨v. patrouille⟩ *round* • de ~ doen *make one's round* • wedstrijdtraject *lap* • deel van wedstrijd *round* • wielerwedstrijd *tour* • de ~ doen *go round*
rondedans *round dance*
ronden • SCHEEPV. *round* • afronden *round off*
rondetafelconferentie *round-table conference*
rondgaan • bewegen *move round* • langsgaan *go round* • laten ~ *pass round*
rondgang *tour* • een ~ maken door de fabriek *make a tour of the factory*
rondhangen *hang around*; *stand about*
rondhout *spar*
ronding *curve*; *rounding*
rondje • rondgang *round* • drankje • een ~ geven *stand a round*; *buy a round of drinks* • een ~ van het huis! *drinks are on the house!*
rondkijken *look about*
rondkomen *make ends meet*; *manage* • we moeten ermee ~ *we must make do*
rondleiden *lead round* • iem. ~ *show a person round*
rondleiding *guided/conducted tour*
rondlopen *walk about* • vrij ~ ⟨v. misdadiger⟩ *be at large* • met een plan ~ *hatch a plan* • loop rond! *go take a running jumpt (at*

yourself)!; *go away!*
rondneuzen *nose about/around*
rondo *rondo*
rondom I BIJW • eromheen *on all sides* • overal *all around* II VZ • om ... heen ✲ ~ het vuur *around the fire* • in de buurt van ✲ ~ het centrum van de stad *around the town centre*
rondreis *tour*; *round trip* ✲ 'n ~ maken door Canada *tour Canada*; *make a tour of Canada*
rondreizen *travel (a)round/about*
rondrijden • toeren *go for a drive/ride* • in een cirkel rijden *drive/ride round*
rondrit *tour*
rondscharrelen • rondlopen ⟨doelloos lopen⟩ *saunter about* • rommelen *fiddle about*; ⟨bezig zijn met iets⟩ *potter about*
rondschrijven *circular (letter)*
rondslingeren • doorzoeken *rummage about* ✲ zijn gereedschap laten ~ *leave one's tools lying about*
rondsnuffelen • doorzoeken *rummage about* ✲ in iemands kamer ~ *rummage through s.o.'s room* • speurend rondlopen *nose about*
rondte • rondheid ⟨doelloos lopen⟩ *circle* ✲ kilometers in de ~ *miles around* ✲ in de ~ draaien *rotate*; *turn round*; ⟨om iets⟩ *revolve*
rondtrekken *travel around*; ⟨te voet⟩ *wander about*
ronduit *frankly*; *plainly*; *straightforward* ✲ ~ gezegd *frankly speaking* ✲ ~ weigeren *refuse flatly*
rondvaart *canal ride/cruise*; *round trip (by boat)*; ⟨lange afstand⟩ *cruise* ✲ een ~ door de grachten *a tour of the canals*
rondvaartboot *sightseeing boat*
rondvertellen *spread (about)*
rondvliegen • in kring vliegen *fly round*; *circle* • alle kanten opvliegen *fly about/around*
rondvlucht *round trip by plane/helicopter*; *aerial tour*
rondvraag *matters arising*; ⟨als punt op agenda⟩ *any other business* ✲ iets voor de ~ hebben *have a point to raise at the end of the meeting*; *bring up a matter for discussion*
rondwandelen *walk around*
rondweg *bypass*; *orbital motorway*
rondzingen *feedback*
rondzwerven • zwerven *wander about* • rondslingeren *lie around/about*
ronken • ronkend geluid maken ⟨v. motor⟩ *throb*; ⟨v. vliegtuig⟩ *roar* • snurken *snore*
ronselaar *press gang* [mv]; ⟨hedendaags⟩ *recruitment officer*
ronselen *press-gang*; *recruit*
röntgenfoto *X-ray* ✲ een ~ maken *take an X-ray*
röntgenstralen *X-rays*
rood • kleur *red* ✲ zo rood als een kreeft *as red as a lobster* ✲ rood worden *blush*; *redden* ✲ het licht sprong op rood *the light changed to red* ✲ rood aanlopen *flush* • POL. ✲ de roden *the Reds* ▾ rood staan *be in the red*
roodbaars ⟨rode zeebaars⟩ *bergylt*; ⟨zeebrasem⟩ *sea bream*
roodbont *red and white*; ⟨v. stof⟩ *red-and-white checked*; ⟨paard⟩ *skewbald*

roodborstje *robin (redbreast)*
roodbruin *reddish-brown*
roodgloeiend *red-hot*
roodharig *ginger*; *red-haired*
roodhuid *redskin*
Roodkapje *Little Red Ridinghood*
roodvonk *scarlet fever*
roof • diefstal *robbery* ✲ op roof uitgaan *go out plundering* • wondkorstje *scab*
roofbouw • overdadige landbouw *overcropping* • uitputtend gebruik *exhaustion*; *overuse* ✲ ~ plegen op zijn gezondheid *ruin one's health*
roofdier *beast of prey*; *predator*
roofdruk *pirate edition*
roofmoord *robbery with murder*
roofoverval *hold-up*; *armed robbery*
rooftocht *foray*; *raid* ✲ op ~ gaan ⟨v. dier⟩ *go on the prowl*
roofvis *predatory fish*
roofvogel *bird of prey*
roofzucht *rapacity*
rooien • uitgraven *uproot*; ⟨v. aardappels⟩ *dig (up)*; *lift*; ⟨v. bos⟩ *clear* • klaarspelen *manage* ✲ het met iem. kunnen ~ *get on with s.o.* ✲ hij zal 't wel ~ *he'll manage all right*
rook *smoke* ▾ in rook opgaan *vanish into thin air*
rookbom *smoke bomb*
rookcoupé *smoker*; *smoking compartment*
rookdetector *smoke detector*
rookglas *smoked glass*
rookgordijn *smoke screen*
rookhol *smoke-filled room*
rookmelder *smoke detector/alarm*
rookpluim *plume of smoke*; *whisp of smoke*
rookschade *smoke damage*
rooksignaal *smoke signal*
rookverbod *smoking ban*
rookverslaving *addiction to smoking*
rookvlees *smoke-dried meat*
rookvrij • vrij van tabaksrook *non-smoking* • geen rook producerend *smokeless*
rookwolk *cloud/pall of smoke*
rookworst *smoked sausage*
room *cream* ✲ geklopte room *whipped cream*
roomboter *(full-cream) butter*
roomijs *ice cream*
roomkaas *cream cheese*
roomkleurig *cream(-coloured)*
roomklopper *whisk*
roomkwark *cream curds*
rooms *R.C.*; *Roman Catholic*
roomservice *room service*
rooms-katholiek *Roman Catholic*
roomsoes *cream puff*
roomstel *sugar and cream set*
roomwit *cream*; *off-white*
roos • PLANTK. bloem *rose* • SPORT middelpunt van schietschijf *bull's eye* ✲ in de roos schieten *score a bull's eye*; OOK FIG. *hit the mark* ✲ dat was midden in de roos *that was dead on target* • MED. huidschilfers *dandruff* • deel van kompas *rose*; *card* ▾ slapen als een roos *sleep like a log* ▾ onder de roos *under the rose* ▾ geen roos zonder doornen

ro

no rose without a thorn

rooskleurig *rosy*; FORM. *roseate* ⋆ de toekomst ziet er ~ voor haar uit *she has a bright future ahead of her*

rooster • raster *grid*; *grating*; ⟨kachelrooster⟩ *grate* • braadrooster *grill* • broodrooster *toaster* • schema ⟨lesrooster⟩ *timetable*; ⟨werkrooster⟩ *roster*; *rota*

roosteren I OV WW op/met een rooster blakeren *roast*; ⟨v. vlees⟩ *broil*; *grill* ⋆ geroosterd brood *toast* II ON WW gezengd worden *be scorched*; *get burned/roasted*

roots *roots*

roquefort *Roquefort (cheese)*

ros I ZN (het) steed II BNW ▼ de rosse buurt *the red-light district*

rosarium *rosarium*

rosbief *roast beef*

rosé *rosé*

roskammen *curry*; *groom*

rossen I OV WW roskammen *groom* II ON WW wild rijden *career*; *ride recklessly*

rossig *ginger*; *reddish*; *sandy-haired*

rösti *grated roast potatoes*

rot I ZN (de) ⋆ een oude rot *an old hand* II ZN (het) • rotting *rot*; *decay* • troep PEJ. *gang*; ⟨rij manschappen⟩ *file* III BNW • aangetast *rotten*; *putrid* ⋆ rotte tand *decayed/bad tooth* • ellendig *rotten*

rot- *bloody*; *stupid* ⋆ rotweer *bloody weather*

rotan *(rattan) cane*

Rotary *Rotary*

rotatie *rotation*

rotatiemotor *rotary engine*

rotatiepers *rotary press*

rotding *damn/bloody thing*

roteren *rotate*

rotgang *breakneck speed*

rotgans *brent(-goose)*; AE *brant*

rothumeur *lousy/rotten mood*

rotisserie *rotisserie*

rotje *(fire) cracker*; *squib*

rotjoch *brat*; *little pest/menace*

rotonde • verkeersplein *roundabout* • rond gebouw *rotunda*

rotor *rotor*

rots *rock*; ⟨steil⟩ *crag*; ⟨aan zee⟩ *cliff*

rotsachtig *rocky*

rotsblok *boulder*

rotspartij *mass of rocks*; ⟨in tuin⟩ *rockery*

rotstreek *mean/dirty/rotten trick*

rotstuin *rock garden*; *rockery*

rotsvalk *merlin*

rotsvast *solid as a rock*

rotswand *rock face*; ⟨steil⟩ *precipice*

rotten *decay*; *go bad*; *rot*

Rotterdam *Rotterdam*

rottig • ietwat rot *rotten*; *decaying* • ellendig *horrible*; *rotten*

rottigheid *misery*; *ugliness*

rotting • bederf *rot*; *decay* • stok *cane*

rottweiler *Rottweiler*

rotweer *awful weather*

rotzooi • waardeloze rommel *junk*; *rubbish* • wanorde *mess*

rotzooien • knoeien *make a mess* • scharrelen

flirt

rouge *rouge*; *blusher*

roulatie *circulation*

roulatiesysteem *rotation system*

rouleren • in omloop zijn *circulate* • afwisselen *take turns*; ⟨m.b.t. ploegendienst⟩ *work in shifts*

roulette *roulette* ⋆ Russische ~ *Russian roulette*

route *route*; *way*

routebeschrijving *itinerary*

routekaart • kaart met route *route map* • lijst van adressen *delivery list/sheet*

routeplanner *route planner*

router *router*

routine • geoefendheid *practice* • sleur *routine* ⋆ de dagelijkse ~ *the daily grind*

routineklus *routine job*

routinematig *routinely*

routineonderzoek *routine check*

routineus *routine*

routing *routing*

routinier • ervaren persoon *old hand* • gewoontemens *creature of habit*

rouw • droefheid *mourning* • uiting van droefheid ⋆ zware/lichte rouw *deep/half mourning* ⋆ in de rouw zijn *be in mourning* ⋆ in de rouw gaan *go into mourning* ⋆ rouw dragen *mourn (for)*

rouwadvertentie *obituary/death notice*

rouwband *mourning band*; *crape*

rouwbeklag *condolence*

rouwbrief *letter announcing someone's death*

rouwcentrum *funeral parlour/home*

rouwdienst *memorial service*

rouwen • treuren *grieve*; *mourn* • rouwkleding dragen *be in mourning*

rouwig ⋆ ik ben er niet ~ om *I don't regret it*; *I'm not sorry about it*

rouwkamer *funeral parlour*; *mortuary*

rouwmis *requiem mass*

rouwproces *mourning*

rouwrand *black border* ▼ je nagels hebben ~jes *your fingernails are black*

rouwstoet *funeral procession*

roux *roux*

roven *rob*; ⟨v. kinderen⟩ *kidnap*

rover *robber*

roversbende *gang/band of robbers*

rovershol *thieves' den*

royaal • gul *generous* ⋆ ~ zijn *be lavish* ⋆ te ~ leven *live beyond one's means* ⋆ een royale man *an open-handed man* • ruim *ample* ⋆ een ~ inkomen *an ample income* • ruim van opvatting *broadminded*; *liberal*

royalist *royalist*

royalty • percentage *royalties* • geheel van koninklijke personen *royalty*

royeren ⟨als lid⟩ *expel (from)*

roze I ZN *pink* II BNW *pink*

rozemarijn *rosemary*

rozenbed *rose bed*

rozenblad *rose leaf*

rozenbottel *rosehip*

rozengeur *scent of roses* ▼ 't leven is niet alleen ~ en maneschijn *life is not a bed of roses*

rozenkrans *rosary*

rozenkruiser *Rosicrucian*
rozenstruik *rose bush*
rozet *rosette*
rozig • *rooskleurig rosy* • *slaperig languid*
rozijn *raisin*
RSI *repetitive strain injury RSI; Repetitive Strain Injury*
Ruanda *Rwanda*
rubber *rubber*
rubberboom *rubber tree*
rubberboot *inflatable (rubber) dinghy|boat*
rubberlaars *rubber|gum boot;* BE, INF. *wellies* [mv]
rubberplantage *rubber plantation*
rubberzool *rubber sole*
rubriceren *classify*
rubriek • *categorie category* • *opschrift heading* • *vast stuk in krant column*
ruche *ruche; frill*
ruchtbaar *known; public* ∗ *~ worden become known; (it) transpire(s)* ∗ *~ maken make known*
ruchtbaarheid *public knowledge; publicity* ∗ *~ aan iets geven divulge s.th.; spread s.th. (abroad)*
rücksichtslos *unscrupulous; unsparing*
rucola *rocket; arugula*
rudimentair *rudimentary*
rug • *lichaamsdeel back* • *rugstuk bij kleding back* • *achterzijde backside* • *bankbiljet* AE *grand* ▾ *iem. de rug toekeren turn one's back on s.o.* ▾ *dat is achter de rug that's all over (and done with)* ▾ *je kunt mijn rug op! you can kiss my ass!*
rugby *rugby (football);* INF. *rugger*
rugbyen *play rugby|rugger*
rugdekking *backing* ∗ *iem. ~ geven back s.o. (up); cover s.o.*
ruggengraat • *wervelkolom backbone; spine; spinal|vertebral column* • *wilskracht backbone; determination*
ruggenmerg *spinal cord*
ruggenprik *spinal puncture*
ruggensteun *backing; support*
ruggenwervel *dorsal vertebra*
ruggespraak *consultation* ∗ *~ houden met iem. consult (with) s.o.*
rugklachten *back complaints|trouble(s)*
rugletsel *back injury*
rugleuning *back rest*
rugnummer *(player's) number*
rugpijn *backache*
rugslag *backstroke*
rugsluiting *back fastening* ∗ *met ~ fastened at the back*
rugtitel *spine lettering; spine title*
rugvin *dorsal fin*
rugzak *backpack;* ⟨klein, van dagtocht⟩ *rucksack*
rugzijde *back*
rui *moulting* ∗ *in de rui in moult*
ruien *moult*
ruif *rack*
ruig *shaggy;* ⟨baard⟩ *bushy*
ruigharig *rough haired;* ⟨hond, pony⟩ *shaggy;* ⟨pony ook⟩ *rough-coated*

ruiken I OV WW • *met reukzin waarnemen smell;* ⟨v. wild⟩ *scent* • *bespeuren* ∗ *dat kon ik ook niet ~ I could not possibly know that* II ON WW • *geuren smell* ∗ *uit zijn mond ~ have bad breath* ∗ *~ naar* ∗ *dat ruikt naar ketterij that smacks/reeks of heresy* ▾ *daar kan hij niet aan ~ he can't hold a candle to it*
ruiker *bouquet;* ⟨klein⟩ *nosegay*
ruil *exchange;* INF. *swop*
ruilbeurs *exchange mart;* AE *swap-meet*
ruilen *exchange;* INF. *swop* ∗ *van plaats ~ change places*
ruilhandel *barter*
ruilhart *donor heart*
ruilmiddel *medium of exchange*
ruilverkaveling *legal re-division and re-allotment of land*
ruilvoet *exchange rate; terms of exchange*
ruilwaarde *exchange value;* ⟨v. effecten⟩ *market value*
ruim I ZN *hold* II BNW • *wijd wide; roomy* • *veel ruimte biedend large; spacious* • *open free* ∗ *ruim baan maken clear the way* • *veelomvattend extensive* • *op ruime schaal on a large scale; on an extensive scale* ∗ *een ruim gebruik maken van make ample use of* • *onbekrompen broad* ∗ *ruim van opvatting broadminded* ∗ *ruime blik broad view* • *rijkelijk* ∗ *ruim inkomen comfortable/liberal income* ∗ *zij had het niet ruim she was not well off* ∗ *ruime keus wide/large choice* III BIJW • *op ruime wijze* ∗ *ruim meten give good measure* • *meer dan* ∗ *ruim zestig more than sixty; (well) over sixty;* ⟨leeftijd⟩ *a good sixty (years of age)*
ruimdenkend *broad-/open-minded; liberal*
ruimen I OV WW • *opruimen clear out* • *leegmaken empty* II ON WW *draaien van de wind veer*
ruimhartig *generous; warm-hearted*
ruimschoots *abundantly; amply* ∗ *~ de tijd hebben have plenty of time* ∗ *~ gelegenheid ample opportunity*
ruimte • *plaats room; space;* ⟨speling⟩ *clearance* ∗ *geen ~ voor iets hebben have no room for s.th.* • *heelal space* • *uitgebreidheid space* ∗ *bewegings~ elbow room* ∗ *geef hem de ~ give him a wide berth* ▾ *gezwam in de ~ blether*
ruimte- *space*
ruimtecapsule *space capsule*
ruimtegebrek *lack of space*
ruimtelaboratorium *space laboratory*
ruimtelijk • *de ruimte betreffend spatial* ∗ *~e ordening town and country planning* • *driedimensionaal three-dimensional*
ruimtereis *space flight|travel; journey into space*
ruimteschip *spaceship*
ruimtestation *space station*
ruimtevaarder *astronaut*
ruimtevaart *space travel*
ruimtevaarttechniek *(aero)space technology*
ruimtevaartuig *spacecraft*
ruimteveer *space shuttle*
ruimtevlucht *space flight*
ruimtevrees *agoraphobia; fear of open spaces*

ru

ruimtewagen *space wagon*

ruin *gelding*

ruïne ⟨resten⟩ *ruins*; ⟨vervallen bouwwerk⟩ *ruin*

ruïneren *ruin* ⋆ zij heeft haar gezondheid geruïneerd *she has ruined her health*

ruisen ⟨v. wind, bladeren, kleren⟩ *rustle*; ⟨v. water⟩ *murmur*

ruisonderdrukking *noise suppression*

ruit • vensterglas *pane*; ⟨v. deur⟩ *glass panel* • motief ⟨v. stof⟩ *check*; ⟨v. schaakbord⟩ *square* ⋆ WISK. *rhomb* ▾ je eigen ruiten ingooien *be one's own worst enemy*

ruiten *diamonds*

ruitenaas *ace of diamonds*

ruitenboer *jack of diamonds*

ruitensproeier *windscreen washer*; AE *windshield washer*

ruitenwisser *windscreen wiper*; AE *windshield wiper*

ruiter *horseman*; *rider*

ruiterij *cavalry*

ruiterlijk *frank*

ruiterpad *bridle path*

ruitijd *moulting season*

ruitjespapier *graph paper*; *squared paper*

ruitjesstof *check(ed) fabric/cloth*; *squared fabric/cloth*

ruk • beweging *jerk*; *pull*; *tug* ⋆ de auto kwam met een ruk tot stilstand *the car stopped with a jerk* • lange tijd *period* ⋆ in één ruk *at a stretch* ⋆ het was een hele ruk *it was a long haul*

rukken I OV WW met een ruk trekken *snatch* ⋆ iets aan flarden ~ *tear s.th. to shreds* ▾ uit zijn verband ~ *take out of context* II ON WW hard trekken *jerk*; *pull*; *tug*

rukwind *squall*

rul *loose*; *sandy*

rum *rum*

rumba *rumba*

rumboon *rum flavoured bonbon/chocolate*

rum-cola *rum and coke*

rummikub ® *Rummikub*

rumoer • lawaai *noise* • ophef *commotion*; *uproar*

rumoerig • lawaaiig *noisy* • onstuimig *boisterous*

run *run*

rund • dier ⟨koe⟩ *cow*; ⟨os⟩ *ox* [mv: *oxen*]; ⟨stier⟩ *bull* • stommeling *idiot* ▾ bloeden als een rund *bleed like a stuck pig*

runder- ⟨vlees⟩ *beef*; ⟨m.b.t. dier⟩ *cow*; *cattle*

rundergehakt *minced beef*

rundvee *(horned) cattle*

rundvlees *beef*

rune *rune*

runenteken *rune*; *runic character*

runnen *run*; *manage*

rups *caterpillar*

rupsband *caterpillar track* ⋆ met ~en *tracked*

rupsvoertuig *caterpillar/tracked vehicle*

ruptuur *rupture*

rush • stormloop *rush*; *run* • film *rushes*

Rusland *Russia*

Russisch I ZN *Russian* II BNW *Russian*

ru

rust • ontspanning *rest* ⋆ in rust *at rest* ⋆ rust nemen *take a rest* • kalmte *calm*; *quiet* ⋆ tot rust komen *settle down* ⋆ tot rust brengen *set at rest* ⋆ alles was in diepe rust *all was quiet* ⋆ geen ogenblik rust hebben *have not a moment's peace* ⋆ hij herstelde de rust *he restored the peace* ⋆ met rust laten *leave in peace*; *leave alone* • nachtrust *repose* ⋆ zich ter ruste begeven *go to bed*; *retire for the night* • MUZ. *rest* ⋆ SPORT *half-time*; *interval* ▾ rust roest *idleness rusts the mind* ▾ op de plaats rust! *stand easy!*

rustdag *day of rest*; *holiday*

rusteloos • ongedurig *restless*; *itchy* ⋆ ~ heen en weer lopen *pace up and down restlessly* • steeds bezig *restless*; *unremitting*

rusten • uitrusten *repose*; *rest* ⋆ na gedane arbeid is het goed ~ *rest is sweet after the work is done* • slapen ⋆ wel te ~ *good night!* ⋆ ik ga wat ~ *I'm going to have a rest* • begraven liggen ⋆ hier rust ... *here lies...* ⋆ hij ruste in vrede *may he rest in peace* • ongemoeid blijven ⋆ een onderwerp laten ~ *drop a subject* • steunen *rest (upon)* ⋆ op mij rust de aangename plicht om... *it is my pleasant duty to...* ⋆ er rust een verdenking op u *you are under suspicion* ⋆ er rust een zware verantwoordelijkheid op hem *he carries a heavy responsibility* • gericht zijn ⋆ zijn blik bleef ~ op *his gaze came to rest on*; *his gaze lingered on*

rustgevend *restful*

rusthuis *rest home*

rustiek • landelijk *rural* • als in natuurtoestand *rustic*

rustig • in rust *peaceful*; *quiet* • bedaard *calm* ⋆ zich ~ houden *keep quiet* ⋆ ~ optreden *act calmly* • ongestoord *quiet*; *untroubled* ⋆ een ~ plekje opzoeken *look for a quiet spot* • vredig *peaceful*; *tranquil*

rustoord • instelling *rest home*; ⟨voor herstel⟩ *convalescent home* • plaats of streek *place where one can rest*

rustplaats • pleisterplaats *halting place* • graf *resting place* ⋆ de laatste ~ *the last resting place*

rustpunt • moment van rust *pause*; *rest* • steunpunt *support*

rustsignaal *half-time signal/whistle*

ruststand *half-time score*

rustverstoorder ⟨herrieschopper⟩ *hooligan*; ⟨ordeverstoorder⟩ *rioter*

ruw • oneffen *rough*; ⟨grof⟩ *rough*; ⟨huid⟩ *coarse* • onbewerkt *crude*; *raw* ⋆ ruwe olie *crude oil* ⋆ ruwe katoen/suiker *raw cotton/sugar* • onbeschaafd *coarse*; *rough*; *rude* ⋆ ruw gedrag *rude behaviour* ⋆ ruw in de mond *rough-spoken* ⋆ ruwe klant *rough customer* • wild *rough*; *boisterous* ⋆ ruwe zee *rough/choppy sea* ⋆ iets ruw behandelen *handle s.th. roughly* • globaal ⋆ ruw geschat *roughly* ⋆ een ruwe schets *a rough draft* ⋆ ruwe score *original score*

ruwharig *shaggy*; *rough haired*

ruwweg *roughly*

ruzie *quarrel*; *row* ⋆ ~ krijgen *fall out* ⋆ ~

zoeken/schoppen *pick a fight/quarrel* ★ met iem. ~ hebben/maken over iets *quarrel with a person about s.th.*
ruzieachtig *quarrelsome*
ruziemaker *troublemaker; quarrelsome person*
ruziën *argue; quarrel*
RVD Rijksvoorlichtingsdienst *(Dutch) Government Information Service*

S

s *s* ★ de s van Simon *S as in Simon*
saai *tedious; boring; dull; slow*
saamhorigheid *solidarity*
saampjes *together*
Saba *Saba*
sabbat *sabbath*
sabbatsjaar ● REL. zevende (rust)jaar ⟨verlof⟩ *sabbatical (year)* ● verlofperiode *sabbatical (year)/leave*
sabbatviering *observance of the Sabbath*
sabbelen *suck* ★ ~ op *suck*
sabel I ZN (de) slagwapen *sword* **II** ZN (het) ● HER. zwart *sable* ● bont *sable*
sabelbont *sable*
sabeldier *sable*
sabotage *sabotage* ★ ~ plegen *commit sabotage*
saboteren *sabotage*
saboteur *saboteur*
sacharine *saccharine*
sachertaart *Sachertorte*
sacraal *sacral*
sacrament *sacrament* ★ de ~en der stervenden *the last sacraments*
Sacramentsdag *Corpus Christi*
sacrilegie *sacrilege*
sacristie *sacristy; vestry*
sacrosanct *sacrosanct*
sadisme *sadism*
sadist *sadist*
sadistisch *sadistic*
sadomasochisme *sadomasochism*
safari *safari* ★ op ~ gaan *go on safari*
safaripark *safari park*
safe I ZN *safe; safe deposit box* **II** BNW *safe* ★ denk je dat dat safe is? *do you think it's all right/safe?* ▾ safe sex *safe sex*
saffie *fag*
saffier *sapphire*; ⟨saffiernaald⟩ *stylus*
saffierblauw *sapphire (blue)*
saffraan *saffron*
saffraangeel I BNW *saffron yellow* **II** ZNW *saffron yellow*
sage *saga*
sago *sago*
Sahara *Sahara*
Sahel *Sahel*
saillant *salient; striking*
saki *saki*
Saksen *Saxony*
Saksisch *Saxon*
saladbar *salad bar*
salade *salad*
salamander *salamander*
salami *salami*
salamitactiek *salami tactics* [mv]
salariëring *pay*
salaris *salary; pay*
salarisadministratie *salary records*
salarisschaal *salary scale*
saldo *balance* ★ batig ~ *credit balance; surplus* ★ nadelig ~ *debit balance; deficit* ★ met een nadelig ~ sluiten *leave a deficit* ★ per ~ *on*

sa

balance
saldotekort deficit; ⟨op bankrekening enz.⟩ overdraft
sales manager sales manager
sales promotion sales promotion
salie sage
salmiak sal ammoniac
salmiakdrop acid drop
salmonella salmonella
Salomonseilanden Solomon Islands
Salomonsoordeel Judgement of Solomon
salon • kamer drawing room; ⟨v. schip⟩ saloon • bijeenkomst salon ∗ literaire ~ literary salon
salonboot (saloon) steamer
salonfähig presentable; ⟨v. gedrag⟩ respectable ∗ niet ~ ⟨v. grap⟩ risqué
salonmuziek salon music
salonsocialist armchair/parlour socialist
salontafel coffee table
saloondeuren saloon doors
salpeter saltpetre; potassium nitrate
salpeterzuur nitric acid
salsa salsa
SALT Strategic Arms Limitation Talks SALT
salto somersault ∗ ~ mortale salto mortale; death-defying leap
salueren salute
saluut I zn salutation; salute II tw ∗ ~! cheerio!; so long!; see you later!
saluutschot salute ∗ er klonken tien ~en there was a ten gun salute; ten salutes rang out
salvo • serie schoten salvo; volley • stortvloed volley
Samaritaan Samaritan ∗ de barmhartige ~ the Good Samaritan
samba samba
sambabal maraca
sambal sambal
samen • met elkaar together ∗ ~ uit, samen thuis out together, home together ∗ zij hebben ~ een woning they share an apartment • bijeen together • bij elkaar gerekend in all; altogether ∗ ~ verdienen ze net genoeg between them they earn just enough
samengaan • gepaard gaan go together ∗ doen ~ combine • fuseren amalgamate; merge ∗ deze banken zijn samengegaan these banks have merged/amalgamated • met elkaar gaan ∗ ~ met go together with ∗ dat gaat niet samen met that is incompatible with
samengesteld compound; complex ∗ ~e breuk wisk. complex fraction; med. compound fracture
samenhang • verband connection • nat. cohesie cohesion
samenhangen • in verband tot elkaar staan be connected ∗ ~d cohesive • nat. be cohesive
samenkomst meeting
samenleven live together; cohabit with someone
samenleving • het samenleven living together • maatschappij society
samenlevingscontract partnership contract; living together contract
samenloop • plaats van vereniging convergence; ⟨v. rivieren⟩ confluence

• gelijktijdigheid concurrence; ⟨v. mensen⟩ concourse ∗ ~ van omstandigheden coincidence
samenpakken (zich) gather ∗ zwarte wolken pakten zich samen black clouds were gathering
samenraapsel jumble; hotchpotch ∗ ~ van leugens pack of lies; tissue of lies
samenscholen assemble
samenscholing • het samenscholen gathering • oploop assembly; gathering
samensmelten I ov ww doen samengaan melt/fuse together II on ww • versmelten fuse (together) • fuseren amalgamate; merge
samenspannen plot; conspire
samenspel muz. ensemble; sport teamwork
samenspraak dialogue
samenstel • geheel composition • bouw structure
samenstellen put together; make up; ⟨nieuwsbrief⟩ compose; ⟨woordenlijst⟩ compile
samensteller compiler; assembler; composer
samenstelling • het samenstellen compilation • manier van samenstellen composition; ⟨v. programma⟩ arrangement • taalk. compound
samenstromen • samenkomen assemble • samenvloeien flow together
samentrekken I ov ww • samenvoegen contract; ⟨troepen⟩ concentrate • opeen trekken draw together; contract • taalk. contract II on ww ineenkrimpen contract ∗ zich ~ contract
samentrekking contraction
samenvallen • tegelijk gebeuren coincide • één worden converge
samenvatten summarize; sum up
samenvatting summary
samenvoegen join; combine; unite
samenwerken work together; co-operate; collaborate
samenwerking cooperation; collaboration ∗ in ~ met in collaboration with
samenwerkingsverband collaboration; cooperation
samenwerkingsverdrag treaty of cooperation
samenwonen live together
samenzang community singing
samenzijn gathering; meeting
samenzweerder conspirator
samenzweren plot; conspire
samenzwering plot; conspiracy
samenzweringstheorie conspiracy theory
samoerai samurai
sample sample
samplen sample
sampler sampler
samsam fifty-fifty v ∗ ~ doen go fifty-fifty
sanatorium sanatorium
sanctie sanction
sanctioneren sanction
sandaal sandal
sandelhout sandalwood
sandinist Sandinista
sandwich sandwich
saneren ⟨gebit⟩ put in order; ⟨stadsdeel⟩

redevelop; ⟨wijk⟩ *clean up*; ⟨bedrijf⟩ *reorganize*

sanering ⟨v. stadsdeel⟩ *redevelopment*; ⟨v. wijk⟩ *clean up*; ⟨v. bedrijf⟩ *reorganization*

saneringskosten • MED. ⟨v. gebit⟩ *costs of (a course of) dental treatment* • ECON. *reorganisation costs* • kosten van stedenbouwkundige sanering ⟨algemeen van stad/wijk⟩ *redevelopment costs*; ⟨renovatie van woningen⟩ *housing improvement costs*; ⟨opruimen van krotten⟩ *slum clearance costs*

San Francisco *San Francisco*

sanguinisch *sanguinary*

sanitair I ZN *sanitary fittings*; *bathroom fixtures* **II** BNW *sanitary*

San Marino *San Marino*

San Salvador *San Salvador*

sanseveria *sansevieria*; *snake plant*

Sanskriet *Sanskrit*

santé *your health!*; *here's to you!*; ⟨bij niezen⟩ *bless you!*

Santiago *Santiago*

Saoedi-Arabië *Saudi Arabia*

Saoedisch *Saudi*

sap ⟨v. plant⟩ *sap*; ⟨vruchtensap⟩ *juice*

sapcentrifuge *liquidizer*; AE *juicer*

sapje *glass of fruit juice*

sappelen *slave (away)*; *drudge*; *toil*

sappig • vol sap ⟨plant⟩ *sappy*; ⟨fruit⟩ *juicy*; ⟨vlees⟩ *succulent*; *tender* • smeuïg *juicy*; *vivid* ★ een ~ verhaal *a juicy story*

Saraceen *Saracen*

Sarajevo *Sarajevo*

sarcasme *sarcasm*

sarcast *sarcastic person*

sarcastisch *sarcastic*

sarcofaag *sarcophagus*

sardine *sardine*

Sardinië *Sardinia*

sardonisch *sardonic*; *derisive* ★ een ~ lachje *a sardonic chuckle*

sarong *sarong*

sarren *nag*; *bait*; *tease*

SARS *severe acute respiratory syndrome SARS*

sas ▼ in zijn sas zijn *be in high spirits*

Satan *Satan*

satanisch *satanic*

satanswerk • boosaardige streek *devil's work*; *dirty trick* • heidens karwei *one hell of a job*; *a real/hard slog*

saté *(shish)kebab*

satelliet • hemellichaam *satellite* • kunstmaan *satellite*

satellietfoto *satellite photo(graph)*

satellietstaat *satellite state*; *satellite country*

satellietstad *satellite town*

satellietverbinding *satellite link(-up)*

sater *satyr*

satéstokje *skewer*

satijn *satin*

satire *satire*

satirisch *satiric(al)*

Saturnus *Saturn*

saucijs *sausage*

saucijzenbroodje *sausage roll*

sauna *sauna*

saus *sauce*; ⟨jus⟩ *gravy*; ⟨sla⟩ *dressing*

sausen ⟨met latex, e.d.⟩ *distemper*; ⟨met witkalk⟩ *whitewash*

sauteren *sauté* ★ gesauteerde aardappelen *sautéed potatoes*

savanne *savanna(h)*

saven *save* ★ iets op een harde schijf opslaan *save s.th. to hard disk*

savooienkool *savoy*

saxofonist *saxophonist*

saxofoon *saxophone*

scabreus *scabrous*

scala *scale*; *range* ★ een breed ~ van artikelen *a wide range of articles*

scalp *scalp*

scalpel *scalpel*

scalperen *scalp*

scampi *scampi*

scan *scan*

scanderen • metrisch indelen *scan* • uitroepen *chant*

Scandinavië *Scandinavia*

Scandinavisch *Scandinavian*

scannen *scan*

scanner *scanner*

scarabee *scarab*

scartaansluiting *scart connector*

scenario • draaiboek *scenario*; *film script*; *script* • plan *scenario*

scenarioschrijver *scriptwriter*; *scenarist*

scene *scene*

scène • TON. tafereel *scene* • ophef *scene* ★ een ~ maken *make a scene*

scepsis *scepsis*; AE *skepsis*

scepter *sceptre*

scepticisme *scepticism*

scepticus *sceptic*

sceptisch *sceptical* ★ ~ staan tegenover *be sceptical of*

schaaf • gereedschap *plane* • keukengerei *slicer*

schaafsel *shavings*

schaafwond *graze*

schaak I ZN *chess* ★ partij ~ *game of chess* ★ ~ spelen *play chess* ★ ~ staan *be in check* ★ ~ zetten *check* **II** TW ~! *check!*

schaakbord *chessboard*

schaakcomputer *chess computer*

schaakklok *chess clock*

schaakmat *checkmate* ★ ~ zetten *mate*; FIG. *checkmate*

schaakmeester *chess master*

schaakspel • spel *(game of) chess* • bord met stukken *chess set*

schaakstuk *chessman*; *piece*

schaaktweekamp *chess tournament/duel*

schaal • schotel *dish*; ⟨schaal van balans⟩ *scale*; ⟨bloemschaal⟩ *bowl*; ⟨collecteschaal⟩ *plate* • omhulsel *shell* • weegschaal *scales* [mv] • grootteverhouding *scale* ★ op grote ~ *on a large scale* ★ op ~ tekenen *draw to scale* ★ op ~ vergroten/verkleinen *scale up/down* ★ operaties op grote ~ *big scale operations* ★ de ~ van Richter *the Richter scale* • oplopende getallenreeks *scale*

SC

• **schaalverdeling** *scale* ▾ dat doet de ~ doorslaan *that settles the matter; that turns the scales*
schaaldier *crustacean*
schaalmodel *scale model*
schaalverdeling *scale division*
schaalvergroting *scale up; increase in scale/size; expansion*
schaalverkleining • verkleining op schaal *scaling down; decrease in scale* • kleinschaliger worden *scaling down*
schaambeen *pubic bone*
schaamdeel *genitals; private parts*
schaamhaar *pubic hair*
schaamlip ★ ~pen [mv] ★ grote ~pen *labia majora* ★ kleine ~pen *labia minora*
schaamluis *crab louse;* INF. *crabs* [mv]
schaamrood *blush* • het ~ steeg hem naar de kaken *he blushed with embarrassment*
schaamstreek *pubic region*
schaamte *shame*
schaamtegevoel *sense of shame*
schaamteloos ⟨persoon⟩ *shameless;* ⟨gedrag⟩ *unashamed*
schaap • dier *sheep* [mv: *sheep*] • persoon ★ arm ~! *poor thing!* ▾ het zwarte ~ *the black sheep* ▾ als er één ~ over de dam is, volgen er meer *one sheep follows another; it only takes one to start, and the others will follow* ▾ een ~ met vijf poten zoeken *seek the impossible* ▾ zijn ~jes op het droge hebben *live on easy street; live high on the hog; be home and dry; have made one's pile* ▾ haar ~jes op het droge hebben *she lives on easy street; she's got it made*
schaapachtig *sheepish*
schaapherder *shepherd*
schaapskooi *sheepfold*
schaar • knipwerktuig *pair of scissors; scissors* [mv]; ⟨voor schapen, heggen⟩ *shears* [mv] • ploegschaar *share* • grijporgaan schaaldier *pincers* [mv]
schaarbeweging • beweging als van schaar *scissor movement* • SPORT schijnbeweging *feint; scissors kick* ★ een ~ maken *make a feint*
schaars I BNW *scarce; rare; scanty* II BIJW ⟨nauwelijks⟩ *scarcely;* ⟨zelden⟩ *rarely* ★ ~ verlicht *dimly lit*
schaarste *scarcity; scantiness; famine;* ⟨eten, water, kolen⟩ *dearth*
schaats *skate* ▾ scheve ~ rijden *get out of line; step over the mark*
schaatsbaan *(ice-)skating rink*
schaatsen *skate*
schaatsenslijper *skate sharpener*
schaatser *skater*
schaatswedstrijd *skating contest*
schacht • steel ⟨v. lans⟩ *shaft;* ⟨v. veer⟩ *quill* • koker *shaft* • beenstuk van laars *leg*
schade • beschadiging *damage; injury; harm* ★ ~ aanrichten *do damage* • nadeel *loss* ★ ~ lijden ⟨v. persoon⟩ *suffer a loss;* ⟨v. zaken⟩ *sustain damage* ★ door ~ en schande wijs worden *learn by (bitter) experience* ★ tot ~ van *to the detriment of* ★ hij ondervond tot zijn ~

he learned to his cost ★ z'n ~ inhalen *make up for the loss; make up for lost ground*
schadeclaim *insurance claim* • een ~ indienen *submit an insurance claim*
schadeformulier *insurance claim/form*
schadelijk *harmful*
schadeloos *undamaged*
schadeloosstellen *indemnify (from/against); compensate (for)*
schadeloosstelling *compensation*
schaden *damage; harm; hurt*
schadeplichtig *liable for damages*
schadepost *loss* ★ dat levert mij een grote ~ op *that leaves me with a big loss*
schadevergoeding *compensation; indemnification* ★ ~ van iem. eisen *claim damages from a person*
schadeverzekering *indemnity insurance; property insurance*
schadevrij *accident-free*
schaduw ⟨geen omtrek⟩ *shade;* ⟨vaste omtrek⟩ *shadow* ★ in de ~ *in the shade* ▾ hij kan niet in zijn ~ staan *he cannot hold a candle to him* ▾ in de ~ stellen *overshadow; dwarf* ▾ een ~ op iets werpen *cast a shadow over s.th.*
schaduwbeeld • silhouet *silhouette* • schaduw *shadow*
schaduwen • volgen *shadow* • schaduw aanbrengen *shade*
schaduwkabinet *shadow cabinet*
schaduwrijk *shady; shadowy*
schaduwspel *shadow play*
schaduwspits *shadow striker*
schaduwverkiezing *mock election*
schaduwzijde *shady side;* FIG. *drawback*
schaft *pause; break*
schaften *take time off (for a meal)*
schafttijd *(lunch/dinner) break*
schakel *link*
schakelaar *switch*
schakelarmband *chain bracelet*
schakelbord *switchboard*
schakelen I OV WW • tot keten maken *link up;* ⟨techniek⟩ *couple* • elektrisch verbinden *connect* II ON WW in versnelling zetten *change gear* ★ van een naar twee ~ *shift from first into second gear*
schakeling ⟨elektriciteit⟩ *connection; circuit* ★ geïntegreerde ~ *integrated circuit*
schakelkast *switch box*
schakelklas *preparatory class*
schakelklok *timer*
schakelschema *wiring diagram*
schakelwoning *type of semi-detached house;* AE *duplex*
schaken I OV WW ontvoeren *abduct* II ON WW schaak spelen *play chess*
schaker • schaakspeler *chess player* • ontvoerder *abductor*
schakeren • kleuren schikken *variegate* • afwisselen *pattern*
schakering • kleurnuance *shade* • verscheidenheid *gradation; variegation*
schaking *elopement; abduction*
schalks *roguish*
schallen *sound; resound*

schamel *poor*

schamen (zich) *be/feel ashamed* ★ schaam je! *shame on you!* ★ je moest je (de ogen uit het hoofd) ~ *you ought to be (thoroughly) ashamed of yourself*

schampen *graze*

schamper *condescending*

schamperen *say scornfully*

schampschot *graze* ★ hij kreeg een ~ in zijn arm *a bullet grazed his arm*

schandaal *scandal; outrage* ★ wat een ~! *what a disgrace!*

schandaalblad *scandal sheet; rag*

schandaalpers *gutter press*

schandalig *scandalous; shameful; outrageous*

schanddaad *outrage*

schande *disgrace; shame; ignominy* ★ ~ aandoen/te schande maken *disgrace* ★ ~ spreken van iets *call s.th. a disgrace; cry out against s.th.*

schandelijk *disgraceful; shameful; ignominious* ★ er ~ uitzien *look disgraceful*

schandknaap *male prostitute*

schandpaal *pillory* ▼ iem. aan de ~ nagelen *pillory s.o.; expose s.o. to public scorn*

schandvlek • *smet stain; blemish; stigma* • *persoon disgrace*

schans • *bolwerk entrenchment* • *skischans ski jump*

schansspringen *ski jump*

schap *shelf* [mv: *shelves*] ★ de ~pen vullen *stock the shelves*

schapenbout *leg of mutton*

schapendoes *(Dutch) sheepdog*

schapenfokkerij • *het fokken sheep breeding* • *bedrijf sheep farm*

schapenkaas *sheep's cheese*

schapenscheerder *shearer*

schapenvacht *(alleen de wol) fleece; (huid en wol) sheepskin*

schapenvlees *mutton*

schappelijk *fair; reasonable; (clement) lenient*

schar *dab; flounder*

schare *multitude; (legerschare) host*

scharen I ov ww *groeperen range; draw up* ★ zich achter iem. ~ *side with s.o.* ★ zich ~ aan de zijde van *range o.s. on the side of; side with* ★ zich ~ om *gather round; rally round* II on ww *bewegen als een schaar (turnen) perform scissors; (v. voertuig) jack-knife*

scharensliep *knife grinder*

scharlaken *scarlet*

scharminkel *scrawny person/animal; bag of bones; skeleton*

scharnier *hinge*

scharnieren *hinge*

scharniergewricht *hinge-joint*

scharrel • *het scharrelen flirtation* • *persoon flirt; pick-up* ▼ aan de ~ zijn *fool/sleep around*

scharrelaar • *iem. zonder vast beroep jack of all trades; odd jobber* • *venter van oude spulletjes junk dealer* • *versierder flirt;* † *philanderer*

scharrelei *free-range egg*

scharrelen I ov ww *bijeenbrengen scrape together* II on ww • *rommelen rummage/ grub (about); (in tweedehands auto's, e.d.) deal in* ★ laat hem maar ~ *let him muddle/ struggle along* • *flirten* ★ met meisjes ~ *play around with girls*

scharrelkip *free-range chicken*

scharrelvarken *free-range pig*

scharrelvlees *free-range meat*

schat • *kostbaar bezit treasure* • *lief persoon dear; darling; love* • *overvloed treasure; wealth* ★ een ~ aan inlichtingen *a wealth of information*

schateren *roar with laughter*

schaterlach *burst of laughter*

schatgraver *treasure digger/hunter/seeker*

schatkamer *treasury;* FIG. *storehouse*

schatkist • *staatskas exchequer; treasury* • *geldkist treasure chest*

schatkistbiljet *Exchequer bill; Treasury bill*

schatkistpromesse *Treasury bill*

schatplichtig *tributary; (voor belasting) taxable*

schatrijk *wealthy*

schattebout *sweetie pie; honey; baby*

schatten • *taxeren value; appraise; (ramen, begroten) estimate; assess* ★ iets op de juiste waarde weten te ~ *rightly estimate the value of s.th.* ★ te hoog ~ *overrate* ★ te laag ~ *underrate* ★ ~ op *value at* ★ hoe oud schat je hem? *how old do you think he is?* ★ afstanden ~ *judge distance* ★ verkeerd ~ *misjudge* • *achten consider* ★ iem. niet hoog ~ *have a poor opinion of s.o.*

schattig *sweet*

schatting • *taxatie estimation* ★ naar ruwe ~ *at a rough estimate* • *belasting tribute* ★ 'n ~ opleggen *exact a tribute from*

schaven • *glad maken plane* • *verfijnen polish* • *snijden slice* • *verwonden graze*

schavot *scaffold*

schavuit *rascal*

schede • *omhulsel sheath* ★ in de ~ steken *sheathe (the sword)* • *vagina vagina*

schedel • *hersenpan skull* • *doodshoofd skull; death's head*

schedelbasisfractuur *fracture of the base of the skull*

schedelbeen *cranial bone*

scheef *crooked; niet recht crooked; (hoek) oblique; (oppervlak) slanting; sloping; (lijn) oblique; slanting* ★ ~ houden *hold tilting to one side; not hold level* ★ zijn hoed ~ zetten *cock one's hat* ★ ~ zitten *sit sideways/awry* ★ de scheve toren van Pisa *the leaning tower of Pisa* ★ een scheve rug *a crooked back* • *verkeerd wrong* ★ de zaak loopt ~ *things are going wrong* ★ ~ trekken *distort* ★ ~ voorstellen *misrepresent* ★ scheve verhouding *false position*

scheefgroeien *grow crooked/askew*

scheeftrekken I ov ww *warp;* FIG. *warp; distort* ▼ die zaak is scheefgetrokken *the question has become distorted* II on ww *warp; become warped*

scheel *cross-eyed* ★ hij is ~ *he's cross-eyed* ▼ schele ogen geven *stir up jealousy* ▼ schele hoofdpijn *migraine* ▼ ~ worden van jaloezie *turn green with envy*

scheelzien *be cross-eyed*; *squint* ▾ ~ van de honger *be faint with hunger*
scheen *shin* ▾ iem. tegen de schenen schoppen *tread on s.o.'s toes*
scheenbeen *shinbone*
scheenbeschermer *shin pad*
scheep ★ ~ gaan *go aboard*; *embark*
scheepsarts *ship's doctor*
scheepsbeschuit *ships biscuit*; *hardtack*
scheepsbouw *shipbuilding*
scheepsbouwindustrie *shipbuilding industry*
scheepshelling *slips*; *slipway*
scheepshuid *shell plating*
scheepshut *cabin*; *berth*
scheepsjongen *cabin boy*
scheepsjournaal *log*; *logbook*
scheepslading *shipload*
scheepsramp *shipping disaster*
scheepsrecht *maritime law* ▾ driemaal is ~ *third time lucky*
scheepsruim *(ship's) hold*
scheepswerf *shipyard*
scheepvaart ⟨bedrijf⟩ *shipping (industry)*; ⟨verkeer te water⟩ *navigation*
scheepvaartbericht *shipping news/report*
scheepvaartroute *shipping route*; ⟨op zee ook⟩ *ocean lane*
scheepvaartverkeer *shipping*
scheerapparaat *electric shaver*
scheercrème *shaving cream*
scheerkop *shaving/shaver head*
scheerkwast *shaving brush*
scheerlijn *tension wire/rope*; ⟨m.b.t. tent⟩ *guy*; ⟨m.b.t. schip⟩ *painter*
scheermes *razor*
scheermesje *razor blade*
scheerspiegel *shaving mirror*
scheerwol *virgin wool* ★ zuiver ~ *pure (new) wool*
scheerzeep *shaving cream*
scheet • wind *fart* ★ een ~ laten *fart* • koosnaam *cutie (pie)*; *ducky* ★ ah, wat een ~je! *oh, isn't (s)he cute!*
scheidbaar *separable*; *detachable*
scheiden I ov ww • eenheid verbreken *part*; *separate*; ⟨'t haar⟩ *part* ★ het hoofd van de romp ~ *sever the head from the body* • onderscheiden *separate*; *distinguish* II on ww • uiteengaan *part*; *separate* ★ hij kan niet van z'n geld ~ *he cannot part with his money* • weggaan *depart*
scheiding • splitsing *separation*; *division* ★ ~ van Kerk en Staat *separation of Church and State* • grens *boundary* • lijn in haar *parting* • tussenschot *partition* • echtscheiding *divorce*
scheidslijn *dividing line*; *borderline*
scheidsmuur *partition wall*; FIG. *barrier*
scheidsrechter *arbiter*; ⟨tennis⟩ *umpire*; ⟨voetbal⟩ *referee*
scheikunde *chemistry*
scheikundig *chemical*
schel • scherp ⟨geluid⟩ *shrill*; *piercing* • helder ⟨licht⟩ *glaring*; ⟨kleur⟩ *loud*
Schelde *Scheldt*
schelden *curse*; *swear*; *use abusive language*

★ gaan ~ *become verbally abusive* ▾ ~ doet geen zeer *hard words break no bones*
scheldkanonnade *torrent/barrage of verbal abuse*
scheldnaam *term of abuse*; *nickname*
scheldpartij *slanging match*; *swearing*
scheldwoord *term of abuse*; ⟨schunnige taal⟩ *obscenity*
schelen • onderling verschillen *make a difference*; *differ* ★ zij ~ niet veel in leeftijd *they don't differ much in age* • uitmaken *make a difference*; *matter* ★ het kan mij niet ~ ⟨geen zin⟩ *I don't care*; ⟨geen bezwaar⟩ *I don't mind* ★ het kan niet ~ *never mind* • ontbreken ★ dat scheelt veel *that makes a big difference* ★ dat scheelde niet veel! *that was a close call!* ★ het scheelde weinig/maar 'n haar of zij hadden gewonnen *they came within an ace of winning*; *they lost by a hair* • mankeren *be the matter* ★ wat scheelt eraan? *what's the matter?*
schellinkje *gallery*
schelm • deugniet *rascal* • schurk *scoundrel*; *crook*
schelmenroman *picaresque novel*
schelmenstreek *roguish trick*; *prank*
schelp *shell*
schelpdier *shellfish*; *crustacean*
schelvis *haddock*
schema • model *outline* • tijdsplanning *schedule* ★ we liggen precies op ~ *we're right on schedule* • tekening *diagram*
schematisch *schematic*
schemer *twilight*; *dusk*
schemerdonker *twilight*
schemerduister *twilight*; *dusk*
schemeren I on ww • in de schemer zitten *be in the twilight* • vaag te zien zijn *be dimly visible*; *glimmer* ★ er schemert mij zoiets voor de geest *I remember it vaguely* II onp ww schemerig zijn ⟨'s morgens⟩ *dawn*; ⟨'s avonds⟩ *grow dark*
schemerig *dusky*; *dim*; *twilit*
schemering *twilight*; ⟨donkerder⟩ *dusk*
schemerlamp *floor/table lamp*
schemertoestand *twilight state*
schenden • beschadigen *damage* • onteren ⟨vrouw⟩ *violate*; ⟨eer, goede naam⟩ *sully*; *defile*; ⟨graf,⟩ *desecrate* • overtreden ⟨verdrag, mensenrechten⟩ *violate*; ⟨rechten, wet⟩ *infringe*; ⟨belofte⟩ *break*
schending ⟨ontering⟩ *violation*; ⟨ontheiliging⟩ *desecration*; ⟨overtreding⟩ *transgression*; ⟨beschadiging⟩ *mutilation*
schenkel • been van dier *shank*; *hock* • been van mens *shank*; *femur*
schenken • geven *give*; *grant*; *make a present of* ★ de rest schenk ik je *you may keep the rest* • verlenen *grant*; *give* ★ aandacht ~ *pay attention (to)* ★ geloof ~ *give credence (to)* • gieten *pour* • serveren *serve*
schenking *gift*; *donation*
schenkingsakte *donation*; *endowment*
schenkingsrecht *gift tax*
schennis *violation*; *desecration*
schep • gereedschap *scoop*; *shovel* • een schep

vol *shovelful*; ⟨lepel⟩ *spoonful* ★ een ~je
suiker *a (tea)spoonful of sugar* • grote
hoeveelheid ★ een ~ geld *a lot of money*
schepijs *ice-cream*
schepnet *landing net; scoop net*
scheppen • opscheppen *scoop*; ⟨sneeuw,
kolen⟩ *shovel*; ⟨eten⟩ *ladle*; ⟨papier⟩ *dip*
• omverrijden *knock down* • creëren *create*
★ orde ~ in ... *bring order into ...* • beleven
★ behagen ~ in *take pleasure in* ★ moed ~
take/muster/pluck up courage
schepper *creator*
schepping *creation*
scheppingsverhaal *story of the Creation*
scheprad *paddle wheel*
schepsel *creature*
scheren I OV WW kort afsnijden ⟨v. haar⟩
shave; ⟨v. dieren⟩ *shear* ★ zich ~ *shave* ★ zich
laten ~ *have a shave* II ON WW • rakelings
gaan langs *skim over/along* • snel bewegen
skim ★ scheer je weg! *buzz off!; get lost!*
scherf *splinter; potsherd*; ⟨v. glas, granaat⟩
fragment
schering *warp* ▾ dat is ~ en inslag *that is a
common occurrence; that is a matter of course*
scherm • afscheiding *screen*; ⟨zonnescherm⟩
awning • toneelgordijn *curtain*
• beeldscherm *screen*; ⟨comp. ook⟩ *display*
• PLANTK. *umbel* ▾ achter de ~en kijken *look
behind the scenes*
schermen • SPORT *fence* • druk zwaaien ⟨met
stok⟩ *brandish*; ⟨met armen⟩ *wave* • ophef
maken ⟨met woorden⟩ *talk big*; ⟨connecties,
daden⟩ *brag (about)*
schermkunst *(art of) fencing*
schermles *fencing lesson(s)*
schermsport *fencing*
schermutseling *skirmish*
scherp I ZN • scherpe kant *edge* • patronen
★ met ~ schieten *use live ammunition* II BNW
• puntig *sharp* • goed snijdend *sharp(-edged)*,
keen • hoekig *sharp* ★ ~e hoek *sharp corner*;
WISK. *acute angle* ★ ~e bocht *sharp turn* ★ ~e
trekken *sharply defined features* • bits *sharp*;
harsh ★ ~ gesteld *strongly worded (letter)* ★ ~e
opmerking *tart remark* • scherpzinnig *sharp*;
⟨verstand⟩ *keen*; ⟨oordeel⟩ *acute* • met fijn
onderscheidingsvermogen *sharp*;
⟨gezichtsvermogen⟩ *keen* ★ ~e ogen hebben
have sharp eyes • gehoor hebben *have
sharp/quick ears* • streng ⟨opmerking,
artikel⟩ *severe* ★ ~e controle *close control*
• duidelijk uitkomend *sharp; clear-cut* ★ ~
stellen *focus* ★ ~ besneden trekken *clean-cut
features* ★ ~ contrast *sharp contrast* ★ een ~
beeld geven (m.b.t. lens) *give excellent
definition* • pijnlijk *sharp*; ⟨geur⟩ *pungent*;
⟨wind⟩ *cutting*; ⟨kou, wind⟩ *biting*; ⟨licht⟩
glaring • heet *sharp; spicy; hot* • weinig
marge latend *sharp; severe* ★ een ~e
prijsdaling *a sharp/steep drop in prices*
scherpen *sharpen*
scherpomlijnd *clear-/clean-cut; well-marked/-
defined*
scherprechter *executioner; hangman*
scherpschutter *sharpshooter*; ⟨sluipschutter⟩

sniper
scherpte • duidelijkheid *sharpness*; ⟨v. beeld
ook⟩ *definition* • puntigheid *sharpness*; ⟨v.
hoek⟩ *acuteness* • fijn
onderscheidingsvermogen *sharpness*;
keenness; judgement • bitsheid *harshness*;
sharpness • strengheid *strictness; severity*
scherptediepte *depth of field*
scherpzinnig *acute; keen witted; shrewd*
scherts *joke; fun* ★ als ~ opvatten *treat as a joke*
schertsen *jest; joke* ★ het was maar scherts *I
(etc.) was only joking*
schertsfiguur *joke; nonentity*
schertsvertoning *farce*
schets • tekening *sketch* • korte beschrijving
outline • kort verhaal *sketch*
schetsblok *sketch pad*
schetsboek *sketchbook*
schetsen • tekenen *sketch* • beschrijven *outline*
schetsmatig *sketchy*
schetteren *blare*
scheur • spleet *crack*; ⟨in kleding⟩ *tear* • mond
★ je ~ opentrekken *open your big mouth*
scheurbuik *scurvy*
scheuren I OV WW • scheuren maken
⟨verscheuren⟩ *tear up*; ⟨per ongeluk⟩ *tear*
★ in stukken ~ *tear to pieces* • losrukken *tear
(away)* • omploegen *plough up* • PLANTK. *split*;
divide II ON WW • een scheur krijgen *tear*; ⟨v.
ijs, e.d.⟩ *crack* • hard rijden *speed*
scheuring *rupture; split*; ⟨kerkelijk⟩ *schism*
scheurkalender *block-calendar*
scheut • hoeveelheid vloeistof *dash* • steek
twinge; stab (of pain) • loot *shoot; sprout*
scheutig *liberal; generous*
schicht *flash (of lightning)*
schichtig *shy; skittish* ★ ~ worden *jib; shy (at)*;
shy away from
schielijk • snel *quick* • plotseling *sudden*
schier *almost*
schiereiland *peninsula*
schietbaan *rifle range*
schieten I OV WW • afvuren *shoot; fire* ★ ~ op
fire at/on • treffen *shoot* ★ zich voor 't hoofd
~ *blow out one's brains* • loslaten *release; let
go* ★ 'n touw laten ~ *release a rope*; ⟨vieren⟩
pay/run out a rope • uitlopen *shoot* ★ knop ~
bud ★ loten ~ *put forth shoots* ★ zaad ~ *go to
seed* ▾ laat maar ~ *let it go* II ON WW • vuren
shoot ★ gaan ~ *open fire* • snel bewegen *dart;
rush* ★ in zijn kleren ~ *slip into one's clothes*
★ in de hoogte ~ *shoot up* • voorover ~ *pitch
forward* • snel groeien *sprout; shoot up*
• plotseling opkomen ★ 't zal me wel weer te
binnen ~ *it will come back to me* ★ 't schoot
mij door 't hoofd *it crossed my mind* ★ zijn
ogen schoten vol tranen *his eyes filled with
tears* • SPORT *shoot* ★ naast ~ *miss*
schietgat *loophole*
schietgebed *quick/short prayer*
schietgraag *trigger-happy*
schietlood *plummet*
schietpartij *shooting*
schietschijf *target*
schietstoel *ejector seat*
schiettent *shooting gallery*

SC

schiften I ov ww sorteren *sift*; *sort (out)*; *sort through* II on ww klonteren *curdle*
schifting *sifting*; *sorting*; *selection*
schijf • platrond voorwerp *disc* • draaibord *disc*; ⟨v. telefoon⟩ *dial* • plakje *slice* • schietschijf *target* • damschijf *man*; *piece* • belastingschijf *bracket* • COMP. *disk*
schijfrem *disc brake*
schijn • schijnsel *shine*; *glimmer* • valse indruk *appearance*; *semblance* ★ voor de ~ *for the show*; *for the sake of appearances* ★ in ~ *seemingly* ★ ~ bedriegt *appearances are deceptive* ★ hij heeft de ~ tegen zich *appearances are against him* ★ de ~ wekken dat... *give the appearance that...* • zweem *shadow*; *ghost* ★ geen ~ van kans hebben *not have the ghost of a chance*; *not have a dog's chance* • waarschijnlijkheid *appearance* ★ naar alle ~ *to all appearance(s)*
schijnaanval *feint*; *sham attack*
schijnbaar I BNW niet werkelijk *seeming*; *apparent* II BIJW blijkbaar *evidently*; *apparently*
schijnbeweging *feint*
schijndood I ZN *apparent death*; *suspended animation* II BNW *apparently dead*; *seemingly in a state of suspended animation*
schijnen • stralen *shine* • lijken *seem* ★ naar 't schijnt *apparently*
schijngestalte *phase*
schijnheilig *hypocritical*
schijnhuwelijk *marriage of convenience*
schijnproces *show trial*
schijnsel *shine*; *radiance*; *glimmer*
schijntje ★ 't kost maar een ~ *it costs next to nothing*; *it is dirt cheap*
schijnvertoning *sham*; *farce*; *mockery*
schijnwerper *floodlight*; ⟨toneel⟩ *spotlight*; ⟨zoeklicht⟩ *searchlight* ▼ in de ~s staan *be in the limelight*
schijnzwanger ★ ~ zijn *have a phantom pregnancy*
schijt *shit* ▼ ergens ~ aan hebben *don't give a damn about*
schijten *shit*
schijterig *timorous*; *chicken(-hearted)*|*(-livered)*
schijthuis • toiletgebouw *shithouse* • lafaard *chicken*
schijtlijster *chicken*; KIND. *scaredy-cat*
schijtluis *funk*; *chicken*; *coward*
schik • tevredenheid ★ hij was er erg mee in zijn ~ *he was very pleased with it* • plezier *fun*
schikgodin *Fate*; *goddess of destiny* ★ de drie ~nen *the three Fates*
schikken I ov ww • goed plaatsen *arrange*; *order* ★ bloemen ~ *make a flower arrangement* • regelen *settle* II on ww gelegen komen *suit*; *be convenient* ★ zodra 't u schikt *at your earliest convenience* III WKD ww • berusten *resign oneself*; *reconcile oneself* ★ zich ~ in zijn lot *resign o.s. to one's fate* • voegen naar *go along with* ★ zich zo goed mogelijk in iets ~ *make the best of s.th.* ★ zich naar iemands wensen ~ *comply with a person's wishes*

schikking • ordening *arrangement* • overeenkomst *agreement*; *arrangement*; *settlement* ★ tot 'n ~ komen *come to an agreement*; *reach a settlement* ★ 'n ~ treffen *make an agreement*
schil ⟨meloen, sinaasappel⟩ *rind*; ⟨banaan, sinaasappel⟩ *peel*; ⟨v. bessen, druiven, bananen⟩ *skin*; ⟨v. ei⟩ *shell*
schild • beschermingsmiddel *shield* • dekschild ⟨v. schildpad, kreeft⟩ *shell*; ⟨v. schildpad⟩ *carapace*; ⟨v. insecten⟩ *wing case* ▼ wat voert hij in zijn ~? *what is he up to?*
schilder • huisschilder *(house) painter*; *(house) decorator* • kunstschilder *painter*
schilderachtig *picturesque*
schilderen • verven *paint*; *decorate* • afbeelden *paint* • beschrijven *paint*; *picture*
schilderij *picture*; *painting*
schildering • schilderij *picture* • beschrijving *depiction*
schilderkunst *(art of) painting*
schildersbedrijf *painting business*
schildersezel *easel*
schildertechniek *painting technique*
schilderwerk • het geschilderde *paintwork* • te schilderen werk *paint job*
schildklier *thyroid gland*
schildknaap *shield bearer*
schildpad *tortoise*; ⟨zeeschildpad⟩ *turtle*
schildwacht *sentry*; *guard*
schilfer *flake*; *scale*
schilferen *peel off*; *flake*
schilferig *scaly*; *flaky*
schillen *peel*
schilling *schilling*
schim • schaduwbeeld *silhouette* • vage gedaante *shadow*; *shade* • geest *shade*; *ghost*
schimmeldraad *hypha*
schimmelen *become*|*get mouldy*
schimmelig • beschimmeld *mouldy* • schimmelachtig *fungoid*
schimmelinfectie *yeast infection*
schimmelkaas *blue cheese*
schimmelvorming *formation of mould*|*mildew*
schimmenrijk *spirit world*
schimmenspel • voorstelling *shadow play* • onwerkelijke vertoning *phantasmagoria*
schimmig *shadowy*
schimp *taunt*; *abuse*
schimpen ★ ~ op *gibe at*
schimpscheut *gibe*
schip • vaartuig *ship*; *vessel* • beuk van kerk *nave* ▼ schoon ~ maken *make a clean sweep* ▼ het ~ ingaan *suffer a financial setback* ▼ een ~ op 't strand, een baken in zee *one man's fault is another man's lesson*
schipbreuk *shipwreck* ★ ~ lijden *be shipwrecked*; FIG. *fail* ★ ~ doen lijden *wreck*
schipbreukeling *shipwrecked person*; FIG. *failure*
schipper *master*; *skipper*; ⟨v. binnenvaartuig⟩ *bargeman*; ⟨v. kleine boot⟩ *boatman*
schipperen *give and take*; *compromise*
schipperstrui *seaman's pullover*|*jersey*
schisma *schism*

schitteren • fel schijnen *shine*; ⟨v. ogen, diamanten, e.d.⟩ *glitter*; *sparkle* • uitblinken *shine*; *excel* ★ ~ door afwezigheid *be conspicuous by one's absence*

schitterend • glinsterend *glittering*; *sparkling* • prachtig *brilliant*; *splendid*

schittering • het schitteren *brilliance* • pracht *lustre*; *splendour*

schizofreen *schizophrenic*

schizofrenie *schizophrenia*

schlager *hit*

schlemiel • slappeling *wally*; *sap* • pechvogel *underdog*; *unlucky person*

schmink *paint*; *make up*

schminken *make up*

schnabbel *job on the side*; MUZ. *gig*

schnabbelen *have a job on the side*; MUZ. *have/play a gig*; ⟨vooral 's avonds⟩ *moonlight*

schnitzel *veal escalope/cutlet*; *schnitzel* ★ Wiener ~ *Wiener/Vienna schnitzel*

schobbejak *villain*

schoeien • van schoeisel voorzien *shoe* • beschoeien *timber*

schoeiing • het beschermen *timbering*; ⟨v. waterkanten⟩ *campshedding* • beschoeiing *campshedding*; *campshot*

schoeisel *footwear*

schoen *shoe*; ⟨hoge schoen⟩ *boot* ▾ ik zou niet graag in zijn ~en staan *I wouldn't like to be in his shoes* ▾ wie de ~ past, trekke hem aan *if the shoe fits, wear it* ▾ naast zijn ~en lopen *be too big for one's boots* ▾ daar wringt de ~ *that's where the shoe pinches* ▾ iem. iets in de ~en schuiven *pin s.th. on s.o.*

schoenborstel *shoe brush*

schoencrème *shoe polish*

schoenendoos *shoe box*

schoenenwinkel *shoe shop*

schoener *schooner*

schoenlepel *shoehorn*

schoenmaat *shoe size*

schoenmaker *shoemaker* ▾ ~, blijf bij je leest *every man to his trade*

schoenpoetser *shoeblack*; *shoeshine boy*; *shoeshine machine*

schoensmeer *shoepolish*

schoenveter *shoelace*; AE *shoestring*

schoenzool *sole*

schoep *paddle*; ⟨v. turbine⟩ *blade*

schoffel *hoe*

schoffelen • bewerken met schoffel *hoe* • SPORT *chop*

schofferen *treat with contempt*

schoffie *rascal*; *imp*

schoft • schurk *scoundrel*; *bastard* • schouder van dier *withers*

schoftenstreek *rotten/dirty trick*

schofterig *beastly*; *villainous*

schofthoogte *shoulder height*; ⟨v. paard⟩ *height of the withers*

schok • stoot *jerk*; ⟨v. auto, e.d.⟩ *jolt*; ⟨bij botsing⟩ *impact*; ⟨aardschok⟩ *earthquake*; *tremor* ★ ~ absorberend (v. auto, e.d.) *shock absorbing* • stroomstoot *shock* • emotionele gebeurtenis *shock*

schokabsorberend *shock-absorbing*

schokbestendig *shockproof*

schokbeton *vibrated concrete*

schokbreker *shock absorber*

schokdemper *shock absorber*

schokeffect *impact*; *shock*

schokgolf *shock wave*

schokken I OV WW • heftig beroeren *shake*; ⟨emotioneel⟩ *shock* ★ het heeft mij zeer geschokt *it has given me a great shock* • betalen *cough up* II ON WW schudden *shake*; *jerk*

schokkend *shocking* ★ ~ nieuws *startling news*

schokschouderen *shrug one's shoulders*

schoksgewijs *with sudden starts and stops*; *jerkily*; *by fits and starts*

schol • vis *plaice* • ijsschots *floe* • GEOL. ⟨aardkorst⟩ *(fault) block*

scholastiek *scholasticism*

scholekster *oystercatcher*

scholen I OV WW onderwijzen *school*; *teach* II ON WW samenscholen *flock together*

scholengemeenschap *comprehensive school*; *combined school*

scholier *pupil*; AE *student*

scholing *schooling*

schommel • speeltuig *swing* • dik mens *fat person*; *fatty*

schommelen • heen en weer bewegen ⟨v. trein, in stoel⟩ *rock*; ⟨v. boot⟩ *roll*; ⟨v. prijs⟩ *fluctuate*; ⟨v. slinger⟩ *swing* • waggelen *waddle*

schommeling *swing*; *fluctuation*

schommelstoel *rocking chair*

schonkig *bony*

schoof *sheaf*

schooien *beg*

schooier • zwerver *beggar*; *bum*; *tramp* • schoft *bastard*

school • onderwijsinstelling *school*; *academy*; *private school*; ⟨grote kostschool⟩ *boarding school* • openbare ~ *state school* ★ lagere ~ *elementary school*; AE *grade school* ★ middelbare ~ *secondary school*; AE *junior high and high school* ▾ (naar) ~ gaan *go to school* • lessen *school* ▾ de ~ is uit *school is over* • schoolgebouw *school* • richting *school* • vissen *shoal* ▾ uit de ~ klappen *spill the beans*; *let the cat out of the bag* ▾ iem. van de oude ~ *s.o. of the old school*

schoolagenda *school diary*

schoolarts *school doctor*

schoolbank *desk* ★ ik heb met haar in de ~en gezeten *we went to school together*

schoolbezoek ⟨door leerlingen⟩ *(school) attendance*; ⟨door inspecteur⟩ *visit from the inspector*

schoolblijven *be kept in*; *stay in* ★ iem. laten ~ *have s.o. in detention*

schoolboek *schoolbook*; *textbook*

schoolbord *blackboard*

schoolbus *school bus*

schooldag *school day*

schooldecaan *careers master/mistress*; *vocational adviser*

schoolengels *school(book) English*

schoolfeest *school party*

schoolgaand *school-going*
schoolgeld *tuition*
schoolhoofd *principal*; *headmaster*; *headmistress*
schooljaar *school year* ★ een ~ over doen *repeat (the year)*
schooljeugd *schoolchildren*
schooljuffrouw *schoolmistress*; *schoolteacher*
schoolkeuze *choice of school*
schoolklas ⟨groep⟩ *class*; ⟨leerjaar⟩ *form*
schoolkrant *school (news)paper*
schoolkrijt *chalk*
schoollokaal *classroom*
schoolmeester • leerkracht *schoolmaster* • schoolmeesterachtig type *pedant*
schoolonderzoek *(internal) exam(ination)*
schoolplein *schoolyard*; *playground*
schoolpsycholoog *school psychologist*
schoolreis *school excursion*; *class trip*
schools • zoals op school *schoolish* • niet zelfstandig ⟨idee, stijl, e.d.⟩ *bookish*
schoolslag *breaststroke*
schooltandarts *school dentist*
schooltas *schoolbag*; ⟨over schouder⟩ *satchel*; ⟨op rug⟩ *backpack*
schooltelevisie *educational television*
schooltijd • lestijd *school hours*; *school time* ★ buiten ~ *after school* • schooljaren *schooldays*; *schoolyears*
schoolvakantie *school holidays*
schoolvereniging • scholierenvereniging *students' union* • vereniging die school opricht *school association*
schoolverlater *recent graduate*; ⟨voortijdig⟩ *drop-out*
schoolverzuim ⟨algemeen⟩ *school absenteeism*; ⟨concreet⟩ *absence from school*
schoolvoorbeeld *classic example*
schoolziek *faking illness to get out of going to school*
schoolzwemmen *school swimming*
schoon I ZN *beauty* II BNW • niet vuil *clean* ★ schone sokken *clean socks*; *change of socks* • mooi *beautiful* ★ het schone *the beautiful* • netto *clear* III BIJW helemaal ★ het is ~ op *it's clean gone*
schoonbroer *brother-in-law*
schoondochter *daughter-in-law*
schoonfamilie *in-laws*; *one's wife's/husband's family*
schoonheid *beauty* ★ een ~ *a beauty*
schoonheidsfout *flaw*; *(cosmetic) defect*
schoonheidsideaal *aesthetic ideal*
schoonheidskoningin *beauty queen*
schoonheidssalon *beauty parlour*
schoonheidsslaapje *beauty sleep*
schoonheidsspecialiste *beautician*; *beauty specialist*
schoonheidsvlekje *beauty spot*
schoonheidswedstrijd *beauty contest*
schoonhouden *keep clean*
schoonmaak *cleaning*; OOK FIG. *clean-up*; ⟨voorjaar⟩ *spring-cleaning* ★ aan de grote ~ zijn *be spring-cleaning*
schoonmaakbedrijf *cleaning firm*
schoonmaakbeurt • keer dat schoongemaakt

wordt *cleaning*; *cleanup* • beurt om schoon te maken *turn to do the cleaning*
schoonmaakwoede *fit of cleaning*
schoonmaken *clean*; ⟨vis⟩ *gut*
schoonmaker *cleaner*
schoonmoeder *mother-in-law*
schoonouders *parents-in-law*; *in-laws*
schoonschrift *calligraphy*
schoonspringen *diving*
schoonvader *father-in-law*
schoonzoon *son-in-law*
schoonzuster *sister-in-law*
schoorsteen *chimney*; ⟨v. stoomboot⟩ *funnel*; ⟨v. kachel⟩ *flue*; ⟨v. fabriek⟩ *exhaust pipe* ▼ daarvan kan de ~ niet roken *that won't keep the pot boiling*
schoorsteenmantel *mantelpiece*
schoorsteenveger *chimney sweep*
schoorvoetend *reluctant*
schoot • bovendijen *lap* • deel kledingstuk *skirt* • boezem *bosom* ★ in de ~ der aarde *in the bowels of the earth* • SCHEEPV. *sheet*
schoothondje *lap dog*
schootsafstand *range*
schootsveld *field of fire*
schop • trap *kick* • spade *shovel*; *spade*
schoppen I ZN *spades* II OV WW schop geven *kick (at)* ▼ herrie ~ *make a row*; *create a racket*
schopstoel ▼ hij zit daar op de ~ *he may be fired at any moment*; *he's next in line*
schor *hoarse*
schorem *riffraff*; *scum*
schoren *underpin*; *prop up*; *shore up*
schorpioen *scorpion*
Schorpioen *Scorpio*
schors *bark*; *rind*
schorsen • buiten dienst stellen *suspend* • tijdelijk opheffen *adjourn*
schorseneer *black salsify*
schorsing • tijdelijke uitsluiting *suspension* • uitstel *adjournment*
schort *apron*; ⟨overgooier⟩ *pinafore*
schorten I OV WW opschorten *hold over* II ON WW haperen ★ wat schort er aan? *what is wrong?*
schot • het schieten *shot*; *crack*; ⟨knal⟩ *report* ★ een ~ lossen *fire a shot* ★ onder ~ houden *keep covered* • SPORT *shot* • vaart ★ er zit geen ~ in *it's going nowhere* ★ ~ brengen in de zaak *get things going* ★ er komt ~ in *things are beginning to move* • tussenschot *partition*; ⟨in schip⟩ *bulkhead* ▼ buiten ~ blijven *keep out of range*; *keep out of harm's way*
Schot *Scot*; *Scotsman* ★ ~se ⟨vrouw⟩ *Scotswoman*
schotel • schaal *saucer* • gerecht *dish* ▼ vliegende ~ *flying saucer*
schotelantenne BE *dish aerial*; AE *dish antenna*
schotenwisseling *exchange of fire/shots*
Schotland *Scotland*
schots I ZN *(ice) floe* II BIJW ▼ ~ en scheef door elkaar *higgledy-piggledy*
Schots *Scottish*
schotschrift *lampoon*; *squib*; *slander*
schotwond *shot wound*; *bullet wound*
schouder *shoulder* ★ de ~s ophalen *shrug one's*

shoulders ★ ~ aan schouder staan *stand shoulder to shoulder*; *show a united front* ▾ zijn ~s ergens onder zetten *put one's shoulder to the wheel*

schouderband • band aan kledingstuk *shoulder strap* • draagband *sling*; *strap*

schouderblad *shoulder blade*

schoudergewricht *shoulder joint*

schouderhoogte *shoulder height/level*

schouderkarbonade *chuck chop*

schouderklopje *pat on the back* ★ iem. een ~ geven *pat s.o. on the back*

schouderophalen *shrug*

schoudertas *shoulder bag*

schoudervulling *shoulder pad(s)*

schout *bailiff*; *sheriff*

schout-bij-nacht *rear admiral*

schouw • stookplaats *fireplace* • inspectie *survey* • boot *scow*

schouwburg *theatre*

schouwen • inspecteren *inspect*; *survey* • aanschouwen *contemplate*

schouwspel *spectacle*; *scene*

schraag *trestle*

schraal • mager *lean*; *thin* • karig *scant(y)*; ⟨inkomen⟩ *slender*; ⟨maaltijd⟩ *poor* ★ een schrale troost *a cold comfort* • uitgedroogd ⟨v. huid⟩ *dry*; *rough* • onvruchtbaar *poor*; *arid* • guur *bleak*

schraalhans *miser* ▾ ~ is er keukenmeester *their cupboard is always bare*

schraapzucht *stinginess*

schragen *prop up*; *support*

schram *scratch*

schrammen *scratch*

schrander *clever*; *smart*; *bright*

schranderheid *cleverness*; *smartness*; *brightness*

schransen *stuff*; *gorge* ★ hij kan geweldig ~ *he's a big eater*

schranspartij *blow-out*

schrap I ZN • kras *scratch* • doorhaling *line* ★ een ~ halen door iets *cross s.th. off* II BIJW ★ zich ~ zetten *brace o.s.*

schrapen • afkrabben *scrape* • verzamelen *scrape together* ▾ zich de keel ~ *clear one's throat*

schraper • schraapijzer *scraper* • persoon *miser*

schrappen • schrapen ⟨aardappels⟩ *scrape*; ⟨vis⟩ *scale* • doorhalen *cancel*; ⟨naam⟩ *strike out/off*; ⟨woord, clausule⟩ *delete* ★ hij werd van de lijst geschrapt *he was crossed off the list*; *he was scraped from the list*

schrede *step*; *pace* ★ met rasse ~n *with rapid strides*

schreef *serif* ★ over de ~ gaan *overstep the mark*; *go too far*

schreeuw *shout*; *cry* ★ een ~ geven *give a cry*; *scream*

schreeuwbek *bawler*

schreeuwen I OV WW iets hard roepen *shout (out)*; *cry (out)*; *yell (out)* II ON WW • hard roepen *shout (out)*; *cry (out)*; *yell (out)* • huilen *bawl*; ⟨v. varken⟩ *squeal*; ⟨v. uil⟩ *hoot* • ~ om *cry out for*

schreeuwend I BNW *loud* II BIJW ★ ~ duur *outrageously expensive*

schreeuwerig • schreeuwend *noisy*; *screaming* • opzichtig *screaming*; *loud*; *garish*

schreeuwlelijk *bawler*; *big mouth*; ⟨kind⟩ *crybaby*

schreien *weep*; *cry* ▾ ten hemel ~d *woeful*; *pitiful*; *lamentable*

schriel • mager ★ een ~ mannetje *a skinny little man* • gierig *mean*; *stingy*

schrielhannes *pincher*

schrift I ZN (de) ★ de Heilige Schrift *Holy Writ*; *Holy Scripture* II ZN (het) • cahier *notebook* • het schrijven *writing* • handschrift *handwriting*; *script*

schriftelijk I BNW *written* ★ ~e cursus *correspondence course* II BIJW *in writing*

schriftgeleerde *scribe*

schrijden *stride*; *stalk*

schrijfbenodigdheden *stationery*

schrijfblok *notepad*; *writing pad*

schrijfmachine *typewriter*

schrijfmap *writing case*

schrijfpapier *writing paper*

schrijfster *writer*; *author*

schrijfstijl *style (of writing)*

schrijftaal *written language*

schrijfvaardigheid *penmanship*; *writing skill*

schrijfwerk *writing*; *paper work*

schrijfwijze • spelling *spelling*; ⟨v. getallen⟩ *notation* • handschrift *handwriting*

schrijlings *astride* ★ ~ zitten op *straddle*

schrijnen *smart*

schrijnend *harrowing* ★ ~ leed *poignant sorrow*

schrijnwerker *cabinetmaker*

schrijven I ZN brief *letter* II OV WW • spellen *spell* ★ een woord fout ~ *misspell a word* ★ de naam voluit ~ *write the name in full* • pen hanteren *write*; ⟨noteren⟩ *write down* ★ een recept/een cheque ~ *write out a prescription/a cheque* ★ met inkt ~ *write in ink* ★ iem. ~ *write to a person* ★ op een advertentie ~ *answer an advertisement* • berichten ★ ~ over *write on/about* ★ zij schreven dat het huis verkocht was *they wrote that the house had been sold* III ON WW letters aanbrengen *write*

schrijver • iem. die schrijft *writer*; *author* ★ ~ dezes *the present writer* • klerk *clerk*; *secretary*

schrijverschap *authorship*

schrik • plotseling angstgevoel *fright*; *alarm* ★ met de ~ vrijkomen *have a lucky escape* ★ de ~ van zijn leven krijgen *get the fright of one's life* ★ de ~ sloeg hem om 't hart *he was seized with fear* • vrees *terror*; *dread* ★ ~ aanjagen *frighten* ★ iem. de ~ op het lijf jagen *give s.o. a fright* • angstaanjagend iets/iem. ★ hij is de ~ van iedereen *he is a holy terror*

schrikaanjagend *terrifying*

schrikachtig *jumpy*; *easily frightened*; *nervous*; ⟨paard⟩ *shy*

schrikbarend *terrifying*; *frightful*

schrikbeeld *spectre*; *bogey*

schrikbewind *reign of terror*

schrikdraad *electric wire*; *electric fence*

schrikkeljaar *leap year*

schrikkelmaand *February*

schrikken I ov ww plotseling afkoelen *plunge from hot to cold* II on ww schrik krijgen *be frightened*; ⟨opschrikken⟩ *start* ∗ hij schrok zich dood *he was frightened to death* ∗ doen ~ *startle; frighten*
schrikreactie *shock reaction*
schril • schel *shrill* • scherp afstekend ⟨contrast⟩ *sharp*; ⟨kleuren⟩ *glaring*
schrobben *scrub*
schrobber *scrubbing brush*
schrobbering *scolding; dressing down* ∗ iem. een ~ geven *scold a person; give a person a talking-to*; AE *bawl a person out*
schroef • pin met schroefdraad *screw* • propeller *propeller* • bankschroef *vice* ▾ alles staat op losse schroeven *everything is unsettled/in the air*
schroefas *propeller shaft*
schroefdeksel *screw-top lid*
schroefdop *screw-top*
schroefdraad *thread*
schroeien I ov ww oppervlak verbranden *singe*; ⟨haar⟩ *scorch*; ⟨wond⟩ *cauterize* II on ww aan oppervlakte branden *singe; burn*
schroeiplek *scorch (mark)*
schroeven *screw*
schroevendraaier *screwdriver*
schrokken *gorge; gobble*
schrokop *gobbler; guzzler*
schromelijk *gross* ∗ op ~e wijze *grossly* ∗ zich ~ vergissen *be greatly mistaken*
schromen • aarzelen *hesitate* • duchten *fear*
schrompelen *shrivel (up); wither*
schroom • verlegenheid *diffidence* • vrees *fearfulness*; ⟨bezorgdheid⟩ *anxiety*
schroot I zn (de) lat *lath* II zn (het) • metaalafval *scrap iron* • schietlading *grapeshot; pellets*
schroothandel • bedrijf *scrap/junkyard* • branche *scrap(metal) trade*
schroothoop *scrapheap*
schub *scale*
schubachtig *scaly*; BIOL. *squamous*
schubdier *pangolin*
schuchter *shy*
schuddebuiken ∗ ~ van het lachen *rock/shake with laughter*
schudden I ov ww bewegen *shake*; ⟨kaarten⟩ *shuffle* ∗ elkaar de hand ~ *shake hands* ∗ 't hoofd ~ *shake one's head* ∗ iem. door elkaar ~ *shake a person* ▾ dat kun je wel ~! *forget it!* II on ww bewogen worden *shake; rock* ∗ doen ~ *shake; rock*
schuier *brush*
schuif • grendel *bolt* • klep *slide*; ⟨v. machine⟩ *valve*; ⟨v. kachel⟩ *damper* • flinke hoeveelheid *load*
schuifdak *sliding roof*; ⟨v. auto⟩ *sunroof*
schuifdeur *sliding door*
schuifelen • voortbewegen *shuffle* • dansen *smooch*
schuifladder *extension ladder*
schuifmaat *sliding calipers*
schuifpui BE *sliding French window*; AE *sliding/ patio door*
schuifraam *sliding window*

schuiftrombone *slide trombone*
schuiftrompet *trombone*
schuifwand *sliding wall*
schuiladres *secret address*
schuilen • beschutting zoeken *take shelter* • zich verbergen *hide* • te vinden zijn *lie; be found* ∗ daar schuilt wat achter *there is more to it than meets the eye* ∗ daar schuilt geen gevaar in *it carries no risks*
schuilgaan • zich verbergen *hide* • verscholen zijn ∗ ~ achter *be hidden behind*
schuilhouden (zich) *lie low*
schuilhut BE *hide*; AE *blind*
schuilkelder *air-raid shelter*
schuilnaam *pen name; pseudonym*
schuilplaats • verborgen plek *hiding place* • veilige plek *shelter; refuge* ∗ bomvrije ~ *air-raid shelter*
schuim • blaasjes *foam*; ⟨op bier, e.d.⟩ *froth*; ⟨v. zeep⟩ *lather*; ⟨op vuil water e.d.⟩ *scum* • speeksel *foam*; *froth* • gespuis *scum* • gebak *meringue*
schuimbad *bubble bath*
schuimbekken *foam at the mouth*
schuimblusser *foam extinguisher*
schuimen I ov ww afschuimen *skim* II on ww • schuim vormen *foam*; ⟨v. bier⟩ *froth*; ⟨v. zeep⟩ *lather*; ⟨v. wijn⟩ *sparkle* • schuimbekken *foam*
schuimgebakje *meringue*
schuimig *foamy; frothy*
schuimkop *crest*
schuimkraag *head*
schuimlaag *layer of foam*
schuimpje *meringue*
schuimplastic I zn *plastic foam* II bnw *foam (plastic)*
schuimrubber *foam rubber*
schuimspaan *skimmer*
schuin I bnw • scheef *slanting; sloping* ∗ ~e zijde ⟨v. driehoek⟩ *hypotenuse* • dubbelzinnig *smutty; dirty* ∗ ~e mop *dirty joke* II bijw dwars *obliquely; awry* ∗ ~ afsnijden *cut slantwise* ∗ ~ aflopen *slope* ∗ ~ houden *slope*; ⟨fles⟩ *tilt* ∗ ~ tegenover *nearly opposite*
schuins *askew; askance* ∗ iem. ~ aankijken *throw/give s.o. a sidelong glance* ∗ ~ toelopen *taper; take a conical form*
schuinschrift *handwriting*
schuinsmarcheerder *libertine; debauchee*
schuinte • schuine richting *bias* • helling *slope*
schuit *boat; barge*; PEJ. *(old) tub*
schuitje ▾ in hetzelfde ~ zitten *be in the same boat*
schuiven I ov ww duwen langs *push; shove* ▾ iets/iem. terzijde ~ *brush aside s.th./s.o.* II on ww • schuivend bewegen *slide* ∗ onrustig heen en weer ~ *fidget* • dokken *shell out* ▾ laat hem maar ~ *he knows what's what; there are no flies on him*
schuiver ∗ een ~ maken *give a lurch; skid*
schuld • fout *guilt; fault* ∗ buiten mijn ~ *through no fault of mine* ∗ ~ bekennen *admit/confess one's guilt; plead guilty* • verantwoordelijkheid *blame* ∗ 't is allemaal

jouw ~ *you are to blame for everything*; *it's all your fault* ★ de ~ krijgen *get the blame* • verplichting *debt* ★ –en maken *contract/run up debts* ★ bij iem. in de ~ staan *be in a person's debt* ▼ waar twee kijven, hebben twee ~ *it takes two to make/pick a quarrel*; *when two quarrel both are in the wrong*

schuldbekentenis • bekennen van schuld *confession of guilt* • promesse *IOU*; *bond*

schuldbesef *sense of guilt*

schuldbewust *guilty*

schuldcomplex *guilt complex*

schuldddelging *debt redemption*

schuldeiser *creditor*

schuldeloos *guiltless*; *innocent*

schuldenaar *debtor*

schuldenlast • schuldgevoelens *burden of guilt* • geldschuld *burden of debt*

schuldgevoel *feeling of guilt*

schuldig • schuld hebbend *guilty*; *culpable* ★ ~ zijn *be guilty* ★ iem. ~ verklaren *convict a person* ★ zich ~ verklaren *plead guilty* ★ de ~e *the culprit*; *the guilty person/party*; *the offender* • verschuldigd *owing* ★ ~ zijn *owe (money)* ★ hij moest het antwoord ~ blijven *he had nothing to say to that*; *he had no answer*

schuldige *culprit*; *guilty person*

schuldvereffening *payment/balancing of debts*

schuldvraag *question of guilt* ★ de ~ uitmaken *fix/apportion the blame*

schulp ▼ in zijn ~ kruipen *draw in one's horns*; INF. *climb down*

schunnig • armzalig *shabby* • gemeen *shabby*; *dirty* • obsceen *dirty*; *filthy*

schuren I OV WW glad maken ⟨hout, metaal⟩ *sand(paper)*; ⟨pan, vloer⟩ *scour* II ON WW schuiven *grate*

schurft *scabies*; ⟨v. dieren⟩ *mange* ▼ de ~ aan iem. hebben *hate s.o.'s guts*

schurftig • aan schurft lijdend *scabby*; ⟨dieren⟩ *mangy* • smerig *despicable*; INF. *scabby*

schurk *scoundrel*; *villain*

schurkachtig *villainous*

schurkenstaat *rogue state*

schurkenstreek *(piece of) villainy*

schut • waterkering *weir*; ⟨schutsluis⟩ *lock* • bescherming *shelter*; *cover* ▼ voor ~ lopen *look a sight* ▼ voor ~ staan *look silly*; *look a (right) fool*

schutblad • PLANTK. *bract* • blad in boek *endpaper*; *flyleaf*

schutkleur *camouflage*

schutsluis *(lift-)lock*

schutspatroon *patron saint* ★ schutspatrones *patron saint*

schutsvrouw *patroness*

schutten *pass through a lock*

schutter • iem. die schiet *marksman*; *shot* ★ zij is een uitstekend ~ *she is a crack shot* • snoeshaan ★ een vreemde ~ *a queer fish/customer*

schutteren *fumble*; ⟨m.b.t. spreken⟩ *falter*

schutterig *awkward*; *clumsy*

schuttersput *foxhole*

schutting *fence*

schuttingtaal *foul/obscene/dirty language*

schuttingwoord *four-letter word*; *obscenity*

schuur *barn*; ⟨kleine schuur⟩ *shed*

schuurmachine *sander*; *sanding machine*

schuurmiddel *abrasive*

schuurpapier *sandpaper*

schuurpoeder *scouring powder*

schuurspons BE *scourer*; AE *scouring pad*

schuw *shy*; *timid*

schuwen *shun*; *shrink (from)*; FORM. *eschew*

schuwheid *shyness*

schwalbe *dive*; Klinsmann ★ een ~ maken *take a dive*; *do a Klinsmann*

schwung *verve*; *dash*; *spirit*

sciencefiction *science fiction*; INF. *sci-fi*

scientology *Scientology (church)*

sclerose *sclerosis*

scoliose *scoliosis*

scoop *scoop*

scooter *scooter*

scootmobiel ≈ *scooter (for elderly or disabled)*

score *score*

scorebord *scoreboard*

scoren I OV WW *score* II ON WW voldoende geld bijeenbrengen voor een dosis drugs *score*

scoreverloop *(progress of the) score*

scout • padvinder *boy scout* • talentenjager *talent scout*

scouting • padvinderij *Scouts* • zoeken naar talenten *scout for talent*

scrabbelen *play Scrabble*

scrabble ® *scrabble*

scratchen *scratch*

screenen *screen*

screensaver *screensaver*

screentest *screen test*

scribent *scribe*; ⟨minachtend⟩ *scribbler*

script *script*

scriptie *thesis*; *term paper*

scriptiebegeleider ≈ *thesis supervisor*

scrollbar *scroll bar*

scrollen *scroll*

scrotum *scrotum*

scrupule *scruple*

scrupuleus *scrupulous*

sculptuur *sculpture*

seance *séance*

sec I BNW *dry* II BIJW *only*; *alone*; ⟨in kaartspel⟩ *unguarded*

secondant *second*

seconde *second*

secondelijm *instant/super glue*

seconderen *assist*; *support*; *second*

secondewijzer *second hand*

secreet *swine*; *sod*; ⟨vrouw⟩ *bitch*

secretaire *escritoire*; *secretaire*; *writing-desk with drawers*

secretaresse *secretary*

secretariaat *secretariat*; *secretary's office*

secretarie *town clerk's office*

secretaris • ADM. *secretary*; ⟨v. rechtbank⟩ *secretary clerk* • ambtenaar ≈ *town clerk*

secretaris-generaal • hoofd van organisatie *Secretary-General* • hoofd der ambtenaren *permanent secretary*

sectie • afdeling *section*; MIL. *platoon*; ⟨v.

se

school, e.d.⟩ *department* • autopsie *dissection*; ⟨op lijk⟩ *autopsy*; *post-mortem* ★ ~ verrichten *carry out a post-mortem*

sector *sector*

seculair • honderdjarig *centenarian* • per eeuw *secular* • wereldlijk *secular*

secularisatie *secularization*

seculier *secular*

secundair *secondary* ★ ~e arbeidsvoorwaarden ★ van ~ belang *of secondary/minor importance*

secuur • zorgvuldig *accurate*; *precise* • veilig *safe*; *secure*

sedert → sinds

sedertdien *ever since (that time)*; *since then*

sediment *sediment*

sedimentatie *sedimentation*

segment *segment*

segmentatie *segmentation*

segregatie • afzondering *segregation* • rassenscheiding *segregation*; ⟨m.b.t. Zuid-Afrika⟩ *apartheid*

sein • teken *sign*; *signal* ★ seinen geven *signal* ★ sein van vertrek *departure-signal* ★ geef me een seintje als je klaar bent *let me know when you are ready* • waarschuwing, hint *tip*; *hint* ★ dat was voor ons het sein om op te stappen *that was the sign/signal for us to leave*; *that was our cue to leave* • voorwerp waarmee men seint *signal*

seinen I OV WW telegraferen *radio*; *flash* **II** ON WW een sein geven *signal*

seinhuis *signal-box*; AE *signal-tower*

seinpaal *semaphore*

seinsleutel *(telegraph) key*

seinwachter *signalman*

seismisch *seismic*

seismograaf *seismograph*

seismografisch *seismographic*

seismologisch *seismologic*

seismoloog *seismologist*

seizoen *season* ★ midden in 't ~ *at the height of the season* ★ buiten het ~ *in the off-season*

seizoenarbeid *seasonal work/employment*

seizoenarbeider *seasonal worker*

seizoenopruiming *end-of-season sale(s)*

seizoenskaart *season ticket*

seizoenswerk *seasonal work*

seizoenwerkloosheid *seasonal unemployment*

seks *sex* ★ seks hebben met iem. *have sex with s.o.*

seksbioscoop *sex cinema*

seksboetiek *sex shop*

seksbom *sexbomb*; *sexpot*

sekse *sex* ★ de schone/andere ~ *the fair/opposite sex*

seksen *have sex*

seksisme *sexism*

seksist *sexist*; *male chauvinist (pig)*

seksistisch *sexist*

seksleven *sex life*

sekslijn *chatline (for sex)*

seksmaniak *sex maniac*

seksualiteit *sexuality*

seksueel *sexual*; *sex*

seksuologie *sexology*

seksuoloog *sexologist*

sektarisch *sectarian*

sekte *sect*

sekteleider *leader of a sect*

sektelid *member of a sect*

selderie *celery*; ⟨knolselderie⟩ *celeriac*

selderij → selderie

select *select*; *exclusive*; *choice* ★ een ~ gezelschap *a select gathering/company*

selecteren *select*; *pick (out)*

selectie • het uitkiezen *selection* ★ een scherpe ~ toepassen *make a careful selection* • SPORT ★ nationale ~ *national team*

selectiecriterium *criterion for selection*

selectief *selective*

selectiewedstrijd *selection match*

semafoon ≈ *radio (tele)phone*

semantiek *semantics*

semester *term of six months*; AE *semester*

semi-automatisch *semi-automatic*

semiet *Semite*

seminaar *seminar*

seminarie • REL. *seminary* • seminaar *seminar*

seminarium *seminary*

semi-overheidsbedrijf *semi-state controlled/owned company*

semi-permeabel *semipermeable*

semi-prof *semipro*

semitisch *Semitic*

semtex ® *Semtex*

senaat *senate*

senator *senator* ★ tot ~ gekozen worden *be elected senator*

Senegal *Senegal*

seniel *senile* ★ ~e aftakeling *senile decay*

senior *senior*

seniorenelftal *senior team (of veteran players)*

seniorenkaart *senior citizen's pass*; BE *old-age pensioner's pass*

seniorenpas *senior citizen's pass*; *pensioner's ticket/pass*

sensatie • opschudding *thrill*; *sensation* ★ op ~ uit zijn *be looking for sensation* • gewaarwording *sensation*

sensatieblad *sensational paper*

sensatiepers *yellow/gutter press*

sensatiezucht *sensationalism*

sensationeel *sensational*; *spectacular* ★ sensationele onthullingen *sensational disclosures*

sensibel • betrekking hebbend op gevoel *sensory* • vatbaar voor indrukken *sensitive (to)* • waarneembaar *perceptible*

sensitief *sensitive*

sensor *sensor*

sensualiteit *sensuality*

sensueel *sensual*

sentiment *sentiment*; *emotion* ★ goedkoop ~ *cheap/sloppy sentiment* ★ vals ~ *mawkishness*

sentimentaliteit *sentimentality*

sentimenteel *sentimental*; *maudlin*; INF. *sloppy*

separaat *separate*

separatisme *separatism*

separatistisch *separatist(ic)*

sepia *sepia*

seponeren *dismiss* ★ een zaak ~ *dismiss/drop a*

se

case
september *September*
septet *septet*
septic tank *septic tank*
septisch *septic*
sequel *sequel*
sequentie *sequence*
SER Sociaal-Economische Raad *Socio-Economic Council; National Economic Development Office*
sereen *serene; clear;* ⟨kalm⟩ *tranquil*
serenade *serenade* ★ iem. een ~ brengen *serenade a person*
sereniteit *serenity*
sergeant *sergeant*
sergeant-majoor *sergeant-major*
serie • reeks *series* [mv: *series*]; ⟨biljart⟩ *break* • groot aantal *set; series* • SPORT *heat*
serieel *serial*
seriemoordenaar *serial killer*
serienummer *serial number*
serieus *serious*
sering *lilac*
seroendeng *roasted coconut shreds*
seropositief *HIV-positive*
serotonine *serotonin*
serpent • slang *serpent* • persoon *shrew; bitch*
serpentine *(paper) streamer*
serre • broeikas *conservatory* • glazen veranda *sun lounge/room*
serum *serum*
SERV *Socio-Economic Council of Flanders;* BE *National Economic Development Office*
serveerster *waitress;* ⟨in bar⟩ *barmaid*
server *server*
serveren • opdienen *serve* • SPORT *serve*
servet *(table) napkin; serviette* ▼ tussen ~ en tafellaken *at the awkward age*
servetring *serviette ring*
service *service* ★ ~ niet inbegrepen *service charge not included*
servicebeurt *service* ★ een auto een ~ geven *have one's car serviced*
servicedienst *service(s) department*
serviceflat *service flat*
servicekosten *service charge(s)*
servicestation *service station*
Servië *Serbia*
serviel *servile; slavish*
Serviër *Serb* ★ een Servische *a Serbian woman*
servies *dinner-service;* ⟨theeservies⟩ *tea-set*
serviesgoed *dinner service*
Servisch *Serbian*
Servo-Kroatisch *Serbo-Croat(ian)*
sesam • gewas *sesame* • sesamzaad *sesame seed* ▼ Sesam open u! *open Sesame!*
sesamzaad *sesame seed(s)*
sessie *session, sitting;* MUZ. *jam session*
sessiemuzikant *session musician*
set *set*
setpoint *set point*
settelen (zich) *settle*
setter *setter* ★ een Ierse ~ *an Irish setter*
setting *setting*
set-up *set-up*
set-uppen *set up*

sex-appeal *sex appeal*
sextant *sextant*
sextet *sextet*
sexy *sexy*
Seychellen *Seychelles*
SF sciencefiction *SF; science fiction*
sfeer • stemming *atmosphere;* ⟨m.b.t. plaats⟩ *ambience* • domein *sphere; field; province* ▼ in hoger sferen zijn *have one's head in the clouds*
sfeerverlichting *atmospheric lighting*
sfeervol *having character/style*
sfinx *sphinx*
shag *fine-cut tobacco* ★ shag roken *smoke roll-your-owns*
shampoo *shampoo*
shampooën *shampoo*
shareware *shareware*
shawl *scarf;* ⟨uitsl. vrouwen⟩ *shawl*
sheet ⟨voor overhead projector⟩ *transparancy*
sheriff AE *sheriff*
sherpa *sherpa*
sherry *sherry*
Shetlandeilanden *Shetland Islands*
shift-toets *shift key*
shii-take *shiitake*
shirt *shirt;* ⟨vrouw⟩ *blouse*
shirtreclame *advertisement(s) on a shirt worn while playing a sport*
shirtsponsoring *shirt sponsoring*
shit *shit*
shoarma *shawarma* ★ een broodje ~ *pittah bread sandwich filled with roast lamb*
shock *shock* ★ in een ~ zijn *be in shock*
shockproof *shockproof*
shocktherapie *shock therapy/treatment*
shocktoestand *state of shock*
shoppen *shop;* ⟨om te vergelijken⟩ *shop around*
shortcut *short cut*
shorts *shorts*
shorttrack *short track* ★ ~ schaatsen *short-track (speed) skating*
shot • filmopname *shot* • injectie *injection; shot*
shovel *shovel (loader)*
show • voorstelling *show* ★ een show geven *put up a show* ★ dat is alleen maar show *that is just show* • vertoning *show; display*
showbink *show-off*
showbusiness *show business*
showen *show; display*
showroom *showroom*
shuttle • SPORT *shuttle(cock)* • ruimteveer *space shuttle*
si *si; ti*
Siamees *Siamese*
Siberië *Siberia*
Siberisch *Siberian* ▼ het laat me ~ *it leaves me cold*
sic *sic*
Sicilië *Sicily*
sickbuildingsyndroom *sick building syndrome*
sidderaal *electric eel*
sidderen *tremble; shake*
siddering *shudder*

si

sidderrog *electric ray*
SI-eenheid *SI Unit*
sier *show* ▼ goede sier maken *show off*
sieraad • juweel *jewel*; *(piece of)jewellery*
 • opschik *ornament* ▼ hij is een ~ voor onze
 vereniging *he is a credit to our club*
sieren • tooien *decorate* • tot eer strekken ★ dat
 siert haar *it is to her credit* ★ dat gedrag siert
 hem niet *that conduct is unworthy of him*
siergewas *ornamental plant*
sierheester *ornamental shrub/bush*
sierlijk *graceful*
sierplant *ornamental plant*
Sierra Leone *Sierra Leone*
sierspeld *brooch*; AE *pin*
sierstrip *trim*
siervuurwerk *display fireworks*
siësta *siesta* ★ ~ houden *have a siesta*
sifon • spuitfles *siphon* • afvoerbuis *trap*
sigaar *cigar* ▼ de ~ zijn ⟨erbij zijn⟩ *be in for it*;
 ⟨schuld krijgen⟩ *be left holding the baby*
sigarenbandje *cigar band*
sigarenroker *cigar-smoker*
sigaret *cigarette*
sigarettenautomaat *cigarette (vending)
 machine*
sigarettenpijpje *cigarette holder*
sightseeën *go sightseeing*
signaal *signal*; ⟨op hoorn⟩ *call*
signaalversterker *signal amplifier*
signalement *description*
signaleren • attenderen op *point out; draw
 attention to* • opmerken *observe*
signatuur • handtekening *signature* • kenmerk
 nature; character
signeren *sign; autograph* ★ door Rembrandt
 gesigneerd *bearing Rembrandt's signature*
 ★ een gesigneerd exemplaar *a signed/
 autographed copy*
significant *important*; ⟨statistiek⟩ *significant*
sijpelen *seep; ooze; trickle; filter*
sijs *siskin; aberdevine*
sik • baard *goatee* • geit *goat* ▼ ik krijg er een
 sik van *I'm sick and tired of it*
sikh *Sikh*
sikkel • mes *reaping hook; sickle*
 • maangestalte *crescent; sickle*
sikkelvormig *sickle-shaped*
sikkeneurig *peevish; grouchy; grumpy* ★ ~
 kijken *give (s.o.) a black look* ★ ik werd er ~
 van *it really put me out of sorts*
Silezië *Silesia*
silhouet *silhouette*
silicium *silicon*
silicon *silicon*
siliconenkit *silicon/fiber-glass paste*
silo *silo*
Silurisch *Silurian (period)*
Siluur *Silurian period*
sim *subscriber identity module sim*
simkaart *simcard*
simlock *simlock*
simpel • eenvoudig *simple* • onnozel *silly;
 simple*
simpelweg *simply*
simplificeren *simplify; reduce to essentials*; ⟨te

zeer⟩ *oversimplify*
simplistisch *simplistic*
simsalabim *abracadabra; mumbo jumbo*
simulant *simulator*; ⟨m.b.t. ziekte⟩ *malingerer*
simulatie *simulation*; ⟨m.b.t. ziekte⟩
 malingering
simulator *simulator*
simuleren I OV WW nabootsen *simulate; imitate*
 II ON WW voorwenden *feign*; ⟨m.b.t. ziekte⟩
 malinger
simultaan *simultaneous*
simultaanpartij *simultaneous game*
sinaasappel *orange*
sinaasappelkistje *orange box/crate*
sinaasappelsap *orange juice*
sinaasappelschil *orange peel/rind*
Sinaï *Mount Sinai*
sinas *orange soda*; BE *orangeade*
sinds I VZ ⟨vanaf tijdstip⟩ *since*; ⟨gedurende⟩
 for ★ hij is hier ~ zondag niet meer geweest
 he hasn't been here since Sunday ★ ik ben hier
 al ~ jaren niet geweest *I haven't been here
 for years* **II** VW *since*
sindsdien *since*
sinecure *sinecure* ★ dat is geen ~ *that is no
 picnic*
Singapore *Singapore*
singel • stadsgracht *moat* • weg *boulevard*
 • buikriem *girdle*
single I ZN • MUZ. geluidsdrager met korte
 speeltijd *single* • alleenstaande *single* • SPORT
 enkelspel ⟨tennis⟩ *single(s)*; ⟨cricket⟩ *single*
 II BNW alleenstaand *single*
singlet *vest*; AE *undershirt*
sinister *sinister*
sinoloog *Sinologist*
sint *saint*
sintel *cinder*
sintelbaan *cinder-track*; ⟨voornamelijk van
 motoren⟩ *dirt-track*
sint-elmsvuur *Saint Elmo's fire*
sinterklaas *feast of St Nicholas*
Sinterklaas *St Nicholas*
sinterklaasavond *St. Nicholas' Eve*
sinterklaasfeest *feast of St Nicholas on 5th
 December at which presents are exchanged*
sinterklaasgedicht *verse/doggerel written for
 the feast of St Nicholas*
sint-janskruid *St John's wort*
sint-juttemis ▼ met ~ *when pigs fly; never in a
 month of Sundays*
Sint-Maarten • feestdag *Martinmas* • heilige
 Saint Martin
Sint-Nicolaas → sinterklaas
Sint-Petersburg *Saint Petersburg*
sinus *sine*
sinusitis *sinusitis*
sinusoïde *sinusoid*
Sion *Zion*
sip *glum; crestfallen* ★ sip kijken *look down in
 the mouth*
SIRE Stichting Ideële Reclame *Institute for Non-
 Commercial Advertising*
sirene *siren* ★ loeiende ~ *wailing sirens*
Sirius *Sirius*
sirocco *sirocco*

siroop treacle; syrup
sissen I OV WW sissend zeggen hiss **II** ON WW sissend geluid maken sizzle
sisser squib ▾ met een ~ aflopen blow over
sitar sitar
sitcom sitcom
site site
sit-in sit-in
situatie situation ★ de ~ meester zijn be in control of the situation
situatietekening plan; lay-out
situeren place; locate; situate
Sixtijns Sistine ★ ~e kapel Sistine chapel
sjaal shawl; scarf
sjabloon • mal stencil (plate) • cliché cliché; stereotype
sjacheraar haggler; barterer
sjacheren haggle; barter
sjah shah
sjalom shalom
sjalot shallot
sjamaan shaman
Sjanghai Shanghai
sjans ▾ ~ hebben make a hit with s.o.; be given the come on
sjansen flirt
sjasliek shashlik; shaslik
sjees gig
sjeik sheik(h)
sjeikdom sheikdom
sjekkie fag
sjerp sash
sjezen • hard gaan tear • niet slagen flunk; drop out ★ een gesjeesde student a drop out
sjiïet Shiite
sjiïtisch Shiitic
sjilpen chirp; cheep
sjirpen cheep; chirp
sjoege ▾ ergens geen ~ van hebben not have the vaguest idea; not know a thing about s.th.
sjoelbak ≈ shovelboard; ≈ shuffleboard
sjoelen ≈ play (at) shuffleboard/shovelboard
sjoemelen • knoeien cook the books; fiddle • vals spelen cheat
sjofel shabby; shoddy
sjokken trudge
sjorren • vastbinden lash (down) • trekken lug
sjouw grind; sweat ▾ een (hele) ~ a tough job; a grind
sjouwen I OV WW dragen carry; lug; ⟨sleuren⟩ drag **II** ON WW • zwoegen toil; slave (away); fag • rondlopen traipse; trudge
sjouwer porter; ⟨in haven⟩ docker
ska ska
Skagerrak Skagerrak
skai imitation leather; leatherette
skateboard skateboard
skateboarden skateboard
skaten rollerblade; in-line skate
skater skater
skeeler skeeler
skeeleren rollerblade; in-line skate
skelet skeleton
skeletbouw structural steelwork
skelter (go-)kart
sketch sketch

ski ski
skibril ski/snow goggles
skibroek ski pants [mv]
skiën I ZN skiing **II** ON WW ski
skiër skier
skiff skiff
skiffle skiffle
ski-jack ski jacket
skileraar ski(ing) instructor
skilift ski lift
skinhead skinhead
skipiste ski run
skischoen ski boot
skispringen ski-jumping
skistok BE ski stick; AE ski pole
skivakantie skiing holiday
skybox (corporate) box; AE sky box
skyline skyline
sla • groente lettuce ★ 'n krop sla a (head of) lettuce • gerecht salad ★ sla aanmaken dress a salad
slaaf slave
slaafs slavish; servile
slaag ★ een stevig pak ~ geven give a good hiding/beating ★ meer ~ dan eten krijgen get more kicks than halfpence
slaags ★ ~ raken met de politie clash with the police ★ ~ raken met iem. come to blows with s.o.
slaan I OV WW • slagen geven hit; strike; ⟨met stok, zweep⟩ thrash; ⟨hard⟩ whack; ⟨herhaaldelijk⟩ beat; ⟨met platte hand⟩ slap; smack ★ iem. tegen de grond ~ knock a person down • in een toestand brengen ★ de armen/benen over elkaar ~ cross one's arms/legs ★ bont en blauw ~ beat black and blue ★ iem. bewusteloos ~ knock s.o. cold ★ zijn arm om iem. ~ put one's arm around so. • verslaan ⟨bij bordspel⟩ take; capture • vervaardigen ★ een brug ~ build a bridge ★ munten ~ strike coins ▾ dat slaat alles that beats everything ▾ wij zullen ons er wel doorheen ~ we'll pull/win through ▾ ergens geld uit ~ make money out of s.th. ▾ naar binnen ~ ⟨v. vlam⟩ flash back; ⟨v. drank⟩ knock back; ⟨v. drank⟩ toss down; ⟨v. voedsel⟩ bolt (down); ⟨v. voedsel⟩ polish off **II** ON WW • een slaande beweging maken hit out; strike out; ⟨v. paard⟩ kick ★ erop los ~ lay about o.s. ▾ de golven sloegen over 't dek the waves swept the deck ★ tegen elkaar ~ knock together ▾ met de deur ~ slam the door ★ om zich heen ~ strike out left and right • kloppen beat • geluid maken strike ★ het sloeg 10 uur it struck ten • in een toestand komen ★ de vlammen sloegen uit 't dak the flames leapt from the roof ▾ ~ op refer (to)
slaap • rust sleep ★ in ~ vallen/zijn fall/be asleep ★ iem. uit de ~ houden keep s.o. awake • neiging tot slapen sleepiness ★ ~ krijgen get sleepy ★ hij valt om van de ~ he's asleep on his feet; he can't keep his eyes open • oogvuil sleep • zijkant van hoofd temple
slaapbank sofa bed
slaapcoupé sleeping compartment
slaapdrank sleeping draught

sl

slaapdronken *half asleep*; *drowsy*
slaapgebrek *want/lack of sleep*
slaapgelegenheid *sleeping accommodation*
slaapkamer *bedroom*
slaapkop • langslaper *sleepyhead* • sukkel *dope*
slaapliedje *lullaby*
slaapmatje *sleeping mat*
slaapmiddel *sedative*; *sleeping pill*; MED. *opiate*
slaapmutsje *nightcap*
slaapogen ⟨slaperige ogen⟩ *sleepy eyes*
slaappil *sleeping pill*
slaapplaats *place to sleep*; *bed*; ⟨op schip, in trein⟩ *berth*
slaapstad *dormitory town*
slaapstoornis *sleep disorder*
slaaptrein *sleeper*
slaapverwekkend • slaperig makend *sleep inducing* • saai *soporific* ∗ een ~ boek *a boring book*; *a drag*
slaapwandelaar *sleepwalker*
slaapwandelen I ZN *sleepwalking* II ON WW *sleepwalk*
slaapzaal *dormitory*; INF. *dorm*
slaapzak *sleeping bag*
slaatje *salad* ▾ ergens een ~ uit slaan *cash in on s.th.*
slabbetje *bib*
slablad *lettuce leaf*
slaboon *French bean*; AE *green bean*
slacht *slaughter(ing)*
slachtbank ▾ naar de ~ geleid worden *be brought to the slaughter*
slachten • doden van vee *slaughter*; *kill* • vermoorden *butcher*; *massacre*
slachter *slaughterer*
slachthuis *slaughterhouse*
slachting • het slachten *slaughtering* • bloedbad *slaughter* ∗ een ~ aanrichten *massacre*; *slaughter*; *butcher*
slachtoffer *victim* ∗ 't ~ worden van *fall a victim/prey to* ∗ tot ~ maken *victimize*
slachtofferhulp *help/aid to victims*
slachtpartij *slaughter*; *massacre*
slachtvee *cattle for slaughter*; *beef cattle*; *fat stock*
slag I ZN (de) • klap *stroke*; ⟨met hand⟩ *blow*; ⟨om de oren⟩ *box*; ⟨met vlakke hand⟩ *slap*; ⟨met zweep⟩ *lash* ∗ met één slag *at one/a blow* ∗ zonder slag of stoot *without a blow* • geluid ⟨v. donder⟩ *clap*; ⟨plof⟩ *thud* ∗ keer dat iets slaat ⟨v. hart, pols⟩ *beat*; ⟨v. klok, zuiger⟩ *stroke* ∗ op slag van twaalven *on the stroke of twelve* ∗ tegenslag *blow* ∗ een slag toebrengen *deal a blow* • veldslag *battle* ∗ slag leveren *give battle* • golving *wave* ∗ een slag in je haar *wave in one's hair* • handigheid *knack* ∗ de slag van iets te pakken krijgen *get the knack of sth.*; *get the hang of sth.* • ronde van kaartspel *trick* • haal, streek *stroke* ∗ slag houden *keep stroke* • roeier *stroke* ▾ aan de slag gaan *get going* ▾ op slag dood zijn *die on the spot* ▾ van slag zijn *be off one's stroke*; *be striking wrong* ▾ iem. van slag brengen *iem. van slag brengen* ▾ een slag om de arm houden *sit on the fence*; *keep one's options open* ▾ er een

slag naar slaan *make a guess at it*; *have a stab/shot at it* ▾ zijn slag slaan *seize the/one's opportunity* II ZN (het) *soort sort*; *kind*
slagader *artery*
slagbal *rounders*
slagboom *barrier*
slagen • succes hebben *succeed* ∗ er niet in ~ te /om ... *fail to* • goede uitslag behalen *pass*; ⟨voor bevoegdheid⟩ *qualify* ∗ hij is geslaagd voor Engels *he has passed his English*
slagenwisseling *rally*
slager *butcher*
slagerij *butcher's shop*
slaggitaar *rhythm guitar*
slaghoedje *percussion cap*
slaghout *bat*
slaginstrument *percussion instrument*
slagkracht *clout*; TECHN. *impact*
slaglinie *line of battle*
slagorde *battle array*
slagpen *quill-feather*
slagpin *firing pin*
slagregen *downpour*
slagroom ⟨voor het kloppen⟩ *whipping cream*; ⟨na het kloppen⟩ *whipped cream*
slagroompunt *cream cake*
slagroomtaart *cream cake*
slagschip *battleship*
slagtand ⟨v. hond, wolf⟩ *fang*; ⟨v. olifant⟩ *tusk*
slagvaardig • strijdvaardig *ready for battle* • doortastend *decisive* • gevat *quick-witted*; *on the ball*; *adroit*
slagveld *battlefield*
slagwerk • MUZ. *percussion instruments*; ⟨deel van orkest⟩ *percussion section* • deel uurwerk *striking-mechanism*
slagwerker *percussionist*; *drummer*
slagzij *list*; *heel (over)*; ⟨m.b.t. vliegtuig⟩ *bank* ∗ ~ maken *heel*; *bank*
slagzin *slogan*
slak • weekdier ⟨zonder huis⟩ *slug*; ⟨met huis⟩ *snail* • sintel *slag* ▾ op alle slakken zout leggen *find fault with everything*; *nitpick*
slaken *give*; *utter* ∗ een kreet ~ *give a cry*
slakkengang *snail's pace*
slakkenhuis • huis van slak *snail's shell* • gehoorgang *cochlea*
slalom *slalom*
slampamper *good-for-nothing*
slang¹ • dier *snake*; FORM. *serpent* • buis ⟨flexibel⟩ *hose*; ⟨klein⟩ *tube*
slang² ⟨zeg: sleng⟩ *slang*
slangenbeet *snake bite*
slangenbezweerder *snake charmer*
slangengif *snake poison*; *venom*
slangenleer *snakeskin*
slangenmens *contortionist*
slank *slender*; *slim* ∗ aan de ~e lijn doen *be slimming*
slaolie *salad oil*
slap • niet stijf ⟨v. boord, hoed⟩ *soft*; ⟨lusteloos, slap hangend⟩ *limp* • niet strak ⟨v. fietsband⟩ *flat*; ⟨v. touw⟩ *slack* • zwak, niet sterk *weak*; ⟨v. spieren⟩ *flabby* ∗ zich slap voelen *feel limp/weak* • niet pittig *weak*; ⟨v.

discipline) *lax*; ⟨v. bier⟩ *thin* • niet
doortastend *lax*; ⟨v. pers⟩ *weak* ★ te slap zijn
tegen iem. *give s.o. too much rope*
• inhoudsloos *empty* ★ slap geklets *empty talk*
★ een slap excuus *a lame excuse* • niet druk
slack ▼ ik lachte mij slap *I was weak with
laughter*

slapeloos *sleepless; wakeful*

slapeloosheid *sleeplessness; insomnia*

slapen • in slaap zijn *sleep* • gaan ~ *go to sleep*;
INF. *turn in* ★ ~ als een os/roos *sleep like a log*
★ zij kon er niet van ~ *she lay awake over it*
• suffen *be half asleep* • hij zat te ~ *he was
miles away* • tintelen van ledematen ★ mijn
been slaapt *my leg has gone to sleep; I've got
pins and needles in my leg* • met iem. naar
bed gaan *sleep (with)*

slaper • iem. die slaapt *sleeper* ★ een slechte ~
a poor sleeper • gast *guest (for the night)* • dijk
inner-dike

slaperig • slaap hebbend *sleepy; drowsy* • suf
drowsy

slapie ≈ *roommate; bedfellow*

slapjanus *weed; wimp*

slapjes *weak; feeble*

slappeling *weakling; softie; wimp*

slapstick *slapstick*

slapte *slackness*

slasaus *salad dressing*

slash *slash*

slavenarbeid • werk van slaven *slavery; slave
labour* • zwaar werk ⟨thuis⟩ *drudgery*; ⟨op
het werk⟩ *slave labour*

slavenarmband *slave bangle*

slavendrijver *slave driver*

slavenhandel *slave trade*

slavenhandelaar *slave trader*

slavernij • onderworpenheid *bondage; slavery*
• het stelsel *slavery* ★ afschaffing van de ~
abolition of slavery

slavin *(female) slave*

slavink ≈ *meat ball rolled up with a slice of
bacon*

Slavisch *Slavonic*

slavist *Slavist; Slavicist*

slavistiek *Slavonic studies*

slecht I BNW • niet deugdelijk *bad* • ongunstig
bad • een ~ jaar *a bad year* • moreel slecht
evil; wicked ★ zich ~ gedragen *misbehave*;
behave badly II BIJW niet goed *badly*; *ill*;
hardly ★ hij eet ~ *he is a poor eater* • ik ben ~
te spreken over hem *I can hardly say a word
in his favour* ★ ~ bekend staan *have a bad
reputation* ★ 't gaat hem ~ *he is doing badly*

slechten • slopen *demolish*; *level/raze (to the
ground)* • effen maken *level*

slechterik *bad-guy; scoundrel*

slechtheid *badness; wickedness*

slechthorend *hard of hearing*

slechts *only; merely; just* ★ het is ~ een kwestie
van tijd *it's only a matter of time* ★ het is ~
een kleinigheid *a mere nothing*

slechtvalk *peregrine (falcon)*

slechtziend *partially sighted*; ⟨bijziend⟩ *myopic*

sledehond *husky; sledge-dog*

slee • voertuig *sledge* • onderstel *carriage*
• grote auto *big car*; *limousine*

sleedoorn *sloe*

sleeën *sleigh*; *sledge*

sleehak *wedge*

sleep • het slepen ★ met een schuit op ~ *with
a barge on tow* • deel van gewaad *train*
• gevolg *train*; *retinue* • vaar-/voertuig *tow*;
⟨schepen⟩ *train*; ⟨opschrift⟩ *on tow* ▼ iem. op
~ nemen *give s.o. a tow*

sleepboot *tug*; *tug boat*

sleepdienst *towing-service*

sleep-in *cheap (student) hostel*

sleepkabel ⟨schip⟩ *(towing-)hawser*; ⟨auto⟩
towrope

sleepketting *tow-chain*

sleeplift *ski tow*

sleepnet *dragnet*

sleeptouw *towrope* ★ op ~ hebben/nemen
have/take in tow

sleepvaart *tug/towing-service*

sleepwagen *breakdown truck*; AE *tow truck*

Sleeswijk-Holstein *Schleswig-Holstein*

sleets *worn*

slempen • brassen *glut oneself*; ⟨eten⟩ *gorge/
stuff oneself*; ⟨drinken⟩ *carouse* • plempen *fill
up/in*

slemppartij *orgy of food and drink*; INF. *blow-
out*; ⟨eten⟩ *nosh-up*; ⟨drank⟩ *booze-up*

slenk *channel*; *ravine*

slenteren *saunter*; *stroll*

slentergang *stroll*

slepen I OV WW voortslepen *drag*; *haul*; ⟨m.b.t.
vaar-/voertuigen⟩ *tow* ★ gesleept worden *be
on tow* ▼ iem. voor de rechter ~ *take s.o. to
court* II ON WW • over de grond gaan *drag*
• traag verlopen *drag on* ★ een zaak ~de
houden *let a thing drag on* ★ ~de ziekte
lingering disease

sleper ⟨sleepboot⟩ *tug boat*

slet *slut; trollop*

sleuf • groef *groove* • opening *slot*; ⟨lang⟩ *slit*

sleur routine; *rut* ★ de dagelijkse ~ *the everyday
routine; the daily grind*

sleuren I OV WW voortslepen *drag*; *haul* ★ iem.
uit zijn bed ~ *drag s.o. from his bed* II ON WW
traag voortgaan *drag on*

sleurwerk *routine work*

sleutel • werktuig dat slot opent *key*
• gereedschap *wrench*; *spanner* ★ Engelse ~
adjustable spanner • middel tot oplossing
key; *clue*; *secret* • MUZ. *clef*

sleutelbeen *collarbone*

sleutelbloem *primula; primrose*

sleutelbos *bunch of keys*

sleutelen • knutselen *tinker at/with*; *doctor*
• repareren *work on*; *do repair jobs*

sleutelfiguur *key figure*

sleutelfunctie *key position*

sleutelgat *keyhole*

sleutelgeld *key money*

sleutelhanger *key ring*

sleutelkind *latchkey child*

sleutelpositie *key position*

sleutelring *key ring*

sleutelrol *key/central role/part*

sleutelwoord *key (word)*

slib • bezinksel *sludge*; *slurry* • slijk *silt*; *sediment*

slibberig *slippery*

sliding • glijbeweging *sliding-tackle*; *slide*; ⟨honkbal⟩ *dive* • roeibankje *sliding seat*

sliert • lange rij *string*; *chain* • heleboel *bunch*; *pack* • neerhangend iets *wisp*; *tendril*; *string* • lange slungel *beanpole*

slijk *dirt*; *mud*; *mire* ▼ 't ~ der aarde *filthy lucre*

slijm • mondvocht *phlegm* • huidvocht *slime*

slijmafscheiding *mucous secretion*

slijmbal *bootlicker*; *toady*; AE *slimeball*

slijmbeurs *bursa*

slijmen • aanpappen *butter s.o. up*; *lick someone's boots* • slijm opgeven *cough up phlegm*

slijmerd • INF. hielenlikker *toady*; *bootlicker* • bangerd *chicken*

slijmerig • slijmachtig *slimy* • vleierig *grovelling*; *slimy*

slijmjurk *toady*; *bootlicker*

slijmlaag *mucous layer*

slijmvlies *mucous membrane*

slijmvliesontsteking *infection of the mucous*

slijpen I OV WW • scherp maken *grind*; *sharpen* • polijsten *polish*; ⟨edelstenen ook⟩ *cut* • graveren *cut* II ON WW dansen *dance cheek to cheek*

slijper • persoon *grinder*; *polisher*; ⟨v. glas, edelstenen⟩ *cutter* • toestel *sharpener*; *grindstone*

slijpsteen *whetstone*; ⟨roterend⟩ *grindstone*

slijtage *wear and tear*

slijtageslag *war of attrition*

slijten I OV WW • verslijten *wear out* • tijd doorbrengen *pass*; *spend* • verkopen *sell* II ON WW achteruitgaan *wear out*; FIG. *wear off/away*

slijter *licensed victualler*

slijterij *off-licence*; AE *liquor store*

slijtplek *worn patch, scuff (floor)*

slijtvast *wear-resistant*

slik • slijk *silt* • aangeslibde grond *mud flat*

slikken • doorslikken *swallow* • aanvaarden *put up with*; *stomach*; *swallow*

slikreflex *swallowing reflex*

slim *cunning*; *clever*; PEJ. *sly* ★ hij was mij te slim af *he was one too many for me* ★ wie niet sterk is, moet slim zijn *you must use your brain if you can't use your brawn*

slimheid *astuteness*

slimmerd *smart cookie*; *a sly one*

slimmerik *smart number*; *whiz-kid*

slimmigheid • het slim zijn *cleverness*; *shrewdness* • foefje *dodge*; *trick* ★ zich ergens door een ~je uit redden *wangle/weasel o.s.*'*one's way out of s.th.*

slinger • het slingeren *swing* • zwengel *handle* • deel van klok *pendulum* • versiering *festoon*; *paper chain*; ⟨v. bloemen⟩ *garland* • werptuig *sling(-shot)*

slingeraap *spider monkey*

slingeren I OV WW • werpen *fling*; *hurl*; ⟨over de schouder⟩ *sling* • winden om *wind*; *wrap* ▼ tussen hoop en vrees heen en weer geslingerd worden *hover/waver between*

hope and fear II ON WW • zwaaien *swing*; *oscillate* • waggelen *lurch*; *reel* • kronkelen *wind* ★ een ~d pad *a twisting path* • SCHEEPV. *roll*; *lurch* • ordeloos liggen *lie about* ★ laten ~ *leave lying about* III WKD WW zich kronkelen *meander*; *wind*

slingerplant *creeper*

slingeruurwerk *pendulum clock*

slingerweg *winding/twisting road*

slinken *run low*; *shrink*; ⟨door koken⟩ *boil down*; ⟨v. voorraad⟩ *dwindle*

slinks *cunning*; *devious*

slip • afhangend deel *(coat-)tail*; *flap* • onderbroek *pair of briefs* | *panties* | *pants*; *briefs* [mv]; ⟨dames⟩ *panties* [mv]; ⟨heren⟩ *(short) pants* [mv] • uitglijding ★ in een slip raken *go into a skid*

slipcursus *anti-skid course*

slipgevaar *danger of skidding*; ⟨als waarschuwing⟩ *slippery road*

slip-over *slipover*

slippen • doorschieten *slip* ★ ~de koppeling *slipping clutch* • uitglijden *skid* ★ leren ~ *practise skid-control*

slipper *mule*; *flip-flop*; AE *thong*

slippertje ★ een ~ maken *go off on the sly*

slipstream *slipstream*

slissen *(speak with a) lisp*

slobberen I OV WW slurpen, lebberen *eat/drink noisily*; *slobber*; *slurp* II ON WW flodderig zitten *bag*; *sag*

slobbertrui *sloppy Joe*; *baggy sweater*

slobeend *(Northern) shoveler*

sloddervos *slob*; *grub*

sloeber • stakker *wretch*; *poor devil/beggar/ wretch* • smeerlap INF. *slob*; *pig*

sloep • kleine boot *boat*; *smack* • reddingsboot *sloop*

sloerie *slut*

slof • pantoffel *slipper* • pak sigaretten *carton* ▼ uit zijn slof schieten *fly off the handle*; *flare up*

sloffen I OV WW verwaarloosd worden *let slide*; *slack* ★ alles laten ~ *let things slide* II ON WW lopen *shuffle*; *shamble*

slogan *slogan*

slok • het slikken *swallow*; ⟨grote teug⟩ *gulp*, *pull*; ⟨kleine teug⟩ *sip*, *nip*; ⟨teug⟩ INF. *swig* • borreltje *drop*; *dram*

slokdarm *gullet*; MED. *oesophagus*

slokken *swallow*; *gulp*; ⟨gulzig⟩ *guzzle*

slokop *glutton*

slome *slowcoach*

slons *frump*

slonzig *dowdy*; *slovenly*; ⟨v. vrouw⟩ *slatternly*

sloof *drudge*

sloom *slow*, *listless* ★ slome duikelaar *a slowcoach*

sloop I ZN (de) • het slopen *demolition* • sloperij *scrapyard* II ZN (het) *pillowcase*

sloopauto *scrap car*; *wreck*

sloopkogel *demolition ball*

slooppand *demolition site*

sloot • waterloop *ditch* • hoeveelheid *gallons*

slootjespringen *leap ditches*; *pole-vault over ditches*

sl

slootwater • water in sloot *ditchwater* • slap drankje *dishwater*

slop • impasse ★ in het slop raken *come to a dead end* ★ uit het slop halen *pull s.th./s.o. out off the fire* • steegje *alley*; ⟨doodlopend⟩ *blind alley*

slopen • afbreken *demolish*; ⟨huis⟩ *pull down*; ⟨v. schip⟩ *break up*; ⟨installatie⟩ *dismantle* • uitputten *sap*; *drain*

sloper *demolisher*; ⟨v. schepen⟩ *breaker*

sloperij ⟨m.b.t. gebouwen⟩ *demolition firm*; ⟨m.b.t. auto's⟩ *scrapyard*; ⟨m.b.t. schepen⟩ *breaker's yard*

slopersbedrijf *demolition firm*

sloppenwijk *slums*; *trench town*

slordig • onverzorgd *slovenly*; *careless*; *untidy*; ⟨taal, werk⟩ *slipshod* • onnauwkeurig *careless*; *sloppy* ★ ~ schrijven *write sloppily* • ruim *cool* ★ het kost een ~e 2 miljoen *it costs a cool two million*

slordigheid • het slordig-zijn *slovenliness*; *sloppiness* • iets slordigs *careless/sloppy work*

slot • sluiting ⟨v. boek⟩ *clasp*; ⟨v. halssnoer⟩ *fastening*; ⟨v. deur⟩ *lock* ★ op slot doen *lock* ★ iem. achter slot en grendel zetten *put s.o. under lock and key*; *put s.o. behind bars* • einde *end*; *conclusion* ★ ten slotte *finally*; ⟨uiteindelijk⟩ *lastly*; ⟨tot slot⟩ *in conclusion* • kasteel *castle*; *manor-house* ▾ per slot van rekening *after all*

slotakkoord *final chord*

slotakte • laatste akte *last act* • resultaat van conferentie *final act*

slotbijeenkomst *final/last meeting*

slotenmaker *locksmith*

slotfase *final/last stage*

slotgracht *castle moat*

slotkoers ⟨m.b.t. effecten⟩ *closing price*; ⟨m.b.t. wisselkoers⟩ *closing rate*

slotopmerking *final/closing/concluding remark*

slotsom *result*; *upshot* ★ tot de ~ komen *come to the conclusion*

slotverklaring *final/closing statement*

slotwoord • afsluitende woorden *closing/last word* • epiloog *epilogue*

slotzin *closing/final/concluding sentence*

Sloveen *Slovene* • een ~se *a Slovene woman*

Sloveens *Slovenian*

sloven *drudge*; *toil*

Slovenië *Slovenia*

Slowaak *Slovak* ★ een ~se *a Slovak woman*

Slowaaks I ZN *Slovak* II BNW *Slovak*

Slowakije *Slovakia*

slowmotion *slow motion*

sluier *veil*

sluierbewolking *cirrus clouds*

sluieren *veil*

sluierstaart *veiltail*

sluik *lank*

sluikhandel ⟨illegal⟩ *illicit trade*; ⟨smokkel⟩ *smuggling*

sluikreclame *clandestine advertising*

sluimer *slumber*

sluimeren • licht slapen *slumber* • latent aanwezig zijn *lie dormant*; ⟨m.b.t. iets negatiefs⟩ *smoulder*

sluimering *slumber*

sluipen • lopen *sneak*; *steal*; ⟨jacht⟩ *stalk* ★ naar boven ~ *sneak upstairs* • ongemerkt opkomen *creep* ★ er is een foutje in geslopen *a small mistake has crept in*

sluipmoord *assassination*

sluipmoordenaar *assassin*

sluiproute ≈ *short cut*

sluipschutter *sniper*

sluipverkeer *rat-run traffic*

sluipweg *secret route/path*

sluis ⟨uitwateringssluis⟩ *sluice*; ⟨schutsluis⟩ *lock*

sluisdeur *lock gate*

sluisgeld *lockage*

sluiswachter *lock keeper*

sluiten I OV WW • dichtdoen *shut*; *close*; ⟨op slot doen⟩ *lock*; ⟨voorgoed sluiten⟩ *close down*; ⟨gordijnen⟩ *pull* ★ iem. buiten de deur ~ *lock s.o. out* • opbergen *lock up/away* ★ iem. in de armen ~ *embrace* • aaneensluiten *close* ★ de gelederen ~ OOK FIG. *close the ranks* • beëindigen *close* ★ de rij ~ *make up the rear* ★ de zaak/kwestie ~ *settle the matter* • opmaken ★ de boeken ~ *close/ balance the books* • aangaan *conclude* ★ een koop ~ *close a deal*; *conclude a transaction* ★ een lening ~ *contract a loan* ★ vriendschap ~ met *make friends with* ▾ in zich ~ FIG. *imply* II ON WW • dichtgaan *shut*; *close* • aansluiten *close*; ⟨v. kleding⟩ *fit* • ten einde lopen *close* • kloppen ★ de begroting sluit *the budget balances* ★ de redenering sluit niet *the argument does not hold water*

sluiter *shutter*

sluitertijd *shutter speed*

sluiting • het dichtdoen *shutting*; *closing*; ⟨opheffing⟩ *closing-down*; ⟨v. zaak, debat, vrede⟩ *conclusion*; ⟨v. zaak⟩ *closure* • iets dat afsluit *fastening*; *clasp*; *lock*

sluitingsdatum *closing date*

sluitingstijd *closing time*

sluitpost *closing entry*; *balancing item*

sluitspier *sphincter*

sluitstuk • voorwerp ⟨v. kanon⟩ *breech-block* • slotstuk *final/tail piece*

sluizen • SCHEEPV. *lock in/out/up* • overbrengen *channel*

slungel *beanpole*; ⟨lomp⟩ *lout*

slungelig *lanky*; *gangling*

slurf • lange snuit ⟨v. insect⟩ *proboscis*; ⟨v. olifant⟩ *trunk* • flexibele buis *hose*; ⟨op vliegveld⟩ *passenger bridge*

slurpen • hoorbaar drinken *slurp* • opnemen *absorb*

sluw *sly*; *cunning*; *sneaky*

sluwheid • hoedanigheid *slyness* • handeling *(sly/cunning) trick*

SM sadomasochisme ⟨sadomasochism⟩ *SM*

smaad *defamation*; *slander*; ⟨behandeling⟩ *indignity* ★ JUR. proces wegens ~ *libel suit*

smaak • wat men proeft *taste*; *flavour* ★ er zit een ~je aan *it tastes slightly off*; *it has a funny taste* ★ zonder ~ *tasteless* • zintuig *taste* • schoonheidszin *taste* ★ getuigen van goede/slechte ~ *be in good/bad taste* ★ geen ~ hebben *have no taste* • voorkeur *taste* ★ naar

mijn ~ *to my taste/liking* ★ over ~ *valt niet te twisten there is no accounting for tastes* ★ smaken verschillen *tastes differ* ● graagte, genoegen *taste; relish* ★ de ~ van iets te pakken krijgen *acquire a taste for s.th.* ★ zeer in de ~ vallen bij *be greatly appreciated by* ★ met ~ eten *eat with relish*

smaakje ● bijsmaak *taste; smack* ★ smaakstof *flavour* ★ kauwgom met een frambozen~ *raspberry-flavoured chewing gum*

smaakmaker ● smaakstof *seasoning; flavouring* ● trendsetter *trendsetter*

smaakstof *flavouring*

smaakvol *tasteful; in good taste*

smachten ● verlangen *yearn/long (for)* ★ ~ naar vriendschap *yearn for friendship* ● kwijnen *languish* ★ ~ van de dorst *die of thirst*

smachtend *languishing; longing*

smadelijk *humiliating;* ⟨beledigend⟩ *insulting* ★ een ~e nederlaag *an ignominious defeat* ★ een ~e term *an insulting/ opprobrious term*

smak ● klap *thud; crash* ● val *fall* ● smakkend geluid *smack(ing)* ● grote hoeveelheid *heap* ★ hij verdient een smak geld met de verkoop van auto's *he makes a pile/packet selling cars*

smakelijk *savoury; tasty* ★ ~ eten! *enjoy your meal!*

smakeloos *tasteless;* FIG. *tasteless; in bad taste*

smaken I OV WW genieten ★ het genoegen ~ om *have the pleasure of* II ON WW ● smaak hebben *taste* ★ 't heeft goed gesmaakt *it was very enjoyable* ★ zij liet zich de wijn/het eten goed ~ *she drank the wine/ate the food with relish* ● naar de zin zijn ★ smaakt het? *do you like it?* ★ 't smaakt mij niet *I have no relish for it* ● ~ naar *taste of* ★ dat smaakt naar meer *that's very morish*

smakken I OV WW smijten *fling; dash* ★ hij werd op de grond gesmakt *he was flung to the ground* II ON WW ● vallen *crash* ● hoorbaar eten *smack one's lips*

smal *narrow* ★ smaller worden *narrow* ★ smal gezicht *peaked face* ★ smal toelopend *taper(ing)*

smaldeel *squadron*

smalen *scoff (at); revile*

smalend *scornful*

smalfilm *8/16mm. film; cine film*

smaragd *emerald*

smart ● leed *sorrow; grief; affliction* ● verlangen *yearning* ★ met ~ verwachten *await anxiously* ★ gedeelde ~ is halve smart *a sorrow shared is a sorrow halved*

smartcard *smart card*

smartelijk *painful; smarting*

smartengeld *smart money; compensation*

smartlap *tear-jerker; weepy*

smash *smash*

smeden ● bewerken *forge;* ⟨aan elkaar⟩ *weld;* ⟨v. hoef⟩ *hammer out* ● uitdenken *hatch*

smederij *smithy; forge*

smeedijzer *wrought iron*

smeedwerk *wrought ironwork*

smeekbede *appeal; plea*

smeer ● smeersel *grease; fat;* ⟨schoenen⟩ *polish*

● vuil *smear*

smeerbaar *spreadable*

smeerboel *mess*

smeergeld *hush money; bribe*

smeerkaas *cheese spread*

smeerlap ● smeerpoets *slob* ● gemeen persoon *swine; bastard*

smeerlapperij ● viezigheid *filth* ● gemeenheid *dirty tricks*

smeerolie *lubricating oil*

smeerpijp ● afvoerpijp *sewer; drain (pipe)* ● smeerpoets *pig; slob*

smeerpoets *dirty person; slob; scruff*

smeersel ● zalf *ointment;* ⟨vloeibaar⟩ *liniment* ● beleg *(sandwich) spread*

smeken *beg; entreat; implore*

smeltbaar *meltable*

smelten I OV WW vloeibaar maken *melt* II ON WW ● vloeibaar worden *melt;* ⟨hoge temperatuur⟩ *fuse;* ⟨erts⟩ *smelt* ★ daar zul je niet van ~ *it won't hurt you* ● weemoedig worden *melt* ★ het deed mijn hart ~ *it made my heart melt* ▼ als sneeuw voor de zon ~ *vanish into thin air*

smeltkroes *melting pot*

smeltpunt *fusing point; melting point*

smeltsneeuw *melting snow*

smeltwater *meltwater*

smeren ● uitstrijken *smear;* ⟨met boter⟩ *butter* ● invetten *grease;* ⟨met olie⟩ *oil; lubricate* ★ crème op de huid ~ *rub cream on one's skin* ▼ het ging gesmeerd *it went swimmingly*

smerig ● vuil *dirty; filthy;* ⟨v. weer⟩ *foul; filthy* ● schunnig *smutty; dirty; filthy* ★ ~e taal gebruiken *talk smut* ● gemeen *dirty* ★ een ~e streek *a dirty trick*

smeris *cop(per)*

smet ● vlek *spot; stain* ● schandvlek *blot; blemish* ★ een smet op iemands naam werpen *cast a slur on s.o.*

smetteloos *spotless; immaculate*

smetvrees *nosophobia*

smeuïg ● zacht *smooth;* ⟨soep⟩ *thick* ● smakelijk *savoury;* FIG. *juicy; vivid*

smeulen ● gloeien *smoulder* ● broeien *smoulder; simmer* ★ ~de haat/woede *smouldering hatred/anger* ★ er smeult een opstand *a riot is brewing*

smid *blacksmith*

smidse *smithy*

smiecht ● gemenerik *rascal* ● slimmerik *smartaleck*

smiezen ★ in de ~ krijgen *spot;* FIG. *twig* ▼ houd hem in de ~! *keep an eye on him; watch him!*

smijten *fling; throw; dash* ★ iem. eruit ~ *throw s.o. out* ▼ met geld ~ *chuck one's money about*

smikkelen *tuck into; relish*

smoel ● gezicht *mug* ● mond *trap* ★ hou je ~ *shut your trap*

smoes *excuse* ★ je moet niet met ~jes komen *tell me another*

smoezelig *dingy; grubby*

smoezen *whisper*

smog *smog*

smogalarm *smog alert*

smoking *dinner jacket*; AE *tuxedo*
smokkel *smuggling*
smokkelaar *smuggler*
smokkelarij *smuggling*
smokkelen I OV WW heimelijk vervoeren *smuggle* II ON WW regels ontduiken *cheat*; *dodge*
smokkelhandel *smuggling*
smokkelroute *smuggling route*
smokkelwaar *contraband*
smoor ▾ de ~ in hebben *be peeved*; AE *be sore*
smoorheet *sweltering*; *broiling hot*
smoorverliefd ★ ~ zijn op iem. *be madly in love with s.o.*; *be head over heels in love with s.o.*; ⟨jeugd⟩ *have a crush on s.o.*
smoren I OV WW • verstikken *smother*; *strangle* ★ met gesmoorde stem *in a strangled voice* • gaar laten worden *braise* II ON WW stikken *suffocate*; ⟨v. hitte⟩ *stifle*; *choke*
smoushond *affenpinscher*
sms-bericht *text message*
sms'en *send a text message*
sms'je *text message*
smullen *tuck in*; *feast (upon)*; FIG. *revel in*; *lap up*
smulpaap *gourmet*
smulpartij *feast*; INF. *blow-out*
smurf *smurf*
smurrie *sludge*; *dirt*
snaaien *pilfer*; *snitch*
snaak • *guit joker* • *vent fellow* ★ *rare ~ queer fish*
snaaks ⟨schalks⟩ *roguish*; ⟨scherts⟩ *jocular*
snaar *string*; ⟨v. harp⟩ *chord*; ⟨v. tennisracket⟩ *string*; ⟨v. trommel⟩ *snare* ▾ een gevoelige ~ raken *touch a sensitive chord*; *touch a tender spot*
snaarinstrument *stringed instrument*
snack *snack*
snackbar *snack bar*
snakken • verlangen *yearn for* ★ ik snak naar 'n kop koffie *I'm dying for a cup of coffee* • benauwd happen ★ naar adem ~ *gasp for breath*
snappen • begrijpen *get*; INF. *twig* ★ wat ik niet snap is... *the thing that gets me is...* ★ gesnapt? *got it?*; *see?* • betrappen *catch out*; *nab*
snars ▾ het kan hem geen ~ schelen *he couldn't care less*; *he doesn't give a toss* ▾ het gaat je geen ~ aan *it's none of your business*
snater *gob*; *trap* ★ houd je ~! *shut your gob/trap!*
snateren • kwaken *chatter*; ⟨v. ganzen⟩ *gaggle* • kwebbelen *chatter*
snauw *snarl*
snauwen *snarl (at)*; *snap (at)*
snauwerig *snappy*; ⟨humeurig⟩ *gruff*
snavel • vogelbek *bill*; ⟨krom⟩ *beak* • mond *mouth* ★ hou je ~ *shut your trap*
snede → **snee**
snedig *witty*; *smart*
snee • het snijden *cut* • insnijding *incision*; *cut*; ⟨snijwond⟩ *cut*; ⟨diep⟩ *gash* • plak ⟨brood⟩ *slice*; ⟨dik⟩ *slab*; ⟨bacon⟩ *rasher* • scherpe kant *(cutting) edge* • snijvlak *edge*

sneer *sneer*; *taunt*
sneeren *sneer/gibe at*
sneeuw *snow* ★ natte ~ *sleet* ★ smeltende ~ *slush* ★ door ~ ingesloten *snowbound* ▾ als ~ voor de zon verdwijnen *disappear like snow in summer*
sneeuwbal *snowball*
sneeuwbaleffect *snowball effect*
sneeuwballengevecht *snowball fight*
sneeuwblind *snow-blind*
sneeuwbril *snow goggles*
sneeuwbui *snow shower*
sneeuwen *snow*
sneeuwgrens *snowline*
sneeuwjacht *snowstorm*; *blizzard*
sneeuwkanon *snow gun/cannon*
sneeuwketting *snow chain*
sneeuwklokje *snowdrop*
sneeuwlandschap • landschap *snowy/wintry landscape* • schilderij enz. *winter landscape*
sneeuwman *snowman*
sneeuwploeg *snow plough*; AE *snowplow*
sneeuwpop *snowman*
sneeuwschuiver • schop *snow push/shover* • auto *snow plough*
sneeuwstorm *blizzard*; *snowstorm*
sneeuwuil *snowy owl*
sneeuwvakantie ≈ *skiing holiday*
sneeuwval • neerslag *snowfall*; ⟨licht⟩ *snowflurry* • lawine *snowslide*; ⟨zwaar⟩ *avalanche*
sneeuwvlok *snowflake*
sneeuwvrij *clear of snow*
sneeuwwit *snow-white*
Sneeuwwitje *Snow White*
sneeuwzeker *with a guarantee of snow*
snel I BNW • vlug *quick*; *fast*; *swift*; *rapid* • modern *trendy* ★ een snelle jongen *a trendy person*; *a swinger* II BIJW • vlug *rapidly*; *swiftly*; *quickly* ★ snel achteruitgaan *decline rapidly*; ⟨v. zieke⟩ *sink fast* ★ de auto trekt snel op *the car has a good acceleration* • spoedig *soon*
snelbinder *carrier straps*
snelbuffet *quick-service buffet*
snelbus *express bus*
sneldicht *epigram*
snelfiltermaling *extra-fine grind*
snelheid • het snel gaan *quickness*; *fastness*; *rapidity* • vaart *pace*; *rate*; ⟨v. licht, geluid⟩ *velocity*; ⟨v. trein, e.d.⟩ *speed* ★ met een ~ van *at a speed of*; *at the rate of* ★ ~ verminderen *reduce speed* • *speed*
snelheidsbegrenzer *speed limiter*
snelheidsbeperking *speed limit*
snelheidscontrole *speed check*
snelheidsduivel *speed merchant*; AE *speed demon*
snelheidslimiet *speed limit*
snelheidsovertreding *(incident of) speeding*; *exceeding the speed-limit*
snelkoker *pressure cooker*
snelkookpan *pressure cooker*
snelkookrijst *instant/minute rice*
snelkoppeling *shortcut*
snellekweekreactor *fast-breeder reactor*

sn

snellen *rush*; *hurry*
snelrecht *summary justice/proceedings*
snelschaken *play a game of lightning chess*; AE *rapid transit*
sneltoets *soft key*
sneltram *express tram*
sneltrein *fast train*
sneltreinvaart *tearing rush*; *full speed*
snelverband *emergency bandage*
snelverkeer *fast traffic*
snelvuurwapen *rapid-fire weapon*
snelwandelen *speed walking*
snelweg *motorway*; AE *freeway*
snerpen • schril klinken *shriek*; *shrill* • striemen *cut*; *bite* ★ ~de kou *piercing cold*
snert • erwtensoep *pea soup* • troep *trash*; *tripe* ★ ~weer *beastly weather*
sneu *disappointing*; *hard* ★ dat is sneu voor haar *that is hard on her*
sneuvelen • omkomen *fall in battle*; *be killed* • stukgaan *break*
snibbig *snappish*
sniffen • ademhalen met verstopte neus *sniff(le)* • zacht huilen *snivel*; *whimper*
snijbloem *cut flower*
snijboon • groente *French bean* • persoon ★ 'n rare ~ *a queer fish*
snijbrander *oxyacetylene torch*; *cutting torch*
snijdbaar *sliceable*
snijden I OV WW • af-/uitsnijden *cut*; ⟨in plakken⟩ *slice*; ⟨aan stukken⟩ *cut up*; ⟨hout, vlees⟩ *carve* • een snijpunt hebben *cross*; *intersect* ★ a snijdt b in c *line a and b intersect in point c* • opzijdringen *cut in* • castreren *geld*; *cut* II ON WW • kerven *cut*; *bite* • pijn veroorzaken *cut*; *bite*
snijdend • *sharp* • doordringend *piercing*; *shrill*; FIG. *caustic* • pijn veroorzakend *biting*; *cutting* • fel klinkend ★ een ~e stem *a cutting/piercing voice*
snijmachine *cutting/slicing machine*
snijplank *chopping/carving board*; ⟨voor kleding⟩ *cutting board*
snijpunt *intersection*
snijroos *cut rose*
snijtafel *dissecting table*
snijtand *incisor*
snijvlak • snijdend deel *blade*; *cutting face* • doorsnede *section*
snijwerk *sculpture*; *carving(s)*
snijwond *cut*; ⟨diep⟩ *gash*
snik *gasp*; ⟨bij huilen⟩ *sob* ▾ de laatste snik geven *breathe one's last* ▾ tot zijn laatste snik *to his last gasp*
snikheet *stifling hot*; *sweltering*
snikken *sob*
snip • vogel *snipe* • briefje van honderd *one-hundred guilder note*
snipper *shred* ★ geen ~tje *not a scrap*
snipperdag *day off*
snipperen *cut up*; *shred*
snipverkouden ★ ~ zijn *have got a bad cold*; INF. *have got the sniffles*
snit *cut* ★ naar de laatste snit *after the latest fashion*
snob *snob*

snobisme *snobbishness*; *snobbery*
snobistisch *snobbish*
snoeien • afknippen ⟨bomen⟩ *prune*; ⟨struik⟩ *trim*; *clip* • inkorten *cut (back)*
snoeimes *pruning knife*
snoeischaar *pruning shears*
snoek *pike*
snoekbaars *pike-perch*
snoekduik *header*; *headlong dive/dash*
snoep *sweets* [mv]; AE *candy*
snoepautomaat *sweet/candy machine*; AE *vending machine (for candy)*
snoepen I OV WW iets lekkers eten *eat sweets/candy* II ON WW heimelijk eten *(have a) nibble* ★ wie heeft er van de honing gesnoept? *who's been at the honey?*
snoeper • iem. die snoept *s.o. with a sweet tooth*; *glutton* • flirt *womanizer* ★ oude ~ *old lecher*
snoepgoed *sweets* [mv]; AE *candy*
snoepje *sweet*; AE *candy* ★ wil je een ~? *have a sweet?*
snoeplust *fondness for sweets*
snoepreisje *jaunt*; ⟨afkeurend⟩ *junket*
snoer • koord *rope*; *cord*; *string*; ⟨vissnoer⟩ *line*; ⟨v. lamp e.d.⟩ *flex*; ⟨netsnoer⟩ *mains lead* • streng *string*
snoeren ⟨kralen, e.d.⟩ *string*; ⟨vast rijgen⟩ *lace*
snoerloos *cordless*
snoes *darling*; *pet*; *peach*
snoeshaan ★ rare ~ *queer fish/customer*
snoet *face*; INF. *mug*; ⟨v. dier⟩ *snout* ★ een lief ~je *a cute little face*
snoeven *boast*; *brag*
snoever *boaster*
snoezig *sweet*; *lovely*
snol *tart*
snood *malicious*; *wicked* ★ snode plannen hebben *be scheming*
snoodaard *villain*
snooker *snooker*
snookeren *play snooker*
snor *moustache*; ⟨v. dieren⟩ *whiskers* ▾ dat zit wel snor *that's fine/all right*
snorder *plying taxi*
snorfiets *moped*
snorhaar • haar van snor *hair of a moustache* • tasthaar bij zoogdieren *whisker*
snorkel *snorkel*
snorkelen *snorkel*
snorren *buzz*; *hum*; ⟨v. kat⟩ *purr*; ⟨v. machine, e.d.⟩ *whirr*; ⟨zacht⟩ *hum*
snot *(nasal) mucus/discharge*; INF. *snot* ▾ iem. voor Piet Snot zetten *make s.o. look silly*
snotaap *brat*
snotneus • loopneus *runny nose*; VULG. *snotty nose* • snotaap *(arrogant) youngster*; *brat*
snottebel *snot*
snotteren • neus ophalen *sniffle* • huilen *snivel*; *blubber*
snotverkouden *have a very bad cold* ★ ik ben ~ *my nose is bunged up with a cold*
snowboard *snowboard*
snowboarden *snowboard*
snuffelaar *pry*; INF. *Nosy Parker*
snuffelen • ruiken *sniff (at)* • speuren *nose*

(about); ⟨in boek⟩ *browse*
snuffelpaal *air pollution detector*
snuffen *sniff*; *sniffle*
snufferd • neus *conk*; BE *hooter* ⋆ het staat vlak voor je ~! *it's right in front of your hooter!* • gezicht *conk*; *snout*; *snoot*
snufje • klein beetje *pinch*; *touch* ⋆ een ~ zout *a pinch of salt* • nieuwigheidje ⟨nieuw⟩ *novelty*; ⟨techniek⟩ *gadget* ⋆ het nieuwste ~ *the latest novelty/thing*
snugger *smart*; *bright*; INF. *clever*
snuif *snuff*
snuifje *pinch*
snuisterij *trinket*; *knick-knack*; *bauble*
snuit • deel van kop *snout*; *muzzle*; ⟨v. olifant⟩ *trunk*; ⟨v. insect⟩ *proboscis* • gezicht *face*; INF. *mug*
snuiten *blow one's nose*
snuiter *chap*; *guy*
snuiven I OV WW tabak/cocaïne gebruiken ⟨drugs⟩ *sniff/snort*; ⟨tabak⟩ *take snuff* II ON WW • ademen *sniff*; ⟨v. woede⟩ *snort*; ⟨v. paard⟩ *snort* • de neus ophalen *sniff*
snurken • knorrend ademhalen *snore* ⋆ ~ als een os *snore stertorously* • slapen *kip*; *doss*
soa seksueel overdraagbare aandoening ⟨sexually transmissible diseases⟩ *STD*
soap ⟨televisie⟩ *soap*
soap opera *soap opera*
soapserie *soap opera*
sober *sober*; *frugal*
sociaal • maatschappelijk *social* ⋆ ~ werker *social worker* ⋆ sociale lasten *social security charges*; ≈ BE *National Insurance contributions* ⋆ sociale uitkeringen *social security benefits* ⋆ sociale verzekering *social security*; BE *National insurance* ⋆ sociale voorzieningen *social services* ⋆ sociale wetgeving *social legislation* • maatschappelijk verantwoord *socially minded* ⋆ je ~ opstellen *show a sense of social awareness*
sociaal-cultureel *socio-cultural*
sociaal-democraat *social democrat*
sociaal-economisch *socio-economic*
socialezekerheidsstelsel *social security system*
socialisatie *socialization*
socialiseren *socialize*
socialisme *socialism*
socialist *socialist*
socialistisch *socialist(ic)*
sociëteit • genootschap *society* • vereniging *association*; *club* • verenigingsgebouw *clubhouse*
society *society (circles)*; INF. *uppercrust*
sociolinguïstiek *sociolinguistics*
sociologie *sociology*
socioloog *sociologist*
soda • natriumcarbonaat *soda* • sodawater *soda (water)*
sodawater *soda water*
sodemieter ⋆ als de ~ *like hell/blazes*; *lickety-split* ▼ geen ~ *no shit/hell*
sodomie *sodomy*
soebatten *implore*; *keep on at*; *coax*
Soedan *Sudan*
Soedanees *Sudanese*

soefibeweging *Sufi movement*
soelaas *solace*; *consolation*; *comfort* ⋆ ~ bieden *(give) comfort (to) s.o.*; *succour s.o.*
soep *soup*; FIG. *mess* ▼ niet veel soeps *not much cop* ▼ in de soep rijden *smash up*
soepballetje *forcemeat ball*
soepbord *soup plate/bowl*
soepel • buigzaam *pliable*; ⟨lenig⟩ *supple* • niet stroef *smooth* • niet streng *flexible*; *compliant*; *pliable*
soepgroente *vegetables for soup*
soepjurk *tent dress*; *sack*
soepkip *boiling hen*
soepkom *soup cup/bowl*
soeplepel • opscheplepel *soup ladle* • eetlepel *soup spoon*
soepstengel *bread stick*
soeptablet *(soup) cube*
soes *choux pastry*
soesa *bother* ⋆ daar krijg je ~ mee *that will get you into trouble* ⋆ een hoop ~ *a lot of fuss*
soeverein I ZN *sovereign*; *ruler* II BNW *sovereign* ⋆ ~e minachting *supreme contempt*
soevereiniteit *sovereignty*
soevereiniteitsoverdracht *transfer of sovereignty*
soezen *doze*
soezerig *drowsy*
sof *flop*; *washout*
sofa *sofa*; *couch*
Sofia *Sofia*
sofinummer BE *National Insurance Number*; AE *Social Security Number*
softbal *softball*
softdrug *soft drug*
softijs *soft ice-cream*
software *software*
softwareontwikkelaar *software developer*
softwarepakket *software package*
softwareprogramma *software programme*
soja *soy sauce*
sojaboon *soya bean*
sojamelk *soya milk*
sojaplant *soya plant*
sojasaus *soy(a) sauce*
sok *sock* ▼ er de sokken in zetten *spurt* ▼ iem. van de sokken rijden *knock s.o. over*
sokkel *pedestal*
sol *sol*; G ⋆ solsleutel *G clef*
solair *solar*
solarium *solarium*
soldaat *soldier*; *private (soldier)* ⋆ ~ 1e klas ≈ *lance corporal*
soldatenuniform *soldier's uniform*
soldeer *solder*
soldeerbout *soldering bolt*
soldeerdraad *soldering-wire*
soldeersel *solder*
solderen *solder*
soldij *pay*
soleren ⋆ als solist optreden *perform a solo*; *give a solo performance* ⋆ solistisch te werk gaan *go solo/it alone*; *act alone*
solidair *sympathetic* ⋆ zich ~ verklaren met *declare one's solidarity with*
solidariteit *solidarity* ⋆ uit ~ (met) *in sympathy*

SO

(with)
solidariteitsbeginsel *principle of solidarity*
solidariteitsgevoel *feeling of solidarity*
solide • degelijk *reliable*; ‹v. persoon ook› *steady (going)* • vast *solid*; *stable*; *sturdy* • betrouwbaar *solid*; ‹v. fonds› *sound*
solist • MUZ. *soloist* • FIG. individualist *solo performer*
solitair I ZN persoon ‹dier› *rogue*; ‹mens› *loner*; *lone wolf* II BNW *solitary*
sollen • ~ met ★ ~ met iem. *trifle with s.o.* ★ hij laat niet met zich ~ *he is not to be trifled with*
sollicitant *candidate*; *applicant* ★ ~en oproepen voor *invite applications for*
sollicitatie *application*
sollicitatiebrief *letter of application*
sollicitatiecommissie *selection committee*
sollicitatiegesprek *interview for a position*; *job interview*
sollicitatieprocedure *selection procedure*
sollicitatietraining *application training*
solliciteren • naar baan dingen *apply (for)* • ~ naar ★ ~ naar moeilijkheden *look for trouble*
solo I ZN *solo* II BIJW *solo*
solocarrière *solo career*
Solomoneilanden *Solomon Islands*
solopartij *solo part*
solotoer ★ op de ~ gaan *go it alone*; *act on one's own*
solovlucht *solo flight*
solozanger *soloist*
solutie *rubber solution*
solvabel *solvent*; *sound*
solvabiliteit *solvency*; *solvability*
solvent I ZNW *solvent* II BNW *solvent*
solventie *solvency*
som • uitkomst *sum* • bedrag *sum*; *amount* • WISK. ★ een som maken *do a sum*
Somalië *Somalia*
somatisch *somatic*
somber • donker *dark*; *gloomy*; ‹v. kleur› *sombre* • bedrukt *gloomy*; *dejected*
sommeren *summon*
sommige *some*; *certain*
soms • nu en dan *sometimes*; *now and then* • misschien *perhaps* ★ als je Jan soms ziet *if you happen to see John*; *if, by any chance, you see John*
sonar *sonar*
sonarapparatuur *sonar equipment*
sonate *sonata*
sonde • peilstift *probe* • meettoestel *probe* • catheter *catheter*
songfestival *song contest*
songtekst *lyric(s)*
sonisch *sonic*
sonnet *sonnet*
sonoor *sonorous*
sonorant I ZN *sonorant* II BNW *sonorant*
soort • groep *sort*; *kind*; ‹merk› *brand* ★ 't is in zijn ~ geen slecht huis *it is not a bad house, as houses go* ★ mensen van allerlei ~ *all sorts and conditions of men* ★ ~ zoekt soort *birds of a feather flock together* ★ (een goed man) in

zijn ~ *in his way* ★ hij is van het ~ dat ... *he is of the stuff that ...* ★ 't beste boek in zijn ~ *the best book of its kind* • BIOL. *species* • iets dat lijkt op het genoemde *sort*; *kind* ★ een ~ ei *a sort of egg*
soortelijk *specific* ★ het ~ gewicht *specific gravity*
soortement *a sort/kind of*
soortgelijk *similar*
soortgenoot *one of the same kind*
soortnaam *class/generic name*
soos *club* ★ op de soos *at the club*
sop ‹v. zeep› *(soap)suds*; ‹m.b.t. zee› *blue*; *deep* ▾ het ruime sop kiezen *put/stand out to sea* ▾ 't sop is de kool niet waard *the game is not worth the candle* ▾ iem. in zijn eigen sop laten gaar koken *let s.o. stew in his own juice* ▾ het ruime sop *the open sea*
soppen • reinigen *wash* • indopen *dunk*
sopraan *soprano*
sorbet *ice-cream soda*; ‹met vruchten› *knickerbocker glory*
sorbitol *sorbitol*
sores ★ ik heb al genoeg ~ aan mijn hoofd *I have enough worries as it is*
sorry *pardon/excuse me*
sorteermachine *sorting machine*
sorteren *sort* ▾ (geen) effect ~ *be (in)effective*
sortering • het sorteren *sorting* • verscheidenheid *assortment*; *selection*
SOS *S.O.S.* ★ SOS-signaal *S.O.S. signal*; *distress call* ★ een SOS uitzenden *send (out) an S.O.S./mayday signal*
soufflé *soufflé*
souffleren *prompt*
souffleur *prompter*
soul *soul*
soundtrack *soundtrack*
souper *supper*
souperen *take/have supper*
souplesse *flexibility*; *suppleness*
sousafoon *sousaphone*
souschef *deputy head/manager*
souteneur *pimp*
souterrain *basement*
souvenir *souvenir*
souvenirwinkel *souvenir shop*
sovjet *soviet*
sovjet- *soviet*
sovjetblok *Soviet bloc*
sovjetrepubliek *Soviet Republic*
Sovjet-Unie *Soviet Union*
sowieso *in any case*; *anyhow*
spa • ® mineraalwater *mineral water* • spade *spade*
spaak *spoke* ▾ een ~ in het wiel steken *throw a spanner in the works*; *put a spoke in the wheel*
spaakbeen *radius*
spaan • spaander *chip* • schuimspaan *skimmer* ▾ er bleef geen ~ van heel *it was smashed to pieces*
spaander *chip* ▾ waar gehakt wordt, vallen ~s *you cannot make an omelette without breaking eggs*
spaanplaat *chipboard*
Spaans I ZN *Spanish* II BNW *Spanish* ★ een ~e *a*

Spanish woman ▼ ~e griep *Spanish influenza/ flu* ▼ het ging er ~ aan toe *it was a real rough-house* ▼ ~e peper *red pepper* ▼ het ~ benauwd hebben *be scared out of one's wits*
Spaanstalig *Spanish speaking*
spaaractie *savings campaign*
spaarbank *savings bank*
spaarbankboekje *savings account book; savings account*
spaarbekken *reservoir*
spaarbrander *energy-saving burner*
spaarbrief *savings certificate/bond*
spaarcenten *savings*
spaardeposito *savings deposit*
spaarder *saver*
spaarfonds *savings fund*
spaargeld *savings*
spaarlamp *energy-saving lamp*
spaarpot • busje *money-box* • spaargeld *savings* ★ een ~je aanleggen *put a little money by; save for a rainy day; lay by a little money*
spaarrekening *savings account*
spaarvarken *piggy bank*
spaarzaam *thrifty; sparing; economical* ★ hij is ~ met woorden *he doesn't waste words*
spaarzegel ⟨v. bank⟩ *savings stamp*; ⟨v. winkel⟩ *trading stamp*
spaarzin *thrift*
spacecake *space cake*
spaceshuttle *space-shuttle*
spade *spade*
spagaat *splits*; AE *split* ★ een ~ maken *do the splits*; AE *do a split*
spaghetti *spaghetti; pasta*
spaghettiwestern *spaghetti western*
spalk *splint*
spalken • verbinden *splint; put in splints* • splijten *prop open*
spam *spam*
span • trekdieren *team (of horses)* • stel ★ een aardig span *a nice couple*
spandoek *banner*
spandraad *guy*
spaniel *spaniel*
Spanjaard *Spaniard* ★ Spaanse *Spanish woman*
Spanje *Spain*
spankracht • veerkracht *elasticity* • kracht *tension*
spannen I OV WW • strak trekken *tighten; stretch*; ⟨v. net⟩ *spread*; ⟨v. spieren⟩ *strain*; FIG. *strain* ★ ge~ verhouding *strained relationship* • aanspannen ★ de paarden voor 't rijtuig ~ *harness the horses to the carriage* • uitrekken *stretch* II ONP WW ★ het zal erom ~ *it will be close*
spannend *exciting; thrilling*; ⟨v. moment⟩ *tense*
spanning • het strak getrokken zijn *tension; strain* • druk *tension; stress*; NAT. *pressure* • potentiaalverschil *tension; voltage* ★ een ~ van 220 Volt *a 220 Volts charge* • onrust *tension*; ⟨onzekerheid⟩ *suspense* ★ ~ op de arbeidsmarkt *strain on the labour market* ★ met ~ verwachten *await eagerly*
spanningsboog *voltage/current curve*
spanningscoëfficiënt *coefficient of pressure*
spanningshaard *trouble spot*; ⟨sociaal/politiek⟩ *area of dispute*
spanningsveld *area/field of tension*
spanningzoeker *test lamp; tester*
spant *rafter*
spanwijdte • overspanning *span* • vleugelbreedte ⟨v. vogel⟩ *wingspread*; ⟨v. vliegtuig⟩ *wingspan*
spar *spruce* ★ fijne spar *fir*
sparappel *fir cone*
sparen • besparen *save (up)* • verzamelen *collect* • ontzien *spare; save* ★ iemands leven ~ *spare s.o.'s life*
sparringpartner *sparring-partner*
Spartaans *Spartan*
spartelen *thrash; struggle; flounder*
spasme *spasm*; MED. *paroxysm*
spastisch • verkrampt *spastic* ★ ~e paralyse *spastic paralysis* • moeilijk doend *spastic* ★ doe toch niet zo ~ *stop acting like a spastic*
spat *speck; spot*; ⟨spetter⟩ *drop; splash* ▼ hij heeft geen spat uitgevoerd *he hasn't done a stroke of work*
spatader *varicose vein*
spatbord *mudguard*; ⟨v. auto⟩ *wing*
spatel *spatula*
spatie *space*
spatiebalk *space bar*
spatiëring *spacing*
spatietoets *space bar/key*
spatje *nip (of geneva)*
spatjes ★ ~ hebben/maken *make a fuss/trouble*; ⟨kapsones⟩ *put on airs*
spatlap *mudflap*
spatten I OV WW bespatten *splatter; splash* II ON WW spetteren *splash; splutter* ★ uit elkaar ~ *burst*
spawater ® *mineral water*
speaker • luidspreker *loudspeaker* • commentator *speaker*
specerij *spice*
specht *woodpecker*
speciaal I BNW *special; particular* II BIJW *in particular*
speciaalzaak *specialist shop*
special *special*
specialisatie *specialization; special(i)ty*
specialiseren (zich) *specialize*
specialisme *specialty; speciality*
specialist *specialist; expert*
specialistisch *specialist*
specialiteit *speciality; specialty*
specie *mortar; cement*
speciebriefje *(specified) list of specie*
specificatie *specification*
specificeren *specify; itemize*
specifiek I BNW typisch *specific* II BIJW kenmerkend *specifically; particularly*
specimen *specimen; sample*
spectaculair *spectacular; sensational*
spectrum • NAT. *spectrum* • gevarieerde reeks *spectrum; variety*
speculaas *type of spiced biscuit* ★ gevulde ~ ≈ *cake filled with almond paste*
speculaaspop ≈ *gingerbread man*
speculant *speculator*
speculatie *speculation*

sp

speculatief *speculative*
speculeren • gissingen doen *speculate; conjecture •* ECON. *speculate •* ~ op *speculate (on);* ⟨ongunstig⟩ *take advantage of; trade on*
speech *speech •* een ~ houden *make/give a speech*
speed *speed; pep pill*
speedboot *speedboat; motorboat*
speeddaten *speed dating*
speeksel *saliva; spit(tle)*
speekselklier *salivary gland*
speelautomaat *slot/gambling machine*
speelbal • bal *player's/playing ball;* ⟨biljart⟩ *cue ball •* slachtoffer *toy; plaything ★* een ~ der golven *at the mercy of the waves*
speelbank *gaming/gambling house*
speelbord *games' board*
speeldoos *music(al) box*
speelfilm *(feature) film*
speelgerechtigd *entitled to play*
speelgoed *toy(s)*
speelgoedafdeling *toy department*
speelgoedautootje *toy car*
speelgoedbeer *teddy/toy bear*
speelgoedwinkel *toy shop*
speelhal *amusement arcade;* AE *arcade*
speelhelft • helft van veld *end •* helft speelduur *half*
speelhol *gambling den*
speelkaart *playing card*
speelkameraad *playmate*
speelkwartier *break;* ⟨jonge kindren⟩ *playtime*
speelplaats *playground*
speelruimte • ruimte om te spelen *play area •* handelingsvrijheid *elbow-room; latitude ★* niet veel ~ hebben *have little room to manoeuvre •* speling *play*
speels • dartel *playful;* ⟨v. dier⟩ *frisky •* luchtig *playful; light*
speelschuld *gambling debt*
speeltafel *gambling table*
speelterrein *playground*
speeltje *toy; plaything*
speeltuin *playground; recreation area*
speelzaal • speelvertrek voor kinderen *playroom;* ⟨voor kinderopvang⟩ *nursery •* zaal voor kansspelen *gambling room/hall*
speen • fopspeen *dummy •* tepel *teat*
speenkruid *lesser celandine; pilewort*
speenvarken *sucking pig*
speer • lans *spear •* SPORT *javelin*
speerpunt • punt van speer *spearhead •* belangrijke zaak *spearhead*
speerwerpen *javelin throwing*
speerwerper *javelin thrower*
spek *bacon;* ⟨vers⟩ *pork ▼* er voor spek en bonen bij zitten *sit by doing nothing ▼* dat is geen spek(je) voor jouw bek(je) *that's not for (the likes of) you*
spekglad *very slippery; as slippery as ice*
spekken *▼* zijn beurs ~ *line one's purse*
spekkie ≈ *marshmallow*
speklap *slice/rasher of bacon*
spektakel • schouwspel *spectacle; show •* drukte *uproar; hubbub •* lawaai *racket*
spektakelstuk *pageant(ry)*

spekvet *bacon fat*
spekzool *crepe sole*
spel • bezigheid ter ontspanning *game •* speelbenodigdheden *game;* ⟨v. schaken⟩ *set ★* een spel kaarten *a deck/pack of cards •* wedstrijd *game; match ★* het spel gewonnen geven *admit defeat;* FIG. *throw in the towel ★* het is een verloren spel *it's a lost game;* FIG. *the game is up;* FIG. *it's a lost cause •* toneelstuk *play •* SPORT *speelwijze performance •* TON. *speelwijze performance; acting •* MUZ. *speelwijze playing; performance ▼* op het spel staan *be at stake ▼* vrij spel hebben *have free play ▼* op het spel zetten *risk; hazard; stake ▼* gevaarlijk spel spelen *play a dangerous game*
spelbederf *unsporting conduct (during a match)*
spelbepaler *key player*
spelbreker *spoilsport*
spelcomputer *games computer*
speld • naaigerei *pin •* haarspeld *hairpin; hair clasp •* broche *brooch;* ⟨vnl klein⟩ *pin ▼* er is geen ~ tussen te krijgen ⟨in redenering⟩ *this is water tight;* ⟨in gesprek⟩ *you can't get a word in edgeways ▼* een ~ in een hooiberg zoeken *look for a needle in a haystack*
spelden *pin*
speldenknop *pinhead*
speldenkussen *pincushion*
speldenprik • prik met speld *pinprick •* hatelijkheid *★* ~ken uitdelen *needle (s.o.)*
speldje *pin; badge; button*
spelelement *creative play; play-element*
spelen I OV WW zich vermaken (met) *play; have a game (of ...) ★* een spel ~ *play a game ★* om geld ~ *play for money •* wedstrijd aangaan *★* een wedstrijd ~ *play a game/match •* MUZ. *play •* vals ~ *play out of tune ★* viool ~ *play the violin •* iets van blad ~ *sight-read s.th. •* verplaatsen *★* de bal ~ *play/hit the ball ★* een kaart ~ *play a card •* TON. als acteur uitvoeren *play; act ★* de rol ~ van ... *play the part of ... ★* de hoofdrol ~ *play the leading part •* TON. opvoeren *perform; enact ★* de toneelvereniging speelt Hamlet *the drama society performs/enacts Hamlet •* zich voordoen als *★* de baas ~ over iem. *boss (s.o.) about; lord it over s.o. ★* aanpakken *play ★* het slim ~ *play one's cards right* II ON WW *•* luchtig bewegen *★* die gedachte blijft me door het hoofd ~ *that thought keeps running in my head •* zich afspelen *be set (in); take place (in) ★* de film speelt in een grote stad *the movie is set in a big city •* luchtig behandelen ~ *met trifle with; toy with ★* met een idee ~ *toy with an idea ★* ~ met iemands gevoelens *trifle with s.o.'s feelings ★* zij laten niet met zich ~ *they are not to be trifled with •* ~ op *gamble; speculate (on) •* SPORT wedstrijd aangaan ~ tegen *play*
spelenderwijs *without effort ★* ~ leren *learn as you go along; learn without effort*
speleoloog *speleologist; potholer*
speler *player;* ⟨toneel⟩ *actor* [v: *actress*]; ⟨gokker⟩ *gambler*
spelersbank *players'/team bench*

spelersgroep *group of players*
spelevaren ⋆ gaan ~ *go (out) boating*
spelfout *spelling mistake*
speling • tussenruimte *play* • marge *margin*; leeway ⋆ enige ~ laten *give some leeway* • gril ⋆ ~ der natuur *freak of nature*
spelleider *instructor; games/quiz master*
spellen • correct schrijven *spell* ⋆ een woord verkeerd ~ *misspell a word* • aandachtig lezen *study closely*
spelletje *game*
spelling *spelling*
spellingchecker *spell-checker*
spellinggids *spelling guide*
spellingshervorming *spelling reform*
spelmaker *key player*
spelonderbreking *interruption of play*
spelonk *cave; cavern*
spelregel *rule of the game* ⋆ zich aan de ~ s houden *stick to the rules of the game*
spelverdeler *play-maker; key player*
spenderen *spend (on)*
spenen *wean* ▾ geheel van humor gespeend *lacking all sense of humour*
sperma *sperm*
spermabank *sperm bank*
spermadonor *sperm donor*
spermatozoïde *spermatazoid*
spertijd *curfew*
spervuur *barrage*
sperwer *sparrowhawk*
sperzieboon *French bean; AE green bean*
spetter • spat *splatter* • INF. mooi persoon *dish; looker*
spetteren *splatter; sp(l)utter; ⟨met water⟩ splash*
speurder *sleuth; detective; private eye; dick*
speuren I OV WW bespeuren *detect; sense* II ON WW • opsporen *investigate; track* • onderzoeken *investigate* ⋆ ~ naar iets *hunt for s.th.*
speurhond *tracker (dog)*
speurneus • fijne neus *keen nose* • persoon *sleuth*
speurtocht *search; quest*
speurwerk *investigation; detective work*
speurzin *(keen) nose*
spichtig *lanky; weedy; ⟨v. schrift⟩ spidery*
spie • wig *wedge* • pen *pin*
spieden *spy*
spiegel • spiegelend voorwerp *mirror; looking-glass* ⋆ in de ~ kijken *look (at o.s.) in the mirror* • holle/bolle ~ *concave/convex mirror* • oppervlak *mirror* • MED. level ▾ iem. een ~ voorhouden *hold up a mirror to s.o.*
spiegelbeeld • weerkaatsing *reflection* • omgekeerd beeld *(mirror) image*
spiegelei *egg sunny side up*
spiegelen I ON WW weerkaatsen *mirror; reflect* II WKD WW • weerkaatst worden *be reflected* • ~ aan *take example/warning from*
spiegelglad *as smooth as a mirror; ⟨weg⟩ slippery; icy*
spiegeling • weerkaatsing OOK FIG. *reflection* • spiegelbeeld *mirror image*
spiegelreflexcamera *single-lens reflex camera; SLR camera*

spiegelruit *plate-glass window*
spiegelschrift *mirror writing*
spiegeltje *(small) mirror*
spiekbriefje *crib (note); AE cheat sheet*
spieken *crib; copy*
spier *muscle* ⋆ geen ~ vertrekken *not move a muscle*
spieractiviteit *muscle activity*
spieratrofie *muscular atrophy*
spierbal *muscle*
spierbundel *bundle of muscles*
spiercontractie *muscle contraction*
spierdystrofie *muscular dystrophy*
spiering *smelt* ▾ een ~ uitwerpen om een kabeljauw te vangen *set a sprat to catch a mackerel*
spierkracht *muscular strength*
spiernaakt *stark naked*
spierpijn *muscular pain; aching muscles*
spierverrekking *strained/wrenched muscle*
spierweefsel *muscular tissue*
spierwit *as white as a sheet*
spies • speer *spear; lance* • grillpen *skewer*
spietsen *spear; impale; ⟨v. vlees⟩ skewer*
spijbelaar *truant*
spijbelen *skip/cut school; play truant; AE play hook(e)y; bunk off; skive*
spijker *nail* ▾ de ~ op de kop slaan *hit the nail on the head* ▾ ~s op laag water zoeken *split straws; cavil* ▾ gloeiende ~ *pin-point of light*
spijkerbroek *jeans*
spijkeren *nail*
spijkerhard • keihard *hard as a rock* • meedogenloos *tough as nails*
spijkerjasje *denim jacket; jean(s) jacket*
spijkerschrift *cuneiform writing*
spijkerstof *denim*
spijl *⟨v. hek, kooi⟩ bar; ⟨v. hek⟩ rail; ⟨v. stoel⟩ rung; ⟨v. trapleuning⟩ baluster*
spijs • gerecht *food* • vulling *paste*
spijskaart *menu*
spijsvertering *digestion* ⋆ slechte ~ *indigestion*
spijsverteringsenzym *digestive enzyme*
spijsverteringskanaal *alimentary canal*
spijsverteringsorganen *digestive organs*
spijsverteringssysteem *digestive system*
spijt *regret; remorse* ⋆ tot mijn ~ kan ik niet komen *I regret to say I cannot come; I am sorry I cannot come* ⋆ ik heb er ~ van *I regret it* ⋆ ~ voelen over iets *feel sorry for/regret s.th.*
spijtbetuiging *expression of regret*
spijten *regret; be sorry* ⋆ het spijt me *I'm sorry* ⋆ het spijt me te moeten zeggen *I'm sorry to say; I regret to say*
spijtig *regrettable; unfortunate* ⋆ dat is erg ~ *that's a great pity*
spijtoptant *one who bitterly regrets a decision/choice made*
spikes • schoenen *spikes* • haardracht *spikes*
spikkel *fleck; speck*
spiksplinternieuw *brand new*
spil • TECHN. as *pivot; axis* • middelpunt *pivot; key figure; SPORT centre-half* ⋆ dat is de spil waar alles om draait *that is the pivot on which everything hinges*
spilkoers *central (exchange) rate*

spillebeen I zn (de) persoon *spindle-legs* II zn (het) been *spindle-leg*

spiltrap *spiral stair(case)*

spilziek *wasteful*

spin • dier *spider* • snelbinder *spinbinder* ▾ zo nijdig als een spin *as cross as two sticks*

spinazie *spinach*

spindle *spindle*

spindoctor *spindoctor*

spinet *spinet*

spinnaker *spinnaker*

spinnen I ov ww tot garen maken *spin* II on ww snorren *purr*

spinnenweb *cobweb*

spinnerij *spinning mill*

spinnewiel *spinning wheel*

spinnijdig *furious*

spin-off *spin-off*

spinrag *cobweb*

spint I zn (de) mijt *red spider (mite)* II zn (het) spinsel *web*

spion *spy*

spionage *espionage*

spionagesatelliet *spy satellite*

spioneren *spy*

spiraal • voorwerp *coil* • schroeflijn *spiral* • escalatie *spiral*

spiraalmatras *(spiral) spring mattress*

spiraaltje *I.U.(C.) D.; Intra-Uterine (Contraceptive) Device;* INF. *coil*

spiraalvormig *spiral(-shaped)*

spirit *spirit; guts; spunk*

spiritisme *spiritualism*

spiritualiën *spirits*

spiritueel • geestelijk *spiritual* • geestig *witty*

spiritus *(methylated) spirit(s)*

spiritusbrander *methylated spirit burner;* INF. *meths burner*

spiritusstel *spirit/meths burner*

spit • braadpen *spit* • MED. *lumbago*

spits I zn (de) • top *point;* (v. toren) *spire;* (v. berg) *peak; top* • SPORT *forward line;* (speler) *striker; forward* • vz. voorhoede *vanguard* ★ aan de ~ staan FIG. *be at the head of;* FIG. *be in the vanguard of* • spitsuur *rush hour* ★ ochtend/avond ~ *morning/evening rush* ▾ de zaak op de ~ drijven *force the issue* II zn (het) ▾ het ~ afbijten *bear the brunt (of the battle)* III BNW • puntig *pointed; sharp;* (spits toelopend) *tapering* ★ ~ maken *point* • slim *sharp*

Spitsbergen *Spitsbergen*

spitsen I ov ww puntig maken ★ de oren ~ *prick up one's ears* ▾ gespitst zijn op *be eager about* II WKD WW (op) *look forward to*

spitsheffing *rush-hour fee/charge*

spitsheid *sharpness*

spitskool *oxheart/conical cabbage*

spitsmuis *shrew*

spitsuur *peak hour;* (voornamelijk van drukte) *rush hour*

spitsvignet ≈ *rush-hour sticker*

spitsvondig *smart; clever; ingenious; sophisticated*

spitten *dig;* FIG. *delve; dig*

spitze *point/ballet shoes*

spleet *chink; crack; crevice*

spleetoog *slit-/slant-eye*

splijten I ov ww klieven *split; cleave* II on ww een scheur krijgen *split; crack*

splijting *splitting;* (v. atoomkern) *fission* ★ de ~ in de ... partij *the split in the ... party*

splijtstof *fissionable material;* AE *fissile material*

splijtzwam *disrupting influence; divisive element*

splinter *splinter;* (voornamelijk van glas) *sliver* ★ aan ~s slaan *smash to smithereens*

splinteren I ov ww tot splinters slaan *splinter* II on ww tot splinters breken *splinter*

splintergroep *splinter group*

splinterpartij *splinter group/party*

split *slit*

spliterwt *split pea*

splitpen *split/cotter pin*

splitrok *skirt with a slit*

splitsen I ov ww *divide;* (v. touw) *splice* ★ de weg splitste zich *the road branched off*

splitsing • scheuring (godsdienst, partij) *schism;* (partij, organisatie) *split* • plaats van splitsing *branch(ing)*

spoed *haste; speed* ★ iem. tot ~ aanzetten *hurry s.o. up* ★ met de grootste ~ *with the greatest speed; with all possible speed* ▾ haastige ~ is zelden goed *more haste, less speed; haste makes waste*

spoedbehandeling MED. *emergency treatment;* (v. zaak) *speedy dispatch*

spoedbestelling *express delivery*

spoedcursus *crash/intensive course*

spoedeisend *urgent*

spoeden (zich) *rush; speed; hasten*

spoedgeval *emergency (case)* ★ afdeling voor ~len *casualty/emergency ward*

spoedig I BNW *speedy* ★ een ~ antwoord *an early reply* ★ een ~e levering *a prompt delivery* ★ zo ~ mogelijk (z.s.m.) *as soon as possible (ASAP)* II BIJW *soon; speedily* ★ ten ~ste *as soon as possible*

spoedoperatie *emergency operation*

spoedopname *emergency admission*

spoedoverleg *urgent/emergency talks*

spoel *spool;* (v. film, tape) *reel*

spoelen I ov ww • reinigen *wash; rinse* • opwinden *reel* II on ww meegevoerd worden *wash*

spoeling *rinse;* (v. toilet) *flush*

spoelkeuken *dishwashing/washing-up kitchen*

spoelwater *rinse water*

spoelworm *round-worm*

spoiler *spoiler*

spoken I on ww *haunt;* (rondlopen) *prowl (about)* ★ jij bent al vroeg aan 't ~ *you are stirring early* II ONP WW • door spoken bezocht worden ★ het spookt daar *the house is haunted* • stormen ★ het kan op dat meer erg ~ *that lake can be very rough*

sponde *couch; bedside*

spondylitis *spondylitis*

sponning *rabbet;* (v. raam) *runway*

spons *sponge*

sponsen *sponge*

sponsor *sponsor*

sponsorcontract *sponsoring contract*

sponsoren *(be) sponsor (for)*
sponsoring *sponsoring*
sponsorloop *charity walk*
sponszwam *sponge fungus*
spontaan *spontaneous*
spontaniteit *spontaneity*
sponzenduiker *sponge-diver*
sponzig *spongy*
spook • geest *ghost; phantom* ⋆ spoken zien op klaarlichte dag *see ghosts in broad daylight* • FIG. schrikbeeld *spectre* ⋆ het ~ van de honger *the spectre of starvation* • akelig mens *horror*
spookachtig • als (van) een spook *ghost-like* • griezelig *ghostly; eerie; spooky*
spookbeeld *spectre; phantom*
spookhuis • huis *haunted house* • kermisattractie *haunted house*
spookrijder *ghost driver; phantom driver*
spookschip *phantom ship*
spookstad *ghost town*
spookverhaal *ghost story*
spoor I ZN (de) • uitsteeksel rijlaars *spur* ⋆ 'n paard de sporen geven *spur (on) a horse* • PLANTK. ⟨v. bloem⟩ *spur; ⟨spore⟩ spore* • hoornige uitwas *spur* ⋆ zijn sporen verdiend hebben *have won one's spurs* II ZN (het) • overblijfsel *sign; vestige; trace* ⋆ er is geen ~ van te vinden *not a trace of it is to be found* ⋆ sporen dragen van *bear the marks of* ⋆ sporen achterlaten *leave traces* • afdruk *track; ⟨geurspoor⟩ scent; ⟨v. voet⟩ footprint; ⟨v. wagen⟩ rut* ⋆ zijn sporen uitwissen *cover (up) one's tracks* ⋆ 'n ~ volgen *follow a track;* FIG. *follow up a clue* ⋆ het ~ bijster zijn *be off the scent* ⋆ iem. op 't ~ komen *track s.o. down* ⋆ de politie vond 'n ~ *the police found a clue* • teken *trace; mark* ⋆ geen ~ achterlaten *leave no marks behind* ⋆ sporen van het verleden *vestiges of the past* ⋆ sporen van geweld *marks of violence* • spoorweg *rail(s); track* ⋆ enkel/dubbel ~ *single/double track* ⋆ per ~ *by rail* • spoorbedrijf *railway company;* AE *railroad (company)* • geluidsspoor *track* ⋆ de zaak in 't rechte ~ brengen *straighten things out* ⋆ op dood ~ komen ⟨v. onderhandelingen⟩ *come to a deadlock*
spoorbaan *railway*
spoorbiels *sleeper*
spoorboekje *rail(way) guide; timetable*
spoorboom *level-crossing barrier(s)*
spoorbrug *railway bridge*
spoorlijn *railway line*
spoorloos *without a trace; trackless* ⋆ ~ verdwijnen *vanish into space/thin air*
spoorslags *at full speed*
spoortrein *railway train*
spoorweg *railway*
spoorwegmaatschappij *railway company;* AE *railroad (company)*
spoorwegnet *railway system*
spoorwegovergang *level crossing*
spoorwegpersoneel *railway personnel/ employees*
spoorwegpolitie *railway police*

spoorwegverbinding *railway connection*
spoorzoeken *tracking*
sporadisch *sporadic*
spore *spore*
sporen • met de trein reizen *go by rail* ⋆ een uur ~ *an hour by rail/train* • overeenkomen *agree; tally* ⋆ dat spoort niet met mijn plannen *that doesn't agree with my plans; that doesn't fit in with my plans*
sporendiertje *sporozoön*
sporenelement *trace element*
sporenplant *cryptogam*
sport • lichaamsoefening *sport* ⋆ aan ~ doen *practice a sport; go in for sports* • trede *rung;* FIG. *step* • stoelspaak *rung; crossbar*
sportaccommodatie *sports facilities/centre*
sportauto *sport(s)car*
sportblessure *sports injury*
sportbond *sports association/federation*
sportbril *protective glasses; goggles*
sportclub *sporting/sports club*
sportdag *sports day*
sportduiker *scuba diver*
sporten *exercise; play/practice a sport*
sporter *sportsman; sportswoman*
sportevenement *sporting/sports event*
sportfiets *(racing) bike*
sportfondsenbad *swimming pool financed by a sports club*
sporthal *sports hall/centre*
sportief • sport betreffend *sporty* • sportlievend *fond of sports* • eerlijk *sportsmanlike* ⋆ hij nam het erg ~ op *he took it quite well*
sportieveling *sports freak*
sportiviteit *sportsmanship*
sportjournalist *sports journalist/correspondent*
sportkeuring *sports physical*
sportkleding *sportswear; sports clothing*
sportman *sportsman*
sportnieuws *sport's/sporting news*
sportpagina *sports page*
sportschool *school for martial arts; school/ institute for the martial arts;* AE *gym*
sportuitzending *sports broadcast; sports news*
sportvissen *sport fishing*
sportvisser *angler; amateur fisherman*
sportvlieger *private/amateur pilot*
sportvliegtuig *pleasure/private aircraft*
sportwagen *sport(s)car*
sportwedstrijd *sport(ing) event*
sportzaak *sports shop;* AE *sporting goods store*
sportzaal *sport(s)/fitness centre*
spot • het spotten *mockery; ridicule; derision* ⋆ de spot drijven met *mock; poke fun at* • reclame *commercial* • lamp *spotlight*
spotgoedkoop *dirt cheap*
spotlight *spotlight*
spotnaam *nickname*
spotprent *caricature; (political) cartoon*
spotprijs *bargain/basement price* ⋆ voor 'n ~ *for a mere song*
spotten • schertsen *joke* • belachelijk maken *mock; scoff; sneer* ⋆ hij laat niet met zich ~ *he is not to be trifled with; he stands no nonsense* ⋆ ~ met iem. *mock at s.o.; deride s.o.*

* daar moet je niet mee te ~ *it's no joking/ laughing matter* • zich niet storen aan *defy* ★ 't spot met alle regels *it defies all rules*
spottenderwijs *mockingly*
spotter *mocker*
spotvogel • vogel *icterine warbler* • persoon *mocker*
spouwmuur *hollow/cavity wall*
spraak • vermogen om te spreken *speech* • manier van spreken *language*
spraakcentrum *speech centre*
spraakgebrek *speech impediment*
spraakgebruik *usage* ★ in 't gewone ~ *in common parlance*
spraakherkenning *speech recognition*
spraakkunst *grammar*
spraakles • les *voice/speech training*; ⟨voor voordracht⟩ *elocution* • logopedische behandeling *speech therapy*
spraakmakend *much discussed*; *much talked about*
spraakstoornis *speech impediment*
spraakvermogen *power of speech*
spraakverwarring *confusion of tongues* ★ Babylonische ~ *a tower of Babel*; *Babel-like confusion*
spraakwaterval *chatterbox*; ↓ *windbag*
spraakzaam *talkative*; INF. *chatty*
sprake ★ er is ~ van *there is (some) talk of it* ★ ter ~ brengen *bring up* ★ geen ~ van! *not a bit of it!* ★ daar kan geen ~ van zijn *that is out of the question* ★ 'n onderwerp ter ~ brengen *raise a subject* ★ ter ~ komen *come up* ★ het kwam zo ter ~ *it cropped up*
sprakeloos *speechless*; *dumb* ★ zij stond ~ *she was dumbfounded*; *she was struck dumb*
sprankelen *sparkle*
sprankje *spark* ★ geen ~ hoop *not a spark/ glimmer of hope*
spray *spray*
spreadsheet *spreadsheet*
spreekbeurt *speaking engagement*; *lecture*; ⟨op school⟩ *talk*
spreekbuis *mouthpiece*
spreekgestoelte *platform*; *rostrum* [mv: *rostrums, rostra*]; ⟨in kerk⟩ *pulpit*
spreekkamer *consulting room*
spreekkoor *chorus*
spreekstalmeester *ringmaster*
spreektaal *spoken language*; *vernacular*
spreekuur MED. *consulting hour(s)*; ⟨v. huisarts⟩ *surgery*; ⟨v. advocaat, e.d.⟩ *office hours*
spreekvaardigheid *fluency*
spreekverbod *ban on public speaking*
spreekwoord *proverb*
spreekwoordelijk *proverbial*
spreeuw *starling*
sprei *bedspread*; *counterpane*
spreiden • uitspreiden *spread* • verdelen over ★ risico ~ *spread the risk* ★ de vakanties ~ *stagger holidays*
spreiding • het spreiden *spreading* • verdeling ⟨vakanties⟩ *staggering*; ⟨macht, bevolking⟩ *distribution*
spreidlicht *floodlight*
spreidsprong *leg spread*

spreidstand *straddle*
spreidzit *(the) splits*
spreken I OV WW • zeggen *speak*; *talk* • gesprek hebben met ★ kan ik mijnheer A. ~? *can I see Mr A.?* ★ ik moet je eens even ~ *I want a word with you* ★ zij is voor niemand te ~ *she isn't in for anyone* • taal beheersen ★ hij spreekt Engels als een Engelsman *he speaks English like a native* II ON WW • praten *speak*; *talk* ★ met wie spreek ik? ⟨telefoon⟩ *who is that speaking?* ★ u spreekt met Z. ⟨this is⟩ Z. *speaking* ★ ~ over/tot *speak about/to* ★ spreek er met niemand over *don't mention it to anyone* ★ over zaken/'t vak ~ *talk business/shop* ★ ze ~ niet tegen elkaar *they are not on speaking terms* ★ uit ervaring ~ *speak from experience* ★ goed/kwaad ~ van *speak well/ill of* ★ van tennis gesproken *speaking of tennis* ★ van zich doen ~ *be in the news*; *make one's mark* • zich uiten *speak* • duidelijk uitkomen ★ de feiten ~ voor zichzelf *the facts speak for themselves* ★ daaruit spreekt zijn onkunde *that reveals his ignorance* ★ dat spreekt boekdelen *that speaks volumes* ★ dat spreekt vanzelf *that speaks for itself*; *that goes without saying* ▼ ~ is zilver, zwijgen is goud *speech is silver, silence is golden* ▼ ik ben slecht te ~ over hem *I'm annoyed with him*
sprekend I BNW • met spraak *speaking*; *talking* ★ ~e film *talking picture* • veelzeggend *clear* ★ ~e cijfers *telling figures* • treffend ★ ~ voorbeeld *striking example* II BIJW ★ hij lijkt ~ op zijn vader *he is the spitting image of his father*; *he looks exactly like his father*
spreker • woordvoerder *speaker* • redenaar *speaker*; ↑ *orator*
sprenkelen *sprinkle*
spreuk *motto*; *aphorism*; ⟨spreekwoord⟩ *proverb*
spriet • halm *blade (of grass)* • voelhoorn *antenna* [mv: *antennae*]; *feeler* • dun meisje *beanpole*
sprietig • lang en mager *lanky* • met sprieten ⟨haar⟩ *wispy*; *straggly*
springbak *jumping pit*
springbok • antilope *springbok* • SPORT gymnastiektoestel *vaulting buck*
springconcours *show jumping contest*
springen • zich in de lucht verheffen *spring*; *jump*; *leap*; ⟨met polsstok⟩ *vault* ★ over een sloot ~ *leap/clear a ditch* ★ op de fiets ~ *jump on the bike* • barsten *burst*; ⟨v. band, ketel⟩ *burst*; ⟨v. huid, lippen⟩ *chap*; ⟨v. snaren⟩ *snap* ★ het glas is gesprongen *the glass has cracked* ★ een rotsblok laten ~ *blast a rock* • ontploffen *explode*; ⟨v. ketel⟩ *blow out* ★ een mijn laten ~ *detonate a mine* • bankroet gaan *break* ★ op ~ staan FIG. *be on the verge of bankruptcy* ▼ ze staan er om te ~ *they are crying out for it* ▼ om uit je vel te ~ *enough to blow your top*
springerig *jittery* ★ ~ haar *wiry hair*
spring-in-'t-veld *madcap*; *madhead*
springlading *explosive charge*
springlevend *alive and kicking*; *very much alive*

springmatras *spring mattress*
springnet *jumping net*; ⟨bij brand⟩ *jumping sheet*
springpaard • paard *jumper* • turntoestel *long/vaulting horse*
springplank *springboard*
springschans *ski jump*
springstof *explosive*
springstok *(vaulting) pole*
springtij *spring tide*
springtouw *skipping rope*
springveer ⟨v. slot⟩ *spring*; ⟨v. matras, e.d.⟩ *box spring* ⋆ springveren matras *sprung mattress*
springvloed *spring tide*
sprinkhaan *locust*; *grasshopper*
sprinkhanenplaag *plague of locusts*
sprinkler *sprinkler*
sprinklerinstallatie *sprinkler system*
sprint *sprint*
sprinten *sprint*; *put on a spurt*
sprinter • persoon *sprinter*; *short distance runner* • trein *kind of fast train*
sproeiapparaat *sprinkler*
sproeien *water*; *sprinkle*; ⟨tegen ongedierte⟩ *spray*
sproeier • sproeitoestel *sprinkler*; *sprayer*; ⟨op fles⟩ *spray nozzle* • TECHN. *nozzle*
sproeikop *sprinkler nozzle*
sproeimiddel *spray*
sproeivliegtuig *spray plane*; ⟨gewassen⟩ *crop sprayer/duster*
sproet *freckle*
sprokkelen *gather wood*; FIG. *collect*; *glean*
sprokkelhout *dead wood*
sprong *jump*; *leap* ⋆ een ~ maken *make/take a leap*; ⟨met paard⟩ *take a jump* ⋆ met een ~ at a bound* ⋆ met ~en *by leaps and bounds* ⋆ de ~ wagen FIG. *take the plunge* ▾ een ~ in 't duister doen *take a leap in(to) the dark*
spronggewricht *tarsal joint*
sprongsgewijs *abrupt*
sprookje *fairy tale* ⋆ ~ van Moeder de Gans *a tale from Mother Goose*
sprookjesachtig *fairy-tale like*
sprookjesboek *book of fairy tales*
sprookjesfiguur *fairy-tale character*
sprookjesprins *fairy-tale prince*
sprookjesprinses *fairy-tale princess*
sprookjeswereld *fairyland*; *wonderland*
sprot *sprat*
spruit • groente *Brussels sprout* • uitloper *sprout*; *shoot* • kind *sprig*; *sprout*
spruiten • ontspruiten *spring/descend from* • loten krijgen *sprout*; *shoot*
spruitjes *(Brussels) sprouts*
spruitstuk *branch pipe*
spruw *thrush*
spugen • speeksel uitspugen *spit* • braken *throw up*; *vomit*; *be sick*; INF. *spew* ⋆ alles onder ~ *be sick all over the place*
spuien • lozen *sluice*; *drain (off)* • uiten *unload*; *spout*; *get (s.th.) off one's chest*
spuigat *scupper(hole)* ▾ dat loopt de ~en uit *it passes all bounds*
spuit • werktuig *squirt*; ⟨tegen insecten⟩ *sprayer*; ⟨bij brand⟩ *fire engine*; ⟨voor verf⟩

spray gun • injectiespuit *needle*; *syringe* • injectie *injection* ⋆ de hond een ~je laten geven *have the dog put to sleep*
spuitbus *spray (can)*
spuiten I OV WW • naar buiten persen *spout*; *spurt*; *squirt* • bespuiten *spray*; ⟨verf⟩ *spray(-paint)* • injecteren *inject*; ⟨v. drugs⟩ *shoot* II ON WW • te voorschijn komen *spurt*; *squirt*; ⟨v. walvis⟩ *blow* • drugs gebruiken *shoot*; *be an addict*; INF. *be on shit/use shit*
spuiter • spuitende opening of bron *spouter*; *gusher* • iem. die gewassen bespuit *sprayer* • druggebruiker *hype*; *junkie*
spuitfles *siphon*
spuitgast *hoseman*
spuitwater *soda(-water)*
spul • goedje *stuff* ⋆ raar spul *strange stuff* • benodigdheden *gear*; *things*; ⟨kleren⟩ *gear*; *togs*
spurt *spurt*
spurten *spurt*; *sprint*
sputteren • pruttelen, spetteren *sp(l)utter* • morren *mutter* ⋆ ~ tegen iem. *grumble at s.o.*
sputum *sputum*
spuug *spittle*; *saliva*
spuuglelijk *ugly as sin/hell*
spuugzat ▾ iets ~ zijn *be sick and tired of s.th.*; *be sick to death of s.th.*
spuwen • spugen *spit*; *spew* • uitbraken *vomit*; *spew*
squadron *squadron*
squash *squash*
squashbaan *squash court*
squashen *play squash*
squaw *squaw*
Sri Lanka *Sri Lanka*
Sri Lankaans *Sri Lancan*
sst *(s)hush*; *ssh*
staaf *rod*; ⟨als afsluiting, e.d.⟩ *bar*
staafdiagram *histogram*
staaflantaarn BE *torch*; AE *flashlight*
staafmixer *hand blender*
staak • stok *stake*; *pole* • persoon *beanpole*
staakt-het-vuren *ceasefire* ⋆ een ~ afkondigen *declare a ceasefire*
staal • materiaal *steel* • MED. *iron* • monster *pattern*; *sample*
staalarbeider *steelworker*
staalblauw *steel/sky blue*
staalborstel *wire brush*
staalconstructie *steel construction*
staaldraad *steel wire*
staalerts *high-grade iron ore suitable for making steel*
staalindustrie *steel industry*
staalkaart *pattern card*; FIG. *sampling*
staalkabel *steel cable*
staalwol *steel wool*
staan • rechtop staan *stand* ⋆ gaan ~ *stand up* ⋆ ~ te kijken *stand/be looking* ⋆ achter iem. ~ *stand behind s.o.*; FIG. *back s.o. up* ⋆ naast elkaar gaan ~ *stand side by side, line up* • stilstaan ⋆ tot ~ brengen *bring to a stand(still)*; ⟨v. ontwikkeling⟩ *arrest*; ⟨v. vijand⟩ *halt* ⋆ blijf ~ *stop* • opgetekend zijn

st

★ wat staat er in de brief? *what does the letter say?* • passen *look*; *suit* ★ die kleur staat er niet bij *this colour clashes* ★ dat staat hier heel goed bij *that goes very well with this* • aanwijzen *read*; *show* ★ de teller stond op 100 *the speedometer read 100* • zijn ★ hoe staat het ermee? *how do matters stand?*; *how's life?* ★ er slecht voor ~ *be in a bad position/way* ★ zijn snor laten ~ *grow a moustache* ★ de oogst stond er goed bij *the crop looked promising* ★ je moet weten waar je staat *you must know your place* ★ sterk ~ *be in a strong position* ★ nu de zaken zo ~ in *the present state of affairs* ★ laat dat ~ *leave it alone* ★ hij liet zijn eten ~ *he did not touch/finish his meal* ★ boven iem. ~ *be above s.o.* ★ daar ~ zij buiten *that has nothing to do with them* ★ hoe staat het met Jan? *how about John?* ★ dit geval staat op zichzelf *this is an isolated case* ★ zeggen waar het op staat *speak plainly* ★ de zaak staat er goed voor *things are looking well* ★ voor iets/iem. ~ FIG. *stand by s.th./s.o.* ★ verdedigen ★ voor zijn overtuiging ~ *stick to one's principles* • betekenen *stand for* ★ m staat voor mannelijk *m stands for masculine* ★ F staat voor Fahrenheit *F. stands for Fahrenheit* • ~ tot ★ 2 staat tot 4 als 5 staat tot tien *2 is to 4 as 5 is to 10* • bezig zijn ★ zij staat te lachen *she's laughing* ★ we ~ hier al een uur te wachten *we've been waiting here for an hour* ★ hij stond ervan te kijken *he was flabbergasted* • op het punt staan om *be about/ready to* ★ de brug staat op instorten *the bridge is about to collapse* ★ hij staat op springen ⟨m.b.t. wc⟩ *he desperately needs to go* • eisen *insist on* ★ wij ~ erop dat je komt *we insist on your coming* ★ zij stond erop te betalen *she insisted on paying* ★ ik sta op mijn recht *I stand/insist on my right* ★ hij staat erg op... *he is a great stickler for...* ★ dat komt te ~ op 5 euro *that works out at five euro's* ★ er staat boete/straf op *it is liable to a fine/punishment* ★ er staat een gevangenisstraf op *it carries a jail sentence* • geconfronteerd worden met ★ hij staat voor niets *he'll stop at nothing* ★ hij staat er alleen voor *he is all on his own* ★ voor een moeilijke opgave ~ *be faced with a difficult problem* ▼ laat ~ dat *let alone this* ★ hij staat voor niets *he stops at nothing* ▼ wat staat ons te doen? *what do we do next?*
staand ★ ~e lamp *standard lamp* ★ zich ~e houden *keep one's foothold*; FIG. *stand one's ground* ★ ~e klok *long-case clock* ★ ~ leger *standing army* ★ ~e receptie *stand-up reception* ▼ iem. ~e houden *stop s.o.* ▼ iets ~e houden *maintain*
staande *during* ★ ~ de vergadering *during the meeting*
staander *standard*
staanplaats • plaats waar men moet staan ⟨op tribune e.d.⟩ *standing room* • geen ~ en *no standing* ★ ~en 10 euro *standing 10 euro's* • standplaats ⟨op markt⟩ *stand*; ⟨v. taxi⟩ *taxi rank*

staar *cataract* ★ grauwe ~ *cataract*
staart • BIOL. *tail* • haarstreng *pigtail* • uiteinde *tail(end)* • nasleep *aftermath* ▼ met de ~ tussen de benen afdruipen *slink off with the tail between one's legs*
staartbeen *tail bone*
staartdeling *long division*
staartstuk *tailpiece*; ⟨vliegtuig⟩ *tail*
staartvin *tail fin*; ⟨v. een walvis⟩ *fluke*
staat • toestand *condition*; *state* ★ de ~ van beleg afkondigen *proclaim martial law* ★ in goede ~ zijn *be in good condition* ★ in ~ van beschuldiging stellen *indict* ★ rijk *state*; ⟨in proces⟩ *Crown* ★ de Staat der Nederlanden *the kingdom of the Netherlands* ★ de Verenigde Staten van Amerika *the United States of America* ★ regering ★ Provinciale Staten *Provincial States*; ≈ *County Council* • gelegenheid ★ in ~ stellen *enable* ★ in/niet in ~ zijn te betalen *be able/unable to pay* ★ tot alles/niets in ~ zijn *be capable/incapable of anything* • lijst *list* ★ ~ van dienst *record (of service)* ▼ ~ maken op *rely on*
staathuishoudkunde *political economy*
staatkunde *politics*
staatkundig *political*
staatsaanklager *public/Crown prosecutor*
staatsbedrijf *government undertaking*
staatsbelang *state/national interest*
staatsbestel • bestuur *government* • inrichting *constitution (of the state)*
staatsbezoek *state visit*
Staatsblad ≈ *Government Gazette* ★ in het ~ opnemen *publish in the Government Gazette*
staatsbosbeheer *Forestry Commission*
staatsburger *citizen*
staatsburgerschap *citizenship*
Staatscourant ≈ *Government Gazette* ★ In de ~ opnemen *publish in the Government Gazette*
staatsdienst *public service* ★ in ~ zijn *hold office under the Government*
staatsdomein *national domain*
staatsdrukkerij *State printing office*; BE *Her Majesty's Stationary Office*
staatseigendom I ZN (de) ⟨het toebehoren aan de staat⟩ *public ownership* **II** ZN (het) ⟨zaak⟩ *public/state property*
staatsexamen *state examination*; ⟨voor universiteit⟩ *matriculation* ★ ~ doen *sit for a state exam*; ⟨voor universiteit *sit for a university entrance examination*
staatsgeheim *state secret*
staatsgreep *coup d'état*
staatshoofd *head of state*
staatsie *state*; *pomp*; *ceremony*
staatsieportret *official portrait*
staatsinrichting • staatsbestuur *form of government*; *constitution* • leervak *civics*
staatskas *treasury*; BE *Public Exchequer*
staatslening *state/government loan*
staatsloterij *state/national lottery*
staatsman *statesman*
staatsorgaan *state organization*; *public body*
staatspapier *government paper/stock/securities*
staatsprijs *official/state/national prize*
staatsrecht *constitutional law*

staatsrechtelijk *constitutional*
staatsschuld *national debt*
staatssecretaris *State Secretary*
staatsvorm *constitution; polity; form of government*
staatswege ★ van ~ *by authority of the state; on behalf of the state*
stabiel *stable*
stabilisatie *stabilization*
stabilisator *stabilizer*
stabiliseren *stabilize*
stabiliteit *stability*
stacaravan *site caravan*
stad • woonplaats *town;* ⟨grote stad⟩ *city* ★ de stad in gaan *go into town* ★ buiten de stad *in the country* • stadsbevolking *town* ★ de hele stad weet 't *it's the talk of the town* ▾ stad en land aflopen voor iets *search/scour the highways and byways for s.th.*
stadgenoot *fellow townsman* [v: *fellow townswoman*]
stadhouder *stadtholder*
stadhuis *town hall*
stadion *stadium* [mv: *stadiums*]
stadium *stage; phase*
stads *urban; town; city* ★ ~e manieren *city ways*
stadsbeeld *townscape*
stadsbestuur *city/town council*
stadsbus *local/town/city bus*
stadsgezicht *city/townscape*
stadskern *town/city centre;* AE *downtown*
stadskind *city/urban child;* ⟨stad⟩ *city boy/girl*
stadslicht *parking light; sidelight*
stadsmens *townsman;* AE *urbanite*
stadsrecht *(each of the) rights and privileges of a municipal corporation*
stadsreiniging *sanitation department*
stadsschouwburg *municipal theatre*
stadsvernieuwing *urban renewal*
stadsverwarming *district heating*
stadswapen • wapen *city/town (coat of) arms* • zegel *city/town seal*
staf • stok *staff;* ⟨toverstaf⟩ *wand;* ⟨v. bisschop⟩ *crosier* • leiding *staff;* ⟨wetenschappelijke staf⟩ *faculty* ★ generale staf *the general staff* ▾ de staf breken over iets/iem. *condemn s.th./ s.o.*
stafchef *chief of staff*
staffunctie *staff management post/position*
stafkaart *ordnance (survey) map*
staflid *staff member; member of staff*
stafylokok *staphylococcus*
stag *stay*
stage *work placement;* ⟨school⟩ *teaching practice*
stagebegeleider *(on-the-job) trainee supervisor*
stagediven *stage dive*
stageld *stallage*
stageplaats *trainee post*
stagiair *trainee; apprentice*
stagnatie *stagnation*
stagneren *stagnate*
stahoogte *headroom*
sta-in-de-weg *obstacle*
staken I ov ww ophouden met *stop; cease;*

⟨voor korte tijd⟩ *suspend* ★ staakt het vuren! *cease fire!* II on ww • werk neerleggen *go on strike* • gelijkstaan ★ de stemmen ~ *the votes are equally divided*
staker *striker*
staking • het ophouden met iets *suspension* • werkstaking *stoppage (of work); strike* ★ in ~ zijn *be out (on strike)* ★ tot ~ oproepen *call out (on strike)*
stakingsbreker *strike breaker;* PEJ. *blackleg*
stakingsgolf *wave of strikes*
stakingsleider *strike leader*
stakingsrecht *right to strike*
stakingsverbod *ban on strikes; prohibition of strikes*
stakker *poor devil/soul*
stal *stable;* ⟨v. koeien⟩ *cowshed;* ⟨v. schapen⟩ *(sheep) fold;* ⟨v. varkens⟩ *pigsty* ★ op stal zetten *stable; put in the stable* ▾ iets van stal halen *dig s.th. up again; reinstate*
stalactiet *stalactite*
stalagmiet *stalagmite*
staldeur *stable door*
stalen • van staal *steel* • zeer sterk ⟨v. geheugen⟩ *tenacious* ★ ~ zenuwen *nerves of steel* ★ met een ~ gezicht *(as) cool as a cucumber; stony-faced*
stalinisme *Stalinism*
staljongen *stable-boy*
stalken *stalk*
stalker *stalker*
stalknecht *groom*
stallen ⟨v. auto⟩ *garage* ★ zijn fiets ~ *put away one's bicycle*
stalles *stalls*
stalletje *stall; stand*
stalling ⟨v. auto's⟩ *garage;* ⟨fiets⟩ *shelter;* ⟨buiten⟩ *bicycle racks*
stam • PLANTK. boomstam *stem;* ⟨v. boom⟩ *trunk* • geslacht *stock* • volksstam *tribe* • TAALK. *stem*
stamboek ⟨v. paarden⟩ *stud book;* ⟨v. persoon⟩ *genealogical register;* ⟨v. vee⟩ *herd book*
stamboekvee *pedigree cattle*
stamboom *genealogical/family tree; pedigree*
stamboomonderzoek *genealogical research*
stamcafé *local; joint;* AE *hangout*
stamelen I ov ww hakkelend zeggen *stammer* II on ww gebrekkig spreken *falter; stammer*
stamgast *regular (customer)*
stamhoofd *tribal chief*
stamhouder *son and heir; family heir*
stamkaart ⟨zakelijke gegevens⟩ *index/data/ documentation card;* ⟨persoonlijke gegevens⟩ *registration card*
stamkroeg *local; joint;* AE *hangout*
stammen *stem (from)* ★ dit stamt uit de tijd dat *this dates from the time when*
stammenoorlog *(inter)tribal war*
stampen I ov ww fijnmaken *pound;* ⟨v. aardappels⟩ *mash* ▾ in elkaar ~ *knock together* ▾ iets uit de grond ~ *knock up s.th.* ▾ een les erin ~ *cram up a lesson* II on ww • dreunend stoten ⟨v. machine⟩ *thump;* ⟨v. schip⟩ *pitch* • stampvoeten *stamp*
stamper • werktuig *stamper; pounder;* ⟨v.

vijzel *pestle*; ⟨voor puree⟩ *masher* • BIOL.
pistil
stampij *uproar*; *din*; *hubbub* ★ ~ over iets
maken *raise hell*; *kick up a row*
stamppot *hotchpotch*
stampvoeten *stamp one's foot|feet*
stampvol *crowded*; *packed (full)*
stamroos *standard rose*
stamtafel *table for regulars*
stamvader *ancestor*
stamverwant I ZN *kinsman|-woman* II BNW
cognate
stand¹ • houding *posture*; *bearing*;
⟨gymnastiek⟩ *position* • maatschappelijke
rang *rank*; *station*; *standing* ★ boven zijn
stand leven *live beyond one's means* ★ zijn
stand ophouden *keep up one's position*
★ lagere/hogere standen *lower|upper classes*
★ beneden/boven zijn stand trouwen *marry
beneath|above one* ★ op goede stand *in good
position|neighbourhood* • bestaan ★ tot stand
brengen *bring about*; *achieve* ★ in stand
blijven *survive*; *endure* ★ in stand houden
maintain • toestand *state*; ⟨v. water,
barometer⟩ *height*; ⟨v. maan⟩ *phase* ★ de
stand van zaken *the state of affairs* ★ de
burgerlijke stand *registry office* ★ stand
houden *make a stand*; *hold out* ★ dat houdt
geen stand *that will not last* ★ de stand van
de gewassen *the condition of the crop*
• uitkomst, score *score* ★ de stand is 3-0 voor
Manchester *Manchester is leading 3-0* ★ de
eindstand is 3-0 voor Ajax *the final score is 3-
0 to Ajax*
stand² ⟨zeg: stend⟩ *stand*
standaard • houder *stand* • vaandel *standard*;
banner • maatstaf *standard*; *norm*
• vastgestelde eenheid *standard*
• muntstandaard *standard* ★ de gouden ~ *the
golden standard*
standaardafwijking *standard deviation*
standaardformaat *standard size*
standaardisatie *standardization*
standaardiseren *standardize*
standaardtaal *standard language*
standaarduitrusting *standard equipment|gear*
standaardwerk *standard work|book*
standbeeld *statue*
stand-by *standby*
standenmaatschappij *class-based|class(-ridden)
society*
standhouden • niet wijken *hold out*; *stand
firm*; ⟨overeind⟩ *stand up* • blijven bestaan
persist
stand-in *stand-in*
standing *standing*
standje • houding *position* • berisping
scolding; *talking to* ★ iem. een ~ geven
rebuke s.o.; *give s.o. a talking-to* • persoon
★ een opgewonden ~ *short-tempered person*
standplaats • vaste plaats *stand*; ⟨taxi⟩ *taxi
rank*; ⟨op markt⟩ *stall* • vestigingsplaats ⟨v.
ambtenaar⟩ *station*; *post*; ⟨v. predikant⟩
living
standpunt *standpoint*; *point of view* ★ 'n ~
innemen *take a view|position*

standrecht *summary justice*
stand-up comedian *stand-up comedian*
standvastig • onveranderlijk *constant*
• volhardend *firm*; *steadfast*
standwerker *hawker*
stang • staaf *rod*; *bar*; ⟨v. fiets⟩ *crossbar* • bit
bridle-bit
stangen *needle*; *rile*
stank *stench*; *bad|foul smell*
stankoverlast *odour nuisance*
stanleymes ® *Stanley knife|blade*
stansen *punch*
stanza *stanza*
stap • pas *step*; *footstep* ★ stap voor stap *step by
step*; FIG. *little by little* ★ een stap doen *take a
step* ★ bij iedere stap *at every step*
• maatregel *step*; *measure* ★ stappen
ondernemen tegen iem. *take steps|action
against s.o.* ▼ stap voor stap *step by step* ▼ een
stap in de goede richting doen *take a step in
the right direction*; *take a step forward* ▼ ik zal
er geen stap voor verzetten *I won't lift a
finger for it*
stapel I ZN • hoop *pile*; *stack*; *heap* • SCHEEPV.
stellage ★ een schip van ~ doen lopen
launch a ship ★ een schip op ~ zetten *lay
down a ship* ▼ op ~ staan *be on the stocks*
▼ een project op ~ zetten *launch a project*
▼ alles liep vlot van ~ *everything passed off
without a hitch* II BNW *crazy* ★ ben je ~? *are
you crazy?* ★ ~ zijn op *be crazy about*
stapelbed *bunk bed*
stapelen *pile (up)*; *stack*; *heap*
stapelgek *stark raving mad*; *bonkers* ★ ~ op
iem. zijn *to be madly in love (with s.o.)* ★ het
is om ~ van te worden *it's enough to drive
you mad*
stapelwolk *cumulus*
stappen • lopen *step*; *walk* • stap zetten ★ uit
de auto ~ *get out of the car* ★ op de bus ~ *get
on the bus* ★ op de fiets ~ *get on the bicycle*
• uitgaan *go out for a drink* ▼ gaan ~ *go out
on the town* ▼ ik stap eruit *I quit* ▼ eruit ~
quit ▼ ergens overheen ~ *let s.th. pass*
stapsgewijs *step by step*; *gradually*; *bit by bit*
stapvoets *at walking pace* ★ ~ rijden ⟨op
verkeersbord⟩ *(drive) dead slow*
star • stijf *stiff*; *frozen*; ⟨v. blik⟩ *fixed* • rigide
rigid
staren *stare*; ⟨nadenkend staren⟩ *gaze*
start • het vertrekken *start*; ⟨v. raket⟩ *blast-off*;
⟨v. vliegtuig⟩ *take-off* ★ van ~ gaan *be off*
• vertrekpunt *start*; *starting point* • begin
start
startbaan *runway*
startbewijs *starting permit*
startblok *starting block*
starten I OV WW in gang zetten *start* II ON WW
• op gang komen *start* • vertrekken *start*;
SPORT *be off*; ⟨v. vliegtuig⟩ *take off*
starter *starter*
startgeld *participation fee*
startkabel *jump lead*; AE *jumper cable*
startkapitaal *starting capital*; *seed|initial capital*
startklaar *ready to start*; ⟨vliegtuig⟩ *ready for
take-off*

startmotor *starter (motor)*
startnummer *number*
startonderbreker *immobiliser*
startpagina *homepage*
startschot *starting shot*
startsein *starting signal; go ahead;* FIG. *go ahead; green light* ▼ het ~ tot iets geven *give the go ahead/starting signal*
startverbod *ban (from the race)*
Star Wars *Star Wars*
Statenbijbel *(Dutch) Authorized Version*
statenbond *confederation*
Staten-Generaal *States General*
statie *station of the Cross*
statief *stand; tripod*
statiegeld *deposit*
statig • waardig *stately* • plechtig *solemn*
station *railway/station*
stationair • stilstaand *stationary* • onveranderlijk ★ ~ lopen *tick over; idle*
stationcar *estate car;* AE *station car/wagon*
stationeren *station*
stationschef *station master*
stationshal *(main) concourse; station hall*
stationsplein *station square*
stationsrestauratie *station buffet*
statisch *static*
statisticus *statistician*
statistiek • wetenschap *statistics* • tabel *statistics;* ⟨officieel⟩ *returns*
statistisch *statistical*
status • staat *status* • MED. *case history* • sociale positie *social status*
status aparte *status apart*
statusbalk *status bar*
status-quo *status quo*
statussymbool *status symbol*
statutair *statutory* ★ ~ vastgesteld *in accordance with the articles of association*
statutenwijziging *amendment to the articles of association;* AE *amendment to the bye-laws*
statuut • grondreglement ★ statuten ⟨v. maatschappij⟩ *articles of association;* ⟨v. vereniging⟩ *regulations* • voorschrift *statute; charter*
staven • bewijzen *substantiate* ★ met bewijzen ~ *substantiate/document s.th.* • bekrachtigen *support; corroborate; confirm*
staving *substantiation*
steak *steak*
stedelijk • van de stad *municipal* • stads *urban*
stedeling *townsman/woman*
stedenbouw *urban development*
stedenbouwkunde *urban development; town planning*
steeds I BNW van de stad *townish* II BIJW • telkens *again and again* ★ ~ later *later and later* ★ de pijn komt ~ terug *the pain returns again and again* ★ ze probeerde het ~ opnieuw *she kept trying all over again* • altijd *always; all the time; continually* ★ ~ de uwe *ever yours* • bij voortduring *increasingly* ★ nog ~ *still* ★ ~ moeilijker *more and more/ increasingly difficult* ★ ~ toenemend *ever increasing*
steeg *alley(way); lane*

steek • stoot met iets scherps ⟨v. insect⟩ *sting;* ⟨v. mes, dolk⟩ *stab;* ⟨v. zwaard⟩ *thrust* • hatelijkheid *dig; thrust* • pijnscheut *pang;* ⟨in de zij⟩ *stitch* • lus, maas *stitch* ★ een ~ laten vallen *drop a stitch* • hoed *three-cornered hat; cocked hat* • platte po *bedpan* • spitdiepte *spit* ▼ geen ~ uitvoeren *not do a stroke of work* ▼ een ~ onder water *sly dig* ▼ iem. een ~ in de rug geven *stab s.o. in the back* ▼ hij liet ons in de ~ *he left us in the lurch; he let us down* ▼ die auto liet hem nooit in de ~ *that car never failed him*
steekhoudend *sound; valid*
steekpartij *knifing*
steekpenningen *bribes* [meestal mv]; *kickbacks; payoff* ★ ~ aannemen *take a bribe*
steekproef *random/spot check;* ⟨sociaal wetenschappelijk⟩ *random sample survey*
steeksleutel ⟨voor moer, e.d.⟩ *open-end spanner;* ⟨voor slot⟩ *picklock*
steekspel • riddertoernooi *joust* • discussie *sparring match* ★ politiek ~ *political fencing/ sparring*
steekvlam *tongue/jet of flame*
steekwagen *(sack) barrow/truck*
steekwapen *pointed weapon*
steekwond *stab wound*
steekwoord *catchword*
steekzak *slit-pocket*
steel • stengel *stem* • handvat *handle*
steelband *steel band*
steeldrum *steel drum*
steelguitar *steelguitar; Hawaiian guitar*
steelpan *skillet; saucepan*
steels *stealthy*
steen I ZN (de) • stuk steen *stone* • bouwsteen ⟨baksteen⟩ *brick;* ⟨natuursteen⟩ *stone* ★ de eerste ~ leggen *lay the first stone* • speelstuk ⟨dobbelsteen⟩ *die* [mv: *dice*]; ⟨damsteen⟩ *piece;* ⟨dominosteen⟩ *domino* ▼ de ~ des aanstoots *the stumbling block* ▼ al gaat de onderste ~ boven *come what may* ▼ ~ en been klagen *complain bitterly;* INF. *bellyache* II ZN (het) gesteente *stone*
steenarend *golden eagle*
steenbok *ibex*
Steenbok *Capricorne*
steenbokskeerkring *tropic of Capricorn*
steenboor • boor voor gaten in steen *masonry drill/bit* • boor voor bodemonderzoek *stone/ rock drill*
steendruk *lithography*
steengoed I ZN *stoneware* II BNW *fantastic; great; super*
steengrillen *stone grilling; cooking on heated stones*
steengroeve *quarry*
steenhard *rock hard;* FIG. *as hard as nails*
steenhouwer • bewerker *stonemason* • arbeider *stonecutter*
steenkool *coal*
steenkoolengels *broken English*
steenkoolindustrie *coal industry*
steenkoolmijn *coal mine/pit*
steenkoolproductie *coal production*
steenkoud • zeer koud *stone/freezingcold*

• ongevoelig *stony*; *ice-cold*
steenoven *brickkiln*
steenpuist *boil*
steenrijk *immensely rich|wealthy*; INF. *filthy rich*
steenslag • wegmateriaal *roadmetal* • vallend gesteente *broken stones*; *rubble*
steentijd *Stone Age*
steenuil *little owl*
steenworp ▾ op een ~ afstand van *at|within a stone's throw from*
steeple-chase *steeplechase*
steevast *regular*
steiger • werkstellage *scaffolding* ★ in de ~s staan *be in scaffolding* • aanlegplaats *landing stage*
steigeren • op achterste benen gaan staan *rear* • protesteren *get up on one's hind legs*
steil • sterk hellend *steep*; ⟨erg steil⟩ *precipitous* • star *rigid*; *uncompromising* ★ ~ in de leer *dogmatic*
steilschrift *upright writing*
steilte • het steil zijn *steepness* • helling *precipice*
stek • plantendeel *cutting* • vaste plek *niche*; *hangout*
stekeblind *stone-blind*
stekel *prickle*; ⟨v. egel⟩ *quill*
stekelbaars *stickleback*
stekelhaar *crew cut*
stekelig • met stekels *prickly* • bits *caustic*; *sharp* ★ ~ doen *be sarcastic*
stekelrog *thornback*
stekelvarken *porcupine*
steken I OV WW • treffen ⟨met mes⟩ *stab*; ⟨v. insect⟩ *sting*; ⟨met naald⟩ *prick* ★ iem. een mes tussen de ribben ~ *put a knife between s.o.'s ribs* • grieven *sting* ★ dat steekt me *that stings me* • in bepaalde plaats/toestand brengen ★ zich in de schulden ~ *incur debts* ★ hij stak het bij zich/in zijn zak *he put it in his pocket* • de stekker in het stopcontact ~ *put the plug into the socket*; *plug in* • uitspitten *dig* ★ zoden ~ *cut sods* II ON WW • pijnlijk zijn ⟨v. likdoorn⟩ *shoot*; ⟨wond⟩ *sting*; ⟨v. zon⟩ *burn* • vastzitten ★ daar steekt geen kwaad in *there is no harm in it* ★ blijven ~ in ... *get stuck in ...*; *get bogged down in ...* ★ in zijn woorden blijven ~ *be stuck for words* ▾ daar steekt iets achter *there is s.th. behind it*
stekje • afgesneden takje *cutting* • favoriet plekje *hangout*
stekken *slip*
stekker *plug*
stekkerdoos *multiple socket*
stel I ZN (de) ▾ op stel en sprong *off-hand*; *right away*; *immediately*; *then and there* II ZN (het) • aantal *couple*; *lot* ★ dat is (ook) een mooi stel IRON. *a fine lot they are* ★ er waren een heel stel klanten *there were quite a few customers* • set *set* ★ zij heeft 'n goed stel hersens *she has a good brain* ★ stel kleren *set of clothes* • paar *couple* ★ 'n aardig stel *a nice couple*
stelen *steal* ▾ ~ als de raven *have sticky fingers*

▾ een kind om te ~ *a duck of a child* ▾ hij kan me gestolen worden *I'm better off without him*; *I prefer his room to his company*
stellage • steiger *scaffolding* • opbergruimte *rack*
stellen • zetten, plaatsen *place*; *put*; ⟨v. machine⟩ *erect* ★ ~ boven... *put before...* ★ iem. in het gelijk/ongelijk ~ *put s.o. in the right|wrong* ★ iem. voor een feit ~ *confront s.o. with a fact* • in toestand/positie brengen ★ zich een doel ~ *set o.s. an objective|a goal* • doen ★ 't zonder iets ~ *dispense with s.th.*; *go|do without s.th.* ★ ze had wat met hem te ~ *he gave her no end of trouble* ★ je zult het ermee moeten ~ *you will have to make do with it* • veronderstellen *suppose* ★ stel dat hij komt *supposing he comes*; *suppose he will come* • formuleren ⟨v. vraag, probleem⟩ *put*; *pose*; ⟨v. brief⟩ *compose*; *write* • vaststellen ★ de prijs ~ op *fix the price at* ★ een diagnose ~ *make a diagnosis*
stellig *positive* ★ hij komt ~ *he is sure to come* ★ ten ~ste ontkennen *deny positively*
stelligheid *positiveness*
stelling • positie *position* ★ ~ nemen tegen *make a stand against* ★ de ~en betrekken *take up position* • steiger *scaffolding* • stellage *rack* • bewering ⟨v. proefschrift⟩ *thesis*; ⟨wiskunde, logica⟩ *proposition*
stellingname *position*; *stand*
stelpen *staunch*; *stem*; *stop*
stelpost *memorandum item*; *estimate*
stelregel *principle*; *maxim*
stelschroef *adjusting screw*
stelsel *system*
stelselmatig *systematic(al)*
stelt • speelgoed *stilt* • lang been *pin* ▾ de hele zaal stond op ~en *the entire room was in an uproar*
steltlopen *walk on stilts*
steltloper *stilt (bird)*
stem • stemgeluid *voice* ★ met luide stem *in a loud voice* ★ zijn stem verheffen *raise one's voice* ★ met gedempte stem spreken *speak in an undertone* • spraakvermogen *voice* • (goed) bij stem zijn *be in (good) voice* • zeggenschap *voice* ★ ik heb geen stem in 't kapittel *I have no say|voice in the matter* • keuze bij stemming *vote* ★ de meeste stemmen gelden *most votes carry the day* ★ zijn stem uitbrengen *record|register one's vote* ★ met algemene stemmen *unanimously* ★ blanco stem *abstention* ★ het aantal uitgebrachte stemmen *the number of votes cast*; *the poll* ★ met 5 stemmen voor en 3 tegen *by five votes in favour and three against* • MUZ. part; *voice* ★ de tweede stem zingen *sing second*
stemadvies *advice on how to vote*
stemband *vocal cord*
stembiljet *ballot(paper)*
stembuiging *inflection|modulation of the voice*
stembureau *polling station*
stembus *ballot box*
stemgedrag *voting behaviour*
stemgeluid *voice*; *tone of voice*

stemgerechtigd ⟨v. lid⟩ *entitled to vote*; ⟨v. burgers⟩ *enfranchised* ★ ~e leeftijd *voting age*

stemhebbend *voiced*

stemhokje *voting/polling booth*

stemlokaal *polling station*

stemmen I OV WW ● in zekere stemming brengen ★ gunstig ~ *placate* ★ vrolijk ~ *put in a cheerful mood* ★ dankbaar gestemd zijn *be grateful* ★ optimistisch gestemd zijn *be in an optimistic mood* ★ 't stemt tot tevredenheid *it is a cause for satisfaction* ★ tot nadenken ~ *provide food for thought* ★ tot ongerustheid ~ *give rise to anxiety* ● MUZ. *tune*; ⟨v. orkest⟩ *tune up* II ON WW stem uitbrengen *vote*; *(go to the) poll* ★ ~ op *vote for* ★ ~ over *vote (up)on* ● de ~ staken *the votes are equally divided*

stemmenwinst *electoral gain*

stemmer ● kiezer *voter* ● MUZ. *tuner*

stemmig ⟨v. persoon⟩ *grave*; ⟨v. zaken⟩ *sober*; ⟨inrichting⟩ *quiet*

stemming ● het stemmen *vote*; ⟨schriftelijk⟩ *ballot*; ⟨in parlement⟩ *division* ★ in ~ brengen *put to the vote* ★ tot ~ overgaan *proceed to the vote* ★ zich van ~ onthouden *abstain (from voting)* ★ een ~ houden *take a vote* ★ bij ~ aangenomen ⟨in parlement⟩ *carried on a division* ★ bij eerste ~ gekozen *elected at/on the first ballot* ★ een geheime ~ *a secret ballot* ● gemoedstoestand *mood*; *frame of mind*; ⟨v.h. publiek⟩ *feeling* ★ ~ maken voor/tegen *rouse public feeling for/ against* ● sfeer ⟨v. de markt⟩ *tone* ★ ik ben er niet voor in de ~ *I am not in the mood for it* ● MUZ. *tuning*

stemmingmakerij *rousing of public sentiment*

stempel ● werktuig om te persen/ponsen *stamp*; ⟨v. munten e.d.⟩ *die* ● afdruk *stamp*; ⟨op goud⟩ *hallmark*; ⟨v. post⟩ *postmark* ● voorwerp met afdruk *seal* ● kenmerk *stamp* ★ zijn ~ drukken op *put one's stamp upon* ● PLANTK. *stigma* ▼ zijn ~ op iets/iem. drukken *leave one's mark on s.th./s.o.*

stempelautomaat *stamping machine*

stempeldoos *box with stamp and inking pad*

stempelen ● een stempel drukken *stamp*; ⟨v. post⟩ *postmark* ● kenmerken ★ dit stempelt hem tot... *this stamps/marks him as...*

stempelkussen *ink pad*

stemplicht *compulsory voting*

stemrecht *right to vote*; POL. *franchise*; *(right to) vote*; *suffrage*; ⟨v. leden⟩ *right to vote* ★ algemeen ~ *universal suffrage* ★ ~ hebben *have the vote*

stemvee *voting mob*

stemverheffing ★ met ~ spreken *raise one's voice* ★ zonder ~ spreken *speak in a level voice*

stemvork *tuning fork*

stencil *stencil*

stencilen *duplicate*; *stencil*

stencilmachine *duplicator*

stenen *stone*; ⟨v. baksteen⟩ *brick*; ⟨v. natuursteen⟩ *stone* ▼ het ~ tijdperk *the Stone Age*

stengel *stalk*; *stem*

stengun *sten gun*

stenigen *stone*

stennis *commotion*; *row* ▼ ~ maken *kick up a row*; *cause a commotion*

steno *stenography*

stenograferen *write/take down in shorthand*

stenografie *shorthand*; *stenography*

stenografisch *shorthand*; *stenographic*

step ● autoped *scooter* ● voetsteun *footrest*

steppe *steppe*

steppehond ● hyenahond *hyena* ● prairiehond *prairie dog*

steppen *ride a scooter*

ster ● hemellichaam *star* ★ met sterren bezaaid *star-spangled* ★ vallende ster *shooting/falling star* ● figuur *star* ● beroemdheid *star* ▼ zijn ster rijst *his star is rising*

STER ≈ *Dutch radio and television advertising authority*

sterallures *starlike airs* [mv]

stereo I ZN ● geluidsinstallatie *stereo* ● ruimtelijke weergave *stereo* ★ in ~ *in stereo* II BNW *stereo*

stereoapparatuur *stereo equipment*

stereofonisch *stereophonic*

stereo-installatie *stereo set*

stereometrie *solid geometry*

stereotiep *stereotyped*; ⟨v. opmerking⟩ *stock*

stereotoren *music centre*; AE *stereo*

stereotype *stereotype*

sterfbed *deathbed*

sterfdag *dying day*; *day of death*

sterfelijk *mortal*

sterfgeval *death*

sterfhuis *house of mourning*

sterfhuisconstructie *leveraged die-out*

sterfte *mortality*

sterftecijfer *death/mortality rate*

sterfteoverschot *death surplus*

steriel ● onvruchtbaar *barren* ● vrij van ziektekiemen *sterile* ● doods *sterile*; *unimaginative*

sterilisatie *sterilization*

steriliseren *sterilize*

sterk I BNW ● krachtig *strong*; *powerful* ★ ~ geheugen *strong/tenacious memory* ● stevig *strong*; *sturdy* ★ echt ~e schoenen *real hard-wearing shoes* ★ een ~ gestel *a strong constitution* ● hevig *sharp*; *strong* ★ ~e daling/ toename *sharp fall/increase* ● bekwaam ★ ~ in geschiedenis *good at history* ★ dat is niet haar ~e kant *that is not her strong side* ● geconcentreerd *strong* ★ ~e koffie *strong coffee* ● moeilijk te geloven ★ ~ stukje *quite a feat* ★ een ~ staaltje van *an amazing example of* ★ dat is ~ *that's a bit thick* ★ ~ verhaal *tall story* ● talrijk ★ twintig man ~ *twenty strong* ● alcoholisch ★ ~e drank *spirits*; *liquor* ▼ ik maak me ~ dat ... *I am pretty sure that* ▼ wie niet ~ is moet slim zijn *necessity is the mother of invention* ▼ hij staat ~ *he has a strong case* II BIJW *much*; *strongly*; *highly* ★ dat is ~ gezegd *that is putting it strongly* ★ ~ verschillend *widely different* ★ hij was er ~ voor *he was strongly in favour of it* ★ ik vraag me ~ af of ... *I very much doubt*

whether ...

sterkedrank *strong drink; liquor*
sterken *strengthen; fortify*
sterkers *garden cress*
sterkte • kracht *strength; power* • stevigheid *strength* • geestkracht *fortitude; courage* • intensiteit *intensity;* ⟨geluid⟩ *intensity; volume* • geconcentreerdheid *strength; concentration*
sternum *sternum*
steroïden *steroids* ⋆ anabole ~ *anabolic steroids*
sterrenbeeld • groep sterren *constellation* • astrologisch teken *sign of the zodiac*
sterrenhemel *starry sky*
sterrenkijker • instrument *telescope* • persoon *stargazer*
sterrenkunde *astronomy*
sterrenregen *star shower; meteoric shower*
sterrenstelsel *star system; galaxy*
sterrenwacht *observatory*
sterrenwichelaar *astrologer*
sterrenwichelarij *astrology*
sterretje • kleine ster *little star* • teken • *asterisk* • vuurwerk *sparkler* ⯆ ~s zien *see stars*
sterveling *mortal* ⋆ geen ~ in de buurt *not a living soul to be seen*
sterven I ON WW • doodgaan *die; expire* ⋆ op ~ liggen *be dying; be on one's deathbed* ⋆ ~ aan zijn verwondingen *die from one's injuries* • creperen ⋆ ~ van de kou *be freezing* ⋆ ~ van de honger *be starving* **II** ONP WW wemelen *be swarming with* ⋆ het sterft er van het ongedierte *the place is crawling with vermin*
stervensbegeleiding *terminal care*
stervenskoud *freezing cold*
stethoscoop *stethoscope*
steun • stut *support; prop* • hulp *help; support* ⋆ ~ verlenen *lend support* ⋆ bij iem. ~ zoeken *turn to s.o. for support* • uitkering *unemployment benefit* ⋆ ~ trekken *be on the dole*
steunbalk *girder*
steunbeer *buttress*
steunbetuiging *expression of support/sympathy*
steunen I OV WW • ondersteunen *support; prop (up)* • helpen *support; back (up); countenance* ⋆ 'n motie ~ *second/support a motion* **II** ON WW • leunen *lean/rest (on)* ⋆ op iets ~ *lean on s.th.* • zich verlaten op ⋆ hij steunt geheel op zijn vader *he relies entirely on his father* • kreunen *moan; groan*
steunfonds *relief fund*
steunfraude *social security fraud*
steunkous *support hose*
steunpilaar • pilaar *pillar* • persoon *pillar; mainstay*
steunpunt • punt waarop iets steunt *point of support;* ⟨v. hefboom⟩ *fulcrum* • plaats waar men hulp verleent *base*
steuntrekker *a person on the dole*
steunzender *relay station*
steunzool *arch support*
steur *sturgeon*
steven ⟨voorzijde⟩ *stem; prow;* ⟨achterzijde⟩ *stern* ⯆ de ~ wenden naar *head/steer for*
stevenen • koers zetten *set sail for* • stappen

naar *head for*
stevig • solide ⟨v. meubels⟩ *solid;* ⟨v. persoon⟩ *sturdy;* ⟨v. schoen, tafel, touw⟩ *stout; strong;* ⟨v. vlees, weefsel⟩ *firm* ⋆ ~ gebouwd *sturdily built* • krachtig ⟨v. maal⟩ *hearty; substantial;* ⟨v. wind⟩ *stiff* ⋆ ~ drinken *drink hard* ⋆ iem. ~ onderhanden nemen *give s.o. a good talking to; read s.o. the riot act* ⋆ houd me ~ vast *hold me tight* ⋆ ~ aanstappen *step out briskly*
steward *steward*
stewardess *stewardess; (air) hostess*
stichtelijk • verheffend *edifying* • vroom *pious*
stichten • oprichten *found* • verheffen *edify* • aanrichten ⋆ vrede ~ *make peace* ⋆ brand ~ *start a fire* ⋆ kwaad ~ *do evil*
stichter • oprichter *founder* • aanstichter *instigator*
stichting • het oprichten *establishment* • rechtsvorm *corporation; foundation* • zedelijke verheffing *edification*
stichtingsbestuur *executive committee*
stick *hockey stick*
sticker *sticker*
stickie *joint; reefer*
stiefdochter *stepdaughter*
stiefkind *step child*
stiefmoeder *stepmother*
stiefouder *stepparent*
stiefvader *stepfather*
stiefzoon *stepson*
stiekem I BNW • heimelijk *furtive; underhand; sly* • achterbaks *underhand; devious;* INF. *dodgy* **II** BIJW heimelijk *on the sly* ⋆ er ~ vandoor gaan *sneak off*
stiekemerd *sneak*
stier *bull*
Stier *Taurus*
stierengevecht *bullfight*
stierennek • nek van stier *bull's neck* • (persoon met) dikke nek *bull-necked*
stierenvechter *bullfighter*
stierlijk ⋆ ~ 't land hebben *be properly riled* ⋆ ~ vervelend *deadly tedious*
stift • staafje *peg; pin* • viltstift *felt-tip*
stiften *chip*
stifttand *false/crowned tooth*
stigma *stigma*
stigmatiseren *stigmatize*
stijf • niet soepel *stiff; rigid* ⋆ ~ van de kou *stiff/numb with cold* ⋆ ~ na een zware training *muscle-bound after excessive training* • niet spontaan *formal; stiff; starchy* • houterig *awkward; wooden* • koppig *stubborn* ⋆ iets ~ en strak volhouden *stoutly maintain s.th.* ⯆ een stijve hebben *have a hard-on*
stijfjes *stiff; formal; chilly*
stijfkop *obstinate person;* INF. *pigheaded person*
stijfkoppig *pigheaded*
stijfsel *starch;* ⟨plaksel⟩ *paste*
stijgbeugel *stirrup*
stijgen • omhooggaan *rise;* ⟨v. vliegtuig⟩ *climb* ⋆ te paard ~ *mount* • toenemen ⋆ snel ~ *rise sharply* ⋆ doen ~ *send up;* ⟨v. temperatuur, prijs⟩ *raise;* ⟨v. kans⟩ *increase* ⋆ in achting ~

rise in esteem • stijgen in rangorde *rise*; *go up* ▾ de wijn steeg hem naar 't hoofd *the wine went to his head*

stijging • het omhooggaan *rise*; *climb*; *ascent* • toename *rise*; *increase* ★ een scherpe ~ van de lonen *a sharp increase in wages*

stijl • vormgeving *style*; *tradition* • een stuk in de ~ van Hamlet *a play in the tradition of Hamlet* • schrijfstijl *style* • handelswijze *style* ★ dat is geen ~ *it's a downright shame*; *it's disgraceful* ★ hij heeft een geheel eigen ~ *he has a style of his own* • deur-/raampost *post*

stijlbreuk *(sudden) change in/of style*

stijldansen *ballroom dancing*

stijlfiguur *figure of speech*

stijlkamer *period room*

stijlloos • zonder (goede) stijl *tasteless*; *lacking in style* • ongepast *ill-mannered* ★ ~ gedrag *improper behaviour*

stijlperiode *period*

stijlvol *stylish*

stijven • sterken *stiffen*; *strengthen* ★ iem. ~ in zijn vooroordeel *strengthen s.o. in his prejudice* • met stijfsel behandelen *starch*

stikdonker I zn *pitch darkness* II bnw *pitch-dark*

stikheet *sweltering*; *suffocating*; *stifling (hot)*

stikken I ov ww naaien *stitch* II on ww • het benauwd krijgen *suffocate*; *be stifled* ★ ~ van woede/van 't lachen *choke with fury/laughter* • sterven *suffocate*; *choke* ★ fig. doodvallen *drop dead*; *go to hell* ★ stik! *drop dead!* ★ je kunt ~ *go to hell* • in overvloed hebben *be bursting with* ★ ~ van het werk *be swamped with work* • zij stikt van het geld *she's loaded with money* III onp ww wemelen ⟨toeristen, ongedierte⟩ *swarm with*; ⟨ongedierte⟩ *crawl (with)*

stiksel *stitching*

stikstof *nitrogen*

stikstofdioxide *nitrogen dioxide*

stil • zonder geluid *silent* ★ stil! *quiet!* ★ alles werd stil *everything fell silent* ★ stil maar! *there, there!* • zonder beweging *still* ★ stil zitten *sit still* • rustig *quiet*; ⟨v. zaken⟩ *slack*; ⟨v. markt⟩ *quiet*; *dull* ★ stil gaan leven *retire from business* • verborgen ★ een stille drinker *a secret drinker* ★ stille vennoot *sleeping partner* • niet geuit *silent* ★ een stille hoop koesteren *be quietly confident* • een stil verlangen *a secret wish*

stilaan *gradually*; *step by step*

stileren *compose*; *stylize*

stiletto *stiletto*

stilettohak *stiletto heel*

stilhouden I ov ww • verzwijgen *keep quiet*; *hush up* ★ feiten ~ *withhold facts* ★ een schandaal ~ *hush up a scandal* • rustig houden *keep quiet* II on ww stoppen *stop*; ⟨v. trein, auto⟩ *stop*; *pull up*

stilist *stylist*

stilistisch *stylistic*

stilleggen ⟨v. verkeer⟩ *stop*; ⟨v. fabriek⟩ *close/ shut down*; *shut up shop*

stillen • tot kalmte brengen *calm*; ⟨v. geweten⟩ *quiet(en)* • doen verminderen ⟨v. dorst⟩ *quench*; ⟨v. honger⟩ *satisfy*; *appease*;

⟨v. pijn, vrees⟩ *alley*

stilletjes • zachtjes *quietly* • ongestoord *in peace* • heimelijk *secretly*

stilleven *still life*

stilliggen • niet bewegen *lie still* • buiten werking zijn *be/lie idle* ★ de fabriek lag een jaar stil *the factory lay idle for a year*

stilstaan • niet bewegen *stand still* ★ de wekker is stil blijven staan *the alarm has stopped* ★ zijn mond staat geen ogenblik stil *his tongue is continuously wagging* • stagneren *stagnate*; *stand still* ★ blijven/ laten ~ *stop* • niet functioneren *be/lie idle*; ⟨v. zaken⟩ *be at a standstill* • ~ bij *dwell on* ★ ~ bij 'n feit *dwell on a fact* ★ zij heeft er nooit bij stilgestaan dat ... *it has never occurred to her that ...*

stilstand *standstill*; *stoppage*; ⟨stagnatie⟩ *stagnation*

stilte • geluidloosheid *silence*; *quiet*; *stillness* ★ in ~ *quietly*; *in private* ★ er heerste een diepe ~ *there was a profound silence* • rust *calm*; *tranquillity* • beslotenheid *quiet*; *secrecy* ▾ de ~ voor de storm *the lull/calm before the storm*

stilton *Stilton (cheese)*

stilvallen • tot stilstand komen *come to a stop/ halt* • geen geluid maken *fall silent*

stilzetten *stop*

stilzitten • rustig zitten *sit still* • hij kan niet ~ *he can't sit still*; *he can't stop fidgeting* • niet bedrijvig zijn *sit/stand still*; *do nothing* ★ zijn vijand had ook niet stilgezeten *his enemy had not been idle either*

stilzwijgen I zn *silence* ★ het ~ bewaren *keep silence*; *be silent* II on ww *keep silent*

stilzwijgend • zwijgend *silent*; *tacit* • impliciet *tacit* ★ iets ~ aannemen *take s.th. for granted*

stimulans *stimulus*; ⟨middel⟩ *stimulant*

stimuleren *stimulate*; *encourage*

stimuleringsmaatregel *measure meant to stimulate*

stimulus *stimulus*; *incentive*

stinkbom *stink bomb*

stinkdier *skunk*

stinken *stink*; *smell* ★ ~ naar *stink of* ▾ ergens in ~ ⟨erin trappen⟩ *fall for s.th.*; ⟨betrapt worden⟩ *be caught in the act*

stip • punt *dot*; *point*; sport *penalty spot*; ⟨op kleding⟩ *polka dot* • vlekje *speck*

stipendium • toelage *grant*; ⟨voornamelijk van geestelijke⟩ *stipend* • beurs *scholarship*

stippel *dot*; *speck*

stippelen *dot*; *speckle*

stippellijn *dotted line*

stipt *precise*; ⟨m.b.t. tijd⟩ *punctual*; ⟨m.b.t. regels⟩ *strict* ★ hij kwam ~ op tijd *he arrived right on time*

stiptheidsactie *work-to-rule action*

stipuleren *stipulate*

stockcarrace *stock-car race*

Stockholm *Stockholm*

stoeien • ravotten *romp* • speels omgaan *play with* ★ ~ met een idee *play with an idea*

stoeipartij *romp*

stoeipoes *sex kitten*; *playgirl*

stoel *chair*; *seat* ★ neem een ~ *take a seat* ★ elektrische ~ *electric chair* ▼ de Heilige Stoel *the Holy See*; *See of Rome* ▼ het niet onder ~en of banken steken *make no secret of it* ▼ van zijn ~ vallen van verbazing *fall off one's chair in surprise* ▼ voor ~en en banken praten *speak to empty seats*

stoelen (op) *be based (on)*; *rest (on)*

stoelendans *musical chairs*

stoelgang *bowel movement*; *defecation*

stoelleuning • armleuning *chair-arm* • rugleuning *chair-back*

stoelpoot *chairleg*; *leg of a chair*

stoeltjeslift *chairlift*

stoep • trottoir *pavement*; AE *sidewalk* • stenen opstapje *doorstep*

stoeprand *kerb (stone)*; AE *curb (stone)*

stoeptegel *paving stone*

stoer • flink ~ • doen *show off*; *act tough* • fors *sturdy*; *stalwart*

stoet *procession*; *parade*; ⟨v. begrafenis⟩ *cortege*

stoeterij *stud farm*

stoethaspel ⟨onhandig⟩ *(clumsy) oaf* ★ een rare ~ *a queer fish/customer*; *an oddball*

stof I ZN (de) • materie *matter* • weefsel *material*; *stuff* • onderwerp *subject matter* ★ kort van stof *short-tempered* ★ lang van stof *long-winded* II ZN (het) *dust* ★ stof afnemen *dust (a room)* ▼ tot stof vergaan *crumble into dust*; *disintegrate* ▼ stof opjagen *raise dust* ▼ in 't stof bijten *bite the dust*

stofbril *goggles*

stofdoek *duster*

stoffeerder *upholsterer*

stoffelijk *material*; ⟨tastbaar⟩ *tangible* ★ het ~ overschot *mortal remains*

stoffen I BNW *fabric* II OV WW stof afnemen *dust*

stoffer *brush*; *duster* ★ ~ en blik *dustpan and brush*

stofferen • bekleden *upholster* • inrichten *decorate*; *furnish with carpets, etc.*

stoffering • meubelbekleding *upholstery* • tapijt, gordijnen *furnishings*

stoffig • vol stof *dusty* • saai *stuffy*

stofgoud *gold dust*

stofjas *dustcoat*; *duster*

stoflong ⟨kolenstof⟩ *black lung*; ⟨steenstof⟩ *silicosis*

stofmasker *dust mask*

stofnaam *name of a substance*

stofnest *dust-trap*

stofregen *rain of dust*

stofvrij • zonder stof *dust-free* • beschermd tegen stof *dust-proof*

stofwisseling *metabolism*

stofwisselingsziekte *metabolic disease/disorder*

stofwolk *dust-cloud*

stofzuigen *vacuum*; BE *hoover*

stofzuiger *vacuum cleaner*; *hoover*

stoïcijns *stoic(al)*

stok • stuk hout *stick*; ⟨v. vlag⟩ *pole*; ⟨v. vogels⟩ *perch* ★ op stok gaan *go to roost* ★ stel kaarten *pack/deck of cards* ▼ 't met iem. aan de stok krijgen *fall foul of/fall out with a person* ▼ hij is er met geen stok naar toe te

krijgen *wild horses won't drag him there*

stokbrood *French bread*; *baguette*

stokdoof *stone deaf*

stoken I OV WW • doen branden *stoke* • distilleren *distil* • aanwakkeren *stir up*; *foment* ★ ruzie ~ *stir up a quarrel*; *foment a quarrel* • reinigen ★ zijn tanden ~ *pick one's teeth* II ON WW opruien *make trouble*; *stir things up* ★ ~ in een goed huwelijk *set people by the ears*

stoker • machinestoker *stoker*; *fireman* • distilleerder *distiller* • opruier *firebrand*; *agitator*

stokerij *distillery*

stokken ⟨v. spreker⟩ *break down*; ⟨v. motor⟩ *stall* ★ het gesprek stokte *the conversation flagged* ★ zijn adem stokte *his breath caught*; *he gasped*

stokoud *aged*; *ancient*

stokpaard *hobby*; *pet subject/topic*; *passion* ▼ zijn ~je berijden *ride/pursue one's hobby*

stokroos • plant *hollyhock* • stamroos *standard rose*

stokstijf • roerloos *stock-still* ★ ~ blijven staan *stop dead in one's tracks* • halsstarrig *stubborn* ★ ~ beweren *maintain obstinately*

stokvis *stockfish*

stola *stole*

stollen *coagulate*; *congeal*; ⟨v. jus, gelei⟩ *set*; ⟨v. bloed⟩ *clot*

stollingsgesteente *igneous rock*

stollingspunt *coagulation/solidification temperature*

stollingstijd ⟨bloed vooral⟩ *clotting time*; ⟨jam, lijm, enz⟩ *setting time*; ⟨andere stoffen vnl.⟩ *solidification time*

stolp *glass cover*; *bell glass*

stolpboerderij ≈ *traditional four-square Dutch farmhouse with pyramid-shaped roof*

stolsel *coagulum*; *congelation*; ⟨m.b.t. bloed⟩ *clot*

stom • zonder spraakvermogen *dumb*; *mute* • zonder geluid ★ stomme film *silent film* • dom *stupid* ★ het is je eigen stomme schuld *it's your own stupid fault* • vervelend *stupid*; *tedious* • zielig ★ dat stomme dier *the poor brute!* • toevallig ★ stom geluk *a mere fluke*

stoma *stoma*

stomdronken *dead/blind drunk*

stomen I OV WW • gaar maken *steam* • reinigen *dry-clean* • losweken *steam off* II ON WW • dampen *steam* • varen *steam*; *sail*

stomerij *dry cleaner's*

stomheid • het stom zijn *dumbness* ★ met ~ geslagen *dumbfounded* • stommiteit *stupidity*

stomkop *blockhead*

stommelen *clatter (about)* ★ de trap op ~ *stumble up the stairs*

stommeling *idiot*; *blockhead*

stommetje ▼ ~ spelen *sit mum*

stommiteit *stupidity*; *blunder*

stomp I ZN • vuistslag *punch* • overblijfsel *stump*; *stub* ★ een ~je potlood *a stub of a pencil* II BNW • niet scherp *blunt*; FORM. *dull* • niet puntig ⟨v. hoek⟩ *obtuse*; ⟨v. neus⟩ *flat*; *snub*

stompen *thump*; *punch*

stompzinnig *dull*; *dense*; *obtuse*

stomverbaasd *amazed*; *flabbergasted*

stomvervelend *deadly dull* ★ een ~e vent *a crashing bore*

stomweg *simply*; *just*

stoned *stoned*; *high*; INF. *freaked/spaced out*

stoof *foot-warmer*

stoofappel *cooking apple*

stoofpeer *cooking pear*

stoofpot *stewing pot*; *casserole*

stoofschotel *stew*; *casserole*

stookolie *fuel oil*

stoom *steam* ★ ~ afblazen *let off steam* ★ ~ maken *get up steam*

stoombad *steam-bath*

stoomboot *steamer*; *steamship*

stoomcursus *crash/intensive course*

stoomketel *(steam) boiler*

stoomlocomotief *steam engine/locomotive*

stoommachine *steam engine*

stoompan *steamer*

stoomschip *steamer*; *steamship*

stoomstrijkijzer *steam iron*

stoornis • *verstoring* disturbance • *gebrek* disorder

stoorzender *jamming station*; FIG. *nuisance*; *hindrance*

stoot • *bruuske beweging* jerk; jolt • *duw* push; thrust; ⟨bij biljart⟩ shot; ⟨met vuist⟩ punch; ⟨met mes⟩ thrust; ⟨bij schermen⟩ lunge; ⟨wind⟩ gust ★ een mooie ~ *a good shot* • *geluid* blare ★ *hoeveelheid* load; pack ★ er was een hele ~ mensen *there were loads of people* • *knappe meid* VULG. *(bit of) crumpet* ▼ de ~ geven tot *initiate*

stootblok *buffer*

stootkussen *buffer*

stoottroepen *storm/shock troops*

stootvast *chip-proof*

stop I ZN • *oponthoud* stop; break ★ een sanitaire stop *a convenience stop* • *stopzetting* freeze • *iets dat afsluit* ⟨v. fles⟩ stopper; ⟨v. vat⟩ bung; ⟨v. bad⟩ plug • *zekering* fuse ★ de stop is doorgeslagen *the fuse has blown* • *verstelde plek* darn ▼ alle stoppen zijn bij hem doorgeslagen *he blew a fuse/his top* II TW • *houd op* stop!; *hold it!* • *sta stil* stop

stopbord *stop sign*

stopcontact *(plug-)socket*; *power-point*

stopfles *(glass) jar*

stopkogel *disabling bullet*

stoplap • *lap* patch • *loos woord* stopgap

stoplicht • *verkeerslicht* traffic light • *remlicht* brake light/lamp

stopnaald *darning-needle*

stoppel • *baardhaar* stubble; bristle • *halm* stubble

stoppelbaard *stubble*; *stubbly beard*; INF. *five o'clock shadow*

stoppelhaar *bristly hair*

stoppen I OV WW • *tot stilstand brengen* stop ★ het verkeer ~ *stop the traffic* ★ zij was gewoon niet te ~ *she just couldn't be stopped* • *dichtmaken* fill; stop; ⟨gat, lek⟩ plug; ⟨gat,

pijp⟩ fill; ⟨gat in kous, e.d.⟩ darn • *induwen* put ★ de vingers in de oren ~ *stuff one's fingers into one's ears* ★ iem. in bed ~ *pack a person off to bed* II ON WW • *ophouden* stop ★ ~ met werk *stop working* • *halt houden* stop; ⟨auto, bus⟩ draw/pull up

stopplaats *stop*

stopstreep *halt-line*

stopteken *stop sign*

stoptrein *stop(ping) train*; *slow/local train*

stopverbod *stopping prohibition*; ⟨op bord⟩ *no stopping*

stopverf *putty*

stopwatch *stopwatch*

stopwoord *stopgap*; *filler*

stopzetten *stop*; ⟨fabriek, e.d.⟩ *close down*; ⟨voor korte tijd⟩ *suspend*

storen I OV WW *hinderen* ⟨afleiden⟩ disturb; ⟨onderbreken⟩ interrupt; ⟨v. radio⟩ jam ★ de lijn is gestoord *there is a breakdown on the line* ★ stoor ik u? *am I intruding?* II WKD WW *zich ergeren* ★ stoor je niet aan hem *don't mind him*; *don't bother about him*

storend *disturbing*; *perturbing*; ⟨v. drukfout, etc.⟩ *annoying*

storing • *ongewenste onderbreking* disturbance; ⟨telefoon, spoorverkeer⟩ interruption; ⟨atmosferisch⟩ atmospherics; ⟨v. radio⟩ interference; jamming; ⟨defect⟩ trouble ★ technische ~ *technical malfunction/trouble* • *meteorologische depressie* (weather) depression

storingsdienst *emergency service*; *breakdown service*

storm • *harde wind* storm; gale; ⟨literair⟩ tempest • *opwinding* storm ★ een ~ van protest *a storm of protest* ▼ ~ in een glas water *storm in a tea cup*

stormachtig • *met storm* stormy • *onstuimig* tempestuous; tumultuous

stormbaan *assault course*

stormbal *storm warning signal*; *storm cone*

stormdepressie *(storm) depression*

stormen I ON WW *voorwaarts snellen* storm; tear; rush • *naar voren* ~ *rush forward* ★ de kinderen stormden de kamer binnen *the children burst into the room* II ONP WW • *zeer hard waaien* ★ het gaat ~ *it is blowing up a gale* ★ 't stormt *there is a gale*

stormenderhand ★ ~ innemen *take by storm*

stormlamp *hurricane lamp*

stormloop • *aanval* assault • *run* ⟨op kaartjes⟩ rush; ⟨op winkels⟩ run

stormlopen I ON WW *aanval doen* ★ ~ op *storm*; *rush* II ONP WW *toestromen* ★ het loopt storm *there's a regular run/rush on it*

stormram *battering ram*

stormschade *storm/gale damage*

stormvloed *storm tide/flood*

stormvloedkering *flood barrier*

stormvogel *storm petrel* ★ Noordse ~ *fulmar*

stormwaarschuwing *storm/gale warning*

stortbad *shower*

stortbak *cistern*

stortbeton *poured concrete*

stortbui *downpour*

storten I OV WW • doen vallen *dump*; ⟨v. tranen⟩ *shed* ∗ radioactief afval in zee ~ *dump nuclear waste in the sea* ∗ een land in oorlog ~ *plunge a country into war* ∗ geld overmaken *pay* II ON WW vallen *fall*; *plunge* III ONP WW regenen ∗ het stort buiten *it is pouring outside* IV WKD WW ~ zich op iem. ~ *fall upon a person* ▾ zich op zijn prooi ~ *pounce upon one's prey* ▾ zich in de strijd ~ *rush into the fray*

storting • het doen vallen *throwing*; ⟨v. afval⟩ *dumping*; ⟨tranen⟩ *shedding* • het overmaken *payment*

stortingsbewijs *voucher*; *receipt*
stortkoker *(garbage) chute/shoot*
stortplaats *dump*; *dumping ground*
stortregen *downpour*; *pelting rain*
stortregenen *pour*
stortvloed *torrent*
stortzee *surge*

stoten I OV WW • krachtig duwen *push*; ⟨aanstoten⟩ *nudge*; ⟨met de horens⟩ *butt*; ⟨met zwaard⟩ *thrust* ∗ zijn hoofd ~ *bump one's head* ∗ zijn teen ~ *stub one's toe* ∗ zich ~ aan *bump against* • verwijderen ∗ uit de partij ~ *expel from the party* II ON WW • botsen ∗ lek ~ *spring a leak* • schokken *jolt*

stotteraar *stutterer*; *stammerer*
stotteren *stutter*; *stammer* ∗ zonder ~ *without a stutter*
stottertherapie *(anti-)stuttering therapy*
stout I ZN bier *stout* II BNW • ondeugend *naughty* • stoutmoedig *bold*
stouterd *naughty-naughty*
stoutmoedig *bold*; *audacious*; *daring*
stouwen • bergen *stow* • verorberen *stuff*
stoven *stew*; *simmer*

straal I ZN • stroom vloeistof *stream*; *jet*; ⟨klein⟩ *trickle* • lichtbundel *ray* ∗ NAT. *beam*; *ray* ∗ WISK. *radius* II BIJW *dead*; *clean* ∗ iem. ~ negeren *cut a person dead* ∗ hij heeft het ~ vergeten *he has clean forgotten*

straalaandrijving *jet propulsion*
straalbezopen *blind/dead drunk*; *pissed*
straaljager *fighter jet*
straalmotor *jet engine*
straalverbinding *radio link*
straalvliegtuig *jet*

straat • weg *street* ∗ op ~ *in the street* • zeeengte *strait(s)* ∗ de Straat van Gibraltar *Strait of Gibraltar* • kaartcombinatie ∗ kleine ~ *straight* ∗ grote ~ *straight flush* ∗ op ~ staan ⟨v. huurders⟩ *be turned out*; ⟨v. arbeiders⟩ *be thrown out (of work)* ▾ iem. op ~ zetten *turn a person into the street*

straatarm *penniless* ∗ een ~ gebied *a poverty stricken area*
straatartiest • tekenaar *pavement artist* • acrobaat *street artist*; *street entertainer*
straatbeeld *(street) scene*
straatgevecht *street fight*; *riot*
straatgeweld *street violence*
straathandel *street trade*
straathond • zwerfhond *stray dog* • nietrashond *mongrel*; *cur*
straatje *alley*; *lane* ∗ een ~ om lopen *go/walk*

around the block ▾ dat past precies in zijn/ haar ~ *that is just up his/her alley*
straatjongen *street urchin*
straatlantaarn *streetlamp*
straatmuzikant *street musician*
straatnaam *street name*
straatprostitutie *streetwalking*
straatroof *robbery*
Straatsburg *Strasbourg*
straatschender *hooligan*; *vandal*
straatsteen *paving-stone/-brick* ▾ iets aan de straatstenen niet kwijt kunnen *be stuck with s.th.*
straattoneel *road show*
straatveger *road-sweeper*; *street orderly*
straatventer *vendor*; *hawker*
straatverbod *(court) injunction forbidding a person to appear in a certain street/area*; *restriction order*
straatverlichting *streetlighting*
straatvoetbal *street football*; AE *street soccer*
straatvrees *agoraphobia*
straatvuil *(street) litter*
straatwaarde *street value*
straatweg *highroad*
stradivarius *Stradivari(us)*
straf I ZN *punishment*; ⟨boete, e.d.⟩ *penalty* ∗ ~ krijgen *be punished* ∗ iem. zijn ~ doen ondergaan *bring s.o. to justice* II BNW • sterk ⟨wind⟩ *stiff* • streng *severe* ∗ ~fe maatregelen *hard measures*
strafbaar *punishable* ∗ ~ feit *offence*
strafbal *penalty (shot)*
strafbepaling *determining the punishment*; ⟨clausule⟩ *penalty clause*
strafblad *crime-sheet*; *police/criminal record*
strafexpeditie *punitive expedition*
straffeloos *with impunity* ∗ iets ~ doen *(do s.th. and) get off scot-free*
straffen *punish*; ⟨bij wedstrijd⟩ *penalize*
strafgevangenis *(convict) prison*
strafhof → *gerechtshof*
strafinrichting *penitentiary*
strafkamer *criminal division (of a High Court of Justice)*
strafkamp *penal colony*; *prison camp*
strafkolonie *penal colony*
strafkorting ⟨v. uitkering⟩ *docking*; ⟨v. toelage enz.⟩ *capping*; *reduced rate of benefit*
strafmaat *sentence*; *penalty*
strafmaatregel *punitive measure*; *sanction*
strafoplegging *imposition (of a punishment)*
strafpleiter *criminal lawyer*
strafport *surcharge*
strafproces *trial*; *criminal case/proceedings*
strafpunt *penalty point*; *loss of mark* ∗ ~en krijgen *lose marks*; *be given penalty points*
strafrecht *criminal law*
strafrechtelijk *criminal*; *penal* ∗ iem. ~ vervolgen *prosecute a person*
strafrechter *criminal judge*
strafregel *line*
strafregister *criminal record*; *crime sheet*; MIL. *defaulters' book* ∗ 'n blanco ~ hebben *have a clean record/sheet*
strafschop *penalty (kick)*

strafschopgebied *penalty area*
straftijd *term of imprisonment; sentence*
strafverordening *penal regulation*
strafvervolging *(criminal) prosecution; criminal proceedings* ⋆ tot ~ overgaan *prosecute*
strafwerk *imposition* ⋆ ~ maken *do lines/ impositions/impots*
strafwet *penal law*
strafworp *penalty/foul shot*
strafzaak *criminal case*
strak • gespannen ⟨broek, e.d.⟩ *tight;* ⟨touw⟩ *taut* ⋆ ~ aanhalen *tighten* • star, stug ⟨onverzettelijk⟩ *rigid;* ⟨v. gezicht⟩ *stony* ⋆ iem. ~ aankijken *look/stare hard at s.o.* ⋆ een ~ke blik *a stony stare* • sober ⟨architectuur⟩ *austere* ▾ kinderen ~ houden *keep children on a tight rein*
strakblauw *clear/sheer blue; cloudless*
straks • dadelijk *presently* ⋆ tot ~ *see you later; in a bit* • zoëven *just now; a little while ago*
stralen • stralen uitzenden *beam; radiate* • er blij uitzien *shine; beam*
stralenkrans *aureole; halo*
straling *radiation*
stralingsbesmetting *radiation contamination*
stralingsdosis *dose of radiation*
stralingsgevaar *radiation danger/hazard*
stralingswarmte *radiant heat*
stralingsziekte *radiation sickness*
stram • stijf *stiff;* ⟨rigid⟩ *fier ramrod*
stramien *canvas* ▾ op hetzelfde ~ voortborduren *go on in the same vein*
strand *beach; seaside* ⋆ naar het ~ gaan *go to the beach*
strandbal *beach ball*
stranden • aanspoelen *be washed ashore* • SCHEEPV. *run ashore/aground* • blijven steken *be stranded* • mislukken *fail*
strandhuisje *beach cabin*
strandjutter *beachcomber*
strandpaal ≈ *tall, numbered post on the beach*
strandpaviljoen *beach pavilion*
strandstoel *beach-chair; beehive chair*
strandwandeling *walk along the beach*
strandweer *nice weather for the beach; nice beach weather*
strateeg *strategist*
strategie *strategy*
strategisch *strategic(al)*
stratengids *street plan; town/city map*
stratenmaker *roadworker*
stratenplan *city map;* ⟨in boekvorm⟩ *street directory*
stratosfeer *stratosphere*
streber *careerist; (social) climber*
streefcijfer *target (figure)*
streefdatum *target date*
streefgetal *target number/figure*
streefgewicht *target weight*
streek • daad *trick* ⋆ streken uithalen *play tricks* • beweging *stroke* • MUZ. beweging met strijkstok *bow* • gebied *region; district; part of the country* ▾ op ~ zijn *be settled* ▾ van ~ zijn ⟨nerveus⟩ *maag) be upset; be put out;* ⟨v. maag⟩ *be out of order;* ⟨onwel⟩ *be out of sorts* ▾ iem. op ~

helpen *put a person right*
streekbus *regional bus*
streekgebonden *local; regional*
streekgenoot *person from the same area/region*
streekroman *regional novel*
streektaal *dialect*
streekvervoer *regional transport*
streekziekenhuis *district/regional hospital*
streep • lijn *line; mark* ⋆ een ~ halen door *strike out;* FIG. *cancel* • strook ⟨smal⟩ *stripe;* ⟨v. licht⟩ *streak;* ⟨breed⟩ *band* ⋆ met strepen *striped* • onderscheidingsteken *stripe* ▾ op zijn strepen staan *throw one's weight about* ▾ iem. over de ~ trekken *win s.o. over* ▾ dat is een ~ door de rekening *that has upset the plans/calculations* • laten we er voor vandaag een ~ onder zetten *let's call it a day*
streepjescode *bar-code*
streepjespak *pin-stripe suit*
strekken I OV WW uitrekken *stretch; extend* ⋆ de benen ~ *stretch one's legs* II ON WW • reiken *extend; reach* • toereikend zijn *last* ⋆ zolang de voorraad strekt *as long as stocks last* • ~ tot *serve; tend to* ⋆ dat strekt u tot eer *that does you credit*
strekking ⟨v. betoog⟩ *purpose; tenor;* ⟨v. maatregel⟩ *scope;* ⟨v. verhaal⟩ *drift;* ⟨v. woord⟩ *meaning*
strekspier *extensor (muscle)*
strelen • aaien *caress; stroke* • aangenaam aandoen *flatter; gratify* ⋆ het streelde zijn ijdelheid *it tickled his vanity* ⋆ zich met de gedachte ~ *flatter o.s.*
streling • aai *caress* • iets aangenaams *gratification*
stremmen I OV WW • stijf maken *coagulate;* ⟨v. melk⟩ *curdle* • belemmeren *obstruct; hold up* II ON WW stijf worden *curdle; coagulate*
stremming • het stremmen *curdling* • stagnatie *obstruction*
stremsel *coagulant*
streng I ZN • bundel *twine;* ⟨v. garen, wol⟩ *skein;* ⟨v. touw⟩ *strand* • koord, snoer *string* II BNW • strikt *severe; strict;* ⟨blik, eis⟩ *stern* ⋆ ~e leraar *strict teacher* ⋆ zich ~ aan de voorschriften houden *adhere/stick rigidly to the regulations* ⋆ ~ verboden toegang *strictly private;* ⟨opschrift⟩ *trespassers will be prosecuted* • onverbiddelijk *severe; hard;* ⟨(maat)regel⟩ *rigid* ⋆ zeer ~e straf *harsh punishment* ⋆ ~ optreden *take firm/severe action* • koud *severe;* ⟨winter⟩ *hard* ⋆ ~e vorst *sharp frost*
strepen *stripe; streak*
streptokok *streptococcus* [mv: *streptococci*]
stress *stress; strain*
stressbestendig *immune to stress*
stresssituatie *stress situation*
stretch *stretch fabric*
stretcher *stretcher*
streven I ZN • doel *pursuit; ambition* ⋆ een loffelijk ~ *a noble ambition* • inspanning *striving; endeavour; pursuit* II ON WW *strive after/for; aim at* ⋆ naar de macht ~ *struggle for power* ⋆ naar onafhankelijkheid ~ *seek independence* ⋆ iem. voorbij ~ *outstrip a*

st

person
striem *weal*; *welt*
striemen • striemen toebrengen *slash*; *welt* • gevoelig treffen *lash* ★ ~de regen *streaming/lashing rain*
strijd • gevecht *struggle*; *fight* ★ de ~ aanbinden met de vijand *engage the enemy (in battle)* ★ ~ om het bestaan *struggle for life* ★ ~ voeren tegen *wage war against* ★ gereed voor de ~ *ready for action* ★ als overwinnaar uit de ~ komen *come out on top*; *emerge victorious* • wedstrijd *match*; *contest* • tegenspraak ★ in ~ met *contrary to*; ⟨wettelijk⟩ *in violation of* ★ in ~ zijn met *run counter to*; *clash with*
strijdbaar *warlike*; *militant*
strijdbijl *battle-axe*; *hatchet* ▾ de ~ begraven *bury the hatchet*
strijden • vechten *fight*; *struggle* ★ ~ om/voor *fight for* • wedijveren *compete*; *contend* • twisten *dispute* • strijdig zijn *conflict* ★ ~ met *clash with*
strijder • krijgsman *combatant*; *warrior* • voorvechter *fighter*; *champion*
strijdgewoel *tumult/confusion of battle*
strijdig • in strijd *contrary (to)* • tegenstrijdig *conflicting* ★ ~e belangen *conflicting interests*
strijdkrachten *armed (military) forces*
strijdkreet *battle/war-cry*
strijdlust *pugnacity*; *fighting spirit*
strijdlustig *pugnacious*; ⟨v. ideaal⟩ *militant*; ⟨m.b.t. oorlog⟩ *bellicose*
strijdmacht *armed force*
strijdperk • arena *arena* ★ in het ~ treden *enter the lists* • slagveld *battleground*
strijdtoneel *scene of battle/action*
strijdvaardig • klaar voor de strijd *ready to fight*; *game* • strijdlustig *combative*; *belligerent*
strijken I OV WW • aanraken *stroke*; *brush* • uitsmeren *spread*; *smooth* • gladmaken *iron* • in bepaalde toestand brengen ★ zich 't haar uit 't gezicht ~ *push one's hair out of one's face* • neerhalen ⟨v. boot, vlag, zeil⟩ *lower*; ⟨v. mast, zeil⟩ *strike* ★ de riemen ~ *lower the oars* • MUZ. *bow* II ON WW • gaan langs *brush*; ⟨over water⟩ *skim* ★ ~ langs *brush past* • ervandoor gaan ★ met de winst gaan ~ *pocket the gain*
strijker *string-player*
strijkijzer *flat-iron*
strijkinstrument *stringed instrument*
strijkje *string band*
strijkkwartet *string quartet*
strijklicht *skimming light*; FOT. *floodlight*
strijkorkest *string orchestra*
strijkplank *ironing board*
strijkstok *bow* ▾ er blijft teveel aan de ~ hangen *too much sticks to the fingers*; *there's a considerable rake off*
strijktrio *string trio*
strik • knoop *knot*; ⟨met schuifknoop⟩ *noose* • gestrikt lint *bow* • valstrik *snare* ★ ~ken zetten *lay snares* ★ iem. een ~ spannen *set a trap for s.o.*
strikje *bow tie*

strikken • knopen *tie* ★ een das ~ *knot a tie* ★ zijn veters ~ *tie one's shoelaces* • vangen *snare* • overhalen *ensnare* ★ iem. ~ voor een werkje *rope a person in for a job*
strikt *strict* ★ ~ genomen *strictly speaking* ★ ~ verboden *strictly forbidden*
strikvraag *trick/catch question*
string *string*
stringent *strict*; *stringent* ★ ~e bewijsvoering *tight argumentation*
strip • strook *strip* • stripverhaal *comic strip*; *cartoon* • verpakking *blister pack*; *strip*
stripblad *comic (book)*; *cartoon*
stripboek *comic (book)*; *cartoon*
stripfiguur *comic (strip) character*; *cartoon character*
stripheld *comic-strip hero*; *cartoon hero*
strippen I OV WW ontdoen van het overtollige *strip* II ON WW een striptease uitvoeren *strip*
strippenkaart ≈ *bus and tram ticket*
stripper *stripper*
striptease *striptease*
stripteasedanseres *striptease dancer*
striptekenaar *comic artist*; *cartoonist*
stripverhaal *comic*; *strip (cartoon)*
stro *straw*
strobloem *immortelle*
strobreed ▾ ik heb hem nooit een ~ in de weg gelegd *I have never thwarted him in any way*
stroef • niet glad *rough*; *uneven* • niet soepel *stiff* • stug *stiff*; ⟨v. gelaat⟩ *harsh*; *stern* • moeizaam *difficult*; *awkward* ★ de besprekingen verlopen nogal ~ *the negotiations are proceeding with great difficulty*
strofe *strophe*
strohalm *(blade of) straw* ▾ zich aan een ~ vastklampen *clutch at a straw*
strohoed *straw hat*
strokarton *straw-board*
stroken *agree (with)* ★ ~ met *be in keeping/ accordance with* ★ dat strookt niet met de feiten *that doesn't fit the facts*
stroman *straw man*; FIG. *figurehead*
stromen *flow*; *stream*; *pour* ★ ~d water *running water* ★ de mensen stroomden erheen *people were flocking to it* ★ ~ over *flow over*
stroming • het stromen *flowing* • stroom *current* ★ er staat een sterke ~ in de rivier *there is a strong current in the river* • denkwijze *tendency*; *trend* ★ er bestaat een sterke ~ tegen ... *there is a strong movement against ...*
strompelen *stumble*; *stagger*; *hobble*
stronk ⟨v. boom⟩ *stump*; ⟨v. koolplant⟩ *stalk* ★ 'n ~ andijvie *a head of endive*
stront • poep *shit*; *muck*; *filth* • ruzie, gedoe ★ ~ krijgen met iem. *have a bust up with s.o.* ▾ in de ~ zitten *have landed in the shit* ▾ er is ~ aan de knikker *the shit has hit the fan*
stronteigenwijs *pig-headed*; BE *bloody-minded*
strontium *strontium*
strontje *stye*
strontvervelend ↑ *terribly/very annoying*; *irritating*
strooibiljet *handbill*; *folder*

strooien I BNW *straw* ★ ~ hoed *straw hat*; *boater* II OV WW *strew*; *scatter*; ⟨zout⟩ *sprinkle* ★ zand ~ op gladde wegen *grit icy/slippery roads*

strooisel ⟨op de boterham⟩ *grated chocolate*; ⟨in stal⟩ *litter*; ⟨op weg⟩ *sand*; *grit*

strooiwagen *brine sprinkler*; *sand distributor*

strooizout *salt (to be spread on ice-covered roads)*

strook • ⟨v. kant⟩ *frill*; ⟨v. land⟩ *strip*; ⟨v. papier⟩ *strip*; *slip*; ⟨controlestrook⟩ *counterfoil*; ⟨v. stof⟩ *flounce*

stroom • rivier *stream* • stromende vloeistof *stream*; *flow* ★ de regen viel bij/in stromen neer *the rain came down in torrents* ★ een ~ van tranen *a flood of tears* • elektriciteit *current* ★ de ~ is uitgevallen *there is a power failure* ★ 'n draad onder ~ *a live wire* • toevloed *stream*; *flood*; ⟨v. mensen⟩ *stream*; ⟨v. woorden⟩ *flood*

stroomafwaarts *downriver*; *downstream*

stroombesparing *electricity saving(s)*

stroomdiagram *flow diagram*; *flow chart*

stroomdraad *live wire*; *contact wire*

stroomgebied *(river/catchment-)basin*

stroomlijn *streamline*

stroomlijnen *streamline*

stroomnet *mains*; *power network*

stroomopwaarts *upstream*; *upriver*

stroomsterkte ⟨elektriciteit⟩ *strength of the current*; ⟨water⟩ *force of the current*

stroomstoot *current surge*

stroomstoring *electricity/power failure*

stroomverbruik *electricity consumption*

stroomversnelling • versnelling van stroom *rapid(s)* • versnelling van ontwikkeling *acceleration* ★ in een ~ raken *gain momentum*

stroomvoorziening *electricity/power supply*

stroop *treacle*

strooplikken *butter up*; *softsoap*

strooplikker *toady*; *lickspittle*

strooptocht *raid*

stroopwafel *treacle wafer*

strop • lus *halter*; ⟨v. (val)strik⟩ *noose* ★ tot de ~ veroordeeld worden *be condemned to be hanged* • tegenvaller *bad bargain*; *bad/tough luck*; ⟨verlies⟩ *loss* ★ hij heeft een lelijke ~ gehad *he has had a serious financial setback*

stropdas *(neck)tie*

stropen • jagen *poach* • villen *skin* • omhoogrollen *roll up*

stroper *poacher*

stroperig • als stroop *syrupy*; *sugary* • kruiperig *smooth-talking*; *smarmy* ★ ~e woorden *smooth talk*

stroperij *poaching*

stropop *straw man*; ⟨slappeling⟩ *weakling*

stroppenpot *nest egg*; *bit saved up for a rainy day*

strot • keel *throat* ★ iem. naar de ~ vliegen *fly at s.o.'s throat* • strottenhoofd *larynx* ▾ het komt me de ~ uit *I'm sick and tired of it* ▾ ik kan het niet door de ~ krijgen *it makes me want to throw up*; *I can't stomach it*

strottenhoofd *larynx*

strubbeling • moeilijkheid *difficulty*; *trouble* • onenigheid *squabble*; *bickering*

structureel *structural*

structureren *structure*

structuur *structure*

struif *(contents of an) egg*

struik • plant *bush*; *shrub* • krop *bunch*; ⟨andijvie⟩ *head*

struikelblok *stumbling block*

struikelen • bijna vallen *trip/stumble (over)* ★ je struikelt over de toeristen *you can't move for tourists* • misstap doen *trip up* • positie verliezen *falter*; *founder* ★ het kabinet is gestruikeld over de WAO *the cabinet foundered on the DIA*

struikgewas *brushwood*; *shrubs*

struikrover *highwayman*

struis *sturdy*; *robust*

struisvogel *ostrich*

struisvogelpolitiek *head-in-the-sand politics*

struma *struma*; *goitre*

strychnine *strychnine*

stuc *stucco*; *plaster*

stucwerk *stucco(work)*

studeerkamer *study*

student *student*; ⟨v. universiteit⟩ *undergraduate* ★ ~ Engels *student of English*

studentencorps ≈ *students' guild/association*

studentendecaan *student adviser*; *(student) counsellor*

studentenflat *(block of) student flats*; *flats for students*

studentenhaver *assorted nuts and raisins*

studentenhuis *students' lodgings*; *student hostel*; ⟨deel van universiteit⟩ *hall of residence*

studentenstad *university/college town*

studentenstop *(student) quota*

studentijd *college/student days*

studentenvereniging *students'union*

studentikoos *student-like*

studeren I OV WW • studie volgen *study*; ⟨universiteit⟩ *go to college/university* ★ medicijnen/rechten ~ *study medicine/law* ★ verder ~ *continue one's studies* ★ zij heeft gestudeerd *she's been to university* • z. oefenen in *practise* II ON WW • leren *study* ★ voor een examen ~ *study/read for an examination* • ~ op *think (hard) about*; *think over*; *study*

studie • het studeren *study* • bestudering *study* ★ een voorstel in ~ nemen *study/consider a proposal* ★ een ~ maken van iets *make a study of s.th.* • onderzoeksverslag *study*; *paper* • schets *study*; *sketch*

studieachterstand *backlog in studies*

studieadviseur BE *supervisor*; AE *adviser*

studiebeurs ⟨v. regering⟩ *student grant*; ⟨als beloning⟩ *scholarship*

studieboek *textbook*

studiefinanciering *student grant(s)*

studiegenoot *fellow student*

studiegids *prospectus*; AE *catalog*

studiejaar • cursusjaar *academic/school year* • lichting ★ hij is van mijn ~ *he's in my year*

studiepunt ≈ *credit*

st

studiereis *study trip*; *field trip*
studierichting *subject*; *discipline*
studieschuld *student loan*
studietijd *college/student days*
studietoelage *scholarship*; *student grant*
studieverlof *study leave*; ‹lange periode› *sabbatical (leave)*
studiezaal *reading room*
studio *studio*
studium generale *extra-curricular course of study on topics of general interest*
stuff *dope*; *drugs*
stug • *onbuigzaam stiff*; *tough* • *stuurs surly*; *dour* • *volhardend, flink firm* ★ *stug doorwerken slave away* • *ongeloofwaardig* ★ *dat is een stug verhaal a cock and bull story; a tall story* ★ *dat is stug that's steep*
stuifmeel *pollen*
stuifsneeuw *powdery snow*; ‹vlaag› *snow flurry*
stuip *convulsion*; *spasm* ★ *een ~ krijgen have a fit*; ‹v. angst› *be scared silly* ▼ *zich een ~ lachen be convulsed with laughter*
stuiptrekken *twitch*; *be convulsed*
stuiptrekking *convulsion*; *spasm*; ‹licht› *twitch*
stuit • *staartbeen tailbone*; *coccyx* ★ *op je ~je vallen fall on your tailbone* • *het terugstuiten bounce*; *(re)bound*
stuitbeen *tail bone*; *coccyx*
stuiten I *ov ww tegenhouden arrest*; *stop*; *stem* ★ *iets ~ check one's speed* II *on ww* • *kaatsen bounce* • ~ *op encounter*; *chance*; *happen upon*; *meet (up) with* ★ *op tegenstand ~ run into/encounter opposition*
stuitend *shocking*; *repulsive*
stuiter *big marble*
stuiteren *bounce*
stuitligging *breech presentation*
stuiven I *on ww* • *opwaaien blow*; *fly about* • *snel gaan dash*; *rush* ★ *zij stoof het huis uit she rushed out of the house* II *onp ww* • *het stuift hier it is dusty here*
stuiver • *muntstuk five cent piece* • *geld* ★ *daar valt geen ~ in te verdienen it won't earn you a penny*
stuivertje-wisselen • *kinderspel play (at) puss in the corner* • *elkaars plaats innemen trade/ change places*
stuk I *zn* • *gedeelte piece*; *part*; *fragment*; ‹op broek, mouw› *patch* ★ *aan één stuk door without stopping*; *non-stop* ★ *in één stuk door right through* ★ *het is uit één stuk it is all of a piece* ★ *stukken en brokken bits and pieces* ★ *uren aan één stuk for hours on end* • *hoeveelheid* ★ *'n heel stuk over de 30 well over 30* ★ *op geen stukken na not nearly*; *not by a long shot* ★ *dat is een goed stuk werk that's a fine piece of work* ★ *'n heel stuk beter quite a lot better* • *exemplaar piece*; ‹geschut› *gun* ★ *100 euro per stuk 100 euro's each* ★ *stuk voor stuk one by one* • *een stuk gereedschap a piece of equipment* ★ *tien stuks vee ten head of cattle* • *'n stuk huisraad a piece of furniture* ★ *'n stuk of zes five or six* ★ *per stuk kopen/verkopen buy/sell by the piece* • *geschrift document*; ‹in tijdschrift› *article* ★ *'n stukje in de krant a piece in the*

paper • *kunstwerk* MUZ. *piece of music*; ‹schilderij› *work*; *picture*; ‹toneel› *play*; *piece* • *aantrekkelijk persoon* ‹v. man› *hunk*; ‹v. vrouw› *piece* • *poststuk* ★ *een aangetekend stuk registered letter* • *schaakstuk piece* • *aandeel share*; *security* • *postuur* ★ *klein van stuk of a small stature* • *standpunt* ★ *iem. van zijn stuk brengen upset s.o.*; *disconcert s.o.* ▼ *hij houdt voet bij stuk he sticks to his point/his guns.* • *staaltje* ★ *een stout stukje a bold feat* ▼ *van zijn stuk raken become upset*; *lose one's head* ▼ *de kritiek liet geen stuk van hem heel the critics tore him to pieces/shreds* ▼ *uit één stuk sound* II *BNW broken*; ‹defect› *out of order*
stukadoor *plasterer*
stukadoren • *bepleisteren plaster* • *witten whitewash*
stuken *plaster*
stukgoed *(mixed) cargo*; *packed goods*
stukje • *klein deel (little) bit*; *small piece* ★ ~ *bij beetje bit by bit* • *kort artikel short piece*
stukjesschrijver *columnist*
stukloon *piecework payment* ★ *op ~ werken be on/do piecework*
stuklopen I *ov ww slijten wear down/out* II *on ww mislukken break down*; *fail* ★ *een stukgelopen huwelijk a broken marriage*
stukslaan I *ov ww stukmaken smash* ▼ *geld ~ squander money* II *on ww stukgaan dash/ smash to pieces*
stukwerk *piecework*
stulp • *stolp glass bell* • *huisje hut*; *hovel*
stumper • *sukkel bungler* • *stakker wretch* ★ *'n arme ~ a poor devil*; *poor thing*
stumperen *fumble*; *bungle*
stunt *stunt* ★ *een ~ uithalen perform a stunt*
stuntel *fumbler*; INF. *butterfingers*
stuntelen *bungle*
stuntelig *clumsy*; *bungling*; *awkward*
stunten *stunt*
stuntman *stunt man*
stuntprijs *price breaker*; *special (price)*
stuntvliegen *stunt flying*
stuntwerk *stuntwork*
stupide *stupid*; *thick*; AE *dumb*
sturen I *ov ww* • *zenden* ‹v. brief› *send*; *post* ★ *om iets ~ send for s.th.* • *besturen steer*; ‹auto› *drive* • *bedienen operate* II *on ww naar het stuur luisteren steer* ★ *mijn vriend stuurde my friend was at the wheel* ★ *hij stuurt slecht he is a poor driver*
sturing • *het sturen steering* • *besturing control*
stut • *balk buttress*; *strut* • FIG. *steun prop*; *stay*; *support*
stutten *prop*; *buttress*; *support*
stuur ‹v. auto› *wheel*; ‹v. fiets› *handlebar*; ‹v. schip› *helm*; ‹v. vliegtuig› *controls* ★ *hij verloor de macht over het ~ he lost control over his car*
stuurbekrachtiging *power steering*
stuurboord *starboard*
stuurgroep *steering committee*
stuurhuis *wheelhouse*; *pilot house*
stuurhut ‹vliegtuig› *cockpit*; *flight deck*; ‹schip› *wheelhouse*

stuurknuppel *control column*; INF. *joystick*
stuurloos *out of control* ⋆ ~ ronddrijven *be adrift*
stuurman • roerganger *helmsman*; ⟨v. reddingsboot⟩ *cox* • scheepsofficier *chief/first mate* ▼ de beste stuurlui staan aan wal *it's easy to be a backseat driver*
stuurmanskunst • SCHEEPV. *steersmanship* • omzichtig beleid *management*
stuurs *surly*
stuurslot *steering wheel/column lock*
stuurstang ⟨v. fiets⟩ *handle-bar(s)*; ⟨v. vliegtuig⟩ *control stick*
stuurwiel ⟨v. auto⟩ *steering wheel*; ⟨v. schip⟩ *helm*
stuw *dam*; *barrage*; ⟨lage dam⟩ *weir*
stuwadoor *stevedore*
stuwdam *dam*; *weir*
stuwen • voortduwen *drive*; *propel* • stouwen *stow* • water keren *dam (up)*
stuwing • het stuwen *stowage* • stuwkracht *force*; *drive*; TECHN. *thrust*; ⟨persoon⟩ *driving force*
stuwkracht *propulsion*; TECHN. *thrust*; ⟨v. raket⟩ *lift*; FIG. *driving-force*
stuwmeer *reservoir*
stuwraket *take-off rocket*; ⟨versnelling⟩ *booster rocket*
stylen *style*
sub *sub-*; *under* ⋆ sub artikel 3 *in section 3* ▼ sub rosa *confidentially*; *sub rosa* ▼ sub judice *sub judice*
subatomair *subatomic*
subcommissie *subcommittee*
subcultuur *subculture*
subcutaan *subcutaneous*
subdirectory *subdirectory*
subgroep *sub-group*
subiet • dadelijk *right away*; *at once* • plots *suddenly*; *all at once* • beslist *certainly*
subject *subject*
subjectief *subjective*
subjectiviteit *subjectivity*
subliem *sublime*
sublimeren *sublimate*
subsidie *subsidy*
subsidieaanvraag *application for subsidy*
subsidiëren *subsidize* ⋆ door 't rijk gesubsidieerd *state-subsidized/aided*
substantie *subsidy*; ⟨onderwijs⟩ *grant*; ⟨uitkering⟩ *benefit*; *financial support*
substantieel • wezenlijk *substantial* • voedzaam *substantial*; *filling*
substantief *noun*
substantiëren *substantiate*
substitueren *substitute*
substitutie *substitution*
substituut I ZN (de) plaatsvervanger *substitute* II ZN (het) vervangmiddel *substitute*
subtiel *subtle*; *delicate*
subtop *second rank*
subtropisch *subtropical*
subversief *subversive*
succes *success*; *luck* ⋆ veel ~! *good luck (to you)!* ⋆ ~ hebben *have success*; *be successful* ⋆ met/ zonder ~ *(un)successfully* ⋆ het stuk was een

groot ~ *the play was a great success*
succesnummer *hit*; *winner*
successie *succession*
successierecht *death duty*
successievelijk *successively*
succesvol *successful*
sudden death *sudden death*
sudderen *simmer*
sudderlap *braising steak*
suède *suede*
suf • duf *drowsy*; ⟨door drugs⟩ *dopey*; ⟨v. zwakte⟩ *groggy* • onnadenkend *slow-witted*; *thick-headed*
suffen • soezen *doze*; *drowse* ⋆ zit niet te ~! *pay attention!* • gedachteloos zijn *(day)dream*
sufferd *fathead*; *nerd*
suffig *sleepy*; *woozy*
suffix *suffix*
sufkop *dope*; *pin-head*; *fat-head*
suggereren *suggest*
suggestie • voorstel *suggestion* • gewekte indruk *suggestion*; ⟨niet uitgesproken⟩ *implication* ⋆ de ~ wekken dat *suggest*; *imply*
suggestief • suggestie inhoudend *suggestive* ⋆ suggestieve vraag *leading question* • beeld oproepend *evocative*
suïcidaal *suicidal*
suïcide *suicide*
suiker • zoetstof *sugar* • suikerziekte *diabetes*
suikerbiet *sugar beet*
suikerbrood ≈ *cinnamon bread*
suikergoed *confectionery*; *sweetmeats*
suikerklontje *cube/lump of sugar*
suikermeloen *honey-dew melon*
suikeroom *rich uncle*
suikerpatiënt *diabetic*
suikerpot *sugar bowl*
suikerraffinaderij *sugar refinery*
suikerriet *sugar cane*
suikerspin *candy floss*; AE *cotton candy*
suikertante *rich aunt*
suikervrij *sugarless*; *sugar-free*
suikerzakje *sugar bag*
suikerziekte *diabetes*
suikerzoet *sugary*
suite • kamers *suite* • MUZ. *suite*
suizebollen *be giddy*; *stagger* ⋆ het deed hem ~ *it made him reel*; *it knocked him silly*
suizen • geluid maken ⟨v. regen⟩ *rustle*; ⟨v. wind⟩ *sigh*; ⟨v. oren⟩ *sing*; *ring* • snel bewegen *whizz*
sujet *fellow* ⋆ verdacht ~ *shady customer*
sukade *candied peel*
sukkel *mug*; *dope*; *geek*
sukkeldrafje *jog/dog (trot)*
sukkelen • sjokken *jog*; *trudge*; ⟨op een drafje⟩ *trot* • ziekelijk zijn *be ailing* ⋆ mijn vader begint te ~ *my father's health is beginning to fail* ⋆ hij sukkelt achteruit *he's getting worse* ⋆ in slaap ~ *drop off (to sleep)*
sukkelgangetje *jogtrot*
sul • sukkel *mug*; *dope* • goedzak *softy*; *Goody Two-Shoes*
sulfaat *sulphate*
sulfiet *sulphite*
sullig • dom *dopey*; *goofy* • goeiig *soft*

sultan *sultan*
Sumatra *Sumatra*
summa cum laude *summa cum laude*
summier • gering *summary*; *scanty* • bondig *brief*; *concise*; *summary*
summum *height*; *maximum*; ⟨ambitie, succes⟩ *top*; ⟨voornamelijk negatief⟩ *limit* ⋆ dat is het ~! ⟨negatief⟩ *that is the absolute/giddy limit!*; ⟨negatief⟩ *that's the pits!* ⋆ het ~ van dwaasheid *the height of folly*
sumoworstelaar *sumo wrestler*
super I zn *super* II bnw *super*; *excellent*; *first class*
superbenzine *Super*; be *4 star petrol*; ae *high octane gas(oline)*
supercup *supercup*
super-G *super-G*
supergeleider *superconductor*
superheffing *levy (on the production of milk which exceeds the set amount)*
superieur I zn *superior* II bnw • hoger geplaatst, meerwaardig *superior* • hooghartig *superior*; *arrogant*
superioriteit *superiority*
superlatief *superlative*
supermacht *superpower*
supermarkt *supermarket*
supermens *superman/superwoman*
supersonisch *supersonic*
supertanker *supertanker*
supervisie *supervision*
supervisor *supervisor*
supinatie *supination*
supplement *supplement*
suppoost ⟨in museum⟩ *attendant*
supporter *supporter*
supporterslegioen *host of supporters*
supporterstrein *supporters' special train*
suprematie *supremacy*
surfen I zn *surfing* II on ww • sport over golven glijden *surf*; *go surfing* • sport windsurfen *go windsurfing*
surfpak *wet-suit*
surfplank *surfboard*; ⟨met zeil⟩ *windsurfer*
Suriname *Surinam*
Surinamer *Surinamer*; *Surinamese* ⋆ een Surinaamse *a Surinam woman*

surplus *surplus*
surprise *surprise*
surprise-party *surprise party*
surrealisme *surrealism*
surrealistisch *surreal(istic)*
surrogaat *surrogate*; *substitute*
surseance ⋆ ~ van betaling *moratorium* [mv: *moratoriums, moratoria*]; *suspension of payment*
surveillance *surveillance*; ⟨bij examen⟩ *invigilation*; ⟨op school⟩ *supervision*; ⟨school, politie⟩ *duty*
surveillancewagen *patrol car*; ae *squad/prowl car*
surveillant *surveillant*; ⟨op school⟩ *duty-master*; ⟨bij examen⟩ *invigilator*
surveilleren *supervise*; ⟨bij examen⟩ *invigilate*; ⟨leraar, politieman⟩ *be on duty*; ⟨politiewagen⟩ *patrol*; ⟨agent te voet⟩ *be on*

the beat
sushi *sushi*
suspense *suspense*
sussen ⟨ontevredenheid⟩ *appease*; ⟨ruzie⟩ *hush up*; ⟨kind⟩ *soothe* ⋆ in slaap ~ *lull asleep*
s.v.p. *svp*; *please*
Swahili *Swahili*
swastika *swastika*
Swaziland *Swaziland*
sweater *sweater*
sweatshirt *sweatshirt*
swingen • dansen *swing* • bruisend zijn *swing* ⋆ het swingt de pan uit *it's cool*
switchen • van plaats wisselen *change/trade places with* • overgaan op iets anders *change/swap over* ⋆ zij switchte naar een andere studie *she changed over to another subject*
Sydney *Sydney*
syfilis *syphilis*
syllabe *syllable*
syllabus *syllabus*
symbiose *symbiosis*
symboliek • het symbolische *symbolism* • leer van de symbolen *symbolics*
symbolisch • een teken vormend *token* ⋆ een ~ bedrag *a token payment* • zinnebeeldig *symbolic(al)*
symboliseren *symbolize*
symbool *symbol*
symfonie *symphony*
symfonieorkest *symphony-orchestra*
symmetrie *symmetry*
symmetrisch *symmetric(al)*
sympathie • genegenheid *sympathy* ⋆ ~ën en antipathieën *likes and dislikes* • instemming *sympathy*; *affinity* ⋆ dat heeft onze volle ~ *that has our full support*
sympathiek *sympathetic*; ⟨v. gezicht⟩ *likeable*; ⟨v. omgeving⟩ *congenial*; ⟨v. plan⟩ *attractive*; ⟨v. persoon⟩ *nice* ⋆ hij is mij ~ *I like him*
sympathisant *sympathizer*
sympathiseren *sympathize*
symposium *symposium*; *conference*
symptomatisch *symptomatic*
symptoom *symptom*
symptoombestrijding *symptomatic treatment*
synagoge *synagogue*
synaps *synapse*; *synapsis*
synchroniseren *synchronize*
synchroon *synchronic*; *synchronous*
syndicaat • syndicate • z-n vakbond *union*
syndroom *syndrome*
synergie *synergism*
synode *synod*
synoniem I zn *synonym* II bnw *synonymous*
synopsis *synopsis*
syntaxis *syntax*
synthese *synthesis*
synthesizer *synthesizer*
synthetisch *synthetic*
Syrië *Syria*
systeem *system* ⋆ daar zit geen ~ in *there is no method in it*
systeemanalist *systems analyst*
systeembeheerder *system manager*

systeembouw *prefabrication; system building*
systeemeisen *system requirements*
systeemkaart *card*
systeemontwerper *system designer*
systematiek • ordeningssysteem *system*
  • systeemleer *systematics; taxonomy*
systematisch *systematic*
systematiseren *systematize; methodize*
systole *systole*

T

t *t* ⋆ de t van Theodoor *T as in Tommy*
Taag *Tagus*
taai • stevig en buigzaam *tough*; ⟨vlees ook⟩
  leathery • dikvloeibaar *sticky*; ⟨modder,
  toffee⟩ *viscous* • volhardend *tough*; *hardy*;
  tenacious; *dogged* ⋆ een taaie rakker *a tough
  customer* ⋆ taaie volharding *dogged
  persistence* • vervelend, moeilijk *dull*; INF.
  tedious ▾ houd je taai! *keep your pecker up!*;
  never say die!
taaie *slug*
taaiheid • stevigheid *toughness*; *hardiness*
  • stroperigheid *viscosity*; *toughness* • saaiheid
  tediousness; *dullness*
taaislijmziekte *cystic fibrosis*
taaitaai ≈ *gingerbread*
taak *task*; INF. *job*; ⟨officieel toegekend⟩
  assignment ⋆ voor zijn taak berekend *equal
  to the occasion; well-equipped for the job* ⋆ op
  mij rust de taak om... *it is my task/duty to...*
  ⋆ dat behoort tot de taak van de regering
  that is the government's responsibility ⋆ hij
  stelt zich tot taak om... *he takes it on himself
  to...*
taakbalk *task bar*
taakomschrijving *job description*; ⟨commissie⟩
  (terms of) reference
taakverdeling *job allocation; allocation/
  assignment of work/duties; division of labour*
taal • communicatiemiddel *language* • de
  levende talen *the modern languages* ⋆ een
  taal mondeling beheersen *be fluent in a
  language* • communicatiesysteem van groep
  language ⋆ de taal van het lichaam *body
  language* ⋆ dode taal *dead language* • spraak
  en schrift *language*; ⟨gesproken⟩ *speech*
  • taalgebruik *language; way of speaking*
  ⋆ vuile taal uitslaan *use bad language*
  ⋆ alledaagse taal *colloquial language* ▾ hij gaf
  taal noch teken *he gave neither word nor sign*
  ▾ duidelijke taal spreken *speak plainly*
taalachterstand *language deficiency*
taalbarrière *language barrier*
taalbeheersing *command/mastery of (a)
  language; language skills* [mv]
taaleigen *idiom*
taalfamilie *family of languages*
taalfout *grammatical error/mistake*
taalgebied • regio ⋆ het Nederlandse ~ *the
  Dutch-speaking regions* • onderwerp *field of
  language* ⋆ onderzoek op ~ *research in the
  field of language*
taalgebruik *usage*
taalgeschiedenis *historical linguistics*
taalgevoel *feel for language*
taalgrens *language boundary*
taalkunde *linguistics*
taalkundig *linguistic*
taalkundige *linguist*
taalles *grammar lesson*
taalonderwijs *language teaching*
taalstrijd *linguistic struggle*

Taalunie ≈ *Language Union*
taalvaardigheid *language proficiency*; *command of the language*; ⟨mondeling ook⟩ *fluency*
taalverarming *language impoverishment*
taalverrijking *language enrichment*
taalverwerving *language aquisition*
taalwetenschap *linguistics*
taart • gebak *cake*; *tart*; AE *pie* ★ een stuk ~ *a wedge/slice of cake* • BEL *vrouw frump*
taartje *(fancy) cake*; *pastry*; *tart(let)*
taartpunt *wedge of cake*
taartschep *cake-slice/-server*
taartvorkje *cake-fork*
taartvorm *cake mould/tin*
tab *tab*
tabak *tobacco* ▾ ik heb er ~ van *I'm sick of it*
tabaksaccijns *tobacco duty/excise*
tabaksdoos *tobacco tin*
tabaksindustrie *tobacco industry*
tabaksplant *tobacco plant*
tabaksvergunning *licence to sell tobacco*
tabasco *Tabasco*
tabbaard *official gown/robe*
tabee *bye; see you*
tabel *table*; *chart*
tabernakel *tabernacle*
tableau • schilderij *tableau*; *picture* • schaal *tray*
tablet • plak *tablet*; ⟨v. chocola⟩ *bar* • pil *tablet*; ⟨zuigtablet⟩ *lozenge*
tabletvorm *tablet form*
taboe I ZN *taboo* ★ een ~ doorbreken *break down a taboo* ★ iets ~ verklaren *taboo s.th.* ★ er rust een ~ op *there's a taboo on* II BNW *taboo*
taboesfeer *taboo*
tabouleh *tabouleh*
tabula rasa *tabula rasa*
tabulator *tab(ulator)*
tachograaf *tachograph*
tachtig *eighty* → acht
tachtiger I ZN *octogenarian*; *an eighty-year-old* ▾ de Tachtigers *the Eighties Movement* II BNW ★ in de ~ jaren *in the eighties*
tachtigjarig ★ een ~ e man/vrouw *an eighty-year-old man/woman*
tachtigste *eightieth* ★ op zijn ~ *at (the age of) eighty* → achtste
tachymeter *tachometer*
tachyon *tachyon*
tackelen *tackle*
tackle *tackle*
taco *taco*
tact *tact*
tacticus *tactician*
tactiek *tactics*
tactisch *tactical*
tactloos *tactless*
tactvol *tactful*
Tadzjikistan *Tadjikistan*
taekwondo *taekwondo*
tafel • meubel *table* ★ aan ~ gaan *sit down to dinner*; INF. *sit down and eat* ★ om de ~ gaan zitten *enter into negotiations*; INF. *sit down and talk* ★ onder de ~ vegen *brush aside* ★ het

eten staat op ~ *dinner is served/on the table* ★ ter ~ brengen *bring up (for discussion)*; *table* • tabel *table* ★ ~ van vermenigvuldiging *multiplication table* ★ de ~ van acht *the eight times table* ▾ iem. onder de ~ drinken *drink s.o. under the table*
tafelblad *table-top*
tafeldame *partner (at dinner)*
tafelen *dine*; *be at (the) table*
tafelheer *partner (at dinner)*
tafelkleed *tablecloth*
tafelklem *C-clamp*
tafellaken *tablecloth*
tafellinnen *table linen*
tafelmanieren *table manners*
tafelpoot *leg of a table*
tafelrede *speech at dinner*; ⟨na diner⟩ *after-dinner speech*
tafelschikking *table arrangement*; *seating plan*
tafeltennis *table tennis*
tafeltennissen *play table tennis*
tafeltje-dek-je *meals-on-wheels*
tafelvoetbal *table football*
tafelwijn *table wine*
tafelzilver *silverware*; *silver cutlery*
tafereel *scene*; *picture*
tagliatelle *tagliatelle*
Tahiti *Tahiti*
Tahitiaans *Tahitian*
tahoe *tofu*; *bean curd*
taille *waist*
tailleren *cut in*
Taiwan *Taiwan*
Taiwanees I ZN *Taiwanese* II BNW *Taiwanese*
tak • loot *branch*; ⟨zware tak⟩ *bough*; ⟨klein⟩ *twig*; FIG. OOK *offshoot* • vertakking *branch*; *fork* • afdeling *branch* ★ tak van dienst *department*
takel *tackle*; *pulley block*
takelen • ophijsen *hoist (up)* • optuigen *rig*
takelwagen *breakdown lorry*; AE *tow truck*
takenpakket *range of duties*
take-off *take-off*
takkenbos *bunch of kindling*
takkeweer *foul/filthy/rotten weather*
takkewijf *bitch*; *cow*
taks • hoeveelheid *portion*; *share* ★ aan zijn taks zijn *have had enough* • dashond *dachshund*; *basset*
tal *number* ★ tal van *a (great) number of*; *numerous*
talen ★ zij taalt niet naar luxe *she doesn't care for luxury*; *luxury leaves her cold*
talenkennis *knowledge/command of languages*
talenknobbel *flair for language*; *a head for languages*
talenpracticum *language laboratory*
talenstudie *language course*
talent *talent* ★ een vrouw van/met veel ~ en *a woman of great talent*; *a very talented/highly gifted woman* ★ miskend ~ *a talent manqué*
talentenjacht *talent hunt*
talentvol *talented*; FORM. *accomplished*
talg ⟨dierlijk⟩ *tallow*; ⟨huidsmeer⟩ *skin fat*
talgklier *sebaceous gland*
talisman *talisman*; *amulet*

ta

talk • delfstof *talc* • talg *skin fat*; ⟨dierlijk⟩ *tallow*

talkpoeder *talcum/powder*; *talc*

talkshow *talk show*; INF. *chat show*

Tallinn *Tallin*

talloos *countless*; *innumerable*

talmen *linger*; *delay*; *loiter*; *procrastinate* ★ zonder ~ *without delay*

talmoed *Talmud*

talrijk *numerous*

talud *slope*

tam • niet wild ⟨v. dieren⟩ *tame*; *domesticated* • gekweekt ⟨v. planten⟩ *cultivated* • saai *tame*; *dull* ★ 't was een tamme boel *it was dull*

tamarinde *tamarind*

tamboer *drummer*

tamboerijn *tambourine*

tamelijk *fairly*; *rather*; *pretty*

Tamil *Tamil*

tampon *tampon*

tamtam • trommels *tomtom* • ophef *fuss*; *to-do*

tand • gebitselement *tooth* [mv: *teeth*] ★ tanden krijgen *teethe* ★ tanden knarsen *gnash one's teeth*; ⟨in slaap⟩ *grind one's teeth* • puntig uitsteeksel ⟨v. zaag, tandrad, e.d.⟩ *tooth*; ⟨v. wiel⟩ *cog*; ⟨v. vork⟩ *prong* ▼ de tand des tijds *the ravages of time* ▼ iem. aan de tand voelen ⟨polsen⟩ *sound a person out*; ⟨m.b.t. kennis⟩ *test a person*; ⟨een verdachte⟩ *examine*; ⟨een verdachte⟩ *interrogate* ▼ met lange tanden eten *toy with one's food* ▼ zijn tanden laten zien *show one's teeth* ▼ tot de tanden gewapend *armed to the teeth* ▼ (zich) met hand en tand (verzetten tegen iets) *with might and main*; *with tooth and nail* ▼ op de tanden bijten *grit one's teeth*; *grin and bear it*

tandarts *dentist*

tandartsassistente *dentist's assistant*; *dental nurse*

tandbederf *tooth decay*; *caries*

tandbeen *dentine*

tandem *tandem*

tandenborstel *tooth brush*

tandenknarsen *grind/gnash one's teeth*

tandenstoker *toothpick*

tandglazuur *(dental) enamel*

tandheelkunde *dental surgery*

tandpasta *tooth paste*

tandplaque *plaque*

tandrad *gear-wheel*; *cog*

tandsteen *scale* ★ van ~ ontdoen *scale*

tandtechnicus *dental technician*

tandvlees *gum(s)*

tandvleesontsteking *inflammation of the gums*; MED. *gingivitis*

tandwiel *cog(wheel)*

tandzijde *dental floss*

tanen I OV WW vaalgeel kleuren *tan* II ON WW • vaal worden *wane*; *fade* • afnemen *be on the wane*; *fade* ★ dit heeft zijn reputatie doen ~ *this has tarnished his reputation*

tang • gereedschap *(pair of) tongs*; ⟨nijptang⟩ *pincers*; ⟨v. chirurg⟩ *forceps* • vrouw ★ wat 'n ouwe tang! *what an old hag!* ▼ dat slaat als een tang op een varken *that's neither here*

nor there

tanga *tanga*

tangens *tangent*

tango *tango*

tanig *tawny*

tank • reservoir *tank*; *container* • pantservoertuig *tank*

tankauto *tanker*

tankbataljon *tank battalion*

tanken *(re)fuel*

tanker *tanker*

tankstation *petrol station*

tankwagen *tanker*

tantaluskwelling *torment of Tantalus*

tante • familielid *aunt* • vrouw ★ een lastige ~ *a handful* ▼ je ~! *my foot!*

tantième *bonus*; *royalty*

Tanzania *Tanzania*

tap • pin, bout *bung*; *plug* • kraan *tap* • bar *bar*

tapas *tapas*

tapbier *draught beer*

tapdansen *tap dance*

tape • plakband *(adhesive) tape* • magneetband *(magnetic) tape*

tapenade *tapenade*

tapestreamer *tape streamer*

tapijt • vloerkleed *carpet* • wandkleed *tapestry*

tapioca *tapioca*

tapkast *bar*

tappen[1] *tap* ★ bier tappen *draw/pull beer* ▼ moppen tappen *crack jokes*

tappen[2] ⟨zeg: teppen⟩ *tap*

tapperij *pub*

taps *tapering* ★ taps toelopen *taper*

taptemelk *skimmed milk*

taptoe • signaal *last post* • parade *tattoo*

tapverbod *ban on alcohol*; *ban on alcoholic beverages*

tapvergunning *licence to sell alcohol* ★ clubhuis met ~ *licensed clubhouse*

tarantula *tarantula*

tarbot *turbot*

tarief • prijs *tariff*; *rate*; ⟨notaris, e.d.⟩ *fee*; ⟨v. vervoer⟩ *fare* ★ billijk ~ *moderate terms* ★ het volle ~ berekenen *charge the full amount* • invoerrechten *tariff (rates)*

tariefgroep *tax coding*

tariefsverlaging *reduction in a tariff/rate*

tarievenoorlog *tariff war*

tarot *tarot*

tarra *tare (weight)*

tartaar *(raw) mince*; AE *(raw) ground beef*

Tartaar *Ta(r)tar*

tartanbaan *tartan track*

tarten • uitdagen *challenge*; *dare* • trotseren *defy*; *brave* ★ het lot ~ *tempt fate* • overtreffen *defy*; *baffle* ★ het tart elke beschrijving *it defies/baffles all description*

tarwe *wheat*

tarwebloem *wheat flour*

tarwebrood *wheat bread*

tarwemeel *wheatmeal*

tarwevlokken *wheat flakes*

tas *bag*; ⟨aktetas⟩ *briefcase*; ⟨handtas⟩ *(hand)bag*; ⟨schooltas⟩ *satchel*

tasjesdief *bag snatcher*; AE *purse snatcher*

ta

tast ⟨het voelen⟩ *touch; feeling*; ⟨met hand⟩ *groping; feeling* ★ blinden moeten alles op de tast doen *the blind have to do everything by touch* ★ op de tast zijn weg zoeken *feel/grope one's way*

tastbaar *tangible; palpable* ★ ~ bewijs *concrete/ tangible proof*

tasten ⟨met hand⟩ *grope; fumble for* ★ zij heeft diep in de buidel getast *she has paid a lot for it*; ⟨vrijgevig⟩ *she has been very generous* ★ in het duister ~ OOK FIG. *grope in the dark* ★ om zich heen ~ ⟨v. vlammen⟩ *spread* ▼ iem. in zijn eer ~ *hurt a person's pride*

tastzin *sense of touch*

tatoeage *tattoo*

tatoeëren *tattoo*

taugé *tauge; bean-sprouts*

taupe *taupe*

tautologie *tautology*

t.a.v. • ten aanzien van *with respect/regard to* • ter attentie van ⟨for the attention of⟩ *attn.*

taverne *inn; BE pub(lic house)*

taxateur *assessor; valuer*; ⟨v. huis⟩ *surveyor*

taxatie *valuation; appraisal; assessment* ★ een ~ laten uitvoeren *have an assessment carried out*

taxatierapport *valuation*

taxeren • waarde bepalen *value*; ⟨v. huis⟩ *survey* ★ te hoog ~ *overrate* • inschatten *estimate; assess*

taxfree *duty-free* ★ ~shop *duty-free shop*

taxi *taxi(cab)*

taxicentrale *taix base/centre*

taxichauffeur *taxi driver*

taxidermie *taxidermy*

taxiën *taxi*

taximeter *(taxi-)meter*; INF. *clock*

taxionderneming *taxi firm/company*

taxistandplaats *taxi/cab rank*

taxonomie *taxonomy*

taxus *yew (tree); taxus*

tbc tuberculose *TB*

T-biljet *tax reclaim form*

tbr → terbeschikkingstelling

tbs → terbeschikkingstelling

t.b.v. • ten bate van *for the benefit of*; *in aid of* • ten behoeve van *on behalf of*

te I BIJW *too* ★ te laat komen *be late*; ⟨sterker⟩ *be too late* ★ des te beter/erger *so much the better/worse* ★ te meer daar *the more so because* ▼ te mooi om waar te zijn *too good to be true* II VZ • in/op *at*; *in* ★ te paard/voet *on horseback/foot* ★ te Utrecht *in Utrecht* • [+ infin.] *to* ★ zonder iets te zeggen *without saying anything* ★ veel te doen *much to be done*

teak *teak*

teakhout *teak*

teakolie *teak oil*

team *team*

teambuilding *teambuilding*

teamgeest *team spirit*

teamspeler *team player*

teamsport *team sport*

teamverband *team* ★ in ~ werken *work in a team*

teamwork *teamwork*

techneut ≈ *person with technical skill(s)*

technicus *technician*

techniek • vaardigheid *technique; skill* ★ de ~ van een violist *the technique of a violinist* • werktuigkundige bewerking *technique*

technisch *technical* ★ mts *senior secondary technical school* ★ hts *college/university of technology* ★ lts *secondary technical school*

techno *techno*

technocratie *technocracy*

technokeuring *M.O.T. (test); Ministry of Transport test*

technologie *technology; applied sciences* ★ geavanceerde ~ *high tech(nology)* ★ fysische/chemische ~ *physical/chemical engineering*

technologisch *technological*

technostation *M.O.T. garage*

teckel *dachshund*

tectyl *underseal; undercoat to prevent rust*

tectyleren *underseal; rustproof; AE undercoat*

teddy I ZN (de) *teddy* II ZN (het) ≈ *imitation fur*; ≈ *plush*

teddybeer *teddy (bear)*

teder *tender*

tederheid ⟨innigheid⟩ *tenderness*; ⟨broosheid/ gevoeligheid⟩ *delicacy*

teef • dier *bitch*; ⟨vos⟩ *vixen* ★ PEJ. vrouw *bitch; cow*

teek *tick*

teelaarde *earth; soil*

teelbal *testicle*

teelt *culture; cultivation*; ⟨v. vee⟩ *breeding* ★ aardappel~ *cultivation of potatoes* ★ hij weet veel van bijen~ *he's an expert on bee culture* ★ eigen ~ *home-grown*

teen • deel van voet *toe* ★ op de tenen lopen *walk on tiptoe* ★ kleine teen *little toe* • twijg *willow shoot* ★ hij is gauw op zijn tenen getrapt *he's touchy; he is easily offended*

teenager *teenager*

teenslipper *flip-flop*

teer I ZN *tar* II BNW • broos *delicate; fragile*; *delicate; fragile* ★ een teer poppetje *a delicate little thing* • gevoelig *tender; delicate* ★ een tere huid/gezondheid *a delicate skin/health*

teergevoelig • gauw gekwetst *(over-)sensitive; easily hurt* ★ zacht van gevoel *tender*

teerling ▼ de ~ is geworpen *the die is cast*

teerzeep *(coal-)tar soap*

teflon ® *teflon*

tegel *tile*

tegelijk *at the same time; at once* ★ allen ~! *all together!* ★ een ~ *one at a time* ★ ~ met *along/ simultaneously with*

tegelijkertijd *at the same time; simultaneously*

tegellijm *tile cement*

tegelvloer *tiled floor*

tegelwerk • de tegels *tiles* • het tegelen *tiling*

tegelzetter *tiler*

tegemoet *to meet; towards* ★ aan ⟨iemands⟩ wensen ~ komen *meet/cater to s.o.'s wishes* ★ iets met spanning ~ zien *anxiously wait to see/look forward* ★ de ondergang ~ gaan *head for disaster*

tegemoetkoming • bijdrage *subsidy*; *compensation*; ⟨in de kosten⟩ *indemnification* • concessie *accommodation*; *concession*

tegemoettreden • iem. tegemoet lopen *go to meet s.o.* • aan iemands wensen tegemoet komen *meet s.b.'s wishes*

tegen I ZN *contra*; *disadvantage* ★ voors en ~s *pros and cons* **II** BIJW • anti *against* ★ zij is fel ~ *she's dead against it* • niet mee *against* ★ wind ~ *against the wind* ▼ zij kan daar niet meer ~ *she can't take any more* **III** VZ • in tegengestelde richting *against* • het licht houden *hold up to the light* • in aanraking met ★ het staat ~ de muur *it's against the wall* • ter bestrijding van *against* ★ een vaccin ~ aids *a vaccine against AIDS* • in strijd met *against, contrary to* ★ ~ de regels *against the rules* ★ ~ haar principes *against her principles* • in ruil voor *against; for* ★ ~ betaling van *on payment of* ★ ~ een vergoeding *at/for a reward* • jegens *to(wards); with* ★ zij is altijd erg aardig ~ mij *she's always kind to me* • aan *to* ★ dat moet je niet ~ haar zeggen! *you shouldn't say that to her* • bijna *towards; by* ★ ~ middernacht *by midnight* ★ hij is ~ de vijftig *he's getting on for fifty* ▼ tien ~ een *ten to one*

tegenaan *against*

tegenaanval *counter-attack*

tegenactie *counteraction*

tegenargument *counter-argument*

tegenbeeld • tegenstelling *opposite*; *contrast* • tegenhanger *counterpart*

tegenbericht *message to the contrary* ★ zonder uw ~ *unless we hear from you to the contrary*

tegenbeweging *countermovement*

tegenbezoek *return-visit*

tegencultuur *counter-culture*

tegendeel *contrary*; *opposite*; *reverse* ★ het ~ is waar *the contrary/reverse is true*

tegendraads *contrary*; *recalcitrant*

tegendruk • weerstand *counter-pressure* • afdruk *backing*; *perfecting*

tegeneis *counterclaim* ★ een ~ inbrengen *counterclaim*

tegengaan *prevent*; *fight*; *discourage*

tegengas ▼ ~ geven *resist*; *put up a fight*

tegengesteld *opposite*; *contrary*

tegengestelde *contrary*; *opposite*

tegengif *antidote*

tegenhanger *counterpart*

tegenhebben *have (working) against one*; *be opposed by* ★ ze heeft haar leeftijd tegen *her age is working against her* ★ een aantal collega's ~ *be opposed by some co-workers*

tegenhouden • beletten voort te gaan *check*; *arrest*; *stop* • verhinderen *prevent*; *stop*

tegenin *opposed to; against* ★ hij ging er recht ~ *he fought it tooth and nail*

tegenkandidaat *rival candidate*; *opponent* ★ zonder ~ gekozen worden *be elected/ returned unopposed*

tegenkomen *meet*; *come across*

tegenlachen *smile at/on*

tegenlicht *backlight*; *contre jour* ★ een met ~ genomen foto *a picture taken against the light/with backlighting*

tegenligger *oncoming traffic*; ⟨auto⟩ *oncoming car*

tegenlopen *go wrong* ★ alles liep hem tegen *everything went wrong for him; he was out of luck*

tegennatuurlijk *unnatural*

tegenoffensief *counteroffensive*

tegenop ~ *up* ★ daar kan zij niet ~ *that's too much for her; she can't match that*

tegenover I BIJW *across (from)*; *opposite* ★ daar staat ~ *on the other hand* ★ er staat wel wat ~ *there are compensations* **II** VZ • aan de overkant van ★ ~ het station *across from/ opposite the station* • ten opzichte van ★ zij staan lijnrecht ~ elkaar *they're diametrically opposed to each other* ★ hoe sta jij daar ~? *how do you feel about it?*

tegenovergesteld *opposite*

tegenpartij *opposite side*; ⟨tegenstander⟩ *opponent*

tegenpool *opposite*

tegenprestatie *quid pro quo*; *compensation*

tegenslag *reverse*; *set back*; *hitch* ★ de enige ~ die we hadden was het weer *the only fly in the ointment was the weather*

tegenspartelen • spartelend verzetten *struggle*; *fight*; *resist* • tegensputteren *grumble over/about*; *protest* ★ zonder ~ *without protest*

tegenspel *defence*; *response* ★ ~ bieden *offer resistance* ★ ~ leveren *put up a fight*; *reply*; FIG. INF. *give s.o. a run for their money*

tegenspeler • acteur *partner*; ⟨in film⟩ *co-star* • *opposite number*; *opponent*

tegenspoed *adversity*

tegenspraak • ontkenning *denial* • tegenstrijdigheid *contradiction* ★ in ~ zijn met iets *be contradictory to s.th.*; *be inconsistent with s.th.* ★ geen ~ duldend *peremptory*

tegenspreken • ontkennen *deny*; *contradict* ★ iets categorisch ~ *deny categorically* • betwisten *object*; *protest* • tegenstrijdig zijn *contradict*; *conflict with*; *be inconsistent with* ★ iem. ~ *disagree with s.o.*; *contradict s.o.* ★ elkaar ~de verklaringen *conflicting statements*

tegensputteren *object*; *protest*; FORM. *demur*

tegenstaan ★ het eten/idee staat mij tegen *the food/idea puts me off* ★ alles stond hem tegen *he was sick of everything* ★ zoiets gaat ~ *that sort of thing palls on one*

tegenstand *resistance* ★ ~ bieden *offer resistance*; *resist*

tegenstander *opponent*; *adversary*

tegenstelling *antithesis*; *contrast* ★ in ~ met/tot *in contrast with/to*; *unlike*; *as distinct from* ★ ~en binnen het kabinet *differences of opinion within the cabinet*

tegenstribbelen *resist*; FIG. *raise objections* ★ zonder ~ *without demur*

tegenstrijdig *contradictory*; *conflicting*

tegenstrijdigheid *inconsistency*; *contradiction*

tegenvallen *be disappointing*

tegenvaller *disappointment*; *bit of bad luck*

te

tegenvoeter • persoon *antipodean* • tegenpool *opposite*; *antipode*

tegenvoorbeeld *example as counter argument*

tegenvoorstel *counter-proposal*; *counter-suggestion*

tegenwaarde *counter-value*

tegenweer *resistance*

tegenwerken *cross*; ⟨iem.⟩ *work against*; ⟨v. plannen⟩ *thwart*

tegenwerking *opposition*

tegenwerpen *object*

tegenwerping *objection*

tegenwicht *counterpoise* ★ een ~ vormen tegen *counterbalance*; *offset*

tegenwind *headwind*; FORM. *adverse wind*; FIG. *opposition*

tegenwoordig I BNW • huidig *present-day*; *current* • aanwezig *present* II BIJW *at present*; *nowadays*

tegenwoordigheid *presence*

tegenzet *counter-move*

tegenzin *dislike (of)*; *aversion (to)* ★ met ~ *reluctantly*; *with (a) bad grace*

tegenzitten *be/go against* ★ het weer zat een beetje tegen *the weather was not helping much* ★ alles zit hem vandaag tegen *everything is going against him today*

tegoed *balance*; *credit*

tegoedbon *credit note*

Teheran *Teh(e)ran*

tehuis *home*; ⟨voornamelijk daklozen⟩ *shelter*; *refuge* ★ ~ voor ouden van dagen *old people's home* ★ militair ~ *servicemen's club* ★ ~ voor daklozen *shelter for the homeless*

teil ⟨teiltje⟩ *bowl*; ⟨wasteil⟩ *washtub*

teint *complexion* ★ een frisse ~ *a fresh complexion*

teisteren *afflict*; *ravage*; *harass*; *sweep* ★ de geteisterde gebieden *the stricken/disaster areas*

tekeergaan *carry on*; *rant and rave* ★ tegen iem. ~ *come down on s.o.*

teken • aanduiding *sign*; *token*; *indication*; ⟨signaal⟩ *signal* ★ ten ~ van *in token of* ★ ~en van ongeduld *signs of impatience* ★ op een ~ van *at a sign/signal from* • kenmerk *symptom* ★ een ~ des tijds *a sign of the times* • voorteken ★ het (is een) ~ aan de wand *the writing (is) on the wall* ★ een veeg ~ *(it's) not very promising*

tekenaar *artist*; *draughtsman*

tekendoos *box for drawing instruments*

tekenen • afbeelden *draw*; *sketch* ★ naar de natuur ~ *draw from life/nature* • ondertekenen *sign* ★ (iets) met zijn naam ~ *sign one's name to* ★ ~ voor gezien *endorse* ★ daar zou ik zo voor ~ *I wouldn't say no to that* • kenschetsen *stamp*; *characterize* ★ dat gedrag tekent de man *that behaviour is typical of the man* • merken ★ hij is een getekend man *all this worry is telling on him* ★ zijn zorgen ~ hem *all this worry is telling on him*

tekenend *characteristic (of)*

tekenfilm *cartoon*

tekening • afbeelding *drawing*; *sketch* ★ in ~

brengen *make a sketch of* • ondertekening *signing* ★ ter ~ voorleggen *submit for signature* • patroon ★ er begint ~ in te komen *a picture is beginning to emerge*

tekenkunst *draughtsmanship*

tekenles *drawing-lesson*

tekenpapier *drawing paper*

tekort • het ontbrekende *shortage*; *deficiency*; ⟨financieel⟩ *deficit* ★ ~ aan arbeidskrachten *labour shortage* ★ een ~ aan personeel hebben *be short of staff*; *be short-staffed* ★ ~ aan slaap *lack of sleep* ★ een ~ dekken *make up a deficit* • karakterfout *shortcoming*

tekortkoming *shortcoming(s)*; *failure*

tekst *text*; ⟨bijbelpassage⟩ *text*; ⟨film⟩ *script*; ⟨bij muziek⟩ *lyrics*; *words*; ⟨opera⟩ *libretto* ▼ ~ en uitleg geven *give chapter and verse*

tekstanalyse *textual analysis*

tekstballon *balloon*

teksteditie *(original) text edition*

teksthaak *square brackets*

tekstschrijver ⟨v. reclame⟩ *copywriter*; ⟨v. tv enz.⟩ *scriptwriter*

tekstuitgave *text edition*

tekstverklaring *exposition*

tekstverwerker • computer *word processor* • programma *word processing programme*

tel • het tellen *count* ★ de tel kwijtraken *lose count* • moment *moment*; *second* • aanzien ★ niet in tel zijn *be of no account* ▼ pas op je tellen *be on your guard*; *watch out*

Tel Aviv *Tel Aviv*

telebankieren *telebanking*; *computerized banking*

telecommunicatie *telecommunication*

telefax *telefax*

telefoneren *telephone*; *phone* ★ automatisch ~ met Nederland *make a dialled call to Holland*

telefonie • elektrische overbrenging van geluid *telephony* • telefoonwezen *telephone service/system*

telefonisch *by telephone*

telefonist *telephonist*; *(switchboard) operator*

telefoon *telephone*; INF. *phone* ★ de ~ aannemen *answer the (tele)phone* ★ de ~ opnemen *pick up the phone* ★ aan de ~ blijven *hold the line*; *hold/hang on* ★ per ~ *over the telephone*; *by telephone* ★ de ~ neerleggen/ophangen *put the receiver/phone down*; FORM. *replace the receiver* ★ er is iem. aan de ~ voor u *there is s.o. on the (tele)phone for you*

telefoonboek *telephone directory*

telefoonbotje *funny bone*

telefooncel *call box*

telefooncentrale *exchange*; *switchboard*

telefoondistrict *telephone district*

telefoongesprek *telephone conversation/call* ★ ~ voor rekening van de opgeroepene *reversed charge call*; AE *collect call*

telefoonkaart *phone card*

telefoonklapper *telephone-index*

telefoonnet *telephone-system*

telefoonnummer *telephone number* ★ een ~ draaien *dial a number* ★ kosteloos ~ *toll-free number*

te

telefoontik *(metered) telephone unit/tick*
telefoontje ★ ik geef je wel een ~ *I'll give you a ring/buzz/tinkle*
telefoonverkeer *telephone traffic/ communications*
telegraaf *telegraph* ★ per ~ *by wire*
telegraferen *wire; telegraph*
telegrafie *telegraphy*
telegrafisch *telegraphic*
telegram *telegram; wire*
telegramstijl *telegram style*
telekinese *telekinesis*
telelens *tele-lens*
telemarketing *telemarketing*
telen *grow; cultivate*
telepathie *telepathy*
telepathisch *telepathic*
telescoop *telescope*
teleshoppen *teleshop*
teletekst *teletext*
teleurstellen *disappoint*
teleurstellend *discouraging; disappointing*
teleurstelling *disappointment*
televisie • toestel *television set;* INF. *telly; box* • uitzending *television;* TV ★ door ~ overbrengen *televise*
televisiebewerking *television adaptation*
televisiecircuit *television circuit*
televisiedominee TV *evangelist*
televisiedrama TV *drama*
televisiejournaal *television news*
televisieomroep *television company*
televisieopname *television recording*
televisieprogramma *television programme*
televisiereclame *television commercial/ advertisement*
televisiereportage *television report*
televisiescherm *television screen*
televisieserie *television series*
televisiespel • toneelstuk *television play* • spel op de televisie *television game*
televisiestation *television channel;* AE *television station*
televisietoestel *television (set)*
televisie-uitzending *television/TV broadcast; telecast*
telewerk *teleworking*
telewerken *telework*
telewinkelen *teleshopping*
telex • toestel *teleprinter* • bericht *telex* • dienst *telex*
telexbericht *telex (message)*
telfout *counting/calculating error*
telg • afstammeling *descendant;* LIT. *scion* • loot *shoot*
telgang *ambling gait* ★ in ~ lopen *amble*
telkens *again and again* ★ ~ als ... *every time (that)* ...
tellen I OV WW • *count* • aantal bepalen *count* ★ zijn dagen zijn geteld *his days are numbered* ★ neuzen ~ *count heads* • aantal hebben *have; number* ★ het land telt 40 miljoen inwoners *The country has 45 million inhabitants* ★ zij telt 18 lentes *she is 18 years old* ★ de club telt 500 leden *the club consists of/has 500 members* II ON WW • getallen

noemen *count* • meetellen *count; matter* ★ dat telt niet *that doesn't count* • van belang zijn *count* ★ ik tel hem onder mijn vrienden *I count him among my friends* ▼ hij keek of hij niet tot tien kon ~ *he didn't look very bright*
teller • apparaat *counter* • REKENK. *numerator*
telling *count(ing)*
teloorgang *loss*
telraam *abacus*
telwoord *numeral*
temeer *all the more*
temen *drawl*
temidden *in the midst (of)*
temmen • mak maken *tame; domesticate* • africhten *tame;* ⟨v. paard⟩ *break*
tempé *tempeh*
tempel *temple*
temperament *temperament; temper* ★ iem. met ~ *a high-spirited person*
temperamentvol *(high-)spirited*
temperaturen *take someone's temperature*
temperatuur *temperature* ★ op ~ komen *warm up*
temperatuurdaling *drop in temperature; temperature drop*
temperatuurschommeling *fluctuation in temperature*
temperatuurstijging *rise/increase in temperature*
temperatuurverschil *difference in temperature*
temperen • matigen *temper;* ⟨m.b.t. geestdrift⟩ *damp;* ⟨m.b.t. pijn⟩ *ease;* ⟨m.b.t. geluid, kleur⟩ *soften;* ⟨m.b.t. geluid⟩ *subdue* • dimmen *dim* • staal bewerken *temper*
tempo • snelheid *tempo; pace; speed* ★ het ~ opvoeren *speed up* ★ 't ~ aangeven *set the pace* ★ ~ doeloe *formerly; in the past; in former days* • MUZ. *tempo; time*
tempobeurs *scholarship/bursary/grant the amount of which depends on the student's progress*
tempoera *tempura*
tempowisseling SPORT *change of pace;* MUZ. *change in tempo*
ten ★ ten eerste *first(ly)* ★ ten tweede *second(ly)*
tenaamstellen *register under the name...*
tenaamstelling *ascription*
tendens *tendency*
tendentieus *tendentious; bias(s)ed*
tendinitis *tendinitis*
teneinde *in order to; with the purpose of*
teneur *drift; tenor*
tengel • vinger *paw; mitt* ★ blijf met je ~s van die bloemen af *keep your paws off those flowers* • lat *lath; batten*
tenger *slight; slender*
tengevolge ★ ~ van *owing to*
tenietdoen ⟨een afspraak⟩ *cancel;* ⟨een huwelijk⟩ *annul;* ⟨een wet⟩ *nullify*
tenlastelegging *charge; indictment*
tenminste *at least*
tennis *tennis; lawn-tennis*
tennisarm *tennis elbow*
tennisbaan *tennis-court*
tennisracket *tennis racket*

te

tennisschoen *tennis shoe*
tennissen *play tennis*
tennisser *tennis player*
tennisspeler *tennis player*
tenor *tenor*
tenorsaxofoon *tenor saxophone*
ten slotte *finally; eventually; at last*
tenslotte *after all* ★ hij kon het ~ niet weten *after all he couldn't know*
tent • onderdak van doek *ridge tent*; ⟨bungalowtent⟩ *frame tent* ★ tent voor vier personen *four-person tent* ★ in een tent slapen/wonen *sleep/live under canvas* • openbare gelegenheid ★ een leuk tentje om te eten *a nice little place for a meal* ▼ hij liet zich niet uit zijn tent lokken *he refused to be drawn out*
tentakel *tentacle*
tentamen *exam*
tentamenperiode *exam period*
tentamineren *test (for knowledge of a particular subject)*
tentdoek *canvas*
tentenkamp *encampment*
tentharing *tent peg/pin*
tentoonspreiden *display*
tentoonstellen *exhibit; display*
tentoonstelling *exhibition; show;* ⟨industrieel⟩ *fair*
tentstok *tent pole*
tentzeil *canvas*
tenue *dress; uniform* ★ groot ~ *full dress* ★ klein ~ *undress* ★ ~ de ville BE *lounge suit;* AE *town suit*
tenuitvoerlegging *execution*
tenzij *unless*
tepel *nipple;* ⟨voornamelijk dieren⟩ *teat*
tequila *tequil(l)a*
ter *in; to; at* ★ ter illustratie *by way of illustration* ★ ter vergelijking *by way of comparison*
teraardebestelling *interment; funeral*
terbeschikkingstelling *detention during Her Majesty's pleasure*
terdege *thoroughly*
terecht I BNW ★ zeer ~ *quite rightly* II BIJW • met recht *justly; rightly* ★ ~ of ten onrechte *rightly or wrongly* • teruggevonden ★ mijn fiets is ~ *my bicycle has been found* • op de juiste plaats ★ je kunt daar nu niet ~ *it's closed now* ★ met Engels kun je overal ~ *English will get you by everywhere*
terechtbrengen *put to rights; arrange* ★ hij bracht er niet veel van terecht *he put up a pretty poor show*
terechtkomen • belanden *fall; land; end up/in/at* ★ in de sloot ~ *land in a ditch* • teruggevonden worden *turn up* ★ niet ~ *go astray/missing* • in orde komen *turn out all right* ★ er komt niets van hem terecht *he will come to no good* ★ dat komt wel terecht *it will sort itself out* ★ van z'n werk kwam niets terecht *his work was sadly neglected* ▼ alles kwam weer op z'n pootjes terecht *everything turned out all right (in the end)*
terechtstaan *stand trial; be put on trial*

terechtstellen *execute*
terechtstelling *execution*
terechtwijzen *put/set right; reprimand*
terechtwijzing *reprimand*
teren I OV WW met teer insmeren *tar* II ON WW (op) *live on/off* ★ hij teert op haar kosten *he lives/sponges on her* ★ hij teert nog steeds op zijn eerste succes *he is still living off his first success*
tergen *provoke*
tergend *provocative; vexing*
tering I ZN ▼ de ~ naar de nering zetten *cut one's coat according to one's cloth* II TW *fuck*
terloops I BNW *casual; incidental* II BIJW ★ iets ~ aanroeren *touch on s.th. in passing; make a passing reference to*
term • begrip, woord *term* ★ in algemene termen spreken *speak in general/broad terms* ★ volgens de termen der wet *as defined in law* • reden *ground* ★ er zijn termen aanwezig om *there are grounds for* • WISK. *term* ▼ in de termen vallen om *be liable for* ▼ hij valt niet in de termen voor deze benoeming *he's not eligible/qualified for this appointment*
termiet *termite*
termijn • periode *term* ★ op korte ~ *at short notice* ★ een ~ stellen *set a deadline/time-limit* ★ lening op korte/lange ~ *short-term/long-term loan* ★ op ~ (goud) kopen/verkopen *buy/sell (gold) futures* ★ binnen de gestelde ~ *within the set time; within the time stipulated (in the contract)* • tijdstip *deadline* • deel van schuld ★ in ~en betalen *pay by/in instalments*
termijnbetaling *payment by instalments*
termijnhandel *business in futures*
termijnmarkt • plaats *forward market; futures exchange* • geldwezen *forward/futures market*
terminaal *terminal* ★ terminale patiënt *terminal patient*
terminal *terminal*
terminologie *terminology*
ternauwernood *hardly; scarcely* ★ ~ ontsnappen *have a narrow escape; narrowly escape*
terneergeslagen *depressed; dispirited; crestfallen* ★ een ~ indruk maken *seem down (in the mouth)*
terp *mound*
terpentijn *turpentine*
terpentine *white spirit*
terracotta • materiaal *terracotta* • kleur *terracotta*
terrarium *terrarium*
terras *terrace*
terrein • grond *ground;* ⟨ommuurd bij gebouw, e.d.⟩ *precinct;* ⟨v. sportclub⟩ *home-ground;* ⟨bouwterrein⟩ *(building-)site;* ⟨landschap⟩ *terrain;* ⟨om huis als tuin, e.d.⟩ *grounds* ★ afgesloten ~ *enclosure* ★ eigen ~ *private property;* ⟨opschrift⟩ *private* ★ 't ~ verkennen *reconnoitre;* FIG. *see how the land lies* • gebied, sfeer *ground; province; field* ★ verboden ~ *out of bounds* ★ ~ winnen/ verliezen *gain/lose ground* ★ dat valt buiten mijn ~ *it's outside my territory* ▼ meester van

't ~ blijven *stay on top of the situation*
▼ onbekend ~ *unknown territory/ground*
▼ zich op gevaarlijk ~ bevinden *skate/tread on thin ice*
terreingesteldheid *state/condition of the ground*
terreinwagen *cross-country vehicle; land rover*
terreinwinst *territorial gain* ★ ~ boeken *gain ground*
terreur *terror*
terreuraanslag *terrorist attack*
terreurdaad *act of terrorism; terrorist act/attack*
terreurorganisatie *terrorist organization/group*
terriër *terrier*
terrine *tureen*
territoriaal *territorial*
territorium *territory*
territoriumdrift *territorial instinct*
terroriseren *terrorize*
terrorisme *terrorism*
terrorist *terrorist*
terroristisch *terrorist* ★ een ~e aanslag *a terrorist attack*
tersluiks *stealthily; by stealth*
terstond *at once; forthwith*
tertiair *tertiary*
Tertiair *Tertiary*
terts *third* ★ kleine ~ *minor third* ★ grote ~ *major third*
terug • naar vorige plaats *back* ★ ik ben zo ~ *I won't/shan't be a minute; I'll be right back* ★ heen en ~ *there and back* ★ 10 p ~ *10 p change* • achteruit *back* ★ een stap ~ *a step backward(s)* • geleden *back* ~ vier jaar ~ *four years ago/back* ▼ daar had hij niet van ~ *that shut him up*
terugbellen *call/phone/ring back*
terugbetalen *pay back; refund* ★ ik betaal het je morgen terug *I will pay you back tomorrow*
terugblik *retrospect* ★ een ~ op de laatste tien jaar *looking back on the last ten years*
terugblikken *look back on* ★ ~d *in retrospect*
terugbrengen • weer op zijn plaats brengen *bring/take back; return* • weer in toestand brengen *restore; bring back* ★ in de oorspronkelijke staat ~ *restore to its original/former conditions* • reduceren *reduce to*
terugdeinzen *shrink back* ~ voor niets ~ *stick at nothing* ★ ~ voor iets *shrink/recoil from s.th.*
terugdraaien • achteruitdraaien *turn back* • ongedaan maken *undo; cancel* ★ een maatregel ~ *reverse a measure*
terugdringen • achteruitduwen *push/drive back* ★ tranen ~ *force back the tears* • in aantal beperken *push/drive back*
terugfluiten ★ de directie heeft hem teruggefloten *the board of directors has blown the whistle on him*
teruggaan • terugkeren *go back; return* • achteruitgaan *go back* ★ ~ in de tijd *go back in time* • zijn oorsprong vinden *date back to*
teruggang *decline; decrease* ★ economische ~ *economic recession*

teruggave *restoration; restitution* ★ ~ van de belasting *tax refund*
teruggetrokken *retiring* ★ ~ leven *live in retirement*
teruggeven *give back; restore; return*
teruggooien *throw/toss back*
teruggrijpen *fall back (on); revert (to)*
terughalen • terugnemen *fetch back* • terugtrekken *withdraw; call back* ★ hij haalde zijn troepen terug *he withdrew his troops* • herinneren *recall*
terughoudend *reserved; reticent; aloof* ★ zij is wat ~ tegenover mannen *she's a bit reserved with men* ★ ~ zijn over *be reticent about*
terugkeer *return*
terugkeren • teruggaan *return; turn (back)* ★ op zijn schreden ~ *retrace one's steps* • zich weer voordoen ★ steeds ~d *ever-recurring*
terugkomen • terugkeren *come back; return* • ~ op ★ daar komen we later op terug *this will be discussed later* ★ ~ op 't onderwerp *return/go back to the subject* • ~ van ~ ~ van een besluit *go back on a decision; change a decision*
terugkomst *return* ★ bij haar ~ *on her return*
terugkoppelen *feed back; provide feedback*
terugkoppeling *feedback*
terugkrabbelen *back out (of it)*; INF. *opt out*; ⟨belofte⟩ *go back on*
terugkrijgen *recover; get back* ★ een klap ~ *get a blow in return* ★ te weinig geld ~ *be short-changed*
terugleggen • op oude plaats leggen *put back; replace* • SPORT ★ de bal op iem. ~ *pass the ball back to s.o.*
terugloop *fall(ing off); decrease*
teruglopen • lopen *walk back*; ⟨v. kanon⟩ *recoil* • verminderen *fall; drop* ★ de temperatuur loopt terug *the temperature is dropping*
terugnemen • weer nemen *take back* • intrekken *take back*; ⟨verklaring, opmerking⟩ *withdraw*
terugreis *return-journey*
terugroepen • terug laten komen *recall; call back* • antwoorden *call/shout back/in response* ★ de ambassadeur ~ *recall the ambassador*
terugschrikken *recoil; start*; ⟨v. ezel, paard⟩ *shy* ★ ~ voor iets *shrink back/recoil from s.th.* ★ nergens voor ~ *stick at nothing*
terugschroeven • reduceren *scale down; reduce* • ongedaan maken *reverse; change back*
terugslaan I OV WW • naar zender slaan *hit/strike back*; MIL. *repulse*; ⟨bal⟩ *return* • slaag beantwoorden *hit/strike back* • omslaan *turn back* II ON WW (op) *refer to*
terugslag • terugstoot ⟨v. wapen⟩ *recoil* • nadelig gevolg *repercussion; reaction*; ⟨achteruitgang⟩ *set back*
terugspelen • SPORT *play back* • retourneren *return* ★ zij speelde de vraag terug *she returned the question* • nog eens afspelen *replay* ★ kun je die band nog eens ~? *can you replay that tape once more?*

te

terugtocht • aftocht *retreat* • reis terug *journey home/back*; *trip home*; *return journey*

terugtraprem *back-pedal brake*

terugtreden • zich terugtrekken *withdraw from*; *draw back from* • aftreden *withdraw*; *stand down*

terugtrekken I ov ww • achteruit doen gaan *withdraw*; *pull/draw back* • intrekken *withdraw*; *recall* • een belofte ~ *recall a promise* II on ww achteruitgaan *retreat*; *fall back* III wkd ww • zich afzonderen *retreat* ★ zich in zichzelf ~ *shrink into o.s.* ★ zich naar zijn kamer ~ *retire to one's room* • zijn positie opgeven *retire*; *withdraw (from)*; ⟨uit zaken,⟩ *retire*; ⟨bij verkiezing, e.d.⟩ *stand down*; ⟨bij examen⟩ *withdraw*

terugval *backsliding*; *relapse*

terugvallen • minder presteren sport *lose ground* • naar vervallen *revert (to)*; *(re)lapse (into)* • ~ op *fall back on*

terugverdienen *earn (enough) to repay/recover the cost of something*

terugverlangen I ov ww terugvragen *want/ask back* II on ww verlangen *recall longingly* ★ ~ naar iets *long to go back to s.th.*; *long to see s.th. back*

terugvinden • vinden *find again* • tegenkomen *find again*

terugvoeren • terugleiden ⟨naar vroegere tijd⟩ *carry/take back*; ⟨plaats van herkomst⟩ *lead back* • dat voert ons terug naar de jaren zestig *that takes us back to the sixties* • als oorzaak aanwijzen *trace back (to)* ★ dit is terug te voeren op verkeerd beleid *this has its origins in mismanagement*

terugvorderen *reclaim*; ⟨bij bank⟩ *withdraw*

terugweg *way back*

terugwerkend *retroactive*; *retrospective* ★ met ~e kracht *retroactively*

terugwinnen • weer in bezit krijgen *win back*; *regain* • recyclen *reclaim*; *recover*

terugzakken • naar beneden zakken *sink down* • dalen in niveau *fall back to*

terugzien I ov ww weerzien *see again* ★ volgende week zien we elkaar terug *we'll see each other again next week* II on ww terugblikken *look back* ★ ~ op een vruchtbare dag *look back on a successful day*

terwijl • gedurende *as*; *while* ★ zij huilde ~ het verhaal voorlas *she wept as/while she read the story* • waarbij ook *whereas*

terzijde • opzij *aside* ★ iem. ~ staan *help/assist s.o.*; *stand by s.o.* ★ zij keek hem van ~ aan *she looked at him sidelong/sideways/askance* ★ iets ~ laten *leave s.th. aside* ★ trots ~ zetten *swallow pride* • terloops *at the side* • dit ~ *by the way*

test *test* ★ iem. een test afnemen *test s.o.*

testament • laatste wil *(last) will* ★ zijn ~ maken *make one's will* • iets bij ~ aan iem. vermaken *will s.th. to s.o.* • bijbeldeel *Testament* ▼ hij mag zijn ~ wel maken *he is done for*

testamentair *testamentary*

testauto *test car*

testbaan *test circuit*

testbeeld *test card*

testcase • proef *test (case)*; *experiment* • proefproces *test case*

testen *test* ★ iem. ~ op doping *drug test s.o.*

testikel *testicle*; *testis* [mv: *testes*]

testimonium *reference*; VERO. *testimonial*

testosteron *testosterone*

testpiloot *test pilot*

testrijder *test driver*

testvlucht *test flight*

tetanus *tetanus*

tête-à-tête *tete-a-tete*

tetteren • toeteren *blare*; *trumpet* • zuipen *booze*

teug *draught* ★ hij dronk het glas in één teug leeg *he emptied the glass in one draught* ★ met grote teugen drinken *drink deep*; *gulp (down)* ▼ met volle teugen genieten *enjoy o.s. thoroughly*

teugel *rein*; ⟨met hoofdstel⟩ *bridle* ▼ iem. de ~s uit handen nemen *take the reins from a person* ▼ iem. de vrije ~ laten *give free rein/ hand to a person* ▼ de ~ strak houden *keep a tight rein (on a person)* ▼ de ~s vieren *slacken the reins*

teut I zn treuzelaar *slowcoach* II bnw *sloshed*; *tight*

teuten • treuzelen *dawdle* • zeuren *drivel*; *chatter*

Teutoons *Teutonic*

teveel *surplus*

tevens • ook *also*; *besides* • tegelijkertijd *at the same time*

tevergeefs *in vain*; *vainly*

tevoren *before*; *previously* ★ van ~ *before(hand)*; *in advance* ★ ~ betalen *pay in advance*

tevreden ⟨tevreden over iets⟩ *satisfied*; ⟨alleen pred.⟩ *content*; ⟨v. aard⟩ *contented* ★ ~ met zichzelf *self-satisfied* ★ zij zijn snel ~ *they're easy to please*

tevredenheid *satisfaction* ★ tot ieders ~ *to everyone's satisfaction*

tevredenstellen *satisfy*; *content*; *please*

tewaterlating *launching*

teweegbrengen *bring about*; *cause*; ⟨een ziekte⟩ *bring on*

tewerkstellen *put to work*; *employ*

textiel • stof *textile* • textielwaren *textiles* ★ hij zit in de ~ *he works in textiles* • industrie *textile industry*

textielarbeider *textile worker*

textielindustrie *textile industry*

textielnijverheid *textile industry*

textielverf *fabric/textile dye*

textuur *texture*

tezamen *together* ★ alles ~ (genomen) *all in all*

TFT-scherm *TFT screen/display*

t.g.v. • ten gevolge van *as a result of* • ter gelegenheid van *on the occasion of* • ten gunste van *in favour of*

TGV *Train à Grande Vitesse TGV*; *high-speed train*

Thai *Thai*

Thailand *Thailand*

Thais *Thai*

thans • nu *at present*; *now* • tegenwoordig

nowadays; *at present*
theater *theatre*
theaterbezoek *theatregoing*; ‹één bezoek› *visit to a/the theatre*
theatercriticus *theatre critic*
theatervoorstelling *theatre performance*
theatraal • het toneel betreffend *theatrical*; *stag(e)y* • overdreven ★ ~ gedrag *histrionics*; *exaggerated behaviour*
thee *tea* ★ iem. op de thee hebben *have s.o. for tea* ★ zwarte thee *black tea* ★ groene thee *green tea*
theeblad • theeblaadje *tea leaf* • dienblad *tea tray*
theedoek BE *tea-towel*; AE *dish towel*
thee-ei *tea ball*
theeglas *tea-glass*
theekransje • groepje dames *tea-party* • koekje *tea biscuit*
theelepel • lepeltje *teaspoon* • hoeveelheid *teaspoon(ful) of*
theelichtje *tea warmer*
theemuts *tea cosy*
theepauze *tea break*
theeplantage *tea-plantation*
theepot *teapot*
theeservies *tea set*
theewater *water* ★ 't ~ opzetten *put the kettle on (for tea)* ▼ boven zijn ~ zijn *be in one's cups*
theezakje *tea bag*
theezeefje *tea strainer*
theïne *theine*
thema • onderwerp *theme*; *subject (matter)* • oefening *translation exercise* • MUZ. *theme*
themanummer *special issue*
themapark *theme park*
thematiek *theme(s)*; *subject matter*
thematisch *thematic* ★ ~ geordend *arranged by subject*
theologie *theology*
theologisch *theological*
theoloog ‹geleerde› *theologian*; ‹student› *theological student*
theoreticus *theorist*
theoretisch *theoretical*
theoretiseren *theorize*
theorie *theory*
theorie-examen *written examination*; *theory examination*
theorievorming *formulation of a theory*
theosofie *theosophy*
therapeut *therapist*
therapeutisch *therapeutic*
therapie *therapy*
thermiek *thermal*; *current*
thermodynamica *thermodynamics*
thermohardend *thermosetting*
thermometer *thermometer*
thermosfles *thermos (flask)*
thermoskan *thermos (jug)*
thermostaat *thermostat*
thesaurus *thesaurus*
these *thesis*; *proposition*
thesis → **these**
thinner *thinner*

thorax *thorax*
thuis I ZN *home* II BIJW • in huis *at home* ★ doe of je ~ bent *make yourself at home* • op de hoogte *be well read in*; *be well up in* ★ goed ~ zijn in een onderwerp *be well up in a subject* ▼ handen ~! *hands off!*; *keep your hands to yourself!*
thuisadres *home address*
thuisbankieren *home banking*
thuisbasis *home base*
thuisbrengen • naar huis brengen *bring/see home*; ‹naar eigen huis› *take home* • plaatsen *place* ★ ik kan hem niet ~ *I can't place him*
thuisclub *home side*
thuisfront *home front*
thuishaven *home port*; FIG. *home base*
thuishoren *belong* ★ dat hoort hier niet thuis *that doesn't belong here*
thuiskomen *come/get home*
thuiskomst *homecoming*
thuisland *homeland*
thuisloos *homeless*
thuismarkt *domestic/home market*
thuisreis *homeward journey*; ‹per boot› *homeward voyage*
thuisvoordeel *advantage of playing at home*
thuiswedstrijd *home match*
thuiswerker *home worker*
thuiswonend *living at home*
ti *te*
tiara *tiara*
Tibet *T(h)ibet*
Tibetaans *Tibetan*
tic • drank *shot* • zenuwtrek *tic*; *nervous tremor* • aanwensel *trick*; *quirk*
ticket *ticket*
tiebreak *tiebreak*
tien I ZN *ten* ★ een tien! ‹beoordeling› *full marks!* II TELW *ten* ★ 't is tien tegen één *it is ten to one* → **acht**
tiende *tenth* ▼ ~n betalen *pay tithes* → **achtste**
tienduizend *ten thousand*
tiener *teenager*; *teen*
tieneridool *teen-age idol*
tienkamp *decathlon*
tienrittenkaart *ten-ride ticket/pass*
tiental *ten*; *decade* ★ een ~ jaren *a decade* ★ er waren ~len mensen *there were dozens of people*
tientje *tenner*
tierelantijn *frill*
tieren • tekeergaan *rage* • gedijen *thrive*; *flourish*; ‹ongunstig› *be rife*
tierig *thriving*
tiet *tit*; ‹groot› INF. *hooter*
tig *umpteen*; *zillions* [mv]
tij *tide*
tijd • duur *time* ★ de tijd doden *kill time* ★ dat heeft de tijd *there's no hurry*; *it can wait* ★ we hebben alle tijd *we have all the time in the world*; *we are in no hurry* ★ dit heeft de langste tijd geduurd *this can't last/go on much longer* ★ ik heb er gewoon de tijd niet voor *I just/simply cannot spare/find the time for it* ★ als je maar tijd van leven hebt *if you*

live long enough ★ de tijden zijn veranderd *times have changed* ★ ik verloor elk besef van tijd *I lost all sense of time* ★ het is alleen maar een kwestie van tijd *it's only a matter of time* ★ bij de tijd zijn *be up-to-date* ★ met de tijd in the course of time ★ met zijn tijd meegaan *keep up with the times* ★ te allen tijde *at all times* • tijdvak *time; period; season* ★ de goede oude tijd *the good old days* ★ in minder dan geen tijd *in less than no time* ★ vrije tijd *spare time; leisure* ★ de slappe tijd *the slack season* ★ ik geef u nog één week de tijd *I'll give you one more week* ★ hij heeft zijn tijd gehad *he's had his day* ★ alles heeft zijn tijd *there is a time for everything* ★ hij heeft betere tijden gekend *he has seen better days* ★ zijn (straf)tijd uitzitten FORM. *serve one's term of imprisonment*; INF. *serve/do time* ★ 'n aardig tijdje *for quite a while* • de hele tijd *all the time*; *the whole time* ★ 'n hele tijd *quite a time* • een tijd lang *for a while/ period*; *for some time* ★ bij tijd en wijle *off and on* ★ dat was nog eens een tijd *those were the days* ★ binnen die tijd *within that time* ★ bij tijden *at times* ★ in deze tijd *these days* ★ in geen tijden *not for ages* ★ in vroeger tijd *in former times* ★ in een jaar tijds *in a year* ★ in deze tijd van het jaar *at this time of year* ★ in mijn tijd was het anders *in my day things were different* ★ vóór zijn tijd *before his time* ★ tot voor korte tijd *until recently* ★ hij is zijn tijd vooruit *he is ahead of his time* • tijdstip *time* ★ te allen tijde *at all times* ★ van tijd tot tijd *from time to time* ★ het is hoog tijd *it is high time* ★ op tijd *in time* ★ uit de tijd *behind the times* ★ tegen die tijd *by that time* ★ ten tijde van *at the time of* ★ dat is uit de tijd *obsolete; out of date* ★ de grootste schilder van alle tijden *the greatest painter of all time* ★ vanaf die tijd *ever since; from that time onward/forward* ★ 't wordt mijn tijd *I must be off now* ★ heb je de (juiste) tijd *have you got the (right) time* ★ hij is meestal niet op tijd *he is usually late; he is rarely on time* ★ hij is nooit op tijd *he is always late; he is never on time* ★ op alle tijden *at all hours* ★ goed/slecht op tijd in *good/bad time* ★ op zijn tijd *in due course; in due time* ★ alles op zijn tijd *all in good time* ★ op vaste tijden *at set times* ★ TAALK. *tense* ★ de toekomende tijd *future tense* ▼ het zal mijn tijd wel duren *that will last my time* ▼ de tijd zal het leren *time will tell*

tijdbom *time bomb*

tijdelijk ★ aan tijd gebonden FORM. *temporal* • voorlopig *temporary* ★ ~ personeel *temporary staff* ▼ het ~e met het eeuwige verwisselen *go on one's last journey*

tijdens *during*

tijdgebonden ★ ~ zijn *be a product of the age/ time*

tijdgebrek *lack of time*

tijdgeest *spirit of the age*

tijdgenoot *contemporary*

tijdig I BNW *timely* II BIJW *in good time*

tijding *news; tidings* ★ goede ~en brengen

bring good/glad tidings

tijdloos *timeless; ageless*

tijdmechanisme *timer; timing device*

tijdmelding *speaking/talking clock (service)*

tijdnood *pressure of time* ★ in ~ komen *be pressed for time*

tijdperk *period*; GESCH. *age* ★ het Victoriaanse ~ *the Victorian age*

tijdrekening *chronology*; *era*

tijdrit *time trial*

tijdrovend *time-consuming* ★ 't is erg ~ *it takes a long time*

tijdsbeeld ⟨aard⟩ *character of an age/era*; ⟨beeld⟩ *portrait of an age*

tijdsbestek *space of time*

tijdschakelaar *time switch*

tijdschema *schedule; timetable* ★ we zitten precies op het ~ *we're running to schedule; we are on schedule*

tijdschrift *periodical; magazine*

tijdsduur *time span; space of time*

tijdsein *time signal*

tijdslimiet *time limit; deadline*

tijdslot *time lock*

tijdspanne *(time) span*

tijdstip *(point in) time*

tijdsverloop *interval; space of time; period*

tijdvak *period*; GESCH. *age; era*

tijdverdrijf *pastime*

tijdverlies *time lost/wasted*; ⟨door onzorgvuldigheid⟩ *waste of time*

tijdverspilling *waste of time*

tijdzone *time-zone*

tijger *tiger*

tijgerbrood ≈ *bloomer*

tijgeren *crawl*

tijgerhaai *tiger shark*

tijgervel *tiger-skin*

tijm *thyme*

tik *tap*; ⟨met zweep⟩ *flick*; ⟨harde tik⟩ *rap* ★ tik om de oren *box on the ears*

tikfout *typing error/mistake*

tikje *a touch* ★ 'n ~ beter *a little better* ★ 'n ~ donkerder *a shade darker*

tikkeltje *touch; shade; bit* ★ een ~ mosterd *a touch/dab of mustard* ★ een ~ te zout *just a little too salty* ★ een ~ te groot *a shade large*

tikken • kloppen ⟨tegen ruit, deur⟩ *tap/rap* • aantikken ⟨bij kinderspel⟩ *touch* • geluid geven ⟨v. klok, e.d.⟩ *tick*; ⟨v. breinaalden⟩ *click* • typen *type*

til *dovecot(e)* ▼ er is iets op til *there is s.th. in the air*

tilde *tilde*

tillen • omhoog heffen *lift*; *raise* • afzetten *swindle*; *do* ★ iem. voor honderd euro ~ *swindle/do s.o. out of a hundred euro's* ▼ ergens zwaar aan ~ *make a fuss over s.th.* ▼ zich ergens een breuk aan ~ *rupture o.s. lifting s.th.*

tilt *tilt* ▼ op tilt slaan *tilt*; FIG. *hit the roof*; FIG. *blow one's top*; COMP. *crash*

timbaal *timbal*

timbre *timbre*

timen *time* ★ goed/slecht getimed *well-/badly-timed*

time-out *time out*
timer *timer*
timesharing *timesharing*
timide *timid; shy*
timing *timing*
timmeren • met hout werken *hammer* • slaan *hit out*
timmergereedschap *carpenter's tools*
timmerhout *timber*
timmerman *carpenter*
timmerwerf *carpenter's yard*
timmerwerk • resultaat *piece of carpentry; woodwork* • handeling *carpentry; woodwork*
tin *tin*; ‹legering› *pewter*
tinctuur *tincture*
tinerts *tin ore*
tingelen *jingle; tinkle*
tinkelen *tinkle; jingle*
tinmijn *tin mine*
tint *tint; hue*; ‹kleur› *tinge*; ‹uiterlijk› *complexion*
tintelen • prikkelen *tingle; prickle* ★ ~ van de kou *tingle with cold* • twinkelen *twinkle; sparkle*
tinteling • prikkelend gevoel *tingle; tingling* • fonkeling *twinkle; twinkling*
tinten • kleuren *tint; tinge* ★ getint glas *tinted glass* • FIG. een sfeer geven ★ links getint *with a leftist political slant; politically slanted*
tip • uiterste punt *tip*; ‹v. zakdoek› *corner* • hint *tip; hint* • fooi *tip* ★ een tip van de sluier oplichten *unveil*
tipgeld *tip-off money*
tipgever *(police) informant*; BE *grass*; ‹m.b.t. paardenraces› *tipster*
tippelaarster *streetwalker*; AE *hustler; hooker*
tippelen • lopen *tramp; walk* • prostitutie bedrijven *walk the streets; solicit*
tippelverbod *ban on streetwalking*
tippelzone *streetwalkers' district*
tippen I OV WW • hint geven *tip (off)* • aanduiden *tip (as)* II ON WW even aanraken *touch* ▼ daar kun je niet aan ~ *it can't be touched*
tiptoets *touch control*
tiptop *tip-top; A 1*
tirade *tirade*
tiramisu *tiramisu*
tiran *tyrant*
Tirana *Tirana*
tirannie *tyranny*
tiranniek *tyrannical*
tiranniseren *tyrannize (over); bully*
Tirol *Tyrol; Tirol*
tissue *tissue*
titan *titan*
titanenstrijd *titanic struggle*
titanium *titanium*
titel • benaming *title* • waardigheid *title* ★ een ~ voeren *bear a title*
titelblad *title page*
titelgevecht *title fight*
titelhouder *title holder*
titelkandidaat *competitor for a title*
titelrol *title role*
titelsong *title song/track*

titelverdediger *defender of a title; title-holder*
titulatuur *titles; forms of address*
tja *well*
tjalk *tjalk (Dutch sailing boat with spritsail)*
tjaptjoi *chop suey*
tjee *gosh; wow*; SL. *crikey*
tjilpen *chirp; twitter*
tjokvol INF. *chock-full*
t.k.a. te koop aangeboden *for sale*
T-kruising *T-junction*
tl-buis *fluorescent lamp; strip light*
TNO Toegepast Natuurwetenschappelijk Onderzoek *Netherlands Organization for Applied Scientific Research; TNO*
t.n.v. ten name van *in the name of*
t.o. tegenover *opp; opposite*
toast • heildronk *toast* ★ een ~ uitbrengen op *drink a toast to* • brood *piece of toast*
toasten *(drink a) toast to*
toaster *toaster*
toastje *piece of (melba) toast*
tobbe *tub*
tobben • piekeren *worry* ★ hij tobt met zijn gezondheid *he suffers from bad health* ★ ~ over *worry about* • zwoegen *slave*
tobberig *worrying; worrisome*
toch • desondanks *yet; still; for all that; all the same* ★ hij heeft veel succes en toch is hij niet gelukkig *he is very successful, yet he is still not happy* • bij vraag om bevestiging ★ je hebt het hem toch gezegd? *you did tell him, didn't you?* ★ je gaat toch? *you will go, won't you?* • immers *after all* ★ je kunt niets krijgen, de winkels zijn toch dicht *you can't buy anything, after all the shops are closed* • als nadruk ★ wees toch stil *do be quiet* ★ wat bedoel je toch? *whatever do you mean?* ★ het is toch al erg genoeg *it is bad enough as it is* • als wens ★ het kan misschien toch wel waar zijn *it may be true after all*
tocht • luchtstroom *draught* ★ in/op de ~ zitten *sit in a draught* • reis *journey; trip; expedition* ▼ onze plannen staan op de ~ *our plans are/lie/hang in the balance*
tochtband *draught strip*
tochtdeur *swing door*
tochten ★ het tocht *there is a draught*
tochtgat • gat *blowhole* • plaats, ruimte *draughty place/spot; air hole* • aangebracht trekgat *vent* • wak *air hole*
tochtig • met veel tocht *draughty* • bronstig *on heat*
tochtlat *weather strip*
tochtstrip ‹buitenkant› *weather-strip*; ‹binnen en buiten› *draught-excluder*
tochtwerend *draught excluding*
toe I BIJW • heen ★ waar ga je naar toe? *where are you going?* ★ naar het oosten toe *towards the east* • erbij ★ wat hebben we toe? *what do we have for afters?* • dicht *shut; closed* ▼ er slecht aan toe zijn *be in a bad way* ▼ ik ben er niet aan toe gekomen *I didn't get round to it* ▼ daar ben ik nog niet aan toe *I haven't got that far yet* ▼ maar dat is tot daar aan toe *but we'll let that pass* II TW ★ toe ga nu *do go now* ★ toe maar ‹doe het maar› *go ahead;*

⟨verbaasd⟩ *goodness!*; ⟨verbaasd⟩ *heavens!*
toebedelen • na splitsing schenken *apportion*
• toewijzen *allot*
toebehoren I zn ⟨een auto, kleding⟩ *accessories*; ⟨een mixer, stofzuiger⟩ *attachments* II on ww *belong to*
toebereiden *prepare*
toebrengen ⟨schade⟩ *do*; ⟨letsel, nederlaag⟩ *inflict*; ⟨slag⟩ *deal*
toeclip *toeclip*
toedekken *cover up*; ⟨in bed⟩ *tuck in*
toeleloe *bye-bye*
toedichten ★ iem. iets ~ *impute s.th. to a person*
toedienen *administer*; ⟨een dreun⟩ *deal*
toedoen I zn *doing* ★ buiten mijn ~ *through no fault of mine/my own* ★ zonder uw ~ *but for you* II ov ww • dichtdoen *close*; *shut*; ⟨de gordijnen⟩ *draw* • bijdragen ★ dat doet er niet toe *it doesn't matter*; *it isn't relevant* ★ dat doet aan de zaak niets toe of af *it makes no difference, one way or the other*
toedracht *facts* ★ de ~ van de zaak *the facts of the matter*
toedragen I ov ww • achting ~ *esteem* ★ iem. een goed hart ~ *wish a person well* II wkd ww *happen*; *come about* ★ hoe heeft zich dat toegedragen? *how did that come about?*
toe-eigenen (zich) *appropriate*; *annex*
toef ★ een toef haar *a tuft of hair* ★ een toef slagroom *a blob/dab of whipped cream*
toegaan *happen* ★ 't ging er vreemd toe *there were strange goings-on there*
toegang • mogelijkheid tot toegang *access*; *admittance*; *admission* ★ verboden ~ *private, no admittance* ★ vrije ~ *admission free* ★ iem. ~ verlenen tot form. *admit a person to* ★ zich ~ verschaffen *gain access (to)* • ingang *entrance*; *entry*; *access*
toegangsbewijs *entry ticket*
toegangscode *access code*
toegangsprijs *entrance fee*; *(price of) admission*
toegangsweg *access (road)*; *approach*
toegankelijk • te bereiken *accessible* ★ ~ voor het publiek *open to the public* • gemakkelijk te begrijpen *open*; *accessible* ★ ~ voor nieuwe ideeën/verbetering *open to new ideas/improvement*
toegedaan • aanhangend *dedicated* ★ een mening ~ zijn *hold an opinion/view* • gunstig gezind ★ iem. ~ zijn *be devoted to a person*
toegeeflijk *indulgent* ★ ~ zijn tegenover kinderen *indulge children*
toegenegen *affectionate*
toegepast *applied*
toegeven I ov ww • extra geven *throw in*; *add* ★ iets op de koop ~ *give s.th. into the bargain* • erkennen *admit*; form. *own* ★ ik moet ~ dat zij erg mooi is *she's very pretty, I've got to hand it to her* • onderdoen voor ★ iem. niets ~ *be a match for a person* ★ geen duimbreed ~ *not budge/move an inch* II on ww • inschikkelijk zijn *indulge*; *humour*; ⟨te veel⟩ *pamper*; *spoil* ★ over en weer wat ~ *meet each other halfway*; *compromise* • geen weerstand bieden *give in*; *yield* ★ aan smart

~ *give way to sorrow*
toegevend *indulgent*
toegevendheid *indulgence*
toegewijd *dedicated*; *devoted*; *committed*
toegift ⟨na uitvoering⟩ *encore*; ⟨extraatje⟩ *bonus*
toehappen • happen *bite* • fig. ingaan op *rise to the bait*
toehoorder *listener* ★ de ~s *the audience*
toejuichen *applaud*; *cheer*
toekennen • verlenen *award*; *grant*; ⟨v. vergoeding⟩ *allow* • erkennen *assign*; *allow* ★ macht ~ aan *assign authority to*
toekijken *look on* ★ ik mocht ~ *I was left out in the cold*
toeknikken *nod to*
toekomen • naderen ★ ~ op *come up to*; ⟨vijandig⟩ *make for* • toezenden ★ doen ~ *send* • toebehoren *belong to* ★ het geld komt mij toe *the money is due to me* • ~ aan ★ ergens aan ~ *get round to s.th.* • ~ met *get by* ★ met dat geld moeten we ~ *we'll have to make ends meet*
toekomend ★ de ~e tijd *the future tense*
toekomst *future* ★ de ~ voorspellen *tell fortunes* ★ in de ~ zien *look into the future*; *look ahead* ★ deze fabriek heeft geen ~ *this factory has no prospects* ★ het oog op de ~ gericht houden *look to the future*
toekomstig ⟨te verwachten⟩ *prospective*; ⟨m.b.t. wat komende is⟩ *future*; ⟨aanstaande⟩ *intended* ★ de ~e koper van het huis *the prospective buyer/owner of the house*
toekomstmuziek *castles in the air* ★ dat is ~ *that's still in the future*
toekomstperspectief *perspective*
toekomstvisie *vision of the future*
toelaatbaar *acceptable*; ⟨v. bewijs(stuk)⟩ *admissible*; ⟨te dulden⟩ *tolerable*
toelachen • lachen tegen *smile at* ★ zich gunstig voordoen *smile (up)on*; ⟨v. fortuin⟩ *smile on*; ⟨v. idee⟩ *appeal to*
toelage • toeslag *bonus*; *allowance* • geldelijke uitkering *allowance*; ⟨alimentatie⟩ *maintenance*; ⟨beurs⟩ *grant*
toelaten • binnenlaten *admit*; fig. *pass* ★ we werden niet tot de zieke toegelaten *we were not admitted to the patient* ★ 't aantal toegelatenen ⟨na examen⟩ *the number of passes* • goedvinden *permit*; *allow*; *tolerate* ★ iets oogluikend ~ *turn a blind eye to s.th.* ★ als het weer het toelaat *weather permitting*
toelating • toestemming *permission* • het accepteren *admission*
toelatingseis *entry requirement*
toelatingsexamen *entrance examination*
toelatingsnorm *entry/admission requirement*
toelatingsprocedure *entry/admission procedure*
toeleggen I ov ww bijbetalen ★ ik moet er geld op ~ *I am the poorer/out of pocket for/after it* II wkd ww (op) ⟨een taak⟩ *apply oneself to*; ⟨een vak⟩ form. *engage in* ★ zich speciaal ~ op *specialize in*
toeleveren *supply*
toelichten *explain*; form. *elucidate*; ⟨met voorbeelden⟩ *illustrate*

toelichting *comment*; *explanation*; *illustration*

toeloop ⟨v. nieuwe leden⟩ *influx*; ⟨drukte⟩ *rush*

toelopen • komen aanlopen *walk up to*; *come up to* • uitlopen ⋆ spits ~ *taper*

toen I BIJW • vervolgens *then*; *next* • in die tijd *then*; *at the time* **II** VW *when*; *as*

toenadering *approach*; FIG. FORM. *rapprochement* ⋆ ~ zoeken *make overtures*

toenaderingspoging *advance*; *overture*

toename *increase*; ⟨v. bevolking⟩ *growth*; ⟨v. druk⟩ *build-up*

toendra *tundra*

toenemen *increase*; *grow*; *build up*; ⟨v. wind⟩ *freshen* ⋆ in ~de mate *increasingly* ⋆ in kracht/snelheid ~ *gather strength/speed*

toenmaals *then*; *at the time*

toenmalig *of that time*; *of the day* ⋆ de ~e minister *the then minister*

toepasbaar *applicable*; *suitable*; ⟨te gebruiken⟩ *usable*

toepasselijk *appropriate*; *suitable*

toepassen ⟨regel⟩ *apply*; *practise*; ⟨wet⟩ *enforce* ⋆ verkeerd ~ *misapply*

toepassing *application* • in ~ brengen *practise* ⋆ van ~ zijn op *apply to* ⋆ niet van ~ *not applicable*

toer • omwenteling *turn*; *revolution* ⋆ 'n motor op toeren laten komen *run up an engine* • reis *trip*; ⟨lang⟩ *tour*; ⟨auto ook⟩ *drive*; ⟨auto, fiets, paard⟩ *ride* • kunstje *feat*; *stunt* ⋆ toeren doen *do stunts* ⋆ daar zal ik/jij/hij een toer aan hebben *that'll be quite a job* ⋆ een hele toer *no mean feat*; *no sinecure* • reeks breisteken *row* ▾ hij is over zijn toeren *he is upset/on edge*

toerbeurt *turn* ⋆ bij ~ *in turns*

toereikend *adequate*; *sufficient* ⋆ ~ zijn *suffice*

toerekeningsvatbaar *accountable*; *responsible*; JUR. *legally accountable*

toeren *take a trip/ride* ⋆ gaan ~ *go for a drive*

toerental *number of revolutions*; INF. *revs*

toerenteller *rev counter*

toerfiets *touring bicycle*

toerisme *tourism*

toerist *tourist*

toeristenbelasting *tourist tax*

toeristenkaart • reisdocument *tourist card* • plattegrond *tourist map*

toeristenklasse *tourist/economy class*

toeristenmenu *tourist menu*

toeristensector *tourist sector/industry*

toeristisch *tourist*; *commercial* ⋆ een ~e route *a tourist route* ⋆ een ~e rondreis *a sightseeing tour*

toermalijn *tourmaline*

toernooi *tournament*

toeroepen *call (out)*

toertocht *tour*; *pleasure trip*

toerusten *equip*; *fit out*

toeschietelijk *accommodating*; *forthcoming* ⋆ weinig ~ *rather reserved*

toeschieten *rush forward*; *rush at*; ⟨op prooi⟩ *pounce on*

toeschijnen *seem to*; *appear to*

toeschouwer *onlooker*; *spectator*

toeschrijven ⋆ ~ aan *attribute to*; *put down to*; ⟨ongunstig⟩ FORM. *impute to*

toeslaan I OV WW dichtslaan *bang*; ⟨boek⟩ *shut*; ⟨deur⟩ *slam* **II** ON WW zijn slag slaan *strike*

toeslag *allowance*; ⟨op rekening⟩ *additional charge*; ⟨op treinkaartje⟩ *excess fare*; ⟨op loon⟩ *addition*

toesnellen *rush (up) to*

toespelen *pass (on to)*; *slip (to)*

toespeling *allusion* ⋆ bedekte ~ *covert allusion*

toespitsen • concentreren op *concentrate*; *specialize (in)* • op de spits drijven *intensify*; *aggravate* ⋆ zich ~ *become acute*

toespraak *speech*; FORM. *address* ⋆ een ~ houden *make a speech*

toespreken *speak to*; *address* ⋆ ik zal hen ernstig ~ *I'll give them a good telling off*

toestaan • goedvinden *allow*; *permit* • toewijzen *grant*; FORM. *concede*

toestand • situatie *state*; ⟨leef-, werksituatie⟩ *condition*; ⟨v.h. ogenblik⟩ *position*; *situation* ⋆ een gespannen ~ *a tense situation* ⋆ in een goede/slechte ~ *in a good/poor condition* ⋆ in een ~ van wanhoop *in a state of despair* • gedoe ⋆ wat een ~! *what a muddle!*

toesteken I OV WW aanreiken *hold out*; *extend* ⋆ de helpende hand ~ *extend a helping hand* **II** ON WW steken *stab*

toestel • apparaat *apparatus*; ⟨radio, tv⟩ *set* • vliegtuig *plane*; *machine*

toestemmen ((in)) *agree/consent (to)*

toestemming *consent* ⋆ met ~ van *by courtesy of*; *by permission of*

toestoppen • geven *slip* ⋆ zij stopte hem tien euro toe *she slipped him ten euro's* • toedekken *tuck in*

toestromen *pour/flood in*

toet • gezicht *face* • knoet *knot*; ⟨in nek⟩ *bun*

toetakelen • ruw aanpakken *knock about*; *beat up*; ⟨vrouw, kind⟩ *batter* • opdirken *dress up* ⋆ zij had zich raar toegetakeld *she was very oddly rigged out*

toetasten *fall to* ▾ tast toe *help yourself/selves*; *dig in*

toeten *toot* ▾ hij weet van ~ noch blazen *he doesn't know a thing*; ↓ *he doesn't know his arse from his elbow*

toeter I ZN • blaasinstrument *tooter* • claxon *hooter*; *horn* **II** BNW *pissed ou of one's mind*; *smashed*

toeteren • op een toeter blazen *hoot*; *toot* • claxonneren *toot/honk (the horn)*

toetje *sweet*; *dessert*; INF. *afters*

toetreden (tot) *enter into*; *join*

toetreding *joining*; *entry*

toets • examen *test* • druktoets *key* ⋆ een ~ aanslaan *strike a key* ⋆ het kan de ~ der kritiek niet doorstaan *it won't stand up under scrutiny*

toetsen *test* ⋆ aan de praktijk ~ *try out*

toetsenbord *keyboard*

toetsenist *keyboard player*

toetssteen *touchstone*

toeval • omstandigheid *accident*; *chance* ⋆ het ~ wilde dat *it so happened that* ⋆ door een

to

ongelukkig ~ *by a stroke of bad luck*; FORM. *by mischance* ● MED. *an epileptic fit/seizure* ★ aan ~len lijden *be epileptic*

toevallen ● dichtvallen *fall shut* ● ten deel vallen *devolve to/on; fall to*

toevallig I BNW *accidental; fortuitous* ● een ~e samenloop van omstandigheden *a coincidence* **II** BIJW ● bij toeval *by chance/ accident* ★ ~ zag ik hem *I happened to see him* ★ ~ had ik geen geld bij me *as luck would have it, I had no money on me* ● misschien ★ ken je hem ~? *do you happen to know him?*

toevalstreffer *chance hit*; FIG. *stroke of luck; fluke*

toeven *stay* ★ het is hier goed ~ *it's a nice place to be*

toevertrouwen ● geven *(en)trust* ★ iem. iets ~ *(en)trust a person with s.th.* ★ het is hem wel toevertrouwd *leave that to him* ● mededelen *confide* ★ iem. een geheim ~ *confide a secret to s.o.*

toevloed *influx*

toevlucht ● veilige plek *refuge* ● bescherming *refuge; resort* ★ ~ nemen tot FIG. *resort to* ★ zijn ~ zoeken bij *take refuge with* ★ zijn laatste ~ *his last resort*

toevluchtsoord *refuge*

toevoegen ● erbij doen *add; join* ● zeggen tegen ★ iem. een belediging ~ *to fling/hurl an insult at s.o.*; *snap a rude remark at a person*

toevoeging ● het toevoegen *addition; adding* ● toevoegsel *addition*; ⟨aan document⟩ *rider*

toevoer *supply*

toevoerkanaal *supply/feed(er) channel; supply/ feed(er) duct*

toewensen *wish*

toewijding ● zorg *devotion; dedication* ● vroomheid *devotion*

toewijzen ⟨v. deel⟩ *allot*; ⟨v. geld⟩ *allocate*; ⟨v. prijs⟩ *award*; ⟨v. taak⟩ *assign*

toezeggen *promise*

toezegging *promise*

toezenden *send; forward*

toezicht *supervision; inspection*; ⟨bij examen⟩ *invigilation* ★ ~ houden op *supervise* ★ ~ houden ⟨bij examen⟩ *invigilate*

toezien ● toekijken *look on* ● toezicht houden *take care; see (to)* ★ ~d voogd *joint guardian*

tof *great; topping* ★ een toffe jongen *a great guy*; IRON. *a bit of a lad*

toffee *toffee*

tofoe *tofu; bean curd*

toga ● Romeins kledingstuk *toga* ● ambtsgewaad *gown*

Togo *Togo*

toilet ● wc *lavatory; toilet* ● kleding *dress; outfit* ★ groot ~ *full dress* ● het zich optutten *toilet* ★ ~ maken *make one's toilet; wash and dress*

toiletartikelen *toilet requisites; toiletries*

toiletjuffrouw *lavatory attendant*

toiletpapier *toilet paper*

toiletpot *lavatory pan/bowl*

toiletreiniger *toilet cleaner*; BE *lavatory cleaner*

toiletrol *toilet paper/roll*

toilettafel *dressing table*

toilettas *toilet bag/kit*

toiletverfrisser *toilet freshener*; BE *lavatory freshener*

toiletzeep *(toilet) soap*

toi toi toi! *break a leg!; good luck!; go get 'em!*

tok! *cluck*

Tokio *Tokyo*

tokkelen *strum*; ⟨op snaren⟩ *pluck* ★ hij begon zachtjes te ~ *he started strumming softly*

tokkelinstrument *plucked/strummed instrument*

toko ⟨met Indonesische artikelen⟩ *Indonesian shop*; ⟨allerhande artikelen⟩ *general shop/ store*

tol ● speelgoed *top* ● tolgeld *toll* ★ tol betalen *pay a toll* ★ zijn tol eisen *take its toll*

tolerant *tolerant; broad-minded*

tolerantie *tolerance; toleration*

tolereren *tolerate*

tolgeld *toll*

tolheffing *levying/charging of toll; toll collection*

tolhuis *toll house*

tolk *interpreter*

tolken *interpret; translate*

tolk-vertaler *interpreter-translator*

tollen ● met een tol spelen *spin a top* ● ronddraaien *spin round*

toltunnel *toll tunnel*

tolvrij *toll-free*

tolweg *toll road*; AE *(turn)pike*

tomaat *tomato*

tomahawk *tomahawk*

tomatenketchup *(tomato) ketchup*

tomatenpuree *tomato purée*

tomatensap *tomato juice*

tomatensoep *tomato soup*

tombe *tomb*

tombola *tombola*

tomeloos *unbridled*

tommygun *tommy-gun*

tompoes *millefeuille*

ton ● vat *cask; barrel* ● boei *buoy* ● inhoudsmaat *(register) ton* ● gewicht *ton* ● hoeveelheid geld *a hundred thousand euro's*

tondeuse *(pair of) clippers/trimmers*; ⟨voor schapen⟩ *shears*

toneel ● dramatische kunst *drama* ★ aan het ~ gaan *go on the stage* ● deel van bedrijf *scene* ● podium *stage* ★ een stuk ten tonele brengen *produce/stage a play* ● plaats van handeling *scene*; ⟨film⟩ *set* ● schouwspel *scene; spectacle*

toneelgezelschap *theatre/theatrical company*

toneelgroep *theatre group*

toneelkijker *opera glass* [meestal mv]

toneelknecht *stagehand*

toneelmeester *stage manager*

toneelschool *drama school/college*

toneelschrijver *playwright; dramatist*

toneelspel ● het spelen *acting* ● stuk *play*

toneelspelen ● acteren *act; play* ● zich aanstellen *play-act*

toneelspeler ● acteur *actor* ● aansteller *play-actor*

toneelstuk *play*

toneelvereniging *drama society*

tonen I OV WW • laten zien *show*; ⟨uitstallen⟩ *display* • aantonen *prove*; *demonstrate* **II** ON WW ogen *look* ★ het toont meer dan het is *it looks better than it is* **III** WKD WW betonen ★ zich ergens toe in staat ~ *show/prove o.s. capable of s.th.*

toner *toner*

tong • orgaan *tongue* ★ zijn tong uitsteken (naar) *stick out one's tongue (at)* • soort vis *sole* ★ tongfilet *filleted sole* ▼ een scherpe tong *a sharp tongue* ▼ met de tong op de schoenen *dog-tired* ▼ met een dubbele/dikke tong spreken *speak thickly; slur one's words* ▼ een gladde tong *an oily tongue* ▼ boze tongen beweren *it is rumoured* ▼ heb je je tong verloren? *lost your tongue?* ▼ dat maakte de tongen los *it set tongues wagging* ▼ 't lag mij op de tong *it was on the tip of my tongue* ▼ hij ging over de tong *his name was on everybody's tongue*

Tonga *Tonga*

tongen ★ ~ met iem. *French kiss with s.o.*

tongfilet *fillet of plaice*

tongriem ▼ goed van de ~ gesneden zijn *have the gift of the gab*

tongval • accent *accent* • dialect *dialect*

tongzoen *French kiss* ★ iem. een ~ geven *give a French kiss to so.*

tongzoenen *French kiss*

tonic *tonic*

tonicum *tonic*

tonijn *tunny*; AE *tuna*

tonisch *tonic*

tonnage *tonnage*

tonnetjerond *rotund; portly; fat as a barrel*

tonus *(muscle) tone*

toog • priestertoga *cassock* • tapkast *bar*

tooien *decorate*; ⟨met slingers, e.d.⟩ *deck; festoon*

toom • teugel *bridle* • groep dieren ⟨kippen⟩ *brood*; ⟨biggen⟩ *litter* ▼ in toom houden *keep in check*

toon • klank *sound; tone; note* ★ de toon aangeven *set the key*; FIG. *set the tone/mode/ fashion* ★ toon houden *stay/keep in tune* ★ een toon aanslaan *strike a note*; FIG. *be high and mighty* ▼ op één's high horse • klankkleur *tone; timbre*; ⟨toonhoogte⟩ *pitch* • stembuiging *tone*; *note* ★ op zachte toon *in a soft voice* ★ op gedempte toon *in a low voice* ★ op fluistertoon *in a whisper* ★ op bitse toon *in a harsh voice*

toonaangevend *leading*

toonaard *key*

toonbaar *presentable; fit to be seen*

toonbank *counter*

toonbeeld *model; paragon*

toonder *bearer* ★ betaalbaar aan ~ *payable to the bearer*

toonhoogte *pitch*

toonkunst *music*

toonladder *scale*

toonloos • TAALK. *unaccented* • zonder veel klank *toneless; monotonous*

toonsoort *key*

toonvast *keeping in tune* ★ ~ zijn *stay/keep in tune*

toonzaal *showroom*

toorn *wrath*; *rage* ▼ in ~ ontsteken *fly into a rage*

toorts *torch*

top • (hoogste) punt *top*; ⟨v. berg⟩ *summit*; *top*; ⟨v. driehoek⟩ *apex*; ⟨v. golf⟩ *crest*; ⟨v. neus, vinger⟩ *tip* ★ de top-tien *the top 10* • de besten *top* ★ de top bereiken *reach the top* • hoogste leiding *top* ★ de top van de Labourpartij *the Labour-party top* ★ aan de top staan *be at the top* • topconferentie *summit* ▼ van top tot teen *from head to foot; from top to toe* ▼ de geestdrift steeg ten top *enthusiasm came to a head* ▼ ten top voeren *carry to extremes* ▼ top! *done!; it's a deal!*

topaas *topaz*

topambtenaar *top/senior man; top/senior executive*

topberaad *top-level talks*; POL. *summit talks*

topclub *top-/first-class club*

topconditie *top condition/form*

topconferentie *summit meeting/conference*

topdrukte *rush hour; extremely busy*

topfunctie *top/leading position*; INF. *top-notch job*

topfunctionaris *top/senior man; top/senior executive*

tophit *smash/big hit*

topjaar *great year; top year; peak year*

topje • kledingstuk *top* • hoogste punt *tip* ★ het ~ van de ijsberg *the tip of the iceberg*

topklasse *top class*

topless *topless*

topman *top/senior executive*

topniveau *top level*

topografie *topography*

topografisch *topographical* ★ ~e dienst ≈ *ordnance survey*

topontmoeting *summit meeting*

topoverleg *top-level talks*; POL. *summit talks*

topper • groot succes ⟨boek, lied, plaat⟩ *hit*; ⟨boek⟩ *bestseller* • de ~ van het seizoen *the attraction of the season* • hoogtepunt *top; high point* • wedstrijd *top(-class) match*

topprestatie *a record/top-notch performance/ achievement*

toppunt • hoogste punt *top; highest point*; ⟨meetkunde⟩ *apex* • FIG. uiterste *top; height; climax*; ⟨carrière⟩ *height* ★ dat is het ~! *that's the limit!; that's the last straw!* ★ op 't ~ van zijn macht staan *be at the height of one's power* ★ 't ~ van dwaasheid *the height of folly*

topscorer *top scorer*

topsnelheid *top speed*

topspin *topspin*

topsport *top-class sport*

topvorm *top form* ★ in ~ zijn *be in top form*

topzwaar *top-heavy*

tor *beetle*

toren • bouwwerk *tower*; ⟨geschuttoren⟩ *turret*; ⟨met spits⟩ *steeple* • schaakstuk *castle; rook* ▼ hoog van de ~ blazen ⟨veeleisend⟩ *be demanding*; ⟨snoevend⟩ *blow one's own*

to

trumpet
torenflat *tower block (of flats); high-rise flats*
torenhaan *weathercock*
torenhoog *towering;* ⟨golf⟩ *mountainous* ★ ~ uitsteken boven *tower above*
torenklok • uurwerk *church/tower clock* • luiklok *church bell*
torenspits *spire*
torenvalk *kestrel*
tornado *tornado*
tornen I OV WW losmaken *unstitch* II ON WW (aan) *meddle with* ★ er valt niet aan te ~ *it can't be altered*
torpederen *torpedo* ★ een idee ~ *torpedo/ sabotage an idea*
torpedo *torpedo*
torpedoboot *torpedo boat*
torpedojager *destroyer*
torsen *bear; carry*
torsie *torsion*
torso *torso*
tortel(duif) *turtle dove*
tortilla *tortilla*
Toscane *Tuscany*
tossen *toss (up/for)*
tosti *toasted ham and cheese sandwich*
tosti-ijzer *sandwich toaster*
tot I VZ • zo ver als *to; until* ★ tot nu toe *up till now; so far* ★ tot tien tellen *count (up) to ten* ★ tot driemaal toe *up to three times* ★ tot ziens *goodbye* ★ de bus gaat tot Utrecht *the bus goes as far as Utrecht* ★ tot straks *see you (later)* • tegen ★ hij sprak tot de menigte *he spoke to the crowd* ★ tot elke prijs *at any price* • als/voor *to; for* ★ hij werd tot chef benoemd *he was appointed manager* ★ tot beter begrip *for greater understanding* ★ iem. tot tien jaar veroordelen *sentence s.o. to ten years' imprisonment* II VW ★ hij sliep tot het donker werd *he slept until dusk*
totaal I ZN • geheel *total* ★ in ~ *in all* ★ in ~ bedragen *total* • som (sum) total ★ algemeen ~ *grand total* II BNW ★ totale oorlog *total/all-out war* III BIJW *total* ★ iets ~ vergeten *completely forget s.th.*
totaalbedrag *total (amount)*
totaalbeeld *overall/total picture*
totaalvoetbal *total soccer;* BE *total football*
totaalweigeraar *hard-line objector*
totalisator *totalizator;* INF. *tote*
totalitair *totalitarian*
totaliteit *totality*
total loss *total loss;* ⟨voornamelijk auto, e.d.⟩ *write off* ★ een auto ~ rijden *wreck a car*
totdat *till; until*
totempaal *totem pole*
toto ⟨paardensport⟩ *totalizator;* ⟨voetbal⟩ *football-pools*
totstandkoming *coming about; realization*
touch-down *touchdown*
touché ⟨schermen⟩ *touch(é);* ⟨worstelen⟩ *fall*
toucheren • (aan)raken *touch* • INF. ontvangen ⟨rente⟩ *receive;* ⟨salaris⟩ *draw* • MED. inwendig onderzoeken *perform an internal examination*
touperen *backcomb*

toupet *hairpiece; toupee*
tour de force *tour de force; feat of strength/skill*
touringcar *coach*
tournedos *tournedos*
tournee *tour* ★ een ~ maken door/in... *tour...*
tourniquet • draaiende toegang ⟨draaihek⟩ *turnstile;* ⟨draaideur⟩ *revolving door(s)* • MED. *tourniquet*
touroperator *tour operator*
touw ⟨dik⟩ *rope;* ⟨vrij dik⟩ *cord;* ⟨dun⟩ *string* ▼ in touw zijn *be in harness* ▼ ik kan er geen touw aan vast knopen *I can't make head or tail of it* ▼ iets op touw zetten ⟨campagne⟩ *get up/plan;* ⟨complot⟩ *engineer;* ⟨onderneming⟩ *launch*
touwklimmen *rope-climbing*
touwladder *rope ladder*
touwtje *bit/piece of string* ★ de ~s in handen hebben *pull the strings*
touwtrekken I ZN OOK FIG. *tug-of-war* II ONV WW *tug of war;* FIG. *struggle for power*
touwtrekkerij *struggle (for power)*
touwwerk SCHEEPV. *rigging;* ⟨touw⟩ *ropes;* ⟨tuigage⟩ *cordage*
t.o.v. • ten opzichte van *with respect/regard to* • ten overstaan van *before; in the presence of*
tovenaar *magician*
tovenarij *magic*
toverdrank *(magic) potion*
toveren I OV WW goochelen *conjure (up)* II ON WW wonderbaarlijke dingen doen *work magic*
toverformule *incantation; (magic) spell/charm*
toverheks *witch*
toverij *magic*
toverkracht *magic (power)*
toverkunst *magic*
toverslag ★ als bij ~ *as if by magic*
toverspreuk *incantation; (magic) spell/charm*
toverstaf *magic wand*
toxicologie *toxicology*
toxicoloog *toxicologist*
toxine *toxin*
toxisch *toxic*
traag • (te) langzaam *slow; sluggish* • laks *slow; sluggish; lazy;* ⟨v. begrip⟩ *slow(-witted)* • NAT. *inert*
traagheid • NAT. *inertia* • laksheid *slowness; slow-wittedness; obtuseness*
traan • oogvocht *tear* ★ in tranen uitbarsten *burst into tears* ★ tot tranen geroerd *moved to tears* ▼ de tranen sprongen hem in de ogen *his eyes filled with tears* • olie *whale oil* ▼ hij zal er geen ~ om laten *he won't shed any tears over it*
traanbuis *tear duct*
traangas *tear gas*
traangasgranaat *tear-gass grenade*
traanklier *tear gland*
traanvocht *tears*
traceren • nasporen *trace* • aftekenen *trace (out)*
trachea *trachea*
trachten *attempt; try;* FORM. *endeavour*
tractie *traction*
tractor *tractor*

traditie *tradition* ★ ~ getrouw *true to tradition*
★ volgens de ~ *by tradition*
traditiegetrouw *traditional; true to tradition*
traditioneel *traditional*
tragedie *tragedy*
tragiek *tragedy*
tragikomedie *tragicomedy*
tragikomisch *tragicomic*
tragisch *tragic* ★ dat is het ~e ervan *that is the tragedy of it*
trailer • *trailer* • aanhangwagen ⟨kampeerwagen⟩ *caravan*
trainen I OV WW coachen *train*; ⟨elftal ook⟩ *coach* II ON WW zich oefenen *work out*
trainer *trainer; coach*
traineren I OV WW vertragen *delay; stall* ★ iets ~ *delay s.th.* II ON WW treuzelen(met) *stall; play for time*
training ★ in ~ *in training*
trainingsbroek *jogging pants*
trainingspak *tracksuit*
traiteur *domestic caterer*
traject ⟨v. weg, spoorlijn⟩ *section*; ⟨route⟩ *route*
traktaat • verhandeling *tract* • verdrag *treaty*
traktatie *treat*
trakteren I OV WW onthalen op *treat (to)*; ⟨drankje, maaltijd⟩ *stand* ★ ik trakteer je op een biertje *I'll stand/buy you a beer* II ON WW rondje geven ★ ik trakteer *this one's on me*
tralie *bar* ★ achter de ~s *behind bars; under lock and key*
traliehek ⟨om huis⟩ *railings*; ⟨voor raam, e.d.⟩ *grille*
tram *tram (car)*
trambestuurder *tramdriver*; AE *streetcar driver*
tramhalte *tram stop*
trammelant • ruzie *rumpus* ★ ~ schoppen *kick up a row* • moeilijkheden *trouble* ★ ~ maken *make trouble*
trampoline *trampoline*
trampolinespringen *trampolining*
tramrail *tram line/rail*; AE *streetcar line/rail*
trance[1] *trance* ★ in trance brengen *put in a trance* ★ in trance geraken *go into a trance*
trance[2] ⟨zeg: trèns⟩ *trance*
tranen *water*
tranendal *vale of tears*
tranquillizer *tranquillizer*
trans *pinnacle*
transactie • schikking *(out-of-court) settlement* • handelsovereenkomst *transaction; deal*
transatlantisch *transatlantic*
transcendent • WISK. *transcendent* • bovenzinnelijk *transcendent(al)*
transcendentaal *transcendental*
transcontinentaal *transcontinental*
transcriberen *transcribe*
transcriptie *transcription; transliteration*
transfer *transfer*
transferbagage *transfer luggage*
transfermarkt *transfer market*
transfervrij *entitled to a free transfer; on free transfer*
transformatie *transformation*
transformator *transformer*
transformeren *transform*

transfusie *transfusion*
transistor ★ ~radio *transistor (radio)* • halfgeleider *transistor*
transit • doorreis *transit* • tussenstop *stopover*
transitief *transitive*
transito *transit*
transitohaven *transit port*
transitorium *temporary accommodation*
transitvisum *transit visa*
transmissie *transmission*
transmitter *transmitter*
transparant I ZN *transparency* II BNW *transparent*
transpiratie • het zweten *perspiration* • zweet *perpiration*; ↓ *sweat*
transpireren *perspire*
transplantatie *transplant(ation)*
transplanteren *transplant*
transponder *transponder*
transport • vervoer *transport* ★ ~ van gevangenen *convoy of prisoners* • overdracht *transfer* • ADM. amount carried forward
transportband *conveyer/conveyor belt*
transportbedrijf *transport company*; ⟨wegvervoer⟩ *haulage business*
transporteren *transport*; ⟨m.b.t. boekhouding⟩ *carry forward*
transportonderneming *transport company*
transseksueel I ZN *transsexual* II BNW *transsexual*
Transsylvanië *Transylvania*
Transvaal *(the) Transvaal*
trant *style; manner* ★ iets in die ~ *s.th. of the sort; s.th. to that effect*
trap • beweging met been *kick* • constructie met treden *stairs; staircase* ★ open trap *open staircase* ★ de trap op/af gaan *go upstairs/downstairs* • graad *level*; TAALK. *degree* ★ trappen van vergelijking *degrees of comparison* ★ vergrotende trap *comparative (degree)* ★ een hoge trap van ontwikkeling *a high level/degree of civilization*
trapboot *pedal boat; pedalo*
trapeze *trapeze*
trapezewerker *trapeze artist*
trapezium *trapezium*
trapezoïde BE *trapezoid*; AE *trapezium*
trapgat *(stair)well*
trapgevel *step gable*
trapleuning *banisters*
traploper *stair carpet*
trappelen *trample* ★ ~ van ongeduld *champ at the bit with impatience*
trappelzak *infant's sleeping bag*; AE *bunting*
trappen I OV WW schoppen *kick* ★ hij werd eruit getrapt FIG. *he got the boot/sack*; FIG. *he was kicked out* II ON WW • voet neerzetten *tread/step on* ★ zij trapte er niet in *she didn't fall for/buy it* • fietsen *pedal*
trappenhuis *(stair) well*
trapper • pedaal *pedal* ★ op de ~s gaan staan *stand on the pedals* • schoen ↑ *shoe*
trappist *Trappist*
trapportaal *landing*
trapsgewijs *step-by-step; gradual* ★ een trapsgewijze toename *a gradual increase*

tr

traptrede *step*
trauma *trauma*
traumahelikopter *air ambulance*; *emergency helicopter*
traumateam *trauma team*; *medical emergency team*
traumatisch *traumatic*
traumatologie *traumatology*
traumatoloog *traumatologist*
travellercheque *traveller's cheque*; AE *traveler's check*
traverse • dwarsverbinding *crossbeam* • zijwaartse sprong *traverse*
travestie *travesty*
travestiet *transvestite*
trawant • handlanger *henchman* • bijplaneet *satellite*
trawler *trawler*
tray *tray*
trechter *funnel*; ⟨door granaatinslag⟩ *crater*
tred *step*; *pace* ▾ gelijke tred houden met *keep in step with*; *keep pace with*
trede ⟨v. ladder⟩ *rung*; ⟨v. trap⟩ *step*
treden *step*; *tread* ★ nader ~ *approach* ★ in bijzonderheden ~ *go into detail(s)* ★ in de plaats ~ van *take the place of* ★ in iemands rechten ~ *acquire s.o.'s rights* ★ naar voren ~ *step/come forward*; FIG. *stand out* ▾ in iemands voetstappen ~ *follow/tread in a person's steps*
tredmolen *treadmill*
tree → trede
treffen I ZN • confrontatie *engagement* • gevecht *encounter* II OV WW • raken *hit*; ⟨bliksem⟩ *strike* ★ het doel ~ *hit the mark*; FIG. *strike home* • overkómen ★ de getroffen gebieden *the stricken areas* • ontroeren *touch*; *move* • aantreffen *meet*; *come across* ★ iem. thuis ~ *find s.o. (at) home/in* • opvallen *strike* • tot stand brengen *make*; ⟨maatregelen⟩ *take* ★ een overeenkomst ~ *make an agreement* • boffen ★ je hebt het goed/slecht getroffen *you have been lucky/unlucky* • aangaan ★ hem treft geen schuld *he's not to blame* ▾ 't oor onaangenaam ~ *jar on the ear*
treffend *striking*
treffer *hit*
trefpunt *meeting point*
trefwoord *entry*
trefzeker *accurate*; *well-aimed*; ⟨m.b.t. woorden⟩ *well-spoken*
trein *train* ★ met de ~ gaan *go by train* ★ iem. naar de ~ brengen *see s.o. to the station* ★ iem. op de ~ zetten naar *put s.o. on the train for* ★ de ~ van tien uur *the ten o'clock train* ★ de ~ halen/missen *catch/miss the train* ★ in de ~ *on the train* ▾ lopen als een ~ *go like a bomb*
treinkaartje *train ticket*; BE *railway ticket*
treinongeluk *train/railway accident*
treinreis *train/rail journey*
treinreiziger *train/rail passenger*; *train/rail traveller*
treinstaking *train/rail strike*
treinstation *(railway) station*

treinstel *train*
treintaxi *train-taxi*
treinverbinding *train/rail connection*
treinverkeer *railroad traffic*; *train*; *rail*
treiteren *nag*
trek • het trekken *pull*; *haul*; *tug*; ⟨aan pijp⟩ *pull*; ⟨v. vogels⟩ *migration* • tocht *draught* ★ er zit geen trek in de schoorsteen *the chimney doesn't draw* • eigenschap *trait*; *feature* ★ dat is een naar trekje van hem *that is a nasty trait of his* • lijn in het gezicht *feature* ★ trekken om zijn mond *lines around his mouth* • zin *mind*; *inclination* ★ (geen) trek in iets hebben *have a (no) mind to s.th.* • eetlust *appetite* ★ hij heeft trek *he is hungry*; INF. *he is peckish* • aan zijn trekken komen *get one's share of the cake* ▾ iets in grote trekken aangeven *give a broad outline of s.th.* ▾ hij kreeg z'n trekken thuis *his chickens came home to roost* ▾ zeer in trek zijn *be the fad/craze*; FORM. *be in great demand* ▾ in trek komen *become popular*
trekdier *draught animal*
trekhaak *tow bar*
trekharmonica *accordion*
trekken I OV WW • naar zich toehalen *draw*; *pull* ★ aan de bel ~ *pull the bell*; FIG. *sound the alarm* ★ iem. aan zijn mouw ~ *pull/pluck a person by the sleeve* ★ aan zijn pijp ~ *puff on one's pipe* • uittrekken ★ een kies/tand ~ *pull out a tooth* • slepen *pull*; *draw*; ⟨v. schip, auto⟩ *tow* • aantrekken *attract*; ⟨v. publiek, klanten⟩ *draw* ★ aandacht ~ *attract attention* • met spierbeweging maken *make*; *pull* ★ een gezicht ~ *pull faces* • krijgen ★ een prijs/salaris/wissel ~ *draw a prize/salary/bill* ▾ de macht aan zich ~ *usurp power* ▾ ik trek dit niet! *I can't deal with this* II ON WW • gaan *travel*; *move*; ⟨te voet⟩ *hike*; ⟨langs lijkkist⟩ *file past* • door de straten ~ *pass/march through the streets* • eropuit ~ *set out* ★ om een stad heen ~ *by pass a town* ★ over een rivier ~ *cross a stream* • betrekken ★ in een nieuw huis ~ *move into a new house* • naar zich toehalen *draw*; *pull* ★ ~ aan *pull at/on* • spierbeweging maken *twitch* ▾ met z'n been ~ *drag one's leg* • luchtstroom doorlaten *draw*
trekker • reiziger *hiker*; ⟨met rugzak⟩ *backpacker* • auto *truck*; *lorry* ★ ~ met oplegger *truck and trailer* • tractor *tractor* • onderdeel van vuurwapen *trigger* ★ de ~ overhalen *pull the trigger*
trekking *draw*
trekkingslijst *list of winning numbers*
trekkracht *traction*; *pull*
trekpleister • MED. ≈ *blister-plaster* • attractie *attraction*; INF. *draw*
trektocht *hike*; *hiking tour/trip*
trekvogel *migratory bird*; *bird of passage*
trekzalf *salve*
trema *diaeresis*
trend • ontwikkeling *trend* • mode *trend*; *fashion*
trendgevoelig *subject to trends*; *subject to changing fashion(s)*

trendsetter *trendsetter*

trendvolger • iem. met een bepaald loon *employee whose salary is linked to civil service scales* • iem. die de mode volgt *follower of fashion/trends*; AE *slave to fashion*

trendwatcher *trendwatcher*

trendy *trendy*

treuren *mourn*; *grieve* ★ ~ over/om *mourn for/over*

treurig • verdrietig *sad*; *mournful* • erbarmelijk *pathetic*; *appalling*

treurmars *funeral march*

treurmuziek *funeral music*; *dirge*

treurspel *tragedy*

treurwilg *weeping willow*

treuzelaar *dawdler*; *laggard*

treuzelen *dawdle (over)*

triade *triad*

triangel *triangle*

triatleet *triathlete*

triatlon *triathlon*

tribunaal *tribunal*

tribune SPORT *stand*; ⟨met afgezonderde plaatsen⟩ *gallery*; ⟨publieke⟩ *public gallery*

triceps *triceps*

tricot • materiaal *tricot* • kleding *leotard*

triest *sad*; *dejected*

trigonometrie *trigonometry*

triktrak *backgammon*

triljoen *trillion*

trillen • NAT. heen en weer gaand bewegen *vibrate*; *tremble*; *quiver* • beven *tremble*

triller MUZ. *trill*

trilling • het beven *trembling*; *quiver(ing)*; ⟨v. aarde⟩ *tremor* • NAT. heen- en weergaande beweging *vibration*

trilogie *trilogy*

trimaran *trimaran*

trimbaan *training circuit*

trimester *quarter*; AE *trimester*; ⟨v. scholen⟩ *term*

trimmen I OV WW haar knippen *trim* II ON WW zich fit houden ⟨buitenshuis⟩ *jog*

trimmer *jogger*

trimsalon *(dog) grooming parlour*

trimschoen *jogging/gym shoe*

trimster *female trimmer/jogger*

trio *trio*

triomf *triumph*

triomfantelijk *triumphant*

triomfboog *triumphal arch*

triomferen *triumph*

triomfkreet *shout of triumph*

triomfpoort *triumphal arch*

triomftocht *triumphal procession*

trip • uitstapje *outing*; *trip* • effect van drugs *trip*

tripartiet *tripartite*

triple sec *triple sec*

triplex *plywood*

triplo ★ in ~ *in triplicate*; *threefold*

Tripoli *Tripoli*

trippelen *patter*; *scurry*

trippen • trippelen *trip* • onder invloed van drugs zijn *trip (out)*

triptiek *triptych*

triviaal • platvloers *vulgar*; *coarse* • alledaags *trite*; *trivial*

troebel *muddy*; *murky*; *cloudy*

troebleren *disturb*

troef • kaart *trump* ★ hij heeft alle troeven in handen *he holds all the trumps* ★ ~ bekennen *follow suit* ★ hij speelde zijn hoogste ~ uit *he played his trump/master card* • sterk argument *trump card* ▼ armoede ~ daar *they are poor as churchmice*; *they are hard up*

troefkaart *trump card*

troela • negatieve benaming voor vrouw/ meisje *cow* • liefkozende benaming voor vrouw/meisje *sweet thing*

troep • rommel *mess* • groep *troop*; *band*; ⟨honden⟩ *pack*; ⟨mensen⟩ *crowd*; ⟨mensen, dieren ook⟩ *troop*; *pack*; ⟨schapen, ganzen⟩ *herd*; ⟨schoolmeisjes⟩ *a bevy of schoolgirls* • MIL. *troop*

troepenconcentratie *concentration of troops*

troepenmacht *military forces*

troeteldier *cuddly toy*

troetelkind *spoilt child*; *(his, her, etc.) pet*

troetelnaam *pet name*

troeven *(play) trump*

trofee *trophy*

troffel *trowel*

trog ⟨ook geografisch⟩ *trough*

Trojaans *Trojan*

Troje *Troy*

trol *troll*

trolleybus *trolley bus*

trom *drum* ★ de grote trom roeren *beat the big drum* ▼ met stille trom vertrekken *do a (moonlight) flit* ▼ met slaande trom en vliegende vaandels *with drums beating and flags flying*

trombocyt *thrombocyte*

trombone *trombone*

trombonist *trombonist*

trombose *thrombosis*

trombosedienst *intensive care for thrombotic patients*

tromgeroffel *drum roll*

trommel • doos *box*; *tin* • trom *drum* ★ de ~ slaan *beat the drums* • cilinder *drum*; *barrel*

trommelaar *drummer*

trommeldroger *tumbler*; *tumble drier*

trommelen I OV WW optrommelen ★ mensen bij elkaar ~ *drum up a number of people* II ON WW • op de trom slaan *drum*; *beat the drum* • geluid maken *drum* ★ op de piano ~ *strum the piano*

trommelrem *drum brake*

trommelvlies *eardrum*

trommelvliesontsteking *tympanitis*

trommelwasmachine *tumbler washing machine*

trompe-l'oeil *trompe l'oeil*

trompet *trumpet*

trompetgeschal *sound of trumpets*; LIT. *flourish of trumpets*

trompetten *trumpet*

trompettist *trumpet player*

tronen I OV WW meetronen ★ iem. ergens heen ~ *allure s.b. to* II ON WW heersen

tr

throne; *sit enthroned*
tronie *mug*
troon *throne* ∗ op de ~ komen *come to the throne* ▾ van de ~ stoten *drive from the throne*
troonopvolger *heir to the throne*
troonopvolging *succession (to the throne)*
troonrede *speech from the throne; king's/queen's speech*
troonsafstand *abdication*
troonsbestijging *accession (to the throne)*
troonzaal *throne room*
troost *comfort; consolation* ∗ dat is een schrale ~ *that is cold comfort*
troosteloos ⟨streek⟩ *disconsolate; desolate;* ⟨landschap, watervlakte⟩ *dreary*
troosten *comfort; console*
troostprijs *consolation prize*
tropen *tropics*
tropenhelm *pith helmet; topee*
tropenjaren *years spent in the tropics*
tropenklimaat *tropical climate*
tropenkolder *tropical frenzy*
tropenpak *lightweight suit*
tropenrooster *work schedule adjusted for a tropical climate*
tropisch *tropical*
tros ▪ SCHEEPV. kabel *hawser* ∗ de trossen losgooien *cast off* ▪ bloeiwijze PLANTK. *raceme;* ⟨bananen, druiven⟩ *bunch;* ⟨bessen⟩ *string*
trots I ZN ▪ tevredenheid *pride* ∗ misplaatste ~ *false pride* ▪ hoogmoed *pride* ∗ gekrenkte ~ *hurt pride* ▪ dat waarover men tevreden is *pride* ∗ de ~ zijn van ... *be the pride/boast of ...* **II** BNW ▪ tevreden *proud* ∗ ~ zijn op iets *be proud of s.th.* ∗ ~ zijn op iem. *be proud of s.o.* ▪ hoogmoedig *proud; haughty* ▪ indrukwekkend, statig *proud*
trotseren ▪ weerstaan *stand up (to)* ▪ het hoofd bieden *defy; brave* ▾ de eeuwen ~ *stand the test of time*
trotsheid *proudness*
trottoir *pavement*
trottoirband *kerb*
troubadour *troubadour*
trouw I ZN ▪ het trouw zijn *fidelity; loyalty;* ⟨aan land/partij⟩ *allegiance* ∗ ~ zweren ⟨aan partij, enz.⟩ *swear an oath of allegiance;* ⟨bij huwelijk⟩ *plight one's troth* ▪ huwelijk ∗ te goeder ~ *bona fide; in good faith* ▾ te goeder/kwader ~ *bona/mala fide; in good/bad faith* **II** BNW ▪ getrouw *faithful; loyal; true* ∗ een ~e klant *a regular customer* ∗ iem. ~ blijven *remain loyal to s.o.* ▪ stipt *conscientious* **III** BIJW ∗ zij volgde de instructies ~ op *she followed the instructions conscientiously*
trouwakte *marriage certificate*
trouwboekje ≈ *marriage certificate*
trouwdag ▪ *wedding day* ▪ jubileum *wedding anniversary*
trouweloos *faithless; perfidious*
trouwen I OV WW ▪ tot echtgenoot nemen *marry* ∗ hij trouwde (met) haar *he married her* ∗ ik ben niet het type om te ~ *I am not*

the marrying sort ▪ in de echt verbinden *marry; join in marriage* **II** ON WW huwen *get married*
trouwens *for that matter; by the way; mind you*
trouwerij *marriage; wedding*
trouwfoto *wedding photo*
trouwhartig ▪ trouw *faithful; loyal* ▪ eerlijk *frank*
trouwjurk *wedding gown/dress*
trouwkaart *wedding invitation*
trouwpartij *wedding party*
trouwplannen *wedding plans* ∗ ~ hebben *be planning to get married*
trouwplechtigheid *wedding ceremony*
trouwring *wedding ring*
truc *trick*
trucage *trickery; gimmicks; special effects*
trucfilm *special effects film*
truck *truck*
trucker *trucker*
truffel *truffle*
trui *sweater; jumper; jersey*
truïsme *truism*
trukendoos *box of tricks* ▾ zijn ~ opentrekken *open up one's box of tricks*
trust ▪ bedrijfscombinatie *trust; syndicate* ▪ beheer *trust*
trustee *trustee*
trustvorming *formation/establishment of a trust*
trut *frump; cow*
truttig *frumpy; frumpish; dowdy*
try-out *try-out; preview*
tsaar *tsar; czar*
tsarina *tsarina*
tseetseevlieg *tsetse fly*
T-shirt *T-shirt;* INF. *tee*
Tsjaad *Chad*
Tsjech *Czech* ∗ een ~ische *a Czech woman*
Tsjechië *Czech Republic*
Tsjechisch I ZN *Czech* **II** BNW *Czech*
Tsjecho-Slowaaks *Czechoslovak*
Tsjecho-Slowakije *Czechoslovakia*
TU Technische Universiteit *University of Technology*
tuba *tuba*
tube¹ *tube* ∗ een tube verf *a tube of paint*
tube² (zeg: tjoeb) *tube*
tuberculeus *tuberculous*
tuberculose *tuberculosis*
tucht *discipline* ∗ de ~ handhaven *keep discipline*
tuchtcollege *disciplinary tribunal*
tuchtcommissie *disciplinary committee/board*
tuchthuis GESCH. *place of correction*
tuchtigen *chastise*
tuchtmaatregel *disciplinary measure*
tuchtraad *disciplinary committee*
tuchtschool *borstal; institution/prison for young offenders*
tuffen ∗ een eindje ~ *go for a drive/ride*
tuig ▪ touwwerk ⟨v. schip⟩ *rigging* ▪ gespuis *scum; rabble*
tuigage *rigging*
tuigje *safety harness*
tuil *bunch of flowers;* ⟨klein⟩ *posy*

tuimelaar *tumbler*
tuimelen *tumble; fall; topple*
tuimeling *tumble; somersault;* ⟨v. paard, motor, fiets⟩ *spill* ∗ een ~ maken *have/take a tumble*
tuimelraam *pivot window*
tuin *garden* ▼ iem. om de tuin leiden *lead s.o. up the garden path; lead s.o. around the bush*
tuinaarde *garden mould/soil*
tuinarchitect *landscape gardener*
tuinboon *broad bean*
tuinbouw *horticulture*
tuinbouwgebied *market-gardening district/area*
tuinbouwschool *horticultural college/school*
tuinbroek *dungarees; overalls*
tuincentrum *garden centre*
tuinder *market gardener*
tuinderij • tuinbouwbedrijf ⟨bloemen, tomaten, e.d.⟩ *market gardening;* ⟨fruit⟩ *fruit farming;* • bedrijf van een kweker *market garden; fruit farm;* ⟨bomen, planten, struiken⟩ *nursery*
tuindorp *garden village*
tuinfeest *garden party*
tuingereedschap *garden(ing) tools*
tuinhek • omheining *garden fence* • ingang *garden gate*
tuinhuis *summerhouse*
tuinier *gardener*
tuinieren *garden*
tuinkabouter *garden gnome*
tuinkers *(water)cress*
tuinkruid *herb*
tuinman *gardener*
tuinmeubel *garden furniture*
tuinpad *garden path*
tuinslang *(garden) hose*
tuinstoel *garden chair*
tuit (om te schenken) *spout;* ⟨v. slang, buis⟩ *nozzle*
tuiten I ov ww tot tuit maken ∗ de lippen ~ *purse one's lips* II on ww suizen *tingle* ∗ mijn oren ~ *my ears are ringing*
tuk I zn ▼ iem. tuk hebben *pull s.o.'s leg* II bnw ∗ tuk zijn op *be keen on*
tukje ∗ een ~ doen *take a nap/snooze*
tulband • hoofddeksel *turban* • cake *fruitcake*
tule *tulle*
tulp *tulip*
tulpenbol *tulip bulb*
tumor *tumour* ∗ goedaardige/kwaadaardige ~ *benign/malignant tumour*
tumult *tumult*
tumultueus *tumultuous*
tuner *tuner*
tuner-versterker *tuner and amplifier*
Tunesië *Tunisia*
Tunesisch *Tunisian*
tuniek • bloes *tunic* • uniformjas *tunic*
tunnel *tunnel* ∗ een ~ graven *digging a tunnel*
turbine *turbine*
turbo • krachtversterker *turbo(charger)* • auto *automobile with a turbo(charger)*
turbotaal *trendy/flashy language*
turbulent *turbulent; agitated*
turbulentie • luchtwerveling *turbulence* ∗ het

vliegtuig had last van ~ *the aircraft passed through some turbulence* • onrust *turbulence; agitation*
tureluurs ∗ het is om ~ van te worden *it's enough to drive you insane*
turen *peer (at)* ∗ in de verte ~ *gaze into the distance*
turf *peat* ∗ turf steken *cut peat* ∗ een turf *a lump of peat* ▼ ik was toen drie turven hoog *I was knee-high (to a grasshopper)*
turfaarde *peat*
turfmolm *peat dust*
Turk *Turk* ∗ een Turkse *a Turkish woman*
Turkije *Turkey*
Turkmenistan *Turkmenistan*
turkoois *turquoise*
Turks I zn *Turkish* II bnw *Turkish* ∗ ~ fruit *Turkish delight*
turnen *practise/do gymnastics*
turner *gymnast*
turnvereniging *gym/gymnastic club*
turquoise *turquoise*
turven *score; keep a tally*
tussen I bijw ▼ er van ~ gaan *clear out* ▼ iem. er ~ nemen *pull a person's leg* ▼ er lelijk ~ zitten *be between the devil and the deep blue sea; be between a rock and a hard place* II vz • ingevoegd in ∗ ~ de middag *at lunchtime* ∗ een voet ~ de deur krijgen *gain a foothold* • te midden van ⟨tussen twee⟩ *between;* ⟨tussen meer dan twee⟩ *among* ∗ ~ de omstanders *among the bystanders* • beperkt tot *between* ∗ een contract ~ twee partijen *a contract between two parties* ▼ ~ neus en lippen door *at odd moments*
tussenbalans *mid-term review*
tussenbeide • tussen ∗ ~ komen *intervene; step in* ∗ als er niets ~ komt *if all goes well*
tussendeks *between-decks*
tussendeur *communicating door*
tussendoor ⟨m.b.t. plaats⟩ *through it/them;* ⟨m.b.t. tijd⟩ *in between; between times* ∗ dat kan ik er wel ~ doen *I can do it in between*
tussendoortje *snack; bite to eat*
tussengelegen *intermediate*
tussengerecht *entremets*
tussenhandel *intermediate/distributive trade*
tussenin *in between*
tussenkomst *intervention* ∗ door ~ van *through; through the agency of*
tussenlanding *stop(over)*
tussenmuur *partition wall*
tussenpersoon ⟨handel⟩ *middleman;* ⟨bemiddelaar⟩ *intermediary;* ⟨bij geschil⟩ *mediator*
tussenpoos *interval* ∗ bij tussenpozen *at intervals*
tussenruimte *space;* ⟨v. tijd⟩ *interval*
tussenschot *partition*
tussensprint *(sudden) spurt*
tussenstand *score so far;* ⟨na eerste helft⟩ *half-time score*
tussenstation • station *intermediate station* • fase *intermediate/transitional stage*
tussenstop *intermediate stop;* ⟨vooral voor de nacht⟩ *stop-over*

tu

tussentijd FORM. *interim* ∗ in de ~ *in the meantime*

tussentijds I BNW ∗ ~e vakantie *half-term holiday* ∗ ~e vacature *casual vacancy* ∗ ~e verkiezing *by-election* II BIJW *between times*

tussenuit ∗ er ~ gaan/knijpen *make off; do a bunk* ∗ er een dagje ~ gaan *take a day off*

tussenuur *free/odd hour;* ‹m.b.t. lesuur› *free period*

tussenvoegen *insert; put in*

tussenwand *partition*

tussenweg *middle course*

tussenwerpsel *interjection*

tutoyeren *be on first-name terms* ∗ laten we elkaar ~ *let's get on first name terms*

tutten *niggle; fuss*

tuttifrutti *tutti-frutti*

tuttig *fussy;* ↑ *dull and uninteresting*

tut tut! *now, now*

tuurlijk *sure*

tv *TV*

tv-gids *TV guide*

tv-omroep *TV broadcasting company*

tv-presentator *TV presenter/host(ess)*

tv-programma *TV programme*

tv-uitzending *TV broadcast/programme*

twaalf *twelve* ∗ om ~ uur 's middags *at twelve noon; at midday* ∗ om ~ uur 's nachts *at midnight* → acht

twaalfde *twelfth* → achtste

twaalftal *dozen*

twaalfuurtje *midday meal/snack; lunch*

twee *two* ∗ twee aan twee *in twos* ∗ twee thee *tea for two* ∗ in tweeën delen *divide in two;* WISK. *bisect* → acht

tweebaansweg *dual carriageway*

tweecomponentenlijm *epoxy (resin)*

tweed I ZN *tweed* II BNW *tweed*

tweede *second* ∗ ten ~ *second* ∗ een ~ huis *a second home* ∗ een ~ taal *a second language* ∗ ~ secretaris *assistant secretary* ▾ het was haar ~ natuur *it was second nature to her* ▾ er is geen ~ zoals hij *you won't find another one like him/it; he/it's a one-off* → achtste

tweedegraads *second-degree*

tweedehands *secondhand*

tweedejaars *second-year student*

Tweede-Kamerlid *member of the Lower Chamber/House*

Tweede-Kamerverkiezingen ≈ *Lower Chamber/House elections*

tweedekansonderwijs ≈ *adult education*

tweedelig *bipartite;* ‹v. kostuum› *two-piece*

tweedelijns *specialized;* MED. *intramural* ∗ ~ gezondheidszorg *intramural/specialized health care*

tweedeling *split* ∗ sociale ~ *social divide*

tweederangs *second-rate*

tweedeursauto *two-door car*

tweedracht *discord* ∗ ~ zaaien *sow discord*

tweedrank *mixed/blended fruit juice*

tweeduizend *two thousand*

twee-eiig *binovular*

tweeërlei *twofold; of two kinds*

tweegevecht *duel*

tweehonderd *two hundred*

tweehoog *on the second floor;* AE *on the third floor*

tweekamerflat *two-room flat/apartment*

tweeklank *diphthong*

tweeledig ● uit twee delen/leden bestaand *twofold; double* ● dubbelzinnig *ambiguous*

tweeling ● twee kinderen *(pair of) twins* ∗ eeneiige ~ *identical twins* ∗ twee-eiige ~ *non-identical/fraternal twins* ● één van tweeling *twin*

tweelingbroer *twin brother*

Tweelingen *Gemini* [mv]

tweemaal *twice*

tweemaster *two-master*

twee-onder-een-kapwoning *semi-detached*

tweepersoonsbed *double bed*

tweepits *twin-burner* ∗ een ~ gastoestel *a twin-burner*

tweerichtingsverkeer *two-way traffic*

tweeslachtig ● hermafrodiet *hermaphrodite;* ‹v. planten› *androgynous* ● amfibisch *amphibious* ● ambivalent *ambiguous; ambivalent*

tweespalt *discord*

tweespraak *tete-a-tete; dialogue*

tweesprong *cross-roads* [mv]

tweestemmig *for/in two voices*

tweestrijd *internal conflict* ∗ in ~ staan *be in two minds*

tweetal *pair; two*

tweetalig *bilingual*

tweeverdieners *double-income couple; two-earner household*

tweevoud *double* ∗ in ~ *in duplicate*

tweewieler *two-wheeler;* ‹fiets› *bicycle*

tweezijdig *two/double-sided*

tweezitsbank *two-seater settee/sofa/couch*

twijfel *doubt* ∗ iets in ~ trekken *question s.th.* ∗ ~ koesteren *feel doubt* ∗ zonder ~ *without a doubt; doubtless* ∗ er is geen ~ aan, *there is no doubt about it; it is beyond/without (a shadow of a) doubt* ∗ dat is aan ~ onderhevig *it's doubtful; it's open to doubt* ∗ ~ opperen omtrent *throw doubt on; challenge* ∗ aan alle ~ een einde maken *put s.th. beyond doubt* ∗ boven alle ~ verheven *beyond all doubt*

twijfelaar ● iem. die twijfelt *doubter* ● scepticus *sceptic* ● bed *three-quarter bed*

twijfelachtig ● onzeker *doubtful; uncertain* ● verdacht *dubious; suspect*

twijfelen ● onzeker zijn *doubt; be doubtful* ∗ ~ aan *doubt; question;* ~ ik twijfel aan zijn talent *I have doubts about his talent* ∗ ik twijfel eraan *I doubt it* ∗ daar valt niet aan te ~ *that's beyond doubt; there's no question about it*

twijfelgeval *doubtful case*

twijg *twig*

twinkelen *twinkle; sparkle*

twinkeling *twinkling; sparkling*

twintig *twenty* → acht

twintiger *person in his/her twenties*

twintigste *twentieth* → achtste

twist ● onenigheid ∗ ~ zaaien *stir up discord; sow discord* ● ruzie *quarrel; dispute* ∗ ~ zoeken met *pick a quarrel with* ● dans *twist*

twistappel *bone of contention*
twisten • redetwisten *dispute* ★ daar kan men over ~ *it's a matter for argument; it's debatable* • ruziën *quarrel* • dansen *twist*
twistgesprek *argument; dispute*
twistpunt *point of contention; (point at) issue*
twistziek *quarrelsome*
t.w.v. ter waarde van *to the value of*
tycoon *tycoon*
tyfoon *typhoon*
tyfus *typhoid fever*
type • soort *type* • persoon *type; figure* ★ jij bent mijn type niet *you're not my kind* ★ jij bent een raar type *you're a character*
typecasting *typecasting*
typediploma *typing diploma*
typefout *typing error*
typemachine *typewriter*
typen *type(write)* ★ getypt schrift *typescript*
typeren *typify*
typerend *typical (of)*
typescript *typescript*
typesnelheid *typing speed*
typevaardigheid *typing skill*
typisch • typerend *typical (of)* • eigenaardig *curious* ★ 'n ~ oud stadje *a quaint little town*
typist *typist*
typografie *typography*
typologie *typology*
typoscript *typescript*
Tyrrheense Zee *Thyrrhenian Sea*
t.z.t. te zijner tijd *in due time/course*

U

u I ZN *u* • de u van Utrecht *U as in Uncle* II PERS VNW *you*; ⟨onderwerp⟩ FORM. *thou*; ⟨voorwerp⟩ LIT. *thee* ★ als ik u was *if I were you* ★ gij zult niet doden *thou shalt not kill* ▼ een honger waar je U tegen zegt *a voracious appetite* ★ daar zeg je u tegen *that's really s.th.; like nothing on earth*
überhaupt *at all; anyway*
U-bocht *u-turn*
UEFA *UEFA; Union of European Football Associations*
UFO *UFO*
ui *onion*
UIA *UIA; University of Antwerp*
uienbrood *onion-bread*
uiensoep *onion soup*
uier *udder*
uil • nachtvogel *owl* • sukkel *fool* ▼ uilen naar Athene dragen *carry coals to Newcastle*
uilenbril *owlish spectacles*
uilskuiken *nincompoop; silly fool*; INF. *idiot*
uiltje ▼ een ~ knappen *take a nap*
uit I BIJW • (naar) buiten *out* ★ zij liep de straat uit *she walked down the street* ★ hij is met haar uit geweest *he has taken her out* • de bal is uit *the ball is out* ★ zij liep de kamer uit *she went out of the room* ★ het moest er uit *I had to get it off my chest* • deze vlek wil er niet uit *this stain won't come out* • beëindigd *out; finished* ★ het verhaal is uit *the story is out* ★ het is uit tussen hen *it's all over between them* ★ de school is uit *school is over* ★ ik heb m'n boek uit *I have finished my book* • niet populair (meer) *out* ★ hoge hakken zijn uit *high-heeled shoes are out* • niet brandend *out* ★ de kaars/lamp is uit *the candle/light is out* • op de markt *out* ★ haar boek is uit *her book is out* ▼ uit en thuis *there and back* ▼ en nu is 't uit! *enough's enough; this has got to stop* II VZ • (naar) buiten *out (of)* • het ligt een kilometer uit het centrum *it's one kilometre out of the centre* ★ uit de gratie *out of favour* ★ iets uit het raam gooien *throw s.th. out of the window* • van(daan) *from* ★ zij komt uit Suriname *she's from Surinam* ★ uit welk boek heb je dat? *from which book did you get that?* • vanwege *out of* ★ uit medelijden *out of pity*
uitademen • adem uitblazen *breathe out* • uitwasemen *exhale*
uitbaggeren *dredge*
uitbakken *fry until crisp; crisp*
uitbalanceren *balance* ★ een wiel balanceren *balance a wheel*
uitbannen • verbannen *banish* • uitdrijven *drive away*; ⟨v. geesten⟩ *exorcize*
uitbarsten • exploderen *burst out; explode*; ⟨v. vulkaan⟩ *erupt* • zich fel uiten *explode; burst out*; ⟨v. twist⟩ *flare up* ▼ in tranen ~ *burst into tears* ▼ in lachen ~ *burst out laughing*
uitbarsting • het uitbarsten *outburst*; ⟨v. oproer, e.d.⟩ *outbreak*; ⟨v. vulkaan⟩ *eruption*

ui

• uiting ⟨v. gevoelens, gelach⟩ *burst*; ⟨gelach⟩ *eruption*; ⟨woede⟩ *explosion*
uitbaten • exploiteren, beheren *run*
• uitbuiten *make the most of*
uitbater *manager/manageress*
uitbeelden *portray*; *depict*; ⟨rol⟩ *render*
uitbeelding • afbeelding, beschrijving, enz. *portrayal* • vertolking in een rol *performance*
uitbenen *bone (meat)*; FIG. *exploit (a person)*
uitbesteden • aan anderen overdragen *contract out* ∗ loodgieterswerk ~ *contract out the plumbing* • in de kost doen *board out* ∗ de kinderen ~ *board the children out*
uitbesteding • aan anderen overdragen *farming out* • het elders in de kost doen *boarding out*
uitbetalen ⟨loon, e.d.⟩ *pay*; ⟨v. cheque⟩ *cash*
uitbetaling *payment*; ⟨via bankoverschrijving⟩ *transfer*
uitbijten *corrode/eat away*
uitblazen I OV WW • uitademen ∗ de laatste adem ~ *breathe one's last* • doven *blow out* II ON WW op adem komen ∗ even ~ *take a breather*
uitblijven *stay out/away*; ⟨v. regen, e.d.⟩ *hold off*; ⟨achterwege blijven⟩ *fail to occur* ∗ dat kan niet ~ *that is bound to happen* ∗ hulp/het antwoord bleef uit *no help/answer came* ∗ de resultaten bleven uit *results failed to materialize*
uitblinken *shine*; *excel* ∗ ~ boven *outshine*
uitblinker *ace*; *crack*; ⟨kind⟩ *prodigy*
uitbloeien • uitgebloeid zijn *be out of flower* ∗ uitgebloeide rozen *overblown roses*
uitbotten *bud*; LIT. *bud (forth)*; ⟨v. tak⟩ *sprout*
uitbouw • het uitbouwen *extension*; *expansion* • aanbouwsel *annex(e)*; ⟨vleugel⟩ *wing*; ⟨bijgebouwd stuk⟩ *addition*
uitbouwen • uitbreiden *enlarge*; ⟨gebouw, pand ook⟩ *extend* • verder ontwikkelen *develop*; ⟨instantie, redenering⟩ *expand*
uitbraak *escape (from prison)*
uitbraakpoging *attempted escape*
uitbraken *vomit*; ↑ *be sick*; ⟨rook⟩ *belch forth*; ⟨verwensingen⟩ *pour out*
uitbranden I OV WW • reinigen van wond *cauterize* • helemaal verbranden *burn out/down*; *gut* II ON WW • door vuur verwoest worden *be burnt out*; *be gutted* • opbranden *burn up*
uitbrander *dressing-down*; *reprimand*; ⟨v. kind, bediende⟩ *scolding* ∗ iem. een ~ geven *give s.o. a talking-to*; *give s.o. a rap over the knuckles*; *reprimand a person*
uitbreiden I OV WW vergroten *expand*; *extend*; ⟨zaak⟩ *enlarge* II WKD WW zich uitstrekken *expand*; ⟨v. brand, ziekte, gerucht, e.d.⟩ *spread*; ⟨v. oppervlakte, lichaam⟩ *extend*
uitbreiding • het uitbreiden ⟨vergroting⟩ *enlargement*; ⟨met betrekking tot oppervlakte, tijd⟩ *extension*; ⟨groei⟩ *expansion*; ⟨ziekte, e.d.⟩ *spread(ing)* ∗ voor ~ vatbaar *suitable for expansion* • toegevoegd deel ⟨v. gebouw, contract⟩ *extension*; ⟨woonwijk⟩ *addition*
uitbreidingsplan *development scheme*

uitbreken I OV WW losmaken *break out/away* II ON WW • ontsnappen *break out*; *escape* • uitbarsten *break out*
uitbrengen • uiten *say*; *utter* • kenbaar maken ⟨rapport⟩ *deliver*; ⟨verslag⟩ *give*; ⟨geheim⟩ *reveal* • op de markt brengen *launch*; *bring out*; ⟨film, muziek⟩ *release*
uitbroeden • eieren doen uitkomen *hatch (out)* • beramen *hatch* ∗ een plan ~ *hatch a scheme*
uitbuiten • misbruiken *exploit*; ⟨arbeiders⟩ *sweat* • ten volle benutten ∗ iets ~ *make the most of s.th.*; *make play with s.th.*
uitbundig I BNW • overvloedig *exuberant* • enthousiast ⟨v. vreugde⟩ *exuberant*; ⟨applaus, gejuich⟩ *enthusiastic* II BIJW ∗ iem. ~ prijzen *praise s.o. to the skies*
uitbundigheid *exuberance*; *enthusiasm*
uitchecken *check out*
uitdagen *challenge*; ⟨tarten⟩ *defy*
uitdagend *defiant*; *challenging* ∗ zich ~ kleden *dress provocatively*
uitdager *challenger*
uitdaging *challenge* ∗ de ~ aannemen *accept/take up the challenge*
uitdelen *distribute*; *deal (out)*; *hand out* ∗ klappen ~ *deal blows* ∗ kaarten ~ *deal cards*
uitdenken *devise*; *contrive*; *invent* ∗ een plan ~ *devise a plan* ∗ een goed uitgedacht plan *a well/carefully thought-out plan*
uitdeuken ⟨auto⟩ *panel-beat*; ⟨metaal⟩ *beat out*
uitdienen *serve out* ▾ dat heeft uitgediend *that is played out*
uitdiepen • dieper maken *deepen* • grondig uitwerken *study in depth* ∗ iets ~ *do an in-depth study of s.th.*
uitdijen *expand*; ⟨zwellen⟩ *swell*
uitdoen • uittrekken *take off* • uitschakelen *turn off*; *switch off*; ⟨lamp⟩ *put out*; ⟨kaars⟩ *extinguish* • doven *put out* ∗ je kunt hier je sigaret ~ *you can put out your cigarette here*
uitdokteren *work out*; *figure out*
uitdossen *dress up*; *deck out*; ⟨overdreven⟩ *dress to kill*
uitdraai *print-out*
uitdraaien I OV WW • uitdoen *turn off*; *switch off*; ⟨licht⟩ *turn out*; *put out*; ⟨v. schroef⟩ *unscrew* ∗ zich ergens ~ *wriggle out of s.th.* • printen *print (out)*; *run off* II ON WW • ~ op niets ~ *come to nothing* ∗ waar zal dat op ~? *where is this going to end?* ∗ 't draaide uit op 'n mislukking *it ended in failure*
uitdragen ⟨ambtelijk⟩ *proclaim*; ⟨informatie, kennis⟩ *disseminate*; ⟨nieuws, boodschap⟩ *spread*; ⟨standpunt⟩ *propagate*
uitdrager *second-hand dealer*
uitdragerij *second-hand shop*; INF. *junk shop*
uitdrijven *drive/cast out*; ⟨duivel ook⟩ *exorcise*
uitdrogen *dry out*; ⟨bron, rivier⟩ *dry up*; ⟨aarde, mond⟩ *parch*; MED. *dehydrate*; *become dehydrated*
uitdroging *dehydration*
uitdrukkelijk *express*; *explicit*; *emphatic* ∗ zij heeft ~ gezegd, dat... *she stated explicitly that ...*
uitdrukken • uitknijpen ⟨v. sigaret⟩ *press out*;

ui

stub out; ⟨v. vocht⟩ *squeeze out* • uiten
express; *voice* ★ en dat is nog zacht
uitgedrukt *...and that is putting it mildly*
uitdrukking • uiting *expression* ★ ~ geven aan
give expression to; *voice* ★ tot ~ komen *find
expression* • gelaatsuitdrukking *expression*;
look • zegswijze *phrase* ★ een vaste ~ *set
phrase*; *saying*
uitdunnen *thin (out)*
uiteen *apart*; LIT. *asunder*
uiteendrijven *scatter*; *disperse*; ⟨menigte ook⟩
break up
uiteengaan *separate*; *part*; ⟨in alle richtingen⟩
disperse; ⟨v. vergadering, e.d.⟩ *break up*; ⟨v.
parlement⟩ *rise*
uiteenlopen • niet dezelfde kant uitlopen
diverge • verschillen *differ*; *vary*; *diverge* • de
meningen liepen sterk uiteen *opinions were
sharply divided*
uiteenvallen *fall apart*
uiteenzetten *explain*; ⟨standpunt⟩ *set forth*
uiteenzetting • uitleg *explanation*; *statement*
• beschrijving *exposition*; *description* ★ een
duidelijke ~ van het probleem *a clear
exposition of the problem*
uiteinde • uiterste einde *extremity*; *(far) end*
• afloop ★ iem. een goed ~ toewensen *wish
s.o. a happy New Year*
uiteindelijk I BNW *ultimate*; *final*; ⟨doel⟩
eventual II BIJW *eventually*; *ultimately*; *in the
long run*
uiten I OV WW uitdrukken *express*; *voice*;
⟨klanken, woorden⟩ *utter* II WKD WW ★ dit uit
zich in... *this expresses/manifests itself in ...*
uitentreuren *over and over again*; *continually*;
⟨tot vervelens toe⟩ *ad nauseam* ★ ~ dezelfde
grap vertellen *flog a joke to death*
uiteraard *naturally*; *of course*
uiterlijk I ZN voorkomen *(outward) appearance*;
looks; *exterior*; ⟨v. boek, kleding⟩ *get up*
★ naar zijn ~ te oordelen *by the look of him*
II BNW van buiten *external*; *outward* III BIJW
• van buiten *outwardly* ★ ~ rustig *outwardly
calm* • op zijn laatst *at the latest*
uitermate *exceedingly*; *extremely*
uiterst I BNW • het meest verwijderd
out(er)most; *extreme*; *farthest* ★ het ~e
noorden van het land *the extreme north of
the country* • grootst *greatest*; *highest*; *utmost*
★ zijn ~e best doen *do one's utmost*; *do one's
level best* • laagst *lowest*; *rock-bottom* ★ ~e
prijs *outside price* II BIJW *extremely*;
exceedingly
uiterste *extreme*; *limit* ★ in/tot ~n vervallen *go
to extremes* ★ tot 't ~ *to the utmost* ★ van 't
ene ~ in 't andere vallen *go from one
extreme to the other* ★ de ~n ontmoeten
elkaar *the extremes meet*
uiterwaard *water-meadows*
uitfluiten *hiss (at)*
uitgaan • naar buiten gaan *go out*; ⟨met
betrekking tot ruimte⟩ *leave*; ⟨v. vlek⟩ *come
out* ★ het huis/de kamer ~ *leave the room/
house* • zich buiten gaan vermaken ★ met
een meisje ~ *take a girl out* ★ een avondje ~

have a night out • leegstromen ★ de kerk/
school ging uit *church/school was over*
• doven *go out* • eindigen ~ op *end in* ★ op
een klinker ~ *end in a vowel* • komen van
★ er gaat niets van hem uit *he has no
initiative* ★ deze bevelen gaan van hem uit
these orders were issued by him • ~ van ★ ik
ga uit van het standpunt dat... *I take the
view that...* ★ hij ging uit van de
veronderstelling *he based himself on the
assumption* • ~ boven *exceed*
uitgaansavond *(regular) night out*
uitgaanscentrum *entertainment district*
uitgaansgelegenheid *place of entertainment*
uitgaanskleding *evening wear/dress*
uitgaansleven *nightlife*
uitgaansverbod *curfew* ★ een ~ afkondigen
impose a curfew
uitgang • doorgang *exit*; *way out* • aansluiting
⟨v. versterker, e.d.⟩ *output socket* • TAALK.
ending
uitgangspositie *point of departure*; *starting
point*
uitgangspunt *starting point*; *point of departure*
uitgave • het besteden *expenditure*; ⟨kosten⟩
expense • het
publiceren/publicatie *publication*; ⟨druk⟩
edition
uitgebalanceerd *balanced*
uitgeblust *washed out*
uitgebreid • van grote omvang *extensive*
• veelomvattend *comprehensive*; *elaborate*
★ een ~e kennis van iets hebben *have an
extensive knowledge of s.th.* • uitvoerig
detailed ★ iets ~ behandelen *discuss s.th. in
great detail*
uitgebreidheid • grootte *extent*
• uitvoerigheid *elaborateness*; *extensiveness*
uitgehongerd *famished*; *starved*
uitgekiend *cunning*; *sophisticated*
uitgekookt *sly*; *shrewd*; *cunning*
uitgelaten *elated*; *exuberant*
uitgeleefd *worn out*; *decrepit*
uitgeleide • iem. ~ doen *show s.o. out*; ⟨naar
station⟩ *see a person off*
uitgelezen *choice*; *select*
uitgemaakt ★ dat is een ~e zaak *that is a
foregone conclusion*
uitgemergeld *haggard (looking)*; *emaciated*
uitgeput *exhausted*; *worn out*; ⟨door ziekte⟩
wasted; ⟨door woede⟩ *spent*
uitgerekend I BNW berekenend *calculating*
II BIJW juist (nu) ★ ~ vandaag *today of all
days*
uitgeslapen • uitgerust *refreshed*; *rested*
• pienter *shrewd*; *smart*
uitgesproken *decided*; *pronounced*; *marked*
★ een ~ voordeel *a distinct advantage* ★ een ~
mening hebben *hold strong views*
uitgestorven • niet meer bestaand *extinct*
• verlaten *deserted*
uitgestreken *unperturbed* ★ met een ~ gezicht
straight-faced
uitgestrekt *extensive*; *vast*
uitgestrektheid *extensiveness*
uitgeteerd *emaciated*

ui

uitgeteld • neergeteld *counted out* • uitgeput *exhausted*; *dead to the world*; *dead beat* • uitgerekend *due* ⋆ wanneer ben je ~? *when is your baby due?*

uitgeven • publiceren *publish* ⋆ een tijdschrift ~ *publish a magazine* • besteden *spend* ⋆ geld ~ aan cd's *spend money on CDs* • doen alsof ⋆ zich ~ voor *pass o.s. off as*; *pose as*

uitgever *publisher*

uitgeverij *firm of publishers*; *publishing house*

uitgewoond *dilapidated*

uitgezakt *bulged (out)*; *sagged (out)*, FIG. *flopped/flaked out*

uitgezocht *choice*; *select*; ⟨schitterend⟩ *exquisite*

uitgezonderd I vz *apart from*; *except for*; FORM. *save* ⋆ niemand ~ *no one excepted*; *with no exceptions* II vw *except*; *apart from* ⋆ iedereen was er, ~ zij *everyone was there, except for her*

uitgifte *issue*

uitgiftekoers *issue price*

uitglijden *slip*; *lose one's footing*

uitglijder *blunder*; *slip(-up)*

uitgommen → uitgummen

uitgooien • SPORT *throw (out)*; ⟨cricket⟩ *bowl out* • werpen uit *cast/throw out*

uitgraven *dig out*; *excavate*

uitgroeien • boven/buiten iets uitkomen *outgrow* • ~ tot *grow/develop into*

uitgummen *erase*; *rub out*

uithaal • beweging *swipe*; ⟨v. arm, been⟩ *swing*; ⟨hard schot⟩ *hard-hit ball* • langgerekte toon *sustained note*

uithalen I ov ww • baten ⋆ dat zou niets (niet veel) ~ *that would be no good*; *that would serve no useful purpose* • besparen ⋆ de uitgaven er ~ *make good the expense* • uitspoken ⋆ streken ~ *play tricks* ⋆ wat heb je nu weer uitgehaald? *what have you been up to now?* ⋆ dat moet je met mij niet ~ *don't try that game on me* • los-/uithalen ⟨breiwerk⟩ *unpick*; ⟨zak⟩ *turn out*; ⟨pijp, kachel⟩ *clean out*; ⟨v. nesten⟩ *go nesting* ▾ er ~ wat erin zit *run it for all it is worth* ▾ je haalt hem er onmiddellijk uit *you can spot him at once* II ON ww • arm/been uitslaan *take a swing*; *lash out*; ⟨met been⟩ *kick out* • uitvaren *let fly (at)*; *lash out (at)* ⋆ naar iem. ~ *lash out at s.o.*

uithangbord *signboard*

uithangen I ov ww • buiten ophangen *hang out* • zich gedragen als *play* ⋆ de grote meneer ~ *put on airs*; *play the big shot* ⋆ de beest ~ *paint the town red* II ON ww • breeduit hangen *hang out* • verblijven *be*; *hang out* ⋆ waar hangt zij uit? *where is she hanging out?*

uitheems *foreign*; *exotic*

uithoek *remote/out-of-the-way place* ⋆ tot in de verste ~en *to the farthest corners*

uithollen • hol maken *excavate*; *hollow out* • ontkrachten *undermine*; *erode*

uithongeren *starve (out)*

uithoren • tot einde luisteren *hear out*; *hear to the end* • uitvragen *question*; *interrogate*

⋆ iem. ~ *pump s.o.*; *draw s.o. out*

uithouden *stick it out*; *hold out*; *stand* ⋆ hij kon het niet meer ~ *he couldn't stand it any longer*

uithoudingsvermogen ⟨lichamelijk⟩ *staying-power*; *stamina*; ⟨mentaal⟩ *endurance*

uithuilen *cry one's heart out*; *have a good cry*

uithuizig *rarely at home*; *always out*

uithuwelijken *marry off*; *give s.o. in marriage*

uiting • het uiten *utterance*; *expression* ⋆ ~ geven aan zijn gevoelens *express/vent one's feelings* • wat geuit wordt *utterance*; *expression*; ⟨v. kracht, onbehagen⟩ *manifestation*

uitje *outing*

uitjouwen *hoot (at)*; *boo*; *jeer (at)*

uitkafferen *bawl at*

uitkammen *comb (out)*

uitkeren *pay*; *remit*; ⟨subsidie⟩ *grant*

uitkering • het uitkeren *payment* • geldsom ter ondersteuning ⟨bij ziekte⟩ *benefit*; ⟨bij staking⟩ *strike-pay*; ⟨alimentatie⟩ *alimony* ⋆ ~ ineens *lump sum*

uitkeringsfraude *social security fraud*

uitkeringsgerechtigd *entitled to social security allowance/benefit*

uitkeringsgerechtigde *person entitled to a benifit*

uitkeringstrekker *person drawing benefit(s)*; *person on relief*

uitkienen *puzzle out*; ⟨een plan⟩ *think out* ⋆ hij kiende het zo uit, dat hij de beste plaats kreeg *he contrived to get the best seat*

uitkiezen *choose*; *select* ⋆ met zorg ~ *handpick*

uitkijk • uitkijkpost *lookout*; MIL. *observation post* ⋆ op de ~ staan *be on the lookout (for)* • persoon *lookout* • uitzicht *view*; *prospect* ⋆ niet veel ~ hier *not much of a view here*

uitkijken • uitzicht geven op *look out over*; *overlook* ⋆ het raam keek uit op de tuin *the window overlooked the garden* • oppassen *watch*; *look out* • zoeken *be on the lookout (for)* ⋆ ~ naar ander werk *look out for a new job* • verlangen naar *look forward to* ▾ zich de ogen ~ *stare one's eyes out* ▾ hij raakte er niet op uitgekeken *he never tired of looking at it*

uitkijkpost *observation post*

uitkijktoren *watchtower*

uitklapbaar *folding*; *collapsible*; *convertible*

uitklappen I ov ww naar buiten opendoen *fold out* II ON ww naar buiten opengaan *fold out*

uitklaren *clear*

uitklaring *clearance*

uitkleden • ontkleden *undress*; ⟨naakt uitkleden⟩ *strip* • arm maken *rob* ⋆ iem. tot op het hemd ~ *fleece s.o.*

uitkloppen ⟨kleed⟩ *beat*; ⟨pijp⟩ *knock out*

uitknijpen *squeeze (out)*

uitknippen • uitschakelen *switch off* • met schaar uitnemen *clip/cut out*

uitkomen • te voorschijn komen *appear* • uitbotten *come out*; *sprout* • uit ei komen *hatch (out)* • aan het licht komen *transpire*; *emerge*; *come out* • in druk verschijnen

appear; *be published* • aftekenen tegen ★ de kleuren kwamen goed uit *the colours showed up well* ★ ~ tegen *show against*; *stand out against* • toegang geven tot ⟨v. kamer⟩ *give on*; ⟨deur⟩ *open onto*; ⟨pad⟩ *lead to*; *join* ★ de straat komt uit op een drukke weg *the street joins a busy road* ★ ik kom er wel uit *I can find my way out* • genoemde uitkomst hebben *turn/work out* ★ het kwam heel anders/verkeerd uit *it turned out quite differently/wrong* • opgaan, kloppen *prove to be correct*; ⟨v. droom⟩ *come true*; ⟨som⟩ *come/work out* • rondkomen *make (both) ends meet* ★ zij kan met haar salaris niet ~ *she can't manage on her salary* ★ daar kan ik niet mee ~ *I can't make do with that* • gelegen komen ★ dat komt mij niet erg goed uit *that's not very convenient to me* • SPORT *play* ★ ~ tegen *play (against)* ★ zij zullen met één invaller ~ *they will take the field with one substitute* • als eerste spelen ⟨bij kaartspel⟩ *lead* ★ met harten ~ *lead hearts* ★ wie moet er ~? *whose lead is it?* • ~ voor ★ ik kom er rond voor uit *I frankly admit it* ★ voor zijn mening ~ *be candid*; *speak one's mind*

uitkomst • resultaat *result* • oplossing *way out*; *relief* ★ een ware ~ *a perfect godsend*

uitkopen *buy off*

uitkotsen *throw up*; *puke (up)*

uitkramen *talk*; ⟨geleerdheid⟩ *parade* ★ onzin ~ *talk nonsense*

uitkristalliseren *crystallize*

uitlaat • opening ⟨v. (uitlaat)gassen⟩ *exhaust (pipe)*; ⟨vloeistof⟩ *outlet* • uitingsmogelijkheid *outlet*

uitlaatgas ★ ~sen *exhaust fumes*

uitlaatklep *exhaust valve*; FIG. *outlet*

uitlachen *laugh at*

uitladen *unload*; ⟨vanaf schip⟩ *land*

uitlaten I OV WW • dier naar buiten laten *take out* ★ de hond ~ *walk the dog* • naar buiten geleiden *show out* II WKD WW *give one's opinion on*; *express oneself on* ★ zich (goedkeurend) ~ over *speak (with approval) of* ★ daar wil ik mij niet over ~ *I won't venture an opinion on that point*

uitlating *utterance*; ⟨inhoud⟩ *statement*

uitleen • het uitlenen *lending* • uitleenbibliotheek *lending library*

uitleentermijn *lending period*

uitleg *explanation*; *interpretation* ★ een verkeerde ~ *a misinterpretation* ★ dit is voor tweeërlei ~ vatbaar *open to misinterpretation*

uitlegbaar *explicable*

uitleggen *explain*; *interpret*; *expound*

uitlekken • bekend worden *leak out*; FORM. *transpire* ★ nieuws laten ~ *leak the news* • uitdruipen *leak (out)*

uitlenen *lend (out)*; *loan*

uitleven (zich) *let oneself go* ★ zich (vrij) ~ *live one's life to the full* ★ zich in zijn werk ~ *realize o.s. in one's work*

uitleveren *hand over*; ⟨aan ander land⟩ *extradite*

uitlevering ⟨personen⟩ *extradition*; ⟨zaken⟩ *surrender*

uitleveringsverdrag *extradition treaty*

uitleveringsverzoek *request for extradition*

uitlezen • tot aan het eind lezen *read from cover to cover*; *finish (reading)*; *read to the end* • COMP. *read out*

uitlijnen *align*; *line up*; ⟨v. tekst⟩ *justify*

uitloggen *log out/off*

uitlokken • verlokken tot *tempt* • provoceren *provoke* ★ kritiek ~ *provoke/invite criticism*

uitlokking *provocation*; ⟨v. reactie e.d.⟩ *elicitation*

uitloop ⟨river⟩ *mouth*

uitlopen I OV WW ten einde aflopen ★ de straat ~ *walk down the street*; *walk to the end of the street* II ON WW • naar buiten lopen *run out*; *walk out* ★ de keeper liep uit *the goal keeper left his goal* • ergens naartoe gaan ⟨v. schip⟩ *put out (to sea)*; *sail* ★ het hele dorp liep uit *the whole village turned out* • tot stilstand komen *come to a halt* • uitmonden *end in*; *lead to*; *join* ★ in een punt ~ *end in a point*; *taper* • PLANTK. uitgroeien *bud*; ⟨v. aardappelen, takje⟩ *sprout* • vlekkerig worden *run/flow out* ★ de inkt is uitgelopen *the ink has run (out)* • voorsprong nemen *draw ahead of*; *increase one's lead* ★ hij liep tot vijf minuten uit *he increased his lead to five minutes* • langer duren *overrun*; *last longer* ★ de vergadering liep anderhalf uur uit *the meeting overran by an hour and a half* • leiden tot ~ op *result/end in* ★ op niets ~ *come to nothing*; ⟨onderhandelingen⟩ *break down*

uitloper • uitgroeisel *offshoot*; *runner* • randgebergte *foothill(s)*

uitloten • trekken *draw (out)* ★ deze nummers zijn uitgeloot *these numbers have been drawn* • uitsluiten *eliminate by lottery* ★ hij is uitgeloot voor medicijnen *he failed to win a place in the medical school*; *he failed to get into medical school*

uitloting *drawing by lot*

uitloven *offer* ★ een beloning ~ *put up a reward*

uitluiden *ring out* ★ het jaar ~ *usher out the old year*; *ring out the old (year), bring in the new*

uitmaken • vormen *form*; *constitute* • betekenen *matter*; *be of importance* ★ dat maakt niets uit *that does not matter* • doen ophouden *finish*; ⟨relatie⟩ *break off*; ⟨v. vuur⟩ *put out* ★ zij heeft het uitgemaakt met Peter *she has broken it off with Peter* • ~ voor ★ iem. voor rotte vis ~ *give s.o. a verbal thrashing* ★ iem. ~ voor leugenaar *call a person a liar* • doven ★ wil je het licht even ~? *would you mind putting out the light, please?*

uitmelken • leegmelken *milk dry/out* • eindeloos behandelen *milk out* ★ een onderwerp ~ *flog a subject to death*; *squeeze a subject dry* • armer maken *bleed white/dry*

uitmesten *clean/muck out*; ⟨v. rommel⟩ *clean up*; *turn out*

uitmeten • afmeten *measure (out)* • uitvoerig noemen ★ breed ~ *enlarge on*

uitmonden *discharge into*; *flow into*

uitmonsteren • uitrusten *equip* • uitdossen *dress up*; INF. *doll up*
uitmoorden *massacre*; *slaughter*
uitmunten *excel*; *stand out* ⋆ ~ boven *excel*
uitmuntend *excellent*; *outstanding*
uitneembaar • wat uitgenomen kan worden *removable* • demontabel *collapsible*
uitnemend *excellent*
uitnodigen *invite*
uitnodiging *invitation* ⋆ op ~ van *at the invitation of*
uitoefenen • bedrijven ⟨ambt⟩ *hold*; *occupy*; ⟨ambacht, beroep⟩ *practise* • doen gelden *exercise* ⋆ druk op iets ~ *bring pressure to bear on s.th.* ⋆ kritiek ~ *criticize* ⋆ macht ~ *wield power*
uitpakken I OV WW uit verpakking halen *unpack*; *unwrap* II ON WW • aflopen *finish*; *turn out* ⋆ dat zaakje pakte niet goed uit *it did not pan/turn out well* • gul zijn *entertain lavishly*; *spare no expense* • tekeergaan *lash out (at)*; *let fly (at)* ⋆ ~ tegen iem. *lash out at s.o.*
uitpersen • leegpersen ⟨citrusvruchten⟩ *squeeze*; ⟨druiven⟩ *crush* • uitbuiten *bleed white*; *fleece*
uitpluizen ⟨gegevens⟩ *sift (out)*; ⟨raadsel⟩ *unravel* ⋆ de zaak grondig ~ *sift/probe the affair to the bottom*
uitpraten I OV WW oplossen *talk out/over* ⋆ laten we de zaak eens ~ *let's talk it over* II ON WW ten einde praten *have one's say* ⋆ laat me ~ *let me finish* ⋆ we waren al gauw uitgepraat *we had soon exhausted the conversation* ⋆ hij raakte er nooit over uitgepraat *he never tired of the subject*
uitprinten *print (out)*
uitproberen *try (out)*; *test*
uitpuffen *catch one's breath*
uitpuilen *bulge*; ⟨v. ogen⟩ *protrude*
uitputten • moe maken *exhaust*; *wear out* • opmaken *exhaust*; *deplete* ⋆ mogelijkheden ~ *exhaust the possibilities* ▼ zich ~ in verontschuldigingen *apologize profusely*
uitputting *exhaustion*
uitputtingsslag *battle of attrition*; *fight to the finish*
uitpuzzelen *puzzle/figure out*
uitrangeren *shunt*
uitreiken *distribute*; ⟨paspoort⟩ *issue*; ⟨prijs⟩ *present*
uitreiking ⟨prijs, e.d.⟩ *presentation*; ⟨voedsel⟩ *distribution*
uitreisvisum *exit visa*
uitrekenen *figure out*; *calculate*
uitrekken *stretch (out)*; ⟨v. nek⟩ *crane*
uitrichten *do*; *accomplish*
uitrijden I OV WW tot het eind rijden *drive/ride to the finish* II ON WW tot het eind rijden ⟨auto⟩ *drive to the end*; ⟨fiets, e.d.⟩ *ride to the end* ⋆ de straat ~ en dan links af *drive/ride to the end of the street and then turn left* ⋆ de trein reed het station uit *the train pulled out of the station*
uitrijstrook *deceleration lane*
uitrijzen *rise above*; *tower above*

uitrit *exit*
uitroeien ⟨corruptie⟩ *root out*; ⟨stad, bevolking⟩ *wipe out*; ⟨mens, dier⟩ *exterminate*; ⟨slechte gewoonte, oppositie⟩ *stamp out*
uitroep *exclamation*
uitroepen • roepend zeggen *exclaim* • afkondigen *announce*; ⟨staking⟩ *declare*; *call* • verkiezen ⋆ tot koning ~ *proclaim king*
uitroepteken *exclamation mark*
uitroken • reinigen *fumigate* • verdrijven *smoke out*
uitruimen *clear/tidy out*
uitrukken I OV WW los trekken *pull/pluck out* II ON WW erop uitgaan *march (out)*; ⟨brandweer⟩ *turn out* ⋆ uitgerukt! *clear out!*
uitrusten I OV WW toerusten *equip*; *fit out* II ON WW rusten *(have a) rest*
uitrusting *equipment*; ⟨v. reiziger⟩ *outfit* ⋆ in volle ~ *in full kit*
uitschakelen • afzetten *switch off*; *disconnect* • elimineren *eliminate*; *rule out* ⋆ een tegenstander ~ *cut out an opponent*
uitschakeling • het afzetten/het buiten werking stellen *switching off*; *disconnection* • het elimineren *elimination*
uitscheiden I OV WW afscheiden *secrete* II ON WW stop; *leave off* ⋆ schei daarmee uit! *stop it!*
uitscheidingsorgaan *excretory organ*
uitschelden *call (s.o.) names*; *swear at s.o.*; *abuse* ⋆ iem. voor leugenaar ~ *call s.o. a liar*
uitschieten I OV WW • haastig uittrekken *slip/throw off* • snel verlaten ⋆ de kamer ~ *dart out of the room* II ON WW • onbeheerst bewegen *shoot/dart out* ⋆ het mes schoot uit *the knife slipped* • uitspruiten *bud* • heftig uitvallen *lash out* ⋆ zij schoot tegen hem uit *she let fly at him*
uitschieter ⟨naar boven⟩ *peak*; ⟨naar beneden⟩ *dip*
uitschot • het slechtste *refuse*; ⟨vlees, vis e.d.⟩ *offal* • uitvaagsel *scum*; *riff-raff*
uitschrijven • uitwerken *write out* ⋆ dictaat ~ *write out (lecture) notes* • invullen ⟨factuur⟩ *make out*; ⟨cheque, recept⟩ *write out* • afkondigen ⟨verkiezing, vergadering⟩ *call*; ⟨wedstrijd⟩ *organize*; *promote*; ⟨aandelen⟩ *issue*; ⟨lening⟩ *float* • schrappen *strike off* ⋆ hij werd als lid uitgeschreven *his name was struck off the membership list*
uitschudden • schoonschudden *shake out* • plukken *clean out*; *fleece* ⋆ iem. ~ *clean a person out*
uitschuifbaar *extending*
uitschuifladder *extension ladder*
uitschuiven *pull out*; *extend*; ⟨tafel, e.d.⟩ *draw out*
uitserveren • opdienen *serve (up)*; *dish out/up* • SPORT *serve out*
uitslaan I OV WW • uitkloppen *beat/shake out* ⋆ stofdoek ~ *shake out the duster* • naar buiten bewegen *knock/beat/strike out*; ⟨v. vleugels⟩ *spread* ⋆ uitkramen *talk* ⋆ onzin ~ *talk rot* II ON WW • naar buiten komen *break/burst out* ⋆ ~de brand *blaze*; *conflagration*

• uitslag krijgen ⟨brood, e.d.⟩ *become/grow mouldy*; ⟨muur⟩ *sweat*

uitslaapkamer *recovery room*

uitslag • plek ⟨op huid⟩ *rash*; *eruption*; ⟨op muur⟩ *moisture*; *damp*; ⟨op eten⟩ *mildew*
• afloop *result* ★ de ~ van de verkiezing bekendmaken *declare the poll/result*
• uitwijking *deflection*

uitslapen *sleep in*

uitsloven (zich) *put oneself out*; *lean over backwards*

uitslover • iem. die zich uitslooft *show-off*
• vleier *toady*; *creep*

uitsluiten • buitensluiten *shut out*; ⟨werknemers⟩ *lock out* • uitzonderen *exclude*; ⟨mogelijkheid⟩ *rule out*; ⟨v. recht⟩ *debar* ★ volstrekt uitgesloten *absolutely impossible* ★ van verdere deelname uitgesloten *disqualified*

uitsluitend *only*; *exclusively*

uitsluiting *exclusion*; ⟨werknemers⟩ *lock-out* ★ met ~ van *exclusive of*; *to the exclusion of*

uitsluitsel *definite/decisive answer*

uitsmeren • smerend uitspreiden *spread (out)*
• verdelen *spread* ★ de kosten ~ *spread the costs*

uitsmijter • persoon *bouncer* • gerecht *fried bacon and eggs on a slice of bread*

uitsnijden • wegsnijden *cut out*; MED. *excise*
• door snijden vormen *carve*

uitspannen • uitstrekken *spread*; *extend*; *stretch* • uit gareel losmaken *unharness*

uitspanning *inn*; *pub*; ⟨openlucht⟩ *tea-garden*

uitspansel *firmament*

uitsparen • open laten *leave open* • besparen *save*

uitsparing • besparing *saving* • opengelaten plek *blank/free space*

uitspatting *excess*; ⟨drank, seks⟩ *debauchery*

uitspelen • tot het eind spelen *play out*; ⟨spel⟩ *finish* ★ zijn rol is uitgespeeld *his role is played out* • in het spel brengen *lead*
• manipuleren *play off (against)*; *use (against)* ★ hij wil jou tegen mij ~ *he wants to play you off against me*

uitsplitsen • selecteren *categorize* ★ naar leeftijd ~ *categorize according to age*
• ontleden *itemize*; *break down (into)*

uitspoelen • reinigen *rinse/wash (out)* • MED. *irrigate* • doorspoelen *flush away* • uithollen, ondermijnen *wash away*; *erode*

uitspoken • wat spook jij uit? *what are you up to?*

uitspraak • wijze van uitspreken ⟨v. woord⟩ *pronunciation*; ⟨v. persoon, e.d.⟩ *accent*
• bewering *pronouncement*; *statement* • JUR. *judgment*; *sentence*; ⟨v. jury⟩ *verdict* ★ ~ doen *give/pass judgement*; *pass sentence*

uitspreiden *spread (out)*

uitspreken I OV WW • uiten *express*; *utter*
• bekendmaken *declare*; ⟨vonnis⟩ *pronounce*
• articuleren *pronounce*; ⟨duidelijk⟩ *articulate* II ON WW ten einde spreken ★ laat mij ~ *let me finish* III WKD WW *speak out*; *give one's opinion* ★ zich ~ over *give one's opinion (up)on* ★ zich ~ voor/tegen *declare o.s. in favour of/against*

uitspringen • uitsteken *project*; *stick uit*
• opvallen *stand out*

uitspugen *spit out*

uitspuwen *spit out*

uitstaan I OV WW dulden *stand*; *endure*; *bear* ★ ik kan hem/het niet ~ *I can't stand him/it* ★ ik heb niets met je uit te staan *I have nothing to do with you* II ON WW • uitsteken *stand/stick out*; ⟨v. zakken⟩ *bulge*; ⟨v. oren⟩ *stick out* • uitgeleend zijn ECON. *be put out at interest* ★ ~ de rekeningen *outstanding accounts*

uitstalkast *showcase*; *display*

uitstallen *display*; *show*

uitstalling *display*; ⟨etalage⟩ *shop window display*

uitstalraam *shop window*

uitstapje *excursion*; *trip*; *outing*

uitstappen ↑ *alight*; ⟨v. auto⟩ *get off/out* ★ allen ~! *all change (here)!*

uitsteeksel *projection*; *protuberance*

uitstek ★ bij ~ *pre-eminently* ★ bij ~ geschikt om *exceptionally suited for*

uitsteken I OV WW • naar buiten steken *stick/ jut out*; ⟨hand⟩ *hold out*; ⟨vlag⟩ *put out* • eruit steken ★ iem. de ogen ~ *put/gouge a person's eyes out*; FIG. *make a person green with envy*
• naar voren steken *extend*; ⟨hand, voet⟩ *stretch out* ★ zijn hand ~ *extend one's hand* II ON WW • naar buiten/vooruit steken *stick out*; *project*; *protrude* • zichtbaar zijn *rise/ tower above*; *excel*; FIG. *tower above*

uitstekend [1] *projecting*; *protruding*

uitstekend [2] *excellent*

uitstel *postponement*; *delay* ★ ~ van betaling *postponement/extension of payment* ★ ~ geven *grant a delay* ★ ~ van dienstplicht *deferment* ★ ~ van executie *stay of execution*; *reprieve* ▼ ~ komt afstel *delays are dangerous*

uitstellen ⟨verschuiven⟩ *postpone*; *put off*; ⟨opschorten⟩ *delay*

uitsterven *die out*; *become extinct*

uitstijgen • uitstappen *get out*; *descend*
• ~ boven *surpass*; *rise above*

uitstippelen *outline*; *map out*; *work out* ★ route ~ *map out a route*

uitstoot *discharge*; *emission*

uitstorten *pour out* ★ zich ~ in *discharge itself into* ▼ zijn hart ~ *pour out/unburden one's heart*

uitstoten • stotend verwijderen *push out*; *thrust out*; ⟨gassen, rook⟩ *emit*; *eject* • uiten *utter* • verstoten *expel*; *cast out*

uitstralen *radiate*

uitstraling *radiation*

uitstrekken I OV WW • voluit strekken *stretch (out)* • doen gelden *extend* ★ zijn invloed verder ~ *extend one's influence* II WKD WW bepaalde oppervlakte innemen *stretch (out)* ★ zich op de grond ~ *stretch out on the ground*

uitstrijken • uitsmeren ⟨over oppervlakte⟩ *spread*; *smear* • verdelen *spread*

uitstrijkje *smear*; *swab*

uitstromen • naar buiten stromen *stream/*

ui

pour/gush out • uitmonden *flow/empty into*
uitstroming *outpouring; streaming/pouring/ gushing out*
uitstrooien • strooien *strew; scatter* • overal vertellen *broadcast; spread*
uitstulping *bulge*
uitsturen *send out* ∗ iem. ergens op ~ *send s.o. for s.th.*
uittekenen *draw* ▾ ik kan deze plek wel ~ *I know this place like the back of my hand*
uittesten *test; try out*
uittikken *type (up)*
uittocht *exodus*
uittrap *goal kick*
uittreden ⟨functie, lidmaatschap⟩ *resign (from); ⟨m.b.t. pensionering⟩ retire (from)* ∗ vervroegd ~ *go into early retirement* ∗ ~ uit een ambt *resign from office* ∗ ~ uit dienst *retire from service*
uittreding *resignation; retirement*
uittrekken I OV WW • uitdoen *take off* • verwijderen *pull out; extract;* ⟨kies⟩ *draw; extract* • uittreksel maken *make an excerpt* • bestemmen *assign (to);* ⟨bedrag, geld⟩ *set aside (for)* II ON WW weggaan *march out* ∗ erop ~ om... *set out to...*
uittreksel • certificaat ∗ ~ uit het geboorteregister *birth certificate* • samenvatting *extract*
uittypen *type (up)*
uitvaagsel *scum; riff-raff*
uitvaardigen *issue;* JUR. *enact*
uitvaart *funeral*
uitvaartcentrum *funeral parlour; mortuary*
uitvaartdienst *funeral/burial service*
uitvaartstoet *funeral procession*
uitvaartverzekering *funeral insurance*
uitval • SPORT ⟨schermen⟩ *pass; lunge* • MIL. *sally; sortie* • boze uiting *outburst; diatribe* ∗ wat een ~! *what an outburst!* • haaruitval *hair loss*
uitvallen • agressief spreken *fly (at); let fly (at)* • plotseling aanvallen MIL. *make a sortie;* ⟨schermen⟩ *lunge (at); make a pass* • wegvallen *fall out;* SPORT *drop out;* ⟨v. trein⟩ *be cancelled;* ⟨verbinding⟩ *break down* ∗ de stroom is uitgevallen *there's a power failure* • mee-/tegenvallen *turn/work out* ∗ hoe het ook uitvalt *however things turn out* ∗ een bepaalde aard hebben ∗ hij is niet erg scheutig uitgevallen *he is none too generous*
uitvalsbasis • uitgangspunt *operating base* • MIL. *base of operation*
uitvalsweg *exit road*
uitvaren • naar buiten varen *sail (out); put to sea* • boos uitvallen *fly at*
uitvechten *fight out* ∗ laat ze dat maar onderling ~ *let them fight/have it out by themselves*
uitvegen • schoonvegen *sweep out* • uitwissen *rub out*
uitvergroten *enlarge*
uitverkocht • niet meer te koop *sold out;* ⟨v. boek⟩ *out of print;* • vol *fully booked; sold out* ∗ ~e zaal *full house*
uitverkoop *sale; clearance sale* ∗ 't is ~ *the sales*

are on
uitverkoren *chosen; elect* ∗ REL. het ~ volk *the chosen people*
uitverkorene • persoon die uitverkoren is *chosen one* • gunsteling/geliefde *favourite*
uitvinden • uitdenken *invent* • te weten komen *find out; discover*
uitvinder *inventor*
uitvinding *invention*
uitvissen *fish out; dig/ferret out*
uitvlakken *rub out* ▾ dat moet je niet ~ *that's not to be sneezed at; don't underestimate it*
uitvloeisel *result; consequence*
uitvlooien *dig/ferret out*
uitvlucht *pretext; evasion; subterfuge* ∗ ~en zoeken *prevaricate; seek a pretext*
uitvoegen *move to deceleration lane*
uitvoegstrook *deceleration lane*
uitvoer • uitvoering/ten ~ brengen *carry out; execute* • export *export* ∗ COMP. *output*
uitvoerbaar *practicable; feasible*
uitvoerbelasting *export tax/duty*
uitvoerder *executor;* ⟨m.b.t. voordracht⟩ *performer*
uitvoeren • exporteren *export* • volbrengen *implement;* JUR. *execute;* ⟨belofte⟩ *fulfil;* ⟨besluit, instructies, plan⟩ *carry out;* ⟨functie, plicht, taak⟩ *perform* ∗ de ~de macht *executive (power)* • vervaardigen ∗ een goed uitgevoerd boek *a well-produced volume* • vertonen *perform; execute* • verrichten *do*
uitvoerig I BNW *full;* ⟨in details⟩ *detailed;* ⟨volledig⟩ *comprehensive* ∗ ~ verslag *detailed/ full report* II BIJW *in detail; comprehensively; fully* ∗ ~ ingaan op *dwell at length on; cover in detail*
uitvoering • het uitvoeren *carrying out;* ⟨v. taak⟩ *execution;* ⟨v. wet⟩ *enforcement* ∗ ~ geven aan een plan *carry a plan into effect; carry out a plan* • vervaardigingsvorm ⟨m.b.t. afwerking⟩ *finish;* ⟨model⟩ *design; style;* ⟨m.b.t. kwaliteit⟩ *workmanship* • voordracht *performance; execution*
uitvoeringsbesluit *implementing order*
uitvoeroverschot *export surplus*
uitvoerpapieren *export documents*
uitvoerrecht *duty on exports; export duty*
uitvoervergunning *export licence*
uitvogelen *dig/ferret out*
uitvouwbaar *folding; collapsible; convertible*
uitvouwen *fold out; spread out*
uitvragen *question;* INF. *pump*
uitvreten *be up to something* ▾ wat is hij aan het ~? *what is he up to?*
uitwaaien I OV WW doven *blow out* II ON WW • doven *be blown out* • frisse neus halen *get a breath of fresh air*
uitwas • uitgroeisel *outgrowth* • exces *excess*
uitwasemen *exhale*
uitwassen *wash (out)*
uitwatering • het uitwateren *discharge* • plaats *outlet*
uitwedstrijd *away game*
uitweg • uitkomst *way out* • uitgang *way out;* ⟨water of stoom⟩ *outlet;* FIG. *outlet*
uitweiden ⟨lang spreken⟩ *dwell (on);*

⟨afdwalen⟩ *digress (on)*
uitwendig *outward*; *external* ★ voor ~ gebruik *for external use* ★ het ~*e appearance(s)*
uitwerken I OV WW • vervolledigen ⟨plan⟩ *work out; devise*; ⟨punt⟩ *elaborate*; ⟨theorie⟩ *develop* ★ aantekeningen ~ *work up notes* • oplossen *work out; compute* ★ sommen ~ *work out sums* II ON WW • effect verliezen ★ de verdoving is uitgewerkt *the anaesthetic has worn off* ★ uitgewerkt zijn *have spent its force; be exhausted*
uitwerking • het uitwerken *working out (of a plan)* • effect *effect; result* ★ geen ~ hebben *be ineffective*
uitwerpselen *excrements*; ⟨v. dier⟩ *droppings*
uitwijken • aantonen *show; prove* • verdrijven *expel*; FORM. *extradite*; ⟨v. vreemdeling⟩ *deport*
uitwijkmanoeuvre *swerve*; FIG. *evasive manoeuvre*
uitwijkmogelijkheid • mogelijkheid om iets te voorkomen *chance of escape* • alternatief *alternative*
uitwijzen • aantonen *show; prove* • verdrijven *expel*; FORM. *extradite*; ⟨v. vreemdeling⟩ *deport*
uitwijzing *expulsion*; FORM. *extradition*
uitwisbaar *erasable*
uitwisselen *exchange* ★ gegevens ~ *compare notes*
uitwisseling *exchange*; ⟨ideeën enz.⟩ *interchange*
uitwisselingsproject *exchange project/programme*
uitwisselingsverdrag *exchange treaty/agreement*
uitwissen *wipe out* ★ een opname ~ *erase a recording* ★ sporen ~ *cover up one's tracks*
uitwonend *(living) away from home; non-resident*
uitworp • uitstoot *emission*; *discharge* • SPORT *throw*
uitwringen *wring out*
uitwuiven *wave s.o. goodbye; see s.o. off*
uitzaaien I OV WW verspreiden *sow*; FIG. *sow*; *disseminate* II WKD WW verspreiden *metastasize*; INF. *spread*
uitzaaiing *dissemination; secondary tumour*; MED. *metastasis*
uitzakken ⟨lichaam⟩ *sag*; ⟨muur⟩ *bulge*; *sag* ★ een uitgezakt lijf *a sagging body*
uitzendarbeid *temporary work/employment*
uitzendbureau ≈ *(temporary) employment agency*; *temp(ing) curse*
uitzenden • TELECOM. *broadcast; transmit* ★ uitgezonden door de televisie *televised* • met opdracht wegsturen *send out*; ⟨naar buitenland⟩ *post abroad*
uitzending *broadcast; transmission*
uitzendkracht *temporary employee*
uitzet *outfit*; ⟨v. bruid⟩ *trousseau*; ⟨v. baby⟩ *layette*
uitzetten I OV WW • buiten iets plaatsen *expel* ★ de sloepen ~ *lower the boats* • wegsturen ★ iem. uit de partij zetten *expel a person*

from the party • verspreiden *set*; ⟨v. vis⟩ *plant*; ⟨v. schildwacht⟩ *post* • buiten werking stellen *turn/switch off* • ECON. beleggen *put out*; *place* ★ geld ~ *put out money* II ON WW toenemen in omvang *expand*; *swell*
uitzetting • lengte-/volumetoename ⟨in lengte⟩ *extension*; ⟨in volume⟩ *expansion* ★ de ~ van het heelal *the expansion of the universe* • verwijdering *expulsion*; ⟨uit huis⟩ *eviction* ★ ~ leidde tot dakloosheid *eviction led to homelessness* ★ ~ uit het land *expulsion from the country*
uitzicht • het uitzien *view* ★ je beneemt mij het ~ *you are obstructing my view* ★ het ~ hebben op *overlook*; *look out over* • vergezicht *view*; *outlook*; *panorama* • vooruitzicht *outlook*; *prospect* ★ dat opent nieuwe ~en *that opens new vistas* ★ ~ bieden op *hold out prospects of an interesting career*
uitzichtloos *hopeless*
uitzichtloosheid *hopelessness*
uitzichttoren *observation tower*; *belvedere*
uitzieken ▼ dat moet eerst ~ *that must first run its course*
uitzien • zicht geven op ~ op *overlook*; *look out over* • op zoek gaan ~ naar *look out for* ★ naar een baan ~ *be looking for a job* • verlangen ~ naar *look forward to*; *await anxiously*
uitzingen ★ ik kan het nog wel even ~ *I can hold out for a while*; AE *I can swing it*
uitzinnig *mad; crazy; delirious; out of one's wits* ★ ~ van vreugde *wild/ecstatic with joy*
uitzinnigheid *frenzy*; ⟨vreugde⟩ *ecstacy*
uitzitten *sit out* ★ zijn straf(tijd) ~ *serve one's sentence*; INF. *serve one's time*
uitzoeken • kiezen *select*; *pick out* ★ je hebt het voor het ~ *you can have your pick* • sorteren *sort (out)* • te weten komen ★ een zaak ~ *investigate a matter*; *sift a matter out* ★ zoek het zelf maar uit *find out for yourself* ★ ze zoeken het maar uit *that's their worry/problem*; *let them sort it out for themselves*
uitzonderen *exclude*; ⟨v. lijst weglaten⟩ *except* ★ niemand uitgezonderd! *no one excluded!*
uitzondering *exception* ★ met ~ van *with the exception of* ★ bij ~ *by way of exception*; *occasionally* ★ bij hoge ~ *very rarely* ★ zonder ~ *without exception* ★ behoudens enkele ~en *with a few exceptions* ★ ~ van personen *exclusion of persons* ★ de ~en bevestigen de regel *the exception proves the rule*
uitzonderingsgeval *exceptional case*
uitzonderingspositie *unique/exceptional position*
uitzonderlijk *exceptional*
uitzoomen *zoom out*
uitzuigen • leegzuigen *suck (out)* • uitbuiten *bleed white/dry*; ⟨werkgever⟩ *sweat*
uitzuiger *bloodsucker*; ↑ *extortioner*
uitzwaaien *send off*; *wave good-bye to*
uitzwermen *swarm*
uiver *stork*
uk *tiny tot*; *kiddy*; *toddler*
ukelele *ukelele*

uk

460

ukkepuk → uk
ultiem *ultimate*; *last-minute*
ultimatum *ultimatum*
ultracentrifuge *ultracentrifuge*
ultramodern *ultramodern*
ultrarechts *extreme right*
ultraviolet *ultraviolet*
Umbrië *Umbria*
umlaut *umlaut*
unaniem *unanimous*
Unctad *United Nations Conference on Trade and Development*; *UNCTAD*
undercover *undercover*
underdog *underdog*
understatement *understatement*
Unesco *United Nations Educational, Scientific and Cultural Organisation*; *UNESCO*
unfair *unfair*
UNHCR *UNHCR*; *United Nations High Commissioner for Refugees*
Unicef *United Nations Children's Emergency Fund*; *UNICEF*
unicum *unique event/thing*; ⟨enig exemplaar⟩ *single copy*
unie *union* ∗ monetaire unie *monetary union*; *currency union* ▾ personele unie *personal union* ▾ Unie van Utrecht *Union of Utrecht*
uniek *unique*; ⟨geweldig⟩ *marvellous*
unificatie *unification*
UNIFIL *UNIFIL*
uniform I zn *uniform* II bnw *uniform*
uniformeren *make uniform*
uniformiteit *uniformity*
unilateraal *unilateral*
uniseks *unisex*
unisono *unisono(us)*
unit *unit* ∗ kantoorunit *office unit/section*
universalistisch *universalist(ic)*
universeel *universal* ∗ ~ erfgenaam *sole heir*
universitair *university*; *academic*
universiteit *university* ∗ naar de ~ gaan *go to university*; AE *go to college*
universiteitsbibliotheek *university library*
universiteitsgebouw *university building*
universiteitsraad *university council*
universiteitsstad *university town*; AE *college town*
universum *universe*
unzippen *unzip*
update *update*
updaten *update*
upgrade *upgrade*
upgraden *upgrade*
uppercut *uppercut*
uppie ▾ in zijn ~ *by one's lonesome*; *all by o.s.*
ups en downs *ups and downs*
up-to-date *up-to-date*
uraan *uranium*
uranium *uranium*
urban *urban*
urbanisatie *urbanization*
urbaniseren *urbanize*
ure → uur
urenlang *for hours (on end)* ∗ ~e discussies *discussions that go on for hours*
ureum *urea*

urgent *urgent*; *pressing*
urgentie *urgency*
urgentieverklaring *certificate of urgency*
urinaal *urinal*
urine *urine*
urinebuis *urethra*
urineleider *ureter*
urineonderzoek *urine analysis*; MED. *urinalysis*
urineren *urinate*; *pass water*
urinewegen *urinary tract*
urineweginfectie *urinary tract infection*
urinoir *urinal*
url *uniform resource locator* ⟨Uniform Resource Locator⟩ *URL*
urn *urn*
urologie *urology*
uroloog *urologist*
uroscopie *uroscopy*
Uruguay *Uruguay*
USSR ⟨Union of Soviet Socialist Republics⟩ *USSR*
utiliteitsbouw *commercial and industrial building*
Utopia *Utopia*
utopie *utopia*
utopisch *utopian*
uur *hour* ∗ uren lang *for hours* ∗ over een uur *in an hour* ∗ ik ben aan geen uur gebonden *my time is my own* ∗ op dat uur *at that hour* ∗ om één uur *at one o'clock* ∗ de vroege/kleine uurtjes *the small hours (of the night)* ▾ verloren uurtje *spare hour* ▾ van uur tot uur *from hour to hour*; *hourly*
uurloon *hourly wage(s)*
uurwerk ● klok *timepiece* ● mechaniek *movement*; *clockwork*
uurwijzer *hour hand*
uv-licht *UV light*; *ultraviolet light*
U-vormig *U-shaped*
uw *your* ∗ het uwe *yours*
uwerzijds *on your part*
uzi *Uzi*

ul

V

v v★ de v van Victor *V as in Victory*

V • Volt *V* • Vanadium *V*

vaag • niet scherp omlijnd *vague; hazy; dim* • onbestemd *vague*

vaak *often; frequently*

vaal ⟨gezicht⟩ *sallow;* ⟨kleur⟩ *faded;* ⟨licht⟩ *pale* ★ vaal bestaan *drab life*

vaalbleek *sallow; pallid*

vaandel *colours; standard; banner* ▾ met vliegende ~s *with flying colours*

vaandeldrager *standard bearer*

vaandrig *ensign;* ⟨v. cavalerie⟩ *cornet*

vaantje • vlaggetje *pennon* • windwijzer *weathercock; weather vane*

vaarbewijs *navigation licence*

vaarboom *punting-pole*

vaardiepte *navigable depth*

vaardig *skilled; skilful; proficient* ★ ~ zijn met de pen *have a ready pen* ★ ~ in het Spaans *proficient in Spanish*

vaardigheid • handigheid *skill; skilfulness;* ⟨in talen⟩ *proficiency* ★ sociale vaardigheden *social skills* • vlugheid *cleverness; quickness*

vaargeul *channel; fairway;* ⟨in mijnenveld⟩ *(sea-)lane*

vaars *heifer*

vaart • snelheid *speed* ★ in volle ~ *(at) full speed* ★ ~ krijgen *gather speed;* ⟨scheepv. ook⟩ *make headway* ★ ~ (ver)minderen *reduce/slacken speed; slow down* ★ in vliegende ~ *at a tearing pace; at full tilt* ★ met een ~ van ... *at a speed of...* • het varen *navigation* ★ in de ~ brengen *bring into service;* ⟨mil. ook⟩ *commission* ★ de ~ op Indië *the Indian trade* ★ grote ~ *ocean-going trade* ★ zeeman op de grote ~ *deep-water seaman* ★ kleine ~ *coastal trade* • kanaal *canal* ▾ dat zal zo'n ~ niet lopen *it won't be as bad as that* ▾ er ~ achter zetten *speed things up*

vaartuig *vessel; craft*

vaarverbod *suspension of a navigation licence*

vaarwater *waterway* ▾ iem. in 't ~ zitten *thwart a person*

vaarwel *farewell*

vaarwelzeggen • afscheid nemen *bid farewell; say goodbye (to)* • berusten in de afwezigheid *say/wave goodbye (to); kiss goodbye* ★ hij heeft zijn studie vaarwel gezegd *he gave up/ dropped his studies*

vaas *vase*

vaat *washing-up* ★ de vaat doen *do the washing-up; do the dishes*

vaatbundel *vascular bundle*

vaatdoek *dishcloth*

vaatwasmachine *dishwasher*

vaatwasser → vaatwasmachine

vaatwerk *plates and dishes*

vaatziekte *vascular disease*

vacant *vacant* ★ ~ worden *fall vacant* ★ een ~e plaats *a vacancy*

vacature *vacancy* ★ een ~ vervullen *fill a vacancy*

vacaturebank *job bank; job information centre*

vacaturestop *halt on (advertising) vacancies* ★ een ~ instellen *call a halt to the filling of vacancies*

vaccin *vaccine; inoculum*

vaccinatie *vaccination*

vaccineren *vaccinate*

vacht *fur;* ⟨v. hond⟩ *coat;* ⟨v. schaap⟩ *fleece*

vacuüm *vacuum*

vacuümpomp *vacuum pump*

vacuümverpakking *vacuum packaging*

vadem *fathom*

vademecum *handbook*

vader • ouder *father;* INF. *dad* ★ van ~ op zoon *from father to son* • vaderfiguur *father;* ⟨v. jeugdherberg⟩ *warden* ★ het Onze Vader *the Lord's Prayer* ★ Heilige Vader *Holy Father* • grondlegger *father* ★ geestelijke ~ *spiritual father; architect; author* ▾ zo ~, zo zoon *like father, like son*

vaderbinding *father fixation*

vaderdag *Father's Day; Dad's Day*

vaderfiguur *father figure*

vaderland *(native) country; homeland*

vaderlands • van het vaderland ▾ ~e liederen/ geschiedenis *national songs/history* ★ ~e bodem *native soil* • patriottisch ★ ~ gevoel *patriotic feeling*

vaderlandsgezind *patriotic*

vaderlandsliefde *patriotism*

vaderlandslievend *patriotic*

vaderlijk *paternal; fatherly;* FIG. *avuncular*

vaderloos *fatherless*

vaderschap *paternity; fatherhood*

vadsig *indolent; lazy*

vagant *wandering scholar*

vagebond *vagabond; tramp*

vagelijk *vaguely; faintly* ★ ik kan me ~ herinneren ... *I can vaguely remember ...*

vagevuur *purgatory*

vagina *vagina* [mv: *vaginae, vaginas*]

vaginaal *vaginal*

vak • deel van vlak *section; space;* MIL. *sector;* ⟨v. begraafplaats⟩ *plot;* ⟨v. plafond, deur⟩ *panel;* ⟨v. weg, spoorlijn⟩ *section* • hokje ⟨v. kast, e.d.⟩ *compartment;* ⟨postvakje, e.d.⟩ *pigeon-hole* • beroep ⟨hoger beroep⟩ *profession;* ⟨lager beroep⟩ *trade* ★ dat is mijn vak niet *that's not my line of business* ★ het over 't vak hebben *talk shop* • leervak *subject*

vakantie *holiday(s); vacation* ★ met ~ gaan *go (away) on holiday* ★ de grote ~ *the summer holidays;* ⟨v. universiteit⟩ *the long vacation* ★ ~ houden *make holiday*

vakantie- *holiday*

vakantieadres *holiday address;* AE *vacation address*

vakantiebestemming *holiday destination;* AE *vacation destination*

vakantieboerderij *holiday farm;* AE *dude ranch*

vakantiedag *holiday*

vakantiedrukte *holiday rush;* AE *vacation rush*

vakantieganger *holidaymaker; tourist*

vakantiegeld *holiday allowance/pay;* AE *vacation bonus*

vakantiehuis *holiday cottage/flat/bungalow/etc.*

va

vakantiekolonie *holiday-camp*
vakantieland *(popular) holiday spot*; AE *(popular) vacation spot*
vakantieoord *holiday resort*
vakantieperiode *holiday period*
vakantiespreiding *staggering of holidays*; *staggered holidays*
vakantiestemming *holiday mood/spirit*
vakantietijd *holiday period*
vakantiewerk *holiday work/job*
vakbekwaam *skilled*
vakbeurs *specialized fair for a particular profession*
vakbeweging • vakbonden *trade unions*; AE *labor unions* • streven v.d. vakbonden *trade unionism*
vakblad *trade journal*; ⟨v. hoger opgeleiden⟩ *professional journal*
vakbond *trade(s) union*
vakbondsleider *(trade) union leader*
vakbroeder *colleague*; *confrère*
vakcentrale *federation of trade unions*
vakdiploma *professional diploma*; *certificate of proficiency*
vakdocent *specialist/subject teacher*
vakgebied *speciality*; *field (of study)*
vakgenoot *colleague*
vakgroep ⟨v. vakvereniging⟩ *union branch*; ⟨v. universiteit⟩ *department*
vakidioot *blinkered specialist*; *history/math, e.d. freak*
vakjargon *(technical) jargon*
vakkennis *professional knowledge*
vakkenpakket BE *subjects chosen for 'O' level or 'A' level*
vakkenvuller *stock boy/girl*
vakkring *professional circles* [mv]
vakkundig *skilled*; *professional*
vakliteratuur *professional literature*
vakman *expert*; *specialist*; *professional*; ⟨arbeider⟩ *skilled worker*; ⟨in ambacht⟩ *craftsman*
vakmanschap *craftsmanship*; *(professional) skill*
vakonderwijs *vocational instruction*
vakopleiding *vocational training*; ⟨hoger beroepen⟩ *professional training*
vakorganisatie *trade(s) union*
vakpers *trade press*; *specialist publications*
vaktaal *technical language/terminology*
vaktechnisch *technical*
vakterm *technical term*; *specialist term*
vakvereniging *trade(s) union*; ⟨v. werkgevers⟩ *employer's association*
vakvrouw *expert*; *specialist*; *professional*; ⟨arbeidster⟩ *skilled worker*; *craftswoman*
vakwerk • werk van een vakman *professional job* • wandconstructie ★ ~ huizen *half-timbered houses*
vakwerkbouw *timber-framed construction*
val • het vallen *fall*; ⟨v. vliegtuig⟩ *crash* ★ hij maakte een lelijke val *he had a bad fall* • daling *fall*; ⟨sterk⟩ *slump* ★ de val van de euro *the fall of the euro* • ondergang *(down)fall* ★ ten val brengen *overthrow*; *bring down* ★ de (zonde)val *the Fall* • vangtoestel *trap* ★ in de val lopen *get caught in a trap*;

FIG. *fall into a trap* ★ iem. in de val lokken *(en)trap/frame s.o.*
valbijl *guillotine*
Valentijnsdag *(St) Valentine's Day*
valeriaan *valerian*
valhelm *crash helmet*
valide • geldig *valid* • gezond *fit*
validiteit *validity*
valies *travelling bag*; *suitcase*
valium *valium*
valk *falcon*
valkenier *falconer*
valkenjacht *falconry* ★ op ~ gaan *go hawking*
valkuil *pitfall*
vallei *valley*; ⟨nauw⟩ *glen*
vallen • neervallen *fall*; *drop* ★ iem. doen ~ *make s.o. fall* ★ ik kwam te ~ over ... *I stumbled over ...* ★ (zich) laten ~ *drop (o.s.)* • ten val komen *fall*; ⟨v. motie⟩ *be defeated* ★ het kabinet is ge~ *the cabinet has fallen* • neerhangen *hang* ★ je mantel valt goed *your cloak fits well* • sneuvelen *fall* • plaatsvinden ★ de avond valt *night falls* ★ bij het ~ van de avond *at (night)fall* • in toestand geraken *fall* ★ er viel een stilte *there was a hush* • op zekere wijze zijn ★ het werk viel hem zwaar *he found it hard work* ★ het zou mij makkelijk ~ om *it would be easy for me to* ★ de tijd viel mij lang *time hung heavy on my hands* ★ dat valt nog niet te zeggen *that can't be said yet* ★ er valt met jou niet te praten *you are unreasonable* • behoren tot ★ in een categorie ~ *fall in a category* ★ ~ onder *fall/come under* • ~ op *fancy, take (to)* • ~ over ★ over kleinigheden ~ *make a fuss about details*; *quibble over the small print* ★ over een paar euro ~ *stick at a few euros* ▼ de opmerking is bij hen niet goed ge~ *they were not happy about the comment* ▼ hij kwam er met ~ en opstaan *he muddled through*
vallicht *skylight*
valluik *trapdoor*
valpartij *fall*; *tumble*; *spill*
valreep *gangway*; *gangplank* ▼ glaasje op de ~ *one for the road*
vals I BNW • onwaar *false*; *spurious* • onecht *false*; SCHERTS. *bogus* ★ valse handtekening *forged signature* ★ vals paspoort *faked passport* ★ vals geld *counterfeit money* ★ valse tanden *false teeth* • bedrieglijk *false* ★ vals spelen *cheat* • valse eed *false oath* ★ valse dobbelstenen *loaded dice* ★ een valse naam *a false/assumed name* ★ vals spel *foul play* • verkeerd *false* ★ een valse start *a false start* • onzuiver van toon *out of tune*; *off-key*; *false* • boosaardig *vicious*; *nasty*; *savage* ★ iem. vals aankijken *give s.o. a mean look* II BIJW • bedrieglijk *falsely* ★ vals spelen *cheat* • onzuiver van toon *out of tune/key*
valsaard *false/treacherous/two-faced person*
valscherm *parachute*
valselijk *falsely*
valsemunter *forger*; *counterfeiter*; *coiner*
valserik *cheat*; *trickster*
valsheid • het onecht zijn *falsity*; *falseness*

• het vervalsen *forgery* ⋆ ~ in geschrifte plegen *commit forgery* • boosaardigheid *viciousness*

valstrik *trap; snare* ⋆ een ~ voor iem. spannen *set a trap for s.o.*

valuta *currency* ⋆ Nederlandse ~ *Dutch currency*

valutahandel *exchange dealings*

valutakoers *exchange rate; rate of exchange*

valwind *fall wind*

vamp *vamp*

vampier *vampire*

van I BIJW • over *of; about* ⋆ wat weet jij daar van? *what do you know about it?* • weg *from; of* ⋆ zij nam er wat van *she took some (of those)* • door *by; from* ⋆ hij werd er rijk van *it made him rich* ⋆ daar word je sterk van *that will make you strong* **II** VZ • in bezit van, toebehorend aan *of* ⋆ dat geld is van mij *that money is mine* ⋆ een vriend van mij *a friend of mine* ⋆ van wie is die fiets? *whose bike is that?* ⋆ hij is van adel *he is a member of the nobility/a peer* • door *by; of; with* ⋆ een cantate van Bach *a Bach cantata* ⋆ ze is zwanger van hem *she's pregnant by him* ⋆ beven van schrik *tremble with fear* ⋆ daar komen ongelukken van *that's how accidents happen* • afkomstig van *from; of* ⋆ de appel valt van de boom *the apple falls from the tree* ⋆ ik kreeg een brief van hem *I got a letter from him* ⋆ het komt van boven *it's coming from above* • uit/vandaan *from* ⋆ van 1914 tot 1918 *from 1914 till 1918* • bestaande uit *of* ⋆ een hart van goud *a heart of gold* • gebeurend met/aan *of* ⋆ het dorsen van graan *the threshing of grain* • wat ... betreft *of* ⋆ dokter van beroep *a doctor by profession* ⋆ bij wijze van spreken *so to speak* ⋆ ik ken hem van gezicht *I know him by sight* ⋆ klein van postuur *of small build* ⋆ leven van de bijstand *live on social security/on the dole* ⋆ leven van de visvangst *fish for one's living* ▾ dat is lief van je *that's sweet/nice of you* ▾ van vader op zoon *from father to son* ▾ daar had hij niet van terug! *that was too much for him* ▾ ik geloof van wel *I think so* ▾ drie van de vier *three out of four*

vanaf • daarvandaan *from* ⋆ ~ daar wordt het moeilijk *from there it's going to be difficult* ⋆ ~ het dak *from the roof* • met ingang van *from; as from; since* ⋆ ~ vandaag *as from today*

vanavond *tonight; this evening*

vanbinnen *(on the) inside*

vanbuiten • van de buitenzijde af *from the outside* • aan de buitenzijde *on the outside* • uit het hoofd geleerd *by heart*

vandaag *today* ⋆ wat is het ~? *what day of the week is it?* ▾ ~ of morgen *sooner or later*

vandaal *vandal*

vandaan • van weg *away from; from* ⋆ blijf er ~ *stay away from it* ⋆ het is hier niet ver ~ *it's not far from here* • van uit *out of* • van afkomstig *from; out of* ⋆ waar kom je ~? *where are you from?* ⋆ ik kom er juist ~ *I just came from there*

vandaar • daarvandaan *from there* • daarom *that's why*; FORM. *hence*

vandalisme *vandalism*

vaneigens *naturally*

vangarm *tentacle*

vangbal *catch*

vangen • opvangen *catch* • grijpen *capture* ⋆ een vis ~ *land a fish* • verdienen *make*; *pick up* ⋆ veel poen ~ *make a lot of dough* • vervatten *capture* ⋆ twee zaken onder één noemer ~ *catch two senses in one word*

vangnet • veiligheidsnet *safety net* • net om dieren te vangen *trap net*

vangrail *crash barrier; guard-rail; safety-fence*

vangst • het vangen *catch* • het gevangene *catch*; ⟨buit⟩ *haul* ⋆ een goede ~ doen *make a good catch*

vangzeil *jumping sheet*

vanille *vanilla*

vanille-extract *vanilla extract*

vanille-ijs *vanilla ice cream*

vanillesmaak *vanilla flavour*

vanillestokje *vanilla pod*

vanillesuiker *vanilla sugar*

vanillevla ≈ BE *vanilla custard;* ≈ AE *vanilla pudding*

vankrachtwording *coming into effect*

vanmiddag *this afternoon*

vanmorgen *this morning*

vannacht ⟨afgelopen nacht⟩ *last night*; ⟨komende nacht⟩ *tonight*

vanochtend *this morning*

vanouds *of old* ⋆ als ~ *as of old*

vanuit • uit a naar b *from; out of* • op grond van *starting/proceeding from* ⋆ ~ dit perspectief *taking it/going from this perspective*

vanwaar • waarvandaan *from where*; FORM. *whence* • waarom *why*

vanwege • wegens *because of; on account of* • van de zijde van *on the part of; on behalf of*

vanzelf • uit eigen beweging *of itself* [mv: *of themselves*]; *automatically* ⋆ de rest ging ~ *the rest was plain sailing* • vanzelfsprekend *naturally*

vanzelfsprekend I BNW *self-evident* **II** BIJW *as a matter of course* ⋆ iets als ~ aannemen *take s.th. for granted*

varaan *varan; monitor (lizard)*

varen I ZN *fern;* ⟨heidevaren⟩ *bracken* **II** ON WW • per vaartuig gaan *sail;* ⟨navigeren⟩ *navigate* ⋆ langs de kust ~ *hug the coast* ⋆ om een kaap ~ *round/double a cape* ⋆ op Engeland ~ *trade to England* • als zeeman dienst doen *be a sailor* ⋆ gaan ⋆ ten hemel ~ *ascend to heaven* ⋆ ter helle ~ *go to hell* • in zekere staat zijn ⋆ er wel bij ~ *do well out of it; profit by it* ▾ een plan laten ~ *abandon a plan* ▾ de hoop laten ~ *abandon hope*

varia *miscellany*

variabel *variable*

variabele *variable*

variant *variant*

variatie • afwisseling *variation* ⋆ voor de ~ *for a change* • verscheidenheid *variety*

variëren I OV WW afwisselen *diversify* **II** ON WW

onderling verschillen vary; differ
variété variety show/theatre; vaudeville; VERO. music hall
variëteit variety
varken • dier pig; ⟨gecastreerd⟩ hog ★ wild ~ boar • scheldwoord swine ★ lui ~ lazy pig ▾ ik zal dat ~tje wel wassen I'll handle that ▾ vele ~s maken de spoeling dun where the hogs are many, the wash is poor
varkensmesterij pig farm
varkenspest swine-fever
varkensvlees pork
varkensvoer • smerig eten slops • voer voor varkens pig feed
varsity varsity
vasectomie vasectomy
vaseline vaseline
vast I BNW • niet beweegbaar fast; fixed ★ vaste wastafel fixed basin ★ vaste wal shore • stevig firm; ⟨niet vloeibaar⟩ solid ★ vast worden set; congeal ★ vast gesteente solid rock ★ vaste grond firm ground • onveranderlijk permanent ★ vaste prijs fixed price ★ vaste uitdrukking stock phrase ★ vaste kosten/lasten overheads ★ vaste datum fixed date ★ vaste halte compulsory stop ★ vaste klant regular customer ★ vaste markt firm market ★ vast worden ⟨v. prijzen⟩ harden; ⟨v. het weer⟩ settle ★ vast personeel permanent staff ★ vaste plant perennial plant ★ vaste benoeming permanent appointment ★ vast werk regular work ★ vaste zetel permanent seat • stabiel steady ★ vast in slaap sound asleep ★ vast omlijnd clear-cut • stellig firm ★ dat is vast (en zeker) that is dead certain ★ vast besluit firm determination ★ vast in de leer sound in the faith **II** BIJW • zeker ★ vast en zeker certainly • stellig ★ vast beloven promise positively • alvast ★ ik ga maar vast I'll go then; I'll be off, then
vastberaden determined; resolute; resolved
vastberadenheid determination; resolution
vastbesloten determined; resolute; resolved
vastbeslotenheid → vastberadenheid
vastbijten (zich) ★ zich ~ in fasten/sink/get one's teeth into
vastbinden fasten; tie up
vasteland • vaste wal mainland • continent continent
vasten I ZN • vastentijd ★ de ~ Lent ★ de ~ onderhouden observe/keep the fast **II** ON WW fast ★ het ~ fast(ing)
Vastenavond Shrove Tuesday
vastenmaand Lent; (islamitisch) Ramadan
vastentijd Lent
vastgoed real estate/property ★ makelaars in ~ real estate agents; AE realtors
vastgrijpen grip; catch hold of; clutch
vastgroeien grow together
vasthechten attach; fasten
vastheid • stevigheid stability; ⟨v. stem, hand, blik⟩ firmness; (m.b.t. compactheid) solidity • zekerheid ⟨v. geloof⟩ strength
vasthouden I OV WW • niet loslaten hold (fast); ⟨in arrest⟩ detain ★ zich ~ aan hold on to; cling to • bewaren retain; ⟨v. goederen⟩ hold

up **II** ON WW (aan) stick to; hold on to ★ ~ aan een mening stick to an opinion
vasthoudend tenacious
vastigheid certainty
vastketenen fetter
vastklampen (zich) (aan) cling to
vastklemmen I OV WW vastzetten clench; ⟨met klemmentje⟩ clip (on) **II** WKD WW zich vasthouden cling (to); hang on to
vastkleven I OV WW klevend vasthechten glue **II** ON WW kleven stick (to)
vastknopen • met knopen vast/dichtmaken button (up) • met knopen verbinden knot; tie ★ ik kan er geen touw aan ~ I can't make head or tails of it
vastleggen • vastmaken fix; fasten; ⟨v. boot⟩ moor; ⟨v. hond⟩ tie up • schriftelijk bepalen lay down ★ in het contract ~ dat … state in the contract that … • registreren record ★ iets op de band ~ register on tape ★ het is in de notulen vastgelegd it has been placed on record • ECON. beleggen tie up
vastliggen • vastgebonden zijn be (firmly) fixed; be fastened; ⟨v. schip⟩ be moored • vastgesteld zijn be laid down ★ de datum ligt vast the date has been fixed
vastlopen • vast raken ⟨v. machine⟩ jam; seize up; ⟨v. schip⟩ run aground; ⟨v. verkeer⟩ jam • in impasse raken get stuck; ⟨v. onderhandelingen⟩ reach a deadlock
vastmaken fasten ★ zijn jas ~ button up one's coat ★ zijn veters ~ tie one's shoelaces
vastomlijnd well-defined; clear-cut
vastpakken grip; grasp
vastpinnen pin/peg down ★ iem. op iets ~ pin/peg s.o. down to s.th.
vastplakken stick
vastpraten I OV WW corner **II** WKD WW be caught in one's own words
vastprikken pin (up)
vastrecht standing charge
vastroesten rust ▾ vastgeroeste vooroordelen deep-rooted prejudices
vastschroeven screw down
vastspelden pin (down)
vaststaan • zeker zijn be certain ★ zoveel staat vast dat… so much is certain that… ★ dat stond reeds van tevoren vast that was a foregone conclusion • onveranderlijk zijn be fixed ★ de prijs staat vast the price has been settled; the price is fixed ★ ~d feit established fact ★ de datum staat nog niet vast the date has not yet been fixed/settled
vaststaand certain; indisputable ★ een ~ feit a certainty; an established/a recognized fact
vaststellen • bepalen fix; determine ★ een regel ~ lay down a rule ★ de schade ~ assess damages ★ een tijdstip ~ fix/appoint a time ★ bij de wet vastgesteld laid down by the law • constateren conclude
vastvriezen freeze (fast/in)
vastzetten • doen vastzitten fix; fasten; stop; ⟨v. wiel⟩ chock • gevangen zetten put in prison • beleggen tie up ★ geld ~ op settle money on • klem praten corner
vastzitten • bevestigd zijn stick • gebonden

zijn *be tied down* ★ dan zit je eraan vast *then you are committed to it* ★ daar zit meer aan vast *there is more to it* ★ klem zitten *be stuck*; ⟨v. deur, stuur⟩ *be jammed*; ⟨v. schip⟩ *be aground* • gevangen zitten *be in prison*

vat I ZN (de) *hold*; *grip* ★ vat hebben op iem. *have a hold over/on a person* II ZN (het) • ton *barrel*; ⟨fust⟩ *cask*; ⟨v. ijzer⟩ *drum* ★ bier uit 't vat *beer on draught* • ANAT. bloedvat *vessel* ▼ uit een ander vaatje tappen *sing a different tune* ▼ een vat vol tegenstrijdigheden *a walking contradiction* ▼ wat in een goed vat zit, verzuurt niet *forbearance is no acquittance*

vatbaar • ontvankelijk *susceptible* ★ voor rede ~ *open to reason* ★ voor verbetering ~ *capable of improvement* • zwak van gestel *liable*; *susceptible* ★ ~ voor een ziekte *susceptible to a disease*

Vaticaan *the Vatican*

Vaticaanstad *Vatican City*

vatten • grijpen *catch*; *seize* • in iets zetten *embed*; ⟨in goud, lijst⟩ *mount*; ⟨v. juweel⟩ *set* • begrijpen *get* ★ vat je 't? *(you) get it?* • opdoen *catch* ★ kou ~ *catch a cold*

vazal *vassal*

vazalstaat *satellite state*

vbo ≈ *pre-vocational education*

vechten *fight* ★ ~ om *fight for*

vechter *fighter*

vechtersbaas *hoodlum*; *hooligan*

vechtfilm *action film*

vechtjas *hoodlum*; *hooligan*

vechtlust *fighting spirit*; *combativeness*; *eagerness to fight*; FORM. *pugnacity* ★ ~ tonen *show fight*

vechtmachine *fighting machine*

vechtpartij *scuffle*; *scrap*

vechtsport *martial arts*; *combat sport*

vector *vector*

vedergewicht I ZN (de) bokser *featherweight* II ZN (het) klasse *featherweight*

vederlicht *feathery*; *airy*

vedette *celebrity*; *star*

vee *cattle*

veearts *veterinary surgeon*; INF. *vet*

veeartsenijkunde *veterinary science*

veedrijver *cattle driver*

veefokker *cattle breeder*

veefokkerij → veehouderij

veeg I ZN • het vegen *wipe* • oorveeg *box* II BNW • onheilspellend ★ een veeg teken *a bad sign* • in gevaar *doomed* ★ het vege lijf redden *escape by the skin of one's teeth*

veegmachine ⟨op straat⟩ *road sweeper*

veegwagen *sweeper*

veehandel *cattle trade*

veehandelaar *cattle dealer*

veehouderij • het houden van vee *cattle-breeding/-raising*; *stockbreeding* • bedrijf dat vee houdt *cattle farm*; *stockfarm*

vee-jay *veejay*

veel I BIJW • in ruime mate *much* ★ veel ouder *far older* • vaak ★ hij komt hier veel *he often comes here* II ONB VNW ⟨voor enkelvoud⟩ *much*; ⟨voor meervoud⟩ *many* ★ te veel *too*

much/many ★ heel/zeer veel *a great deal of*; *very much*; *a great many*; *very many* ★ weet ik veel? *how should I know?* ★ ik ben hier te veel *I am one too many here* ★ het heeft er veel van weg *it looks very much like it* ★ zij hebben veel van elkaar (weg) *they are much alike* ★ hij heft veel te veel betaald *he paid far too much* III TELW ★ veel boeken lezen *read a lot of/many books*

veelal *mostly*

veelbeduidend *significant*

veelbelovend *promising*

veelbesproken *much discussed*

veelbetekenend *significant* ★ iem. ~ aankijken *give s.o. a meaningful look*

veelbewogen *stirring* ★ ~ tijden *eventful times*

veeleer *rather*; *sooner*

veeleisend *exacting*; *demanding*

veelgevraagd *much sought-after*; *in great demand*

veelheid • groot aantal *multitude*; *abundance* • het veelvoudig zijn *complexity*; ⟨veelsoortigheid⟩ *diversity*

veelhoek *polygon*

veelkleurig *multi-coloured*

veelomvattend *comprehensive*

veelpleger *persistent offender*

veelsoortig *varied*; FORM. *manifold*

veelstemmig MUZ. *polyphonic*

veeltalig *multilingual*

veelvlak *polyhedron*

veelvormig *multifarious*; ⟨wetenschappelijk⟩ *polymorphic*

veelvoud *multiple*

veelvoudig • meermaals voorkomend *multiple*; *frequent* • meerledig *manifold*

veelvraat *glutton*

veelvuldig *multiple*; *frequent*

veelzeggend *significant*

veelzijdig • met veel zijden *many-sided* • gevarieerd *versatile*

veemarkt *cattle market*

veen • grondsoort *peat* • turfland ⟨hoogliggend⟩ *peat moor*; ⟨laagliggend⟩ *peat bog*

veenbes *cranberry*

veengrond *peat*

veenkolonie ≈ *fen-land community*

veer I ZN (de) • vleugelpen *feather* • spiraalvormig voorwerp *spring* ▼ met andermans veren pronken *strut in borrowed plumes* ▼ pronken met andermans veren *be dressed in borrowed plumes* ▼ iem. een veer op de hoed steken *stick a feather in s.o.'s cap* II ZN (het) • veerboot *ferry (boat)* • overzetplaats *ferry*

veerboot *ferryboat*; ⟨voor auto's⟩ *car ferry*

veerdienst *ferry service*

veerkracht • elasticiteit *elasticity* • wilskracht *buoyancy*

veerkrachtig • elastisch *elastic* • wilskrachtig *buoyant*

veerman *ferryman*

veerpont *ferryboat*

veertien *fourteen* ★ ~ dagen *a fortnight* → acht

veertiende *fourteenth* → achtste

ve

veertig *forty* ✶ ergens in de ~ zijn *be in one's forties* → acht
veertiger *man/woman of forty*
veertigste *fortieth* → achtste
veestapel *livestock*
veeteelt *cattle-breeding*
veevoeder *feed; fodder*
veewagen *cattle-truck*
veganisme *veganism*
vegen ⟨v. kleed⟩ *brush*; ⟨v. vloer⟩ *sweep*; ⟨voeten⟩ *wipe* ✶ zijn voeten ~ *wipe one's feet*
veger • borstel *brush* • persoon *sweeper*
vegetariër *vegetarian*
vegetarisch *vegetarian*
vegetarisme *vegetarianism*
vegetatie *vegetation*
vegetatief *vegetative*
vegeteren • leven als een plant *vegetate*; FIG. OOK *lead a vegetable life* • parasiteren ~ op *sponge on*
vehikel *vehicle*
veilen *put up for auction*
veilig • vrij van gevaar *safe; out of danger* ✶ het signaal stond op ~ *the signal was at green* ✶ (Vereniging voor) Veilig Verkeer ≈ *Safety First Association* ✶ de ~ste partij kiezen *keep on the safe side* • beschermend *safe; secure (from/against)* ✶ ~ stellen *secure; safeguard*
veiligheid • het veilig zijn *safety* ✶ zich in ~ stellen *reach safety* ✶ in ~ brengen *bring to safety* • beveiliging *safety device*; ⟨elektriciteit⟩ *fuse*
veiligheidsbril *safety/protective goggles*
veiligheidsdienst *security services*
veiligheidseis *safety requirement*
veiligheidsglas *safety glass*
veiligheidsgordel *safety belt* ✶ ~ met rolautomaat *inertia reel seat belt* ✶ ~ vastmaken *fasten the seat belt*
veiligheidshalve *for safety('s sake)*
veiligheidsklep *safety-valve*
veiligheidskooi *safety cage*
veiligheidsoverweging *security reason*
Veiligheidsraad *Security Council*
veiligheidsriem *safety belt*
veiligheidsslot *safety lock*
veiligheidsspeld *safety pin*
veiligheidszone *safe area*
veiling *auction; public sale*
veilinggebouw *auction room(s)*
veilingklok *auction clock/indicator*
veilingmeester *auctioneer*
veinzen *simulate; feign* ✶ verbazing ~ *pretend to be surprised*
vel • huid *skin*; ⟨v. dier/afgestroopt⟩ *hide* • vlies *skin* • blad papier *sheet* ▾ iem. het vel over de oren halen *fleece s.o.* ▾ vel over been *all skin and bone* ▾ hij sprong bijna uit zijn vel van kwaadheid *he nearly exploded with anger* ▾ het is om uit je vel te springen *it is enough to provoke a saint/to drive you up the wall*
veld • vlakte *field* ✶ in 't open veld *in the open field* • slagveld *battle field* ✶ veld winnen *gain ground* ✶ te velde trekken tegen *fight; combat* • speelterrein *ground*; *field* ✶ in het

veld komen *come into the field* ✶ van het veld sturen *order off the field* • vakje ⟨v. schaak-/dambord⟩ *square* • vakgebied *field* • krachtveld *field* ✶ magnetisch veld *magnetic field* ▾ het veld ruimen *abandon the field* ▾ uit het veld geslagen *disconcerted; put out*
veldbed *camp-bed*; AE *cot*
veldbloem *wildflower*
veldboeket *bouquet of wild flowers*
veldfles *flask*; MIL. *canteen*
veldheer *general*
veldhospitaal *field hospital*
veldloop *cross-country race*
veldmaarschalk *field marshal*
veldmuis *fieldmouse*
veldonderzoek *fieldwork*
veldrijden *cyclo-cross racing*
veldsla *corn salad*
veldslag *battle*
veldsport *field/outdoor sports*
veldtocht *campaign*
veldwerk *fieldwork*; SPORT *fielding*
velen *stand; endure* ✶ hij kan niets ~ *he is very touchy*
velerlei *many; various; of all sorts*
velg *rim*
velgrem *rim-brake*
vellen • doen vallen *fell; cut down* • uitspreken ✶ 'n vonnis ~ *pass/pronounce a sentence*
velours *velour*
ven *fen*
vendetta *vendetta; blood feud*
venduhouder *auctioneer*
venerisch *venereal*
Venetië *Venice*
Venezuela *Venezuela*
venijn *venom*
venijnig *venomous; vicious* ✶ een ~e schop *a nasty kick*
venkel *fennel*
vennoot *partner* ✶ stille ~ *sleeping partner* ✶ commanditaire ~ *limited partner* ✶ iem. als ~ opnemen *take s.o. into partnership*
vennootschap *partnership* ✶ naamloze ~ *limited (liability) company* ✶ een ~ aangaan *enter into partnership*
vennootschapsbelasting *corporation tax*
venster *window*
vensterbank *window-sill*
vensterenvelop *window envelope*
vensterglas *window glass*
vent *fellow; guy*; INF. *bloke; chap*; ⟨tot 'n jongetje⟩ *little man; sonny*
venten *hawk; peddle*
venter *hawker; huckster*; ⟨v. groente, fruit⟩ *coster(monger)*
ventiel *valve*
ventieldop *valve cap*
ventielklep *valve*
ventielslang *valve-tubing*
ventilatie *ventilation*
ventilator *ventilator; fan* ✶ ~riem *fan belt*
ventileren • lucht verversen *ventilate* • uiten ✶ zijn woede ~ *give vent to one's anger*
ventweg *service road*

Venus *Venus*

venusheuvel *mount of Venus; mons Veneris*

ver I BNW *distant; far; far away;* (v. tijd) *remote* ★ ver familielid *distant relative* ★ het verre verleden *the remote/distant past* II BIJW ★ ver weg *far away; far off* ★ zich verre houden van *hold aloof from* ★ ben je zo ver? *are you ready?* ★ hoe ver ben je? *how far have you got?* ★ tot ver in de achttiende eeuw *far into the eighteenth century* ★ van verre *from afar* ★ zo ver zijn we nog niet *that's a far cry yet* ★ verre van gemakkelijk *far from easy* ★ zij heeft het ver gebracht *she has come a long way* ★ daar kom je niet ver mee *that won't get you very far* ★ zijn tijd ver vooruit zijn *be far ahead of one's time*

veraangenamen *make pleasant*

verabsoluteren *convert into an absolute; make absolute*

verachtelijk • verachting verdienend *despicable; contemptible* ★ ~ gedrag *contemptible conduct* • verachting tonend *disdainful* ★ ~e blik *contemptuous look*

verachten • minachten *despise; scorn* • versmaden *scorn*

verachting *contempt; scorn*

verademing *relief*

veraf *far (away)* ★ ~ gelegen *remote; distant*

verafgoden *idolize*

verafschuwen *detest;* FORM. *abhor*

veralgemenen *generalize*

veralgemeniseren *generalize; treat in a general way*

veramerikanisering *Americanization*

veranda *veranda(h);* AE *porch*

veranderen I OV WW anders maken *change; alter* ★ iets ~ aan *alter s.th.* ★ daar is niets meer aan te ~ *it cannot be helped now* II ON WW • anders worden ★ ~ in *change/turn into* • wisselen ★ van mening/onderwerp ~ *change one's mind/the subject*

verandering • wijziging *alteration* ★ ~ ten goede/kwade *change for the better/worse* • afwisseling *change* ★ voor de ~ *for a change* ▼ alle ~ is geen verbetering *let well alone* ▼ ~ van spijs doet eten *variety is the spice of life*

veranderlijk *variable;* (wispelturig) *fickle* ★ ~ weer *variable/unsettled weather* ★ ~e wind *variable winds*

verankeren (v. muur) *cramp;* (v. schip) *moor* ▼ stevig verankerde beginselen *firmly-rooted principles*

verantwoord • veilig *safe; sound* ★ is dat wel ~? *is that safe/a safe thing to do?* • weloverwogen *sound; well-considered/-balanced;* (verstandig) *sensible* ★ een ~e keuze *a well-considered/solid choice*

verantwoordelijk *responsible* ★ ~ stellen voor *hold/make responsible for*

verantwoordelijkheid *responsibility* ★ de ~ op zich nemen *take/shoulder the responsibility* ★ op eigen ~ *on one's own responsibility*

verantwoordelijkheidsgevoel *sense of responsibility*

verantwoorden I OV WW • rekenschap afleggen *answer/account for* ★ zich moeten ~ wegens *be charged with; stand accused of* • rechtvaardigen *justify* II WKD WW *justify o.s.*

verantwoording • rekenschap *account* ★ ter ~ roepen *call to account* • verantwoordelijkheid *responsibility* ★ ~ verschuldigd zijn aan iem. *be responsible/ answerable to s.o.*

verarmen I OV WW armer maken *impoverish* II ON WW • in kwaliteit achteruitgaan *become impoverished; deteriorate* ★ een verarmde streek *a depressed area* • armer worden *become impoverished*

verarming *impoverishment*

verassen *cremate*

verbaal I ZN *booking;* (bekeuring) *ticket* II BNW *verbal; oral* ★ ~ geweld *verbal assault; verbal agression* ★ ~ begaafd zijn *be very articulate; be very eloquent*

verbaasd *astonished; surprised* ★ ~ zijn over iets *be astonished at sth.*

verbalisant *officer taking s.o.'s name; officer giving s.o. a ticket*

verbaliseren ★ iem. ~ *take a person's name and address*

verband • samenhang *connection;* TAALK. *context;* (betrekking) *relation* ★ ~ houden met *be connected with; be relevant to; bear upon* ★ in ~ met *in connection with* ★ in ~ brengen met *connect/associate with* ★ in ~ met de huidige stand van zaken *in view of the present state of affairs* ★ de zaken met elkaar in ~ brengen *put things together* ★ een toespraak zonder ~ *a rambling speech* ★ het boek ligt uit zijn ~ *the book has come to pieces* ★ in ~ hiermee *in this connection* • zwachtel • een ~ aanleggen *apply a bandage* • maandverband *sanitary towel* • JUR. *security*

verbanddoos *first-aid box/kit*

verbandgaas *aseptic gauze*

verbandtrommel → *verbanddoos*

verbannen • uitwijzen *exile* • uitbannen *banish* ★ uit zijn gedachten ~ *banish from one's thoughts*

verbanning *exile; banishment*

verbanningsoord *place of exile*

verbasteren *corrupt*

verbastering *corruption*

verbatim *verbatim*

verbazen *astonish; surprise* ★ zich over iets ~ *be surprised at s.th.*

verbazend *surprising; astonishing*

verbazing *astonishment; surprise*

verbazingwekkend *astonishing*

verbeelden I OV WW uitbeelden *represent* ★ dat moet een auto ~ *that's supposed to be a car* II WKD WW zich inbeelden *fancy; imagine* ★ verbeeld je! *fancy (that)!* ★ hij verbeeldt zich heel wat *he fancies himself a great deal* ★ wat verbeeld jij je wel? *who do you think you are?*

verbeelding • inbeelding *imagination* • fantasie *imagination; fancy* • verwaandheid *(self-)conceit* ★ heel wat ~ hebben *fancy o.s.*

verbeeldingskracht *imagination*

ve

verbergen *hide*; *conceal* ★ iets voor iem. ~ *hide s.th. from s.o.* ★ een misdaad ~ *cover up a crime*

verbeten • fel *grim* ★ een ~ strijd *a grim struggle* • vertrokken *grim* ★ met een ~ trek op haar gezicht *with a grim look on her face*; • ingehouden *tight-lipped*; ⟨woede⟩ *pent-up*

verbeteren I OV WW • beter maken *(make) better*; *improve*; ⟨zedelijk⟩ *reform* ★ zich ~ *mend one's ways* ★ zijn positie ~ *better o.s.* • herstellen ⟨v. wet⟩ *amend*; ⟨uitgave⟩ *revise*; ⟨tekst, drukproef⟩ *correct* • overtreffen *beat*; *improve* ★ een record ~ *break a record* **II** ON WW beter worden *improve*

verbetering • het beter maken *improvement*; *betterment*; ⟨zedelijk⟩ *reform* • correctie *correction*; ⟨v. tekst⟩ *emendation*

verbeurdverklaren *confiscate*; *seize*; FORM. *sequestrate*

verbeurdverklaring *seizure*; *confiscation*

verbeuren *forfeit* ★ een recht ~ *forfeit a right*

verbieden *forbid*; *prohibit*; ⟨film⟩ *ban* ★ verboden te roken *no smoking*

verbijsterd *bewildered*; *amazed*; *baffled*; *perplexed*

verbijsteren *bewilder*; *amaze*; *baffle*; *perplex*

verbijsterend *bewildering*; *amazing*; *baffling*; *perplexing*

verbijstering *bewilderment*; *amazement*; *bafflement*; *perplexity*

verbijten I OV WW *stifle*; *suppress* ★ pijn ~ *fight off pain* **II** WKD WW ★ zich ~ van woede *rage/burn inwardly*; *steam with anger*

verbijzonderen *particularize*; *differentiate*

verbinden • koppelen *link up*; *join*; *connect* ★ zich ~ *ally o.s.* ★ verbonden aan *attached to* ★ aan een krant verbonden zijn *be on a paper* • telefonisch aansluiten *connect (with)*; *put through (to)* ★ verkeerd verbonden zijn *have the wrong number* • verplichten *commit* ★ zich tot iets ~ *commit o.s. to s.th.* • omzwachtelen *bandage*; *dress* • CHEM. *combine*

verbinding • samenvoeging *connection*; *link* • aansluiting *communication*; ⟨elektriciteit⟩ *connection* ★ directe ~ *direct connection*; ⟨trein⟩ *through train* ★ met elkaar in ~ staan ⟨v. kamers, e.d.⟩ *communicate with* ★ ~ krijgen *get through* • contact *connection*; *contact* ★ zich in ~ stellen met *communicate/get in touch with*; *contact* ★ met iem. in ~ staan *be in touch with s.o.* • verplichting *obligation* ★ (handel)offerte zonder ~ *offer without engagement* • CHEM. *compound*; ⟨proces⟩ *combination*

verbindingsdienst MIL. *signal service*

verbindingskanaal *connecting canal/duct*

verbindingsstreepje *hyphen*

verbindingsstuk *connector*; *connecting piece*

verbindingsteken *hyphen*

verbindingstroepen *signal corps*

verbindingsweg *connecting road*

verbintenis • contract *agreement*; *engagement* ★ een ~ aangaan *enter into an engagement/agreement* • verplichting *obligation*

verbitterd • vol wrok *embittered* • grimmig

bitter; *fierce* ★ ~ e gevechten *fierce fighting*

verbitteren • bitter maken *embitter* • wrokkig maken *exasperate*

verbittering *bitterness*; *embitterment*; *exasperation*

verbleken ⟨v. gezicht⟩ *(grow) pale*; ⟨v. kleuren⟩ *fade* ▼ ~ naast *pale before*

verblijden *gladden*; *cheer* ★ zich ~ *rejoice (at)*

verblijf • het verblijven *stay* ★ ergens ~ houden *be resident* • verblijfplaats *residence*; JUR. *domicile* • onderkomen *residence*

verblijfkosten *costs of accommodation*

verblijfplaats *residence*; FORM. *abode* ★ geen vaste ~ hebben *have no fixed abode*

verblijfsduur *length of stay*

verblijfstitel *legal residency*

verblijfsvergunning *residence permit*

verblijven *stay*; *remain*

verblinden • blind maken *blind*; *dazzle* • begoochelen *infatuate*; *dazzle*

verbloemen • in bedekte termen aanduiden *disguise*; *cover up* ★ iemands tekortkomingen ~ *cover up s.o.'s shortcomings* • verzwijgen *disguise*; *camouflage*; *veil* ★ de waarheid ~ *disguise the truth*

verbluffend *startling*; *staggering* ★ met ~ gemak *with astounding ease*

verbod *ban*; *prohibition*; ⟨handel ook⟩ *embargo* ★ een ~ uitvaardigen/opheffen *impose/lift a ban*

verboden *forbidden* ★ zich op ~ terrein begeven *trespass*

verbodsbepaling *prohibitive regulation*

verbodsbord *prohibitory sign*

verbolgen *incensed*

verbond • vereniging *league*; ⟨v. politieke machten⟩ *alliance* • verdrag *pact*; *treaty*; ⟨bijbels⟩ *covenant*

verbondenheid *solidarity*; *alliance with*

verborgen • aan het gezicht onttrokken *hidden*; *concealed* • niet openbaar, niet algemeen bekend *hidden*; ⟨talent⟩ *latent*, *dormant*; ⟨betekenis⟩ *secret*

verbouwen • veranderen *renovate*; ⟨voor andere functie⟩ *convert* ★ een huis ~ *renovate house* • telen *grow*; *cultivate*

verbouwereerd *perplexed*; *bewildered*

verbouwing • het telen *cultivation*; *growth* • het veranderen *renovation*

verbranden I OV WW aantasten *burn*; ⟨v. huis⟩ *burn down*; ⟨v. afval⟩ *incinerate* **II** ON WW • aangetast worden *be burnt*; ⟨v. huis⟩ *be burnt down* • rood worden *get sunburnt* ★ hij was lelijk verbrand ⟨door zon⟩ *he was badly sunburnt*; ⟨door vuur⟩ *he was badly burnt*

verbranding • het verbranden *burning*; ⟨v. afval⟩ *incineration*; ⟨wond⟩ *burn*; ⟨v. lijk⟩ *cremation* • CHEM. *combustion* • voedselvertering *metabolism*

verbrandingsmotor *internal combustion engine*

verbrassen *dissipate*; *squander*

verbreden *widen* ★ zich ~ *widen*

verbreding *widening*

verbreiden *spread*

verbreiding *spread(ing)*

verbreken • niet nakomen ⟨v. belofte/woord⟩

break; ⟨v. eed⟩ *violate* • af-/stukbreken *break off*; ⟨v. relaties⟩ *sever*; ⟨v. stilte⟩ *break*; ⟨v. stroom⟩ *cut off* ★ een verloving ~ *break off an engagement*
verbreking *breaking*
verbrijzelen *smash*; *shatter*
verbrijzeling *smashing*; *shattering*
verbroederen I OV WW verenigen *bring together* **II** ON WW verenigd worden *fraternize (with)*
verbroedering *fraternization*
verbrokkelen I OV WW in stukjes splitsen *crumble*; ⟨v. land⟩ *break up*; ⟨v. tijd⟩ *fritter away* **II** ON WW in stukjes uiteenvallen *crumble*
verbrokkeling *crumbling*
verbruien ★ je hebt 't bij mij verbruid *I'm through with you*
verbruik ⟨v. energie⟩ *expenditure*; ⟨v. voedsel⟩ *consumption*
verbruiken ⟨v. kracht⟩ *use*; ⟨v. voedsel⟩ *consume*
verbruiksbelasting *consumer tax*
verbruikscoöperatie *(consumers') cooperation society*
verbruiksgoederen *consumer goods*
verbuigen • ombuigen *bend*; *twist*; *buckle* • TAALK. *decline*
verbuiging • ombuiging *bending* • TAALK. *declension*
verbum *word*; *verb*
verchromen *chrome*; *chromium-plate*
vercommercialiseren I OV WW commercieel maken *commercialize* **II** ON WW commercieel worden *become commercialized*
verdacht • verdenking wekkend *suspicious*; ⟨dubieus⟩ *suspect* ★ een ~ persoon *a shady character* ★ het komt mij ~ voor *it looks suspicious/fishy to me* ★ onder verdenking *suspected* ★ iem. ~ maken *cast suspicion on s.o.* ★ de ~e *the suspect*; *the accused* • ~ op *prepared for* ★ vóór je erop ~ bent *before you are aware of it*
verdachtenbank *dock*; *witness stand*
verdachtmaking *insinuation*
verdagen *adjourn*
verdaging *adjournment*; POL. *prorogation*
verdampen *evaporate*; *vaporize*
verdamping *evaporation*; *vaporization*
verdedigbaar • te verdedigen *defensible*; *defendable* • te rechtvaardigen *defensible*
verdedigen • verweren *defend* • pleiten voor ★ iemands zaak ~ *plead a person's cause* • rechtvaardigen *defend*; *justify* ★ niet te ~ gedrag *indefensible conduct*
verdediger • beschermer *defender* • JUR. *counsel (for the defence)* • SPORT *defender*; *back*
verdediging • het verdedigen *defence* ★ ter ~ van *in defence of* ★ in ~ brengen *put in a state of defence* • JUR. *defence* • SPORT *defence*
verdedigingslinie *line of defence*
verdeelcentrum • distributiecentrum *distribution centre* • groothandel *wholesale store*
verdeeldheid *discord*
verdeel-en-heerspolitiek *policy of 'divide and rule'*
verdeelsleutel *distribution code*
verdekt MIL. *under cover* ★ zich ~ opstellen *take cover*
verdelen • splitsen *divide*; ⟨v. een land⟩ *partition* ★ zich ~ *divide*; *split* ★ ~ in *divide into* • uitdelen ★ ~ onder *divide/distribute among* ★ ~ over *spread over* • tweedracht zaaien *divide* ★ verdeel en heers *divide and rule*
verdelgen *exterminate*; ⟨v. dier⟩ *destroy*
verdeling • splitsing *division*; ⟨v. een land⟩ *partition* • het uitdelen *distribution*
verdenken *suspect* ★ iem. van moord ~ *suspect s.o. of murder*
verdenking *suspicion* ★ de ~ op zich laden *incriminate o.s.* ★ aan ~ onderhevig *open to suspicion* ★ de ~ doen vallen op *fasten suspicion on* ★ onder ~ van *on suspicion of*
verder I BNW • voor de rest ★ zijn ~e leven *the rest of his life* • nader *further* ★ ~e bijzonderheden *further details* **II** BIJW • verderop *farther*; *further* ★ ~ op *further on* • overigens *for the rest* ★ ~ nog iets? *anything else?* ★ het ~e *the rest* • voorts *further*; *again*; *farther* ★ wie ~? *who else?* ★ ~ eten/lezen/rijden enz. *eat/read/drive on* ★ ik moet eens ~ *I must be getting on* ★ ik kan niet ~ *I can't go any further* ★ ga ~! *go on!*; *proceed!* ▾ daarmee kom je niet ~ *that won't get you any further*
verderf *ruin*; *destruction* ★ iem. in 't ~ storten *ruin a person*
verderfelijk *pernicious*; *noxious*
verderop *further/farther on/down/up* ★ een stukje ~ *a bit further/farther down the road*
verdichten • condenseren *condense* ★ zich ~ *condense* • verzinnen *invent*
verdichting • verzinsel *invention* • condensatie *condensation*
verdichtsel *fiction*; *invention*
verdienen • waard zijn *deserve*; *merit* ★ waar heb ik dit aan verdiend? *what did I do to deserve this?* • als loon/winst krijgen *earn*; *make* ★ een salaris ~ *earn a salary* ★ op iets ~ *make a profit on s.th.* ★ wat aan iem. ~ *make some money out of a person* ★ daar is niets aan te ~ *there is no money in it*
verdienste • loon *wages*; *earnings* • winst *profit*; *gain* • verdienstelijkheid *merit*; *desert(s)*
verdienstelijk *deserving*; *meritorious* ★ zich ~ maken *make o.s. useful* ★ een ~ stuk werk *a worthwhile/valuable piece of work*
verdiepen I OV WW dieper maken *deepen* **II** WKD WW bestuderen *go into*; *lose oneself in* ★ verdiept zijn in *be lost/absorbed/engrossed in*
verdieping *floor*; BE *storey*; AE *story* ★ tweede ~ *second floor*; AE *third floor/story*
verdikkingsmiddel *thickening agent*; *thickener*
verdisconteren *discount*; *allow for*
verdoemen *damn*
verdoemenis *damnation*
verdoen ⟨v. middelen⟩ *squander*; ⟨v. tijd⟩ *waste* ★ zijn tijd ~ *waste one's time*

ve

verdoezelen *obscure*; *disguise*; ⟨v. tekortkomingen⟩ *gloss over*

verdomd I BNW *damned* II TW *damn!*

verdomhoekje ▼ in het ~ zitten *be in s.o.'s bad books*; *not be able to do a thing right*

verdomme *damn(ed)*

verdommen • vertikken ★ ik verdom het *(I'm) damned if I do/will* • schelen ★ het kan me niks ~ *I couldn't care less*

verdonkeremanen ⟨v. geld⟩ *embezzle*

verdoofd *stunned*; *stupefied*; ⟨door kou, van geest⟩ *numb*

verdorie *darned*; *blast*; *shoot*

verdorren *wither*

verdorven *depraved*; *wicked*

verdoven ⟨door kou⟩ *benumb*; ⟨voor operatie⟩ *anaesthetize*; ⟨door een slag⟩ *stun*; *stupefy* ★ 't werd plaatselijk verdoofd *they used a local anaesthetic* ★ ~d middel *narcotic*; *drug*; INF. *dope*; MED. *anaesthetic*

verdoving • gevoelloosheid *stupor* • MED. *anaesthesia*

verdovingsmiddel *drug*; ⟨bij operatie⟩ *anaesthetic*

verdraagzaam *tolerant*

verdraaid I BNW vervelend *damn*; *blasted* II BIJW ★ het is ~ moeilijk *it's damned hard* III TW ★ wel ~! *damn it!*

verdraaien • anders draaien *twist*; ⟨vervormen⟩ *distort* • fout weergeven *distort*; ⟨v. feit⟩ *twist*; ⟨v. handschrift⟩ *disguise*

verdraaiing • het verdraaien *turning/moving (round)* • foute weergave *distortion*

verdrag *treaty*; *pact* ★ een ~ sluiten *conclude/ make a treaty*

verdragen • dulden/doorstaan *bear*; *suffer*; ⟨verduren⟩ *endure* ★ hij kan een grapje ~ *he can take a joke* ★ elkaar ~ *put up with each other* • uithouden *bear*; *stand*; *take* • gebruiken zonder er last van te hebben *digest*; *tolerate* ★ ik kan geen zout ~ *salt does not agree with me*

verdragsbepaling *provision of a treaty/pact*

verdriet *sorrow*; *distress*; *grief* ★ hij had ~ over het verlies *he grieved over the loss*

verdrietig *sorrowful*; *sad*; *mournful*

verdrijven • verjagen *chase/drive away*; ⟨v. twijfel⟩ *dispel*; ⟨v. vijand⟩ *dislodge* • doen voorbijgaan *pass away*

verdringen I OV WW • wegduwen *push aside* ★ elkaar ~ *jostle each other* • plaats innemen *oust*; *supersede*; *drive out* • onderdrukken *shut out*; ⟨onbewust⟩ *repress*; ⟨bewust⟩ *suppress* II WKD WW samendrommen *crowd (round)*

verdringing *displacement*; *repression*; ⟨bewust⟩ *suppression*

verdrinken I OV WW • doen omkomen *drown* • wegdrinken ⟨geld⟩ *drink away*; ⟨zorgen⟩ *drown* II ON WW • omkomen *be drowned*; *drown* • ~ in *drown in*

verdrinkingsdood *death by drowning*

verdrogen *dry up*

verdrukking • knel ★ in de ~ komen *be hard pressed*; *get into a tight corner* • onderdrukking *oppression* ★ tegen de ~ in

groeien *grow/flourish under oppression*

verdubbelen I OV WW tweemaal zo groot maken *double* ★ zijn inspanningen ~ *redouble one's efforts* II ON WW tweemaal zo groot worden *double*

verdubbeling *doubling*

verduidelijken *explain*; *illustrate*

verduidelijking *explanation*; *clarification*

verduisteren I OV WW • donker maken *darken*; ⟨bij luchtaanval⟩ *black out* • stelen *embezzle* ▼ alcohol verduistert de geest *alcohol clouds the mind* II ON WW donker worden *darken*; *grow dark*; ⟨v. zon, maan⟩ *eclipse*

verduistering • het donker maken *darkening*; ⟨in de oorlog⟩ *black-out* • ⟨v. zon, maan⟩ *eclipse* • het stelen *embezzlement*

verdunner *thinner*

verdunning *thinning*; ⟨v. gas⟩ *rarefaction*; ⟨v. vloeistof⟩ *dilution*

verduren *endure*; *bear* ★ het hard te ~ hebben *be hard pressed*; *have a rough time*

verduurzamen *preserve*; ⟨inblikken⟩ *tin*

verdwaasd *dazed*; *foolish* ★ ~ om zich heen kijken *look around in a daze*

verdwalen *lose one's way*; *get lost*

verdwijnen *disappear*; ⟨langzaam⟩ *fade away*; ⟨snel, geheel⟩ *vanish* ★ verdwijn! *be off!* ★ uit 't oog ~ *disappear from sight*

verdwijning *disappearance*

verdwijnpunt *vanishing point*

veredelen *ennoble*; ⟨v. vee, fruit⟩ *improve* ★ veredelde rassen *upgraded species* • de computer is een veredelde typemachine *the computer is a glorified typewriter*

vereenvoudigen *simplify* ★ een breuk ~ *reduce a fraction*

vereenvoudiging *simplification*

vereenzamen *become lonely*

vereenzelvigen *identify*

vereenzelviging *identification*

vereeuwigen *immortalize*

vereffenen • betalen *settle* ★ een oude rekening ~ *pay off an old score* • bijleggen *settle*

vereisen *require*; *demand*

vereiste *requirement*; *requisite* ★ een eerste ~ *a prerequisite* ★ aan alle ~n voldoen *meet all the requirements*

veren I BNW *feather* II ON WW *be elastic/springy* ★ goed ~d ⟨auto⟩ *well sprung*; ⟨matras⟩ *springy*

verend *springy*

verenigbaar *consistent*; *compatible* ★ niet ~ met *not compatible/incompatible with*

verenigd *united*

verenigen • samenvoegen *combine*; *join*; *unite* ★ zich ~ *unite*; *join forces* ★ ~ tot *unite into* ★ het nuttige met het aangename ~ *combine business with pleasure* • overeenbrengen ★ zich met een voorstel ~ *agree to a proposal* ★ dit is niet te ~ met *this is incompatible with*

vereniging • samenvoeging *union*; *combination* • club *society*; *club*; *association*

verenigingsleven *club life*

vereren • eer bewijzen *honour (with)* • aanbidden *worship*

verergeren I OV WW erger maken *aggravate*; *worsen* **II** ON WW erger worden *grow worse*; *worsen* ★ de toestand verergert met de dag *the situation grows worse every day*

verergering *worsening*

verering *worship*

verf *paint*; ⟨voor textiel⟩ *dye* ▼ dat kwam niet uit de verf *that didn't live up to its promise*; *that did not turn out as expected*

verfbad *dye-bath*

verfbom *paint bomb*

verfdoos *paintbox*

verfijnd *refined*

verfijnen *refine*

verfijning *refinement*

verfilmen *film*

verfilming • het verfilmen *filming* • verfilmde versie *film version*

verfje ★ een ~ nodig hebben *be in need of a coat of paint*

verfkwast *paintbrush*

verflauwen ⟨v. geluid, kleur, licht⟩ *fade*; ⟨v. wind⟩ ⟨v. ijver, markt⟩ *flag*

verfoeien *detest*; *abominate*

verfoeilijk *detestable*; *abominable*

verfomfaaien *crumple*; *dishevel* ★ er verfomfaaid uitzien *look dishevelled*

verfraaien *embellish*; *beautify*

verfraaiing *beautification*; *embellishment*

verfrissen *refresh*

verfrissend *refreshing*

verfrissing *refreshment*

verfroller *paint roller*

verfrommelen *crumple up*

verfspuit *paint sprayer*; *spray-gun*; *airbrush*

verfstof • *paint*; ⟨voor schilderij⟩ *colour*; ⟨voor textiel⟩ *dye* • grondstof *pigment*

verfverdunner *(paint) thinner*

verfwinkel *paint shop*

vergaan • ten onder gaan *perish*; ⟨v. schip⟩ *founder*; *be wrecked* ★ ~ van de kou/honger ⟨lett.⟩ *perish with cold/hunger* ★ ik verga van de honger/kou *I'm starving/freezing* ★ ~ van angst *be consumed with fear* • verteren *decay* • eindigen *fare* ★ 't verging haar slecht *she fared badly* ★ hoe is het hun ~? *what has become of them?*

vergaand *far-reaching*; *extreme* ★ ~e maatregelen *drastic/far-reaching measures*

vergaarbak • reservoir *receptacle*; ⟨voor vloeistof⟩ *reservoir* • verzamelplaats *repository*

vergaderen I OV WW verzamelen *gather*; *collect* **II** ON WW bijeenkomen *meet*; *assemble*

vergadering *meeting* ★ algemene ~ *general meeting*

vergaderzaal *meeting-room*

vergallen ⟨v. leven⟩ *embitter*; ⟨v. pret⟩ *spoil*

vergalopperen (zich) *put one's foot in it*

vergankelijk *transitory*

vergapen (zich) *gape/goggle at* ★ zich aan iets ~ *gape (in admiration) at s.th.*

vergaren *gather*; *collect*

vergassen • in gas omzetten *gasify* • met gas doden *gas*

vergasten *treat (to)*; *regale (with)* ★ zich ~ aan

feast upon

vergeeflijk • te vergeven *forgivable*; ↑ *pardonable* • vergevingsgezind *forgiving*

vergeefs I BNW *idle*; *vain*; *futile* ★ ~e inspanning *vain/wasted effort* ★ ~e arbeid *futile/pointless labour* **II** BIJW *in vain*; *vainly*

vergeeld *turned yellow*

vergeetachtig *forgetful*

vergeetboek ▼ in het ~ raken *fall into oblivion*

vergeet-mij-niet *forget-me-not*; *myosotis*

vergelden *repay* ★ goed met kwaad ~ *repay good with evil* ★ iem. iets ~ *requite a person for s.th.*

vergeldingsmaatregel *retaliatory measure*; *reprisal*

vergelen *become yellow*

vergelijk *compromise*; *agreement* ★ tot een ~ komen *reach a settlement*

vergelijkbaar *comparable*; *similar*

vergelijken *compare (with/to)*; *liken (to)* ★ vergelijk blz. 8 *see/cf. p.8*

vergelijkenderwijs *comparatively*

vergelijking • het vergelijken *comparison* ★ in ~ met *in comparison with* ★ de ~ kunnen doorstaan met *bear comparison with* • WISK. *equation* ★ een ~ met twee onbekenden *an equation with two unknowns*

vergemakkelijken *make easier*; FORM. *facilitate*

vergen *ask*; *require*; *demand* ★ te veel ~ van *overstrain* ★ 't vergt veel van ... *it is a great strain on ...*

vergenoegd *pleased*

vergenoegen *content*; *satisfy*

vergetelheid *oblivion* ★ aan de ~ prijsgeven *relegate/consign to oblivion* ★ in ~ geraken *fall into oblivion*

vergeten *forget* ★ en A. niet te ~ *not forgetting A.*

vergeven • vergiffenis schenken *forgive*; FORM. *pardon* ★ iem. iets ~ *forgive a person s.th.* • weggeven *give away* ★ de baan was al ~ *the job had already been taken* ★ het huis was ~ van de mieren *the house was crawling with ants*

vergevensgezind *forgiving*

vergeving *forgiveness*; FORM. *pardon*; ⟨v. zonden⟩ *remission* ★ iem. om ~ vragen *ask s.o.'s forgiveness*

vergevorderd *(far) advanced*

vergewissen *ascertain*; *make sure (of)* ★ zich ervan ~ dat *make sure that..* ★ zich ~ van *make sure of*; *ascertain*

vergezellen ⟨v. gelijken⟩ *accompany*; ⟨v. meerderen⟩ *attend* ★ iets vergezeld doen gaan van *accompany s.th. with*

vergezicht *prospect*; ⟨doorkijk⟩ *vista*

vergezocht *far-fetched*

vergiet *colander*

vergif *poison*; ⟨dierlijk⟩ *venom*; ⟨v. bacteriën⟩ *toxin*; FIG. *venom* ★ dodelijk ~ *lethal/deadly poison* ▼ daar kun je ~ op innemen *you can bet your life on that*

vergiffenis *forgiveness*; FORM. *pardon* ★ ~ vragen *ask forgiveness*; *beg pardon*

vergiftig *poisonous*; ⟨v. dieren⟩ *venomous*

vergiftigen *poison*

ve

vergiftiging *poisoning*

vergissen (zich) *make a mistake*; *be mistaken* ★ als ik me niet vergis *if I am not mistaken* ★ ik had me in het adres vergist *I had the address wrong*

vergissing *mistake*; *error*; *slip* ★ bij ~ *by/in mistake*

vergoeden • goedmaken *compensate*; ⟨betalen⟩ *remunerate* ★ de (werk)uren ~ *pay for the hours worked* ★ dat vergoedt veel *that makes up for a lot* • terugbetalen *refund*; *compensate for*; ⟨v. verlies, kosten⟩ *make good* ★ ik zal het u ~ *I'll compensate you for it*

vergoeding • het vergoeden *compensation*; ⟨voor onrecht, e.d.⟩ *amends* • schadeloosstelling *compensation*; ⟨v. onkosten⟩ *expenses*; ⟨geëist⟩ *damages* ★ ~ voor reiskosten *travelling allowance* ★ tegen ~ van kost en inwoning *in exchange for board and lodging* • beloning *payment*; *fee* ★ tegen een kleine ~ *for a small consideration/fee*

vergoelijken ⟨v. fouten⟩ *smooth/gloss over*; ⟨v. gedrag⟩ *excuse*; ⟨v. misdaad⟩ *extenuate*

vergokken *gamble away*

vergooien *throw away*

vergrendelen *bolt*; *double-lock*

vergrijp *offence*; *delinquency*

vergrijpen (zich) • (seksueel) geweld aandoen ~ aan ★ zich aan iem. ~ *lay violent hands upon* ★ zich ~ aan een meisje *assault a girl* • stelen ~ aan ★ zich ~ aan iets *embezzle s.o.'s money*

vergrijzen *grow grey* ★ de bevolking vergrijst *the population is ageing*

vergrijzing *ageing of the population*

vergroeien • krom groeien *become crooked*; ⟨v. mens⟩ *become deformed* • aaneengroeien *grow together*; *merge*

vergrootglas *magnifying glass*

vergroten • groter maken *enlarge* ★ sterk ~ ⟨v. foto⟩ *blow up* ★ het huis/de tuin ~ *extend the house/garden* • vermeerderen *increase* ★ de moeilijkheden ~ *add to the difficulties*

vergroting • het groter maken *enlargement* • vermeerdering *increase* • foto *blow-up*

vergruizen *pulverize*

verguizen *abuse*; FORM. *vilify*

verguld • bedekt met bladgoud *gilt*; *gilded* • blij *pleased*; *content* ★ hij is er reuze ~ mee *he is awfully bucked/pleased with it*

vergulden • bedekken met bladgoud *gild* • blij maken *please*; *delight*

vergunnen *permit*; *allow*; *grant* ★ het was hem niet vergund te... *he didn't live to...*

vergunning *permission*; ⟨machtiging⟩ *permit*; ⟨machtiging voor vuurwapen, drank⟩ *licence*

verhaal • vertelling *story*; *tale*; *narrative*; ⟨verslag⟩ *account* ★ dat is het bekende ~ *that's the same old story* ★ verward ~ *rigmarole* • vergoeding *redress*; *remedy* ▾ op zijn ~ komen *recover* ▾ om een lang ~ kort te maken *to cut a long story short*

verhaallijn *story line*

verhalen • vertellen *tell*; *relate*; *narrate* • verhaal halen *recover*; *recoup* ★ de schade op iem. ~ *recover the damage from s.o.*

verhalend *narrative*

verhandelen *deal in*; *sell*

verhandeling *treatise*; *essay*; ⟨mondeling⟩ *lecture*

verhangen I OV WW *hang elsewhere/differently* II WKD WW *hang oneself*

verhapstukken *settle*; *finish* ★ iets met iem. te ~ hebben *have a bone to pick with s.o.*; *have s.th./a score to settle with s.o.*

verhard • hard geworden *hard* • ongevoelig *hardened*; *callous*

verharden I OV WW • hard maken *harden*; ⟨v. weg⟩ *metal* • ongevoelig maken *harden* II ON WW • hard worden *set*; ⟨v. cement, lijm, e.d.⟩ *dry* • ongevoelig worden *harden*; *grow/become hard*

verharen ⟨v. dier⟩ *moult*; ⟨v. vacht⟩ *shed hair*

verhaspelen • verkeerd uitspreken *garble* • verknoeien *botch*; *spoil*

verheerlijken *glorify*

verheerlijking *glorification*

verheffen I OV WW • harder praten ★ zijn stem ~ *raise one's voice* ★ zijn stem tegen iem. ~ *speak out against s.o.* • bevorderen *elevate*; *raise*; ⟨v. hart, geest⟩ *lift* ★ iem. in de adelstand ~ *raise a person to the peerage* ★ tot regel ~ *make into a rule* • WISK. *raise* ★ tot de tweede macht ~ *square* II WKD WW *verrijzen*; *rise*

verhelderen I OV WW *helder maken clarify* II ON WW *helder worden brighten*; *clear up*

verhelen *conceal*; *hide* ★ ik verheel niet dat *I'm fully aware...*

verhelpen *remedy*; *set to rights*

verhemelte *palate*

verheugd *glad*; *pleased*; *happy*

verheugen I OV WW *blij maken gladden*; *delight* ★ 't verheugt me te zien... *I am glad to see...* II WKD WW *zich verblijden be pleased/happy*; *be glad* ★ zich ~ over iets *be glad about s.th.* ★ zich in een goede gezondheid ~ *enjoy good health* ★ zich ~ op iets *look forward to s.th.*

verheugend *welcome*; *gratifying* ★ ~ nieuws *joyful news*

verheven *elevated*; *exalted*; *lofty*

verhevigen I OV WW *heviger maken intensify*; *heighten* II ON WW *heviger worden intensify*; *build up*

verheviging *intensification*

verhinderen *prevent* ★ ik ben verhinderd (te komen) *I am unable to come*

verhindering • het verhinderen *prevention*; *hindrance* • het verhinderd zijn *absence* ★ bericht van ~ *notice of absence* ★ ~ wegens ziekte *absence through illness*

verhit • verwarmd *hot*; ⟨v. gezicht⟩ *flushed* • opgewonden ⟨v. discussie⟩ *heated* ★ ~ raken *run high*

verhitten *heat*

verhitting *heating*

verhoeden *prevent* ★ God verhoede ... *God forbid*

verhogen • hoger maken *raise*; ⟨v. rang⟩ *promote* ★ verhoogde bloeddruk *high blood*

pressure • versterken *heighten* ⋆ het effect ~
heighten the effect • vermeerderen *increase*;
⟨v. prijs, loon⟩ *raise*
verhoging • het hoger/beter maken
heightening; raising • vermeerdering ⟨v.
prijs, salaris, e.d.⟩ *increase*; *rise* ⋆ jaarlijkse
~en *annual increments* • verhoogde plaats
⟨in terrein⟩ *rise*; ⟨podium⟩ *platform* • lichte
koorts *temperature* ⋆ ~ hebben *have a
temperature*
verholen *concealed*; *secret* ⋆ met nauw ~
woede *with barely suppressed anger* ⋆ ~
blikken *stealthy glances*
verhongeren I OV WW uithongeren *make/have
s.o. starve* **II** ON WW omkomen *starve (to
death)*
verhoogd • hoger geworden/gemaakt
increased • ⟨prijs, platform, enz.⟩ *raise*;
⟨trambaan⟩ *elevated* • intenser *heightened*
verhoor *questioning*; *interrogation*; *trial* ⋆ iem.
een ~ afnemen *question/hear/examine a
person*
verhoren • ondervragen *interrogate*; ⟨cross-
⟩examine; ⟨v. getuige⟩ *hear* • inwilligen ⟨v.
gebed⟩ *hear*; ⟨v. wens⟩ *grant*
verhouden (zich) ⋆ zich ~ als...tot *be in the
proportion of...to*
verhouding • relatie *relation(s)* ⋆ gespannen ~
strained relations • liefdesrelatie *(love) affair*
⋆ een ~ met iem. hebben *have an affair with
s.o.* • evenredigheid *proportion*; *ratio*
⋆ buiten alle ~ *out of all proportion* ⋆ naar ~
erg goedkoop *comparatively cheap*
verhoudingsgewijs *comparatively*; *relatively*
verhuiskaart *change of address (card)*
verhuiskosten *moving expenses*
verhuisonderneming *removal firm*; *removalist*
verhuiswagen *furniture/moving van*
verhuizen I OV WW inboedel overbrengen
move **II** ON WW elders gaan wonen *move*;
⟨verplaatst worden⟩ *be moved*
verhuizer *remover*
verhuizing *removal*
verhullen *veil*; *conceal (from)*
verhuren *let out (for hire)*; *hire out* ⋆ kamers ~
let out rooms ⋆ zich ~ als *hire o.s. out as*
verhuur *letting (out)*; *hiring (out)*; *rental*
verhuurbedrijf *leasing company*; *rental service*
verhuurder *letter*; ⟨v. huis⟩ *landlord*; ⟨op
huurcontract⟩ *lessor*
verificatie *verification*
verifiëren *verify*; *check*; ⟨v. testament⟩ *prove*
verijdelen *frustrate*; *defeat*; *foil*
verijzen *ice (up/over)*
vering • het veren *spring action* • verend
gestel *springs*; ⟨v. auto⟩ *suspension (system)*
verjaardag *birthday*; ⟨v. gebeurtenis⟩
anniversary
verjaardagkalender *birthday calendar*
verjaardagscadeau *birthday gift/present*
verjaardagsfeest *birthday party*
verjaardagskaart *birthday card*
verjagen *drive/chase away*; *expel* ⋆ angsten/
zorgen ~ *dispel fears/worries*
verjaren • JUR. ongeldig worden *become out of
date*; ⟨v. recht, vordering⟩ *become barred by*

lapse of time ⋆ oorlogsmisdaden ~ niet *there
can be no moratorium on war crimes* • jarig
zijn *celebrate one's birthday*
verjaring *prescription*; ⟨vordering⟩ *limitation*
verjaringstermijn *term of limitation*
verjongen *rejuvenate*
verjonging *rejuvenation*
verkalken *calcify*; ⟨v. bloedvaten⟩ *harden*
verkalking *calcification*; *hardening*
verkapt *disguised*; *veiled*
verkassen *move house*
verkavelen *parcel out*
verkaveling *allotment*
verkeer • sociale omgang ⟨maatschappelijk,
seksueel⟩ *intercourse* • voertuigen, personen
traffic ⋆ doorgaand ~ *through traffic* ⋆ geen
doorgaand ~ ⟨opschrift⟩ *no through road*
verkeerd I BNW • niet goed *wrong*; *bad*; *false*
⋆ de ~e weg nemen *go in the wrong direction*
⋆ de ~e gevolgtrekking *the wrong conclusion*
⋆ je hebt de ~e voor *you've mistaken your
man*; *you've come to the wrong shop* ⋆ iets ~
aanpakken *go about s.th. the wrong way*
• omgekeerd ⋆ met de ~e kant naar buiten
wrong side out ⋆ je trui zit ~ om *you've got
your sweater on backwards* **II** BIJW niet juist
wrong; wrongly ⋆ ~ aflopen *come to a bad
end* ⋆ iets ~ opnemen *take s.th. amiss* ⋆ ~
begrijpen *misunderstand* ⋆ alles liep ~
everything went wrong
verkeersader *traffic-artery*; *artery*
verkeersagent *traffic policeman*
verkeersbord *road sign*
verkeerscentrale *traffic control centre*
verkeersdiploma *road safety certificate*
verkeersdrempel *speed hump*; *sleeping
policeman*
verkeersheuvel *traffic island*
verkeersinformatie *travel news*; *motoring
information*
verkeersknooppunt *(traffic) junction*
verkeersleider *air-traffic controller*
verkeerslicht *traffic light*
verkeersongeval *road accident*; ⟨auto-ongeluk⟩
(car) crash
verkeersopstopping *traffic jam*
verkeersovertreder *traffic offender*
verkeersovertreding *traffic offence*
verkeersplein *roundabout*
verkeerspolitie *traffic police*
verkeersregel *rule of the road*; *traffic rule*
verkeersslachtoffer *road casualty*
verkeerstoren *control tower*
verkeersvlieger *(air)line pilot*
verkeersvliegtuig *passenger plane*
verkeersweg *thoroughfare*; *highway*; ⟨groot⟩
arterial road
verkeerszuil *bollard*
verkennen *survey*; *explore*; MIL. *reconnoitre*
verkenner • verspieder *scout* • padvinder *(Boy)
Scout* [v: *Girl Scout*]
verkenning *reconnoitring* ⋆ op ~ uitgaan *make
a reconnaissance*
verkenningstocht *reconnaissance expedition*
verkenningsvliegtuig *reconnaissance plane*
verkeren • zich bevinden *be (in)* ⋆ in gevaar ~

ve

be in danger ✶ aan 't hof ~ *move in court circles* • ~ met *associate (with)* ▾ 't kan ~ *it's all in the game*

verkering *courtship* ✶ ~ hebben met iem. *go out with s.o.*; *go steady with s.o.*

verkiesbaar *eligible* ✶ zich ~ stellen (voor) *consent to stand (for)*; AE *run (for)*

verkieslijk *preferable*

verkiezen • willen *choose* ✶ doe zoals je verkiest *do as you like*; *please yourself* • prefereren *prefer* ✶ X boven Y ~ *prefer X to Y* • kiezen *elect*; *choose* ✶ iem. tot lid van de Tweede Kamer ~ *return s.o. to Parliament*

verkiezing • het stemmen *election* ✶ tussentijdse ~en *by-elections* • keuze *choice*; *preference* ✶ naar ~ *at choice/will* ✶ uit eigen ~ *of one's own free will*

verkiezingscampagne *election campaign*

verkiezingsstrijd *election contest*

verkiezingsuitslag *election result*

verkijken I OV WW voorbij laten gaan *give away* ✶ zijn kans is verkeken *his chance is lost* ✶ nu is alle kans verkeken *that's torn it* II WKD WW verkeerd beoordelen *misjudge*; ⟨bij aflezen⟩ *misread* ✶ zich ~ op iets/iem. *be mistaken in s.th./s.o.*

verkikkerd ✶ ~ op iets *keen on s.th.* ✶ ~ op een meisje *crazy about a girl*; *sweet on a girl*

verklaarbaar *explicable*

verklappen *blab*; *let out* ✶ de boel ~ *give the show away* ✶ verklap het aan niemand *don't tell anyone*

verklaren • kenbaar maken *state*; *declare*; JUR. *depose*; ⟨officieel⟩ *certify* ✶ hierbij verklaar ik dat... *this is to certify/state that...* ✶ onder ede ~ *state/declare on/under oath* ✶ zich voor/ tegen iets ~ *declare in favour of/against s.th.* ✶ iedereen verklaarde hem voor gek *everyone said he was crazy* • uitleggen *make clear*; ⟨v. moeilijkheid/gedrag⟩ *explain*; ⟨v. handelwijze⟩ *account for* ✶ verklaar u nader *explain yourself*

verklaring • mededeling *declaration*; *statement*; ⟨onder ede⟩ *testimony* ✶ een ~ afleggen *make a statement* • beëdigde ~ *sworn statement*; ⟨schriftelijk⟩ *affidavit* • uitleg *explanation*

verkleden (zich) • omkleden *change*; *dress* ✶ zich voor het eten ~ *dress for dinner* • vermommen *disguise*; *dress up*

verkleinen • kleiner maken ⟨v. schaal, afmeting⟩ *reduce*; ⟨jas⟩ *make smaller* • verminderen *reduce*; *diminish*; ⟨v. gevaar gevaar⟩ *minimize* ✶ zijn schuld ~ *extenuate one's guilt*

verkleining • het kleiner maken *reduction* • TAALK. *diminutive-formation* • kleinering *belittlement*

verkleinvorm *diminutive (form)*

verkleinwoord *diminutive*

verkleumd *benumbed*; *numb*

verkleumen *get numb with cold*

verkleuren • van kleur veranderen *colour* ✶ zij verkleurde toen hij dat zei *she blushed when he said that* • kleur verliezen *lose colour*; *fade*

verkleuring • kleurverandering *discoloration*

• **verbleking** *fading*

verklikken *squeal on a person*

verklikker • toestel *telltale*; *detector* • verrader *telltale*; ⟨politiespion⟩ *informer*; *grass*

verkloten *fuck up*; *bugger up*

verknallen *blow*; *botch/cock up*

verkneukelen (zich) *revel (in)*; ⟨ongunstig⟩ *gloat (over)*

verkneuteren (zich) *revel in*; *exult over*; ⟨ongunstig⟩ *gloat over*

verknippen *cut to waste*

verknipt *batty*; *nuts*; *crackers*; ⟨seksueel⟩ *kinky*

verknocht *devoted*; *attached*

verknoeien • verspillen *waste (away)* • bederven *spoil*; *ruin*; ⟨v. schoonheid⟩ *spoil*; ⟨v. werk⟩ *bungle* ✶ de zaak bederven *make a mess of things*

verkoelen I OV WW koel maken *cool* II ON WW koel worden OOK FIG. *cool (down)*

verkoeling *cooling*; FIG. *chill*

verkoeverkamer *recovery room*; *intensive care*

verkolen *char*; TECHN. *carbonize*

verkommeren *lapse into misery*; *languish*

verkondigen *proclaim*; *preach* ✶ het evangelie ~ *preach the gospel*

verkondiging *proclamation*

verkoop *sale*

verkoopbaar • te verkopen *saleable* • aannemelijk *acceptable*

verkoopcampagne *sales campaign*

verkoopcijfer *sales figure*

verkoopleider *sales manager*

verkooporganisatie *sales organization*

verkooppraatje *sales pitch*

verkoopprijs *selling price*

verkooppunt *outlet*

verkoopster *saleswoman*

verkooptruc *sales stunt/ploy*

verkopen • tegen betaling leveren *sell*; ⟨v. drugs⟩ *push* ✶ met verlies ~ *sell at a loss* ✶ publiek ~ *sell by auction* • aannemelijk maken *sell* ✶ dat plan is niet te ~ *you won't be able to sell them on that plan* • opdissen *lie* ✶ leugens ~ *lie* • grappen ~ *crack jokes* • toedienen ✶ iem. een klap ~ *deal s.o. a blow* ▾ hij was gelijk verkocht *he was immediately sold (on the idea)*

verkoper *seller*; *vendor*; ⟨in winkel⟩ *salesman*; ⟨huis aan huis⟩ *door-to-door salesman*

verkoping *sale*; *auction*

verkorten ⟨v. boek⟩ *abridge*; ⟨v. leven⟩ *shorten*; ⟨v. verlof/bezoek⟩ *curtail*

verkouden ✶ ~ zijn *have a cold*

verkoudheid *cold* ✶ 'n ~ opdoen *catch (a) cold*

verkrachten • iem. *rape*; ⟨sexually⟩ *assault* • iets *violate* ✶ een recht/wet ~ *violate a right/law* ✶ de taal ~ *mutilate/abuse/rape the language*

verkrachter *rapist*; *raper*

verkrachting *rape*; *indecent assault*

verkrampen *tense up*

verkrampt *contorted*; *cramped* ✶ een ~e stijl van schrijven *a cramped style of writing*

verkreukelen *wrinkle*; *crumple (up)*

verkrijgbaar *obtainable* ✶ overal ~ *on sale everywhere*; *on general sale* ✶ dat boek is niet langer ~ *that book is out of print* ✶ kaarten

alleen voor leden ~ *tickets available for members only*

verkrijgen *get*; *acquire*; *obtain* ★ toegang ~ *gain admission* ▼ hij kon het niet over zijn hart ~ om... *he could not find it in his heart to...*

verkromming *curvature*

verkroppen *stomach*; *swallow* ★ dat kan ik niet ~ *that sticks in my throat*

verkruimelen *crumble*

verkwanselen *barter away*

verkwikken *refresh*

verkwikkend *refreshing*; *invigorating*

verkwisten *squander*; *waste* ★ ~ aan *waste on*

verkwistend *wasteful*; FORM. *prodigal*

verlagen • lager maken ⟨v. aantal, druk, kosten⟩ *reduce*; ⟨v. plafond, prijzen, lonen⟩ *lower* • vernederen *lower*; *debase* ★ zich ~ (tot) *stoop (to)*; *lower/demean o.s.* (to)

verlaging • vernedering *degradation* • het lager maken *lowering*

verlakken • lakken *lacquer* • bedriegen *bamboozle*

verlamd *paralysed* ★ 'n ~e *a paralytic*

verlammen I OV WW lam maken *paralyse*; ⟨v. handel, macht⟩ *cripple* II ON WW lam worden *become paralysed*

verlamming • het verlammen *crippling* • lamheid *paralysis*

verlangen I ZN *desire*; *longing*; ⟨sterk⟩ *craving*; ⟨eis⟩ *demand* ★ op ~ van *at/by the desire of* II OV WW • willen *desire*; *want* • eisen *demand* III ON WW (naar) *long (for)*; *look forward to*

verlanglijst ≈ *wish-list*

verlaten I BNW • in de steek gelaten *abandoned*; *deserted* • afgelegen *deserted*; *lonely* II OV WW • weggaan *leave* ★ de school ~ *leave school* • in de steek laten *abandon*; *desert* III WKD WW • te laat komen *delay*; *postpone* ★ ~ op *rely on*; *put one's trust in*

verlatenheid *loneliness*; *desolation*

verleden I ZN • tijd van vroeger *past* ★ 't verre ~ *distant past* • voorgeschiedenis ★ een ongunstig ~ *a bad record* II BNW *past* ★ ~ week *last week* ★ ~ tijd TAALK. *past tense* ★ dat is ~ tijd *that is over and done with*; *that's all water under the bridge* ★ ~ deelwoord *past participle*

verlegen • schuchter *shy*; *bashful* ★ ~ tegenover *shy with* • geen raad wetend *embarrassed (with)* ★ ik ben er 'n beetje ~ mee *I am at a loss what to do with/about* ★ ~ om *in want of*; *in need of* ★ ik zit niet om geld ~ *I'm not pressed for money*

verlegenheid • het verlegen zijn *shyness*; *bashfulness* • moeilijkheid *embarrassment* ★ in ~ brengen *embarrass*; *get into trouble* ★ iem. uit de ~ helpen *help a person out*

verleggen *shift*; *move*; ⟨v. grenzen⟩ *push back*

verleidelijk *tempting*; *alluring*; *seductive*

verleiden • verlokken *tempt*; ⟨tot iets slechts⟩ *lead astray* • tot geslachtsgemeenschap brengen *seduce*

verleiding *seduction*; *temptation*

verlekkerd *keen (on)* ★ ~ naar iets kijken *leer at*

s.th.

verlekkeren (zich) *whet one's appetite*

verlenen ⟨v. gunst⟩ *grant*; ⟨v. toestemming⟩ *give*; ⟨v. hulp⟩ *render/lend* ★ iem. een titel ~ *confer a title (up)on s.o.*

verlengde *extension* ★ High Holborn ligt in het ~ van New Oxford Street *High Holborn is a continuation of New Oxford Street*

verlengen • langer maken *lengthen*; *extend* • langer laten duren ⟨v. termijn⟩ *extend*; ⟨v. voorstelling, verblijf⟩ *prolong*; ⟨v. paspoort⟩ *renew*

verlenging • het verlengen *extension*; ⟨v. voorstelling, verblijf⟩ *prolongation*; ⟨v. geldigheidsduur⟩ *renewal* • SPORT extra speeltijd BE *extra time*; AE *overtime*

verlengsnoer *extension cord/lead*

verlengstuk *extension piece*; *continuation*

verleppen *fade* ★ verlepte bloemen *withered/wilted flowers*

verlept *withered*; ⟨bloem, groente⟩ *wilted*; ⟨kleur, schoonheid⟩ *faded*

verleren *forget (how to)* ★ ik heb het verleerd *my hand is out*; *I'm out of practice*

verlet • beletsel *delay* • tijdverlies *time loss/lost*

verlevendigen *revive*; *enliven*

verlichten • minder zwaar maken *lighten* ★ een last ~ *lighten a load* ★ pijn ~ *relieve/ease pain* • beschijnen *light (up)* • kennis bijbrengen *enlighten*

verlichting • dat wat licht brengt *lighting* • leniging *lightening* • oplichting *relief*; *ease* ★ een zucht van ~ *a sigh of relief* • GESCH. *enlightenment* ★ de eeuw der Verlichting *the Age of Enlightenment*

verliefd *in love (with)*; *enamoured* ★ smoor ~ worden op *fall head over heels in love with* ★ ~en *lovers* ★ ~e blikken *amorous looks*

verliefdheid *being in love*

verlies • het verliezen *loss* ★ goed tegen zijn ~ kunnen *be a good loser* ★ het verlorene ★ met ~ verkopen *sell at a loss* ★ ~ aan mensenlevens *loss of life*

verliesgevend *loss-making* ★ een ~e zaak *a loss-maker*; *loss-making business*

verliespost *loss-making sector*

verliezen I OV WW • niet winnen *lose* ★ de wedstrijd ~ *lose the game* ★ ik heb verloren *I've lost* • kwijtraken *lose*; ⟨v. rechten⟩ *forfeit* ★ niets te ~ hebben *have nothing to lose* ★ geen tijd ~ *met waste no time in* • nadeel lijden *lose* ★ ~ op *lose on* ★ iets uit het oog ~ *lose sight of sth.* II WKD WW *lose o.s.* ★ zich in details ~ *lose o.s. in details*

verliezer *loser*

verlijden *execute*; *draw up*

verlinken *grass/fink on*; *nark*

verloederen *deteriorate*; INF. *go to the dogs*

verloedering *corruption*; *degeneration*

verlof • vrijstelling *leave*; ⟨wegens ziekte⟩ *sick leave* ★ met ~ *on leave* ★ met groot ~ *on long furlough* ★ ~ aanvragen *apply for leave* ★ betaald ~ *paid vacation* • vergunning *permission*; ⟨tapvergunning⟩ *licence for the sale of beer* ★ iem. ~ geven iets te doen *give a person permission to do s.th.*

ve

verlofdag *day off*
verlofganger *soldier on leave*
verlofpas *leave pass*
verlokken *tempt; allure*
verloochenen *renounce; repudiate* ★ zich ~
⟨tegen eigen aard⟩ *belie one's nature*;
⟨onbaatzuchtig⟩ *deny o.s.*
verloochening *repudiation*; ⟨geloof, afkomst⟩
renouncement; ⟨onbaatzuchtig⟩ *denial*
verloofde *fiancé* [v: *fiancée*]
verloop • ontwikkeling *development*; ⟨v. ziekte,
e.d.⟩ *course* ★ het had een vlot ~ *it went off
smoothly* • een gunstig ~ nemen *take a
favourable turn* • het verstrijken *course; lapse*
★ na ~ van tijd *in course of time* ★ na ~ van
after (a lapse of) • achteruitgang *falling off*
• komen en gaan *turnover*; ⟨v. personeel⟩
wastage ★ natuurlijk ~ *natural wastage*
verloopdatum *day of expiry*
verloopstekker *adapter*
verloopstuk *adapter; reducer*
verlopen I BNW • ongeldig *expired*
• verloederd *shabby; seedy*; ⟨v. zaak⟩ *run-
down* II ON WW • voorbijgaan *pass (away)*;
elapse; zich ontwikkelen *pass off; work out*
★ alles verliep rustig *everything passed off
quietly* • ongeldig worden *expire* ★ dit
paspoort is ~ *this passport has expired*
• achteruitgaan *drop off; decline*; ⟨v. staking⟩
peter out
verloren • kwijt *lost* ★ ~ gaan *get lost*
• reddeloos *lost* ★ een ~ zaak *a lost cause*
• nutteloos *lost* ★ in een ~ uurtje *in a spare
moment* ★ ~ moeite *wasted effort*
verloskamer *delivery room*
verloskunde *obstetrics*; ⟨v. vroedvrouw⟩
midwifery
verloskundige ⟨arts⟩ *obstetrician*;
⟨vroedvrouw⟩ *midwife*
verlossen • bevrijden *deliver/release (from)*; REL.
redeem ★ het ~de woord spreken *save the
situation (by saying)* • helpen bevallen *deliver*
verlosser *saviour* ★ de Verlosser *the Redeemer;
the Saviour*
verlossing • bevrijding *deliverance*; REL.
redemption • bevalling *delivery*
verloten *raffle*
verloting • handeling *raffling* • gelegenheid
raffle; lottery
verloven (zich) *become/get engaged (to)*
verloving *engagement*; FORM. *betrothal*
verlovingsring *engagement ring*
verluiden ★ naar verluidt *reputedly; it is
rumoured that*
verlustigen (zich) (aan/in) *delight in; gloat over*
vermaak *entertainment; pleasure; amusement*
★ ~ scheppen in *take (a) pleasure in*
vermaard *famous*; FORM. *renowned*
vermaatschappelijking *socialization*
vermageren *become thin; lose weight*
vermagering *slimming*
vermageringskuur *slimming-cure*
vermakelijk *amusing; entertaining*
vermaken • amuseren *amuse; entertain* ★ zich
~ *enjoy o.s.* • nalaten *bequeath* • veranderen
alter

vermalen *grind; crush*
vermanen *admonish; warn*
vermaning *admonition; warning*
vermannen (zich) *pull o.s. together*
vermeend *supposed; alleged* ★ ~e vader *putative
father*
vermeerderen *increase; grow*
vermeerdering *increase*
vermelden *mention; report*
vermelding *mention* ★ eervolle ~ *honourable
mention* ★ onder ~ van *stating*
vermengen *mix*; ⟨v. thee, koffie⟩ *blend*; ⟨v.
metaal⟩ *alloy* ★ zich ~ *mix; mingle*
vermenging *mixing; mixture; blending*
vermenigvuldigen • verveelvoudigen *duplicate*
• WISK. *multiply* ★ ~ met *multiply by*
vermenigvuldiging *multiplication*; ⟨v. leven⟩
reproduction
vermetel *audacious*
vermicelli *vermicelli*
vermijdbaar *avoidable*
vermijden • uit de weg gaan *avoid; keep away
from*; ⟨sterker⟩ *shun* • voorkomen *avoid*;
prevent ★ dat is niet te ~ *it's just one of those
things*
vermiljoen *vermilion; vermillion*
verminderen I OV WW • minder maken *lessen*;
diminish; ⟨v. aantallen, salaris⟩ *decrease*; ⟨v.
prijs, vaart⟩ *reduce*; ⟨v. vaart⟩ *slacken* ★ het
gevaar van infectie ~ *lessen the risk of
infection* II ON WW • minder worden *decrease*;
⟨v. gezondheid⟩ *decline*; ⟨v. storm⟩ *abate*
vermindering *decrease*
verminken *mutilate*
verminking *mutilation*
vermissen *miss*
vermissing *loss*
vermiste *missing person*
vermits *because; since*
vermoedelijk *presumable; probable* ★ de ~e
dader *the suspected offender*
vermoeden I ZN • veronderstelling
assumption; FORM. *supposition*; ⟨gissing⟩
conjecture • voorgevoel *suspicion* ★ geen
flauw ~ hebben *have not the faintest idea*
★ bang ~ *misgiving* • verdenking *suspicion*
★ ons ~ was juist *our suspicion proved/was
correct* II OV WW • veronderstellen *suspect*;
suppose • bedacht zijn op *suspect* ★ niets ~d
unwary
vermoeid *tired; weary*; FORM. *fatigued*
vermoeidheid *tiredness; weariness*; FORM.
fatigue
vermoeidheidsverschijnsel *fatigue symptom*
vermoeien *tire; weary*; FORM. *fatigue*
vermogen I ZN • capaciteit *power; capacity*
• macht *power*; ⟨geschiktheid⟩ *ability* ★ naar
mijn beste ~ *to the best of my ability*
★ verstandelijke ~s *intellectual faculties*
• bezit *property*; ⟨v. geld⟩ *fortune* II OV WW in
staat zijn *be in a position to* ★ veel ~ *be able
to do much* ★ niets ~ tegen *be powerless
against*
vermogend • rijk *wealthy* • invloedrijk
influential
vermogensaanwasdeling *capital growth*

sharing
vermogensbelasting *wealth tax*
vermogensmarkt *capital market*
vermolmd *mouldered; decayed; rotten*
vermommen *disguise*
vermomming *disguise*
vermoorden *murder* ★ de vermoorde *the murder victim*
vermorzelen *crush; pulverize*
vermorzeling *crushing; pulverization*
vermurwen *soften; mollify* ★ niet te ~ *inexorable*
vernauwen *narrow*
vernauwing *narrowing; contraction;* MED. *stricture*
vernederen *humiliate; humble* ★ daar wil ik mij niet toe ~ *I won't stoop to that*
vernedering *humiliation*
vernemen *hear; learn; understand*
vernielen *destroy; smash (up)*
vernieling *destruction* ▾ in de ~ zitten *be at the end of one's tether*
vernielzucht *destructiveness*
vernietigen • verwoesten *destroy;* ⟨wegvagen⟩ *annihilate;* ⟨v. hoop⟩ *wreck;* ⟨v. vijand⟩ *wipe out* • nietig verklaren *annul;* ⟨v. vonnis⟩ *quash*
vernietigend *destructive;* ⟨v. blik⟩ *withering;* ⟨v. nederlaag, antwoord⟩ *crushing;* ⟨v. kritiek⟩ *slashing*
vernietiging • het verwoesten *destruction;* ⟨totaal ook⟩ *annihilation* • nietigverklaring *annulment; nullification*
vernietigingskamp *extermination camp*
vernieuwen • vervangen *renew* • opknappen *renovate*
vernieuwend • modern makend *renovation* • vervangend *renewing*
vernieuwing *renewal; renovation*
vernikkelen I OV WW met nikkel bedekken *nickel(plate)* II ON WW verkleumen *perish with cold; freeze*
vernis *varnish,* FIG. *veneer*
vernissage *vernissage; preview; private viewing*
vernissen *varnish*
vernoemen *name/call after*
vernuft *genius; ingenuity* ★ 't menselijk ~ *human ingenuity*
vernuftig *ingenious*
veronachtzamen *omit (to do);* ⟨v. plicht⟩ *neglect*
veronderstellen *assume; (pre)suppose* ★ ik veronderstel van wel *I suppose so*
veronderstelling *supposition; assumption* ★ zij verkeert in de ~ dat *she is under the impression that*
verongelijkt *aggrieved; injured*
verongelukken ⟨v. persoon⟩ *meet with an accident; perish;* ⟨v. auto, schip, vliegtuig⟩ *be wrecked;* ⟨v. vliegtuig, auto⟩ *crash* ★ hij is in de bergen verongelukt *he lost his life in the mountains* ★ doen ~ *wreck*
verontreinigen *pollute;* ⟨v. hand, doek⟩ *soil; dirty;* FIG. *defile*
verontreiniging *pollution; dirtying; defilement*
verontrusten *alarm; disquiet; disturb* ★ zich ~

be alarmed (at)
verontrustend *alarming; disturbing;* ⟨ongelukkig makend⟩ *distressing*
verontrusting *anxiety; worry; unease*
verontschuldigen I OV WW *excuse* II WKD WW *apologize* ★ zich laten ~ *ask to be excused*
verontschuldiging *apology; excuse* ★ zijn ~en aanbieden *offer one's apologies; apologize*
verontwaardigd *indignant*
verontwaardigen *fill with indignation* ★ zich ~ (over) *be indignant (at s.th./with a person)*
verontwaardiging *indignation*
veroordeelde *condemned person;* JUR. *convict*
veroordelen • afkeuren *condemn* • oordeel vellen *condemn;* ⟨vonnis⟩ *sentence;* ⟨schuldig bevinden⟩ *convict* ★ ter dood ~ *sentence to death* ★ iem. in de kosten ~ *condemn a person to pay the costs*
veroordeling • vonnis *sentence;* JUR. *conviction* • afkeuring *condemnation*
veroorloven *allow; permit* ★ ik kan mij geen auto ~ *I can't afford a car* ★ ik veroorloof mij op te merken *I make bold to say*
veroorzaken *cause; bring about;* FORM. *occasion*
verorberen *dispatch; dispose of*
verordenen *rule; decree; ordain*
verordening *regulation*
verouderd • oud geworden *old-fashioned* • ouderwets *obsolete; antiquated*
verouderen I OV WW ouder maken *age* II ON WW • ouder worden *grow old; age* • in onbruik raken *become obsolete; go out of date*
veroudering • het ouder worden *ageing; getting old* • het in onbruik raken *obsolescence; getting out of date; becoming old-fashioned*
veroveraar *conqueror*
veroveren *conquer* ★ ~ op *capture from*
verovering *conquest*
verpachten *lease (out)*
verpakken *pack/wrap (up)*
verpakking • het verpakken *packing* • materiaal *packing*
verpakkingsmateriaal *packing/packaging material(s)*
verpanden *pawn;* ⟨v. onroerend goed⟩ *mortgage*
verpatsen *flog*
verpauperen *pauperize; be reduced to poverty*
verpersoonlijken *personify*
verpersoonlijking *personification*
verpesten *infect;* ⟨v. eten, kind, plezier, e.d.⟩ *spoil;* ⟨v. gedachte, relatie, e.d.⟩ *poison*
verpieteren ⟨v. voedsel⟩ *overcook; cook to pulp;* FIG. *waste away; go downhill*
verplaatsen I OV WW elders plaatsen ⟨v. zaken, mensen⟩ *move;* ⟨v. zaken⟩ *shift;* ⟨v. een zaak, beambten⟩ *transfer* II WKD WW • zich voortbewegen *move;* shift ★ ~ in ★ zich in iem. ~ *put o.s. in s.o.'s place* ★ zich in gedachten ~ naar *transport o.s. mentally to*
verplaatsing *movement; shift(ing); transfer;* ⟨v. goederen, enz⟩ *removal;* ⟨v. water door schip⟩ *displacement* ★ de ~ van de macht *the transfer/shift of power* • de ~ van grote massa's mensen *displacement of large*

ve

numbers of people

verplanten *transplant; plant out*

verpleegdag ⟨in verpleeghuis⟩ *a day of nursing care*; ⟨in ziekenhuis⟩ *a day of hospitalisation*

verpleeghuis *nursing/convalescent home*

verpleegkundige *(male/female) nurse* ★ gediplomeerd(e) ~ *trained/qualified nurse*

verpleegster *nurse*

verplegen *tend; nurse*

verpleger *(male) nurse*; MIL. *orderly*

verpleging *nursing*

verpletteren • *vermorzelen crush; smash* • *overweldigen shatter*

verplettering *crushing; smashing; shattering*

verplicht • *voorgeschreven obligatory*; ⟨v. dienst⟩ *compulsory* ★ ~ *stellen make obligatory* ★ een ~ *vak an obligatory subject* ★ ~ *zijn te... be obliged to...; have to...* • *verschuldigd obliged* ★ ik ben u zeer ~ *I am much obliged to you* ★ dat ben je hem ~ *you owe it to him*

verplichten *oblige* ★ 't *verplicht u tot niets it commits you to nothing* ★ hij *verplichtte zich om... he undertook/engaged to...*

verplichting *obligation; commitment* ★ zijn ~en *nakomen meet one's obligations*; ⟨geldelijke verplichtingen⟩ *meet one's liabilities/ obligations* ★ *zonder enige ~ without any obligation* ★ een ~ *aangaan enter into obligation; commit o.s.* ★ ik *wil geen ~ aan hem hebben I want to be under no obligations to him*

verpoppen (zich) *pupate*

verpoten *transplant*

verpotten *repot*

verpozen (zich) *relax; take a rest*

verprutsen ⟨v. tijd⟩ *waste*; ⟨v. werk⟩ *spoil*

verpulveren I OV WW • *tot pulver maken pulverise*; *vernietigend verslaan pulverize; crush* ★ *team a heeft team b compleet verslagen team A has crushed team B* II ON WW *tot pulver worden pulverise*

verraad *treason; treachery; betrayal* ★ ~ *plegen commit treason*

verraden • *verklappen betray* ★ *de zaak ~ give the show away* • *verraad plegen commit treason; betray; rat (on)*; ⟨aan politie⟩ *squeal; rat (on)* • *kenbaar maken* ★ *zich ~ give o.s. away; betray o.s.*

verrader *traitor; betrayer*

verraderlijk • *iets verradend telltale* • *als verrader treacherous* • *gevaarlijk tricky; treacherous*

verramsjen *sell at a knock-down price*

verrassen • *verbazen take by surprise* ★ *onaangenaam verrast taken aback* • *verblijden surprise (pleasantly)* ★ *zijn vrienden met 't nieuws ~ spring the news on one's friends* • *betrappen take by surprise* ★ *we werden door een onweer verrast we were caught in a thunderstorm*

verrassend *surprising*

verrassing • *verbazing surprise*; ⟨onplezierig⟩ *shock* ★ *tot mijn grote ~ much to my surprise* • *wat verrast surprise*

verrassingsaanval *surprise attack*

verre • *ver afar; afield* • *allesbehalve anything but; none too; far from* ★ *ze was ~ van gelukkig she was none too happy/far from happy* ★ ~ *van (dat)! far from it!*

verregaand *far-reaching; extreme*; ⟨v. onwetendheid, verwaarlozing⟩ *gross*

verregenen *spoil by rain*; ⟨stopgezet vanwege de regen⟩ *rain off*; ⟨kletsnat worden⟩ *bedraggle*

verreikend *far-reaching*

verreisd *travel-worn* ★ *er ~ uitzien look travel-worn*

verrek *damn!; holy cow!; golly* ★ ~ *zeg! I'll be damned!*

verrekenen I OV WW *settle* II WKD WW *miscalculate*

verrekening • *het verrekenen settlement* • *misrekening miscalculation*

verrekijker *telescope; field glasses*; ⟨klein⟩ *spyglass*; ⟨met twee lenzen⟩ *binoculars*

verrekken I OV WW *te ver rekken strain*; ⟨verstuiken⟩ *sprain* ★ *een spier ~ pull a muscle* ★ *zich ~ strain o.s.* II ON WW *creperen perish* ★ ~ *van de honger starve to death* ★ *verrek toch! fuck off!* ▾ *het kan me niet ~! I don't give a damn!*

verrekking • *het verrekken straining* • *ontwrichting sprain(ing); twisting*

verreweg *by far; far and away*

verrichten *perform; do* ★ *arrestaties ~ make arrests*

verrichting • *handeling action; activity*; ⟨zakelijk⟩ *transaction* • *uitvoering performance*

verrijden • *rijdend verplaatsen move; shift* • *aan rijden besteden spend on travel(ling)*

verrijken *enrich*

verrijking *enrichment*

verrijzen • *oprijzen arise*; ⟨v. industrie, stad⟩ *spring up* • *opstaan rise* ★ *uit de dood ~ rise from the dead*

verrijzenis *resurrection*

verroeren *stir; move; budge*

verroest I BNW *rusty* II TW *what the devil*

verroesten *rust; get rusty*

verrot • *rot geworden rotten* ★ *hij schopte hem ~ he kicked the living daylights out of him* • *vervloekt damned* ★ *die ~te auto that rotten/lousy car*

verrotten *rot*

verrotting *rot(ting) decay*

verruilen *exchange/swap (for)*

verruimen *widen*; FIG. *broaden*; ⟨v. macht⟩ *extend* ★ *zijn blik ~ widen/broaden one's outlook* ★ *mogelijkheden ~ extend the possibilities*

verruiming *widening*; OOK FIG. *broadening*; ⟨macht⟩ *extension*

verrukkelijk *delightful; enchanting*; ⟨v. smaak⟩ *delicious*

verrukken *delight; enchant*

verrukking *delight; enchantment; rapture*

vers I ZN • *dichtregel verse* • *strofe stanza* • *gedicht poem* II BNW • *nieuw, fris fresh*; ⟨v. brood⟩ *new*; ⟨v. eieren⟩ *fresh; new-laid* • *net*

ontstaan *fresh*; *new*★ een vers spoor *fresh tracks*★ het ligt mij nog vers in het geheugen *it is still fresh in my memory*

versagen *lose heart*; *falter*

verschaffen *provide/supply (with)*★ zich toegang ~ tot *gain access to*★ zich ~ *procure*; *get*

verschaffing *provision*

verschalen *go flat/stale*★ verschaald bier *flat/stale beer*

verschalken • verorberen *polish off*; *dispose of* • te slim af zijn *outwit*; *outmanoeuvre*; *get round*

verschansen (zich) *entrench oneself*; *take cover*★ zij verschansten zich achter een muur *they took cover behind a wall*

verschansing • bolwerk *entrenchment*• reling *railing*; *bulwarks*

verscheiden *diverse*; *various*

verscheidene *several*

verscheidenheid • verschil *variety*; *diversity* • variatie *range*★ een grote ~ aan voorstellen *a multiplicity of proposals*

verschepen • per schip verzenden *ship* • overladen *transship*

verscheping • het overladen *reshipment*• het per schip verzenden *shipping*

verscherpen • aanscherpen *sharpen*; ⟨v. bepaling⟩ *tighten (up)*• verergeren ⟨v. conflict⟩ *aggravate*; ⟨v. oorlog⟩ *intensify*

verscherping • het aanscherpen *sharpening*; *tightening up*• verergering *aggravation*; *intensification*

verscheuren • scheuren *tear (apart/up)*; *tear to pieces*• in verdeeldheid brengen *tear (apart)* • verslinden *maul*

verscheurend ⟨dier⟩ *carnivorous*

verschiet • verte *distance*• toekomst *offing*; *prospect*★ in het ~ *in the offing*; *ahead*

verschieten I ov ww verbruiken *shoot*; *use up* **II** on ww • verbleken ⟨v. gezicht⟩ *change colour*; ⟨v. kleur⟩ *fade* • wegschieten *shoot*

verschijnen • zich vertonen *appear*; *make one's appearance*• komen opdagen *appear*; *turn up*• uitkomen *come out*; *be published*

verschijning • het verschijnen *appearance*; ⟨v. boek⟩ *publication*; *appearance*; ⟨v. termijn⟩ *expiration*• persoon *figure*; *person*★ een aardige ~ *a pleasant personality*★ een indrukwekkende ~ *a commanding/imposing personality*• geestverschijning *ghost*; *apparition*

verschijnsel • fenomeen *phenomenon* • symptoom *symptom*★ dat is een dagelijks ~ *that happens daily*

verschikken *rearrange*; *move about/around*

verschil • onderscheid *difference*; *distinction* ★ ~ van mening *difference of opinion*★ een wereld van ~ *poles apart* • REKENK. *difference* ★ het ~ delen *split the difference*

verschillen *differ (from)*

verschillend I BNW *different (from)* **II** TELW verscheiden *several*; *various*★ in ~e plaatsen *in several places*

verschilpunt *point of difference*

verschimmelen *go/become mouldy*; ⟨papier,

leer enz.⟩ *become mildewed*

verscholen *hidden*; *tucked (away)*

verschonen • schoon goed aandoen *verschonen*★ zich ~ *change (one's clothes)*★ de luier ~ *change (the baby's nappy/diaper)*★ het bed ~ *change the sheets*• verontschuldigen *excuse*; *overlook* • vrijwaren *spare*★ ik wens verschoond te blijven van ... *I wish to be spared...*

verschoning • schoon goed *change (of linen)* • verontschuldiging *excuse*★ ~ vragen *apologize*

verschoningsrecht *right to refuse to give evidence*

verschoppeling *outcast*; *pariah*

verschralen *attenuate*; *shrivel*; ⟨v. wind⟩ *get bleak/cold*; ⟨v. huid⟩ *get chapped*

verschrijven (zich)★ zich ~ *make a mistake (in writing)*

verschrikkelijk *terrible*; *dreadful*

verschrikking *terror*; *horror*

verschroeien *scorch*; ⟨door gebrek aan water⟩ *parch*

verschrompelen • ineenschrompelen *shrink* • rimpelig worden *shrivel (up)*

verschrompeling *shrinking*; *shrinkage*

verschuilen (zich) *hide*; *conceal*

verschuiven I ov ww • verplaatsen *shift*; *move*; ⟨opzij⟩ *shove (away)* • uitstellen *postpone* ★ een afspraak ~ *put off/postpone an appointment* **II** on ww zich verplaatsen *shift*

verschuiving • verplaatsing *shifting*★ ~ naar links *swing to the left* • uitstel *postponement*

verschuldigd • verplicht *due*★ iem. dank ~ zijn *owe a person thanks*★ dat ben je aan jezelf ~ *you owe it to yourself*★ te betalen *indebted*; *due (to)*★ het ~e (bedrag) *the amount due*

versgebakken *freshly baked*

versheid *freshness*

versie *version*

versierder *lady-killer*; *womanizer*; *flirt*

versieren • verfraaien *decorate*; *deck out*; ⟨v. kerstboom⟩ *decorate*; ⟨v. verhaal⟩ *adorn* • voor elkaar krijgen *fix*; *manage*• verleiden *pick up*★ iem. ~ *chat up s.o.*; *hit on s.o.*

versiering • het versieren *adornment*; *decoration*• decoratie *decoration*

versiertoer★ op de ~ gaan *go cruising*

versimpelen *simplify*

versjacheren *flog*

versjouwen *drag away*

verslaafd *addicted (to)*; INF. *hooked (on)*

verslaafde *addict*; ⟨aan verdovende middelen⟩ *drug addict*

verslaafdheid *addiction*

verslaan • overwinnen *defeat*; ⟨sport ook⟩ *beat* • verslag geven *cover*★ een wedstrijd ~ *cover a match*

verslag • rapport *report*; *account*★ woordelijk ~ *verbatim report*★ voorlopig/tussentijds ~ *interim report*★ ~ uitbrengen over *deliver a report on*; *report on*• reportage *commentary* ★ een rechtstreeks ~ *a running commentary*

verslagen • overwonnen *defeated* • terneergeslagen *dismayed*

verslaggever *reporter*; ⟨voor de radio⟩ *commentator*

verslaggeving *reporting*; *coverage*

verslagjaar *year under review*

verslapen I ov ww slapend doorbrengen *sleep away* ⋆ zijn tijd ~ *sleep away one's time* II wkd ww te lang slapen *oversleep*

verslappen • slap worden *relax*; *slacken* • minder intensief worden *weaken*; *slacken* ⋆ de aandacht verslapte *attention waned*

verslapping • het slap worden *relaxation* • het minder intensief worden *slackening*

verslavend *addictive*; *habit-forming*

verslaving *addiction*

verslechteren *get worse*

verslechtering *worsening (of/in)*

verslepen *tow away*; *drag off*

versleten • afgeleefd *worn out*; ⟨v. mens⟩ *burnt-out* • afgesleten *worn (out)*; ⟨v. stof⟩ *threadbare* ⋆ tot op de draad ~ *worn to a thread*

verslijten I ov ww • doen slijten *wear out* • ~ voor *take for* ⋆ waar verslijt je me voor? *what do you take me for?* ⋆ hij hield me voor een ander *he (mis)took me for s.o. else* II ON ww slijten *wear away/out*

verslikken (zich) ⋆ zich ~ (in) *choke (on)*

verslinden *devour* ▾ dat verslindt geld *that is like eating money*; *that is a great drain on my purse*

verslingeren (zich) *throw o.s. away on*

versloffen *make a mess of*; *neglect* ⋆ hij heeft zijn werk laten ~ *he has neglected his work*

verslonzen *allow to go to pot*; *neglect*

versmachten *die (of)*; *languish* ⋆ ~ van de dorst *be dying of thirst*

versmaden *despise*; *disdain*; *scorn* ⋆ geenszins te ~ *by no means to be sneezed at*

versmallen *narrow*

versmalling • handeling *narrowing* • plaats *constriction*; ⟨v. stroom, zee⟩ *narrow(s)*

versmelten I ov ww • doen samensmelten *fuse*; ⟨v. kleuren⟩ *blend*; ⟨v. bedrijven⟩ *amalgamate* • omsmelten ⟨v. metaal⟩ *melt*; ⟨v. erts⟩ *smelt* II ON ww • wegsmelten *melt (away)* • samensmelten *blend*; *merge*

versmelting *fusion*

versnapering *titbit*; *snack*; ⟨snoep⟩ *sweets* ⋆ er werden ~en aangeboden *refreshments were served*

versneld *faster*; *quicker*; *accelerated*

versnellen *accelerate*; *speed up*

versnelling • het versnellen *acceleration* • mechanisme *gear* ⋆ hoogste/laagste ~ *top/bottom gear* ⋆ een fiets met drie ~en *a three-speed bike* ⋆ in een lage ~ terugschakelen *change down* ⋆ in een hoge ~ zetten *change up*

versnellingsbak *gearbox*

versnijden • aanlengen ⟨verdunnen⟩ *dilute*; ⟨mengen⟩ *adulterate* • in stukken snijden *cut up*

versnipperen • in snippers snijden *cut into bits* • te klein verdelen ⟨v. tijd, geld⟩ *fritter away*; ⟨v. stemmen⟩ *split*

versnippering • het te klein verdelen *fragmentation* • het in snippers snijden *shredding*

versoberen I ON ww soberder worden *sober down* II OV + ON ww soberder inrichten *economize*

versoepelen I ov ww soepeler maken *relax*; *make more supple/flexible* II ON ww soepeler worden *relax*; *become more supple/flexible* ⋆ de regels zijn versoepeld *the rules have been relaxed/made less rigid*

versoepeling *relaxation*; ⟨v. regels, wetten enz.⟩ *liberalization*

versomberen *darken*; *make/become gloomy* ⋆ haar gezicht versomberde *her face darkened*

verspelen • spelend verliezen *gamble away* • kwijtraken ⟨v. recht, leven⟩ *lose*; ⟨door schuld⟩ *forfeit*; ⟨v. kans⟩ INF. *blow*

verspenen *plant out*

versperren ⟨v. weg⟩ *block*; *bar*; ⟨opzettelijk⟩ *barricade*

versperring • het versperren *blocking (up)*; *obstruction* • barricade *barrier*; ⟨v. prikkeldraad⟩ *entanglement*; ⟨in rivier⟩ *boom*

versperringsvuur *barrage*

verspillen *squander*; *waste*

verspilling *waste*

versplinteren I ov ww tot splinters maken *splinter*; *sliver*; *smash (up) into matchwood* II ON ww tot splinters worden *splinter*; *shatter*

versplintering *smashing*; OOK FIG. *fragmentation*

verspreid ⋆ ~ staande hutjes *scattered cottages* ⋆ ~e buien *scattered showers*

verspreiden • uiteen doen gaan ⟨v. menigte⟩ *disperse* ⋆ zich ~ ⟨v. soldaten⟩ *spread out*; ⟨v. menigte⟩ *disperse* • verbreiden ⟨v. ziekte, nieuws⟩ *spread*; ⟨v. gerucht⟩ *circulate*; ⟨v. geur⟩ *give out*; ⟨v. warmte⟩ *diffuse* ⋆ het evangelie ~ *propagate the gospel*

verspreiding *distribution*

verspreken (zich) • iets verklappen *let the cat out of the bag* • iets verkeerd zeggen *make a slip*; ⟨bij uitspreken⟩ *mispronounce*

verspreking *mispronunciation*; *slip (of the tongue)*

verspringen[1] • het verspringen *long jump*; AE *broad jump*

verspringen[2] • van plaats veranderen *jump*; *be left out*; *skip* • op een andere dag vallen *move*; *change date* • niet in één lijn liggen *stagger* ⋆ verspringende naden *staggered seams*

versregel *line (of poetry)*

verstaan I ov ww • horen *hear* ⋆ ik verstond niet wat hij zei *I didn't catch what he said* • begrijpen *understand* ⋆ te ~ geven *give to understand* ⋆ wel te ~ *that is to say* ⋆ verkeerd ~ *misunderstand* • beheersen ⋆ hij verstaat zijn vak *he knows his job* ⋆ ~ onder *mean by* ⋆ wat versta je daar onder? *what do you mean by it?* II wkd ww overleggen *come to an understanding (with)*

verstaanbaar • duidelijk hoorbaar *audible* • begrijpelijk *understandable*

verstand • denkvermogen *mind*; *intellect*; *intelligence* ★ bij zijn volle ~ zijn *be in full possession of one's faculties* ★ gezond ~ *common sense* ★ waar zit je ~ toch? *where's your sense?* ★ gebruik je ~ *use your brains*; *listen to reason* ★ ik kan mijn ~ er niet bij houden *I can't concentrate; I can't keep my mind on my work* ★ met ~ *intelligently* ★ 'n goed ~ *a good brain; a good head on one's shoulders* ★ naar hij ~ heeft *according to his lights* ★ kennis van zaken *judgement*; *understanding*; ⟨kennis⟩ *knowledge* ★ met ~ te werk gaan *proceed judiciously* ★ geen ~ hebben van *know nothing about* ★ hij heeft er helemaal geen ~ van *he doesn't know the first thing about it* ★ met dien ~e dat *on the understanding that; provided that* ▾ het ~ komt met de jaren *wisdom comes with age* ▾ dat gaat mijn ~ te boven *that's beyond me* ▾ ik kon 't hem maar niet aan zijn ~ brengen *I could not make him understand* ▾ je bent niet bij je ~ *you are out of your mind*

verstandelijk *intellectual* ★ ~e vermogens *intellectual faculties*

verstandhouding *understanding; relations* ★ in goede ~ staan tot *be on good terms with*

verstandig • met verstand *intelligent; reasonable* ★ geen ~ woord uit hem krijgen *one cannot get any sense out of him* • doordacht *sensible* ★ wees ~ *be sensible* ★ hij was zo ~ om... *he had the (good) sense to...*

verstandshuwelijk *marriage of convenience*

verstandskies *wisdom tooth*

verstandsverbijstering *mental derangement; insanity* ★ een vlaag van ~ *a momentary lapse of reason*

verstappen (zich) *stumble*

verstarren *become rigid* ★ ~d werken op *have a paralysing effect on* ★ zij verstarde *she froze*

verstarring ⟨v. lichaam(sdelen)⟩ *stiffening*; FIG. *petrifaction*

verstedelijken *urbanize*

verstedelijking *urbanisation*

verstek • JUR. *default* ★ bij ~ veroordelen *sentence by default* • TECHN. *mitre* ★ in ~ zagen *mitre s.th.* ▾ ~ laten gaan *make default; fail to appear*

verstekbak *mitre box*

verstekeling *stowaway*

verstelbaar *adjustable; adaptable*

versteld ★ ~ staan *be dumbfounded* ★ ~ doen staan *stupefy s.o.*

verstellen • anders stellen *adjust* • herstellen *mend; patch*

verstelwerk *mending*

verstenen • tot steen worden *petrify* • wreed worden *turn to stone* ▾ versteend van de kou *numb with cold*

versterf • afsterving *death* • overgang van goed door erfenis *inheritance*

versterken • sterker maken *strengthen*; ⟨v. geluid⟩ *amplify*; ⟨v. licht, geluid⟩ *intensify*; ⟨tegen aanvallen⟩ *fortify* • aanvullen *reinforce; add to*

versterker *amplifier*

versterking • het versterken *strengthening*; ⟨tegen aanvallen⟩ *fortification*; ⟨v. licht⟩ *intensification*; ⟨v. geluid⟩ *amplification* • wat versterkt ⟨troepen⟩ *reinforcements*; ⟨verdedigingswerken⟩ *fortifications*; ⟨borrel⟩ *pick-me-up*

verstevigen ⟨v. positie⟩ *consolidate*; ⟨v. vriendschapsband⟩ *strengthen*; ⟨v. muur, e.d.⟩ *prop up*; ⟨v. muur⟩ *brace*

versteviging *strengthening; stiffening*

verstijven I OV WW stijf maken *stiffen* II ON WW stijf worden *stiffen*

verstikken *suffocate; choke; stifle*

verstikking *suffocation; choking*

verstikkingsgevaar *choking hazard*

verstild *tranquil*

verstillen (grow) still; *quiet down*

verstoken I BNW *devoid (of)* II OV WW *burn up*

verstokt *hardened; obdurate* ★ een ~e roker *an inveterate smoker; a confirmed smoker*

verstommen *fall silent; die down*

verstoord *annoyed*

verstoppen • verbergen *hide; conceal* • dichtstoppen ⟨v. buis⟩ *choke (up); stop up; clog*; ⟨v. doorgang⟩ *obstruct|block* ★ verstopte neus *stuffy nose; stuffed up nose*

verstoppertje ★ ~ spelen *play hide-and-seek*

verstopping • het verstopt zijn *stoppage; blockage* • verkeersopstopping *traffic jam* • constipatie *constipation*

verstoren ⟨v. rust⟩ *disturb*; ⟨v. evenwicht, plannen⟩ *upset*; ⟨v. openbare orde⟩ *breach*

verstoring *disturbance*

verstoten *cast off* ★ zijn vrouw ~ *repudiate one's wife*

verstoting *repudiation*

verstouwen • eten *put away* • verduren *take; stomach*

verstrakken *tighten*; ⟨v. gezicht⟩ *set* ★ zijn gezicht verstrakte *his expression hardened; his face set*

verstrekken *provide|supply with*; MIL. *issue*

verstrekkend *far-reaching*

verstrekking • het verstrekken *provision; distribution* • het verstrekte *supply; ration*

verstrijken ⟨verlopen⟩ *pass (by); go by*; ⟨eindigen⟩ *expire* ★ de termijn is verstreken *the term has expired*

verstrikken *snare; trap*; FIG. *entangle* ★ in zijn eigen leugens verstrikt raken *get caught in one's own lies*

verstrooid *absent-minded*

verstrooien • verspreiden *scatter*; ⟨v. troepen⟩ *disperse* • afleiding bezorgen *entertain*

verstrooiing • verspreiding *dispersion* • geestelijke afleiding *entertainment; diversion*

verstuiken *sprain; wrench* ★ zijn enkel ~ *sprain one's ankle*

verstuiking *sprain; wrench*

verstuiven I OV WW doen vervliegen *vaporize; spray* II ON WW vervliegen *be blown away*

verstuiver (air) spray; *atomizer*

verstuiving • het verstuiven *atomization; spraying* • terrein *sand-drift*

versturen *send (off); dispatch*

ve

versuffen I ov ww suf maken *have a numbing effect (on)*; *make dull* II ON WW suf worden *grow dull*; ⟨door schok⟩ *become dazed/ stunned*

versuft *dizzy*; *stunned*; ⟨schok⟩ *dazed* ★ hij zat ~ te kijken *he sat there in a daze* ★ ~ door het lawaai *dazed by the noise*

versukkeling *decline*; *degeneration* ★ in de ~ raken *fall into (a) decline*

versus *versus*; *against*

versvoet *metrical foot*

vertaalbaar *interpretable*; ⟨door tolk⟩ *translatable*

vertaalbureau *translation bureau*

vertaalcomputer *computer translator*

vertaalwoordenboek *bilingual dictionary*; *multilingual dictionary*

vertakken (zich) *branch off (into)*

vertakking *branching*; OOK FIG. *ramification*

vertalen • in andere taal weergeven *translate*; *render* ★ het laat zich moeilijk ~ *it does not translate well* ★ letterlijk ~ *translate word for word* • anders weergeven *translate* ★ theorie in praktijk ~ *translate theory into practice*

vertaler *translator* ★ beëdigd ~ *sworn translator*

vertaling *translation*

verte *distance* ★ heel in de ~ *in the far distance* ▾ in de ~ verwant *remotely related* ▾ in de verste ~ niet zo goed *not anything like as good*

vertederen *move*; *soften*

vertederend *endearing*; *moving* ★ een ~ tafereel *a moving scene*

vertedering *softening*; *mollification*

verteerbaar *digestible* ★ licht ~ *easily digestible*

vertegenwoordigen • waarde hebben van *stand for*; *represent* • handelen namens *represent*; *act for*

vertegenwoordiger • afgevaardigde *representative* • handelsagent *(sales) representative*

vertegenwoordiging • vertegenwoordigers *representative(s)*; ⟨groep⟩ *delegation* • het vertegenwoordigen *representation*; ⟨in de handel⟩ *agency*

vertekenen *distort*; *misrepresent*

vertellen I ov ww verhalen *tell*; *narrate*; *relate* ★ hij kan goed ~ *he is a good story-teller* ▾ hij heeft hier niets te ~ *he has nothing to say here* ▾ dat moet je mij ~! *you are telling me!* II WKD WW *miscount*

verteller *story-teller*; *narrator*

vertelling *story*; *tale*

vertelwijze *narrative style*

verteren I ov ww • doen vergaan *corrode*; *eat away* ★ verteerd worden door de vlammen *be consumed by fire* • voedsel afbreken *digest* • verbruiken *spend* • verkroppen *digest*; *take* ▾ verteerd worden van verlangen *be consumed with desire* II ON WW afgebroken worden *decay*; ⟨v. voedsel⟩ *digest*; ⟨wegteren⟩ *waste (away)*

vertering • spijsvertering *digestion* • consumptie *food*; *drinks*; ⟨uitgave⟩ *expenses*

verticaal *vertical*

vertier • afleiding *entertainment*; *amusement*

• bedrijvigheid ★ er is hier niet veel ~ *there is not a lot to do/going on*

vertikken *refuse flatly* ★ ik vertik 't om te gaan *I am dashed if I'll go* ★ de auto vertikt het *the car won't go*

vertillen (zich) • te hoog grijpen *bite off more than one can chew* • te zwaar tillen *strain o.s. (in) lifting*

vertoeven *stay*; ⟨tijdelijk⟩ *sojourn*; ⟨voor langere tijd⟩ *dwell*

vertolken • weergeven *voice*; *express* ★ hij vertolkte de gevoelens van de aanwezigen *he voiced the feelings of all those present* • uitbeelden *render*; *play*; *interpret*

vertolking *interpretation*; ⟨v. gevoelens⟩ *voicing*; ⟨in zang, e.d.⟩ *rendering*

vertonen • laten zien/blijken *show*; *exhibit*; *display* ★ gelijkenis ~ *bear resemblance to* ★ tekenen ~ van slijtage *show signs of wear* ★ hij vertoonde zich niet *he didn't show up* • opvoeren *show*; *present*

vertoning • het vertonen *show(ing)*; *presentation* • voorstelling *show*; *performance* • schouwspel *spectacle* ★ het was een hele ~ *it was quite a spectacle/display*

vertoon • het vertonen *showing*; *producing* ★ op ~ van een identiteitsbewijs *on presentation/production of an identity card* • tentoonspreiding *demonstration*; *manifestation* ★ uiterlijk ~ *show* ★ met veel ~ *with a lot of showing off*

vertoornd *incensed*; *enraged*; *irate*

vertragen • trager maken *slow down*; ⟨v. ontwikkeling⟩ *retard*; ⟨v. snelheid⟩ *slacken* ★ vertraagde filmopname *slow-motion film scene* • uitstellen *delay*

vertraging *delay* ★ ~ ondervinden *be delayed* ★ de trein had twintig minuten ~ *the train was twenty minutes late*

vertrappen *tread/trample on/down*

vertrek • het vertrekken *departure*; ⟨uit gemeente, e.d.⟩ *leaving* ★ plaats van ~ *place of departure* • kamer *room*

vertrekhal *departure hall*

vertrekken I ov ww anders trekken *twitch* ★ hij vertrok geen spier *he didn't flicker/ flinch*; *he didn't bat an eyelid* II ON WW weggaan *leave*; ⟨v. boot⟩ *sail*; ⟨v. vliegtuig⟩ *take off*

vertrekpunt OOK FIG. *start(ing) point*

vertreksein *signal for departure*

vertrektijd *time of departure*

vertroebelen *make turbid/muddy*; FIG. *confuse*; *obscure* ★ de sfeer ~ *poison the atmosphere* ★ deze cijfers ~ de zaak *these figures cloud/ obscure the issue*

vertroetelen *baby*; *pamper*; PEJ. *(molly)coddle*

vertroosting *consolation*; *solace*; *comfort*

vertrouwd • op de hoogte *familiar (with)* ★ ~ raken met *become familiar with* • bekend *familiar* ★ in zijn ~e omgeving *in his familiar surroundings* • betrouwbaar *reliable*; *trustworthy*; *trusted* ★ in ~e handen *in safe keeping*

vertrouwelijk • familiair *intimate*; *familiar* ★ ze gaan ~ met elkaar om *they are very*

close|intimate with each other • in geheim *confidential*

vertrouweling *confidant* [v: *confidante*]

vertrouwen I zn *trust; confidence; faith* ★ ~ hebben in *have|put confidence in* ★ iem. ~ schenken *confide in a person* ★ zijn ~ vestigen op God/het socialisme *put one's trust in God|pin one's faith on socialism* ★ motie van ~ *vote|motion of confidence* ★ ~ wekken *inspire confidence* ★ op goed ~ *on trust* **II** ov ww betrouwbaar achten *trust* **III** on ww (op) *trust (in); rely on* ★ op God ~ *trust God* ★ vertrouw er maar niet op *don't bank on it*

vertrouwensarts *medical confidant*

vertrouwenskwestie *issue|matter of confidence* ★ de ~ stellen *ask for a vote of confidence*

vertrouwensman *agent*

vertrouwenspositie *position of trust|confidence*

vertwijfeld *desperate; despairing*

vertwijfeling *despair; desperation*

veruit *by far* ★ ~ de beste zijn *surpass s.o. by a long chalk|shot*

vervaard *afraid (of)* ▾ voor geen kleintje ~ *not easily alarmed*

vervaardigen ↓ *make; manufacture*

vervaardiging *making; manufacture*

vervaarlijk *tremendous; awful* ★ een ~ gekrijs *frightful screams*

vervagen *fade (out|away); become blurred*

verval • achteruitgang *decline; deterioration; decay* ★ het ~ van de goede zeden *deterioration of morals* ★ het gebouw raakt in ~ *the building is falling into disrepair* • ongeldigheid ⟨v. recht⟩ *lapsing;* ⟨v. wissel⟩ *maturity* • hoogteverschil *drop; fall*

vervaldatum *due date;* ⟨v. rechten⟩ *expiry date*

vervallen I bnw • bouwvallig *dilapidated; ramshackle* • in slechte conditie *ravaged; wasted* ★ een ~ gezicht *a ravaged face* • niet meer geldig *expired;* ⟨v. wissel⟩ *due* ★ een ~ termijn *an expired period* ★ een ~ recht *a lapsed right* **II** ov ww achteruitgaan *decay; decline* • bouwvallig worden *fall into disrepair* • niet meer gelden *expire;* ⟨v. polis⟩ *lapse;* ⟨v. wedstrijd⟩ *be cancelled* ★ daarmee vervalt uw argument *that disposes of your argument* • in eigendom overgaan *fall to* ★ dit vervalt aan de Kroon *this falls|reverts to the Crown* • invorderbaar worden *mature; become|be payable; fall due* • geraken, komen ★ tot armoede ~ *be reduced to poverty* ★ in herhalingen ~ *repeat o.s.* ★ tot|in uitersten ~ *go to extremes* ★ in oude fouten ~ *fall back into old mistakes|habits*

vervalsen • namaken *forge; counterfeit* • veranderen *doctor; tamper with* ★ de rekeningen ~ *tamper with the accounts;* inf. *cook the books*

vervalser *forger; counterfeiter*

vervalsing • het vervalsen *forging; counterfeiting* • het vervalste *forgery; counterfeit;* inf. *fake*

vervangbaar *replaceable*

vervangen • in plaats komen van *replace; substitute;* ⟨bij veroudering⟩ *supersede* ★ ~d

werk aanbieden *offer alternative employment* • in plaats stellen van *replace* ★ ik vervang deze gloeilamp door een nieuwe *I replace this bulb with a new one* ★ niet te ~ *irreplaceable*

vervanger *replacement; substitute;* ⟨v. acteur⟩ *understudy; stand-in*

vervanging *replacement; substitution* ★ ter ~ van *instead of*

vervatten *couch; contain* ★ in deze woorden vervat *worded in this way*

verve ▾ met veel ~ *with a great deal of verve| gusto*

verveeld *bored; blasé; weary*

vervelen I ov ww • niet boeien *bore* ★ tot ~s toe *ad nauseam; over and over again* ★ dat verveelt gauw *that'll soon grow old* • hinderen *annoy* **II** wkd ww verveling voelen *be|feel bored* ★ zich dood ~ *be bored stiff*

vervelend • onaangenaam *tedious; annoying* ★ wat ~! *what a bore!; what a nuisance!* ★ doe toch niet zo ~ *don't be such a nuisance* • saai *boring; tedious; tiresome* ★ een ~ iem.|iets *a bore*

verveling *boredom;* ↑ *tedium* ★ uit pure ~ *out of complete|sheer|utter boredom*

vervellen *peel;* ⟨v. slangen⟩ *slough* ★ mijn neus is aan het ~ *my nose is peeling*

verven • schilderen *paint* • kleuren *dye*

verversen *change* ★ olie ~ *change the oil*

verversing • het verversen *replacement* • eten of drinken *refreshment*

vervilten *become matted*

vervlaamsen *turn|become Flemish*

vervlakken • vlak maken *make smooth|even* • verflauwen *wane;* ⟨v. kleuren⟩ *fade (away)*

vervliegen • vervluchtigen *evaporate* • verdwijnen *vanish* ▾ in lang vervlogen tijden *in far-off days*

vervloeken *curse; damn;* ↑ rel. *anathematize*

vervloeking *curse;* form. *anathema*

vervlogen *bygone; departed* ★ in lang ~ tijden *in days long gone (past); in ancient times*

vervluchtigen *evaporate*

vervoegen I ov ww *conjugate* **II** wkd ww zich melden ⟨m.b.t. plaats⟩ *apply (at);* ⟨bij een persoon⟩ *report to* ★ u dient zich te ~ ten kantore van ... *you are to apply at the office of ...*

vervoeging *conjugation*

vervoer *transport;* ⟨het vervoeren⟩ *transportation* ★ ~ door de lucht *airtransport* ★ ~ te water *water-carriage* ★ openbaar ~ *public transport* ★ streek~ *regional|local transport*

vervoerbewijs *(travel) ticket; travel warrant*

vervoerder *transporter*

vervoeren • transporteren *carry; transport* • fig. meeslepen *carry away*

vervoering *ecstasy; rapture;* lit. *transport* ★ in ~ brengen *throw into ecstasies*

vervoermiddel *means of transport*

vervolg • voortzetting *continuation* ★ ~ op een boek/film *sequel to a book/film* ★ als ~ op *with reference to; in continuation of*

- komende tijd ★ in het ~ *in future*
vervolgblad *next page; following page*
vervolgen • voortzetten *continue* ★ zijn weg ~ *pursue one's way* • achtervolgen *pursue;* ⟨wegens geloof, politiek⟩ *persecute* • JUR. *prosecute;* ⟨om schadevergoeding⟩ *sue for* ★ iem. gerechtelijk ~ *take legal action against s.o.*
vervolgens *further; next*
vervolging • voortzetting *continuation; pursuit* • het vervolgd worden *persecution* • rechtsvervolging *prosecution* ★ een ~ instellen tegen *file charges against; bring an action against*
vervolgingswaanzin *paranoia; persecution mania*
vervolgonderwijs *secondary education*
vervolgverhaal *serial (story)*
vervolmaken *perfect*
vervolmaking *perfection; completion*
vervormen • een andere vorm geven ⟨v. vorm veranderen⟩ *transform;* ⟨misvormen⟩ *deform* • anders doen klinken *distort* ★ het geluid was vervormd *the sound was distorted*
vervorming *transformation;* ⟨misvorming⟩ *deformation*
vervreemden I OV WW vreemd maken *alienate* **II** ON WW geestelijk verwijderen *drift apart; lose touch* ★ van elkaar ~ *drift apart*
vervreemding *alienation; estrangement*
vervroegen *bring/move/put forward; advance;* ⟨betalingen, e.d.⟩ *accelerate* ★ vervroegde uittreding *early retirement*
vervuilen I OV WW vuilmaken *pollute;* ⟨v. voedsel/water⟩ *contaminate* **II** ON WW vuil worden *become filthy*
vervuiler *polluter; contaminator* ★ de ~ betaalt *the polluter pays*
vervuiling *pollution;* ⟨voornamelijk van voedsel, water⟩ *contamination;* ⟨toestand⟩ *filthiness* ★ de ~ van het milieu *environmental pollution*
vervullen • vol doen zijn *fill* • verwezenlijken *fulfil; realize;* ⟨v. formaliteit⟩ *fulfil;* ⟨v. gebed⟩ *hear* • bezetten *fill* • voldoen aan ⟨v. wens⟩ *comply (with);* ⟨v. plicht⟩ *perform; fulfil;* ⟨v. taak⟩ *accomplish* ▼ vervuld van het goede nieuws *full of the good news* ▼ met afgrijzen ~ *fill with horror*
vervulling *fulfilment; accomplishment;* ⟨v. taak⟩ *performance;* ⟨v. droom, wens⟩ *realization* ★ in ~ gaan *be realized/fulfilled*
verwaand *conceited; cocky* ★ een ~e kwast *an arrogant prig*
verwaardigen *condescend* ★ zij verwaardigde mij met geen blik *she didn't condescend to look at me*
verwaarlozen *neglect* ★ een te ~ factor *a negligible factor* ★ de tuin ~ *let the garden go*
verwaarlozing ⟨toestand⟩ *negligence;* ⟨gebouwen⟩ *dereliction*
verwachten • rekenen op *expect;* ⟨v. gebeurtenis⟩ *anticipate* ★ hij verwachtte half en half dat zij zou komen *he half expected her to come* ★ te ~ levensduur *life expectancy* ★ verwacht in deze schouwburg *appearing/*

coming soon in this theatre • zwanger zijn *expect* ★ ze verwacht een baby *she is expecting a baby*
verwachting • het verwachten *expectation; anticipation* ★ vol ~ toezien *look on expectantly* ★ in gespannen ~ *with great expectations* ★ in ~ *expecting; expectant* • wat verwacht wordt *expectation;* ⟨v.h. weer⟩ *outlook; forecast* ★ boven ~ *beyond expectation* ★ aan de ~ beantwoorden *live/come up to expectations* ★ tegen de ~en in *contrary to expectations* ▼ in ~ zijn *to be in the family way*
verwant I ZN *relative* ★ de naaste ~en *the next of kin* **II** BNW • familie zijnd *related (to)* • nauw betrokken *related;* ⟨v. woorden⟩ *cognate;* ⟨alleen pred.⟩ *akin* ★ ~ aan *allied/related to; akin to* ★ ~e vraagstukken *related problems* • overeenkomend *kindred* ★ ~e zielen *kindred spirits*
verwantschap • het verwant zijn *relation(ship); kinship* • overeenkomst *relationship; affinity*
verward • onordelijk ⟨haar⟩ *tousled;* ⟨v. draden⟩ *tangled (up)* • onduidelijk *confused;* ⟨v. situatie, ideeën⟩ *confused;* ⟨v. feiten⟩ *entangled;* ⟨v. denkbeelden⟩ *muddled* ★ ~ raken in *get entangled in* ★ ~ spreken *talk incoherently* • van streek *confused*
verwarmen *heat; warm*
verwarming • het verwarmen *heating; warming* • installatie *heating (system); heater* ★ centrale ~ *central heating* ★ achterruit~ *rearwindow/screen demister*
verwarmingsbron *heat source; heater*
verwarmingsbuis *heating pipe*
verwarmingselement *(heating) element*
verwarmingsketel *boiler*
verwarren • in de war brengen *confuse;* ⟨v. draden⟩ *tangle (up)* ★ verward raken in iets *get entangled in s.th.* • verlegen maken *embarrass; confuse* ★ ~ met *confuse; mix up* ★ ze ~ haar altijd met haar zuster *people always mistake her for her sister*
verwarring • het verwarren *entanglement; confusion* • wanorde *muddle; confusion* ★ in ~ brengen ⟨v. zaken⟩ *throw into disorder;* ⟨v. persoon⟩ *embarrass* • verlegenheid *embarrassment; confusion; perplexity* ★ iem. in opperste ~ brengen *throw s.o. into utter confusion*
verwateren • waterig worden *become diluted* • verflauwen *become diluted; lose vigour* ★ de vriendschap was aan het ~ *the friendship was disintegrating*
verwedden *bet; gamble* ★ ik verwed er mijn hoofd om *I'll bet my bottom dollar/my shirt on it*
verweer *defence;* JUR. *plea* ★ zij voerde als/tot haar ~ aan *she pleaded in defence*
verweerd *weather-beaten; weathered*
verweerschrift *(written) defence;* ⟨literair⟩ *apology*
verwekken • door bevruchting doen ontstaan *father* • veroorzaken *create; cause;* ⟨v. gelach, ziekte⟩ *cause;* ⟨v. toorn⟩ *rouse;* ⟨v. hoop⟩ *inspire* ★ opschudding ~ *cause a commotion*

verwekker • vader *father*; FIG. *author* • veroorzaker *cause*

verwelken *wither*; *wilt*; FIG. *fade* ★ verwelkte rozen *wilted roses* ★ verwelkte schoonheid FIG. *faded beauty*

verwelkomen *welcome*

verwelkoming *welcome*; *greeting*

verwend *spoilt*; *overindulged* ★ ~ nest! *spoilt brat!*

verwennen • bederven *spoil* • vertroetelen *spoil*; *pamper*; *indulge* ★ zichzelf ~ *indulge o.s.*

verwennerij *pampering*; *coddling*

verwensen *curse*

verwensing *curse* ★ iem. ~en naar het hoofd slingeren *heap abuse on s.o.*; *hurl abuse at s.o.*

verweren I ON WW GEOL. *erode*; ⟨in grote mate⟩ *disintegrate*; ⟨v. steen ook⟩ *weather* **II** WKD WW *defend o.s.*; ⟨met woorden⟩ *speak up for o.s.*

verwerkelijken *realize*

verwerken • maken tot iets *process*; *convert*; *turn into* • bij bewerken opnemen *incorporate* ★ ⟨v. feiten⟩ *assimilate* ★ grapjes in een lezing ~ *work jokes into a lecture* • kennis opnemen *digest* • verkroppen *cope with*; ⟨v. nieuws, leerstof⟩ *digest* ★ zij kan het verlies van haar broer niet ~ *she cannot come to terms with her brother's death*; *she cannot cope/deal with the loss of her brother*

verwerkingseenheid *processing unit* ★ centrale ~ *main-processor*

verwerpelijk *reprehensible*; *objectionable* ★ ~e methodes toepassen *revert to/apply disreputable methods*

verwerpen • afwijzen *reject*; *turn down*; *dismiss* ★ een voorstel ~ *turn down a proposal* • afkeuren *reject*; *condemn*; ⟨bij stemming⟩ *reject*; *vote down*; ⟨motie⟩ *defeat*

verwerping *rejection*; JUR. *dismissal*

verwerven *obtain*; *acquire*; ⟨v. eer⟩ *win* ★ kennis ~ *acquire knowledge*

verwerving *acquisition*

verwesteren *westernize*; *become westernized*

verweven *interweave*; *intertwine* ★ de feiten zijn nauw met elkaar ~ *the facts are closely interwoven*

verwezenlijken *realize*; ⟨v. droom⟩ *come true*; ⟨v. hoop, wens⟩ *fulfil*

verwezenlijking *realization*; *fulfil(l)ment*

verwijden *widen* ★ zich ~ ⟨tot⟩ *widen (into)*; ⟨v. pupil⟩ *dilate*

verwijderd *remote*; *distant*; *far off* ★ ver ~e dorpjes *remote villages*; *out-of-the-way villages*

verwijderen I OV WW • wegnemen *remove* ★ vlekken ~ *remove stains* • wegsturen *remove*; ⟨v. school⟩ *expel*; ⟨v. sportveld⟩ *send off*; ⟨uit huis⟩ *evict* ★ je hebt hem van je verwijderd *you have alienated him (from yourself)* **II** WKD WW weggaan *withdraw*; *leave*; ⟨v. geluid⟩ *recede*

verwijdering • het verwijderen *removal*; ⟨v. school/universiteit⟩ *expulsion* • bekoeling *estrangement*; *alienation*

verwijding *widening*; MED. *dilatation*

verwijfd *effeminate*; *womanish*; *sissy*

verwijsbriefje *(doctor's) referral*

verwijskaart *referral slip*

verwijt *reproach*; *blame*; FORM. *reproof* ★ iem. een ~ maken over iets *reproach a person with s.th.*; *blame a person for s.th.*

verwijten *blame*; *reproach* ★ in dat geval hebben wij elkaar niets te ~ *in that case we're quits* ★ die hebben elkaar niets te ~ *they are tarred with the same brush* ★ dat ~ ze mij nog steeds *they still hold that against me* ★ ik heb mezelf niets te ~ *my conscience is clear* ★ haar valt niets te ~ *she is blameless*

verwijzen *refer (to)*; PEJ. *relegate* ★ hij verwees mij naar de 2e etage *he directed me to the 2nd floor* ★ een zaak naar een andere rechtbank ~ *remit a case to another court*

verwijzing *reference*; ⟨v. arts⟩ *referral* ★ onder ~ naar *with reference to*; *referring to*

verwikkelen *involve*; *mix up*; ⟨voornamelijk in lijdende vorm⟩ *entangle* ★ in iets verwikkeld raken/worden *become entangled in s.th.*

verwikkeling • het verwikkelen *involvement* • moeilijkheid *complication* • plot *plot*; *intrigue*

verwilderd • wild geworden *wild*; *gone/run wild*; *neglected* ★ een ~e kat/tuin *a wild cat/garden*; *a cat/garden gone wild* • woest *wild*; *mad* ★ met een ~e blik *with a wild look in one's eyes* • uit zijn fatsoen ⟨v. uiterlijk⟩ *wild*; *unkempt* ★ er ~ uitzien *look wild*

verwilderen • wild worden *run wild*,; ⟨v. plant, dier⟩ *go wild* • bandeloos worden *go to ruin*; *go wild*

verwisselbaar *exchangeable*; ⟨over en weer⟩ *interchangeable*

verwisselen • verruilen *exchange* ★ van plaats ~ *change seats* ★ van eigenaar ~ *change hands* ★ ~ tegen *exchange for* • verwarren *confuse*; *mistake* ★ het is moeilijk die twee niet te ~ *it's hard not to confuse the two*

verwisseling *exchange*

verwittigen *notify*; *advise*; *inform*

verwoed • hevig *furious*; *fierce* • gepassioneerd *ardent*; *passionate* ★ een ~e poging wagen *make a frantic/an all-out attempt*

verwoesten *destroy*; *devastate*; *ruin*; LIT. *lay waste (to)* ★ iemands leven ~ *destroy/ruin s.o. life*

verwoesting *destruction*; *devastation* ★ ~en aanrichten onder *devastate*; FIG. *play havoc with*

verwonden *injure*; *hurt*; ⟨voornamelijk opzet⟩ *wound*

verwonderen I OV WW *surprise*; ⟨in grote mate⟩ *astonish*; *amaze* ★ dat verwondert me *I am surprised at it* ★ is 't te ~ dat? *is it any wonder that?* **II** WKD WW *be surprised (at)*

verwondering *surprise*; *wonder*; ⟨in grote mate⟩ *astonishment*; *amazement* ★ tot zijn ~ ... *to his surprise ...*

verwonderlijk • verbazend *surprising*; *astonishing* • merkwaardig *strange*

verwonding • het verwonden *injury* • wond *injury*; *wound*; ⟨psychisch⟩ *hurt* ★ zware ~en oplopen *suffer severe injuries*; *sustain serious injuries*

ve

verwoorden *put into words*; *phrase*; *express* ★ iets treffend ~ *put s.th. aptly*

verworden • anders worden *change* • ontaarden *decay*; *degenerate*

verworvenheid *achievement*; ⟨grootse daad⟩ *feat*

verwringen *distort*; *twist*★ een verwrongen beeld van iets geven *give a distorted view of s.th.*; *(grossly) misrepresent s.th.*

verwurging *strangulation*; SPORT *stranglehold*

verzachten ⟨v. bepaling⟩ *relax*; ⟨v. bewoordingen⟩ *tone down*; ⟨v. klap, pijn⟩ *soften*; ⟨v. pijn⟩ *ease*; ⟨v. vonnis⟩ *mitigate* ★ ~de omstandigheden *extenuating circumstances*

verzachting *softening*; MED. *soothing*; ⟨leniging⟩ *mitigation*

verzadigen • volop bevredigen *satisfy*★ niet te ~ ambitie *insatiable ambition* • CHEM. *saturate*

verzadiging *satisfaction*; LIT. *satiation*; CHEM. *saturation*

verzadigingspunt *saturation point*

verzaken • niet nakomen ⟨v. plicht⟩ *neglect* • afvallen ⟨v. geloof⟩ *renounce*; ⟨v. principes⟩ *betray*

verzakken *sag*; ⟨v. bodem⟩ *subside*★ de vloer is aan het ~ *the floor is sagging*

verzakking • *sag(ging)* • MED. *prolapse*

verzamelaar *collector*

verzamelband *binder*

verzamelelpee *collection (album)*

verzamelen • bijeenbrengen *collect*; ⟨v. fortuin, honing, inlichtingen⟩ *gather*★ zich ~ *gather*; *assemble*; ⟨om iemand, iets⟩ *rally round*★ de verzamelde werken van ... *the collected works of ...* • verzameling aanleggen *collect*

verzameling • het verzamelen *collection*; ⟨samenkomst⟩ *gathering* • collectie *collection* • WISK. *set*

verzamelnaam *collective noun*

verzamelplaats *meeting place*; *rallying point*

verzamelpunt *meeting place*; *rallying point*; ⟨heimelijk⟩ *rendezvous*

verzamelstaat *summary (table)*

verzanden • vol zand raken *silt up* • FIG. vastlopen *be/get bogged down*★ de discussie verzandde in heen-en-weer geklets *the discussion got bogged down in (endless) chit-chat*

verzegelen *seal (up)*

verzegeling *seal(ing) (up)*

verzeilen ▾ hoe kom jij hier verzeild? ‹what brings you here?› in slecht gezelschap verzeild raken *fall into bad company*

verzekeraar *insurer*; SCHEEPV. *underwriter*; ⟨v. levensverzekering ook⟩ *assurer*

verzekerd • zeker *sure*; *assured*★ daar ben ik van ~ *I am sure of that* • gedekt *insured* ★ verplicht ~ *compulsorily insured*★ vrijwillig ~ *privately insured*

verzekerde *insured person*; *insurant*; *insured*

verzekeren I OV WW • stellig verklaren *guarantee*; ⟨betuigen⟩ *assure*★ dat verzeker ik je! *that I assure you!* • assureren *insure*; ⟨v. leven ook⟩ *assure*★ zich ~ tegen *insure o.s.*

against II WKD WW • zich zeker stellen *ensure*; *secure*★ hij verzekerde zich van haar medewerking *he secured her cooperation* ★ zich van een goed plaatsje ~ *secure a good place for o.s.* • zich overtuigen *make sure/certain (of)*★ hij verzekerde zich ervan dat ... *he made sure that ...*

verzekering • garantie *guarantee*; *assurance* • assurantie *insurance*; ⟨v. leven ook⟩ *assurance*★ all-risk~ *comprehensive insurance* ★ 'n ~ afsluiten *take out a policy/an insurance* ★ de ~ dekt de schade *the loss is covered by the insurance*★ sociale ~en *social insurance*; BE *national insurance*

verzekeringsagent *insurance agent*

verzekeringsinspecteur *(insurance) inspector*

verzekeringsmaatschappij *insurance company*; *assurance company*

verzekeringsplichtig *required to pay insurance*; *required to be insured*

verzekeringspolis *(insurance) policy*

verzekeringspremie *insurance premium*

verzelfstandiging *emancipation*; *the gaining of independence*; ⟨v. overheidsbedrijf⟩ *privatization*

verzenden *send*; *dispatch*; ⟨per post⟩ *mail*; ⟨voornamelijk naar nieuw adres⟩ *forward*; ⟨v. geld⟩ *remit*

verzendhuis *mail-order company/firm*

verzending *sending*; ⟨per post⟩ *mailing*

verzendkosten *mailing costs*; ≈ *p and p*

verzengen *scorch*; ⟨voornamelijk haar, stoffen⟩ *singe*★ de ~de hitte van de zon *the sweltering/blistering heat of the sun*

verzet • tegenstand *resistance*; *opposition*; ⟨opstand⟩ *revolt*★ in ~ komen tegen *offer resistance to*; *rebel against*★ ~ aantekenen tegen een vonnis *appeal against a sentence* ★ ~ is zinloos! *resistance is futile!* • verzetsbeweging *resistance*

verzetje *diversion*; *break*★ ik heb wel zin in een ~ *I could really do with a break*; *I quite fancy a break*

verzetsbeweging *resistance (movement)*

verzetshaard *pocket of resistance*; *hotbed*

verzetsstrijder *member of the resistance*; *resistance fighter*

verzetten I OV WW • van plaats veranderen *move(around)*; ⟨voornamelijk over klein stukje⟩ *shift*★ zijn horloge ~ *put one's watch forward/back*★ ik kan geen stap meer ~ *I can't walk another step* • uitstellen ⟨v. vergadering⟩ *put off* • verrichten ⟨v. werk⟩ *get through* • afleiding geven *divert* II WKD WW weerstand bieden *resist*★ zich tegen iets ~ *resist/oppose s.th.*; *offer resistance*

verzieken *spoil*; *ruin*★ de sfeer ~ *ruin the atmosphere*

verziend *long-sighted*; *far-sighted*

verziendheid *long-/far-sightedness*

verzilveren • met zilver bedekken *(coat/plate with) silver* • innen *cash*; ⟨v. aandelen e.d.⟩ *sell*; *cash*

verzinken I OV WW • diep inslaan *countersink* • galvaniseren *galvanize* II ON WW verdiept raken *be sunk/lost*★ in gedachten verzonken

lost in thought

verzinnen • uitdenken *make up; dream up; contrive* ★ hoe verzin je iets dergelijks? *how did you come up with such a thing?*
• uitvinden *invent; devise; think up* ★ ik zal er iets op moeten *I'll have to work out a way; I'll have to think/cook up s.th.*

verzinsel *invention;* ⟨v. drankjes⟩ *concoction* ★ het was maar een ~ van haar *it was just s.th. she made up*

verzitten *change position; shift one's position*

verzoek • vraag *request; appeal* op ~ van *at the request of* ★ een ~ om prijsopgave doen *send in a request for an estimate quotation; make a request for an estimate quotation*
• verzoekschrift *appeal;* FORM. *petition*

verzoeken • vragen *request; beg; ask;* FORM. *petition* ★ om *ask for; request* ★ om 'n echtscheiding ~ *petition for a divorce* ★ mag ik u om stilte ~? *may I have silence, please?*
• uitnodigen *invite* • beproeven ⟨de goden ~⟩ *tempt fate*

verzoeking *temptation* ★ iem. in ~ brengen *tempt a person*

verzoeknummer *request*

verzoekprogramma *request programme*

verzoekschrift *petition; appeal* ★ een ~ indienen *file a petition/an appeal*

verzoendag *day of reconciliation* ★ Grote Verzoendag *Day of Atonement; Yom Kippur*

verzoenen • goedmaken *reconcile* ★ zich met iem. ~ *be/become reconciled with s.o.* • vrede doen hebben *reconcile; appease* ★ met zijn lot verzoend *resigned to one's fate* ★ daar kan ik me wel mee ~ *I can live with that*

verzoening *reconciliation*

verzolen *resole*

verzorgd ⟨v. boek⟩ *carefully edited;* ⟨v. kleding⟩ *well-groomed;* ⟨v. maaltijd⟩ *excellent;* ⟨v. taalgebruik⟩ *polished;* ⟨v. tuin⟩ *well-kept* ★ slecht ~ *neglected;* ⟨m.b.t. uiterlijk⟩ *ill-kept;* ⟨m.b.t. uiterlijk⟩ *ill-groomed;* ⟨m.b.t. onderhoud⟩ *badly looked after*

verzorgen *look after; take care of;* ⟨v. dier, zieke⟩ *tend;* ⟨met geld en voedsel⟩ *provide for;* ⟨v. programma⟩ *be in charge of*

verzorger *attendant;* ⟨ook in dierentuin⟩ *caretaker*

verzorging *care; maintenance*

verzorgingsflat *service flat/accommodation;* ⟨voor bejaarden⟩ *sheltered housing/accommodation*

verzorgingsstaat *welfare state*

verzorgingstehuis *home for the elderly; rest home*

verzot *crazy/mad/wild (about); smitten (with);* ⟨verliefd⟩ *infatuated with*

verzuchten *sigh*

verzuchting *sigh;* ⟨klacht⟩ *lamentation* ★ een ~ slaken *heave a sigh*

verzuiling ≈ *compartmentalization along political and religious lines;* ≈ *sectarianism*

verzuim • nalatigheid *neglect; oversight* • het wegblijven *absence;* ⟨op school⟩ *non-attendance;* ⟨op 't werk⟩ *absenteeism*

verzuimen I OV WW nalaten *omit;* ⟨kans⟩ *miss;*

⟨plicht⟩ *neglect* ★ ~ een rekening te betalen *fail to pay a bill* II ON WW niet opdagen *be absent* ★ school ~ *be absent from school*

verzuimpercentage *absence rate*

verzuipen I OV WW • doen verdrinken *drown*
• TECHN. *flood* ★ de motor ~ *flood the engine*
• uitgeven aan drank ↑ *squander one's money on drink* II ON WW verdrinken *drown; be drowned* ★ in het werk ~ FIG. *be up to one's neck in work* ★ zij verzuipt in die jurk FIG. *she's lost in that dress*

verzuren I OV WW zuur maken *sour; turn/make sour* • vergallen ★ iem. het leven ~ *make life a burden to s.o.* II ON WW zuur worden *turn (sour); go off;* OOK FIG. *sour*

verzuring *acidification; souring*

verzwakken I OV WW zwakker maken *weaken; enfeeble* II ON WW zwakker worden *weaken; grow weak*

verzwakking *weakening*

verzwaren • zwaarder maken *make heavier* ★ met lood verzwaard *weighted with lead* • vergroten *make heavier; increase; strengthen;* ⟨v. vonnis⟩ *increase; enhance* ★ de dijken ~ *strengthen the dykes* ★ de lasten ~ ⟨m.b.t. belasting⟩ *increase the tax burden*

verzwelgen *swallow up; devour;* ⟨v. eten⟩ *gobble;* ⟨v. drank⟩ *guzzle*

verzwijgen *keep silent;* ⟨v. verbergen⟩ *conceal;* ⟨achterhouden⟩ *suppress* ★ iets voor iem. ~ *keep s.th. from a person*

verzwikken *sprain; twist* ★ zijn enkel ~ *twist one's ankle*

vesper • gebed *vespers; evensong* • avonddienst *evensong*

vest • deel van pak *waistcoat;* AE *vest* • soort trui *cardigan*

vestiaire *cloakroom*

vestibule *(entrance-)hall;* FORM. *vestibule;* ⟨in hotel, e.d.⟩ *lobby*

vestigen • richten *focus* ★ de aandacht op iets ~ *draw/call attention to s.th.* ★ zijn hoop ~ op *place/set one's hope(s) on* ★ zijn blik ~ op *fix one's eyes upon* ★ tot stand brengen *set up* ★ een bedrijf ~ *establish a business* ★ een nieuw record ~ *set up a new record*
• vastleggen ★ zijn naam ~ *make a name for o.s.* ★ 'n verkeerde indruk ~ *make a wrong impression* • nederzetten *establish; set up;* ↓ *settle (down)* ★ gevestigd zijn te... ⟨v. persoon⟩ *living (residing) at...;* ⟨v. zaak⟩ *have its seat at...* ★ zich ergens ~ *settle (down); establish o.s.* ★ zich ~ als ⟨huis⟩arts *set up (general) practice*

vestiging • het vestigen *establishment*
• nederzetting *settlement* • filiaal *establishment; branch*

vestigingsvergunning ⟨v. bedrijf⟩ *licence to open a new business;* ⟨v. beroep⟩ *licence to set up as a doctor;* ⟨m.b.t. wonen⟩ *residence permit*

vesting *fortress; stronghold*

vestingstad *fortified city/town*

vet I ZN ⟨smeer⟩ *grease;* ⟨vetweefsel⟩ *fat;* ⟨druipvet⟩ *dripping* ▼ iem. zijn vet geven *take s.o. to task; give s.o. a good talking-to*

▼ iem. in zijn eigen vet laten gaar koken *let a person stew in his own juice* ‖ BNW ● met veel vet *fat*; 〈v. melk〉 *creamy*; *full-cream* ● bevuild met vet *greasy* ● dik *fat*; 〈v. druk〉 *bold* ★ vet gedrukt *in bold/heavy type* ● vruchtbaar *rich* ★ vette grond *rich soil* ● INF. geweldig *cool*; *awesome* ★ een vette ringtoon *an awesome ringtone* ‖‖ TW geweldig *cool*; *awesome*

vetarm *low-fat*
vetbult *hump*
vete *feud*
veter *lace*; 〈v. laars〉 *boot-lace*; 〈v. schoen〉 *shoelace*
veteraan *veteran*
veteranenziekte *legionnaire's disease*
veterinair *veterinary surgeon*; INF. *vet*
vetgehalte *fat content*
vetkuif ● haardracht *quiff* ● persoon *greaser*
vetkussen *roll of fat*; INF. *spare tyre*
vetmesten *fatten (up)*
veto *veto* ★ zijn veto over iets uitspreken *veto s.th.* ★ recht van veto *right of veto*
vetoogje *fat globule*
vetorecht *(power/right of) veto*
vetplant *succulent*
vetpot ▼ geen ~ *no great riches/opulence*
vetpuistje *blackhead*
vetrand *line of grease (in pan)*
vetrijk *fatty*; 〈v. voedsel〉 *rich*; 〈op etenswaar〉 *high-fat (diet)*
vettig 〈m.b.t. vetweefsel〉 *fatty*; 〈met vet bedekt〉 *greasy*; 〈v. haar〉 *oily*; *greasy*
vettigheid *greasiness*; *oiliness*; 〈vetgehalte〉 *fat content*
vetvlek *grease spot/stain*
vetvrij ● geen vet opnemend *greaseproof* ● geen vet bevattend *fat-free*
vetzak *fat-guts*; *fatty*; AE *fatso*
vetzucht *fatty degeneration*
vetzuur *fatty acid* ★ enkel-/meervoudig onverzadigde vetzuren *mono-/polyunsaturated fatty acids*
veulen *foal*; 〈hengst〉 *colt*; 〈merrie〉 *filly*
vezel *fibre*; *thread*; *filament*
V-hals *V-neck* ★ een trui met ~ *a V-neck sweater*
via ● over, langs *via* ● door bemiddeling van *via*; *by way of* ★ ik hoorde via een collega ... *I heard through/from a colleague ...*
viaduct 〈bij elkaar kruisend wegen〉 *flyover*; 〈voor weg of spoor〉 *viaduct*
vibrafoon *vibraphone*
vibratie *vibration*; *oscillation*
vibrato *vibrato*
vibrator *vibrator*
vibreren I OV WW doen trillen *vibrate* ‖ ON WW trillen *vibrate*
vicaris *vicar*
vice- *vice-*; *deputy-*
vice versa *vice versa*
vicieus *vicious* ★ een vicieuze cirkel *a vicious circle*
victorie *victory* ▼ ~ kraaien over iem. *crow over a person*
video ● videoband *video (cassette)* ● videorecorder *video (cassette recorder)* ★ de

~ instellen *preset the video*
videoband *video tape*
videocamera *video camera*
videocassette *video cassette*
videoclip *video clip*; *music video*
videoconferencing *video conference*
video-opname *video recording*
videorecorder *video recorder*; *VCR*; *video casette recorder*
videospel *video game*
videotheek *videotheque*
viditel ® *viewdata*; 〈British TeleCom〉 *Prestel ®*
vief *lively*; *smart*; *dapper*
vier I ZN *four* ★ zij kreeg een vier voor Frans *she got a D in French* ▼ na veel vieren en vijven *with a bad grace* ‖ TELW *four* ★ onder vier ogen *privately*; *in private* ★ iets in vieren delen *divide s.th. in four*; *quarter s.th.* → acht
vierbaansweg *four-lane motorway*
vierde *fourth* ★ ten ~ *fourthly*; *in the fourth place* ★ drie ~ *three quarters* ★ het is vandaag de ~ *today is the fourth*; *it's the fourth today* → achtste
vierdelig *four-part*; 〈boekwerk〉 *four-volume*
vierdeursauto *saloon (car)*; AE *sedan*
vieren ● gedenken *celebrate*; 〈feest-, gedenkdag, e.d.〉 *observe* ★ dat moeten we ~ *that calls for a celebration* ● vereren *celebrate*; *honour* ★ laten schieten *pay out*; 〈v. boot〉 *lower* ★ een touw laten ~ *pay out rope*
vierendelen *draw and quarter*
vierhoek *quadrangle*
viering *celebration*; 〈gebeurtenis〉 *observance* ★ ter ~ van *in celebration of*
vierkant I ZN *square* ‖ BNW ● een ~e tafel *a square table* ★ zes voet in 't ~ *six feet square* ▼ een ~e kerel *a squarely-built fellow* ‖‖ BIJW *squarely*; ★ iem. ~ uitlachen *laugh outright at s.o.* ★ ~ weigeren *refuse flatly* ★ daar ben ik ~ tegen *I am dead against it*
vierkantsvergelijking *quadratic equation*
vierkantswortel *square root* ★ de ~ trekken *extract the square*
vierkwartsmaat *quadruple time*; *four four (time)*
vierling ● vier kinderen samen *quadruplets*; *quads* ● één kind *quadruplet*
vierspan ● span trekdieren *four*; 〈v. paarden〉 *four-in-hand* ● rijtuig *four-in-hand*; *coach-and-four*
viersprong *crossroads*
viertal *four*; 〈v. mensen〉 *four*; *foursome*
viervoeter ● viervoetig dier *quadruped*; *four-footed animal* ● rijdier *mount*; *horse*
viervoud *quadruple* ★ in ~ *in quadruplicate* ★ het ~ van een getal nemen *multiply a number by four*
vierwielaandrijving *four-wheel drive*
vies ● vuil *dirty*; *grubby*; 〈erg vies〉 *filthy* ● onsmakelijk *foul*; *filthy*; 〈spul, smaak〉 *nasty* ★ er hangt hier een vieze lucht *there's a foul/an offensive smell here* ● afkeer wekkend *nasty*; *revolting* ★ een vies gezicht zetten *pull a wry face* ★ ik ben daar niet vies van *I'm not averse to it* ● afkerig *fastidious*; *particular* ★ hij is er niet vies van *he is not*

averse to it • onfatsoenlijk *obscene; filthy*
★ een vieze mop *a dirty joke* ★ vieze taal
uitslaan *talk smut* • slecht *foul; filthy*
viespeuk *(dirty) pig*
Vietnam *Vietnam*
Vietnamees I ZN (de) *Vietnamese* ★ een
Vietnamese *a Vietnamese woman* II BNW
Vietnamese
viezerik *pig; slob;* ‹seksueel› *pervert*
viezigheid ‹toestand› *dirtiness; squalor;* ‹troep›
dirt; filth
vignet • merkteken *device; logo*
• boekversiering *vignette*
vijand *enemy* ★ iem. tot ~ maken *make an
enemy of s.o.*
vijandelijk *hostile; enemy*
vijandelijkheid *hostility*
vijandig ‹v. daad, houding› *hostile;* ‹behorend
tot de vijand› *enemy* ★ iem. ~ gezind zijn *be
hostile to a person* ★ ~-e vliegtuigen *enemy
aircraft*
vijandigheid • het vijandig zijn *hostility* • iets
vijandigs *hostility*
vijandschap *hostility; enmity*
vijf I ZN *five* ▼ geef me de vijf! *slap me five!;
give me five!; give me all fives!* II TELW *five*
▼ na veel vijven en zessen *after a great deal
of shilly-shallying* ▼ zij heeft ze alle vijf op
een rijtje *there are no flies on her* → acht
vijfde *fifth* ★ ten ~ *fifthly* ★ ~ deur *rear door;* ‹v.
auto› *hatchback* ★ een ~ deel *a fifth part*
→ achtste
vijfenzestigpluskaart *senior citizen pass*
vijfenzestigplusser *pensioner; senior citizen*
vijfhoek *pentagon*
vijfjarenplan *Five-Year Plan*
vijfje *fiver*
vijfkamp *pentathlon*
vijfling • vijf kinderen samen *quintuplets* • één
kind *quintuplet*
vijftien *fifteen* → acht
vijftiende *fifteenth* ★ vandaag is het de ~ *today
is the fifteenth; it's the fifteenth today*
→ achtste
vijftig *fifty* → acht
vijftiger *man/woman of fifty; man/woman in
his/her fifties*
vijftigste *fiftieth* → achtste
vijfvlak *pentahedron*
vijg *fig*
vijgenblad *fig leaf*
vijgenboom *fig tree*
vijl *file*
vijlen *file*
vijlsel *filings*
vijver *pond*
vijzel • vat *mortar* • krik *jack(screw)*
vijzelen *screw up; jack (up)*
viking *viking*
vilder *skinner;* (horse-)*knacker*
villa *villa* ★ een halve ~ *semi-detached house*
villadorp *villadom*
villapark *garden suburb*
villawijk ‹exclusief› *residential area/
neighbourhood*
villen *skin; flay* ▼ ik zou hem wel kunnen ~ *I*

could strangle him
vilt *felt*
vilten *felt*
viltje *beer mat; coaster*
viltstift *felt-tip (pen)*
vin *fin;* ‹v. zeehond› *flipper* ▼ ik kan geen vin
verroeren *I can't move a finger*
vinaigrette *vinaigrette*
vinden • aantreffen *find; discover;* ‹toevallig›
come across; happen/chance upon ★ bureau
voor gevonden voorwerpen *lost property
office* ★ het moet ergens te ~ zijn *it must be
around somewhere* • ondervinden *find; think*
★ iem. aardig ~ *like s.o.; take to s.o.* ★ hoe
vind je het? *what do you think of it?* ★ wat
vind je van hem? *what do you think of him?;*
‹sterker› *what do you make of him?* ★ ik vind
het goed/best *that's fine by me; it's all right
with me* ★ zou je het erg ~ als ... *would you
mind if ...* ★ wat vind je van een wandeling
how about going for a walk? ★ dat vind ik
niet aardig van haar *I don't think that is nice
of her* ★ ik vind er niets aan *I don't like it at
all* ★ ik begrijp niet wat ze aan hem vindt *I
don't understand what she sees in him* • het
eens worden ▼ zij kunnen het samen heel
goed ~ *they get on very well together* ★ ik ben
ervoor te ~ *I'm your man; I'm on* ▼ daar ben
ik wel voor te ~ *I'm in for it*
vindersloon *finder's reward*
vinding • het vinden *finding* • uitvinding
invention; discovery
vindingrijk *inventive; resourceful*
vindplaats *place where something is found;* ‹bij
opgraving› *site of find/discovery*
vinger *finger* ★ de ~ opsteken *put up/raise one's
hand* ★ iem. met de ~ nawijzen *point at a
person* ▼ iem. op de ~s kijken *watch a person
closely* ▼ iets door de ~s zien *overlook s.th.;
turn a blind eye to s.th.* ▼ iem. op de ~s
tikken *rap s.o.'s knuckles; rap a person over
the knuckles* ▼ lange ~s hebben *have sticky
fingers* ▼ als je hem een ~ geeft, neemt hij
de hele hand *give him an inch and he will
take an ell* ▼ de ~ op de zere plek leggen *put
one's finger on the spot* ▼ de ~ aan de pols
houden *keep a finger on the pulse* ▼ zich lelijk
in de ~s snijden *burn one's fingers* ▼ ik kan er
aan elke ~ wel een krijgen *I can get as many
as I like* ▼ hij is met een natte ~ te lijmen *he
doesn't have to be asked twice* ▼ zij kan hem
om haar ~ winden *she can twist him round
her (little) finger* ▼ dat kon je op je ~s
natellen *that was a foregone conclusion; you
should have known* ▼ groene ~s hebben *have
green fingers*
vingerafdruk *fingerprint*
vingerdoekje *napkin*
vingeren *finger*
vingerhoed *thimble*
vingerhoedskruid *foxglove*
vingerkootje *phalanx*
vingeroefening *finger exercise*
vingertop *fingertip* ★ iets tot in je ~pen voelen
feel s.th. right down to one's fingertips
vingervlug • handig *nimble-fingered*

• diefachtig *sticky-fingered*
vingerwijzing *hint; clue*
vingerzetting *fingering*
vink *chaffinch*
vinkentouw ▾ op het ~ zitten *lie in wait*
vinnig • hevig ⟨v. gevecht⟩ *fierce*; ⟨v. kou/
wind⟩ *bitter; biting; cutting* • bits *sharp*;
snappy • een ~ debat *heated debate*
vinyl *vinyl*
violet *violet*
violist *violinist*
viool *violin* ⋆ eerste ~ *first violin* ▾ de eerste ~
spelen *play first fiddle*
vioolconcert *violin concerto*
vioolkist *violin case*
vioolsleutel *G/treble clef*
viooltje *violet*; ⟨driekleurig⟩ *pansy* ⋆ Kaaps ~
African violet
vip *V.I.P.; very important person; celeb*
viriel *virile; manly*
virtual reality *virtual reality*
virtueel *virtual*
virtuoos *virtuoso*
virtuositeit *virtuosity*
virus *virus*
virusdrager *carrier of a virus*
virusziekte *viral disease*
vis *fish* ⋆ zo gezond als een vis *as fit as a fiddle*
▾ zich als een vis op het droge voelen *feel
like a fish out of water* ▾ iem. voor rotte vis
uitmaken *call s.o. every name in the book*
visafslag *fish auction; fish market*
visagist *cosmetician*
visakte *fishing licence*
visarend *osprey*
visboer *fish dealer; fishmonger*
visburger *fishburger*
viscose *viscose*
viscositeit *viscosity*
visgraat *fish bone*
vishaak *(fish) hook*
visie • zienswijze *vision*; ⟨gezichtspunt⟩ *(point
of) view* ⋆ hij is een man met ~ *he is a man
of vision* ⋆ hij heeft een andere ~ op de zaak
he has a different view of the matter • inzage
inspection
visioen *vision*
visionair *visionary*
visitatie *search*; ⟨kerkelijk⟩ *visitation*
visite • bezoek *visit*; ⟨kort⟩ *call* ⋆ bij iem. op ~
gaan *pay s.o. a visit*; *call on s.o.* • bezoekers
visitors; guests ⋆ ~ krijgen *have visitors
coming*
visitekaartje *business/calling card* ⋆ zijn ~
achterlaten *leave one's business/calling card*
visiteren ⟨v. persoon⟩ *search*; ⟨v. bagage⟩
examine; inspect
vismarkt *fish market*
visooglens *fish-eye lens*
visrestaurant *seafood restaurant*
visrijk *abounding in fish; rich in fish*
visschotel • gerecht *fish dish* • schaal *fish dish/
platter*
visseizoen *fishing season*
vissen • vis vangen *fish*; SPORT *fish*; *angle* ⋆ uit
~ gaan *go out fishing* ⋆ op haring ~ *fish for
herring* • trachten te krijgen *fish/angle for*
⋆ naar een complimentje ~ *fish/angle for a
compliment*
Vissen *Pisces*
vissenkom *fish bowl*
visser SPORT *angler; fisherman*; ⟨beroepsvisser⟩
fisherman
visserij *fishery*
vissersboot *fishing boat*
visserslatijn *fisherman's yarn(s)*
vissersvloot *fishing fleet*
vissnoer *fishing line*
visstand *fish stock*
visstick *fish finger*; AE *fish stick*
visstoeltje *lightweight foldaway chair for
anglers*
vistuig *fishing tackle/gear*
visualisatie *visualization*
visualiseren *visualize*
visueel *visual* ⋆ hij is ~ aangelegd *he belongs to
the visual type*
visum *visa*
visumplicht *visa requirement*
visvangst *fishing*
visvijver *fishpond*
viswater *fishing water*
viswijf *fishwife*
vitaal • wezenlijk *vital* • levenskrachtig *vital*;
vigorous ⋆ zij is nog erg ~ voor haar leeftijd
she's still full of vitality considering her age
vitaliteit *vitality; energy*
vitamine *vitamin*
vitaminegebrek *vitamin deficiency*
vitaminepreparaat *vitamin preparation*
vitaminerijk *rich in vitamins*
vitrage • gordijn *net (curtain)* • stof *net*
vitrine • etalage *shop window* • glazen kast
(glass) showcase
vitriool *vitriol*
vitten *find fault (with); carp/cavil (at)*
vivisectie *vivisection*
vizier • kijkspleet in helm *visor* • richtmiddel
sight ▾ met open ~ strijden *come out into the
open* ▾ in 't ~ krijgen *catch sight of*
vizierkijker *telescopic sight*
vizierlijn *line of sight*
vla • nagerecht ≈ *custard* ≈ vlaai *flan*
vlaag • windstoot *gust; squall*; ⟨regen, e.d.⟩
shower • uitbarsting *fit; burst* ⋆ bij vlagen *by
fits and starts* ⋆ in een ~ van
verstandsverbijstering *in a frenzy; in a fit of
insanity*
vlaai • taart *flan* • plak koeienpoep *cowpat*
Vlaams I ZN *Flemish* II BNW *Flemish*
Vlaamse *Flemish woman*
Vlaanderen *Flanders*
vlag *flag; colours* ▾ de vlag strijken *strike one's
flag* ▾ de vlag uitsteken *put out the flag*
⋆ onder valse vlag varen *sail under false
colours* ⋆ onder goedkope vlag varen *sail
under a flag of convenience* ▾ met vlag en
wimpel slagen *pass with flying colours* ▾ dat
staat als een vlag op een modderschuit *it's
quite out of place here*
vlaggen • SPORT *raise the flag* • de vlag
uithangen *hang/put out the flag(s)* ▾ je vlagt

your slip is showing
vlaggenmast *flag pole*
vlaggenschip *flagship*
vlaggenstok *flagstaff/pole*
vlagvertoon *showing the flag*
vlak I ZN • platte zijde *surface*; ⟨v. hand, zwaard⟩ *flat* • WISK. *plane* • gebied *field*; ⟨niveau⟩ *level* ★ dat ligt op een heel ander vlak *that's a different field altogether* II BNW • plat *flat*; *level* ★ met de vlakke hand *with the flat of the hand* ★ vlak maken *level* ★ vlakke meetkunde *plane geometry* • zonder nuance *flat* ★ vlak van toon *flat in tone* III BIJW recht *right* ★ vlak tegenover *directly opposite*; *right across* ★ iem. vlak aankijken *look a person straight in the face* ★ vlak om de hoek *just round the corner* ★ vlak achter je auto *right/close behind your car* ★ vlak boven *right over* ★ vlak bij de deur *close by the door* ★ tot vlak bij het huis *right up to house* ★ vlak in het begin *right at the beginning* ★ vlak voor ons *right in front of us*
vlakgom *eraser; rubber*
vlakte *plain*; ⟨v. ijs, water⟩ *sheet* ▼ zich op de ~ houden *be non-committal* ▼ iem. tegen de ~ slaan *knock a person down* ▼ jongen van de ~ *crook*; AE *shyster*
vlaktemaat *square measure; surface measurement*
vlakverdeling *division of a plane into congruent polygons*
vlam • vuur *flame* ★ in vlammen opgaan *go up in flames* ★ vlam vatten *catch fire; burst into flames* • geliefde *flame* ★ een oude vlam *an old flame* • tekening in hout *grain* ▼ de vlam sloeg in de pan *the fat was in the fire*
Vlaming *Fleming*
vlammen • vlammen vertonen *flame; blaze (up)* • fonkelen *blaze; flame* ★ haar ogen vlamden van woede *her eyes blazed with anger* ★ met ~de ogen kijken naar iem. *glare at s.o.*
vlammenwerper *flame-thrower*
vlammenzee *sea of flames*
vlamverdeler *flame tamer*
vlas *flax*
vlasblond *flaxen(-haired); tow-coloured*
vlashaar *flaxen hair*
vlassen I BNW van vlas *flaxen* II ON WW (op) ★ ~ op iets *look forward to s.th.*; *be eager for s.th.*
vlecht *braid*; *plait*
vlechten • door elkaar winden *plait; braid* • vlechtend vervaardigen *braid; plait*; ⟨v. krans⟩ *wreathe*; ⟨v. manden⟩ *make*; ⟨v. matten⟩ *weave*
vlechtwerk ⟨v. mand⟩ *basket-work; wicker-work*; ⟨fröbelwerk⟩ *mat-plaiting*
vleermuis *bat*
vlees • weefsel *flesh*; ⟨voor consumptie⟩ *meat* ★ een mens van ~ en bloed *a man of flesh and blood* ★ hij begint weer wat ~ op zijn botten te krijgen *he is beginning to flesh out* ★ diep in het ~ snijden OOK FIG. *cut to the quick/bone* • vruchtvlees *flesh*; *pulp* ★ ik weet wat voor ~ ik in de kuip heb *I know whom I am dealing with* ▼ weten wat voor ~ men in

de kuip heeft *know s.o. for what she/he is* ▼ het gaat hem naar den vleze *he's doing well*; *he is prospering* ▼ zijn eigen ~ en bloed *one's own flesh and blood*
vleesboom *fleshy growth*; MED. *fibroid (tumour)*; *myoma*
vleesetend *carnivorous*
vleeseter *carnivore*
vleesgerecht *meat course*
vleeshaak *meat hook*
vleeskleurig *flesh-coloured* ★ ~e panty's *flesh-coloured tights*
vleesmes *carving knife*
vleesmolen *mincer*
vleestomaat *breakfast tomato*
vleeswaren *meat-products*; *meats* ★ fijne ~ *assorted sliced meat*
vleeswond *flesh-wound*
vleet *herring net* ▼ meisjes bij de ~ *girls galore*
vlegel • lomperd *lout*; *yob* • kwajongen *brat*
vleien • overdreven prijzen *flatter* • hoopvol stemmen ~ met *flatter*; INF. *softsoap*; ⟨vnl. overreden⟩ *coax*; *wheedle* ★ zich ~ met *flatter o.s. with*
vleiend *flattering*
vleier *flatterer*; AE *sweet talker*
vleierij *flattery*
vlek I ZN (de) • vuile plek *stain*; *spot*; FIG. *stain*; ⟨veeg⟩ *smear*; *smudge*; FIG. *blot* • anders gekleurde plek *spot*; *stain*; ⟨v. koorts⟩ *blotch* II ZN (het) dorpje *a market-town*; *township*
vlekkeloos • zonder vlek *spotless*; *immaculate*; ⟨vnl. bestand tegen vlekken⟩ *stainless* • foutloos *perfect*
vlekken *stain*; *soil*
vlekkenmiddel *spot/stain remover*
vlekkerig I BNW *spotty*; *stained* II BIJW *full of spots*
vlektyfus *typhus*; *spotted fever*
vlekvrij • zonder vlekken *spot-free*; *spotless* • beschermd tegen vlekken *stainless*; ⟨textiel⟩ *stain resistant*
vlerk • vleugel *wing* • vlegel *lout*; *yob*
vleselijk • lichamelijk *physical* ★ ~e gemeenschap *carnal/animal lusts* • zinnelijk *carnal*
vleug ★ tegen de ~ instrijken *go against the grain*
vleugel • vliegorgaan *wing* ★ met de ~s slaan *beat its wings* ★ de ~s uitslaan FIG. *spread one's wings* • deel van vliegtuig *wing* • deel van gebouw *wing* • zijlinie *wing* ★ politieke ~ *political wing* • piano *grand piano* ★ iem. onder zijn ~s nemen *take s.o. under one's wing*
vleugellam • broken-winged • machteloos ★ iem. ~ maken *clip a person's wings*
vleugelmoer *wing/butterfly nut*
vleugelspeler *winger*
vleugelverdediger *winger*; *wing*
vleugje *flicker*; ⟨v. wind⟩ *breath*; ⟨v. hoop⟩ *ray*; ⟨v. leven⟩ *spark* • ~ parfum *a whiff of perfume* ★ een ~ geel *a touch of yellow*
vlezig *fleshy*; *meaty*; *plump*
vlieg *fly* ▼ iem. een ~ afvangen *steal a march on a person*; *score off a person* ▼ twee ~en in

vl

één klap slaan *kill two birds with one stone* ▾ hij doet geen ~ kwaad *he won't harm a fly*
vliegangst *fear of flying*
vliegas *fly ash*
vliegbasis *air base*
vliegbrevet *pilot's licence*
vliegdekschip *aircraft carrier*
vliegen I OV WW ● besturen *fly* ● vervoeren *fly* **II** ON WW ● door de lucht bewegen *fly* ★ over de Atlantische Oceaan ~ *fly the Atlantic* ● snellen *tear; rush; dart;* ⟨v. tijd⟩ *fly* ★ over de weg ~ *tear along* ▾ hij vliegt voor me *he is at my beck and call* ● snel voorbijgaan ★ de tijd vliegt voorbij *time flies* ▾ hij ziet ze ~ *he's got a screw loose*
vliegengaas *(window/door) screen(ing)*
vliegengordijn *(bamboo/bead) curtain*
vliegenier *pilot; flyer;* VERO. *aviator*
vliegenmepper *fly swatter*
vliegensvlug *like (greased) lightening*
vliegenvanger *flycatcher*
vlieger ● speelgoed *kite* ★ een ~ oplaten *fly a kite;* FIG. *see how the land lies;* FIG. *put out a feeler* ● piloot *pilot; airman; flyer* ▾ die ~ gaat niet op *that won't do; it's just not on*
vliegeren *fly kites/a kite*
vliegezwam *fly agaric*
vlieggewicht *flyweight*
vliegramp *air disaster; plane crash*
vliegtechniek *flying technique*
vliegtuig *airplane; aircraft*
vliegtuigbouw *aircraft construction*
vliegtuigkaper *hijacker; skyjacker*
vliegtuigkaping *hijacking*
vliegtuigmoederschip *aircraft carrier*
vlieguur *flight hour*
vliegvakantie *holiday by air*
vliegveld *airfield;* ⟨groot⟩ *airport;* ⟨klein⟩ *airstrip* ★ ~ Schiphol *Schiphol Airport*
vliegverbinding *flight connection*
vliegverkeer *air traffic*
vliegwiel *flywheel*
vlier *elder*
vliering *attic; loft*
vlies ● dun laagje ⟨op vloeistof⟩ *film;* ⟨op melk enz.⟩ *skin* ● velletje *skin* ● BIOL. *membrane*
vliet *brook; rivulet;* SCHOTS *burn*
vlijen ⟨v. zaken⟩ *lay down; arrange;* ⟨v. persoon⟩ *lay* ▾ hij vlijde zich dicht tegen haar aan *he snuggled close to her*
vlijmscherp *razor sharp* ★ een ~e tong *a sharp tongue*
vlijt *diligence; industry*
vlijtig *diligent; industrious*
vlinder *butterfly* ▾ ~s in zijn buik *butterflies in one's stomach*
vlinderdas *bow tie*
vlindernet *butterfly net*
vlinderslag *butterfly stroke*
vlo *flea* ★ onder de vlooien *flea-ridden*
vloed ● hoogtij *flood; (high) tide* ★ bij ~ *at high tide* ● overweldigende massa *flood;* ⟨v. tranen⟩ *rush;* ⟨v. (scheld)woorden⟩ *torrent;* ⟨v. tranen⟩ *flood* ● MED. *flow; discharge*
vloedgolf ● grote golf ⟨gevolg van vloed⟩ *ground swell;* ⟨gevolg van natuurramp⟩ *tidal*

wave ● grote hoeveelheid *tide*
vloedlijn *high water line; floodmark*
vloei ● sigarettenpapier *cigarette paper* ● absorberend papier *tissue paper; blotting paper*
vloeibaar ● kunnende vloeien *liquid; fluid* ★ ~ voedsel *liquid food* ● gesmolten *liquid; liquefied* ★ vloeibare waterstof *liquefied hydrogen* ▾ ~ metaal, steen *molten metal/rock*
vloeiblad ● vloeipapier *(piece of) blotting paper; blotter* ● onderlegger *deskmat; blotter*
vloeien ● stromen OOK FIG. *flow* ● vaginaal bloeden *flow;* ⟨in grote mate⟩ *flood*
vloeiend I BNW *flowing;* ⟨v. stijl⟩ *smooth* ★ in één ~e beweging *in one flowing move* **II** BIJW vlot *fluently* ★ ~ Frans spreken *speak French fluently*
vloeipapier ● absorberend papier *blotting-paper* ● dun papier *tissue paper;* ⟨v. sigaretten⟩ *cigarette paper*
vloeistof *liquid*
vloeitje *cigarette paper*
vloek ● verwensing *curse* ★ er ligt een ~ op dit huis *a curse rests on this house* ● krachtterm *oath; curse* ▾ in een ~ en een zucht *in a jiffy*
vloeken ● krachttermen uiten *swear (at); curse (at); use bad language* ★ ~ als een ketter *swear like a trooper* ● schril afsteken *clash (with)* ★ deze kleuren ~ met elkaar *these colours clash with each other*
vloekwoord *swearword*
vloer *floor* ★ zij komt hier veel over de ~ *she is in and out of the house a good deal; she is a regular visitor here* ▾ de ~ met iem. aanvegen *walk all over s.o.*
vloerbedekking *floor-covering* ★ vaste ~ ⟨tapijt⟩ *fitted carpets*
vloeren *floor; knock down*
vloerkleed *carpet;* ⟨klein⟩ *rug*
vlok *flake*
vlokkentest *chorionic villus sampling*
vlokkig ⟨v. zeep⟩ *flaky;* ⟨haar, watten⟩ *flocky*
vlonder ● slootplank *plank bridge* ● plankier *planking*
vlooien *flea*
vlooienband *flea collar*
vlooienmarkt *flea market*
vlooientheater *flea circus*
vloot ● oorlogsvloot *fleet; navy* ● groep schepen *fleet* ● luchtvloot *fleet*
vlootbasis *naval base*
vlootschouw *naval review*
vlot I ZN *raft* **II** BNW ● snel *prompt; smooth* ★ vlotte afwikkeling *prompt settlement* ★ die boeken gaan vlot van de hand *those books sell like hot cakes* ● gemakkelijk *ready;* ⟨stijl⟩ *fluent; smooth* ★ een vlotte pen *a facile/ready pen/hand* ★ een vlot spreker *a fluent/an easy speaker* ● ongedwongen *jovial; easy-going* ● drijvend *afloat* ★ vlot krijgen *set afloat*
vlotten *go smoothly* ★ 't gesprek vlotte niet *the conversation dragged* ★ het vlotte niet erg tussen die twee *they didn't hit it off very well* ★ het werk wilde helemaal niet ~ *we weren't making any headway/progress*
vlotter *float*

vlotweg *readily; easily; promptly*

vlucht • het vluchten *flight* ★ op de ~ slaan *take flight; flee* ★ de ~ in het verleden *escape into the past* ★ de ~ nemen naar *fly to; take refuge in* ★ op de ~ zijn voor de politie *be on the run from the police* ★ op de ~ neergeschoten *shot while trying to escape* • het vliegen • een vogel in de ~ *a bird on the wing* • vliegtocht *flight* ★ een ~ van drie uur *a three hour flight* • troep vogels *flock; flight* ▾ een hoge ~ nemen *assume large proportions*

vluchtauto *getaway car*

vluchteling *fugitive;* ⟨i.v.m. politiek, e.d.⟩ *refugee*

vluchtelingenkamp *refugee camp*

vluchten • ontvluchten *flee; escape;* ⟨toevlucht zoeken⟩ *take refuge* ★ ~ naar *flee to* ★ het land uit~ *flee (from) the country* • uitwijken *take refuge*

vluchthaven *port of refuge*

vluchtheuvel *traffic island*

vluchtig • snel vervliegend *volatile* • oppervlakkig *brief;* ⟨begroeting, inspectie⟩ *perfunctory;* ⟨blik⟩ *cursory* ★ een ~e kennismaking *a superficial acquaintance* ★ ~ bekijken *glimpse at* ★ iets ~ doornemen *skim/glance through sth.* • voorbijgaand *fleeting; passing* ★ ~ bezoek *flying visit* ★ een ~e maaltijd *a hasty meal; a snack*

vluchtleider *flight controller*

vluchtleiding *flight control/command*

vluchtleidingscentrum *flight control (centre)*

vluchtnummer *flight number*

vluchtrecorder *flight recorder; black box*

vluchtschema *flight schedule*

vluchtstrook *hard shoulder*

vluchtweg *escape route*

vlug I BNW • snel gaand *quick; fast;* ⟨m.b.t. lichaamsbeweging⟩ *agile; nimble* ★ vlug achter elkaar *in quick succession* ★ iem. te vlug af zijn *be too quick for s.o.* ★ vlugge vingers *nimble fingers* • snel handelend *quick* ★ hij is niet al te vlug *he's none too quick* • bijdehand *quick; sharp* ★ vlug van begrip zijn *be quick on the uptake* II BIJW • snel ★ vlug wat! *(be) quick!; look sharp!* ★ als je er niet vlug bij bent ... *if you are not quick about it ...*

vluggertje *quickie*

vlugschrift *pamphlet*

vlugzout *sal volatile; smelling salts*

vmbo voorbereidend middelbaar beroepsonderwijs ≈ *pre-vocational secondary education*

VN *UN; United Nations*

vocaal I ZN *vowel* II BNW *vocal*

vocabulaire *vocabulary*

vocalisatie *vocalization*

vocaliseren *vocalize*

vocalist *vocalist*

vocht • vloeistof *liquid;* MED. *fluid* • vochtigheid *moisture; dampness*

vochtgehalte *moisture content;* ⟨v.d. lucht⟩ *humidity*

vochtig *moist;* ⟨klimaat⟩ *humid;* ⟨ongewenst vochtig⟩ *damp; soggy* ★ iets ~ maken *moisten/dampen s.th.; wet s.th.*

vochtigheid • het vochtig zijn *moistness; dampness* • vochtgehalte *moisture;* ⟨v. lucht⟩ *humidity*

vochtigheidsgraad *humidity (level); degree/ level of humidity*

vochtigheidsmeter *hygrometer*

vochtvrij • zonder vocht *moisture free; free of moisture* ★ ~ bewaren *keep free of/from moisture* • vochtwerend *moistureproof; dampproof; damp-resistant*

vod *rag; tatter* ★ zijn kleren waren aan vodden *his clothes were in tatters* ★ iem. flink achter de vodden zitten *keep s.o. hard at it* ▾ iem. bij de vodden pakken *collar a person*

voddenbaal • prul *(piece of) trash* • mens *tramp*

voddenboer *old-clothes man; rag-and-bone man*

voeden I OV WW • voedsel geven *feed;* ⟨v. gasten⟩ *entertain* ★ zich ~ met *feed on* • zogen *feed;* ⟨v. baby's⟩ *nurse* ★ zij voedt haar kind zelf *she breast-feeds her baby* • aanwakkeren *foster;* ⟨hoop⟩ *cherish;* ⟨haat, liefde⟩ *nourish* II ON WW voedzaam zijn *be nourishing*

voeder *fodder*

voederbak *manger*

voederen *feed*

voeding • het voeden *feeding;* ⟨v. baby⟩ *feed* • voedsel *food; nutrition;* ⟨voor dieren⟩ *feed* ★ slechte ~ *malnutrition* • TECHN. ⟨v. machine⟩ *(power) supply;* ⟨kabel⟩ *lead*

voedingsbodem FIG. *breeding ground;* ⟨v. bacteriën⟩ *medium*

voedingsleer *dietetics*

voedingsmiddel *(article of) food; foodstuff* ★ gezonde ~en *healthy/wholesome foods* ★ tekort aan ~en *shortage of foods*

voedingspatroon *eating/feeding pattern*

voedingsstof *nutrient*

voedingswaarde *food/nutritional value*

voedsel *food; nourishment;* FIG. *food; fuel* ★ ~ geven aan geruchten *foster rumours* ▾ geestelijk ~ *mental food; food for thought*

voedselhulp *food aid*

voedselintolerantie *food intolerance*

voedselpakket • ingepakt eten *food parcel* • assortiment *food range*

voedselrijk *having food in abundance; having an abundant supply of food*

voedselvergiftiging *food poisoning*

voedselvoorziening *food supply*

voedster *wet nurse*

voedzaam *nutritious; nourishing*

voeg ⟨naad⟩ *seam* ★ uit zijn voegen barsten *come apart at the seams*

voegen I OV WW • verbinden *connect; join* • met specie opvullen *point* • ~ bij *add (to); join* ★ zich bij iem. ~ *join s.o.* ★ postzegels bij een verzameling ~ *add stamps to a collection* II WKD WW *adjust/conform (to);* ⟨naar wens⟩ *comply with* ★ zich ~ naar iemands wil *comply with s.o.'s wishes* ★ zich ~ naar de regels *conform to the rules*

voegijzer *jointer*

voegwoord *conjunction*
voelbaar • merkbaar *noticeable*; *palpable*
  • tastbaar *tangible*; *perceptible*
voelen I ov ww • gewaarworden *feel*
  • aanvoelen *feel*; *sense* ★ ik zal het hem goed
  laten ~ *I'll make it clear to him*; *I'll show him*
  ★ zijn macht doen ~ *make one's power felt*
  • bevoelen *feel for/after* ★ iemands pols ~ *feel
  s.o.'s pulse* II on ww • gewaarwording
  hebben *feel* ★ een steek in de borst ~ *feel a
  twinge in the chest* ★ het voelt warm/koud *it
  feels hot/cold* • ~ voor *fancy*; *feel like* ★ ik
  voel wel iets voor 't idee *I rather fancy/like
  the idea* ★ ik voel er niet veel/niets voor *I'm
  not very/not at all keen about it* III wkd ww
  ★ zich goed/ziek ~ *feel well/ill* ★ ik voel me
  een ander mens *I feel a new man/woman*
  ▼ zich heel wat *they think the world of
  themselves*; *they fancy themselves*
voelhoorn *tentacle* ▼ zijn ~s uitsteken *put out
  feelers*
voeling *feeling*; *touch* ★ ~ hebben met *be in
  touch with*
voelspriet *feeler*; *tentacle*; 〈v. insecten,
  schaaldieren〉 *antenna* [mv: *antennae*]
voer *feed*; *food*; FIG. *food*; 〈v. vee〉 *forage*
voeren • voeden *feed* • leiden *lead*; *bring (a p.)*
  ★ de reis voert deze keer naar Parijs *this time
  the trip goes to Paris* ★ wat voert u in 's
  hemelsnaam hierheen? *what on earth brings
  you here?* ★ dat zou me te ver ~ *that would
  be taking things too far*; *that would be
  exceeding my brief* • van voering voorzien
  line • hebben ★ het woord ~ *be the mouthpiece (for)*; *act as spokesman* ★ 'n titel ~ *bear a
  title* ★ lichten ~ *carry lights* ★ 'n vlag ~ *fly a
  flag* • doen plaatsvinden *carry on*; 〈v.
  onderhandelingen〉 *conduct* ★ oorlog ~ *wage
  war* ★ 'n politiek ~ *pursue a policy*
voering *lining*
voerman *driver*
voertaal *official language*; *medium of
  communication*
voertuig *vehicle*
voet • lichaamsdeel *foot* ★ voet aan wal zetten
  set foot ashore ★ geen voet buiten de deur
  zetten *not set foot outside the door* ★ te voet
  on foot ★ op blote voeten lopen *walk
  barefoot/on bare feet* ★ voetje voor voetje *foot
  by foot, inch by inch* • voetdeel van kous *foot*
  • onderste deel *foot*; 〈v. lamp, pilaar〉 *base*
  ★ de voet van een glas *the stem/base of a
  glass* ★ aan de voet van de heuvel *at the foot
  of the hill* • lengtemaat *foot* • versvoet *foot*
  • wijze, grondslag *footing*; *terms* ★ op voet
  van gelijkheid *on equal terms* ★ op dezelfde
  voet *on the same footing* ★ op goede/slechte
  voet staan met *be on good/bad terms with*
  ★ op te grote voet leven *live beyond one's
  income* ★ belastingvrije voet *personal tax
  allowance* ▼ zich uit de voeten maken *make
  o.s. scarce* ▼ iem. iets voor de voeten werpen
  lay blame at s.o. else's feet ▼ voet bij stuk
  houden *make a firm stand*; *stick to one's guns*
  ▼ op vrije voeten stellen *set free* ▼ op staande
  voet *on the spot*; *there and then* ▼ iem. op de

voet volgen *follow a person closely*; *dog a
  person's footsteps* ▼ vaste voet krijgen *obtain
  a foothold* ▼ met voeten treden *set at naught*;
  trample on ▼ onder de voet lopen *tread
  underfoot*; 〈v. een land〉 *overrun* ▼ iem. de
  voet dwars zetten *thwart a person*; *make
  trouble for a person* ▼ iem. ten voeten uit
  tekenen *give a full-length portrait of a person*
  ▼ dat is haar ten voeten uit *that is typical of
  her* ▼ veel voeten in de aarde hebben *take
  some doing* ▼ voetjes van de vloer! *shake a
  leg!*
voetangel *mantrap* ▼ ~s en klemmen *pitfalls*;
  snags
voetbad *foot-bath* ▼ koffie met een ~ *coffee
  slopped into the saucer*
voetbal I zn (de) bal *football* II zn (het) spel
  soccer; 〈niet in USA〉 *football*; ↑ *Association
  football*
voetbalelftal *soccer team/eleven*; 〈niet in USA〉
  football team ★ het Nederlandse ~ *the Dutch
  eleven/side*
voetbalknie *cartilage trouble in the knee*
voetballen *play soccer*; 〈niet in USA〉 *play
  (foot)ball*
voetballer 〈niet in USA〉 *soccer player*; *football
  player*; *footballer*
voetbalschoen *soccer shoe*; 〈niet in USA〉
  football shoe
voetbalveld *soccer ground/pitch*; 〈niet in USA〉
  football ground
voetbalwedstrijd *soccer game/match*; 〈niet in
  USA〉 *football game/match*
voetenbank *foot-rest*; *footstool*
voeteneinde *foot*
voetganger *pedestrian*; 〈op veerboot, e.d.〉 *foot-
  passenger*
voetgangersbrug *pedestrian bridge*; *footbridge*
voetgangersgebied *pedestrian area*; *pedestrian
  precinct*
voetgangerslicht *(pedestrian) crossing lights*
voetgangersoversteekplaats *pedestrian
  crossing*
voetlicht *footlights* ▼ voor 't ~ brengen *put on
  the stage*; *bring into the limelight*
voetnoot *footnote*
voetpad *footpath*
voetreis *walking-trip*
voetspoor *footprint*; *track* ▼ in iemands
  voetsporen treden *follow in a person's tracks*
voetstap • stap *footstep* • spoor *footprint*;
  footmark ▼ in iemands ~pen treden *follow/
  tread in a person's steps*
voetsteun *foot rest*
voetstoots *without further ado*; *out of hand*
  ★ ik kan dat niet ~ aannemen *I can't accept
  it just like that*
voetstuk *pedestal* ▼ iem. op een ~ plaatsen *put
  s.o. on a pedestal* ▼ iem. van zijn ~ stoten
  knock s.o. off his pedestal
voettocht *walking tour*; *hike*
voetveeg *doormat* ★ ik wil niet als ~ gebruikt
  worden *I don't want to be s.o.'s doormat*
voetvolk • gewone volk *rank and file*; *masses*
  • infanterie *foot-soldiers*; *infantry*
voetzoeker *firecracker*; *jumping jack*

voetzool *foot sole*; *sole (of one's foot)*

vogel • dier *bird* ★ zo vrij als een ~ in de lucht *as free as a bird (on the wing)* • persoon *customer*; *character* ★ een vroege ~ *an early bird* ★ een gladde ~ *a sly dog*; *a slippery customer* ▼ wat een vreemde ~ *what an odd customer* ▼ beter één ~ in de hand dan tien in de lucht *a bird in the hand is worth two in the bush*

vogelaar • vogelvanger *fowler*; *bird-catcher* • vogelliefhebber *bird-watcher*; *spotter*

vogelgriep *avian influenza*; INF. *bird flu*

vogelkooi *birdcage*

vogelnest *bird's nest* ▼ ze gingen ~jes uithalen *they went bird's-nesting*

vogelsoort *species of bird*

vogelspin *bird spider*

vogelstand *bird population*; *avifauna*

vogeltrek *bird migration*

vogelverschrikker *scarecrow*

vogelvlucht *bird's-eye view*

vogelvrij *outlawed* ★ iem. ~ verklaren *outlaw s.o.*

Vogezen *Vosges*

voicemail *voice mail*

voice-over *voice-over*

voile 〈sluier〉 *veil*

Vojvodina *Vojvodina*

vol • geheel gevuld *full (of)*; *filled (with)*; 〈v. bus, theater, trein〉 INF. *full (up)* ▼ we zitten helemaal vol *we're full up* ★ een glas vol schenken *fill a glass* ★ het huis staat vol rook *the house is thick with smoke* ★ het werk zit vol fouten *the work is full of/riddled with errors* ★ niet met een volle mond praten *don't talk with your mouth full* ★ een getal vol maken *complete a number* • vervuld ★ vol zijn van iets *be full of s.th.* • intens 〈v. kleur〉 *deep*; 〈v. geluid, kleur〉 *rich*; 〈v. geluid〉 *full* • bedekt *full (of)*; *covered (with)* ★ de grond lag vol met kranten en boeken *the ground was littered with books and papers* • rond *full* ★ volle maan *full moon* ★ een vol gezicht *a full/chubby face* ★ volledig 〈v. baan〉 *full-time*; 〈v. melk〉 *whole* ★ in het volle daglicht *in broad daylight* ★ volle dag *full day* ★ drie volle weken *three solid weeks* ★ je hebt het volste recht om... *you have a perfect right to...* ★ ten volle *fully*; *to the full* ▼ een volle neef/ nicht *a first cousin* ▼ hij wordt niet voor vol aangezien *he is not taken seriously*

volautomatisch *fully automatic*

volbloed I ZN *thoroughbred* II BNW • raszuiver *full-blooded*; *pedigree*; 〈v. paard〉 *thoroughbred* • door en door *out-and-out* ★ ik ben een ~ socialist *I am an out-and-out socialist*

volbouwen *build over*

volbrengen • uitvoeren *perform*; *carry out*; *fulfil* ★ een taak ~ *perform a task* • afmaken *complete*; *accomplish* ★ een reis ~ *complete/ accomplish a journey*

voldaan • tevreden *satisfied*; *content* ★ een ~ gevoel *a feeling of satisfaction* • betaald *paid*; 〈onder rekening〉 *received (with thanks)* ★ voor ~ tekenen *receipt (a bill)*

voldoen I OV WW betalen *pay*; *settle* II ON WW • bevredigen *be satisfactory* • ~ aan *satisfy* ★ aan een verzoek ~ *comply with a request* ★ aan de verwachtingen ~ *live/come up to expectations* ★ ~ aan de behoeften van ... *meet the needs of ...* ★ aan een bevel/eis ~ *obey a command/demand*

voldoende I ZN *pass* ★ een ~ hebben/halen voor Latijn *pass one's Latin* II BNW • bevredigend *adequate*; *(up) to the mark* ★ ~ zijn *suffice*; *be enough/sufficient* ★ ruimschoots ~ *ample*; *more than enough* • genoeg *enough*; *sufficient*

voldoening • betaling *payment*; *settlement* • tevredenheid *satisfaction*

voldongen *accomplished* ★ voor een ~ feit stellen *confront with a fait accompli*

voldragen *full-term*; *full-born*; FIG. *mature* ★ niet ~ *born prematurely*; *premature*

volgauto 〈in stoet〉 *car in a procession*; 〈bij wedstrijd〉 *(official) following car*

volgboot *dinghy*; *escort*; SPORT *umpire's launch*

volgeboekt *fully booked*; *booked up*

volgeling *follower*; REL. *disciple*

volgen I OV WW • achternagaan *follow*; 〈v. nabij〉 *dog*; *shadow* ★ een weg ~ *follow a road* • nabootsen ★ iem. blindelings ~ *follow s.o. through thick and thin* • handelen naar *follow*; 〈v. plan, beleid〉 *pursue* ★ iemands voorbeeld ~ *follow s.o.'s example* • bijwonen *attend*; 〈een cursus, e.d.〉 *follow* ★ colleges ~ *attend lectures* • begrijpen, bijhouden ★ ik kan je niet ~ *I can't follow you* II ON WW • erna komen *follow*; 〈in reeks〉 *be next* ★ wie volgt? *who is next?* ★ ~ op *follow after/on*; *succeed* ★ de reden is als volgt *the reason is as follows* • ~ uit *follow*; *ensue* ★ hieruit volgt dat... *(hence) it follows that...*

volgend *next* ★ de ~e keer *next time*

volgens • overeenkomstig *in accordance with* ★ ~ afspraak *as agreed* • naar mening van *according to* ★ ~ mij *in my view/opinion*

volgnummer *rotation number*; *serial number*; 〈v. brieven〉 *reference number*

volgooien *fill (up)* ★ wilt u de tank ~ met benzine? *fill her up, please!* ★ de tank ~ *fill up the tank*

volgorde *sequence*; 〈min of meer willekeurig〉 *order*

volgroeid *full(y)-grown*; *mature*

volgwagen *official/following car*; 〈v. tram e.d.〉 *trailer*

volgzaam *docile*

volharden *persevere*; *persist (in)* ★ in een besluit ~ *stick to one's decision*

volhardend *persevering*; *persistent*

volharding *perseverance*; *persistence*

volheid *fullness*

volhouden I OV WW • niet opgeven *carry on*; *keep up*; 〈de strijd〉 *maintain*; 〈v. rol〉 *sustain* • blijven beweren *maintain*; *insist* ★ hij hield vol dat het verhaal waar was *he insisted that the story was true* ★ bij hoog en bij laag ~ *maintain through thick and thin* II ON WW doorgaan *hold on*; ↓ *keep it up*; FORM. *persevere*

VO

volière *aviary*; *birdhouse*

volk • natie *people*; *nation* • bevolking *people* • lagere klassen *common people* ★ een man uit 't volk *a working-class man* • menigte ★ er was veel volk op de been *there were many people about* ★ onder 't volk brengen *popularize* • soort mensen *folk* ★ een raar volkje *queer folk* ▼ volk! *anybody there?*; ⟨in winkel⟩ *shop!*

volkenkunde *cultural anthropology*; ⟨vergelijkend⟩ *ethnology*; ⟨beschrijvend⟩ *ethnography*

volkenmoord *genocide*

volkenrecht *international law*

volkomen I BNW • volledig *complete* • volmaakt *perfect* II BIJW *absolutely*; *completely* ★ zij zijn het ~ eens *they are in complete agreement* ★ hij zat er ~ naast *he was completely wrong* ★ ~ zeker *quite certain*

volkorenbrood *wholemeal bread*

volks *common*; *popular*

volksboek *chapbook*

volksbuurt *working-class neighbourhood/area*

volksdans *folk dance*

volksdansen *folk dancing*

volksetymologie *folk/popular etymology*

volksfeest *national/popular festival*

volksfront *people's front*; *popular front*

volksgeloof • bijgeloof *superstition* • volksreligie *national religion*

volksgezondheid *public health*

volkshuisvesting *public housing*; ⟨dienst⟩ (public) housing department* ★ het ministerie van Volkshuisvesting, Ruimtelijke Ordening en Milieu (VROM) *Ministry for Housing, Regional Developments and the Environment*

volksjongen *working-class lad, ordinary boy*

volkslied • officieel nationaal lied *national anthem* • overgeleverd lied *folk-song*

volksmond ★ in de ~ *in everyday/popular language* ★ in de ~ noemt men dit ... *this is popularly called ...*

volksmuziek *folk music*; *traditional music*

volkspartij *people's party*

volksrepubliek *people's republic* ★ de Volksrepubliek China *the People's Republic of China*

volksstam • volk *tribe* • menigte *crowd*; *horde* ★ hele ~men *masses of people*

volksstemming *referendum*; *plebiscite* ★ een ~ houden *hold a referendum*

volkstaal • landstaal *national language* • informele taal *vernacular*; *common usage*

volkstelling *census* ★ een ~ houden *take a census*

volkstoneel *popular drama*; *amateur dramatics*

volkstuin *allotment (garden)*

volksuniversiteit ≈ *adult education centre*

volksverhuizing *migration of a nation* ★ de Germaanse ~en *the migration of the Germanic peoples*

volksverlakkerij *the misleading of public opinion*

volksvermaak *popular amusement*

volksvertegenwoordiger *representative (of the people)*; BE *member of parliament*; *M.P.*; AE *Congressman*

volksvertegenwoordiging *house of representatives*; *parliament*

volksverzekering *national/social insurance*

volksvijand *public enemy*

volksvrouw *working-class woman*

volkswijsheid *conventional wisdom*

volledig *complete*; *full* ★ ~ maken *complete* ★ ~ bevoegd *fully qualified* ★ een ~e bekentenis afleggen *make a full confession* ★ ~e betrekking *full-time job*

volledigheidshalve *for the sake of completeness*

volleerd *fully qualified*; ⟨ervaren⟩ *accomplished*; *consummate*; *perfect*

volleybal I ZN (de) bal *volleyball* II ZN (het) spel *volleyball*

volleyballen *play volleyball*

vollopen *get filled*; *fill (up)* ★ zich laten ~ ⟨met alcoholische drank⟩ *get tanked up*

volmaakt *perfect*

volmacht *power*; *authority*; *mandate*; JUR. *power (of attorney)* ★ bij ~ *by proxy* ★ onbeperkte ~ *full plenary powers* ★ iem. ~ geven om *authorize s.o. to*

volmatroos *able-bodied seaman*

volmondig *whole-hearted*; *unconditional*; *frank* ★ een ~ ja *a heartfelt/straight forward yes*

volop *plenty of*; *in abundance* ★ er is ~ *there is plenty* ★ men kan er ~ genieten van ... *one can fully enjoy...*

volpension *full board*

volpompen *fill*; *pump up*

volproppen *cram*; *stuff*; *pack* ★ zich ~ *stuff o.s.*

volslagen *complete*; *utter*; ⟨v. mislukking, vreemdeling⟩ *total* ★ dat is ~ onzin *that is utter nonsense* ★ hij is ~ getikt *he's raving mad*

volslank *well-rounded*; *plump*

volstaan • voldoende zijn *do*; *be sufficient*; *suffice* • ~ met *limit o.s. to* ★ daar kun je niet mee ~ *that is not enough*; *that won't do* ★ ik ~ met te zeggen... *suffice it to say...*

volstrekt *complete*; *absolute* ★ ~ niet *by no means*; *absolutely not* ★ een ~ belachelijk voorstel *a completely ridiculous suggestion*

volt *volt*

voltage *voltage*

voltallig *complete*; *full*; ⟨v. vergadering⟩ *fully attended*; *plenary* ★ we zijn ~ *we are all here*

voltarief *full rate*

voltigeren *vault*; *tumble*; *do acrobatics*; ⟨op paard⟩ *do tricks on horseback*

voltijdbaan *full-time job*

voltooien *complete*; *finish*

voltooiing *completion*

voltreffer *direct hit* ★ een ~ plaatsen *score a direct hit*

voltrekken I OV WW ⟨v. vonnis⟩ *execute*; ⟨v. huwelijk⟩ *perform*; *celebrate*; ⟨v. overeenkomst⟩ *complete* II WKD WW *occur*; *happen*

voltrekking ⟨v. vonnis⟩ *execution*; ⟨v. huwelijk⟩ *celebration*; *performing*

voluit *in full* ★ een woord/zijn naam ~ schrijven *write a word/one's name in full* ▼ ~ gaan *give one's all*; *pull out all the stops*; *go*

flat out
volume • inhoud *volume*; *content*
• hoeveelheid *bulk* • geluidssterkte *volume*;
loudness
volumeknop *volume control*
volumineus *voluminous*; *ample*
voluptueus *voluptuous*
volvet *full-cream*
volvoeren *fulfil*; *perform*; *accomplish*
volwaardig ⟨v. partner⟩ *fully-fledged*; ⟨v. munt⟩
undepreciated; *sound* • een ~ bestaan *a
satisfactory life* • een ~ lid *a full member*
volwassen *adult*; *grown*; *grown-up*; *mature*;
⟨planten, dieren⟩ *full-grown* • ~ gedrag *adult
behaviour* • ... en dat van een ~ vent! *he
should act his age!*
volwassene *adult*; *grown-up*
volwasseneneducatie *adult education*
volwassenheid *adulthood*; *maturity*
volzin (complete) *sentence*; TAALK. *period*
• spreken in ~nen *use well-turned sentences*
vondeling *abandoned child* • een kind te ~
leggen *abandon a child*
vondst • het vinden *finding*; *discovery* • het
gevondene *find* • een belangrijke
archeologische ~ *an important archeological
find* • bedenksel • er zitten wel een paar
leuke ~en in je verhaal *there are quite a few
felicitous phrases and ideas in the story*
vonk • gloeiend deeltje *spark* • FIG. hevig
gevoel • de vonk sloeg over *the spark flashed
across* • vonken schieten *flash*; *sparkle*
vonken *spark*; *sparkle*
vonnis *judgment*; ⟨strafmaat⟩ *sentence*; ⟨v. jury⟩
verdict • ~ vellen *pass/pronounce judgement/
sentence (on)*
vonnissen *pass sentence on*; *convict*; *condemn*
voodoo *voodoo*
voogd *guardian* • toeziend ~ *supervising
guard*; *warder*; ⟨v. kind⟩ *legal guardian*
voogdij *custody*; *guardianship*
voogdijraad *Guardianship Board*
voor I ZN (de) *furrow* II ZN (het) *pro* • de voors
en tegens *the pro's and cons* III BIJW
• voorafgaand aan *before* • aan de voorkant
van *in front* • voor in het boek *in the
beginning of the book* • voor je uit *in front of
you*; *ahead of you* • hij was voor in de dertig
he was in his early thirties • voor in de zaal *at
the front of the hall* • met voorsprong • hij
lag voor *he was leading* • de klok loopt drie
minuten voor *the clock is three minutes fast*
• A. stond voor met 2-0 *A. was leading by 2-
nil* • zij staan twee punten voor *they lead by
two points* • hij was mij voor *he forestalled
me* • pro for • ik ben er voor om te spelen *I
am for playing* • zij die voor zijn moeten
hun hand opsteken *all those in favour raise
their hands* IV VZ • eerder dan *before*; *ahead
of* • 5 minuten voor 2 *five minutes to two*
• aan de voorkant van *in front of* • in
tegenwoordigheid van • zich verbergen
voor iem. *hide for s.o.* • gedurende *for* • ik
ben voor twee weken op reis *I'll be travelling
for two weeks* • voor zijn leven verminkt
maimed for life • wat ... betreft • nogal groot

voor een studeerkamer *rather big, as studies
go* • net iets voor hem, om niet te komen
just like him, not to come • niet duur voor
dat geld *cheap at the price* • ik voor mij *I for
one* • ten bate/behoeve van *for* • ik deed het
voor jou *I did it for you* • kun je dit voor
jezelf houden? *can you keep this to yourself?*
• er is iets voor te zeggen *there is s.th. to be
said for it* • voor de lol *for fun* • het was
dokter voor en dokter na *it was doctor this
and doctor that* **V** VW *before*
vooraan *in front* • ~ staan *stand in front*; *be in
the front rank*; FIG. *rank first* • ~ instappen
get in at the front
vooraanstaand *leading*; *prominent*
vooraanzicht *front view*
vooraf *beforehand*; *previously* • even een
woord ~ *just a word before we start* • iets ~
nemen ⟨drank⟩ *have an aperitif*;
⟨voorgerecht⟩ *have an appetizer* • dat had je
~ moeten doen *you should have done that to
start with* • ~ te betalen *prepayable*
voorafgaan *precede*; *go before*
voorafje *appetizer*; *hors d'oeuvre*
vooral *especially*; *particularly* • ~ niet *on no
account* • ga ~ *by all means, go* • hij is ~ daar
goed in *that is his forte/speciality* • vergeet 't
~ niet *be sure not to forget it*; *whatever you
do, don't forget it* • sluit ~ de deur *be sure to
close/lock the door*
vooralsnog *as yet*; *for the time being* • ~
kunnen we bitter weinig doen *for the time
being there is precious little we can do*
voorarrest *detention on remand* • in ~ stellen
remand
vooravond • begin van de avond *early evening*
• avond voor iets *eve* • aan de ~ van ... *on
the eve of...*
voorbaat • bij ~ *in anticipation*; *in advance*
• bij ~ dank *thank you in advance* • al bij ~
verloren hebben *not stand a chance to win*
voorbarig *premature*; ⟨onbezonnen⟩ *rash*;
hasty
voorbeeld • iets ter navolging *example*; *model*;
pattern • naar het ~ van *after the example of*
• het goede ~ geven *set an example* • een ~
aan iem. nemen *follow s.o.'s example* • tot ~
stellen *hold up as an example* • iets ter
illustratie *example*; *instance*; *specimen* • bij ~
for example/instance • een ~ geven *give an
example* • 'n ~ aanhalen *cite an example*
voorbeeldig *exemplary*
voorbehoedmiddel *preventive*; MED.
prophylactic; ⟨tegen zwangerschap⟩
contraceptive
voorbehoud *reservation* • onder ~ dat *subject
to the condition that*; *provided that* • een ~
maken *make a reservation* • zonder ~
unreservedly; *without any reservation* • met
dit ~ *on this condition*
voorbehouden *reserve* • aan de koningin ~ *the
queen's prerogative* • zich het recht ~...
reserve the right... • ongelukken ~ *barring
accidents*
voorbereiden *prepare*; *be ready* • zich ~
prepare o.s.

VO

voorbereiding *preparation* ★ ~ treffen *make preparations*
voorbeschikken *predestine*
voorbeschikking *predestination*
voorbeschouwing *preview*
voorbespreking • gesprek *preliminary discussion* • reservering *advance booking/reservation*
voorbestemmen *predetermine; predestine*
voorbij I BNW afgelopen *past;* ⟨predikatief⟩ over ★ de winter is ~ *the winter has come to an end* II BIJW • langs *past; by* ★ je bent er vlak ~ gelopen *you passed right by it; you went right past it* • verder dan *beyond* ★ zijn we Almelo al ~? *have we passed Almelo yet?* III VZ langs *past; beyond*
voorbijgaan • passeren *pass (by); go by* ★ iem. ~ *pass s.o.* ★ in 't ~ *in passing; incidentally* • verstrijken *pass/go by;* ⟨v. duizeligheid⟩ *pass off* ★ vele jaren gingen voorbij *many years went/slipped by* ★ zij liet de gelegenheid ~ *she let the opportunity slip; she missed the opportunity* • ~ aan *pass over* ★ aan iem. ~ *pass s.o. over; leave a person out* ★ we kunnen niet aan die feiten ~ *we cannot ignore those facts* ★ met ~ van *ignoring; without regard to*
voorbijgaand *passing; transitory* ★ van ~e aard *of a temporary nature*
voorbijganger *passer-by*
voorbijpraten ★ zijn mond ~ *spill the beans;* AE *shoot one's mouth off*
voorbijstreven *outstrip; outpace; surpass*
voorbode *forerunner; herald;* ⟨voorteken⟩ *omen*
voordat *before*
voordeel • wat gunstig is *advantage* ★ in je ~ *to your advantage* ★ hij is in zijn ~ veranderd *he has changed for the better* ★ de voor- en nadelen kennen *know the advantages and disadvantages* ★ hij kent zijn eigen ~ niet *he does not know which side his bread is buttered on* • winst *advantage; benefit; profit* ★ ~ trekken uit *profit/benefit by* ★ zijn ~ doen met iets *take advantage of s.th.; turn s.th. to account* ★ met ~ *with advantage; with profit* • SPORT ⟨tennis⟩ *advantage* ★ de stand was 2-0 in het ~ van België *the score was 2-0 in favour of Belgium* ★ het ~ van de twijfel *the benefit of the doubt*
voordek *foredeck; forward deck*
voordelig *economical; advantageous; inexpensive*
voordeur *front door*
voordeurdeler *person sharing accommodation*
voordien *before (that); previously*
voordoen I OV WW • als voorbeeld doen *show; demonstrate* ★ ik zal 't je eens ~ *I'll show you (how to do it)* • aandoen *put on* II WKD WW • zich gedragen *present o.s.; pose as; make o.s. out* ★ hij doet zich goed voor *he makes a good impression* ★ zij weet zich aardig voor te doen *she knows how to make a good impression* ★ hij deed zich voor als schilder *he made himself out to be a painter; he posed as a painter* • plaatsvinden *occur; turn up;* ⟨v.

vraag, omstandigheid⟩ *arise*
voordracht • het voordragen MUZ. *recital;* ⟨v. gedicht⟩ *recitation;* ⟨wijze van uitvoeren⟩ *execution;* ⟨wijze van declameren⟩ *delivery* • nominatie *nomination;* ⟨lijst⟩ *short list; list of candidates* ★ zij staat als eerste op de ~ *she is number one on the short list* • lezing *lecture* ★ een ~ houden (over) *give a lecture (on)*
voordragen • ten gehore brengen MUZ. *execute; render;* ⟨v. gedicht⟩ *recite* • aanbevelen *nominate; propose* ★ Clinton werd als presidentskandidaat voorgedragen *Clinton was nominated for President*
voordringen *push forward/past; jump the queue*
vooreerst *as yet; for the present; for the time being*
voorfilm *short*
voorgaan • voor iem. gaan *go before; precede;* ⟨wegwijzen⟩ *lead the way* ★ gaat u voor *after you, please* ★ hij liet haar ~ *he let her go first* • voorrang hebben *take precedence* ★ zijn werk laten ~ *put one's work first* • het voorbeeld geven *set an example* • REL. *conduct* ★ ~ in een dienst *conduct a service*
voorgaand *preceding; former; last* ★ 't ~e *the foregoing* ★ in de ~e jaren *in the previous years*
voorganger • iem. die men opvolgt *predecessor* • REL. *pastor; minister*
voorgeleiden *bring in*
voorgenomen *intended; proposed* ★ de ~ maatregelen *the proposed measures*
voorgerecht *first course;* FORM. *entrée*
voorgeschiedenis ⟨v. zaak⟩ *(previous) history;* ⟨v. persoon⟩ *past history*
voorgeschreven *obligatory;* ⟨aantal⟩ *requisite;* ⟨medicijnen e.d.⟩ *prescribed;* ⟨tijdstip⟩ *appointed;* ⟨uniform e.d.⟩ *regulation*
voorgeslacht *ancestry; forefathers; ancestors*
voorgevel • gevel *face; façade* • boezem *boobs*
voorgeven *pretend*
voorgevoel *presentiment;* INF. *hunch* ★ angstig ~ *misgiving(s); anxious foreboding*
voorgoed *for good; once and for all*
voorgrond *foreground* ★ op de ~ treden *be prominent; be to the fore* ★ op de ~ staan *be in the foreground;* FIG. *hold a prominent place*
voorhamer *sledge-hammer*
voorhand *forehand* ★ op ~ *beforehand; in advance*
voorhanden ⟨in voorraad⟩ *on hand; in stock;* ⟨verkrijgbaar⟩ *available* ★ dit artikel is niet meer ~ *this article is out of stock/sold out*
voorhebben • voor zich hebben ★ wie denk je dat je voor je hebt? *who(m) do you think you are talking to?* • beogen *mean; intend* ★ wat heeft hij voor? *what is he up to?* ★ ik heb 't goed met je voor *I mean well by you* • als voordeel hebben ★ dat heeft hij op je voor *there he has the advantage of you* • dragen *have on*
voorheen *formerly; in former days* ★ ~ wonende te Groningen *formerly/late of Groningen*
voorhistorisch *prehistoric*
voorhoede *vanguard;* MIL. *advance guard;*

SPORT forward-line
voorhoedespeler forward
voorhoofd forehead
voorhoofdsholte sinus cavity
voorhoofdsholteontsteking sinusitis
voorhouden • voor iem. houden hold (s.th.) before (a p.) ★ iem. een spiegel ~ hold up a mirror to s.o. ★ wijzen op impress (upon); confront ★ iem. de noodzaak van iets ~ impress on s.o. the necessity of s.th.
voorhuid foreskin
voorin ⟨in bus, e.d.⟩ in front; ⟨in boek⟩ at the beginning
vooringenomen prejudiced; biased ★ ~ zijn tegen iem. be prejudiced against s.o.
voorjaar spring
voorjaarsmoeheid springtime fatigue
voorkamer front room
voorkant front
voorkauwen ★ iem. iets ~ spell s.th. out to s.o.
voorkennis foreknowledge ★ buiten mijn ~ unknown to me; without my knowledge ★ handelen met ~ act with prior knowledge
voorkeur preference ★ bij ~ preferably ★ de ~ geven aan prefer ★ de ~ verdienen be preferable (to)
voorkeursbehandeling preferential treatment
voorkeurspelling preferred spelling
voorkeurstem write-in (vote)
voorkeurzender pre-set station
voorkoken • voorbereiden spoonfeed • vooraf koken precook
voorkomen¹ I ZN uiterlijk appearance; looks ★ dat geeft alles een heel ander voorkomen that makes things look a lot different II ON WW • gebeuren occur; happen ★ het komt nog regelmatig voor dat ... it still happens regularly that... • te vinden zijn occur; be found ★ rugklachten komen in zijn familie veel voor back troubles occur frequently in his family • JUR. appear (in court); come before ★ zij moet morgen voorkomen she has to appear in court tomorrow • toeschijnen look to; seem; appear ★ het komt ons onwaarschijnlijk voor it looks improbable to us
voorkomen² prevent ▼ voorkomen is beter dan genezen prevention is better than cure
voorkomend considerate; obliging
voorlaatst last but one; penultimate ★ de ~e keer the last time but one ★ het accent valt op de ~e lettergreep the stress falls on the penultimate syllable
voorlangs along/across the front of something
voorleggen submit (to); lay/put before ★ iem. een vraag ~ put a question to s.o. ★ iets aan de vergadering ~ put s.th. to the meeting
voorleiden bring up; bring before
voorletter initial (letter)
voorlezen ⟨aan kinderen⟩ read (to); ⟨aankondiging⟩ read (out) ★ de aanklacht ~ read the charge
voorlichten inform; enlighten (on) ★ niet goed voorgelicht zijn be misinformed
voorlichting information; guidance; advice ★ seksuele ~ sex education ★ iem. seksuele ~

geven tell s.o. the facts of life; tell s.o. about the birds and bees
voorlichtingsbrochure information brochure
voorlichtingscampagne information campaign
voorlichtingsdienst information service
voorlichtingsfilm information film
voorliefde predilection; preference ★ een ~ hebben voor have a predilection for; have a special liking for
voorliegen ★ iem. ~ lie to s.o.
voorliggen • aan de voorkant liggen be in front • verder zijn be ahead of s.o.; have a lead over s.o. ★ hij ligt ver voor he is way ahead
voorlijk precocious
voorlopen • voorop lopen walk in front • te snel gaan be fast; gain ★ mijn horloge loopt elke dag tien minuten voor my watch gains ten minutes a day
voorloper precursor; forerunner
voorlopig I BNW provisional; temporary ★ ~ verslag interim report II BIJW for the time being; for now ★ ~ blijft hij een weekje thuis to begin with he'll stay home for a week
voormalig former
voorman • ploegbaas foreman • leider leader
voormiddag • ochtend morning • deel van middag early afternoon
voorn ⟨blanke voorn⟩ roach; ⟨grondelvoorn⟩ minnow
voornaam¹ first name; Christian name
voornaam² • eminent distinguished ★ een voornaam voorkomen a dignified/ distinguished appearance/bearing • belangrijk main; leading ★ dat is het voornaamste that is the main/most important thing
voornaamwoord pronoun
voornaamwoordelijk pronominal
voornamelijk mainly; principally; chiefly
voornemen I ZN intention ★ goede ~s maken make good resolutions ★ goede ~s hebben have good intentions II WKD WW resolve; determine; make up one's mind (to) ★ zich vast ~ om ... firmly resolve to ...; make up one's mind to ...
voornemens intending; planning ★ ~ zijn om ... be planning to ...
voornoemd abovementioned; aforementioned
vooronder forecastle; fo'c'sle
vooronderstelling • vermoeden presupposition • voorwaarde prerequisite
vooronderzoek preliminary investigation
vooroordeel prejudice; bias
vooroorlogs prewar
voorop • aan de voorkant in front • aan het hoofd in front; in the lead ★ ~ gaan lead the way • eerst first ★ dat staat ~ that's the main thing; that comes first
vooropleiding preliminary/preparatory training
vooroplopen • aan het hoofd lopen walk/run in front ★ hij liep voorop in de demonstratie he led the way in the demonstration • voorbeeld geven lead the way; be at the forefront
vooropstellen assume; presuppose; ⟨als belangrijkste⟩ put first ★ vooropgesteld dat

vo

assuming that ∗ het belang van de zaak ~ put the interest of the business first

voorouder ancestor ∗ ~s ancestors mv; forefathers mv

voorover forward; prostrate; head first; headlong

voorpagina front page

voorpaginanieuws front-page news

voorplecht forward deck; ⟨verhoogd⟩ forecastle, fo'c'sle

voorpoot foreleg; forepaw

voorportaal vestibule; porch

voorpost outpost

voorpret anticipatory pleasure

voorproef (fore)taste ∗ een ~je van het New Yorkse uitgaansleven a taste of the New York nightlife

voorprogramma support act

voorprogrammeren pre-program

voorpublicatie pre-publication

voorraad stock; supply; store ∗ in ~ hebben have in stock; have on hand ∗ ~ aanleggen van stock up ∗ uit ~ leverbaar available from stock

voorraadkast larder; store cupboard

voorradig in stock; in store ∗ in alle maten ~ available in all sizes

voorrang precedence; ⟨ook m.b.t. verkeer⟩ priority; ⟨in verkeer⟩ right of way ∗ de ~ hebben boven have priority over; take precedence over ∗ om de ~ strijden fight for supremacy ∗ (verkeer van) rechts ~ geven give way to the right ∗ een auto ~ verlenen give (right of) way to a car; yield to a car

voorrangsbord right-of-way sign

voorrangskruising intersection with main| major road

voorrangsweg major road; main road

voorrecht privilege; FORM. prerogative

voorrijden ∗ voorop rijden drive/ride at/in (the) front ∗ voor de deur rijden drive up to the front (entrance) ∗ de auto ~ bring the car round to the front

voorrijkosten ≈ visiting expenses [mv]

voorronde qualifying/preliminary round

voorruit windscreen

voorschieten advance ∗ ik kan het je niet ~ I can't lend you the money

voorschijn ∗ te ~ brengen/halen take | bring out; produce ∗ te ~ komen show/turn up; emerge ∗ te ~ schieten dart out

voorschot advance; loan ∗ iem. een ~ geven give s.o. an advance/a loan

voorschotelen ∗ opdienen dish/serve up ∗ vertellen present to ∗ hij schotelde ons zijn plannen voor he presented his plans to us

voorschrift het voorschrijven prescription; direction ∗ op ~ van de dokter on/under doctor's orders ∗ regel (reglement) regulation ∗ tegen de ~en against the regulations

voorschrijven prescribe ∗ lichaamsbeweging ~ prescribe exercise ∗ de wettelijk voorgeschreven termijn the legally required period ∗ zich niets laten ~ refuse to be dictated to

voorseizoen early season

voorselectie preselection

voorsorteren get in lane ∗ rechts/links ~ get in the right-|left-hand lane

voorspannen ∗ voor iets spannen hang in front (of) ∗ van tevoren spannen prestress

voorspel ∗ inleiding MUZ. prelude; overture; ⟨toneel⟩ prologue; FIG. prelude ∗ liefdesspel foreplay

voorspelen play

voorspellen ∗ voorspelling doen predict; forecast ∗ iem. de toekomst ~ tell s.o. his future ∗ ik heb het altijd al voorspeld I always told you so ∗ beloven promise ∗ die lucht voorspelt niet veel goeds the sky doesn't look very promising; the sky looks threatening

voorspelling prophecy; prediction; ⟨v.h. weer⟩ forecast ∗ de ~ voor de komende week the forecast for the coming week

voorspiegelen ∗ iem. iets ~ hold out false hopes to a person

voorspoed prosperity ∗ ~ hebben prosper; flourish ∗ voor- en tegenspoed ups and downs

voorspoedig ∗ gunstig successful ∗ gelukkig prosperous; flourishing

voorspraak ∗ bemiddeling intercession (with); mediation ∗ op ~ van at the intercession of ∗ persoon advocate; intercessor; mediator ∗ iemands ~ zijn bij intercede for s.o. with; put in a (good) word for s.o. with

voorsprong (head)start; lead; FIG. advantage ∗ een ~ hebben op iem. have a headstart on s.o. ∗ een goede opleiding geeft je een ~ in je carrière a good education gives you a (head)start in life

voorst I BNW first; foremost ∗ de ~e rij the front/first row II BIJW first

voorstaan ∗ voorstander zijn ⟨v. idee⟩ advocate; ⟨v. doel⟩ champion ∗ voor iets staan be in front ∗ de auto staat voor the car is at the door ∗ heugen ∗ daar staat me iets van voor I seem to remember that ∗ zich laten ~ op pride o.s. on

voorstad suburb

voorstadium preliminary/early stage(s)

voorstander advocate; champion ∗ ik ben er geen ~ van I don't believe in it

voorstel proposal; suggestion; ⟨v. wetswijziging⟩ bill ∗ op ~ van on the proposal of; at the suggestion of ∗ een ~ indienen move/table a proposal/motion

voorstellen I OV WW ∗ presenteren introduce ∗ mag ik u even ~, mijnheer A. may I introduce you to Mr. A.?; INF. I'd like you to meet Mr A. ∗ zij werd aan de koningin voorgesteld she was presented to the queen ∗ als plan opperen propose; suggest; make a suggestion ∗ ik stel voor de vergadering te verdagen I move/propose that the meeting be adjourned ∗ betekenen ∗ wat moet dit ~? what is this supposed to mean/be? ∗ dat stelt niets voor that doesn't mean anything/a thing ∗ verbeelden depict; represent ∗ 't is niet zo erg als zij het ~ it is not as bad as they make out ∗ wat moet dit schilderij ~? what is this supposed to be a picture of? ∗ de rol spelen

represent II WKD WW • zich indenken *imagine* ★ stel je voor! *just fancy!* ★ ik kan 't mij niet ~ *I can't imagine/conceive it* ★ zij stelt zich er veel van voor *she expects much will come of it*; *she has great hopes of it* ★ ik kan mij het dorp nog ~ *even now I can recall the village* • van plan zijn *intend*; *mean* ★ ik stel mij voor spoedig te vertrekken *I intend/mean to leave soon* ★ ik had me dat anders voorgesteld *that's not how I planned it*; *that's not how I meant it to be*

voorstelling • vertoning *show*; *performance*; ⟨v. toneel⟩ *play* ★ doorlopende ~ *continuous/non-stop performance* • afbeelding *representation* • denkbeeld *idea*; *notion* ★ zich een ~ maken van iets *imagine s.th.* ★ ik had daar een heel andere ~ van *I had a quite different view of the matter* ★ verkeerde ~ van zaken *misrepresentation*

voorstellingsvermogen *imagination*

voorsteven *stem*

voorstudie *preparatory study*

voorstuk *front part*

voort *on*; *onwards*; *forward*

voortaan *from now on*; *in future*; FORM. *henceforth*

voortand *front tooth*

voortbestaan *survival*; *(continued) existence*

voortbewegen *drive*; *propel* ★ zich ~ *move (on)*

voortborduren ★ op een thema ~ *embroider/elaborate on a theme*

voortbrengen • doen ontstaan *produce*; *create*; *bring about* ★ nationalisme heeft rampen voortgebracht *nationalism has brought about disasters* • opleveren *bring forth*

voortbrengsel *product*

voortduren *continue*; *last*; *wear/drag on*

voortdurend *constant*; *continual*; *continuous* ★ een ~e bron van hilariteit *a constant source of hilarity*

voorteken *sign*; *omen*

voortent *front bell*

voortgaan *go on*; *continue*

voortgang • voortzetting *continuation*; *advancement* ★ ~ vinden *proceed*; *go on* • vooruitgang *progress* ★ ~ maken *make headway*

voortgezet *continued* ★ ~ onderwijs *secondary education*

voorthelpen *help along*; *assist*

voortijdig *premature*

voortjagen I OV WW opjagen *drive something on/along*; *push s.o. on/along* II ON WW rusteloos zijn *hurry*

voortkomen • voortvloeien *stem/follow (from)* ★ daar kan niets goeds uit ~ *nothing good can come from it* • afkomstig zijn *stem/originate from*

voortleven *live on*

voortmaken *hurry (up)*; *make haste* ★ maak voort of je komt te laat *get a move on or you'll be late*

voortouw ▼ het ~ nemen *take charge/the lead*

voortplanten I OV WW vermenigvuldigen *reproduce*; *multiply*; *breed* II WKD WW van zaken *be transmitted*; *travel* ★ licht plant zich voort in golven *light is transmitted in waves*

voortplanting • vermenigvuldiging *reproduction*; *multiplication*; *breeding* ★ geslachtelijke/ongeslachtelijke ~ *sexual/asexual reproduction* • verbreiding ⟨v. soort⟩ *propagation*; ⟨v. licht e.d.⟩ *transmission*

voortreffelijk *excellent*

voortrekken *favour*; *give preference to* ★ iem. ~ *favour a person*

voortrekker *pioneer*

voorts *furthermore*; *besides*; *moreover*

voortschrijden *proceed*; *advance* ★ met het ~ der jaren *with each passing year*

voortslepen *drag along* ★ zich ~ *linger*; FIG. *drag on*

voortspruiten *spring/stem/result from*

voortstuwen *drive on*; *propel*

voortstuwing *propulsion*

voorttrekken I OV WW vooruittrekken *drag*; *pull* II ON WW verder trekken *move on/forward*

voortuin *front garden*

voortvarend *energetic*; *dynamic*; ⟨in ongunstige zin⟩ *pushy* ★ zij is heel erg ~ *she has plenty of go*; *she is s.o. with a lot of drive*

voortvloeien *result (from)*; *arise (out of/from)*

voortvluchtig *fugitive*

voortwoekeren *fester*; *spread (insidiously)*

voortzetten *continue*; *go on with*; *carry on*; *proceed with* ★ de onderhandelingen ~ *continue (the) negotiations*

voortzetting *continuation*; ⟨na pauze⟩ *resumption*

vooruit I BIJW • verder *forward* ★ daar kunnen we een poosje mee ~ *this will keep us going for a while* ★ recht ~ *straight ahead* ★ ik niet voor- of achteruit *I'm completely stuck* • van tevoren *in advance*; *beforehand* ★ had ik dat maar ~ geweten *if only I had known in advance* ★ zij was haar tijd ver ~ *she was far ahead of her time* II TW *come on!*; *go ahead!* ★ ~ nou! *come on now!*

vooruitbetalen *pay in advance*

vooruitbetaling *prepayment*; *payment in advance*

vooruitblik *preview*

vooruitdenken *think ahead*

vooruitgaan • voorop gaan *lead the way*; *go on before* • voorwaarts gaan *progress*; *go forward* • vorderingen maken *improve*; *get on*; ⟨v. barometer⟩ *rise* ★ zij gaat goed vooruit *she is making good progress* ★ de buurt is er niet op vooruitgegaan *it hasn't done the neighbourhood much good* ★ we zijn er financieel niet op vooruit gegaan *we are no better off financially* • van tevoren gaan *go on ahead*; *precede*

vooruitgang *progress*; *advance*; ⟨verbetering⟩ *improvement*

vooruitkijken *look ahead*

vooruitkomen *make headway*; *get on/ahead* ★ in de wereld ~ *make one's way in the world*; *get on in the world*

vooruitlopen • voorop lopen *go on ahead* • anticiperen *anticipate* ★ op de dingen vooruit lopen *anticipate things*; *run ahead of*

VO

things

vooruitstrevend *progressive*; *go-ahead*

vooruitzicht *prospect*; *outlook* ★ iets in het ~ stellen *hold out a prospect of s.th.*

vooruitzien *look ahead/forward*; *anticipate*

vooruitziend FORM. *prescient*; ⟨v. beleid⟩ *farsighted* ★ ~e blik *foresight*

voorvader *ancestor*; *forefather*

voorval *incident*

voorvallen *happen*; *occur*

voorvechter *champion*; *advocate*

voorverkiezing *preliminary election*; AE *primary (election)*

voorverkoop ⟨in winkel⟩ *advance sale*

voorverpakt *prepacked*; *packaged*

voorverwarmen *preheat*

voorvoegsel *prefix*

voorvoelen *sense in advance*; *anticipate*

voorwaarde *condition*; *stipulation*; ⟨handel⟩ *terms* [mv]; ⟨vereiste⟩ *requirement* ★ onder geen ~ *on no account* ★ de ~ stellen dat ... *make the condition that ...*; *stipulate that ...* ★ een eerste ~ *a prerequisite*

voorwaardelijk ⟨onder bepaalde voorwaarde⟩ *conditional* ★ ~e veroordeling *conditional/suspended sentence* ★ ~ ontslaan ⟨uit de gevangenis⟩ *release on parole* ★ ~ veroordelen *bind over*; ⟨proeftijd⟩ *put on probation*; ⟨proeftijd⟩ *give a suspended sentence* ★ een ~ in vrijheid gestelde gevangene *prisoner on parole* ● TAALK. *conditional*

voorwaarts I BNW *forward* II BIJW *forward* ★ een stap ~ maken *take a step forward*

voorwas *prewash*

voorwenden *feign*; *pretend*

voorwendsel *pretext*; *pretence*; INF. *blind* ★ onder ~ van *under/on the pretext of*

voorwereldlijk *prehistoric*; FIG. *ancient*

voorwerk ● voorafgaand werk *preliminary work* ★ ~ verrichten voor een vergadering *do preliminary work for a meeting* ● deel van boek *preliminary pages*

voorwerp ● ding *object* ★ gevonden ~en *lost and found* ● TAALK. *object* ★ lijdend ~ *direct object* ★ meewerkend ~ *indirect object*

voorwetenschap *foreknowledge*

voorwiel *front wheel*

voorwielaandrijving *front-wheel drive* ★ auto met ~ *front-wheel drive car*

voorwoord *preface*; *foreword*

voorzeggen *prompt*

voorzet SPORT *cross(pass)* ★ een goede ~ geven *send in a good cross*; FIG. *do the ground work for s.o.*

voorzetsel *preposition*

voorzetten I OV WW ● plaatsen voor *put (s.th.) before (a p.)* ● vooruit zetten *put/set forward* II ON WW *centre*

voorzichtig I BNW *careful*; *cautious*; FORM. *prudent* ★ in ~e bewoording *in guarded language* II TW *watch out!*; *(be) careful!*; *caution!*

voorzichtigheid *caution*; *care*; *prudence*

voorzichtigheidshalve *by way of precaution*

voorzien ● zien aankomen *foresee*; *anticipate*

★ dat was te ~ *that was to be expected* ★ niet te ~e gevolgen *unforeseeable consequences* ● ~ in *provide (for)*; ⟨behoefte⟩ *meet*; *supply*; ⟨v. vacature⟩ *fill (up)* ● ~ van *provide/supply with* ★ zich ~ van *provide o.s. with* ★ ~ van een veiligheidsslot *fitted with a safety lock* ★ goed ~ ⟨v. kelder⟩ *well-stocked*; ⟨v. tafel⟩ *well-spread* ★ ik ben al ~ *I've already been seen to*; *I've got what I need* ▼ het op iem. ~ hebben *be after s.o.*

voorzienigheid *providence*

voorziening ● het voorzien *provision* ★ ter ~ in zijn levensonderhoud *in order to make his living* ● faciliteit *facilities* ★ sanitaire ~en *sanitary facilities* ★ een huis met alle ~en *a house with all conveniences* ● sociale ~en *social services* ● maatregel *provision*; *supply* ★ ~en treffen *make provisions*

voorzijde *front*

voorzingen ● als voorbeeld zingen *sing* ● voorzanger zijn *lead in song*

voorzitten *preside*; *chair* ★ een vergadering ~ *preside a meeting*

voorzitter *chairman* [v: *chairwoman*]; *president* ★ ~ zijn *chair a meeting*; *be in the chair*

voorzitterschap *chairmanship* [v: *chairwomanship*] ★ het ~ bekleden *fill the chairmanship* ★ onder ~ van *under the chairmanship of*

voorzorg *precaution* ★ uit ~ *by way of precaution*; *as a precaution*

voorzorgsmaatregel *precaution*; *precautionary measure*

voos ● saploos *withered*; *dried-out* ● niet deugend *rotten*

vorderen I OV WW eisen *demand*; *claim*; ⟨door overheid⟩ *requisition* II ON WW vorderingen maken *make progress* ★ het werk vordert goed *the work is making good headway*; *the work is going ahead well*

vordering ● vooruitgang *progress*; *headway* ● eis *claim*; ⟨v. overheid⟩ *requisitioning*

voren *front* ★ naar ~ *to the front* ★ van ~ *in front* ★ naar ~ brengen *put forward* ★ naar ~ komen *step/come forward* ▼ van ~ af aan *from the beginning*; *once more*

vorig ● direct voorafgaand *previous*; *last*; ⟨v. gebeurtenis⟩ *preceding* ★ de ~e maandag ⟨afgelopen⟩ *last Monday*; ⟨voorafgaand⟩ *the previous Monday* ★ ~e week woensdag *on Wednesday of last week* ● vroeger *former*; *previous*; *past* ★ de ~e eigenaar *the previous owner*

vork *fork* ▼ weten hoe de vork in de steel zit *know how matters stand*; *know what is what*

vorkheftruck *forklift (truck)*

vorm ● gedaante *form*; *shape* ★ vaste vorm aannemen *take shape* ★ vorm geven aan een idee *give shape to an idea*; *express an idea* ★ de lijdende vorm *passive voice* ★ zonder vorm van proces *without (any form of)trial*; *summarily* ● gietvorm *mould* ● conditie ★ in vorm zijn *be on form* ★ uit vorm zijn *be out of shape*; *be off form*; *be out of form* ● omgangsvormen *manners*; *formality* ★ de vormen in acht nemen *observe the forms*

* dat is alleen maar voor de vorm *that's a mere formality* * voor de vorm *for form's sake*
vormbehoud *keeping in shape*
vormelijk *formal*
vormen • vorm geven *shape; mould; form* * zich ~ *form* * ~ naar *model upon* • doen ontstaan *build up*; ⟨regering, karakter, opinie⟩ *form* * zich een oordeel ~ over iets *form an opinion about s.th.* • zijn *make up; be; constitute* * een uitdaging ~ *constitute a challenge* • opvoeden *educate; train* * iemands karakter ~ *mould s.o.'s character*
vormfout *technicality; irregularity;* JUR. *formal defect*
vormgever *designer*
vormgeving *design; styling*; ⟨v. schilderijen⟩ *composition*
vorming • het vormen *forming; moulding* • geestelijke ontwikkeling *education; training*
vormingscentrum *(socio-cultural) training centre*; ⟨partieel leerplichtigen⟩ *centre for non-formal education*
vormingswerk *socio-cultural training*; ⟨partieel leerplichtigen⟩ *non-formal education*
vormingswerker *worker in socio-cultural education*
vormleer BIOL. *morphology*; TAALK. *morphology*; MUZ. *theory of musical forms*; BOUWK. *theory of forms*
vormloos • zonder vorm *formless; shapeless; amorphous* • plomp *shapeless; graceless*
vormsel *confirmation*
vormvast *retaining its form/shape*
vorsen *investigate; research*
vorst • monarch *sovereign; monarch* • het vriezen *frost* * bij ~ *in case of frost* * zes graden ~ *six degrees below freezing* * de ~ zit in de grond *the ground is frostbound* • nok van een dak *ridge*
vorstelijk • ⟨als⟩ van een vorst *royal* * een ~ onthaal *a royal welcome* * ~e personen *royalty* • royaal *princely* * een ~ salaris *a princely salary* * een ~e beloning *a generous reward*
vorstendom *principality*
vorstenhuis *dynasty; royal house*
vorstgrens *the extent of the area affected by frost*
vorstperiode *period of frost; icy spell*
vorstschade *frost damage*
vorstverlet *loss of working hours due to frost*
vorstvrij *frostproof*
vos • roofdier *fox* [v: *vixen*] • paard *sorrel; chestnut* • sluwe vent *fox* * oude vos *old fox* • bont *fox (stole)* * een vos verliest wel zijn haren maar niet zijn streken *a wolf may lose his teeth but never his nature* ▾ als de vos de passie preekt, boer pas op je ganzen/kippen *when the fox preaches, then beware your geese*
vossenjacht • jacht *fox-hunt(ing)* * op ~ gaan *ride to hounds* • spel *treasure hunt*
vouw *fold*; ⟨in broek, papier⟩ *crease* * uit de vouw gaan *lose the (trouser) crease* ▾ iem. de vouwen uit de broek rijden *narrowly miss s.o.*

vouwblad *folder*
vouwcaravan *folding caravan*; AE *tent trailer*
vouwdeur *folding door*
vouwen *fold* * het papier was in tweeën ~ *the paper was folded in two*
vouwfiets *folding bicycle*
voyeur *voyeur; peeping Tom*
vozen *frig; fuck; screw*
vraag • taaluiting *question*; ⟨verzoek⟩ *request* * iem. een ~ stellen *ask s.o. a question* * de ~ rijst *the question arises* * vraagstuk *question; issue* * dat is nog maar de ~ *that's an open question; that remains to be seen* • kooplust *demand* * ~ en aanbod *supply and demand* * er is veel ~ naar *it is in great demand* * er is ~/geen vraag naar... *there is a/no demand/call for...*
vraagbaak • boek *encyclopedia* • persoon *walking encyclopedia; oracle*
vraaggesprek *interview*
vraagprijs *asking price*
vraagstelling *phrasing/presentation of a question*
vraagstuk • probleem *problem*; ⟨ter discussie⟩ *issue* • opgave *problem; assignment*
vraagteken *query;* OOK FIG. *question mark* ▾ ergens ~s bij zetten *have doubts about s.th.; query s.th.*
vraatzucht *gluttony;* MED. *bulimia (nervosa)*
vraatzuchtig LIT. *voracious*; ⟨v. mensen⟩ *gluttonous* * wat is hij ~ *he's a glutton*
vracht • lading *load*; ⟨auto, schip, vliegtuig⟩ *cargo*; ⟨schip, trein, vliegtuig⟩ *freight* • grote massa *load* * een ~ boeken *a load of books*
vrachtauto *lorry*; AE *truck*; ⟨klein⟩ *van*
vrachtbrief *waybill; delivery note*; ⟨v. schip⟩ BL; *bill of lading*; ⟨v. schip, trein, vliegtuig⟩ *consignment note*
vrachtgoed *goods; cargo* * als ~ verzenden *send by goods train*
vrachtgoederen *freight goods*
vrachtprijs ⟨land⟩ *carriage*; ⟨v. schip, vliegtuig⟩ *freight*; ⟨trein⟩ *haulage*
vrachtrijder *carrier; lorry driver*; AE *truck driver*
vrachtruimte • laadruimte *cargo space; hold* • grootte *tonnage*
vrachtschip *freighter; cargo ship*
vrachtvaart *cargo trade*
vrachtverkeer • verkeer *lorry traffic* • vervoer *cargo trade*
vrachtvervoer *freight traffic; cargo transport*
vrachtwagen *lorry; truck*
vrachtwagencombinatie *articulated lorry*; INF. *artic*; AE *trailer truck*
vragen I OV WW • vraag stellen *ask; inquire (after)* * iets ~ aan iem. *ask so. sth.* * laten ~ *send to ask* * nou vraag ik je! *I ask you!* • verzoeken *ask; request* * iem. iets ~ *ask sth. of so.* * om een onderhoud ~ *ask for an interview* * om de rekening ~ *ask for the bill* * een meisje ten huwelijk ~ *propose to a girl* • verlangen *ask* * dat is te veel gevraagd *that is asking too much* * dat vraagt veel van je tijd *that makes great demands on your time* • uitnodigen *ask; invite* * iem. op een feestje ~ *ask/invite a person to a party* * te eten ~ *ask*

to dinner; invite for a meal ‖ ON WW ∗ ~ naar ask; inquire (after) ∗ ~ om ask (for) ∗ je hoeft er maar om te ~ it's yours for the asking ∗ dat is ~ om moeilijkheden that's asking for trouble

vragenlijst questionnaire
vragenuurtje question time
vrede ∙ tijd zonder oorlog peace ∗ ~ sluiten met make peace with ∙ rust peace; quiet ∗ ~ met iets hebben be resigned to s.th. ∗ ~ met zichzelf hebben be at peace with o.s. ▾ om wille van de lieve ~ for the sake of peace
vredelievend peace loving; peaceful
vredesactie peace campaign/movement
vredesakkoord peace agreement/treaty
vredesbeweging peace movement
vredesdemonstratie peace demonstration
vredesnaam ▾ in ~ for heaven's sake; for goodness' sake ∗ in ~, dan ga ik wel for the sake of peace, I'll go
vredespijp peace pipe
vredestichter peacemaker
vredestijd peacetime
vredesverdrag peace treaty
vredig peaceful; quiet
vreedzaam peace-loving; peaceful
vreemd ∙ niet-eigen strange; outside ∗ het land ging in ~e handen over the land passed into the hands of strangers ∙ uitheems foreign; exotic; alien ∗ een ~e taal a foreign language ∗ ~ geld foreign currency ∙ niet bekend strange; alien ∗ zich (ergens) ~ voelen feel strange ∗ 't werk was nog wat ~ voor hem he was still a little strange to the work; he was still unfamiliar with the work ∗ ik ben hier zelf ook ~ I'm a stranger here myself ∙ ongewoon strange; odd, ∗ ~ genoeg strangely enough ∗ een ~e geschiedenis an odd story ∗ een ~e gewoonte a strange habit
vreemde ∙ vreemdeling foreigner; stranger ∙ buitenstaander stranger; outsider ▾ dat heeft hij van geen ~ he is a chip off the old block ▾ in den ~ abroad; in foreign parts
vreemdeling ∙ onbekende foreigner; stranger ∙ buitenlander foreigner; ⟨buitenaards ook⟩ alien ∗ ongewenste ~ undesirable alien
vreemdelingendienst aliens office
vreemdelingenhaat xenophobia
vreemdelingenlegioen foreign legion
vreemdelingenpolitie aliens registration department/office
vreemdelingenverkeer tourist traffic
vreemdgaan have an affair; INF. sleep around
vreemdsoortig peculiar; singular; odd
vrees fear; ⟨in geringe mate⟩ apprehension; ⟨in sterke mate⟩ dread ∗ ~ aanjagen frighten; ⟨sterker⟩ terrify ∗ ~ koesteren voor be afraid of ∗ uit ~ voor for fear of ∗ ik greep de leuning vast uit ~ uit te glijden I grabbed the rail in case I should fall ▾ zonder ~ of blaam without fear or reproach
vreesachtig timid
vreetzak glutton; pig
vrek miser, skinflint
vrekkig miserly
vreselijk dreadful; terrible; frightful ∗ hij had

een ~e dorst he was terribly thirsty ∗ dat was ~ aardig that was awfully kind ∗ we hebben ~ gelachen we nearly died laughing
vreten I ZN grub; ⟨v. vee⟩ fodder; ⟨v. huisdieren e.d.⟩ food ‖ OV WW ∙ gulzig eten stuff/cram (oneself) ∗ hij eet niet, hij vreet he doesn't eat, he stuffs himself ∗ ze zaten zich vol te ~ they were busy stuffing themselves ∗ het is niet te ~ it isn't even fit for pigs ∙ verbruiken eat (up) ∗ dat apparaat vreet stroom that machine just eats up electricity ∙ accepteren swallow; stomach ∗ dat vreet ik niet langer I won't swallow it any longer ‖‖ ON WW knagen eat away; gnaw at ∗ verlangen vrat aan hem longing gnawed at him
vreugde joy; gladness ∗ ~ scheppen in enjoy ∗ tot mijn ~ zie ik ... I am please to see ...
vreugdekreet cry/shout of joy
vreugdeloos joyless
vrezen I OV WW bang zijn voor fear; dread; be afraid ∗ ik vrees van wel I'm afraid so ∗ ik vrees van niet I am afraid not ∗ het is te ~ dat ... it is to be feared that ... ‖ ON WW ⟨voor⟩ fear for ∗ hij vreest voor zijn leven he goes in fear of his life ∗ voor haar leven wordt gevreesd her condition is critical
vriend ∙ kameraad friend; INF. chum; INF. pal ∗ dikke ~en close friends ∗ gezworen ~en sworn friends ∙ goede ~en worden met become friendly with; make friends with ∗ iem. te ~ houden remain on good terms with s.o.; keep in with s.o. ∙ beide partijen te ~ houden run with the hare and hunt with the hounds ∗ kwade ~en zijn be on bad terms ∙ geliefde boyfriend ∗ een vaste ~ a steady boyfriend ▾ even goeie ~en! no offence!
vriendelijk I BNW kind; friendly ∗ wilt u zo ~ zijn om ... will you kindly... ∗ je moet wat ~er zijn you should be more friendly ‖ BIJW kind; friendly
vriendelijkheid kindness; friendliness
vriendendienst friendly turn
vriendenkring circle of friends
vriendenprijsje give-away (price) ∗ voor een ~ for next-to-nothing
vriendin girl/ladyfriend
vriendjespolitiek nepotism; old-boy network
vriendschap friendship ∗ ~ sluiten met make friends with ∗ uit ~ out of friendship
vriendschappelijk I BNW friendly; amicable ∗ op ~e voet staan be on friendly terms ‖ BIJW in a friendly way
vriendschapsband tie of friendship
vriesdrogen freeze-dry
vrieskist ⟨chest-type⟩ freezer
vrieskou frost
vriespunt freezing (point)
vriesvak freezer; freezing compartment
vriesweer frosty weather
vriezen freeze ∗ het vroor vijf graden it was five degrees below freezing ▾ het vriest dat het kraakt there is a sharp frost ▾ het kan ~ of dooien wait and see
vriezer freezer; deep freeze
vrij I BNW ∙ onafhankelijk free ∗ de vrije beroepen the (liberal) professions ∗ iem. op

vrije voeten stellen *release s.o.*; *set s.o. free*
• ongebonden, onbeperkt *free*★ vrije
opgang *separate entrance*★ vrije schop *free
kick*★ de weg was vrij *the road was clear*
★ onder de vrije hemel *under the open sky*
★ ik ben vrij in mijn doen en laten *I am free
to do as I like*★ vrij ademhalen *breathe freely*
★ dat staat je vrij *that's open to you* • vrijaf
free★ vrije tijd *spare time; leisure (time)*
★ vrije dag *day off*★ vrije middag *free
afternoon*; ⟨m.b.t. school⟩ *half-holiday*★ vrij
hebben/zijn ⟨geen dienst⟩ *be off duty*★ vrij
krijgen *get time off*• onbezet *free; vacant*; is
die plaats nog vrij? *is this place/table/seat
taken?*★ een kamer vrij houden *reserve a
room*• stoutmoedig *bold; easy;* ⟨ongeremd⟩
uninhibited★ een te vrij gebruik maken van
iets *make free with*★ mag ik zo vrij zijn
om...? *may I take the liberty of...?; may I
make so bold as ...?*• gratis *free*★ vrije
toegang *entrance free*★ alle kosten vrij *all
expenses paid*★ hij heeft vrij reizen *he may
travel free of charge*★ niet getrouw *free*★ een
vrije vertaling *a free translation* ‖ BIJW
tamelijk *rather; pretty*★ vrij veel *a good deal
of; quite a lot of*
vrijaf *off*★ een dag ~ vragen *ask for a day off*
vrijage *courtship;* INF. *snogging;* ⟨vrijen⟩ *love-
making;* INF. *necking*
vrijblijvend *non-committal; free of obligations*
★ ~e offerte *offer without engagement/
obligations*★ een ~ antwoord *a non-
committal answer*
vrijbrief *licence; permit*
vrijbuiter • zeerover *freebooter; buccaneer*
• avonturier *adventurer;* ⟨negatief⟩ *libertine*
vrijdag I BNW *Friday* ▾ Goede Vrijdag *Good Friday*
vrijdags I BNW *Friday* ‖ BIJW *(on a/the) Friday*
★ ~ nooit *never on a Friday*
vrijdenker *freethinker*
vrijelijk *freely*
vrijen • liefkozen *make out; neck; pet;* INF. *snog*
• geslachtsgemeenschap hebben *make love;
go to bed*★ veilig ~ *practice safe sex*
• verkering hebben *have a boy-/girlfriend; go
steady with someone; be going out with
someone*
vrijer *lover; sweetheart*
vrijetijdsbesteding *leisure activities; recreation*
vrijetijdskleding *leisure wear; casual clothes*
vrijgeleide • escorte *escort*• vrije doorgang
safe-conduct; safeguard
vrijgeven I OV WW niet meer blokkeren
release; ECON. *decontrol* ‖ ON WW vrijaf geven
give a holiday/a day off
vrijgevig *liberal; generous*
vrijgevochten *easy-going; unconventional;*
⟨ongunstig⟩ *undisciplined; lawless*★ het is
daar een ~ boel *it is Liberty Hall there*
vrijgezel I ZN *bachelor* ‖ BNW *single; bachelor*
vrijhandel *free trade*
vrijhandelszone *free-trade zone*
vrijhaven *free port*
vrijheid • niet gevangen zijn *liberty; freedom;*
⟨vrijspel⟩ *latitude*★ ~ van handelen *liberty/
freedom of action*★ in ~ zijn *be free*★ in ~

leven *live in freedom*★ in ~ stellen *release; set
free*★ onafhankelijkheid *freedom*★ ~ van
meningsuiting *freedom of speech*
★ dichterlijke ~ *poetic licence*★ privilege
privilege• vrijmoedigheid *liberty*★ zich
vrijheden veroorloven *take liberties*★ de ~
nemen om te... *take the liberty to...* ▾ ~,
blijheid *it's a free world*
vrijheidlievend *freedom-loving*
vrijheidsberoving *deprivation of freedom*
vrijheidsbeweging *liberation/freedom
movement*
vrijheidsstrijder *freedom fighter*
vrijhouden • onbezet houden *keep free;
reserve;* ⟨v. tijd⟩ *set aside*• betalen voor *pay
for*★ iem. ~ *pay s.o.'s expenses*
vrijkaart *free ticket; free pass*
vrijkomen • vrijgelaten worden *be released; be
set free;* ⟨voorwaardelijk⟩ *be on parole*
• beschikbaar komen *become free; become
available; fall vacant*★ zich afscheiden *be set
free;* ⟨v. gassen⟩ *be given off*
vrijlaten • de vrijheid geven *release; set free*
★ op borgtocht ~ *release on bail*• onbezet
houden *leave free; leave vacant*★ ruimte ~
leave space clear★ niet verplichten *leave free;
put no control/pressure on*★ iem. ~ om te
kiezen *leave s.o. free to choose*
vrijlating *release*
vrijmetselaar *freemason*
vrijmetselarij *Freemasonry*
vrijmoedig *frank; free; candid*★ ~ spreken
speak openly; speak one's mind
vrijpartij *petting; necking; love-making*
vrijpleiten *clear (of);* FORM. *exculpate*
vrijpostig *impertinent; bold;* INF. *saucy*
vrijspraak *acquittal; exoneration*
vrijspreken *acquit (from); clear*★ iem. ~ van
een beschuldiging *acquit s.o. of a charge*
vrijstaan • geoorloofd zijn *be free (to); be
permitted (to)*★ 't staat u vrij om te... *you are
free to...; at liberty to...* • los staan *stand clear/
apart from; stand alone;* ⟨v. huis⟩ *be detached*
vrijstaand *apart;* ⟨v. huis⟩ *detached*
vrijstaat *free state*
vrijstellen INF. *let off;* ⟨v. lessen⟩ *excuse (from);*
⟨v. plicht, taak⟩ *release from;* ⟨v. belasting,
(dienst)plicht⟩ *exempt (from)*★ vrijgesteld van
exempt from
vrijstelling *exemption*
vrijuit *freely; frankly* ▾ ~ gaan *go scot-free; be
blameless*
vrijwaren ~ tegen *protect against; safeguard
against*★ gevrijwaard zijn tegen *be immune
to; be protected from*
vrijwel *almost; practically; nearly*★ dat is ~
onmogelijk *that is practically/virtually
impossible*★ het is ~ hetzelfde *it is pretty
much the same*
vrijwillig *voluntary*
vrijwilliger *volunteer*
vrijwilligerswerk *volunteer/voluntary work*
vrijzinnig *liberal*
vroedvrouw *midwife*
vroeg I BNW • aan het begin *early*★ 's
morgens ~ *early in the morning*★ het is nog

~ *the day is still young* ★ vrijdagmorgen heel ~ *in the early hours of Friday morning*; ⟨kort na middernacht⟩ *in the small hours of Friday morning* • eerder dan verwacht *early; soon; premature* ★ niets te ~ *none too soon* ★ ~ of laat *sooner or later* ★ 'n uur te ~ *an hour early* ★ ~ oud *prematurely old* ★ ~ beginnen *make an early start* II BIJW • op vroeg tijdstip *early* • eerder dan verwacht *early; prematurely*

vroeger I BNW • voorheen *earlier; former; previous* ★ in ~e dagen *in former days* • voormalig *former; previous* ★ zijn ~e vrouw *his former/ex-wife* II BIJW • eerder *earlier* • eertijds *previously; formerly* ★ 't is niet wat 't ~ was *it isn't what it used to be* ★ ~ ging hij altijd vissen *he used to go fishing*

vroegertje *early start/finish* ★ gisteren had ik een ~ ⟨beginnen⟩ *I had an early start yesterday*; ⟨ophouden⟩ *I finished early yesterday*

vroegmis *early mass*

vroegrijp *precocious*

vroegte ★ in de ~ *early in the morning* ★ in alle ~ *at the crack of dawn*

vroegtijdig • vroeg *early; timely* • voortijdig *premature*; ⟨v. dood⟩ *untimely*

vrolijk *merry; cheerful; gay* ★ zich ~ maken over iets *laugh at/joke about s.th.; make merry over s.th.* ★ een ~ vuurtje *a cheerful fire*

vrolijkheid *gaiety; cheerfulness; merriment* ★ tot grote ~ van *much to the merriment of*

vroom *pious*

vrouw • vrouwelijk persoon *woman*; ⟨bazin⟩ *mistress* ★ de ~ des huizes *the lady of the house; the mistress of the house* • echtgenote *wife*; JUR. *spouse* ★ iem. tot ~ nemen *take s.o. as one's wife* • speelkaart *queen*

vrouwelijk TAALK. *feminine*; ⟨m.b.t. geslacht⟩ *female; woman*; ⟨m.b.t. beroep⟩ *womanly* ★ een ~e dokter *a woman doctor* ★ ~e charme *feminine/womanly charm* ★ 't ~ geslacht *the female sex*; TAALK. *the feminine gender*

vrouwenarts *gynaecologist*

vrouwenbesnijdenis *female circumcision*

vrouwenbeweging *women's/feminist movement*

vrouwenblad *women's magazine*

vrouwencondoom *female condom*

vrouwenemancipatie *women's liberation; emancipation of women*

vrouwenhandel *traffic in women*

vrouwenhuis • woonhuis *women's hostel/home* • ontmoetingsplaats *meeting place for women*

vrouwenkiesrecht *women's right to vote*

vrouwmens *woman; female*

vrouwonvriendelijk *anti-women*; ≈ *sexist; disadventageous to women*

vrouwtje • (kleine) vrouw *(little) woman* • vrouwelijk dier *female* ★ is het een mannetje of een ~? *is it a he or a she?*

vrouwvriendelijk ⟨v. beleid⟩ *non-sexist; woman friendly*

vrucht • fruit *fruit* • ongeboren kind/jong *foetus* • resultaat *fruit; result* ★ ~en afwerpen *bear fruit* ★ de ~en plukken van *reap the fruits of* ▾ aan de ~en kent men de boom *a tree is known by its fruit*

vruchtafdrijving *abortion*

vruchtbaar • in staat tot voortplanting *fertile* ★ een vrouw in de vruchtbare leeftijd *a woman of childbearing age* • productief *fruitful; fertile*; ⟨v. grond⟩ *rich* • lonend *fruitful*; ⟨schrijver⟩ *prolific* ★ dat was een ~ gesprek *it was a fruitful conversation*

vruchtbaarheid *fruitfulness; fertility*

vruchtbeginsel *ovary*

vruchtboom *fruit tree*

vruchtdragend *fruit-bearing*

vruchteloos *fruitless; vain; ineffectual* ★ een vruchteloze poging *a futile/an abortive attempt*

vruchtensalade *fruit salad*

vruchtensap *fruit juice*

vruchtenwijn *fruit wine*; ⟨v. appels⟩ *cider*

vruchtgebruik *usufruct* ★ iem. het ~ geven van iets *grant s.o. the usufruct (of s.th.)*

vruchtvlees *pulp*

vruchtvlies *amnion*

vruchtwater *amniotic fluid*; INF. *water(s)*

vruchtwaterpunctie MED. *amniocentesis*

VS *US; United States*

VSA Verenigde Staten van Amerika *USA; United States of America*

V-snaar *V-belt*

V-teken *V-sign*

vuil I ZN • viezigheid *dirt; grime; filth* ★ iem. als een stuk vuil behandelen *treat s.o. like dirt* • afval *refuse*; AE *garbage*; ⟨huishoudelijk⟩ *domestic waste* ★ vuil storten *tip/dump rubbish* II BIJW • niet schoon *dirty; grimy; grubby*; ⟨in sterke mate⟩ *filthy*; ⟨v. kleur⟩ *dirty; muddy* ★ vuile was *dirty clothes* • vulgair ⟨v. grap, verhaal⟩ *smutty; dirty*; ⟨taal⟩ *foul; scurrilous* • gemeen *dirty* ★ vuile streek *dirty trick* ★ een vuil zaakje *a dirty business* ★ hij keek me vuil aan *he gave me a dirty/black look* • bruto *gross*

vuilak • viezerik *filthy person* ★ jij kleine ~ *you mucky pup/grub* • gemenerik *stinking/filthy swine; rotter*

vuiligheid • gemeenheid *obscenity; filth; smut* • vuil *filth; grime; dirt*

vuilnis *dirt; rubbish*; AE *garbage*

vuilnisbak *dust-bin*; AE *trashcan; garbage can*

vuilnisbakkenras *mongrel*

vuilnisbelt *rubbish/refuse dump*

vuilnisemmer *rubbish bin*; AE *garbage can*

vuilnisman *refuse-collector*; AE *garbage collector*

vuilniswagen *dustcart*; FORM. *refuse lorry*; AE *garbage truck*

vuilniszak *refuse sack/bag*; *bin liner*

vuiltje *speck of dust*; *grit* ▾ er is geen ~ aan de lucht *there is not the slightest problem*

vuilverbranding • proces *refuse incineration* • installatie *(refuse) incinerator*

vuilverwerkingsbedrijf *waste utilization plant*

vuist *fist* • gebalde ~en *clenched fists* ▾ voor de ~ weg *off-hand* ▾ met de ~ op tafel slaan *bang/thump the table*; FIG. *put one's foot down* ▾ met ijzeren ~ *with an iron hand*

vuistregel *rule of thumb*

vuistslag *punch*; *thump*; *blow with the fist*
vulgair *vulgar*; ⟨taal, gedrag⟩ *rude*
vulkaan *volcano*
vulkanisch *volcanic*
vullen ⟨tand⟩ *fill*; ⟨volmaken⟩ *fill up*; ⟨met lucht⟩ *inflate*; ⟨gevogelte⟩ *stuff* ⋆ een gat ∼ *stop/fill a hole* ⋆ haar ogen vulden zich met tranen *her eyes filled with tears* ▾ zijn zakken ∼ *grease one's palms*
vulling • vulsel *filling*; ⟨v. kussens, matras e.d.⟩ *stuffing*; ⟨v. bonbon⟩ *centre* • vulling in kies *filling*; *inlay* • penpatroon *cartridge*; *refill*
vulpen *fountain pen*
vulpotlood *propelling pencil*
vulsel *filling*; *filler*; ⟨v. gevogelte⟩ *stuffing*
vulva *vulva*
vunzig • muf *musty*; *fusty* • smerig *dirty*; *filthy*; *mucky* • schunnig *obscene* ⋆ ∼ gedrag *obscene behaviour*
vuren I BNW *pine* II ON WW schieten *open fire on*; *shoot at*
vurenhout *pine(wood)*; *deal*
vurig • gloeiend *fiery* ⋆ ∼e kolen *fiery/red-hot coals* • hartstochtelijk ⟨aanhanger⟩ *fervent*; ⟨blik, paard⟩ *fiery*; ⟨liefde⟩ *ardent*; ⟨minnaar⟩ *passionate*; ⟨toespraak⟩ *spirited*; ⟨verlangen⟩ *burning*
VUT *Early Retirement Scheme* ⋆ met de VUT gaan *take early retirement*; *fall under the ERS*
vuur • brand *fire* ⋆ vuur maken *make a fire* ⋆ vuur vatten *catch fire*; FIG. *flare up* ⋆ het vuur aanwakkeren *fan the flames* ⋆ kunt u mij een vuurtje geven? *can you give me a light?* • het schieten *fire* ⋆ het vuur openen op *open fire at/on* ⋆ onder vuur nemen/zijn *take/be under fire* • geestdrift *ardour*; *warmth* ⋆ in vuur geraken over een onderwerp *warm up to a subject* ⋆ in het vuur van het debat *in the heat of the debate* ⋆ vol vuur zijn over *be enthusiastic about* • houtbederf *dry rot* ▾ tussen twee vuren *between the devil and the deep blue sea*; *between two fires* ▾ zich het vuur uit de sloffen lopen *run one's legs off* ▾ met vuur spelen *play with fire* ▾ door het vuur gaan voor iem. *go through fire and water for a person* ▾ haar ogen schoten vuur *her eyes were flashing/blazing* ▾ iem. het vuur na aan de schenen leggen *make it hot for a person* ▾ ik heb wel voor heter vuren gestaan *I have been in warmer corners/in worse predicaments* ▾ Bengaals vuur *Bengal light(s)*
vuurbol *ball of fire*
vuurdoop *baptism of fire*
vuurdoorn *firethorn*
vuurgevecht *gunfight*; MIL. *exchange of fire* ⋆ in het daaropvolgende ∼ *in the ensuing shoot-out*
vuurhaard *seat of the fire*
vuurlinie *firing line*
vuurmond • voorste deel van vuurwapen *muzzle* • kanon *gun*
vuurpeloton *firing squad*
vuurpijl *rocket*
vuurproef *trial by fire*; FIG. *crucial test*; *ordeal* ⋆ de ∼ doorstaan *stand the test*; *pass through*

the ordeal
vuurrood *(as) red as a beetroot*
vuurspuwend *fire-spitting* ⋆ ∼e berg *volcano* ⋆ een ∼e draak *a fire-spitting dragon*
vuursteen *flint*
vuurtje *light* ⋆ iem. een ∼ geven *give s.o. a light* ⋆ als een lopend ∼ rondgaan *spread like wildfire*
vuurtoren • lichtbaken *lighthouse* • iem. met rood haar *carrot-top*
vuurvast *fireproof*; *heat resistant*
vuurvreter • circusartiest *fire-eater* • vechtjas *fire-eater*; *warhorse*
vuurwapen *firearm*
vuurwerk • materiaal *firework* • voorstelling *fireworks*
vuurzee *sea of fire*
VVV *Tourist (Information) Office*
vwo *pre-university education*

VW

W

w *w*★ de w van Willem *W as in Washington*
W Watt *W*
WA *third-party liability*★ WA verzekerd zijn *have a third-party insurance*
waadvogel *wading-bird*
waag *weigh-house*
waaghals *dare-devil*
waaghalserij *daredevilry; recklessness*
waagschaal ▾ zijn leven in de ~ stellen *jeopardize/risk one's life*
waagstuk *bold venture; risky undertaking*
waaien I ON WW ● wapperen ⟨v. vlag, e.d.⟩ *fly; flutter;* ⟨met waaier⟩ *fan* ● blazen *blow*★ de wind waait uit het oosten *the wind is blowing from the east*★ er waren veel pannen van het dak gewaaid *a great many tiles were blown off the roof*★ er is iets in mijn oog gewaaid *s.th. has blown into my eye* ▾ laat maar ~! *let it be!; never mind!*★ maar laten ~ *let things drift* II ONP WW *blow*★ 't waait hard *the wind is up; there's a strong wind blowing*
waaier *fan*
waakhond *watchdog*
waaks *watchful*
waaktoestand *state of wakefulness*
waakvlam *pilot light*
waakzaam *watchful; wakeful; vigilant*
waakzaamheid *watchfulness; wakefulness; vigilance*
Waal *Walloon*★ een Waalse *a Walloon woman*
Waals *Walloon*
waan *delusion*★ in de waan verkeren dat... *be under the delusion/impression that...* ▾ de waan van de dag *the issues of the day*
waandenkbeeld *fallacy*
waanidee *delusion; illusion*
waanvoorstelling *delusion*
waanwereld *fantasy world*
waanzin ● krankzinnigheid *madness; insanity* ● onzin *nonsense*
waanzinnig I BNW ● krankzinnig *insane; mad; deranged* ● onzinnig *crazy; mad; wild; zany*★ een ~ plan *a crazy plan* II BIJW ● verschrikkelijk ★ ~ populair *wildly popular*★ ~ verliefd zijn *be madly in love*
waar I ZN *merchandise; goods; wares*★ prima waar *prime stuff* ▾ waar voor zijn geld krijgen *get one's money's worth; get a good run for one's money* ▾ iem. waar voor zijn geld geven *give s.o. value for his money* II BNW ● waarheidsgetrouw *true*★ iets voor waar houden *hold s.th. true*★ dat is waar ook, hij is niet thuis *of course, he is not at home*★ dat zal waar zijn! *you bet!*★ je kent hem, nietwaar? *you know him, don't you?*★ iets voor waar aannemen *take s.th. for granted*★ er is niets van waar *there is not a word of truth in it*★ echt *true; real; genuine*★ 'n ware opluchting *a real relief*★ 'n waar juweeltje *a real gem*★ dat is je ware! *that's the ticket!*★ ware liefde *true love*★ het ware geloof aanhangen *follow the true religion* III BIJW ● vragend *where;* ⟨met voorzetsel⟩ *what*★ waar ben je geboren? *where were you born?*★ waar gaat het om? *what is it about?* ● betrekkelijk *where; that; which*★ dit is het huis waar hij geboren is *this is the house where he was born*★ dit is het boek waar ik het over had *this is the book which/that I talked about*
waaraan ● vragend *what ... to, of, etc.*★ waar zat je aan te denken? *what were you thinking of?* ● betrekkelijk *what/which ... to, of, etc.*★ ik weet ~ zij zat te denken *I know what she was thinking of*
waarachter ● vragend *behind which* ● betrekkelijk *behind what/which;* ⟨v. personen⟩ *behind whom*
waarachtig I BNW waar *true; real* II BIJW *truly; really; indeed*★ hij geloofde het ~ ook nog *he actually believed it*★ ik weet 't ~ niet *I'm sure I don't know*★ ~ niet! *not a bit of it!*
waarbij ● vragend *by/near/at what* ● betrekkelijk *by/near/at which/whom*★ de uitzending ~ ... *the broadcast in the course of which ...*★ ~ nog komt dat ... *in addition to which ...; besides, ...*★ ~ men in aanmerking moet nemen dat *taking into account*
waarborg ● onderpand *security*★ de bank kan een ~ vragen *the bank may ask for security* ● garantie *guarantee; safeguard (against)*
waarborgen *guarantee; warrant; safeguard*
waarborgfonds *guarantee fund*
waarborgsom *security;* ⟨bij aankoop, e.d.⟩ *deposit*
waard I ZN herbergier *landlord; innkeeper* ▾ buiten de ~ rekenen *reckon without one's host* ▾ zoals de ~ is vertrouwt hij zijn gasten *one judges other people's character by one's own* II BNW ● genoemde waarde hebbend *worth*★ hij is niet veel ~ als leraar *he is not much good as a teacher*★ (het was erg vermoeiend) maar het was het ~ *...but it was well worth the effort; ... but it was well worth it*★ niets ~ *worth nothing*★ ik voel me niets ~ *I'm fit for nothing; I'm all knackered*★ persoonlijkheid is veel ~ *personality is a great asset*★ waardig *worthy of*★ 't is het proberen ~ *it's worth trying*★ uw aandacht ~ *worthy of your attention*★ het vermelden niet ~ *not worth mentioning* ● dierbaar ★ ~e vriend *dear friend*★ ~e Heer *Dear Sir*
waarde ● bezitswaarde *value; worth*★ dingen van ~ *things of value; valuables*★ (met) aangegeven ~ *(with) declared value*★ de ~ van geld kennen *know the value of money*★ in ~ achteruitgaan *depreciate; decrease in value*★ onder de ~ *below the value*★ ter ~ van ... *to the value of...*★ belastbare ~ van een huis/pand *ratable value of a house; ratable value of the premises*★ nominale ~ ⟨v. geld⟩ *face/nominal value*★ ~ hebben *be of value*★ toegevoegde ~ *added value* ● belang *value; merit; importance*★ ~ hechten aan *attach value to; set store by*★ in ~ houden *value; estimate*★ op de juiste ~ schatten *rate*

at its true value★ op zijn eigen ~ beoordelen *judge on its own merit*● getal dat meter aangeeft *figure*

waardebepaling *valuation*; *evaluation*

waardebon *gift coupon*

waardedaling *decrease in value*

waardeloos ● zonder waarde *worthless*; *valueless*★ ~ maken ⟨v. contract⟩ *cancel*; ⟨v. argument⟩ *invalidate*● slecht *worthless*; *useless*★ het eten is ~ *the food is terrible*★ een waardeloze film *a trashy/rubbishy film*

waardeoordeel *value judgement*

waardepapier *stocks and shares* [mv]; *security (paper)*; *bond*

waarderen ● waarde bepalen *value*; *estimate* ★ te hoog/laag ~ *overvalue/undervalue*● op prijs stellen *value*; *appreciate*

waardering ● waardebepaling *evaluation*; *assessment*; ⟨v. schoolwerk⟩ *marking* ● erkenning *appreciation*★ met ~ spreken over *speak with appreciation of*★ uit ~ voor *in appreciation of*

waardestijging *increase/rise in value*

waardevast *stable price*; *index-linked*★ ~ pensioen *index-linked pension*

waardevermeerdering *increase/rise in value*; ⟨v. geld⟩ *revaluation*

waardevermindering *depreciation*; *decrease in value*; ⟨v. geld⟩ *devaluation*

waardevol *valuable*

waardig ● eerbiedwaardig *dignified*● waard *worthy*

waardigheid ● het waardig zijn *dignity*; ⟨innerlijk⟩ *worthiness*★ beneden mijn ~ *beneath my dignity*● ambt *dignity*

waardin *landlady*; *hostess*

waardoor ● vragend *(as a result of) what*; *how* ● betrekkelijk *through which*★ de deur ~ hij naar binnen kwam *the door through which he entered*

waarheen ● vragend *where*; *where to*★ ~ zullen we gaan? *where shall we go?* ● betrekkelijk *where*; *to which*★ de kant ~ zij gaan *the way they're going*

waarheid *truth*★ de ~ spreken *tell the truth* ★ naar ~ *truthfully*★ iem. stevig de ~ zeggen *give s.o. a piece of one's mind*; *tell s.o. a few home truths*★ de ~ ligt in het midden *the truth is somewhere in the middle*★ om je de ~ te zeggen *frankly*; *to tell you the truth*● de naakte ~ *the naked truth*▼ ~ als een koe *truism*

waarheidsgehalte *(degree of) truth(fulness)* ★ verklaring op zijn ~ toetsen *verify a statement*

waarheidsgetrouw *true*; *truthful*

waarin ● vragend *where*; *in what*● betrekkelijk *in which*; *where*★ de krant ~ ik dat had gelezen *the paper in which I had read it*★ het huis ~ hij is geboren *the house where he was born*

waarlangs ● vragend *what ... past/along* ● betrekkelijk *past/along which*★ het kanaal ~ de weg loopt *the canal alongside which the road runs*

waarlijk *truly*; *actually*; *really*★ zo ~ helpe mij

God Almachtig! *so help me God!*

waarmaken I OV WW● verwezenlijken *fulfil* ● bewijzen *prove*★ die bewering/beschuldiging kun je nooit ~ *you can never prove that allegation/accusation* **II** WKD WW bewijzen *prove oneself*

waarmee ● vragend *what... with/by*★ ~ kan ik u van dienst zijn? *what can I do for you?*; *can I help you?*★ ~ heb je dit geverfd? *what did you paint this with?*● betrekkelijk *with/by which*★ ~ ik wil zeggen dat ... *by which I mean to say that ...*★ ~ eens te meer bewezen is dat ... *which goes to prove once more/again*

waarmerk *stamp*; ⟨op goud, e.d.⟩ *hallmark*

waarmerken *stamp*; *certify*; ⟨op goud enz.⟩ *hallmark*

waarna ● vragend *after which*● betrekkelijk ★ ~ de schouwburg officieel werd geopend *after which the theatre was officially opened*

waarnaar ● vragend *what ... at/for*★ ~ ruikt het? *what does it smell of?*● betrekkelijk *to which*; *which/that ... to/after*★ de onafhankelijkheid ~ wij streven ... *the independence which we struggle for*

waarnaast I VR VNW● *what ... next to*; *what ... beside*● *beside what*; ⟨schrijftaal⟩ *next to what* **II** BETR VNW *which/that ... beside*; *which/that ... next to*

waarneembaar *perceptible*; *discernible*

waarnemen ● opmerken *perceive*; *observe*; ⟨gadeslaan⟩ *watch*● benutten ~ zijn kans ~ *take one's chance*★ een gelegenheid ~ *avail o.s. of an opportunity*● vervangen *perform* ★ voor iem. ~ *replace a person*★ iemands belangen ~ *look after a person's interests* ★ het voorzitterschap voor iem. ~ *deputize as chairman for a person*

waarnemend *acting*; *deputy*

waarnemer ● iem. die waarneemt *observer* ● vervanger *deputy*

waarneming ● perceptie *observation*; *perception*● vervanging *substitution*; *deputizing*

waarnemingsfout *error of observation*

waarnemingspost *observation post*

waarnemingsvermogen *powers of observation* [mv]

waarom I ZN *why*★ het hoe en ~ van iets *the how and why of s.th.* **II** BIJW● vragend *why*; *what*★ ~ zeg je dat *why do you say so*; *what makes you say so*★ ~ niet? *why not?* ● betrekkelijk *why*; *that*★ de reden ~ hij ging *the reason why/that he went*

waaronder ● vragend *what ... under/among*; *among what*★ ~ lag het *what was it lying under*● betrekkelijk *under which*; *including*; *among which*★ een groot aantal postzegels ~ zeer zeldzame *a large number of stamps including/among which very rare ones*

waarop ● betrekkelijk *that/which ... on/in*★ de stoel ~ hij zat *the chair (which/that) he was sitting on*● vragend *what ... on*★ ~ zaten ze? *what were they sitting on*

waarover ● betrekkelijk *that/which ... over/about*★ de moeilijkheden ~ ik geschreven

wa

heb *the problems (that/which) I wrote you about* • vragend *what ... over/about* ★ ~ spraken ze? *what were they talking about*

waarschijnlijk • *probable; likely*
• geloofwaardig *credible*

waarschijnlijkheid *probability; likelihood* ★ naar alle ~ *in all probability/likelihood*

waarschuwen • verwittigen *warn* ★ de politie ~ *notify the police* • vermanen *warn; caution (against)* ★ een ~de stem laten horen *sound a warning note* ★ iem. duidelijk ~ *give s.o. fair warning* ★ een gewaarschuwd man telt voor twee *forewarned is forearmed*

waarschuwing • het waarschuwen *warning* ★ zonder voorafgaande ~ *without previous warning* • vermaning *warning; caution* ★ alle ~en in de wind slaan *ignore all warnings* ★ een ~ krijgen SPORT *be booked/cautioned* ★ laatste ~ *final notice*

waarschuwingsbord *warning sign*; ⟨bij opgebroken weg, e.d.⟩ *danger sign*

waarschuwingsschot *warning shot*

waarschuwingsteken *warning sign/signal*

waartegen • vragend *what ... against/to* ★ ~ helpt dit middel? *what is this medicine for?* • betrekkelijk *against/to which* ★ een argument ~ niets valt in te brengen *an argument against which no objections can be raised; an unanswerable argument*

waartoe • vragend *what ... for/to* ★ ~ dient het? *what is it for?*; FIG. *what's the use/point of it* • betrekkelijk *which/that .... for /to* ★ de groep ~ zij behoorden *the group (that/which) they belonged to*

waartussen I VR VNW • *what ... between/among/from* • ⟨schrijftaal⟩ *between/among/ from what* **II** BETR VNW *between/among/from ... which*

waaruit • vragend *what ...from/of* ★ ~ bestaat het toestel? *what does the apparatus consist of?* • betrekkelijk *from which; which ...from* ★ het land ~ zij vluchtten *the country which they fled from*

waarvan • vragend *what ... from/of* ★ ~ maakt hij dat? *what does he make that of/from* • betrekkelijk *which/that ... from/of*; ⟨m.b.t. persoon⟩ *from/of whom* ★ een gelegenheid ~ we nooit hadden gedroomd *an opportunity (which/that) we had never dreamt of*

waarvandaan *from where*

waarvoor • vragend *what ... for/about, e.d.* ★ ~ heb je dat nodig? *what do you need it/that for?* ★ ~ gebruiken ze dat? *what are they using it for?* • betrekkelijk *which/that ... for* ★ een schilderij ~ hij veel denkt te krijgen *a painting (which/that) he hopes to receive/get a lot for*

waarzeggen *tell fortunes*

waarzegger *fortune-teller*

waarzeggerij *fortune-telling*

waas *haze*; ⟨voor de ogen⟩ *mist*; FIG. *aura* ★ in een waas van geheimzinnigheid gehuld *shrouded in secrecy; wrapped in a veil of secrecy*

wacht • het waken *watch* ★ de ~ betrekken *mount guard; go on duty* ★ de ~ hebben *be on guard (duty)*; SCHEEPV. *be on watch* ★ op ~ staan *stand guard; be on duty*; ⟨voor dieven, e.d.⟩ *keep a look-out* • één persoon *watchman*; SCHEEPV. *watch*; MIL. *sentry* • geheel van wachters SCHEEPV. *watch* ★ de ~ aflossen *change/relieve guard*; SCHEEPV. *relieve the watch* ★ in de ~ slepen *carry off; bag; scoop* ▼ iem. de ~ aanzeggen *give s.o. a (good) talking to*

wachtdienst *guard-duty*; SCHEEPV. *watch*

wachten • in afwachting zijn *wait* ★ ~ op *wait for* ★ iem. laten ~ *keep a person waiting* ★ op zich laten ~ *keep people waiting* • in het vooruitzicht staan ★ hij weet wat hem te ~ staat *he knows what he is in for/what he is up against* ★ er staat je iets te ~ *there is s.th. in store for you* ★ er staat je een zware taak te ~ *you got a tough job ahead of you; you're facing a tough job* • nog niet beginnen *wait* ★ wacht eens even *wait a moment* ★ wacht even *just a minute (please)*; INF. *hold on*; ⟨telefoon⟩ *hang on a minute* ★ te lang ~ met iets *delay s.th. too long* • nog niet afgehandeld worden ★ dat kan (wel) ~ *that can wait; there's no hurry* ▼ wacht maar! *you just wait!*

wachter *watchman*; ⟨parkwachter⟩ *keeper*

wachtgeld *reduced pay; redundancy pay* ★ iem. op ~ stellen *lay off s.o. on reduced pay*

wachthuisje • schildwachthuisje *watchman's hut*; MIL. *sentry box* • bus-/tramhokje *bus/ tram-shelter*

wachtkamer *waiting room*

wachtlijst *waiting list*

wachtmeester *sergeant*

wachtpost • persoon *sentry* • plaats *watch post; guard post*

wachttijd *wait(ing) time*

wachtwoord *password*

wad *mud-flat* ★ de Wadden *the (Dutch) Wadden*

Waddeneiland *(West) Frisian island*

Waddenzee *Wadden Sea*

waden *ford; wade*

wadjan(g) *wok*

wadloper • persoon *s.o. who walks the mud flats* • treintype in Nederland *pacer*

waf! *woof!*

wafel *wafer; waffle*

wafelijzer *waffle-iron*

waffel ▼ houd je ~! *shut your mouth!; shut up!*

wagen I ZN • kar ⟨ook licht⟩ *cart* • auto *(motor)car*; ⟨bestel⟩ *van* • wagon ⟨voor passagiers⟩ *carriage*; ⟨voor vracht (dicht)⟩ *van*; ⟨voor vracht (open)⟩ *wagon* **II** OV WW • durven *venture; hazard* ★ waag 't eens! *I dare/defy you to do it!* ★ waag 't niet! *don't you dare!* ★ zich ~ aan (een taak) *venture upon (a task)* ★ zich buiten ~ *venture out* • riskeren *risk; venture*; *hazard* ★ zijn leven ~ *risk one's life* ▼ wie niet waagt, die niet wint *nothing ventured nothing gained* ▼ ik zal het er maar op ~ *I'll risk it*

wagenpark *fleet (of cars, vans, etc.)*

wagenwijd *wide (open)* ★ ~ openzetten *open wide*

wagenziek *carsick*

waggelen • wankelend lopen *totter*; *stagger*; ⟨v. eend, dikzak⟩ *waddle*; ⟨v. klein kind⟩ *toddle* • wiebelen *wobble*

wagon *carriage*; *wagon*; ⟨voor goederen⟩ *van*

wajangpop *(Indonesian) shadow puppet*

wak *hole (in the ice)*

wake *watch*; *vigil*

waken • wakker blijven *watch*; *stay awake*; ⟨bij zieke⟩ *sit up (with)*; ⟨bij dode⟩ *keep vigil (over)* • beschermend toezien *(keep) watch*; *guard* ∗ ~ over *watch over* ∗ ~ tegen *(be on one's) guard against* ∗ ervoor ~ dat iets gebeurt *take care that s.th. doesn't happen*

waker *watchman*

wakker *awake* ∗ ~ worden *wake up* ∗ ~ maken *wake* ∗ bij iem. iets ~ maken *evoke s.th. in s.o.* ∗ ~ schudden *rouse*; INF. *shake awake* ∗ daar ligt hij niet erg ~ van *he's not going to lose any sleep over it* ▾ de herinnering ~ houden aan *keep the memory alive of*

wal • dam ⟨v. vesting⟩ *rampart*; ⟨dijkje⟩ *embankment*; *bank* • kade *quay(side)* ∗ aan wal liggen *be in the harbour*; *be alongside* ∗ van wal steken OOK FIG. *push off*; FIG. *go ahead* • vasteland *land*; *shore*; *coast* ∗ aan wal (gaan) *(go) ashore* ∗ aan wal brengen *land* • huiduitzakking onder ogen *bag* ▾ van de wal in de sloot raken *get out of the frying-pan into the fire* ▾ steek maar van wal! *fire away!* ▾ tussen de wal en het schip vallen *fall between two stools*

waldhoorn *French horn*

Wales *Wales*

walgelijk *disgusting*; *revolting*

walgen ∗ ik walg ervan *I loathe it*; *it makes me sick*

walging *loathing*; *disgust*

walhalla *Valhalla*

walkie-talkie *walkie-talkie*

walkman ® *walkman*

wallebakken *party*

Wallonië *Walloon provinces*

Wallstreet *Wallstreet*

walm *(dense) smoke*; *smother*

walmen *smoke*

walnoot • vrucht *walnut* • boom *walnut (tree)*

walrus *walrus*

wals • dans *waltz* • pletrol *roller* • toestel *roadroller*

walsen I OV WW pletten *roll*; ⟨v. weg⟩ *steamroller* II ON WW • dansen *waltz* • ~ over *steamroller*; *bulldoze*

walserij *rolling mill*

walsmuziek *waltz music*

walvis *whale*

walvisvaarder *whaler*

wambuis *jerkin*

wanbegrip *fallacy*

wanbeheer *mismanagement*

wanbeleid *maladministration*; *mismanagement* ∗ een ~ voeren *mismanage (the business, etc.)*

wanbetaler *defaulter*

wand *wall*; ⟨v. rots, berg⟩ *face*

wandaad *outrage*

wandbetimmering *wainscotting*; *panelling*

wandel • het wandelen *walk*; *stroll* • gedrag

conduct

wandelaar *walker*

wandelen *walk* ∗ gaan ~ *go for a walk* ▾ ~de encyclopedie *walking encyclopaedia* ▾ de Wandelende Jood *the Wandering Jew*

wandelgang *lobby*

wandeling *walk*; *stroll* ∗ een ~ maken *take a walk/stroll*; *go for a walk*

wandelkaart • vergunning *licence* • kaart *map*

wandelpad *footpath*

wandelpas *walking pace*

wandelroute *walk* ∗ een ~ uitzetten *signpost a walk*

wandelschoen *walking/hiking boot/shoe*

wandelsport *hiking*

wandelstok *walking stick*; *cane*

wandeltocht *walking-tour*; ⟨voornamelijk trektocht⟩ *hike*

wandelwagen *buggy*; *pushchair*

wandkleed *tapestry*

wandluis *bug*

wandmeubel *wall unit*

wandrek *wall bar(s)*

wandschildering *mural*; *wall painting*

wanen *imagine*; *fancy*

wang *cheek*

wangedrag *misbehaviour*; *misconduct*

wangedrocht *monster*; *monstrosity*

wanhoop *despair*

wanhoopsdaad *desperate act*

wanhoopskreet *cry of despair*

wanhopen *despair*

wanhopig *desperate*; *despairing*

wankel • onvast *unsteady*; *unstable*; *tottering* ∗ ~ evenwicht *shaky balance* • ongewis *shaky*; *insecure* ∗ ~e positie *shaky position*

wankelen • weifelen *waver*; *vacillate* ∗ ~ in zijn geloof *waver in one's faith* ∗ van geen ~ weten *stand as firm as a rock* • onvast gaan/staan *stagger*; *reel*; ⟨v. persoon, toren, stelsel⟩ *totter*

wankelmoedig *wavering*; *vacillating*

wanklank *discordant sound*; *dissonance*; FIG. *jarring/discordant note*

wanneer I BIJW *when* ∗ ~ hij ook komt *whenever he comes* II VW • als *when* ∗ we zijn er allemaal ~ hij komt *we shall all be there when he arrives* • indien *if* ∗ ~ we geld hebben, gaan we naar Frankrijk *if we have the money, we'll go to France* ∗ ~ dat zo is, dan ... *if that's the case, ...*

wanorde *disorder*

wanordelijk *disorderly*

wanprestatie *non-performance*

wanproduct • mislukking *flop*; *failure*; *freak*; PEJ. dud • persoon *wastrel*; *loser*

wansmaak *bad taste*

wanstaltig *misshapen*; *deformed*

want I ZN (de) handschoen *mitten* II ZN (het) tuigage *rigging* ▾ hij weet van wanten *he knows the ropes* III VW *for*; *because*

wantoestand *abuse*

wantrouwen I ZN *distrust*; *mistrust* ∗ ~ wekken *arouse suspicion* II OV WW *distrust*; *mistrust*

wantrouwend *distrustful*; *suspicious*

wantrouwig *distrustful*; *suspicious*

wa

wanverhouding *discrepancy*; *disproportion*; ‹misstand› *abuse*

WAO *Disablement Insurance Act* ★ in de WAO zitten *to receive disability benefit*

wapen ● strijdmiddel *weapon*; *arms* [mv] ★ naar de ~ s grijpen *take up arms* ★ te ~ ! *to arms!* ★ de ~ s neerleggen *lay down arms* ● wapenschild ★ koninklijk ~ *Royal Arms* ▼ iem. met zijn eigen ~ s bestrijden *fight s.o. with his own weapons* ▼ onder de ~ s zijn *be in the army* ★ iem. met gelijke ~ en tegemoet treden *meet s.o. on equal terms*

wapenarsenaal *arsenal*; *arms depot*
wapenbeheersing *arms control*
wapenbezit *possession of (fire)arms/weapons*
wapenbroeder *brother/comrade in arms*
wapenembargo *arms embargo*
wapenen ● bewapenen *arm* ★ zich ~ tegen *arm o.s. against* ● versterken *arm*; ‹v. beton› *reinforce*; ‹v. glas› *armour* ★ gewapend beton *reinforced concrete*

wapenfeit ● oorlogsdaad *feat of arms* ● roemrijke daad *feat*; *exploit*
wapengeweld *armed force*; *force of arms*
wapenhandel *arms traffic/trade*
wapenleverantie *arms supply*
wapenrusting *armour*
wapenspreuk *heraldic device*
wapenstilstand *armistice*
wapenstok *baton*; BE *truncheon*
wapentuig *arms*
wapenvergunning *firearms/gun licence*
wapenwedloop *arms race*
wapperen *wave*; *flutter*; ‹v. vlag› *fly*
war ★ in de war *muddled*; *confused*; *mixed-up*; *messed* ★ in de war raken ‹v. personen› *get confused/muddled*; ‹v. dingen› *get mixed up*; ‹v. touw› *get entangled/knotted* ★ uit de war halen *disentangle*; *unravel* ★ alles liep in de war *everything got mixed up* ★ mijn maag is in de war *my stomach is upset* ★ 't weer is helemaal in de war *the weather is quite unsettled* ★ hij heeft de boel (mooi) in de war gestuurd *he has made a (proper) mess of things*

waranda *veranda(h)*; AE *porch*
warboel *muddle*; *mess*; *confusion*
waren I ZN *wares*; *goods* II ON WW dolen *wander*
warenhuis *department store*
warenwet ≈ *Food and Drugs Act*; ≈ *Commodities Act*
warhoofd *scatterbrain*
warm ● met hoge temperatuur *hot*; *warm* ★ warm maken *heat* ★ warm houden *keep hot/warm* ● warme bronnen/baden *thermal/hot springs/baths* ★ 't warm hebben *be warm* ★ warm lopen *become (over)heated* ● hartelijk *warm(-hearted)*; *ardent* ★ warm aanbevelen *warmly recommend* ● geïnteresseerd *warmed up*; *enthusiastic* ★ zich warm maken over een zaak *get heated/steamed up over a question* ★ iem. warm voor iets maken *warm a person up to s.th.* ▼ iets warm houden FIG. *keep s.th. to the fore* ▼ het ging er warm toe *it was hot work*

warmbloedig ● BIOL. *warmblooded* ● vurig *hot-blooded*; *passionate*
warmdraaien *warm up* ▼ voor iets ~ *warm up to s.th.*
warmen *warm*; *heat*
warmhartigheid *warmheartedness*
warming-up *warm-up (exercise)*
warmlopen ● SPORT *warm up*; *do a warming-up* ● te heet worden *get hot*; *(over)heat* ● enthousiast worden *warm to/towards*; *be(come) enthusiastic for*
warmpjes *warmly*
warmte ● het warm zijn *warmth*; ‹ook nat.› *heat* ★ ~ afgeven *give off heat* ● hartelijkheid *warmth*
warmtebesparing *heat saving/economy*
warmtebron *source of heat*
warmtegeleider *conductor of heat*
warmwaterkraan *hot-water tap*
warrelen *whirl*
warrig *knotty*; *tangled*; FIG. *confused*
wars (van) *averse* ▼ wars zijn van *be averse to*
Warschau *Warsaw*
wartaal *gibberish*; *ravings*
wartel ‹v. ketting› *turnbuckle*; *coupling nut*; ‹draaiwiel› *swivel*
warwinkel *chaos*; *muddle*; *mess*
was I ZN ● het wassen *wash*; *washing* ★ de was doen *do the wash(ing)/laundry* ★ wasgoed *wash*; *laundry* ★ schone was *clean/fresh linen* ★ vuile was *dirty/soiled linen* ★ de was uitzoeken *sort the laundry* ▼ de vuile was buiten hangen *wash one's dirty linen in public* II ZN vettige stof *wax* ▼ goed in de slappe was zitten *have plenty of dough*; *be rolling in it*
wasautomaat *washing machine*; *washer*
wasbak *washbasin*; ‹in keuken enz.› *sink*
wasbeer *raccoon*
wasbenzine *benzine*
wasbeurt *wash(ing)*
wasdag *wash(ing)-day*
wasdom *growth* ★ zijn volle ~ bereiken *reach its full growth/stature*
wasdroger *(tumble)/(tumbler) dryer*
wasecht *fast-dyed*; *washable*
wasem *steam*; *vapour*
wasemen *steam*
wasgelegenheid *washroom*
wasgoed *washing*; *laundry*
washandje *face cloth/flannel*; AE *wash cloth*
wasinrichting *laundry*
wasknijper *clothes peg*
waskrijt *grease pencil*
waslijn *clothesline*
waslijst *catalogue* ★ een ~ met klachten *a catalogue of complaints*
wasmachine *washing machine*
wasmand *laundry basket*
wasmiddel *detergent*
waspeen *carrot (washed before being marketed)*
waspoeder *washing powder*
wasprogramma *washing programme*
wassen I BNW *wax(en)* II OV WW reinigen *wash*; ‹ook wonden› *cleanse* ★ zich ~ *wash o.s.* ▼ hij is aan het ~ *he's doing the laundry*

III ON WW toenemen ⟨v. maan⟩ *wax*; ⟨v. waterpeil⟩ *rise*

wassenbeeldenmuseum *house of wax*

wasserette *launderette*

wasserij *laundry*

wasstraat *(automatic) car wash*

wastafel *washbasin*

wastobbe *washtub*

wastunnel → **wasstraat**

wasverzachter *fabric softener*

wasvoorschrift *instructions for washings; directions for washing*

wat I BIJW ★ erg *very; extremely*; INF. *jolly* ★ zij was maar wat blij met het cadeautje *she was awfully/jolly pleased with her present* ● een beetje *somewhat; a little/bit* ★ wat later *a little later* ★ het gaat wat langzaam *it's somewhat slow; it's a little/bit slow* **II** VR VNW *what* ★ wat is er? *what is it?; what's the matter?* ★ wat zal 't zijn? *what'll you have?; what's yours?* ★ wat een boeken! *what a lot of books!* ★ wat dans je goed! *how well you dance!* ★ al is hij oud, wat dan nog? *so what if he is old?* ★ van wat voor boeken houd je? *what kind of books do you like?* ★ wat is hij voor een man? *what sort of man is he?* ★ en wat al niet! *and what not!* ★ wat prachtig! *how splendid!* ★ wat een aardig huis! *what a nice house!* **III** BETR VNW ⟨geen antecedent⟩ *what*; ⟨na iets/dat⟩ *which*; ⟨antecedent is woord(groep)⟩ *that* ★ je kunt zeggen wat je wil, maar ... *you can say what you like, but ...* ★ het ergste wat je kan overkomen *the worst thing that may happen to you* ★ iets wat nooit gebeurt *s.th. that never happens* ★ wat (ook) maar *whatever* **IV** ONB VNW ⟨zelfstandig gebruikt⟩ *something*; ⟨bijvoeglijk gebruikt⟩ *some* ★ er zit wat in *there is s.th. in it* ★ geef haar ook wat *give her some(thing) too* ★ neem nog wat druiven *have some more grapes* ★ blijf nog wat *stay a little longer* ★ speel nog wat *play some more* ★ wat er ook gebeurt *whatever happens* **V** TW *what*

water ● vloeistof *water*; ⟨v. lichaam⟩ *urine* ★ op ~ en brood *on bread and water* ★ onder ~ zetten *inundate; flood* ★ onder ~ staan *be under water; be flooded* ★ een glas ~ *a glass of water* ★ als ~ en vuur zijn *be at daggers drawn; be at each other's throats* ★ ~ binnenkrijgen *swallow water* ★ planten ~ geven *water plants* ★ ~ maken ⟨v. schip⟩ *make water* ★ bij hoog/laag ~ *at high/low tide* ★ onder ~ lopen *be flooded* ● natuurlijke bedding met water ⟨algemeen⟩ *water*; ⟨waterweg⟩ *waterway* ★ bevaarbare ~ en *navigable waterways* ★ diep ~ *deep waterway* ★ de ~ en van Nederland *the waters of the Netherlands* ★ internationale ~ en *high seas* ★ te ~ laten *launch* ★ stille ~ s hebben diepe gronden *still waters run deep* ★ ~ bij de wijn doen *moderate one's demands* ▼ een diamant van het zuiverste ~ *a diamond of the utmost clarity* ▼ ~ naar de zee dragen *carry coals to Newcastle* ▼ in troebel ~ vissen *fish in troubled waters* ▼ bang zijn zich aan koud ~ te branden *be overcautious* ▼ weer boven ~

komen *pop up again* ▼ in 't ~ vallen *come to nothing; fall through* ▼ zijn geld in 't ~ gooien *throw one's money away; pour one's money down the drain* ▼ 't ~ komt me er van in de mond *it makes my mouth water* ▼ van het zuiverste ~ *first-rate*

waterachtig *watery*

waterafstotend *water-repellent*

waterballet *water ballet*

waterbed *waterbed*

waterbekken *reservoir*

waterbestendig *water-resistant; waterproof*

waterbloem *aquatic flower*

waterbouwkunde *hydraulic engineering; hydraulics*

waterdamp *water vapour; steam*

waterdicht ● niet waterdoorlatend ⟨kleding e.d.⟩ *waterproof*; ⟨schoenen, ruimten⟩ *watertight* ● onweerlegbaar *watertight*

waterdier *aquatic animal*

waterdoorlatend *porous; permeable*

waterdrager *water-carrier*

waterdruk *water pressure*

waterdruppel *drop of water*

wateren ● vocht afscheiden ★ mijn ogen ~ *my eyes water* ● urineren *make/pass water; urinate*

waterfiets *pedalo; hydrocycle*

waterfietsen *pedal boating*

watergekoeld *water-cooled*

watergolf *artificial curl; wave*

watergolven *set*; ⟨v. haar⟩ *perm*

watergruwel *(water) gruel*

waterhardheid *hardness of water*

waterhoen *moorhen*

waterhoofd *hydrocephalus; waterhead* ★ een ~ hebben *have water on the brain*

waterhuishouding ⟨m.b.t. planten⟩ *water balance*; ⟨m.b.t. de bodem⟩ *soil hydrology*; ⟨m.b.t. watervoorziening⟩ *water management*

waterig ● als water *watery* ● met veel water *watery*; ⟨soep ook⟩ *thin* ▼ een ~ zonnetje *a watery sun*

waterijsje *popsicle; ice lolly*

waterjuffer ⟨groot⟩ *dragonfly*; ⟨klein⟩ *damsel fly*

waterkanon *water cannon*

waterkant *waterside*; ⟨in stad, e.d.⟩ *waterfront*

waterkering *embankment; dam; dike*

waterkers *watercress*

waterkoeling *water-cooling* ★ motor met ~ *water-cooled engine*

waterkraan *water tap*

waterkracht *hydropower; water power* ★ werkend op ~ *hydropowered*

waterkrachtcentrale *hydroelectric power plant/station*

waterlanders *tears* ★ de ~ kwamen *the waterworks were turned on*

waterleiding *waterworks*

waterleidingbedrijf *waterworks*; AE *water company*

waterlelie *water lily*

waterlijn *waterline*

waterlinie *land flooded as a defence line*

Waterman *Aquarius*
watermeloen *watermelon*
watermerk *watermark*
watermolen *watermill*
wateroppervlak • bovenste watervlak *water surface* • watervlakte *expanse of water*
wateroverlast *flooding*
waterpas I ZN *spirit level* II BNW *level*
waterpeil *water level*
waterpistool *water pistol/gun*
waterplaats *urinal*
waterplant *water plant*; *aquatic plant*
waterpokken *chickenpox*
waterpolitie *river police*
waterpolo *water polo*
waterpomptang *multiple pliers*; *pipe wrench*
waterproof *waterproof*
waterput *well*
waterrad *water wheel*
waterrat *water rat*
waterreservoir *(water) reservoir*
waterrijk *watery*
waterschade *water damage*
waterschap *district water board*
waterschapsbelasting *land draining rates*
waterscheiding *watershed*
waterschuw *afraid/frightened of water*; MED. *hydrophobic*
waterschuwheid *fear of water*; MED. *hydrophobia*
waterscooter *waterscooter*
waterskiën *water-skiing*
waterslang • dier *water snake* • gereedschap *hose(pipe)*
watersnip *snipe*
watersnood *flood(s)*
watersnoodramp *flood (disaster)*
waterspiegel • oppervlakte *water surface* • peil *waterlevel*
watersport *water sport(s)*; *aquatic sport(s)*
waterstaat *public works department*
waterstaatkundig *hydraulic*
waterstand *water level*
waterstof *hydrogen*
waterstofbom *hydrogen bomb*; *H-bomb*
waterstofperoxide *hydrogen peroxide*
waterstraal *jet of water*
watertanden ★ 't doet mij ~ *it makes my mouth water*
watertandend *mouth-watering*
watertaxi *taxi-boat*; *water-taxi*
watertoerisme *boating*
watertoevoer *water supply*
watertoren *water tower*
watertrappen *tread water*
waterval *waterfall*; *cascade*
waterverf *watercolour(s)*; *water-based paint*
waterverontreiniging *water pollution*
watervlak *water surface*
watervliegtuig *hydroplane*; *seaplane*
watervlug *darting*; *like a flash/light*; *lightning fast*
watervogel *water bird*
watervoorziening *water supply*
watervrees *hydrophobia*
waterweg *waterway*

waterwerk *waterworks* [mv]; *fountain*
waterwingebied *water catchment area*
waterzuiveringsinstallatie *water purification plant*
watje • propje watten *wad of cotton wool* ★ ~s in de oren *ear plugs* • persoon *softy* ★ soms ben je zó'n ~! *sometimes you're such a pussy!*
watjekouw *wallop*; *sock*
watt *watt*
wattage *wattage*
watten I ZN *cotton wool*; AE *absorbent cotton* ▼ iem. in de ~ leggen *pamper so.* II BNW *cotton wool*
wattenstaafje *cotton swab*; AE *Q-Tip ®*
watteren *wad*; *quilt*; *pad*
wauw! *wow*
wauwelen *waffle*; *blather (on)*
wave *Mexican wave*
WA-verzekering *third party insurance*
waxinelichtje *waxlight*
wazig *hazy*; *foggy*
wc *WC*; *toilet*; *lavatory* ★ naar de wc moeten *have to go to the toilet*
wc-bril *toilet seat*; *lavatory seat*
wc-papier *toilet paper*
wc-pot *lavatory pan*
wc-rol *toilet/lavatory roll*
we *we* ★ laten we gaan *let's go*; *shall we go now*
web • spinnenweb *web* • netwerk *web* • COMP. internet *web*
webadres *web address*
webcam *webcam*
weblog *weblog*
webmaster *webmaster*
webpagina *webpage*
website *website*
wecken *bottle*; *can*
weckfles *preserving jar*
weckpot *preserving jar*
wedde *salary*; *pay*
wedden *bet*; *lay a wager* ★ ik wed (met je) om al wat je wilt *I'll bet (you) anything you like* ★ ~ op *bet on*
weddenschap *bet*; *wager*
wederdienst *service in return* ★ altijd tot ~ bereid *always ready to reciprocate*; INF. *if you scratch my back, I'll scratch yours*
wedergeboorte • reïncarnatie *rebirth*; *reincarnation* • herleving *rebirth*
wedergeboren *born-again*
wederhelft INF. *better half*
wederkerend *reflexive* ★ ~ werkwoord *reflexive verb*
wederkerig *mutual*; *reciprocal*
wederom *again*; *once more*
wederopbouw *reconstruction*; *rebuilding*; *redevelopment*
wederopstanding *resurrection*
wederrechtelijk *unlawful*; *illegal*; *wrongful*
wedervaren I ZN *adventures* II ON WW *befall* ★ iem. recht laten ~ *do justice to s.o.*; *give s.o. his due*
wederverkoper *retailer*
wedervraag ≈ *counter-question* ★ een ~ stellen *answer a question with a question*

wederzien I ZN *meeting again*; *reunion* II OV WW *meet/see again*

wederzijds *mutual*; *reciprocal*

wedijver *competition*; *rivalry*

wedijveren *compete*

wedje *bet*

wedloop *race*; FIG. *rush*

wedren *race*

wedstrijd *competition*; *match*; *contest*

wedstrijdbeker *(sports) cup*

wedstrijdleider *match/competition leader*

wedstrijdleiding *referee(s)*; *umpire(s)*

wedstrijdsport *competitive sport(s)*

weduwe *widow* ⋆ onbestorven ~ *grass widow*

weduwepensioen *widow's pension*

weduwnaar *widower* ⋆ onbestorven ~ *grass widower*

weduwschap *widowhood*

wee I ZN barensnee ⋆ weeën *labour pains* [mv]; *contractions* [mv] II BNW *faint*; ⟨geur, smaak, sentimentaliteit⟩ *sickly*; ⟨onwel⟩ *shaky* ⋆ ik word er wee van *it's enough to make me sick* ⋆ wee van de honger *faint with hunger*

weefgetouw *loom*

weefsel • stof *texture*; *fabric* • BIOL. *tissue*

weegs ⋆ hij ging zijns ~ *he went on his way* ⋆ zij gingen ieder huns ~ *they went their several ways* ⋆ een eind ~ vergezellen *accompany (a p.) part of the way*

weegschaal *(pair of) scales*; *balance*

Weegschaal *Libra*

weeïg *sickly*

week I ZN • zeven dagen *week* ⋆ om de week *every week* ⋆ de Goede Week *Holy Week* ⋆ door/in de week *during/in the week*; *on weekdays* ⋆ over een week *in a week's time* ⋆ verleden/volgende week *last/next week* ⋆ week in, week uit *week in, week out* ⋆ vandaag over een week *today week* ⋆ morgen over drie weken *three weeks from tomorrow* ⋆ een vakantie van een week *a week's holiday* ⋆ er gaat geen week voorbij of ... *not a week goes by but ...* ⋆ het weken in de was in de week zetten *put the laundry in to soak* II BNW • zacht *soft* ⋆ week maken *soften* ⋆ teerhartig *soft*; *weak*

weekblad *weekly magazine/journal*

weekdier *mollusc*

weekeinde *weekend*

weekenddienst *weekend duty*

weekendretour *return train ticket valid for a weekend*

weekendtas *holdall*

weekhartig *softhearted*

weeklagen *wail*; *lament*

weekloon *weekly wages*

weekoverzicht *review of the week*

weelde • overvloed *profusion*; *wealth*; *abundance*; ⟨v. plantengroei⟩ *luxuriance* ⋆ een ~ van kleuren *a riot of colour* • luxe *luxury* ⋆ ik kan mij de ~ van een huis niet veroorloven *I can't afford a house*

weelderig • overvloedig ⋆ ~(e) haar/groei *luxuriant hair/growth* ⋆ ~e vegetatie *lush/luxuriant vegetation* • luxueus *luxurious*;

⟨interieur, e.d.⟩ *opulent* ⋆ ~ leventje *luxurious life*

weemoed *melancholy*; *sadness*

weemoedig *melancholic*; *sad*

weer I ZN (de) ▾ zich te weer stellen *offer resistance*; *make a stand* ▾ al vroeg in de weer zijn *be stirring early* II ZN (het) • weersgesteldheid *weather* ⋆ als het weer het toelaat *weather permitting* ⋆ weer of geen weer *in all weathers* ⋆ wat voor weer is 't? *what's the weather like?* ⋆ we krijgen ander weer *the weather is changing* ⋆ het weer slaat om *the weather is turning/breaking* • verwering *weathering* ⋆ 't weer zit in de spiegel *the mirror is weatherstained* ▾ mooi weer spelen *put on a show (of friendliness)* III BIJW • opnieuw *again* • terug *back* ▾ heen en weer *there and back*

weerbaar *able-bodied*

weerbarstig • koppig *stubborn*; *unruly*; *obstinate*; *recalcitrant* • stijf en stug *stubborn*; *obstinate*; *recalcitrant*; ⟨vnl. materiaal⟩ *unmanageable*

weerbericht *weather forecast*; AE *weather report*

weerga *equal*; *peer*; *match* ▾ hij is zonder ~ *he is without equal*; *he is unequalled*

weergalmen *reverberate*; *echo*; *resound*

weergaloos *matchless*; *unequalled*; *unparalleled*

weergave • kopie *reproduction* • het weergeven *reproduction*; ⟨v. voorval⟩ *account*; ⟨v. muziek ook⟩ *performance*

weergeven • reproduceren *reproduce* ⋆ iemands woorden onjuist ~ *misrepresent s.o.* • vertolken ⟨in een taal⟩ *render*; ⟨v. gedicht⟩ *recite*; ⟨v. gevoel⟩ *convey*; ⟨v. gevoel, situatie⟩ *describe*; ⟨v. toneelstuk, muziek⟩ *perform*; ⟨v. publieke opinie⟩ *voice*

weerhaak *barb*

weerhaan *weathercock*; FIG. *timeserver*

weerhouden *hold back*; *restrain*; *stop* ⋆ dat zal mij niet ~ te gaan *that will not keep me from going*

weerhuisje *weather box/house*

weerkaart *weather chart/map*

weerkaatsen I OV WW terugkaatsen *reflect*; *mirror*; ⟨v. geluid⟩ *reverberate* II ON WW teruggekaatst worden *reflect*; ⟨v. geluid⟩ *reverberate*

weerklank • echo *echo* • instemming ⋆ ~ vinden *meet with a response*

weerklinken *resound*; *ring out*

weerkunde *meteorology*

weerkundige *meteorologist*; *weather expert*

weerleggen *refute*; *counter*

weerlegging *refutation*; *rebuttal*

weerlicht *summer lightning* ▾ als de ~ *like (greased) lightning*; *on the double*

weerlichten *lighten*; *emit lightning*

weerloos *defenceless*

weermacht *armed forces/services*

weerman *weatherman*; *weather forecaster*

weerom *back*

weeromstuit ▾ van de ~ lachen *laugh in spite of o.s.*

weeroverzicht *weather synopsis*

we

weersatelliet *weather satellite*
weerschijn *lustre; reflection*
weerschijnen *glitter*
weersgesteldheid *weather conditions*
weerskanten ⋆ aan ~ *on both sides*
weerslag *repercussion*
weersomstandigheden *weather conditions*
weerspannig *recalcitrant; refractory*
weerspiegelen *reflect*
weerspiegeling *reflection*
weerspreken *contradict (a p.)*
weerstaan *resist*
weerstand • tegenstand *resistance; opposition*
⋆ ~ bieden aan *offer resistance* ⋆ ~ is zinloos!
resistance is futile! • resistentie *resistance*
• deel van stroomkring *resistance*
weerstandsvermogen *endurance; resistance;
stamina*
weerstation *weather station*
weersverandering *weather change; change in
the weather*
weersverbetering *improvement in the weather*
weersverwachting *weather forecast;* AE
weather report
weersvoorspeller *weather forecaster*
weersvoorspelling *weather forecast;* AE
weather report
weerszijden ⋆ aan ~ *on both sides*
weertoestand *weather condition*
weertype *type of weather*
weerwil ⋆ in ~ van *in spite of; notwithstanding*
weerwolf *werewolf*
weerwoord *reply; retort; riposte* ⋆ ~ geven
retort; answer
weerzien I ZN *reunion;* ⟨na korte periode⟩
meeting (again) ⋆ tot ~ s *till we meet again;*
INF. *so long* II OV WW *see again*
weerzin *reluctance; repugnance (to)* ⋆ met ~
reluctantly
weerzinwekkend *repulsive; revolting;
repugnant*
wees *orphan*
weesgegroetje *Hail Mary*
weeshuis *orphanage*
weeskind *orphan*
weet ⋆ aan de weet komen *find out* ⋆ het is
maar een weet *it's only a knack*
weetal *know-(it-)all*
weetgierig *inquisitive; eager to learn* ⋆ ~ zijn
have an inquiring mind
weetje *fact; detail*
weg I ZN • straat *path; road* • de grote weg *the
main road* ⋆ een kortere weg nemen *take a
short cut* • de openbare weg *the public
highway/road* ⋆ 'n weg inslaan *take a road;*
FIG. *adopt a course* • langs de weg *by the
wayside;* along the road ⋆ verharde weg
macadamized/metalled road • traject *road;
way; course* ⋆ 't schip was op weg naar *the
ship was bound for* ⋆ op de goede weg zijn *be
on the right road* ⋆ zij zijn mooi op weg om
te... *they have gone a long way towards...*
⋆ onderweg/op weg zijn *be on the/one's way;*
⟨v. schip⟩ *be under way* ⋆ zich op weg
begeven *set off; set out for* • doortocht *way*
⋆ in de weg staan *be in the way;* FIG. *hamper*

⋆ uit de weg ruimen ⟨v. moeilijkheid⟩
remove; ⟨v. persoon, moeilijkheid⟩ *eliminate;*
⟨v. persoon, moeilijkheid⟩ *get rid of;* ⟨v.
misverstand⟩ *clear up* ⋆ loop me niet in de
weg *don't get in my way* ⋆ uit de weg (gaan)
(get) out of the way • manier, middel *way;
means* ⋆ geen weg weten met *be at a loss
what to do with* ⋆ zich van slinkse wegen
bedienen *use devious ways and means* ▾ zo
oud als de weg naar Rome *as old as the hills*
▾ aan de weg timmeren *be in the spotlight*
▾ naar de bekende weg vragen *ask (for) the
obvious* ▾ dat ligt niet op mijn weg *it is none
of my business* ▾ z'n eigen weg gaan *go one's
own way* ▾ van de rechte weg afdwalen *stray
from the right path* ▾ ik heb je nooit een
strobreed in de weg gelegd *I have never
thwarted you in any way* ▾ een weg volgen
pursue a course ▾ de weg naar de hel is
geplaveid met goede voornemens *the road
to hell is paved with good intentions* ▾ de weg
effenen voor iets/iem. *pave the way for s.o./
s.th.* II BIJW • afwezig *away* ⋆ ik moet weg *I
must be off* ⋆ weg ermee! *away with it!* ⋆ hij
moet hier weg *he must go; he has to go*
⋆ alles moet weg! *everything must go!* ⋆ weg
mogen je van Harry! *down with Harry!* ⋆ weg met Harry!
down with Harry! ⋆ weg wezen! *clear out!;
get lost!; scram!* • zoek *gone; lost* • ~ van
crazy about ⋆ ze was er 'weg' van *she was
crazy about it* ▾ hij was helemaal weg ⟨in de
war⟩ *he was all at sea;* ⟨bewusteloos⟩ *he had
passed out*
wegaanduiding *roadsign*
wegbenen *stalk off*
wegbereider *pioneer*
wegbergen *put away*
wegblijven • niet komen *stay away (from);
stop coming to* ⋆ uit school ~ *skip school*
• niet terugkomen *stay away; not return* ⋆ de
pijn bleef weg *the pain didn't return* ⋆ ik zal
niet lang ~ *I shan't be long*
wegbonjouren *send (s.o.) packing; send away*
wegbranden I OV WW verbranden *burn away/
off* II ON WW verbranden worden *burn away/
down* ⋆ ze is niet weg te branden *there's no
getting rid of her*
wegbreken *pull/tear down; demolish*
wegbrengen • elders brengen *take away* ⋆ ik
zal de post ~ (naar het postkantoor) *I'll take
the post (to the post office)* • vergezellen *see
off*
wegcijferen *ignore* ⋆ zichzelf ~ *efface o.s.*
wegcircuit *road racing circuit*
wegdek *road-surface*
wegdenken *think away*
wegdoen • niet langer houden *dispose of; part
with;* ⟨iets onbruikbaars⟩ *scrap* • opbergen
put away
wegdoezelen *doze off*
wegdommelen *doze/nod off*
wegdraaien • geleidelijk laten verdwijnen
fade/turn out • terzijde draaien *turn away*
wegdragen • naar elders dragen *carry away/
off* • verwerven ⋆ iemands goedkeuring ~
meet with s.o.'s approval

wegduiken *dive/duck away*

wegduwen *push away*

wegebben *ebb (away)*; ⟨krachten⟩ *drain away*; ⟨geluid⟩ *fade*

wegen I OV WW gewicht bepalen *weigh* ▾ gewogen en te licht bevonden *weighed and found wanting* **II** ON WW • genoemde gewicht hebben *weigh* ★ zwaar ~ *weigh/be heavy* • van belang zijn ★ 't zwaarst ~ *preponderate; come first* ★ zwaarder ~ dan *outweigh* ★ iets niet te zwaar laten ~ *not attach too much importance to s.th.* ★ zwaar ~ *tilt the scales* ▾ wat 't zwaarst is moet 't zwaarst ~ *first things first*

wegenaanleg *road building*

wegenatlas *road book/atlas*

wegenbelasting *road tax*

wegenbouw *road-building/-construction*

wegenkaart *road map*

wegennet *road network*

wegens *because of; on account of; owing to; due to*

wegenwacht • dienst BE *A.A. (Automobile Association)*; *RAC (Royal Automobile Club)*; ⟨algemeen⟩ *motoring association* • persoon *AA-man*; *RAC-man*

weg- en waterbouw *civil engineering*

weggaan • vertrekken *go away*; *leave* • verkocht worden *be sold* ★ grif ~ *sell readily* ▾ ga weg! *you're kidding!*

weggebruiker *road-user*

weggeven • cadeau doen OOK FIG. *give away* • ten beste geven *perform*; *play*; *sing*

weggevertje *giveaway*

wegglippen *sneak away/off*; *slip away/off*

weggooiartikel *disposable (article/thing)*

weggooien *throw/fling away* ★ dat zou geld ~ zijn *it would be a waste of money* ▾ zichzelf ~ *make o.s. cheap*

weggooiverpakking *disposable container/packaging/package*

weggrissen *snatch away*

weghalen • wegnemen *remove*; *take away* • stelen *remove*

weghelft *(one) side of the road*

wegjagen *drive off*; *chase away*; ⟨v. school, universiteit⟩ *send down*; ⟨v. school⟩ *expel*

wegkapen *snatch away*; *pinch*; VULG. *nick*

wegkomen *get/come away* ★ maak dat je wegkomt! *clear out!; be off with you!* ★ hij maakte dat hij wegkwam *he made himself scarce*

wegkruipen • weggaan *crawl/creep away* • zich verstoppen *crawl/creep away*

wegkwijnen *pine away*; *languish*

weglaten *leave/miss out*; *omit*

weglatingsteken ⟨'⟩ *apostrophe*; ⟨...⟩ *ellipsis*

wegleggen • terzijde leggen *put aside/away* • sparen *lay/put aside* ▾ dat is niet voor hem weggelegd *that is just not for him*

wegligging ⟨v. auto⟩ *roadholding*

weglokken *lure/entice away*

wegloophuis *runaway shelter*

weglopen • naar elders lopen *walk away* • wegvloeien *run off/out* ★ water laten ~ *drain water* • er vandoor gaan *run away*;

make off ★ zij is bij haar man weggelopen *she walked out on her husband* ▾ ~ met ★ erg ~ met *make much of; be greatly taken with*

wegmaken • zoekmaken *lose*; *mislay* • onder narcose brengen *anaesthetize*

wegmarkering *road marking*

wegnemen • weghalen *take away*; *remove* • doen verdwijnen *remove*; *take away* ▾ dat neemt niet weg dat ... *that does not alter the fact that...*

wegomlegging *diversion*

wegpesten *freeze a person out*

wegpinken ★ een traan ~ *brush away a tear*

wegpiraat *road hog*

wegpromoveren INF. *kick upstairs*

wegraken *get lost*

wegrestaurant *roadhouse*

wegroepen *call away*

wegrotten *rot away*

wegscheren I OV WW scherend verwijderen *shave off* **II** WKD WW opkrassen *make off* ★ scheer je weg! *clear off!*

wegschieten I OV WW • afschieten *shoot off* • met schiettuig wegslingeren *shoot away* **II** ON WW snel verplaatsen *shoot away*

wegschrijven *write to disk*; *save*

wegslepen *drag away*; ⟨v. auto, schip⟩ *tow away*

wegslikken • doorslikken *swallow (down)* • verwerken • even iets moeten ~ *swallow*

wegsluipen *sneak away/off*

wegsmelten *melt away*

wegsmijten *fling/chuck/toss away*; ⟨naar buiten⟩ *fling/chuck/toss out*

wegspoelen I OV WW • spoelend verwijderen ⟨v. voedsel⟩ *wash down*; ⟨in wc⟩ *flush down* • meevoeren *carry/wash away* **II** ON WW meegevoerd worden *be washed/swept away*

wegstemmen *vote out (of office)*

wegsterven *die away/down*; *fade away*; *trail off*

wegstoppen • verbergen *hide/put/tuck away*; *conceal* • verdringen *suppress*

wegstrepen *cross out*; *delete*; *cancel out* ★ die twee zaken kun je tegen elkaar ~ *those two things cancel each other out*

wegsturen • wegzenden *send away*; ⟨ontslaan⟩ *dismiss*; ⟨niet toelaten⟩ *turn away* • verzenden *mail*; *dispatch*

wegteren *waste away*

wegtoveren *spirit away/off*

wegtransport *road transport*

wegtreiteren *harass (s.o.) until he/she leaves*

wegtrekken I OV WW van zijn plaats trekken *draw/pull away* **II** ON WW • weggaan *draw/move off*; ⟨ergens uit⟩ *pull out*; ⟨v. toeristen⟩ *leave*; ⟨v. troepen⟩ *pull out*; ⟨v. bui⟩ *blow over*; ⟨v. mist⟩ *lift* • verdwijnen ⟨v. pijn⟩ *disappear*; *ease* ▾ wit ~ *blanch*; *turn white*

wegvagen *sweep away*; *wipe out*

wegvallen • weggelaten worden *be left out*; *be omitted* • vervallen ★ tegen elkaar ~ *cancel each other out* • uitvallen *fall/drop off*; ⟨v. zender, geluid⟩ *fall away* ★ de druk viel weg *the pressure dropped*

wegverkeer *road traffic*

wegversmalling narrowing of the road; ‹op verkeersbord› *Road Narrows*

wegversperring roadblock

wegvervoer road transport; haulage

wegvliegen • vliegend weggaan fly away/off • snel heengaan dart off ★ hij vloog meteen weer weg he immediately darted off again • goed verkocht worden sell/go like hot cakes

wegvoeren carry off

wegwaaien I OV WW wegvoeren blow away **II** ON WW weggevoerd worden be blown away

wegwerker VERO. roadman

wegwerp- disposable; throw-away; ‹flessen› non-returnable; single-use ★ wegwerppartikel disposable (article) ★ wegwerpcamera single-use camera

wegwerpen throw away/out

wegwerpmaatschappij throw-away society

wegwerpverpakking disposable packaging/packing

wegwezen clear off/out; INF. scram ★ ~ jullie! beat it!; scram!; buzz off! ▾ terug van weggeweest back again

wegwijs familiar ★ iem. ~ maken put a person wise; AE show s.o. the ropes

wegwijzer • wegaanduiding sign(post) • gids ‹handleiding› manual; guidebook; ‹reisgids› guide

wegwuiven brush aside; dismiss ★ bezwaren ~ dismiss objections

wegzakken sink; go down ★ mijn Engels is volledig weggezakt my English has gone completely

wegzetten • terzijde zetten set/put aside; move ★ de auto ~ park the car • wegbergen put away/aside • geld ~ put money aside; put money in the bank

wei • weiland meadow; ‹v. vee› pasture; ‹grasland› grassland • melkwei whey

weiachtig meadowy

weide • hooiland meadow • grasland pasture • kleine wei voor paard paddock

weidebloem meadow flower

weidegrond pasture

weiden I OV WW laten grazen graze **II** ON WW grazen graze

weidevogel meadow bird

weids magnificent; stately; grand

weifelaar waverer; wobbler

weifelachtig wavering; hesitant

weifelen waver; hesitate

weifeling wavering; hesitation

weigeraar refuser

weigeren I OV WW • niet toestaan refuse; deny; ‹verzoek› turn down ★ iem. de toegang ~ refuse a person admittance • niet willen doen refuse ★ ~ iets te doen refuse to do s.th. • niet aannemen refuse; ‹uitnodiging› decline; ‹kandidaat, bod, goederen› reject **II** ON WW het niet doen refuse; ‹v. rem, e.d.› fail; ‹v. vuurwapen› misfire

weigering refusal

weiland pasture; grazing

weinig I BIJW • in geringe mate little ★ ~ bekend little known ★ het is ~ minder dan ... it's nothing short of ... ★ ~ overtuigend not very convincing • zelden rarely; seldom ★ zij is ~ thuis she's hardly ever home **II** ONB VNW little; not much ★ we kunnen er ~ aan doen there's little we can do about it ★ het ~e dat zij zag the little that she saw ★ hij dronk ~ he didn't drink much ★ ik heb er drie te ~ I am three short **III** TELW few; not many ★ niet ~en not a few

wekdienst wake-up/alarm call service

wekelijks weekly

weken soften; soak

wekenlang lasting several weeks; for weeks (on end)

wekken • wakker maken wake; (a)waken; rouse; call • opwekken ‹belangstelling› excite; ‹hoop, argwaan› raise; ‹verontwaardiging› create ★ verbazing ~ come as a surprise

wekker alarm (clock) ★ de ~ op zeven uur zetten set the alarm for seven o'clock

wekkerradio radio alarm clock; clock radio

weksignaal alarm call

wel I ZN (de) bron spring; fountain **II** ZN (het) voorspoed welfare; well-being ★ het wel en wee der gemeenschap the weal and woe of the community **III** BIJW • goed well ★ ik voel me heel wel I feel quite well ★ als ik 't wel heb if I am not mistaken ★ als ik me wel herinner if I remember rightly • tegenover niet ★ ik denk het wel I think so ★ ik houd er wel van I rather like it; ‹met nadruk› I do like it ★ wel wat duur rather dear ★ hij wil wel he doesn't mind; he is willing • tamelijk ★ het was wel leuk, hoor it was quite nice • waarschijnlijk ★ het zal wel goed zijn I daresay it'll be all right ★ het kan wel (waar) zijn it may be (true) ★ het zal wel niet gebeuren it's not likely to happen; it may well never happen • vragend ★ komt hij wel? is he coming? • minstens ★ wel 1000 mensen as many as 1000 people; no fewer than 1000 people • versterkend very ★ dank u wel thanks very much ★ dat is wel zo aardig that would be very nice/kind indeed ★ wel neen oh no ★ zeg dat wel you may well say so • weliswaar ★ het is wel niet veel, maar... it's true that it isn't much, but... **IV** TW well ★ wel, nu nog mooier! well, I never!

welbehagen • genoegen pleasure • believen pleasure; well-being

welbekend well-known

welbemind well-beloved

welbeschouwd • all things considered; all in all • als je het goed bekijkt all things considered

welbespraakt eloquent; fluent; voluble

welbesteed well-spent

welbevinden well-being; (good) health

welbewust well-considered; deliberate

weldaad • goede daad benefaction; boon ★ het is een ~ voor oude mensen it's a boon for old people • genot blessing

weldadig • heilzaam salutary; beneficent • aangenaam ★ ~e warmte pleasant warmth ★ ~e zalf soothing cream

weldenkend right-thinking

weldoen *do good* ▾ doe wel en zie niet om *do right and fear no one*

weldoener *benefactor*

weldoordacht *well-thought-out*

weldoorvoed *well-fed*

weldra *soon*; *presently*

weledel ★ ~e heer ⟨boven brief⟩ *(dear) Sir*

weledelgeboren *esquire (na de naam van een man)* ★ de ~ heer P. Davidson *P.Davidson, Esq.*

weledelgeleerd ≈ *Dear Sir/Madam...*

weledelgestreng *Dear Sir/Madam*; ⟨alleen bij man⟩ ≈ *esquire* ★ de ~e heer/mevrouw ⟨aanhef⟩ *Dear Sir/Madam*

weleens *ever*

weleer *formerly*; *olden days/times*

weleerwaard *reverend* ★ de ~e heer C. Brown *(the) Reverend C. Brown* ★ de ~e pater *(the) Reverend Father*

welfare *welfare*; *well-being*

welgeliefd *well-beloved*

welgemanierd *well-mannered*; *well-bred*

welgemeend *well-meaning* ★ ~ advies *well-meaning advice*

welgemoed *cheerful*

welgemutst *in good spirits*

welgeschapen *well-made*; *shapely*

welgesteld *well-to-do*; *comfortably off*

welgeteld *all in all*; *all told*

welgevallen I ZN *pleasure* ★ naar ~ *at (one's) pleasure*; *at will* ★ handel naar ~ *use your discretion* II ONV WW ★ zich iets laten ~ *put up with s.th.*; *submit to s.th.*

welgevallig *agreeable*; *pleasing*

welgezind *well-disposed (towards)*

welhaast *almost*; *nearly* ★ ~ niemand *hardly anybody*

welig *luxuriant* ★ ~ tieren *thrive*; *flourish*; ⟨v. misbruiken⟩ *be rampant/rife*

welingelicht *well-informed*

weliswaar *it is true*; *indeed*

welk I VR VNW *which*; *what* II BETR VNW *which*; *that* III ONB VNW *whatever*; *whichever*

welkom I ZN *welcome* II BNW *welcome* ★ iem. hartelijk ~ heten *give s.o. a hearty welcome* III TW *welcome!*

welkomstwoord *welcoming speech*; *word(s) of welcome*

wellen I OV WW • weken ⟨rozijnen, e.d.⟩ *steep* • lassen *weld* II ON WW opborrelen *well (up)*

welles *'t is!*; *it does!* ★ - ~! - *nietes!* - *'t is! - 't isn't!*; - *it does! - it doesn't!*

welletjes ▾ zo is het ~ *that's quite enough of that*

wellevend *courteous*

wellicht *perhaps*; *maybe*

welluidend *melodious*; *harmonious*

wellust *sensuality*; *lasciviousness*; *lust*

wellustig *lascivious*; *lustful*; *sensual*

welnee *of course not*

welnemen ★ met uw ~ *by your leave*

welnu *well then*

welopgevoed *well brought up*; ⟨welgemanierd⟩ *well-mannered*; *well-bred*

weloverwogen • opzettelijk *deliberate* • doordacht *(well)-considered*

welp • dier *cub* • padvinder *Cub Scout*

welpenleidster *akela*

welriekend *odoriferous*; *sweet-smelling*

Welsh *Welsh*

welslagen *success*

welsprekend *eloquent*

welsprekendheid *eloquence*

welstand • welvaart *prosperity* • gezondheid *well-being*; *health*

welstandsgrens *maximum wage level (for entitlement to national health insurance)*; *upper income limit*

welste ▾ een herrie van je ~ *an awful noise*

weltergewicht *welterweight*

welterusten *sleep well*; *good-night*

welteverstaan *that is*

weltevreden *satisfied*; *well-pleased*

welvaart *prosperity*; *affluence*

welvaartsmaatschappij *affluent society*

welvaren I ZN ⟨voorspoed⟩ *prosperity*; ⟨gezondheid⟩ *good health* ▾ eruitzien als Hollands ~ *be in the pink*; *be the picture of (good) health* II ON WW *prosper*; *thrive*; ⟨gezond zijn⟩ *be in good health* ★ hij vaart er wel bij *it does him a world of good*

welvarend *prosperous*; ⟨zaak⟩ *thriving* ★ er ~ uitziend ⟨gezond⟩ *look healthy/well*

welven (zich) *arch*; *vault*

welverdiend *well-deserved*; ⟨salaris, rust⟩ *well-earned*

welverzorgd *well taken care off*; ⟨v. uiterlijk⟩ *well-groomed*

welving *curvature*; ⟨v. lichaam⟩ *curve*

welwillend *kind*; *sympathetic*; *obliging*; *benevolent*

welzijn • welbevinden *welfare*; *well-being* ★ 't algemeen ~ *the common good* • gezondheid *health* ★ op iemands ~ drinken *drink a person's health*

welzijnssector *social welfare sector*

welzijnswerk *welfare work*

welzijnswerker *welfare worker/officer*

welzijnszorg *welfare services*

wemelen (van) *swarm/teem (with)* ★ het wemelde er van de politie INF. *the place was bristling with policemen* ★ het wemelde van de fouten *it was full of mistakes*

wendbaar *manoeuvrable*

wenden I OV WW keren *turn* ★ je kunt je er niet ~ of keren *there is not enough room to swing a cat* ★ hoe je het ook keert of wendt *whichever way you look at it* II WKD WW (tot) *turn (to)*; FIG. *apply/turn (to)*

wending *turn* ★ een ongunstige ~ nemen *take a turn for the worse* ★ 't gesprek een andere ~ geven *change the conversation*

wenen *weep*; *cry* ★ ~ over/van *weep for*

Wenen *Vienna*

wenk • gebaar *sign*; ⟨blik⟩ *wink* • aanwijzing *hint*

wenkbrauw *eyebrow*

wenkbrauwpotlood *eyebrow pencil*

wenken *beckon*

wennen I OV WW vertrouwd maken *accustom to* II ON WW vertrouwd raken *get used/accustomed to* ★ dat went wel *you'll get used*

we

to it

wens • verlangen *wish*; *desire* ★ alles gaat naar wens *things are going well* ★ een wens doen *make a wish* • gelukwens *wish* ★ mijn beste wensen! *my best wishes!*

wensdroom *pipe dream*

wenselijk • raadzaam *advisable* • te wensen *desirable*

wensen • verlangen *wish*; *want*; *desire* ★ het laat veel/niets te ~ over *it leaves much/ nothing to be desired* ★ 't is te ~ dat... *it is to be wished that...* • toewensen ★ iem. alles goeds ~ *wish a person well* ★ iem. goedendag ~ *wish/bid a person good day* ▼ met ~ alleen komt men er niet *if wishes were horses, beggars might ride*

wenskaart *greeting card*

wentelen I ᴏᴠ ᴡᴡ laten draaien *roll*; *turn*; *rotate* ★ de aarde wentelt zich om zijn as *the earth rotates on its axis* ★ zich in het slijk ~ ⟨vnl. figuurlijk⟩ *wallow in the mud* II ᴏɴ ᴡᴡ draaien *turn*; *rotate*; *revolve*

wentelteefje *French toast (with cinnamon)*

wenteltrap *winding/spiral staircase*

wereld • aarde *world*; *earth* ★ de hele ~ door *all over the world* ★ voor niets ter ~ *not for all the world* ★ ter ~ brengen *bring into the world* ★ uit de ~ helpen ⟨v. geschil⟩ *settle*; ⟨v. misverstand⟩ *clear up*; ⟨v. gerucht⟩ *dispel* ★ de ~ ingaan *go out into the world* ★ op de ~ in the world* • samenleving ★ de derde ~ *the Third World* ★ de ~ inzenden *send into the world* ★ zo gaat het in de ~ *that's the way of the world* • leefwereld *world* ▼ de hele ~ weet 't *all the world knows* ▼ daar ligt een ~ van verschil tussen *there's a world of difference (between them)* ▼ zo oud als de ~ *as old as the hills* ▼ iem. naar de andere ~ helpen *send s.o. to his maker*; *send s.o. to kingdom come*

wereldatlas *world atlas*

Wereldbank *World Bank*

wereldbeeld *world view*

wereldbeker *World Cup*

wereldberoemd *world-famous*

wereldbeschouwing *world view*; *outlook (on life)*

wereldbevolking *world population*

wereldbol *globe*

wereldburger *world citizen* ★ de nieuwe ~ *the new arrival*

wereldcup *World Cup*

werelddeel *continent*; *part of the world*

wereldeconomie *world economy*

wereldgeschiedenis *world history*

wereldhandel *world trade*

wereldje *small world* ★ hij leeft in een klein ~ *he has narrow horizons*; *he lives in a small world* ★ zij behoort ook tot het ~ *she also belongs to the in-crowd*

wereldkaart *map of the world*

wereldkampioen *world champion*

wereldkampioenschap *world championship* ★ het ~ voetbal *the World Cup*

wereldklok *world clock*

wereldkundig *known all over the world*; *public*

★ ~ maken *divulge*; *make public*

wereldlijk *worldly*; *secular*

wereldliteratuur *world literature*

wereldmacht *world power*

wereldnaam *worldwide reputation*

Wereldnatuurfonds *World Wildlife Fund*

wereldnieuws *world news*

wereldomroep *world service*

wereldontvanger *world(-band) receiver*

wereldoorlog *world war*

wereldorganisatie *worldwide organization*

wereldpremière *world premiere*

wereldranglijst *world rankings*

wereldrecord *world record*

wereldrecordhouder *world record-holder*

wereldreis *journey around the world*

wereldreiziger *globetrotter*

werelds • aards *worldly*; *secular* • mondain *wordly*; *mondain* ★ ~e genoegens *worldly pleasures*

wereldschokkend *world-shaking*

wereldstad *metropolis*

wereldtaal *world/universal language*

wereldtentoonstelling *international exhibition*

wereldtitel *world title*

wereldverbeteraar *do-gooder*

wereldvrede *world peace*

wereldvreemd *unworldly*; *Utopian*

wereldwijd I ʙɴᴡ *world-wide* II ʙɪᴊᴡ *all over the world*

wereldwijs *worldly-wise*

wereldwinkel *Third-World shop*; *shop selling products from Third-World countries*

wereldwonder *wonder of the world*

wereldzee *ocean*

weren I ᴏᴠ ᴡᴡ weghouden *keep out*; *bar*; *avert* ★ iem. ~ ⟨m.b.t. toegang⟩ *refuse admittance to s.o.*; ⟨m.b.t. plaats, activiteit⟩ *exclude s.o.* II ᴡᴋᴅ ᴡᴡ • zich verdedigen *defend o.s.* • zich inspannen *exert o.s.*

werf *shipyard*; ⟨marinewerf⟩ *dockyard* ★ van de werf lopen *leave the slips* ★ van de werf laten lopen *launch*

wering ⟨personen⟩ *exclusion*; ⟨ziekte⟩ *prevention*

werk • arbeid *work*; ⟨zwaar werk⟩ *labour* ★ te werk stellen *set to work* ★ publieke werken *public works* ★ veel werk maken van *take great pains over* ★ aan 't werk! *get going!*; *to work!* ★ aan 't werk gaan *set/go/get to work* ★ hoe ga je daarbij te werk? *how do you set about it?*; *how do you proceed?* • baan *employment*; *job*; ⟨taak⟩ *duty* ★ werk hebben *have a job* ★ zonder werk zitten *be out of work*; *be without a job* ★ vast werk hebben *have a regular job* ★ 300 man aan 't werk hebben *employ 300 men* • arbeidsplaats *work*; *job* ★ naar het werk gaan *go to work* ★ op zijn werk zijn *be at work*; *be on duty* • product *work* ★ een knap stukje werk *a clever piece of work* ★ de verzamelde werken van Shakespeare *the (collected) works of Shakespeare* • mechaniek *works*; ⟨v. klok⟩ *movements*; ⟨v. piano⟩ *action* ▼ werk maken van iets *do s.th. about something* ▼ er is heel wat werk aan de winkel *there is a good deal*

of work to do ▼ ergens werk van maken *take the matter up*; *do s.th. about it* ▼ je moet er dadelijk werk van maken *you must see/attend to it at once* ▼ alles in 't werk stellen *leave no stone unturned* ▼ hoe gaat dat in z'n werk? *how is it done?*

werkbalk *toolbar*

werkbank *workbench*; *bench*

werkbezoek *working visit*

werkbij *worker (bee)*

werkboek ● oefenboek *workbook* ● boek met werkgegevens *logbook*

werkbriefje *statement of hours worked*

werkcollege *tutorial*; *seminar*

werkdag *working day*

werkdruk *pressure of work*

werkelijk I BNW ● bestaand *real*; *true* ● effectief *active* ● in ~e dienst *in active service* II BIJW ★ ik weet het ~ niet *I really don't know*

werkelijkheid *reality*

werkelijkheidszin *realism*

werkeloze *unemployed person*

werken I OV WW ● in genoemde toestand brengen ★ iem. eruit ~ *oust s.o.*; *get rid of s.o.* ★ voedsel naar binnen ~ *shovel down one's food* ★ zich uit de naad ~ *work o.s. off one's legs* ★ zich ergens doorheen ~ *work one's way through s.th.* II ON WW ● werk doen *work*; TECHN. *operate* ★ z'n verbeelding laten ~ *use one's imagination* ★ hij werkt hard *he works hard* ★ aan een vertaling, e.d. ~ *work at/on a translation, etc.* ● functioneren *function*; ⟨v. machine⟩ *work*; ⟨v. fontein⟩ *play* ★ hoe werkt dat? *how does it work?* ● een machine laten ~ *operate a machine* ★ de nieuwe opzet werkt goed *the new set-up is functioning well* ★ de rem werkte niet *the brake failed* ★ de tijd werkt in ons voordeel *time is on our side* ● uitwerking hebben *work*; *take effect* ★ dat werkt op mijn zenuwen *it gets on my nerves* ★ het werkt op de hersens *it affects the brain* ★ 't werkt op de verbeelding *it stirs the imagination* ● beroep uitoefenen *work* ★ langer/korter gaan ~ *work longer/shorter hours* ★ met 500 man ~ *employ 500 people* ● vervormen *labour*; ⟨v. lading⟩ *shift*; ⟨v. hout⟩ *warp* ▼ als een rem ~ op *act as a brake on*

werker *worker*

werkervaring *work experience*

werkezel *drudge*

werkgeheugen *storage memory*; AE *working memory*; *main memory*

werkgelegenheid *employment* ★ volledige ~ *full employment* ★ beperkte ~ *underemployment*

werkgemeenschap ● groep die onderneming exploiteert *cooperative group* ● groep die probleem bestudeert *study group*

werkgemeente *municipality where one works*

werkgever *employer*

werkgeversbijdrage *employer's contribution*

werkgeversorganisatie *employer's association*

werkgroep *working party*; *study group*

werkhanden *callous/(work-)roughened hands*

werkhandschoen *work(ing) glove*

werkhouding ● houding v.h. lichaam *posture during work* ● motivatie *attitude to(wards) work*

werking ● het functioneren *action*; *working*; *operation*; ⟨v. vulkaan⟩ *activity* ★ in ~ stellen *put into operation* ★ buiten ~ stellen *put out of action* ★ in ~ treden *come into force*; ⟨v. wet⟩ *come into operation* ★ in volle ~ *in full swing* ● uitwerking *effect* ★ een heilzame ~ hebben *have a wholesome effect*

werkje ● klusje *piece of work* ● dessin in textiel *pattern*

werkkamer *study*

werkkamp *labour camp*

werkkapitaal *working capital*

werkkleding *work(ing) clothes*

werkklimaat *work climate*; *atmosphere at work*

werkkracht ● werknemer *employee*; *worker* ★ ~en *workforce*; *manpower* ● arbeidsvermogen *energy*

werkkring ● werkomgeving *working environment* ● betrekking *job*; *position*; *post* ★ een prettige ~ *a pleasant job*

werkloos *unemployed*; *out of work* ★ ~ zijn *be out of work*; *be unemployed* ★ ~ maken *make redundant*

werkloosheid *unemployment* ★ verborgen ~ *hidden unemployment*

werkloosheidscijfer *unemployment figure*

werkloosheidsuitkering *unemployment benefit*; AE *unemployment compensation*; INF. *dole money*

werkloosheidswet *UIA*; *Unemployment Insurance Act*

werkloze *unemployed (person)*; *jobless (person)*

werklunch *working lunch*

werklust *zest for work*; *willingness to work*

werkmaatschappij ● maatschappij die werken uitvoert *operating company* ● onderdeel van maatschappij *subsidiary (company)*

werkman *workman*; *labourer*

werknemer *employee*

werknemersbijdrage *employee's contribution*

werknemersorganisatie *(trade(s)) union*

werkomstandigheden *working condition/situation*

werkonderbreking *stoppage*

werkoverleg *discussion of progress*

werkplaats *workshop*

werkplan *plan of work/action*

werkplek *place of work*; COMP. *workstation*

werkploeg *team of workmen*; ⟨in ploegendienst⟩ *shift*; ⟨soldaten⟩ *working party*

werkrooster *(work) timetable/schedule*

werkschuw *work-shy*

werksfeer *work climate*

werkslaaf ● een werkverslaafde *workaholic* ● uitgebuite arbeider *wage slave*

werkstaking *walkout*; *strike*

werkster ● werkende vrouw ★ maatschappelijk ~ *social worker* ● schoonmaakster *cleaning woman/lady*; BE *charwoman*

werkstudent *student working his/her way through college*

werkstuk ● vervaardigd stuk werk *piece of*

work • scriptie ⟨school⟩ *paper*
werktafel *worktable*; ⟨werkbank⟩ *bench*
werktekening *working drawing*
werktempo *pace/rate/speed of work*
werkterrein • terrein van werkzaamheid *field of activity* • werkplaats *work area*; *working space*
werktijd *working hours*; ⟨kantoor⟩ *office hours*; ⟨v. ploeg werklieden⟩ *shift*
werktijdverkorting *reduction of working hours*
werktuig *instrument*; *tool*; *implement*
werktuigbouwkunde *mechanical engineering*
werktuigbouwkundig *mechanical* ✶ ~ ingenieur *mechanical engineer*
werktuigkunde *mechanics*
werktuigkundige *mechanical engineer*
werktuiglijk *mechanical*
werkveld *field/sphere of action*
werkvergunning *work permit*
werkverschaffing *(unemployment) relief work*
werkverslaafde *work addict*; INF. *workaholic*
werkvloer *shop floor*; AE *work floor*
werkweek • deel van de week *work(ing) week* ✶ een driedaagse ~ *a three-day working week* • werkkamp voor scholieren *a project camp for students* ✶ de klas ging met ~ *the class had a project week*
werkweigeraar • persoon die werk weigert te doen *person who refuses to carry out work* • persoon die weigert werk aan te nemen *person who refuses to accept work*
werkwijze *method*; *working-method*; *procedure*
werkwillige *non-striker*; PEJ. *scab*
werkwoord *verb*
werkwoordsvorm *verb(al) form*
werkzaam • actief *active*; *industrious* ✶ een ~ aandeel nemen in *take an active part in* • uitwerking hebbend *active*; *effective* ✶ het werkzame bestanddeel *the active ingredient* • arbeidzaam *working*; *employed* ✶ ~ zijn bij *be with*; *be employed by* ✶ ~ zijn op een kantoor *work in an office*
werkzoekende *job-seeker* ✶ zich als ~ laten inschrijven *register for employment*; INF. *sign on*
werpanker SCHEEPV. *kedge*
werpen • gooien *throw*; ↑ *cast*; ⟨met kracht⟩ *fling*; *hurl*; ⟨met steen, sneeuwbal, e.d.⟩ *pelt* ✶ aan land geworpen *cast ashore* • baren *have one's young*; ⟨hond⟩ *have puppies*; ⟨poes⟩ *have kittens*; ⟨leeuw⟩ *have cubs* ✶ jongen ~ *have a litter*
werper *thrower*; ⟨in sport⟩ *pitcher*
werphengel *casting rod*
werptijd *season/time for having young*; ⟨schapen⟩ *lambing season*
wervel *vertebra* [mv: *vertebrae*]
wervelend *sparkling*; *bubbling with life* ✶ een ~e show *a sparkling show*
wervelkolom *spinal column*; ⟨ruggengraat⟩ *spine*
wervelstorm *cyclone*; *hurricane*
wervelwind *whirlwind*
werven • in dienst nemen *recruit*; ⟨soldaten⟩ *enlist* • trachten te winnen ⟨v. klanten⟩ *attract*; ⟨v. leden⟩ *bring in*; ⟨v. stemmen⟩

canvass ✶ stemmen ~ *canvass for votes*
werving • het in dienst nemen *recruitment* • het overhalen *canvassing*
wervingsactie *recruitment drive/campaign*
wesp *wasp*
wespennest *wasps' nest* ▾ zich in een ~ steken *stir up a hornets' nest*
wespentaille *wasp waist*
west I ZN *West* II BNW *west*
West-Duitsland *Federal Republic of Germany*; *West Germany*
westelijk *westerly*; *western*
Westelijke Sahara *Western Sahara*
westen *west* ✶ ten ~ van *(to the) west of* ✶ 't verre ~ *the Far West* ▾ buiten ~ zijn *be unconscious* ▾ buiten ~ geraken *pass out*
westenwind *west(erly) wind*
westerlengte *western longitude*; *longitude west* ✶ op 5 graden ~ *at 5° longitude west*
westerling *Westerner*
western *western*
westers *western*; *occidental*
westerstorm *westerly gale*
West-Europa *Western Europe*
West-Europees *Western European*
westkant *west side*
westkust *west coast*
West-Samoa *Western Samoa*
westwaarts *westward(s)*; *to the west*
wet • wetmatigheid *law* ✶ de wet van de zwaartekracht *law of gravitation* • voorschrift *law*; *act*; *statute* ✶ een wet aannemen *pass/enact a law* ✶ conform de wet *lawful(ly)* ✶ 't ontwerp werd wet *the bill became law* ✶ wetten maken/uitvaardigen *legislate* ✶ tot wet verheffen *enact a bill* • geheel van regels ✶ volgens/krachtens de wet *according to law* ✶ voor de wet *in the eyes of the law*; *before the law* ✶ bij de wet bepalen *regulate by law* ✶ bij de wet verboden *forbidden by law* ✶ boven de wet staan *be above the law* ✶ buiten de wet vallen *be outside the law* ✶ iem. de wet voorschrijven *lay down the law to a person* ▾ dat is geen wet van Meden en Perzen *not a hard and fast rule*
wetboek *code (of law)* ✶ ~ van koophandel *commercial code* ✶ ~ van strafrecht *criminal code* ✶ burgerlijk ~ *civil code*
weten I ZN *knowledge* ✶ naar mijn (beste) ~ *to (the best of) my knowledge* ✶ iets tegen beter ~ in doen *do s.th. against one's better judgement* II OV WW • kennis/besef hebben van *know* ✶ te ~ *viz*; *namely* ✶ hij weet van geen ophouden *he never knows when to stop* ✶ ik weet er wel wat op *I can fix that* ✶ ze ~ overal raad op *they are never at a loss* ✶ hij kan het ~ *he ought to know* ✶ ik had het kunnen ~ *I might have known* ✶ je kunt niet/nooit ~ *one never knows*; *you never can tell* ✶ ik zal het je laten ~ *I'll let you know* ✶ zeker ~! *absolutely!* ✶ voordat je het weet *before you know it*; *before you know where you are* ✶ zonder het te ~ *unwittingly* ✶ twee ~ meer dan een *two heads are better than one* ✶ niet dat ik weet *not to my knowledge*; *not that I*

know • ~ **te** ★ hij weet zich te gedragen *he knows how to behave* ★ hij wist zich te bevrijden *he succeeded in freeing himself*; *he managed to free himself* ★ hoe kwam je dat te ~? *how did you come/get to know that?*; *how did you find that out?* • ~ **van** *know about* ★ iets ~ van computers *know s.th. about computers* ▾ weet ik veel! *how should I know!* ▾ ik wist niet wat ik hoorde *I could hardly believe my ears* ▾ wie weet *who knows* ▾ dat weet ik nog zo net niet *I'm not so sure about that* ▾ dat moet jij zelf maar ~ *that's your business* ▾ zij wil niets van hem ~ *she doesn't want to have anything to do with him*

wetend *knowing*; *aware*

wetens ★ willens en ~ *knowingly*

wetenschap • het weten *knowledge* ★ in de ~ dat ... *knowing that ...* • kennis en onderzoek van werkelijkheid ⟨niet exact⟩ *learning*; ⟨exact⟩ *science* • tak van wetenschap *discipline*

wetenschappelijk *scientific*

wetenschapper ⟨exacte wetenschap⟩ *scientist*; ⟨niet-exacte wetenschap⟩ *scholar*; ⟨academicus⟩ *academic*

wetenschapsfilosofie *philosophy of science*

wetenschapstheorie *epistemology*

wetenschapswinkel *research exchange/ information centre*

wetenswaardig *interesting*; *informative*; INF. *worth knowing*

wetenswaardigheid *information*

wetering *watercourse*

wetgeleerde • schriftgeleerde *biblical scholar* • jurist *lawyer*

wetgevend *legislative* ★ de ~e macht *the legislature*

wetgever *legislator*

wetgeving *legislation*

wethouder *alderman*

wetland *wetland(s)*

wetlook *wet look*

wetmatig *systematic*

wetmatigheid • regelmatigheid *regularity*; *order* • verschijnsel *pattern*; *law*

wetsartikel *section of an act*

wetsbepaling *statutory/legal provision*

wetsbesluit *statutory order*

wetsdelict *crime*; *criminal offence*

wetsherziening *revision of a/the law*

wetsinterpretatie *interpretation of a/the law*

wetskennis *legal knowledge*; *knowledge of the law*

wetsontwerp *bill*

wetsovertreding *breach of the law*; *violation of the law*

wetsuit *wetsuit*

wetsvoorstel *bill*

wetswinkel ≈ *legal advice centre*

wettekst *text of a law*

wettelijk *legal*; ⟨bij wet vastgelegd⟩ *statutory* ★ ~e aansprakelijkheid *(legal) liability*

wetten *whet*; *sharpen*

wettig *legal*; *lawful*; *legitimate* ★ ~ kind *legitimate child* ★ ~ betaalmiddel *legal tender* ★ ~ erfgenaam *legal heir* ★ ~ gezag *lawful*

authority

wettigen • wettig maken ⟨v. akte⟩ *legalize*; ⟨v. kind⟩ *legitimatize* • rechtvaardigen *justify*; *warrant*

WEU *WEU*; *West European Union*

weven I OV WW *weave* II ON WW ⟨v. rijstrook veranderen⟩ *filter (to)*

wever *weaver*

weverij *weaving mill*

wezel *weasel*

wezen I ZN • schepsel *being*; *creature* ★ geen levend ~ *not a living soul* • essentie *essence*; ⟨aard⟩ *nature* ★ in ~ *in essence*; *essentially* ★ doordringen tot het ~ der zaak *penetrate to the heart/root of the matter* II ON WW *be* ★ we zijn er ~ kijken *we went there to have a look* ★ het kan ~ *may be* ▾ hij mag er ~ *he is hot stuff*

wezenlijk • essentieel *essential* ★ van ~ belang *of vital importance* • werkelijk bestaand *real*

wezenloos • onwerkelijk *insubstantial*; *immaterial* • uitdrukkingsloos *vacant*; *blank*; *expressionless* ★ ~ kijken *stare vacantly* ▾ zij is zich ~ geschrokken *she was scared silly*; *she was scared out of her wits*

whiplash *whiplash injury*

whisky *whisky*

whizzkid *whizz-kid*

WHO *WHO*; *World Health Organization*

whodunit *whodunit*

wichelroede *divining rod*

wicht • meisje *chit*; *girl* • kind *baby*; *child*

wicket *wicket*

wie I VR VNW ⟨onderwerp⟩ *who*; ⟨wiens⟩ *whose*; ⟨voorwerp⟩ *whom*; ⟨keuze uit twee of meer⟩ *which* ★ wie kan ik zeggen dat er is? *what name, please?* ★ van wie is dit? *whose is this?* ★ wie van hen *which of them* ★ wie denkt hij dat hij is? *who does he think he is?* ★ wie heb je ontmoet *whom did you meet* II BETR VNW ⟨onderwerp⟩ *who*; ⟨wiens⟩ *whose*; ⟨voorwerp⟩ *whom* III ONB VNW *whoever* ★ wie er ook aanwezig is ... *whoever is present ...* ★ wie dan ook *whoever*; *anybody*; *anyone*

wiebelen • schommelen *wobble*; *wiggle* • onvast staan *wobble*

wiebelig *wobbly*; *shaky*

wieden *weed*

wiedes ▾ dat is nogal ~! *that goes without saying!*

wiedeweerga ▾ als de ~ *in a flash*; AE *lickety-split*

wieg *cradle* ▾ daar ben ik niet voor in de wieg gelegd *I am not cut out for it* ▾ hij is voor leraar in de wieg gelegd *he is a born teacher* ▾ van de wieg tot het graf *from the cradle to the grave*

wiegelied *lullaby*

wiegen I OV WW schommelen *rock* ★ met de heupen ~ *sway one's hips* II ON WW deinen *rock*; *sway*

wiegendood *sudden infant death syndrome*; BE *cot death*; AE *crib death*

wiek • vleugel *wing* • molenwiek *sail* ▾ op eigen wieken drijven *fend for o.s.* ▾ in zijn

wi

wiek geschoten zijn *be offended; be affronted*
wiel *wheel* ▾ het vijfde wiel aan de wagen zijn *be a fifth wheel (to the coach)*
wieldop *wheel cover; hub cap*
wieldruk *wheel load*
wielerbaan *cycling track*
wielerklassieker *cycling classic*
wielerkoers *(bi)cycle race*
wielerploeg *cycling team*
wielerronde *(bi)cycle race*
wielersport *cycling*
wielewaal *golden oriole*
wielklem *wheel clamp*
wielophanging *suspension*
wielrennen *cycle racing*
wielrenner *racing cyclist*
wielrijder *cyclist*
wier I ZN *seaweed* II PERS VNW *whose*
wierook *incense* ▾ iem. ~ toezwaaien *extol a person*
wierookgeur *(smell/scent of) incence*
wiet *grass; weed; pot*
wig *wedge*
wigwam *wigwam*
wij *we*
wijd I BNW • ruim *wide; broad;* ⟨v. kleren⟩ *loose (fitting)* ★ een wijde vlakte *an open plain* ★ wijder worden/maken *widen* • SPORT ★ vier wijd *base on balls* ▾ wijd en zijd *far and wide* II BIJW *wide(ly)* ★ wijd open *wide open* ★ wijd open zetten *open wide* ★ met wijd open ogen *wide eyed*
wijdbeens *with legs wide apart*
wijden • inzegenen ⟨priester⟩ *ordain;* ⟨koning, bisschop, kerk⟩ *consecrate* • ~ aan *dedicate to; devote to* ★ een boek ~ aan *dedicate a book to* ★ zich/zijn tijd ~ aan *devote one's time to; devote o.s. to*
wijdte *breadth; width;* ⟨v. spoor⟩ *gauge*
wijduit *wide apart; spread wide out*
wijdverbreid *widespread*
wijdverspreid *widespread*
wijdvertakt *widespread*
wijf *woman;* ⟨scheldwoord⟩ *bitch* ★ lelijk/akelig wijf *bitch; shrew*
wijfie ≈ *sweetie;* ≈ *pet;* ≈ *dearie*
wijfje *female;* ⟨vee, olifant⟩ *cow;* ⟨hond⟩ *bitch*
wij-gevoel *(feeling of) solidarity/oneness*
wijk • stadsdeel *neighbourhood; district* • rayon ⟨v. politieagent⟩ *beat;* ⟨v. melkboer, e.d.⟩ *round* ▾ de wijk nemen naar *take refuge in; flee to*
wijkagent *policeman on the beat*
wijkcentrum *community centre*
wijken • verdwijnen *disappear; go* ▾ het gevaar is geweken *the danger is past/over* ▾ de koorts is geweken *the fever has gone* • zich terugtrekken *give way (to); make way (for);* ⟨achteruitwijken⟩ *fall back* ★ geen duimbreed ~ *not budge an inch*
wijkgebouw *church hall;* ≈ *community centre*
wijkplaats *refuge; asylum; sanctuary*
wijkraad *neighbourhood council*
wijkvereniging *community association*
wijkverpleegkundige *district nurse; health visitor*

wijkverpleging *district nursing (service)*
wijkwinkel *local shop*
wijkzuster *district nurse*
wijlen *late; deceased* ★ ~ de koning *the late King*
wijn *wine* ★ rode/witte wijn *red/white wine* ★ bordeauxwijn *claret* ▾ goede wijn behoeft geen krans *good wine needs no bush* ▾ als de wijn is in de man, is de wijsheid in de kan *when wine is in, wit is out*
wijnazijn *wine vinegar*
wijnbes *wineberry*
wijnboer *winegrower*
wijnbouw *wine growing; viniculture*
wijnbouwer *viniculturalist; wine grower*
wijnfeest *wine-festival*
wijnfles *winebottle*
wijngaard *vineyard*
wijnglas *wineglass*
wijnhandel • winkel *wine shop* • handel *wine-trade*
wijnhuis *wine bar*
wijnjaar *vintage (year)*
wijnkaart *wine list*
wijnkelder *wine-cellar*
wijnkenner *wine connoisseur*
wijnkoeler *wine-cooler*
wijnlokaal *wine bar*
wijnmaand *grape-harvesting month*
wijnoogst *vintage*
wijnpers *wine-press*
wijnproeverij *wine tasting*
wijnrank *vine branch*
wijnrek *wine-rack*
wijnrood *wine red/coloured; burgundy*
wijnsaus *wine sauce*
wijnstok *vine*
wijnstreek *wine (growing) region/district*
wijntje *(glass of) wine* ▾ van Wijntje en Trijntje houden *be a lover of wine, women and song*
wijnvat *wine barrel/cask*
wijnvlek • vlek door wijn *wine stain* • huidvlek *strawberry mark*
wijs I ZN • melodie *melody;* • tune ★ op de wijs van *to the tune of* • TAALK. ★ aantonende wijs *indicative* ▾ van de wijs raken *get confused; lose one's head* ▾ van de wijs brengen *put out* ▾ van de wijs zijn *be at sea* ▾ 's lands wijs, 's lands eer *so many countries, so many customs* II BNW • verstandig *wise; sensible* ★ wees nou wijzer *don't be silly* ★ wetend *wise* ▾ hij laat zich alles wijs maken *he is very gullible* ★ daar kan ik geen wijs uit worden *I can't figure it out* ▾ ik werd er niet veel wijzer door *it left me no wiser than before* ★ ben je niet wijs? *are you out of your mind?* • gaaf *cool; boss*
wijsbegeerte *philosophy*
wijselijk *wisely*
wijsgeer *philosopher*
wijsgerig *philosophic(al)*
wijsheid *wisdom*
wijsmaken ▾ maak dat een ander/de kat wijs! *tell that to the marines!; pull the other one!*
wijsneus *wiseacre; know-all*
wijsvinger *forefinger; index finger*

wi

wijten *attribute/impute (to)* ★ je hebt het aan jezelf te ~ *you have only yourself to blame for it* ★ te ~ aan *owing/due to*

wijting *whiting*

wijwater *holy water*

wijze • manier *way; manner; fashion* ★ op deze ~ *in this way* ★ op generlei ~ *in no way* ★ ~ van handelen *procedure* ★ ~ van zeggen *mode of expression* ★ bij ~ van uitzondering *by way of exception* • persoon *wise man/ woman* ★ de Wijzen uit het Oosten *the Wise Men of the East; the Magi* ▼ bij ~ van spreken *in a manner of speaking*

wijzen I OV WW • aanduiden *point out; show* • attenderen *point out* ★ iem. op iets ~ *point out s.th. to a person* • uitspreken *pronounce* ★ 'n vonnis ~ *pronounce a sentence* II ON WW • aanwijzen ★ ~ naar *point at/to* • doen vermoeden *indicate* ★ dat wijst op zwakte *that indicates/suggests weakness* ★ alles wijst erop dat... *there is every indication that...*

wijzer ⟨v. klok, e.d.⟩ *hand;* ⟨v. barometer, e.d.⟩ *pointer;* ⟨handwijzer⟩ *finger-post* ★ grote/ kleine ~ *hour hand* ★ grote ~ *minute hand*

wijzerplaat *dial;* ⟨v. klok⟩ *face*

wijzigen *modify; alter; change*

wijziging *modification; alteration; change* ★ een ~ aanbrengen in *make an alteration in/to*

wijzigingsvoorstel *proposed change/alteration;* ⟨v. tekst ook⟩ *amendment*

wikkel *wrapper*

wikkelen • inwikkelen *wrap (up);* ⟨in verband⟩ *swathe;* ⟨v. draad⟩ *wind* • betrekken *involve in;* ⟨in twist⟩ *mix up* ★ in een gesprek gewikkeld *wrapped up in conversation*

wikkelrok *wraparound skirt*

wil *will;* ⟨wens⟩ *desire;* ⟨bedoeling⟩ *intention* ▼ waar een wil is, is een weg *where there's a will there's a way* ▼ jouw wil staat achter de deur *that's not up to you*

wild I ZN • natuurstaat *wildness; natural state* ★ in het wild levende dieren *wild animals; wildlife* • dieren *game;* ⟨prooi van jager⟩ *quarry* ★ groot/klein wild *big/small game* ▼ in 't wild opgroeien *grow wild* II BNW • in natuurstaat ⟨v. plant, dier⟩ *wild;* ⟨v. mens⟩ *savage; primitive* • onbeheerst *wild;* ⟨vlees⟩ *proud* ★ wilde geruchten *wild rumours* ★ wilde staking *unofficial/wildcat strike* ★ wilde vaart *tramp shipping* ▼ zich wild schrikken *jump out of one's skin*

wildachtig *gam(e)y*

wildbaan *(game) reserve*

wildbraad *game*

wilde *savage*

wildebeest *wildebeest; gnu*

wildebras *tearaway;* ⟨meisje⟩ *tomboy*

wildernis *wilderness*

wildgroei *uncontrolled/morbid growth; proliferation;* FIG. *proliferation*

wildpark *wildlife reserve*

wildreservaat *wildlife reserve;* ⟨voor jacht⟩ *game reserve*

wildstand *wildlife*

wildviaduct *wildlife viaduct*

wildvreemd ★ een ~e *a perfect stranger*

wildwaterbaan ≈ *rapids* [mv]

wildwaterkanoën *white-water canoeing*

wildwestfilm *western*

wilg *willow*

wilgenkatje *(willow) catkin*

wilgentak *willow branch*

Wilhelmus *Wilhelmus; Dutch national anthem*

willekeur *arbitrariness* ★ naar ~ *at will* ★ naar ~ handelen *act according to one's own discretion*

willekeurig • naar willekeur *arbitrary; random* ★ een ~e beslissing *an arbitrary decision* • onverschillig welk ★ een ~ boek *any book (you like)* ★ op iedere ~e dag *on any (given) day*

willen I OV WW • wensen *want; wish;* ⟨graag willen⟩ *like;* ⟨v. plan zijn⟩ *intend* ★ wat zou je ~ dat ik deed? *what would you like me to do?* ★ wat wil je ermee doen? *what do you intend/want to do with it?* ★ wie wil, die kan *where there is a will there is a way* ★ of jij het wil of niet! *whether you like it or not!* ★ dat zou je wel ~! *wouldn't you like it!* ★ je hebt 't zelf gewild *you've been asking for it* ★ ik wou dat het waar was *I wish it were true* ★ dat wil ik niet hebben *I won't have it* • bereid zijn *be willing/prepared* ★ ik wil wel gaan *I'm willing to go* ★ je wil toch niet zeggen... *you don't mean to say...* ★ dat wil er bij niet in *I don't believe it* • lukken *will* ★ als het een beetje wil *with a bit of luck* ★ dat wil gewoon niet *it just won't go* • beweren ★ het gerucht wil dat ... *rumour has it that...* II HWW • uitdrukking van wenselijkheid *will; would* ★ help eens even, wil je? *give us a hand, will you?* ★ wil je me de boter even aangeven? *could/would you pass me the butter please* • uitdrukking van intentie ★ hij wou juist uitgaan *he was just going out* • uitdrukking van mogelijkheid ★ het wil weleens laat worden voor hij thuis is *it tends to be late when he gets home* ★ het moet raar lopen, wil zij nog komen *she's not likely to come* ▼ dat wil er bij mij niet in *I won't swallow that*

willens *deliberately; on purpose* ★ ~ en wetens *knowingly*

willig *willing; obedient*

willoos *apathetic*

wilsbeschikking *last will; testament*

wilsgebrek JUR. *absence of consensus ad idem*

wilskracht *willpower; energy*

wilsonbekwaam *unable to give informed consent*

wilsovereenstemming JUR. *consensus ad idem*

wilsuiting *expression of (one's) will*

wimpel *pennant* ★ de blauwe ~ *the blue ribbon/ riband*

wimper *(eye)lash*

wind • luchtstroom *wind;* ⟨opgewekt⟩ *wind; draught* ★ voor de wind zeilen *sail before the wind* ★ tegen de wind in *against the wind* ★ de wind steekt op *the wind is rising* ★ de wind mee hebben *have the wind behind one* ★ boven de wind *windward* ★ door de wind

wi

gaan *go about*; FIG. *change tack* ★ harde/ krachtige wind *high/strong wind* ★ onder de wind *leeward* ★ scheet VULG. *fart* ★ een wind laten *break wind* ▼ de wind van voren krijgen *get lectured at*; *cop it* ▼ in de wind slaan *fling/throw to the winds* ▼ het gaat hem voor de wind *he prospers* ▼ hij heeft er de wind goed onder *he is a good disciplinarian* ▼ iem. de wind uit de zeilen nemen *take the wind out of s.o.'s sails* ▼ met alle winden draaien/waaien *trim one's sails according to the wind*; *blow hot and cold* ▼ van de wind kan men niet leven *you cannot live on air*

windbestuiving *wind pollination/fertilization*

windbuil *gasbag*

windbuks *air gun*

winddicht *windproof*

windei ▼ 't zal hem geen ~eren leggen *it will bring grist to his mill*

winden *wind*; *twist*

windenergie *wind energy*

winderig *windy*; *blowy*

windhandel *stockjobbing*; *speculation*

windhoek ● streek vanwaar de wind komt *quarter from which the wind blows* ● plek waar het vaak waait *windy spot*

windhond *greyhound*

windhoos *whirlwind*; ⟨zwaar⟩ *tornado*

windjack *windcheater*; AE *windbreaker*

windkracht *wind force* ★ ~ 10 *gale force 10*

windmolen *windmill* ▼ tegen ~s vechten *tilt at windmills*

windorgel *aeolian harp*

windrichting *direction of the wind*

windroos *compass rose*

windscherm *windshield*; ⟨heg, e.d.⟩ *windbreak*

windsnelheid *wind speed/velocity*

windstil *calm*

windstilte *calm*; ⟨tijdelijk⟩ *lull*

windstoot *gust/blast (of wind)*

windstreek *quarter*; *point of the compass*

windsurfen *windsurf*; *go windsurfing*

windtunnel *wind tunnel*

windvaan *weather vane*

windvlaag *gust of wind*; ⟨met regen⟩ *squall*

windwijzer *weathercock*

windzak *windsock*; *windsleeve*

wingebied ⟨mineralen enz.⟩ *raw-material producing area*; *mineral rich area*; ⟨v. water⟩ *water collection/catchment area*

wingerd ⟨wijnstok⟩ *vine* ★ wilde ~ *Virginia creeper*

wingewest *conquered land*

winkel *shop*; *store* ★ de ~ sluiten *shut up shop* ★ op de ~ letten *mind the shop*; FIG. *hold the fort*

winkelassortiment *range/selection of a shop*

winkelbediende *shop assistant*

winkelbedrijf *retail business*

winkelcentrum *shopping centre*; ⟨verkeersvrij⟩ *shopping precinct*

winkeldief *shoplifter*

winkeldiefstal *shoplifting*

winkelen *shop*; *go/be out shopping*; ⟨etalages kijken⟩ *window-shopping*

winkelgalerij *shopping arcade*

winkelhaak ● scheur *tear* ● gereedschap *try-square*

winkelier *shopkeeper*

winkeljuffrouw *saleswoman*; *shopgirl*

winkelkarretje *(shopping) trolley*

winkelketen *chain of shops*

winkelpersoneel *shopworkers*; ⟨in een bepaalde zaak⟩ *shop staff*

winkelprijs *retail price*

winkelpromenade *shopping precinct*; AE *shopping mall*

winkelruit *shop-window*

winkelsluitingswet *Shop Trading Hours Act*

winkelstraat *shopping street*

winkelwaarde *shop/selling price*

winkelwagen ● rijdende winkel *mobile shop* ● boodschappenwagentje *shopping trolley*; AE *shopping cart*

winnaar *winner*; FORM. *victor*

winnen ● zegevieren ★ het ~ (van de anderen) *win*; *come out on top* ★ hij won op zijn slofjes/op zijn gemak *he won hands down* ★ met groot verschil ~ *win by a large margin* ★ van iem. ~ *win from a person* ● in dat opzicht wint hij 't van je *that's where he beats you* ● behalen *win* ★ een prijs ~ *win a prize* ★ ergens bij ~ *gain by s.th.* ● verwerven *harvest*; ⟨kolen⟩ *mine*; ⟨land⟩ *reclaim*; ⟨tijd⟩ *gain* ★ iem. voor zich/zijn zaak ~ *win a person over (to one's side)* ● vorderen ★ aan duidelijkheid ~ *gain in clearness* ★ terrein/ veld ~ op *gain ground upon* ▼ zo gewonnen zo geronnen *easy come, easy go*

winning *winning*; *production*; ⟨v. kolen⟩ *extraction*

winst *profit*; *gain*; *benefit*; ⟨bij spel⟩ *winnings* ★ ~ opleveren *yield a profit* ★ ~ maken *make a profit (on)* ★ ~ slaan uit *cash in on*; *profit by* ▼ de volle ~ binnenhalen *gain a clear victory*

winstaandeel *share of/in the profits*; *bonus*

winstbejag *pursuit of gain*; *profit seeking* ★ uit ~ *for profit*

winstbelasting *tax on profits*

winstberekening *profit calculation*

winstbewijs *profit sharing certificate*

winstdaling *fall/decrease in profits*

winstdeling *profit-sharing*

winstderving *loss of profit*

winst-en-verliesrekening *profit and loss account*

winstgevend *profitable*; *lucrative*

winstmarge *profit margin*

winstoogmerk *profit motive*; *pursuit of profit* ★ een instelling zonder ~ *non-profit agency*

winstpercentage ● wat als winst overblijft *profit margin* ● percentage v.d. winst *percentage of the profit*

winstpunt *point (scored)*

winststijging *rise/increase in profits*

winstuitkering *distribution of profits*

winstwaarschuwing *profit warning*

winter *winter* ★ 's ~s *in winter*

winterachtig *wintry*

winteravond *winter evening*

wintercollectie *winter collection*

winterdijk *winter dike/dyke*

winteren ★ 't begint te ~ *it is getting wintry*
wintergast • vogel *winter migrant* • persoon *winter visitor*
wintergroente *winter vegetables*
winterhanden *chilblained hands*
winterhard *hardy*
winterjas *winter coat*
winterkleding *winter clothes/wear*
winterkoninkje *wren*
winterlandschap *winter landscape*
wintermaand *winter month*
winterpeen *winter carrot*
winters *wintry*
winterslaap *winter sleep; hibernation* ★ de ~ houden *hibernate*
winterspelen *winter games*
wintersport *winter sports*
wintersportcentrum *winter sports centre; ski resort*
wintersportplaats *winter sports resort; ski resort*
wintersportvakantie *winter sports holiday*
wintertenen *chilblained toes*
wintertijd • periode *wintertime; winter season* • tijdrekening *wintertime*
wintervoeten *chilblained feet*
winterweer *winter/wintry weather*
winterwortel *carrot*
winzucht *greed; money-grubbing*
wip I ZN • sprongetje *skip; hop* • speeltuig *seesaw* • INF. nummertje *lay* ★ een wip maken *screw* ▼ in een wip *in no time; quick as a flash* ▼ op de wip zitten *hold the balance* II TW hups ★ wip, weg was hij *pop! he was gone*
wipkip ≈ *playground rocker*
wipneus *turned-up nose*
wippen I OV WW ontslaan, afzetten ★ iem. ~ *topple s.o.; unseat s.o.* II ON WW • met sprongetjes bewegen *hop; bounce* • spelen op de wip *seesaw* • vrijen *screw*
wipstaart • winterkoninkje *wren* • kwikstaart *wagtail*
wipstoel *rocking chair*
wipwap *seesaw*
wirwar *tangle; maze*
wis I BNW zeker ★ een wisse dood *certain death* II BIJW zeker ★ wis en zeker *for sure*
wisbaar *erasable*
wisent *wisent; European bison*
wishful thinking *wishful thinking*
wiskunde *mathematics*; INF. *maths*
wiskundeknobbel *a head/gift for mathematics*
wiskundeleraar *mathematics*; INF. *maths teacher*
wiskundig *mathematical*
wispelturig *fickle; inconstant*
wissel • spoorwissel *points* ★ de ~s bedienen *operate the points* • ECON. B/E; *bill of exchange; draft* ★ ~ op zicht *bill of exchange payable at sight; bill of exchange payable on demand* ★ een ~ accepteren/endosseren/ honoreren *accept/endorse/honour a bill* ★ een ~ trekken op... *draw on...*
wisselautomaat *(automatic) money changer*
wisselbad *alternating hot and cold baths*

wisselbeker *challenge cup*
wisselborgtocht *backing for a bill*
wisselbouw *crop rotation*
wisseldieet *rotation diet*
wisselen • veranderen *change; exchange*; ⟨v. tanden⟩ *shed* ★ van kamer ~ *change rooms* ★ met ~d succes *with varying success* • uitwisselen *exchange* ★ woorden ~ *bandy words* ★ van gedachten ~ *exchange views* • geld ruilen *change; give change (for)*
wisselgeld *(small) change*
wisselgesprek *call waiting*
wisseling *change; variation* ★ ~ der jaargetijden *changing of the seasons*
wisselkantoor *exchange office*
wisselkoers *exchange rate*
wissellijst *interchangeable picture frame; quick-change picture frame*
wisselmarkt *exchange (market)*
wisselslag *(individual) medley* ★ estafette ~ *medley relay*
wisselspeler *substitute*
wisselspoor *siding; sidetrack*
wisselstroom *alternating current*
wisseltand *permanent tooth*
wisselvallig *changeable*; ⟨bestaan⟩ *precarious*; ⟨factoren⟩ *uncertain*; ⟨markt⟩ *unstable* ★ ~ karakter/weer *fickle character/weather* ★ ~e resultaten *varying results*
wisselwerking *interaction*
wisselwoning *temporary accommodation*
wissen *wipe* ★ een videoband ~ *erase a videotape*
wisser *mop; duster; damp cloth*; ⟨ruitenwisser⟩ *wiper*
wissewasje *trifle*
wit I ZN kleur *white* ★ in het wit gekleed *dressed in white* ★ gebroken wit *off-white* II BNW *white* ★ wit maken *whiten* ★ het Witte Huis *the White House* ★ zo wit als een doek *as white as a sheet*
witbrood *white bread*
witgoed • huishoudelijke apparaten *domestic appliances* • wit textiel *white fabrics*
witgoud • witte legering met goud *white gold* • platina *platinum*
witheet • witgloeiend *white-hot; at white heat temperature* ★ ~ ijzer *incandescent iron* • woedend *boiling* ★ ~ van woede *boiling/ fuming with anger*
witjes *pale* ★ er ~ uitzien *look a bit off colour*
witkalk *whitewash*
witkiel *porter*
witlof *chicory*
witloof → witlof
Wit-Rusland *White Russia*; *Byelorussia*
witteboordencriminaliteit *white-collar crime*
wittebrood *white bread*
wittebroodsweken *honeymoon*
witten *whitewash*
witvis *whitefish*
witwassen *launder* ★ het ~ *money laundering*
WK *world championship*
WNF *WWF*; *World Wildlife Fund*
WO *University Education*
wodka *vodka*

woede *rage; fury; anger* ∗ zijn ~ op iem. koelen *vent one's rage on a person*

woedeaanval *tantrum; fit (of anger)*

woeden *rage* ∗ het ~ der elementen *the fury of the elements*

woedend *furious* ∗ ~ maken *enrage; infuriate* ∗ ~ zijn op/over *be furious with/about*

woedeuitbarsting *outburst of anger; paroxysm of anger*

woef *woof!; bowwow!*

woekeraar *profiteer; usurer*

woekeren • woeker drijven *practice usury; profiteer* • groeien ⟨v. onkruid⟩ *be/grow rank;* ⟨v. kwaad⟩ *be rampant/rife* • ~ met ∗ ~ met zijn tijd *make the most of one's time*

woekering *uncontrolled/rampant growth*

woekerprijs *exorbitant/usurious price*

woekerrente *usury; extortionate rate*

woelen • onrustig bewegen *toss about* ∗ zich bloot ~ *kick the bedclothes off* ∗ de zieke lag maar te ~ *the sick man was tossing and turning* • wroeten ⟨in de aarde⟩ *grub (up); root about*

woelig ⟨v. persoon⟩ *restless;* ⟨tijden⟩ *turbulent;* ⟨zee⟩ *choppy*

woelwater *fidget*

woensdag *Wednesday*

woensdags *on Wednesdays; Wednesday*

woerd *drake*

woest • woedend *furious; mad* ∗ ~ worden *see red* • wild *savage;* ⟨strijd⟩ *fierce;* ⟨zee⟩ *wild; turbulent* • ongecultiveerd ⟨onbewoond⟩ *desolate; deserted;* ⟨onbebouwd⟩ *waste* ∗ ~e grond *wasteland* ∗ ~ gebied *rugged landscape*

woesteling *tough; brute; ruffian*

woestenij *wasteland; wilderness*

woestijn *desert*

woestijnklimaat *desert climate*

woestijnrat *gerbil(le); jerbil*

woestijnwind *desert wind*

woestijnzand *desert sand*

wok *wok*

wol *wool* ▾ door de wol geverfd *dyed in the wool* ▾ onder de wol kruipen *turn in; hit the sack* ▾ onder de wol liggen *be between the sheets*

wolachtig *woolly*

wolf • dier *wolf* • tandbederf *caries* ▾ een wolf in schaapskleren *a wolf in sheep's clothing*

wolfraam *tungsten; wolfram*

wolfshond *wolfhound*

wolfskers *belladonna; dwale; deadly nightshade*

wolfsklauw *clubmoss*

wolk *cloud* ▾ in de wolken zijn *be over the moon; be on cloud nine* ▾ achter de wolken schijnt de zon *every cloud has a silver lining* ▾ uit de wolken komen vallen *drop from the clouds; be brought down to earth (with a bump)*

wolkam *(wool)comb/card*

wolkbreuk *cloudburst; downpour*

wolkeloos *cloudless*

wolkendek *cloud cover*

wolkenhemel *cloudy sky*

wolkenkrabber *skyscraper*

wolkenlucht *cloudy sky*

wolkenveld *cloud cover; bank/mass of cloud*

wollig • als/van wol *woolly* • vaag *wooly; vague*

wolvet • vette substantie in ruwe wol *wool oil/ fat/grease* • gezuiverd vet van schapenwol *(refined) wool fat*

wolvin *she-wolf*

wombat *wombat*

wond *wound; injury* ▾ zijn wonden likken *lick one's wounds* ▾ oude wonden openrijten *reopen old wounds*

wonder I ZN • mirakel *miracle* ∗ ~en doen/ verrichten *work/perform wonders/miracles* ∗ 't geloof doet ~en *faith works miracles* • iets buitengewoons *marvel; wonder;* ⟨persoon, zaak⟩ *prodigy* ∗ geen ~ dat *no wonder that* ∗ een ~ van geleerdheid *a prodigy of learning* II BNW *strange* ∗ de ~e wereld der natuur *the wonderful world of nature*

wonderbaarlijk *wonderful; marvellous*

wonderdokter *quack*

wonderkind *infant prodigy*

wonderlamp *Aladdin's lamp*

wonderland *wonderland*

wonderlijk • wonderbaar *miraculous* • merkwaardig *strange; odd* ∗ het is ~ dat ... *it's amazing that ...*

wondermiddel *cure-all; panacea*

wonderolie *castor oil*

wonderschoon *wondrously beautiful*

wonderwel *wonderfully well*

wondkoorts *wound-fever*

wondteken • litteken *scar* • stigma *stigma*

wonen *live; reside;* FORM. *dwell*

woning *dwelling; house*

woningaanbod *housing market*

woningbouw *house-building*

woningbouwvereniging *housing association*

woningcorporatie *housing corporation*

woninginrichting • het inrichten *furnishing* • benodigdheden *home-furnishings*

woninginspectie *housing inspection*

woningnood *housing shortage*

woningruil *house exchange;* ⟨tijdens vakantie⟩ *house swapping*

woningtoezicht *housing inspection*

woningwet *Housing Act*

woningzoekende *house hunter; someone in search of a place to live*

woofer *woofer*

woonachtig *resident*

woonblok *block of houses*

woonboot *houseboat*

wooneenheid • appartement *home unit* • geheel van woningen en winkels *housing unit*

woonerf *residential area with limited access to traffic*

woongemeenschap *commune*

woongemeente *place of residence*

woongroep *commune*

woonhuis *private house*

woonkamer *living room; sitting room; lounge*

woonkazerne *tenement building;* SCHERTS. *barracks*

woonkern *residential nucleus; population cluster*

woonkeuken *kitchen-cum-living room; live-in kitchen*

woonlaag *storey*

woonlasten *housing costs*

woonplaats *place of residence* ★ zijn tegenwoordige ~ of verblijfplaats is onbekend *his present whereabouts are unknown* ★ een vaste ~ hebben *have a fixed address*

woonruimte *living accommodation*

woonvergunning *residence permit*

woonwagen *caravan*; AE *trailer*

woonwagenbewoner BE *caravan dweller*; AE *trailer park resident*

woon-werkverkeer *commuter traffic*

woonwijk *residential area* ★ nieuwe ~ ⟨sociale woningbouw⟩ *new housing estate*

woord • taaleenheid *word; term* ★ met andere ~ en *in other words* ★ in één ~ *in a/one word* ★ onder ~ en brengen *put into words* ★ in ~ en geschrift *in speech and in writing* ★ met een enkel ~ *in a few words* ★ met zoveel ~ en *in so many words* ★ niet onder ~ en te brengen *inexpressible; beyond words* ★ grote ~ en *fine words*; INF. *hot air* ★ geen ~ meer! *not another word!* ★ zijn ~ en terugnemen *retract/eat one's words* ★ ik kan er geen ~ en voor vinden *words fail me* ★ bij deze ~ en *at these words* • erewoord *word; promise* ★ zijn ~ breken *break one's word; go back on one's word* ★ zijn ~ houden *keep one's word* ★ ik geef je mijn ~ erop *I give you my word for it* ★ op mijn ~ van eer *on my word of honour* • het spreken *word* ★ iem. het ~ geven *call upon a person (to speak)* ★ het ~ nemen *take the floor* ★ het ~ vragen *ask permission to speak* ★ iem. het ~ ontnemen *silence a person* ★ het ~ doen *do the talking; act as spokesman* ★ ik zou graag het ~ hebben *I should like to say a few words* ★ Major had het ~ *Major was speaking; Major was on his feet* ★ het laatste ~ hebben *have the last word* ★ het ~ richten tot iem. *address a person* ★ het ~ is aan dhr. A *I now call upon Mr. A.* ★ ik wil hem niet meer te ~ staan *I won't speak to him again* ▾ het hoogste ~ hebben *dominate the conversation; do most of the talking* ▾ ~ en krijgen met *have an argument with* ▾ niet uit zijn ~ en kunnen komen *flounder/fumble for words* ▾ in ~ en daad *in word and deed*

woordbeeld *word picture*

woordblind *dyslectic; word-blind*

woordbreuk *breach of promise*

woordelijk *word for word*; ⟨letterlijk⟩ *literal* ★ ~ verslag *verbatim report*

woordenboek *dictionary*

woordenlijst *vocabulary*

woordenschat *vocabulary*

woordenstrijd *dispute*

woordenstroom *torrent of words*

woordentwist *(verbal) dispute; controversy*

woordenvloed *torrent of words*

woordenwisseling *altercation; disagreement*

woordgebruik *use of words*

woordgroep *word group*

woordkeus *choice of word; wording; phraseology* ★ slechte ~ *cacology*

woordsoort *part of speech*

woordspeling *pun* ★ ~ en maken *pun*

woordvoerder *spokesman* ★ woordvoerster *spokeswoman*

woordvolgorde *word order*

worcestershiresaus *Worcester(shire) sauce*

worden I HWW *be* ★ er werd gedanst *there was dancing* ★ ik word om twaalf uur opgehaald *I'll be picked up at twelve* II KWW ⟨met bnw⟩ *grow; get; go; turn;* ⟨met bnw *become*⟩ ★ ziek ~ *fall ill* ★ zij wilde altijd al lerares ~ *she always wanted to become a teacher* ★ wat wil jij later ~? *what do you want to be/do when you grow up?* ★ woest/gek ~ *go wild/mad* ★ bleek ~ *turn pale* ★ hij wordt morgen 9 jaar *he'll be nine tomorrow* ★ ik ben vandaag 20 jaar ge~ *I'm twenty today* ★ wat is er van hem ge~? *what has become of him?* ★ rijk ~ *become rich*

wording *origin; genesis* ★ 't is nog in ~ *it is still in the making*

wordingsgeschiedenis *genesis*

workaholic *workaholic*

workmate ® *Workmate* ®

workshop *workshop*

worm • pier *worm* • made *grub; maggot*

wormenkuur *deworming*

wormstekig *worm-eaten; wormy*

wormvirus *worm*

worp • gooi *throw* ★ vrije worp *free throw* • nest jongen *litter*

worst *sausage* ▾ het zal mij ~ wezen *I don't give a hoot*

worstelaar *wrestler*

worstelen • SPORT *wrestle* • vechten OOK FIG. *struggle; wrestle* ★ tegen de slaap ~ *fight sleep* ★ met een probleem ~ *wrestle/struggle with a problem*

worsteling *struggle; wrestle; grapple*

worstenbroodje *sausage roll*

wortel • plantenorgaan *root* ★ ~ schieten *take root* • groente *carrot* ★ witte ~ *parsnip* • tandwortel *root* • oorsprong *root* ★ WISK. *root* ★ de ~ trekken uit 16 *find the square root of 16* ▾ met ~ en tak uitroeien *destroy root and branch*

wortelen • wortel schieten *take root* • oorsprong vinden ★ ~ in *be rooted in*

wortelkanaal *(tooth) root canal*

wortelteken *radical sign*

worteltrekken ★ het ~ *extraction of the root*

woud *forest*

woudloper *trapper*

woudreus *giant tree*

would-be *would-be*

wouw *kite*

wouwaapje *little bittern*

wow I ZN laag vervormd geluid *wow* II TW *wow!*

wraak *revenge; vengeance* ★ ~ nemen op *take revenge on* ★ uit ~ *in revenge (for)* ★ de ~ is zoet *revenge is sweet*

wraakactie *reprisal action; retaliation; act of*

wr

revenge
wraakgevoel *feeling of revenge*
wraakgodin *goddess of vengeance/retribution*
wraaklust *thirst/hunger/lust for revenge*
wraakneming *(act of) revenge*
wraakoefening *retaliation*
wraakzuchtig *(re)vengeful*
wrak I ZN • resten *wreck*; ⟨oude auto⟩ *banger* • persoon *wreck* **II** BNW *rickety*; *shaky*
wraken • JUR. *challenge* • afkeuren *object to*
wrakhout *(pieces of) wreckage*
wrakkig *rickety*; *broken down*; *clapped out*
wrakstuk *piece of wreckage*
wrang • zuur *sour*; *acid* • bitter *unpleasant*; *wry* ★ ~e humor *wry humour*
wrat *wart*
wrattenzwijn *warthog*
wreed *cruel*
wreedaard *cruel person*; *brute*
wreedheid • het wreed zijn *cruelty*; *brutality* • daad *cruelty*; *atrocity*
wreef *instep*
wreken *revenge*; *avenge* ★ zich ~ op *revenge o.s. on* ★ dat zal zich later ~ *you'll pay for it in the end*
wreker *avenger*; *revenger*
wrevel *resentment*; ⟨sterk⟩ *rancour*; ⟨geprikkeldheid⟩ *peevishness*
wrevelig *resentful*; ⟨prikkelbaar⟩ *peevish*
wriemelen • peuteren *fiddle with* • krioelen *swarm*; *crawl (with)*
wrijven *rub*; *brush* ★ zich in de handen ~ *rub one's hands*
wrijving • het wrijven *rubbing*; NAT. *friction* • onenigheid *friction*; *controversy*
wrikken *prise*; *wrench*; AE *pry* ★ iets los ~ *prise s.th. loose* ★ open ~ *prise open*
wringen I OV WW draaiend persen *wrench*; *wring*; *twist* ★ wasgoed ~ *wring laundry* **II** ON WW knellen *pinch*; *wrench* **III** WKD WW (tussen) *squeeze in between*
wringer *wringer*; *wringing machine*
wroeging *remorse*; *compunction*
wroeten • graven *root*; *grub*; ⟨v. kip⟩ *scratch*; ⟨v. mol⟩ *burrow* • snuffelen *burrow*; *rummage* ★ in iemands verleden ~ *delve into s.o.'s past*
wrok *grudge*; *resentment* ★ wrok tegen iem. koesteren *bear a person a grudge*; *have a grudge against a person*
wrokkig *resentful*; *spiteful*
wrong ⟨v. haar⟩ *bun*; *knot*
wrongel *curds*; *curdled milk*
wuft *frivolous*; *flighty*
wuiven • heen en weer bewegen *wave* • groeten *wave* ★ iem. vaarwel ~ *wave goodbye to a person*
wulp *curlew*
wulps *voluptuous*; *salacious*
wurgcontract ≈ *contract with no let-out*
wurgen *strangle*; *throttle*
wurggreep *stranglehold*
wurgslang *constrictor (snake)*
wurm • worm *worm* • kind *mite*
WW *Unemployment Insurance Act* ★ in de WW zitten *be on the dole*

www world wide web *WWW*
wysiwyg what you see is what you get *WYSIWYG*

wr

X

x *x* ★ de x van Xantippe *X as in X-mas*
xanthoom *xanthoma*
xantippe *Xanthippe*
x-as *x-axis*
x-benen *knock-knees*
X-chromosoom *X chromosome*
xenofobie *xenophobia*
xenofoob *xenophobic person*
xenotransplantatie *animal organ transplant*
XL extra large *XL*
XTC *XTC*
xylofoon *xylophone*

Y

y *y* ★ de y van Ypsilon *Y as in Yellow*
yahtzee *yahtzee*
yahtzeeën *play Yahtzee*
yakuza *yakuza* [mv: *yakuza*]
yang *yang*
yankee *Yankee*
yard *yard*
y-as *y-axis*
Y-chromosoom *Y chromosome*
yell AE *yell*
yen *yen*
yin *yin*
yoga *yoga*
yoghurt *yoghurt*
yogi *yogi*
yucca *yucca*
yuppie *yuppie*; *yuppy*

Z

z z★ de z van Zacharias Z *as in Zebra*
zaad ● kiem *seed*● sperma *semen*; *sperm*▾ op zwart zaad zitten *be on the rocks*; *be hard up*
zaadbakje *seed-box/-tray*
zaadbal *testicle*; BIOL. *testis*
zaadbank *sperm bank*
zaadcel *sperm-cell*
zaaddodend *spermicidal*★ ~ e pasta *spermicidal cream*
zaaddonor *sperm donor*
zaaddoos *capsule*
zaadhandel *seed trade/business*
zaadkiem *germ*
zaadlob *seed-leaf*; PLANTK. *cotyledon*
zaadlozing *ejaculation*; *seminal emission*
zaag *saw*
zaagbank *saw-bench*
zaagblad ● blad met zaagsnede *saw (blade)* ● PLANTK. *saw-wort*
zaagmachine *saw*
zaagmolen *sawmill*
zaagsel *sawdust*
zaagsnede *saw cut*; *kerf*
zaagvis *sawfish*
zaaibak *seed-tray*
zaaien *sow*▾ tweedracht ~ *sow (the seeds of) discord*
zaaier *sower*
zaaigoed *sowing-seed*
zaaimachine *sowing-machine*; *seed-drill*
zaak ● ding *thing*; *object*▾ aangelegenheid *affair*; *business*; *matter*★ dat doet niet ter zake *that's irrelevant*; *that is beside the point* ★ dat is jouw zaak *that is your business/concern*★ de zaak is dat... *the fact is that...* ★ in zake... *in respect of*; *on the subject of*; *re (your letter of...)*★ laat ons ter zake komen *let us come to the point*★ de zaak waar het over gaat *the point at issue*★ ter zake! *(get) to the point!*● handel *business*; *deal*★ voor zaken *on business*● hoe staat de zaken? *how is life/business?*★ een zaak afsluiten *conclude a deal/transaction*★ druk zaken doen *do a brisk trade*★ hoe gaat 't met de zaken? *how is business?*; *how are you getting on?*● winkel *shop*★ een zaak beginnen *start a business*; *open a shop*★ rechtszaak *case*★ er een zaak van te maken *go to court/law*▾ het is niet veel zaaks *it is not much good*▾ gedane zaken nemen geen keer *it is no use crying over spilt milk*; *what's done is done*▾ een verloren zaak *a lost cause*▾ zaken zijn zaken *business is business*
zaakgelastigde *agent*; *proxy*; *representative*; 〈diplomatieke zaakgelastigde〉 *chargé d'affaires*
zaakje ● transactie *small deal*● handeltje *little matter/business*● winkeltje *small shop/business*● mannelijk geslachtsdeel★ hij stond met zijn ~ te kijk *he was showing the last turkey in the shop*
zaakregister *index of subjects*

zaakvoerder *business manager*
zaakwaarnemer *solicitor*
zaal *room*; 〈schouwburg, e.d.〉 *hall*; 〈ziekenhuis〉 *ward*; 〈schouwburg, e.d.〉 *auditorium*★ een volle zaal *a full house*
zaalhuur ● het huren van een zaal *hiring/renting of a room/hall*● huursom *hall rent*
zaalpatiënt *hospital ward patient*
zaalsport *indoor sport*
zaalvoetbal *indoor football*; AE *indoor soccer*
zaalwachter *attendant*
zacht I BNW● niet ruw *soft*; 〈glad〉 *smooth* ● week *soft*★ ~ e huid *soft/smooth skin*★ 'n ~ eitje *a soft-boiled egg*● niet luid *low*; 〈kleur, geluid, licht〉 *soft*; 〈kleur, toon〉 *mellow*★ met ~ e stem *in a low voice*● geluid ~ er zetten *turn down the sound/volume*● gematigd *mild* ★ ~ klimaat *mild climate*● teder *gentle*★ iem. ~ behandelen *treat s.o. gently*; *deal gently with s.o.*▾ op z'n ~ st uitgedrukt *to put it mildly* II BIJW● niet snel★ ~ lopen *slow down* ★ ~ er gaan rijden *slow down*
zachtaardig *gentle*; *sweet*; *mild tempered*
zachtgroen *soft green*
zachtheid ● het zacht zijn *softness* ● behandeling *gentleness*; *tenderness*; *kindness*▾ behandel de dieren met ~ *be kind to animals*
zachtjes *softly*; *gently*; *slowly*★ ~ aan *easy!*; 〈v. tijd〉 *gradually*; 〈uitroep〉 *steady!*
zachtmoedig *meek*★ de ~ en zullen de aarde beërven *the meek shall inherit the earth*
zachtzinnig *gentle*
zadel *saddle*★ iem. in het ~ helpen *give a person a leg up*★ vast in 't ~ zitten *sit firmly in the saddle*; FIG. *be in firm control*
zadeldak *saddleback*
zadeldek *saddle-cloth*; 〈v. fiets〉 *saddle-cover*
zadelen *saddle*
zadelpijn *saddle-soreness*★ ~ hebben *be saddle-sore*
zadeltas *saddlebag*
zagen *saw*
zager ● iem. die zaagt *sawyer*● zaniker *nag* ● iem. die op een viool krast *scraper* ● borstelworm *clam worm*
zagerij *sawmill*
Zaïre *Zaïre*
zak ● verpakking *bag*; 〈groot〉 *sack*★ een zak aardappelen *a sack of potatoes*● buidel *pouch*● deel kledingstuk *pocket*★ ik heb geen cent op zak *I haven't a penny on me* ● balzak ↑ *scrotum*; *balls*● persoon *jerk*; *prick* ▾ in zak en as zitten *be in sackcloth and ashes* ▾ die kan je in je zak steken! *put that in your pipe and smoke it!*▾ op iemands zak leven *sponge on a person*▾ iem. in zijn zak hebben *have a person in one's pocket*▾ de hand op de zak houden *keep one's pockets closed*
zakagenda *pocket diary*
zakbijbel *pocket Bible*
zakboekje *notebook*; 〈v. soldaat〉 *pay-book*
zakcentje *allowance*; *pocket money*
zakdoek *handkerchief*
zakelijk ● ter zake zijnd *practical*; *pragmatic*; 〈boek〉 *well-informed*; 〈opmerking〉 *pertinent*;

⟨verslag⟩ *objective*★ ~ blijven *keep/stick to the point*• bondig *concise*; *succinct*
• commercieel *business(like)*; *commercial*; ⟨houding⟩ *businesslike*★ 'n ~ e bijeenkomst *a business meeting*
zakelijkheid • het zakelijk zijn *pragmatism* • bondigheid *conciseness*
zakenadres *business address*
zakenbespreking *business meeting*
zakencentrum *business centre*
zakendiner *business dinner*
zakenleven *business (life)*; *commerce*
zakenlunch *business lunch*
zakenman *businessman*
zakenreis *business trip*
zakenrelatie *business contact*; ⟨handelsbetrekking⟩ *business connection/ relationship*
zakenvrouw *businesswoman*
zakenwereld *business world*
zakformaat *pocket size*
zakgeld *pocket money*
zakhorloge *pocket watch*
zakjapanner *(pocket) calculator*
zakken • dalen *sink*; ⟨v. vliegtuig⟩ *lose height* ★ zich laten ~ *lower o.s.* • lager/minder worden ⟨barometer, koers, water⟩ *fall*; *drop*; ⟨v. muur⟩ *sag*; ⟨v. toon⟩ *lose the key*; *go flat* ★ de stem laten ~ *lower one's voice*• niet slagen *fail*★ ~ als een baksteen *fail miserably* ★ een kandidaat laten ~ *fail a candidate*; INF. *flunk a candidate*▾ de moed laten ~ *lose courage*
zakkenroller *pickpocket*
zakkenvuller *profiteer*
zaklamp *(pocket) torch*; AE *flashlight*
zaklantaarn *flashlight*; *pocket torch*
zaklopen *run a sack race*
zakmes *pocketknife*
zaktelefoon *mobile (phone)*; *cellphone*; *GSM*
zalf *ointment*; *salve*
zalig • heerlijk *glorious*; *divine*★ ~ weer *glorious weather*• gelukzalig REL. *blessed*; ⟨gelukkig⟩ *blissful*★ ~ e glimlach *contented smile*★ de ~ en *the blessed*
zaliger *late*; *deceased*★ zijn vader ~ *his late father*
zaligheid • hoogste geluk *bliss(fulness)*; *happiness*; ⟨verlossing⟩ REL. *salvation*★ de eeuwige ~ *eternal salvation*★ de ~ verwerven *attain salvation*• iets heerlijks *delight*; *bliss*
zaligmakend *soul-saving*; *beatific*
zaligverklaring *beatification*
zalm *salmon*
zalmforel *salmon trout*
zalmkleurig *salmon*; *salmon-coloured*
zalmsalade *salmon salade*
zalven • met zalf bestrijken *rub with ointment* • wijden *anoint*
zalvend *unctuous*
Zambia *Zambia*
zand *sand*; ⟨vuil⟩ *grit*▾ zand erover! *let bygones be bygones*▾ iem. zand in de ogen strooien *pull the wool over a person's eyes*▾ in het zand bijten *bite the dust*▾ als los zand aan elkaar hangen *be incoherent*

zandaardappel *light-soil/sandy-soil potato*
zandachtig *sandy*
zandafgraving • plaats *sandpit*• het afgraven *sand digging*
zandbak *sand pit/box*
zandbank *sandbank*; *shallow*; ⟨in haven⟩ *bar*
zandbodem *sandy soil*
zanderig *sandy*
zandgebak *shortbread*; *shortcake*
zandgeel *sandy*
zandgrond *sandy soil*
zandig *sandy*★ ~ brood *gritty bread*
zandkasteel *sand castle*
zandkleurig *sandy(-coloured)*
zandkoekje *shortcake*
zandloper *hour-glass*; ⟨in keuken⟩ *egg-timer*
zandpad *sandy path*
zandplaat *shoal*; *sandbank*
zandsteen *sandstone*
zandstorm *sandstorm*
zandstralen *sandblast*
zandstrand *sandy beach*
zandvlakte *sand flat*; *sand plain*
zandweg *sandy road*
zandzak *sandbag*
zandzuiger *dredger*
zang • het zingen *singing*; *song*; ⟨vogels ook⟩ *warbling*• gezang *song*
zanger *singer*; ⟨popmuziek, e.d.⟩ *vocalist*★ ~ es *singer*
zangerig *melodious*; *tuneful*
zangkoor *choir*
zangles *singing lesson*
zanglijster *song thrush*
zangnoot *(musical) note*
zangstem *singing voice*
zangvereniging *choir*; *choral society*
zangvogel *song bird*
zanik *bore*; *windbag*
zaniken *bother*; *nag*★ over iets ~ *whine about s.th.*★ lig niet te ~ *don't bother me*
zappen *zap*
zat I BNW• verzadigd *satiated*★ zich zat eten *eat one's fill*• beu★ ik ben 't zat *I am sick of it*; *I'm fed up with it*• dronken *pissed*; *tight* II BIJW in overvloed *plenty*★ geld zat *heaps/ loads of money*
zaterdag *Saturday*
zaterdags *on Saturdays*
zatlap *boozer*; *soak*
zatterik *drunk(-ard)*
ze • onderwerp *she* [mv: *they*]• onbepaald voornaamwoord *they*• lijdend voorwerp *her* [mv: *them*]
zebra *zebra*
zebrapad *zebra crossing*
zede • zedelijk gedrag★ *zeden morals*; ⟨manieren⟩ *manners*★ in strijd met de goede zeden *contrary to good manners*• gewoonte *custom*; *tradition*
zedelijk *moral*★ ~ verplicht om *duty bound (to)*
zedelijkheid *morality*
zedelijkheidswetgeving *moral law*
zedeloos *immoral*
zedenbederf *corruption (of morals)*
zedendelict *immoral act/offence*; *indecent*

ze

assault
zedendelinquent *moral offender*; ‹m.b.t.
seksueel misbruik› *sex offender*
zedenleer *ethics*; *morality*
zedenmeester *moralist*
zedenmisdrijf *immoral act/offence*; *indecent
assault*
zedenpolitie *vice squad*
zedenpreek *moralizing sermon*; *homily*; *lecture*
∗ een ~ houden *moralize*; *preach*
zedenschandaal *sex scandal*
zedenwet *moral law/code*
zedig ‹kleding› *modest*; ‹ingetogen› *demure*
zee • zoutwatermassa *sea*; *ocean* ∗ zee kiezen
put to sea ∗ aan zee ‹Egmond, e.d.› *on sea*;
‹huis› *on the sea*; ‹vakantie› *at the seaside*
∗ naar zee gaan ‹v. matroos› *go to sea*; ‹in
vakantie› *go to the seaside* ∗ over zee gaan *go
by sea* ∗ ik kan niet tegen de zee *I am a bad
sailor* ∗ ter zee en te land *by sea and by land*
∗ in volle/open zee *on the open sea*; *on the
high seas* ∗ op zee *at sea* ∗ de Dode Zee *the
Dead Sea* • grote hoeveelheid ∗ een zee van
mensen *a mass of people* ∗ een zee van licht/
tranen *a flood of light/tears* ∗ een zee van
tijd *heaps/oceans of time* • hoge golf *sea*;
wave ∗ een zware zee *a heavy sea* ▼ met iem.
in zee gaan *throw in one's lot with s.o.*
▼ recht door zee gaan *be straightforward*
zeeaal *conger (eel)*
zeeanemoon *sea anemone*
zeearend *(European) sea eagle*
zeearm *arm of the sea*; *inlet*
zeebaars *bass*
zeebanket *seafood*
zeebenen ∗ ~ hebben *get/find one's sea legs*
zeebeving *seaquake*
zeebodem *bottom of the sea*; *seabed*
zeebonk *seadog*; LIT. *tar*
zeeduivel *anglerfish*; *monkfish*; *sea devil*
zee-egel *sea urchin*
zee-engte *straits* [mv]
zeef *sieve*; ‹voor kolen, e.d.› *screen* ▼ zo lek als
een zeef zijn *be leak like a sieve*
zeefauna *marine fauna*
zeefdruk *screen print*
zeegang *swell* ∗ hoge ~ *rough sea* ∗ korte ~
light swell
zeegat *(tidal) inlet/outlet*; SCHOTS *lochan* ∗ het ~
uitgaan *put to sea*
zeegevecht *naval battle/action*
zeegezicht • uitzicht *sea view* • schilderij
seascape
zeegras *sea grass*; *eelgrass*
zeegroen *seagreen*
zeehaven *seaport*
zeehond *seal*
zeehondencrèche *seal sanctuary*
zeehoofd *pier*
zeekaart *nautical chart*
zeeklimaat *maritime/oceanic climate*
zeekoe *sea cow*; BIOL. *manatee*
zeekreeft *lobster*
zeeleeuw *sea lion*
zeelieden *seamen*; *sailors*
zeelucht *sea air*

zeem *shammy*; *chamois (leather)*
zeemacht *naval forces*; *navy*
zeeman *seaman*; *sailor*
zeemanschap *seamanship*
zeemanshuis *sailors' home*
zeemeermin *mermaid*
zeemeeuw *(sea) gull*
zeemijl *nautical mile*
zeemlap *shammy*; *wash-leather*
zeemleer *shammy*; *chamois*
zeemogendheid *naval/maritime power*
zeen *sinew*; *tendon*
zeeniveau *sea level*
zeeolifant *sea elephant*; *elephant seal*
zeeoorlog *naval war*
zeep *soap* ▼ om zeep gaan INF. *go west*; INF.
kick the bucket ▼ om zeep brengen INF. *do s.o.
in*
zeepaardje *sea horse*
zeepbakje *soap dish*
zeepbel *soap bubble* ∗ als een ~ uit elkaar
spatten *burst like a soap bubble*
zeepkist *soap box*
zeepost *overseas mail*; ‹opschrift› *surface mail*
zeeppoeder *washing powder*
zeepsop *soap suds*
zeer I ZN pijn *pain*; *ache*; ‹voornamelijk plek›
sore ∗ oud zeer *an old sore* ∗ dat doet zeer *it
hurts* ∗ je doet me zeer *you're hurting me*
II BNW *painful*; *aching*; *sore* ∗ zere voeten
sore feet III BIJW *very*; *(very) much*; *extremely*
zeeramp *shipping/maritime disaster*
zeerecht *maritime law*
zeereis *sea voyage*
zeergeleerd *very learned*
zeerob • dier *seal* • persoon *sea dog*; LIT. *(Jack)
tar* ∗ oude ~ INF. *old salt*
zeerover *pirate*
zeerst *greatly*; *highly*; *extremely* ∗ ten ~e
extremely; *greatly* ∗ ik betreur het ten ~e *I
deeply regret*
zeeschip *sea/ocean-going vessel*
zeeschuimer *pirate*
zeeslag *sea/naval battle*
zeeslang *sea serpent*
zeesleper *sea-going tug*
zeespiegel *sea-level* ∗ boven/beneden de ~
above/below sea-level
zeester *starfish*
zeestorm *storm at sea*
zeestraat *straits* [mv]
zeestroming *(ocean) current*
zeevaarder *navigator*; *seafarer*
zeevaart *navigation*
zeevaartschool ‹marine› *naval college*;
‹zeevaart› *nautical college*
zeevarend *seafaring*
zeeverkenner *sea scout*
zeevis *salt-water fish*; BIOL. *marine fish*
zeevisserij *marine fishery*; *offshore fishing*
zeevruchten *shellfish*; CUL. *fruits de mer*
zeewaardig *seaworthy*
zeewaarts *seaward*
zeewater *seawater*
zeeweg *sea route*
zeewering *sea wall*

zeewezen *maritime affairs*
zeewier *seaweed*
zeewind *sea breeze*
zeezeilen *ocean sailing*
zeeziek *seasick*
zeeziekte *seasickness*
zeezout *sea salt*
zege *triumph*; *victory*
zegekrans *laurel wreath*
zegel I ZN (de) plakzegel *stamp* **II** ZN (het)
  • zegelafdruk *seal* • stempel *seal*; ⟨op brief⟩
  stamp ★ zijn ~ drukken op *set one's seal on/
  to*; FIG. *affix one's seal to*
zegelafdruk *(embossed/impressed) stamp*
zegelen • verzegelen *place under seal*;
  ⟨afsluiten⟩ *seal (up)* • gezegeld papier
  stamped/sealed paper • van zegel voorzien
  put a seal on; ⟨v. brief⟩ *stamp*
zegellak *sealing wax*
zegelmerk *(embossed/impressed) stamp*;
  impression/imprint of a seal
zegelring *signet ring*
zegen • REL. *blessing*; ⟨kerk ook⟩ *benediction*
  ★ zijn ~ geven aan *bestow one's blessing on*
  ★ de ~ uitspreken *pronounce the benediction*
  ★ Gods ~ *God's blessing* • weldaad *boon*;
  windfall; godsend ▼ nou, mijn ~ heb je! *good
  luck to you!*
zegenen *bless*; ⟨v. kerk⟩ *consecrate* ★ God
  zegene u *God bless you*
zegening *blessing*
zegenrijk *salutary*; *beneficial*
zegepalm *palm of victory*
zegepraal *victory*
zegeteken *trophy*
zegetocht *triumphal march*
zegevieren *triumph*
zegge *sedge*
zeggen I ZN *saying* ★ naar/volgens zijn ~
  according to him **II** OV WW • meedelen *say*
  ★ zegge en schrijve … *no more than …*;
  ⟨slechts⟩ *a paltry* ★ de waarheid ~ *tell the
  truth* ★ zeg je vader welterusten *say
  goodnight to your father* ★ daar is alles mee
  gezegd *that's all there is to it* ★ wat zegt u? *(I
  beg your) pardon?* ★ wat heb ik je gezegd?
  what did I tell you? ★ wat ik ~ wou
  incidentally; by-the-way ★ wie zal 't ~? *who
  can tell?* ★ wie kan ik ~ dat er is? *who (shall I
  say) is calling; what name, please?* ★ zeg dat
  wel *you may well say so* ★ men zegt dat hij
  rijk is *he is said to be rich* ★ men zegt zoveel
  people are always saying things ★ zij liet het
  zich geen twee maal ~ *she did not need to be
  told twice* ★ jij moet het maar ~ *it's for you to
  say; it's up to you* ★ hij zei er niets op *he said
  nothing to it* ★ daar kon ik niets op ~ *it was
  unanswerable* ★ iets ~ tegen iem. *say s.th. to
  s.o.* ★ hij zegt oom tegen mij *he calls me
  uncle* ★ ze hoeft het maar te ~ *she has only to
  say the word* • beduiden *say*; *tell* ★ dat zegt
  niets *that doesn't mean a thing* ★ dat wil ~
  (d.w.z.) *that is (i.e.)* ★ wat wil dit ~? *what does
  this mean?* ★ wat meer zegt *what is more*
  • oordelen *say* ★ al zeg ik het zelf *though I
  say so myself* ★ wat zeg je me daarvan? *how's

that then?; *what do you say to that?*
  • aanmerken *say*; *tell* ★ er is veel voor te ~
  there is much to be said for it ★ er valt niets
  op hem te ~ *there is nothing to be said
  against him* • bevelen *tell* ★ dat laat ik mij
  niet ~ *I won't put up with it* ★ ik heb hier
  niets te ~ *I have no authority here* ★ er niets
  in te ~ hebben *have no say/voice in the
  matter* ★ daar heb ik niets over te ~ *I have no
  control over that* ★ als ik het voor het ~ had
  … *if I had it my way …* ▼ zo gezegd, zo
  gedaan *no sooner said than done* ★ ik kan
  geen pap meer ~ *I'm all in* ▼ zeg (eens)! *(I)
  say!*
zeggenschap *(right of) say*; *control* ★ daar heb
  ik geen ~ over *I have no authority/control
  over that*
zeggingskracht *eloquence*; *expressiveness*
zegje ▼ zijn ~ zeggen/doen *have one's say*; *say
  one's piece/bit*
zegsman *informant*
zegswijze *saying*; *phrase*; *expression*
zeiken • plassen ↑ *take a leak*; *piss* • zeuren
  harp/carry on; INF. *bitch* ★ zeik toch niet zo!
  stop nagging/harping/bitching • regenen *piss
  down*
zeikerd *bugger*; *bore*
zeiknat *sopping (wet)*
zeikstraal *bugger*
zeil • SCHEEPV. *sail* ★ met volle zeilen *under full
  sail* ★ onder zeil gaan *get under sail* ★ alle
  zeilen bijzetten *make all sail*; FIG. *pull out all
  the stops* ★ zeil minderen *take in sail* ★ het
  zeil strijken *strike sail* ★ onder zeil zijn *be
  under sail; be sound asleep* • dekzeil *tarpaulin*
  • vloerbedekking *lino(leum)* ★ onder zeil
  gaan *doze off* ▼ met opgestoken zeilen *huffy*
zeilboot *sailing boat*
zeildoek *canvas*
zeilen *sail*
zeiler *yachtsman*
zeilkamp *sailing camp*
zeilmaker *sailmaker*
zeilplank *surfboard*; *windsurfing board*
zeilschip *sailer*; *sailing ship* • een snel/traag ~
  a fast/poor sailer
zeilsport *yachting*
zeilvliegen *parasailing*
zeilwagen *land yacht*
zeilwedstrijd *sailing match/race*
zeis *scythe*
zeker I BNW • veilig *secure* ★ je bent hier je
  leven niet ~ *your life is not safe here*
  • vaststaand *sure*; *safe* ★ het ~e voor het
  onzekere nemen *better be safe than sorry*
  • overtuigd *certain*; *sure* ★ ~ van zijn zaak
  zijn *be sure of one's ground* ★ zo ~ als wat
  dead certain ★ ~ weten! *sure is/are/e.d.* **II** BIJW
  stellig *certainly*; *surely* ★ zo ~ als wat *as sure
  as fate* ★ ik weet 't ~ *I know it for sure* ★ je
  weet het ~ al *I suppose/daresay you know it
  already* ★ dat doe je toch ~ niet? *surely you
  won't do that?* **III** ONB VNW niet nader
  genoemd *certain*; *one way or the other* ★ op
  ~e dag *one day* ★ een ~ iem. *somebody* ★ een
  ~e mijnheer A *a/one/a certain Mr. A* ★ 'n ~

iets *a certain s.th.*
zekeren SPORT *belay*
zekerheid • het zeker zijn *certainty*;
⟨overtuiging⟩ *confidence*★ ~ hebben *be
certain/satisfied*★ ~ verschaffen *offer
assurance*★ zich~ verschaffen *make sure*
• veiligheid *security*; *safety*★ voor alle~ *to be
on the safe side*★ sociale~ *social security*
• waarborg *security*★ ~ stellen *give security*;
leave a deposit
zekerheidshalve *for safety's sake*
zekering *fuse*★ de~ is doorgeslagen *the fuse
has blown*
zekeringskast *fuse box*
zelden *seldom*; *rarely*
zeldzaam • schaars *rare*★ bij de zeldzame
gelegenheden dat ... *on the rare occasions
that ...*• uitzonderlijk *exceptional*• vreemd
odd; *strange*; *peculiar*
zeldzaamheid • het zeldzaam zijn *rarity*• iets
zeldzaams *rarity*; *curiosity*
zelf *self*★ ik zelf *I myself*★ de goedheid zelf
goodness itself
zelfanalyse *self-analysis*
zelfbediening *self service*
zelfbedieningsrestaurant *self-service restaurant*
zelfbedrog *self-deceit*
zelfbeeld *self-image*
zelfbeheersing *self-control*; *self-restraint*★ zijn~
verliezen *lose one's self-control*
zelfbehoud *self-preservation*
zelfbeklag *self-pity*
zelfbeschikking *self-determination*
zelfbestuiving *self-pollination*
zelfbestuur *self-government*
zelfbevrediging *masturbation*
zelfbewust • bewust van zichzelf *self-conscious*
• zelfverzekerd *self-assured*; *confident*
zelfbewustzijn *self-awareness*
zelfde *same*
zelfdiscipline *self-discipline*
zelfdoding *suicide*; *killing oneself*
zelfgekozen *self-appointed*; *self-elected*★ een~
bewaker van de openbare zeden *a self-
appointed guardian of public morals*
zelfgenoegzaam *self-satisfied*
zelfhulp *self-help*
zelfhulpgroep *self-help group*
zelfingenomen *conceited*
zelfkant • buitenkant van stof *selvage*; *list*
• dubieus grensgebied *fringe*; *seamy side*
★ aan de~ van de maatschappij *on the
fringes of society*★ de~ van het leven *the
seamy side of life*
zelfkastijding *self-punishment*
zelfkennis *self-knowledge*
zelfklevend *self-adhesive*
zelfkritiek *self-criticism*
zelfmedelijden *self-pity*
zelfmoord *suicide*★ ~ plegen *commit suicide*
zelfmoordactie *suicide mission*
zelfmoordenaar *suicide*
zelfmoordneiging *suicidal tendency*
zelfmoordpoging *attempted suicide*
zelfontbranding *self-ignition*; *spontaneous
combustion*

zelfontplooiing *personal development*; *self-
fulfilment*
zelfontspanner *self-timer*
zelfontsteking *auto-ignition*
zelfopoffering *self-sacrifice*
zelfoverschatting ★ lijden aan~ *suffer from an
inflated ego*
zelfoverwinning *self-mastery*
zelfportret *self-portrait*
zelfreinigend • met het vermogen zichzelf te
reinigen *self-cleaning*• weinig schoonmaak
eisend *easy-to-clean*
zelfrespect *self-respect*
zelfrijzend *self-raising*★ ~ bakmeel *self-raising
flour*
zelfs *even*★ ~ de gedachte eraan *the very
thought of it*
zelfspot *self-mockery*
zelfstandig *independent*; *self-employed*★ ~
naamwoord *substantive*; *noun*
zelfstandige ▾ kleine ~ *small trader*
zelfstandigheid *independence*; *autonomy*
zelfstudie *self-directed learning*
zelfverdediging *self-defence*
zelfverloochening *self-denial*; *self-abnegation*
zelfvertrouwen *self-confidence*
zelfverwijt *self-reproach*
zelfverzekerd *self-confident*
zelfvoldaan *smug*; *complacent*
zelfwerkzaamheid *self-motivation*
zelfzucht *selfishness*★ uit~ *out of self-interest/
selfishness*
zelfzuchtig *egotistic*; *self-centred*; *selfish*
zelve →zelf
zemel • vlies van graankorrel *bran*• persoon
driveller
zemelaar *twaddler*; *driveller*
zemelen *bother*
zemen I BNW *(chamois) leather*‖ OV WW
shammy
zen *Zen*
zen-boeddhisme *Zen Buddhism*
zendamateur *C.B. enthusiast*; *radio ham*
zendapparatuur *transmitting equipment*
zendeling *missionary*
zenden I OV WW sturen *send*; ⟨vnl. goederen,
inlichtingen⟩ *forward*; ⟨alleen van goederen⟩
ship; *consign*‖ ON WW *transmit*; *broadcast*
zender • persoon *sender*; ⟨verscheper⟩ *shipper*
• apparaat *transmitter*• zendstation
broadcasting station
zendgemachtigde *broadcasting licence-holder*
zending • het zenden *sending*• het gezondene
shipment; *consignment*• REL. missie *mission*
zendingswerk *mission work*
zendinstallatie *radio installation*
zendmast *(radio/tv) mast*
zendpiraat *radio/TV pirate*
zendschip *ship (at anchor) that serves as a
broadcasting/radio station*
zendstation *broadcasting/radio station*
zendtijd *hours of transmission*; *broadcasting
time*
zendvergunning *broadcasting licence*
zengen I OV WW schroeien *singe*; *scorch*‖ ON
WW verschroeien *scorch*★ ver- de hitte

scorching heat

zenit *zenith*

zenuw • zenuwvezel *nerve* • gesteldheid
nerves ★ mijn ~ en raken erdoor van streek *it
gets on my nerves* ★ hij leeft op zijn ~ en *he
lives on his nerves* ★ ik ben op van de ~ en *my
nerves are worn to shreds* ★ sterke ~ en
hebben *have strong nerves*

zenuwaandoening *nervous disorder*

zenuwachtig *nervous*; INF. *jumpy*; ⟨geagiteerd⟩
flurried; *flustered* ★ ~ werk *(a) nerve-racking
job*

zenuwarts *neurologist*

zenuwbehandeling *root canal work*

zenuwcel *nerve cell*; BIOL. *neuron*

zenuwcentrum *nerve centre*

zenuwenoorlog *war of nerves*

zenuwgas *nerve gas*

zenuwgestel *nervous system*

zenuwinrichting *mental institute*

zenuwinzinking *nervous breakdown*

zenuwlijder • zenuwpatiënt *mental patient*;
MED. *neurotic* • zenuwachtig persoon
⟨tobber⟩ *worrier*; ⟨onrustig persoon⟩ *fidget*

zenuwontsteking *neuritis*

zenuwoorlog → zenuwenoorlog

zenuwpees *fusspot*; *bundle of nerves*

zenuwpijn *neuralgia*

zenuwslopend *nerve-racking*

zenuwstelsel *nervous system*

zenuwtoeval *fit of nerves*

zenuwtrekje *(nervous) tic*

zenuwziek *neurotic*

zenuwziekte *nervous disorder*; MED. *neurosis*

zeoliet *zeolite*

zepen *soap*; ⟨voor 't scheren⟩ *lather*

zeperd *fizzle*; *washout* ★ een ~ halen *come a
cropper*

zeppelin *Zeppelin*

zerk *tombstone*

zes I ZN *six* ★ hij is van zessen klaar *he can turn
his hand to anything; he is never at a loss*
II TELW *six* → acht

zesdaags *six-day*; *sixdays'*

zesde *sixth* ★ een ~ *a sixth* → achtste

zeshoek *hexagonal*

zestien *sixteen* → acht

zestiende *sixteenth* → achtste

zestig *sixty* ★ in de jaren ~ *in the sixties* → acht

zestiger *sixty-year-old*; *sexagenarian*; *person of
sixty (years)*

zestigste *sixtieth* → achtste

zet • duw *push*; *shove* ★ iem. een zetje geven
give s.o. a push ★ zet in spel *move* ★ jij bent
aan zet *it's your move* ★ 'n zet doen *make a
move* • daad *move*; *trick* ★ 'n gemene zet *a
dirty trick*

zetbaas • leidinggevende *manager* • stroman
figurehead

zetduiveltje *printer's devil*

zetel • POL. *seat* ★ zijn ~ ter beschikking stellen
resign one's seat • vestigingsplaats *seat* ★ ~
der regering *seat of government* • zitplaats
seat; *chair*; ⟨v. bisschop e.d.⟩ *throne* ★ de
pauselijke ~ *the Holy See*

zetelen *be registered/established* ★ de

maatschappij zetelt in *the company has its
registered office in*

zetelverdeling *distribution/division of seats*

zetelwinst *gain in seats*

zetfout *printer's error*; *misprint*

zetmachine *typesetting machine*

zetmeel *starch*; *farina*

zetpil *suppository*

zetsel *type*

zetspiegel *type area*

zetten • plaatsen *put*; *place* ★ bomen ~ *plant
trees* ★ een diamant in goud ~ *set/mount a
diamond in gold* ★ iets in elkaar ~ *put s.th.
together* ★ achter de tralies ~ *put/clap s.o.
behind bars* ★ er een punt achter ~ *call it a
day* • bereiden ★ thee/koffie ~ *make tea/
coffee* • doen zitten *seat* ★ zich ~ *sit down*;
take a seat • arrangeren ★ op muziek ~ *set to
music* • gereedmaken voor druk *set up in
type* • MED. *set* ★ een arm ~ *set an arm* • doen
beginnen ★ hij zette zich aan het werk *he set
to work* • ~ op ★ alles erop ~ *stake
everything*; *put all one's eggs in one basket*
▼ zich tot iets ~ *settle down to s.th.* ▼ ik kan
hem niet ~ *I cannot stand him*

zetter *typesetter*; *compositor*

zetterij *composing room*

zetting *setting*

zetwerk *typesetting*

zeug *sow*

zeulen *drag*; *lug*

zeur *bore*

zeurderig *fretful*; *whin(e)y*; *nagging*

zeuren *nag*; *pester*; *moan* ★ om iets ~ bij iem.
keep on at s.o. for s.th. ★ net zo lang ~ tot
iem. wat geeft *nag/pester s.o. into giving s.th.*
★ zeur me niet aan mijn hoofd *don't bother
me* ★ hij heeft altijd wel iets om over te ~ *he
has always got s.th. to moan about*

zeurkous *bore*; *waffler*; *whinger*

zeven I ZN *seven* **II** OV WW *sift*; *sieve*; ⟨vloeistof⟩
strain

zevende *seventh* → achtste

zevensprong *'zevensprong' (old folk dance)*

zeventien *seventeen* → acht

zeventiende *seventeenth* → achtste

zeventig *seventy* → acht

zeventigste *seventieth* → achtste

zich • 2e persoon *yourself* [mv: *yourselves*] • 3e
persoon *himself*; *herself*; *itself*; *oneself* [mv:
themselves] ★ ieder voor zich *every man for
himself* ★ op zich *in itself*

zicht • gezichtsveld *sight*; *view* ★ in ~ *(with)in
sight* ★ uit het ~ verdwijnen *disappear from
sight* • zichtbaarheid *visibility* ★ slecht ~ *poor
visibility* • inzicht *insight* • beoordeling *sight*
★ een artikel op ~ hebben/zenden *have/send
an article on approval*

zichtbaar I BNW • te zien *visible* • merkbaar
noticeable; *perceptible* ★ ~ worden *become
noticeable/apparant* **II** BIJW ★ ~ aangedaan
zijn *be visibly affected*

zichtzending *consignment sent on approval*

zichzelf *himself*; *herself*; *itself*; *oneself* [mv:
themselves] ★ uit ~ *of one's own accord* ★ hij
dacht bij ~ *he thought to himself* ★ in ~

praten *talk to o.s.* ★ elk geval op ~
beoordelen *judge each case on its own merits*
★ een op ~ staand geval *an isolated case*
★ niet ~ zijn *not be onself* ★ ze vormen een
klasse op ~ *they are a class apart* ★ hij was
buiten ~ van *he was beside himself with*
ziedaar *there; there you are*
zieden I OV WW laten koken (zeep) *boil* **II** ON
WW koken *boil*; FIG. OOK *seethe* ▼ ~ van woede
seethe/boil with rage; *fume*
ziedend *seething(ly); livid(ly)*
ziehier *look; see*
ziek *ill; sick*; (aangetast) *diseased* ★ zieke boom
diseased tree ★ zich ziek houden *malinger*
★ zich ziek melden *report (o.s.) ill/sick* ★ ziek
worden *fall/be taken ill* ★ zich ziek lachen
laugh one's head off; be in stitches
ziekbed *sickbed*
zieke *patient*
ziekelijk • telkens ziek *sickly; ailing*
• abnormaal *morbid; sickly*
zieken *spoil things; be a pain (in the neck)* ★ zit
niet zo te ~! *stop being such a pain (in the
neck)*
ziekenauto *ambulance*
ziekenbezoek (door familie, e.d.) *visit to a
patient*; (door arts) *house call*
ziekenboeg *sickbay*
ziekenfonds *National Health Service*
ziekenfondsbril *National Health/NHS glasses*
ziekenfondskaart *medical insurance card*
ziekenfondspatiënt *National Health/NHS
patient*
ziekenfondspremie ≈ *National Health (Service)
contribution*
ziekengeld *sick pay*
ziekenhuis *hospital*; AE *infirmary*
ziekenhuisopname *hospitalization*
ziekenomroep *hospital radio (station)*
ziekenverpleger *(male) nurse*
★ ziekenverpleegster *nurse*
ziekenverzorger *nursing auxiliary*
ziekenwagen *ambulance*
ziekenzaal *ward*
ziekenzorg *care of the sick*; (verpleging)
nursing of the sick
ziekjes *off colour*
ziekmakend • ziekte veroorzakend *unhealthy*
• walging inboezemend *nauseating*
ziekmelding *reporting ill/sick*
ziekte *illness; sickness*; (vnl. vorm) *disease*;
(kwaal) *complaint*; (v. dieren, vooral hond
en konijn) *distemper*; (v. planten) *blight* ★ de
~ van Parkinson *Parkinson's disease* ★ ~ van
Lyme *Lyme's disease* ★ ~ van Creutzfeld-Jakob
Creutzfeld-Jakob disease
ziektebeeld *syndrome; clinical picture*
ziektedrager *carrier of a disease*
ziektekiem *germ; pathogen*
ziektekosten *medical expenses*
ziektekostenverzekering *medical insurance;
health insurance*
ziekteleer *pathology*
ziekteverlof *sick leave*
ziekteverschijnsel *(medical) symptom*
ziekteverzuim *sick leave*; (verschijnsel) *sickness*

absenteeism
ziektewet *(national) health insurance act* ▼ in
de ~ lopen *receive sickness benefit*; (in GB, na
zes maanden) *receive invalid/disability benefit*
ziel • geest *soul* ★ het ging mij door de ziel *it
cut me to the quick/core* ★ diep in zijn ziel
deep down in his heart • persoon *soul* ★ wat
'n ziel! *what a poor soul* ★ geen levende ziel
not a (living) soul ★ ter ziele zijn *be dead and
gone* ★ het griefde mij tot in de ziel *it stung
me to the core* ▼ hoe meer zielen hoe meer
vreugd *the more the merrier* ▼ met z'n ziel
onder de arm lopen *be at a loose end* ▼ op
zijn ziel krijgen *get a hiding*
zielenheil *salvation*
zielenknijper AE *shrink*
zielenpiet *poor soul/wretch*
zielenpoot *poor soul*
zielenroerselen *inner life*
zielenrust *peace of mind*
zielig *pitiful; pathetic*; (eenzaam) *forlorn* ★ wat
~! *how sad!*
zielloos *soulless*; (levenloos) *inanimate*
zielsbedroefd *broken-hearted*
zielsblij *overjoyed*
zielsgelukkig *supremely happy; euphoric*
zielsgraag *passionately; fervently*
zielsveel *deeply* ★ ~ houden van *love devotedly;
worship*
zielsverlangen *heartfelt/profound longing;
heartfelt/profound desire*
zielsverwant I ZN *kindred spirit* **II** BNW
congenial
zieltogen *be dying* ▼ een ~d bestaan *a
moribund existence*
zielzorg *pastoral care*
zien I OV WW • waarnemen *see* ★ ik kan hem
niet zien FIG. *I can't stand the sight of him*
★ laten zien *show* ▼ zij wou me niet zien *she
gave me the cold shoulder* ★ hij wou zijn
gebreken niet zien *he turned a blind eye to
his faults* ★ er was niemand te zien *no one
was to be seen* ★ de vlek is niet meer te zien
the spot does not show ★ te zien krijgen *catch
sight of* ★ ik zie hem nóg voor me *I can see
him now* ★ ik deed net of ik het niet zag *I
did not take any notice* ★ ik zie je nog wel *I'll
see you later* ★ ik zie hem liever niet dan wel
I'd rather not see him at all • bezien *see* ★ dat
zullen we wel eens zien *we'll see* ★ als ik het
goed zie *if I see aright* ★ zij moet maar zien
dat zij het redt *she must look after/fend for
herself* ★ zie maar wat je doet *do as you
please* • inzien *interpret* ★ dat is verkeerd
gezien van je *you take the wrong view; that is
a misconception on your part* • proberen *see*
★ zie eens of je het kan *try if you can do it*
★ je moet maar zien hoe je er komt *I leave it
to you to get there* ★ zie maar dat je het voor
elkaar krijgt *see that you manage somehow*
▼ tot ziens *see you later; bye-bye* ▼ zie je nou
wel! *there you are!* **II** ON WW • kunnen zien
see ★ scherp zien *be sharp eyed* ★ hij ziet goed
he has good eyes • eruitzien *look* ★ bleek zien
look pale ★ het plein zag zwart van de
mensen *the square was thick with people*

• uitzicht geven *look (out) on*
zienderogen *visibly*
ziener *seer; prophet*
ziens ★ tot ~ *see you later; bye-bye*
zienswijze *view; opinion* ★ ik kan deze ~ niet delen *I cannot share this view* ★ ik ben een andere ~ toegedaan *I hold a different view*
zier *whit; iota; least bit* ★ het kan me geen zier schelen *I don't care in the least; I couldn't care less* ★ hij heeft geen zier(tje) verstand *he has not a grain of sense*
ziezo *all right; that's it*
ziften *sieve*
zigeuner *gipsy;* PEJ. *Romany*
zigeunerbestaan *gypsy's life*
zigeunerkamp *gypsy camp/settlement*
zigeunerkoning *gypsy king/chief*
zigeunerorkest *gypsy orchestra/band*
zigzag I ZN *zigzag* II BIJW ★ ~ lopen *zigzag*
zigzagbeweging *zigzag*
zigzaggen ‹v. vliegtuig› *weave*
zigzagsteek *zigzag stitch*
zij I ZN • kant ★ zij aan zij *side by side* ★ de armen/handen in de zijde zetten *put one's arms akimbo* • vrouwelijk wezen *she; female* ★ is het een hij of een zij? *is it a he or a she?* II PERS VNW • enkelvoud *she* • meervoud *they* ★ zij die *those who*
zijaanzicht *profile*
zijbeuk *side aisle*
zijde • stof *silk* ★ zijkant ★ aan deze ~ *on this side* ★ hij staat aan mijn ~ *he is by my side;* FIG. *he is on my side* ★ van de ~ van de regering *on the part of the government* ★ van welingelichte ~ *from well-informed sources* ▼ ergens ~ bij spinnen *make money out of s.th.*
zijdeachtig *silky*
zijdeglans *eggshell; semi-gloss*
zijdelings I BNW *sidelong; sideways;* FIG. *indirect* II BIJW *sideways* ★ ~ vernemen *hear indirectly*
zijden • van zijde *silk* • als van zijde *silken*
zijderups *silkworm*
zijdeur *side door*
zijdevlinder *silkworm moth*
zijgang *side-passage/corridor*
zijgevel *side (wall)*
zij-ingang *side entrance*
zijkamer *side room*
zijkant *side; edge; flank* ★ aan de ~ *on the side*
zijligging *lying on one('s) side* ★ stabiele ~ *recovery position*
zijlijn • vertakking *branch line* • SPORT *sideline;* ‹rugby› *touch-line*
zijlinie *collateral line*
zijn I ZN *being* II ON WW • bestaan *be* ★ wat is er? *what's up?; what's the matter?* ★ er zijn er veel die *there are many who ...* ★ de beste die er zijn *the best going* • zich bevinden *be* ★ ik ben er FIG. I have it ★ waar zijn ze toch? where have they gone?* ★ er is nog wat brood *there is still some bread left* • leven ★ hij is er geweest *he is done for* ★ ~ aan ★ ze is het huis aan het schilderen *she is painting the house* ★ ze waren altijd aan het bakkeleien *they were always squabbling* ★ ~ van ★ van

wie is die auto? *whose car is that?* ★ van welke componist is die sonate *who is the composer of this sonata* III HWW ‹v. tijd› *have;* ‹v. lijdende vorm› ★ zij is in Schotland geweest *she has been to Scotland* ★ hij is voorwaardelijk veroordeeld *he has been given a suspended sentence* IV KWW • in hoedanigheid/toestand zijn ★ 2 maal 2 is 4 *twice 2 is 4* ★ zij is een Nederlandse *she is Dutch* ★ ze is nog steeds flink verkouden *she still has a nasty cold* • ~ te ★ dat is niet te doen *that can't be done* ★ dat huis is te koop *that house is for sale* ★ het is niet te geloven *it's unbelievable* V BEZ VNW ‹m.b.t. persoon› *his;* ‹m.b.t. dieren, zaken› *its;* ‹onpersoonlijk› *one's* ★ men moet zijn plicht doen *one must do one's duty* ★ elk 't zijne *everyone his due* ▼ ieder het zijne *to each his own*
zijpad *side-path*
zijrivier *tributary*
zijspan *sidecar* ★ motor met ~ *motorcycle with sidecar*
zijspiegel *wing mirror;* AE *side mirror*
zijspoor *siding* ★ 'n trein op een ~ brengen *shunt a train into a siding* ★ iem. op een ~ brengen *side-track a person*
zijsprong *jump/leap to the side; jump/leap aside*
zijstraat *side street; turning*
zijtak *branch*
zijwaarts *sideways*
zijweg *crossroad*
zijwind *crosswind*
zilt *salty; briny* ★ het zilte nat *the briny ocean; the brine*
ziltig *salty*
zilver *silver* ★ het ~ poetsen *polish the silver* ▼ spreken is ~, zwijgen is goud *speech is silver, but silence is golden*
zilverachtig *silvery*
zilverberk *silver birch*
zilveren • *silver* ★ ~ haren *silver(y) hair* • als van zilver *silvery* ▼ ~ bruiloft *silver-wedding*
zilvergeld *silver coins*
zilverkleurig *silver(y) (-coloured)*
zilvermeeuw *herring gull*
zilverpapier *silver paper; tin-foil*
zilverpopulier *white poplar; abele*
zilverreiger *white heron*
zilversmid *silversmith*
zilverspar *silver fir*
zilveruitje *pearl/cocktail onion*
zilververf *silver paint*
zilvervliesrijst *brown rice*
zilvervloot • GESCH. *treasure fleet* • grote geldsom *fortune*
zilvervos *silver fox*
zilverwerk *silver ware; silver plate*
Zimbabwe *Zimbabwe*
zin I • zintuig *sense* • verstand *senses* ★ ik had/ hield mijn zinnen goed bij elkaar *I kept my wits about me* • lust *mind* ★ ik heb er geen zin in *I don't feel like it* ★ iem. naar de zin maken *please a person* ★ zin of geen zin *willy-nilly* ★ ik heb zin om te lezen *I would like to read* ★ ik heb eigenlijk wel zin om te

gaan *I have (half) a mind to go* ★ is 't naar je zin? *is it to your liking?* • wil *mind* ★ zijn eigen zin doen *have one's own way*; *do as one pleases* • iem. zijn zin geven *let s.o. have his way* ★ kwaad in de zin hebben *be up to mischief* ★ van zins zijn *intend* • één van zin zijn *be united* ★ nu heb je je zin *now you've got what you want* ★ zijn zinnen ergen op zetten *set one's mind on s.th.* ★ tegen de zin van *against the wishes/will of* ★ wat heeft ze in de zin? *what is she up to?* • betekenis *meaning*; *sense* ★ in zekere zin *in a way* ★ in de eigenlijke zin des woords in *the proper sense of the word* • nut *sense*; *meaning* ★ 't heeft geen zin om te gaan *there is no point in going* • TAALK. volzin *sentence* • die zin loopt niet goed *this sentence doesn't work* ▼ een mens z'n zin is een mens z'n leven *everyone to his taste* ▼ zo veel hoofden, zo veel zinnen *so many men, so many minds*

zindelijk • het toilet gebruikend 〈v. kind〉 *toilet-trained*; 〈v. hond, e.d.〉 *house-trained* • schoon *clean*

zinderen *shimmer* ★ • de hitte *blistering/sweltering heat*

zingen I OV WW *sing*; *chant* **II** ON WW • geluid voortbrengen *sing* ★ vals • *sing out of tune* ★ zuiver • *sing well in tune* • zoemend geluid maken *hum*

zingeving *giving meaning (to)*

zink *zinc*

zinken I BNW *zinc* **II** ON WW *sink* ★ een schip tot • zinken *sink a ship*; 〈eigen schip, opzettelijk〉 *scuttle a ship* ▼ diep gezonken zijn *have sunk/fallen low*

zinklood 〈m.b.t. vissen〉 *sinker*

zinkput *cesspool*; *sump*

zinkstuk ≈ *(fascine) mat*

zinkzalf *zinc ointment*

zinnebeeld *symbol*

zinnebeeldig *symbolic(al)*

zinnelijk *sensual*; *sensuous*

zinnen • bevallen *like* ▼ dat zint mij niet *I don't like it* • ~ op *be intent on*; *ponder (on)* ★ op wraak ~ *be intent on revenge*; *brood on revenge*

zinnenprikkelend *titillating*

zinnig *sane*; *sensible*

zinsbegoocheling *hallucination*

zinsbouw *sentence structure*

zinsconstructie *sentence structure*

zinsdeel *part of a sentence*

zinsnede *passage*; *phrase*

zinsontleding *parsing*; *analysis*

zinspelen *allude (to)*; *hint (at)*

zinspreuk *motto*; *maxim*

zinsverband *context*

zinsverbijstering *insanity*

zinswending *turn of phrase*

zintuig *(organ of) sense*; *sense (organ/faculty)* ★ het zesde ~ *the sixth sense*

zintuiglijk *sensory* ★ • e waarneming *sensory perception*

zinverwant *synonymous*

zinvol *significant*; *meaningful*; 〈verstandig〉 *advisable*

zionisme *Zionism*

zipdrive *zipdrive*

zippen *zip*; *compress*

zirkonium *zirconium*

zirkoon *zircon*

zit ★ een hele zit *a long time to sit*

zitbad *hip-bath*

zitbank *sofa*; 〈meestal zonder leuningen〉 *bench*; 〈in een kerk〉 *pew*

zitelement *(sofa) unit*

zithoek *sitting area*

zitje ★ een aardig ~ *a snug corner*; 〈in de natuur〉 *a nice place to sit down in* • kinderzitje *child's seat*

zitkamer *sitting room*; *living room*

zitkuil *sunken sitting area*

zitplaats *seat*

zitstaking *sit-down strike*

zitten • gezeten zijn *sit* ★ aan tafel ~ *be at the table* ★ hij kwam bij me ~ *he came and sat by me* ★ blijft u ~! *keep your seat(s), please!* ★ ga ~ 〈bevel〉 *sit down*; 〈uitnodigend〉 *take a seat* • zich bevinden *sit*; 〈verblijven〉 *sojourn*; 〈in gevangenis zitten〉 *do time* ★ hoe zit dat? *how is that?* ★ de Kamer zit nu *the House is now sitting* ★ daar zit hem de moeilijkheid *that's the sticking point* ★ er zit niets anders op dan te gaan *there is nothing for it but to go* ★ er zit wat voor je op INF. *you'll get it in the neck* ★ er goed bij ~ *be well off* ★ het zit in de familie *it is/runs in the family* ★ het zit zo *it's like this* ★ voor een examen ~ *be reading for an exam* ★ mijn haar wil niet blijven ~ *my hair will not stay in place* ★ hij heeft 2 jaar gezeten *he has served/done 2 years* ★ waar zit die jongen toch? *where is that boy?* • passen *fit*; *sit* • in positie/toestand gelaten worden ★ de leerling bleef ~ *the pupil stayed down a class* ★ een meisje laten ~ *jilt a girl* ★ laat maar ~ 〈tot 'n kelner〉 *keep the change*; 〈ik trakteer〉 *this is on me* ★ hij zat er mee *it puzzled him* ★ hij zat ermee opgescheept *he was saddled with it* ★ blijven ~ met *be left with* • bevestigd zijn ★ hoe zit zoiets in elkaar *how does that fit together?* ★ dat zit in de war *it's in a tangle* ★ zit het zo weer goed? *is that how it was?* ★ dat verhaal zit goed in elkaar *that story has a good plot*; *that story is well put together* • bedekt zijn met ★ onder de modder/het vuil ~ *be covered with mud/dirt* ★ doel treffen ★ die zit! *that's a hit!* ★ hij zit! SPORT *goal!* • functie bekleden *be* ★ in 'n commissie/de raad ~ *be/sit on a committee/on the council* • bezig zijn met *be* [+ present participle] ★ ik zit te lezen *I am reading* ★ hij zit zich weer te vervelen *he's getting bored again* • beoefenen ~ op *practice* • aanraken ★ overal aan ~ *touch everything* ▼ het zit me tot hier! *I'm fed up with it*; *I'm fed up to the back teeth* ▼ daar zit iets achter *there's more to it than meets the eye* ▼ er warmpjes bij ~ *be comfortably off*; *be well off* ▼ daar zit Ronald achter *Ronald is at the bottom of it* ▼ maar ik laat het er niet bij ~ *but I won't take it lying down* ▼ je hebt het er lelijk bij laten ~ *you've made*

a poor show▾ dat kan je niet op je laten ~ don't sit back and take it

zittenblijver *repeater*

zittend *sitting; seated*★ ~ leven *sedentary life*

zitting • deel van stoel *seat; bottom*
• vergadering *session; sitting*★ ~ hebben/houden *be in session*; ~ hebben in een commissie (bestuur) *sit on the committee*

zitvlak *bottom; seat*

zitvlees★ geen ~ hebben *be fidgety*; INF. *have ants in one's pants*

zitzak *bean-bag (seat)*

zo I BIJW• op deze wijze *so; thus; in this way; like this*★ zo is het! *quite so!; that's right!* ★ mooi zo! *well done!*★ 't zit zo *it's like this* ★ 't is nu eenmaal zo *that's how it is; there it is*★ zo een/iem. *such a one*★ hij doet maar zo *it's only make-believe*• in deze mate *as; so* ★ ik hoop toch zo ... *I do hope*▾ die vent is zo! *he is a great guy*★ och, zo maar ‹zonder uitleg› *oh, for no reason at all*; ‹zonder overleg› *without further ado*★ zo moe als hij was, ging hij toch *tired as he was, he went* ★ niet zo oud als *not so old as*★ ó zo vriendelijk *ever so kind*• direct *presently; in a minute*★ zo van de universiteit *straight/fresh from University*★ dat gaat zo niet *that won't do*▾ wel, zo gaat het in het leven *such is life*▾ het is maar zo zo *it is rather sketchy; it is only so so* II VW• zoals als• indien *if*★ zo ja *if so*★ zo al niet *if not*★ zo neen/niet *if not* III TW *well*★ zo? *indeed?*

zoal★ wat lust je zoal? *what sort of things do you like?*

zoals *as; such as; like*★ mensen ~ hij *men such as he; people like him*

zodanig I BIJW *so; in such a way* II AANW VNW *such*★ als ~ *as such*▾ als ~ *as such*

zodat *so that*

zode *sod (of grass)*▾ dat zet geen zoden aan de dijk *that cuts no ice*

zodiak *zodiac*

zodoende in this/that way; thus; ‹derhalve› *consequently; accordingly*

zodra *as soon as*★ ~ hij komt *as soon as he comes; the moment he comes*

zodus *thus; therefore*

zoef *woosh*

zoek *missing; gone*▾ het boek is zoek *the book is missing*★ 't is zoek *it has been mislaid*▾ op zoek naar iets gaan/zijn *be in search of s.th.; look for s.th.*

zoekactie *search (operation)*

zoekbrengen▾ de tijd ~ *kill time*

zoeken I ZN *search (for); quest* II OV WW • trachten te vinden *look for; search for*★ hij wordt door de politie gezocht *he is wanted by the police*★ de oorzaak is niet ver te ~ *the reason is (quite) obvious*• uit zijn op *look for*; *be on the look-out for*; ‹geluk› *seek*; ‹waarheid› *pursue*▾ een oplossing ~ *find a solution*★ hulp ~ *go for help; find help*★ dat zou je niet achter hem ~ *you would not think he had it in him*▾ overal wat achter ~ *be very suspicious*▾ je zoekt het te ver *you're missing the obvious*▾ zoekt en gij zult vinden

seek and you shall find

zoekengine *search engine*

zoeker • persoon *searcher*• deel van camera *view-finder*

zoeklicht *searchlight; spotlight*

zoekmachine *search engine*

zoekmaken *mislay*

zoekopdracht • COMP. in database *query* • COMP. in programma/op internet *search command*

zoekplaatje *puzzle*

zoel *mild*

zoeloe *Zulu*

zoemen *buzz; hum*

zoemer *buzzer*

zoemtoon *buzz; hum*; ‹v. telefoon› *(dialling) tone*

zoen *kiss*

zoenen *kiss*★ om te ~ *kissable; sweet*; AE *cute*

zoenoffer *peace offering*

zoet • zoet smakend *sweet*; ‹m.b.t. water› *fresh* • braaf *good; sweet*▾ iets voor zoete koek slikken *swallow s.th. whole; fall for s.th.*

zoetekauw▾ een ~ zijn *have a sweet tooth*

zoethoudertje *sop; sweetener*

zoethout *liquorice*

zoetig *sweetish*

zoetigheid *sweets*

zoetje *sweetener*

zoetjesaan *gradually*

zoetmiddel *sweetener; sweetening*

zoetsappig *sugary*

zoetstof *sweetener*

zoetwaren *sweets*

zoetwateraquarium *freshwater aquarium*

zoetwaterfauna *freshwater fauna*

zoetwaterflora *freshwater flora*

zoetzuur I ZN *(sour and) sweet pickles* II BNW *sweet and sour*

zoeven *hum; whirr*

zo-even *just now; a moment ago*

zog • kielzog *wake*★ in iemands zog varen *follow in s.o.'s wake*• moedermelk *(mother's) milk*

zogeheten *so-called; alleged*

zogen *suckle; nurse*

zogenaamd • zogeheten *so-called; self-styled* • quasi *so-called; supposed; would-be*

zogenoemd → **zogenaamd**

zogezegd *so to say/speak; as it were*

zoiets *such a thing; the like; anything like; anything of the sort*★ hij is ziek of ~ *he's ill or s.th.*★ ~ geks heb ik nog nooit gezien *I never saw anything so crazy*★ ik heb ~ gehoord *I've heard as much*★ ~ bestaat niet *there is no such thing*★ daar zeg je ~ *that's a good idea; that reminds me*

zojuist *just now*

zolang I BIJW *meanwhile*★ zet de auto ~ in de garage *meanwhile, put the car in the garage* II VW *as/so long as*

zolder *garret; loft; attic*

zolderetage *attic*; ‹voor berging› *loft*

zoldering *ceiling*

zolderkamer *garret; attic*

zolderluik *trap-door*

ZO

zoldertrap *attic|loft-stairs*
zolderverdieping *attic*
zomaar • zonder aanleiding *just like that; without any reason* • zonder beperkingen *just like that; without any problem* ★ mag dat ~? *just like that?*
zombie *zombie*
zomen *hem*
zomer *summer* ★ in de ~ *in summer*
zomerachtig *summery*
zomeravond *summer evening*
zomerbedding *summer (river)bed*
zomerdienst(regeling) *summer timetable| schedule*
zomerdijk *summer dyke|dike*
zomeren *be|get|turn summery*
zomerfeest *summer party*
zomergast *summer visitor*
zomerhuis *summer house|cottage*
zomerjas *summer coat*
zomerjurk *summer dress*
zomerkleding *summer clothes*; ⟨in winkel ook⟩ *summer wear*
zomerkleed *summer coat*; ⟨vogels⟩ *breeding plumage*
zomermaand *summer month*
zomers *summery* ★ op zijn ~ gekleed zijn *wear summer clothes*
zomerseizoen *summer season; summertime*
zomerspelen *summer games* ★ Olympische Zomerspelen *Summer Olympics*
zomersproeten *freckles*
zomertijd *summer time* ★ de ~ gaat in op ... *summer time begins ...*
zomervakantie *summer holiday(s)*
zomerzon *summer sun*
zometeen *in a moment*
zomin *as little as* ★ (net) ~ als *no more than*
zompig *squelchy*
zon zon ★ tegen de zon in *anti-sunwise; with the sun in one's eyes* ▾ niets nieuws onder de zon *nothing new under the sun* ▾ hij kan de zon niet in 't water zien schijnen *he can't bear to see others do well*
zo'n • zo één *such (a)* ★ op zo'n dag als vandaag *on a day like today* ★ ik heb zo'n vreemd voorgevoel *I have this strange foreboding|hunch* ★ zo'n fiets wil ik ook *I want a bike just like that|yours* • ongeveer *about; around* ★ zo'n beetje *more or less; pretty much* ★ zo'n twee uur *some two hours*
zonaanbidder *sun-worshipper*
zondaar *sinner*
zondag *Sunday*
zondag I BNW *Sunday* ★ op zijn ~ gekleed *dressed in one's (Sunday) best* II BIJW *on Sundays*
zondagsdienst *Sunday service*
zondagskind *Sunday('s) child*
zondagskleren *one's Sunday best*
zondagskrant *Sunday (news)paper*
zondagsrijder *Sunday driver*
zondagsrust *Sunday('s) rest*
zondagsschilder *Sunday painter*
zondagsschool *Sunday school*
zonde • slechte daad *sin* ★ een ~ begaan *commit a sin* ★ kleine ~ *peccadillo*; *indiscretion* • betreurenswaardigheid ★ wat ~! *what a pity* ★ 't is ~ van je pak *it's a pity about your suit* ★ het is eeuwig ~ *it is a crying shame*
zondebelijdenis *confession of sins*
zondebok *scapegoat* ★ hij werd tot ~ gemaakt *he was turned into a scapegoat|whipping-boy*
zondeloos *without sin*
zonder • iets niet hebbend of doend *without* ★ kinderen ~ geleide geen toegang *no admission to unaccompanied children* • buiten *without* ★ zij kunnen niet ~ elkaar *they can't live without eachother* • ~ te ★ hij opende de deur ~ te kloppen *he opened the door without knocking* • ~ dat ★ ~ dat hij het wist *without him knowing*
zonderling I ZN *eccentric; freak* II BNW *odd; singular; peculiar*
zondeval *Fall*
zondig *sinful*
zondigen *sin; offend* ★ ~ tegen de regels *violate|break the rules*
zondvloed ⟨bijbels⟩ *Flood*; FIG. *deluge*
zone *zone*
zoneclips *solar eclipse; eclipse of the sun*
zonet *just (now)*
zonlicht *sunlight*
zonnebad *sunbath*
zonnebaden *sunbathe*
zonnebank *sunbed; solarium*
zonnebloem *sunflower*
zonnebloemolie *sunflower oil*
zonnebrand *sunburn*
zonnebrandcrème *sun(tan) creme*
zonnebrandolie *aftersun|sunburn lotion*
zonnebril *sunglasses*
zonnecel *solar cell*
zonnecollector *solar collector*
zonne-energie *solar energy*
zonnehoed *sun hat*
zonneklaar *obvious; crystal clear* ▾ ~ bewijzen *prove beyond a shadow of a doubt*
zonneklep • klep van pet *visor* • klep in auto *sunshade; eye-shade*
Zonnekoning *Sun King*
zonnen *sunbathe; sun o.s.*
zonnepaneel *solar panel*
zonnescherm *sunshade; sunblind*
zonneschijn *sunshine*
zonnesteek *sunstroke; touch of the sun*
zonnestelsel *solar system*
zonnestraal *sunbeam*
zonneterras *sun terrace*
zonnetje ▾ iem. in het ~ zetten *make s.o. the centre of attention*; ⟨voor de gek houden⟩ *poke fun at s.o.* ▾ zij is het ~ in huis *she is a ray of sunshine; she's our little ray of sunshine*
zonnevlek *sunspot*
zonnewijzer *sundial*
zonnig *sunny*
zonovergoten *sun-drenched*; ⟨alleen predicatief⟩ *bathed in sunshine*
zonsondergang *sunset*
zonsopgang *sunrise*
zonsverduistering *solar eclipse*

zonvakantie *holiday/vacation in the sun*
zonwering *awning*; BE *sun blind*
zonzijde *sun(ny) side*
zoo *zoo*
zoöfobie *zoophobia*
zoogdier *mammal*
zooi • flinke hoeveelheid *lot*; *heap* • troep *mess*
zool • ondervlak *sole* • inlegzool *insole*
zoolganger *plantigrade*
zoölogie *zoology*
zoöloog *zoologist*
zoom • omgenaaide rand *hem* • buitenrand *edge*; ⟨v. rivier⟩ *bank*; ⟨v. stad⟩ *edge*; *outskirts*
zoomen • beeld dichterbij halen *zoom in (on)* • fotograferen met zoomlens *zoom*
zoomlens *zoomer*; FILM *zoom lens*
zoomnaad *hem*
zoon *son* ⋆ de Zoon des Mensen *the Son of Man* ▾ de verloren zoon *the prodigal son*
zoonlief *junior*; *sonny*; *dear son*
zootje *heap*; *load*; *lot* ⋆ een ~ dieven *a pack of thieves* ⋆ het hele ~ *the whole lot/shebang* ▾ een ~ ongeregeld *a motley crew*
zopas *just (now)*
zorg • verzorging *care* ⋆ zorg besteden aan *bestow care on*; *take care over* • door de goede zorgen van *through the good offices of* ⋆ de zorg hebben voor de kinderen *provide for the children* • bezorgdheid *concern*; *worry*; *anxiety* ⋆ zich zorgen maken over *worry about* ⋆ zorgen hebben *have cares*; *be worried* ⋆ mij 'n zorg! *a fat lot I care* ⋆ zorg baren *cause anxiety* ⋆ geen zorgen voor de dag van morgen *have no thought for tomorrow*
zorgelijk *precarious*
zorgeloos *carefree*
zorgen • verzorgen ~ voor *care for*; *look after*; *take care of*; *mind*; *see to* ⋆ voor zichzelf ~fend for o.s. ⋆ voor de oude dag ~ *provide for one's old age* • het nodige doen *see (to)*; *take care (to)* ⋆ hij moet voor de kinderen ~ *he'll have to see to the children* • regelen *take care of*; *see to* ⋆ voor het eten ~ *see to the food* ⋆ daar moeten zij voor ~ *that's up to them*; *that's their business*
zorgenkind • problem child • kwestie *source of anxiety/worry*
zorgsector *social service sector*
zorgverzekeraar *health insurer*; *medical insurance company*
zorgvuldig • met zorg *careful* • nauwkeurig *meticulous*; *painstaking*
zorgwekkend *alarming*; *critical*
zorgzaam *careful*; *considerate*
zot I ZN *fool* II BNW *foolish*; *silly*
zotternij • gekheid *craziness*; *madness* • dwaze handeling *folly*; *craziness*
zout I ZN *salt* ▾ in 't zout leggen *salt* ▾ het zout der aarde *the salt of the earth* II BNW *salt*; *briny*; ⟨gezouten⟩ *salted* ▾ zo zout heb ik het nog nooit gegeten *I've never seen anything quite like it*
zoutachtig *salt(y)*; *saltish*; ⟨vloeistof⟩ *saline*
zoutarm *low salt content*
zouteloos *insipid*

zouten • zout maken *salt* • inzouten *brine*; ⟨haring⟩ *pickle*
zoutig *salty*
zoutje *savoury biscuit*; *savoury appetizer*
zoutkoepel *salt dome/plug*
zoutkorrel *grain of salt*
zoutloos *saltless*; ⟨dieet⟩ *salt-free*
zoutoplossing *salt/saline solution*
zoutvaatje *saltcellar*
zoutvlakte *salt flat*
zoutwateraquarium *saltwater aquarium*
zoutzuur *hydrochloric acid*
zoveel I BIJW ⋆ ~ te beter *so much/all the better* II ONB VNW ⋆ ~ is zeker *that/thus much is certain* III TELW *as much/many* ⋆ tweemaal ~ *twice as much/many* ⋆ ~ mogelijk *as much as possible* ⋆ de trein van 9 uur ~ *the nine s.th. train*
zover *so far*; *thus far* ⋆ tot ~ *so far* ⋆ als 't ~ is *when we have got so far*; *at the proper time* ⋆ in ~(re) als *so far as* ⋆ (voor) ~ *as far as*; *(in) so far as* ⋆ voor ~ ik weet *niet not to my knowledge* ⋆ ~ 't oog reikt *as far as the eye can see* ⋆ in ~re *insofar*; *insomuch* ▾ in ~re *insofar*; *insomuch*
zoverre → zover
zowaar *actually*; *really*
zowat *about* ⋆ ~ niets *next to nothing* ⋆ ~ niemand *hardly anybody*
zowel ⋆ ~ als *as well as*; *both... and...*
z.o.z. zie ommezijde *pto*; *please turn over*
zozeer *so much*
zozo *so-so*
zucht • uitademing *sigh* ⋆ een ~ slaken *heave a sigh* • drang *desire (for)*; *craving (for)*; *longing (for)* ⋆ ~ naar sensatie *craving for excitement*
zuchten • uitademen *sigh* • lijden *moan* ⋆ ~ onder *groan under* • ~ naar *sigh for*; *yearn for*
zuchtje • lichte zucht *sigh* • zacht windje ⋆ er is geen ~ wind *there is not a breath of wind*
zuid *south*
Zuid-Afrika *South Africa*
Zuid-Afrikaans *South African*
Zuid-Amerika *South America*
Zuid-Amerikaans *South American*
zuidelijk I BNW • uit het zuiden *south(ern)*; ⟨wind⟩ *southerly*; *southern* • ten zuiden *southern* II BIJW naar het zuiden *southward(s)* ⋆ ~ van *(to the) south of*
zuiden *south* ⋆ op het ~ liggen *face south* ⋆ ten ~ (van) *(to the) south (of)*
zuiderbreedte *south(ern) latitude*
zuiderlicht *southern lights*
zuiderling *southerner*
Zuid-Korea *South Korea*
zuidkust *south coast*
zuidpool *south pole*; *antarctic*
zuidpoolcirkel *antarctic circle*
zuidpoolexpeditie *Antarctic/South Pole expedition*
zuidvrucht *subtropical fruit*
zuidwaarts *southward(s)*
zuidwester • wind *southwester* • hoed *sou'wester*
zuigeling *baby*; *infant*; *suckling*

zu

zuigelingenzorg *infant welfare*
zuigen • opzuigen *suck* • stofzuigen *vacuum*; INF. *hoover*
zuiger • deel van motor *piston* • baggermolen *dredger*
zuigfles *feeding bottle*
zuigkracht *suction (power/force)*
zuignap *suction cup*
zuigtablet *lozenge*; *pastille*
zuigzoen *lovebite*; AE *hickey*
zuil *pillar*; *column*
zuilengalerij *colonnade*; *arcade*
zuinig *economical*; *thrifty*; ⟨gierig⟩ *close*; ⟨karig⟩ *sparing*; *frugal* ★ ~ zijn/omgaan met *be economical/careful with* ★ ~ beheren *nurse* ★ en niet zo ~! *with a vengeance*
zuinigheid *economy*; *thrift* ★ verkeerde ~ betrachten *be penny-wise and pound-foolish* ★ uit/voor de ~ *for reasons of economy*
zuipen I OV WW slurpen *drink*; *swill*; *guzzle* ★ die auto zuipt benzine *that car guzzles petrol* **II** ON WW veel alcohol drinken *booze*
zuiperij • het zuipen *boozing*; *soaking* • zuippartij *booze up*
zuiplap *boozer*
zuippartij *booze up*; *boozing*
zuipschuit *boozer*
zuivel *dairy produce*
zuivelfabriek *dairy factory*
zuivelindustrie *dairy industry*
zuivelproduct *dairy product*
zuiver I BNW • puur ⟨goud, water, lucht⟩ *pure*; ⟨goud ook⟩ *solid*; ⟨waarheid⟩ *plain*; ⟨cirkel⟩ *true* ★ ~ ras ⟨v. paarden⟩ *pure breed* • zonder blaam *clear* ★ een ~ geweten *a clear conscience* • louter *pure*; *sheer* • netto *net* ★ ~ e winst *clear/net profit* **II** BIJW enkel en alleen *purely*
zuiveren • reinigen *clean*; ⟨wond⟩ *cleanse*; ⟨bloed, lucht⟩ *purify*; ⟨wond⟩ *disinfect* ★ de partij ~ *purge the party* ★ van vijanden ~ *clear of enemies* • vrijpleiten *clear* ★ zich ~ van *clear o.s. of*
zuivering • *cleaning*; *cleansing*; *purification*; ⟨politieke⟩ *purge* • eliminatie van tegenstanders ★ etnische ~ *ethnic cleansing*
zuiveringsinstallatie *purifying plant*
zuiveringszout *bicarbonate of soda*
zulk • zodanig *such* • zo groot *this*; *that* ★ zulke schoenen *shoes this big*
zulks *such (a thing)*; *so*
zulle *alright*
zullen I ON WW moeten *shall* ▾ wat zou dat? *what about it?* **II** HWW toekomst uitdrukkend ⟨I, we⟩ *shall*; ⟨verleden tijd⟩ *should*; ⟨you, he, she, it, they⟩ *will*; ⟨verleden tijd⟩ *would*
zult *brawn*
zurig *sourish*
zuring *sorrel*; *dock*
zus I ZN zuster *sister*; INF. *sis* **II** BIJW ★ nu eens zus, dan weer zo *now this way, now that*
zuster • zus *sister* • verpleegster *nurse* • REL. non *sister*; *nun*
zustercongregatie *sister congregation*
zusterhuis *nunnery*; *convent*; ⟨ziekenhuis⟩ *nurses' home*

zusterliefde *sisterly love*
zusterlijk *sisterly*
zustermaatschappij *sister company*
zusterorganisatie *sister organisation*
zusterstad *twin town*
zustervereniging *sister society/association*
zuur I ZN • CHEM. *acid* • maagzuur *heartburn*; *indigestion* ★ last van 't zuur hebben *suffer from heartburn* • iets in zuur *pickle* **II** BNW • CHEM. *acid* • zurig *sour* ★ zuur worden *turn (go) sour* • onaangenaam *hard* ★ zuur werk *nasty work* ★ iem. 't leven zuur maken *make s.o.'s life a misery* ★ dat is zuur voor je *it is tough on you* ★ een zuur gezicht zetten *make a wry face* ★ dat zal je zuur opbreken *you'll regret that*
zuurbranden *heartburn*
zuurdesem *yeast*
zuurgraad *degree of acidity*; *pH value*
zuurkool *sauerkraut*
zuurpruim *sourpuss*; *grouch*
zuurstof *oxygen*
zuurstofapparaat *breathing apparatus*; ⟨bij ademnood⟩ *resuscitator*
zuurstofles *oxygen cylinder*
zuurstofgebrek *lack of oxygen*; *hypoxia*; MED. *anoxia*
zuurstofmasker *oxygen mask*
zuurstofopname *intake of oxygen*
zuurstoftekort → **zuurstofgebrek**
zuurstok ≈ *peppermint stick*
zuurtje *acid drop*
zuurverdiend *hard-earned* ★ ~ geld *hard-earned cash*
zuurwaren *pickles*
zuurzoet *sour-sweet*
zwaai *swing*; *sweep*; ⟨met armen⟩ *wave*
zwaaideur *swing door*
zwaaien I OV WW heen en weer bewegen *swing*; ⟨vlag⟩ *wave*; ⟨wapen⟩ *brandish* ★ met zijn armen ~ *wave one's arms about* **II** ON WW • groeten *wave* • heen en weer bewegen worden *swing*; ⟨v. takken⟩ *sway (from side to side)* ★ de takken ~ in de wind *the branches sway in the wind* • slingeren ⟨v. dronkaard⟩ *reel*; *sway*
zwaailicht *flashing light*
zwaan *swan*
zwaar I BNW • veel wegend *heavy* ★ zware last *heavy burden* ★ het weegt ~ *it weighs heavy* ★ dat weegt ~ voor hem FIG. *it carries a lot of weight for him* ★ hij is een paar kilo te ~ *he is a couple of kilos overweight* ★ zware grond *heavy soil* • omvangrijk *heavy*; *bulky* ★ ~ gebouwde man *a heavily built man* • moeilijk ⟨beslissing⟩ *difficult*; ⟨taak⟩ *hard*; ⟨werk⟩ *heavy* ★ een zware strijd *a hard/severe struggle* ★ zware bevalling *difficult delivery* ★ ze gaan zware tijden tegemoet *they are facing hard times* • ernstig *heavy*; *severe*; ⟨zonde⟩ *grievous* ★ een ~ vergrijp *a serious offence/crime* ★ zware ziekte/straf *severe illness/punishment* • hevig *rough*; *violent*; ⟨aanval, storm⟩ *heavy* ★ een zware bui *a heavy shower* • sterk *heavy*; *powerful*; ⟨v. drank, tabak, vergif⟩ *strong*; ⟨geschut⟩ *heavy*

• **zwaar klinkend** *heavy*; ⟨stem⟩ *deep*▼ **zware jongens** *toughs*▼ ~ **op de hand** *heavy*; *ponderous*▼ **hij had er een ~ hoofd in** *he was very pessimistic about it* II BIJW **hevig** *heavily*; *seriously*; *grievously*⋆ ~ **slapen** *sleep heavily* ⋆ ~ **zondigen** *sin grievously*▼ ~ **leven** *burn the candle at both ends*

zwaarbeladen *heavily loaded*; FIG. *heavily laden*
zwaarbewapend *heavily armed*; *armed to the teeth*
zwaarbewolkt *with thick/dense cloud (cover)*
zwaard • **wapen** *sword*⋆ SCHEEPV. **deel van boot** *(lee-/centre-)board*
zwaardvechter *gladiator*
zwaardvis *swordfish*
zwaargebouwd *heavily built*; *massive*
zwaargeschapen • **van man** *well-endowed*; *well-hung*• **van vrouw** *well-endowed*; *busty*; *chesty*
zwaargewicht *heavyweight*
zwaargewond *badly/seriously injured*; ⟨zeer ernstig⟩ *critically injured*
zwaargewonde *badly/seriously injured casualty*; ⟨zeer ernstig⟩ *critically injured casualty*
zwaarlijvig *corpulent*; *stout*
zwaarmoedig *melancholy*
zwaarte • **gewicht** *weight*; *heaviness*• **ernst** *weight*; *seriousness*
zwaartekracht *gravity*; *gravitation*
zwaartelijn *median*
zwaartepunt • NAT. *centre of gravity* • **hoofdzaak** *main point*
zwaartillend *gloomy*; *pessimistic*
zwaarwegend *important*; *considerable*⋆ **een ~e beslissing** *a weighty/important decision*
zwaarwichtig *weighty*
zwabber *mop*
zwabberen *mop*; *swab*
zwachtel *bandage*
zwachtelen *bandage*; *swathe*
zwager *brother-in-law*
zwak I ZN **zwakke plek** *weakness*; *foible* II BNW • **niet krachtig** *weak*; *feeble*; ⟨ogen⟩ *poor*; *weak*; ⟨gezondheid⟩ *delicate*; ⟨oude man, vrouw⟩ *frail*⋆ **het zwakke geslacht** *the weaker sex*• **bijna niet waarneembaar** *weak*; ⟨kreet⟩ *feeble*; ⟨lachje, licht⟩ *faint*; ⟨wind⟩ *light*• **zonder geestelijke weerstand** *weak* ⋆ **zijn zwakke punt/zijde** *his weak spot*⋆ **in 'n zwak ogenblik** *in a weak moment*• **niet kundig** *weak*; ⟨poging, verstand⟩ *feeble* ⋆ **zwak zijn in iets** *be bad at s.th.*
zwakbegaafd *retarded*; INF. *weak-minded*
zwakheid *weakness*; *feebleness*; *frailty*
zwakjes *weakly*
zwakkeling *weakling*
zwakstroom *weak current*
zwakte *weakness*
zwaktebod ⟨kaartspel⟩ *weak bid*; FIG. *admission of weakness*
zwakzinnig *mentally handicapped*; *feeble-minded*
zwakzinnigenzorg *care of the mentally handicapped*
zwalken *drift/wander about*

zwaluw *swallow*▼ **één ~ maakt nog geen zomer** *one swallow does not make a summer*
zwaluwstaart *swallow's tail*
zwam *fungus*
zwammen *drivel*
zwanenhals *swan's neck*
zwanenzang *swan song*
zwang ▼ **in ~ zijn** *be fashionable/in vogue*▼ **in ~ komen** *come into fashion*
zwanger *pregnant*
zwangerschap *pregnancy*
zwangerschapsafbreking *termination of pregnancy*
zwangerschapscontrole *antenatal ((clinic) appointment)*
zwangerschapsstriemen *stretch marks*
zwangerschapstest *pregnancy test*
zwangerschapsverlof *maternity leave*
zwart • **m.b.t. kleur** *black*⋆ **in 't ~ gekleed** *dressed in black*⋆ ~**en en blanken** *blacks and whites*⋆ **de ~ e doos** ⟨v. vliegtuig⟩ *the black box*• **clandestien** *black*▼ **op de ~ e markt kopen** *buy in the black market*⋆ ~ **e kunst** *black magic*⋆ **op de ~ e lijst plaatsen** *blacklist* ⋆ ~ **verdienen** *work on the side*; *moonlight* • **somber** *black*⋆ **alles ~ inzien** *take a gloomy view of things*▼ ~ **kijken** *scowl*▼ **'t ~ op wit hebben** *have it in black and white*▼ **het zag ~ van de mensen** *it was swarming with people*
zwartboek *black book*; *official report on a (social) subject*
zwarte I ZN *black* II BNW *black*; *negro*
zwartekousenkerk *rigidly orthodox Protestants*
zwartemarktprijs *black market price*
zwartepiet *the jack of spades*▼ **iem. de ~ toespelen** *leave s.o. to hold the baby*; *pass the buck to s.o.*; *leave s.b. to carry the can*
zwartepieten *play old maid*
zwartgallig *melancholic*; *pessimistic*
zwarthandelaar *black marketeer*
zwartkijker • **pessimist** *pessimist*• TELECOM. *TV licence dodger*
zwartmaken *blacken*; *slander*⋆ **iem. zwart maken** *blacken s.o.'s reputation*
zwartrijden ⟨zonder kaartje⟩ *dodge fare*; ⟨zonder wegenbelasting⟩ *evade road tax*; *drive without paying road tax*
zwartrijder ⟨in auto⟩ *fare-dodger*
zwartwerken *moonlight*; *work on the side*
zwartwerker *moonlighter*
zwart-wit • **met beeld in zwart en wit** *black-and-white*• **ongenuanceerd** *black-and-white*; *over-simplified*⋆ **alles ~ zien** *see everything in black-and-white terms*
zwartwitafdruk *black-and-white print*
zwartwitfilm *black-and-white film/movie*
zwartwitfoto *black-and-white photo(graph)*
zwavel *sulphur*
zwaveldioxide *sulphur dioxide*
zwavelstokje *matchstick*
zwavelzuur *sulphuric acid*
Zweden *Sweden*
Zweed *Swede*⋆ **een ~se** *a Swedish woman*
Zweeds I ZN *Swedish* II BNW *Swedish*
zweefbrug *suspension bridge*

ZW

zweefclub *gliding club*
zweefduik *swallow dive*; AE *swan dive*
zweefmolen *giant('s) stride*
zweefsport *(hang)gliding*
zweeftrein *hovertrain*
zweefvliegen *glide*; *soar*
zweefvliegtuig *glider*
zweefvlucht *glide*
zweem ⟨v. spot⟩ *touch*; *hint*; ⟨v. vrees⟩ *semblance*; *trace* ★ geen ~ van bewijs *not a shred of evidence/proof* ★ geen ~ van twijfel *without a shadow of a doubt*
zweep *whip*; ⟨jachtzweep⟩ *(hunting-)crop*; ⟨rijzweep⟩ *crop* ★ hij moet met de ~ krijgen *he should be whipped*; *he wants the whip* ▼ hij kent het klappen van de ~ *he knows the ropes*
zweepslag *lash*; ⟨spierblessure⟩ *whiplash*
zweer *ulcer*; *sore*
zweet *sweat*; *perspiration* ★ zich in het ~ werken *work o.s. into a sweat* ★ 't koude ~ brak haar uit *she broke into a cold sweat*
zweetband *sweatband*
zweetdruppel *bead of sweat/perspiration*
zweethanden *sweating/clammy hands*
zweetklier *sweat gland*
zweetlucht *sweaty smell*; *body odour*
zweetvlek *sweat stain*
zweetvoeten *sweaty feet*
zwelgen I OV WW gulzig eten/drinken *guzzle*; *gobble*; ⟨drank⟩ *swill* II ON WW (in) *wallow in*
zwelgpartij *gorge*; INF. *binge*; ⟨eten ook⟩ SL. *blow/pig out*
zwellen I OV WW in volume doen toenemen *inflate*; *swell* II ON WW • in volume toenemen *swell*; *inflate* ★ doen ~ *swell* ★ zij zwol van trots *she was swollen with pride* • van geslachtsdeel *erect*
zwellichaam *corpus cavernosum*
zwelling • het zwellen *swelling* • gezwollen plek *swelling* • ⟨bult, buil⟩ *bump*
zwemabonnement *season ticket for the swimming pool*
zwembad *swimming pool*
zwembandje *lovehandle*; *spare tyre*
zwembroek *swimming trunks* [mv]
zwemdiploma *swimming certificate/diploma*
zwemen *incline*; *tend to* ★ ~ naar rood *incline to red* ★ ~ naar oneerlijkheid *border upon dishonesty*
zwemleraar *swimming instructor*
zwemmen *swim* ★ gaan ~ *go for/have a swim*
zwemmer *swimmer*
zwemmerseczeem *athlete's foot*
zwempak *swimsuit*
zwemsport *swimming*
zwemtas *swimming bag*
zwemvest *life-jacket*
zwemvin ⟨bij dieren⟩ *fin*; ⟨bij mensen, zeehonden⟩ *flipper*
zwemvlies • vlies *web* • met zwemvliezen *web footed* • schoeisel *flipper*
zwemwedstrijd *swimming competition/match/ race*
zwendel *swindle*; *fraud*
zwendelaar *swindler*; *fraud*

zwendelarij *swindling*; *fraud*
zwendelen *swindle*
zwengel *handle*; ⟨v. auto⟩ *crank*
zwenken MIL. *wheel*; OOK FIG. *swerve* ★ naar links ~ *swerve to the left*
zwenkwiel *swivel caster/castor*
zweren I OV WW eed doen *swear* ★ een eed ~ *swear an oath* ★ op de bijbel ~ *swear on the Bible* ★ ik zweer het I *swear* ★ wraak ~ tegen *vow vengeance against* II ON WW • ontstoken zijn *ulcerate*; ⟨v. wond⟩ *fester* ★ -de vinger *septic/bad finger* • ~ bij ★ ~ bij God *swear to God* ★ bij iets ~ *swear by s.th.* ▼ bij hoog en laag ~ *swear by all that is holy*
zwerfafval *(street) litter*
zwerfhond *stray dog*
zwerfkat *stray (cat)*; *alley cat*
zwerfkei *boulder*
zwerftocht *ramble*
zwerfvuil *litter*
zwerm *swarm*; ⟨sprinkhanen⟩ *cloud*; ⟨vogels⟩ *flock*
zwermen *swarm*
zwerven • ronddwalen *wander*; *roam*; *rove* ★ hij zwierf door het land *he roamed the country* • rondslingeren *lie about/around* ★ je moet je spullen niet laten rond~ *you shouldn't leave your things lying around*
zwerver *vagabond*; *tramp*; AE *hobo*; ⟨dier⟩ *stray*
zweten • transpireren *sweat*; *perspire* ★ op iets ~ *sweat over s.th.* • vochtig uitslaan *sweat*
zweterig *sweaty*
zwetsen *blether*; *jabber*
zweven • vrij hangen *float*; ⟨v. vogel⟩ *hover*; ⟨zweefvliegtuig⟩ *glide* • zich onzeker bevinden *hover* ★ tussen hoop en vrees ~ *hover between hope and fear* • vagelijk voordoen *float* ★ het woord zweeft mij op de tong *I have the word on the tip of my tongue* ★ er zweeft mij iets van voor de geest *I seem vaguely to remember*
zweverig • vaag *vague*; *woolly* • duizelig *dizzy*; *light-headed*
zwezerik *sweetbread*
zwichten *submit to*; *yield*; *give in (to)* ★ ~ voor de verleiding *yield to temptation*
zwiepen I OV WW smijten *hurl*; *fling* II ON WW • doorbuigen *bend*; *sway* ★ de takken zwiepten in de wind *the branches/twigs thrashed in the wind* • krachtig slaan *swish*; *lash*
zwier • zwaai *flourish* • gratie *grace* ★ met ~ *gracefully* ▼ aan de ~ gaan *go on a spree*
zwieren ⟨v. dronken man⟩ *reel*; ⟨v. dansers⟩ *whirl about*; ⟨over ijs⟩ *glide*
zwierig *graceful*; *elegant*; ⟨modieus⟩ *stylish*; ⟨opvallend⟩ *flamboyant* ★ ~ voor de dag komen *cut a dash*
zwijgen I ZN *silence* ★ iem. het ~ opleggen *silence s.o.* ★ er het ~ toe doen *say no more about it*; ⟨geheim houden⟩ *keep mum*; ⟨niet antwoorden⟩ *let s.th. pass* II ON WW • niet spreken *be silent*; *keep silence* ★ iem. tot ~ brengen *silence s.o.* ★ zwijg! *be silent!*; *hold your tongue!* ★ zwijg daarover! *don't talk about it* ★ kun je ~? *can you keep a secret?*

ZW

★ om nog te ~ van ... *to say nothing of* • geen geluid geven *keep silent*; ⟨v. muziek⟩ *stop* ▼ hij zweeg in alle talen *he maintained a stony silence*

zwijggeld *hush-money* ★ iem. ~ betalen *buy s.o. off*

zwijgplicht *oath of secrecy* ★ iem. de ~ opleggen *swear to silence*

zwijgzaam *taciturn*; ⟨terughoudend⟩ *reticent*

zwijm *faint* ★ in ~ vallen *faint*; *swoon*

zwijmelen *feel giddy*; *swoon*

zwijn • dier *swine* ★ een wild ~ *a wild boar* • persoon *swine*

zwijnen *be in luck*

zwijnenhok • stal voor zwijnen *pigsty*; *pigpen* • smerige boel *pigsty*; BE *tip*

zwijnenstal OOK FIG. *pigsty*

zwijnerij *filth*

zwik *batch*; *lot* ★ de hele zwik *the whole lot*

zwikken *sprain* ★ mijn voet zwikte *I sprained my ankle*

Zwitser *Swiss* ★ een ~se *a Swiss woman*

Zwitserland *Switzerland*

Zwitsers I ZN *Swiss* II BNW *Swiss*

zwoegen *drudge*; *toil*; *slave*; *labour*; ⟨blokken⟩ *swot* ★ ~ en sloven *toil and slave* ★ ~ op iets *peg away|toil at s.th.*

zwoeger *drudge*; *plodder*

zwoel • drukkend warm *sultry*; ⟨benauwd⟩ *muggy* • sensueel *sultry*; *sensual*

zwoerd *(pork-|bacon)-rind* ★ gebakken ~ *(pork) crackling*

ZW

Grammaticaal compendium

ONREGELMATIGE WERKWOORDEN

infinitief	o.v.t	volt. deelwoord	vertaling
abide	abode	abode	vasthouden aan, verdragen
arise	arose	arisen	ontstaan
awake	awoke	awoke	wakker worden
be	was/were	been	zijn, worden
bear	bore	borne	(ver)dragen
beat	beat	beaten	(ver)slaan
become	became	become	worden
begin	began	begun	beginnen
behold	beheld	beheld	aanschouwen
bend	bent	bent	buigen
bet	bet	bet	wedden
	betted	betted	
bid	bade	bidden	gebieden
bid	bid	bid	bieden
bind	bound	bound	binden
bite	bit	bitten	bijten
bleed	bled	bled	bloeden
blow	blew	blown	blazen, waaien
break	broke	broken	breken
breed	bred	bred	kweken, fokken
bring	brought	brought	brengen
broadcast	broadcast	broadcast	uitzenden
build	built	built	bouwen
burn	burned	burned	(ver)branden
	burnt	burnt	
burst	burst	burst	barsten
buy	bought	bought	kopen
cast	cast	cast	werpen
catch	caught	caught	vangen
choose	chose	chosen	kiezen
ling	lung	lung	zich vastgrijpen
come	came	come	komen
cost	cost	cost	kosten
creep	crept	crept	kruipen
cut	cut	cut	snijden
deal	dealt	dealt	(be)handelen
dig	dug	dug	graven
do	did	done	doen
draw	drew	drawn	tekenen, trekken
dream	dreamed	dreamed	dromen
	dreamt	dreamt	
drink	drank	drunk	drinken
drive	drove	driven	drijven, besturen
dwell	dwelt	dwelt	wonen
eat	ate	eaten	eten
fall	fell	fallen	vallen
feed	fed	fed	(zich) voeden
feel	felt	felt	(zich) voelen
fight	fought	fought	vechten
find	found	found	vinden
flee	fled	fled	vluchten
fling	flung	flung	smijten
fly	fled	fled	vluchten
fly	flew	flown	vliegen
forbid	forbade	forbidden	verbieden
forget	forgot	forgotten	vergeten
forgive	forgave	forgiven	vergeven
forsake	forsook	forsaken	in de steek laten
freeze	froze	frozen	(be)vriezen
get	got	got	krijgen, worden
		gotten (VS)	
give	gave	given	geven

infinitief	o.v.t	volt. deelwoord	vertaling
go	went	gone	gaan
grind	ground	ground	malen, slijpen
grow	grew	grown	groeien, kweken, worden
hang	hung	hung	hangen
	hanged	hanged	ophangen
have	had	had	hebben
hear	heard	heard	horen
hide	hid	hidden	(zich) verbergen
hit	hit	hit	slaan, raken, treffen
hold	held	held	(vast)houden
hurt	hurt	hurt	pijn doen, bezeren
keep	kept	kept	houden, bewaren
kneel	knelt	knelt	knielen
knit	knit	knitted	breien
	knitted	knit	
know	knew	known	weten
lay	laid	laid	leggen
lead	led	led	leiden
lean	leant	leaned	leunen
	leaned	leant	
leap	leapt	leaped	springen
	leaped	leapt	
learn	learnt	learned	leren
	learned	learnt	
learned	learned		
leave	left	left	(ver)laten
lend	lent	lent	uitlenen
let	let	let	laten, verhuren
lie	lay	lain	liggen
light	lit	lighted	aansteken, verlichten
	lighted	lit	
lose	lost	lost	verliezen
make	made	made	maken
mean	meant	meant	bedoelen, betekenen
meet	met	met	ontmoeten
mow	mowed	mown	maaien
pay	paid	paid	betalen
put	put	put	leggen, plaatsen, zetten
quit	quit	quitted	ophouden, verlaten
	quitted	quit	
read	read	read	lezen
rid	rid	rid	bevrijden
ride	rode	ridden	rijden
ring	rang	rung	bellen, klinken
rise	rose	risen	opstaan, stijgen, rijzen
run	ran	run	rennen, lopen
saw	sawed	sawn	zagen
		sawed	
say	said	said	zeggen
see	saw	seen	zien
seek	sought	sought	zoeken
sell	sold	sold	verkopen
send	sent	sent	sturen, zenden
set	set	set	zetten, ondergaan
sew	sewed	sewn	naaien
		sewed	
shake	shook	shaken	schudden, beven
shave	shaved	shaven	scheren
		shaved	
shed	shed	shed	vergieten, storten
shine	shone	shone	schijnen, glanzen
shoot	shot	shot	schieten
show	showed	shown	tonen
		showed	
shrink	shrank	shrunk	krimpen
shut	shut	shut	sluiten
sing	sang	sung	zingen

infinitief	o.v.t	volt. deelwoord	vertaling
sink	sank	sunk	zinken, tot zinken brengen
sit	sat	sat	zitten
sleep	slept	slept	slapen
slide	slid	slid	glijden
smell	smelt	smelled	ruiken
	smelled	smelt	
sow	sowed	sown	zaaien
speak	spoke	spoken	spreken
spell	spelt	spelled	spellen
	spelled	spelt	
spend	spent	spent	uitgeven, doorbrengen
spin	spun	spun	ronddraaien, spinnen
spill	spilt	spilled	morsen
	spilled	spilt	
spit	spat	spat	spuwen
split	split	split	splijten
spoil	spoilt	spoiled	bederven, verwennen
	spoiled	spoilt	
spread	spread	spread	(zich ver)spreiden
stand	stood	stood	staan
steal	stole	stolen	stelen
stick	stuck	stuck	steken, kleven
sting	stung	stung	steken, prikken
stink	stank	stunk	stinken
	stunk		
stride	strode	stridden	schrijden, stappen
strike	struck	struck	slaan, treffen, staken
strive	strove	striven	streven
swear	swore	sworn	zweren, vloeken
sweat	sweat	sweated	zweten
	sweated	sweat	
sweep	swept	swept	vegen
swim	swam	swum	zwemmen
swing	swung	swung	zwaaien, slingeren
take	took	taken	nemen, brengen
teach	taught	taught	onderwijzen
tear	tore	torn	scheuren, rukken
tell	told	told	vertellen, zeggen
think	thought	thought	denken
thrive	throve	thrived	voorspoed hebben
	thrived	thriven	
throw	threw	thrown	gooien
thrust	thrust	thrust	duwen, stoten
understand	understood	understood	begrijpen, verstaan
wake	woke	woke(n)	wekken, wakker worden
wear	wore	worn	dragen
weave	wove	woven	weven
weep	wept	wept	huilen, wenen
wet	wet	wetted	nat maken
	wetted	wet	
win	won	won	winnen
wind	wound	wound	winden, draaien
wring	wrung	wrung	wringen
write	wrote	written	schrijven

HET ZELFSTANDIG NAAMWOORD, MEERVOUD EN VERKLEINVORM

In het Engels wordt een zelfstandig naamwoord meestal in het meervoud gezet door er een -s achter te plaatsen:
    1 house - 2 houses (huis)
    1 market - 2 markets (markt)
De meeste uitzonderingen zijn gemakkelijk te herkennen:
    1 victory - 2 victories (overwinning)
    1 bus - 2 buses (bus)

In het Engels wordt zelden een verkleinvorm (bv.'huisje') gebruikt, al komt het suffix '-let' nog weleens voor: 'starlet' (sterretje).

HET LIDWOORD

Terwijl het Nederlands twee bepaalde lidwoorden heeft ('de' en 'het'), is er in het Engels maar één: the.
    the bike of the girl - de fiets van het meisje
Het onbepaalde lidwoord ('een') komt in het Engels daarentegen in twee vormen voor:
a - wanneer er een medeklinker op volgt:
    a call, a great song
an - wanneer er een klinker of een *h* op volgt:
    an evening, an oval office, an hour

HET BIJVOEGLIJK NAAMWOORD

Het bijvoeglijk naamwoord wordt in het Engels niet verbogen:
    a big plane (een groot vliegtuig)
    the big plane (het grote vliegtuig)
    big planes (grote vliegtuigen)

HET BIJWOORD

Engelse bijwoorden worden gevormd door -ly te plakken achter een stam:
    the absolute majority (de absolute meerderheid)
    you are absolutely right (je hebt absoluut gelijk)
Als het bijvoeglijk naamwoord eindigt op een y, dan wordt deze vervangen door een i:
    a hasty answer (een haastig antwoord)
    he answered hastily (hij antwoordde haastig)

ENGELSE WERKWOORDEN

regelmatige werkwoorden

Het vervoegen van Engelse werkwoorden is in de regel heel simpel: voor de tegenwoordige tijd wordt altijd het hele werkwoord gebruikt. Alleen in de derde persoon enkelvoud komt er een -s achter. Voor de verleden tijd komt er in alle persoonsvormen -ed achter het hele werkwoord. Dus:

	tegenwoordige tijd	verleden tijd
I (ik)	work (ik werk)	worked (ik werkte)
you (jij, u)	work	worked
he/she/it (hij/zij/het)	works	worked
we (wij)	work	worked
you (jullie)	work	worked
they (zij)	work	worked

Het voltooid deelwoord wordt gevormd met -ed achter het hele werkwoord: I have worked (ik heb gewerkt).

HULPWERKWOORDEN

De hulpwerkwoorden 'be', 'have' en 'do' worden onregelmatig vervoegd:

	be		have		do	
	tegenw td	verl td	tegenw td	verl td	tegenw td	verl td
I (ik)	am	was	have	had	do	did
you (jij, u)	are	were	have	had	do	did
he/she/it (hij/zij/het)	is	was	has	had	does	did
we (wij)	are	were	have	had	do	did
you (jullie)	are	were	have	had	do	did
they (zij)	are	were	have	had	do	did

Andere hulpwerkwoorden ('shall', 'will') worden regelmatig vervoegd
Bij 'be' en 'have' worden persoonlijk voornaamwoord en hulpwerkwoord in de
tegenwoordige tijd vaak samengetrokken; bij shall' en 'will' gebeurt dat zowel in de
tegenwoordige als in de verleden tijd. Bij 'shall' en 'will' leidt dat tot identieke vormen:

	be	have	shall/will	
			tegenw td	verl td
I (ik)	I'm	I've	I'll	I'd
you (jij, u)	you're	you've	you'll	you'd
he/she/it (hij/zij/het)	he's	he has	he'll	he'd
we (wij)	we're	we've	we'll	we'd
you (jullie)	you're	you've	you'll	you'd
they (zij)	they're	they've	they'll	they'd

be
Engelse werkwoorden worden op twee manieren gebruikt: met de normale vervoeging of
samen met het hulpwerkwoord 'be'.

Voor het uitdrukken van de algemene, normale gang van zaken kan men de normale
vervoeging gebruiken:
   this is the building I work in (dit is het gebouw waar ik werk)

Voor het uitdrukken van iets dat op het moment zelf gaande is, wordt het werkwoord 'be'
vervoegd en gevolgd door het hele (hoofd)werkwoord, waaraan **-ing** is toegevoegd (I am
work+ing).
   I'm working now, but I will be ready soon (ik ben nu aan het werken, maar ik ben snel
   klaar)

have
Alle voltooide werkwoordsvormen worden vervoegd met 'have', ook als je in het
Nederlands 'zijn' zou gebruiken:
   we have left (wij zijn weggegaan)
   I had fallen (ik was gevallen)

do
Om iets tegen te spreken kan 'do' worden gebruikt, gevolgd door het hele werkwoord:
   I dó think it's beautiful (ik vind wél dat het mooi is)
Op dezelfde manier kan iets worden benadrukt:
   I dó think it's beautiful (ik vind écht dat het mooi is)

De belangrijkste functie van 'do' is echter die in ontkennende en vragende zinnen.

ONTKENNENDE ZINNEN

In het Nederlands wordt een zin ontkennend gemaakt door er 'niet' of een ander ontkennend woord aan toe te voegen:

ik woon hier – ik woon hier niet

In het Engels wordt hiervoor meestal het werkwoord 'do' gebruikt, gevolgd door de ontkenning:

I live here – I do not live here

Maar als andere werkwoorden worden gebruikt die een *zijn* uitdrukken ('be', 'may', 'will'), blijven deze zo staan in de ontkennende zin:

she is – not – at home (zij is – niet – thuis)

we may – not – be abroad (we zijn wellicht – niet – in het buitenland)

Het is gebruikelijk om werkwoorden samen te trekken met 'not':

I do not *wordt* I don't

he/she/it does not *wordt* he/she/it doesn't

Dus ze worden aan elkaar geschreven en de o van not wordt vervangen door een apostrof (').

Hetzelfde gebeurt bij 'have':

I have not *wordt* I haven't

Bij 'shall' en 'will' leidt het tot onregelmatige vormen:

he shall not *wordt* he shan't

we will not *wordt* we won't

Hetzelfde gebeurt ook bij de verleden tijd:

I was not *wordt* I wasn't

he had not *wordt* he hadn't

we should not *wordt* we shouldn't

you would not *wordt* you wouldn't

VRAGENDE ZINNEN

Meestal worden vragende zinnen gevormd met het werkwoord 'do', dat vervoegd wordt, gevolgd door het persoonlijk voornaamwoord en het hele werkwoord:

do you work here? (werkt u hier?)

does he like candy? (houdt hij van snoep?)

Maar deze regel gaat niet op als er werkwoorden worden gebruikt die een *zijn* uitdrukken ('be', 'may', 'will'):

are you ill? (ben je ziek?)

when will you be back? (wanneer zul je weer terug zijn?)

Ook bij andere hulpwerkwoorden gaat de *do*-regel niet op:

have you seen her? (heb je haar gezien?)

can you do this?

Om een vraag te beantwoorden, wordt het hulpwerkwoord herhaald dat in de vraag wordt gebruikt:

– do you know that? (– weet je dat?)

– yes, I do *of* – no, I don't (– ja *of* – nee)

Als vragende zinnen gevormd zijn met koppelwerkwoorden, worden deze herhaald:

– are you from Holland? (kom je uit Nederland?)

– yes, I am *of* – no, I'm not (– ja *of* – nee)

Als de vraag betrekking heeft op iets wat op dat moment gebeurt, wordt de -ing-constructie gebruikt:

– is she baking cookies? (is ze koekjes aan het bakken?)

– yes, she is *of* – no, she isn't (– ja *of* – nee)

Vragende zinnen met een voltooid deelwoord worden gevormd met 'have':
- have you seen her? (heb je haar gezien?)
- yes, I have *of* - no, I haven't (- ja *of* - nee)

Praktische tips

HET SAMENVOEGEN VAN WOORDEN

In het Nederlands worden dikwijls twee of meer woorden samengevoegd tot één woord. In het Engels wordt dat zelden gedaan. Twee woorden die samen één begrip vormen, staan in het Engels meestal los van elkaar:

food problem   voedselprobleem
insurance company   verzekeringsmaatschappij

Woorden die kort zijn of die erg veel gebruikt worden, worden dikwijls aan elkaar geschreven:

bus stop wordt: busstop
motor-car wordt: motorcar

Het verbindingsstreepje wordt wel gebruikt bij samengestelde bijvoeglijke naamwoorden:

a seven-year-old girl   een meisje van zeven jaar
on-the-job training   training binnen het bedrijf

HET AFBREKEN VAN WOORDEN

Bij voorkeur voorkomt men het afbreken van een woord aan het einde van de regel, door het woord aan het begin van de nieuwe regel te schrijven. Er zijn geen eenduidige regels voor het afbreken van woorden, maar de volgende regels worden het meest toegepast.

1 Niet afgebroken wordt:
a bij woorden met één lettergreep:
   care, week, love, enz.
b voor de uitgang *-ed* van de verleden tijd en het voltooid deelwoord:
c voor de uitgangen *cial, cian, cious, sion, tion* die in de uitspraak één lettergreep vormen:
   social, conscious, starvation, mission

2 Bij voorkeur worden niet afgebroken:
a woorden met één letter aan het begin of aan het eind:
   apart, above, windy, enz.
b korte woorden met twee lettergrepen:
   city, water, enz.
c woorden waarvan na het verbindingsstreepje twee letters zouden overblijven (met uitzondering van bijwoorden die eindigen op *-ly*):
   against, mixer, beauty, enz.

3 Indien een woord moet worden afgebroken, gebeurt dit bij voorkeur:
a na een klinker:
   fe-ver, de-pend
b voor de uitgang *ing:*
   think-ing, keep-ing
c tussen twee medeklinkers:
   mil-lion, mes-sage, recom-mend
d voor het tweede deel van een samenstelling:
   anti-hero, tele-phone, happi-ness

Hieronder ziet u een standaardmodel van een Engelse brief.

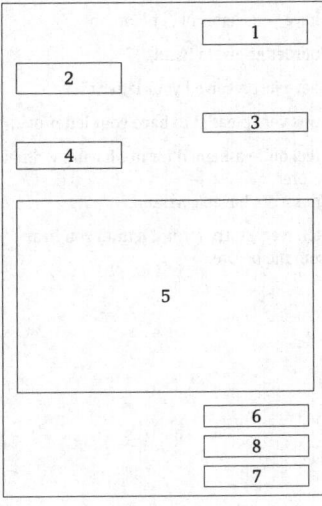

De verklaring van de cijfers is als volgt:

1 Het adres van de afzender.

2 Naam en adres van de geadresseerde.

3 De datum.
   Hiervoor bestaan verscheidene
   schrijfwijzen: 10 April 2005/ 10th April
   2005/ April 10, 2005/ April 10th, 2005.

4 De aanhef:

Dear Sir/Madam	Geachte Heer/ Mevrouw
Dear Sirs	Mijne Heren
Gentlemen	Mijne Heren (VS)
Dear Eileen	Lieve Eileen
Dear Mr Druce	Geachte Heer Druce
Dear Mrs Druce	Geachte Mevrouw Druce
Dear Miss Hunt	Geachte juffrouw Hunt
Dear Ms Green	Geachte Mevrouw Green (het is niet bekend of zij getrouwd is of niet)

De aanhef wordt gevolgd door een
komma. In het Amerikaans volgt een
dubbele punt.

5 De feitelijke boodschap.
   Deze bestaat uit een inleiding, een
   boodschap en een afsluiting.

6 Een zakelijke brief eindigt met: *Yours
   faithfully,* /*Yours truly,* . Een informele
   brief eindigt met: *Yours sincerely,*/
   Yours, .

7 De naam van de schrijver.

8 De handtekening.

Bedankt voor je brief van ...

Voor mij ligt je brief van ...

Ik heb zojuist je brief van ... ontvangen.

Ik was erg blij met je brief van ...

Ik schaam me diep dat ik niet eerder geschreven heb.

Sorry dat ik zo lang niets van mij heb laten horen.

Many thanks for your letter of ...

I have your letter of ... before me

Your letter just to hand ...

I have just received your letter of ...

I was very pleased to have your letter of ...

I feel quite ashamed for not having written before.
I'm sorry I haven't written.

I am (very) sorry for not letting you hear from me before.